Küper/Zopfs Strafrecht Besonderer Teil

Strafrecht
Besonderer Teil

Definitionen mit Erläuterungen

Begründet von

Dr. Wilfried Küper

em. o. Professor an der Universität Heidelberg

Fortgeführt von

Dr. Jan Zopfs

o. Professor an der Johannes Gutenberg-Universität Mainz

9., völlig neu bearbeitete Auflage

CFM C.F. Müller

Bibliografische Information der Deutschen Nationalbibliothek
Die Deutsche Nationalbibliothek verzeichnet diese Publikation in der Deutschen Nationalbibliografie; detaillierte bibliografische Daten sind im Internet über <http://dnb.d-nb.de> abrufbar.

ISBN 978-3-8114-9418-3

E-Mail: kundenservice@cfmueller.de
Telefon: +49 89 2183 7923
Telefax: +49 89 2183 7620

www.cfmueller.de
www.cfmueller-campus.de

Druck: Kessler Druck + Medien, Bobingen
Satz: preXtension GbR, Grafrath

Vorwort

Die Entstehung der ersten Auflage der „Definitionen mit Erläuterungen" von *Wilfried Küper* konnte ich – ohne selbst inhaltlich mitzuwirken – als Assistent an seinem Lehrstuhl in Heidelberg mitverfolgen: Merkmal für Merkmal wuchs ein Buch heran, dessen Ausrichtung zunächst noch etwas unsicher war, da es ein Werk mit dieser Konzeption zuvor nicht gegeben hatte. Ähnlich einem Kommentar definiert es – orientiert an der herrschenden Meinung in Rechtsprechung und Literatur – ein gesetzliches Tatbestandsmerkmal, das häufig mehreren Paragrafen zuzuordnen ist. Dort bleibt das Buch aber nicht stehen, sondern liefert mit den Erläuterungen die Erklärung dafür, *warum* die Definition begrifflich so abzufassen ist und in welchen Fällen das aufgezeigte Begriffsverständnis an seine Grenzen kommen muss. Daneben werden Alternativen zur h.M. aus dem Schrifttum vorgestellt und eigene Erwägungen angeführt, um eine Kontroverse zu verdeutlichen, aber auch um einen eigenen Vorschlag zu unterbreiten (den *Wilfried Küper* meist andernorts genauer ausgeführt hat).

Das so konzipierte Werk hat sich mit acht Auflagen in 16 Jahren längst etabliert. In der zuletzt zur 8. Auflage (2012) erschienenen Rezension von *Murmann* (GA 2014, 719 f) wird deshalb vorausgeschickt, dass das „Konzept des bei der Leserschaft sehr beliebten Buchs … mittlerweile wohl keiner ausführlichen Erläuterung mehr" bedarf.

Wilfried Küper hat mir sein Buch zur Fortführung anvertraut, wofür ich ihm sehr dankbar bin. Ich werde versuchen, es in seinem Sinn weiterzuführen: als „objektive, zuverlässige und bündige Information", die „möglichst präzise" zusammenfasst, „was sich als »herrschende Meinung« – soweit es sie gibt – oder doch als weithin anerkannte Auffassung durchgesetzt hat." Sie soll es dem Leser ermöglichen, mit einer Begriffsbestimmung *zu arbeiten* und sie nicht nur hinzunehmen.

Im Zuge der Neubearbeitung habe ich im Interesse der Übersichtlichkeit **Randnummern** und **Fußnoten** eingefügt. Die Rubrik **Literatur/Rechtsprechung** ist erheblich gekürzt und konzeptionell verändert worden (zur Neuausrichtung vgl. die Hinweise auf S. X und XI). Zudem sind erläuternde Passagen aus den grau hinterlegten Definitionen nun in die Erläuterungen eingestellt und die strittigen Begriffsmerkmale der Definition über Randnummernverweise mit den Erläuterungen gezielt verknüpft worden. Durch Umstellungen sind einige Merkmale hinzugekommen: »Nachstellen, beharrliches« (§ 238 StGB), »Verwenden von Daten, unbefugtes« und »Wegnahme« (§ 168 StGB). Andere sind entfallen, da sie dem jeweiligen Tatbestandsmerkmal zugeordnet wurden: Die in den Vorauflagen gesondert aufgeführten besonderen Formen der Urkunde finden sich nun unter dem Merkmal »Urkunde (Begriff allgemein)«, die vis compulsiva und vis absoluta in den Erläuterungen zur »Gewalt«. Entsprechend wurde das Gesetzes- und Sachregister nebst den enthaltenen Stichworten überarbeitet und neugefasst.

In Anbetracht der vielen Verschiebungen und Änderungen, aber auch mit Blick auf die Aktualisierung – das Buch ist auf dem Bearbeitungsstand Dezember 2014 – werden sich (trotz mehrmaligem Lesen) vermutlich einige Fehler eingeschlichen haben. Hier bin ich für eine kurze Mitteilung (gerne auch per E-Mail an: sekretariatzopfs@uni-mainz.de) aus dem Leserkreis sehr dankbar.

Die Neubearbeitung und Aktualisierung dieses Buchs wäre ohne die Mitarbeit meiner beiden Assistenten *Sebastian Tauber* und *Simon Funk* in dieser Form nicht möglich gewesen. Ihnen bin ich ganz besonders zu Dank verpflichtet (richtig muss es freilich heißen: „Dank, ganz besonderer"!). Danken will ich auch meiner Sekretärin *Silke Hübner-Mohr* und meinen wissenschaftlichen Hilfskräften *Lucia Oegel* und *Tosca Hohm*. *Lucia Oegel* und *Simon Funk* haben auch an der Überarbeitung des Gesetzes- und Sachregisters einen ganz wesentlichen Anteil – dafür nochmals vielen Dank. Herzlichen Dank für die verlegerische Betreuung des Buches sage ich schließlich Frau Rechtsanwältin *Alexandra Burrer*.

Mainz, im Januar 2015 *Jan Zopfs*

Vorwort zur ersten Auflage

In den Normen des „Besonderen Teils“, bei der Formulierung der einzelnen Delikte, verwendet der Gesetzgeber eine Vielzahl unterschiedlicher *Begriffe;* sie verleihen den Delikten ihr spezifisches Gepräge, kennzeichnen aber oft auch Elemente, die verschiedene Tatbestände miteinander gemeinsam haben. Für die Subsumtion eines Falles unter das Gesetz – und für das Verständnis einer Vorschrift überhaupt – benötigt man eine möglichst genaue Kenntnis des jeweiligen Begriffs, seines wesentlichen Inhalts und Umfangs: Man muss wissen, wie die Begriffe im Gefüge der maßgeblichen Normen näher zu bestimmen sind, was z. B. „Grausamkeit“, „Heimtücke“, „Inbrandsetzen“, „Sich-Verschaffen“, „umschlossener Raum“, „Urkunde“, „Vermögensschaden“ oder „Zueignungsabsicht“ bedeuten.

Literatur und Rechtsprechung bieten dafür – teils anerkannte, teils auch umstrittene – „Begriffsdefinitionen“ an. Man kann – und muss üblicherweise – sich solche Definitionen aus Kommentaren und Lehrbüchern, höchstrichterlichen Entscheidungen oder Aufsätzen „zusammensuchen“, sie miteinander vergleichen und überprüfen. Dabei ergeben sich Übereinstimmungen, Formulierungsunterschiede und nicht selten – je nach Auslegung – erhebliche Abweichungen. Die für einen Begriff und seine Anwendung wesentlichen Gesichtspunkte erschließen sich oft erst durch die Lektüre längerer Textpartien, in denen die entscheidenden begrifflichen Aussagen gleichsam „verstreut“ und vielfach in Darlegungen zu Einzelfragen „versteckt“ sind.

Die evidente Umständlichkeit dieses Verfahrens hat mich vor einiger Zeit auf die Idee gebracht, es so anzuwenden, dass der dafür erforderliche Arbeitsaufwand nicht immer wieder neu zu leisten ist. Ich habe mir daher nach und nach eine Art alphabetisches *Wörterbuch der wichtigen Begriffe* des „Besonderen Teils“ zusammengestellt, um es als Nachschlagewerk stets zur Verfügung zu haben. Das so entstandene „Definitionen-Lexikon“ war zunächst nur zur Vorbereitung von Vorlesungen, Übungen und Repetitorien bestimmt und hat sich dabei als außerordentlich nützlich erwiesen. Es lag deshalb nahe, solchen „subjektiven Nutzen“ auch in einen (hoffentlich) „objektiven Vorteil“ für einen größeren Leserkreis zu verwandeln und das ursprünglich „private Lexikon“ – überarbeitet, ergänzt und erheblich erweitert – in gedruckter Form zu präsentieren. Das Ergebnis ist das hier vorgelegte Buch. Es verarbeitet den üblichen Lehrstoff des „Besonderen Teils“, wie er etwa in den beiden Bänden von *Johannes Wessels* (Strafrecht, Besonderer Teil/1, 20. Aufl. 1996; Besonderer Teil/2, 19. Aufl. 1996) dargestellt ist, in *alphabetisch angeordneten* und kommentierten *Stichworten* zu einem strafrechtlichen „Wörterbuch der gesetzlichen Begriffe“, soweit sich der Stoff dafür eignet.

Der *grau unterlegte Haupttext,* der durch Literatur- und Rechtsprechungshinweise sowie häufig durch zusätzliche Erläuterungen ergänzt wird, enthält die eigentlichen Begriffsbestimmungen. Dabei wird regelmäßig nicht nur eine knappe „Basis-“ oder „Minimaldefinition“ gegeben, sondern nach Möglichkeit eine „erweiterte Definition“ in Form abgestufter und differenzierter Aussagen, die auch das *Problemfeld* des jeweiligen Begriffs in seinen wesentlichen Konturen miterfassen. Die mitgeteilten Definitionen erheben keinen Anspruch auf Originalität; sie haben nicht den Zweck, „eigene Ansichten" zu formulieren. Vielmehr wird versucht, auf die Begriffe konzentriert, möglichst präzise zusammenzufassen, was sich als „herrschende Meinung" oder doch als weithin anerkannte Auffassung durchgesetzt hat.

„Definitionen" sind der Auslegung nicht einfach vorgegeben, sondern selbst das Ergebnis der Interpretation. Vieles ist umstritten oder wird „bestritten". Streitige und zweifelhafte Punkte sind bereits im Haupttext gekennzeichnet und werden anschließend erläutert. Bei grundsätzlichen Differenzen zwischen Literatur und Rechtsprechung wird der Standpunkt des (mehrheitlichen) Schrifttums wiedergegeben und zugleich die Auffassung der Judikatur in den Erläuterungen näher dargestellt. Das Buch ist auf objektive, zuverlässige und bündige *Information,* nicht auf wissenschaftliche „Innovation" angelegt. Dieses Prinzip gilt auch für die Erläuterungen. Weitere Einzelheiten zu Aufbau und Inhalt sind den folgenden „Hinweisen zur Benutzung des Buches" zu entnehmen.

Für wertvolle technische Unterstützung danke ich herzlich den Herren Dr. *Jan Zopfs,* Assessor *Jens Philipp Wilhelm* und stud. iur. *Jens Tuengerthal.* Zu Dank verpflichtet bin ich auch Frau *Regine Enzmann* für die verlegerische Betreuung. Dieses Buch hätte schließlich nicht geschrieben werden können ohne den unermüdlich-geduldigen und gewissenhaften Einsatz meiner Sekretärin, Frau *Carla Decker.* Ihr gilt – nicht zuletzt – mein besonderer Dank.

Heidelberg, im August 1996 *Wilfried Küper*

Inhaltsübersicht

Hinweise zu den einzelnen Rubriken des Buchs

Das Buch *definiert* die wichtigsten Tatbestandsmerkmale der ausbildungsrelevanten Delikte des »Besonderen Teils« des Strafgesetzbuchs, ergänzt sie um einschlägige Fundstellen aus *Literatur* und *Rechtsprechung* und erklärt die problematischen Bestandteile der Definition (*Erläuterungen/Hinweise*).

I. Definitionen

Die definierten Tatbestandsmerkmale sind nach Art eines Lexikons in Stichworten *alphabetisch geordnet*, jeweils mit Bezeichnung der Paragrafen, in denen die Merkmale vorkommen (bei eher untergeordneter Bedeutung sind die Paragrafen in Klammern gesetzt). Bei *zusammengesetzten* Begriffen – wie z. B. »tätlicher Angriff«, »fremde Sache« oder »Rechtswidrigkeit der Zueignung« – richtet sich die alphabetische Reihenfolge grundsätzlich nach dem *Hauptbegriff*: »Angriff, tätlicher«; »Sache, fremde«; »Zueignung, Rechtswidrigkeit der«. Diese Anordnung ließ sich allerdings nicht immer durchführen und erschien insbesondere dann unzweckmäßig, wenn der Schwerpunkt eines mehrgliedrigen Begriffs auf einer bestimmten *Tathandlung* liegt (z. B. »Beisichführen« einer Waffe etc.); dann wurden die Merkmale getrennt definiert (»Beisichführen« eines Gegenstandes; »Waffe«), wobei freilich auf die einschlägigen Randnummern verwiesen wird.

Welche Merkmale des jeweiligen Tatbestands definiert und wo diese alphabetisch eingeordnet wurden, ergibt sich auch aus dem Gesetzes- und Sachregister am Ende des Buchs. Das Register ist in der Reihenfolge der gesetzlichen Vorschriften abgefasst. Zu den definierten Tatbestandsmerkmalen finden sich dort in der Regel Stichworte zu den Sachfragen, die im Zusammenhang mit der Erläuterung der Definition angesprochen wurden (jeweils mit Angabe der Randnummer).

Innerhalb der grau hinterlegten Definition werden strittige Fragen mit den zugehörigen Erläuterungen verknüpft (Randnummernverweis), so dass deutlich wird, an welchem Begriff das Problem festzumachen ist und an welchen Stellen in den Erläuterungen die Problematik zu finden ist. Sofern der Text der grau hinterlegten Definition eingerückt gesetzt wurde, handelt es sich nicht um eine Definition zur Bestimmung des Tatbestandsmerkmals, sondern um die nähere Festlegung eines Begriffs der Definition: So wird z. B. bei der Definition der »Wegnahme« (§ 242 StGB) die Bestimmung des Gewahrsams eingerückt.

II. Literatur/Rechtsprechung

An die Definition schließen sich regelmäßig die Rubriken »*Literatur*« und »*Rechtsprechung*« an, um dem Leser die Möglichkeit zu bieten, sich breiter und gründlicher zu informieren. Da die Nachweise zu bestimmten Sachfragen in den Fußnoten der Erläuterungen zu finden sind, sind in diesen Rubriken ganz gezielt nur wenige Fundstellen aufgenommen worden. Sofern mitunter die *»Rechtsprechung«* als Rubrik fehlt, findet sich eine ausführliche Darstellung der Rechtsprechungsentwicklung in den *»Erläuterungen«*.

In der *»Literatur«* wurden in der Regel nur ein bis drei Nachweise genannt, die mit der in der Definition gewählten Begriffsbestimmung übereinstimmen (Abweichungen sind jeweils gekennzeichnet) und die auftretenden Sachfragen ausführlich erläutern. Daneben finden sich meist eine einführende Fundstelle und gegebenenfalls weiterführende Monographien.

Die *»Rechtsprechung«* beschränkt sich auf die Angabe der eher wegweisenden Entscheidungen (»Grundlegend«), die durch weitere Fundstellen ergänzt werden, um für typische oder auffällige Fallkonstellationen Beispiele zu liefern (»Beispielhaft«). Gelegentlich finden sich auch Hinweise auf Entscheidungen, in denen die Rechtsprechung prägnant auf den Punkt gebracht wird (»Zusammenfassend«). Die Rubrik *»Rechtsprechung«* ist in der Regel durch aufschlussreiche *wörtliche Zitate* aus einschlägigen Entscheidungen ergänzt worden, die den Standpunkt der Judikatur sozusagen im »Originalton« verdeutlichen.

Die Nachweise aus der höchstrichterlichen Rechtsprechung sind so angeordnet, dass zunächst jeweils nach der Amtlichen Sammlung (RGSt bzw. BGHSt) zitiert wird; es folgen in chronologischer Reihenfolge die in Zeitschriften publizierten Entscheidungen. Im Anschluss daran werden, soweit relevant, auch Entscheidungen anderer Gerichte mitgeteilt (entsprechend der Gerichtsbezeichnung nunmehr in alphabetischer Anordnung, bei mehreren Entscheidungen desselben Gerichts wiederum in chronologischer Folge). Fundstellen ohne nähere Kennzeichnung – z. B. 14, 138 oder NJW 1974, 1365 – nehmen Bezug auf die eingangs genannte Amtliche Sammlung bzw. auf das vorher bezeichnete Gericht. Ist in der Fundstelle die Zeitschrift nicht ausdrücklich erwähnt, so bezieht sie sich auf die zuletzt genannte Zeitschrift (z. B. BGH StV 2005, 335; 2006, 124). Diese Zitierweise gilt auch für die Nachweise in den Fußnoten der *»Erläuterungen«*.

III. Erläuterungen/Hinweise

»Erläuterungen« sind dem Haupttext nicht stets hinzugefügt worden, sondern nur dort, wo im Hinblick auf einen Streitstand oder die Kompliziertheit der Materie ein besonderer Erklärungsbedarf gesehen wurde. Andernfalls beschränkt sich der Zusatztext auf ergänzende *»Hinweise«* unterschiedlichen Inhalts. Nachweise zum Schrifttum oder zur Rechtsprechung finden sich in der Regel in den Fußnoten, deren Zählung mit jeder Definition von Neuem beginnt. Nur gelegentlich werden Entscheidungsnachweise im Text genannt – etwa bei Zitaten oder bei einer sehr kasuistischen Rechtsprechung (vgl. »Behandlung, lebensgefährdende«; »Beweggründe, niedrige«). Sofern innerhalb der *»Erläuterungen«* Absätze in einer kleineren Schriftgröße gesetzt wurden, handelt es sich um Zitate (meist aus der Rechtsprechung), in denen die Problematik nochmals zusammengefasst wird.

Abkürzungsverzeichnis

aaO	am angegebenen Ort
abl.	ablehnend(er)
abw.	abweichend(e, en)
a.E.	am Ende
a.F.	alte Fassung
AG	Amtsgericht
allg.M.	allgemeine(r) Meinung
Alt.	Alternative
Anm.	Anmerkung(en)
Art.	Artikel
AufenthG	Aufenthaltsgesetz
Aufl.	Auflage
BA	Blutalkohol – Wissenschaftliche Zeitschrift für die medizinische und juristische Praxis (zitiert nach Jahr und Seite)
BayObLG	Bayerisches Oberstes Landesgericht
BayObLGSt	Entscheidungen des Bayerischen Obersten Landesgerichts in Strafsachen
Bd.	Band
BeckRS	Beck-Rechtsprechung
Begr.	Begründung(en)
Bspr.	Besprechung(en)
BGH	Bundesgerichtshof
BGHSt	Entscheidungen des Bundesgerichtshofes in Strafsachen
BR-Drs.	Drucksache des Bundesrates
BT	Besonderer Teil
BT-Drs.	Drucksache des Bundestages
BtMG	Betäubungsmittelgesetz (Gesetz über den Verkehr mit Betäubungsmitteln)
BVerfG	Bundesverfassungsgericht
BVerfGE	Entscheidungen des Bundesverfassungsgerichts
CR	Computer und Recht (zitiert nach Jahr und Seite)
DAR	Deutsches Autorecht (zitiert nach Jahr und Seite)
dgl.	dergleichen
diff.	differenzierend(e, en)
DR	Deutsches Recht (zitiert nach Jahr und Seite)
DRiZ	Deutsche Richterzeitung (zitiert nach Jahr und Seite)
ebd.	ebenda
et al.	und andere
E 1962	Regierungsentwurf eines Strafgesetzbuches (StGB) mit Begründung, BT-Drs. IV/650, Bonn 1962
FeV	Fahrerlaubnisverordnung
FG	Festgabe

Fn.	Fußnote
FS	Festschrift
GA	Goltdammer's Archiv für Strafrecht (zitiert nach Band, Jahr und Seite, ab 1953 nach Jahr und Seite)
gef.	gefährlich(e, en, es)
GS	Gedächtnisschrift
HGB	Handelsgesetzbuch
h.L.	herrschende Auffassung in der Literatur
h.M.	herrschende Meinung
HRRS	Höchstrichterliche Rechtsprechung zum Strafrecht (www.hrr-strafrecht.de), zitiert nach Jahr und Seite
Hrsg.	Herausgeber
i.E.	im Ergebnis
i.e.S.	im engeren Sinn
IKF	Institut für Kriminalwissenschaften und Rechtsphilosophie Frankfurt a.M. (Hrsg.)
i.S.	im Sinne
i.V.m.	in Verbindung mit
i.w.S.	im weiteren Sinn
JA	Juristische Arbeitsblätter (zitiert nach Jahr und Seite)
JR	Juristische Rundschau (zitiert nach Jahr und Seite)
Jura	Juristische Ausbildung (zitiert nach Jahr und Seite)
JuS	Juristische Schulung (zitiert nach Jahr und Seite)
JW	Juristische Wochenschrift (zitiert nach Jahr und Seite)
JZ	Juristenzeitung (zitiert nach Jahr und Seite)
KG	Kammergericht
KRIM	Kriminalistik (zitiert nach Jahr und Seite)
KrWG	Kreislaufwirtschaftsgesetz
KrW/AbfG	Kreislaufwirtschafts- und Abfallgesetz
LG	Landgericht
m.a.W.	mit anderen Worten
MDR	Monatsschrift für Deutsches Recht (zitiert nach Jahr und Seite)
MedR	Medizinrecht (zitiert nach Jahr und Seite)
m.N.	mit Nachweisen
m.w.N.	mit weiteren Nachweisen
Nachw.	Nachweis(e)
n.F.	neue Fassung
NJW	Neue Juristische Wochenschrift (zitiert nach Jahr und Seite)
NStZ	Neue Zeitschrift für Strafrecht (zitiert nach Jahr und Seite)
NStZ-RR	NStZ-Rechtsprechungs-Report Strafrecht (zitiert nach Jahr und Seite)
NVwZ	Neue Zeitschrift für Verwaltungsrecht (zitiert nach Jahr und Seite)
NZV	Neue Zeitschrift für Verkehrsrecht (zitiert nach Jahr und Seite)

OLG	Oberlandesgericht
RG	Reichsgericht
RGRspr.	Rechtsprechung des Deutschen Reichsgerichts in Strafsachen
RGSt	Entscheidungen des Reichsgerichts in Strafsachen
Rn.	Randnummer
Rspr.	Rechtsprechung
StPO	Strafprozessordnung
StrÄndG	Strafrechtsänderungsgesetz
StraFo	Strafverteidiger-Forum
StrRG	Gesetz zur Reform des Strafrechts
StV	Strafverteidiger (zitiert nach Jahr und Seite)
StVO	Straßenverkehrsordnung
TPG	Transplantationsgesetz
vs.	versus
Vor	Vorbemerkung(en)
VRS	Verkehrsrechts-Sammlung (zitiert nach Band, Jahr und Seite)
WaffG	Waffengesetz
w.N.	weitere(n) Nachweise(n)
wistra	Zeitschrift für Wirtschafts- und Steuerstrafrecht (zitiert nach Jahr und Seite)
ZIS	Zeitschrift für Internationale Strafrechtsdogmatik (www.zis-online.com), zitiert nach Jahr und Seite
ZJS	Zeitschrift für das Juristische Studium (www.zjs-online.com), zitiert nach Jahr und Seite
ZPO	Zivilprozessordnung
ZRG	Zeitschrift der Savigny-Stiftung für Rechtsgeschichte, Germanistische Abteilung (zitiert nach Band, Jahr und Seite)
ZRP	Zeitschrift für Rechtspolitik (zitiert nach Jahr und Seite)
zsfd.	zusammenfassend(e)
Zshg.	Zusammenhang
ZStW	Zeitschrift für die gesamte Strafrechtswissenschaft (zitiert nach Band, Jahr und Seite)
zust.	zustimmend(en, er)

Literatur- und Festschriftenverzeichnis

Achenbach-FS	Festschrift für Hans Achenbach, Heidelberg 2011
A. Kaufmann-FS	Strafgerechtigkeit – Festschrift für Arthur Kaufmann, Heidelberg 1993
A. Kaufmann-GS	Gedächtnisschrift für Armin Kaufmann, Köln 1989
AK-[Bearbeiter]	Alternativ-Kommentar zum Strafgesetzbuch, Bd. 3, Neuwied 1986
AnwK-[Bearbeiter]	*Klaus Leipold* et al. (Hrsg.), Anwaltkommentar StGB, Bonn 2011
A/W/[Bearbeiter]	*Gunther Arzt / Ulrich Weber* et al., Strafrecht, Besonderer Teil, 2. Aufl. Bielefeld 2009
Baumann-FS	Festschrift für Jürgen Baumann, Bielefeld 1992
Bemmann-FS	Festschrift für Günter Bemmann, Baden-Baden 1997
BGH-FG	50 Jahre Bundesgerichtshof, Festgabe aus der Wissenschaft, Bd. IV: Strafrecht, Strafprozeßrecht, München 2000
Bockelmann-FS	Festschrift für Paul Bockelmann, München 1979
Brandner-FS	Festschrift für Hans Erich Brandner, Köln 1996
Bruns-FS	Festschrift für Hans-Jürgen Bruns, Köln 1978
Celle-FS	Göttinger Festschrift für das OLG Celle, Göttingen 1961
Dahs-FS	Festschrift für Hans Dahs, Köln 2005
Dencker-FS	Festschrift für Friedrich Dencker, Tübingen 2012
Dreher-FS	Festschrift für Eduard Dreher, Berlin 1977
Einführung 6. StrRG	*Friedrich Dencker* et al., Einführung in das 6. Strafrechtsreformgesetz 1998, München 1998
Eisele, BT I, BT II	*Jörg Eisele*, Strafrecht, Besonderer Teil I: Straftaten gegen die Person und gegen die Allgemeinheit; Besonderer Teil II: Eigentumsdelikte, Vermögensdelikte und Urkundendelikte; jew. 2. Aufl. Stuttgart 2012
Eisenberg-FS	Festschrift für Ulrich Eisenberg, München 2009
Engisch-FS	Festschrift für Karl Engisch, Frankfurt a.M. 1969
Eser-FS	Menschengerechtes Strafrecht – Festschrift für Albin Eser, München 2005
Fischer	*Thomas Fischer*, Strafgesetzbuch und Nebengesetze, 62. Aufl. München 2015
Freund, UStrT	*Georg Freund*, Urkundenstraftaten, 2. Aufl. Berlin/Heidelberg 2009
Frisch-FS	Grundlagen und Dogmatik des gesamten Strafrechtssystems – Festschrift für Wolfgang Frisch, Berlin 2013
Gehrig, Absichtsbegriff	*Klaus Gehrig*, Der Absichtsbegriff in den Straftatbeständen des Besonderen Teils des StGB, Berlin 1986
Geilen-FG	Bochumer Beiträge zu aktuellen Strafrechtsthemen – Symposium zum 70. Geburtstag von Gerd Geilen, Köln 2003

Geppert-FS	Festschrift für Klaus Geppert, Berlin/New York 2011
Gössel, BT 2	*Karl Heinz Gössel*, Strafrecht, Besonderer Teil, Bd. 2: Straftaten gegen materielle Rechtsgüter des Individuums, Heidelberg 1996
Gössel/Dölling, BT 1	*Karl Heinz Gössel/Dieter Dölling*, Strafrecht, Besonderer Teil 1: Straftaten gegen Persönlichkeits- und Gemeinschaftswerte, 2. Aufl. Heidelberg 2004
Gössel-FS	Festschrift für Karl Heinz Gössel, Heidelberg 2002
Grünwald-FS	Festschrift für Gerald Grünwald, Baden-Baden 1999
GS-[Bearbeiter]	*Dieter Dölling et al.* (Hrsg.), Gesamtes Strafrecht, Handkommentar, 3. Aufl. Baden-Baden 2013
vH/[Bearbeiter]	*Bernd von Heintschel-Heinegg* (Hrsg.), Strafgesetzbuch, Kommentar, München 2010
Hamm-FS	Festschrift für Rainer Hamm, Berlin 2008
Heghmanns	*Michael Heghmanns*, Strafrecht für alle Semester, Besonderer Teil, Berlin/Heidelberg 2009
Heidelberg-FS	Richterliche Rechtsfortbildung – Festschrift der Juristischen Fakultät zur 600-Jahr-Feier der Ruprecht-Karls-Universität, Heidelberg 1986
Heinitz-FS	Festschrift für Ernst Heinitz, Berlin 1972
Heinz-FS	Festschrift für Wolfgang Heinz, Baden-Baden 2012
Herzberg-FS	Strafrecht zwischen System und Telos – Festschrift für Rolf Dietrich Herzberg, Tübingen 2008
H. Kaufmann-GS	Gedächtnisschrift für Hilde Kaufmann, Berlin 1986
Hillenkamp, BT	*Thomas Hillenkamp*, 40 Probleme aus dem Strafrecht, Besonderer Teil, 12. Aufl. München 2013
Hirsch-FS	Festschrift für Hans Joachim Hirsch, Berlin/New York 1999
Hohmann/Sander, BT 1, BT 2	*Olaf Hohmann/Günther M. Sander*, Strafrecht, Besonderer Teil I: Vermögensdelikte, 3. Aufl. München 2011; Besonderer Teil II: Delikte gegen die Person und gegen die Allgemeinheit, 2. Aufl. München 2011
Honig-FS	Festschrift für Richard M. Honig, Göttingen 1970
I. Roxin-FS	Festschrift für Imme Roxin, Heidelberg 2012
Jäger, BT	*Christian Jäger*, Examens-Repetitorium Strafrecht Besonderer Teil, 5. Aufl. Heidelberg 2013
Jakobs-FS	Festschrift für Günther Jakobs, Köln 2007
Jescheck-FS	Festschrift für Hans-Heinrich Jescheck, Berlin 1985
Joecks	*Wolfgang Joecks*, Strafgesetzbuch, Studienkommentar, 11. Aufl. München 2014
Kelker, Gesinnungsmerkmale	*Brigitte Kelker*, Zur Legitimität von Gesinnungsmerkmalen im Strafrecht, Frankfurt a.M. 2007
Kindhäuser	*Urs Kindhäuser*, Strafgesetzbuch, Lehr- und Praxiskommentar, 6. Aufl. Baden-Baden 2014
Kindhäuser, BT I, BT II	*Urs Kindhäuser*, Strafrecht, Besonderer Teil I: Straftaten gegen Persönlichkeitsrechte, Staat und Gesellschaft, 6. Aufl. Baden-Baden 2014; Besonderer Teil II: Straftaten gegen Vermögensrechte, 8. Aufl. Baden-Baden 2014

K/H/H, BT 1, BT 2	*Volker Krey,* fortgeführt von *Manfred Heinrich/Uwe Hellmann*, Strafrecht, Besonderer Teil, Bd. 1: Besonderer Teil ohne Vermögensdelikte, 15. Aufl. Stuttgart 2012; Bd. 2: Vermögensdelikte, 16. Aufl. Stuttgart 2012
Kleinknecht-FS	Strafverfahren im Rechtsstaat – Festschrift für Theodor Kleinknecht, München 1985
Klug-FS	Festschrift für Ulrich Klug, Köln 1983
Kohlmann-FS	Festschrift für Günter Kohlmann, Köln 2003
Krey-FS	Festschrift für Volker Krey, Stuttgart 2010
Küchenhoff-GS	Recht und Rechtsbesinnung – Gedächtnisschrift für Günther Küchenhoff, Berlin 1987
Kühl, AT	*Kristian Kühl*, Strafrecht, Allgemeiner Teil, 7. Aufl. München 2012
Kühne-FS	Festschrift für Hans-Heiner Kühne, Heidelberg 2013
Küper-FS	Festschrift für Wilfried Küper, Heidelberg 2007
Küpper, BT 1	*Georg Küpper*, Strafrecht, Besonderer Teil 1: Delikte gegen Rechtsgüter der Person und Gemeinschaft, 3. Aufl. Berlin/Heidelberg 2007
Lackner-FS	Festschrift für Karl Lackner, Berlin 1987
Lampe-FS	Jus humanum – Festschrift für Ernst-Joachim Lampe, Berlin 2003
Leferenz-FS	Kriminologie – Psychiatrie – Strafrecht, Festschrift für Heinz Leferenz, Heidelberg 1983
Lenckner-FS	Festschrift für Theodor Lenckner, München 1998
L/Kühl	*Lackner/Kühl,* Strafgesetzbuch, Kommentar, bearbeitet von *Kristian Kühl* und *Martin Heger*, 28. Aufl. München 2014
LK-[Bearbeiter]	Strafgesetzbuch, Leipziger Kommentar, 12. Aufl. Berlin 2006 ff (soweit bis Dezember 2014 erschienen, sonst 11. Aufl. 1992 ff). Bei mehreren Bearbeitern (Bearbeiterwechsel) wird nur der *Zweitbearbeiter* genannt.
Lüderssen-FS	Festschrift für Klaus Lüderssen, Baden-Baden 2002
M/[Bearbeiter], BT 1, BT 2	*Reinhart Maurach, Friedrich-Christian Schroeder, Manfred Maiwald*, Strafrecht, Besonderer Teil, Teilband 1: Straftaten gegen Persönlichkeits- und Vermögenswerte, 10. Aufl. Heidelberg 2009; Teilband 2: Straftaten gegen Gemeinschaftswerte, 10. Aufl. Heidelberg 2012
Maiwald-FS	Gerechte Strafe und legitimes Strafrecht – Festschrift für Manfred Maiwald, Berlin 2010
Maurer-FS	Staat, Kirche, Verwaltung – Festschrift für Hartmut Maurer, München 2001
Mayer-FS	Beiträge zur gesamten Strafrechtswissenschaft – Festschrift für Hellmuth Mayer, Berlin 1966
Meurer-GS	Gedächtnisschrift für Dieter Meurer, Berlin 2002
Mitsch, BT II/1, BT II/2	*Wolfgang Mitsch*, Strafrecht, Besonderer Teil 2, Teilband 1: Vermögensdelikte (Kernbereich), 2. Aufl. Berlin/Heidelberg 2002; Teilband 2: Vermögensdelikte (Randbereich), Berlin/Heidelberg 2001

MK-[Bearbeiter]	*Wolfgang Joecks/Klaus Miebach* (Hrsg.), Münchener Kommentar zum Strafgesetzbuch, 2. Aufl. München 2012 ff. Bei mehreren Bearbeitern (Bearbeiterwechsel) wird nur der *Zweitbearbeiter* genannt.
Nehm-FS	Strafrecht und Justizgewährung – Festschrift für Kay Nehm, Berlin 2006
NK-[Bearbeiter]	Nomos Kommentar zum Strafgesetzbuch, 4. Aufl. Baden-Baden 2013. Bei mehreren Bearbeitern (Bearbeiterwechsel) wird nur der *Zweitbearbeiter* genannt.
Otto, BT	*Harro Otto*, Grundkurs Strafrecht – Die einzelnen Delikte, 7. Aufl. Berlin 2005
Otto-FS	Festschrift für Harro Otto, Köln 2007
Peters-FS	Einheit und Vielfalt des Strafrechts – Festschrift für Karl Peters, Tübingen 1974
Pfeiffer-FS	Strafrecht, Unternehmensrecht, Anwaltsrecht – Festschrift für Gerd Pfeiffer, Köln 1988
Pötz-FG	140 Jahre Goltdammer's Archiv für Strafrecht – Eine Würdigung zum 70. Geburtstag von Paul-Günter Pötz, Heidelberg 1993
Puppe-FS	Strafrechtswissenschaft als Analyse und Konstruktion – Festschrift für Ingeborg Puppe, Berlin 2011
Rengier, BT 1, BT 2	*Rudolf Rengier*, Strafrecht, Besonderer Teil I: Vermögensdelikte, 16. Aufl. München 2014; Besonderer Teil II: Delikte gegen die Person und Allgemeinheit, 15. Aufl. München 2014
Roxin, AT I	*Claus Roxin*, Strafrecht, Allgemeiner Teil, Bd. 1, 4. Aufl. München 2006
Roxin-FS I, II	Festschrift für Claus Roxin, Berlin 2001 (I); Strafrecht als Scientia Universalis – Festschrift für Claus Roxin, Berlin 2011 (II)
Rudolphi-FS	Festschrift für Hans-Joachim Rudolphi, Neuwied 2004
Schlüchter-GS	Gedächtnisschrift für Ellen Schlüchter, Köln 2002
Schmitt-FS	Festschrift für Rudolf Schmitt, Tübingen 1992
Schneider, Selbstbegünstigungsprinzip	*Hartmut Schneider*, Grund und Grenzen des strafrechtlichen Selbstbegünstigungsprinzips, Berlin 1991
Schöch-FS	Verbrechen – Strafe – Resozialisierung – Festschrift für Heinz Schöch, Berlin 2010
Schreiber-FS	Strafrecht, Biorecht, Rechtsphilosophie – Festschrift für Hans-Ludwig Schreiber, Heidelberg 2003
Schröder-GS	Gedächtnisschrift für Horst Schröder, München 1978
Schroeder-FS	Festschrift für Friedrich-Christian Schroeder, Heidelberg 2006
Schwind-FS	Festschrift für Hans-Dieter Schwind, Heidelberg 2006
Schwinge-FS	Persönlichkeit in der Demokratie – Festschrift für Erich Schwinge, Köln 1973
Schroth, BT	*Ulrich Schroth*, Strafrecht, Besonderer Teil, 5. Aufl. Stuttgart 2010

Seebode-FS	Festschrift für Manfred Seebode, Berlin 2008
SK-[Bearbeiter]	*Jürgen Wolter* (Hrsg.), Systematischer Kommentar zum Strafgesetzbuch, Besonderer Teil, München, Stand: September 2014. Bei mehreren Bearbeitern (Bearbeiterwechsel) wird nur der *Zweitbearbeiter* genannt.
Sonnen, BT	*Bernd-Rüdeger Sonnen*, Strafrecht, Besonderer Teil, Heidelberg 2005
S/S/[Bearbeiter]	*Schönke/Schröder*, Strafgesetzbuch, Kommentar, bearbeitet von *Albin Eser* et al., 29. Aufl. München 2014. Bei mehreren Bearbeitern (Bearbeiterwechsel) wird nur der *Zweitbearbeiter* genannt.
SSW-[Bearbeiter]	*Helmut Satzger, Wilhelm Schluckebier, Gunter Widmaier* (Hrsg.), Strafgesetzbuch, Kommentar, 2. Aufl. Köln 2014
Stree/Wessels-FS	Beiträge zur Rechtswissenschaft – Festschrift für Walter Stree und Johannes Wessels, Heidelberg 1993
Stürner-FS	Festschrift für Rolf Stürner, Bd. I: Deutsches Recht, Tübingen 2013
Tiedemann-FS	Strafrecht und Wirtschaftsstrafrecht – Festschrift für Klaus Tiedemann, Köln/München 2008
Tröndle-FS	Festschrift für Herbert Tröndle, Berlin 1989
Volk-FS	Festschrift für Klaus Volk, München 2009
W/Beulke/Satzger	*Johannes Wessels*, Strafrecht Allgemeiner Teil, fortgeführt von *Werner Beulke* und *Helmut Satzger*, 44. Aufl. Heidelberg 2014
W/Hettinger	*Johannes Wessels*, Strafrecht Besonderer Teil 1: Straftaten gegen Persönlichkeits- und Gemeinschaftswerte, fortgeführt von *Michael Hettinger*, 38. Aufl. Heidelberg 2014
W/Hillenkamp	*Johannes Wessels*, Strafrecht Besonderer Teil 2: Straftaten gegen Vermögenswerte, fortgeführt von *Thomas Hillenkamp*, 37. Aufl. Heidelberg 2014
Weber-FS	Festschrift für Ulrich Weber, Bielefeld 2004
Widmaier-FS	Strafverteidigung, Revision und die gesamten Strafrechtswissenschaften – Festschrift für Gunther Widmaier, Köln/München 2008
Wolff-FS	Festschrift für E.A. Wolff, Berlin/Heidelberg 1998
Wolter-FS	Gesamte Strafrechtswissenschaft in internationaler Dimension: Festschrift für Jürgen Wolter, Berlin 2013
Zieschang, Gefährdungsdelikte	*Frank Zieschang*, Die Gefährdungsdelikte, Berlin 1998
Zipf-GS	Gedächtnisschrift für Heinz Zipf, Heidelberg 1999

Abfall – § 326 I, II StGB

»Abfälle« sind Stoffe und Gegenstände (str. → Rn. 2) – einschließlich Flüssigkeiten und in Behälter gefasste Gase –, 1

- die in ihrem gegenwärtigen Zustand *objektiv* keinen wirtschaftlichen *Gebrauchswert* haben und deren geordnete *Entsorgung* zur Wahrung des Allgemeinwohls, namentlich zum Schutz der Umwelt, erforderlich ist (»Zwangsabfall«), oder
- auf die sich der äußerlich erkennbar betätigte *Wille* des Sachherrschaftsinhabers bezieht, sich ihrer als für ihn – subjektiv – *gegenwärtig* gebrauchswertlos zu *entledigen* (»gewillkürter Abfall«).

  Die objektiv bestehende Möglichkeit oder die Absicht, diese Stoffe oder Gegenstände *nach* der Entsorgung wiederzuverwerten oder weiterzuverarbeiten, steht der Einordnung als Abfall nicht entgegen.

Literatur: NK-*Ransiek* § 326 Rn. 5 ff; *SSW-Saliger* § 326 Rn. 4 ff. **Einführend:** *Rengier*, BT 2, § 48 Rn. 16 ff.

Rechtsprechung Grundlegend: BGHSt 37, 21 (23 f, 26 f) mit Bspr. *Lamberg* NJW 1991, 1996 ff; BGHSt 37, 333 (334 ff) mit Anm. *Horn* JZ 1991, 886 f, *Sack* JR 1991, 338 ff; BGH NStZ 1997, 544 f. **Beispielhaft:** BayObLG NStZ 1984, 123 (124 – Autowrack als Zwangsabfall); OLG Braunschweig NStZ-RR 1998, 175 (176 – Autowrack als Wirtschaftsgut) mit krit. Bspr. *Brede* NStZ 1999, 137 ff; aufgegeben vom OLG Braunschweig mit Blick auf § 3 IV KrW/AbfG 1994 in NStZ-RR 2001, 42; OLG Celle NStZ-RR 1998, 208 f (Putenmist als Wirtschaftsgut); OLG Köln NJW 1986, 1117 (1118 – gewillkürter Abfall); LG Stuttgart NStZ 2006, 291 (Flüssigkeiten in Autowracks) mit Anm. *Henzler* S. 292 ff; OLG Zweibrücken NStZ 1991, 336 f (Pferdemist kein Zwangsabfall) mit krit. Anm. *Sack*, S. 337.

BGHSt 37, 333 (334 ff): „Das Merkmal ›Abfälle‹ erfaßt neben den Stoffen, deren sich der Besitzer, weil er sie nicht weiter zu verwenden beabsichtigt, *entledigen will* (›gewillkürter Abfall‹), solche Stoffe, deren *geordnete Entsorgung* zur Wahrung des Gemeinwohls, insbesondere zum Schutz der Umwelt *geboten* ist (›Zwangsabfall‹). Insoweit kommt es nicht auf den bloßen Willen des Besitzers an, die Sache noch als Wirtschaftsgut einzusetzen. Maßgebend ist vielmehr eine Gesamtbetrachtung aller Umstände unter Berücksichtigung des konkreten Zustands der Sache. Ergibt diese, dass die Sache … gegenwärtig ohne Entsorgung … objektiv *ohne Gebrauchswert* ist und in ihrem Zustand die Umwelt gefährdet, liegt kein Wirtschaftsgut vor, sondern Abfall, der sogleich zu entsorgen ist (Zwangsabfall). Dies gilt auch, wenn der Besitzer den Stoff oder seine Bestandteile nach der Entsorgung *wiederverwenden* oder verwerten will… Dabei kommt es für den (subjektiven) Abfallbegriff nicht entscheidend auf die Vorstellungen und Absichten des Besitzers über die Möglichkeit der Weiterverwertung an. Maßgebend ist nur, ob er sich des Stoffes als für ihn wertlos entledigen, d.h. sich davon befreien will, um ihn der Entsorgung zuzuführen oder zuführen zu lassen."

BGH NStZ 1997, 544 f (insoweit in BGHSt 43, 219 ff nicht abgedruckt): „Der strafrechtliche Abfallbegriff ist in Anlehnung an den verwaltungsrechtlichen Abfallbegriff *selbständig* zu bestimmen. Grundlage hierfür war [früher] § 1 I Abfallgesetz vom 27.8.1986 (AbfG 1986). Inzwischen hat er eine Neuregelung in § 3 des Kreislaufwirtschafts- und Abfallgesetzes vom 27.9.1994 (KrW/AbfG 1994) erfahren. In *Anlehnung* an § 1 I AbfG wird auch im strafrechtlichen Abfallbegriff nach Sachen unterschieden, deren sich der Besitzer entledigen will (›gewillkürter Abfall‹ oder subjektiver Abfallbegriff) oder deren geordnete Entsorgung zur Wahrung des Wohls der Allgemeinheit geboten ist (›Zwangsabfall‹ oder objektiver Abfallbegriff). Diese

Definition hat § 3 KrW/AbfG 1994 im wesentlichen beibehalten und bestimmt Abfall danach, ob sich der Besitzer seiner entledigt, entledigen will oder entledigen muß... Die Einstufung als Abfall ist auch dann möglich, wenn ein Stoff nach seiner Entsorgung *wiederverwendet* oder weiterverarbeitet werden kann, solange der Besitzer sich seiner entledigen will, weil er für ihn wertlos geworden ist."

Erläuterungen

2 Das StGB hat den Begriff des »Abfalls« nicht definiert, während die verwaltungsrechtlichen Vorschriften (z.B. § 3 KrWG) entsprechende Definitionen enthalten. Der strafrechtliche Abfallbegriff ist nach allgemeiner Auffassung zwar »in Anlehnung« an die abfallrechtlichen (verwaltungsrechtlichen) Bestimmungen, jedoch grundsätzlich *eigenständig* zu definieren. Er ist also nicht streng »verwaltungsakzessorisch« zu bestimmen, wenngleich das Abfallverwaltungsrecht und die europarechtlichen Vorgaben[1] den strafrechtlichen Begriff prägen. So stammt aus dem Verwaltungsrecht die auch für das Strafrecht geltende Unterscheidung zwischen »Zwangsabfall« (= objektiver Abfallbegriff, § 3 IV KrWG 2012) und »gewillkürtem Abfall« (= subjektiver Abfallbegriff). »Objektiver« und »subjektiver« Abfallbegriff schließen sich dabei nicht etwa gegenseitig aus, sondern bezeichnen nur verschiedene *Maßstäbe* (Kriterien) für die Bewertung als »Abfall«. Ein Stoff oder ein Gegenstand kann daher ggf. nach beiden Kriterien als »Abfall« einzuordnen sein.

Die früher in § 3 I KrW-/AbfG 1994 enthaltene Beschränkung auf bewegliche Sachen, die auch den strafrechtlichen Abfallbegriff prägte,[2] ist mittlerweile (§ 3 I S. 1 KrWG 2012) zwar zugunsten einer weiten Bestimmung („Stoffe und Gegenstände") aufgegeben worden. Gleichwohl ist nicht geklärt, ob dem auch der strafrechtliche Abfallbegriff folgt. Denn zum einen wird der verwaltungsrechtliche Begriff als zu weit verstanden, zum anderen enthält § 2 KrWG – nunmehr in die andere Richtung zu weitgehend – unterschiedliche Ausschlusstatbestände.[3] Daher wird vorgeschlagen, für den strafrechtlichen Abfallbegriff an der „beweglichen Sache" festzuhalten.[4]

Soweit in § 3 I 2 KrWG zwischen »Abfällen zur Beseitigung« und »Abfällen zur Verwertung« unterschieden wird, handelt es sich zwar gleichermaßen um Abfälle im strafrechtlichen Sinn.[5] Die Unterscheidung kann aber Bedeutung bei der Tathandlung des § 326 I StGB erlangen, sofern es um die Entsorgung in einer dafür (Verwertung *oder* Beseitigung) zugelassenen Anlage geht.[6]

---

1 Näher zum Einfluss europarechtlicher Regelungen auf den nationalen Abfallbegriff des § 326 I StGB und dem speziell vom Verbringungsrecht geprägten Abfallbegriff in § 326 II Nr. 1 StGB bei *SSW-Saliger* § 326 Rn. 5.

2 Durch Treibstoff verunreinigtes nicht ausgehobenes Erdreich wurde deshalb im Schrifttum nicht als Abfall bewertet; s. MK-*Alt*, 1. Aufl. 2006, § 326 Rn. 13 (unter Hinweis auf den unabdingbaren Wortlaut und den möglichen Strafrechtsschutz aus §§ 324, 324a StGB gegen EuGH NVwZ 2004, 1341).

3 Allerdings wird die Relevanz dieser verwaltungsrechtlichen Zuständigkeitsregelung für den strafrechtlichen Abfallbegriff bestritten, vgl. *Heine* NJW 1998, 3665 (3668); *Fischer* § 326 Rn. 12.

4 *SSW-Saliger* § 326 Rn. 5a m.w.N.

5 Vgl. zur Einordnung wiederverwertbarer Stoffe oder Gegenstände als »Abfall« BGHSt 37, 21 (27 – Zwangsabfall); BGHSt 37, 333 (335 – gewillkürter Abfall); *SSW-Saliger* § 326 Rn. 7 m.w.N. Die *Gegenauffassung* (vgl. z.B. LK-*Steindorf* § 326 Rn. 13 ff) dürfte durch die Neufassung des § 326 StGB v. 6. 12. 2011 überholt sein (vgl. nunmehr § 326 I StGB a.E.: „verwertet").

6 Vgl. *Schall* NStZ-RR 2003, 65 (68); *S/S/Hecker* § 326 Rn. 2b.

Für das Verständnis des § 326 I, II Nr. 2 StGB ist wichtig, dass nicht alle »Abfälle« i.S. des strafrechtlichen Abfallbegriffs unter die Vorschrift fallen, sondern nur solche, die als »gefährliche Abfälle« eine der in Abs. 1 Nr. 1-4 genannten besonderen Eigenschaften aufweisen.

Abhören, Abhörgerät – § 201 II 1 Nr. 1 StGB

»Abhören« mit einem »Abhörgerät« erfordert den Einsatz einer technischen Vorrichtung, mit der das gesprochene Wort über dessen normalen Klangbereich hinaus durch Verstärkung oder Übertragung wahrnehmbar (→ Rn. 4) gemacht wird. **3**

Keine »Abhörgeräte« sind Fernsprechapparate, die infolge technischer Störungen das Mithören fremder Gespräche ermöglichen, sowie in Fernsprechapparate bestimmungsgemäß (zulässig) eingebaute Lautsprecher, Zweithörer oder sonstige Mithöreinrichtungen (sog. »*verkehrsübliche* Mithörgeräte«, str. → Rn. 5).

Literatur: MK-*Graf* § 201 Rn. 31 ff. **Einführend:** *W/Hettinger* Rn. 538 ff.

Rechtsprechung Grundlegend: BGH (8. Zivilsenat) NJW 1982, 1397 (1398) mit Anm. *Schlund* JR 1982, 374 f. **Beispielhaft:** BGHSt 39, 335 (343) und OLG Düsseldorf NJW 2000, 1578 (1579) jew. zu Mithöreinrichtungen; LG Regensburg NStZ 1983, 366 (366 f – Mithören von der Nebenstelle).

BGH NJW 1982, 1398: „Zu den Abhörgeräten i.S. des § 201 II StGB gehören etwa versteckt angebrachte Mikrofone, Richtmikrofone, drahtlose Kleinstsender sowie Vorrichtungen zum ›Anzapfen‹ von Telefonleitungen, … weil ihr Einsatz einen *besonders gefährlichen* Angriff auf den geschützten Bereich und auf die Kontrolle der Sprechenden über die Reichweite ihrer Äußerungen darstellt. Im Telefon eingebaute Lautsprecher, Zweithörer oder sonstige *Mithöreinrichtungen* sind nicht als Abhörgeräte … anzusehen. Die gegenteilige Auffassung … verkennt die Intention des Gesetzgebers, der eine einschränkende Auslegung des weit gefaßten Tatbestandes … vorgesehen hat."

Erläuterungen

Das Abhören setzt die akustische Wahrnehmung durch eine andere Person voraus, ein Verstehen des Inhalts ist nicht erforderlich (str.),[1] da bereits mit der durch Abhörgeräte ermöglichten Wahrnehmung des Wortes die geschützte Kommunikationssphäre verletzt wird. Zum Teil wird in Abgrenzung zum bloß zufälligen Mithören ein aktives Verhalten vorausgesetzt, das auf ein Horchen und Ausforschen abzielt.[2] **4**

Umstritten ist außerdem, ob das Abhören nur die unmittelbare akustische Wahrnehmung umfasst oder auch dann verwirklicht ist, wenn das vom Abhörgerät übermittelte Wort zunächst aufgezeichnet und die Aufzeichnung später abgehört wird. Gegen Letzteres wird eingewendet, dass dann nicht das gesprochene, sondern nur das aufge-

1 MK-*Graf* § 201 Rn. 31; SK-*Hoyer* § 201 Rn. 23; NK-*Kargl* § 201 Rn. 16; a.A.: *Fischer* § 201 Rn. 7, *SSW-Bosch* § 201 Rn. 9.

2 LK-*Schünemann* § 201 Rn. 21; MK-*Graf* § 201 Rn. 31; NK-*Kargl* § 201 Rn. 16; ähnlich *S/S/Eisele* § 201 Rn. 20: gezielter Einsatz.

zeichnete Wort abgehört wird.[3] Überwiegend wird jedoch auch das aufgezeichnete (und daher in der Regel schon von Abs. 1 Nr. 1 erfasste) Wort als abhörfähig einbezogen. Denn nur über Abs. 1 Nr. 1 könne der Einbruch in das vertrauliche Gespräch durch ein Abhörgerät nicht angemessen erfasst werden.[4] Dafür spricht auch, dass ein Abhören schon aus technischen Gründen (etwa bei der Internet-Telefonie) vielfach mit einer Zwischenspeicherung des Kommunikationsinhalts verbunden ist.

5 Die h.M., dass sog. »verkehrsübliche Mithörgeräte« aus dem Tatbestand ausscheiden,[5] wird in der Literatur bestritten: Die Tatsache, dass solche Einrichtungen üblich geworden seien und mit ihrem Vorhandensein auch bei privaten Anschlüssen, insbesondere bei Kraftfahrzeugen wegen der üblichen Freisprecheinrichtung[6], gerechnet werden müsse, ändere nichts an ihrem Charakter als »Abhörgerät«, sondern gewinne erst bei der Frage Bedeutung, ob der Inhalt zur »Kenntnis« des Empfängers bestimmt sei. Sonst bleibe der betroffene Fernsprechteilnehmer auch dann schutzlos, wenn das Gespräch erkennbar vertrauliches Gepräge habe oder dem Teilnehmer sogar ausdrücklich Vertraulichkeit zugesichert worden sei.[7]

Absetzen/Absetzenhelfen
(»Absatzhehlerei«/»Verwertungshehlerei«) – § 259 I StGB

6 »Absetzen« ist die (auch) im Interesse und mit Einverständnis des Vortäters/Vorbesitzers für *dessen Rechnung* vorgenommene Übertragung der eigentümergleichen Verfügungsgewalt (→ Rn. 10) auf einen Dritten[1] durch *selbstständig-weisungsunabhängiges* Handeln (Absetzen »in eigener Regie« – im Gegensatz zur bloßen Unterstützung beim Absetzenhelfen).

Beim »Absetzenhelfen« unterstützt der Täter den vom Vortäter/Vorbesitzer durchgeführten »Absatz« unmittelbar (→ Rn. 8) mit dessen Einverständnis und *in dessen Interesse.*[2]

Umstritten ist, ob dem »Absetzen« und dem »Absetzenhelfen« zwingend eine *entgeltliche* Veräußerung (»wirtschaftliche Verwertung«) der Sache zugrundeliegen muss (→ Rn. 11). Demgegenüber hat der Streit um das Erfordernis eines **gelungenen** Absatzes (»Erfolgsdelikt«) und über den Zeitpunkt des Versuchsbeginns (→ Rn. 18 f) durch die Rechtsprechungsänderung (BGHSt 59, 40) erheblich an Brisanz verloren (→ Rn. 13 ff).

Literatur: MK-*Maier* § 259 Rn. 101 ff; *M/R/Dietmeier* § 259 Rn. 20 ff. **Einführend:** *Rengier*, BT 1, § 22 Rn. 28 ff.

3 So SK-*Hoyer* § 201 Rn. 23.
4 *S/S/Eisele* § 201 Rn. 20; im Ergebnis ebenso etwa MK-*Graf* § 201 Rn. 31.
5 BGH NJW 1982, 1398 (oben zitiert → Rn. 3); zust. etwa *L/Kühl* § 201 Rn. 5.
6 MK-*Graf* § 201 Rn. 33.
7 LK-*Schünemann* § 201 Rn. 21 a.E.; NK-*Kargl* § 201 Rn. 17; *SSW-Bosch* § 201 Rn. 8; dagegen SK-*Hoyer* § 201 Rn. 25.

1 Kein »Absatz« ist die Veräußerung an den durch die Vortat Verletzten → Rn. 12.
2 Ein Handeln ausschließlich im eigenen Interesse ist weder als »Absetzen« noch als »Absetzenhelfen« tatbestandsmäßig, OLG Hamm NJW 1972, 835.

Rechtsprechung **Grundlegend** (zum Absatzerfolg): RGSt 5, 241 (242 f); BGHSt 27, 45 (47 ff) mit zust. Anm. *Meyer* JR 1977, 126; BGHSt 43, 110 (111) mit krit. Anm. *Krack* NStZ 1998, 462 ff, zust. *Rosenau* NStZ 1999, 352 f; BGHSt 59, 40 ff. **Beispielhaft:** RGSt 44, 249 (250 f – gutgläubiger Zwischenbesitzer); 57, 73 (75 – Vorsatz); 67, 430 (431 f – Absatz durch erschlichene staatliche Versteigerung); BGHSt 9, 137 (138 f – keine Absatzförderung beim bloßen „Mitverprassen" der Beute) mit zust. Anm. *Maurach* JZ 1956, 608; BGH NJW 1978, 2042 (Anbringen unechter Kfz-Kennzeichen) mit krit. Anm. *Sonnen* JA 1979, 108 f; BGH NJW 1979, 2621 f (Zwischenhehler als Vortäter).

Zusammenfassung der BGH-Rechtsprechung (ohne Stellungnahme zur Frage des Absatzerfolges) in BGH GA 1984, 427 f: „Die Tatbestandsmerkmale des ›Absetzens‹ und des ›Absetzenhelfens‹ sind gegeben, wenn der Täter bei der wirtschaftlichen Verwertung der vom Vortäter erlangten Sache in dessen Interesse und mit dessen Einverständnis tätig wird, wobei es unschädlich ist, wenn der Absatz *auch* dem Täterinteresse dient. Während die Begehungsform des ›Absetzens‹ erfüllt ist, wenn der Handelnde *selbst* die Verfügungsgewalt über die Sache auf einen Dritten überträgt, ist unter ›Absetzenhelfen‹ das *unselbständige* Unterstützen des Vortäters zu verstehen. Bei der Absatzhilfe handelt es sich um eine *tatbestandlich verselbständigte* Unterstützung, also um täterschaftliches Handeln. Der Gesetzgeber hat die den Absatz des Vortäters unterstützende Handlung als selbständiges Tatbestandsmerkmal ausgestaltet, da eine Beihilfe zur Absatztätigkeit des Vortäters sonst nicht strafbar wäre, weil keine *tatbestandsmäßige* Haupttat vorliegt. Auch bei der Absatzhilfe muss der Täter im Interesse und im Einverständnis mit dem Vortäter handeln. Wird der Absatzhelfer nicht für den Vortäter …, sondern für den *Erwerber* der bemakelten Sache bei deren Erlangung tätig, so liegt in dieser Mitwirkung kein täterschaftliches Absetzenhelfen."

BGHSt 59, 40 (42 ff – neue Rspr. zum Absatzerfolg): „Für die Auslegung des Tatbestands der Hehlerei als Erfolgsdelikt auch in den Fällen des Absetzens und der Absatzhilfe spricht der Wortlaut der Vorschrift. Schon der allgemeine Sprachgebrauch unterscheidet zwischen dem erfolgreichen Absetzen und bloßen Absatzbemühungen… Zudem führt die bisherige Auslegung zu einem systematischen Bruch zwischen den Tathandlungsalternativen des Absetzens und der Absatzhilfe einerseits sowie des Ankaufens und des sonstigen sich Verschaffens andererseits, wenn nur bei letzteren zur Vollendung … der Übergang der Verfügungsgewalt verlangt wird" (s. auch → Rn. 16). Im Übrigen lasse sie systemwidrig „die Versuchsstrafbarkeit im Bereich des Absetzens und der Absatzhilfe weitestgehend leerlaufen… Das Verständnis des Absetzens als Erfolgsdelikt verdient schließlich auch bei teleologischer Auslegung den Vorzug. Denn wenn das Wesen der Hehlerei in der Aufrechterhaltung der durch die Vortat geschaffenen rechtswidrigen Vermögenslage besteht, ‚die durch das Weiterschieben der durch die Vortat erlangten Sache im Einverständnis mit dem Vortäter erreicht wird' (BT-Drs. 7/550, S. 252, sogenannte Perpetuierungstheorie), liegt die Annahme von Vollendung fern, wenn diese Weiterschiebung noch nicht abgeschlossen ist".

Erläuterungen

I. Deliktsstruktur und Funktion der Merkmale

Die Merkmale »absetzt« und »absetzen hilft« bezeichnen zwei Arten der *Unterstützung* des Vortäters oder sonstigen Vorbesitzers beim »Absatz« der Sache (Absatzförderung): »Absetzen« ist die vom Hehler *selbstständig*, weisungsunabhängig geleistete Unterstützung des Absatzes, »Absetzenhelfen« die *unselbstständig-beihilfeähnliche* Förderung des vom Vortäter/Vorbesitzer selbstständig vorgenommenen Absatzes.[3] 7

3 Zu den allg. Grundsätzen der Hehlerei (Einverständnis mit dem Vortäter, Verhältnis zur Vortat), die auch für die »Absatzhehlerei« gelten, → Rn. 468 f, Rn. 472.

1. Helfen beim Absatz als täterschaftliches Handeln

8 Wenn der Vortäter – ebenso wie der [dazwischen stehende] gutgläubige »Vorbesitzer« – die deliktisch erlangte Sache »absetzt« (verwertet), erfüllt er durch dieses Verhalten nicht den Tatbestand des § 259 I StGB. Mangels tatbestandsmäßiger »Haupttat« fehlt auch die Möglichkeit, eine Unterstützung beim Absatz (Absatzförderung) nach §§ 259 I, 27 I StGB als *Beihilfe* zur Hehlerei zu erfassen. Diese »Beihilfelücke« schließt das Gesetz dadurch, dass es die fremdnützige Absatzförderung in § 259 I StGB tatbestandlich verselbstständigt. Damit wird die an sich tatbestandslose nachträgliche Hilfeleistung als *hehlerische Täterschaft* strafbar, mit der Konsequenz, dass zugleich für eine Strafmilderung nach § 27 II StGB kein Raum mehr bleibt.[4]

Zu beachten ist, dass sich aus der Funktion des Merkmalskomplexes »Absetzen/Absetzenhelfen« (Schließung der »Beihilfelücke«) zugleich eine entsprechende *Begrenzung des Anwendungsbereichs* ergibt. Nicht jede Form der »Absatzförderung« gehört hierher. Die Unterstützung des »Absatzhehlers«, auch des »Absatzgehilfen«, ist *Beihilfe* zu deren Hehlerei (§§ 259, 27 I StGB), ebenso wie die Unterstützung des Erwerbers bei der »Verschaffung«.[5] »Absetzenhelfen« ist deshalb nur die Unterstützung, die *unmittelbar* – auch in mittelbarer Täterschaft – *dem Vortäter/Vorbesitzer* geleistet wird.

2. Absatzförderung auch bei selbstständiger Durchführung des Absatzes

9 Vor der Neufassung des Tatbestandes (1974) war die Absatzförderung im Gesetz einheitlich als »Mitwirken zum Absatz bei anderen« bezeichnet. Diese Formulierung hat der Gesetzgeber durch den Doppelbegriff »absetzt/absetzen hilft« ersetzt. Dabei enthält das dem »Absetzenhelfen« hinzugefügte »Absetzen« nach Entstehungsgeschichte und Sinn des Gesetzes lediglich eine sprachlich erweiternde Modifizierung der »Absatzhilfe«: Die neue Fassung soll *klarstellen*, dass hehlerische Absatzförderung auch dann vorliegt, wenn die dem Vortäter/Vorbesitzer bei der Sachverschiebung geleistete »Hilfe« in der *selbstständigen Durchführung* des Absatzes – auf dessen Rechnung und in dessen Interesse – besteht, sich also nicht im unselbstständigen »Mitwirken« bei dem von ihm durchgeführten Absatz erschöpft.[6] Substanziell bleibt deshalb das »Absetzen« gleichfalls – nur eben eigenständige – *Unterstützung* beim Absatz: Der »Absetzer« führt den Absatz zugunsten des Vortäters/Vorbesitzers »in eigener Regie« durch, handelt aber mit seinem Einverständnis,[7] für *fremde Rechnung* und maßgeblich in *fremdem Interesse* (Stichwort: »Verkaufskommission«[8]). Dass er zugleich ein gewisses »Eigeninteresse« verfolgt, ist freilich unschädlich; er darf nur nicht *ausschließlich* im eigenen Interesse handeln.[9]

---

4 Vgl. etwa MK-*Maier* § 259 Rn. 162; krit. dazu etwa: *Freund* GA 1999, 509 (527 in Fn. 68), *Küper* NJW 1977, 58; gleichwohl für Strafmilderung z.B. SK-*Hoyer* § 259 Rn. 39, 48.

5 Vgl. *Fischer* § 259 Rn. 17; RGSt 58, 262 (263); BGHSt 26, 358 (362); 33, 44 (49); BGH StV 1989, 435; NStZ 1999, 351 (352); 2008, 215 (216); OLG Düsseldorf wistra 1989, 196 (197). Zum Vorrang der »Verschaffung« *Küper* Jura 1996, 205 (211).

6 Vgl. *L/Kühl* § 259 Rn. 13; BGHSt 27, 45 (48); eingehend *Küper* JuS 1975, 633 (634 f). Zu den Anforderungen an das Absetzen in Abgrenzung zur bloßen Mitwirkung zum Absatz BGHSt 23, 36 (38).

7 Ein nur vermutetes Einverständnis des Vortäters genügt nicht: RGSt 24, 352.

8 Krit. zur Verkaufskommission als »Absetzen« *Dencker*, Küper-FS, 2007, S. 9 ff (19), der sich für eine Subsumtion unter das »Sich-Verschaffen« ausspricht.

9 Vgl. *S/S/Hecker* § 259 Rn. 28; BGH GA 1984, 427 f; OLG Hamm NJW 1972, 835. Vgl. bereits RGSt 40, 199 (200 f) zur Frage des Mitwirkens zum Absatz im Gegensatz zur Ausschau nach Verwertungsmöglichkeiten vor dem Ankaufen.

II. »Absatz« als Bezugsbegriff der Alternativen

1. Übertragung der Verfügungsgewalt

Gemeinsamer *Bezugsbegriff* der Tatbestandsalternativen »Absetzen/Absetzenhelfen« ist der »Absatz« der Sache. Unabhängig von der Frage, ob das Gesetz einen Erfolgseintritt (»Absatzerfolg«) verlangt, und unabhängig auch von der genaueren Unterscheidung der Handlungsmodalitäten muss daher zunächst bestimmt werden, was »Absatz« *inhaltlich* bedeutet. Hierbei ist anerkannt, dass darunter nicht jedes äußere Weiterverschieben der Sache zu verstehen ist. Der »Absatz« bezeichnet vielmehr die »Gegenseite des Verschaffens«, ist gleichsam das Spiegelbild des hehlerischen Erwerbs durch »Sich-Verschaffen« oder »Drittverschaffung«. Erforderlich für den »Absatz« ist daher die Übertragung der – eigentümergleichen – *Verfügungsgewalt*, die auf der Erwerberseite ein »Verschaffen« begründet. Die bloße Überlassung zum Fremdbesitz ohne Übertragung der »Verfügungsgewalt« – z.B. Verleihen, Vermieten, Reparaturauftrag – stellt deshalb keinen »Absatz« dar, wohl aber die Einräumung mittelbaren Besitzes zwecks selbstständiger Verfügung über die Sache. Für die Anforderungen an die Verfügungsgewalt gelten somit die gleichen Grundsätze wie beim »Verschaffen«; insoweit tauchen unter dem Aspekt des »Absatzes« auch die gleichen Probleme auf wie dort. Vgl. dazu näher → Rn. 463 ff. 10

2. Nur »wirtschaftliche Verwertung«?

Die Rechtsprechung und h.M. in der Literatur verlangen zusätzlich zur Übertragung der Verfügungsgewalt für den Absatz eine »wirtschaftliche Verwertung«: Absatz sei nur die *entgeltliche* Verwertung der Sache durch Übertragung in fremde Verfügungsgewalt.[10] Diese Einschränkung geht auf die Rechtsprechung des RG zurück. Das RG[11] hatte aus der Entstehungsgeschichte des Gesetzes und wenig später auch aus dem „gewöhnlichen Sprachgebrauch" die Folgerung abgeleitet, dass für den Absatz eine „wirtschaftliche Verwertung", also „eine Beziehung der Veräußerung zu dem Wirtschaftsleben und eine damit in Verbindung stehende Ausnutzung des Wertes der Sache" erforderlich sei; deshalb sei z.B. das *Verschenken* kein »Absatz«, obwohl auch dadurch die rechtswidrige Besitzlage perpetuiert werde. Der BGH ist dieser Rechtsprechung gefolgt,[12] und das Schrifttum verweist für die Einschränkung zumeist ebenfalls auf den Wortlaut.[13] Da sich die Beschränkung auf »entgeltliche« Verfügungen jedoch weder aus dem Wortsinn noch aus der Entstehungsgeschichte zwingend ergibt, macht die *Gegenmeinung* mit Recht geltend: Es bestehe kein sachlicher Grund dafür, beim Verschenken nur den Erwerbsvorgang unter Hehlereigesichtspunkten (Verschaffen) zu erfassen, nicht jedoch den Übertragungsakt selbst, obwohl er ebenso zur Verschiebung der Deliktsbeute beiträgt.[14] Beim unentgeltlichen Absatz sei für die Strafbarkeit wegen Hehlerei allerdings Drittbereicherungsabsicht erforderlich. 11

---

10 *SSW-Jahn* § 259 Rn. 23 m.w.N.

11 RGSt 17, 392 (394 – Verpfändung); 32, 214 (215 f – Verschenken).

12 BGH NJW 1976, 1950; GA 1984, 427; wistra 1985, 66 (67 – unentgeltliche Überlassung einer Kreditkarte).

13 Vgl. z.B. *Berz* Jura 1980, 57 (64); *Rudolphi* JA 1981, 90 (92).

14 Vgl. NK-*Altenhain* § 259 Rn. 50; *Roth* JA 1988, 193 (204); *Stree* GA 1961, 33 (38) mit näherer Begr.

3. Veräußerung an den Verletzten

12 Nach der Rechtsprechung des RG[15] soll auch die Veräußerung an den durch die Vortat *Verletzten* einen »Absatz« der Sache darstellen, wenn sie in einer wirtschaftlichen Verwertung besteht (so insbesondere beim Rückverkauf an den Eigentümer). Das RG hatte dafür auf den früheren Wortlaut verwiesen (Mitwirken zum Absatz »bei anderen«) und zur Begründung ausgeführt: Der Berechtigte erlange die Sache nur „im Wege eines selbständigen Geschäfts" zurück, nicht aber „aufgrund seines verletzten Rechts", sondern gerade „unter Leistung eines Entgelts, wie es jeder Nichtberechtigte gewähren müßte"[16]. Die h.L. wendet dagegen ein, dass bei einer Rückführung der Sache zum Verletzten die rechtswidrige Besitzlage nicht perpetuiert werde; die damit verbundene wirtschaftliche Verwertung und für den Berechtigten nachteilige »Wertentziehung« könnten daher einen hehlerischen Absatz nicht begründen.[17] Demgegenüber wird die Veräußerung(sförderung) an Dritte, die dann gutgläubig Eigentum an der Sache erwerben, als ausreichend für den Absatz angesehen.[18] Begründen lässt sich dies wie folgt: Zwar wird in der Person des Erwerbers keine rechtswidrige Besitzposition *mehr* fortgesetzt,[19] der Absatz selbst ist aber als Verwertung der Sache für den Verletzten eine rechtswidrige Besitzübertragung auf eine andere Person.

III. Das Problem des »Absatzerfolges«

13 Zwischen Rechtsprechung und Literatur war lange Zeit die Frage umstritten, ob vollendetes »Absetzen« und »Absetzenhelfen« einen *gelungenen* Absatz voraussetzen, d.h. eine tatsächliche Übertragung der Verfügungsgewalt auf den Erwerber (»Absatzerfolg«), oder ob und inwieweit eine auf Absetzen bzw. Absatzhilfe gerichtete *Tätigkeit* ausreicht.[20] Zwar hat sich die Rechtsprechung in einer Entscheidung aus dem Jahr 2013 mittlerweile den Argumenten der h.L. angeschlossen und sich zumindest beim »Absetzen« ebenfalls für ein Erfolgsdelikt ausgesprochen (→ Rn. 16).[21] Da dort aber nicht alle für die Gegenansicht streitenden Argumente angesprochen wurden und noch offen bleibt, ob die Rechtsprechung auch für die Absatzhilfe einen Absatzerfolg verlangt (s. dazu auch → Rn. 16), soll der aus der früheren Gesetzesfassung resultierende Streitstand nachfolgend näher dargestellt werden.

1. Die Rechtsprechung

14 **a) Die Judikatur zur alten Fassung** § 259 StGB a.F. verlangte, dass der Täter beim Absatz der Beute »mitwirkt«. Insoweit hatte das RG keinen Absatzerfolg verlangt. Es verwendete die einprägsame Formel: „Nicht die Mit*bewirkung* des Absatzes, sondern

---

15 RGSt 30, 401 (402 f); 54, 124 f; zust.: *Gössel*, BT 2, § 27 Rn. 44, *Zöller/Frohn* Jura 1999, 378 (384).

16 RGSt 54, 124 (125).

17 Vgl. z.B. MK-*Maier* § 259 Rn. 112 f; *S/S/Hecker* § 259 Rn. 30; *Stoffers* Jura 1995, 113 (115); *W/Hillenkamp* Rn. 865; jew. m.w.N.; in der Tendenz ähnlich BGHSt 43, 110 f; BGH NStZ-RR 2000, 266 f (Absatz an verdeckten Ermittler).

18 BGHSt 10, 1 (2) zur Verwendung gestohlenen Geldes [insoweit wäre nach § 935 II BGB ein gutgläubiger Erwerb nicht ausgeschlossen].

19 So dass ein sich daran anschließender Erwerb oder die Veräußerung durch Bösgläubige keine Hehlerei ist, weil es nunmehr an einem tauglichen Tatobjekt fehlt: MK-*Maier* § 259 Rn. 40.

20 Übersicht über den Streitstand mit Aufbereitung der Argumente und w.N. bei *Hohmann/Sander*, BT 1, § 19 Rn. 53 ff; vertiefend *Weisert*, Der Hilfeleistungsbegriff bei der Begünstigung, 1999, S. 187 ff.

21 BGHSt 59, 40 ff; ebenso zuvor im Anfragebeschluss: BGH NStZ 2013, 584 ff.

die Mitwirkung *zum* Absatze ist unter Strafe gestellt."[22] „Die Strafbarkeit dieser Handlung ist nicht davon abhängig gemacht, daß ein Absatz stattgefunden hat"; der Erfolg liege „außerhalb des Tatbestandes"[23]. Diese Rechtsprechung ist vor dem Hintergrund zu sehen, dass der Hehlereiversuch bis 1943 *straflos* war.[24] Dabei sah das RG keinen Widerspruch darin, dass die Erwerbshehlerei (»Ansichbringen«, heute »Verschaffen«) einen Erfolg voraussetzte und der Versuch ebenfalls nicht bestraft werden konnte: Denn der Erwerbshehler sei ungefährlicher „als der zum Absatz an Andere Mitwirkende, dessen Thätigkeit auf den Verkauf gerichtet ist und der durch positives Handeln seine rechtswidrige Absicht an den Tag legt"[25]. Angesichts der „Gemeingefährlichkeit" gerade der Absatzförderung könne es nicht die Absicht des Gesetzgebers gewesen sein, erfolglose Mitwirkungen beim Absatz straflos zu lassen. Der BGH ist für das »Mitwirken zum Absatz« (§ 259 StGB a.F.) dieser Rechtsprechung gefolgt und hat sie so interpretiert, dass unter Absatzmitwirkung „jede vorbereitende [!], ausführende oder auch nur helfende Tätigkeit zum Zwecke des Absatzes" zu verstehen sei, „ohne Rücksicht darauf, ob der Absatz gelingt oder nicht".[26]

b) Die Rechtsprechung zur Neufassung Die *Neufassung* des Tatbestandes (1974)[27] **15**
löste in der Judikatur zunächst erhebliche Unsicherheiten aus.[28] BGHSt 27, 45 (47 ff) brachte die grundsätzliche »Wende« und begründete die Rechtsprechung, nach der in beiden Alternativen der Absatzförderung *kein Erfolg* vorauszusetzen ist: „Die Merkmale Absetzen und Absetzenhelfen der Neufassung des § 259 StGB sind gleichwertig an die Stelle des Merkmals Mitwirken zum Absatz der alten Fassung getreten. Vollendete Hehlerei in diesen Begehungsformen setzt also nicht voraus, daß es zum Absatz des Hehlgutes gekommen ist."[29] In seiner ausführlichen Begründung argumentiert der BGH hauptsächlich mit dem Gesichtspunkt, dass die Merkmale »absetzt« und »absetzen hilft« nach der Vorstellung des Gesetzgebers zusammen keinen anderen Inhalt haben sollten als das frühere Merkmal »Mitwirken zum Absatz«. Ein Erfolgserfordernis sei vom Gesetzgeber nicht beabsichtigt gewesen. Er habe durch die Formulierung »absetzt« nur klarstellen wollen, dass Absatzhehler auch derjenige sei, „der die Sache zwar im Einverständnis mit dem Vortäter, aber sonst völlig selbständig auf dessen Rechnung absetzt". Auch der neue Wortlaut zwinge nicht zu einer abweichenden Interpretation. Sprachlich lasse sich unter »absetzt« nicht nur der gelungene Absatz, sondern ebenso das bloße »Tätigwerden« beim Absetzen verstehen.

22 RGSt 5, 241 (242).
23 RGSt 5, 241 (242) bzw. 56, 191 (192).
24 LK-*Walter* § 259 (Entstehungsgeschichte).
25 RGSt 5, 241 (243) und ebd.: „Der Kauflustige befindet sich zu der Sache in einer ganz anderen Stellung".
26 Vgl. die Hinw. in BGHSt 27, 45 (48).
27 Statt der Mitwirkung zum Absatz ist nun erforderlich, dass der Täter die Sache „absetzt" oder „absetzen hilft".
28 OLG Köln NJW 1975, 987 f (zust. *Küper* JuS 1975, 633 ff) verlangte wegen des veränderten Wortlauts für das »Absetzenhelfen« ebenso wie für das »Absetzen« einen gelungenen Absatz. BGH NJW 1976, 1698 (1699) – mit jew. krit. Anm. *Küper* NJW 1977, 58 f und *Meyer* JR 1977, 80 f – meinte, dass zumindest für das »Absetzen« ein Erfolg notwendig ist. Demgegenüber verzichtete BGHSt 26, 358 (359 ff) »jedenfalls« bei der Absatzhilfe auf ein Erfolgserfordernis.
29 BGHSt 27, 45 (Leitsatz); ebenso BGHSt 29, 239 (242 f) zur Neufassung der Steuerhehlerei.

Zwischen den Merkmalen »absetzt« und »absetzen hilft« könne im Übrigen nicht unter dem Erfolgsaspekt differenziert werden. Ein Verzicht auf den Absatzerfolg allein beim ohnehin nur unselbstständig Helfenden würde „gegen das Gebot der Gerechtigkeit verstoßen".[30] Und schließlich laufe die Möglichkeit, bei nicht gelungenem Absatz allenfalls wegen Versuchs zu bestrafen, auf eine „Mißachtung des gesetzgeberischen Willens und seiner kriminalpolitischen Ziele" hinaus. Handlungsort der Absatzhilfe (§ 9 StGB) ist danach – mangels Erfolgsorts – der Ort, an dem die unterstützende Tätigkeit stattgefunden hat.[31]

In der weiteren Rechtsprechung hat sich zunächst die Tendenz abgezeichnet, diese »erfolgsneutrale« Konzeption der Absatzhehlerei durch ein Erfordernis *einzuschränken*, das bereits früher[32] (allerdings eher beiläufig) erwähnt wurde: Die auf Absatz gerichtete Tätigkeit müsse, auch wenn sie keinen Absatzerfolg erfordere, doch im konkreten Fall *»objektiv geeignet«* sein, diesen Erfolg herbeizuführen und dadurch den rechtswidrigen Vermögenszustand „aufrechtzuerhalten oder zu vertiefen"[33]. Das Erfordernis der »objektiven Eignung«, das dann konsequenterweise für *beide* Formen der Absatzhehlerei (Absetzen/Absetzenhelfen) gelten muss, führt freilich nur dazu, dass bestimmte »untaugliche« Maßnahmen zur Absatzförderung aus der *vollendeten* Hehlerei ausgeschieden und dem strafbaren Hehlerei*versuch* (§ 259 III StGB) zugewiesen werden. Die »taugliche« Absatzförderung ist dagegen, auch bei Erfolglosigkeit,[34] im Vollendungstatbestand verblieben.

16 Auf Initiative des 3. Strafsenats hat der BGH die zuvor dargelegte erfolgsneutrale Rechtsprechung zumindest für das Absetzen *aufgegeben*. Gestützt auf die nachfolgend (→ Rn. 17) dargestellten Argumente aus der Literatur (konkret: Wortlaut, Systematik, Sinn und Zweck) hat er sich *für ein Erfolgserfordernis* ausgesprochen. Der Wille des Gesetzgebers stehe dem nicht entgegen. Selbst wenn dieser im Jahr 1974 keine Änderung der bestehenden Rechtslage beabsichtigt habe, sei nichts dafür ersichtlich, dass er zugleich die bereits damals kritisch beurteilte Rechtsprechung festschreiben wollte.[35] Ein Blick in die Gesetzesbegründung bestätigt diese Sicht. Denn dort werden mehrfach Auslegungsprobleme, insbesondere auch eine umstrittene Rechtsprechung ausdrücklich angesprochen und klargestellt, dass diese durch die Neufassung nun „auf eine sichere gesetzliche Grundlage" gestellt oder dieser oder jener Fall künftig [nicht] erfasst werden soll;[36] zur Frage der Notwendigkeit eines Absatzerfolgs schweigt die Gesetzesbegründung hingegen.

---

30 BGHSt 27, 45 (51) – dort auch das nachfolgende Zitat.

31 Brandenburgisches OLG StraFo 2013, 122.

32 BGHSt 26, 358 (359); BGH NJW 1990, 2897 (2898).

33 BGHSt 43, 110 (111); BGH NStZ-RR 2000, 266 f; NStZ 2008, 570; StV 2009, 411. Krit. zu diesem »Eignungsansatz« u.a.: *Krack* NStZ 1998, 462 f und JR 1999, 473 f; *Maiwald*, Roxin-FS II, 2011, S. 1019 (1027 ff) mit Analyse der »Eignung«; *Seelmann* JR 1998, 342 (343); zust. z.B.: *Bosch* JA 2008, 231 (232 mit Fn. 6), *W/Hillenkamp* Rn. 867.

34 BGH NStZ 2008, 570 will zudem einen Absatzerfolg trotz polizeilicher Sicherstellung der Diebstahlsbeute bereits dann bejahen, wenn aufgrund der Modalitäten des vorgesehenen Transports zu den Abnehmern die „Zugriffsmöglichkeiten" der bestohlenen Eigentümer „faktisch ganz erheblich zugunsten der Empfänger eingeschränkt" worden seien; diese Interpretation des Absatzerfolgs überzeugt schon wegen der fehlenden Übertragung der eigentümerähnlichen Verfügungsgewalt (→ Rn. 10) nicht.

35 BGHSt 59, 40 (44).

36 BT-Drs. 7/770, S. 252.

Unklar ist noch, ob sich diese auf das »Absetzen« bezogene neuere Rechtsprechung auch auf das »Absetzenhelfen« erstrecken wird.[37] Die Argumentation des BGH legt dies allerdings nahe. Denn der „systematische Bruch" zwischen den Tathandlungsalternativen (Erwerbshehlerei vs. Veräußerungshehlerei) wird besonders bei der Absatzhilfe gesehen. Dort habe der Gesetzgeber ohnehin schon eine Beihilfe zur Täterschaft erhoben. Verzichte man dann noch [mit der erfolgsneutralen Rechtsprechung] auf ein klar abgrenzbares Versuchsstadium, werde dem Täter eine Strafmilderung(smöglichkeit) in doppelter Hinsicht vorenthalten (§ 27 II, § 23 II StGB), die dem Gehilfen beim Versuch des Sich-Verschaffens gewährt werde.[38] Zudem hat der BGH bereits früher zum Ausdruck gebracht, dass ein Verzicht auf den Absatzerfolg, der sich allein auf das Absetzenhelfen beziehen würde, zu Ungerechtigkeiten führt (→ Rn. 15).

2. Der Standpunkt der Literatur

Im *Schrifttum* hat die »erfolgsneutrale« Rechtsprechung (→ Rn. 15) nur wenig Zu- **17**
stimmung gefunden.[39] Ganz herrschend ist vielmehr die »Erfolgstheorie«, die in der Literatur z.T. schon zur alten Fassung des § 259 StGB vertreten wurde.[40] Diese Auffassung stützt ihre Ansicht zum einen mit dem *Wortsinn*, der beim »Absetzen« eine erfolgsbezogene Auslegung fordere und deshalb beim tatbestandlich gleichgeordneten »Absetzenhelfen« nicht anders verstanden werden könne. Zum anderen wird geltend gemacht, dass die Absatzhehlerei ebenso wie die Erwerbshehlerei (»Verschaffen«) auf dem Grundgedanken der *Perpetuierung* beruhe; eine solche Perpetuierung der rechtswidrigen Besitzlage setze jedoch bei allen Hehlereiformen gleichermaßen die *erfolgreiche* Verschiebung der Sache in fremde Verfügungsgewalt (»zweite Hand«) voraus. Erfolglose Bemühungen könnten nur unter dem Gesichtspunkt des Versuchs erfasst werden. Gegen die extensive Interpretation der erfolgsneutralen Rechtsprechung wird auf erhebliche Unstimmigkeiten im Verhältnis von *Absatzhilfe* (auf der Vortäterseite) und *Verschaffungshilfe* (auf der Erwerberseite) hingewiesen: Bei der »Verschaffungshilfe« kommt nur Beihilfe zum Versuch in Frage, wenn der Erwerb der Beute durch den täterschaftlich handelnden Hehler scheitert; die »Absatzhilfe« kann dagegen nach dieser Rechtsprechung bereits als vollendete Hehlerei bestraft werden.[41] Außerdem fehle der erfolgsneutralen Rechtsprechung ein überzeugendes Kriterium zur Abgrenzung des straflosen Vorbereitungsstadiums vom strafbaren Versuch (→ Rn. 18 f).

---

37 In seinem Anfragebeschluss deutete der 3. Strafsenat zwar an, dass für die Absatzhilfe nichts anderes gelten könne (NStZ 2013, 584 [585]). Da sich die Anfrage jedoch auf das Merkmal »absetzt« beschränkte, ließ der 1. Strafsenat in seinem antwortenden Beschluss ausdrücklich offen, „ob das Erfordernis eines – wie auch immer gearteten Absatzerfolges – für das Tatbestandsmerkmal ‚absetzen hilft', in § 259 Abs. 1 StGB ebenfalls zu gelten hätte" (BeckRS 2013, 15726).

38 BGHSt 59, 40 (43).

39 *A/W/Heinrich* § 28 Rn. 19; *Gössel*, BT 2, § 27 Rn. 42 f; *K/H/H*, BT 2, Rn. 591 ff; *Mitsch*, BT II/1, § 10 Rn. 51 f, mit Differenzierung; *Rosenau* NStZ 1999, 352 f; *W/Hillenkamp* Rn. 864 m.w.N.

40 *Stree* GA 1961, 33 (41 ff).

41 Zur Kritik an der Rspr. z.B.: *Küper* JuS 1975, 633 ff und NJW 1977, 58 f; NK-*Altenhain* § 259 Rn. 48 ff; *Zieschang*, Schlüchter-GS, 2002, S. 403 (409 ff) und Küper-FS, 2007, S. 733 (739 f). Zusammenfassung der Argumente für die h.M. bei *Schwabe/Zitzen* JA 2005, 193 (194 ff).

IV. Vollendung, Vorbereitung und Versuch

1. Die Rechtsprechung

18 Von beiden Grundauffassungen aus stellt sich das Problem, wie bei einem erfolglos gebliebenen Absatz *straflose* »Bemühungen« und »Vorbereitungen« aus dem Anwendungsbereich der Absatzhehlerei ausgegrenzt werden können. Für die h.M. geht es dabei um die im Ansatz geläufige Frage nach der Abgrenzung zwischen bloßer Vorbereitung und Versuch des Absetzens bzw. Absetzenhelfens (§§ 22, 259 III StGB → Rn. 19). Aus der Sicht der erfolgsneutralen Rechtsprechung existiert das Problem scheinbar gar nicht, wenn man mit ihrem ursprünglichen Ausgangspunkt in die Strafbarkeit wegen – vollendeter – Absatzhehlerei bereits „jede *vorbereitende* Tätigkeit zum Zwecke des Absatzes“[42] einbezieht. Denn dann braucht der Täter nur eine beliebige, auf Absatz gerichtete Tätigkeit vorgenommen zu haben. Will man gleichwohl einen *straffreien Vorbereitungsbereich* anerkennen,[43] bleiben die Kriterien diffus. So soll bereits die »Zusage« des Transports zum Absatzort als vollendete Absatzhilfe zu bewerten sein.[44] Und die Übernahme zur Reparatur zwecks späteren Absatzes soll schon ein Versuch (!) des Absetzenhelfens sein, ebenso wie eine objektiv untaugliche und nur nach der Tätervorstellung geeignete Unterstützung bei Absatzbemühungen.[45] Nachdem der BGH allerdings für das Absetzen die erfolgsneutrale Rechtsprechung aufgegeben hat, sieht er in dem Erfordernis eines Absatzerfolgs eine „klare Grenze zwischen den Stadien vor und nach Vollendung“ und stellt für den Versuchsbeginn auf das unmittelbare Ansetzen zum Absetzen (oder zur Absatzhilfe) ab, ohne dieses dort allerdings genauer zu spezifizieren.[46]

2. Die Erfolgstheorie

19 Für die »Erfolgstheorie« bietet die Abgrenzung zwischen Vorbereitung und Versuch – bei konsequenter Betrachtung – insoweit kein grundsätzliches Problem, als es um den *Versuch des* (selbstständigen) »*Absetzens*« geht: Hier muss der Täter *zur Übertragung der Verfügungsgewalt auf den Erwerber* bereits »unmittelbar angesetzt« haben. Dies wird z.B. angenommen, wenn der Hehler bereits in „konkrete Verkaufsverhandlungen eingetreten“ ist und die Übertragung der Verfügungsgewalt in „unmittelbarem Anschluss“ erfolgen soll.[47]

Beim »Absetzenhelfen« (unselbstständige Unterstützung) stellt sich dagegen die Frage, ob in die Versuchsstrafbarkeit schon der »Hilfeleistungsversuch« einbezogen werden soll oder ob versuchte Absatzhilfe erst vorliegt, wenn der Vortäter/Vorbesitzer selbst einen *Absatzversuch* unternommen hat, in dem die Hilfeleistung des Absatzhelfers wirksam geworden ist. Das Problem wird in der Literatur allerdings nur wenig beachtet.[48] Eine Lösung im ersteren Sinn (Einbeziehung des »Hilfeleistungs-

42 BGHSt 27, 45 (48); 29, 239 (242); 43, 110 (111); BGH NJW 1990, 2897 (2898); StV 2008, 18.
43 Krit. zu dieser unklaren und uneinheitlichen Rspr. (zsfd. BGH StV 2008, 18 f mit Anm. *Bosch*, JA 2008, 231 ff) insb.: *M/Maiwald*, BT 1, § 39 II Rn. 35; NK-*Altenhain* § 259 Rn. 56; *Stree* JR 1989, 384 ff.
44 BGH NJW 1990, 2897 (2898); Brandenburgisches OLG StraFo 2013, 122.
45 BGH NStZ 1994, 395 (396) und NJW 1990, 2897 (2898) sowie BGHSt 43, 110 (111 f).
46 BGHSt 59, 40 (43).
47 MK-*Maier* § 259 Rn. 170; NK-*Altenhain* § 259 Rn. 74; *S/S/Hecker* § 259 Rn. 47 m.w.N.
48 Mit dem Hinweis auf die Anwendung »allgemeiner Versuchsregeln« (*L/Kühl* § 259 Rn. 19) ist es nicht gelöst.

versuchs«) würde praktisch bloße Absatzvorbereitungen der Hehlereistrafbarkeit unterwerfen und die Konturen der »Erfolgstheorie« auf der Versuchsebene wieder auflösen.[49] Sie würde zudem nicht mit den Grundsätzen harmonieren, die für den Versuch des »Absetzens« konsequenterweise gelten müssen. Deshalb ist mit erheblicher Resonanz vorgeschlagen worden, den Versuch des »Absetzenhelfens« quasi-akzessorisch am Versuch der tatbestandslosen *Haupttat* (des absetzenden Vortäters/Vorbesitzers) zu orientieren und die Absatzhilfe in diesem Rahmen so zu behandeln wie die Beihilfe zum versuchten »Absetzen«: Danach setzt versuchte Absatzhilfe den Absatzversuch des Vortäters/Vorbesitzers voraus.[50]

Amtsanmaßung (Befassung mit der Ausübung eines öffentlichen Amtes; Vornahme einer Amtshandlung) – § 132 Alt. 1/2 StGB

Der Täter »befasst sich« mit der »Ausübung eines öffentlichen Amtes«, wenn er sich ausdrücklich oder konkludent als Träger eines inländischen öffentlichen Amtes ausgibt, das er nicht innehat, **und** aufgrund dieser Vortäuschung eine Handlung vornimmt, die als Ausübung hoheitlicher Tätigkeit erscheint. Ob das vorgetäuschte Amt existiert, die Handlung ihm entspricht oder in die Zuständigkeit eines anderen Amtes fällt, ist unerheblich (»Anmaßung von Amtsstellung und amtlicher Handlungsbefugnis«) → Rn. 23. **20**

Die »Vornahme« einer Handlung, »welche nur kraft eines öffentlichen Amtes vorgenommen werden darf«, ist gegeben, wenn der Täter – *ohne* Vorspiegelung der Amtsinhaberschaft (str. → Rn. 28) – eine den Organen der Staatsgewalt vorbehaltene Handlung vornimmt, die nach den Umständen bei einem objektiven Beobachter den **Anschein** einer hoheitlichen Amtshandlung erweckt (»Anmaßung amtlicher Handlungsbefugnis ohne Anmaßung der Amtsstellung«) → Rn. 24 f.

Literatur: LK-*Krauß* § 132 Rn. 1 ff. **Einführend:** *SSW-Jeßberger* § 132 Rn. 2 ff, 7 ff; *Geppert* Jura 1986, 590 ff.

Rechtsprechung Grundlegend: BGHSt 3, 241 (244); 40, 8 (11 ff). **Beispielhaft:** RGSt 2, 292 (293 ff – zur Alt. 1: polizeilicher Parkaufseher); BGH GA 1964, 151 (vorgetäuschte Verkehrskontrolle mit Erhebung eines Verwarnungsgeldes); MDR 1993, 719 (bei Holtz) – Verfälschung amtlicher Schriften nicht ausreichend.

RGSt 58, 173 (175 f): „Eine unbefugte Befassung mit der Ausübung eines öffentlichen Amtes liegt vor, wenn der Täter sich als *Inhaber* eines öffentlichen Amtes gebärdet, das er in Wirklichkeit nicht bekleidet, und auf Grund dieser Vortäuschung eine *Handlung* vornimmt, deren Vornahme zum Geschäftsbereich des angemaßten oder eines anderen öffentlichen Amtes gehört. Das Wesen des zweiten Tatbestandes besteht darin, daß der Täter unbefugt eine Handlung vornimmt, die nur kraft eines öffentlichen Amtes vorgenommen werden darf, ohne daß er sich

49 *Roth* JA 1988, 193 (205).

50 *Freund/Bergmann* JuS 1991, 221 (224); *Küper* JuS 1975, 633 (637); *ders.* NJW 1977, 58 f; *Mitsch*, BT II/1, § 10 Rn. 71; MK-*Maier* § 259 Rn. 117; *S/S/Hecker* § 259 Rn. 48; ähnlich *Roth* JA 1988, 193 (205 f – beim Absatzversuch des Vortäters vollendete Absatzhilfe des Hehlers mit analoger Anwendung der §§ 24 II, 27 II StGB); abw. LK-*Walter* § 259 Rn. 89.

den Anschein zu geben braucht, als nehme er diese Handlung vermöge einer ihm zukommenden amtlichen Befugnis vor" – zur überholten Einstufung der Alt. 2 → Rn. 25.

BGHSt 40, 8 (12 ff): „Die Vorschrift schützt die *Autorität des Staates* und seiner Behörden. Dieser droht Gefahr, wenn Unbefugte anderen gegenüber die öffentlich-rechtlichen Funktionen eines von ihnen angeblich bekleideten Amtes in Anspruch nehmen und auf diese Weise der Schein amtlichen Handelns für Tätigkeiten erweckt wird, die in Wahrheit nicht unter der Kontrolle der staatlichen Organe zustande gekommen sind. Daraus folgt aber, daß grundsätzlich nur die Vornahme einer solchen Handlung als tatbestandsmäßig angesehen werden kann, die nach den sie begleitenden Umständen bei einem objektiven Beobachter den *Anschein einer Amtshandlung* hervorruft und deswegen mit einer solchen verwechselbar ist... Anderenfalls würde aus einem Delikt zum Schutze der Autorität des Staates und seiner Behörden ein allgemeiner Auffangtatbestand, der nahezu jedes rechtswidrige Verhalten unter Strafe stellte."

BGHSt 56, 196 (200): „Das Tatbestandsmerkmal ‚öffentliches Amt', [ist] nach den Kriterien des Staats- und Verwaltungsrechts zu bestimmen und sowohl im statusrechtlichen als auch im funktionellen Sinne zu verstehen... Die Ausübung militärischer Hoheitsbefugnisse und die Wahrnehmung militärischer Aufgaben sind deshalb regelmäßig nicht dem Begriff des öffentlichen Amtes i.S. des § 132 StGB zuzuordnen" [anders jedoch, soweit „allgemeine polizeiliche Befugnisse auch gegenüber Privatpersonen verliehen" worden sind, vgl. S. 201].

Und zur Verwirklichung der Alt. 2 (S. 201 f): „Wie in § 132 Alt. 1 StGB wird dafür zunächst vorausgesetzt, dass sich das Handeln des Täters nach außen als Wahrnehmung öffentlicher Funktionen darstellt und objektiv mit einer hoheitlichen Maßnahme verwechselt werden könnte... Im Unterschied zu der ersten Tatmodalität wird der Anschein hoheitlichen Handelns in der zweiten Alternative aber durch die Handlung selbst begründet, nicht durch das Auftreten des Täters als Amtsträger."

Erläuterungen

I. Rechtsgut und Deliktsstruktur

21 Das in § 132 StGB geschützte Rechtsgut ist nach fast einhelliger Auffassung[1] die »Autorität des Staates und seiner Organe« als Voraussetzung für deren Funktionsfähigkeit auf dem Gebiet staatlicher Hoheitsgewalt. Diese Autorität soll gegen Beeinträchtigungen geschützt werden, die daraus entstehen können, dass Unbefugte unter dem Anschein amtlichen Handelns pseudohoheitliche Funktionen ausüben und dadurch das *Vertrauen* der Allgemeinheit in die *Echtheit* und Zuverlässigkeit von Hoheitsakten gefährden. Bei einem solchen Rechtsgutsverständnis steht der »Schutz des Staates« im Vordergrund; das »Echtheitsvertrauen« der Bürger ist nicht selbst geschütztes Rechtsgut, sondern nur das Substrat, das die geschützte »Staatsautorität« maßgeblich fundiert: Der „mittelbaren Beeinträchtigung der Staatsgewalt als Folge der Erschütterung des Bürgervertrauens in die Echtheit hoheitlicher Akte soll mit § 132 StGB begegnet werden".[2] Demgegenüber kann man jenes »Bürgervertrauen« auch bereits in das Rechtsgut einbeziehen und als Schutzkomponente verselbstständigen. Schutzgut ist dann – zumindest auch – das Vertrauen der Staatsbürger in die

---

1 Vgl. *Geppert* Jura 1986, 590 (591 f); SK-*Stein* § 132 Rn. 2; BGHSt 12, 30 (31 f) und 40, 8 (12 f); BayObLG NJW 2003, 1616 (1617); jew. m.w.N.

2 *A/W/Hilgendorf* § 45 Rn. 101.

Echtheit und Zuverlässigkeit hoheitlichen Handelns.[3] Bedeutsam ist dieses Verständnis für die Auslegung der Tathandlungen (→ Rn. 22).

Die Vorschrift ist als Tätigkeitsdelikt und zugleich als *abstraktes Gefährdungsdelikt* ausgestaltet. Wegen des »abstrakten« Gefährdungscharakters kommt es grundsätzlich nicht darauf an, ob der Betroffene im Einzelfall die »Unechtheit« des Amtshandelns durchschaut oder auf die Anmaßung sogar reagiert. Ist allerdings die Vortäuschung offenkundig oder das Täterverhalten für jedermann ohne weiteres erkennbar nicht auf die Inanspruchnahme hoheitlicher Befugnisse ausgerichtet, so soll es an dem »gefährdungstypischen Element« und damit an der Tatbestandsmäßigkeit fehlen („absoluter Gefährdungsausschluss").[4]

Die »Unbefugtheit« des Handelns wird überwiegend als objektives *Tatbestandsmerkmal* verstanden, weil der Mangel amtlicher Legitimation bereits zum Unrechtstypus des Delikts gehöre.[5] Die irrige Annahme einer »Befugnis« führt danach grundsätzlich zu einem Tatbestandsirrtum i.S. des § 16 I StGB.[6] Bedeutung hat das Merkmal »unbefugt«[7] lediglich für die zweite Begehungsform der Amtsanmaßung (→ Rn. 24), da es sich bei vorgetäuschter Amtsstellung von selbst versteht.

II. Die Begehungsformen der Amtsanmaßung

Aus dem Rechtsgut des § 132 StGB ergeben sich wichtige Leitlinien für die *Interpretation* der Tathandlungen, die im Gesetz nur unscharf beschrieben sind. Wesentlicher Orientierungspunkt der Auslegung ist dabei die Frage, wann das Täterverhalten jenes »Vertrauen in die Echtheit/Zuverlässigkeit von Hoheitsakten« gefährdet, das den Schutzzweck der Vorschrift maßgeblich bestimmt (vgl. etwa → Rn. 23, 26 f). 22

1. Die erste Begehungsform

Für die erste Begehungsform folgt daraus, dass das bloße *Auftreten* als angeblicher Amtsinhaber noch keine »Befassung mit der Ausübung« eines Amtes i.S. des § 132 StGB darstellt. Erforderlich ist vielmehr – darüber hinaus – ein *Handeln*, das aufgrund der vorgetäuschten Amtsträgerschaft nach außen hin als Wahrnehmung hoheitlicher Tätigkeit erscheint: die Vornahme eines Pseudo-Hoheitsakts.[8] Deshalb genügt z.B. das Sich-Ausgeben als Kriminalbeamter allein noch nicht, auch nicht das bloße Vorzeigen eines angeblichen Dienstausweises.[9] Ebenso wenig genügt – mangels pseudohoheitlichen Handelns – das Auftreten als Amtsinhaber i.V.m. einer rein privaten oder nur fiskalisch-staatlichen Tätigkeit. 23

Allerdings verlangt die erste Begehungsform keine »Kongruenz« zwischen angemaßtem Amt und vorgeblicher Amtshandlung: Es ist also unerheblich, ob sich die in An-

3 Ähnlich NK-*Ostendorf* § 132 Rn. 4: Schutz der bürgerlichen Freiheit vor pseudostaatlicher Machtausübung. Näher zum Rechtsgutsproblem *Sternberg-Lieben* JR 2004, 74 (75 ff).

4 Vgl. LK-*Krauß* § 132 Rn. 4 m.w.N.; OLG München NStZ-RR 2010, 173 (174 f); OLG Stuttgart NStZ 2007, 527 (528 f –Täter gibt sich als „Reichspräsident" aus und hält die „2. Nationalversammlung" ab).

5 LK-*Krauß* § 132 Rn. 25 m.w.N.; BGHSt 40, 8 (15).

6 BGHSt 40, 8 (15); diff. *S/S/Sternberg-Lieben* § 132 Rn. 13/14.

7 Amtshandlungen, die aufgrund eines zuvor erschlichenen Amtes vorgenommen werden, begründen allein noch keine »unbefugte« Amtsausübung i.S. des § 132 StGB, s. SK-*Stein* § 132 Rn. 2 a.E.

8 Vgl. näher *Küper* JR 1967, 451 f; LK-*Krauß* § 132 Rn. 21 ff; KG NJW 2007, 1989 (1990); jew. m.w.N.

9 BGH GA 1967, 114.

spruch genommene Handlungsbefugnis gerade aus dem Amt ergeben würde, das sich der Täter anmaßt, oder ob sie in den Zuständigkeitsbereich eines anderen Amtes fällt.[10] Denn das Vertrauen der Allgemeinheit in die Echtheit von Hoheitsakten ist bereits dann gefährdet, wenn *überhaupt* eine hoheitliche Amtsausübung vorgespiegelt wird. Deshalb braucht das vorgetäuschte Amt nicht einmal zu existieren, und es ist weiterhin unwesentlich, ob der angebliche Amtsinhaber die »hoheitliche« Handlung – z.B. eine vorläufige Festnahme – zumindest als Privatmann hätte durchführen dürfen.[11]

Umstritten ist, ob für die Vortäuschung eines »Amtes«[12] dessen *allgemein* gehaltene Kennzeichnung bereits genügt (z.B. der Hinweis: „Hier ist die Kriminalpolizei").[13] Maßgeblich ist, ob diese allgemein gehaltene Dienstbezeichnung schon das Vertrauen in die Echtheit von Hoheitsakten bzw. das zugrunde liegende Vertrauen der Staatsbürger berührt.[14] Zu eng wäre es deshalb, sogar die zutreffende dienstrechtliche Bezeichnung zu verlangen.[15]

2. Die zweite Begehungsform

24 Die zweite Begehungsform hat den *Zweck*, die Anmaßung hoheitlicher Befugnisse auch in solchen Fällen zu erfassen, in denen sich der Täter nicht – persönlich – als Amtsinhaber *ausgibt*. Eine andere Frage ist es, ob sich diese Begehungsform *tatbestandlich* ausschließlich auf die Situationen *beschränkt*, in denen nicht zugleich auch eine Amtsstellung vorgetäuscht wird (tatbestandliche Exklusivität), oder ob beide Tatbestände erfüllt sein können (Konkurrenzlösung) – die Antwort hängt vom Verhältnis der Begehungsformen ab (→ Rn. 28). Jedenfalls gewinnt die Alt. 2 ihre praktische Bedeutung erst in Fällen nicht vorgetäuschter Amtsinhaberschaft: also der bloßen »Amts*handlungs*anmaßung« ohne besondere Anmaßung der »Amts*stellung*«.

Wenn die angemaßte Amtshandlung von Dritten wahrgenommen wird, entsteht zwar regelmäßig bei diesen auch der Eindruck, dass ein Amtsträger tätig ist. Darin allein liegt aber nicht zugleich die Vortäuschung einer Amtsstellung i.S. der Alt. 1. Daher unterfällt die Verwendung blauen Blinklichts in einem privaten Pkw der Alt. 2 des § 132 StGB.[16]

25 **a) Das ursprüngliche Verständnis** Problematisch ist hierbei, was unter einer solchen »Amtshandlungsanmaßung« genauer zu verstehen ist. Die Formulierung des Gesetzes erweckt den Eindruck, als seien alle Handlungen von Privatpersonen ge-

---

10 RGSt 68, 77 (78).

11 LK-*Krauß* § 132 Rn. 17 m.w.N.

12 Ämter der Europäischen Union sind nicht erfasst, da anders als in § 132a StGB ausländische Amtstätigkeit nicht angesprochen wird, s. *Fischer* § 132 Rn. 4; SK-*Stein* § 132 Rn. 5; a.A. *L/Kühl* § 132 Rn. 4.

13 Freilich bedarf es zur Tatbestandsverwirklichung dann neben der Vortäuschung noch der Vornahme eines Pseudo-Hoheitsaktes.

14 Abl. bei einem Telefonanruf OLG Koblenz NStZ 1989, 268 (krit. dazu *R. Krüger* NStZ 1989, 477 f), das eine nähere Konkretisierung bzw. Individualisierung (Angabe der Dienststelle etc.) verlangt. Bejahend (allerdings bei persönlicher Vorstellung an der Tür) OLG Karlsruhe NStZ-RR 2002, 301 (302).

15 *Fischer* § 132 Rn. 6; *S/S/Sternberg-Lieben* § 132 Rn. 4; s. auch § 132a Abs. 1 Nr. 1 StGB.

16 Und dies auch nur, wenn – da das Blinklicht ebenso durch Private genutzt werden darf – damit der Anschein hoheitlichen Handelns erweckt wird, s. KG NStZ-RR 2013, 172; OLG Celle DAR 2014, 97; anders offenbar *Jahn* JuS 2013, 853 (854), der allein aus der angemaßten Amtshandlung zugleich auch die Amtsstellung ableiten will.

meint, die nach der Rechtsordnung den Trägern eines hoheitlichen Amtes vorbehalten sind, auch wenn der Täter dabei als *Privatmann* auftritt und deshalb keinen »hoheitlichen Anschein« erweckt. Bei diesem Verständnis der zweiten Begehungsform würde sie schlechthin die offene »Einmischung« Privater in die hoheitlichen »Reservatrechte« des Staates pönalisieren. In dieser Richtung ist § 132 StGB namentlich in der älteren Rechtsprechung verstanden worden.[17] Das RG sah sogar das wesentliche Anwendungskriterium darin, dass der Täter „seine Eigenschaft als *Privatperson* in keiner Weise" verleugnet, sondern nur mit dem erkennbaren Willen handelt, „seine Handlung an die Stelle einer Amtshandlung zu setzen"[18]. Deshalb sei es „nicht erforderlich, daß der Täter seinem Tun irgendwie die Bedeutung oder den Anschein einer Amtshandlung beilegt"; vielmehr genüge es, „daß er, obwohl Privatperson, etwas tut, was nur von amtlicher Stelle oder durch einen bestimmten Beamten geschehen darf"[19].

Auch in der neueren Literatur finden sich noch Äußerungen, die in diesem Sinn verstanden werden könnten. Die Alt. 2 des § 132 StGB soll z.B. auf Handlungen zutreffen, „die wegen ihres hoheitlichen Eingriffscharakters ausschließlich den Trägern öffentlicher Ämter vorbehalten und einer Privatperson grundsätzlich untersagt sind"[20]. Als Hauptbeispiele werden dabei Durchsuchungen, Verhaftungen oder Beschlagnahmen durch Private (etwa Privatdetektive) genannt.

b) Die neuere Auslegung Diese »traditionelle« Auffassung der zweiten Begehungsform ist nicht mehr vereinbar mit der »modernen« *einschränkenden* Auslegung, die sich mittlerweile durchgesetzt hat. Im Hinblick auf das geschützte Rechtsgut wird nunmehr verlangt, dass der Täter (auch) in der zweiten Alternative den *äußeren Anschein* einer hoheitlichen Amtshandlung erweckt, also nach den konkreten Umständen eine Lage schafft, in der sein Handeln mit einer solchen Maßnahme verwechselt werden kann.[21] Bei einem offenen Auftreten als Privatperson – mit »Anmaßung« amtlicher Befugnisse – treffen diese Voraussetzungen nicht zu. Dieser restriktiven Linie folgt auch die neuere Rechtsprechung.[22] »Prototyp« der zweiten Begehungsform ist danach die heimliche Aufstellung oder Veränderung eines »amtlichen« Verkehrszeichens[23] oder die Versendung »amtlicher« Behördenbescheide, die den Anschein hoheitlicher Maßnahmen erwecken.[24] Nicht ausreichend ist hingegen die unbefugte »Durchsuchung« einer Wohnung durch einen Privatdetektiv, der als solcher auftritt, oder die vorläufige Festnahme durch Private außerhalb des Anwendungsbereichs des § 127 I StPO.[25] **26**

Schafft der Täter durch sein Verhalten einen »Anschein der Amtlichkeit« lediglich in der Weise, dass sich der Anschein allein *gegen ihn selbst* richtet, so wird die Anwend-

17 RGSt 34, 288 (290 f – Abnahme von Eiden); 59, 291 (295 ff – Festnahme und körperliche Durchsuchung).
18 RGSt 46, 183 (184).
19 RGSt 56, 156 f und ebd.: „die Hervorrufung eines Anscheins [einer Amtshandlung] gehört nicht zum Tatbestand".
20 LK-*Krauß* § 132 Rn. 29.
21 In dieser Richtung u.a. *Geppert* Jura 1986, 590 (592); MK-*Hohmann* § 132 Rn. 18 ff; *S/S/Sternberg-Lieben* § 132 Rn. 8 ff.
22 Vgl. BGHSt 40, 8 (12 ff); 56, 191 (201); KG NStZ-RR 2013, 172; OLG München NStZ-RR 2010, 173 (174 f).
23 OLG Köln NJW 1999, 1042 (1044) m.w.N.; *Baier* JuS 2004, 56 (60).
24 Zu dieser Fallgruppe eingehend LK-*Krauß* § 132 Rn. 31 ff m.w.N.
25 Vgl. BGHSt 40, 8 (13).

barkeit des § 132 StGB allgemein verneint, weil solches Handeln das Vertrauen der Bürger in die Echtheit hoheitlichen Handelns nicht tangiert, sondern nur der Irreführung staatlicher Stellen dient (»teleologische Reduktion« aufgrund des Schutzzwecks). Beispiel: Anbringung eines (zuvor an einem anderen Kfz entfernten) polizeilichen Verwarnungszettels am eigenen, verbotswidrig geparkten Fahrzeug zur Täuschung der Verkehrsüberwachung.[26]

3. Amtsanmaßung durch Amtsträger

27 § 132 StGB ist ein »Allgemeindelikt«, bei dem auch Amtsträger von der Täterschaft nicht ausgeschlossen sind. So kann ein Amtsträger in beiden Begehungsformen Täter sein: in der ersten, wenn er als Inhaber eines *anderen Amtes* auftritt, in der zweiten, wenn er sich Befugnisse anmaßt, die mit seinem Amt nicht verbunden sind. Die Kompetenzüberschreitung muss allerdings gravierend sein. Als nicht ausreichend wird es angesehen, dass ein Amtsträger Handlungen vornimmt, die zwar *generell* zum Kreis seiner Befugnisse gehören, ihm jedoch innerdienstlich oder sonst gesetzlich untersagt sind.[27] Auch hier bestimmt somit wieder der Schutzzweck der Vorschrift deren Auslegung: Zählt die Maßnahme aus Sicht des Bürgers grundsätzlich zum Kompetenzbereich des Amtsträgers, so ist auch die Echtheit/Zuverlässigkeit von Hoheitsakten durch die Vornahme einer solchen Handlung nicht gefährdet.

III. Das Verhältnis der Begehungsformen

28 Das Verhältnis der beiden Begehungsformen ist umstritten. Überwiegend wird eine Konkurrenzlösung angenommen. Danach stellt die erste Alternative einen *Spezialfall* der zweiten dar,[28] bzw. – so eine weitere Auffassung – soll die erste Begehungsform die zweite *„konsumieren"*.[29] Beide Konkurrenzlösungen setzen voraus, dass bei Verwirklichung der ersten Handlungsform *zugleich* die zweite tatbestandlich erfüllt wird (Spezialität) oder doch erfüllt sein kann (Konsumtion). Dies verneint hingegen die hier vertretene Minderheitsmeinung, die beide Alternativen nach ihrer unterschiedlichen Zweckrichtung klar voneinander abzugrenzen versucht. Danach enthält die zweite Begehungsform das »negative« Moment, dass der Täter im Gegensatz zur ersten gerade keine Amtsstellung vorspiegelt, sondern in anderer Weise den Anschein hoheitlichen Handelns erweckt.[30] Von dieser Auffassung aus überschneiden sich die Begehungsformen nicht, so dass Konkurrenzfragen nicht auftreten (tatbestandliche *Exklusivität*).[31]

---

26 *L/Kühl* § 132 Rn. 3; *Schünemann* JA 1974, 105 (107); z.T. abw. SK-*Stein* § 132 Rn. 10b.

27 Näher dazu, insbesondere zu der Frage, inwieweit es dabei auf die sachliche und örtliche Zuständigkeit ankommt, LK-*Krauß* § 132 Rn. 18 f m.w.N.; BGHSt 12, 85 (86 – Falschbeurkundung im Amt); 44, 186 (189 – örtl. Zuständigkeit des Notars); BayObLG NJW 2003, 1616 (1617 – innerdienstliche Befugnisüberschreitung durch Polizisten).

28 Gesetzeskonkurrenz in Form der Spezialität z.B. LK-*Krauß* § 132 Rn. 7, 43; MK-*Hohmann* § 132 Rn. 5, 27; *S/S/Sternberg-Lieben* § 132 Rn. 16; *W/Hettinger* Rn. 608; OLG Stuttgart NStZ 2007, 527 (528).

29 *Herzberg* JuS 1973, 234 (235 f); *L/Kühl* § 132 Rn. 10; NK-*Ostendorf* § 132 Rn. 17.

30 Anders ausgedrückt: Bei der Alt. 1 des § 132 StGB kann die Amtshandlung hinweg gedacht werden, ohne dass die Vortäuschung der Amtsstellung entfällt.

31 In dieser Richtung *Küper* JR 1967, 451 (452 f); *Otto*, BT, § 89 Rn. 13; SK-*Rudolphi* (6. Aufl., Stand 1998) § 132 Rn. 2; wieder anders SK-*Stein* § 132 Rn. 3, 13: »einheitliche Tatbestandsverwirklichung«.

Angriff mehrerer, Beteiligung am – § 231 I (§ 227 I a.F.) StGB

Ein von »mehreren verübter Angriff« ist die in feindseliger Absicht (Verletzungsabsicht) unmittelbar gegen den Körper des Opfers gerichtete Einwirkung von mindestens **zwei** Personen, bei der *Einheitlichkeit* des Angriffs, des Angriffsgegenstands und des Angriffswillens vorliegt. *Mittäterschaft* ist nicht erforderlich. **29**

Literatur: MK-*Hohmann* § 231 Rn. 9 ff; zu § 227 StGB a.F.: *Henke* Jura 1985, 585 (587), *Küper* GA 1997, 326 ff. **Einführend:** *W/Hettinger* Rn. 347 f. **Monographisch:** *Pichler*, Beteiligung an einer Schlägerei, 2010, S. 53 ff.

Rechtsprechung Grundlegend: RGSt 59, 264 (265); BGHSt 31, 124 (126 f). **Beispielhaft:** RG, GA 68 (1920), 275 (Einheitlichkeit des Angriffs); BGH NJW 1984, 621 (sukzessives Vorgehen); NStZ-RR 2000, 331 (Beginn des Angriffs).

BGHSt 33, 100 (102 – zu § 227 StGB a.F.): „Unter einem ›von mehreren gemachten Angriff‹ i.S. der 2. Alternative des § 227 StGB ist die in feindseliger Willensrichtung unmittelbar auf den Körper eines anderen abzielende Einwirkung von mindestens zwei Personen zu verstehen. Bei den Angreifenden muss *Einheitlichkeit* des Angriffs, des Angriffsgegenstandes und des Angriffswillens vorliegen. Ein gemeinschaftliches Handeln als *Mittäter* ist … nicht notwendig."

Hinweise: Setzt sich das Opfer aktiv zur Wehr, liegen gegenseitige Tätlichkeiten vor: der Angriff mehrerer wird damit zur Schlägerei. Zur »Beteiligung« an einem solchen Angriff vgl. das Stichwort »Schlägerei« (→ Rn. 433); dort auch Näheres zu den Fragen des Zusammenhangs zwischen Angriffsbeteiligung und schwerer Folge (→ Rn. 437 ff). Das zur »Schlägerei« Ausgeführte gilt für den »Angriff mehrerer« entsprechend (näher zum Verhältnis dieser Merkmale *Berz*, Geilen-FG, 2003, S. 17 ff). Zur anerkannten Mindestzahl von zwei Personen als Angreifer vgl. auch das Stichwort »Begehung, gemeinschaftliche« (→ Rn. 92). **30**

Angriff, räuberischer auf Kraftfahrer/Mitfahrer (mit »Ausnutzung der besonderen Verhältnisse des Straßenverkehrs«) – § 316a I StGB

»**Angriff**« ist eine gegen Leib, Leben oder Entschlussfreiheit (zu Letzterer → Rn. 38) des Fahrzeugführers bzw. eines Mitfahrers gerichtete feindselige Handlung (Einwirkung). **31**

Der »Angriff« kann sich unmittelbar gegen das Fahrzeug und nur mittelbar gegen dessen Insassen richten; ob er außerhalb oder innerhalb des Fahrzeugs erfolgt, ist unerheblich. »Angreifer« kann jeder sein, auch der Fahrzeugführer, der den Mitfahrer angreift.

Einen Angriff »**verübt**«, wer ihn ausführt. Der Angriff ist »ausgeführt« (vollendet), wenn der Täter die Angriffstätigkeit – zumindest aus seiner Sicht – derart abgeschlossen hat, dass das Opfer bereits in den Wirkungsbereich des jeweiligen Angriffsmittels gelangt ist (→ Rn. 34, dort auch zum Versuch des Angriffs; zur Vorbereitung → Rn. 39).

Eine Verletzung von Leib, Leben und Entschlussfreiheit ist zur Ausführung (Vollendung) nicht erforderlich, erst recht nicht ein Versuch oder die Vollendung des geplanten Raubes oder sonstigen räuberischen Delikts.

Ein Angriff auf den **»Führer«** des Fahrzeugs liegt – nur dann – vor, wenn der Fahrer im *Zeitpunkt* des Angriffs das Fahrzeug in der Weise *»führt«*, dass er mit dessen Betrieb oder sonst mit der *Bewältigung von Verkehrsvorgängen* befasst ist; ein Angriff auf den **»Mitfahrer«** setzt ein vom Fahrer »geführtes« Fahrzeug voraus (»Akzessorietät« der Mitfahrer-Eigenschaft) → Rn. 36.

Die »**besonderen Verhältnisse des Straßenverkehrs**« werden für den Angriff[1] »**ausgenutzt**«, wenn sich der Täter die *typischen Gefahrenlagen* – bewusst – zunutze macht, die für das Opfer mit der Teilnahme am Straßenverkehr verbunden sind (→ Rn. 37).

Die Gefahren ergeben sich für den Fahrer aus der Beanspruchung durch das »Führen« des Fahrzeugs, für »Mitfahrer« namentlich aus der Erschwerung von Flucht, Gegenwehr oder fremder Hilfeleistung aufgrund ihrer *Isolierung* im Fahrzeug.

Literatur: *Bosch* Jura 2013, 1234 ff; MK-*Sander* § 316a Rn. 8 ff; *Sowada*, Otto-FS, 2007, S. 799 ff; *Steinberg* NZV 2007, 545 ff sowie *Ingelfinger* JR 2000, 225 ff (insb. zu den Neuerungen durch das 6. StrRG) und *Jesse* JZ 2008, 1083 ff (gesetzeskritisch). **Einführend:** *Rengier*, BT 1, § 12 Rn. 5 ff. **Monographisch:** *Hübsch*, Der Begriff des Angriffs in § 316a StGB, 2007.

Rechtsprechung Grundlegend (für die neue einschränkende Rspr.): BGHSt 49, 8 ff mit Anm. *Herzog* JR 2004, 258 ff, *Krüger* NZV 2004, 161 ff, *Sander* NStZ 2004, 501 ff und *Sternberg-Lieben* JZ 2004, 633 ff; BGHSt 50, 169 (170 ff); 52, 44 (45 ff) mit Anm. *Bosch* JA 2008, 313 ff, *Dehne-Niemann* NStZ 2008, 319 ff, *Krüger* NZV 2008, 234 ff und *Sowada* HRRS 2008, 136 ff. **Beispielhaft:** BGH NStZ 2004, 269 (Angriff nach dem Anhalten); 2004, 626 (Angriff auf Mitfahrer); 2007, 35 (36 – Beihilfe). – Zur Rspr. *vor* BGHSt 49, 8 vgl. die Nachw. in der 6. Aufl. 2005, S. 19 sowie → Rn. 35.

BGH NZV 2006, 431 (432): „Liegt ein Angriff auf den Führer eines Kraftfahrzeugs … vor, ist in einem zweiten Schritt zu prüfen, ob der Täter »dabei die besonderen Verhältnisse des Straßenverkehrs« ausgenutzt hat. Danach ist erforderlich, dass der tatbestandsmäßige Angriff gegen das Tatopfer als Kraftfahrzeugführer unter *Ausnutzung der spezifischen Bedingungen* des Straßenverkehrs begangen wird… Das ist (objektiv) der Fall, wenn der Führer eines Kraftfahrzeugs im Zeitpunkt des Angriffs noch in einer Weise mit der Beherrschung seines Kraftfahrzeugs und/oder mit der Bewältigung von Verkehrsvorgängen beschäftigt ist, dass er gerade deshalb leichter zum Angriffsobjekt eines Überfalls werden kann… Verübt der Täter den Angriff im fließenden Verkehr oder bei einem verkehrsbedingten Halt, stellt dies ein gewichtiges Indiz dafür dar, dass er dabei auch die besonderen Verhältnisse des Straßenverkehrs ausnutzt. Aber auch bei einem *nicht verkehrsbedingten Halt* … kann im Einzelfall eine Gegenwehr des angegriffenen Fahrzeugführers infolge spezifischer Bedingungen des Straßenverkehrs erschwert sein… Hierfür genügt jedoch nicht, dass der Fahrzeugmotor noch läuft und der Fahrer (allein) deshalb mit dem Betrieb des Fahrzeugs beschäftigt ist… Vielmehr müssen *weitere verkehrsspezifische Umstände* vorliegen, die zu einer Beeinträchtigung der Abwehrmöglichkeiten des angegriffenen Fahrzeugführers geführt haben."

---

1 Die »Ausnutzung der besonderen Verhältnisse des Straßenverkehrs« bezieht sich auf den »Angriff«, *nicht* auf den beabsichtigten räuberischen *Überfall*.

Erläuterungen

I. Die Struktur des Delikts

1. Das frühere Unternehmensdelikt

§ 316a I StGB war bis zur Neufassung durch das 6. StrRG (1998) ein echtes *Unternehmensdelikt* i.S. des § 11 I Nr. 6 StGB. Wegen Vollendung war bereits strafbar, wer den Angriff in der Absicht *unternimmt*, einen Raub oder ein raubähnliches Delikt zu begehen: Gleichstellung von Angriffsversuch und Angriffsausführung. Es handelte sich um die ungewöhnliche Kombination eines Unternehmens- und eines Absichtsdelikts, mit der zusätzlichen Besonderheit, dass sich die Vollendungs- und die Versuchsvariante des »Unternehmens« auf eine schlichte *Tätigkeit* (»Angriff«) bezogen, die keine Rechtsgutsverletzung erforderte, sondern sich in einer gegen bestimmte Rechtsgüter gerichteten »feindseligen Handlung« erschöpfte. D.h. für die Deliktsvollendung (Mindeststrafe fünf Jahre!) brauchte das räuberische Delikt (§§ 249, 250, 252, 255 StGB) nur zielgerichtet »beabsichtigt« und die bloße Angriffstätigkeit lediglich – sogar nur untauglich – »versucht« zu sein.[2] **32**

2. Die Neufassung des Gesetzes

a) Allgemeines Die Neufassung[3] hat zwar, allerdings ohne die Mindeststrafe[4] zu ändern, den Unternehmenscharakter des Delikts beseitigt, indem für die Vollendung des Tatbestandes nunmehr ein »Verüben« des Angriffs verlangt wird; ein Angriffsversuch reicht zur Vollendung also nicht mehr aus. Doch hat sich einerseits an der Struktur als *Tätigkeitsdelikt* (»Angriff«) und als *Absichtsdelikt* (»zur Begehung eines Raubes« usw.) nichts geändert. Und andererseits bleibt wegen der Verbrechensqualität des Delikts auch der *Versuch* des räuberischen Angriffs nach §§ 22, 23 I, 12 I StGB weiterhin strafbar, einschließlich des untauglichen Versuchs: Er führt lediglich nicht mehr zur Vollendung und eröffnet die Anwendbarkeit der versuchsbezogenen Rücktrittsregeln (§ 24 StGB),[5] auch der Strafmilderung nach § 23 II StGB. **33**

b) »Verübter« Angriff und Angriffsversuch § 316a I StGB n.F. zwingt freilich nunmehr dazu, den »verübten« (vollendeten) Angriff vom bloßen Angriffs*versuch* genauer abzugrenzen. Dies ist deshalb schwierig, weil der »Angriff« selbst nur eine Tätigkeit bezeichnet, zu der keine Beeinträchtigung des jeweiligen Rechtsgutes gehört, insoweit also einen erfolgsneutralen Handlungsakt darstellt. Zu fragen ist also, wann ein Angriff so weit fortgeschritten ist, dass er bereits verübt ist. Z.T. wird vorgeschlagen, die »Verübung« des Angriffs auf einen »beendeten *tauglichen* Versuch« der jeweils geplanten *Rechtsgutsverletzung* zu beschränken und das vorausgehende Angriffsstadium bzw. den untauglichen Verletzungsversuch dem Bereich des »ver- **34**

2 Eingehend zur Struktur des ehemaligen Unternehmensdelikts *Geppert* NStZ 1986, 551 (552 f) und Jura 1995, 310 (312 ff).

3 Die Neufassung entspricht im Wesentlichen der schon in § 348 E 1962 vorgeschlagenen Regelung, zur Begründung vgl. E 1962, S. 533 f. Eingehend zur Deliktsstruktur nach neuem Recht LK-*Sowada* § 316a Rn. 2 ff.

4 Wie zuvor gibt es aber einen minder schweren Fall (Strafrahmen von einem bis nunmehr zehn Jahren).

5 Allerdings in einem sehr kurzen Zeitfenster zwischen Versuchsbeginn (→ Rn. 39) und Vollendung (→ Rn. 34).

suchten Angriffs« zuzuordnen.[6] Während dieser Vorschlag auf die Gefährlichkeit des Angriffs und dessen »Vollendung« aus subjektiver *Tätersicht* abstellt, geht die hier favorisierte Lösung dahin, dass der Angriff die *Opfersphäre* – zumindest nach der Vorstellung des Täters – schon erreicht haben muss (»Einwirkung auf das Opfer«). Ein vollendeter/verübter Angriff liegt danach grundsätzlich erst bei beendeter Angriffstätigkeit und *unmittelbarem Kontakt* des Angriffsmittels mit einem der geschützten Rechtsgüter vor.[7] Demgegenüber besteht der Versuch darin, dass der Täter nach seiner Vorstellung von dem geplanten Angriff zwecks Begehung eines Raubes oder raubähnlichen Delikts zur Ausführung dieses Angriffs »unmittelbar ansetzt« (→ Rn. 39), bei dem dann die »besonderen Verhältnisse des Straßenverkehrs ausgenutzt« werden (sollen).

Für das frühere Unternehmensdelikt des § 316a StGB a.F. war in Abs. 2 eine spezielle *Rücktrittsregelung* – »tätige Reue« – vorgesehen, die eine Strafmilderung bzw. ein Absehen von Strafe ermöglichte. Darauf hat der Gesetzgeber in der Neufassung verzichtet, weil für den Angriffsversuch (!) ohnehin die Rücktrittsvorschrift des § 24 StGB gelte.[8] Sie gilt allerdings nicht für den *vollendeten* (»verübten«) Angriff, der früher von § 316a II StGB a.F. miterfasst war, obwohl dieser Angriff selbst doch ebenfalls nur eine versuchsähnliche Struktur hat, da er keine Verletzung des jeweiligen Rechtsguts erfordert (»unechtes Unternehmen«). Insofern ist infolge der Neuregelung eine unbeabsichtigte Verschärfung eingetreten. Sie legt eine analoge Anwendung von Vorschriften über die tätige Reue (insb. § 83a StGB) nahe.[9] Doch wird dies bisher überwiegend abgelehnt.[10]

II. »Paradigmenwechsel« in der Rechtsprechung

1. Der frühere Auslegungsschwerpunkt: das »Ausnutzungsmerkmal«

35 Bei der maßgeblich von der *Rechtsprechung* beherrschten Auslegung des § 316a StGB stand lange Zeit die »Ausnutzung der besonderen Verhältnisse des Straßenverkehrs« im Vordergrund, die den »räuberischen Angriff« kennzeichnen muss. Dieser Merkmalskomplex wurde zwar im Ansatz auf den »fließenden Verkehr« bezogen.[11] Darüber hinaus waren jedoch nicht nur Ausnutzungshandlungen beim verkehrsbedingten Anhalten, sondern auch solche Situationen erfasst, die noch in einer engen räumlich-zeitlichen (»wesenseigenen«) *Beziehung* zum Straßenverkehr stehen. Grundlage dieser erweiternden Interpretation war u.a. der Gedanke, dass sich die besonderen Risiken der Teilnahme am Straßenverkehr für den vom Angriff Betroffenen auch aus der Möglichkeit ergeben können, potenzielle Opfer mit dem Fahrzeug an einen »abgelegenen Ort« zu bringen oder zu einer Fahrt dorthin zu veranlassen, um

6 *Stein*, Einführung 6. StrRG, 1998, S. 125 ff; ähnlich *C. Fischer* Jura 2000, 433 (438 ff); MK-*Sander* § 316a Rn. 27; weitergehend (jeder Versuch der Rechtsgutsverletzung) *Wolters* GA 2002, 303 (311 ff) und in SK § 316a Rn. 3b, 8.

7 »Vollzug einer den Kernbereich der Opfersphäre berührenden Angriffstätigkeit«. In dieser Richtung AnwK-*Esser* § 316a Rn. 15; *Fischer* § 316a Rn. 13; *Ingelfinger* JR 2000, 225 (231 f); LK-*Sowada* § 316a Rn. 12 ff m.w.N. und eingehender Problemdarstellung; *S/S/Hecker* § 316a Rn. 3.

8 BT-Drs. 13/8587, S. 51.

9 Vgl. *Ingelfinger* JR 2000, 225 (231 f); *W/Hillenkamp* Rn. 426.

10 LK-*Sowada* § 316a Rn. 50 ff, m.w.N. in Fn. 221; MK-*Sander* § 316a Rn. 60; *S/S/Hecker* § 316a Rn. 18.

11 BGH NStZ 2000, 144; NJW 2001, 764 f; w.N. in der 6. Aufl. 2005.

sie dort – u.U. sogar außerhalb des Fahrzeugs – zu überfallen (»Vereinzelungsgefahr« als typisches Verkehrsrisiko). In solchen Fällen verlangte die Rechtsprechung außer einem (nicht einheitlich bestimmten)[12] räumlich-zeitlichen Zusammenhang des Angriffs mit der Benutzung des Fahrzeugs als Verkehrsmittel, dass der Angriffsentschluss spätestens während der Fahrt gefasst worden ist.[13] Demgegenüber sollte eine vorgesehene Verwendung des Fahrzeugs nur als *Fluchtmittel* nach einem Überfall nicht genügen,[14] ebenso wenig der Angriff auf Insassen eines bereits parkenden Fahrzeugs.[15]

2. Der neue Auslegungsschwerpunkt: »Führer«/»Mitfahrer« als Angriffsopfer

Die wachsende Kritik in der Literatur beanstandete nicht nur die schwer durchschaubare Kasuistik der Rechtsprechung zur »Ausnutzung«; sie rügte vor allem die Vernachlässigung der *Opfermerkmale* »Führer eines Fahrzeugs« bzw. »Mitfahrer«. Vorgeschlagen wurde demgegenüber eine »formale« Einschränkung des objektiven Tatbestandes in der Weise, dass das jeweilige Opfer *im Zeitpunkt* des *Angriffs* schon oder noch *»Führer«* bzw. *»Mitfahrer«* sein müsse. Danach sollten bestimmte Angriffshandlungen – unabhängig vom Ausnutzungsmerkmal – bereits mangels »tauglichen Tatobjekts« dem Tatbestand entzogen werden, wie z.B. der Angriff auf Personen, die sich noch oder wieder außerhalb des Fahrzeugs aufhalten, oder auf den Fahrer nach Beendigung des »Fahrzeug-Führens«.[16] **36**

In die gleiche Richtung geht nunmehr auch die *neuere* Rechtsprechung:[17] Beim Angriff auf den *Fahrer* kommt es danach darauf an, ob das Opfer im Angriffszeitpunkt als *»Führer«* des Fahrzeugs zu qualifizieren ist. Dafür soll ein spezieller, gegenüber dem »Führen eines Fahrzeugs« i.S. der §§ 315c, 316 StGB[18] *erweiterter* Begriff des »Führers« gelten: „Führer i.S. des § 316a StGB [ist], wer das Kraftfahrzeug in Bewegung zu setzen beginnt, es in Bewegung hält oder allgemein mit dem Betrieb des Fahrzeugs und/oder mit der Bewältigung von Verkehrsvorgängen beschäftigt ist. Daran fehlt es, sobald der Fahrer sich *außerhalb* des Fahrzeugs befindet, ferner, regelmäßig wenn das Fahrzeug aus *anderen* als verkehrsbedingten Gründen anhält und der Fahrer den *Motor ausstellt*."[19] Das Opfer braucht nach der Rechtsprechung allerdings nicht schon bei *Beginn* des Angriffs »Führer« des Fahrzeugs zu sein; es soll grundsätzlich genügen, wenn ein vor dem Besteigen des Fahrzeugs verübter Angriff während des »Führens« fortgesetzt wird.[20] Für den »Mitfahrer« sollen entsprechende Kri-

---

12 Für den räumlichen Zusammenhang sollte der Angriff in einer Entfernung von etwa 100 Metern nach Verlassen des Fahrzeugs allerdings noch ausreichen, so BGHSt 5, 280 (281 f), zweifelnd BGHSt 22, 114 (116 f); abl. bei 155 Metern: BGHSt 33, 378 (380).

13 Vgl. z.B. BGHSt 15, 322 (324); 19, 191 (192); 24, 320 f; BGH NStZ 2003, 35.

14 Seit BGHSt 22, 114 (116 f – sofern das Kfz nicht abfahrbereit ist), anders noch BGHSt 18, 170 (172).

15 Zu parkenden Fahrzeugen vgl. die Übersicht in BGH NStZ 1994, 340 (341).

16 Vgl. zu solchen Vorschlägen mit unterschiedlichen Kriterien insb. *C. Fischer* Jura 2000, 433 (437); *Günther* JZ 1987, 369 f, 373 ff; *Mitsch*, BT II/2, § 2 Rn. 17; *Roßmüller/Rohrer* NZV 1995, 253 ff; *Wolters* GA 2002, 304 ff, 308 ff.

17 Seit dem Urteil vom 20.11.2003 in BGHSt 49, 8 ff, vertieft in BGHSt 50, 169 ff.

18 Zum Begriff des Führens nach §§ 315c, 316 StGB → Rn. 236.

19 2. Leitsatz der Entscheidung in BGHSt 49, 8.

20 BGHSt 52, 44 (45 f), wobei dann allerdings die Ausnutzung des Straßenverkehrs fehlen könne (→ Rn. 37). Krit. zu solchen Fällen: *Dehne-Niemann* NStZ 2008, 319 (321 ff), *Kraemer* JA 2011, 193 (195 f) sowie die in → Rn. 31 angegebenen Bspr. von BGHSt 52, 44.

terien gelten.[21] Danach ist der Mitfahrer-Status »akzessorisch« an der Opferqualität des »Führers« ausgerichtet, so dass vorausgesetzt wird, dass das Fahrzeug im Zeitpunkt des Angriffs vom Fahrer »geführt« wird.[22]

Im Schrifttum ist die Rechtsprechung nicht nur zustimmend aufgenommen worden. Kritisiert wird ein zu starker »Formalismus« bei der Qualifizierung des Angriffsopfers, namentlich die strikte Aussonderung der Fälle, in denen der Fahrer/Mitfahrer das Fahrzeug kurzfristig verlässt oder erst »fahrbereit« ist. Zu schematisch sei auch das strikte Abstellen auf einen noch laufenden Motor.[23] Gefordert wird stattdessen eine Orientierung an dem »funktionalen Zusammenhang« zwischen Angriff und Verkehrsgeschehen. Hiernach soll das »Ausnutzungsmerkmal« wieder der wesentliche Anknüpfungspunkt für tatbestandliche Restriktionen sein.[24]

3. Die Veränderung des »Ausnutzungsmerkmals«

37 Folgt man der neueren Auffassung, dass das Opfer zur Zeit des Angriffs im formalen Sinn »Führer« bzw. »Mitfahrer« sein muss, so kommt es auf das frühere Kriterium des »engen räumlich-zeitlichen Zusammenhangs« zwischen Angriff und Straßenverkehr und auf die damit bisher verbundenen Abgrenzungsfragen (→ Rn. 35) nicht mehr an.[25] Das Ausnutzungsmerkmal verliert dann ohnehin weitgehend seine zentrale Bedeutung.[26] Nach neuerer Rechtsprechung ist die »Ausnutzung« der besonderen Verkehrsverhältnisse bei einem Angriff auf den *Fahrzeugführer* im »fließenden Verkehr«, einschließlich des verkehrsbedingten Anhaltens, nämlich *regelmäßig* gegeben (»gewichtig indiziert«). Bei nicht verkehrsbedingtem Halten – mit laufendem Motor (!) – müssen allerdings weitere „verkehrsspezifische Umstände" hinzukommen: Aus ihnen muss sich im Einzelfall ergeben, dass der Führer „gerade deshalb leichter Opfer des Angriffs" wurde, weil er „mit der Beherrschung des Fahrzeugs und/oder der Bewältigung von Verkehrsvorgängen beschäftigt war", und dass der Täter dies für seine Tat bewusst ausnutzte.[27]

Die neuere Auffassung versteht den Begriff des »Führers« bzw. »Mitfahrers« also weiter als den der »Ausnutzung der besonderen Verkehrsverhältnisse«. Daraus folgt: Entfällt die (Mit-)Fahrereigenschaft, können auch die Straßenverkehrsverhältnisse nicht mehr ausgenutzt werden; liegt die (Mit-)Fahrereigenschaft hingegen vor, kann es (wie beim nicht verkehrsbedingten Halt dargestellt) an einer Ausnutzung der Verkehrsverhältnisse fehlen. So soll auch bei einem schon vor dem »Führen« verübten und während der Fahrt fortgesetzten Angriff keine »Ausnutzung« mehr vorliegen,

---

21 BGH NStZ 2004, 626 (vor Fahrtbeginn); NStZ-RR 2004, 171 f (nach dem Aussteigen).

22 *Fischer* § 316a Rn. 5; *Jesse* JZ 2008, 1083 (1085); *S/S/Hecker* § 316a Rn. 10.

23 Zur Kritik an der Rspr. vgl. die oben (→ Rn. 31) angegebenen Bspr. von BGHSt 49, 8; 50, 169; 52, 44 sowie insb. *Sowada*, Otto-FS, S. 799 (805 f, 820); GS-*Duttge* § 316a Rn. 7; zsfd. *Rengier*, BT 1, § 12 Rn. 38 f.

24 Für strikte Beschränkung des Tatbestandes auf »in Bewegung befindliche Fahrzeuge« dagegen *Jesse* JR 2008, 448 (451, 453 – aus Gründen gesetzlicher Bestimmtheit).

25 Vgl. BGHSt 49, 8 (15 f) zur Ablehnung der »Vereinzelungsgefahr«.

26 *Duttge/Nolden* JuS 2005, 193 (197); *Steinberg* NZV 2007, 545 (550); abw.: *Dehne-Niemann* NStZ 2008, 319 (322 f – »Ausnutzung« als konstitutives Element der tatbestandlichen Angriffshandlung), *Jesse* JR 2008, 448 (451 f).

27 BGHSt 50, 169 (172) – Beispiele auf S. 173 f; ebenso BGHSt 52, 44 (46); BGH NZV 2006, 431 (432).

wenn der Täter das Opfer bereits vor der Fahrt unter seine „uneingeschränkte Kontrolle gebracht" hat und die dadurch bereits geschaffene Nötigungslage nur „unverändert aufrechterhält". Hier fehle es an „verkehrsspezifischen Einschränkungen" des Fahrzeugführers, die den Angriff erleichtern.[28] Für den Mitfahrer kann es auf *solche* Einschränkungen jedoch nicht ankommen, da er in aller Regel nicht mit der Bewältigung von Verkehrsvorgängen befasst ist. Für diesen sei daher maßgebend, dass eine Lage ausgenutzt wird, in der für ihn keine Möglichkeit besteht, „sich dem Angriff zu entziehen, ohne sich oder andere Verkehrsteilnehmer zu gefährden"[29]. Hingewiesen wird auch auf den reduzierten Schutz des Mitfahrers durch die Erschwerung von Flucht und Gegenwehr sowie die Schwierigkeit der Inanspruchnahme fremder Hilfe.[30]

III. Sonderfragen

1. Angriff auf die »Entschlussfreiheit«

Das Merkmal des Angriffs auf die »Entschlussfreiheit« ist nach neuerer, vordringen- **38**
der Auffassung restriktiv auszulegen: Bloße *List* oder *Täuschung* soll für einen »verübten« Angriff dieser Art nicht ausreichen. Im Anschluss an die neuere Rechtsprechung[31] wird z.T. eine Beschränkung auf den Einsatz von Nötigungsmitteln gefordert.[32] Überwiegend sollen aber Täuschungen mit nötigungsähnlicher Zwangswirkung einbezogen werden. Hierher gehören etwa das Vortäuschen einer Verkehrskontrolle oder eines Unfalls (»psychische Autofalle«) und die Aufstellung irreführender Verkehrsschilder, nicht hingegen die bloße Täuschung über Fahrtziel/Fahrtzweck oder das Verschleiern deliktischer Absichten.[33]

2. Beginn des Angriffsversuchs

Die frühere Rechtsprechung – zu § 316a StGB a.F. – neigte dazu, den Beginn des An- **39**
griffsversuchs (»Unternehmens«) *sehr früh* anzusetzen; der Versuch eines körperlichen (!) Angriffs sollte danach bereits mit dem Einsteigen des Täters in das Fahrzeug bzw. dem Zusteigenlassen des Opfers oder mit dem Antritt der Fahrt vorliegen können.[34] Aussagekräftige *neuere* Rechtsprechung zur Abgrenzung von Vorbereitung und Versuchsbeginn liegt bisher nicht vor.[35] Nach der im Schrifttum verbreiteten Abgrenzungsformel beginnt der Versuch erst, „wenn – unter Zugrundelegung des Täterplans – der Angriffszeitpunkt *unmittelbar bevorsteht* und Täter wie Opfer sich in *unmittelbarer Nähe* des vorgesehenen Angriffsortes befinden".[36]

---

28 BGHSt 52, 44 (47); krit. die dazu in → Rn. 31 angegebenen Bspr.

29 BGH NStZ 2004, 626; 2013, 43; ebenso *Rengier*, BT 1, § 12 Rn. 36.

30 *Kindhäuser* § 316a Rn. 14; *S/S/Hecker* § 316a Rn. 12.

31 BGHSt 49, 8 (12 – Opfer muss jedenfalls den objektiven Nötigungscharakter wahrnehmen); BGH NStZ-RR 2004, 171 f (Wahrnehmung der aktivierten Kindersicherung).

32 *Duttge/Nolden* JuS 2005, 193 (197 f); *Krüger* NZV 2004, 161 (165 f); vgl. auch *Mitsch*, BT II/2, § 2 Rn. 15.

33 Vgl. dazu mit unterschiedlichen Abgrenzungen BGH NStZ-RR 2014, 342 (vorgetäuschte Polizeikontrolle); LK-*Sowada* § 316a Rn. 10 ff; SK-*Wolters* § 316a Rn. 3c; *Sowada*, Otto-FS, S. 806 ff; *Steinberg* NZV 2007, 545 (550).

34 Vgl. z.B. BGHSt 6, 82 (84); 18, 170 (173); 33, 378 (381); BGH NJW 1971, 765 (766); NStZ 1989, 476 (477). Krit. dazu insb. *Günther* JZ 1987, 16 (23 ff); *Roßmüller/Rohrer* NZV 1995, 253 (258 ff).

35 Vgl. BGHSt 49, 8 (16: „ist noch weitgehend ungeklärt").

36 *Günther* JZ 1987, 16 (28); ähnlich z.B. auch: *L/Kühl* § 316a Rn. 4 a.E., *W/Hillenkamp* Rn. 425.

Zu beachten ist, dass sich die Auffassung, nach der das Opfer im Angriffszeitpunkt »Führer« bzw. »Mitfahrer« des Fahrzeugs sein muss (→ Rn. 36), mittelbar auch auf die Bestimmung des Versuchsbeginns auswirkt: Das »unmittelbare Ansetzen« kann sich danach nur mehr auf einen »Angriff« beziehen, bei dessen Ausführung – zumindest nach Vorstellung des Täters – die geforderte Opferqualität (schon oder noch) besteht. Dagegen wird nicht verlangt werden können, dass der Täter bereits bei der *Versuchshandlung* die besonderen Verhältnisse des Straßenverkehrs »ausnutzt«; das Ausnutzungsmerkmal kennzeichnet allein den *»Angriff«,* zu dem der Versuchstäter nach seiner Vorstellung »unmittelbar ansetzt«, nicht aber schon diese Ansatzhandlung selbst.

Angriff, tätlicher (auf den Vollstreckungsbeamten) – § 113 I StGB

40 »Tätlicher Angriff« auf den Vollstreckungsbeamten ist eine in feindseliger Absicht unmittelbar auf dessen Körper *zielende* – nicht notwendig gegen die Vollstreckungshandlung gerichtete – *Einwirkung*, unabhängig vom Erfolg.

Eine körperliche Berührung ist also nicht erforderlich: das Ausholen zum Schlag genügt.

Literatur: SK-*Wolters* § 113 Rn. 15; enger NK-*Paeffgen* § 113 Rn. 31 (»gegen Vollstreckungsakt gerichtete Tätlichkeit«). **Einführend:** *W/Hettinger* Rn. 630.

Rechtsprechung Grundlegend: RGSt 7, 301 f.

RGSt 41, 181 (182): „Ein tätlicher Angriff … umfaßt … jede in feindseliger Willensrichtung unmittelbar auf den Körper eines anderen zielende Einwirkung, ohne Rücksicht auf den Erfolg".

41 **Hinweise:** Zu beachten ist, dass der tätliche Angriff ebenso wie die Widerstandshandlung »bei der Vornahme« der Vollstreckungshandlung erfolgen muss. So kann es an dem zeitlichen Zusammentreffen von Tathandlung und Vollstreckungssituation fehlen, wenn z.B. der Gerichtsvollzieher bereits vor Ort ist, mit der Vollstreckung aber noch nicht beginnen kann (fehlende Unterlagen etc.).[1]

Das Verhältnis von § 113 StGB zur Nötigung und zur Körperverletzung bei einem gegen die Vollstreckung gerichteten »tätlichen Angriff« ist umstritten (s. im Einzelnen → Rn. 796). Vertritt man – wie hier – die Ansicht, dass jeder tätliche Angriff in erheblicher Weise auf den Körper eines anderen einwirken will und damit notwendigerweise zugleich auch einen Körperverletzungs*versuch* enthält,[2] so sperrt die besondere Situation der Vollstreckung die Anwendbarkeit der §§ 223, 22 StGB.[3]

---

1 Vgl. dazu das Stichw. »Widerstandleisten« → Rn. 795.

2 Anders hingegen *Fischer* § 113 Rn. 27 und *S/S/Eser* § 113 Rn. 47, die auch einen Schreckschuss oder eine Freiheitsberaubung einbeziehen wollen. Unklar bleibt dann aber, wie dies mit der erforderlichen Tätervorstellung vereinbar ist, auf den Körper eines anderen einzuwirken; im Übrigen kann dieses Vorgehen als Widerstandshandlung erfasst werden.

3 *L/Kühl* § 113 Rn. 26; *Zopfs* GA 2000, 540 ff und GA 2012, 259 (272 f). *Fahl* ZStW 124 (2012), 311 (318) will mit Blick auf die Schreckschussfälle Konsumtion annehmen. Wiederum anders (Tateinheit): *Deiters* GA 2002, 259 (273 f), SK-*Wolters* § 113 Rn. 2 und § 223 Rn. 28b.

Da der tätliche Angriff nicht zwingend gegen die Vollstreckungstätigkeit gerichtet sein muss – somit der Bezug zu einer Vollstreckungssituation, die zu unverhältnismäßigen Reaktionen des Betroffenen führen kann, nicht zwingend ist – wird „de lege ferenda" eine ersatzlose Streichung des »tätlichen Angriffs« verlangt.[4]

Anvertraut (anvertraute Sache bei Veruntreuung) – § 246 II (246 I, 2. Fall a.F.) StGB

»Anvertraut« ist eine Sache dem Täter/Tatbeteiligten, wenn ihm vom Eigentümer – oder einem Dritten – die Sachherrschaft (*Gewahrsam* oder sonstige Verfügungsgewalt, str. → Rn. 43) in dem **Vertrauen** eingeräumt wird, dass er diese Herrschaft nur **in dessen Sinn** (→ Rn. 45) ausüben, insbesondere die Sache zurückgeben, aufbewahren, einem anderen abliefern oder sonst zu einem *bestimmten Zweck* verwenden werde. **42**

Ein besonderes »Treueverhältnis« ist für das »Anvertrauen« nicht erforderlich. Das »Anvertrautsein« ist aber besonderes persönliches Merkmal i.S. des § 28 II StGB. Es wird nicht dadurch ausgeschlossen, dass mit der Einräumung der Sachherrschaft ein *gesetz- oder sittenwidriger Zweck* verfolgt wird oder das zugrunde liegende Rechtsgeschäft *unwirksam* ist (→ Rn. 44).

Literatur: LK-*Vogel* § 246 Rn. 60 ff; enger SK-*Hoyer* § 246 Rn. 42 ff, 46 (nur Überlassung ohne Nutzungsbefugnis). **Einführend:** *W/Hillenkamp* Rn. 321 ff.

Rechtsprechung Grundlegend: RGSt 4, 386; 40, 222 f (Verwahrung im Interesse des Diebs); RG, GA 48 (1901), 445 (446 – nichtiges Rechtsgeschäft). **Beispielhaft:** BGHSt 9, 90 (91 – Mietsache); BGH wistra 2007, 18 (21 – Sicherungsübereignung); BeckRS 2009, 06482 (Leasing).

BGHSt 16, 280 (282): „Anvertraut sind Sachen, deren Besitz oder Gewahrsam dem Täter in dem Vertrauen eingeräumt worden ist, er werde die Gewalt über sie nur im Sinne des Einräumenden ausüben. Hierfür genügt es, daß er Besitz oder Gewahrsam kraft eines Rechtsgeschäfts mit der Verpflichtung erlangt hat, sie zurückzugeben oder zu einem bestimmten Zweck zu verwenden."

Erläuterungen

§ 246 I StGB a.F. verlangte für den Grundtatbestand der Unterschlagung »Besitz oder Gewahrsam« an der Sache. Deshalb wurde auch das Qualifikationsmerkmal des »Anvertrautseins«[1] so verstanden, dass es den »Gewahrsam« des Täters/Tatbeteiligten voraussetzt. In der Neufassung des § 246 I StGB (6. StrRG 1998) ist jedoch die einschränkende Gewahrsamsklausel weggefallen.[2] Dies hat auch Konsequenzen für den **43**

4 MK-*Bosch* § 113 Rn. 24.

1 Zur historischen Herkunft der qualifizierenden »Veruntreuung« aus dem preußischen StGB näher *Küper* ZStW 106 (1994), 354 (371 ff) m.w.N.

2 Vgl. dazu – auch zur möglichen »Wiederherstellung« eines Gewahrsamserfordernisses innerhalb des Zueignungsbegriffs – das Stichw. »Zueignung (›Zueignen‹) bei Unterschlagung« → Rn. 836 ff; dort auch zur Subsidiarität der qualifizierten Unterschlagung → Rn. 842.

Qualifikationstatbestand: Dieser ist nicht nur dann anwendbar, wenn der Täter (wie im Regelfall) Gewahrsam an der Sache hat. Möglich ist zudem, dass eine Sache auch ohne Gewahrsamsübertragung »anvertraut« werden kann, etwa durch Verschaffung mittelbaren Besitzes.[3] Denn auch mit diesem Fall kann ein entsprechendes Vertrauensverhältnis verbunden sein. Diese Möglichkeit lässt sich in der Definition des »Anvertrautseins« dadurch berücksichtigen, dass das Regelerfordernis des »Gewahrsams« durch den Hinweis auf die »sonstige Verfügungsgewalt« ergänzt und beides unter dem Oberbegriff der »Sachherrschaft« zusammengefasst wird (→ Rn. 42).

44 Umstritten ist, ob eine »anvertraute« Sache auch vorliegt, wenn die Einräumung des Gewahrsams *gesetz- oder sittenwidrig* ist, z.B. bei Aushändigung von Geld zum Ankauf von Einbruchswerkzeug. Abgesehen von den Fällen, in denen das Vertrauensverhältnis den Interessen des Eigentümers zuwiderläuft (etwa: Aufbewahrung gestohlenen Gutes für den Dieb → Rn. 45), hält die *Rechtsprechung* die Verbots- oder Sittenwidrigkeit für unerheblich. Das Gesetz verweise mit dem Begriff »anvertraut« lediglich auf ein »tatsächliches Verhältnis«: „daß nämlich dem Täter eine fremde Sache unter dem Vertrauen übergeben ist, er werde die Verfügungsgewalt im Sinne des den Besitz Übertragenden oder Genehmigenden gebrauchen, im Gegensatz zu denjenigen Fällen, in welchen die unterschlagene Sache aufgrund anderer Verhältnisse, wie etwa durch Zufall, Fund oder Naturereignisse, in den Gewahrsam des Täters gelangt ist".[4] Diese Auffassung entspricht auch der h.M. im Schrifttum.[5] Die *Gegenmeinung* wendet hingegen ein, dass ein »Vertrauensbruch« bei gesetz- oder sittenwidrigen Verhältnissen keinen besonderen strafrechtlichen Schutz verdiene.[6]

45 Die beim »Anvertrauen« durch einen *Nichteigentümer* (Dritten) geforderte *Einschränkung*, dass die Einräumung der Sachherrschaft dem Eigentümerinteresse *nicht zuwiderlaufen* dürfe, erklärt sich aus der spezifischen Funktion des Eigentumsschutzes. Der Verstoß gegen das Vertrauensverhältnis, der in der Zueignung einer vom Dritten »anvertrauten« Sache liegt, wird als Verletzung einer mittelbar auch gegenüber dem *Eigentümer* bestehenden Vertrauensbeziehung begriffen.[7] Richtet sich das »Vertrauensverhältnis« – z.B. zwischen Verwahrer (Hehler) und Dieb – gerade *gegen* das Eigentümerrecht, so fehlt dieses Moment, und der verbleibenden »Vertrauensbeziehung« nur zum Dritten ist die rechtliche Anerkennung zu versagen.[8]

---

3 Siehe z.B. bei *A/W/Heinrich* § 15 Rn. 35; ähnlich *Friedl* wistra 1999, 206 (208); *Mitsch* ZStW 111 (1999), 65 (93 f), mit Fallvarianten auch zur Veruntreuung durch »Drittzueignung. Überwiegend wird aber eine Beibehaltung des Gewahrsamserfordernisses verlangt, um Wertungswidersprüche zu § 266 StGB zu vermeiden, z.B. bei MK-*Hohmann* § 246 Rn. 51; zweifelnd *Fischer* § 246 Rn. 18.

4 RG GA 48 (1901), 445 (446).

5 LK-*Vogel* § 246 Rn. 64 m.w.N.

6 NK-*Kindhäuser* § 246 Rn. 41; *S/S/Bosch* § 246 Rn. 30 m.w.N.; diff. SK-*Hoyer* § 246 Rn. 47: Ausnahme bei durch »betrügerische Täuschung« begründetem Vertrauensverhältnis.

7 RGSt 40, 222 (223): „Denn dadurch, daß der Empfänger der Sache diese für den Hingebenden in Gewahrsam behalten soll, soll er die Sache auch *dem Eigentümer* erhalten. Die unmittelbar gegen den Hingebenden begangene Veruntreuung trifft mittelbar den Eigentümer".

8 RGSt 40, 222 (223): „Ein ... Interesse [des Diebs], durch Übertragung des Gewahrsams auf einen Verwahrer sich die Möglichkeit einer Verfügung über die Sache zu erhalten oder diese Möglichkeit einem Hehler zu verschaffen, widerstrebt dem Rechte und dem Interesse des Eigentümers und kann daher nicht durch [§ 246 StGB] geschützt sein." Krit. zu dieser Ausnahme von dem Grundsatz, dass die Gesetz- oder Sittenwidrigkeit das Anvertrautsein nicht berührt, z.B. MK-*Hohmann* § 246 Rn. 53; *Otto*, BT, § 42 Rn. 28 f.

Aufzeichnung, technische (Begriff) – §§ 268 I, 274 I Nr. 1 StGB

Nach der Legaldefinition in § 268 II StGB ist eine »technische Aufzeichnung« die **Darstellung** (→ Rn. 47) von Daten, Mess- oder Rechenwerten, Zuständen oder Geschehensabläufen, die durch ein technisches Gerät ganz oder zum Teil **selbsttätig bewirkt** (→ Rn. 48) wird, den Gegenstand der Aufzeichnung allgemein oder für Eingeweihte erkennen lässt und zum Beweis einer rechtlich erheblichen Tatsache bestimmt ist, gleichviel, ob ihr die Bestimmung schon bei der Herstellung oder erst später gegeben wird. 46

Literatur: LK-*Zieschang* § 268 Rn. 6 ff; MK-*Erb* § 268 Rn. 7 ff (mit Verzicht auf »Abtrennbarkeit« vom Gerät).

Zur »selbsttätigen Bewirkung«: LK-*Zieschang* § 268 Rn. 13 ff; MK-*Erb* § 268 Rn. 15 ff; *W/Hettinger* Rn. 866 f (mit detailliertem Definitionsvorschlag) sowie *Freund*, UStrT, Rn. 251 ff (gesetzeskritisch).

Rechtsprechung Grundlegend zum Begriff der Darstellung: BGHSt 29, 204 (205) am Bsp. des manipulierten Kilometerzählers; dazu zust. *Kienapfel* JR 1980, 429 und krit. zur Begr. *Puppe* JZ 1986, 949, die nicht die fehlende Abtrennbarkeit, sondern die fehlende Perpetuierung durch den vorrückenden Zähler als maßgeblich erachtet.

BGHSt 29, 204 (205): „Die Anzeige des Kilometerstandes in einem Kraftfahrzeug ist keine technische Aufzeichnung i.S. dieser Vorschrift... Unter ›Darstellung‹ ist ... nur eine solche Aufzeichnung zu verstehen, bei der die Information in einem *selbständig* verkörperten, vom *Gerät abtrennbaren Stück* enthalten ist. Diese Voraussetzung erfüllt die Wegstreckenanzeige im Kilometerzähler eines Kraftfahrzeuges nicht. Sie ist bestimmungsgemäß Bestandteil des Meßmechanismus und von diesem ohne dessen Zerstörung nicht trennbar."

Erläuterungen

»Darstellung« ist eine sinnvermittelnde Information, die in einem vom produzierenden Gerät abtrennbaren Stück selbstständig verkörpert ist (spezielles Perpetuierungserfordernis). Daran fehlt es bei Anzeigegeräten wie z.B. bei einem Kilometerzähler, der ein Ergebnis nur (vorübergehend) anzeigt, ohne dass sich dieses vom Gerät trennen lässt.[1] Nach der Gegenmeinung[2] soll eine Fixierung von »gewisser Dauerhaftigkeit« auch auf *integrierenden Bestandteilen* des technischen Geräts (wie etwa beim Kilometerzähler) ausreichen, so dass zur aufgezeichneten »Darstellung« auch fortlaufend veränderliche Zählerstände gehören, sofern sie die Summe der gemessenen Einheiten bewahren und der Zustand bei ruhendem Gerät konstant bleibt.[3] 47

Durch das technische Gerät »selbsttätig bewirkt« wird die Darstellung (Aufzeichnung), wenn dessen Leistung darin besteht, aufgrund eines in Konstruktion oder Pro- 48

1 BGHSt 29, 204 (205); *W/Hettinger* Rn. 862 ff. Die Manipulation von Kilometeranzeigern in Kraftfahrzeugen ist seit dem Jahr 2005 in § 22b StVG gesondert unter Strafe gestellt.

2 So GS-*Koch* § 268 Rn. 3; *S/S/Schuster* § 268 Rn. 9; SK-*Hoyer* § 268 Rn. 9 f m.w.N.; OLG Frankfurt a.M. NJW 1979, 118 f mit zust. Anm. *Sonnen* JA 1979, 168; zweifelnd *Freund*, UStrT, Rn. 245 ff.

3 Aufbereitung der Argumente für und wider bei *Hillenkamp*, BT, Problem Nr. 14. Zu Fragen der Anwendbarkeit des § 268 StGB bei »digitaler Bildbearbeitung« *Welp* CR 1992, 291 ff; zu Telefonkarten näher *Hecker* JA 2004, 762 ff.

grammierung festgelegten *automatischen Ablaufs* den Aufzeichnungsinhalt konkret zu gestalten und eine Darstellung mit *neuem Informationsgehalt* hervorzubringen. Denn nur dann besteht ein schützenswertes Vertrauen des Rechtsverkehrs darauf, dass die „erlangte Information auf einer korrekten, von einer störenden Manipulation unberührten Leistung der ›unbestechlichen‹ Maschine beruht... Das Ergebnis des selbsttätigen Ablaufs muß gegenüber den Eingabewerten einen *zusätzlichen Informationsgehalt* aufweisen"[4]. Dies ist etwa bei Fotografien einer Radarüberwachungsanlage der Fall, weil diese das Kraftfahrzeug nicht nur fotografisch abbilden, sondern zugleich die Uhrzeit und die gemessene Geschwindigkeit festhalten.[5] Mangels »selbsttätiger Bewirkung« fallen Fotokopien, filmische Abbildungen und Tonbandaufzeichnungen nach h.M. nicht unter den Begriff der »technischen Aufzeichnung«.[6]

Aufzeichnung, Unechtheit der technischen – § 268 I, II, III StGB

49 Eine technische Aufzeichnung ist »unecht«, wenn die Darstellung von Daten usw. (§ 268 II StGB) entweder überhaupt nicht oder nicht in ihrer konkreten Gestalt das Ergebnis eines vom **Gerät selbsttätig bewirkten** und von **störender Einwirkung** (§ 268 III StGB) **unbeeinflussten** Aufzeichnungsvorgangs ist, obwohl die Darstellung nach Aussehen und Inhalt einen solchen *Anschein* erweckt (»Authentizitätstäuschung«).

»Störende Einwirkung« ist ein *menschlicher Eingriff* in den Aufzeichnungsvorgang, der zu einem *unrichtigen* Aufzeichnungsergebnis führt und darauf abzielt.

Literatur: LK-*Zieschang* § 268 Rn. 26 ff; *S/S/Schuster* § 268 Rn. 29 ff.
Einführend: *W/Hettinger* Rn. 871 ff.

Rechtsprechung Beispielhaft zum Einsatz eines Fahrtenschreibers: BGHSt 28, 300 (303 ff – Einsatz des defekten Geräts) mit Bspr. *Kienapfel* JR 1980, 347 f und *Puppe* JZ 1986, 949; BGHSt 40, 26 (29 f – zur Verwendung anderer Tachographenscheiben) mit zust. Bspr. *Puppe* JZ 1997, 494 f; BayObLG NJW 1974, 325 (zeitweiliges Abschalten des Geräts) und JZ 1986, 604 (Zurückstellen der Zeituhr) sowie NStZ-RR 2001, 371 f (Schaublattwechsel); OLG Hamm NJW 1984, 2173 (Verstellen der Zeituhr); OLG Karlsruhe NStZ 2002, 652 f (Schaublattwechsel).

OLG Karlsruhe NStZ 2002, 652: „§ 268 StGB dient dem Schutz des Vertrauens in die Zuverlässigkeit technisch selbstständiger Aufzeichnungen. Der Rechtsverkehr soll sich darauf verlassen können, dass die Aufzeichnungen so, wie sie vorliegen, aus einem Herstellungsvorgang stammen, der in seinem Ablauf durch die *selbsttätige Arbeitsweise* des betreffenden Geräts zwangsläufig vorgegeben ist, so dass hierdurch die Aufzeichnungen als das Ergebnis eines *automatisierten* Herstellungsvorgangs die Vermutung inhaltlicher Richtigkeit für sich haben."

BayObLG JZ 1986, 604: Durch »störende Einwirkung« beeinflusst das Ergebnis des Aufzeichnungsvorgangs, „wer in den Funktionsablauf, also in den Mechanismus des aufzeichnenden Geräts, eingreift, hierdurch die korrekte Funktion des Geräts beeinträchtigt und auf diese Weise die inhaltliche Unrichtigkeit der Aufzeichnung herbeiführt".

---

4 *Welp* CR 1992, 291 (293).
5 NK-*Puppe* § 268 Rn. 15 m.w.N.
6 *K/H/H*, BT 1, Rn. 1023 f m.w.N.; BGHSt 24, 140 (142); grds. abw. SK-*Hoyer* § 268 Rn. 19 f.

Erläuterungen

Es entspricht inzwischen gefestigter Auffassung, das auf »störender Einwirkung« beruhende Aufzeichnungsergebnis bereits in den *Begriff* der »Unechtheit« einzubeziehen, da die Gleichstellungsklausel des § 268 III StGB lediglich einen Anwendungsfall der »unechten« technischen Aufzeichnung beschreibt. Abgesehen von den Fällen manueller Nachahmung oder Veränderung einer technischen Aufzeichnung geht es daher bei der Frage der »Unechtheit« wesentlich darum, den Inhalt der in § 268 III StGB genannten »störenden Einwirkung« genauer zu bestimmen. Weitgehend anerkannt ist, dass das sog. »täuschende Beschicken« des Geräts (Eingabe falscher Daten) ebenso wenig zur Unechtheit führt wie die »bloße« Ausnutzung eines technischen Defekts. Umstritten sind insbesondere die Fälle zeitweiliger *Unterbrechung* des (sonst ordnungsgemäßen) Aufzeichnungsvorgangs und ähnlicher Eingriffe,[1] ferner die Situationen, in denen ein *Garant* ein gestörtes Gerät ohne »Entstörung« benutzt. Überwiegend wird dabei angenommen, dass die strafrechtliche Verantwortlichkeit für die Herstellung oder den Gebrauch einer »unechten« technischen Aufzeichnung einen Gerätedefekt voraussetzt, der auf einem störenden *menschlichen Eingriff* beruht.[2] **50**

Die Verwendung einer »Gegenblitzanlage«[3] zur Beeinträchtigung eines automatischen Beweisfotos wird nach überwiegender Ansicht[4] nicht als »störende Einwirkung« angesehen. Denn auf den Arbeitsvorgang selbst werde damit nicht eingewirkt,[5] die zu schützende Unbestechlichkeit der maschinellen Arbeit also nicht angegriffen. Lediglich die Arbeitsvoraussetzungen seien verändert worden. **51**

Ausbrechen, gewaltsames – § 121 I Nr. 2, 3 StGB

»Gewaltsames Ausbrechen« bedeutet die – auch nur vorübergehende – faktische **Aufhebung des Freiheitsentzuges** durch Gewaltanwendung entweder gegen *sachliche* Verwahrungseinrichtungen (Abschlusseinrichtungen) oder gegen *Personen* (str. → Rn. 53 f), die kraft ihrer Dienststellung oder Funktion amtliche Verwahrungsmacht ausüben. **52**

Literatur: *Gössel/Dölling*, BT 1, § 64 Rn. 12; *Laubenthal,* Otto-FS, 2007, S. 663 f; LK-*Rosenau* § 121 Rn. 40 ff.

Rechtsprechung Grundlegend: BGHSt 16, 34 ff. **Beispielhaft:** RGSt 17, 47 (49 f – nicht beim Einsatz eines Nachschlüssels); 27, 397 (398 – nicht beim bloßen Herausnehmen von Steinen); BayObLG GA 1966, 280 (281 – Lkw-Plane als Abschlusseinrichtung).

---

1 Vgl. die Hinw. bei *L/Kühl* § 268 Rn. 8.

2 BGHSt 28, 300 (303 ff); *W/Hettinger* Rn. 871 ff. Eingehend MK-*Erb* § 268 Rn. 43 ff.

3 Ordnungswidrigkeit nach §§ 23 Ib, 49 I Nr. 22 StVO, 24 I StVG.

4 LG Flensburg NJW 2000, 1664 mit zust. Bspr. *Geppert* DAR 2000, 106 ff; ebenso zum Einsatz eines Reflektors OLG München NJW 2006, 2132 (2133), das stattdessen eine Sachbeschädigung annehmen will, dabei aber übersieht, dass das Gerät generell nicht für „Reflektorbilder" brauchbar ist; abl. auch *Gaede* JR 2008, 97 ff.

5 Das AG Tiergarten NStZ-RR 2000, 9 (10) – mit krit. Anm. *Rahmlow* JR 2000, 388 ff – will die Einwirkung hingegen in der Beeinflussung der auswertbaren Aufzeichnung sehen, übersieht aber, dass der Gegenblitz von vornherein eine auswertbare Aufzeichnung verhindert.

BGHSt 16, 34 (35): „Ein ›gewaltsamer Ausbruch‹ … ist es auch, wenn Gefangene sich der Verwahrung dadurch entziehen, daß sie gegen einen *Aufsichtsbeamten* Gewalt verüben, der ihre Verwahrung zu überwachen hat und überwacht."

Erläuterungen

53 Eine in der Literatur verbreitete Auffassung[1] beschränkt den Begriff des »Ausbrechens« auf das gewaltsame Vorgehen gegen *sachliche Verwahrungseinrichtungen* und deren Überwindung; Aktionen gegen »Verwahrungspersonen« (Vollzugspersonal), die zur Aufhebung des Gewahrsams führen, sollen demgegenüber § 121 I Nr. 1 StGB (Nötigung, tätlicher Angriff) zuzuordnen und in dieser Vorschrift *abschließend* erfasst sein. Diese Auffassung lag ursprünglich auch der Rechtsprechung zugrunde, die auf die Parallele zwischen »Ausbruch« und »Einbruch« hinwies.[2]

54 BGHSt 16, 34 (35 f) hat diese Beschränkung aufgegeben: Das gewaltsame Ausbrechen erfasse nach Wortlaut und Sinn nicht nur Aktionen gegen »Verwahrungseinrichtungen«, sondern „auch solche Fälle, bei denen der Ausbruch in der Weise unternommen wird, daß die Gefangenen Gewalt gegen *Aufsichtsbeamte* verüben". Zur Begründung dieser Auslegung lassen sich zwei Argumente geltend machen. Zum einen die Zielrichtung der Vorschriften: So betreffe § 121 I Nr. 1 StGB Nötigungshandlungen unabhängig von dem Zweck, den die Gefangenen dabei verfolgen. Demgegenüber sei § 121 I Nr. 2, 3 StGB auf den gewaltsamen »Ausbruch« (Aufhebung des Freiheitsentzugs) bezogen, ohne dass – abgesehen von der »Gewalt« – die Tathandlung auf bestimmte Ausbruchsmittel beschränkt sei.[3] Zum anderen werde erst durch die Anwendung von § 121 I Nr. 2, 3 StGB der *Unrechtserfolg* (»Ausbruch«) adäquat erfasst, während die Vorschrift in Nr. 1 lediglich als eine Art Unternehmensdelikt[4] ausgestaltet ist. Beim Ausbruch durch Gewaltanwendung gegen Aufsichtspersonen wird § 121 I Nr. 1 StGB dann auf der Konkurrenzebene verdrängt. Geschieht der Ausbruch nicht mit »Gewalt« gegen Aufsichtspersonen, sondern durch sonstige Nötigung, so kann wieder auf § 121 I Nr. 1 StGB zurückgegriffen werden.

55 Wird »Gewalt« beim Ausbrechen lediglich gegen *Mitgefangene* oder Besucher angewandt, dann entfällt die Anwendbarkeit von Nr. 2, 3 ebenso wie diejenige der Nr. 1.[5] Beschränkt man § 121 I Nr. 2, 3 StGB auf Aktionen gegen »sachliche Verwahrungseinrichtungen« (→ Rn. 53), so soll Vollendung bereits bei Überwindung des »letzten Sachhindernisses« (z.B. Mauer oder Fenster) eintreten, auch wenn der Ausbrecher in unmittelbarem Anschluss von einem Vollzugsbeamten gestellt wird – eine Aufhebung des Amtsgewahrsams soll demzufolge für einen Ausbruch nicht erforderlich sein.[6]

---

1 MK-*Bosch* § 121 Rn. 18; SK-*Wolters* § 121 Rn. 11; *S/S/Eser* § 121 Rn. 11; *SSW-Fahl* § 121 Rn. 9 f.

2 Dementsprechend auf die „Abschließungsvorrichtung" bzw. die „äußere Umschließung" abstellend RGSt 17, 47 (49 f); 27, 397 (398); 41, 357; 49, 429 (430). Auch BGHSt 15, 198 (200) sieht das Rechtsgut noch in der „Unversehrtheit der Abschlußeinrichtungen".

3 LK-*Rosenau* § 121 Rn. 41.

4 Dazu SK-*Wolters* § 121 Rn. 8.

5 LK-*Rosenau* § 121 Rn. 42.

6 MK-*Bosch* § 121 Rn. 22; SK-*Wolters* § 121 Rn. 11. Anders LK-*Rosenau* § 121 Rn. 44 f; *S/S/Eser* § 121 Rn. 11; *SSW-Fahl* § 121 Rn. 13 (nur Versuch).

Aussage, Falschheit der – §§ 153 ff StGB

Eine Aussage ist »falsch«, wenn der **Aussageinhalt** (»*was* ausgesagt wird«) mit dem **Aussagegegenstand** (»*worüber* ausgesagt wird«) nicht übereinstimmt. 56

Dafür kommt es auf den Widerspruch des Aussageinhalts zum *tatsächlichen Geschehen* an (sog. »objektive Aussagetheorie« → Rn. 58, 60), nicht dagegen auf die Diskrepanz zwischen Aussageinhalt und *aktuellem Wissen* der Aussageperson (sog. »subjektive Theorie« → Rn. 59) oder auf den Widerspruch zu deren pflichtgemäß-potenziellem, *erreichbarem Wissen* (»Pflichttheorie« → Rn. 60).

Literatur: LK-*Ruß* Vor § 153 Rn. 8 ff. **Einführend:** *A/W/Hilgendorf* § 47 Rn. 36 ff; *SSW-Sinn* § 153 Rn. 8 f. **Monographisch:** *Beitz*, Die Bedeutung des Tatbestandsmerkmals »falsch« im Rahmen der Aussagedelikte, 2007, – Zusammenfassung S. 126 ff (»subjektive Theorie«); *H. E. Müller*, Falsche Zeugenaussage und Beteiligungslehre, 2000, S. 74 ff (»Wahrnehmungstheorie«).

Rechtsprechung Grundlegend: RGSt 37, 395 (398); 76, 94 (96); BGHSt 7, 147 (148 f); OLG Koblenz NStZ 1984, 551 (552) mit krit. Anm. *Bohnert* JR 1984, 425 ff. **Beispielhaft:** RGSt 68, 278 (282 – für Kenntnisse der Aussageperson); OLG München NStZ 2010, 219 (220 – Dramatisierung des eigenen Erlebnisbildes).

BGHSt 7, 148 f: „Falsch ist der Eid, wenn die beschworene Aussage mit ihrem Gegenstand *tatsächlich* nicht übereinstimmt, ohne daß es darauf ankommt, welche *Vorstellung* der Schwörende von dem Sachverhalt hat... Die Worte ›nach bestem Wissen‹ bedeuten nicht, daß der Schwörende einen Überzeugungseid leistet... Würde hieraus gefolgert, daß ... ohne Rücksicht auf den Inhalt der beschworenen Aussage das *Wissen* des Zeugen zum Gegenstand des Schwures gemacht wird, so wäre der Fall möglich, daß eine Aussage, die dem wirklichen Sachverhalt entspricht, i.S. des § 153 StGB also wahr ist, durch einen falschen Eid bekräftigt werden könnte. Das kann nicht richtig sein."

Erläuterungen

I. Die Kontroverse der Falschheitstheorien

1. Der Ausgangspunkt

Über die adäquate Bestimmung der »Falschheit« bei den Aussagedelikten wird in einer Kontroverse verschiedener »Falschheitstheorien« gestritten. Üblich geworden ist eine grundsätzliche *Dreiteilung* der Theorien: die Unterscheidung zwischen der »objektiven Theorie«, der »subjektiven Theorie« und der »Pflichttheorie«.[1] Diese Theorien treten in der Literatur jedoch z.T. in modifizierter Form auf. Gemeinsam haben alle Theorien die Grundvoraussetzung, dass eine Aussage dann »falsch« ist, wenn sich ihr *Inhalt* (»was ausgesagt wird«) mit ihrem *Gegenstand* (»worüber ausgesagt wird«) nicht deckt.[2] Die Kontroverse zwischen den einzelnen Falschheitstheorien betrifft im Wesentlichen die Frage, worin der eigentliche »*Gegenstand*« der Aussage besteht, der für die Diskrepanz zum Aussageinhalt und damit für die »Falschheit« den 57

---

1 MK-*Müller* § 153 Rn. 41 ff; NK-*Vormbaum* § 153 Rn. 60 ff. Zusammenstellung der Argumente bei *Hillenkamp*, BT, Problem Nr. 10.

2 Zur falschen Aussage bei unvollständiger Aussage s. MK-*Müller* § 153 Rn. 57.

Maßstab abgibt:[3] Die Falschheitstheorien sind also unterschiedliche Theorien über den »Aussagegegenstand«!

2. »Objektive« und »subjektive« Falschheitstheorie

58 **a) Die objektive Theorie** Herrschend ist die »objektive Falschheitstheorie«, die überwiegend auch der Rechtsprechung[4] zugrunde liegt. Sie hat den Gedanken zum Ausgangspunkt, dass die staatliche Rechtspflege in ihrer Funktionsfähigkeit nur durch eine der objektiven »Wirklichkeit« widersprechende Aussage gefährdet werden könne. Demgemäß bestimmt sie die »Falschheit« – für alle Tatbestände der §§ 153 ff StGB einheitlich – nach einem Aussagegegenstand, der als tatsächlich-objektiver Sachverhalt oder objektives Geschehen begriffen wird, ohne Rücksicht darauf, welche Vorstellung die Aussageperson von dem jeweiligen Sachverhalt hat (Kurzformel: Falschheit als »Widerspruch zwischen Wort und Wirklichkeit«). Dabei ist allerdings zu beachten, dass »objektiver« Aussagegegenstand nicht nur *äußere* Tatsachen sein können, sondern auch *innere*, psychische und insofern »subjektive« Sachverhalte der Vergangenheit oder Gegenwart (Wahrnehmungen, Erinnerungen, Wissen, Überzeugungen usw.).

59 **b) Die subjektive Theorie** Ansatzpunkt der »subjektiven Falschheitstheorie« ist dagegen die prozessuale Funktion der Aussageperson: Die Wahrheitspflicht des Aussagenden und sein Beitrag zur objektiven Wahrheitsfindung könnten sich allein auf die Wiedergabe dessen richten, was der Aussagende aus eigenem Erleben über das Beweisthema wisse.[5] Dem Aussagenden sei „die Wirklichkeit überhaupt nur durch das Medium seines subjektiven Erlebens zugänglich“, weshalb seine Aussagepflicht „nur darin bestehen könne, das mitzuteilen, was ihm von diesem Erleben noch *gegenwärtig* ist, was sich als *sein Wissen* von dem fraglichen Wirklichkeitsausschnitt darstellt“[6]. Für den Begriff der »Falschheit« wird daraus gefolgert, dass es nicht auf die Übereinstimmung des Aussageinhalts mit der »objektiven Wirklichkeit«, sondern allein darauf ankomme, ob der Inhalt der Aussage mit dem »Wissen« des Aussagenden übereinstimme (Kurzformel: Falschheit als »Widerspruch zwischen Wort und Wissen«). Der für die »Falschheit« maßgebende *Aussagegegenstand* besteht danach im »Wissen« der Aussageperson – und zwar grundsätzlich im aktuell-gegenwärtigen Wissen (»Erinnerungsbild«) –, nicht in irgendeinem objektiven Sachverhalt. Pointiert *Gallas* (Beiträge, S. 275): „Der subjektiven Lehre geht es *unmittelbar* überhaupt nicht um die objektive Wahrheit [der Aussage], auch nicht um die Vorstellung des Täters davon. Sie orientiert ihren Begriff ›falsch‹ vielmehr an der Beweisrolle des Aussagenden. Dieser soll zwar zur Wahrheitsfindung beitragen, aber … ausschließlich dadurch, daß er das wiedergibt, was er aus eigenem Erleben über das Beweisthema *weiß*.“[7]

Der **Unterschied zur objektiven Theorie** wird vor allem bei Aussagen über äußere (oder vergangene innere) Tatsachen relevant: Gibt der Aussagende ein tatsächliches

3 Vgl. *S/S/Bosch* Vor §§ 153 ff Rn. 4.
4 Nachw. bei LK-*Ruß* Vor § 153 Rn. 9; *S/S/Bosch* Vor §§ 153 ff Rn. 5.
5 Vgl. insb. *Gallas*, Beiträge zur Verbrechenslehre, 1968, S. 272 ff; w.N. bei LK-*Ruß* Vor § 153 Rn. 10.
6 *Gallas*, Beiträge, S. 273.
7 In dieser Richtung wieder *Beitz*, Bedeutung, S. 93 ff, 126 ff; *Stübinger*, Puppe-FS, 2011, S. 263 (281 ff).

Geschehen zwar objektiv unrichtig, aber seiner Überzeugung entsprechend wieder, so ist die Aussage auf der Grundlage der subjektiven Theorie nicht »falsch«; nach der objektiven Theorie fehlt es hingegen am Vorsatz. Ist dagegen Aussagegegenstand ein gegenwärtiges Bewusstseinsbild (z.B. Empfindungen oder Kenntnisse der Aussageperson), mit dem der Aussageinhalt nicht übereinstimmt, kommen beide Theorien zur »Falschheit« der Aussage.[8]

3. »Pflichttheorie« und modifizierte Theorien

Zwischen der »rein objektiven« und der »rein subjektiven« Falschheitstheorie haben 60
sich in der Literatur »Mischtheorien« angesiedelt, die im Ergebnis auf Modifikationen der subjektiven Theorie hinauslaufen.[9] Mit ihr teilen sie den Ansatz, dass der Aussagegegenstand lediglich »Tatsachen des Innenlebens« betreffen könne, ein subjektiv-psychisches Bild, nicht aber einen äußeren Sachverhalt: „Der Aussagende kann ausnahmslos nur wiedergeben, was zu leisten ihm seine Sinnes- und Geisteskräfte gestatten. Dies aber kann stets nur die Wiedergabe dessen sein, was er *wahrgenommen* hat, für richtig hält, zu wissen glaubt usw., d.h. eine innere Tatsache“[10]. Die »Pflichttheorie« erweitert von hier aus den Gegenstand der Aussage – über das aktuelle Gegenwartswissen der Beweisperson hinaus – um das »pflichtgemäß *erreichbare* Wissen«: Die Aussage ist »falsch«, wenn sie nicht das Wissen wiedergibt, das der Aussagende hat oder bei prozessordnungsgemäßem Verhalten (sorgfältig-kritischer Prüfung seines Erinnerungs- oder Wahrnehmungsvermögens) reproduzieren *könnte*.[11]

II. Die Begründung der herrschenden Auffassung (objektive Theorie) – »Wahrnehmungstheorie«

Die herrschende »objektive« Falschheitstheorie bestreitet ersichtlich nicht, dass der 61
Aussagegegenstand vom subjektiven Wissen des Aussagenden her an sich sachgerechter zu erfassen ist, weil die Aussageperson über die »äußere Wirklichkeit« nicht unmittelbar Auskunft zu geben vermag, sondern nur über ihre Wahrnehmungen, Erinnerungen und Kenntnisse. Demgegenüber beruft sich die objektive Theorie (daher) hauptsächlich darauf, dass *subjektiv* abgeleitete Falschheitstheorien – einschließlich der »Pflichttheorie« – mit der *Systematik* des *Gesetzes* nicht vereinbar seien. Das Gesetz unterscheide nun einmal die objektiv »falsche« Aussage von dem darauf bezogenen Vorsatz bzw. der Fahrlässigkeit (§ 161 StGB). Damit werde aber ein Falschheitsbegriff vorausgesetzt, der nicht am subjektiven Wissen, auch nicht in Form des »pflichtgemäß erreichbaren« Wissens, orientiert werden könne. Die subjektive Falschheitstheorie vermöge insbesondere § 160 StGB (Verleitung zur unvorsätzli-

8 Die Konsequenzen der verschiedenen Falschheitstheorien (auch der nachfolgend genannten Pflichtentheorie) sind übersichtlich dargestellt bei *A/W/Hilgendorf* § 47 Rn. 36 ff; *Otto*, BT, § 97 Rn. 5 ff.

9 Krit. zu allen herkömmlichen Falschheitstheorien *Paulus*, Küchenhoff-GS, 1987, S. 435 (440 ff, 450 ff), nach dessen Ansicht eine Aussage »falsch« ist, „wenn ihr Inhalt mit ihrem gesetzlich vorgeschriebenen oder prozessual zugelassenen Gegenstand nicht übereinstimmt“. In gleicher Richtung *Stein*, Rudolphi-FS, 2004, S. 553 ff (573 ff), nach dessen Auffassung sich »Aussagen« grds. nur auf das „aktuelle Erinnerungsbild“ (!) beziehen. Zu den Theorien aus wissenschaftstheoretischer Sicht (»Korrespondenz-« bzw. »Konsenstheorie der Wahrheit«) *Hilgendorf* GA 1993, 547 ff; *Kargl* GA 2003, 791 (798 ff).

10 *Otto*, BT, § 97 Rn. 10.

11 Vgl. dazu insb. *Otto*, BT, § 97 Rn. 7 ff; *ders.* JuS 1984, 161 (162 f); *Schmidhäuser*, Celle-FS, 1961, S. 207 ff; w. N. bei *Paulus*, Küchenhoff-GS, 1987, S. 435 (439 f).

chen Falschaussage) nicht zu erklären und müsse hier ohnehin auf einen objektiven Falschheitsbegriff ausweichen. Auch werde § 161 StGB (fahrlässige Falschaussage) nahezu funktionslos, wenn die »Falschheit« in der Abweichung vom eigenen Wissen bestehen solle (Vorsatzfälle!). Die »Pflichttheorie« stelle die »falsche« mit der »sorgfaltswidrigen« Aussage gleich, obwohl das Gesetz in § 161 StGB beides unterscheide und sich die Sorgfaltspflicht auf Vermeidung *falscher* Aussagen richte.[12]

62 Die gesetzessystematischen Einwände, die von der objektiven Falschheitstheorie gegen subjektive Ansätze erhoben werden, lassen sich möglicherweise in einer »subjektiven Theorie« überwinden, die als Gegenstand einer Zeugenaussage über sog. »äußere Tatsachen« der Vergangenheit nicht das *gegenwärtig* – im Aussagezeitpunkt – vorhandene oder erreichbare Wissen zugrunde legt, sondern das »Ursprungswissen«: die *ursprüngliche* subjektiv-individuelle *Wahrnehmung* der damaligen Wirklichkeit (sog. »Wahrnehmungstheorie«).[13] »Falsch« ist danach die Aussage dann, wenn sie diese *vergangene Wahrnehmung* inhaltlich nicht zutreffend wiedergibt, unabhängig davon, welche Vorstellung der Zeuge im *Aussagezeitpunkt* davon hat. Die gesetzliche Unterscheidung von vorsätzlich und fahrlässig falscher Aussage, einschließlich der damit verbundenen Konsequenzen, bleibt unter dieser Voraussetzung ebenso erhalten, wie dies nach der objektiven Theorie bei Aussagen über »innere Tatsachen« auch sonst der Fall ist.

Aussetzung (»Versetzen in hilflose Lage«) – § 221 I Nr. 1 StGB

63 In »hilflose Lage« wird ein Mensch »versetzt«, wenn er – unter dem bestimmenden Einfluss des Täters – in eine Situation gebracht wird, in der er sich gegen eine **Gefahr** für **Leben** oder **Gesundheit**, die aus dieser Situation entstehen *kann*, *ohne fremde Hilfe* (aus eigener Kraft) nicht **zu schützen** vermag und solche Hilfe für ihn *nicht verfügbar* ist (»hilflose Lage« als latent gefährlicher Zustand der »Hilfsbedürftigkeit« ohne verfügbare Hilfe, str. → Rn. 67).

Durch das Versetzen in hilflose Lage wird das Opfer der »Gefahr« des Todes (Lebensgefahr) oder einer schweren Gesundheitsschädigung *»ausgesetzt«*, wenn der Täter durch sein Verhalten eine **konkrete Gefahr** dieser Art herbeiführt oder erhöht. Die Gefahr(erhöhung) muss auf der »hilflosen Lage« *beruhen*, in die das Opfer versetzt worden ist (→ Rn. 68).

Literatur: *Küper*, ZStW 111 (1999), 30 ff; NK-*Neumann* § 221 Rn. 6 ff. **Einführend:** *Hacker/Lautner* Jura 2006, 274 ff; *Rengier*, BT 2, § 10 Rn. 2, 5 ff, 13 ff. **Monographisch:** *Lautner*, Die Systematik des Aussetzungstatbestands, 2010, S. 31 ff, 64 ff; *Wielant*, Die Aussetzung nach § 221 Abs. 1 StGB, 2009, S. 168 ff und passim (jew. mit Hinw. auf weitere Monographien).

---

12 Vgl. zu diesen Einwänden näher *Eisele*, BT I, Rn. 1364; LK-*Ruß* Vor § 153 Rn. 13; *G. Wolf* JuS 1991, 177 (180 f).

13 In dieser Richtung MK-*Müller* § 153 Rn. 50 ff; NK-*Vormbaum* § 153 Rn. 83 ff; SK-*Rudolphi* Vor § 153 Rn. 40 ff; näher *H. E. Müller*, Falsche Zeugenaussage, S. 82 ff; krit. aber *Beitz*, Bedeutung, S. 28 f.

Rechtsprechung Grundlegend: BGHSt 52, 153 (156 ff) mit krit. Anm. *Brüning* ZJS 2008, 419 (422 f), *Hardtung* JZ 2008, 953 ff. **Beispielhaft:** BGH NStZ 2002, 432 (433 – zur Konkurrenz bei nachfolgenden Gewaltdelikten).[1]

Zur hilflosen Lage BGH NStZ 2008, 395: In einer »hilflosen Lage« ist, „wer der abstrakten Gefahr des Todes oder einer schweren Gesundheitsschädigung ohne die Möglichkeit eigener oder fremder Hilfe ausgesetzt ist. Hilflosigkeit … definiert sich danach als das Fehlen hypothetisch rettungsgeeigneter sächlicher Faktoren oder hilfsfähiger (und generell auch hilfsbereiter) Personen."

Erläuterungen

I. Die Neufassung des Gesetzes

1. Die ursprüngliche »Aussetzung«

Das 6. StrRG (1998) hat den gesamten Aussetzungstatbestand neu gestaltet. Seine erste 64
Variante – das eigentliche Aussetzungsdelikt – erforderte früher, dass der Täter »eine wegen jugendlichen Alters, Gebrechlichkeit oder Krankheit hilflose Person aussetzt«. Die »Hilflosigkeit« kennzeichnete einen Schwächezustand des Opfers, der bei der Tathandlung des »Aussetzens« bereits *vorhanden* sein und aus den im Gesetz genannten Gründen (Gebrechlichkeit usw.) resultieren musste. »Hilflosigkeit« der Person bedeutete *Hilfsbedürftigkeit* i.S. von Unfähigkeit, sich aus eigener Kraft, ohne fremde Hilfe, vor Gefahren für Leben oder Gesundheit zu schützen.[2] Das »Aussetzen« wurde fast einhellig so verstanden, dass hierfür eine *räumliche Aufenthaltsveränderung* des Opfers (»Wegbringen«, »Wegschaffen«) notwendig war, die zu einer *konkreten* Gefährdung der ausgesetzten Person führte. Dabei war umstritten, ob § 221 StGB a.F. eine *Lebensgefahr* voraussetzte oder ob auch eine Gefahr für die körperliche Unversehrtheit ausreichte. Die überwiegende Auffassung im Schrifttum verlangte, namentlich wegen der systematischen Stellung des Delikts im Gesetz, eine konkrete Lebensgefahr, während eine erhebliche Minderheitsmeinung mit der ständigen Rechtsprechung die Gefahr eines (jedenfalls schwerwiegenden) *Gesundheitsschadens* einbezog.[3]

2. Die neue Rechtslage

a) Die Erweiterung des Aussetzungstatbestandes Die Neufassung des § 221 I 65
StGB[4] hat den Aussetzungstatbestand in zweifacher Beziehung wesentlich erweitert. Zum einen ist die – *vor* der Tathandlung bestehende – »persönliche Hilflosigkeit« des Opfers (wegen Gebrechlichkeit usw.) nicht mehr erforderlich: Die frühere Begrenzung des Opferkreises auf besonders schutzbedürftige Personen ist also zugunsten einer Ausdehnung auf beliebige Aussetzungsopfer entfallen (Erweiterung auf der Opferseite). Zum anderen besteht die *Tathandlung* nicht mehr notwendig darin, dass der Aufenthaltsort des Opfers »*räumlich*« verändert wird.[5] Es genügt auch ein »Versetzen in hilflose Lage«, das in beliebiger Weise[6] vollzogen werden kann. Die »örtliche

1 Rspr. zu § 221 StGB a.F. in der 8. Aufl. 2012, S. 35.
2 BGHSt 21, 44 (45); eingehend *Küper* Jura 1994, 513 (516) und JZ 1995, 168 (170).
3 Vgl. dazu die Nachw. in der 1. Aufl. 1996, S. 26 f.
4 Sie beruht weitgehend auf § 139 I Nr. 1 E 1962, vgl. dort S. 35, S. 276 f; BT-Drs. 13/8587, S. 34.
5 Nachw. zu dieser inzwischen ganz h.M. bei *Hillenkamp*, BT, Problem Nr. 3; zur Begr. eingehend: *Küper*, ZStW 111 (1999), 30 (40 ff), *Wielant*, Aussetzung, S. 182 ff. Auf räumliche Ortsveränderung abstellend jedoch *Hohmann/Sander*, BT 2, § 5 Rn. 4.
6 Zum Versetzen durch unechtes Unterlassen → Rn. 69.

Lage« des Aussetzungsopfers braucht also nicht mehr verändert zu werden. Es genügen sonstige Veränderungen des konkreten Zustandes, die für den Betroffenen eine »hilflose Lage« (zu diesem Begriff → Rn. 67 f) schaffen.[7]

Die Erweiterung der Tathandlung – und die mit ihr verbundene Erfolgsmodifikation – entspricht Vorschlägen, die bereits in der Literatur zur Auslegung des § 221 StGB a.F. gemacht wurden, denen aber angesichts der früheren Gesetzesfassung sprachliche Bedenken entgegenstanden.[8] Als *typische* Begehungsform behält allerdings das »räumliche Aussetzen« für § 221 StGB n.F. weiterhin Bedeutung (»verdeckter Ursprungstypus« des Delikts) und beeinflusst die Auslegung des Versetzens in hilflose Lage (→ Rn. 69).

Begründet der Täter die »hilflose Lage« des Opfers dadurch, dass er sich selbst *räumlich entfernt*, so wird überwiegend kein »Versetzen« i.S. des § 221 I Nr. 1 StGB angenommen, weil dafür die Alternative des »Im-Stich-Lassens« (Nr. 2) einschlägig sei, die eine Garantenstellung des Täters voraussetzt.[9] Zum Verhältnis der beiden Tatalternativen → Rn. 345 f.

b) Die Gefährdungsstruktur des Delikts

66 **aa) Der Ausgangspunkt** Die Aussetzung i.S. des § 221 I Nr. 1 StGB ist ein *konkretes* Gefährdungsdelikt (Gefahrerfolgsdelikt). Der Gesetzgeber hat die für § 221 StGB a.F. umstrittene Frage, ob als Erfolg *Lebensgefahr* erforderlich ist oder Gesundheitsgefahr ausreicht (→ Rn. 64), durch eine spezielle *Gefährdungsklausel* entschieden: Das Opfer muss im Ergebnis »der Gefahr des Todes oder einer *schweren* Gesundheitsschädigung«[10] ausgesetzt werden. Dass damit ein Erfolg in Form der Begründung (oder Erhöhung) einer *konkreten* Gefahr gemeint ist, folgt trotz der missverständlichen Formulierung des Gesetzes – der Gefahr bloß »aussetzt« – aus der seit langem anerkannten Struktur der Aussetzung als konkretes Gefährdungsdelikt.[11]

67 **bb) Das Verhältnis von »hilfloser Lage« und Gefährdungsklausel** Probleme bereitet das Verhältnis der Gefährdungsklausel zur »hilflosen Lage«, in die das Opfer »versetzt« werden muss. Zum Teil wird angenommen, dass die »hilflose Lage« mit der »konkreten *Gefahrenlage*« sachlich identisch sei.[12] Dies entspräche dem Sinn, in dem der Begriff »hilflose Lage« oder »hilfloser Zustand« in der Judikatur zum »Aussetzen« i.S. des § 221 StGB a.F. meist gebraucht wurde.[13] Die zusätzliche Gefährdungsklausel hätte dann allerdings nur die Funktion, die *Art* der Gefahr – als Lebens- oder schwere Gesundheitsgefahr – klarzustellen.

---

7 Bsp. zum Versetzen bei *Heger*, ZStW 119 (2007), 593 (596 f); *Küper*, ZStW 111 (1999), 30 (43 f).

8 Näher dazu *Küper* Jura 1994, 513 (516).

9 In dieser Richtung z.B. *Eisele*, BT I, Rn. 247 f; *Rengier*, BT 2, § 10 Rn. 9 ff; SK-*Wolters* § 221 Rn. 4; anders: *Lautner*, Systematik, S. 88 ff, MK-*Hardtung* § 221 Rn. 11, *W/Hettinger* Rn. 201, 204, *Wielant*, Aussetzung, S. 399 ff (»Versetzen durch Unterlassen«).

10 Zur »schweren« Gesundheitsschädigung vgl. das Stichw. »Gesundheitsschädigung, schwere« → Rn. 271 ff, zum Begriff der konkreten Gefahr das Stichw. »Gefahr, konkrete« → Rn. 242 ff.

11 Zum entstehungsgeschichtlichen Hintergrund des Passus »der Gefahr aussetzt« vgl. *Küper*, ZStW 111 (1999), 30 (45 f).

12 LK-*Jähnke* § 221 Rn. 7, 18: »untrennbare Verzahnung« der Merkmale; *Struensee*, Einführung 6. StrRG, 1998, S. 35 f; vgl. auch *Fischer* § 221 Rn. 10.

13 Nachw. bei *Küper* JZ 1995, 168 ff.

Da das Gesetz indessen das »Versetzen in hilflose Lage« von dem *weiteren* Erfordernis einer »dadurch« verursachten »Gefahr« trennt und damit *zwei verschiedene* – durch Kausalität verbundene – *Merkmalskomplexe* geschaffen hat, liegt eine andere Deutung näher, die inzwischen der h.M. entspricht. Danach ist »hilflose Lage« nicht die (jede) konkrete Gefahr der im Gesetz bezeichneten Art, sondern ein hiervon qualitativ verschiedener, der Gefahr zugrunde liegender Zustand der »*Hilfsbedürftigkeit*« oder »Schutzunfähigkeit« des Opfers: »Hilflose Lage« bedeutet einen Zustand, in dem sich das Opfer nicht mehr aus *eigener Kraft* (mit eigenen Mitteln) – oder durch schutzbereite und -fähige Personen – gegen eine Lebens- oder Gesundheitsgefahr *zu schützen* vermag, die aus seiner Situation resultieren kann.[14] Der damit weder identische noch notwendig schon eingetretene *Gefahrerfolg* wird demgegenüber erst in der Gefährdungsklausel (»und ihn dadurch…«) als Auswirkung dieser Schutzunfähigkeit und weiterer Gefährdungsfaktoren beschrieben. Dabei wird für die »hilflose Lage« überwiegend eine Situation *latenter* oder potenzieller *Gefährlichkeit* vorausgesetzt, in der aufgrund fehlender Abwehrfähigkeit des Opfers[15] nach den Gesamtumständen die Entstehung einer konkreten Gefahr zu befürchten ist.[16]

cc) Der Zusammenhang von »hilfloser Lage« und Gefährdung Unterscheidet man zwischen der »hilflosen Lage« und dem Gefahrerfolg in dieser Weise, so folgt daraus eine *Begrenzung* des Tatbestandes: Es genügt nicht jede beliebige Herbeiführung der in § 221 I Nr. 1 StGB bezeichneten Gefahr (kein »allgemeines« Gefährdungsdelikt).[17] Der Gefahrerfolg muss vielmehr spezifisch auf dem hilflosen Zustand des Opfers *beruhen*. Das Merkmal der »hilflosen Lage« hat in § 221 I Nr. 1 StGB somit die Funktion, die *tatbestandsrelevanten* – aussetzungsspezifischen – Gefahrenlagen auf solche Gefahrerfolge zu begrenzen, die speziell aus der Situation mangelnder Abwehrfähigkeit des Gefährdeten resultieren und dabei von sonstigen (»allgemeinen«) Gefahren abzugrenzen (Selektionsfunktion). **68**

Relevant wird dies bei *»Augenblicksgefahren«*, wie etwa bei einem Schuss, der das Opfer knapp verfehlt, dem gefährlichen Steinwurf von der Autobahnbrücke oder einem »Beinahe-Unfall« im Verkehr. Da hier der Gefahrerfolg der Tathandlung *unmittelbar* anhaftet, fehlt es an dem erforderlichen Zusammenhang mit dem hilfsbedürftigen Zustand des Opfers (keine Ausprägung einer »aussetzungsspezifischen Gefahr«). Ein anderer Ansatz geht dahin, für die hilflose Lage eine gewisse Dauer und Stabilität zu fordern, damit aus ihr heraus der weitere Gefahrerfolg erwachsen kann.[18] Die Schaffung der »hilflosen Lage« und der Eintritt der konkreten »Gefahr« können indes auch *zeitlich zusammenfallen*, sofern der Eintritt der konkreten Gefahr noch

14 S. genauer unten → Rn. 346. In dieser Richtung BGHSt 52, 156 f; BGH NStZ 2008, 395; *Ebel* NStZ 2002, 404 (407); MK-*Hardtung* § 221 Rn. 5; *S/S/Eser* § 221 Rn. 2 und 9; eingehend: *Heger*, ZStW 119 (2007), 597 (601 ff), *Wielant*, Aussetzung, S. 261 ff.

15 Zur Frage, ob die Unkenntnis der Gefahrenlage (»Ahnungslosigkeit«) bereits eine »hilflose Lage« begründen kann, vgl. *Ebel* NStZ 2002, 404 (406 f); eingehend *Lautner*, Systematik, S. 54 ff.

16 In dieser Richtung *Heger*, ZStW 119 (2007), 593 (603 ff); *vH/Eschelbach* § 221 Rn. 3 f; NK-*Neumann* § 221 Rn. 7; wohl auch BGH NStZ 2008, 395 (»abstrakte Gefahr«). Zur typischen Eigenart aussetzungsbedingter Gefährdungen näher *Küper* JZ 1995, 168 (174 f).

17 Eingehend dazu *Hettinger/Wielant*, Herzberg-FS, 2008, S. 658 ff; *Wielant*, Aussetzung, S. 225 ff.

18 *Küpper*, BT 1/I, § 1 Rn. 85; SK-*Wolters* § 221 Rn. 3 (gefestigtes Zwischenstadium); *Sternberg-Lieben/Fisch* Jura 1999, 45 (46); eingehend: *Lautner*, Systematik, S. 50 ff, *Wielant*, Aussetzung, S. 261 ff, 338 f; z.T. abw. *Ebel* NStZ 2002, 404 ff; abl. MK-*Hardtung* § 221 Rn. 12 f.

Ausdruck der aussetzungsspezifischen Gefahrenlage ist.[19] Beispiel: Der Täter stößt sein Opfer so auf die Straße, dass es hinfällt und deshalb im Liegen sofort von einem Wagen tödlich erfasst wird, dem es sonst hätte ausweichen können.[20]

Ein »Versetzen in eine hilflose Lage« ist auch dann möglich, wenn sich das Opfer bereits in einer solchen Lage befindet. Beispiel: Der Täter entwendet die Jacke des bereits in klirrender Kälte schlafenden betrunkenen Opfers. Auf eine Unterscheidung zwischen der *»Intensivierung«* einer solchen Lage und dem Versetzen in eine *andere* »hilflose Lage« kommt es dabei nicht entscheidend an.[21] Da es zur Verwirklichung des Gefahrerfolgs stets eines von der bereits bestehenden »hilflosen Lage« unterscheidbaren mitursächlichen Beitrags bedarf (»und dadurch«), muss jede »Intensivierung« – soll sie denn tatbestandlich sein – zugleich *auch* eine neue Gefahr sein, die sich im Gefahrerfolg realisiert (»hilflosere Lage« als »neue hilflose Lage«). Lässt sich in dem genannten Beispiel feststellen, dass durch das Entwenden der Jacke die bereits bestandene Gefahrensituation gesteigert wurde und gerade diese Steigerung mitursächlich für eine konkrete Lebensgefährdung wird, wäre ein Versetzen in eine weitere hilflose (bzw. „hilflosere") Lage gegeben.

II. Tathandlung und »bestimmender Einfluss« des Täters

69 Aus dem Deliktsursprung als »räumlicher Aussetzung« nach § 221 StGB a.F. folgt auch für die Neufassung, dass dem Täter ein »bestimmender Einfluss« zukommen muss. Beim »Versetzen in hilflose Lage« muss das Opfer daher *Objekt* der Tathandlung sein. Die bloße *Veranlassung* des Opfers, *sich selbst* in eine »hilflose Lage« zu bringen, kann deshalb dann nicht genügen, wenn es sich *freiverantwortlich* zu der Situationsveränderung entschließt. Anders liegt es, wenn die Veränderung auf der Herrschaftsmacht des Aussetzenden beruht (z.B. durch Gewalt, Drohung, Täuschung).[22]

Unter diesen Voraussetzungen ist das »Versetzen in hilflose Lage« nicht nur durch aktives Tun begehbar, sondern auch durch unechtes *Unterlassen* i.S. des § 13 I StGB. Beispiel: Der Garant lässt es pflichtwidrig geschehen, dass sich das »defekte« Opfer in eine hilflose Lage begibt und dadurch gefährdet (Nichtverhinderung der »Selbstaussetzung«).[23] Zum Verhältnis der beiden Tatalternativen vgl. → Rn. 348.

Automat, Erschleichen der Leistung – § 265a I StGB

70 »Automat« i.S. des § 265a I StGB ist nur der »**Leistungs-**«, nicht der »**Warenautomat**« (str. → Rn. 71). Kennzeichnend für »Leistungsautomaten« ist es, dass das Gerät eine – entgeltliche – Dienst- oder Werkleistung erbringt, die nicht allein in

19 *Heger*, ZStW 119 (2007), 593 (595); *Küper* GA 2010, 228 (231); krit. *Lautner*, Systematik, S. 140 ff.
20 Bsp. nach *Hardtung* JZ 2008, 953 (955).
21 MK-*Hardtung* § 221 Rn. 8, 23 m.w.N.; *Wielant*, Aussetzung, S. 458 (»nur eine Frage der Wortwahl«). Anders NK-*Neumann* § 221 Rn. 15, wonach eine bloße Intensivierung mit dem Wortlaut nicht vereinbar sei. Grds. abweichend: *Sternberg-Lieben/Fisch* Jura 1999, 45 (46 – allenfalls Beihilfe); SK-*Wolters* § 221 Rn. 4.
22 Vgl. näher NK-*Neumann* § 221 Rn. 12 ff m.w.N.
23 *Jäger* JuS 2000, 31 (33); NK-*Neumann* § 221 Rn. 17 m.N.; *Heger*, ZStW 119 (2007), 593 (625 f); eingehend zum Unterlassen *Wielant*, Aussetzung, S. 181 f, 212 ff; krit. *Schroth*, BT, S. 79 f.

der *Lieferung einer Sache* besteht. Demgegenüber sind »Warenautomaten« nicht nur Automaten, die Produkte liefern (z.B. Zigaretten), sondern auch Geräte, die das verkörperte *Recht auf eine Leistung* vermitteln (z.B. durch Abgabe von Wertzeichen, Fahrkarten, Eintrittskarten oder Gutscheinen).

Das »Erschleichen« der Leistung besteht in ihrer Inanspruchnahme durch **ordnungswidrige Betätigung** der – die Entgeltlichkeit sichernden – **technischen Vorrichtungen** des Automaten (»täuschungsähnliche Manipulation«, »Überlistung des Mechanismus«) → Rn. 72.

Literatur: *Fischer* § 265a Rn. 3 ff, 7 ff, 10 ff; NK-*Hellmann* § 265a Rn. 18 ff. **Einführend:** *W/Hillenkamp* Rn. 672 ff, 678 (unter Einbeziehung von Warenautomaten).

Rechtsprechung Beispielhaft: BGH MDR 1952, 563 (zum Warenautomat/Diebstahl); BGH MDR 1985, 795 (Aufbrechen); BayObLG MDR 1961, 619 (Stromzähler mit Münzkassierer).

OLG Düsseldorf NJW 2000, 158: „Rechtsprechung und Schrifttum unterscheiden bei der Anwendung des § 265a StGB zwischen *Warenautomaten*, die Waren oder Berechtigungs- oder Gutscheine aller Art abgeben (z.B. Zigaretten-, Getränke- oder Fahrkartenautomaten), und *Leistungsautomaten*, die sonstige, nicht in der Hergabe von *Sachen* bestehende Leistungen erbringen (wie z.B. Spiel-, Musik-, Fernsprech- und Gewichtsautomaten). Nur die zuletzt genannten Geräte unterfallen dem Auffangtatbestand des § 265a StGB, während die missbräuchliche Benutzung von Warenautomaten seit jeher als *Diebstahl* gewertet wurde. Der *Geldautomat* erbringt keine Leistungen…, sondern gibt Geldmünzen, also Waren, ab. Er ist deshalb als Warenautomat zu behandeln."

Erläuterungen

I. Automatenbegriff – Tatbestandsmerkmale

Historisch betrachtet wurde der Automatenbegriff in § 265a StGB auf sog. »Leistungsautomaten«[1] beschränkt, da beim sog. »Warenautomaten« bestimmte Diebstahlsprivilegierungen eingriffen, die durch eine Anwendung des § 265a StGB auch auf Warenautomaten nicht unterlaufen werden sollten.[2] Da mittlerweile über § 265a III StGB auch die §§ 247, 248a StGB in Bezug genommen werden, ist dieser Grund für die Einschränkung auf Leistungsautomaten entfallen. Deshalb wird vorgeschlagen, in den Tatbestand des § 265a I StGB auch »Warenautomaten« einzubeziehen.[3] Das Verhältnis zum *Diebstahl* hängt nach dieser Lösung davon ab, ob und wann bei einer Entwendung der »Warenleistung« ein Gewahrsamsbruch vorliegt (dann Subsidiarität des § 265a StGB) oder aufgrund der betrugsähnlichen Manipulation zu verneinen ist (dann *nur* Leistungserschleichung). Demgegenüber hält die h.M. an der Ausgrenzung von Warenautomaten fest und begründet dies damit, dass § 265a StGB zum Zwecke der Schließung von Strafbarkeitslücken geschaffen worden sei, es aber 71

1 Zu den »Leistungsautomaten« gehören u.a.: Waschautomaten, Wiegeautomaten, Filmautomaten, Musikboxen, Spielautomaten, Fernrohrautomaten, Fernsehapparate und Stromanlagen mit Münzzähler.

2 Dazu näher bei LK-*Lackner*, 10. Aufl., § 265a Rn. 2; *Seier* JR 1982, 509 f.

3 *Mitsch*, BT II/2, § 3 Rn. 145 ff; MK-*Mühlbauer* § 265a Rn. 13; *SSW-Saliger* § 265a Rn. 8; eingehend GS-*Duttge* § 265a Rn. 5 ff m.w.N.

in Bezug auf Warenautomaten (wegen § 242 StGB) an einer solchen fehle.[4] Ferner sei der „Leistungsgegenstand, für den das Entgelt entrichtet wird, [bei Warenautomaten] allein die *Sache*, nicht aber eine um ihrer selbst willen produzierte ›Leistung‹ des Automaten“.[5]

Ungeschriebenes *objektives* Tatbestandsmerkmal des § 265a I StGB ist, wie sich aus der Vermögensschutzfunktion der Vorschrift ergibt und der subjektive Tatbestand erkennen lässt, die »*Entgeltlichkeit*« der angebotenen Automatenleistung.[6] Die im subjektiven Tatbestand genannte Absicht bezieht sich nämlich auf eine Nichtentrichtung des *Entgeltes*, macht also deutlich, dass die Leistung des Automaten immer entgeltlich sein muss. Wer also eine unentgeltliche Leistung eines Automaten erschleicht, die er irrtümlich für entgeltlich hält, in der Absicht, sich die für die Leistung aufzuwendenden Gelder zu ersparen, begeht einen untauglichen Versuch.

72 Aus dem Zweck des § 265a StGB, Strafbarkeitslücken des Betrugstatbestandes zu schließen, wird das Erfordernis einer »betrugsnahen Auslegung« abgeleitet.[7] Anknüpfungspunkt hierfür sei das Merkmal des *Erschleichens*, welches ein »täuschungsähnliches Verhalten« erfordere.[8] Daher setzt ein Erschleichen beim Automatenmissbrauch voraus, dass der Täter die Mechanismen, die die Entgeltlichkeit der Leistung sichern, *durch täuschungsähnliche Manipulationen überlistet*, indem er sie in ordnungswidriger Weise betätigt.[9] Hieran fehlt es, wenn dieser Mechanismus defekt ist und die Leistung ohnehin bei jeder Betätigung gewährt wird.[10] Ebenso fehlt mangels *Betätigen* ein Erschleichen, wenn der Täter gewaltsam auf den Automaten einwirkt, um auf diese Weise die Leistung unentgeltlich zu erlangen. Zum Begriff des »Erschleichens« bei der Beförderungs- oder Zutrittserschleichung nach § 265a StGB vgl. das Stichw. »Beförderung/Zutritt, Erschleichen von« → Rn. 83.

II. Ausgeschlossene/zweifelhafte Fälle

73 Bei Automaten, die eine »*gemischte Leistung*« erbringen, bestimmt sich die Einordnung als Leistungs- bzw. Warenautomat danach, auf welchen Leistungsteil die Tat abzielt.[11] *Geldspielautomaten* sind »Leistungsautomaten« hinsichtlich ihres nicht versachlichten Leistungsbereichs (z.B. Vermittlung von »Spielvergnügen« mit Gewinnchance), bezüglich der Geldausgabevorrichtung dagegen »Warenautomaten«.[12] Nicht unter den Tatbestand des § 265a I StGB fällt nach h.M. die *Entwendung von Geld* aus »Geldspielautomaten« durch ordnungswidrige Betätigung des Mechanismus, z.B. Anwendung von Tricks beim Geldeinwurf, Ausnutzung eines Gerätefehlers, sonstige technische Manipulation. Hier wird nämlich nicht auf den »Leistungsbereich« (Spielver-

---

4 So z.B. NK-*Hellmann* § 265a Rn. 19 ff.
5 *S/S/Perron* § 265a Rn. 4.
6 *S/S/Perron* § 265a Rn. 2.
7 NK-*Hellmann* § 265a Rn. 3 f.
8 SK-*Hoyer* § 265a Rn. 5; NK-*Hellmann* § 265a Rn. 2.
9 BGH MDR 1985, 795; OLG Karlsruhe NJW 2009, 1287 (1288); *S/S/Perron* § 265a Rn. 9.
10 Für die h.M. vgl. MK-*Mühlbauer* § 265a Rn. 50; anders LK-*Tiedemann* § 265a Rn. 38, der maßgeblich auf die Heimlichkeit des Vorgehens abstellt.
11 *Fischer* § 265a Rn. 11.
12 OLG Celle JR 1997, 345 (346); SK-*Hoyer* § 265a Rn. 11 m.w.N.; krit.: GS-*Duttge* § 265a Rn. 6, *Hilgendorf* JR 1997, 347 (348).

mittlung) des Automaten erschleichend eingewirkt, sondern das Gerät als »Sachherausgeber« missbraucht. In solchen Fällen liege regelmäßig *Diebstahl* am Geld vor.[13]

Nicht durch § 265a StGB erfasst ist nach h.M. das sog. »Leerspielen« von *Glücksspielautomaten* unter Ausnutzung von – illegal erlangten – Kenntnissen über das Geräteprogramm.[14] Insoweit versagt mangels ordnungswidriger Einwirkung auf den Mechanismus auch die Strafbarkeit wegen eines *Eigentumsdelikts*.[15] Ebenfalls nicht von § 265a I StGB erfasst wird nach allgemeiner Auffassung die unberechtigte Betätigung von *Geldausgabeautomaten* (Missbrauch von Codekarten): Bezüglich der Geldauszahlung ist der Bankautomat kein »Leistungs-«, sondern »Warenautomat«; seine »Leistung« (die Geldausgabe) erfolgt im Übrigen nicht »gegen Entgelt« und wird bei technisch korrekter Benutzung nicht »erschlichen«.[16]

Parkuhren und Parkscheinautomaten sind weder »Leistungsautomaten« noch erlauben sie den Zutritt zu einer »Einrichtung« i.S. des § 265a I StGB.[17] Denn die Parkuhr/der Parkscheinautomat erbringt dem Benutzer keine *Leistung* in Form der tatsächlichen Ermöglichung des Parkens – anders als z.B. eine automatische Parkraumschranke –; vielmehr wird lediglich ein *Parkverbot* befristet *aufgehoben* und die Benutzung des Parkplatzes *kontrolliert*. Aus diesem Grund scheidet auch die Qualifizierung als eine den Zutritt beschränkende »Einrichtung« aus, die Gegenstand eines entsprechenden »Erschleichens« sein kann: Dieser Missbrauch ist strafrechtlich als solcher nicht erfasst.[18]

Bande (Begriff) – u.a. §§ 244 I Nr. 2 (Nr. 3 a.F.), 244a I, 250 I Nr. 2 (Nr. 4 a.F.), 253 IV 2, 260 I Nr. 2, 260a I, 263 V StGB

»Bande« ist eine auf ausdrücklicher oder stillschweigender Vereinbarung – sog. »Bandenabrede« – beruhende Verbindung einer Mehrzahl von Personen (mindestens **zwei**, str. → Rn. 75 f), die für eine *gewisse Dauer* vorgesehen und auf die künftige Begehung mehrerer **selbstständiger**, im Einzelnen noch **unbestimmter Taten** gerichtet ist. Eine »Organisation« des Zusammenschlusses ist nicht erforderlich (str. → Rn. 75 f). **74**

In Abgrenzung zur bloß mittäterschaftlichen Verabredung muss die **Verbindung** über die Planung einer konkreten Einzeltat oder die Ausnutzung einer bestimmten Gelegenheit und über ein nur ganz kurzfristiges Zusammenwirken *hinausgehen*.

---

13 Vgl. *Ranft* JA 1984, 1 (7); *Schulz* NJW 1981, 1351 f; *W/Hillenkamp* Rn. 678. Aus der Rspr. z.B.: BayObLG NJW 1981, 2826 (techn. Manipulation) mit Anm. *Meurer* JR 1982, 292 ff; OLG Celle NJW 1997, 1518 f (präparierte Münze) mit krit. Bspr. *Hilgendorf* JR 1997, 347 (348 unter 2.); OLG Düsseldorf NStZ 1999, 248 (249); OLG Stuttgart NJW 1982, 1659 mit Bspr. *Seier* JR 1982, 509 ff.

14 Vgl. *S/S/Perron* § 265a Rn. 9 m.w.N.

15 *Mitsch* JZ 1994, 877 (883); *S/S/Bosch* § 242 Rn. 36a; jew. m.w.N.

16 Vgl. näher *K/H/H*, BT 2, Rn. 744 ff; *Schroth* NJW 1981, 730 f; *Wiechers* JuS 1979, 849 f; OLG Schleswig NJW 1986, 2652 (2653). Zur Strafbarkeit nach § 263a StGB in diesen Fällen vgl. das Stichw. »Verwenden von Daten, unbefugtes« → Rn. 697.

17 BayObLG JR 1991, 433 (434); NK-*Hellmann* § 265a Rn. 18, 40; *S/S/Perron* § 265a Rn. 4; vgl. auch *Matzky* Jura 2003, 191 (195).

18 Abw. *Gern/Schneider* NZV 1988, 129 (130).

Die »**Unbestimmtheit**« der geplanten Taten entfällt nicht schon deshalb, weil die Abrede allgemein gehaltene Beschränkungen aufweist (z.B. auf eine bestimmte Begehungsart, Objektsgattung oder einen bestimmten Begehungsort gerichtet ist).

Literatur: Für den »traditionellen« Bandenbegriff (mindestens *zwei* Personen): *S/S/Bosch* § 244 Rn. 24; *W/Hillenkamp* Rn. 297 ff. Für ein Mindesterfordernis von *drei* Personen: NK-*Kindhäuser* § 244 Rn. 35 ff; SK-*Hoyer* § 244 Rn. 30 ff; *Sowada*, Schlüchter-GS, 2002, S. 387. **Einführend:** W/*Hillenkamp* Rn. 297 ff. **Monographisch:** *Kosmalla*, Die Bandenmäßigkeit im Strafrecht, 2005, S. 41 ff; *Krings*, Die strafrechtlichen Bandennormen (usw.), 2000, S. 33 ff.

Rechtsprechung Grundlegend zur alten Rspr.: BGHSt 23, 239 (Bandendiebstahl); 38, 26, 27 ff (Handeltreiben); BGH NJW 2000, 2907 ff. **Beispielhaft:** BGH NJW 2000, 2034 (gemischte Bande: Hehler/Dieb).

Grundlegend zur neuen Rspr.: BGH JZ 2000, 627 (628 ff) – Anfragebeschluss – mit Anm. *Engländer* S. 630 f und *Schmitz* NStZ 2000, 477 f; BGH NJW 2001, 380 (382 ff) – Vorlagebeschluss – mit Bspr. *Engländer* JR 2001, 78; BGHSt 46, 321 – Großer Senat – mit Bspr. *Altenhain* Jura 2001, 836 (838) und *Erb* NStZ 2001, 561 ff. **Beispielhaft:** BGH NStZ 2006, 574 (zur Beteiligung nur einzelner Bandenmitglieder); NStZ-RR 2006, 106 (108 – Bandenbetrug). – Zur neuen Rspr. allgemein *Rissing-van Saan*, Geilen-FG, 2003, S. 131 ff.

BGHSt 46, 321 (325, 329 f): „Der Begriff der Bande setzt den Zusammenschluß von *mindestens drei* Personen voraus, die sich mit dem Willen verbunden haben, künftig für eine gewisse Dauer mehrere selbständige, im einzelnen noch ungewisse Straftaten des im Gesetz genannten Deliktstyps zu begehen. Ein ›gefestigter Bandenwille‹ oder ein ›Tätigwerden in einem übergeordneten Bandeninteresse‹ ist nicht erforderlich... Die Bande unterscheidet sich danach von der *Mittäterschaft* durch das Element der auf gewisse Dauer angelegten Verbindung mehrerer Personen zu zukünftiger gemeinsamer Deliktsbegehung. Von der *kriminellen Vereinigung* unterscheidet sich die Bande dadurch, daß sie keine Organisationsstruktur aufweisen muß und für sie kein verbindlicher Gesamtwille ihrer Mitglieder erforderlich ist."

BGH NStZ 1996, 443 (zu § 30 I Nr. 1 BtMG): Es genügt nicht, „wenn sich die Täter von vornherein nur zu einer *einzelnen Tat* verbunden haben oder in der Folgezeit jeweils aus *neuem Entschluß* ... Taten begehen. Die Verbindung zur mehrfachen Tatbegehung muß auf einer ausdrücklichen oder stillschweigenden Abrede beruhen, wenn es auch nicht erforderlich ist, daß eine feste Organisation vereinbart worden ist, in der den einzelnen Mitgliedern ganz bestimmte Rollen zukommen."

Erläuterungen

I. Traditioneller und moderner Bandenbegriff

75 Umstritten ist, ob für den *Begriff* der »Bande«[1] bereits die Verbindung von *zwei* Personen ausreicht oder ob eine größere Personenzahl (mindestens *drei*) erforderlich ist. Dem herkömmlichen, in der Rechtsprechung lange Zeit unangefochtenen und auch im heutigen Schrifttum noch vertretenen Bandenbegriff entspricht ein Mindesterfordernis von *nur zwei* Mitgliedern. Dieser traditionelle Bandenbegriff geht auf die ursprüngliche Gesetzesfassung der Bandendelikte zurück. Darin war die »Bande« – oh-

1 Im BT wird der Begriff »Bande« als Merkmal eines Qualifikationstatbestandes oder als Voraussetzung eines Regelbeispiels verwendet, ohne dass dieser Differenzierung ein nachvollziehbares Konzept zugrunde liegt.

ne ausdrückliche Verwendung dieses Begriffs – als Verbindung »*mehrerer*«, d.h. von mindestens zwei, Personen beschrieben: Der Gesetzgeber hat später mit dem Wort »Bande« lediglich einen Begriff kodifiziert, der schon früher für den Zusammenschluss »mehrerer« gebräuchlich gewesen war und zur festen Terminologie der Bandendelikte gehört hatte.[2] Dass es nach §§ 244 I Nr. 2, 250 I Nr. 2 StGB für die jeweilige Bandenqualifikation ausreicht, wenn nur *zwei* Mitglieder die Tat ausführen bzw. dabei mitwirken, ist ein weiterer – gesetzessystematischer – Anhaltspunkt für einen auf zwei Personen beschränkbaren Bandenbegriff. Auch ist die Gefährlichkeit der kriminellen Verbindung bei drei Mitgliedern nicht notwendig oder typischerweise größer; der innere Zusammenhalt kann im Zwei-Personen-Verhältnis sogar stärker, die Arbeitsteilung u.U. effizienter sein. Im Übrigen verknüpft das Gesetz auch sonst die spezifische Gefährlichkeit, die aus einer Personenmehrheit resultiert, mit einer Mindestzahl von zwei Personen (§§ 224 I Nr. 4, 231 I StGB), s. → Rn. 92.

Die inzwischen deutlich überwiegende Meinung im Schrifttum[3] fordert dagegen den Zusammenschluss von mindestens *drei* Personen. Sie macht hierfür – neben dem Hinweis auf den Gesetzeswortlaut – insbesondere geltend: Die besondere Gefährlichkeit der »Bande« beruhe auf dem »Korpsgeist« und der »*Gruppendynamik*« einer mehrgliedrigen Vereinigung, deren Existenz nicht vom Ausscheiden – oder Hinzutreten – eines *einzelnen* Mitglieds abhänge; bei zumindest drei Mitgliedern gehe von der Mehrheit ein »Konformitätsdruck« auf den Einzelnen aus, der im Zwei-Personen-Verhältnis wegen des »Gleichgewichts der Kräfte« fehle, so dass hier die »Bindungs- und Anreizwirkung« des Zusammenschlusses erheblich schwächer sei. Einschränkend wird neben der Verbindung von drei Personen zum Teil auch eine »Organisationsstruktur«, etwa mit bestimmter Rollenzuweisung/Arbeitsteilung, gefordert.[4]

II. Die Änderung der Rechtsprechung zur »Bande«

Nach früherer ständiger Rechtsprechung sollte für die »Bande« eine Verbindung von mindestens *zwei* Personen ausreichen.[5] Es galt der Grundsatz: „Nicht in der Vielzahl allein liegt … die wesentliche Ursache der besonderen Gefährlichkeit, sondern vor allem in der *engen Bindung*, die die Mitglieder für die Zukunft eingehen und die einen ständigen Anreiz zur Fortsetzung bildet. Diese besondere Gefährlichkeit liegt schon in der Verbindung von zwei Mitgliedern. Die Erfahrung lehrt, daß gerade bei den *Zweiergruppen* von Spezialisten … solche gegenseitige Bindung besteht".[6] Außerdem sei der Gesetzgeber stets vom traditionellen Begriff der »Bande« i.S. eines Mindesterfordernisses von zwei Personen ausgegangen und habe ihn damit gesetzlich »festgeschrieben«. 76

2 Vgl. dazu die Hinw. in BGH JZ 2000, 628 (629); NJW 2000, 2907 (2908).

3 SK-*Hoyer* § 244 Rn. 30 ff.

4 *Altenhain* Jura 2001, 836 (837 ff); *Dessecker* NStZ 2009, 184 (187 ff – »geschäftsähnliche Organisation«); *Erb* NStZ 1998, 537 ff (Vergleich der Bandenhehlerei ggü. dem Bandendiebstahl); LK-*Vogel* § 244 Rn. 56 ff; *Toepel*, ZStW 115 (2003), 60 ff, 89 f. *Schild* dagegen sieht die Gefährlichkeit in dem (gefestigten) Bandenwillen, mit anderen fortgesetzt bestimmte Delikte zu begehen, GA 1982, 55 (76 ff).

5 Dafür mit eingehender Begründung zuletzt BGH NJW 2000, 2907 ff.

6 BGHSt 23, 239 (240).

Als einschränkendes Korrektiv, namentlich zur Ausscheidung ganz bestimmter Zwei-Personen-Verbindungen, wurde der Gedanke eingeführt, dass für die Tatbegehung »als Bandenmitglied« ein Handeln »im übergeordneten Interesse der Bande« erforderlich sei und/oder der Tat ein »*gefestigter Bandenwille*« zugrunde liegen müsse. Eine »Bandentat« könne danach u.U. verneint werden, wenn sich die Beteiligten zunächst aus persönlichen Gründen – etwa zu einer Lebensgemeinschaft – zusammengeschlossen hätten und es erst anschließend zur gemeinsamen Begehung von Straftaten gekommen sei.[7]

Der *Große Senat* hat mit Beschluss vom 22.3.2001 die bisherige Rechtsprechung *verabschiedet*.[8] Begründet wird das Mindesterfordernis von drei Personen u.a. mit der Notwendigkeit, die »Bande« vom Regelfall der »*Mittäterschaft*« abzugrenzen, ferner mit der im Zwei-Personen-Verhältnis fehlenden gefährlichen »*Gruppendynamik*« (→ Rn. 75 a.E.), der Unklarheit bisher praktizierter Einschränkungen (»gefestigter Bandenwille«, »übergeordnetes Bandeninteresse«) sowie mit der größeren »Rechtssicherheit« eines Drei-Personen-Erfordernisses. Andererseits wird keine »Organisationsstruktur« der Bande verlangt. Die »Bande« stellt danach eine Art Mittelding zwischen mittäterschaftlicher Verbindung und krimineller Vereinigung i.S. des § 129 StGB dar.[9] Dabei erfordere die Eigenschaft als *Mitglied* der Bande aber nicht notwendig die Vereinbarung (mit)*täterschaftlicher* Beiträge des jeweiligen Bandenmitglieds.[10]

Für die »*Bandenabrede*« – die auch »spontan aus der Situation heraus« getroffen werden kann[11] – soll es nicht erforderlich sein, dass sich alle Mitglieder der Bande persönlich kennen und miteinander verabreden, wenn nur jeder den Willen hat, sich zur Begehung von Straftaten mit mindestens zwei anderen Personen zu verbinden.[12] Gewinnen zwei durch eine »Bandenabrede« verbundene Personen für die Begehung von *Einzeltaten* jeweils in die Abrede nicht einbezogene »Dritte«, so soll dies allerdings nicht für die Annahme einer »Bande« ausreichen.[13] Von der Frage der Vereinbarung einer Bandenmitgliedschaft ist die Frage zu trennen, welche Anforderungen an die tatsächliche Begehung (bzw. an die Beteiligung) einer Bandentat zu stellen sind. Ungeachtet des Problems, welche Anforderungen dabei aus dem Mitwirkungserfordernis erwachsen (→ Rn. 78 ff), ist zumindest eine Mitwirkung an der konkreten Tat erforderlich – die Bandenmitgliedschaft allein oder ein (von der konkreten Tat gelöstes) Handeln »im Interesse« der Bande genügt nicht.[14]

---

7 Näher BGHSt 42, 255 (259 f); BGH NStZ 1996, 443 (übergeordnetes Interesse bandenmäßiger Verbindung); NJW 1998, 2913 f (gefestigter Bandenwille); krit. dazu *Erb* NStZ 1999, 187 f.

8 BGHSt 46, 321 (325 ff, oben zitiert → Rn. 74), im Anschluss an BGH JZ 2000, 627 (628 ff); NJW 2001, 380 ff.

9 *Joerden* JuS 2002, 329 (330).

10 Vgl. BGHSt 47, 214 (217 ff); BGH NStZ 2007, 33 (34); 2007, 288 f (zur Mitgliedschaft als »Gehilfe«); krit.: *Gaede* StV 2003, 78 ff, *Schmitz* NStZ 2000, 477 (478); zust.: *Erb* JR 2002, 338 f, *Toepel* StV 2002, 540 (541); nach der *Art* der Beihilfe diff. *Zopfs* Jura 2007, 510 (513).

11 BGH NStZ 2009, 35 (36).

12 BGHSt 50, 160 ff mit krit. Anm. *Kindhäuser* StV 2006, 526 ff.

13 BGH StV 2006, 639 f. Zusammenfassende Kritik an der neueren Rspr. bei *S/S/Bosch* § 244 Rn. 24; *W/Hillenkamp* Rn. 297 ff.

14 BGH NStZ 2003, 32 (33); NStZ-RR 2007, 307 (308).

III. Bandenmitgliedschaft als täterbezogenes Merkmal (§ 28 StGB)?

Es ist umstritten, ob die Bandenmitgliedschaft ein besonderes persönliches Merkmal im Sinne des § 28 StGB ist. Bejaht man dies, führt die Beteiligung eines Nicht-Mitglieds an einer Bandentat nach § 28 II StGB zu einer Haupttatverschiebung, so dass das Nicht-Mitglied nicht wegen eines Bandendelikts bestraft wird. Für die Einordnung als *täterbezogenes* Merkmal[15] spricht, dass die Bandenmitgliedschaft bzw. die Bandenabrede als essentielles personales Element (Bereitschaft der Zusammenarbeit und Kooperation) sich auf die darauf folgende Gefährlichkeit der gebildeten Bande maßgeblich auswirkt. Strafgrund ist danach primär die Zugehörigkeit des Einzelnen zur Bande und die damit verbundenen und die Bande prägenden (persönlichen) Bindungen.[16] Die Gegenansicht lehnt demgegenüber die Anwendung des § 28 StGB auf die Bandenmitgliedschaft ab, weil die *Existenz der Bande* und die daraus folgende erhöhte Wahrscheinlichkeit der Tatbegehung durch mehrere Personen nur Ausdruck einer Aktions- bzw. Ausführungsgefahr ist (Bandenmitgliedschaft als *tatbezogenes* Merkmal).[17] 77

Bandenmäßige Begehung (»Mitwirkung« als Bandenmitglied) – §§ 244 I Nr. 2 (Nr. 3 a.F.), 244a I, 250 I Nr. 2 (Nr. 4 a.F.) StGB

»Unter Mitwirkung eines anderen Bandenmitglieds« wird die Tat (Diebstahl/Raub) begangen, wenn mindestens zwei am **Tatort anwesende** Bandenmitglieder bei der Tatausführung *räumlich-zeitlich zusammenwirken* (Erfordernis unmittelbar tatbezogener Mitwirkung, »Konvergenz«, str. → Rn. 80 ff). *Mittäterschaft* ist für dieses Zusammenwirken nicht erforderlich. 78

Die Beteiligung eines Bandenmitglieds als **Täter** (Mittäter, mittelbarer Täter) des **Bandendelikts** setzt andererseits – ebenso wie die Teilnahme – eine solche unmittelbare »Mitwirkung« *nicht notwendig* voraus; die Täterschaft richtet sich vielmehr nach **allgemeinen Regeln** (»Mitwirkung« kein spezielles Tätermerkmal, keine »Sonderregelung der Täterschaft«, str. → Rn. 80 ff).

Literatur: MK-*Schmitz* § 244 Rn. 47 ff; *S/S/Bosch* § 244 Rn. 26 f und § 250 Rn. 26. **Einführend:** *W/Hillenkamp* Rn. 301 f; *Zopfs* Jura 2007, 510 (515 f). **Monographisch:** *Kosmalla*, Die Bandenmäßigkeit im Strafrecht, 2005, S. 155 ff; *Krings*, Die strafrechtlichen Bandennormen (usw.), 2000, S. 92 ff.

Rechtsprechung Grundlegend zur Entwicklung der Rspr.: **1.** Tatortbezogene Mitwirkung als *zugleich notwendiges Tätermerkmal:* RGSt 66, 236 (241 ff); 73, 322 f; BGHSt 8, 205 f; **2.** »Mitwirkung« als tatortbezogenes, nicht aber spezielles Tätermerkmal: BGHSt 46, 120 (125 ff); 46, 138 (140 ff); BGH NStZ 2000, 255 ff mit zust. Anm. *Hohmann,* S. 258 f, krit. *Otto* StV 2000, 313 ff; BGH NJW 2000, 2907; **3.** Tatbezogene Auslegung: BGHSt 46, 321 (332 ff),

---

15 BGHSt 46, 120 (128) m.w.N.; BGH NStZ 2007, 526, abw. noch BGHSt 8, 205 (208); *L/Kühl* § 244 Rn. 7.

16 Vgl. *Zopfs* Jura 2007, 510 (514); MK-*Schmitz* § 244 Rn. 63.

17 *S/S/Bosch* § 244 Rn. 28/29; NK-*Kindhäuser* § 244 Rn. 48; SK-*Hoyer* § 244 Rn. 35 m.w.N.; eingehend zum Ganzen *Toepel*, ZStW 115 (2003), 60 (82 ff).

Großer Senat[1], mit Bspr. *Altenhain* Jura 2001, 836 (841 f), *Ellbogen* wistra 2002, 8 (10 f) sowie abl.: *Erb* NStZ 2001, 561, 564 ff und *Joerden* JuS 2002, 329 (332). **Beispielhaft:** BGHSt 33, 50 (zu oben 1.: im Hintergrund tätiger Bandenchef als Täter der Bandentat?); 38, 26 (29) und BGH NStZ 1996, 495 (zur Bandenhehlerei ohne Mitwirkungserfordernis) mit krit. Anm. *Miehe* StV 1997, 247 ff; BGHSt 47, 214 (218 – Gehilfe als Mitwirkender?) mit krit. Anm. *Erb* JR 2002, 338 ff und *Toepel* StV 2002, 540 ff.

BGHSt 46, 120: „Ein Mitglied einer Bande … kann nicht nur dann *Täter* eines Bandendiebstahls sein, wenn es am *Tatort* an der Ausführung des Diebstahls unmittelbar beteiligt ist. Es reicht aus, daß es auf eine andere, als täterschaftlicher Beitrag zu wertende Weise daran mitwirkt *und* der Diebstahl von mindestens zwei weiteren Beteiligten in zeitlichem und örtlichem Zusammenwirken begangen wird."

BGHSt 46, 321 f (Großer Senat): „Der Tatbestand des Bandendiebstahls setzt *nicht* voraus, daß wenigstens zwei Bandenmitglieder *örtlich* und *zeitlich* den Diebstahl zusammen begehen. Es reicht aus, wenn ein Bandenmitglied als Täter und ein anderes Bandenmitglied beim Diebstahl in *irgendeiner Weise* zusammenwirken. Die Wegnahmehandlung selbst kann auch durch einen *bandenfremden* Täter ausgeführt werden."

Erläuterungen

I. Der Ausgangspunkt

79 Die Besonderheit der in §§ 244 I Nr. 2, 244a I, 250 I Nr. 2 StGB normierten Bandendelikte (Qualifikationstatbestände bei Diebstahl/Raub) besteht darin, dass hier die – sonst ausreichende – Tatbegehung »als *Mitglied* einer Bande« nicht genügt; das Gesetz verlangt vielmehr über die »mitgliedschaftliche« Begehung hinaus eine spezifisch »bandenmäßige« Ausführung »unter *Mitwirkung* eines anderen Bandenmitglieds« (Mitwirkungsdelikt). In der neueren Diskussion um den *Begriff* der »Bande« (→ Rn. 75 f) ist auch dieses Mitwirkungserfordernis wieder in die Auseinandersetzung geraten. Dabei sind *zwei* grundsätzliche Fragen zu trennen. Bei der ersten Frage geht es darum, was die »Mitwirkung« *inhaltlich* bedeutet, welche Art der Beteiligung damit gemeint ist. Die zweite Frage, die sich allerdings nur von einem bestimmten (restriktiven) Verständnis der »Mitwirkung« aus stellt, betrifft das Verhältnis dieser Mitwirkung zur *täterschaftlichen* Beteiligung am jeweiligen Bandendelikt: Kann nur der »Mitwirkende« Täter des Bandendiebstahls bzw. Bandenraubes sein (→ Rn. 80)?

II. Tatortbezogene »Mitwirkung« und Täterschaftsproblem

1. Die traditionelle Auffassung

80 Nach traditioneller Auffassung, die lange Zeit der Rechtsprechung zugrunde lag und im Schrifttum noch heute vertreten wird, lässt das Gesetz für die »Mitwirkung« nicht jede Tatbeteiligung genügen, sondern verlangt ein räumlich-zeitliches – wenngleich nicht unbedingt »körperliches« – *Zusammenwirken am Tatort* oder in dessen unmittelbarer Nähe. Andererseits muss diese »Mitwirkung« nicht in *mittäterschaftlicher* Beteiligung bestehen, so dass z.B. eine Beihilfe prinzipiell ausreicht. Das Bandendelikt setzt danach als Minimum voraus, dass zumindest ein Bandenmitglied mit einem weiteren Mitglied in dieser Weise örtlich-zeitlich zusammenwirkt, so dass die »Ban-

1 Zum Vorlageverfahren s. die Nachw. in der 8. Aufl. 2012, S. 48.

de« durch mindestens zwei Personen *am Tatort* aktiv repräsentiert ist. Darin wird die »besondere« Gefährlichkeit (»Aktionsgefahr«) der durch das Mitwirkungserfordernis charakterisierten Bandendelikte gesehen, die über deren »allgemeine«, bereits durch die Bandenabrede begründete Gefährlichkeit (»Organisationsgefahr«) hinausgeht: »doppelte Gefährlichkeit« des Mitwirkungsdelikts. Die spezielle »Aktionsgefahr« soll darauf beruhen, dass ein arbeitsteiliges Zusammenwirken von Bandenmitgliedern am Tatort nach gesetzlicher Wertung die Effizienz des Vorgehens typischerweise steigert bzw. das Abwehrpotenzial des Opfers reduziert.[2]

Von diesem Standpunkt aus hat die Rechtsprechung, gefolgt von einem Teil der Literatur, in der tatortbezogenen »Mitwirkung« *ursprünglich* zugleich ein notwendiges *Täterschafts*merkmal des Bandendelikts gesehen: Täter – Mittäter, mittelbarer Täter – eines Bandendiebstahls oder Bandenraubes könne wiederum nur sein, wer selbst am Tatort »mitwirkt«, unabhängig davon, ob er am *Grunddelikt* als Täter beteiligt ist (Mitwirkung als »Sonderregelung der Täterschaft«). Danach genügt es z.B. für die mittäterschaftliche Verwirklichung des § 244 I Nr. 2 StGB nicht, dass sich ein Bandenmitglied (z.B. der Bandenchef als Drahtzieher im Hintergrund) an einem von anderen Mitgliedern am Tatort ausgeführten Diebstahl *überhaupt* als Mittäter beteiligt. Dieser Mittäter muss vielmehr auch selbst *am Tatort* »mitwirken«, damit er zum Mittäter des *Bandendiebstahls* wird. Die tatortbezogene »Mitwirkung« ist nach dieser Auffassung – neben der Bandenmitgliedschaft – eine Art »eigenhändiges« Tätermerkmal des Bandendelikts, das nicht durch allgemeine Täterschaftsvoraussetzungen ersetzt und demgemäß nicht durch *Zurechnung* fremden bandenmäßigen Handelns auf den Mittäter des Grunddelikts »übertragen« werden kann: Ein *Täter* des Bandendelikts muss gleichsam auch seine eigene »Aktionsgefährlichkeit« durch Mitwirkung am Tatort manifestieren.[3]

2. Die neuere »Zurechnungslösung«

81 Gegenüber dieser traditionellen Lösung hat sich jedoch in der neueren Literatur die Auffassung durchgesetzt, dass die »Mitwirkung« ebenso wenig ein *spezielles* Täterschaftserfordernis des Bandendelikts darstellt, wie sie ein notwendiges Teilnehmermerkmal ist. Unter der *Voraussetzung*, dass mindestens zwei Bandenmitglieder am Tatort zusammenwirken (um die Aktionsgefahr zu begründen), kann nach dieser Ansicht auch ein örtlich-zeitlich nicht »mitwirkendes« (drittes, viertes etc.) Bandenmitglied z.B. Mittäter des Bandendiebstahls sein, sofern ihm die Handlungen jener Mitglieder nach allgemeinen Regeln mittäterschaftlich *zugerechnet* werden können (§ 25 II StGB). Die bandenmäßige »Mitwirkung« sei ein aus der besonderen Gefährlichkeit der Deliktsausführung resultierendes »tatbezogenes« und daher allgemeinen Zurechnungsregeln unterworfenes Qualifikationsmerkmal. Für die Mittäterschaft reiche es deshalb aus, dass sich ein Bandenmitglied an einem bandenmäßig ausgeführten Delikt mittäterschaftlich beteilige, dessen spezielle Gefährlichkeit durch das tatortbezo-

---

2 *Engländer* GA 2000, 578 (580 ff); *Erb* NStZ 2001, 561 (564 f); *Miehe* StV 1997, 247 (248 mit Fn. 10); *Zopfs* GA 1995, 320 (326 f); BGH NStZ 1999, 571; NJW 2000, 2907 (2909 f). Zu Einzelfragen der tatortbezogenen »Mitwirkung« – Einordnung von Anstiftung, psychischer Beihilfe usw. – näher *Küper* GA 1997, 301 (328 ff).

3 Zur Begründung dieser Ansicht aus dem Wortlaut des Mitwirkungserfordernisses vgl. z.B. *Miehe* StV 1997, 247 (248); SK-*Hoyer* § 244 Rn. 36.

gene Zusammenwirken von zumindest zwei weiteren Mitgliedern begründet werde (»Zurechnungslösung«).[4]

III. Die extensive Auslegung der »Mitwirkung«

82 Die Perspektiven ändern sich grundlegend, wenn für die bandenmäßige »Mitwirkung« – in extensiver Auslegung des Begriffs – überhaupt kein *tatortbezogenes* Zusammenwirken mehrerer Bandenmitglieder verlangt wird.[5] Dann stellt sich folgerichtig auch die Frage nach der Mitwirkung als »Sonderregelung der Täterschaft« (→ Rn. 80) nicht mehr. Für die »Mitwirkung« genügt vielmehr prinzipiell eine *beliebige* Tatbeteiligung von wenigstens zwei Bandenmitgliedern, die auch außerhalb des Tatortes zusammenwirken können, sofern jedenfalls ein Beteiligter als Täter qualifiziert werden kann. Dabei muss der unmittelbar Ausführende nicht unbedingt selbst »Bandenmitglied« sein. Dies ist seit der Entscheidung des *Großen Senats* vom 22.3.2001 (BGHSt 46, 321 ff) der Standpunkt der *gegenwärtigen* Rechtsprechung, dem sich inzwischen Teile des Schrifttums angeschlossen haben.[6] Er stützt sich maßgeblich auf den Gedanken, dass die für organisierte/spezialisierte Banden typische »vertikale« Arbeitsteilung – Zusammenarbeit bei Planung, Vorbereitung, tatbegleitenden Maßnahmen usw. – eine hinreichende »Aktionsgefahr« begründe, weil sie zumindest ebenso gefährlich sei wie die »horizontale« Arbeitsteilung am Tatort. Auch sei die Reduzierung der Abwehrkraft des Opfers durch Konfrontation mit mehreren Bandenmitgliedern kein Wesensmerkmal der Mitwirkungsdelikte (insb. nicht beim Diebstahl).[7] Der *Haupteinwand* gegen diese extensive Auslegung lautet, dass sie die gesetzliche Differenzierung zwischen den »Mitwirkungsdelikten« und den übrigen Bandendelikten (die kein Mitwirkungserfordernis aufweisen) einebne und die spezielle »Aktionsgefahr« letztlich auf die bloße »Organisationsgefahr« reduziere.[8] Zusätzlich zur »Mitwirkung« verlangt die Rechtsprechung, dass die Einzeltat Ausfluss der »Bandenabrede« ist und nicht ausschließlich im *eigenen Interesse* der jeweils unmittelbar Beteiligten ausgeführt wird.[9]

Auch beim Verzicht auf eine tatortbezogene Mitwirkung stellt sich die Frage nach den genaueren Anforderungen der ggf. nur vertikalen Beteiligung (Anstiftung, psychische Beihilfe usw.). Ein arbeitsteiliges Zusammenwirken von Bandenmitgliedern soll jedenfalls dann genügen, wenn es die Effizienz der Wegnahme erhöht.[10] Während dies bei der physischen Beihilfe im Regelfall anzunehmen sei, müsse bei psychischen Unterstützungsmaßnahmen differenziert werden.[11]

---

4 *Meyer* JuS 1986, 189 ff; *Joerden* StV 1985, 329 f; *Arzt* JuS 1972, 576 (579 f); *W/Hillenkamp* Rn. 302. Dieser Auffassung hatte sich zeitweise auch der BGH in neueren Entscheidungen unter Aufgabe von BGHSt 8, 205 ff angeschlossen, vgl. dazu die oben (→ Rn. 78) angeführte Rspr. unter 2.

5 So bereits *Arzt* JuS 1972, 576 (579 f); *Jakobs* JR 1985, 342 f; *Schild* GA 1982, 55 (83).

6 *Altenhain* Jura 2001, 836 (841); AnwK-*Kretschmer* § 244 Rn. 38; *Ellbogen* wistra 2002, 8 (10 ff); *Hohmann* NStZ 2000, 255 (258); *Toepel*, ZStW 115 (2003), 60 (86 ff).

7 Zusammenfassend mit weiteren Gesichtspunkten *Kindhäuser* § 244 Rn. 34.

8 Vgl. etwa *Engländer* GA 2000, 578 (581 f); *ders.* JR 2001, 78 f; *Erb* NStZ 2001, 561 (564 f); *Sowada*, Schlüchter-GS, 2002, S. 383 (395 ff); *Zopfs* Jura 2007, 510 (516).

9 BGH NStZ 2006, 342 (343); StV 2011, 410 f.

10 *Hohmann* NStZ 2000, 255 (258); *Altenhain*, ZStW 113 (2001), 112 (144 f). S. auch *Rissing-van Saan*, Geilen-FG, 2003, S. 131 (138 ff: zweifelnd bei Anstiftung und psychischer Beihilfe).

11 *K. Müller* GA 2002, 318 (334 ff: „technische Rathilfe" genüge, schlichtes Bestärken des Tatentschlusses nicht; ein bloßes Bestimmen zur Tat – ohne hilfreiche Hinweise zur Tatbegehung – reiche ebenfalls nicht aus).

Beförderung/Zutritt, Erschleichen von (Leistungserschleichung) – § 265a I StGB

Das »Erschleichen« erfordert – über die bloß *unbefugte* Inanspruchnahme der Leistung hinaus – ein **ordnungswidriges Verhalten**, mit dem sich der Täter unentgeltlich die Leistung verschafft, indem er **Sicherungsvorkehrungen** (Kontrollmaßnahmen) **umgeht** oder ausschaltet oder sich auch nur mit dem äußeren **Anschein der Ordnungsmäßigkeit** umgibt (str. → Rn. 85). **83**

Kein »Erschleichen« liegt vor, sofern der Täter *offen* zum Ausdruck bringt, dass er die Leistung *unentgeltlich* in Anspruch nimmt (z.B. bei demonstrativem Protest oder Anwendung von Zwang).

Literatur: MK-*Mühlbauer* § 265a Rn. 25 ff, 40 ff, 59 ff; SK-*Hoyer* § 265a Rn. 6 ff, 20 ff; *S/S/Perron* § 265a Rn. 6 ff, 11. **Einführend:** *K/H/H*, BT 2, Rn. 719 ff.

Rechtsprechung Grundlegend: BVerfG NJW 1998, 1135 (1136); BGHSt 53, 122 (125 ff) mit Bspr. *Alwart* JZ 2009, 478 ff, *Zschieschack/Rau* JR 2009, 244 f; BayObLG NJW 1969, 1042 (1043 – offenes Schwarzfahren); OLG Hamburg NStZ 1991, 587 (588) mit Bspr. *Alwart* S. 588 und *Schall* JR 1992, 1 ff.[1] **Beispielhaft:** KG NJW 2011, 2600 f (offenes Schwarzfahren); OLG Koblenz NJW 2000, 86 f (vergessene Monatskarte) mit krit. Anm. *Kudlich* NStZ 2001, 90 f; OLG Koblenz NStZ-RR 2011, 246 (247 – zum Anschein der Ordnungsmäßigkeit).

BGHSt 53, 122: „Eine Beförderungsleistung wird bereits dann … erschlichen, wenn der Täter ein Verkehrsmittel unberechtigt benutzt und sich dabei allgemein mit dem *Anschein umgibt*, er erfülle die nach den Geschäftsbedingungen des Betreibers erforderlichen Voraussetzungen."

Erläuterungen

I. Allgemeines

Ungeschriebenes *objektives* Tatbestandsmerkmal ist – wie sich aus der Vermögensschutzfunktion der Vorschrift ergibt und der subjektive Tatbestand erkennen lässt – die »*Entgeltlichkeit*« der erschlichenen Leistung (s. bereits zur Leistungserschleichung bei Automaten → Rn. 71). Deshalb sind mit »Veranstaltung« und »Einrichtung« nur solche gemeint, für deren Inanspruchnahme (Benutzung) als wirtschaftliche Gegenleistung – und nicht nur zwecks Zutrittsbegrenzung – ein Entgelt verlangt wird.[2] Zu beachten ist, dass die »Beförderung durch ein Verkehrsmittel« auch private Verkehrsmittel umfasst; der in der Vorschrift genannte »öffentliche Zweck« bezieht sich auf die *Verkehrsmittel* nicht! **84**

Die Tat ist grundsätzlich mit dem Beginn der Beförderungsleistung/der Veranstaltung vollendet.[3] Sofern man für ein »Erschleichen« allerdings die Umgehung oder Ausschaltung von Kontrollmaßnahmen fordert (str. → Rn. 85), wird man ggf. die Vollendung erst zu einem späteren Zeitpunkt bejahen (etwa, wenn die Kontrollperson erstmals geraume Zeit nach Fahrtantritt erscheint).

---

1 Zur weiteren obergerichtlichen Rspr. s. die 8. Aufl. 2012, S. 52.

2 Vgl. MK-*Mühlbauer* § 265a Rn. 29 ff; *S/S/Perron* § 265a Rn. 2 mit Hinw. auf das Fehlen des objektiven Tatbestandes bei tatsächlicher Bezahlung der jeweiligen Leistung.

3 OLG Koblenz NStZ-RR 2011, 246 (247); *S/S/Perron* § 265a Rn. 13; *SSW-Saliger* § 265a Rn. 21 m.w.N.

II. Probleme des »Erschleichens«

85 Umstritten ist die genauere Bestimmung der »Ordnungswidrigkeit« des Verhaltens und dabei insbesondere die Frage, ob es sich beim »Anschein der Ordnungsmäßigkeit« um ein geeignetes Kriterium des »Erschleichens« handelt. In Übereinstimmung mit einem Teil des Schrifttums bezieht die obergerichtliche Rechtsprechung[4] auch Fälle ein, in denen der Täter lediglich das *Fehlen* von Kontrolleinrichtungen ausnutzt: Es genüge das Nichtlösen eines Fahrausweises oder das Unterlassen der Entwertung sowie »äußerlich unauffälliges oder unbefangenes Verhalten«, das den »Anschein der Ordnungsmäßigkeit« erwecke. § 265a I StGB solle auch „diejenigen Fälle erfassen, in denen es unklar bleibt, ob der Täter durch täuschungsähnliches oder manipulatives Verhalten Kontrollen umgeht".[5]

Demgegenüber wird in der Literatur vielfach argumentiert, dass mit diesem Verständnis das »Erschleichen« gesetz- und wortlautwidrig seine »täuschungsähnlich« *einschränkende* Bedeutung verliere und der Tatbestand letztlich auf die bloß *unbefugte Inanspruchnahme* der Leistung reduziert werde. Von hier aus verlangt eine engere, im Schrifttum vordringende Auffassung, dass der Täter *Kontrollmaßnahmen* umgeht oder ausschaltet, wie etwa durch »Einschleichen«, Sichverbergen, Benutzung eines »ungewöhnlichen« Zugangs,[6] scheinbare Entwertung eines präparierten Fahrausweises, Weglocken von Kontrollpersonen.[7]

Nach Ansicht des BVerfG[8] verstößt eine Auslegung des »Erschleichens« i.S. der Rechtsprechung nicht gegen das Bestimmtheitsprinzip des Art. 103 II GG; eine Einschränkung, dass „etwa die Überlistung einer Kontrollmöglichkeit oder eine täuschungsähnliche Manipulation" verlangt werden müsse, sei verfassungsrechtlich nicht geboten.[9]

Befreien eines Gefangenen – § 120 I StGB

86 Ein Gefangener wird »befreit«, wenn die **amtliche Gewalt** über ihn trotz bestehenden Haftrechts – auch nur vorübergehend – **aufgehoben** wird; ein Handeln gegen oder ohne den Willen der für die Ausübung der amtlichen Gewalt zuständigen *Personen* (»Gewahrsamshalter«) ist nicht erforderlich.

---

4 Ausgehend von OLG Hamburg NJW 1987, 2688 f; bestätigt durch BGHSt 53, 122 (125 ff).

5 BGHSt 53, 122 (126); dazu aus dem Schrifttum: *Martin* JuS 2001, 364 (366), *Stiebig* Jura 2003, 699 ff, *Rengier* BT 1, § 16 Rn. 6. Noch weitergehend *Hauf* DRiZ 1995, 15 (18 ff), wonach bereits die bloße tatsächliche Inanspruchnahme der Leistung ohne Entrichtung des Entgelts für ein »Erschleichen« genügen soll.

6 Zu der umstr. Frage, ob auch die Bestimmung einer *Aufsichtsperson* – etwa durch Bestechung – zur pflichtwidrigen Gestattung des Zutritts unter das »Erschleichen« fällt, vgl. NK-*Hellmann* § 265a Rn. 34; *S/S/Perron* § 265a Rn. 11; jew. m.w.N.

7 *Ellbogen* JuS 2005, 20 f; *Exner* JuS 2009, 990 (992 f); *Fischer* § 265a Rn. 4 ff; *Putzke/Putzke* JuS 2012, 500 ff; *Roggan* Jura 2012, 299 ff (303).

8 BVerfG NJW 1998, 1135 (1136).

9 Krit. dazu *Hinrichs* NJW 2001, 932 ff. – Zu gescheiterten Gesetzgebungsvorhaben, die das Ziel verfolgten, die »Beförderungserschleichung« zu entkriminalisieren, vgl. die Hinw. in: BGHSt 53, 122 (127), OLG Düsseldorf NJW 2000, 2120 (2121).

Die **Selbstbefreiung** des Gefangenen (»Entweichen«) ist als solche nicht tatbestandsmäßig. Das »Verleiten zum Entweichen« und das »Fördern beim Entweichen« stellen zur *Täterschaft verselbstständigte* Formen der – unmittelbaren – *Teilnahme* (Anstiftung/Beihilfe) an der Selbstbefreiung dar (→ Rn. 87).

Täter oder Teilnehmer einer Gefangenenbefreiung (»Befreien«, »Verleiten«, »Fördern«) kann auch ein *Gefangener* sein. Handlungen eines Gefangenen, die er zu dem *Zweck* vornimmt, die **eigene Freiheit wiederzuerlangen**, sind jedoch nach § 120 I StGB weder als Täterschaft noch als Teilnahme strafbar (»erweitertes Selbstbefreiungsprivileg«, im Einzelnen str. → Rn. 89).

Literatur: MK-*Bosch* § 120 Rn. 17 ff, 31 ff; SK-*Wolters* § 120 Rn. 6 ff, 12 f. **Einführend:** *L/Kühl* § 120 Rn. 6 ff; *Otto*, BT, § 92 Rn. 4 ff. **Monographisch:** *Helm*, Das Delikt der Gefangenenbefreiung, 2010, S. 237 ff, 259 ff und passim.

Rechtsprechung: BGHSt 17, 369 (373 f – Selbstbefreiungsprivileg); 37, 388 (390 ff – Anstaltsleiter als Täter) mit krit. Anm. *Begemann* NStZ 1992, 276 f, *Zielinski* StV 1992, 227 ff; BGH NStZ-RR 2000, 139 (Vollendung).

BGHSt 37, 388 (392): „Unter Befreien ist jede Form widerrechtlicher Aufhebung einer behördlich angeordneten Verwahrung zu verstehen. Besondere Arten oder Mittel der Herbeiführung des tatbestandlichen Erfolges setzt § 120 StGB nicht voraus. Ein ›Befreien‹ kann daher auch in der Form einer Entlassung aus der Verwahrung geschehen, wobei jedoch *rechtsförmliche*, von den zuständigen Organen angeordnete Entlassungen grundsätzlich ausscheiden, selbst wenn sie dem materiellen Recht widersprechen."

Erläuterungen

I. Die Struktur des Delikts

1. Allgemeines

Nach § 120 I StGB handelt tatbestandsmäßig, »wer *einen Gefangenen* befreit, ihn zum **87**
Entweichen verleitet oder dabei fördert«. Die Befreiung »eines Gefangenen« ist so zu verstehen, dass der befreite »Gefangene« zugleich »ein anderer« sein muss als der Täter: Die schlichte »*Selbstbefreiung*« des Gefangenen (»Entweichen«) wird vom Tatbestand nicht erfasst; eine »Selbstverleitung« oder »Selbstförderung« ist ohnehin logisch unmöglich. Mit dem Tatbestandsausschluss berücksichtigt das Gesetz in § 120 StGB aus „humanen Beweggründen"[1] den »natürlichen Freiheitsdrang« des Gefangenen und den daraus resultierenden »*Motivationsdruck*«, d.h. seine notstandsähnliche Lage.[2] Eine »Selbstbefreiung« ist nur und erst unter den zusätzlichen Voraussetzungen der Gefangenenmeuterei (§ 121 StGB) tatbestandsmäßig (dazu → Rn. 52 ff und Rn. 853).

Da die Selbstbefreiung tatbestandslos und deshalb keine taugliche *Haupttat* i.S. der §§ 26, 27 StGB ist, hat der Gesetzgeber die darauf bezogenen *Teilnahmehandlungen* als »Verleiten« und »Fördern« gesondert vertatbestandlicht und damit formell zur *Täterschaft* erhoben.[3] Diese Verselbstständigung führt dazu, dass an beiden Alternativen

1 RGSt 3, 140 f.
2 LK-*Rosenau* § 120 Rn. 2 m.w.N.; krit. MK-*Bosch* § 120 Rn. 31.
3 Vgl. *S/S/Eser* § 120 Rn. 9 ff m.w.N.

wiederum Teilnahme nach allgemeinen Regeln möglich ist, nicht anders als beim eigentlichen »Befreien«.[4] Inhaltlich entspricht das »Verleiten« der Anstiftung i.S. des § 26 StGB: Es ist Anstiften eines Gefangenen zu dessen eigener – tatbestandsloser – Befreiung (»Entweichen«). Der Begriff ist hier also *anders* zu verstehen als in § 160 StGB (→ Rn. 209). Das »Fördern« stellt materiell eine Beihilfe – zur tatbestandslosen Selbstbefreiung – dar. Mit beiden zur Täterschaft verselbstständigten Teilnahmehandlungen kennzeichnet das Gesetz, ebenso wie mit dem »Befreien«, nicht etwa bloße Tätigkeiten, sondern Formen eines *Erfolgsdelikts*, so dass für die Vollendung auch hier ein kausaler Beitrag zur tatsächlichen Aufhebung der Gefangenschaft – Wiedererlangung der Freiheit – erforderlich ist.[5]

Der *Versuch* wird in § 120 III StGB für alle i.S. des Abs. 1 tatbestandsmäßigen Verhaltensweisen gesondert unter Strafe gestellt. Nach h.M. ist der Versuch bei den *verselbstständigten Teilnahmehandlungen* nicht vom Beginn der »Haupttat« (Versuch der Selbstbefreiung) abhängig, sondern nichtakzessorisch nach der jeweiligen Tathandlung zu bestimmen, so dass bereits die »versuchte Beihilfe« und die »versuchte Anstiftung« als Förderungs- bzw. Verleitungsversuch unter § 120 III StGB fallen.[6]

2. Mittelbare Förderung als Täterschaft?

88 Schwierigkeiten bereitet die Beurteilung sog. »mittelbarer Förderungshandlungen« wie z.B. der Überlassung von Ausbruchswerkzeug an einen Mittelsmann des Gefangenen, der seinerseits durch die Weitergabe dessen »Entweichen fördert«: Ist solche »Kettenbeihilfe« – die nach allgemeinen Teilnahmeregeln eine Beihilfe zur Haupttat darstellt – bereits ein »Fördern« und damit selbst schon täterschaftlich i.S. des § 120 I StGB? Oder handelt es sich lediglich um (echte) Beihilfe zur Gefangenenbefreiung, d.h. zum »Fördern des Entweichens« (§§ 27, 120 StGB)? Die heute wohl überwiegende Auffassung entscheidet sich für die *Teilnahmelösung* (Beihilfe): Denn eine *täterschaftliche* Förderung müsse dem Gefangenen »unmittelbar« geleistet werden. Täterschaftlich sei allerdings die Hilfe, die dem Gefangenen auf dessen *Veranlassung* geleistet werde,[7] da hier der Unwert dem täterschaftlichen Befreien entspreche.[8]

Für die Teilnahmelösung spricht – neben dem geringeren Unrechtsgehalt bloß mittelbarer Förderungshandlungen (§ 27 II StGB!) und dem Gesetzeswortlaut (»ihn dabei fördert«) – auch der Gesichtspunkt, dass die in § 120 I StGB angeordnete Verselbstständigung von Teilnahmehandlungen nur so weit reichen sollte, wie sie durch das *Fehlen* einer tatbestandsmäßigen Haupttat[9] (die bei mittelbarer Förderung aber vor-

4 LK-*Rosenau* § 120 Rn. 44 ff.

5 Die Probleme, die angesichts des modernen Strafvollzugs mit seinen Lockerungsmöglichkeiten und freien Vollzugsformen für den Begriff »Gefangener« entstanden sind, wirken sich auch auf die Inhaltsbestimmung des »Befreiens« aus. Übersicht dazu bei *M/Schroeder*, BT 2, § 72 Rn. 6; zu den umstr. Einzelheiten: LK-*Rosenau* § 120 Rn. 39, *S/S/Eser* § 120 Rn. 6 f, jew. m.w.N.

6 LK-*Rosenau* § 120 Rn. 65 ff; MK-*Bosch* § 120 Rn. 36 ff; krit. dazu: *Helm*, Gefangenenbefreiung, S. 316 ff, *Siegert* JZ 1973, 308 (309).

7 Vgl. dazu LK-*Rosenau* § 120 Rn. 46; MK-*Bosch* § 120 Rn. 32.

8 *Tenckhoff/Arloth* JuS 1985, 129 (134). Krit. zu den »Veranlassungsfällen« *Helm*, Gefangenenbefreiung, S. 315.

9 S. zu ähnlichen Fragen bei der Absatzhilfe (§ 259 I StGB) → Rn. 8 und bei der Begünstigung (§ 257 I StGB) → Rn. 338.

liegt!) zwingend geboten ist.[10] Die Teilnahmelösung gilt gleichermaßen für die »Kettenanstiftung«: kein täterschaftliches »Verleiten« bei bloßer Anstiftung einer Person, die den Gefangenen »zum Entweichen verleitet«.[11]

II. Probleme des »Selbstbefreiungsprivilegs«

1. Der Ausgangspunkt

Trotz der Tatbestandslosigkeit bloßer »Selbstbefreiung« ist § 120 I StGB – als Allgemeindelikt – keine Straftat, die den Gefangenen selbst als Täter ausschließt: Täter des »Befreiens« ebenso wie des »Verleitens«/»Förderns« kann nicht nur ein *Außenstehender* (Nichtgefangener), sondern auch ein *Gefangener* sein, wenn sich seine Tathandlung auf einen *anderen* Gefangenen bezieht: Der Gefangene »befreit« einen Mitgefangenen, stiftet ihn zur Selbstbefreiung an (»Verleiten«) oder unterstützt ihn dabei (»Fördern«). In gleicher Weise ist *Teilnahme* des Gefangenen an derartigen Tatbestandshandlungen nach allgemeinen Regeln möglich. Probleme entstehen bei der *»erweiterten Selbstbefreiung«* des Gefangenen, d.h. bei formal tatbestandsmäßigen Handlungen i.S. des § 120 I StGB oder echten Teilnahmehandlungen (z.B. Anstiftung eines Außenstehenden), wenn sie der Gefangene *zugleich* mit dem Ziel vornimmt, die *eigene Freiheit* wiederzuerlangen. Kann auf derartige Handlungen das »Selbstbegünstigungsprivileg« angewandt werden, das der tatbestandslosen Selbstbefreiung zugrunde liegt? **89**

2. Rechtsprechung und Literatur

Die *Rechtsprechung* hat dies ursprünglich prinzipiell abgelehnt: Zwar sei die von einem Gefangenen „mittels seiner eigenen Tätigkeit bewirkte Befreiung seiner selbst als solche straflos"; dies gelte aber nicht mehr, wenn der Gefangene durch seine Mitwirkung an der Befreiungshandlung einer anderen Person „eine von der *bloßen* Selbstbefreiung verschiedene selbstständige Straftat" begehe.[12] Die neuere Rechtsprechung[13] hat demgegenüber das »Selbstbefreiungsprivileg« geringfügig *erweitert* und erkennt es in engen Grenzen auch bei an sich tatbestandsmäßigen Handlungen des Gefangenen an, die er zwecks Eigenbefreiung begeht. Dafür soll folgende *Differenzierung* gelten: Bei gemeinschaftlicher Flucht mehrerer Gefangener ist die *gegenseitige Unterstützung* (»Fördern«), soweit sie jeweils als – notwendiges – Mittel der eigenen Befreiung vorgenommen wird, eine quasi-mittäterschaftliche straflose Selbstbefreiung. Straflos bleiben soll auch die *Anstiftung* eines (später) mitfliehenden *Gefangenen* zur Hilfeleistung bei der Eigenbefreiung des Anstifters. Dagegen liege strafbare Anstiftung zu § 120 I StGB vor, wenn der Gefangene einen *Dritten* dazu veranlasse, ihn zu befreien oder beim Entweichen zu fördern.[14] **90**

Das *Schrifttum* hält diese Begrenzung nahezu einhellig für zu eng und billigt dem Gefangenen mit Rücksicht auf seine notstandsähnliche Lage das »Selbstbefreiungsprivileg« auch dann zu, wenn er einen Dritten dazu anstiftet, ihn zu befreien oder bei der

10 Vgl. *Gössel/Dölling*, BT 1, § 64 Rn. 5; anders wohl *L/Kühl* § 120 Rn. 8.
11 Vgl. *Kindhäuser*, BT I, § 37 Rn. 18 m.w.N.
12 RGSt 61, 31 (32 f); ebenso die dort angeführten Entscheidungen.
13 Nachweise bei LK-*Rosenau* § 120 Rn. 60 sowie KG NStZ 2009, 698 (699 – keine gemeinsam geplante Flucht).
14 BGHSt 17, 369 (373 f – gemeinschaftliche Flucht).

Selbstbefreiung zu unterstützen.[15] Der Verzicht auf Strafbarkeit, der dem Gefangenen als »Täter« seiner Befreiung zuteilwerde, könne ihm als Teilnehmer nicht vorenthalten werden. Vielmehr müsse die Ratio der Straflosigkeit täterschaftlicher Selbstbefreiung wegen der *gleichen Motivationslage* auch hier gelten. Eine abweichende Lösung laufe auf die Anerkennung der dem geltenden Recht (§ 29 StGB) widersprechenden »Schuldteilnahmetheorie« (Strafbarkeit wegen Verstrickung eines anderen in Schuld und Strafe) hinaus.[16] Die nur *»bei Gelegenheit«* der Eigenbefreiung einem Mitgefangenen geleistete Fluchthilfe, die nicht mehr eigentliches Mittel der Selbstbefreiung ist, wird allerdings von der Privilegierung überwiegend ausgenommen.[17] Unsicherheit besteht noch darüber, auf welcher *Systemstufe* das »Selbstbefreiungsprivileg« zu berücksichtigen ist: Entschuldigungs- oder Strafausschließungsgrund, teleologische Reduktion des Tatbestandes?[18]

Befriedetes Besitztum – §§ 123 I, 124 I StGB

Vgl. **Besitztum, befriedetes** → Rn. 145.

Begehung, gemeinschaftliche (Körperverletzung) – § 224 I Nr. 4 (§ 223a I a.F.) StGB

91 »Mit einem anderen Beteiligten gemeinschaftlich« wird die Körperverletzung begangen, wenn bei ihr mindestens **zwei Personen** durch *einverständliches aktives Handeln* derart zusammenwirken, dass sie dem Verletzten am Tatort **unmittelbar gegenüberstehen.**

Mittäterschaft ist dafür nicht erforderlich: das Zusammenwirken von Täter und *Gehilfen* reicht grundsätzlich aus (str. → Rn. 93 f).

Literatur: SK-*Wolters* § 224 Rn. 24a ff. **Einführend:** *K/H/H*, BT 1, Rn. 263 ff; *Kretschmer* Jura 2008, 916 (920 f).

Rechtsprechung Grundlegend: BGHSt 47, 383 (386 f – zur Beteiligung durch einen Gehilfen) mit Bspr. *M. Heinrich* JR 2003, 213 ff, *Küper* GA 2003, 363 ff, abl. *Paeffgen* StV 2004, 76 ff. **Beispielhaft:** BGH NStZ-RR 2012, 270 (Zurechnung der gemeinschaftlichen Begehung); 2012, 341 (Alleintäter mit Vertrauen auf Unterstützung).

BGHSt 47, 383 f: „Das Zusammenwirken des Täters einer Körperverletzung mit einem *Gehilfen* kann zur Erfüllung des Qualifikationstatbestandes … ausreichen. Dies ist jedenfalls dann der Fall, wenn der am Tatort *anwesende* Gehilfe die Wirkung der Körperverletzungshandlung des Täters bewußt in einer Weise verstärkt, welche die Lage des Verletzten zu verschlechtern geeignet ist."

---

15 *Tenckhoff/Arloth* JuS 1985, 129 (135); *S/S/Eser* § 120 Rn. 15; jew. m.w.N.

16 *Gropp*, Deliktstypen mit Sonderbeteiligung, 1992, S. 240 ff, 244; *Miehe* JuS 1996, 1000 (1007).

17 LK-*Rosenau* § 120 Rn. 59 m.w.N.

18 Eingehend zum ganzen Komplex *Helm*, Gefangenenbefreiung, S. 339 ff, 357 ff; *Schneider*, Selbstbegünstigungsprinzip, S. 187 ff, 193 ff; *Sowada*, Die »notwendige Teilnahme« (usw.), 1992, S. 195 ff.

Erläuterungen

I. Personenzahl und Grundgedanke des Gesetzes

Das 6. StrRG (1998) hat den Qualifikationstatbestand (zuvor § 223a I StGB a.F.) sprachlich geändert. Die frühere Fassung: »Ist die Körperverletzung von *mehreren gemeinschaftlich begangen*« wurde ersetzt durch die Formulierung: »Wer die Körperverletzung mit einem *anderen Beteiligten* gemeinschaftlich begeht«. Schon nach § 223a I StGB a.F. war anerkannt, dass die für eine »gemeinschaftliche Begehung« erforderliche Personenzahl (»mehrere«) bereits bei *zwei Personen* erreicht ist. Dies ergab sich aus dem – historisch begründeten – Sprachgebrauch des StGB, wie er auch für § 231 StGB (»von mehreren verübter Angriff«) oder für § 25 II StGB (gemeinschaftliche Begehung »mehrerer« bei Mittäterschaft) weiterhin gilt.[1] Die geänderte Fassung hat dieses Mindesterfordernis in nunmehr eindeutiger Formulierung beibehalten.[2] **92**

Der Grund für die in § 224 I Nr. 4 StGB vorgesehene Qualifikation liegt nach heute wohl allgemeiner Auffassung in der *erhöhten Gefährdung*, der das Opfer typischerweise ausgesetzt ist, wenn es am Tatort der »Übermacht« mehrerer, miteinander zusammenwirkender Gegner – »Feinde« – unmittelbar gegenübersteht: »abstraktes Gefährdungsdelikt« in Form eines sog. »Konvergenzdelikts«[3]. Diese im Merkmal der »gemeinschaftlichen Begehung« typisierte Gefährlichkeit lässt sich auf drei Gefährdungsfaktoren zurückführen: Die Konfrontation mit mehreren vereinigten Gegnern wirkt auf das Opfer häufig einschüchternd und schwächt dadurch seine Verteidigungs*bereitschaft* (psychologisches Gefahrmoment), reduziert ferner dessen Abwehr- oder Ausweich*möglichkeiten* (faktisch-situatives Gefahrmoment) und enthält schließlich – in höherem Maße als der »Einzelangriff« – das Risiko *gravierender Verletzungsfolgen* (schadensbezogenes Gefahrmoment).[4]

II. »Gemeinschaftlichkeit« der Körperverletzung und Mittäterschaft

1. Die frühere Auslegung (§ 223a I StGB a.F.)

a) Die »Mittäterschaftsthese« Obwohl der dem Gesetz zugrunde liegende Gefährlichkeitsgedanke nicht an ein *mittäterschaftliches* Zusammenwirken i.S. des § 25 II StGB gebunden ist, sondern auch zutreffen kann, wenn der Täter z.B. mit einem *Gehilfen* am Tatort zusammenwirkt, wurde für die »gemeinschaftliche Begehung« in der Literatur vielfach Mittäterschaft gefordert, meist unter Berufung auf den Gesetzeswortlaut, der mit der Formulierung des § 25 II StGB übereinstimmte.[5] Auch die *Rechtsprechung* ist seit RGSt 5, 306 (307) überwiegend davon ausgegangen, dass in der »gemeinschaftlichen Begehung« die Voraussetzungen der Mittäterschaft enthal- **93**

---

1 Näher dazu *Küper* GA 1997, 301 (303).

2 Vgl. zum Begriff »mehrere« im StGB – mindestens zwei – auch *Kretschmer*, Herzberg-FS, 2008, S. 827 (837 f).

3 Zum Begriff *Küper* GA 1997, 301 (302) m.w.N.

4 Eingehend zur Ratio des Gesetzes und zu den mit der »Abstraktheit« des Gefährdungsdelikts verbundenen Problemen *Küper* GA 2003, 363 (367 ff) m.w.N. Krit.: NK-*Paeffgen* § 224 Rn. 24, SK-*Wolters* § 224 Rn. 25 (konkrete Gefahr »erheblicher Verletzungen« notwendig).

5 Nachw. bei *Küper* GA 1997, 301 (307 f mit Fn. 30); eingehende Übersicht zum Diskussionsstand bei *M. Heinrich*, Die gefährliche Körperverletzung, 1993, S. 295 ff.

ten sein müssen.[6] Soweit Mittäterschaft gefordert wurde, war allerdings anerkannt, dass nicht *jede Form* der Mittäterschaft ausreicht, sondern – zusätzlich – unmittelbare Beteiligung an der *Ausführung* mit *Tatortanwesenheit* notwendig ist, wobei jedoch ein »eigenhändiges« Tätigwerden jedes Mittäters gegen das Opfer nicht verlangt wurde.[7] Nach dieser Interpretation stellte sich die »gemeinschaftliche Begehung« als eine Variante aktiven mittäterschaftlichen Zusammenwirkens (§ 25 II StGB) dar, die durch eine unmittelbare Konfrontation mit dem Opfer *qualifiziert* ist (»spezialisierte Mittäterschaft«).

94 **b) Die »mittäterschaftsneutrale Gefährlichkeitstheorie«** Die vordringende *Gegenmeinung* befreite die Auslegung vom Mittäterschaftserfordernis und orientierte sich ausschließlich am Gedanken der erhöhten Gefährlichkeit. Dabei wurde freilich daran festgehalten, dass die »Gemeinschaftlichkeit« des Vorgehens ein »einverständliches Zusammenwirken« der Beteiligten bei der Körperverletzung erfordert. Doch sollte das Zusammenwirken des Täters mit einem *Gehilfen* am Tatort genügen. Diese »mittäterschaftsneutrale Gefährlichkeitstheorie« sah im Wortlaut des § 223a StGB a.F. kein Hindernis, da der Begriff der »gemeinschaftlichen Begehung« hier wortsinnkonform anders ausgelegt werden könne als in § 25 II StGB.[8] Noch nicht befriedigend geklärt war dabei allerdings die Frage, ob auch die bloße *Anstiftung* eines Täters – bei Tatortanwesenheit des Anstifters – eine »gemeinschaftliche Begehung« begründen kann und wie eine vom Gehilfen geleistete *psychische* Unterstützung zu bewerten ist.[9]

2. Die »Gemeinschaftlichkeit« nach der Neufassung

95 Aus der Neufassung des Gesetzes folgert die inzwischen h.M., dass § 224 I Nr. 4 StGB kein Zusammenwirken in Form der *Mittäterschaft* (§ 25 II StGB) verlangt, sondern mit dem Hinweis auf die Legaldefinition des »*Beteiligten*« in § 28 II StGB auch die *Teilnahme* grundsätzlich einbezieht.[10] Danach ist die »mittäterschaftsneutrale Gefährlichkeitstheorie« (→ Rn. 94) Gesetz geworden. Die »Gemeinschaftlichkeit« bezieht sich lediglich auf das – früher schon anerkannte – Erfordernis eines »einverständlichen Zusammenwirkens« der Beteiligten am Tatort, das danach z.B. auch zwischen Täter und Gehilfen vorliegen muss. Problematisch bleibt, ob als Teilnahmeformen die *Anstiftung* oder die *psychische Beihilfe* ausreichen. Während dies mitunter jedenfalls dann angenommen wird, wenn der Anstifter bzw. der psychische Gehilfe

6 Vgl. die Nachw. bei *Küper* GA 1997, 301 (307 Fn. 32); zuletzt BGH StV 1994, 542 f; zweifelnd aber: BGHSt 23, 122 f, OLG Düsseldorf NStZ 1989, 530.

7 BGH GA 1986, 229 (230) m.w.N.

8 Dazu näher *Deutscher* NStZ 1990, 125 (127); *Küper* GA 1997, 301 (323 ff); *Stree* Jura 1980, 281 (290).

9 Zu den Vorschlägen vgl. die Hinw. bei *Küper* GA 2003, 363 (371 mit Fn. 34 f).

10 BGHSt 47, 383 (386 f, oben zitiert → Rn. 91); ferner z.B. *Hohmann/Sander*, BT 2, § 7 Rn. 29; *M. Heinrich*, I. Roxin-FS, 2012, S. 241 (261 f); *W/Hettinger* Rn. 281; krit. zum Rückgriff auf § 28 II StGB *Küper* GA 2003, 363 (372 ff) sowie SK-*Wolters* § 224 Rn. 24b f, wonach sich die Einbeziehung der Teilnahme vielmehr aus der erhöhten Gefährlichkeit des gemeinsamen tatortbezogenen Vorgehens ergibt; für Mittäterschaft dagegen weiterhin: NK-*Paeffgen* § 224 Rn. 24, *Schroth* NJW 1998, 2861 f, *ders.* JZ 2003, 215 f, *ders.*, BT, S. 103 f. Aufbereitung der Argumente für und wider m.w.N. bei *Hillenkamp*, BT, Problem Nr. 5.

am Tatort anwesend ist,[11] lehnt hier die Gegenansicht § 224 I Nr. 4 StGB mit Hinweis auf das fehlende Gefährdungspotenzial ab.[12]

Die Rechtsprechung geht bei der Einbeziehung der Beihilfe bedenklich weit und lässt die oben angeführten Gefährdungsfaktoren (→ Rn. 92) dabei zumindest teilweise außer Acht. So soll es genügen, wenn ein am Tatort anwesender Beteiligter den Tatwillen des unmittelbar Ausführenden nur psychisch »bestärkt«.[13] Entgegen der bisher überwiegend geforderten *Kenntnis* des *Opfers* von der Tatortpräsenz »mehrerer« Beteiligter[14] müsse das Opfer von der Anwesenheit einer »zweiten Person« nichts wissen,[15] so dass auch der Angriff einer Person genüge, wenn der weitere Beteiligte sich versteckt halte. Hier fehlt jedoch nicht nur das psychologische Gefahrmoment der »Einschüchterung« (→ Rn. 92). Es ist auch nicht erkennbar, inwiefern das Opfer hier durch eine Reduktion der Abwehr- oder Ausweich*möglichkeiten* gefährdet wird.

Die Einbeziehung der Beihilfe in den Qualifikationstatbestand der »gemeinschaftlichen Begehung« bedeutet – selbstverständlich – nicht, dass der Gehilfe auf diese Weise zum Mittäter des § 224 StGB aufgestuft werden kann. Dieser ist vielmehr (nur) wegen Beihilfe zur gefährlichen Körperverletzung strafbar.[16] Demgegenüber kann unter den Voraussetzungen des § 25 II StGB auch ein Abwesender Mittäter einer nach § 224 I Nr. 4 StGB strafbaren Tat sein, sofern zwei weitere Beteiligte dem Opfer am Tatort gegenüberstehen.[17]

III. Gemeinschaftliche Begehung durch Unterlassen?

Gemeinschaftlich zusammenwirken kann an sich (begrifflich) auch ein *unterlassender* Garant mit einem aktiv Handelnden oder einem weiteren Unterlassungstäter. **96**
Mangels besonderer Gefährlichkeit bloßen Unterlassens werden diese Formen des Zusammenwirkens jedoch fast einhellig von der »gemeinschaftlichen Begehung« ausgenommen: Verlangt wird ein aktives Zusammenwirken.[18] Damit nicht zu verwechseln ist die Konstellation, dass der Garant eine von *Dritten* aktiv-gemeinschaftlich zugefügte Körperverletzung pflichtwidrig nicht verhindert. Beispiel: Der Vater sieht tatenlos zu, wie seine beiden Söhne den Nachbarsjungen verprügeln. Hier richtet sich die Beteiligungsform des Garanten nach den für unechte Unterlassungsdelikte geltenden Beteiligungsregeln.[19]

---

11 Vgl. *Gössel/Dölling*, BT 1, § 13 Rn. 45 f; *Wallschläger* JA 2002, 390 (394): Gemeinschaftlichkeit als »gleichzeitige Anwesenheit am Tatort, ohne Rücksicht auf die Beteiligungsform«.

12 *Fischer* § 224 Rn. 11a; *Jäger* JuS 2000, 31 (36); LK-*Lilie* § 224 Rn. 35. Vgl. hierzu eingehend *Küper* GA 2003, 363 (378 ff) sowie *Heinrich* JR 2003, 213 (214 f); zu möglichen Differenzierungen auch bei physischer Beihilfe vgl. *S/S/Sternberg-Lieben* § 224 Rn. 11a.

13 BGH NJW 1998, 465 (466) im Anschluss an BGH GA 1986, 229. In gleicher Richtung BGHSt 47, 386 f: Beihilfe durch Tatortpräsenz mit *Eingriffsbereitschaft* und dadurch begründeter »verstärkter Gefährlichkeit der Körperverletzung«. Vgl. auch BGH NStZ 2003, 662 (663); 2006, 572 (573).

14 BGH StV 1994, 542 (543); LK-*Lilie* § 224 Rn. 35; SK-*Wolters* § 224 Rn. 25.

15 BGH NStZ 2006, 572 (573); zust.: *Fischer* § 224 Rn. 11a, *Kindhäuser*, BT I, § 9 Rn. 19; krit. NK-*Paeffgen* § 224 Rn. 25a; diff. MK-*Hardtung* § 224 Rn. 33.

16 BGH NStZ 2009, 10; NStZ-RR 2010, 236; MK-*Hardtung* § 224 Rn. 31.

17 BGH NStZ 2000, 194; BGH NStZ-RR 2012, 270; SK-*Wolters* § 224 Rn. 27.

18 Vgl. LK-*Lilie* § 224 Rn. 35; *Otto* NStZ 1989, 531; *S/S/Sternberg-Lieben* § 224 Rn. 11b; abw. *Heinrich*, Die gefährliche Körperverletzung, 1993, S. 716 f.

19 Vgl. *Küper* GA 1997, 301 (334 mit Fn. 143); SK-*Wolters* § 224 Rn. 29 (auf Gefahrenquellengaranten beschränkend); krit. aber NK-*Paeffgen* § 224 Rn. 26.

Begünstigung – § 257 I StGB

Vgl. **Hilfeleisten zur Vorteilssicherung** (Begünstigung) → Rn. 328.

Behältnis, verschlossenes – § 243 I 2 Nr. 2 StGB

97 »Behältnis« ist ein zur Aufnahme von **Sachen** dienendes und sie umschließendes **Raumgebilde**, das – im Gegensatz zum »umschlossenen Raum« des § 243 I 2 Nr. 1 StGB – *nicht* dazu bestimmt ist, von *Menschen* betreten zu werden. »Verschlossen« ist ein Behältnis, wenn sein Inhalt durch ein Schloss, eine andere technische Schließvorrichtung oder in sonstiger Weise (z.B. durch Zunageln, festes Verschnüren) gegen den *ordnungswidrigen Zugriff* von außen gesichert ist.

Literatur: MK-*Schmitz* § 243 Rn. 32 f, 36 ff; SK-*Hoyer* § 243 Rn. 28 ff.
Einführend: *Rengier*, BT 1, § 3 Rn. 21 ff.

Rechtsprechung Grundlegend: BGHSt 1, 158 (163 – umschlossener Raum); 24, 248 f (kein Öffnen erforderlich) mit abl. Anm. *Schröder* NJW 1972, 778 f. **Beispielhaft:** BGH NStZ 2011, 36 (unbefugte Schlüsselverwendung); OLG Hamm NJW 1978, 769 f (zugeklebter Karton im Postsack); AG Freiburg NJW 1994, 400 (Registrierkasse, m.N. zu anderen Fallgestaltungen) mit krit. Bspr. *Murmann* NJW 1995, 935 f.

Erläuterungen

98 Zu beachten ist, dass das »verschlossene Behältnis« in § 243 I 2 Nr. 2 StGB nur als *Beispiel* für eine »Schutzvorrichtung«[1] genannt ist, die eine »besondere Sicherung gegen Wegnahme« darstellt. Dem Behältnis muss daher auch eine wegnahmesichernde Funktion zukommen, woran es z.B. fehlt, wenn die Umhüllung nur Transportzwecken dient[2] oder der Schlüssel im Schloss des abgesperrten Tresors steckt. Inwiefern die wegnahmesichernde Funktion auch bei leicht transportablen Behältnissen vorliegen muss, ist umstritten.[3] Da der Gesetzeswortlaut nur verlangt, dass ein »Verschluss« bzw. eine besondere Wegnahmesicherung *vorhanden* ist, nicht aber, dass sie bei der Wegnahme *überwunden* wird, liegt nach BGHSt 24, 248 das Regelbeispiel auch vor, wenn der Täter das verschlossene Behältnis *ungeöffnet mitnimmt* oder es infolge Entdeckung nicht mehr öffnet.[4] Für solche Fälle wird aber z.T. gefordert, dass die Sachsicherung jedenfalls »überwunden werden *soll*«.[5] Die erhöhte Strafwürdigkeit wird demzufolge in der subjektiven Zielrichtung des Täters gesehen (Stehlen einer besonders gesicherten Sache).[6] Stellt man demgegenüber darauf ab, dass die

---

1 Zur gegen Wegnahme besonders sichernden »Schutzvorrichtung« → Rn. 446, zum »umschlossenen Raum« → Rn. 409.
2 OLG Stuttgart NJW 1964, 738 (Briefumschlag).
3 Vgl. SK-*Hoyer* § 243 Rn. 31 m.w.N.
4 Zust. *Rengier*, BT 1, § 3 Rn. 29 m.w.N.; enger OLG Stuttgart NJW 1982, 1659; wohl auch BayObLG NJW 1987, 663 (664 f).
5 Vgl. *Fischer* § 243 Rn. 16; GS-*Duttge* § 243 Rn. 31; *L/Kühl* § 243 Rn. 17.
6 Das Gesetz legt diese Deutung nicht nahe. Es heißt ja gerade nicht: „stiehlt, *obwohl* … besonders gesichert".

Wegnahmesicherung geeignet ist, die Wegnahme objektiv zu erschweren,[7] so würde die Mitnahme eines abgeschlossenen Fahrrads das Regelbeispiel erfüllen – der Abtransport eines verschlossenen Koffers samt darin befindlichen Geldscheinen oder Schmuckstücken hingegen nicht, da hier aufgrund des einfachen Abtransports nicht von einer wegnahmesichernden Funktion gesprochen werden kann.

Der Zugriff auf den Inhalt des Behältnisses fällt bei manipulativer »Umgehung« der Sicherungsvorrichtung nicht unter § 243 I 2 Nr. 2 StGB, da es hier an einer *Einwirkung auf die Schutzvorrichtung* fehlt.[8]
Beispiele: Einwurf manipulierter Münzen in einen Spielautomaten; „Überlistung" eines Geldwechsel-Automaten mittels eines präparierten Geldscheins.[9]

Ist der Täter *berechtigter* Schlüsselbesitzer, so wird – unabhängig davon, ob er auch zum Öffnen *befugt* ist – überwiegend ein »relatives« Fehlen des Verschlossenseins bzw. der besonderen Sachsicherung angenommen.[10] Anders liegt es, wenn der Schlüssel dem Berechtigten entwendet, gefunden oder sonst unbefugt erlangt wurde,[11] oder der Täter einen gutgläubigen Dritten durch Täuschung zur Öffnung eines mittels Zugangscodes gesicherten Tresors veranlasst.[12]

Behandlung, lebensgefährdende – § 224 I Nr. 5 (§ 223a I a.F.) StGB

Mittels einer »das Leben gefährdenden Behandlung« wird die Körperverletzung begangen, wenn die Verletzungs*handlung* nach den *konkreten Umständen* **objektiv geeignet** ist, das Leben des Opfers in Gefahr zu bringen. **99**

Umstritten (→ Rn. 101 ff mit Lösungsvorschlag → Rn. 106) ist, ob es dafür einer *konkreten* Lebensgefahr bedarf[1] oder ob es genügt, dass angesichts dieser Umstände generell (abstrakt) von einer Lebensgefahr auszugehen ist.[2] Demgegenüber kommt es auf die Lebensgefährlichkeit der eingetretenen *Verletzung* nicht entscheidend an, da § 224 I Nr. 5 StGB auf die Gefährlichkeit der *Behandlung* abstellt (→ Rn. 100).

---

7 Vgl. *Zopfs* Jura 2007, 421 (425 f); in dieser Richtung auch: MK-*Hardtung* § 243 Rn. 37, *S/S/Bosch* § 243 Rn. 25.

8 *L/Kühl* § 243 Rn. 17.

9 *Fischer* § 243 Rn. 16 m.N.; anders bei Wegnahme durch Eingriffe von außen: BayObLG NJW 1981, 2826 (Manipulation durch Draht) mit abl. Anm. *Meurer* JR 1982, 292 ff.

10 OLG Hamm NJW 1982, 777; MK-*Schmitz* § 243 Rn. 36 m.w.N; hingegen nach dem Bestehen einer *Öffnungsbefugnis* diff. LK-*Vogel* § 243 Rn. 32; NK-*Kindhäuser* § 243 Rn. 23; w.N. bei *Bachmann/Goeck* StV 2011, 19.

11 BGH NStZ 2011, 36 m.w.N.; OLG Karlsruhe NStZ-RR 2010, 48.

12 KG NJW 2012, 1093 (1094).

1 Bsp.: Dieser Schlag war so beschaffen (Zugrundelegung der konkreten Umstände), dass eine tödliche Kopfverletzung (schweres Schädel-Hirn-Trauma) nur *zufällig* ausgeblieben ist (= während des Zuschlagens bestand eine *konkrete* Lebensgefahr).

2 Bsp.: Ein solcher gegen den Kopf gerichteter Schlag (Zugrundelegung der konkreten Umstände) ist *typischerweise* mit tödlichen Gefahren (Hirnverletzungen etc.) für das Opfer verbunden (= während des Zuschlagens bestand zumindest eine *abstrakte* Lebensgefahr).

Literatur: *Küper*, Hirsch-FS, 1999, S. 595 ff; *S/S/Sternberg-Lieben* § 224 Rn. 1b, 12 ff. **Einführend:** *W/Hettinger* Rn. 282 ff.

Rechtsprechung Grundlegend: RGSt 6, 396 (397 f); 10, 1 (2 f); BGHSt 19, 352 (353 – Vorsatz). **Beispielhaft:** → Rn. 105.

RGSt 6, 396 f: „Für den Begriff einer ›das Leben gefährdenden Behandlung‹" kommt es nicht darauf an, „ob in irgendeinem Zeitpunkt *tatsächlich* eine … Lebensgefahr als *Folge der Mißhandlung* eingetreten ist, sondern lediglich darauf, ob die ›Behandlung‹ *geeignet* war, eine solche Lebensgefahr herbeizuführen." Diese Frage kann aber „nur geprüft werden nach Maßgabe der konkreten Verhältnisse des Einzelfalles, also unter Abwägung der individuellen Beschaffenheit des gemißhandelten Menschen und der individuellen Schädlichkeit der gegen Körper und Gesundheit in Bewegung gesetzten Einwirkungen".

RGSt 10, 1 (2 f): „Denn nicht darauf kommt es an, ob der später eingetretene *Erfolg* der Mißhandlungen, etwa eine schwere Verletzung …, das Leben des Verletzten gefährdete, sondern zunächst darauf, ob die Art der *Behandlung* eine so bedrohliche war, daß sie nach den konkreten Umständen … geeignet war, eine Lebensgefahr herbeizuführen – wobei es nicht entscheidet, daß die Gefahr sich nicht *verwirklichte* und der wirklich eingetretene Erfolg vielleicht ein geringfügiger war."

BGHSt 36, 1 (9): „Nach feststehender Rechtsprechung des BGH braucht eine solche Behandlung das Leben des Mißhandelten im Einzelfall nicht äußerlich erkennbar *wirklich* in Gefahr zu bringen. Es genügt, daß sie sich – wenn auch unter Berücksichtigung der *konkreten* Umstände des einzelnen Falles – wegen ihrer *allgemeinen* Gefährlichkeit dazu *eignet*."

BGHSt 36, 262 (265): Das Merkmal „bedeutet, daß die *Aktivität*, die zur Körperverletzung führt, die das Leben gefährdende Qualität haben muß, nicht der schließlich verursachte Körperverletzungs*erfolg*."

Erläuterungen

I. Die Diskussion über die Deliktsstruktur: Konkretes oder abstraktes Gefährdungsdelikt?

1. Einführung

100 Das Merkmal der »lebensgefährdenden Behandlung« bezeichnet unbestritten ein *Gefährdungsdelikt* (Lebensgefährdungsdelikt) in Form eines qualifizierten Delikts. Umstritten ist dagegen die genauere Struktur dieser Gefährdungsstraftat. Dabei geht es einerseits um die Frage der Einordnung in die übliche *Systematik* der Gefährdungsdelikte mit ihrer Unterscheidung zwischen »konkretem« und »abstraktem« Gefährdungsdelikt, in die sich die »lebensgefährdende Behandlung« nicht problemlos einfügt (Systematisierungsproblem). Zum anderen geht es um die Bestimmung des *Maßstabes* für die Lebensgefährlichkeit der Behandlung und damit um die Frage, welche *Umstände* für die Gefährdungsprognose relevant sind und wie diese Prognose überhaupt beschaffen ist (Maßstabs- oder Prognoseproblem).

Anerkannt ist, dass die Gefährdung nicht auf der Lebensgefährlichkeit des *Verletzungserfolges* (Schwere der Körperverletzung) beruhen muss, also auch bei einer harmlosen Verletzungswirkung gegeben sein kann: Maßgebend ist nicht die Gefährlichkeit der tatsächlich bewirkten Körperverletzung, sondern die Gefährlichkeit der auf eine Verletzung gerichteten »Behandlung« (Verletzungshandlung). Unter *diesem Aspekt* ist die »lebensgefährdende Behandlung« kein *Erfolgsdelikt*, wie es die typischen konkreten Gefährdungsdelikte darstellen, sondern ein andersartiges »Gefährlichkeitsdelikt« (Delikt mit »Handlungsgefährlichkeit«).[3] Anerkannt ist ferner, dass die Gefährlichkeit nicht »rein abstrakt« beurteilt werden kann, sondern nur unter Berücksichtigung der *konkreten Umstände* des Einzelfalles, so dass es immer auf die »konkrete Gefährlichkeit« der Behandlung in der individuellen Situation ankommt. Darin unterscheidet sich das Gefährdungsdelikt des § 224 I Nr. 5 StGB wiederum von den sog. rein »abstrakten Gefährdungsdelikten« – etwa § 316 StGB –, bei denen eine solche konkrete Gefahrbeurteilung grundsätzlich nicht erforderlich ist.

2. Die Auseinandersetzung in der Literatur

a) Die verschiedenen Positionen Auf der Grundlage dieses Konsenses gehen je- **101**
doch die Auffassungen über die *Systematisierung* und den *Gefährlichkeitsmaßstab* erheblich auseinander.[4] Die Literatur ordnet die »lebensgefährdende Behandlung« überwiegend *nicht* den »konkreten«, sondern – mit unterschiedlicher Terminologie – eher den »abstrakten« Gefährdungsdelikten zu. Dabei wird freilich die Notwendigkeit einer Berücksichtigung der »konkreten Umstände« hervorgehoben, andererseits die Gefahr manchmal auch als »abstrakte« oder »typische« bezeichnet. Die Tendenz zur Ablehnung eines echten konkreten Gefährdungsdelikts ist an dem – aus der Judikatur stammenden – Hinweis erkennbar, dass die Behandlung zur Lebensgefährdung lediglich »geeignet« sein müsse. In diesem Zusammenhang werden auch Begriffe wie »konkret-abstraktes«, »potenzielles Gefährdungsdelikt« oder »Eignungsdelikt« verwendet. *Wolter* sieht darin die Option für ein »potenzielles konkretes Lebensgefährdungsdelikt«. Es kennzeichne sich dadurch, dass der Täter nach den konkreten Einzelumständen ein »adäquates Gefährdungsrisiko« schaffe (ernsthafte ex-ante-Gefahr eines Lebensgefährdungserfolges), welches sich jedoch nicht nachträglich in einem »konkreten Gefahrerfolg« realisieren müsse.[5] Demgegenüber wird von einer Minderheitsauffassung betont, dass die lebensgefährdende Behandlung ein echtes »konkretes Gefährdungsdelikt« darstelle, bei dem der *Eintritt* einer »konkreten Lebensgefahr« erforderlich sei.[6]

b) Grundlagen der herrschenden Ansicht Die verbreitete Auffassung, dass das **102**
Delikt – trotz allgemein anerkannter Bedeutung der »konkreten Umstände« – nicht als konkretes Lebensgefährdungsdelikt zu verstehen sei, gründet auf der – auch auf den Gesetzeswortlaut gestützten – Vorstellung, dass die »lebensgefährdende Behandlung« im Gegensatz zu den echten konkreten Gefährdungsdelikten kein »Erfolgsdelikt« darstellt, das einen *realen Gefährdungserfolg* (Gefahrzustand) als verursachtes Handlungsergebnis voraussetzt, sondern nur ein Delikt mit besonderer Gefährlichkeit der konkreten »Handlung«.[7] Hinzu kommt als zweiter Grund die Annahme, dass bei

---

3 Vgl. zum konkreten Gefährdungsdelikt als Erfolgsdelikt → Rn. 242 f; zum »Gefährlichkeitsdelikt« *Hirsch*, Tiedemann-FS, 2008, S. 145 ff; eingehend *Zieschang*, Gefährdungsdelikte, S. 52 ff und passim.

4 Ausführlicher Bericht bei *M. Heinrich*, Die gefährliche Körperverletzung, 1993, S. 340 ff, 350 ff; dogmatische Analyse bei *Küper*, Hirsch-FS, S. 595 ff.

5 Vgl. näher *Wolter*, Objektive und personale Zurechnung, S. 268 ff, 273 ff. Nach MK-*Hardtung* § 224 Rn. 38 geht es um „abstrakte Gefährdung unter Ausschluss konkreter Ungefährlichkeit".

6 Vgl. z.B. LK-*Hirsch* § 223a Rn. 2 f, 21; NK-*Paeffgen* § 224 Rn. 28; *Stree* Jura 1980, 281 (291 ff).

7 Vgl. etwa SK-*Wolters* § 224 Rn. 3, 30: kein Misshandlungserfolg als »Lebensgefahrzustand«; *Wolter*, Objektive und personale Zurechnung, S. 274; *Zieschang*, Gefährdungsdelikte, S. 290 ff, 296 ff.

der Berücksichtigung der konkreten Umstände eine »Generalisierung« oder »Typisierung« der maßgeblichen Faktoren geboten sei (»generelle Eignung«, »erfahrungsgemäße Gefährlichkeit«), namentlich eine Beschränkung des Gefahrurteils auf Tatsachen, die für einen objektiven Beobachter im Handlungszeitpunkt *ex ante erkennbar* seien.[8] Dabei schwingt der Gedanke mit, dass das Gesetz mit der Qualifikation lediglich eine generalpräventive »Tabuisierung« *allgemein* besonders gefährlicher Begehungsweisen beabsichtigt habe, nicht aber eine strikte Festlegung auf *effektive* Lebensgefahren. Da auch die übrigen Qualifikationsmerkmale des § 224 I StGB keine konkrete Gefahr des Eintritts schwerer Folgen voraussetzten, müsse dies auch für die lebensgefährdende Behandlung gelten (systematisches Argument).[9]

103 **c) Gegenargumente der Minderheitsauffassung** Die abweichende Auffassung, nach der ein »konkretes Gefährdungsdelikt« vorliegt, bezieht ihre Einwände vor allem aus einer anderen Sicht des *Beurteilungsmaßstabes*.[10] In den Vordergrund gestellt wird die Notwendigkeit, bei der Gefahrbeurteilung *alle verfügbaren* konkreten Umstände zu berücksichtigen. Eine »Generalisierung«/»Typisierung« sei weder durchführbar noch sachgerecht, ebenso wenig eine Reduzierung der relevanten Faktoren auf die ex ante objektiv erkennbaren Umstände. Exemplarisch dafür *Stree*[11]: „Werden nämlich alle konkreten Umstände herangezogen, so bleibt von einer generalisierenden Betrachtungsweise nichts mehr übrig. Denn jeder Faktor, der im Einzelfall den tatsächlichen Eintritt einer Lebensgefährdung ausschließt, ist ein konkreter Umstand, der die Eignung einer Tathandlung zur Lebensgefährdung entfallen läßt... Das Ausmaß der Gefährlichkeit ... ist unabhängig davon, ob ein gefährlichkeitsrelevanter Umstand ex ante erkennbar ist oder nicht."

3. Der Standpunkt der Rechtsprechung

104 Die Rechtsprechung[12] hat die Frage der systematischen Einordnung bisher nicht ausdrücklich angesprochen, aber häufig hervorgehoben: Bei der Beurteilung der Lebensgefährlichkeit komme es nicht auf den eingetretenen *Verletzungserfolg* (»tatsächliche Lebensgefahr als Folge der Misshandlung«), sondern lediglich auf die »Art der Behandlung« an. Diese müsse nach den »konkreten Umständen« – z.B. Konstitution des Opfers, Intensität der Einwirkung, betroffene Körperpartien – erfahrungsgemäß »geeignet« sein, eine Lebensgefahr herbeizuführen, auch wenn die Gefahr sich nicht »verwirklicht« habe und der Erfolg nur »geringfügig« gewesen sei. Dabei ist mit der »Verwirklichung« der Gefahr deren Realisierung in einer konkret lebensgefährlichen *Verletzung* gemeint und mit »Erfolg« die Schwere der Verletzung.[13] Die neuere Rechtsprechung verwendet Formulierungen, die stärker auf die »generelle« oder »all-

---

8 *Gallas*, Heinitz-FS, 1972, S. 171 (182 f): „generalisierende Betrachtung ex ante" unter Ausklammerung „erst ex post erkennbarer oder bekannt gewordener Tatumstände"; SK-*Wolters* § 224 Rn. 3, 30: „Urteil eines besonnenen und verständigen Beobachters".

9 Vgl. *Joecks* § 224 Rn. 49. Nach NK-*Paeffgen* § 224 Rn. 28 könnten derlei „inner-tatbestandliche Spannungen" jedoch durch Erhöhung der Gefahrenanforderungen bei den übrigen Qualifikationsmerkmalen gelindert werden.

10 Vgl. *Schröder* JZ 1967, 522 (523); *Steinberg* GA 2008, 516 (520).

11 In: Jura 1980, 281 (291 f).

12 Eingehend dazu *M. Heinrich*, Die gefährliche Körperverletzung, S. 369 ff.

13 »Lebensgefährliche Verletzung« und »Lebensgefahr« werden als Erfolge nicht unterschieden. In dieser Richtung bereits RGSt 6, 396 f; 10, 1 (2 f, oben zitiert → Rn. 99).

gemeine Gefährlichkeit« der Behandlung abstellen, wenngleich stets unter Hinweis auf die »Berücksichtigung der konkreten Umstände« und die Irrelevanz des (Verletzungs-)»Erfolges«.[14]

II. Anwendungsfälle der »lebensgefährdenden Behandlung«

Trotz erheblicher Uneinigkeit im Grundsätzlichen besteht weitgehende Übereinstimmung über die für eine »lebensgefährdende Behandlung« kennzeichnenden *Fallkonstellationen*[15]. Hierher gehören etwa: **105**

- Stoßen des Kopfes gegen eine Hauswand oder auf das Straßenpflaster – BGHSt 22, 235 (237);
- massiver Würgegriff am Hals, insb. Würgen bis zur Bewusstlosigkeit – BGH GA 1961, 241; StV 1993, 26 f; 2002, 482; NJW 2002, 3264 (3265); NStZ-RR 2011, 11 (12);
- wuchtige Schläge oder Tritte gegen den Kopf – BGH NStZ 2004, 618; NStZ-RR 2009, 15 f; 2012, 340; StV 2013, 439; NStZ 2013, 345; OLG Köln NJW 1983, 2274;
- Herunterwerfen vom fahrenden Motorrad – BGH MDR 1957, 652 (bei Dallinger);
- Abschütteln vom fahrenden Pkw – BGH, VRS 57 (1979), 277 (280);
- Anfahren mit Kraftfahrzeug – BGH, VRS 14 (1958), 286 (288);
- Stoßen des Kopfes gegen einen Holzpfahl – OLG Düsseldorf NJW 1989, 920;
- Schläge gegen den Kopf eines Kleinkindes – RGSt 6, 396 f;
- Stoßen eines Kindes in tiefes oder winterkaltes Wasser – LG Saarbrücken NStZ 1983, 414;
- Hetzen eines scharfen Hundes – RGSt 8, 315 (317);
- zur Bewusstlosigkeit/Gehirnerschütterung führender Schlag – RGSt 10, 1 (2); zu den nötigen Sachverhaltsfeststellungen vgl. BGH StV 2013, 439 (440);
- heftige Schläge gegen den Körper mit wiederholtem Sturz auf das Straßenpflaster – BGHSt 19, 352;[16]
- Verursachung eines Herzinfarkts durch Bedrohung mit (Schein-)Waffe – BGH NStZ 1986, 166.[17]

Nach BGH NZV 2006, 483 (484) soll *keine* »lebensgefährdende Behandlung« vorliegen, wenn das Opfer auf die Fahrbahn gestoßen, dadurch leicht verletzt und erst infolge seiner »Lage« der Gefahr einer lebensgefährlichen Verletzung durch Fahrzeuge ausgesetzt wird. Denn hier werde durch die »Art der Behandlung« unmittelbar keine Gefährdung geschaffen.[18] Demgegenüber bedeute die Infizierung eines Menschen mit dem Aids-Virus, auch durch ungeschützten Sexualverkehr, eine »lebensgefährdende Behandlung«.[19]

---

14 Vgl. etwa BGHSt 2, 160 (163); 19, 352 (353); 36, 1 (9, oben zitiert → Rn. 99); BGH NJW 2002, 3264 (3265, oben zitiert → Rn. 99); NStZ-RR 2006, 11 (12); 2010, 176 (177).

15 Kasuistik bei LK-*Lilie* § 224 Rn. 37; *Fischer* § 224 Rn. 12b f.

16 Zu massiven Tritten gegen den Bauch *Heinke* HRRS 2010, 428 ff.

17 Zur u.U. lebensgefährdenden Behandlung bei medizinisch nicht indiziertem Röntgen vgl. BGHSt 43, 346 (356) mit krit. Anm. *Jung/Wigge* MedR 1998, 329 (330 f).

18 Dazu krit. *Bosch* JA 2006, 900 (902); OLG Jena NStZ-RR 2008, 75.

19 BGHSt 36, 1 (9); 36, 262 (264). Zur umfangreichen Diskussion im Schrifttum vgl. die Übersicht bei *Fischer* § 224 Rn. 12b sowie *M. Heinrich*, Die gefährliche Körperverletzung, S. 343 ff.

III. Zur Auseinandersetzung über die Deliktsstruktur

106 Der Streit um die Gefährdungsstruktur dürfte sich mit folgenden Überlegungen klären lassen: Von den Fällen abgesehen, in denen eine lebensgefährliche *Verletzung* tatsächlich eintritt, soll das Gesetz Verletzungshandlungen (»Behandlungen«) treffen, die das Opfer einer Situation aussetzen, in der ein Verletzungserfolg naheliegt, welcher – *wenn* er wirklich einträte – als *lebensgefährlich* beurteilt werden müsste (z.B. Bruch des Kehlkopfknorpels bei intensivem Würgegriff; Schädelfraktur bei Schlägen auf den Kopf). Das unberechenbar-zufällige Ausbleiben eines derart gravierenden Verletzungseffekts, der nach den konkreten Umständen auch hätte eintreten *können*, kennzeichnet die Opfersituation als eine *konkrete Gefahrenlage*, die sich durchaus als »Erfolg« (kritische Situation mit ungewissem Ausgang) begreifen lässt, gleichsam als ein der lebensgefährlichen *Verletzung* selbst vorgelagerter *Zwischenerfolg*. Die »Eignung« zur Lebensgefährdung meint im Grunde diese kritische Lage und den in ihr enthaltenen Erfolg, der vom – ausgebliebenen – Erfolg in Form einer lebensgefährlichen *Verletzung* zu unterscheiden ist. Trennt man in dieser Weise die »Erfolge« voneinander, so ist es möglich, auf die Beurteilung (auch) des Zwischenerfolges alle Regeln des *konkreten Gefährdungsdelikts* anzuwenden, einschließlich der Berücksichtigung erst später erkennbar gewordener Faktoren.[20] Ob man dabei die »konkrete Gefahr der lebensgefährlichen Verletzung« in die »konkrete Lebensgefahr« einbezieht oder von einer »potenziellen konkreten Lebensgefahr« spricht, ist dann eine Frage der Terminologie.[21]

107 Für den *Vorsatz* einer »lebensgefährdenden Behandlung« lässt es die Rechtsprechung seit RGSt 17, 279 (281) ausreichen, dass der Täter die »*Umstände*« kennt, aus denen sich die Lebensgefährdung ergibt, ohne dass insoweit eine »Bewertung« als lebensgefährlich erforderlich sei.[22] Die Literatur fordert dagegen überwiegend ein *substanzielles* Gefährdungsbewusstsein, das über die Kenntnis der tatsächlichen Umstände hinausgeht: »Parallelwertung in der Laiensphäre«.[23] Die neuere Rechtsprechung nähert sich dieser Ansicht allerdings an, wenn für den Vorsatz gefordert wird, dass der Täter sich „bei der Ausführung der von ihm konkret gewollten und umgesetzten Tathandlungen die allgemeine Gefährlichkeit seines Tuns in der konkreten Situation für das Leben des Opfers erkannte“[24].

Behaupten/Verbreiten von Tatsachen – §§ 186, 187 StGB

Vgl. **Tatsachenbehauptung/-verbreitung** (»in Beziehung auf einen anderen«) → Rn. 492.

---

20 Vgl. zu diesen Regeln das Stichw. »Gefahr, konkrete« → Rn. 246 ff.

21 Eingehend zur Deliktsstruktur *Küper*, Hirsch-FS, S. 595 (610 ff); weitgehend übereinstimmend NK-*Paeffgen* § 224 Rn. 28.

22 Vgl. BGHSt 19, 352 (353) m.w.N.; BGH NJW 1990, 3156.

23 Vgl. *L/Kühl* § 224 Rn. 9; *W/Hettinger* Rn. 284; jew. m.w.N.; abw. z.B. *M. Heinrich*, Die gefährliche Körperverletzung, S. 745 ff. Eingehend zur Vorsatzproblematik mit spezieller Konzeption *Wolter*, Objektive und personale Zurechnung, S. 271 ff.

24 BGH StV 2013, 439 (440).

Behinderung – § 226 I Nr. 3 StGB

Vgl. **Siechtum** → Rn. 475.

Beibringung eines Stoffes (Giftes) – § 224 I Nr. 1 (§ 229 I a.F.) StGB

Ein Stoff (Gift → Rn. 111) ist »beigebracht«, wenn der Täter dessen Verbindung mit dem Körper des Opfers derart hergestellt hat, dass der Stoff seine gesundheitsschädliche Wirkung (→ Rn. 112) im *Inneren* des Körpers oder zumindest auf der Körper*oberfläche* (str. → Rn. 110) entfalten kann. **108**

Literatur: *Fischer* § 224 Rn. 3 ff; MK-*Hardtung* § 224 Rn. 4 ff (z.T. abw.). **Einführend:** *Rengier*, BT 2, § 14 Rn. 8 ff; *Hohmann/Sander*, BT 2, § 7 Rn. 5 ff (beschränkt auf die Entfaltung innerer Wirkungen).

Rechtsprechung Grundlegend: 1. zu § 229 a.F.: BGHSt 15, 113 (114 ff); BGH NJW 1976, 1851 f. **2. zu § 224 I Nr. 5:** BGHSt 51, 18 (22 f – Salzintoxikation) mit krit. Anm. *Bosch* JA 2006, 743 (744 f). **Beispielhaft:** OLG Dresden NStZ-RR 2009, 337 (338 – heiße Flüssigkeit).

BGH NJW 1976, 1851 f (zu § 229 StGB a.F.): „§ 229 StGB greift auch dann ein, wenn das Gift die Gesundheit *von außen her* zerstört… Vom Schutzzweck der Vorschrift her kann es keinen Unterschied machen, ob das Opfer sein Sehvermögen durch *äußere* Einwirkung – etwa durch eine Trübung der Hornhaut – oder *von innen her* – über den Tränenkanal – verliert. Daß § 229 StGB sein Gepräge gerade durch die besondere Gefährlichkeit der *inneren* Wirkungsweise erhielte, trifft … angesichts der Vielgestaltigkeit der heute bekannten Gifte nicht zu. Entscheidend ist die besondere Gefährlichkeit des eingesetzten Mittels, das unabhängig vom weiteren Zutun des Angreifers seine zerstörerische Wirkung auf die Gesundheit des Opfers entfalten kann."

Erläuterungen

Das 6. StrRG (1998) hat die »Vergiftung« (§ 229 StGB a.F.) als *eigenständiges Gefährdungsdelikt* abgeschafft und zu einem Qualifikationstatbestand der *Körperverletzung* umgestaltet. § 229 I StGB a.F. verlangte früher das »Beibringen« von Gift oder anderen Stoffen, »welche die Gesundheit zu *zerstören* geeignet sind«. Nach der Neufassung braucht der Stoff nur noch »gesundheits*schädlich*« zu sein. **109**

I. Der Begriff »Beibringung«

Anerkannt war bereits für § 229 StGB a.F., dass ein »Beibringen« nicht nur durch unmittelbare »innere Anwendung« – z.B. Einspritzen, Einführung in Körperöffnungen – möglich ist, sondern auch durch die Herstellung eines »äußeren Körperkontakts«. Für diese Begehungsart forderte zwar eine engere Auffassung, dass sich die *Wirkung* des Stoffes im *Inneren* des Körpers entfalten kann: Erst wenn der Stoff in das Körperinnere *eingedrungen* sei, liege daher ein vollendetes (erfolgreiches) »Beibringen« vor. Die dafür geltend gemachten Gründe[1] sind mit der Umgestaltung der Giftbeibringung **110**

1 Hohe Strafdrohung des § 229 StGB a.F., unberechenbare Gefährlichkeit »innerer Wirkungen«, tatbestandstypisches Leitbild einer »Vergiftung« und die Notwendigkeit einer Unrechtsabstufung gegenüber der gef. Körperverletzung (§ 223a StGB a.F.), vgl. z.B. *Stree* JR 1977, 342 f m.w.N.

zu einem qualifizierten Körperverletzungstatbestand *entfallen*, so dass die so begründete Notwendigkeit einer inneren Wirkungsweise nicht mehr auf die Neufassung übertragen werden kann.[2] Die »Beibringung« von Gift etc. ist damit zu einem Sonderfall der Verwendung eines »gefährlichen Werkzeugs« (§ 224 I Nr. 2 StGB) geworden; konkurrenzrechtlich geht die Nr. 1 vor.[3] Soweit die zur Neufassung vertretene *Gegenmeinung* gleichwohl am Erfordernis der »inneren Wirkung« festhält, wird damit das Ziel verfolgt, der Giftbeibringung tatbestandlich einen eigenständigen Anwendungsbereich zu erhalten: Bei § 224 I Nr. 1 StGB wirke das Tatmittel »von innen«, bei Nr. 2 (gefährliches Werkzeug) »von außen« auf den Körper ein.[4]

II. »Gift« und »anderer gesundheitsschädlicher Stoff«

1. Begriffe

111 Nach der schon für § 229 StGB a.F. anerkannten Definition ist »Gift« jeder „organische oder anorganische Stoff, der unter bestimmten Bedingungen durch *chemische* oder chemisch-physikalische Wirkung die Gesundheit zu schädigen geeignet ist“[5]. Dazu gehören z.B. auch Morphium und Heroin. Die »anderen Stoffe« sind vor allem mechanisch oder thermisch wirkende Substanzen (z.B. zerstoßenes Glas, heiße Flüssigkeit), aber auch Bakterien, Viren (Aids!) oder sonstige Krankheitserreger.[6]

2. Auswirkungen der Gesetzesänderung

112 Mit der Umformung der früheren »Vergiftung« in ein qualifiziertes *Körperverletzungsdelikt* der »Giftbeibringung« sind *inhaltliche* Veränderungen verbunden, die auch Qualität und Wirkungsweise des beigebrachten *Stoffes* betreffen. Zuvor musste der Stoff zur »Gesundheits*zerstörung*« konkret geeignet sein. Nach der Rechtsprechung und h.M. war ein Stoff (Gift) dazu geeignet, wenn seine Beibringung im konkreten Fall dazu führen kann, dass wesentliche Körperfunktionen in *weitreichendem Umfang* entweder auf Dauer (endgültig), für einen nicht absehbaren Zeitraum oder wenigstens nicht nur *vorübergehend* aufgehoben werden. Wegen der hohen Strafdrohung des § 229 StGB a.F. verlangte eine restriktive Auffassung für die »Gesundheitszerstörung« sogar einen *chronischen* – d.h. endgültigen oder zumindest unabsehbar langwierigen – Krankheitszustand i.S. des § 224 I StGB a.F. (§ 226 I Nr. 3 StGB n.F.).[7]

Da § 224 I Nr. 1 StGB nur noch auf die »Gesundheits*schädlichkeit*« des Stoffes abstellt, kommen nach der Neufassung auch Stoffe in Betracht, die nicht derart gravierende Wirkungen entfalten können; es genügen grundsätzlich Stoffe (Gifte) mit der Eigenschaft/Eignung, die Gesundheit im konkreten Fall i.S. des § 223 I StGB zu »schädigen«. Andererseits verlangt das Gesetz, dass der Täter die »Körperverlet-

---

2 Ebenso *Küpper*, BT 1/I, § 2 Rn. 7c; MK-*Hardtung* § 224 Rn. 10; *S/S/Sternberg-Lieben* § 224 Rn. 2d; AnwK-*Zöller* § 224 Rn. 6.

3 *K/H/H*, BT 1, Rn. 250; *Leißner*, Der Begriff des gefährlichen Werkzeugs im StGB, 2002, S. 58; anders *S/S/Sternberg-Lieben* § 224 Rn. 6 (tatbestandliche Exklusivität).

4 Vgl. LK-*Lilie* § 224 Rn. 15; NK-*Paeffgen* § 224 Rn. 10 f; SK-*Wolters* § 224 Rn. 8b. Vgl. zum Verhältnis Nr. 1/Nr. 2 auch *Eckstein* NStZ 2008, 125 (126).

5 *L/Kühl* § 224 Rn. 1a.

6 Vgl. dazu näher *Fischer* § 224 Rn. 4 m.w.N.; OLG Zweibrücken NStZ-RR 2012, 371 zählt zu den anderen Stoffen auch zähflüssiges Teergemisch.

7 Vgl. dazu die 1. Aufl. 1996, S. 106 m.w.N.; BGHSt 32, 130 (132) mit zust. Anm. *Schall* JZ 1984, 337 (338).

zung« gerade »durch Beibringung des gesundheitsschädlichen Stoffes begeht«. Die Zuführung des Stoffes ist damit zum tatbestandlichen *Verletzungsmittel* geworden. Aus dieser Umstrukturierung des Tatbestandes folgt, dass die Beibringung eines zur Gesundheitsschädigung nur »*geeigneten*« Stoffes nicht genügt, sondern der beigebrachte Stoff selbst bereits »gesundheitsschädigend« wirken, einen Gesundheitsschaden also *herbeiführen* muss.[8] Im Hinblick auf die Gleichstellung des beigebrachten Stoffes mit dem »gefährlichen Werkzeug« (§ 224 I Nr. 2 StGB) dürfte zudem, über die gesundheitsschädigende Wirkung hinaus (!), die konkrete *Eignung* des jeweiligen Stoffes zur Herbeiführung einer »*erheblichen*« Gesundheitsschädigung zu verlangen sein.[9]

Nach BGHSt 51, 18 (22 f) ist für die »Gesundheitsschädlichkeit« des Stoffes erforderlich und ausreichend, dass „die Substanz nach ihrer Art und dem *konkreten* Einsatz zur *erheblichen* Gesundheitsschädigung *geeignet* ist". Damit seien auch „an sich unschädliche Stoffe des täglichen Bedarfs" (Kochsalz) erfasst, „wenn ihre Beibringung nach der Art ihrer Anwendung oder Zuführung des Stoffes, seiner Menge oder Konzentration, … nach dem Alter und der Konstitution des Opfers mit der konkreten Gefahr einer erheblichen Schädigung im Einzelfall verbunden ist".[10]

Beisichführen eines Gegenstandes (Schusswaffe, Waffe, Werkzeug/Mittel) bei Tatbegehung – §§ 244 I Nr. 1a, b, 250 I Nr. 1a, b, 250 II Nr. 2, 113 II 2 Nr. 1, 121 III 2 Nr. 1, 2, 125a 2 Nr. 1, 2, 177 III Nr. 1, 2 StGB

Der Täter – oder andere Beteiligte – »führt« den Gegenstand nicht nur »bei sich«, wenn er ihn in der Hand hält oder am Körper trägt, sondern auch dann, wenn er auf andere Weise eine Lage schafft, in der ihm der (bewegliche) Gegenstand unmittelbar »*zur Verfügung steht*«. **113**

Diese **Verfügbarkeit** ist gegeben, wenn sich der Gegenstand derart in seinem **Zugriffsbereich** befindet, dass er ihn ohne nennenswerten Zeitaufwand und besondere Schwierigkeiten ergreifen und verwenden kann (*räumliche Komponente* des »Beisichführens« → Rn. 114).

Ein Beisichführen »bei Tatbegehung« (zeitliche Komponente) setzt nicht voraus, dass der Gegenstand zur Tat bereits mitgebracht und/oder während der gesamten Ausführung mitgeführt wird. Es genügt ein »Beisichführen« zu irgendeinem Zeitpunkt zwischen Versuchsbeginn und Vollendung (unstr.) oder Beendigung (str. → Rn. 115) der Tat.

8 Zust. *Fischer* § 224 Rn. 3a; *W/Hettinger* Rn. 266; BGHSt 51, 18 (22); anders *Zieschang*, Gefährdungsdelikte, S. 288 f; z.T. abw. MK-*Hardtung* § 224 Rn. 8.

9 BGHSt 51, 18 (22); *Jäger* JuS 2000, 31 (35); NK-*Paeffgen* § 224 Rn. 7; *S/S/Sternberg-Lieben* § 224 Rn. 2a. Strenger SK-*Wolters* § 224 Rn. 4, 8a; *ders.* JuS 1998, 583: Eignung zur »schweren Körperverletzung« i.S. des § 226 I StGB; *Kindhäuser* § 224 Rn. 4; *Sonnen*, BT, S. 28: Eignung zur »schweren Gesundheitsschädigung« i.S. des § 221 I StGB. Zur »Erheblichkeit« in diesem Sinn → Rn. 767.

10 Auffallend ist, dass die Entscheidung zwar objektiv besondere Anforderungen an die Gesundheitsschädlichkeit bei § 224 I Nr. 1 StGB stellt, in subjektiver Hinsicht aber nur Ausführungen zum einfachen Körperverletzungsvorsatz macht; insoweit krit. auch *Bosch* JA 2006, 743 (745).

Literatur: LK-*Vogel* § 244 Rn. 28 ff; *S/S/Bosch* § 244 Rn. 6 f, § 250 Rn. 6 ff. **Einführend:** *Geppert* Jura 1992, 496 ff; *Rengier*, BT 1, § 4 Rn. 43 ff.

Rechtsprechung Grundlegend: RGSt 55, 17 f (zugriffsbereiter Gegenstand); BGHSt 13, 259 (260 – Beisichführen zwischen Versuchsbeginn und Vollendung); 20, 194 (197 – Beisichführen in der Beendigungsphase) mit Anm. *Weber* JZ 1965, 418 f; BGHSt 29, 184 (185 – Mitgeführte Waffe aus der Beute); 31, 105 ff (kein Beisichführen nach misslungenem Raubversuch); 52, 376 (377 f – kein Beisichführen bei Einsatz zur Flucht ohne Beutesicherungsabsicht); BGH NStZ 1984, 216 f (zum Teilrücktritt). **Beispielhaft:** BGH NJW 1994, 1166 (1167 – Deponieren eines Gegenstandes in der Opfersphäre) mit krit. Anm. *Kelker* StV 1994, 657 f und *Otto* Jura 1997, 464 (474), zust. SK-*Sinn* § 250 Rn. 20; BGH NStZ 1998, 354 (Zurücklassen einer Schusswaffe im Pkw); 2003, 202 (Ergreifen eines Schraubenschlüssels am Tatort); NStZ-RR 2014, 277 (Mitnahme eines Messerblocks); BayObLG StV 1999, 383 (384 – kein Beisichführen eines feststehenden Messers im Rucksack), zust. NK-*Kindhäuser* § 244 Rn. 18, krit. *W/Hillenkamp* Rn. 267; BayObLG StV 2001, 17 (18 – Taschenmesser in der Hosentasche); OLG Hamm NStZ 2007, 473 f (Beisichführen durch Polizeibeamten).

BGHSt 31, 105 f: „Das Merkmal des Beisichführens setzt allerdings nicht voraus, daß der Täter (oder ein anderer Beteiligter) die Waffe in der Hand hält oder wenigstens am Körper trägt. Sie muß ihm jedoch ›zur Verfügung stehen‹, d.h. so in seiner *räumlichen Nähe* sein, daß er sich ihrer jederzeit, also ohne nennenswerten Zeitaufwand und ohne besondere Schwierigkeiten, bedienen kann… Wenn es auch nicht notwendig ist, daß der Täter die Waffe während des gesamten tatbestandsmäßigen Geschehens bei sich führt, so muß sie ihm doch zu *irgendeinem Zeitpunkt* während des Tathergangs zur Verfügung stehen."

BGH MDR 1980, 106 (bei Holtz): „Der Tatbestand setzt voraus, daß der Täter die Schußwaffe zu irgendeinem Zeitpunkt zwischen *Beginn* und *Beendigung* der Tat bewußt gebrauchsbereit in der Weise bei sich hat, daß er sich ihrer jederzeit bedienen kann… Unter Tathergang ist dabei nicht nur die Verwirklichung der Tatbestandsmerkmale bis zur rechtlichen Vollendung…, sondern das gesamte Geschehen bis zu dessen *tatsächlicher Beendigung* zu verstehen… Der Täter muß die Waffe nicht unmittelbar bei sich tragen; es genügt, wenn er in der Lage war, sie bei Annäherung anderer jederzeit zu ergreifen und von ihr Gebrauch zu machen."

Erläuterungen

I. Allgemeines

114 Das »Beisichführen« ist ein *objektives* Merkmal des jeweiligen Qualifikationstatbestandes oder Regelbeispiels, das die »Einsatzfähigkeit« des beweglichen[1] Gegenstandes und die darauf regelmäßig beruhende potenzielle Gefährlichkeit charakterisiert. Das Merkmal hat eine räumlich-örtliche Komponente (»bei sich«), die durch das *Näheverhältnis* des Täters/Beteiligten zum Gegenstand bestimmt wird[2] (»Verfügbarkeit«, »Zugriffsbereich«), und zugleich eine zeitlich-tatbezogene Komponente (»bei der Tat«), die das Beisichführen auf die »Begehung der Tat« beschränkt. Der dafür maßgebliche Zeitraum, innerhalb dessen ein Beisichführen zu *irgendeinem* Zeitpunkt

1 Aus dem allg. Sprachgebrauch ergibt sich, dass der »mit oder bei sich« geführte Gegenstand beweglich sein muss; seine Gefährlichkeit ergibt sich daraus, dass er durch menschliche Einwirkung irgendwie gegen den menschlichen Körper in Bewegung gesetzt werden muss, BGHSt 52, 89 (92 ff). Ebenso BGH StV 2013, 444 (Industriemüllhäcksler); *S/S/Bosch* § 244 Rn. 6.

2 Unter das Merkmal *Beisich*führen *bei* Tatbegehung fällt auch ein Gegenstand als Diebstahls- oder Raubobjekt, vgl. BGHSt 29, 185; BGH StV 1988, 429; krit.: *Kindhäuser/Wallau* StV 2001, 352 (354), *Lanzrath/Fieberg* Jura 2009, 348 (351 f); s. zudem BGH NStZ 1985, 547 (auch wenn es »nur aus Sicherheitsgründen« an sich genommen wird).

ausreicht, beginnt mit dem »unmittelbaren Ansetzen« zur Verwirklichung des Grundtatbestandes (Versuchsbeginn) und ist spätestens nach »Beendigung« der Tat überschritten (→ Rn. 115). In *subjektiver* Hinsicht gehört zum »Beisichführen« nicht notwendig der Wille, den Gegenstand bei der Tat zu verwenden (Einsatzwille), wohl aber ein auf das objektive Beisichführen bezogener *Vorsatz* in Form des – auch unreflektierten – Bewusstseins der »Verfügbarkeit« über den Gegenstand bei Tatbegehung.[3] Zusätzlich zu diesem Vorsatz verlangen bestimmte Vorschriften eine besondere »Verwendungsabsicht« (→ Rn. 116 f).

Die notwendige Erweiterung der räumlichen Komponente – über den unmittelbaren Körperbezug hinaus – auf Gegenstände im »Zugriffsbereich« ändert freilich nichts daran, dass das Beisichführen eine *Handlung* des Täters/Beteiligten darstellen muss. Deshalb kann es für die »Verfügbarkeit« nicht ausreichen, dass der Täter nur »zufällig« in den Zugriffsbereich des Gegenstandes gelangt, indem er z.B. am Tatort eine Waffe oder ein sonstiges Werkzeug vorfindet. Er muss sich vielmehr die Zugriffsmöglichkeit »selbst verschafft« oder bewusst erhalten haben.[4]

II. Das »Beisichführen« in der Beendigungsphase

Umstritten ist, ob in den Zeitraum des Beisichführens »bei Begehung der Tat« das Stadium nach (formeller) Vollendung bis zur (materiellen) »Beendigung«, die sog. **115**
»*Beendigungsphase*«, einbezogen werden kann. Die Rechtsprechung lässt dies grundsätzlich zu;[5] sie verneint allerdings die Voraussetzungen beim Mitführen des Gegenstandes nur auf der Flucht nach gescheitertem Versuch.[6] Dieselbe Frage stellt sich für das »Verwenden« eines Gegenstandes »bei der Tat« i.S. der §§ 250 II Nr. 1, 177 IV Nr. 1 StGB und *allgemein* für die Anwendbarkeit von Qualifikationen/Regelbeispielen in der »Beendigungsphase«.[7] In der Literatur sind die Auffassungen zur Berücksichtigung der Beendigungsphase geteilt.[8] Das Problem hängt mit der *prinzipiellen Frage* nach der Anerkennung einer sog. »Deliktsbeendigung« (zum Nachteil des Täters) zusammen.[9]

Der »Beendigungslehre« liegt der Gedanke zugrunde, dass das Gesetz mit der formellen *Vollendung* des Delikts nur das *Mindestmaß* des Unrechts bezeichnet, das zur vollständigen Tatbestandserfüllung notwendig ist. Damit sei jedoch das Unrecht materiell nicht stets abgeschlossen, sondern könne häufig nach Eintritt der Vollendung – bis zur »Beendigung« – noch weiter verwirklicht, insbesondere *intensiviert* werden. Dieses Stadium, die sog. »Beendigungsphase«, werde vom jeweiligen Tatbestand

---

3 BGHSt 43, 8 (10); BGH NStZ-RR 2003, 12 f: Bewusstsein der »Gebrauchsbereitschaft«.

4 RGSt 55, 17 f („zugriffsbereit"); *Kindhäuser* § 244 Rn. 16; SK-*Hoyer* § 244 Rn. 16, 20; enger MK-*Schmitz* § 244 Rn. 25 (»ergreifen«); vgl. auch *Kindhäuser/Wallau* StV 2001, 352 (354); *T. Walter* NStZ 2004, 623 (624).

5 Vgl. etwa BGHSt 20, 194 (197); 31, 105 (107 – gescheiterter Überfall) mit krit. Bspr. *Hruschka* JZ 1983, 217 f, zust. aber *Kühl* JR 1983, 425 ff; BGH MDR 1980, 106 (bei Holtz), oben zitiert → Rn. 113; StV 1988, 429; NStZ 2007, 334.

6 BGHSt 31, 105 (107); vgl. auch BGHSt 52, 376 (377 f); BGH NStZ 1995, 339 (zu § 121 III Nr. 1); 1997, 137 (zu § 30a BtMG).

7 Eingehend zur Rspr. m.w.N. *Bachmann/Goeck* Jura 2012, 133 ff; *Wasczynski* HRRS 2010, 350 ff.

8 Vgl. dazu die Übersicht mit Argumenten für und wider bei *Geppert* Jura 1992, 496 (497).

9 Zum Diskussionsstand näher *Kühl*, AT, § 14 Rn. 21 ff; LK-*Hillenkamp* Vor § 22 Rn. 19 ff; *Küper* JZ 1981, 251 ff und JuS 1986, 868 ff.

miterfasst, soweit dies sein Wortlaut zulasse. Deshalb erschöpfe sich etwa die »Wegnahme« i.S. des § 242 StGB nicht in der Herbeiführung des Gewahrsamswechsels (Vollendung), sondern umfasse zugleich die nachfolgende Sicherung der Beute.

Die Gegner dieser Auffassung machen in erster Linie geltend, dass das Gesetz solches »Nachtatverhalten« in den maßgeblichen Grundtatbeständen nicht (mehr) *typisiert* habe: Die tatbestandsmäßige »Wegnahme« z.B. sei mit der Begründung neuen Gewahrsams abgeschlossen. Auch auf die Verwirklichung der Zueignungsabsicht durch Herbeiführung des »Zueignungserfolges« (Sicherung der Beute) könne nicht abgestellt werden; ein solcher »Erfolg« liege außerhalb des objektiven Tatbestandes. Hinzu komme, dass der »Beendigungszeitpunkt« selbst nicht hinreichend genau bestimmbar sei. Fazit: Die Einbeziehung des Beendigungsstadiums widerspreche dem Bestimmtheitsprinzip des Art. 103 II GG.[10] In zweiter Linie wird hervorgehoben, dass bei Diebstahl und Raub die Phase der Beutesicherung nach Vollendung durch das besondere Delikt des § 252 StGB (räuberischer Diebstahl) zwar lückenhaft, aber *speziell und abschließend* erfasst sei. Diese gesetzliche Spezialregelung dürfe nicht durch einen Rückgriff auf das »Beendigungsstadium« vorangegangener Delikte unterlaufen werden.[11]

III. »Beisichführen« in »Verwendungsabsicht«

1. Allgemeines

116 In den Qualifikationstatbeständen oder Regelbeispielen, die durch das »Beisichführen« eines Gegenstandes charakterisiert sind, reicht teils ein – bewusstes – »Beisichführen bei der Tat« aus, wie z.B. bei den »Schusswaffen« bzw. »Waffen« in §§ 121 III 2 Nr. 1, 125a 2 Nr. 1, 244 I Nr. 1a, 250 I Nr. 1a StGB. Teils verlangt das Gesetz ein »Beisichführen« in einer bestimmten *Verwendungsabsicht*. Dies gilt etwa für die §§ 113 II 2 Nr. 1, 121 III 2 Nr. 2, 244 I Nr. 1b, 250 I Nr. 1b StGB, wo bereits der Wortlaut eine solche Absicht beschreibt. Es gilt aber gleichfalls – in Einschränkung des Gesetzeswortlauts (!) – nach umstrittener Ansicht[12] für die »*gefährlichen Werkzeuge*« i.S. der §§ 177 III Nr. 1, 244 I Nr. 1a, 250 I Nr. 1a StGB.

Für die Verwendungsabsicht reicht anerkanntermaßen der Wille aus, den Gegenstand »im Bedarfsfall« – »gegebenenfalls«, »notfalls« – einzusetzen.[13] Dabei kann der Einsatz von äußeren Bedingungen abhängig gemacht werden, z.B. vom Auftauchen Dritter oder vom Widerstand des Opfers. Auch kann der Täter den Entschluss zur Verwendung noch (erst) *während* der Tatausführung fassen.[14] Ferner kann ein »ungefährlicher« Gegenstand i.S. der §§ 244 I Nr. 1b, 250 I Nr. 1b StGB durch den *nachträglichen* Entschluss des Täters, ihn in gefährlicher Weise einzusetzen, zu einem nach §§ 244 I Nr. 1a, 250 I Nr. 1a StGB tauglichen Werkzeug werden: z.B. durch den Willen, mit der ungeladenen Pistole notfalls zuzuschlagen oder das nicht geladene Gewehr zur Androhung (!) einer Schlagverletzung einzusetzen.

10 *Kühl*, Roxin-FS I, 2001, S. 665 (683 ff); *Küpper/Grabow*, Achenbach-FS, 2011, S. 265 (271); jew. m.w.N.

11 MK-*Sander* § 250 Rn. 35; *Rengier* NStZ 1992, 590 f; jew. m.w.N. – Krit. zu dieser Auffassung *S/S/Bosch* § 250 Rn. 10 ff.

12 S. zu dem Streit die Darstellung in → Rn. 774 ff.

13 Vgl. BGHSt 22, 230 (231); BGH NStZ-RR 1996, 3; *Küper* JuS 1976, 645 f.

14 BGH NJW 1989, 2549 (2550).

2. Der Tatbezug der Verwendungsabsicht

Von diesen Fragen zu trennen ist ein anderer – wenig behandelter – Punkt der »Verwendungsabsicht«: das Problem des »*zeitlichen Tatbezugs*« dieses Einsatzwillens. Anders als in §§ 113 II 2 Nr. 1, 121 III 2 Nr. 2, 125a 2 Nr. 2 StGB (»um die Waffe bei der Tat zu verwenden«) oder in § 250 II Nr. 1 StGB (Verwendung »bei der Tat«) bezieht das Gesetz in den übrigen Vorschriften den geforderten Einsatzwillen nicht ausdrücklich nur auf die »Tat«, d.h. auf die Tatausführung i.S. der jeweiligen Grundtatbestände: Vgl. z.B. §§ 244 I Nr. 1b, 250 I Nr. 1b StGB, aber auch §§ 244 I Nr. 1a, 250 I Nr. 1a StGB, *soweit* dort für das »gefährliche Werkzeug« eine Verwendungsabsicht vorausgesetzt werden muss (→ Rn. 774 ff). Da es freilich nicht der Sinn des Gesetzes sein kann, eine Verwendungsabsicht zuzulassen, die sich auf einen *beliebigen späteren* Zeitpunkt richtet, ist auch der zeitliche Tatbezug beim Einsatzwillen nicht anders zu interpretieren als beim »Beisichführen« (→ Rn. 114 f) oder bei solchen Vorschriften, die *ausdrücklich* die Absicht einer Verwendung »bei der Tat« verlangen. 117

Dies bedeutet, dass der Täter/Beteiligte den Willen haben muss, den Gegenstand entweder bei der eigentlichen *Tatausführung* – vom Versuchsbeginn bis zur Vollendung – oder jedenfalls in der *Beendigungsphase* (Beutesicherung) einzusetzen: chronologische »Deckungsgleichheit« zwischen »Beisichführen« und beabsichtigtem Einsatzzeitpunkt. Nach der Rechtsprechung soll es jedoch bei Diebstahl oder Raub genügen, wenn der Täter das Werkzeug lediglich zur Sicherung des Rückzugs (Flucht) nach *fehlgeschlagener* Tat benutzen will, obwohl andererseits ein »Beisichführen« in dieser Zeitspanne gerade verneint wird.[15]

Führt der Täter im Versuchsstadium einen qualifikationsbegründenden Gegenstand bei sich (etwa eine Schusswaffe), *verzichtet* er darauf jedoch vor Vollendung der Tat freiwillig, ohne die Deliktsausführung als solche aufzugeben, so stellt sich das Problem des sog. »Teilrücktritts« (von der nur im Versuchsstadium verwirklichten Qualifikation).[16]

Beleidigung – § 185 StGB

»Beleidigung« ist ein Angriff auf die **Ehre** durch eine – zur Kenntnis eines anderen gelangte – **Kundgabe** (Äußerung) der eigenen Nicht-, Gering- oder **Missachtung**. 118

Ein solcher Achtungsmangel ist zu bejahen, wenn die Äußerung nach ihrem objektiven Sinngehalt dem Betroffenen entweder den elementaren Menschenwert oder den ihm zukommenden personalen oder ethisch-sozialen **Geltungswert** durch Zuschreibung *negativer Qualitäten* ganz oder teilweise *abspricht* und dadurch seinen grundsätzlich uneingeschränkten **Achtungsanspruch** verletzt.

---

15 Vgl. BGHSt 22, 230 (231). Anders *Eser* JZ 1981, 761 (765); *S/S/Bosch* § 244 Rn. 20 (kein Bezug zum spezifischen Wegnahmecharakter der Tat wegen bloßer Ausrichtung auf Verhinderung der Strafverfolgung).

16 Vgl. dazu die Hinw. bei SK-*Sinn* § 250 Rn. 23; gegen den »Teilrücktritt« BGH NStZ 1984, 216 mit krit. Bspr. *Streng* JZ 1984, 652 ff, *Zaczyk* NStZ 1984, 217; BGHSt 51, 276 (279 – Teilrücktritt zumindest beim »Verwenden); unentschieden BGHSt 33, 142 (145); grds. zum Problem insb.: *Küper* JZ 1997, 233 f, *Streng* JZ 2007, 1089 ff m.w.N.

Zu beachten ist, dass die Beleidigung als **Werturteil** (gegenüber dem Betroffenen oder Dritten) oder als *unwahre* (str. → Rn. 119) ehrenrührige **Tatsachenbehauptung** gegenüber dem Betroffenen möglich ist; zur Beleidigung durch einen geschlechtlichen Angriff s. → Rn. 120.
Als Betroffener (**passiv beleidigungsfähig**) kommt nicht nur der lebende Mensch, sondern auch eine Personengemeinschaft in Betracht (sog. »Kollektivbeleidigung« → Rn. 122). Davon zu trennen ist die Beleidigung einzelner Mitglieder einer Personenmehrheit unter einer sog. »Kollektivbezeichnung« (→ Rn. 123 f).
Äußert sich der Täter über Dritte innerhalb eines vertraulichen Personenkreises (Familie, Freunde), so kann die Beleidigung entfallen, wenn die **Vertraulichkeit** der Äußerung nach den Umständen erkennbar ist und gewährleistet erscheint (→ Rn. 125).

Literatur: MK-*Pegel* Vor §§ 185 Rn. 39 ff, § 185 Rn. 8 ff; SK-*Rogall* Vor § 185 Rn. 33 ff, § 185 Rn. 1 ff. **Einführend:** *Geppert* Jura 2002, 820 ff und Jura 2005, 244 ff; zur Beleidigung in sozialen Netzwerken: *Krischker* JA 2013, 488 ff.

Rechtsprechung Grundlegend: zu Rn. 119 BayObLG NJW 1959, 57 f; **zu** Rn. 120 BGHSt 36, 145 (148 ff – „Sexualbeleidigung"); **zu** Rn. 122 BGHSt 6, 186 (189 ff – Beleidigungsfähigkeit einer Körperschaft); **zu** Rn. 123 f BVerfG NJW 1994, 2943 f und 1995, 3303 ff; BGHSt 36, 83 ff; **zu** Rn. 124 BVerfG NJW 2007, 1194 (zur Reichweite der beleidigungsfreien Sphäre). **Beispielhaft:** BayObLG NJW 1983, 2040 (2041 – Gastwirt weist Besuchswilligen ab); NJW 2005, 1291 f (Polizist als Wegelagerer); OLG Hamm NStZ-RR 2007, 140 f (Grenzschutzbeamter als Menschenjäger); OLG Karlsruhe NStZ 2005, 158 f („Sie können mich mal ...") mit abl. Anm. *Jerouschek* NStZ 2006, 345 f.

BayObLG NStZ-RR 2002, 211: „Der Tatbestand der Beleidigung verlangt, dass der Täter durch gewollte Kundgabe der Missachtung, Geringschätzung oder Nichtachtung einen anderen ... in seiner Ehre angreift. Nichtachtung, Missachtung oder Geringschätzung bringt eine Äußerung dann zum Ausdruck, wenn nach ihrem objektiven Sinngehalt der betroffenen Person der sittliche, personale oder soziale Geltungswert ganz oder teilweise abgesprochen und dadurch ihr grundsätzlich uneingeschränkter Achtungsanspruch verletzt wird."

Erläuterungen

I. Die Beleidigung durch Tatsachenbehauptung gegenüber dem Betroffenen

119 Eine »Beleidigung« ist auf *dreifache Weise* möglich:

1. durch Äußerung eines beleidigenden »Werturteils« (im weitesten Sinn, einschließlich ehrenkränkender Behandlung, Zumutung oder Tätlichkeit) gegenüber dem *Betroffenen*;
2. durch Äußerung eines solchen Werturteils über den Betroffenen gegenüber *Dritten*;
3. durch eine Tatsachenbehauptung (nur) gegenüber dem *Betroffenen*.

Bei Letzterer ist umstritten, ob die *Unwahrheit* der Tatsachenbehauptung zum objektiven Tatbestand gehört oder ob hinsichtlich der Wahrheitsfrage im Rahmen des § 185 StGB die für die *üble Nachrede* geltende Regelung des § 186 StGB entsprechend anzuwenden ist (»Nichterweislichkeit« als objektive Strafbarkeitsbedingung,

s. dazu → Rn. 496). Nach der Rechtsprechung und der im Schrifttum überwiegenden Auffassung ist die »Unwahrheit« – wie bei § 187 StGB – *objektives Tatbestandsmerkmal* des § 185 StGB. Dies hat die Konsequenz, dass sich der Vorsatz darauf beziehen muss und dass im Strafverfahren der Grundsatz »in dubio pro reo« gilt, wenn die Wahrheits- oder Vorsatzfrage nicht geklärt werden kann. Bei einer wahren oder nicht erweislich unwahren Tatsachenbehauptung – bzw. bei fehlendem/nicht bewiesenem Vorsatz – kann sich danach eine Beleidigung allenfalls noch aus der Form oder den Umständen der Äußerung ergeben (§ 192 StGB).[1]

Die verbreitete *Gegenmeinung* hält § 186 StGB für entsprechend anwendbar, weil diese Vorschrift ein »allgemeines Grundprinzip« des strafrechtlichen Ehrenschutzes enthalte: Der begründete Achtungsanspruch oder Geltungswert (Ehre), der durch eine wahre Behauptung an sich nicht verletzt werden könne, werde zugunsten des Betroffenen *vermutet*, bis die Wahrheit bewiesen sei (»Ehrvermutung«). Sonst werde das Opfer auch gegenüber unwahren Behauptungen weitgehend schutzlos gestellt, weil der Nachweis der Unwahrheit bzw. des entsprechenden Vorsatzes oft schwierig sei. Der in seiner Ehre Verletzte dürfe nicht vor die Wahl gestellt werden, entweder die Verletzung hinzunehmen oder einen oft aussichtslosen Beleidigungsprozess anzustrengen. Außerdem werde die Behauptung – wie bei § 186 StGB – auch *Dritten* und der Öffentlichkeit zugänglich, sobald der Betroffene *Rechtsschutz* in Anspruch nehme.[2] Dass § 185 StGB nicht ausdrücklich die Beweisregel des § 186 StGB enthalte, habe lediglich historische Gründe: Der Gesetzgeber sei ursprünglich davon ausgegangen, dass bei der »Beleidigung« ein Wahrheitsbeweis überhaupt unzulässig sei. Insofern bedeute die Anwendung des § 186 StGB keine »Ausdehnung« eines in § 185 StGB nicht vorgesehenen Ehrenschutzes, sondern dessen sachgerechte »Begrenzung«.[3]

Die *überwiegende* Auffassung beruft sich dagegen zunächst auf das *Analogieverbot*, das mit der entsprechenden Anwendung des § 186 StGB verletzt werde.[4] Die dort vorgesehene Beweislastumkehr (»in dubio contra reum«) sei überdies dem Strafrecht prinzipiell fremd und bedürfe im Bereich der Beleidigung einer ausdrücklichen Regelung. Vor allem aber habe die Beschränkung des § 186 StGB auf Behauptungen gegenüber Dritten auch ihre *innere Berechtigung:* Die Äußerung der Wahrheit sei für sich allein noch keine Ehrverletzung (§§ 190, 192 StGB); § 186 StGB regele eine spezielle Situation der *Ehrgefährdung*, die sich gerade daraus ergebe, dass der Täter mit seiner Tatsachenbehauptung nicht nur die *eigene* Missachtung bekunde, sondern Dritten die *tatsächlichen Grundlagen* für deren Missachtung (negative Urteilsbildung) liefere. Hinzu komme die Gefahr eines »summierten Geltungsschadens« durch weitere Verbreitung der Behauptung. Allein wegen dieser *besonderen Gefährlichkeit* des Ehrangriffs durch Behauptungen gegenüber *Dritten* werde in § 186 StGB der ungeminderte Geltungswert des Betroffenen im Interesse eines wirksamen Ehrenschut-

1 In dieser Richtung z.B. BayObLG NJW 1959, 57 f mit abl. Anm. *Hartung* NJW 1959, 640; *Geppert* Jura 2002, 820 (823 f mit Übersicht über die Argumente).

2 *Gössel/Dölling*, BT 1, § 30 Rn. 27; *Tenckhoff* JuS 1989, 35 (36 f mit Übersicht über die Argumente).

3 Vgl. *Amelung*, Die Ehre als Kommunikationsvoraussetzung, 2002, S. 63 f; *Otto*, Schwinge-FS, 1973, S. 71 (83 f).

4 So z.B. *S/S/Eisele* § 185 Rn. 6.

zes »vermutet«, bis die Wahrheit der Tatsachenbehauptung bewiesen sei. Hingegen sei die »Behauptung unter vier Augen« nicht vergleichbar gefährlich, weil der Geltungswert bei Dritten nicht unmittelbar beeinträchtigt werde.[5] Der von einer unwahren Behauptung Betroffene könne erwidern, klarstellen, vor der Weitergabe warnen und auf § 186 StGB zurückgreifen, wenn seine Warnung unbeachtet bleibe; er habe es selbst in der Hand zu verhindern, dass die Behauptung weitere Kreise ziehe. Seinen Belangen werde hinreichend dadurch Rechnung getragen, dass die *Wahrheitsfrage* im Prozess stets zu *prüfen* sei, auch bei einem Freispruch des Täters mangels Vorsatzes.[6]

II. Die Beleidigung durch »geschlechtlichen Angriff«

120 Sog. »Sexualangriffe« (also die Vornahme sexueller Handlungen) sind von der *Rechtsprechung* ursprünglich in weitem Umfang auch als Äußerungen der Missachtung gedeutet und unter § 185 StGB subsumiert worden (Angriff auf die »Geschlechtsehre«). Derartige Angriffe auf Kinder, Jugendliche oder Ehegatten wurden häufig zugleich als Beleidigung der Eltern bzw. des anderen Ehegatten bewertet.[7] Nach der Reform des Sexualstrafrechts (1973) und auf die Kritik des Schrifttums hin hat die Rechtsprechung diesen Standpunkt *wesentlich eingeschränkt* und jedenfalls verbal auch grundsätzlich geändert.[8] Zusammenfassend BGH NStZ 2007, 218: „Ein Angriff auf die sexuelle Selbstbestimmung erfüllt nur dann den Tatbestand der Beleidigung, wenn nach den gesamten Umständen in dem Verhalten des Täters zugleich eine von ihm gewollte *herabsetzende Bewertung* des Opfers zu sehen ist." – Mit dieser Tendenz stimmt das Schrifttum weitgehend überein, kritisiert jedoch, dass sich die neuere Rechtsprechung nicht stets an diesen »Grundsatz« hält. Überwiegend wird betont, dass sexualbezogene Handlungen nur dann eine Beleidigung darstellen, wenn sie über den noch unspezifischen Angriff auf Personenwürde, allgemeines Persönlichkeitsrecht oder sexuelle Selbstbestimmung hinaus *zusätzlich* die Einschätzung einer »Minderwertigkeit« des Opfers zum Ausdruck bringen.[9]

III. Kollektivbeleidigung und Sammelbeleidigung (Kollektivbezeichnung)

121 Bei der sog. »Kollektivbeleidigung« sind zwei Fallgruppen zu unterscheiden: die Beleidigung des »*Kollektivs*« durch Ehrverletzung einer – beleidigungsfähigen – *Personengemeinschaft* (Kollektivbeleidigung → Rn. 122) und die Beleidigung mehrerer/vieler *Individualpersonen* unter einer »Kollektivbezeichnung« (→ Rn. 123). Während dort die Korporation bzw. Institution in ihrer Ehre verletzt wird, werden hier die vom Sammelbegriff (Kollektivbegriff) getroffenen Einzelpersonen beleidigt. Nur die

5 In dieser Richtung MK-*Pegel* § 185 Rn. 21; SK-*Rogall* § 185 Rn. 25; NK-*Zaczyk* § 185 Rn. 11.

6 Zum Zusammenhang zwischen Wahrheit/Unwahrheit der Tatsachenbehauptung und Ehrverletzung sowie zum Ehrenschutz bei § 186 StGB → Rn. 182 und Rn. 495 f.

7 Vgl. etwa RGSt 70, 94 (97 ff – Beleidigung auch des Ehemannes); 70, 245 (246 ff – Beleidigung des Vaters); BGHSt 1, 288 (290); 5, 143 (146 – Zudringlichkeit); w.N. bei BGH NStZ 1986, 453.

8 BGHSt 35, 76 (77); 36, 145 (148 ff) mit Bspr. *Otto* JZ 1989, 803 f; BGH NStZ 1986, 453 (454) mit Bspr. *Hillenkamp* JR 1987, 126 ff; OLG Düsseldorf NJW 2001, 3562 (3563 – zum Beobachten auf der Toilette); OLG Hamm NStZ-RR 2008, 108 f (Gleichsetzung mit Lustobjekt); OLG Nürnberg NStZ 2011, 217 (218 – heimlich voyeuristisches Vorgehen); instruktiv und zusammenfassend: LG Freiburg NJW 2002, 3645 ff.

9 Vgl. näher *Amelung*, Die Ehre als Kommunikationsvoraussetzung, 2002, S. 68 ff; LK-*Hilgendorf* § 185 Rn. 28 ff; *Sick* JZ 1991, 330 (332 ff); *S/S/Eisele* § 185 Rn. 4.

erste Fallgruppe gehört in den Problemkreis der »Beleidigungsfähigkeit«; bei der zweiten Fallgruppe geht es dagegen um die Bestimmung von Inhalt und Zielrichtung der Äußerung.

1. Die echte Kollektivbeleidigung

Von der Rechtsprechung und der überwiegenden Meinung im Schrifttum wird anerkannt, dass unter bestimmten Voraussetzungen auch *Personengemeinschaften* (Verbände, Körperschaften usw.) beleidigungsfähig sind, weil sie über eine eigene, transpersonale »kollektive Ehre« verfügen.[10] Für Behörden und politische Körperschaften wird dies aus § 194 III, IV StGB abgeleitet, der die Folgerung gestatte, dass die Ehre als sozialer Geltungswert nicht nur natürlichen Personen zukomme, sondern auch bestimmten Institutionen.[11] **122**

Aber auch für andere Personengemeinschaften bestimmter Art müsse gelten, „dass ihr Wirken in der Gesellschaft nur möglich ist, wenn ihre Tätigkeit nicht diskreditiert wird, weshalb der soziale Geltungswert solcher Kollektivgebilde in gleicher Weise des Schutzes bedarf wie bei Einzelpersonen".[12] *Einschränkend* vorausgesetzt wird dafür im Anschluss an BGHSt 6, 186, dass die jeweilige Personenmehrheit eine „rechtlich anerkannte soziale Funktion erfüllt" und einen „einheitlichen Willen bilden kann". Als weitere Einschränkung wird z.T. gefordert, dass keine Abhängigkeit vom *Wechsel der Mitglieder* besteht.[13] Dagegen sind rein *gesellige* Vereinigungen nicht beleidigungsfähig. Auch die »Familie« stellt als solche keine beleidigungsfähige Gemeinschaft dar. Als kollektiv beleidigungsfähig werden in diesem Zusammenhang z.B. genannt: politische Parteien und ihre Untergliederungen, Gewerkschaften, Arbeitgeberverbände, Industrie- und Handelskammern, Fakultäten, Kapitalgesellschaften, das Deutsche Rote Kreuz. Nach der Rechtsprechung ist auch »die Bundeswehr« als *Institution* passiv beleidigungsfähig.[14]

Die Minderheitsauffassung bestreitet demgegenüber z.T. das kriminalpolitische Ehrschutzbedürfnis, weil die »Beleidigung unter Kollektivbezeichnung« (→ Rn. 123) für den Strafrechtsschutz ausreiche; z.T. und überwiegend argumentiert sie mit dem grundsätzlichen Gedanken, dass die »Ehre« ein personales Rechtsgut nur des *Individuums* sei. Auch in § 194 III, IV StGB habe lediglich ein aus der Individualehre »abgeleiteter« Ehrenschutz Ausdruck gefunden, der eben besonderer *gesetzlicher* Anordnung bedürfe.[15]

---

10 Vgl. RGSt 70, 140 (141); BGHSt 6, 186 (189 – Verlags GmbH); AG Weinheim NJW 1994, 1543 (1544 – Dezernat der Kriminalpolizei); *Geppert* Jura 2005, 244 f; *Tenckhoff* JuS 1988, 457 ff.

11 *Geppert* NStZ 2013, 553 (557); krit. dazu *Fischer* JZ 1990, 68 ff.

12 *S/S/Eisele* Vor §§ 185 ff Rn. 3.

13 *L/Kühl* Vor § 185 Rn. 5; *Tenckhoff* JuS 1988, 457 (458 f).

14 Vgl. BGHSt 36, 83 (88 – aktive Soldaten); OLG Frankfurt a.M. NJW 1989, 1367 (Bundeswehr als Institution und Soldaten selbst unter Kollektivbezeichnung); BVerfG NJW 1995, 3303 (3306 f) mit zust. Bspr. *Maiwald* JR 1989, 485 (486), diff. *Dau* NJW 1988, 2650 (2652 f); krit. ggü. Großkollektiven *Arzt* JZ 1989, 647 f; gegen eine Beleidigungsfähigkeit von Behörden bzw. Personengemeinschaften: *Fischer* JZ 1990, 68 ff, *Gounalakis* NJW 1996, 481 (483 f).

15 Vgl. in dieser Richtung z.B. *Kett-Straub*, ZStW 120 (2008), 759 (776 ff); *Schößler*, Anerkennung und Beleidigung, 1997, S. 250 ff; SK-*Rogall* Vor § 185 Rn. 36.

2. Die Individualbeleidigung mit »Kollektivbezeichnung«

123 Die Beleidigung von Einzelpersonen »unter einer Kollektivbezeichnung« (sog. »Sammelbeleidigung«) ist in *zwei verschiedenen Formen* möglich. Die *erste Form* – die als Ehrangriff durch »kollektiv verdeckte Individualisierung« bezeichnet werden kann – besteht darin, dass der Täter mit der Kollektivbezeichnung eine bestimmte *Personengruppe* umgrenzt und sich herabsetzend über *einen Angehörigen* oder mehrere Mitglieder der Gruppe äußert, wobei offen bleibt, wer genau gemeint ist, so dass das Opfer lediglich durch seine *Zugehörigkeit zur Gruppe* individualisiert wird (vgl. z.B. BGHSt 19, 235 [236 f]: „Ein bayerischer Minister ist Kunde eines Callgirl-Ringes.“). Weil auf diese Weise jedes einzelne Mitglied gemeint sein kann, wird allgemein angenommen, dass *alle Mitglieder* in ihrer Ehre verletzt sind. Voraussetzung ist allerdings, dass es sich bei der Gruppe um einen »überschaubaren Personenkreis« handelt, weil sich andernfalls die Beleidigung in der Unbestimmtheit verliert.[16]

Bei der *zweiten*, in ihren Voraussetzungen erheblich *umstrittenen* Form der Beleidigung unter einer »Kollektivbezeichnung« wird vom Täter überhaupt nur eine *Personenmehrheit* benannt, auf die sich seine Äußerung bezieht; der Täter verübt damit den Ehrangriff »kollektiv« gegen *alle Mitglieder* der bezeichneten Personengruppe (»summarische Ehrverletzung« sämtlicher Mitglieder ohne Individualisierung). Auch diese Form der Sammelbeleidigung bedarf aus Gründen der Bestimmtheit gewisser *einschränkender Voraussetzungen*, die freilich noch nicht definitiv geklärt sind. Anerkannt ist immerhin eine *Grundforderung*, die namentlich von der Rechtsprechung entwickelt worden ist: Die bezeichnete Personenmehrheit muss sich aufgrund bestimmter Merkmale aus der Allgemeinheit so deutlich herausheben, dass der Kreis der Betroffenen *klar umgrenzt* und damit die Zuordnung des einzelnen zu diesem Kreis nicht zweifelhaft ist.[17] Da dieses Kriterium gleichsam noch »flächendeckend« ist und Großkollektive wie z.B. »Katholiken« oder »Akademiker« mitumfasst, ist *zusätzlich einschränkend* zu verlangen, dass der fragliche Personenkreis »zahlenmäßig überschaubar« ist.[18]

3. Die Sammelbeleidigung von Bundeswehrsoldaten

124 Anerkannt ist, dass pauschale Herabsetzungen etwa »der Akademiker«, »der Polizei« oder »der Abgeordneten« für eine Beleidigung unter einer Kollektivbezeichnung nicht ausreichen. Gegenstand lebhafter Auseinandersetzung war die Frage, ob die – aktiven – *Soldaten der Bundeswehr* durch herabsetzende Äußerungen über das *Soldatentum* und »die Soldaten« beleidigt werden (»Soldaten sind Mörder/potentielle Mörder« usw.). Die Rechtsprechung hat dies grundsätzlich anerkannt.[19] Danach soll die „Größe der beleidigten Gruppe“ kein Hindernis für die Beleidigung aller Mitglieder sein, wenn ein herabsetzendes Kriterium verwendet werde, „das eindeutig allen Soldaten zuzuordnen ist, weil es ein äußeres Verhalten und ein objektives Eingebunden-

---

16 Vgl. näher *S/S/Eisele* Vor §§ 185 ff Rn. 5 f; noch weiter diff. NK-*Zaczyk* Vor § 185 Rn. 29.

17 BGHSt 2, 38 (39 – nicht: „alle aktiv an der Entnazifizierung beteiligten Personen“); 11, 207 (208); 36, 83 (85 f – Soldaten); *L/Kühl* Vor § 185 Rn. 3. Zur Kollektivbezeichnung „a.c.a.b.“ als Beleidigung von Polizisten siehe *Geppert* NStZ 2013, 553 ff; *Klas/Blatt* HRRS 2012, 388 ff; *Zöller* ZJS 2013, 102 ff.

18 *Arzt* JZ 1989, 647 f; *Maiwald* JR 1989, 485 ff; *S/S/Eisele* Vor §§ 185 ff Rn. 7b.

19 Vgl. BGHSt 36, 83 (85 ff); OLG Frankfurt a.M. NJW 1989, 1367; KG NJW 2003, 686.

sein in das angefochtene Kollektiv beschreibt"[20]. Das BVerfG[21] hat mit Rücksicht auf das Grundrecht der *Meinungsfreiheit* diesen Standpunkt aber nur mit erheblichen Einschränkungen anerkannt. Sie betreffen insbesondere Äußerungen, die sich nicht eindeutig gerade auf die »Bundeswehr« und deren Angehörige beziehen, sondern auch so verstanden werden können, dass sie sich gegen »Soldatentum und Kriegshandwerk« *schlechthin* richten, d.h. in übersteigerter Form eine »pazifistische Grundsatzkritik« am Töten im Krieg (usw.) zum Ausdruck bringen sollen.[22]

4. Äußerungen »im engsten Kreis« (beleidigungsfreie Sphäre)

Dass *vertrauliche Äußerungen* über Dritte innerhalb »besonders enger Lebenskreise« **125**
nicht als Beleidigung bzw. üble Nachrede strafbar sind, ist heute im Grundsatz anerkannt. Über die nähere *Begründung* dieser Einschränkung besteht allerdings noch Uneinigkeit, ebenso – im Zusammenhang damit – über ihre *deliktssystematische Einordnung* und über den *genaueren Umfang* dieser sog. »beleidigungsfreien Sphäre«. Als Begründung wird vielfach hervorgehoben, dass die Rechtsordnung dem legitimen Bedürfnis (Art. 2 I i.V.m. Art. 1 I GG) nach einem »*Freiraum*« der Persönlichkeit Rechnung tragen müsse, in dem sich der Mensch vertraulich-ungezwungen über Dritte aussprechen und von eventuell »angestauten Emotionen« entlasten könne (Ventilfunktion des Freiraums).[23] In deliktssystematischer Hinsicht wird vorgeschlagen, bereits auf *tatbestandlicher Ebene* den Kundgabecharakter der Missachtung i.S. des § 185 StGB zu verneinen[24] oder eine »*teleologische Reduktion*« des Tatbestandes vorzunehmen.[25]

Umstritten ist die Reichweite der »beleidigungsfreien Sphäre«. Während diese mitunter auf den »engsten Familienkreis« sowie »besonders enge Freundschaften« beschränkt wird,[26] wollen andere diese auch auf »*sachlich begründete Vertrauensverhältnisse*« ausdehnen, die – wie etwa gegenüber Ärzten oder Anwälten – durch eine Schweigepflicht des Gegenübers (§ 203 StGB) abgesichert sind.[27] Strittig ist zudem der *Anwendungsbereich* innerhalb der §§ 185 ff StGB: Überwiegend wird die »beleidigungsfreie Sphäre« auf §§ 185, 186 StGB beschränkt, da kein schützenswertes Interesse daran bestehe, wider besseres Wissen ehrkränkende Tatsachenbehauptungen i.S. von § 187 StGB aufzustellen.[28]

20 BGHSt 36, 83 (87).
21 NJW 1994, 2943 f; 1995, 3303 ff.
22 Vgl. zur Rspr. des BVerfG zust. *Dencker*, Bemmann-FS, 1997, S. 291 ff; krit. hingegen: *Gounalakis* NJW 1996, 481 ff, *Grasnick* JR 1995, 162 ff, *Sendler* ZRP 1994, 343 ff, *Starck* JuS 1995, 689 ff.
23 *S/S/Eisele* Vor §§ 185 ff Rn. 9a; vgl. auch BVerfGE 90, 255 (259 ff) mit abl. Anm. *Popp* NStZ 1995, 413 ff, zust. *Wasmuth* NStZ 1995, 100 ff; BVerfG NJW 2007, 1194 (1195 – andere enge Vertrauensverhältnisse).
24 NK-*Zaczyk* Vor § 185 Rn. 38.
25 So z.B. *L/Kühl* § 185 Rn. 9 m.w.N. Befürwortet wird auch eine Rechtfertigung nach § 193 StGB (LK-*Hilgendorf* § 185 Rn. 14).
26 *W/Hettinger* Rn. 486; ähnlich *Hillenkamp*, Hirsch-FS, 1999, S. 555 (575).
27 *S/S/Eisele* Vor §§ 185 ff Rn. 9b; *Wolff-Reske* Jura 1996, 184 (189); im Ergebnis ebenso NK-*Zaczyk* Vor § 185 Rn. 40.
28 *S/S/Eisele* Vor §§ 185 ff Rn. 9b; SK-*Rogall* Vor § 185 Rn. 50 m.w.N.; für eine Erstreckung auf § 187 StGB hingegen *Hillenkamp*, Hirsch-FS, 1999, S. 555 (572 f); diff. *Schendzielorz*, Umfang und Grenzen der straffreien Beleidigungssphäre, 1993, S. 134.

Bereicherung, Rechtswidrigkeit der (Rechtswidrigkeit des erstrebten Vermögensvorteils) – §§ 263 I, 253 I StGB

126 Die beabsichtigte *Bereicherung* – der erstrebte Vermögensvorteil – ist »rechtswidrig«, wenn auf die Erlangung des Vorteils **kein rechtlich begründeter** – fälliger, einredefreier, unbedingter – **Anspruch** besteht (»Rechtswidrigkeit« als *objektives Tatbestandsmerkmal* mit normalem Vorsatzbezug). Maßgebend dafür ist das bürgerliche oder öffentliche Recht.

Wer lediglich die Erfüllung eines rechtlich begründeten Anspruchs erreichen oder die Durchsetzung eines unbegründeten Anspruchs abwehren will, erstrebt deshalb keine »rechtswidrige« Bereicherung. Dass dabei zur Verfolgung oder Abwehr von Ansprüchen *rechtswidrige Mittel* (Täuschung, Zwang) eingesetzt werden, macht den *Vermögensvorteil* selbst nicht »rechtswidrig«.

Literatur: LK-*Vogel* § 253 Rn. 30 f; MK-*Hefendehl* § 263 Rn. 799 ff. **Einführend:** *Wittig* JA 2013, 401 (403 ff). **Monographisch:** *Kösch*, Der Status des Merkmals »rechtswidrig« (usw.), 1999.

Rechtsprechung Grundlegend: RGSt 55, 257 (260 f – dolus eventualis); BGHSt 4, 105 (106 f) und 42, 268 (272) – jew. zum Irrtum; 48, 322 (325 ff – sittenwidriger Anspruch) mit zust. Anm. *Kühl* NStZ 2004, 387 ff. **Beispielhaft:** BGH NStZ 2011, 519 (Eintreiben von Zechschulden); OLG Bamberg NJW 1982, 778 (Abrechnung nicht verwendeter Kleinteile); OLG München NJW 2006, 3364 (3365 – Prozessbetrug in mittelbarer Täterschaft; Vorsatz) mit krit. Anm. *Bosch* JA 2007, 151 ff.

RGSt 5, 352 (353 f): „Rechtswidrig … bedeutet … nichts anderes, als daß auf die erstrebte Vermögenzuwendung ein *Rechtsanspruch* nicht besteht. Hat der zu Bereichernde einen rechtlich begründeten Anspruch auf den Vermögensvorteil, so kann sich der Täter so wenig eines Betruges als einer Erpressung schuldig machen."

BGHSt 3, 160 (162): „Dafür, ob ein Vermögensvorteil rechtswidrig ist oder nicht, ist allein das sachliche Recht maßgebend. Ist danach ein *vermögensrechtlicher* Anspruch begründet, so wird er nicht deshalb rechtswidrig, weil sich der Berechtigte *unerlaubter Mittel* bedient, um etwaige Schwierigkeiten, die der Verwirklichung seines Anspruchs entgegenstehen, zu beseitigen."

Erläuterungen

I. Funktion und systematische Einordnung der »Rechtswidrigkeit«

1. »Rechtswidrigkeit« als objektives Tatbestandsmerkmal

127 Das Merkmal »Rechtswidrigkeit der Bereicherung« hat im Betrugs- bzw. Erpressungstatbestand[1] eine bestimmte *Funktion:* Es soll die Fälle aus dem Tatbestand *ausschließen*, in denen auf den Vermögensvorteil, der aus dem geschädigten Vermögen angestrebt wird, ein durchsetzbarer (fälliger/einredefreier, »liquider«) *Anspruch* besteht. Gegen die Verwirklichung dieses Anspruchs – der *vor* der Tathandlung schon bestehen muss! – wird das betroffene Vermögen strafrechtlich nicht geschützt, auch

1 Bei § 259 I StGB (Hehlerei) braucht die erstrebte Bereicherung nach h.M. nicht »rechtswidrig« zu sein. Vgl. BGH NStZ 1993, 538 (539); NK-*Altenhain* § 259 Rn. 70; jew. m.w.N.; abw. z.B. *Roth* JA 1988, 259 f; krit. auch LK-*Walter* § 259 Rn. 78.

wenn der Täter dazu unlautere Mittel (Täuschung, Zwang) anwendet. Darin liegt der innere Grund dafür, dass die »Rechtswidrigkeit« hier *objektives* Tatbestandsmerkmal ist, obwohl es der Gesetzgeber in den subjektiven Tatbestand eingefügt hat.[2]

Fehlt aufgrund des Anspruchs die »Rechtswidrigkeit« der erstrebten Bereicherung, so lässt sich vom Standpunkt der *juristisch-ökonomischen* Vermögenstheorie aus bereits der »Vermögensschaden« verneinen, da das betroffene Vermögen ohnehin schon mit dem Anspruch auf Zahlung/Herausgabe etc. belastet war („Schadenswegfall aus Rechtsgründen").[3] Aus dieser Sicht läuft das Merkmal der »Rechtswidrigkeit« des Vermögensvorteils praktisch weitgehend leer und erfüllt allenfalls eine deklaratorische Funktion.[4] Der innere Zusammenhang mit der Frage des *Vermögensschadens* bestätigt zumindest die systematische Stellung der auf den Vermögensvorteil bezogenen »Rechtswidrigkeit« als Merkmal des *objektiven* Tatbestandes. Diese Einordnung ist heute der Sache nach überwiegend anerkannt, obwohl sie nur selten ausdrücklich hervorgehoben wird.[5]

Sittenwidrige oder wegen Rechtsmissbrauchs nicht durchsetzbare Ansprüche (z.B. Anspruch auf Rückgewähr übergebener Drogen) schließen die Rechtswidrigkeit nicht aus.[6] Die Rechtsprechung will allerdings einen bloß »possessorischen« Anspruch auf Wiedereinräumung des Besitzes (§ 861 I BGB) ausreichen lassen, um die »Rechtswidrigkeit« des Vermögensvorteils zu verneinen.[7]

2. Vorsatz, Irrtum und Versuch bei der »Rechtswidrigkeit«

Für die »Rechtswidrigkeit« genügt subjektiv Vorsatz in jeder Form, auch *bedingter* **128**
Vorsatz, wobei im Hinblick auf den *normativen* Charakter dieses Merkmals erforderlich ist, dass der Täter nach *laienhafter Bewertung* einen Anspruch auf die Leistung zumindest für zweifelhaft hält.[8] Die *irrige Annahme*, dass auf den Vermögensvorteil ein begründeter Anspruch bestehe, stellt nach h.M. einen *Tatbestandsirrtum* i.S. des § 16 I StGB dar.[9] Im umgekehrten Fall – tatsächliches Bestehen eines Anspruchs ohne entsprechende Kenntnis des Täters – muss folgerichtig grundsätzlich ein untauglicher *Versuch* angenommen werden.[10]

Deutlich i.S. der h.M. zum Irrtum und Versuch insbesondere BGHSt 42, 268 (272 f): „Ist der Vermögensvorteil (objektiv) rechtmäßig und weiß der Täter dies auch, so ist sein Vorsatz auf Erlangung eines rechtmäßigen Vorteils gerichtet. Da er keinen

---

2 Vgl. die Parallele bei der »Rechtswidrigkeit der Zueignung« → Rn. 848.

3 Vgl. dazu die Hinw. beim Stichw. »Vermögensschaden« → Rn. 645.

4 *S/S/Perron* § 263 Rn. 171; anders SK-*Hoyer* § 263 Rn. 276, der dem Merkmal der »Rechtswidrigkeit« die Funktion beimisst, den Begriff des Vermögens*vorteils* um rechtswidrige Positionen zu erweitern.

5 Eingehend dazu *Küper* NStZ 1993, 313 (314 f); NK-*Kindhäuser* § 263 Rn. 369 ff; jew. m.w.N. Abw. GS-*Duttge* § 263 Rn. 84: subj. Tatbestandsmerkmal.

6 BGHSt 48, 322 (325 ff) mit zust. Anm. *Kühl* NStZ 2004, 387 (388 f).

7 BGH NStZ-RR 2008, 76 (Besitzschutz für einen Dieb) mit krit. Bspr. *Bauer* Jura 2008, 851 f (fehlender Zuweisungsgehalt des possessorischen Besitzschutzes); s. auch *W/Hillenkamp* Rn. 719.

8 *Hecker* JuS 2014, 366 (367).

9 Vgl. LK-*Tiedemann* § 263 Rn. 268 f m.w.N.; aus der Rspr. z.B. BGHSt 4, 105 (106 f); BGH JR 1999, 336 f.

10 Vgl. *Küper* NStZ 1993, 313 (315); LK-*Tiedemann* § 263 Rn. 281; BGH NStZ 2003, 663 (664); abw. *Mitsch*, BT II/1, § 7 Rn. 125 (Vollendung). Zur Möglichkeit eines (straflosen) »Wahndelikts« bei fehlerhafter rechtlicher Bewertung näher *Streng* GA 2009, 529 (536).

rechtswidrigen Vermögensvorteil erstrebt, macht er sich trotz seines Willens zur Täuschung nicht [wegen Betrugs] strafbar. [Wenn] der erstrebte Vermögensvorteil tatsächlich *objektiv rechtswidrig* ist, der Täter ihn aber fälschlicherweise für *rechtmäßig* hält, ist ein Tatbestandsirrtum i.S. des § 16 I 1 StGB gegeben: Der Täter kennt dann ein *objektiv* vorhandenes Tatbestandsmerkmal, nämlich die Rechtswidrigkeit des Vermögensvorteils, nicht und handelt somit nicht *vorsätzlich*... Ist dagegen der erstrebte Vermögensvorteil ... tatsächlich *rechtmäßig*, hält der Täter ihn aber fälschlicherweise für *rechtswidrig*, so befindet er sich in einem sog. ›umgekehrten Tatbestandsirrtum‹... Diese Fallkonstellation erfüllt die Voraussetzungen des strafbaren *untauglichen Versuchs*. Das Bestehen eines geltend gemachten Anspruchs und damit die Rechtswidrigkeit des erstrebten Vermögensvorteils ist ein tatsächlicher Umstand. Eine Fehlvorstellung hierüber ist daher ein Irrtum, der ein *objektives Tatbestandsmerkmal* betrifft..."

Geht der Täter irrig von der »Rechtmäßigkeit« des Vermögensvorteils aus, obwohl die Rechtsordnung diese Ansprüche nicht anerkennt, liegt nur in Ausnahmefällen ein Tatbestandsirrtum vor. Denn ein solcher Irrtum liegt „nicht schon dann vor, wenn sich der [Täter] nach den Anschauungen der einschlägig kriminellen Kreise als berechtigter Inhaber eines Anspruchs gegen das Opfer fühlt. Entscheidend ist, ob er sich vorstellt, daß dieser Anspruch auch von der Rechtsordnung anerkannt wird und er seine Forderung demgemäß mit gerichtlicher Hilfe in einem Zivilprozeß durchsetzen könnte."[11]

Meint der Täter, auch bei einem nicht fälligen oder einredebehafteten Anspruch den Vorteil erschleichen zu dürfen, so wird ein Verbotsirrtum (§ 17 StGB) angenommen, da sich der Irrtum des Täters in diesem Fall auf einen der Rechtsordnung unbekannten Erlaubnisgrund beziehe.[12]

II. Die Rechtswidrigkeit beim Anspruch aus »anderem Rechtsgrund«

129 Problematisch ist die Bestimmung der »Rechtswidrigkeit« des beabsichtigten Vorteils, wenn der Täter einen anderen zu einer Leistung veranlasst, die dieser nicht aus dem vorgespiegelten, sondern aus einem *anderen Rechtsgrund* schuldet (»Inkongruenz« von Leistung und Schuld).[13]

Die Rechtsprechung und die überwiegende Auffassung im Schrifttum[14] stellen in diesen Fällen darauf ab, ob der Getäuschte infolge der Leistung von der aus anderem Rechtsgrund bestehenden Verbindlichkeit befreit wird (dann »Recht*mäßigkeit*« des Vermögensvorteils), oder gerade *keine Befreiung* von der Verbindlichkeit eintritt (dann »Rechts*widrigkeit*«). Damit orientiert man sich an den Grundsätzen, die nach der juristisch-ökonomischen Vermögenslehre für den »Schaden«[15] gelten:[16] So soll

11 BGHSt 48, 322 (328 f); ebenso BGH NStZ 2008, 626.

12 MK-*Hefendehl* § 263 Rn. 813; LK-*Tiedemann* § 263 Rn. 270.

13 Bsp. nach BGH MDR 1956, 10 (bei Dallinger): Der Täter erlangt aufgrund angeblicher Kriegsverletzungen eine Rente, die ihm wegen eines Dienstunfalls tatsächlich zusteht.

14 Vgl. z.B. LK-*Tiedemann* § 263 Rn. 267; MK-*Hefendehl* § 263 Rn. 808; *M/R/Saliger* § 263 Rn. 292.

15 Vgl. dazu das Stichw. »Vermögensschaden« → Rn. 646.

16 Vgl. bereits RGSt 60, 294 f (Erstattung von Umzugskosten bei Angabe eines unrichtigen Erstattungsgrundes); 64, 342 (346 f – Austausch von Rechnungsposten).

ein Geldbetrag, den der Gläubiger einer Geldforderung von seinem Schuldner durch Täuschung erlangt, dann ein »rechtmäßiger« Vermögensvorteil sein, „wenn der Schuldner in demselben Umfang von seiner Verbindlichkeit befreit wird". „Gestaltet der Täuschende dagegen die Vermögensverschiebung so, daß er die Forderung *[weiterhin] behält*, so hat er sich einen ihm nicht zustehenden und damit rechtswidrigen Vermögensvorteil verschafft":[17] Dem Empfänger wachse nicht zu, was ihm ohnehin rechtlich zusteht, sondern er erhalte ein »Mehr«, das rechtswidrig sei.[18]

An der »Rechtswidrigkeit« der Bereicherung ändert sich in diesen Fällen auch dann nichts, wenn der Täter sich (oder einem Dritten) eine nicht geschuldete Leistung verschafft, um sich daraus wegen des eigenen Anspruchs schadlos zu halten.[19] Denn die *Rechtsordnung* gestehe dem täuschenden Gläubiger diese Art der Befriedigung nicht zu.[20] Zu unterscheiden sind hiervon die Fälle, in denen der »Täter« eine Leistung erlangt, um sodann gegen den Gegenleistungsanspruch des »Getäuschten« mit einem Anspruch aus »anderem Rechtsgrund« *zulässigerweise aufzurechnen* (»Erschwindelung einer Aufrechnungslage«).[21] Hier erlangt der »Täter« i.d.R. einen schuldrechtlichen Anspruch auf die Leistung (z.B. aus Kauf oder Darlehen), sodass der erlangte Vermögensvorteil *rechtmäßig* ist.[22]

Bereicherungsabsicht/Vorteilsabsicht – §§ 263 I, 253 I (259 I) StGB

Die »Bereicherungsabsicht« – Vorteilsabsicht – setzt voraus, dass der Täter einen *Vermögensvorteil* (Bereicherung) für sich oder einen Dritten **zielgerichtet anstrebt**, es ihm also auf den Vorteil als Erfolg seines Verhaltens »ankommt« (Bereicherungsabsicht als »zielgerichteter Erfolgswille«; *dolus directus* 1. Grades → Rn. 131 ff). Dabei muss der Vorteil **unmittelbar** aus dem geschädigten Vermögen erstrebt werden (Prinzip der sog. »Stoffgleichheit« → Rn. 134 f). **130**

»Vermögensvorteil« (Bereicherung) ist jede *günstigere Gestaltung* – wirtschaftliche Verbesserung – der *Vermögenslage*. Sie kann nicht nur durch den wertsteigernden *Erwerb* von Vermögenspositionen (»Vermehrung der Aktivposten«), sondern auch durch die *Abwehr* von Vermögensnachteilen begründet werden: z.B. Abwendung des drohenden Verlustes eines Vermögensobjekts,

17 BGH wistra 1982, 68 (69). Vgl. auch BGH NStZ-RR 2011, 312 (313).

18 NK-*Kindhäuser* § 263 Rn. 375. Anders (Recht*mäßigkei*t des Vermögensvorteils) aber *Otto*, Die Struktur des strafrechtlichen Vermögensschutzes, 1970, S. 230, wonach der Umstand, dass der Schuldner nur leiste, weil er ein ganz anderes Geschäft im Auge hat, nichts daran ändere, dass der Gläubiger nur die *geschuldete* Leistung erhalte. Dazu krit. LK-*Tiedemann* § 263 Rn. 267 (»Widerspruch zu zivilrechtlicher Erfüllungslehre«).

19 *Schröder* DRiZ 1956, 69 (70) mit folgendem Bsp.: Der Täter (Gläubiger einer Geldforderung) erschleicht sich durch gefälschten Lieferschein die Übereignung einer Ware, um sie als Ausgleich für die geschuldete Summe zu behalten oder zu verwerten.

20 *Schröder* DRiZ 1956, 69 (70). Zust. LK-*Lackner*, 10. Aufl., § 263 Rn. 279; NK-*Kindhäuser* § 263 Rn. 375.

21 Bsp. (nach BGH NJW 1953, 1479): Der Täuschende erlangt ein Darlehen, um die Darlehensforderung durch Aufrechnung mit einer rechtlich begründeten Forderung zu tilgen.

22 *Schröder* DRiZ 1956, 69 (71). Zu dem ferner fehlenden Vermögensschaden in diesen Fällen (Aufrechnung als legitime Erfüllung des Gegenleistungsanspruchs) vgl. BGH NJW 1953, 1479 sowie das Stichw. »Vermögensschaden« → Rn. 646.

Ersparung von Aufwendungen, Befreiung von bzw. Nichterfüllung einer Verbindlichkeit, Verbesserung der Durchsetzbarkeit eines vermögensrechtlichen Anspruchs. – Nichtwirtschaftliche Vorteile (immaterielle Vergünstigungen, bloße »Annehmlichkeiten«) bleiben außer Betracht.

Literatur: LK-*Tiedemann* § 263 Rn. 248 ff; MK-*Hefendehl* § 263 Rn. 761 ff. **Einführend:** *Wittig* JA 2013, 401 ff.

Rechtsprechung Grundlegend zur »Absicht« (→ Rn. 131 ff): RGSt 27, 217 (219 f); BGHSt 16, 1 (4 ff); BGH NJW 1988, 2623 f. **Beispielhaft:** BGH StV 2000, 78 (79 – zusätzliche Forderungssicherung als Vorteil); OLG Braunschweig NJW 1957, 600 f (Vermögensvorteil als notwendige oder mögliche Folge); OLG Jena NStZ 2006, 450 (451 – Bezugspunkt der Absicht bei abgepresstem Besitz).

RGSt 27, 217 (220): „Es handelt … auch derjenige betrügerisch, dessen Wille gleichzeitig, sei es nebeneinander, sei es nacheinander, von zwei Vorstellungen beherrscht wird: er will entweder neben anderweitigen Zwecken zugleich eine bessere Gestaltung der eigenen oder fremden Vermögenslage erreichen und wird so von einem *doppelten Beweggrunde* geleitet; oder er will die … in erster Reihe nicht interessierenden Vermögensvorteile lediglich als das *Mittel* für einen *anderweit* dahinter liegenden Endzweck und ordnet solchergestalt dem ihn primär leitenden Beweggrunde einen damit untrennbar verknüpften, mehr subsidiären unter. In beiden Fällen liegt die von § 263 StGB erforderte ›Absicht‹ vor."

BGH NJW 1988, 2623: „Es muß [dem Täter] – zumindest auch – auf die mit dem erstrebten Vorteil – objektiv – verbundene Erhöhung des wirtschaftlichen Wertes seines Vermögens angekommen sein. Es reicht nicht aus, wenn der Täter den mit seiner Tat verbundenen Vermögensvorteil nur als *notwendige* oder *mögliche Folge* seines ausschließlich auf einen anderen Zweck gerichteten Verhaltens voraussieht."

Grundlegend zur »Stoffgleichheit« (→ Rn. 134 ff): BGHSt 6, 115 (116); 34, 379 (391). **Beispielhaft:** BGHSt 21, 384 (386 – Provisionsvertreterbetrug); BayObLG MDR 1964, 776 (777 – „Paketzustellung" durch Dieb); NJW 1987, 1654 (1656 – Wohnungsräumung) mit Bspr. *Rengier* JuS 1989, 802 (804 f); BayObLG NStZ 1994, 491 (492 – Schadenfreiheitsrabatt in der Haftpflichtversicherung) mit krit. Anm. *Seier* NZV 1995, 34 f; OLG Düsseldorf NJW 1993, 2694 (2695 – Eingehungsbetrug).

BGHSt 6, 115 (116): „*Dieselbe Vermögensverfügung* des Getäuschten, die der Täter in der Absicht, sich zu Unrecht zu bereichern, veranlaßt, muß die Vermögensbeschädigung *unmittelbar* herbeiführen… Der vom Täter erstrebte Vermögensvorteil und der verursachte Vermögensschaden müssen m.a.W. einander *entsprechen*. Das eine muß gleichsam die *Kehrseite* des anderen sein."

BGHSt 34, 379 (391): „Ein der Höhe nach mit dem Schaden *identischer* Vorteil wird nach § 263 StGB nicht vorausgesetzt."

BGH NStZ 2003, 264: „Der Vorteil muss die Kehrseite des Schadens, d.h. unmittelbare Folge der täuschungsbedingten Vermögensverfügung sein und dem Täter direkt aus dem geschädigten Vermögen zufließen (›Stoffgleichheit‹)."

OLG Karlsruhe NJW 1959, 398 (399): Der Ausdruck Stoffgleichheit „verleitet zu der unzutreffenden Meinung, Vermögenszuwachs auf der einen und Vermögenseinbuße auf der anderen Seite müßten *gestaltgleich* sein. In Wirklichkeit bedeutet die Unmittelbarkeit des Zusammenhangs lediglich, daß der erstrebte Vorteil und der Schaden *unmittelbar* durch *eine und dieselbe* Vermögensverfügung des Getäuschten herbeigeführt werden müssen."

Grundlegend zum »Vermögensvorteil«: RGSt 50, 277 (279); 53, 109 (111). **Beispielhaft:** RGSt 1, 318 (319 – abgenötigte Forderungsbegleichung von einem anderen als dem Hauptschuldner); BGHSt 14, 386 (388 f – Besitzentzug); BGH, VRS 42 (1972), 110 (111 – Kfz-Papiere); OLG Stuttgart NJW 1962, 502 (503 – Vertrag zugunsten Dritter).

RGSt 50, 277 (279): „Vermögensvorteil bedeutet … eine günstigere Gestaltung der Vermögenslage, eine Erhöhung des *wirtschaftlichen Wertes* des Vermögens… Findet kein unentgeltlicher Erwerb statt, besteht die vermögensrechtliche Veränderung vielmehr im Austausch von Leistung und Gegenleistung, so müssen daher Leistung und Gegenleistung ihrem Werte nach gegeneinander abgewogen werden, … unter Prüfung des Einflusses, den der Austausch auf die Gesamtgestaltung der Vermögenslage ausübt."

RGSt 53, 109 (111): Unter einen Vermögensvorteil „fällt jede tatsächlich *günstigere Gestaltung* der Vermögenslage, mithin nicht nur die Erlangung eines Vermögensvorteils, sondern auch die Erhaltung eines bereits erlangten, aber gefährdeten Vermögensvorteils und demzufolge auch die Abwendung eines dem Vermögen drohenden Nachteils."

BGH StV 2011, 412 (413): Als „Vermögenszuwachs kann auch die Erlangung des *Besitzes* an einer Sache bewertet werden, … selbst bei einem nur vorübergehenden Besitzwechsel. Jedoch ist der bloße Besitz … nur in den Fällen als Vermögensvorteil anerkannt, in denen ihm ein eigenständiger *wirtschaftlicher Wert* zukommt, was regelmäßig dann zu bejahen ist, wenn mit dem Besitz wirtschaftlich messbare *Gebrauchsvorteile* verbunden sind, die der Täter … nutzen will."

Erläuterungen

I. Anforderungen an die »Absicht«

Für das absichtliche »Anstreben« des Vorteils ist erforderlich, dass die Vorstellung, den Vorteil herbeizuführen, auf den Tatentschluss *bestimmend einwirkt.*[1] Doch braucht die Erlangung/Verschaffung des Vermögensvorteils weder die »letzte Triebfeder« (Endziel, Motiv) noch der einzige, maßgebende oder auch nur *überwiegende Zweck* des Handelns zu sein: Es genügt, dass der Vermögensvorteil *neben anderen Zielen* (»Nebenzweck«) oder als *Mittel* für einen *anderen Zweck* (»Zwischenziel«) angestrebt wird. 131

Ein auf den Vermögensvorteil »zielgerichteter« Wille wird nicht dadurch ausgeschlossen, dass der Täter den Eintritt des Vorteils (auf der Wissensseite) nur für *möglich* hält. Nicht ausreichend ist es dagegen, wenn der Vorteil für den Täter lediglich eine notwendige oder mögliche *Nebenfolge* seines ausschließlich (»dominant«) auf einen anderen Zweck gerichteten Verhaltens darstellt; die Rechtsprechung will insoweit allerdings danach differenzieren, ob der Vermögensvorteil dem Täter »erwünscht« oder «unerwünscht« ist (→ Rn. 132).

1. Die Rechtsprechung zur »sicheren/erwünschten« Folge

Die Rechtsprechung bezieht in die »Absicht« der Bereicherung auch Vermögensvorteile ein, die der Täter zwar nicht eigentlich »erstrebt«, mit denen er jedoch »als sichere und erwünschte Folge seines Handelns« rechnet.[2] Nach der schon in RGSt 27, 132

1 Die »Absicht« als zielgerichteter Wille bezieht sich nur auf den Vermögensvorteil selbst (»Bereicherung«), nicht auf dessen »Rechtswidrigkeit«, die nur vom normalen – auch *bedingten* – Vorsatz umfasst sein muss, s. dazu → Rn. 128.

2 Vgl. z.B. BGH NStZ 1992, 540 (541 – Vorteilssicherung als Zwischenziel); OLG Köln JR 1970, 468 (469 – unerwünschte, peinliche Nebenfolge).

217 (219) anklingenden Formel von der „erwünschten Nebenfolge" genügt es, „daß es dem Täter auf den rechtswidrigen Vermögensvorteil als *sichere* und *erwünschte* Folge seines Handelns ankommt, mögen ihn daneben auch andere Zielvorstellungen ... erfüllen, ja mag jene Folge für ihn nur das Mittel zu einem anderen Zweck sein".[3] Die Anwendung dieser begrifflich *unklaren* Formel – Vermischung von »Nebenzweck«, »Zwischenziel« und bloßer »Begleitfolge« – läuft praktisch darauf hinaus, dass bei Vermögensvorteilen, die nicht das Primär- oder Zwischenziel darstellen, nur mehr nach dem *emotionalen* Kriterium differenziert wird, ob ein subjektiv »sicherer« Vorteil dem Täter erwünscht (»willkommen«) oder unerwünscht (»lästig«, »unangenehm«) ist.

2. Die Kritik der Literatur

133 Dieses Kriterium hat in der Literatur überwiegend Kritik erfahren, weil es nicht zur finalen Zweckrichtung des Absichtsbegriffs passt.[4] Stattdessen soll es in Fällen, in denen der Vermögensvorteil nicht eine notwendige Vorbedingung für das eigentliche Ziel des Täters (»notwendiges Zwischenziel«) darstellt, darauf ankommen, ob der Erfolg „zumindest mitursächlich für die Bildung des Tatentschlusses war"; dies sei danach zu beurteilen, „ob man diesen Erfolg hinwegdenken kann, ohne daß der Tatentschluß entfallen wäre".[5] *Rengier* bezweifelt prinzipiell die Möglichkeit, »sichere Nebenfolgen« aus der Bereicherungsabsicht auszuscheiden, und will sie wie Zwischenziele behandeln.[6]

Zum Problemkreis der auf ein »Zwischenziel« gerichteten Bereicherungsabsicht gehört auch ein Fall, den das BayObLG[7] 1971 zu entscheiden hatte: Danach soll in Bereicherungsabsicht handeln, wer unter falschem Namen Waren bestellt und an andere Personen liefern lässt, um sie „wegen der Bezahlung zu ärgern".[8]

II. Die sog. »Stoffgleichheit«

1. Die Herkunft des Begriffs

134 Das Erfordernis der sog. »Stoffgleichheit« soll die Struktur des Betruges – und der Erpressung – als »Vermögensverschiebungsdelikt« gewährleisten, bei dem der erstrebte Vorteil nicht eine beliebige wirtschaftliche Besserstellung, sondern das *Gegenstück* (Kehrseite) der *Vermögensminderung* ist. In seiner ursprünglichen Form entstammt das Prinzip der »Identitätstheorie« (*Binding*, *A. Merkel*). Sie verstand die Vermögensverschiebung als »Transport« eines identischen Objekts aus dem Vermö-

3 BGHSt 16, 1 (7) mit Bspr. *Fahl* JA 1997, 110 ff; *Welzel* NJW 1962, 20 ff.

4 Vgl. u.a. *Jerouschek* GA 1999, 416 (419 f); LK-*Lackner*, 10. Aufl., § 263 Rn. 262; *Rengier* JZ 1990, 321 (325 f); *Witzigmann* JA 2009, 488 (489 f); grds. zust. aber LK-*Tiedemann* § 263 Rn. 253.

5 *Gehrig*, Absichtsbegriff, S. 73 ff, 79.

6 JZ 1990, 321 ff (mit Diskussion der Problemfälle); krit. dazu *Dencker*, Grünwald-FS, 1999, S. 75 (77 ff, 88 ff), der auf die »motivatorische Bedeutsamkeit« des Vorteils für den Täter abstellt. Zum ganzen Problemkreis näher *Bung*, Wissen und Wollen im Strafrecht, 2009, S. 224 ff; MK-*Hefendehl* § 263 Rn. 792 ff; *von Selle* JR 1999, 309 ff.

7 JZ 1972, 25 (26) mit zust. Bspr. *Herzberg* JuS 1972, 185 (189); abl.: *Maurach* JR 1972, 345 (346), *Schröder* JZ 1972, 26. In gleicher Richtung LG *Kiel* NStZ 2008, 219 (220 f).

8 Näher dazu – auch zu Vermögensverfügung und -schaden – *Krack*, Puppe-FS, 2011, S. 1205 ff m.w.N. Vgl. jetzt auch § 238 I Nr. 2 StGB, der allerdings eine »beharrliche Nachstellung« voraussetzt (s. dazu das Stichw. »Nachstellen« → Rn. 392).

gen des Geschädigten in dasjenige des Bereicherten. Mit dieser Beschränkung auf eine *substanzielle Identität* des Gegenstandes hat sich der Gedanke der »Stoffgleichheit« nicht durchzusetzen vermocht, und der Begriff ist deshalb im Grunde missverständlich.[9] Angesichts der wirtschaftlichen Ausdifferenzierung des Vermögens- und Schadensbegriffs[10] wären viele Varianten betrügerischer Schädigung in Bereicherungsabsicht nicht mehr erfassbar, wenn eine echte »Stoffgleichheit« verlangt werden müsste.

2. Das heutige Verständnis

Der Ausdruck »Stoffgleichheit« ist daher heute zum Synonym für ein Prinzip der »*Unmittelbarkeit*« oder der »Korrespondenz« zwischen Vorteil und Schaden geworden. Es reicht aus, wenn Vermögensminderung und Vorteil aufgrund *derselben Vermögensverfügung* derart in innerem Zusammenhang stehen, dass sich der aus der Verfügung erwachsende Vorteil *unmittelbar* zu Lasten des geschädigten Vermögens auswirkt (»Unmittelbarkeitsprinzip«). – Die „Entsprechung" fehlt, wenn Vermögensvorteil und Vermögensschaden auf jeweils *verschiedenen Verfügungen* beruhen (Nichtberücksichtigung »externer Vorteile«). **135**

Dieses »Prinzip der unmittelbaren Korrespondenz« zwischen Vorteil und Schaden soll also sicherstellen, dass bloß »externe«, nicht mehr direkt aus dem geschädigten Vermögen ableitbare Vorteile bei der Bereicherungsabsicht außer Betracht bleiben. So genügt etwa eine mit der Schädigung angestrebte »Belohnung« nicht. Allerdings reicht eine Verfügung mit »unmittelbarem Doppeleffekt« – zum Nachteil des Geschädigten und zum Vorteil des Bereicherten – grundsätzlich aus, auch wenn der Vermögensvorteil nicht das »genaue Spiegelbild« der Vermögensminderung ist.[11]

Zu beachten ist, dass die »Stoffgleichheit« im Verhältnis von geschädigtem und *tätereigenem* Vermögen fehlen, aber in der Beziehung zwischen dem Geschädigten und einem *Dritten* gegeben sein kann. Bereicherungsabsicht i.S. des § 263 StGB liegt dann vor, wenn sich die »Absicht« des Täters (auch) auf die Bereicherung des Dritten richtet (sog. »fremdnütziger Betrug«). Dies ist die Konstellation z.B. des Provisionsvertreter-Betrugs[12]: Der Vertreter will die Bereicherung des Vertretenen (die zu Lasten des Geschädigten geht), um dann die Provision zu erlangen.

III. Die Bereicherungsabsicht des Hehlers

1. Grundsätzliches

Die »Bereicherungsabsicht« in § 259 I StGB (Hehlerei) entspricht grundsätzlich der bei Betrug und Erpressung vorausgesetzten Absicht, sich oder einem Dritten einen Vermögensvorteil zu verschaffen. Sie beschränkt sich also auf den »zielgerichteten« **136**

---

9 Für seine Verabschiedung *Achenbach* NStZ 1989, 497 (498).

10 Bsp.: individueller Schadenseinschlag, Vereitelung von Anwartschaften/Gewinnaussichten, konkrete Vermögensgefährdung als Schaden.

11 Zu den Einzelheiten vgl. die eingehenden Darstellungen bei MK-*Hefendehl* § 263 Rn. 776 ff; NK-*Kindhäuser* § 263 Rn. 359 ff; jew. m.w.N. Für Stoffgleichheit im Verhältnis Vermögens*minderung* (nicht Vermögens*schaden*) zum erstrebten Vorteil: *Dencker*, Grünwald-FS, 1999, S. 75 (82 ff), *Kindhäuser*, Dahs-FS, 2005, S. 65 (74 ff).

12 BGHSt 21, 384 ff. Vgl. dazu auch *K/H/H*, BT 2, Rn. 638 ff; *L/Kühl* § 263 Rn. 60; jew. m.w.N.

Vorteilswillen und das Erstreben eines geldwerten Vorteils. Der »Vermögensvorteil« fehlt z.B. beim Austausch *gleichwertiger Leistungen* (Erwerb der aus der Vortat stammenden Sache zu regulärem Kaufpreis), während andererseits ein »üblicher Geschäftsgewinn« als Vermögensvorteil ausreicht.[13] Eine sog. »Stoffgleichheit«, die bedeuten würde, dass der erstrebte Vorteil unmittelbar aus dem Gegenstand der Hehlerei stammen muss, wird von der Rechtsprechung und h.M. nicht verlangt.[14]

2. Der Vortäter als bereicherter »Dritter«?

137 Bei der Absicht, »einen Dritten zu bereichern«, ist – namentlich für die Absatzhehlerei – umstritten, ob »Dritter« auch der *Vortäter* sein kann (der im Gesetz allerdings als »anderer« bezeichnet ist). Der BGH hat dies ursprünglich ohne Einschränkung angenommen[15] und mit dieser Auffassung in der Literatur z.T. Zustimmung gefunden.[16] Doch hat der BGH später seinen Standpunkt dahin modifiziert, dass eine »Drittbereicherungsabsicht« zugunsten des Vortäters jedenfalls dann nicht genügt, wenn der Hehler „ausschließlich mit dem Ziel handelt, dem Vortäter den rechtswidrig erlangten Vermögensvorteil zu *erhalten*“; komme es dem Hehler nicht darauf an, dem Vortäter einen über den Sachbesitz *hinausgehenden* Vorteil zu verschaffen, so stelle sich die Tat als Begünstigung (§ 257 StGB) dar.[17] In dieser Entscheidung hat der BGH zugleich seine Zustimmung zur überwiegenden Auffassung angedeutet, dass die Absicht, nur den *Vortäter* zu bereichern, als »Drittbereicherungsabsicht« i.S. des § 259 I StGB *generell* nicht ausreicht.[18]

Begründet wird diese Ansicht[19] mit dem Wortlaut – »ein anderer« – und vor allem mit der *beschränkten Funktion* der »Drittbereicherungsabsicht«, die nach der Entstehungsgeschichte auf Fälle der »Drittverschaffung« ausgerichtet sei: Erwerb z.B. für den Geschäftsherrn.[20] Zu beachten ist hierbei, dass auch nach der Auffassung, die den Vortäter als »Dritten« einbezieht, eine auf die bloße *Sicherung* der erlangten Vorteile gerichtete Absicht nicht ausreicht.[21]

Beschimpfen – §§ 90a I Nr. 1, 130 I Nr. 2, 166 I, II StGB

138 »Beschimpfen« ist eine nach Form oder Inhalt **besonders verletzende** Äußerung eigener **Missachtung** (Werturteil, Tatsachenbehauptung oder -verbreitung). Der »besonders verletzende« Charakter kann äußerlich in der Rohheit des Ausdrucks

13 *W/Hillenkamp* Rn. 874; BGH wistra 2012, 148 (149); jew. m.w.N.
14 Vgl. BGH MDR 1977, 282 (283 – bei Holtz); wistra 1983, 29; MDR 1996, 118 (bei Holtz); NK-*Altenhain* § 259 Rn. 69; *S/S/Hecker* § 259 Rn. 42; anders: *Otto* Jura 1985, 148 (155 [für die Verschaffungs-Hehlerei]), *Seelmann* JuS 1988, 39 (41 f).
15 BGH NJW 1979, 2621 (2622) mit Anm. *Lackner/Werle* JR 1980, 214 ff.
16 *Mitsch* JuS 1999, 372 (376); *S/S/Hecker* § 259 Rn. 44 mit näherer Begr.
17 BGH NStZ 1995, 595.
18 Vgl. auch BGH StraFo 2005, 214 (215).
19 Nachweise dazu in BGH NStZ 1995, 595; ferner z.B.: NK-*Altenhain* § 259 Rn. 71, *Rengier*, BT 1, § 22 Rn. 38.
20 Zu weiteren Argumenten insb. *Lackner/Werle* JR 1980, 214 (216 f: Abgrenzung zur Begünstigung, Strafgrund der Hehlerei); SK-*Hoyer* § 259 Rn. 45.
21 *S/S/Hecker* § 259 Rn. 44; *Mitsch*, BT II/1, § 10 Rn. 62.

oder *inhaltlich* im Vorwurf eines »schimpflichen« Verhaltens oder Zustandes bestehen. Bei Wiedergabe einer fremden beschimpfenden Äußerung muss sich der Täter diese Äußerung zu eigen machen.

Literatur: AK-*Sonnen* § 90a Rn. 55 ff; NK-*Paeffgen* § 90a Rn. 8 ff.

Rechtsprechung Grundlegend: RGSt 57, 209 (211); 65, 422 (423 – Abgrenzung zur abfälligen Kritik); BGHSt 7, 110; 11, 11 (12); OLG Karlsruhe NStZ 1986, 363 (364). **Beispielhaft:** BGH NJW 1961, 1932 (1933 – Verbreitung beschimpfender Schriften); NJW 2002, 592 f und 2003, 145 zur Berücksichtigung der Meinungsfreiheit; OLG Koblenz GA 1984, 575 (576 – pazifistische Kritik) mit Bspr. *Giehring* StV 1985, 30 (33).

BGH NStZ 2000, 643 (644): „Beschimpfen ist eine nach Form oder Inhalt besonders verletzende Missachtungskundgebung, wobei das besonders Verletzende entweder äußerlich in der Roheit des Ausdrucks oder inhaltlich im Vorwurf eines schimpflichen Verhaltens liegen kann. Dabei kann..., das Beschimpfen in einzelnen Formulierungen, aber auch im Gesamtzusammenhang liegen, wobei harte politische Kritik..., sei sie auch offenkundig unberechtigt, unsachlich oder uneinsichtig..., noch kein Beschimpfen darstellt".

Besitzerhaltung, Absicht der – § 252 StGB

Die Absicht, »sich im Besitz des gestohlenen Gutes zu erhalten«, erfordert den *zielgerichteten Willen* des Täters, in **fortbestehender Zueignungsabsicht** zu verhindern, dass ihm der erlangte Gewahrsam **zugunsten des Bestohlenen** wieder entzogen wird. 139

Diese Absicht wird nicht durch das Bestreben ausgeschlossen, der *Ergreifung* (Festnahme) zu entgehen. Ist die Ermöglichung der Flucht jedoch das **einzige Ziel** des Täters, fehlt die Besitzerhaltungsabsicht auch dann, wenn der Täter *sicher weiß*, dass die Flucht zugleich den Gewahrsamsentzug verhindert (→ Rn. 142).

Literatur: *Küper* JZ 2001, 730 ff; LK-*Vogel* § 252 Rn. 62 ff (abw. zur »unmittelbar bevorstehenden« Gewahrsamsentziehung). **Einführend:** *Dehne-Niemann* Jura 2008, 742 (745 ff).

Rechtsprechung Grundlegend: BGHSt 9, 162 (163 f); 13, 64 (65). **Beispielhaft:** s. → Rn. 142 a.E. und LG Freiburg i.Br. ZIS 2006, 40 (41 f – Gewaltanwendung nach Verzehr des Diebesguts) mit abl. Anm. *Marlie*, S. 42 (45).

BGHSt 13, 64 (65): Die „Absicht muß darauf gerichtet sein, eine Gewahrsamsentziehung zu verhindern, die – sei es in Wirklichkeit, sei es nach seiner Annahme – gegenwärtig ist oder unmittelbar bevorsteht. Diese Absicht braucht aber nicht der einzige Beweggrund für die Gewaltanwendung zu sein. Es genügt, wenn sie einer unter mehreren Beweggründen ist."

Erläuterungen

I. Grundsätzliches zur (einschränkenden) Auslegung

Wegen der in § 252 StGB angeordneten »Gleichstellung« des räuberischen Diebstahls mit dem Raub (dazu → Rn. 148) wird bei der Besitzerhaltungsabsicht überwie- 140 gend eine *einschränkende Auslegung* des Wortlauts gefordert, wobei »Besitz« in § 252 StGB *strafrechtlich*, als Innehabung von »Gewahrsam«, zu verstehen ist.[1]

Hierzu gehört zunächst, dass sich die Absicht gegen die „Restitutionsinteressen des Bestohlenen“[2] richten, d.h. darauf abzielen muss, „eine Entziehung des gerade erlangten Gewahrsams *zu Gunsten des Bestohlenen* zu verhindern“[3]. Richtet sich die Absicht gegen den drohenden Zugriff eines anderen Delinquenten, so liegt Besitzerhaltungsabsicht i.S. des § 252 StGB demzufolge nicht vor. Weiterhin muss sich die Absicht als Fortführung der schon die Vortat prägenden *Zueignungsabsicht* darstellen; sie ist »modifizierte Zueignungsabsicht«. Wer z.B. nur noch eine Überführung verhindern will und beim räuberischen Diebstahl nur noch das Ziel verfolgt, die Sache zu vernichten oder sie dem Berechtigten zu entziehen, verfügt mangels Aneignungswillen nicht über die erforderliche Absicht der Besitzerhaltung. Dies ist in der Rechtsprechung[4] anerkannt und entspricht der nahezu einhelligen Meinung des neueren Schrifttums.[5] Zu beachten ist, dass durch das 6. StrRG (1998) zwar die Absicht der Zueignung um eine »Drittzueignung«[6] erweitert wurde, jedoch bei § 252 StGB die Absicht, einem »Dritten« den *Besitz* zu sichern, nicht in den subjektiven Tatbestand einbezogen worden ist (zu den daraus folgenden Problemen etwa bei der Mittäterschaft → Rn. 143 f).

141 Umstritten ist, ob Besitzerhaltungsabsicht nur vorliegt, wenn die Gewahrsamsentziehung nach der Tätervorstellung schon »*gegenwärtig*« ist oder »*unmittelbar bevorsteht*«. Dies wird von der Rechtsprechung in weiterer Einschränkung des Wortlauts gefordert. Es soll nicht ausreichen, wenn der Täter ohne die Befürchtung einer *sofortigen* Gewahrsamsentziehung in der Absicht handelt, zunächst seine *Identifizierung* zu verhindern, um sich auf diese Weise gegen einen *späteren* Besitzverlust zu schützen.[7] Das »Gegenwärtigkeits-« oder »Unmittelbarkeitserfordernis« der Rechtsprechung hat in der Literatur erhebliche Zustimmung gefunden, weil nur unter dieser Voraussetzung ein dem Raub *gleichwertiges Unrecht* vorliege: Parallel zum Raub, bei dem der Täter das jeweilige Nötigungsmittel »unmittelbar« zur Wegnahme (Gewahrsamserlangung) und nicht bloß zu deren Vorbereitung einsetzen müsse,[8] erfordere der räuberische Diebstahl den analogen Einsatz zur »unmittelbaren« Gewahrsamssicherung gegen eine aktuelle Entziehungsgefahr.[9]

Die verbreitete *Gegen*auffassung, die eine »prophylaktische« Abwehr der späteren Entziehungsgefahr genügen lässt,[10] sieht die notwendige Gleichwertigkeit mit dem Raubunrecht schon dadurch gewährleistet, dass der Täter mit dem Ziel, den bedrohten

---

1 Abw. *Kindhäuser* § 252 Rn. 15 und *Mitsch*, BT II/1, § 4 Rn. 44, die auch mittelbaren Besitz einbeziehen; dazu krit. GS-*Duttge* § 252 Rn. 22.
2 *Geilen* Jura 1980, 43 (44 f).
3 *W/Hillenkamp* Rn. 404.
4 BGH NStZ 1984, 454 f m.w.N.; MDR 1987, 154 (reines Fluchtinteresse) gegen OLG Köln NJW 1967, 739 f mit abl. Anm. *Schröder* NJW 1967, 1335.
5 Krit. aber *Gehrig*, Absichtsbegriff, S. 68 ff, 72; *Schneider*, Selbstbegünstigungsprinzip, S. 121 ff, 127 ff; vgl. auch *M/Schroeder*, BT 1, § 35 III Rn. 43.
6 Zur »Drittzueignung« vgl. das Stichw. »Zueignung, Absicht der« → Rn. 818 ff.
7 BGHSt 9, 162 (163 f).
8 Vgl. dazu das Stichw. »Gewalt gegen eine Person« → Rn. 290.
9 In dieser Richtung z.B. LK-*Vogel* § 252 Rn. 65; *Mitsch*, BT II/1, § 4 Rn. 52; *Perron* GA 1989, 145 (159); *W/Hillenkamp* Rn. 404.
10 Vgl. etwa *Eisele*, BT II, Rn. 413; *Geilen* Jura 1980, 43 (44 f); SK-*Sinn* § 252 Rn. 22.

Gewahrsam bereits »gegenwärtig« präventiv zu schützen, *überhaupt* »Raubmittel« in fortbestehender Zueignungsabsicht anwendet. Auch dürfte der Unrechts- und Schuldgehalt eines »prophylaktischen« Einsatzes solcher Mittel eher *höher* sein als derjenige einer Nötigungshandlung bei unmittelbarem Risiko der Gewahrsamsentziehung: Der Täter kalkuliert nämlich (eher in berechnender Weise) den späteren Besitzverlust schon ein und handelt bereits vorsorglich zu dessen Abwehr, ohne schon der Bedrängnis einer aktuellen Entziehungsgefahr ausgesetzt zu sein.[11]

II. Besitzerhaltungsabsicht und Fluchtmotiv

Die Verhinderung der Gewahrsamsentziehung braucht weder das einzige noch das dominierende[12] Handlungsziel zu sein. Der Täter verfügt also auch dann über die Besitzerhaltungsabsicht, wenn er zudem weitere Ziele verfolgt (Motivbündel), etwa seine Flucht zu ermöglichen oder seine drohende Ergreifung zu verhindern. In der Praxis bereitet allerdings die Feststellung der Besitzerhaltungsabsicht bei *konkurrierendem Fluchtmotiv* häufig besondere Schwierigkeiten. Denn ein solches Motiv steht der Annahme einer Absicht i.S. des § 252 StGB nicht grundsätzlich entgegen, kann sie ggf. aber auch gänzlich (!) verdrängen. „Die Schwierigkeiten des Nachweises ergeben sich dabei oft daraus, daß es dem Täter nicht ohne weiteres möglich ist, die ... Beute loszuwerden, ohne sich ... in die Gefahr zu begeben, endgültig ergriffen zu werden; es kann daher *allein* daraus, daß der Täter die Beute vor der Gewaltanwendung ... *nicht weggeworfen* hat, nicht auf das Vorliegen der Gewahrsamsbehauptungsabsicht geschlossen werden."[13] 142

III. Beteiligungsprobleme

1. Grundvoraussetzungen der Täterschaft

Nach überwiegender Auffassung kann auch derjenige, der die speziellen Voraussetzungen des § 252 StGB erfüllt – Anwendung qualifizierter Nötigungsmittel (»Raubmittel«) in tatbestandlicher Besitzerhaltungsabsicht –, nur dann *Täter* des räuberischen Diebstahls sein, wenn er zugleich *Täter* (Mittäter) der *Vortat* ist: Beide Komponenten des »zweiaktigen« Delikts müssen danach täterschaftlich verwirklicht werden, weil sonst die gesetzlich angeordnete »Gleichstellung« mit dem Raub nicht gerechtfertigt wäre.[14] Dabei ist jedoch einerseits zu berücksichtigen, dass ein Teilnehmer (Anstifter/Gehilfe) der Vortat oder ein an ihr ursprünglich Unbeteiligter durch eine Besitzsicherungshandlung i.S. des § 252 StGB nach den Regeln der »*sukzessiven Mittäterschaft*« (sofern und soweit man sie denn anerkennt) zum Mittäter der *Vortat* avancieren kann.[15] Andererseits ist zu beachten, dass eine täterschaftliche Begehung 143

---

11 Zust. *Dehne-Niemann* Jura 2008, 742 (746). Eingehend zum Problem *Küper* JZ 2001, 730 (737 f).

12 *M/R/Maier* § 252 Rn. 19; LK-*Vogel* § 252 Rn. 63; jew. m.w.N.; anders *Schünemann* JA 1980, 393 (399: Besitzbehauptung als »dominierender Endzweck«).

13 OLG Zweibrücken StV 1994, 545 f. Vgl. zu solchen Beweisfragen auch BGH NStZ 2000, 530 (531); NStZ-RR 2005, 340 (341 – entwendetes Kfz); KG StV 2004, 67 (Flucht mit „Freiheit im Kopfe" und Diebesbeute in der Jacke); OLG Brandenburg NStZ-RR 2008, 201 (202 f – Wegwerfen der Beute als Fluchthindernis); OLG Köln NStZ 2005, 448 f (gefahrlose Chance zum Wegwerfen der Beute); OLG Zweibrücken JR 1991, 383 f (Flucht mit in der Kleidung versteckter Beute) mit zust. Anm. *Perron*, S. 384.

14 *S/S/Bosch* § 252 Rn. 10; *Weigend* GA 2007, 274 (277 f); jew. m.w.N.

15 SK-*Sinn* § 252 Rn. 25; näher *Weigend* GA 2007, 274 (283); krit. *Dehne-Niemann* Jura 2008, 742 (748).

des § 252 StGB notwendig stets die *Zueignungsabsicht* – eventuell in Form der »Drittzueignungsabsicht« – und außerdem die Absicht voraussetzt, »*sich*« im Besitz der gestohlenen Sache zu erhalten; eine Absicht bloßer »Drittbesitzsicherung« genügt nach der eindeutigen Fassung des subjektiven Tatbestandes nicht (→ Rn. 140 a.E). Wer in der Absicht der »*Drittzueignung*« handelt, kann deshalb nur dann Täter des § 252 StGB sein, wenn er auch die Absicht der »Selbstbesitzerhaltung« hat.[16] Diese Absicht wird freilich nicht dadurch ausgeschlossen, dass der Vortäter *zunächst* den eigenen Besitz sichern will, um die Sache später dem begünstigten »Dritten« zuzuwenden oder die ungeteilte Beute mit dem nicht besitzenden Vortatmittäter zu teilen (zur Besitzerhaltungsabsicht bei Besitz des Mittäters und Drittzueignungsabsicht des Täters → Rn. 144).

Nach bisheriger Rechtsprechung und einer Minderheitsansicht im Schrifttum soll jedoch auch der Vortat-*Teilnehmer* gleichwohl *Täter* des § 252 StGB sein können, sofern er selbst im Besitz der Beute ist *und* zur Sicherung dieses Besitzes die tatbestandliche Nötigungshandlung vornimmt.[17] Die Kontroverse betraf bis 1998 namentlich die Fälle, in denen ein Vortatbeteiligter deswegen nicht Täter (Mittäter) der Vortat sein konnte, weil ihm bei der Wegnahme die Absicht fehlte, »sich« die Sache zuzueignen. Mit Blick auf die gebotene Gleichstellung zum Raub wurde deshalb eine Mittäterschaft für diese Beteiligten abgelehnt. Diese Argumentation ist so nicht mehr aufrechtzuerhalten. Denn nach Einführung der »Drittzueignung« (6. StrRG) können Beteiligte, die nach früherem Recht mangels Absicht der »Selbstzueignung« lediglich als *Teilnehmer* der Vortat einzustufen waren, aufgrund ihrer »Drittzueignungsabsicht« zu Vortat-*Mittätern* aufrücken, sofern sie bei der Vortat die sonstigen Voraussetzungen täterschaftlicher Begehung erfüllen;[18] zur Frage der Besitzerhaltungsabsicht in diesen Fällen → Rn. 144.

2. Sonderfragen

144 Von diesem Problem ist die andere Frage zu trennen, ob ein *Täter* (Mittäter) der *Vortat* die Voraussetzungen des § 252 StGB auch dann erfüllen kann, wenn er selbst nicht im *Besitz* der Beute ist, sondern lediglich den Gewahrsam eines *anderen Beteiligten* gegen Entziehung sichern will. Obwohl die Gesetzesfassung dies an sich ausschließt, hat die Rechtsprechung die Frage für Fälle der Vortat-*Mittäterschaft* bejaht[19] und damit im Schrifttum grundsätzliche Zustimmung gefunden: Der von einem Mittäter der Vortat erlangte Gewahrsam werde auch auf der Ebene des § 252 StGB (!) dem faktisch »nichtbesitzenden« Mittäter wie eigener Gewahrsam normativ *zugerechnet*, so dass dessen Sicherungshandlung prinzipiell dem »gemeinschaftlichen Besitz« der Mittäter gelte.[20] Ob diese Zurechnungslösung aber noch trägt, wenn ein in

16 Vgl. *Weigend* GA 2007, 274 (285); *W/Hillenkamp* Rn. 408; abw. *Krämer* Jura 2005, 833 (837).

17 Vgl. BGHSt 6, 248 (250); BGH MDR 1967, 726 f (bei Dallinger); zust. z.B.: *Geppert* Jura 1990, 554 (558), MK-*Sander* § 252 Rn. 17, jew. m.w.N. Kritik bei *Weigend* GA 2007, 274 (277 f).

18 Eingehend und klärend zu diesem Komplex *Dehne-Niemann* Jura 2008, 742 (747 f). Zur »Drittzueignung« bei Mittäterschaft vgl. das Stichw. »Zueignung, Absicht der« → Rn. 821.

19 BGHSt 6, 248 (250 f); OLG Stuttgart NJW 1966, 1931.

20 Vgl. NK-*Kindhäuser* § 252 Rn. 25; *Otto*, BT, § 46 Rn. 63 (»mittäterschaftlich vermittelter Besitz«); krit. *Dehne-Niemann* Jura 2008, 742 (747); zum Problem solcher »Besitzzurechnung« näher *Küper*, Probleme der Hehlerei bei ungewisser Vortatbeteiligung, 1989, S. 43 mit Fn. 93.

»*Drittzueignungsabsicht*« handelnder Mittäter allein den Besitz sichern will, den der zu begünstigende »Dritte« bereits innehat, wird in der Literatur mit Recht überwiegend bezweifelt.[21] Denn eine solche Zurechnung läuft auf die Anerkennung einer im Gesetz gerade nicht erwähnten Drittbesitzerhaltungsabsicht hinaus.

Da § 252 StGB kein »eigenhändiges Delikt« ist, soll der Vortäter, der die entwendete Sache in Besitz hat, auch dadurch Täter *des räuberischen Diebstahls* werden können, dass in seinem Einverständnis ein an der Vortat Unbeteiligter oder ein Teilnehmer die tatbestandliche *Nötigungshandlung* zur Gewahrsamssicherung vornimmt; der Nötigende soll dann wiederum *Beihilfe* zu § 252 StGB begehen.[22] Diese Lösung setzt freilich voraus, dass die Sicherungshandlung dem Vortäter nach allgemeinen Beteiligungsregeln als täterschaftlicher, in der Absicht der »Selbstbesitzerhaltung« geleisteter Tatbeitrag *zugerechnet* werden kann. Dafür wird eine Zurechnung nach den Grundsätzen der *Mittäterschaft* vorgeschlagen (»partielle Mittäterschaft«).[23] Andere wollen nur Fälle anerkennen, in denen sich eine *mittelbare Täterschaft* durch Einsatz eines »absichtslos-dolosen« Werkzeugs bejahen lässt.[24]

Besitztum, befriedetes – §§ 123 I, 124 StGB

»Befriedetes Besitztum« ist ein – bebautes oder unbebautes – *Grundstück*, das vom Berechtigten gegen das beliebige Betreten durch andere in **äußerlich erkennbarer Weise** durch *zusammenhängende*, nicht notwendig lückenlose *Schutzwehren* gesichert (eingefriedet, eingehegt) ist. **145**

Literatur: *Kargl* JZ 1999, 930 (936 f); MK-*Schäfer* § 123 Rn. 14 ff. **Einführend:** *Rengier*, BT 2, § 30 Rn. 4 f.

Rechtsprechung Grundlegend: RGSt 11, 293 (294); 36, 395 (397 f); 54, 42 (44 – Abgrenzung zum umschlossenen Raum). **Beispielhaft:** RGSt 20, 150 (154 f – Bergwerksgelände); BayObLG JR 1969, 466 (467 – Hofraum); OLG Frankfurt a.M. NJW 2006, 1746 (1747 f – unterirdische Fußgängerpassage); OLG Hamm NJW 1982, 1824 und OLG Köln NJW 1982, 2674 ff (jew. zur Hausbesetzung).

OLG Hamm NJW 1982, 2676 (2677): „Unter ›befriedetes Besitztum‹ fallen … unbewegliche Sachen, die in *äußerlich erkennbarer Weise* mittels *zusammenhängender Schutzwehren* gegen das beliebige Betreten durch andere gesichert sind. Eine so feste Umschließung, wie sie zum Begriff des *umschlossenen Raumes* in § 243 I Nr. 1 StGB gehört, ist zur Befriedung i.S. von § 123 StGB nicht erforderlich; Lücken in den Schutzwehren schließen daher das Vorliegen einer Befriedung nicht aus, sofern die Lücken nicht so erheblich sind, daß von einer *Einfriedung* nicht mehr gesprochen werden kann."

---

21 *Rengier*, BT 1, § 10 Rn. 22; *W/Hillenkamp* Rn. 408; großzügiger *Weigend* GA 2007, 274 (284 f mit Fn. 46, 34).

22 BGH StV 1991, 349.

23 NK-*Kindhäuser* § 252 Rn. 25; *Rengier*, Puppe-FS, 2011, S. 849 ff; jew. m.w.N.; krit. dazu *Dehne-Niemann* JuS 2008, 589 (591).

24 Vgl. dazu *Hillenkamp* JuS 2003, 157 (160 f); LK-*Vogel* § 252 Rn. 71. Kritik bei *Dehne-Niemann* JuS 2008, 589 (591 f); *Krämer* Jura 2005, 833 (837 f).

146 **Hinweise:** Das befriedete Besitztum erstreckt sich nach h.M. *auch auf* Grundstücksflächen (sog. »Zubehörflächen«), die für *jedermann erkennbar* örtlich und funktional mit dem äußerlich gesicherten Besitztum *eng verbunden* sind, selbst aber die Umschließung/Einhegung nicht aufweisen.[1] Nach überwiegender, aber bestrittener Meinung fallen unter den Begriff des »befriedeten Besitztums« auch *leerstehende*, zum *Abbruch* bestimmte Wohnhäuser, sofern deren Einfriedung noch als Manifestation eines dem beliebigen Betreten entgegenstehenden Willens des Berechtigten angesehen werden kann.[2]

Betroffensein auf frischer Tat (»bei einem Diebstahl«) – § 252 StGB

147 »Auf frischer Tat betroffen« ist der Täter, wenn er bei der *Ausführung* oder **alsbald nach Vollendung** (→ Rn. 151) der Vortat (Diebstahl/Raub) von einem anderen am **Tatort** oder in dessen **unmittelbarer Nähe** bemerkt, d.h. sinnlich irgendwie **wahrgenommen** wird (enger räumlich-zeitlicher Zusammenhang zwischen Vortat und Bemerktwerden → Rn. 152 f).

Literatur: *Küper*, Krey-FS, 2010, S. 313 ff; LK-*Vogel* § 252 Rn. 19 ff, 51 ff. **Einführend:** *Dehne-Niemann* Jura 2008, 742 ff. **Monographisch:** *Goossens*, Zum Begriff der »frischen Tat« i.S. des § 252 StGB, 1996 (Zusammenfassung S. 141 f); *Lask*, Das Verbrechen des räuberischen Diebstahls, 1999, S. 76 ff.

Rechtsprechung Grundlegend: RGSt 73, 343 (344 ff – Betroffensein bei Tat*ausführung*); BGHSt 9, 255 (256 f – zur Tatfrische); 26, 95 (96 f – Nötigungshandlung vor Wahrnehmung); 28, 224 (227 ff – Tatfrische bei Zusammenbleiben von Täter und Opfer). **Beispielhaft:** BGH NJW 1968, 2386 f (Betroffenwerden vor Verzehr des Diebesguts); StV 1985, 13 f (Strafbarkeit nach §§ 252 und 255 StGB bei zwischenzeitigem Gewahrsamsverlust); StV 1986, 530 (Strafbarkeit nach § 240 StGB nach Beendigung der Tat).

BGH NJW 1958, 1547: „Mit dem Ausdruck auf frischer Tat ›betreffen‹ ist … nicht notwendig ein ›Überraschen‹ oder ›Entdecken‹ verbunden. Er bedeutet dem Sinn und Zweck des Gesetzes entsprechend nicht mehr als ›*Wahrnehmen*‹ oder ›*Bemerken*‹, gleichgültig, ob dies aus einiger Entfernung oder aus nächster Nähe geschieht. Daraus folgt, daß auch der *Gewahrsamsinhaber*, dem die Sache weggenommen wird, selbst den Täter auf frischer Tat betreffen kann, auch wenn er die Wegnahmehandlung von Anfang an bemerkt hat."

BGHSt 26, 95 ff: „Nach der in Rechtsprechung und Schrifttum herrschenden Auffassung wird ein Dieb auf frischer Tat betroffen, wenn er *alsbald nach Vollendung* der Tat am *Tatort* oder in dessen *unmittelbarer Nähe* von einer anderen Person wahrgenommen oder bemerkt wird. Der Senat ist jedoch der Ansicht, daß zu dem Betreffen … nicht unter allen Umständen auch ein Wahrnehmen gehört… Die Worte ›auf frischer Tat betreffen‹ bedeuten … nicht mehr als das bewußte oder unbewußte, geplante oder zufällige *raumzeitliche Zusammentreffen* einer Person

---

1 OLG Oldenburg NJW 1985, 1352 (Verkaufsfläche vor einem Kaufhaus in beheizter Fußgängerpassage) mit abl. Bspr. *Amelung* JZ 1986, 247 ff; krit. auch *Bloy* JR 1986, 80 f; zust. *Müller-Christmann* JuS 1987, 19 (21 f); eingehend zu den Zubehörflächen: *Amelung* NJW 1986, 2075 (2079 ff), *Behm* GA 1986, 547 ff; w.N. bei: *L/Kühl* § 123 Rn. 3, SK-*Stein* § 123 Rn. 36a; s. auch unten zum »Geschäftsraum« → Rn. 268.

2 *S/S/Sternberg-Lieben* § 123 Rn. 6a m.w.N.

mit dem Dieb alsbald nach der Vollendung des Diebstahls. Jemand kann im reinen Wortsinn einen Dieb betreffen, ohne daß ihm dessen Anwesenheit bewußt wird... Das Merkmal des ›Betreffens auf frischer Tat‹ dient ... nur dazu, die Voraussetzungen, unter denen ein Dieb einem Räuber gleichzustellen ist, *zeitlich* und *örtlich einzugrenzen*. Diese Erwägung führt folgerichtig dazu, daß der Dieb, der die Person, die ihn unmittelbar nach dem Diebstahl am Tatort überrascht, niederschlägt, um sich im Besitz des Diebesgutes zu erhalten, auch dann einem Räuber gleich zu achten ist, wenn ihn die Person noch gar *nicht bemerkt* hatte."

Erläuterungen

I. Einführung

1. Grundsätzliches

Die Merkmalsgruppe »auf frischer Tat (bei einem Diebstahl) betroffen«, die zum *objektiven* Tatbestand des § 252 StGB gehört, enthält – zunächst – zwei verschiedene, im Einzelnen umstrittene Problemkreise: Es geht einmal um den spezifischen Inhalt des »*Betroffenseins*« (→ Rn. 152), zum anderen um die Bestimmung der »*frischen*« Vortat (→ Rn. 151). Als dritter Problemkreis kommt die Frage hinzu, ob sich die »Frische« der Vortat nur auf das »Betroffensein« bezieht oder auch auf die *Tathandlung* des räuberischen Diebstahls (→ Rn. 150). Der ganze Merkmalskomplex hat die Funktion, den *engen Zusammenhang* zwischen der Vortat[1] und der eigentlichen Tathandlung – Anwendung qualifizierter Nötigungsmittel – zu gewährleisten, der die im Gesetz angeordnete *Gleichstellung* des räuberischen Diebstahls mit dem Raub rechtfertigt.[2] Die Wendung »auf frischer Tat betroffen« ist von dieser Funktion her sachgerecht auszulegen. Darin liegt der Grund dafür, dass das »Betreffen« nach überwiegender Ansicht prinzipiell *extensiv* verstanden wird: Ein – plötzliches – »Überraschen« oder »Ertappen« ist für das »Betreffen« nicht erforderlich, ebenso wenig ein auf die Vortat bezogener *Tatverdacht* des Wahrnehmenden.[3] Auch ist es danach gleichgültig, *von wem* der Täter »betroffen« wird. Der Täter braucht nur als *Individuum* – von irgendeiner anderen Person – bemerkt zu werden. »Betroffen« wird der Täter nach h.M. ferner dann, wenn er – ohne schon *bemerkt* worden zu sein – mit einer anderen Person »*raumzeitlich zusammentrifft*« (näher dazu → Rn. 152 f). **148**

Da der räuberische Diebstahl, wie sich aus dem subjektiven Tatbestand ergibt (»um sich im Besitz des gestohlenen Gutes zu erhalten«), ein Delikt der Gewahrsams*sicherung* darstellt, muss die Anwendung der zur Beuteerhaltung eingesetzten Nötigungsmittel grundsätzlich *nach Vollendung*[4] der Vortat erfolgen. »Betroffen« werden kann der Täter freilich schon *vor* deren Vollendung bei der *Ausführung* der Tat (»*bei* einem Diebstahl«),[5] *nach* Vollendung allerdings nur bei noch bestehender »Frische«. In De- **149**

---

1 Neben dem im Gesetz genannten Diebstahl kann dies auch ein Raub sein; zu den Konkurrenzen im letzten Fall s. MK-*Sander* § 252 Rn. 20.

2 Zu den Gründen dieser »Gleichstellung« näher *Küper* JZ 2001, 730 ff, 735 ff; *Weigend* GA 2007, 274 ff; krit. LK-*Vogel* § 252 Rn. 2 ff; jew. m.w.N.

3 Dazu näher *Schwarzer* ZJS 2008, 265 (266 ff) mit Hinw. zur vereinzelt gebliebenen Gegenansicht.

4 Zu der nahezu allg. abgelehnten Auffassung (*Dreher* MDR 1979, 529 f), dass § 252 StGB sogar eine »beendete« Vortat *voraussetze*, vgl. die zusammenfassende Kritik z.B. bei NK-*Kindhäuser* § 252 Rn. 13.

5 RGSt 73, 343 (345 – dem Opfer wird die Sache aus der Hand genommen); BGH NJW 1958, 1547 (oben zitiert → Rn. 147); *Schnarr* JR 1979, 314 (315); *Fischer* § 252 Rn. 6 m.w.N.

finitionen, die lediglich auf das Betroffensein »alsbald nach Vollendung« abstellen,[6] kommt dies nicht hinreichend zum Ausdruck; sie bezeichnen nur den *spätesten Zeitpunkt*, der die Möglichkeit eines früheren Betroffenwerdens nicht ausschließt.[7]

Wird der Täter bereits bei einem Diebstahlsversuch betroffen, so sind zwei Fälle zu unterscheiden, in denen der Täter gleichwohl in Besitzerhaltungsabsicht (dazu → Rn. 139)[8] die Tathandlung vollziehen kann: Zum einen kann als Vortat ein – untauglicher – *Versuch* vorliegen, der bereits zur Gewahrsamserlangung geführt hat. In diesem Fall kann der Täter zwar in Besitzerhaltungsabsicht handeln. Eine Strafbarkeit wegen vollendeten räuberischen Diebstahls scheidet gleichwohl aus, da der Täter den Diebstahl nicht vollenden kann.[9] Die gebotene Gleichstellung mit dem Raub setzt nämlich voraus, dass auch bei § 252 StGB qualifizierte Nötigungshandlung und Wegnahme vollzogen werden. Zum anderen kann der Betroffene über die Vollendung der Vortat und damit über die Gewahrsamserlangung irren und zur Erhaltung des vermeintlichen Besitzes handeln. Wird hier die Wegnahme unmittelbar darauf noch vollendet, kann auch eine Strafbarkeit wegen vollendeten räuberischen Diebstahls vorliegen.[10]

2. Die Stellung der »frischen« Tat im Tatbestand

150 Die »Frische« der Vortat (→ Rn. 151) bezieht sich bei strenger Wortauslegung nur auf das »Betroffensein«, nicht aber zugleich auf die *Tathandlung* des räuberischen Diebstahls. Der Täter muss danach zwar auf »frischer Tat betroffen« werden, kann jedoch die tatbestandlichen Nötigungsmittel noch zu einem Zeitpunkt anwenden, in dem die Vortat nicht mehr »frisch« ist.[11] Dieses Verständnis scheint auch der h.L. zugrunde zu liegen, die freilich selten klar artikuliert wird.[12] Dabei wird meist darauf hingewiesen, dass die Anwendung der qualifizierten Nötigungsmittel auch während der sog. »*Nacheile*« – der *Verfolgung* des auf frischer Tat betroffenen Täters – ausreiche, während ein »Betreffen« bei der Nacheile nur unter den Bedingungen einer noch »frischen« Vortat genügen soll.[13] Zwar deckt sich das Stadium der »Nacheile« häufig mit dem Zeitraum noch anhaltender »Frische«, weil die Nacheile eine bereits beendete Vortat regelmäßig ausschließt. Notwendig ist solche Kongruenz jedoch insbesondere dann nicht, wenn mit der überwiegenden Auffassung anerkannt wird, dass der Verlust der »Tatfrische« ggf. auch *vor* der »Beendigung« eintreten kann (→ Rn. 151).

Um die Gleichwertigkeit von räuberischem Diebstahl und Raub besser zu gewährleisten, empfiehlt sich demgegenüber eine Auslegung, die das Merkmal »Frische« zugleich auf die tatbestandliche *Nötigungshandlung* bezieht: Der Täter muss »betrof-

---

6 Etwa BGHSt 26, 95 f (oben zitiert → Rn. 147).
7 Vgl. näher *Küper* Jura 2001, 21 (24 f); *Mitsch*, BT II/1, § 4 Rn. 30.
8 Handelt der Betroffene hingegen zur Ermöglichung der Wegnahme, liegt ein Raub (§ 249 StGB) vor, sofern die Wegnahme noch vollendet wird.
9 *Küper* Jura 2001, 21 (23 m.N. in Fn. 15, 17); *Mitsch*, BT II/1, § 4 Rn. 22.
10 *Küper* Jura 2001, 21 (23 ff). Anders die h.M. (z.B. BGHSt 16, 271 [277]; MK-*Sander* § 252 Rn. 6), wonach stets erforderlich sei, dass der Diebstahl im Zeitpunkt der Nötigungshandlung bereits *vollendet* ist.
11 Bsp.: A wird am Tatort betroffen, wendet aber erst Gewalt an, als er später zu Hause aufgesucht wird.
12 Deutlich aber *Mitsch*, BT II/1, § 4 Rn. 27, 39; *Schnarr* JR 1979, 314 (316 f).
13 Vgl. *Fischer* § 252 Rn. 7; LK-*Vogel* § 252 Rn. 57.

fen« werden, solange die Vortat noch »frisch« ist, und er muss wiederum vor Abschluss dieser Phase ein Nötigungsmittel i.S. des § 252 StGB einsetzen.[14]

II. Das Verhältnis von Vortat-Beendigung und »frischer« Tat

Noch nicht definitiv geklärt ist, welche Bedeutung die materielle »*Beendigung*« der Vortat für deren »Frische« hat und in welchem Verhältnis die »Beendigung« zu einer *räumlich-zeitlichen* Bestimmung der »Tatfrische« steht. Nach der Rechtsprechung fehlt einerseits eine »frische« Vortat stets, sobald sie »beendet« ist. Denn hier habe der Täter bereits gesicherten Gewahrsam an der Beute erlangt, den Diebstahl also abgeschlossen. Diese Beendigung der Vortat markiere *zwingend* die Grenze der »frischen« Tat. Die *Umkehrung* soll andererseits nicht gelten: Auch bei noch nicht beendeter Vortat könne die Tat aus Gründen des Zeitablaufs oder der räumlichen Entfernung bereits ihre »Frische« verloren haben.[15] Die Literatur ist dieser differenzierenden Betrachtung überwiegend gefolgt.[16] Nach einer beachtlichen Gegenmeinung schließt jedoch die »Beendigung« eine Tatfrische nur in der Regel, nicht aber *notwendig* aus: In Fällen sehr engen zeitlich-räumlichen Zusammenhangs könne die Vortat trotz eingetretener Beendigung noch »frisch« sein (etwa bei einem Diebstahl aus der Nachbarwohnung).[17] **151**

Im Schrifttum wird z.T. darauf hingewiesen, dass die »Frische« der Vortat den Zeitraum umgrenze, innerhalb dessen noch »*Notrechte*« des Bestohlenen wahrgenommen werden dürfen, insbesondere ein noch »gegenwärtiger Angriff« (§ 32 StGB) auf das Eigentum vorliegt.[18] Sachlich dürfte sich dies jedoch mit der Bestimmung der »Frische« nach dem Beendigungskriterium decken.

III. »Betreffen« und »raumzeitliches Zusammentreffen«

1. Das Problem

Der Bedeutungs*kern* des »Betreffens« besteht nach heutigem Verständnis darin, dass der Täter aufgrund irgendeiner sinnlichen Wahrnehmung – als Person – »bemerkt« wird; dabei braucht die »Wahrnehmung« nicht visuell zu sein. Nach der Rechtsprechung und verbreiteter Literaturmeinung ist für das »Betreffen« aber nicht unbedingt ein *sinnliches Wahrnehmen* erforderlich: Es genüge ein schlichtes sog. »raumzeitliches Zusammentreffen«, ohne dass der Täter schon bemerkt wird. Damit soll – vom Schutzzweck des § 252 StGB her einleuchtend – der Fall erfasst werden, dass der Täter vor der Gewaltanwendung nicht erst abwartet, bis er bemerkt wird, sondern „durch **152**

14 In dieser Richtung BGHSt 9, 162 (163); 26, 95 (96); 28, 224 (228 f); BGH NJW 1987, 2687 f; SK-*Sinn* § 252 Rn. 10. Krit. aber *Haas*, in: Momsen et al. (Hrsg.), Fragmentarisches Strafrecht, 2003, S. 145 ff, 179 ff.

15 Vgl. BGHSt 28, 224 (228 f – gemeinsame Autofahrt); BGH NJW 1987, 2687 (2688 – Täter bleibt im Herrschaftsbereich des Opfers); StV 1987, 196 (schlafendes Opfer); JZ 1988, 471 f (Abtransport der Beute); StV 2013, 445 (Zwischenlagerung der Beute im Zug).

16 Vgl. z.B. *Fischer* § 252 Rn. 4 f; *W/Hillenkamp* Rn. 399. Anders *Otto*, BT, § 46 Rn. 54, der die »Beendigung«/»Nichtbeendigung« als *allein maßgebendes* Kriterium der »Frische« ansieht.

17 Vgl. dazu *L/Kühl* § 252 Rn. 4; *Gössel*, BT 2, § 15 Rn. 12 ff; *Dreher* MDR 1979, 529 (531 ff), der dort zudem – anders als die eben angeführte Rspr. – meint, dass eine unbeendete Vortat notwendig »frisch« sein muss.

18 NK-*Kindhäuser* § 252 Rn. 14; *Rengier*, BT 1, § 10 Rn. 7.

schnelles Zuschlagen dem *Bemerktwerden zuvorkommt*“[19]. Diese Auslegung soll allerdings nicht mehr für die Situation gelten, dass Täter und Opfer von vornherein »*zusammen sind*« und bis zur Nötigungshandlung »zusammen bleiben«, ohne im Wortsinn aufeinander zu »treffen« (gemeinsame Autofahrt).[20] An der Erweiterung des »Betreffens« auf ein bloß »raumzeitliches Zusammentreffen« wird im Schrifttum vielfach Kritik geübt, die sich hauptsächlich auf das *Analogieverbot* beruft (Überschreitung des möglichen Wortsinns, Art. 103 II GG).[21]

2. Bemerkungen zum Problem

153 Die Einbeziehung des bloß »raumzeitlichen Zusammentreffens« dürfte angesichts des neutralen, nicht nur auf Wahrnehmung (= „Betroffenwerden“) festlegbaren Sprachsinns von »Betreffen« (sondern auch „Betroffensein“) zwar mit dem Analogieverbot noch *vereinbar* sein.[22] Indes wird dabei ein anderer Gesichtspunkt außer Acht gelassen. In den Fällen, in denen der Täter durch Gewaltanwendung »dem Bemerktwerden zuvorkommt«, findet jenes »Zusammentreffen« erst im – oder kurz vor dem – Zeitpunkt der *Gewaltausübung* statt. Da ein raumzeitliches Zusammentreffen *bei* einer Gewaltanwendung im Tatbestand schon *vorausgesetzt* ist,[23] muss das »Betreffen« nach der Tatbestandsstruktur eine *zusätzliche* Bedeutung haben, die dann eben doch nur in einem »Bemerken« (Wahrnehmen) bestehen kann.[24]

Fordert man deshalb eine Wahrnehmung des Täters durch das Opfer, so wird wiederum bei der Diskussion um das »raumzeitliche Zusammentreffen« oft nicht genügend beachtet, dass auch der Täter, der durch Gewaltanwendung »dem Bemerktwerden zuvorkommt«, regelmäßig *im Zeitpunkt* dieser Nötigungshandlung vom Opfer noch irgendwie wahrgenommen wird, sofern es nur die Gewalt mit dessen Person (Anwesenheit) subjektiv in Verbindung bringt. Und das Gesetz verlangt nicht – wie meist intuitiv vorausgesetzt wird[25] –, dass das »Betreffen« der Gewaltanwendung zeitlich *vorausgeht*; vielmehr können »Betreffen« und Zwangsausübung temporal zusammenfallen. Sonst müsste aus § 252 StGB etwa die Situation ausgeschlossen werden, dass das Opfer den Täter erst im Augenblick der Drohung überhaupt wahrnimmt! Die Kontroverse um das »raumzeitliche Zusammentreffen« betrifft daher streng genommen nur die Fälle, in denen das Opfer entweder schon die Gewaltanwendung nicht wahrnimmt (z.B. Einsperren eines Schlafenden) oder lediglich die Gewalt*wirkung* verspürt, ohne sie auf eine anwesende Person zurückzuführen.[26] Lässt man eine Wahrnehmung im Zeitpunkt des Nötigungsakts genügen, so kann in das »Betreffen« auch die Situation einbezogen werden, dass Täter und Opfer von vornherein »zusammen sind« (vgl. → Rn. 152 a.E.).

---

19 BGHSt 26, 95 (96, oben zitiert → Rn. 147).

20 BGHSt 28, 224 (227 f) mit zust. Bspr. *Seier* JuS 1979, 336 (338).

21 Aufbereitung der Argumente m.w.N bei *Hillenkamp*, BT, Problem Nr. 27; eingehend krit.: *Haas*, in: Momsen et al. (Hrsg.), Fragmentarisches Strafrecht, 2003, S. 176 ff, *Mitsch*, BT II/1, § 4 Rn. 31 f, *Schnarr* JR 1979, 314 ff; sehr extensiv dagegen *Gössel*, BT 2, § 15 Rn. 16 f, der auch das »Zusammensein« einbezieht; ähnlich *Rengier*, BT 1, § 10 Rn. 9 f.

22 SK-*Sinn* § 252 Rn. 11; *SSW-Kudlich* § 252 Rn. 11; anders z.B. *W/Hillenkamp* Rn. 401 m.w.N.

23 Soll auf frischer Tat gegen eine Person Gewalt verübt werden, so setzt bereits die Vornahme der Nötigungshandlung das raumzeitliche Zusammentreffen von Opfer und Täter voraus.

24 Näher dazu *Küper*, Krey-FS, S. 313 (331 ff); in dieser Richtung auch LK-*Vogel* § 252 Rn. 28; *Mitsch*, BT II/1, § 4 Rn. 31; *Schwarzer* ZJS 2008, 265 (267 f).

25 Bezeichnend BGHSt 26, 95 (96); *Fezer* JZ 1975, 609 ff.

26 *Küper*, Krey-FS, S. 313 (333 f).

Beweggründe, niedrige – § 211 II StGB

»Niedrig« sind Beweggründe, die **besonders verwerflich** (verachtenswert) sind, weil sie nach allgemeiner rechtlich-sittlicher Wertung auf **tiefster Stufe** stehen, insbesondere den Anspruch des Opfers auf Achtung seines personalen Eigenwertes **schlechthin** verneinen oder ein **unerträgliches Missverhältnis** zwischen *Anlass* (Zweck) und *Folgen* der Tat erkennen lassen. **154**

Literatur: NK-*Neumann* § 211 Rn. 26 ff; MK-*Schneider* § 211 Rn. 70 ff. **Einführend:** *Kühl* JuS 2010, 1041 ff. **Monographisch:** *Heine*, Tötung aus »niedrigen Beweggründen«, 1988; *Votteler*, Das Mordmerkmal der „sonst niedrigen Beweggründe" gem. § 211 Abs. 2 1. Gruppe 4. Variante StGB, 2014.

Rechtsprechung Grundlegend: BGHSt 35, 116 (127 – Verhältnis zur Verdeckungsabsicht); 56, 11 (18 f). **Beispielhaft:** BGHSt 50, 1 (8 f – zur Auftragstötung); BGH NStZ-RR 2003, 78 f (Vernichtungswille); 2014, 203 (keine Zurechnung des Beweggrunds bei Mittäterschaft) sowie unten → Rn. 157.

BGHSt 56, 11 (18 f): „Nach ständiger Rechtsprechung des BGH ist ein Tötungsbeweggrund niedrig, wenn er nach allgemeiner sittlicher Würdigung auf *tiefster Stufe* steht und deshalb besonders verachtenswert ist. Ob dies der Fall ist, beurteilt sich aufgrund einer *Gesamtwürdigung*, welche die Umstände der Tat, die Lebensverhältnisse des Täters und seine Persönlichkeit einschließt."

BGH NStZ 2012, 691 (692): „Gefühlsregungen wie Eifersucht, Wut, Ärger, Hass und Rache kommen nach der Rechtsprechung in der Regel nur dann als niedrige Beweggründe in Betracht, wenn sie ihrerseits auf niedrigen Beweggründen beruhen, was am ehesten der Fall ist, wenn diese Gefühlsregungen jeglichen nachvollziehbaren Grund entbehren… Der Täter muss weiterhin die tatsächlichen Umstände, welche die Niedrigkeit der Beweggründe ausmachen, in ihrer Bedeutung für die Tatausführung in sein Bewusstsein aufgenommen und erkannt haben sowie – insbesondere auch bei affektiver Erregung und gefühlsmäßigen oder triebhaften Regungen, wie dies etwa Verärgerung, Wut und Eifersucht sind – in der Lage gewesen sein, sie gedanklich zu beherrschen und willensmäßig zu steuern… Beim Vorliegen eines Motivbündels beruht die vorsätzliche Tötung auf niedrigen Beweggründen, wenn das Hauptmotiv, welches der Tat ihr Gepräge gibt, nach allgemeiner sittlicher Wertung auf tiefster Stufe steht und deshalb verwerflich ist."

Erläuterungen

Um zu beurteilen, ob die Beweggründe niedrig[1] sind, ist eine *umfassende Gesamtwürdigung* von Motivation, Täterpersönlichkeit und Tatumständen erforderlich. Die begrifflich unscharfe Bewertung als „besonders verwerflich" kann durch zwei unterschiedliche Aspekte spezifiziert werden:[2] So kann das Täterverhalten einerseits die *Reaktion* auf eine besondere Tatsituation sein, die von einem nicht mehr nachvollziehbaren Beweggrund getragen wird (grobes Missverhältnis zwischen Tatanlass und **155**

1 Allg. krit. zum Merkmal der »niedrigen Beweggründe« aus rechtsstaatlicher Sicht *Kargl* StraFo 2001, 365 (367 f); *G. Wolf*, Schreiber-FS, 2003, S. 519 (526 ff). Krit. zu »psychologisierenden« Tendenzen in der Rspr. *H. Schneider*, Widmaier-FS, 2008, S. 759 ff.

2 NK-*Neumann* § 211 Rn. 26 ff m.w.N.

Täterreaktion). Andererseits kann das Täterverhalten Ausdruck einer *übersteigerten egoistischen Grundhaltung* sein, die dem Opfer jegliche Achtung als Mensch abspricht (Instrumentalisierung von Menschenleben).

Nach überwiegender Ansicht entscheiden für die Verwerflichkeit die *sozialethischen Grundanschauungen* in der deutschen Rechtsgemeinschaft, mag der Täter diese aufgrund seiner religiösen Überzeugung oder Volkszugehörigkeit auch nicht teilen. Allenfalls könne solchen Tätern, die den fremden Anschauungen besonders intensiv verhaftet sind, das Bewusstsein der Niedrigkeit ihres Vorgehens fehlen.[3]

Der Täter muss sich zumindest der *Umstände bewusst* sein, die den Tatantrieb als besonders verwerflich kennzeichnen. Kommen als niedrige Beweggründe gefühlsmäßige und triebhafte Regungen in Betracht, so muss der Täter in der Lage gewesen sein, diese gedanklich zu beherrschen und willensmäßig zu steuern; dies kann bei Tötungen fraglich sein, die auf einem spontanen emotionalen Entschluss beruhen.[4] Zu weitgehend ist die Rechtsprechung, die einen »niedrigen Beweggrund« annimmt, „wenn der Täter in dem Bewusstsein handelt, *keinen Grund* für eine Tötung zu haben oder zu brauchen“:[5] Das bloßen Fehlen eines Motivs kann kein *Beweg*grund sein.

156 Liegen *verschiedene* Beweggründe (»Motivbündel«) vor, so müssen die »niedrigen« bei der Gesamtwürdigung *überwiegen* und der Tat ihr wesentliches Gepräge geben.[6] Im Verhältnis zu den anderen Merkmalen der ersten Gruppe ist der *sonstige* niedrige Beweggrund subsidiär zu prüfen: Wird das Motiv bereits vollständig von einem benannten Beweggrund erfasst, so kann nicht zugleich ein sonstiger niedriger Beweggrund gegeben sein; eine Prüfung des Merkmals erübrigt sich dann.[7] Erfasst das benannte Merkmal das Motiv nicht, so stellt sich die Frage, ob die Nähe zu einem benannten Beweggrund die Bewertung als sonstiger niedriger Beweggrund rechtfertigt oder ob sie ihr – umgekehrt – sogar eher entgegensteht, da die Unrechtsschwere des benannten Motivs eben nicht erreicht wurde.[8] Umstritten ist, ob die Absichten der 3. Gruppe auch als Sonderfall des niedrigen Beweggrundes begriffen werden können. Dafür ließe sich (insbesondere bei der Ermöglichungsabsicht) das übersteigerte egoistische Motiv anführen, dagegen spricht (zumindest bei der Verdeckungsabsicht) die zugrunde liegende Selbstbegünstigungstendenz.[9] Sieht man z.B. die Verdeckungsabsicht als besonderen niedrigen Beweggrund,[10] so ist diese

3 BGH NJW 2004, 1466 ff; NStZ 2006, 286 ff (Blutrache); *Grünewald* NStZ 2010, 1 ff; *Valerius* JZ 2008, 912 ff; MK-*Schneider* § 211 Rn. 104 ff; Übersicht bei *Schorn*, Mord aus niedrigen Beweggründen bei fremden soziokulturellen Wertvorstellungen, 2014, S. 99 ff.

4 BGHSt 28, 210 (212); BGH NJW 1981, 1382 (Tötung nach ehelicher Auseinandersetzung); NStZ-RR 2004, 44 (emotional aufgewühlte Gemütsfassung) und 108 (109 – wutbedingte Kurzschlusshandlung).

5 BGHSt 47, 128 (132 – bewusstes Abreagieren von frustrationsbedingten Aggressionen); krit. dazu *Saliger* StV 2003, 38 ff; vgl. andererseits auch BGH NStZ 2006, 166 (167 – ein Handeln ohne jeglichen Grund stellt im Grundsatz *keinen* niedrigen Beweggrund dar).

6 *Kühl* JuS 2010, 1041 (1047) m.w.N. sowie die Hinw. beim Stichw. »Habgier« → Rn. 310.

7 *Kühl* JA 2009, 566; MK-*Schneider* § 211 Rn. 48.

8 So NK-*Neumann* § 211 Rn. 7 (m.N für die Gegenansicht), der in diesen Fällen für die Annahme eines sonstigen niedrigen Beweggrundes konsequent eine eigenständige Begründung verlangt.

9 S. dazu NK-*Neumann* § 211 Rn. 97.

10 So z.B. BGHSt 23, 39 (40).

vorrangig zu prüfen[11] – zudem stellt sich bei »verdeckungsnahen« Motiven wiederum die Frage, ob diese Nähe die Annahme des sonstigen niedrigen Beweggrundes rechtfertigt.[12]

Die Rechtsprechung hat »niedrige Beweggründe« in folgenden Fällen[13] bejaht: **157**

- »Maßlose *Eifersucht* ohne verständlichen Anlass« (BGHSt 3, 180; BGH NStZ 1994, 395 f);
- »Hemmungslose *Eigensucht*« (BGH NStZ 1985, 454 – Tötung eines Zufallsopfers, um statt seiner als tot zu gelten);
- »*Rassenhass*«, »Ausländerfeindlichkeit« (BGHSt 18, 37 [39]; BGH NJW 1994, 395 f);
- Tötung der Ehefrau als Hindernis eines Liebesverhältnisses (BGHSt 3, 132 ff);
- Wut/Enttäuschung über verweigerten Sexualverkehr (BGHSt 2, 62 f);
- »Wut, Zorn, Verärgerung«, wenn sie ihrerseits auf niedrigem Beweggrund beruhen (BGHSt 47, 128 [130]; BGH NStZ 1993, 182; 2002, 368 mit Anm. *Hermanns/Klein* JA 2002, 749 ff; NStZ 2004, 34; NStZ-RR 2007, 111; 2011, 35);
- Tötung aus »Imponiergehabe«, um in der Gruppe als gleichwertig zu gelten (BGH NStZ 1999, 129 f);
- *Hass*, wenn er nicht „menschlich verständlich“, sondern Ausdruck niedriger Gesinnung ist (BGH NStZ 2000, 20 [21] – bei Altvater);
- »willkürliche Auswahl« unbeteiligter Opfer (BGH NJW 2004, 3051 [3054 – terroristischer Sprengstoffanschlag auf Diskothek] mit krit. Anm. *Schroeder* NStZ 2005, 153 f);
- Rache (BGH NStZ 2006, 97 f mit krit. Anm. *Bosch* JA 2006, 175 [176]; NStZ-RR 2011, 7 [8 – Rachsucht/Vergeltung]; wie bei »Hass« diff. BGHSt 56, 11 [19]).

Böswillig (böswillige Vernachlässigung der Sorgepflicht) – § 225 I (§ 223b I a.F.) StGB

»Böswillig« ist die Pflichtverletzung, wenn sie *in Kenntnis des Unrechts* aus einem besonders *verwerflichen Beweggrund* begangen wird (z.B. Hass, Bosheit, Eigennutz, Geiz, Sadismus; nicht aber: persönliche Schwäche oder Gleichgültigkeit). **158**

Literatur: LK-*Hirsch* § 225 Rn. 16 ff; *M/R/Engländer* § 225 Rn. 9. **Monographisch:** *Kelker*, Gesinnungsmerkmale, S. 533 ff, 545 ff.

Rechtsprechung Grundlegend: RGSt 72, 118 (119); BGHSt 3, 20 (22). **Beispielhaft:** BGH NStZ 1991, 234 (Verhältnis der Tatbestandsmodalitäten beim Unterlassen).

Hinweise: Bei der Tatbeteiligung ist zu beachten, dass die Böswilligkeit ein täterbezogenes besonderes persönliches Merkmal ist, das – da es die einfache Körperverlet- **159**

---

11 *Rengier*, BT 2, § 4 Rn. 22a.

12 Vgl. NK-*Neumann* § 211 Rn. 37. Zum Verhältnis von Verdeckungsabsicht und sonstigem »niedrigem Beweggrund« s. auch → Rn. 576 f.

13 Weitere Kasuistik bei *Fischer* § 211 Rn. 24 ff; *L/Kühl* § 211 Rn. 5a.

zung durch Unterlassen (§§ 223, 13 StGB) qualifiziert – ganz überwiegend als strafschärfend i.S. des § 28 II StGB eingeordnet wird.[1] In vergleichbarer Bedeutung kommt das Merkmal der »Böswilligkeit« in §§ 90a I Nr. 1, 130 I Nr. 2, II Nr. 1 StGB vor.[2]

Brandlegung – §§ 306 ff (§ 263 III 2 Nr. 5) StGB

Vgl. **Inbrandsetzen/Brandlegung** → Rn. 350.

Diensthandlung – §§ 113 I, 114 I, 136 III, 331 ff StGB

Vgl. **Vollstreckungshandlung** (Diensthandlung) → Rn. 708 und **Vorteil: Fordern (usw.) »als Gegenleistung für eine Diensthandlung«** bzw. **»für die Dienstausübung«** → Rn. 733.

Drohung mit einem empfindlichen Übel – §§ 240 I, 253 I (§§ 106 I, 108 I, 232 IV Nr. 1/2, 233a II Nr. 3, 234 I, 235 I Nr. 1, 237 I/II) StGB

160 **»Drohung«** ist die – ausdrückliche oder schlüssige – **Ankündigung** (»Inaussichtstellen«) eines künftigen Übels, dessen **Eintritt** (→ Rn. 161) der Ankündigende gegenüber dem Adressaten als von seinem (unmittelbaren oder mittelbaren) **Einfluss abhängig darstellt**.

Umstritten ist, ob der Adressat die Verwirklichung des angekündigten Übels für möglich halten muss (Problem der **Ernstnahme** → Rn. 161 ff), welche Anforderungen an die Drohung zu stellen sind, wenn Adressat und derjenige, den das Übel treffen soll, nicht identisch sind (Ankündigung des Übels für **Dritte** → Rn. 166) und unter welchen Voraussetzungen auch **mit** einem **Unterlassen** gedroht werden kann (→ Rn. 167 ff).

»Empfindlich« ist ein Übel, wenn es einen Nachteil von solcher Erheblichkeit darstellt, dass seine Ankündigung bei objektiver Beurteilung – unter Berücksichtigung der persönlichen Verhältnisse des Betroffenen – geeignet ist, einen besonnenen Menschen in der konkreten Situation zu dem mit der Drohung erstrebten Verhalten zu bestimmen (→ Rn. 165).

Literatur: *M/R/Eidam* § 240 Rn. 38 ff; MK-*Sinn* § 240 Rn. 67 ff. **Einführend:** *W/Hettinger* Rn. 401 ff. **Monographisch:** *Sinn*, Die Nötigung im System des heutigen Strafrechts, 2000, S. 224 ff.

---

1 S. etwa *S/S/Sternberg-Lieben* § 225 Rn. 1/2, 16; MK-*Hardtung* § 225 Rn. 32 (m.N. für die Gegenansicht). Nach *Küper*, ZStW 104 (1992), 559 ff (582 ff) handelt es sich um ein straf*begründendes* Schuldmerkmal i.S. des § 29 StGB.

2 Vgl. dazu *L/Kühl* § 90a Rn. 6 m.w.N.

Rechtsprechung Grundlegend: RGSt 3, 262 (263 – tatsächliche Ausführbarkeit der Drohung); BGHSt 7, 197 (198 – Verwirklichungsmacht); 7, 252 (253 – Inaussichtstellen des Übels); 31, 195 (201) und 44, 68 (74 ff) – jew. zur Drohung mit Unterlassen. **Beispielhaft:** BGHSt 23, 294 (295 f – „Trittbrettfahrer" bei einer Erpressung); BGH NStZ 1992, 278 (Empfindlichkeit); NStZ 2014, 149 (151 – Androhung einer Strafanzeige); OLG Karlsruhe NJW 2004, 3724 (Fallenlassen einer Strafanzeige) mit Anm. *Warneke* JA 2005, 332.

BGH NStZ 2009, 693: „Eine Drohung … ist das Inaussichtstellen eines künftigen Übels, auf dessen Eintritt der Drohende Einfluss hat oder zu haben vorgibt und dessen Verwirklichung er nach dem Inhalt seiner Äußerung für den Fall des Bedingungseintritts will… Zwar kann … auch die Ankündigung der Zufügung eines Übels durch *Dritte* genügen, dies jedoch nur, wenn der Drohende damit zum Ausdruck bringt, er sei willens und in der Lage, den oder die Dritten zu einem entsprechenden Tätigwerden zu veranlassen."

Erläuterungen

I. Das Problem der »Ernstnahme«: Täter- oder Opferperspektive?

1. Der Ausgangspunkt

Die »Drohung« stellt einen spezifischen Angriff auf die Freiheit der Willensbestimmung dar. Er enthält ein »Bedingungselement«, das in den Begriffsbestimmungen oft nicht ausdrücklich hervorgehoben wird und regelmäßig auch vernachlässigt werden kann, weil der Täter die »Drohung« ohnehin als Nötigungsmittel einsetzen muss: Bei der »Drohung« wird das Übel nämlich *für den Fall* (also »bedingt«) in Aussicht gestellt, dass das vom Drohenden erwartete Opferverhalten unterbleibt.[1] **161**

Dass die »Drohung« weder die Fähigkeit noch den Willen des Täters voraussetzt, das angekündigte Übel auch zu *verwirklichen*, ist allgemein anerkannt. Es genügt, dass die Ankündigung den Anschein der Ernstlichkeit vermittelt. Eine Drohung kann deshalb das Element der *Täuschung* (List) enthalten und impliziert es sogar häufig: Der Drohende spiegelt lediglich vor, dass er bereit und imstande sei, das Übel zu realisieren, falls der Bedrohte nicht in seinem Sinn reagiert (»leere Drohung« oder »Scheindrohung«). Davon zu unterscheiden ist die Frage, ob es bereits zum *Begriff* der »Drohung« gehört, dass der Adressat die Übelsankündigung (nicht nur zur Kenntnis nimmt und versteht, sondern auch) *tatsächlich* »ernst nimmt«, d.h. zumindest mit der Möglichkeit ihrer *Verwirklichung* rechnet (»Opferperspektive«), oder ob es ausreicht, dass der Bedrohte die Ankündigung nach der *Tätervorstellung* ernst nehmen *soll* (intentionale »Täterperspektive«), auch wenn sie vom Adressaten faktisch nicht ernst genommen wird (dazu → Rn. 162 f).

2. Rechtsprechung/Literatur

Die Rechtsprechung hat diese Frage unterschiedlich und *nicht* immer *eindeutig* beantwortet. Teils wird auf die »Opfersicht« abgestellt, also ein tatsächliches Ernstnehmen beim Adressaten in der Form vorausgesetzt, dass der Bedrohte die Ausführung des angekündigten Übels durch den Drohenden oder von ihm beeinflussten Dritten *für* **162**

---

1 *Küper* GA 2006, 439 (440 f); *Schroeder*, Meurer-GS, 2002, S. 237 (241 f); BGH NStZ 2009, 692 (693, oben zitiert → Rn. 161); z.T. krit. *Herzberg* GA 1998, 211 (213).

möglich hält.[2] Teils soll offenbar die »Täterperspektive« maßgebend sein, wenn darauf abgestellt wird, dass die Ernstnahme beim Adressaten erweckt werden *soll.*[3] In der älteren Rechtsprechung heißt es auch, dass es auf die »objektive Eignung« zur Ernstnahme oder den »objektiven Eindruck« der Ernstlichkeit ankomme.[4] Soweit dabei Anforderungen gestellt werden, die über die »Ernstnahme aus subjektiver Tätersicht« hinausgehen (Opferperspektive, objektive Eignung), ist allerdings nicht klar, ob damit nun eine notwendige oder nur eine hinreichende (»es genügt jedenfalls«) Bedingung der Drohung gemeint ist. Die von der Rechtsprechung verwendeten, unterschiedlichen Formulierungen des Drohungsbegriffs sind auch in die wechselnden Begriffsbestimmungen eingegangen, die in der Literatur angeboten werden: Entweder wird die *Täterperspektive*[5] oder die *Opferperspektive*[6] als maßgeblich erachtet.[7]

3. Bemerkungen zum Problem

163 Die Entscheidung der Frage richtet sich danach, ob die »Drohung« selbst bereits ein *Erfolgsmoment* (Wirkungselement) enthält. Ein solcher Erfolg könnte im Fall der »Ernstnahme« in der tatsächlichen Beeinträchtigung der Motivationsfreiheit beim Opfer liegen. Stellt man nur auf eine objektive »Eignung« zur Ernstnahme ab, so würde zumindest eine Gefährdung dieser Freiheit verlangt werden. Wird hingegen auf eine solch beeinträchtigende Wirkung beim Opfer verzichtet, so beschreibt der Drohungsbegriff nur eine Methode des intentionalen *Angriffs* auf die Freiheit der Willensbestimmung. Die Lösung im letzteren Sinn dürfte den Vorzug verdienen. Mit der »Drohung« kennzeichnet das Gesetz wie mit der Täuschung (»Vorspiegeln«) lediglich das vom Täter eingesetzte unwertige *Mittel* zur Willensbeeinflussung. Die tatsächliche oder mögliche Wirkung dieses Mittels auf den Opferwillen liegt als Erfolg, der vom Täter nur *angestrebt* werden muss, noch außerhalb des Drohungsbegriffs. Dafür spricht – neben dem erfolgsneutralen Wortsinn – auch das Verständnis der »Bedrohung« in § 241 I StGB. Dort ist anerkannt, dass der Bedrohte die Verbrechensdrohung nicht tatsächlich ernst nehmen muss.[8]

Das angesprochene Problem des Drohungsbegriffs ist allerdings bei den Nötigungsdelikten, die einen Kausalzusammenhang – Motivationszusammenhang – zwischen der Drohung und dem Opferverhalten voraussetzen (§§ 240, 253, 255 StGB), nicht von *praktischer* Bedeutung. Nimmt der Adressat die Übelsankündigung nämlich

---

2 In dieser Richtung z.B. RGSt 3, 262 (263); BGHSt 7, 197 (198); 23, 294 (295 f); BGH NStZ 1985, 408; StV 1996, 482.

3 Vgl. z.B. (auch zum Drohungsbegriff des § 114 StGB a.F.): RGSt 39, 266 (268); 54, 236 (237); BGHSt 7, 252 (253); 16, 386 (387); 26, 309 (310); BGH NStZ 1996, 494; 1997, 184; BayObLG NJW 1963, 824.

4 RGSt 2, 286 („ernstlichen Eindruck machen konnte"); 19, 41(42: „Übel, welches so beschaffen ist, daß die Furcht vor Erleidung desselben die Freiheit des Willens des Bedrohten zu beeinträchtigen vermag"); 34, 15 (17 f).

5 *Fischer* § 240 Rn. 31; *W/Hillenkamp* Rn. 353; eingehend *Blanke*, Das qualifizierte Nötigungsmittel der Drohung (usw.), 2007, S. 191 ff, 195 ff.

6 NK-*Kindhäuser* Vor § 249 Rn. 24; *Rengier*, Maurer-FS, 2001, S. 1195 (1197 ff mit Übersicht zum Streitstand). Auf den »objektiven Anschein der Ernstlichkeit« (Eignung) wird bei *L/Kühl* § 240 Rn. 12 abgehoben.

7 Bei *S/S/Eisele* Vor §§ 234 ff Rn. 33 findet sich aber auch eine Kombination der Perspektiven.

8 Vgl. LK-*Schluckebier* § 241 Rn. 6; RGSt 4, 10; 12, 194 (198); 32, 102; BVerfG NJW 1995, 2776 (2777) mit krit. Bspr. *Küper* JuS 1996, 783 ff.

nicht ernst, so wird er durch sie nicht motiviert, so dass ohnehin nur ein Versuch des jeweiligen Delikts in Frage kommt: gleichgültig, ob man mangels Ernstnahme bzw. Eignung schon die »Drohung« als solche verneint (»Drohungsversuch«) oder sie aus der Täterperspektive bejaht (Versuch mit »vollendeter Drohung«). Die genauere begriffliche Bestimmung der »Drohung« wirkt sich jedoch bei Delikten aus, die keinen solchen Kausalzusammenhang, sondern nur einen subjektiven »Finalzusammenhang« erfordern. Dies gilt nach herrschender, aber bestrittener Auffassung für die Wegnahme »unter Anwendung« einer qualifizierten Drohung bei § 249 StGB,[9] aber auch für die »Anwendung« einer derartigen Drohung beim räuberischen Diebstahl (§ 252 StGB). Liegen die sonstigen Voraussetzungen eines vollendeten Delikts vor, so kann hier die Entscheidung zwischen Vollendung und Versuch davon abhängen, welcher Drohungsbegriff zugrunde gelegt wird.

II. »Drohung« und »Warnung«

Zum Begriff der Drohung gehört nach h.M., dass sich der Drohende nach dem Inhalt der Übelsankündigung »Verwirklichungsmacht beimisst«, d.h. den Eintritt des Übels als von seinem *Einfluss* abhängig (»in seiner Macht stehend«) darstellt. Dies ist auch in der Weise möglich, dass das Übel durch Einschaltung eines *Dritten* verwirklicht werden soll, auf den der Täter Einfluss zu haben (und diesen Einfluss zu nutzen) zumindest vorgibt. In dieser – vorgeblichen – Abhängigkeit des Übelseintritts vom eigenen Einfluss des Drohenden wird üblicherweise der Unterschied zwischen »Drohung« und bloßer »Warnung« gesehen.[10] **164**

Wird der Drohungsbegriff allerdings durch Verzicht auf das übliche Erfordernis der »Verwirklichungsmacht« erweitert, so lassen sich der »Drohung« auch Fälle zuordnen, in denen der Täter das Opfer dadurch unter Druck setzt, dass er ihm ein bevorstehendes Übel *vorspiegelt*, dessen Eintritt zwar nicht der *Täter* selbst *herbeiführen*, aber das *Opfer* durch ein bestimmtes, vom Täter gefordertes Handeln *vermeiden* könne (»täuschende Warnung« als Drohung).[11] Es ist allerdings fraglich, ob ein solcher Verzicht auf die Verwirklichungsmacht die Drohung nicht konturenlos macht. Zwar kann der Täter durch die Täuschung für den Nötigungsadressaten das Übel begründen, er kann aber den Eintritt des Übels nicht hemmen oder ablaufen lassen, sondern nur einen Ausweg anbieten. Wählt das Opfer diesen, hat es sich nicht des Nötigungsdrucks des Täters gebeugt, sondern ist vor einem unweigerlich eintretenden Übel nur „geflüchtet".

Problematisch ist die Frage, ob in einer Verkehrsblockade (Sitzblockade) nicht nur »Gewalt«, sondern über eine »Warnung« hinaus auch eine »*Drohung*« gegenüber dem blockierten Fahrzeugführer gesehen werden kann,[12] wobei das Übel dann in einem Überfahren des Täters und einer damit evtl. verbundenen Strafverfolgung lie-

9 Vgl. *S/S/Bosch* § 249 Rn. 7 m.w.N. Zu beachten ist bei § 249 StGB, ob sich bei fehlender Ernstnahme gleichwohl noch ein Gewahrsamsbruch bejahen lässt. Zum »Finalzusammenhang« → Rn. 290 f.

10 Krit. zum Erfordernis der in Anspruch genommenen »Verwirklichungsmacht« aber z.B. *Puppe* JZ 1989, 596 ff; *Sinn*, Nötigung, S. 231 ff; eingehend zum Problem und zum Verhältnis von »Drohung« und »Warnung« *Küper* GA 2006, 439 (461 ff) und Puppe-FS, 2011, S. 1217 (1224 ff).

11 Zu Bsp. aus der Rspr. *Küper* GA 2006, 439 (456 ff).

12 Vgl. *Schroeder*, Meurer-GS, 2002, S. 237 ff m.w.N. zur Diskussion; Übersicht dazu bei *Rengier*, BT 2, § 23 Rn. 40.

gen würde. Eine Drohung ist jedoch abzulehnen, weil dem Täter (Blockierer) in diesen Fällen keine Verwirklichungsmacht mehr zukommt. Denn er kann sich in dieser Konfrontationslage nicht mehr beliebig dem Übelseintritt entziehen, da er Geschwindigkeit und Beschleunigung des Fahrzeugs nicht beherrscht. Folglich kann er kein künftiges Übel in Aussicht stellen, dessen Eintritt allein er in der Hand hat.[13]

III. Die »Empfindlichkeit« des Übels

165 Für die »Empfindlichkeit« des angedrohten Übels wird regelmäßig auf dessen »objektive Eignung« abgestellt, einen »besonnenen Menschen« in der konkreten Situation zu dem erstrebten Verhalten zu bestimmen, wobei aber auch die »persönlichen Verhältnisse« des Betroffenen zu berücksichtigen sind.[14] Damit soll ein »objektiv-individualisierender Maßstab« erreicht werden, der es ermöglicht, Reaktionen »überängstlicher« und »überempfindlicher« Opfer auszuscheiden[15] und zugleich in gewissem Umfang der »Eigenverantwortlichkeit« des Bedrohten Rechnung zu tragen.[16] Freilich darf diese Normativierung nicht dazu führen, individuelle Besonderheiten in der Person des Opfers, wie etwa Krankheit oder Alter, unter Berufung auf die typische Unempfindlichkeit des »besonnenen Durchschnittsmenschen« gleichsam »wegzudefinieren«.[17] Die neuere Rechtsprechung verwendet öfter die – häufig auch in die Literatur eingegangene – Formel, dass für den Betroffenen ein »empfindliches Übel« nicht mehr vorliege, „wenn von *diesem* Bedrohten in *seiner* Lage erwartet werden kann, dass er der Bedrohung in *besonnener Selbstbehauptung* standhält.“[18]

IV. Die Ankündigung des Übels für »Dritte«

166 Der Adressat der Drohung (»Nötigungsadressat«/»Drohungsadressat«) und diejenige Person, die das angedrohte Übel treffen soll (»Übelsadressat«), müssen *nicht identisch* sein. Soll das in Aussicht gestellte Übel einen »Dritten« treffen, so genügt es nach h.M., dass der Eintritt des Nachteils beim Dritten auch für den *Drohungsadressaten* (Nötigungsadressaten) als ein Übel empfunden wird. Ist der Dritte kein *Angehöriger* des Drohungsadressaten oder eine ihm sonst nahestehende Person,[19] ist allerdings umstritten, ob besondere Anforderungen an diese Übelsempfindung zu stellen sind. Während die h.M. sich mit der Empfindung als Übel begnügt,[20] wird im Schrifttum gefordert, dass bei einer einfachen Drohung i.S. der §§ 240, 253 StGB eine Drohung mit einer gegenwärtigen Leibes- bzw. Lebensgefahr für den Dritten nötig sei,

---

13 Ähnlich auch MK-*Sinn* § 240 Rn. 94.

14 Vgl. *Gössel/Dölling*, BT 1, § 17 Rn. 66 f; *K/H/H*, BT 1, Rn. 374 f; jew. m.w.N.; krit. *Amelung* GA 1999, 182 (192 f: Notwendigkeit eines »rechtswidrigen« Übels).

15 *S/S/Eisele* § 240 Rn. 9.

16 SK-*Wolters* § 240 Rn. 10 m.w.N.

17 *A/W/Weber* § 9 Rn. 49.

18 Vgl. z.B. BGHSt 31, 195 (201); 32, 165 (174); BGH NStZ 1992, 278; 2011, 157 (zu § 232 StGB). Krit. wegen der Unbestimmtheit des Begriffs „unbesonnenen“ *Amelung* GA 1999, 182 (192); *Roxin* JR 1983, 333 (334); zust. u.a.: *Arzt*, Lackner-FS, 1987, S. 641 (648 f), *L/Kühl* § 240 Rn. 13 m.w.N. – Für eine »rein normative« Deutung des »empfindlichen Übels« *Kindhäuser* § 240 Rn. 14: jede bevorstehende Beeinträchtigung notstandsfähiger Güter einer Person.

19 Insoweit verdeutlicht § 35 StGB, dass eine Gefahr (= Übelsankündigung) für diese Personengruppe beim Drohungsadressaten einen vergleichbaren Motivationsdruck erzeugt.

20 Vgl. BGH NStZ 1987, 222 (223); w.N. bei *L/Kühl* § 240 Rn. 15.

um eine vergleichbare Übelsempfindung annehmen zu können. Bei einer Drohung i.S. der §§ 249 ff, 177 I Nr. 2 StGB hingegen komme eine Drohung mit Übelsankündigung für Dritte nur in Betracht, wenn zwischen diesem und dem Drohungsadressaten eine enge Beziehung i.S. des § 35 I StGB bestehe;[21] s. dazu näher beim Stichw. »Drohung mit gegenwärtiger Gefahr für Leib oder Leben« → Rn. 176.

V. Das Sonderproblem der »Drohung mit Unterlassen«

1. Einführung

Eine »Drohung mit einem empfindlichen Übel« liegt nicht nur vor, wenn der Täter ein Übel in Aussicht stellt, das durch aktives Tun zugefügt werden soll. Die »Drohung« kann auch in der Ankündigung bestehen, den vom Einfluss des Täters abhängigen Eintritt eines künftigen Übels nicht abzuwenden (»Drohung mit Unterlassen«). Dabei geht es nicht etwa um eine »Drohung« in der *Verhaltensform* des Unterlassens (Unterlassungsdelikt – Drohung durch Unterlassen), sondern um die Bewertung eines *aktiven* Tuns: der Ankündigung des Täters, dass er ein Übel, dessen Verhinderung ihm möglich sei, durch *Nichthandeln* (Passivität) »eintreten lassen« könne. Umstritten ist in solchen Fällen, ob eine »Drohung mit einem empfindlichen Übel« nur dann vorliegt, wenn das in Aussicht gestellte Unterlassen zugleich eine *Rechtspflicht zum Handeln* verletzen würde (für eine tatbestandsmäßige Drohung wäre demzufolge die Ankündigung einer »pflichtwidrigen Unterlassung« erforderlich), oder ob und unter welchen Voraussetzungen auch unabhängig von einer Rechtspflicht zur Übelsabwendung eine »Drohung mit einem empfindlichen Übel« angenommen werden kann. Bei dieser Kontroverse, die in der Literatur allerdings z.T. auf der Ebene des § 240 II bzw. § 253 II StGB (Verwerflichkeit) ausgetragen wird (→ Rn. 169), ist heute aber immerhin anerkannt, dass die thematische »Rechtspflicht zum Handeln«, *wenn* sie verlangt werden muss, keine spezifische »*Garantenpflicht*« i.S. des § 13 I StGB zu sein braucht; auch sonstige rechtliche Pflichten, wie etwa die allgemeine Hilfeleistungspflicht nach § 323c StGB, reichen aus. **167**

Die Situationen, die für die Problematik der »Drohung mit Unterlassen *nicht* pflichtwidrigen Handelns« typisch sind, kennzeichnen sich dadurch, dass der Täter nach dem Inhalt seiner Ankündigung die Verhinderung des Übels von einer bestimmten »*Gegenleistung*« des Opfers (z.B. Sexualverkehr) abhängig macht: Das Opfer wird vor die Alternative gestellt, entweder den Eintritt des Übels hinzunehmen, weil der Täter seine Abwendungsmöglichkeit nicht realisiert, oder sich auf die Bedingungen des Täters einzulassen und dadurch zu erreichen, dass dieser das Übel aufgrund seiner »Verhinderungsmacht« abwendet. Das Sachproblem der »Drohung mit Unterlassen« resultiert aus der eigentümlichen *Ambivalenz* der dadurch für das Opfer entstehenden Situation: Man kann eine solche Drohung als »freiwilliges Hilfsangebot« des Täters bewerten, dessen Annahme zwar mit nachteiligen (»unerfreulichen«) Bedingungen verknüpft ist, aber dem Opfer die Möglichkeit eröffnet, dem »eigentlichen Übel«, das es sonst ertragen müsste, zu entgehen. Andererseits wird das Opfer dadurch in eine

21 *Zaczyk* JZ 1985, 1059 ff; diff. Lösung bei NK-*Kindhäuser* Vor § 249 Rn. 31 ff; zsfd. *Kindhäuser*, BT I, § 12 Rn. 43: es genüge ein »rechtlich verständliches Motiv« beim Drohungsadressaten. Eingehend zum Problem *Reuter-Stracke*, Gewalt oder Drohung gegen Dritte als (qualifizierte) Nötigung, 1993, S. 11 ff, 73 f; *Sinn*, Nötigung, S. 285 ff.

(neue) Zwangslage versetzt, in der es regelmäßig zwischen zwei Übeln wählen muss, dem ohnehin bevorstehenden und dem zu dessen Abwendung geeigneten Übel, das der Täter anbietet. Diese Zwangslage ist umso gravierender, je nachteiliger die Bedingungen sind, denen sich das Opfer zu unterwerfen hat. Im Extremfall besteht dann nur noch die »Wahl« zwischen zwei annähernd gleich empfindlichen Übeln!

2. Die Rechtsprechung

168 Der BGH[22] hat sich für die »pflichtwidrigkeitsneutrale« Lösung des Problems entschieden.[23] Danach kann die Drohung mit einem empfindlichen Übel „auch in der Ankündigung liegen, ein rechtlich *nicht gebotenes* Handeln zu unterlassen". Die generelle Ausklammerung der Ankündigung rechtmäßigen Unterlassens aus dem Drohungsbegriff würde zur ungerechtfertigten Privilegierung derjenigen Täter führen, die durch solches Verhalten ihre Zwecke ebenso effektiv verfolgen wie die mit einem »Tun« drohenden Täter. Vielfach könne ein Drohender auch *offen lassen*, ob er etwas tun oder unterlassen werde; die Strafbarkeit dürfe insoweit nicht „von Formulierungsnuancen abhängen". Für den „*Motivationsdruck*, der von einer Drohung ausgeht", sei es schließlich „nicht entscheidend, ob der Täter etwas tun oder unterlassen will und ob das Tun oder Unterlassen rechtmäßig oder rechtswidrig ist, sondern welches Übel als Folge seines Verhaltens (angeblich) eintreten wird". Zur Ausscheidung von *Grenzfällen*, in denen die Autonomie des Betroffenen „nicht in strafwürdiger Weise angetastet" werde, verweist der BGH auf zwei »Regulative«: einmal ausdrücklich auf die Verwerflichkeitsprüfung (Zweck-Mittel-Relation), zum anderen implizit auf die normative Bestimmung des »empfindlichen Übels«; an einem solchen Übel fehle es, „wenn von diesem Bedrohten in seiner Lage erwartet werden kann, dass er der Drohung in besonnener Selbstbehauptung standhält" (vgl. zu diesem Kriterium → Rn. 165).

3. Die Diskussion in der Literatur

169 **a) Allgemeines** Im Schrifttum ist das Problem der »Drohung mit Unterlassen« zeitweise sehr differenziert und intensiv diskutiert worden.[24] Obwohl sich eine »h.L.« kaum feststellen lässt, überwiegen deutlich die Auffassungen, die auch bei *fehlender* Handlungspflicht des Täters im *Ergebnis* eine Nötigung durch »Drohung« nicht ausschließen.

Die Diskussion des eigentlichen *Sachproblems* – ob nämlich die Ankündigung nicht »pflichtwidrigen« Unterlassens gleichwohl *Nötigungsunrecht* begründen kann – wird allerdings auf zwei verschiedenen systematischen Ebenen geführt, die häufig nicht klar getrennt werden.[25] Größtenteils sieht man darin, wie die Rechtsprechung, ein Problem schon des *Tatbestandsbegriffs* der »Drohung«, genauer: des angedrohten

22 Mit BGHSt 31, 195 (201 f – dort auch die nachfolgenden Zitate) im Anschluss an OLG Stuttgart NStZ 1982, 161 f; ablehnend zuvor noch: BGH GA 1960, 277, OLG Hamburg NJW 1980, 2592. Zur uneinheitlichen Judikatur des RG vgl. die Nachw. in BGHSt 31, 195 (199 f).

23 Wieder einschränkend auf Fälle der »Eingriffs-Unterlassungsdrohung« BGHSt 44, 68 (75 f) – näher dazu unten → Rn. 171.

24 Übersicht zum kontroversen Diskussionsstand z.B. bei *W/Hettinger* Rn. 407 ff; Aufbereitung der Argumente bei: *Hillenkamp*, BT, Problem Nr. 7, *Stoffers* JR 1988, 492 ff; eingehende Stellungnahmen bei: *Gutmann*, Freiwilligkeit als Rechtsbegriff, 2001, S. 268 ff, 287 ff, *Sinn*, Nötigung, S. 238 ff.

25 *Volk* JR 1981, 274.

»empfindlichen Übels«.[26] Aus dieser Sicht geht es um die Frage, ob ein Rückgriff auf die Mittel-Zweck-Bewertung (Verwerflichkeitsklausel) noch zuzulassen oder von vornherein auszuschließen ist; dies hängt dann von der Bejahung oder Verneinung einer tatbestandsmäßigen »Drohung« ab.

Zum Teil wird aber der systematische Ort des Problems nicht bereits im Tatbestandsbegriff der »Drohung mit einem empfindlichen Übel« gesehen. Von dieser wird vielmehr ausgegangen und die Problematik stattdessen erst in der »*Verwerflichkeit*« der Drohung (d.h. der Mittel-Zweck-Relation)[27] thematisiert.[28] Aus dieser Perspektive ändert sich, bei identischem Sachproblem, aber nur die *dogmatische Form* der Fragestellung: Die Frage lautet dann, ob bei der »Drohung mit Unterlassen« die zum Nötigungsunrecht führende »Verwerflichkeit« durch das Fehlen einer Rechtspflicht zum Handeln *zwingend* (!) *ausgeschlossen* ist, ohne dass es einer *konkreten* Verwerflichkeitsprüfung bedarf, oder ob umgekehrt noch Raum für eine solche Prüfung nach den Maßstäben der Mittel-Zweck-Relation bleibt, die im Einzelfall Nötigungsunrecht ergeben kann. – Bei der folgenden Skizzierung der Hauptargumente wird die eben dargelegte Differenz der möglichen systematischen Ebenen vernachlässigt und das Problem einheitlich dem *Tatbestandsbegriff* der »Drohung« (mit einem empfindlichen Übel) zugeordnet.

b) Die Extrempositionen: »Pflichtwidrigkeitstheorie« und »Verwerflichkeitslösung«

Eine bisher in der *Minderheit* gebliebene Auffassung lehnt bei fehlender Rechts- **170**
pflicht zum Handeln eine tatbestandliche »Drohung« generell ab (sog. »Pflichtwidrigkeitstheorie«). Hauptargument dafür ist die These, dass der Täter die *Freiheit* des Adressaten nicht einschränke, sondern sogar *erweitere* (!), wenn er ihm – obgleich unter belastenden Bedingungen – die freiwillige Abwendung des Übels in Form der »bedingten« Ankündigung eines Unterlassens in Aussicht stelle: Das Opfer könne jetzt *wählen*; sein Entscheidungsspielraum und damit sein »Freiheitsraum« werde *vergrößert*.[29] Auch soll für die Ankündigung einer Unterlassung grundsätzlich ein sog. »Autonomieprinzip« gelten: Den Verzicht auf eine Leistung (Abwendung des Übels), zu welcher der Täter rechtlich nicht verpflichtet sei, müsse das Opfer als immanente Freiheitsbeschränkung *eigenverantwortlich* ertragen; daran könne die Ankündigung, das Übel nur unter bestimmten Bedingungen abzuwenden, prinzipiell nichts ändern.[30]

Demgegenüber wird als anderes Extrem die Ansicht vertreten, dass die Ankündigung auch eines *nicht pflichtwidrigen* Unterlassens die Voraussetzungen der »Drohung« stets erfülle, wenn damit ein »empfindliches Übel« in Aussicht gestellt werde, und dass in diesem Fall allein die konkrete Verwerflichkeitsprüfung aufgrund der Mittel-Zweck-Relation über das Nötigungsunrecht entscheide (»Verwerflichkeitslösung«).

26 In dieser Richtung z.B. *Lampe*, Stree/Wessels-FS, 1993, S. 449 (452 ff); *Schroeder* JZ 1983, 284 ff; *Schubarth* NStZ 1983, 312 f.

27 Zur Verwerflichkeitsprüfung vgl. das Stichw. »Nötigung, Verwerflichkeit der (Zweck-Mittel-Relation)« → Rn. 400.

28 So etwa *Arzt*, Lackner-FS, 1987, S. 641 ff; *S/S/Eisele* § 240 Rn. 10, 20a; *Volk* JR 1981, 274.

29 In dieser Richtung insb. *Horn* NStZ 1983, 497 f; *Lesch*, Rudolphi-FS, 2004, S. 483 (487 ff, 490); SK-*Wolters* § 240 Rn. 16 im Anschluss an *Jakobs*, Peters-FS, 1974, S. 69 (76, 82).

30 *Roxin* JuS 1964, 373 (377); *ders.* JR 1983, 333 (334); *Schubarth* JuS 1981, 726 (727).

Von der Regel, dass die Androhung *erlaubten* Verhaltens, wie z.B. einer Strafanzeige, gleichwohl *verwerflich* sein könne, dürfe auch bei einer Unterlassensdrohung nicht abgewichen werden. Es sei vielfach Sache des Zufalls, welches Druckmittel – Drohung mit Tun oder Unterlassen – dem Täter zur Verfügung stehe. Das mit Unterlassung bedrohte Opfer befinde sich regelmäßig in einer schwierigen Situation: Wer in dieser Lage seine »Hilfe« unter inadäquaten Bedingungen anbiete, schränke die *Freiheit* des Opfers schon dadurch ein, dass er ihm mit der *Wahl* zwischen zwei Übeln eine neue Belastung aufbürde und gleichsam mit dem Schicksal des Betroffenen spiele. Das Fehlen der Rechtspflicht, »bedingungslos zu helfen«, verleihe noch nicht die Berechtigung, eine Hilfe mit unangemessenen Bedingungen zu verknüpfen. Der Freiheitsschutz des Opfers umfasse auch den Schutz gegen solches Verhalten.[31]

171 **c) Differenzierungen** Im Übrigen werden in der Literatur verschiedene »Mittellösungen« angeboten, die zwischen diesen Extremen liegen. So soll etwa danach unterschieden werden, ob sich die Situation des Opfers durch die Ablehnung der vom Täter gesetzten Bedingungen empfindlich »*verschlechtern*« oder ob nur die bisherige missliche Lage *fortbestehen* würde.[32] Zu dieser Lösung neigt auch die jüngere Rechtsprechung.[33] Nach einer anderen Auffassung darf ein »bedingtes Hilfsangebot« zwar grundsätzlich nicht in die Drohung mit Nichtgewährung der Hilfe (Unterlassung) umgedeutet werden. Doch liege eine »Drohung« dann vor, wenn der Täter mit dem Abbruch eines *bisher geübten* Verhaltens drohe oder wenn er bereits »Erwartungen geweckt« habe, deren Erfüllung nun überraschend von »Zusatzbedingungen« abhängig gemacht werde.[34] Andere halten eine »normative Umwertung« des angedrohten Unterlassens in ein Tun für möglich, sofern das Übel dem Täter zuzurechnen ist,[35] oder wollen danach differenzieren, ob „das Opfer durch die Übelsankündigung zur Vorleistung und zur bewussten Selbstauslieferung an den Täter“[36] gezwungen wird.

172 **d) Bemerkungen zu dem Problem** Eine Drohung mit aktivem Tun ist dadurch gekennzeichnet, dass der Täter dem Opfer das künftige Übel *in Aussicht* stellt. Anders als bei einer Drohung mit einem Unterlassen weist er nicht auf eine schon (von Dritten herrührende) existente Gefahr hin, sondern setzt die Gefahr selbst, indem er für das Opfer ein diesem drohendes Übel *erschafft*. Der Unterschied liegt also nicht darin, dass der Täter vorgibt, den Übelseintitt zu beherrschen (Verwirklichungsmacht), sondern darin, dass das Opfer – auf den ersten Blick – nur bei einer Drohung mit aktivem Tun durch das Täterverhalten in die missliche Situation *versetzt* wird. Verfügt der Täter hier über die Fähigkeit, das Übel für das Opfer zu begründen (Setzungsmacht), so ist auch für eine Drohung mit einem Unterlassen eine vergleichbare Set-

31 Vgl. zu dieser Position insb. *Volk* JR 1981, 274 (276 ff); *Stoffers* JR 1988, 492 (496 f); jew. m.w.N.

32 Vgl. *Roxin* JR 1983, 333 (335 f – Modifizierung des »Autonomieprinzips«); *Küpper*, BT 1/I, § 3 Rn. 54.

33 BGHSt 44, 68 (75) und 251 (252); OLG Oldenburg NJW 2008, 3012 (3013).

34 *Schroeder* JZ 1983, 284 ff; vgl. auch *W/Hettinger* Rn. 416.

35 *Jäger*, Krey-FS, 2010, S. 193 (201 ff). Weitere Differenzierungen bei *Arzt*, Lackner-FS, 1987, S. 641 ff, 663 (Nötigung als Teilersatz für Wucher); NK-*Toepel* § 240 Rn. 118 ff (Nötigungsadressat als »Werkzeug«?); *Pelke*, Die strafrechtliche Bedeutung der Merkmale »Übel« und »Vorteil«, 1990, S. 87 ff, 128 ff (Abgrenzung zwischen Vorteil/Belohnung und Übel/Bestrafung aufgrund des »sozialen Sinngehalts«).

36 *Hoyer* GA 2014, 545 (554).

zungsmacht zu verlangen. Mit einer Nichthilfe kann deshalb »gedroht« werden, wenn der Täter durch sein Unterlassen den Übelseintritt erst *ermöglicht* (»Setzungsmacht aus tatsächlichen Gründen«) oder wenn das Verhalten normativ einer Drohung mit aktivem Tun gleichwertig ist (»Setzungsmacht aus normativen Gründen«).[37] Die erste Gruppe betrifft den Fall, dass der Übelseintritt ohne das angekündigte Unterlassen nicht möglich ist: das Übel selbst entfällt, sofern die *Unterlassung* hinweggedacht wird.[38] Zur zweiten Gruppe sind z.B. die Fälle zu rechnen, in denen eine *Rechtspflicht* zur Abwendung des Übels besteht (s. auch → Rn. 173).

4. Täuschungsfälle bei der »Drohung mit Unterlassen«

In der Diskussion um die Problematik der »Drohung mit Unterlassen« sind bisher die Fälle wenig berücksichtigt worden, in denen der Täter das Übel, mit dessen Nichtabwendung er »droht«, lediglich *vortäuscht* oder doch nur vorspiegelt, dass er durch seinen Einfluss den Eintritt des Übels *verhindern* könne. Bei derartigen Sachverhalten dürfte die Argumentation der »Pflichtwidrigkeitstheorie« versagen,[39] dass der Täter bei fehlender Rechtspflicht den Freiheitsraum des Adressaten »erweitere«: Denn das »Hilfsangebot« eröffnet hier dem Opfer nur eine scheinbare (vorgetäuschte) Alternative, weil entweder das angebliche Übel gar nicht eintreten oder der Täter es nicht verhindern kann.[40] Stellt man demgegenüber auf eine Vergleichbarkeit zur Drohung mit aktivem Tun ab, so versetzt derjenige, der dem Opfer das bevorstehende Übel nur vortäuscht, dieses in einen Irrtum und damit maßgeblich durch sein Verhalten in die missliche Lage, so dass diese Fallkonstellation – aufgrund vergleichbarer Setzungsmacht – auch als Drohung anzuerkennen ist.[41] 173

Drohung mit gegenwärtiger Gefahr für Leib oder Leben – §§ 249 I, 252, 255, 177 I Nr. 2 StGB

Mit **»Gefahr für Leib oder Leben«** droht der Täter, wenn er – ausdrücklich oder schlüssig – eine von seinem unmittelbaren oder mittelbaren **Einfluss abhängige** Situation ankündigt, bei der – mindestens – die naheliegende Möglichkeit (Gefahr) einer **erheblichen Körperverletzung** oder des **Todes** besteht. **»Gegenwärtig«** ist die angedrohte Gefahr stets, wenn der Schaden nach dem Inhalt der Ankündigung *unmittelbar bevorsteht*. Zur »gegenwärtigen Gefahr« gehören aber auch – angedrohte – Situationen, in denen der Schaden *jederzeit eintreten* kann (»gegenwärtige Dauergefahr« → Rn. 177) oder, insbesondere in Fristsetzungsfällen, nur durch *sofortiges* (»gegenwärtiges«) *Handeln abgewendet* werden kann (sog. »Dauergefahr i.w.S.« → Rn. 178). 174

37 *Zopfs* JA 1998, 813 (817 ff); zust. *Heghmanns* Rn. 609.

38 Bsp.: Der Ehemann kündigt der Ehefrau an, künftig nur noch zu schweigen (sofern man ein solches Schweigen als empfindliches [→ Rn. 165] Übel ansieht); näher dazu *Zopfs* JA 1998, 813 (818 mit weiteren Bsp.).

39 Vgl. auch *Volk* JR 1981, 274, der von hier aus die »Pflichtwidrigkeitstheorie« prinzipiell in Frage stellt.

40 Nach SK-*Wolters* § 240 Rn. 18 soll gleichwohl eine »Drohung mit Unterlassen« ausscheiden.

41 *Zopfs* JA 1998, 813 (819: »Setzungsmacht aus normativen Gründen«).

Literatur: LK-*Vogel* § 249 Rn. 13 ff, § 255 Rn. 7 f; SK-*Sinn* § 249 Rn. 18 ff (mit Einbeziehung von Gefahren lediglich *leichter* Körperverletzungen). **Einführend:** *W/Hillenkamp* Rn. 353 f. **Monographisch:** *Blanke*, Das qualifizierte Nötigungsmittel der Drohung (usw.), 2007, insb. S. 26 ff, 205 ff, 211 ff.

Rechtsprechung Grundlegend: BGHSt 16, 316 (318 – Bedrohung Dritter). **Beispielhaft:** Vgl. die nachfolgend zitierten Entscheidungen.

RGSt 72, 229 (231): „Die Nebeneinanderstellung von ›Leib‹ und ›Leben‹ läßt … erkennen, daß der Gesetzgeber … eine Drohung mit einer *völlig unerheblichen*, wenn auch gegen den Körper … des anderen gerichteten Handlung nicht genügen lassen will."

BGH NStZ 1987, 222 (223): „Für die Anwendung des § 255 StGB ist nicht erforderlich, daß der Genötigte die Bedrohung des *Dritten* selbst als Drohung mit gegenwärtiger Gefahr für Leib und Leben empfindet. Es genügt vielmehr, daß die Bedrohung des Dritten mit Leib- und Lebensgefahr für den Erpreßten selbst ein *Übel* darstellt. Andernfalls könnte der Täter die an sich gebotene Strafschärfung dadurch vermeiden, daß er nicht den Genötigten, sondern einen anderen mit gegenwärtiger Gefahr für Leib und Leben bedroht."

BGH StV 1982, 517 f: Hinsichtlich der Frage, „ob *gegenwärtig* eine Gefahr nur dann ist, wenn der Eintritt des schädigenden Ereignisses unmittelbar bevorsteht…, reicht es auch aus, daß eine Gefahr als *Dauergefahr* über einen längeren Zeitraum gegenwärtig ist, sei es, daß sie jederzeit – zu einem ungewissen Zeitpunkt, alsbald oder später – in einen Schaden umschlagen kann, sei es, daß der zu besorgende Schaden zwar nicht unmittelbar bevorsteht, aber doch nur durch *sofortiges, gegenwärtiges Handeln* abgewendet werden kann"

BGH NJW 1997, 265 (266): „Eine zur Drohung benutzte Gefahr für Leib und Leben ist … dann als ›gegenwärtig‹ zu beurteilen, wenn die in Aussicht gestellte Schädigung an Leib oder Leben bei ungestörter (natürlicher) Weiterentwicklung der Dinge nach menschlicher Erfahrung als sicher oder höchstwahrscheinlich zu erwarten ist, falls nicht alsbald eine *Abwehrmaßnahme* ergriffen wird. Erforderlich ist dabei nicht, daß das schädigende Ereignis mit Sicherheit *unmittelbar* bevorsteht. Es genügt eine Gefahr, die als ›Dauergefahr‹ über einen längeren Zeitraum in dem Sinne gegenwärtig ist, daß sie *jederzeit* – zu einem ungewissen Zeitpunkt, alsbald oder auch später – in einen Schaden umschlagen kann."

Erläuterungen

I. Allgemeines

175 Beim Begriff der qualifizierten Drohung (»mit gegenwärtiger Gefahr für Leib oder Leben«) kehren zunächst die »allgemeinen« Probleme des Drohungsbegriffs wieder, die auch bei der »Drohung mit einem empfindlichen Übel« auftreten. Dies gilt z.B. für das »Bedingungselement« der Drohung, den Anschein der Ernstlichkeit und für die Frage, ob es bereits zum *Begriff* der »Drohung« gehört, dass der Adressat den Inhalt der Ankündigung *tatsächlich* ernst nimmt (die Verwirklichung zumindest für möglich hält), oder ob es insoweit allein auf die Vorstellung des *Drohenden* ankommt, also auf das »Ernst-Nehmen-Sollen« aus der Perspektive des Täters; vgl. hierzu das Stichw. »Drohung mit einem empfindlichen Übel« → Rn. 161 ff.

II. Die Drohung mit Gefahr für Dritte

176 Ähnlich wie bei der »Drohung mit einem empfindlichen Übel« (→ Rn. 166) bereiten auch bei der – qualifizierten – Drohung mit »Gefahr für Leib oder Leben« die Fälle Schwierigkeiten, in denen die Gefahr nicht für den *Nötigungsadressaten* selbst angedroht wird, sondern einen »Dritten« treffen soll. Einigkeit besteht darüber, dass dies für die qualifizierte Drohung »jedenfalls« ausreicht, wenn der Dritte eine dem Nötigungsadressaten »*nahestehende Person*« i.S. des § 35 I StGB ist, insbesondere ein Angehöriger. Im Schrifttum wird z.T. ein solches Näheverhältnis zwingend vorausgesetzt:[1] Der Nötigungsadressat müsse die Bedrohung des Dritten (»Gefahradressaten«) unter dem Aspekt des »Motivationsdrucks« mit annähernd *gleicher Intensität* erleben (können) wie der Dritte selbst oder wie eine Bedrohung der eigenen Person. Demgegenüber wird aber überwiegend angenommen, dass der »Dritte« grundsätzlich eine *beliebige Person* sein kann.[2] Für diesen Standpunkt lässt sich geltend machen: Der – historische – Gesetzgeber habe insoweit keine Einschränkung beabsichtigt und das Gesetz deshalb bewusst weit gefasst.[3] Im Gegensatz zu § 241 StGB, der seit 1976 den Kreis der Gefahradressaten auf »nahestehende Personen« beschränkt,[4] sei bei der »Drohung mit gegenwärtiger Gefahr für Leib oder Leben« im Gesetz keine solche Einschränkung vorgenommen worden (Gegenschluss aus § 241 StGB). Auch gehe eine Drohung mit gegenwärtiger *physischer Gefahr* für Dritte ohnehin über die bloße Drohung mit einem »empfindlichen Übel« erheblich hinaus. Und schließlich liege der gesetzlich typisierte »erhöhte Motivationsdruck« nicht unbedingt *nur* dann vor, wenn zwischen Nötigungs- und Gefahradressatem eine engere persönliche Beziehung bestehe.[5]

Nach einem Vorschlag *Kindhäusers* ist in den Fällen der Drohung mit Gefahren für Dritte – gleich ob im Rahmen der §§ 240, 253 oder der §§ 249 ff StGB – eine tatbestandliche Drohung immer dann zu bejahen, wenn der Drohende für das Verhalten des Nötigungsadressaten »rechtlich verantwortlich« sei, weil dessen Reaktion mit Blick auf die Notsituation des bedrohten Dritten z.B. als »quasi-gerechtfertigt« (§ 34 StGB) oder doch als »quasi-entschuldigt« (§ 35 StGB) bewertet werden könne.[6] In diesen Fällen handele der Nötigungsadressat aus einem »rechtlich verständlichen Motiv«.[7]

III. Die »Gegenwärtigkeit« der angedrohten Gefahr

1. Anerkannte Fälle

Eine Drohung mit »gegenwärtiger Gefahr« liegt zunächst vor, wenn der Eintritt des Schadens (Körperverletzung, Tod) nach dem Inhalt der Ankündigung »unmittelbar bevorsteht«. Anerkannt ist ferner, dass das Erfordernis der »Gegenwärtigkeit« auch auf eine sog. »*Dauergefahr*« (i.e.S.) zutrifft, die sich dadurch kennzeichnet, dass die – angedrohte – Gefahr »jederzeit«, früher oder später, in einen Schaden umschlagen **177**

1 Z.B. *Zaczyk* JZ 1985, 1059 (1061 mit näherer Begr.); zust.: *Cramer* NStZ 1998, 299 f, *Mitsch*, BT II/1, § 3 Rn. 36; s. auch *Zaczyk* JR 1999, 343 (345 f).

2 So aus der Rspr. z.B. RGSt 17, 82 (83 – „dritte Personen, namentlich Angehörige"); BGHSt 16, 316 (318); BGH NStZ 1985, 408 („Es genügt vielmehr, daß der Empfänger der Drohung das einem anderen Angedrohte auch für sich als Übel empfindet"); in der Lit. z.B.: *Geilen* Jura 1979, 110, 165, *Küper* Jura 1983, 206 (207), SK-*Sinn* § 249 Rn. 22, *W/Hillenkamp* Rn. 354; eingehend zum Ganzen *Reuter-Strake*, Gewalt oder Drohung gegen Dritte als (qualifizierte) Nötigung, 1993, S. 77 ff, 117.

3 Näher dazu RGRspr. 3, 317 ff.

4 Hierzu *Küper* JuS 1996, 783 (787 f mit Nachw. Fn. 29).

5 Zu dieser Argumentation s. BGH NStZ 1987, 222 (223, oben zitiert → Rn. 174).

6 Dazu näher NK-*Kindhäuser* Vor § 249 Rn. 31 ff (im Anschluss an *Jakobs* JR 1987, 340 ff).

7 *Kindhäuser*, BT I, § 12 Rn. 43.

kann. Die *Ungewissheit* des Schadenszeitpunktes, die zugleich die Möglichkeit einschließt, dass die Gefahrverwirklichung unmittelbar bevorsteht, begründet hier die »Gegenwärtigkeit« der Gefahr: Eine »Dauergefahr« dieser Art ist somit nur eine besondere Variante des »unmittelbar bevorstehenden« Schadenseintritts (»gegenwärtige Dauergefahr«).

2. Der problematische Bereich

178 **a) »Gegenwärtigkeit« auch bei »künftiger Gefahr«?** Eine Bestimmung der »Gegenwärtigkeit« nach dem eben erwähnten Maßstab ist jedoch nicht mehr möglich, wenn der Eintritt des Schadens erst für einen Zeitpunkt in Aussicht gestellt wird, der so weit in der Zukunft liegt, dass ein »unmittelbares Bevorstehen« ausscheidet (»Dauergefahr« i.w.S.). Ob und wann auch solche Drohungen einbezogen werden können, ist bisher noch wenig geklärt. Der BGH hat eine »gegenwärtige Gefahr« verneint, wenn „ihre Verwirklichung erst in der Ferne liegt", z.B. bei Drohung mit Erschießen, falls das Opfer nicht binnen Monatsfrist zahlt; eine „künftige Gefahr" sei keine „gegenwärtig drohende".[8] Andererseits finden sich auch Äußerungen, die in die Gegenrichtung deuten: So dürfe die »Gegenwärtigkeit« der angedrohten Gefahr „nicht zu eng verstanden werden": „Genauere zeitliche Grenzen dafür, wann eine für die Zukunft angedrohte Gefahr noch gegenwärtig ist und wann nicht mehr, lassen sich jedoch nicht allgemein festlegen."[9] Hilfreicher dürfte demgegenüber eine andere von der Judikatur verwendete Formel sein. Danach liegt eine »gegenwärtige Gefahr« vor, wenn der Schaden „nur durch *sofortiges, gegenwärtiges Handeln* abgewendet werden" kann.[10] Bei konsequenter Anwendung dieses Kriteriums ist das »unmittelbare Bevorstehen« des Schadenseintritts zwar keine notwendige Voraussetzung der »gegenwärtigen Gefahr« mehr. Gegenwärtig ist aber die Zwangslage, was wiederum Bedeutung für die Bestimmung der Gefahr erlangt (dazu → Rn. 179).

Die Literatur hat das Problem bisher wenig behandelt. So finden sich Erwägungen in Richtung einer rein zeitlichen Bestimmung der »Gegenwärtigkeit«,[11] während andere Stimmen sich unter Hinweis auf das Analogieverbot dagegen aussprechen, den Begriff über die Grenzen der »Dauergefahr« (i.e.S.) hinaus auszudehnen.[12] Vorgeschlagen wird auch, dass es allein auf die »Aktualität der Entscheidungssituation« ankommen soll.[13]

179 **b) Bemerkungen zum Problem** Die Formel von der Notwendigkeit »sofortigen, gegenwärtigen Handelns« entstammt der Auslegung des Begriffs »gegenwärtige Gefahr« beim – rechtfertigenden und entschuldigenden – *Notstand.*[14] Dort wird die »Ge-

---

8 BGH StV 1982, 517.

9 BGH NJW 1997, 265 (266, oben zitiert → Rn. 174); vgl. auch BGH NStZ-RR 1998, 135 (»Gegenwärtigkeit« bei Zahlungsfrist von etwa zwei Wochen). Übersicht über die Rspr. in BGH StV 1999, 377 (378).

10 BGH StV 1982, 517; NJW 1997, 265 (266); jew. oben zitiert → Rn. 174; ferner z.B. BGH NStZ 1996, 494.

11 *Geilen* Jura 1979, 110; LK-*Vogel* § 249 Rn. 16 ff; *Mitsch*, BT II/1, § 3 Rn. 35; *Zaczyk* JR 1999, 343 (344 f).

12 *Blanke*, Nötigungsmittel, S. 211 ff, mit eingehender Begr.; *Joerden* JR 1999, 120 (121).

13 NK-*Kindhäuser* § 249 Rn. 7; *Kindhäuser/Wallau* StV 1999, 379 (380 f); ähnlich *Otto* Jura 1999, 552 (553).

14 Vgl. die Hinw. auf die Rspr. zum Notstand in BGH StV 1982, 517.

genwärtigkeit« der Gefahr in Rechtsprechung und Schrifttum auch dann bejaht, wenn der Eintritt des Schadens zwar überhaupt erst in der Zukunft zu erwarten ist, jedoch zugleich feststeht, dass er nur durch *sofortiges Handeln* abgewendet werden kann: Entscheidend ist die „Gegenwärtigkeit der Zwangslage", die den Gefährdeten vor die Alternative stellt, entweder »jetzt« ohne weiteren Aufschub gefahrabwehrend zu handeln oder den drohenden Schaden hinzunehmen.[15] Eine so verstandene »gegenwärtige Gefahr« kennzeichnet beim Notstand die *»Erforderlichkeit«* der Gefahrabwehr unter zeitlichem Aspekt: als Notwendigkeit unverzüglicher Abwehr zur Verhinderung des Schadenseintritts.[16] Für den Adressaten einer »Drohung mit gegenwärtiger Gefahr« gilt indes das begrenzende, der Vermeidung unnötiger oder voreiliger Rechtsgutsverletzungen dienende Prinzip der »Erforderlichkeit« *ohnehin* nicht: Es ist unerheblich, ob das Opfer der Drohung die angedrohte Gefahr nur durch das vom Täter verlangte Verhalten oder auf andere Weise beseitigen kann; besondere Anforderungen stellt das Gesetz insoweit nicht. Dies spricht dafür, in die »gegenwärtige Gefahr« als Inhalt einer Drohung auch die Fälle einzubeziehen, in denen das Opfer unabhängig vom Zeitpunkt des voraussichtlichen Schadenseintritts unter »gegenwärtigem Verhaltenszwang« steht.[17] Mit dem Wortsinn des Begriffs »gegenwärtig« ist diese Auslegung – ebenso wie bei §§ 34, 35 StGB – vereinbar, weil er ein normatives Verständnis nicht ausschließt, ohne dass damit die Einschränkung selbst preisgegeben würde.

Ehre – §§ 185 ff StGB

»Ehre« ist nicht der »gute Ruf« eines Menschen, ebenso wenig sein subjektiv-individuelles Selbstwertbewusstsein (»Ehrgefühl«), sondern der **objektiv anzuerkennende Wert**, der dem Menschen kraft seiner **Personenwürde** und zugleich aufgrund seines **sittlich-sozialen Verhaltens** in der Gesellschaft zukommt: sein aus *verdienter* Wertgeltung erwachsender, ihm *berechtigterweise zustehender* Anspruch auf Achtung seiner Persönlichkeit (sog. »**normativer Ehrbegriff**« → Rn. 182). **180**

Literatur: LK-*Hilgendorf* Vor § 185 Rn. 2 ff; *Spinellis*, Hirsch-FS, 1999, S. 739 ff. **Einführend:** NK-*Zaczyk* Vor § 185 Rn. 1 ff. **Monographisch:** *Amelung*, Die Ehre als Kommunikationsvoraussetzung, 2002; *Ignor*, Der Straftatbestand der Beleidigung, 1995, S. 29 ff; *Schößler*, Anerkennung und Beleidigung, 1997, S. 15 ff, 29 ff, 123.

Rechtsprechung Grundlegend: BGHSt 11, 67 ff; 36, 145 ff. **Beispielhaft:** LG Tübingen NStZ-RR 2013, 10 (Bezeichnung als „homosexuell" ist nicht ehrmindernd).

BGHSt 11, 67 (70 f): „Angriffsobjekt der Beleidigung ist die dem Menschen als Träger geistiger und sittlicher Werte zukommende innere Ehre, außerdem seine *darauf beruhende Geltung*, sein guter Ruf innerhalb der mitmenschlichen Gesellschaft. Wesentliche Grundlage der inneren Ehre und damit Kern der Ehrenhaftigkeit des Menschen ist die ihm unverlierbar von Geburt an

15 *S/S/Perron* § 34 Rn. 17 m.w.N.

16 Vgl. näher *Küper*, Rudolphi-FS, 2004, S. 151 ff m.w.N.

17 Vgl. auch NK-*Kindhäuser* § 249 Rn. 7; *W/Hillenkamp* Rn. 354; einschränkend *Zaczyk* JR 1999, 343 (345).

zuteil gewordene Personenwürde... Aus der inneren Ehre fließt der ... Rechtsanspruch eines jeden, daß weder seine innere Ehre noch sein guter Ruf geringschätzig beurteilt oder gar völlig mißachtet, daß er vielmehr entsprechend seiner inneren Ehre behandelt werde."

BGHSt 36, 145 (148): „Die Ehre ist lediglich *ein* Aspekt der Personenwürde, nicht identisch mit ihr und dem Bereich, den das allgemeine Persönlichkeitsrecht umfaßt. Ein Angriff auf die Ehre wird geführt, wenn der Täter einem anderen zu Unrecht Mängel nachsagt, die, wenn sie vorlägen, den Geltungswert des Betroffenen mindern würden. Nur durch eine solche ›Nachrede‹ ... wird der aus der Ehre fließende *verdiente Achtungsanspruch* verletzt."

Erläuterungen

181 In der Diskussion um den Begriff der »Ehre« haben die verschiedensten »Ehrbegriffe« eine Rolle gespielt.[1] Überwiegend werden heute unterschieden: ein *»faktischer«*, ein *»normativ-faktischer«* und ein *»normativer«* Ehrbegriff, wobei sich freilich in jedem dieser Ehrbegriffe normative und faktische Elemente verbinden. Nach dem sog. *»faktischen«* Ehrbegriff ist die Ehre einerseits das »subjektive Ehrgefühl«, andererseits der »gute Ruf« in seiner realen Existenz. Gegen diesen Ehrbegriff wird eingewandt, dass er für das Recht nicht brauchbar sei: Das »subjektive Ehrgefühl« könne womöglich fehlen oder überempfindlich und deshalb nicht schutzwürdig sein, während der tatsächliche »Ruf« unverdient gut oder schlecht sein könne. Ein sog. *»normativ-faktischer«* oder »dualistischer« Ehrbegriff sieht die Ehre als ein komplexes Rechtsgut, das zum einen den *inneren Wert* eines Menschen (»innere Ehre«) umfasst, zum anderen sein *Ansehen* in der Beurteilung anderer (»äußere Ehre«). Dabei soll die »innere Ehre« Schutzobjekt des § 185 StGB, die »äußere Ehre« Rechtsgut der §§ 186, 187 StGB sein. Dieser dualistische Ehrbegriff ist wiederum dem Einwand ausgesetzt, dass der »innere Wert« eines Menschen nicht verletzbar ist, der »gute Ruf« aber nur insoweit Schutz verdient, als er auf einem berechtigten (»verdienten«) Achtungsanspruch beruht.

182 Weitgehend durchgesetzt hat sich daher heute ein sog. »*normativer* Ehrbegriff«, der inzwischen auch der neueren Rechtsprechung zugrunde liegen dürfte.[2] Dieser Ehrbegriff sieht das Rechtsgut der §§ 185 ff StGB – insgesamt – in dem auf die *Personenwürde* gegründeten, aber auch vom sittlich-sozialen *Verhalten* abhängigen, einem Menschen *berechtigterweise* zustehenden »Geltungswert« bzw. in dem daraus folgenden »Anspruch«, nicht unverdient herabgesetzt zu werden: „Ehre ist danach der einem Menschen zukommende und sozial zu achtende *Geltungswert*, soweit dieser nicht vom Ehrträger selbst gemindert wurde".[3] Aus der normativen Bindung der Ehre an die »verdiente Wertgeltung« wird u.a. abgeleitet, dass eine *wahre Tatsachenbehauptung*, die das Ansehen des Betroffenen beeinträchtigt, die »Ehre« nicht verletzen kann.[4] Der in § 186 StGB (üble Nachrede) gewährleistete Ehrenschutz auch gegenüber möglicherweise (»nicht erweislich«) wahren Tatsachenbehauptungen[5] wird damit erklärt, dass bis zum Beweis der Wahrheit eine »*Ehrvermutung*« *zugunsten* des

1 Vgl. *Tenckhoff*, Die Bedeutung des Ehrbegriffs (usw.), 1974, S. 35 ff.
2 Vgl. *Hirsch*, Wolff-FS, 1998, S. 125 (131 ff); NK-*Zaczyk* Vor § 185 Rn. 7; krit. LK-*Hilgendorf* Vor § 185 Rn. 7 f.
3 NK-*Zaczyk* Vor § 185 Rn. 5.
4 Zur Frage, ob bei einer Behauptung nur ggü. dem *Betroffenen* die Unwahrheit zum *Tatbestand* des § 185 StGB gehört → Rn. 119.
5 Zur »Nichterweislichkeit« der Wahrheit bei § 186 StGB → Rn. 496.

Betroffenen bestehe: § 186 StGB verbiete deshalb – als »abstraktes Gefährdungsdelikt« – bereits wegen der *Möglichkeit*, dass der Betroffene in seinem berechtigten Achtungsanspruch verletzt werde, die Behauptung/Verbreitung ehrenrühriger Tatsachen ohne Rücksicht darauf, ob sie tatsächlich unwahr sind.[6]

Eine von *E. A. Wolff* begründete[7] Richtung innerhalb der »normativen« Ehrbestimmung führt die Ehre auf ein »Anerkennungsverhältnis mit anderen Personen« zurück (»*interpersonaler Ehrbegriff*«). Auf diese Weise wird u.a. versucht, die »wirkliche Verletzbarkeit« der Ehre als Rechtsgut – nicht nur die Verletzbarkeit des daraus resultierenden »Achtungsanspruchs« – zu erklären: Die Person erfahre eine »wirkliche Verletzung« ihrer Ehre, wenn ihr die Anerkennung »grundlos versagt« werde.[8] – In Auseinandersetzung mit den bisherigen Ehrtheorien hat *Amelung*[9] einen neuen, »wirklichkeitshaltigen« Ehrbegriff mit vier Dimensionen der »Ehre« entwickelt.[10] **183**

Einbrechen – §§ 243 I 2 Nr. 1, 244 I Nr. 3 StGB

»Einbrechen« ist das **gewaltsame** – mit nicht ganz unerheblicher Kraftentfaltung oder entsprechendem Werkzeugeinsatz verbundene – **Öffnen** oder Erweitern einer dem Zutritt entgegenstehenden Umschließung (Gebäude, umschlossener Raum, Wohnung) durch Schaffung eines **Zugangs** oder einer **Zugriffsmöglichkeit von außen**. **184**

Literatur: GS-*Duttge* § 243 Rn. 12 ff (mit Kasuistik); LK-*Vogel* § 243 Rn. 20 f. **Einführend:** *K/H/H*, BT 2, Rn. 137 f.

Rechtsprechung Grundlegend: RGSt 4, 353 (354); 13, 200 (206 – Kraftentfaltung); 30, 122 f (kein Einbrechen innerhalb eines Gebäudes); 55, 210 (211 f – Gewaltanwendung *zum Verlassen* des Raumes ist kein Einbrechen); BGHSt 22, 127 f (Einbrechen durch zum Betreten Befugte). **Beispielhaft:** RGSt 41, 66 (67 – Gewaltanwendung von innen zur Ermöglichung der Wegnahme von außen); BGH NJW 1956, 389 (Aufschieben eines Fensters) und NStZ 2000, 143 f („einfaches" Hochschieben eines Zauns) – jew. zur Kraftentfaltung; BGH StraFo 2014, 215 (Kraftstofftank).

RGSt 4, 353 (354): „Der Begriff des Einbruches erfordert nicht, daß die *Substanz* der Umschließung oder ihr mechanischer Zusammenhang verletzt wird… Es genügt, daß mittels einer Kraftanstrengung zur Begehung des Diebstahles eine *Öffnung* erzeugt oder erweitert wird."

RGSt 56, 48: „Bei dem Einbruch … liegt der erschwerende Umstand in der *Überwindung des Hindernisses* durch gewaltsame Aufhebung der äußeren Umschließung des Gebäudes, nicht darin, daß der Täter zur Ausführung des Diebstahls in das Gebäude *hineingelangt*. Es erscheint deshalb gleichgültig, auf welche Weise er nach Bewirkung des Einbruchs die Wegnahme ausführt, ob er durch die entstandene Öffnung in das Gebäude selbst hineingeht, mit der Hand hineinlangt oder sich eines Werkzeugs bedient."

6 *S/S/Eisele* § 186 Rn. 1 m.w.N.
7 ZStW 81 (1969), 886 ff.
8 Dazu zsfd. *Schößler*, Anerkennung und Beleidigung, S. 119 ff; *Schramm*, Lenckner-FS, 1998, S. 545 ff; jew. m.w.N.; krit.: *Hirsch*, Wolff-FS, 1998, S. 125 (127 ff), *S/S/Eisele* Vor §§ 185 ff Rn. 1.
9 Die Ehre als Kommunikationsvoraussetzung, 2002, S. 18 ff; *ders.*, Rudolphi-FS, 2004, S. 373 ff.
10 Dazu *Jakobs* GA 2003, 232 f; LK-*Hilgendorf* Vor § 185 Rn. 19; MK-*Pegel* Vor §§ 185 ff Rn. 36 f.

OLG Düsseldorf JZ 1984, 684: „Einbrechen i.S. des § 243 I 2 Nr. 1 StGB bedeutet das gewaltsame Öffnen von Umschließungen, die dem Eintritt in den geschützten Raum entgegenstehen. Ein *Betreten* des Gebäudes oder umschlossenen Raumes ist nicht erforderlich". Entscheidend ist, dass „durch das gewaltsame Öffnen der *Zugriff* auf in dem Gebäude oder Raum befindliche Gegenstände *ermöglicht* wird."

185 **Hinweise:** § 243 I 2 Nr. 1 bezweckt den Schutz räumlicher Umschließungen,[1] die (auch) der Gewahrsamssicherung dienen. Überwindet der Täter die Umschließung beim Sich-verborgen-Halten (→ Rn. 458) und dem Eindringen mit einem falschen Schlüssel etc. (→ Rn. 440) durch *List* sowie beim Einsteigen (→ Rn. 198) durch seine *körperliche Beweglichkeit*, so geschieht dies beim Einbruch durch die *gewaltsame* Aufhebung der Umfassung.

Verwirklicht ist ein »Einbrechen« bereits dann, wenn die Umschließung insoweit geöffnet wurde, dass dem Täter das Betreten oder der Zugriff möglich sind. Ein tatsächliches *Betreten* durch den Täter ist also nicht notwendig. Ferner muss die Umschließung auch nicht in ihrer Substanz verletzt sein, wenngleich dies häufig der Fall sein wird.

Eindringen – §§ 123 I, 124, 243 I 2 Nr. 1, 244 I Nr. 3 StGB

186 »Eindringen« ist **Betreten** des geschützten Bereichs **gegen** (str. → Rn. 188) den erklärten oder aus den Umständen erkennbaren (mutmaßlichen) **Willen des Berechtigten**, d.h. ohne dessen ausdrücklich, schlüssig oder mutmaßlich erteilte Erlaubnis. Das Hineingelangen mit einem *Teil des Körpers* reicht aus.

Literatur: LK-*Lilie* § 123 Rn. 45 ff; *S/S/Sternberg-Lieben* § 123 Rn. 11 ff. **Einführend:** *Geppert* Jura 1989, 378 (379 ff).

Rechtsprechung Grundlegend: RGSt 12, 132 (134) und 20, 150 (155 f) – jew. zur Willenswidrigkeit; RGSt 39, 440 (441 – Hineingelangen mit Körperteil); BGHSt 21, 224 (225 – Unterlassen). **Beispielhaft:** BayObLG MDR 1969, 778 (779 – unerlaubtes Abstellen eines Kfz in fremden Hofraum).

OLG Düsseldorf NJW 1982, 2678 (2679): Eindringen ist „ein Eintreten gegen den Willen des Berechtigten unter Überwindung eines Hindernisses, das auch psychischer Art sein und insoweit auch in dem ausdrücklich erklärten oder mutmaßlichen, den Umständen zu entnehmenden … entgegengesetzten Willen des Berechtigten bestehen kann."

Erläuterungen

I. Vorbemerkungen

187 Das »Eindringen« findet sich beim Hausfriedensbruch (§ 123 StGB), aber auch beim Diebstahl (§§ 243 I 2 Nr. 1, 244 I Nr. 3, 244a I Var. 1 StGB). Bei Letzterem ist darauf zu achten, dass das Eindringen in bestimmter Weise erfolgen muss, nämlich mit einem falschen Schlüssel etc. (→ Rn. 440). Ein Diebstahl nach bloßem Betreten der Räume gegen den Willen des Berechtigten genügt nicht.

---

1 Zu den Merkmalen »Gebäude«, »umschlossener Raum« → Rn. 409, zur »Wohnung« → Rn. 802.

Besonders beim Hausfriedensbruch erweist sich das Merkmal des Eindringens in zwei Punkten als problematisch. Zum einen geht es um das täuschungsbedingte Einverständnis (→ Rn. 189) des Berechtigten (auch im Fall der *generellen Zutrittserlaubnis* → Rn. 190), zum anderen ist strittig, ob ein Eindringen durch bloßes pflichtwidriges Verweilen verwirklicht werden kann, nachdem der Täter das Gebäude erlaubt oder unvorsätzlich betreten hat (→ Rn. 191 f).

II. Die Willenswidrigkeit des »Eindringens«

Die h.M. sieht das wesentliche Moment des »Eindringens« darin, dass der Täter »*ge-* **188**
gen« den Willen des Berechtigten in den räumlichen Schutzbereich hineingelangt.[1] Dabei wird als »Wille«, gegen den sich das Eindringen richtet, nicht nur der »erklärte«, sondern auch der »aus den Umständen erkennbare« oder »zu vermutende« Wille verstanden. Bisweilen wird demgegenüber das »Eindringen« als Handeln »*ohne*« den Willen des Berechtigten definiert.[2] Damit soll offenbar der im Übrigen anerkannte Grundsatz hervorgehoben werden, dass – ähnlich wie bei der »Wegnahme« in § 242 I StGB – kein faktisch-psychologisch »entgegenstehender« Wille *überwunden* werden muss, sondern bereits das *Fehlen* einer willentlichen Zutrittserlaubnis ausreicht, wenn sich der »Ausschlusswille« des Rechtsinhabers bereits aus den äußeren Umständen (Wohnung, befriedetes Besitztum usw.) ergibt. Der Unterschied in der Kennzeichnung der Willenswidrigkeit dürfte freilich nur terminologischer Natur sein:[3] Weil es der Zweck des äußerlich abgeschirmten Schutzbereichs ist, andere Personen vom beliebigen Zutritt auszuschließen, und sich darin die vom Berechtigten errichtete »Willensbarriere« manifestiert, liegt insofern ein Handeln nicht nur »ohne«, sondern auch »gegen« den Willen des Rechtsinhabers vor, wenn der Täter beim Betreten der Schutzsphäre nicht über eine Zutrittserlaubnis verfügt, die diese »Willensbarriere« aufhebt.[4]

Entscheidend für die Willenswidrigkeit ist damit in der Sache die Frage, ob eine solche Erlaubnis vorliegt (tatbestandsausschließendes Einverständnis) oder nicht. Dabei ist anerkannt, dass die Zutrittserlaubnis »generell« erteilt sein kann, was aber nicht ausschließt, dass sie mit bestimmten Beschränkungen versehen ist (Personenkreis, Zeiten, Räume usw.) oder von besonderen Voraussetzungen abhängig gemacht wird (Ausweis, Eintrittskarte und dgl.).[5]

III. Probleme des Einverständnisses

1. Täuschung und Nötigung

Wird das (erklärte) Einverständnis des Berechtigten durch *Täuschung* erschlichen, so **189**
liegt nach h.M. kein »Eindringen« vor, weil dies bereits durch das Faktum der gewährten Zutrittserlaubnis ausgeschlossen werde: Maßgeblichkeit des »tatsächlichen

1 Vgl. z.B. *S/S/Sternberg-Lieben* § 123 Rn. 11, 14/15 m.w.N.; OLG Düsseldorf NJW 1982, 2678 (2679, oben zitiert → Rn. 186).
2 Vgl. etwa *Amelung* NStZ 1985, 457 m.w.N.; *Schild* NStZ 1986, 346 (348); SK-*Stein* § 123 Rn. 13.
3 *Geppert* Jura 1989, 378 (379 f – »Scheinproblem«); *vH/Rackow* § 123 Rn. 13.2; krit. aber *Ludwig/Lange* JuS 2000, 446 ff.
4 Vgl. *S/S/Sternberg-Lieben* § 123 Rn. 14/15.
5 Grds. zum Willensproblem beim »Eindringen« *Bohnert* GA 1983, 1 ff; *Schild* NStZ 1986, 346 (347 ff). Gegen ein Erfordernis der »Willenswidrigkeit« *Kargl* JZ 1999, 930 ff, der unter dem tatbestandlichen »Eindringen« bereits die Überwindung der räumlich abgegrenzten Schutzsphäre versteht.

Willens« jedenfalls bei Zwangsfreiheit, kein Handeln »gegen« bzw. »ohne« den Willen.[6] Eine Ausnahme wird gemacht, wenn ein *individuelles Hausverbot* besteht, das der Täter durch Täuschung umgehen will. Denn dieses gelte ungeachtet der Täuschung fort, sodass es durch eine solche auch nicht vereitelt werden könne.[7] In der Minderheit geblieben ist demgegenüber die Auffassung, die in den Täuschungsfällen auf den Widerspruch zum »wahren« oder »defektfreien« Willen des Berechtigten abstellt und deshalb generell das »Eindringen« bejaht.[8]

Kaum näher behandelt wird die Frage, wie sich ein durch *Nötigung* erzwungenes Einverständnis auf das »Eindringen« auswirkt. Dass die Anwendung von *Gewalt* ein wirksames Einverständnis ausschließt, ist selbstverständlich. Bei einem durch *Drohung* abgenötigten Einverständnis wird unter Hinweis auf allgemeine Einverständnisregeln meist generell vorausgesetzt, dass trotz der »tatsächlich« erteilten Zutrittserlaubnis ein »Eindringen« gegen den Willen des Berechtigten vorliegt.[9] Demgegenüber wird vereinzelt[10] darauf abgestellt, ob der Berechtigte den Zutritt lediglich »duldet«, ohne seinen entgegenstehenden Willen aufzugeben (dann »Eindringen«), oder ob er den Zutritt gezwungenermaßen »gestattet« (kein »Eindringen«): bloß passives Dulden bedeute noch kein Einverständnis.[11]

2. Das Einverständnis bei »genereller Zutrittserlaubnis«

190 Hat der Berechtigte die Zutrittserlaubnis »generell« für den Publikumsverkehr erteilt, wie z.B. der Inhaber eines Kaufhauses für – potentielle – Kunden, so wird von der ganz h.M. angenommen, dass die Absicht des Täters, diese »Globalerlaubnis« zu einem *rechtswidrigen Zweck* zu missbrauchen oder sie sonst zu einem Verhalten auszunutzen, das dem »tatsächlichen Willen« des Hausrechtsinhabers widerspricht, allein noch kein »Eindringen« begründen kann. Das Merkmal liege vielmehr erst vor, wenn das »*äußere Erscheinungsbild*« des Verhaltens deutlich von dem durch die generelle Erlaubnis gedeckten Verhalten abweiche, wie etwa beim überfallartigen Eindringen mit Masken/Waffen zwecks Kassenraubs.[12] Diese Lehre[13] stützt sich maßgeblich darauf, dass die »Generalisierung« der Zutrittserlaubnis zugunsten aller Personen wirke, deren Verhalten mit den *äußeren Bedingungen* der Erlaubnis in Einklang stehe. Solange der dem wahren Willen des Berechtigten widersprechende Zweck nicht äußerlich erkennbar – und nicht einmal für den Berechtigten selbst bei

---

6 Vgl. z.B. *Amelung* NStZ 1985, 457 f (»Einschleichen« nicht tatbestandsmäßig); NK-*Ostendorf* § 123 Rn. 32; *W/Hettinger* Rn. 587 f.

7 *S/S/Sternberg-Lieben* § 123 Rn. 22; *Otto*, BT, § 35 Rn. 10; krit. *Kareklás*, Lenckner-FS, 1998, 459 (472 f).

8 In dieser Richtung u.a. *Kindhäuser* § 123 Rn. 19 ff (mit Differenzierung); *Tag* JuS 1996, 904 (906 f); OLG München NJW 1972, 2275; vgl. auch *M.-K. Meyer*, Ausschluß der Autonomie durch Irrtum, 1984, S. 178 ff. Zur Kritik dieser Auffassung u.a. *Bernsmann* Jura 1981, 403 f; LK-*Lilie* § 123 Rn. 50; jew. m.w.N.

9 Vgl. etwa *Bernsmann* Jura 1981, 403 (404); *Küpper*, BT 1/I, § 5 Rn. 11.

10 *S/S/Sternberg-Lieben* § 123 Rn. 22.

11 *S/S/Sternberg-Lieben* Vor §§ 32 ff Rn. 32f; SK-*Stein* § 123 Rn. 18b.

12 Krit. zu solchen Ausnahmen *Kargl* JZ 1999, 930 (938).

13 LK-*Lilie* § 123 Rn. 52 f; *Seier* JA 1978, 622 (623 f). Aus der Rspr.: OLG Düsseldorf NJW 1982, 2678 (2679); OLG Zweibrücken NStZ 1985, 456; abw. BGH StV 1996, 660 (Schutzgelderpresser betritt geöffnete Gaststätte). Aufbereitung der Argumente für und wider bei *Hillenkamp*, BT, Problem Nr. 8 m.w.N.

konkreter Beobachtung feststellbar – sei, müsse daher das »äußere Verhalten« des Täters den Maßstab für Inhalt und Grenzen der generellen Eintrittserlaubnis bilden.[14]

Im Anschluss an *Schall*[15] wird diese Auffassung z.T. auch mit einer »Funktionsstörungstheorie« begründet: Bei Geschäfts- oder Arbeitsräumen, die der Berechtigte für den Publikumsverkehr öffne, sei für die Verletzung des Hausrechts durch »Eindringen« eine Störung des planmäßigen Arbeitsprozesses erforderlich; sie fehle indessen solange, wie das Betreten nicht in erkennbarem Widerspruch zur Organisation des Arbeitsprozesses stehe.

IV. »Eindringen« durch pflichtwidriges Unterlassen?

1. Die überwiegende Auffassung

Dass das »Eindringen« auch als unechtes (garantenpflichtwidriges) Unterlassen begangen werden kann, ist *im Grundsatz* nicht umstritten. So liegt ein »Eindringen durch Unterlassen« (§§ 123 I, 13 I StGB) etwa vor, wenn ein Garant eine von ihm zu überwachende Person nicht *daran hindert*, den geschützten Bereich zu betreten, also *aktiv* in ihn »einzudringen«. In diesem Fall führt der Garant den tatbestandsmäßigen Erfolg des »Hineingelangens« durch pflichtwidrige Unterlassung herbei. Umstritten ist jedoch, ob die Unterlassensvariante des »Eindringens« auch in der Weise verwirklicht werden kann, dass sich der Täter aus dem räumlichen Schutzbereich pflichtwidrig »nicht entfernt«, sondern in ihm weiter *verweilt*. Von der Rechtsprechung und der wohl überwiegenden Auffassung wird dies mit der Begründung angenommen, dass es sich bei § 123 StGB um ein »Dauerdelikt« handele und deshalb das »Eindringen« so lange andauere, wie sich der Täter in der geschützten Sphäre aufhalte.[16] Ein pflichtwidriges »Eindringen durch Unterlassen« kommt danach z.B. in Betracht, wenn ein *unvorsätzlich* eingedrungener Täter seinen Irrtum bemerkt, aber in der fremden Wohnung bleibt, oder wenn er sie nach Wegfall der Erlaubnislage nicht unverzüglich verlässt bzw. ein zeitlich begrenztes Einverständnis überschreitet. Einer Aufforderung i.S. der Alt. 2. (»unbefugtes Verweilen«) bedürfe es in solchen Fällen nicht. Die Garantenstellung des Verweilenden wird aus vorangegangenem Tun (Ingerenz) abgeleitet. **191**

2. Die Gegenmeinung

Die vordringende Gegenauffassung beschränkt das »Eindringen durch Unterlassen« auf die zuerst genannte Fallgruppe: Nichthinderung *aktiven* Eindringens durch Garanten.[17] Diese Gegenmeinung wird unterschiedlich begründet. Zum einen wird darauf hingewiesen, dass der Unrechtsgehalt des Eindringens gerade in der »Überwindung« einer willentlich abgeschirmten Schutzsphäre bestehe; insofern fehle es beim bloß pflichtwidrigen »Nichtweggehen« an der Gleichwertigkeit mit der aktiven Begehung **192**

14 Zu den Konsequenzen für die »Testkäufer-Fälle« und zur auch hier vorliegenden Ausnahme bei individuellem *Hausverbot* vgl. *S/S/Sternberg-Lieben* § 123 Rn. 24/25.

15 *Schall*, Die Schutzfunktionen der Strafbestimmung gegen Hausfriedensbruch, 1974, S. 152 ff.

16 Vgl. BGHSt 21, 224 (225 f) mit Anm. *Schröder* JR 1967, 304 f; *Gössel/Dölling*, BT 1, § 38 Rn. 55; *B. Heinrich* JR 1997, 94; eingehend *Kareklás*, Lenckner-FS, 1998, S. 459 ff, 466 ff; mit Einschränkungen *Fischer* § 123 Rn. 25 f.

17 Vgl. dazu etwa LK-*Lilie* § 123 Rn. 58 f; *Seier* JA 1978, 622 (624 f).

(§ 13 I StGB).[18] Außerdem erfasse § 123 I StGB eine Rechtsgutsverletzung in Form des Unterlassens nur unter den *speziellen* Voraussetzungen der Alt. 2 (Verweilen trotz Aufforderung zum Verlassen). Diese Einschränkung (Notwendigkeit einer vorhergehenden Aufforderung) werde unterlaufen, wenn man in den Unterlassungsfällen generell auf die Modalität des »Eindringens« zurückgreife.[19] Schließlich wird geltend gemacht, dass die Unterlassungskonstruktion einen *Erfolgsbegriff* zugrunde lege, der vom gesetzlich beschriebenen Erfolg des »Eindringens« abweiche: Der Tatbestandserfolg bestehe nicht schlicht im »Darinsein« (Verweilen), sondern im »Hineingelangen« (»Darinsein infolge Betretens«); *dieser* Erfolg könne aber durch das Verlassen des geschützten Bereichs nicht i.S. des § 13 I StGB »abgewendet« werden.[20]

Eingriff, gefährlicher (in den Straßenverkehr) – § 315b I Nr. 3 StGB

193 Ein »gefährlicher Eingriff« erfordert entweder eine erhebliche Einwirkung auf den Straßenverkehr *»von außen«* oder – bei Verkehrsteilnahme – ein Verhalten, das sich nicht in der (groben) Missachtung von Verkehrsregeln erschöpft, sondern wegen der **bewussten Zweckentfremdung** des Fahrzeugs und der damit verbundenen *besonderen Gefahren* den Charakter einer **verkehrsfeindlichen Einwirkung** annimmt (»verkehrsfremder Inneneingriff«).

Dies ist namentlich gegeben, wenn ein Fahrzeug nicht entsprechend seiner Zweckbestimmung als *Fortbewegungsmittel* gebraucht, vielmehr – in verkehrsfeindlicher Einstellung – **bewusst zweckwidrig** als Mittel einer gezielten Verkehrsbehinderung von *erheblichem Gewicht* oder einer Gefährdung/Verletzung von Menschen eingesetzt wird.

Literatur: LK-*König* § 315b Rn. 11 ff, 39 ff; MK-*Pegel* § 315b Rn. 14 ff, 37 ff. **Einführend:** *W/Hettinger* Rn. 979 ff. **Monographisch:** *Obermann*, Gefährliche Eingriffe in den Straßenverkehr, 2005.

Rechtsprechung Grundlegend: BGHSt 23, 4 (6 ff – Verhältnis zu § 315c bei bewusster Zweckentfremdung); 28, 87 (88 ff – verkehrsfremder Inneneingriff); 48, 119 (121 ff – zur *unmittelbaren* konkreten Gefährdung); 48, 233 (236 ff – Inneneingriff nur bei Schädigungsvorsatz) mit krit. Bspr. *König* NStZ 2004, 175 ff. **Beispielhaft:** BGH NJW 1983, 1624 f (Anfahren einer Person mit 20 km/h) mit krit. Anm. *Cramer* JZ 1983, 812 ff; BGH NStZ 1995, 31 (betrügerisches gezieltes Beschädigen); NZV 1997, 276 (Durchbrechen einer Polizeisperre); 2012, 249 und 393 f (jew. zur konkreten Gefährdung); NStZ 2014, 86 (Zufahren auf Fußgänger).

BGHSt 28, 87 (88 f): „Nach der Rechtsprechung … kann ein Fahrzeuglenker mit seinem Fahrzeug auch im fließenden Verkehr in besonderen Fällen das Merkmal der Vornahme eines ›ähnlichen, ebenso gefährlichen Eingriffs‹ in die Sicherheit des Straßenverkehrs erfüllen, wenn er das von ihm gesteuerte Kraftfahrzeug in verkehrsfeindlicher Einstellung *bewußt zweckwidrig* einsetzt. Dies ist jedoch nicht schon bei jeder objektiv behindernden Verkehrsteilnahme der Fall, und zwar selbst dann nicht, wenn sie gänzlich aus dem Rahmen dessen fällt, was im Ver-

18 *Küper* Jura 1983, 206 (212); SK-*Stein* § 123 Rn. 19c.
19 *M/Maiwald*, BT 1, § 30 II Rn. 7; *Mitsch* JuS 1998, 307 (309).
20 Zu dieser Argumentation näher *Herzberg/Hardtung* JuS 1994, 492 f. Monographisch zum Problem: *Marnitz*, Eindringen durch Unterlassen im Rahmen des Hausfriedensbruchs, 2006.

kehr vorzukommen pflegt. Ein bewußt zweckwidriger Einsatz des Kraftfahrzeugs in *verkehrsfeindlicher Einstellung* ist in den Fällen bejaht worden, in denen der Täter, um sich der Festnahme zu entziehen, mit seinem Fahrzeug auf einen ihm den Weg versperrenden *Polizeibeamten* in der Absicht zufuhr, ihn zum Beiseitespringen und zur Freigabe seines Fahrweges zu zwingen. In solchen Fällen liegt nicht nur ein verkehrswidriges, sondern ein verkehrsfeindliches Verhalten vor... Der Tatbestand ... setzt ferner eine *grobe Einwirkung* von einigem Gewicht voraus... Bei Verstößen geringeren Gewichts scheidet die Tatbestandsmäßigkeit aus. *Langsames Zufahren* auf einen Fußgänger, der ohne Schwierigkeit und ohne Gefahr ausweichen kann, erfüllt den Tatbestand des § 315b I Nr. 3 StGB daher noch nicht..."

BGHSt 48, 233: „Im fließenden Straßenverkehr wird ein Verkehrsvorgang nur dann zu einem *Eingriff* in den Straßenverkehr i.S. des § 315b I StGB ›pervertiert‹, wenn zu dem bewußt zweckwidrigen Einsatz eines Fahrzeugs in verkehrsfeindlicher Einstellung *hinzukommt*, daß es mit (mindestens bedingtem) *Schädigungs*vorsatz – etwa als Waffe oder Schadenswerkzeug – mißbraucht wird."

Erläuterungen

I. Dreistufiger Aufbau und zeitliche Stufenfolge?

Nach § 315b I Nr. 3 StGB muss der ebenso[1] verkehrsfremde Eingriff kausal (»dadurch«) zu einer Beeinträchtigung der »Sicherheit des Straßenverkehrs« führen und wiederum »dadurch« eine konkrete Gefahr für die in der Vorschrift genannten Rechtsgüter schaffen: sog. »*dreistufiger* Tatbestandsaufbau«. Aus dieser *kausalen* Verknüpfung zwischen Eingriff, Beeinträchtigung der Verkehrssicherheit (»abstrakter Verkehrsgefahr«) und konkretem Gefahrerfolg hat die frühere Rechtsprechung den *einschränkenden Grundsatz* abgeleitet, dass die konkrete Gefahr gerade „auf einem *infolge* der Einwirkung des Täters regelwidrig ablaufenden Verkehrsvorgang" beruhen müsse. Dies sei z.B. nicht der Fall, wenn sich der »Eingriff« in der Gefährdung/Schädigung eines individuellen Opfers/Objekts *erschöpfe*, wie etwa beim Hinausstoßen des Mitfahrers aus dem Fahrzeug (anders beim Mitschleifen oder beim »Abschütteln« eines Verfolgers).[2] Dahinter stand wohl die Überlegung, dass ein auf Verletzungsgefahren für das Opfer beschränktes Ereignis nicht geeignet sei, auch eine abstrakte Gefahr für die Sicherheit des Straßenverkehrs zum Ausdruck zu bringen, die der konkreten Gefährdung aber zugrunde liegen muss. 194

Nach der in BGHSt 48, 119 (122 ff) begründeten neueren Rechtsprechung soll es jedoch genügen, dass der Eingriff *unmittelbar* zu einer konkreten Gefahr/Schädigung führt, soweit sich dieser Erfolg noch als Steigerung (»Verdichtung«) der durch die Tathandlung bewirkten »abstrakten Gefahr« für die Verkehrssicherheit darstellt. Damit wird nun auf die Notwendigkeit einer zeitlichen Differenz zwischen dem eingreifenden Verhalten, der damit begründeten abstrakten Verkehrsgefahr und einem daraus resultierenden konkreten Gefahrerfolg verzichtet. Dem liegt wohl die Erwägung

1 Das Eingriffsverhalten bei der Nr. 3 muss ebenso gefährlich wie das Beschädigen eines Fahrzeugs etc. (§ 315b I Nr. 1 StGB) oder das Bereiten von Hindernissen (§ 315b I Nr. 2 StGB) sein. Auch dort ist übrigens die Prüfung des zweiten Schritts (abstrakte Gefährdung der Sicherheit des Straßenverkehrs) nicht entbehrlich. So beeinträchtigt z.B. nicht jede Beschädigung eines Fahrzeugs auch die Straßenverkehrssicherheit.

2 Vgl. BGH NZV 1990, 77; 1997, 363 (364); 1998, 36; NJW 2002, 627; instruktiv dazu *Martin* JuS 1998, 849 f.

zugrunde, dass eine abstrakte Gefahr für die Verkehrssicherheit sich auch in einem singulären konkreten Gefahrerfolg widerspiegeln kann, sofern die konkrete Gefahr noch »verkehrsspezifisch« und durch die »Dynamik des Straßenverkehrs« geprägt sei.[3] So könne die Beschädigung der Karosserie eines Fahrzeugs durch einen Schuss auf ein fahrendes Fahrzeug eine solch konkrete Gefahr für eine fremde Sache von bedeutendem Wert nicht abgeben, da dieser Gefährdung keine abstrakte Gefahr für die Sicherheit des Straßenverkehrs zugrunde liege.[4] Anders dürfte zu entscheiden sein, wenn die Beschädigung die Gefahr eines Verkehrsunfalls in sich trägt oder der Fahrzeuglenker wegen des Fahrzeugbeschusses sein Fahrzeug nicht mehr sicher führen kann und es nur vom Zufall abhängt (zur konkreten Gefahr → Rn. 242), ob er durch einen Unfall verletzt wird.

II. Anforderungen an den verkehrsfremden Inneneingriff

195 Da § 315c I Nr. 2 StGB mit den sog. »Sieben Todsünden (= Nr. 2a-g)« die straßenverkehrsgefährdende *Fahrzeugbenutzung* bereits unter Strafe gestellt hat, kann dieser Katalog nicht dadurch unterlaufen werden, dass ein dort nicht genanntes straßenverkehrsgefährdendes Verhalten (etwa Fahren ohne Beleuchtung) nun als ebenso gefährlich nach § 315b I Nr. 3 StGB bestraft wird. Raum für einen gefährlichen *Eingriff* in den Straßenverkehr ist nur dort, wo sich das Täterverhalten auch als verkehrsfremd darstellt. Die Rechtsprechung hat dies für den sogenannten »verkehrsfremden Inneneingriff« bejaht. Danach bedarf es objektiv einer groben Einwirkung von einigem Gewicht und subjektiv einer verkehrsfeindlichen Zielrichtung.

Die Verkehrs*feindlichkeit* hat die frühere Rechtsprechung aus Verhaltensweisen geschlossen, die sich kaum noch von einer straßenverkehrsgefährdenden *Teilnahme* am Straßenverkehr unterscheiden ließen. So sollte es bei der Durchbrechung einer *Polizeisperre* zum Ausschluss einer Verkehrsfeindlichkeit darauf ankommen, ob der Täter mit dem Fahrzeug um den Polizisten herumfahren kann, ohne ihn zu gefährden.[5] Seit BGHSt 48, 233 (238, oben zitiert → Rn. 193) verlangt die Rechtsprechung für die Verkehrsfeindlichkeit des Vorgehens einen zumindest bedingten »Schädigungsvorsatz«. Dies soll sich aus dem Erfordernis einer »Absicht« zur »Pervertierung« des Verkehrsvorgangs ergeben.[6] Dahinter mag die Überlegung stecken, dass in den Fällen, in denen der Täter bei seiner Fahrzeugbenutzung sogar eine Schädigung anderer in Kauf nimmt, kaum noch von einer gefährdenden *Teilnahme am Straßenverkehr* gesprochen werden kann (Schädigung als Indiz für die Verkehrs*fremdheit*).[7]

196 In einer (vor dieser Rechtsprechungsänderung liegenden) Entscheidung hat der BGH einen gefährlichen Inneneingriff (i.S. des § 315b I Nr. 2, 3 StGB) auch bei einem äußerlich *verkehrsgerechten* Verhalten bejaht, sofern der Täter in der Absicht handelt,

---

3 Näher dazu die zust. Bspr. *Berz/Saal* NZV 2003, 198; krit. *König* JA 2003, 818 ff. Vgl. ferner SK-*Wolters* § 315b Rn. 19; *Dencker*, Nehm-FS, 2006, S. 373 (375 ff, mit Kritik an der »Dreistufigkeit« des Tatbestandes); *Obermann* NStZ 2009, 539 ff.

4 BGH NStZ 2003, 206 (Wurf von der Brücke); 2009, 101 (Schuss auf Fahrzeug).

5 Vgl. BGHSt 28, 87 (91); BGH NStZ 1985, 267; OLG Hamm NStZ-RR 2001, 104 (105).

6 Ebenso z.B. BGH DAR 2004, 230; NStZ 2010, 391 (392); OLG Hamm StV 2008, 588; OLG Köln DAR 2004, 469. Krit. dazu insb. LK-*König* § 315b Rn. 12a; *Seier/Hillebrand* NZV 2003, 490 f; SK-*Wolters* § 315b Rn. 16.

7 Zu den Konsequenzen dieser Rspr. für mit § 315b I StGB *konkurrierende* Delikte vgl. die Übersicht bei *W/Hettinger* Rn. 980.

dadurch einen Verkehrsunfall zu provozieren.[8] Der damit verbundene Verzicht auf die objektiv erkennbare grobe Einwirkung von einigem Gewicht verkennt jedoch das Erfordernis, dass der Täter ein Verhalten an den Tag legen muss, das sich ebenso – wie in § 315b I Nr. 1 und Nr. 2 StGB beschrieben – als verkehrsfremd darstellt.[9]

III. Tatbeteiligte als Gefährdungsopfer

Die h.M. schließt die Tatbestandsverwirklichung aus, wenn durch den gefährlichen **197** Eingriff ausschließlich Tatbeteiligte oder deren Sachen von bedeutendem Wert konkret gefährdet werden. Die Rechtsprechung[10] stützt sich dabei auf ihre Judikatur zu § 315c StGB,[11] wonach derjenige kein Gefährdungsopfer sein kann, der auf Seiten des Täters steht. Zum gleichen Ergebnis kommt man mit der Überlegung, dass die konkrete Gefährdung von Personen oder von fremden Sachen immer in zugespitzter Form die abstrakten Gefahren für die Straßenverkehrssicherheit widerspiegeln muss. Daran fehlt es bei demjenigen, der sich an einem verkehrsfremden Verhalten beteiligt. Denn dieser nimmt mit seinem Verhalten die allgemeine Straßenverkehrssicherheit überhaupt nicht in Anspruch, die konkrete Gefährdung seiner Person kann folglich nicht Ausdruck einer Beeinträchtigung der Straßenverkehrssicherheit sein.[12]

Einsperren – § 239 I StGB

»Einsperren« ist Hinderung am Verlassen eines – auch beweglichen – **Raumes** **198**
durch *äußere*, nicht notwendig unüberwindbare *Vorrichtungen*.

Literatur: *Gössel/Dölling*, BT 1, § 19 Rn. 11 ff; LK-*Schluckebier* § 239 Rn. 12 f; MK-*Wieck-Noodt* § 239 Rn. 16 ff.

Rechtsprechung Grundlegend: RGSt 7, 259 (260); 8, 210 (211 – zur Überwindbarkeit). **Beispielhaft:** BGH NStZ 2001, 420 (Fluchtmöglichkeit durch Kellerschacht).

RGSt 7, 259 (260): Einsperren heißt, „eine Person durch *äußere Vorrichtungen* hindern, aus dem *Raume*, in welchem sie verweilt, sich willkürlich zu entfernen".

BGH NStZ 2001, 420: „Es genügt, dass die Benutzung der zum regelmäßigen Ausgang bestimmten Vorrichtungen für den Zurückgehaltenen ausgeschlossen erscheint. Dazu kann es ausreichen, dass für ihn ... die Entfernung auf außergewöhnlichem Wege oder mit ungewöhnlichen Mitteln nicht in Betracht kommt."

---

8 BGH NJW 1999, 3132 f; zust.: *König* JA 2000, 777 (778 f), *Murmann*, Herzberg-FS, 2008, S. 123 (127, 135 ff), *S/S/Hecker* § 315b Rn. 8; mit eingehender Begr. zust. *Hecker* DAR 2011, 186 ff. Vgl. auch bereits BGH NStZ 1992, 182 (183); zust. *Seier* NZV 1992, 158 f; abl. *Scheffler* NZV 1993, 463 ff.

9 Krit. auch *Eisele*, BT I, Rn. 1158; *Kudlich* StV 2000, 23 ff; *Rath*, Gesinnungsstrafrecht, 2002, S. 3 ff, 47 ff.

10 BGH NJW 1991, 1120; NStZ 1992, 233; OLG Düsseldorf NStZ-RR 1997, 326 („Auto-Surfen") mit abl. Anm. *Saal* NZV 1998, 49 f; krit. auch LK-*König* § 315b Rn. 74 ff m.w.N.

11 BGHSt 11, 199 (203).

12 Zu weiteren Lösungsvorschlägen (eigenverantwortliche Selbstgefährdung; rechtfertigende Einwilligung) vgl. die Nachw. bei LK-*König* § 315b Rn. 73.

199 **Hinweis:** Da das »Einsperren« nur eine besondere, im Gesetz beispielhaft genannte Form der *Freiheitsberaubung* darstellt, müssen auch die *sonstigen Voraussetzungen* einer »Beraubung« der Fortbewegungsfreiheit erfüllt sein. Vgl. dazu das Stichw. »Freiheitsberaubung« → Rn. 228 ff.

Einsteigen – §§ 243 I 2 Nr. 1, 244 I Nr. 3 StGB

200 »Einsteigen« setzt voraus, dass der Täter in den umschlossenen Raum (Gebäude, Wohnung) auf außergewöhnliche Weise hineingelangt, d.h. durch eine nicht zum ordnungsgemäßen Eintritt bestimmte Öffnung unter Überwindung von Hindernissen, die den Zugang erheblich erschweren. Eine »steigende« Bewegung ist nicht erforderlich, so dass z.B. ein Hineinkriechen oder Sich-Hineinzwängen ausreicht.

Literatur: GS-*Duttge* § 243 Rn. 16 ff; LK-*Vogel* § 243 Rn. 22 f; *W/Hillenkamp* Rn. 226.

Rechtsprechung Grundlegend: RGSt 4, 175 (176 f); 13, 257 (258); RG, GA 53 (1906), 448 (449); BGHSt 10, 132 (133). **Beispielhaft:** RGSt 53, 174 (175 – Hindernisüberwindung); 53, 262 (263 – Einsteigen auch zu anderen Zwecken); 55, 144 (Einbrechen neben Einsteigen); 59, 171 (Unbenutzbarkeit des ordentlichen Zugangs); BGHSt 14, 198 (200 – Oberlicht); BGH NStZ 2000, 143 (144 – Zaun); NStZ-RR 2010, 374 (375 – gekippter Türflügel).

RGSt 13, 257 (258): Es „ist das wesentliche Kriterium des Einsteigens darin zu suchen, daß der Dieb auf *außergewöhnliche Weise* oder durch eine zum Hineingelangen in ein Gebäude usw. nicht bestimmte Öffnung in dasselbe eindringt, d.h. mit Überwindung von Schwierigkeiten oder Hindernissen in dasselbe *gelangt*. Es kann daher auch ein Hindurchkriechen, wenn dabei Hindernisse zu überwinden sind, den Tatbestand des Einsteigens erfüllen."

BGHSt 10, 132 (133): „... daß der Täter ... in ein Gebäude oder einen umschlossenen Raum unter Überwindung von *Hindernissen* oder Schwierigkeiten eindringt, die sich aus der Eigenart des Gebäudes oder der Umfriedung des umschlossenen Raumes ergeben."

BGH NJW 1968, 1887: Von einem Einsteigen kann „nicht immer schon dann gesprochen werden, wenn das Eindringen unter Überwindung besonderer Hindernisse erfolgt. Voraussetzung ist vielmehr außerdem, daß die Ausführung der Tat von einem Ort aus geschieht, ... den der Täter erst durch das Eindringen gewonnen hat. Dieser muß sich also im Innern des Gebäudes einen *Stützpunkt* geschaffen haben, von dem aus er dann die eigentliche Wegnahmehandlung ausführt. Solange er sich ... nur mit dem Oberkörper *hineinbeugt* oder nur mit den Armen ins Innere *hineinlangt*, kann dagegen von einem Einsteigediebstahl nicht die Rede sein."

Erläuterungen

201 Nach allgemeiner Ansicht liegt ein »Einsteigen« beim Hineingelangen nur mit einem Teil des Körpers erst dann vor, wenn der Täter innerhalb des Raumes einen festen körperlichen Stützpunkt gewonnen hat, der ihm die *Wegnahme* oder eine ihr dienende *Handlung* ermöglicht; ein bloßes *Hineingreifen* oder *Hineinbeugen* ohne Abstützung soll deshalb nicht genügen. Diese einschränkende »Stützpunkttheorie« bedarf jedoch der Überprüfung, weil sie von der Rechtsprechung für § 243 I Nr. 2 StGB a.F. entwickelt wurde, der einen Diebstahl »*aus* einem Gebäude oder umschlossenen Raume mittels Einsteigens« voraussetzte. *Deshalb* wurde verlangt, dass der Diebstahl »von

einem Ort aus« begangen wird, den der Täter innerhalb des Raumes erreicht hat.[1] Da in §§ 243 I 2 Nr. 1, 244 I Nr. 3 StGB n.F. ein Diebstahl »*aus*« der Räumlichkeit nicht mehr vorausgesetzt wird, ist zu überlegen, ob nicht auch ein Hin*ein*gelangen mit einem »wesentlichen« Körperteil genügt. Für ein *Einsteigen* würde dann zwar nicht das bloße Hineingreifen mit einem Arm, wohl aber z.B. das Sich-Hineinbeugen mit dem Oberkörper ausreichen.[2]

Entführen – §§ 239a I, 239b I StGB

»Entführen« ist die vom Täter vorgenommene oder veranlasste **Änderung des Aufenthaltsortes** einer Person mit der Wirkung, dass das Opfer der *Herrschaftsgewalt* (dem »ungehemmten Einfluss«) des Täters ausgeliefert ist. 202

Literatur: LK-*Schluckebier* § 239a Rn. 5 f, 9; MK-*Renzikowski* § 239a Rn. 26 ff, 35; *S/S/Eisele* § 239a Rn. 6; jew. mit Abweichungen untereinander zur Frage des Verhältnisses zum »Sich-Bemächtigen«.

Rechtsprechung Grundlegend: BGHSt 22, 178 (179 – Herrschaftsgewalt des Täters); 40, 350 (359 – im Zwei-Personen Verhältnis). **Beispielhaft:** BGH NJW 1989, 917 („anderer Ort") mit Anm. *Otto* JR 1989, 340 unter 2.; BGH NStZ 1996, 276 (277 – Entführen durch List).

BGHSt 22, 178 (179): „Nicht jede Aufenthaltsveränderung, die die Widerstands- und Verteidigungsmöglichkeiten [des Opfers] herabsetzt, erfüllt den Tatbestand. Erst wenn der Täter [das Opfer] durch die Aufenthaltsveränderung so in seine Gewalt bringt, daß [es] seinem ungehemmten Einfluss preisgegeben ist, liegt eine Entführung im Sinne des Gesetzes vor."

Hinweise: Umstritten ist das Verhältnis des »Entführens« zur anderen Tathandlung der §§ 239a I, 239b I StGB: dem »Sich-Bemächtigen«[1]. Zum Teil wird betont, dass gerade die Herrschaftsgewalt des Täters über das Opfer der maßgebliche Gesichtspunkt einer Entführung ist: Das »Entführen« sei daher nur eine *Modalität* des »Sich-Bemächtigens«.[2] Die Gegenansicht sieht die Macht des Täters mehr *als Folge* der Ortsveränderung an. Das »Entführen« sei daher nur eine »Vorstufe des Sich-Bemächtigens«, mit der Konsequenz, dass die Entführung zwingend [nur] den Bemächtigungsversuch enthalte.[3] Relevanz hat dieser Streit nicht nur für das Verhältnis der Tathandlungen zueinander. Bedeutung kann er auch für die Verwirklichung des »Entführens« erlangen. So stellt die zuerst genannte Ansicht weniger auf die beim Wechsel des Aufenthaltsorts zurückgelegte Entfernung ab, sondern darauf, ob das Opfer durch die [auch geringe] Ortsveränderung bereits der Herrschaft des Täters ausgesetzt 203

1 BGH NJW 1968, 1887 (oben zitiert → Rn. 198); OLG Hamm NJW 1960, 1359: „Stützpunkt"; wohl immer noch den Stützpunkt vor Augen jüngst BGH StraFo 2014, 215: „wenigstens einen Fuß in den Raum stellt".

2 Gegen diese Auslegung jedoch GS-*Duttge* § 243 Rn. 18; MK-*Schmitz* § 243 Rn. 24; *W/Hillenkamp* Rn. 226.

1 Zum »Sich-Bemächtigen« vgl. dieses Stichw. → Rn. 451.

2 Vgl. *M/R/Eidam* § 239a Rn. 8; MK-*Renzikowski* § 239a Rn. 35; SK-*Wolters* § 239a Rn. 4: Erlangung der physischen Herrschaft durch Entfernung des Opfers von seinem Aufenthaltsort.

3 Vgl. z.B. NK-*Sonnen* § 239a Rn. 18; *S/S/Eisele* § 239a Rn. 6; *W/Hettinger* Rn. 454.

ist, was schon bei einem Wechsel in ein anderes Zimmer der Fall sein könne.[4] Verlangt man hingegen für ein »Entführen« auch ein Wegführen von dem bisherigen Ort, da gerade die Ortsveränderung beim Opfer zu einer Verunsicherung beitragen muss und auch darauf die Herrschaftsgewalt des Täters gestützt wird, so ist bei der Verbringung innerhalb eines [kleineren] Gebäudes ggf. ein Sich-Bemächtigen zu bejahen.

Entstellung, erhebliche dauernde – § 226 I Nr. 3 (§ 224 I a.F.) StGB

204 **»Erheblich entstellt«** ist eine Person, wenn ihr **äußeres Erscheinungsbild** durch eine körperliche Verunstaltung so wesentlich beeinträchtigt wird, dass sie dadurch erhebliche **psychische Nachteile** im Verkehr mit anderen Menschen zu gewärtigen hat. Die »Entstellung« muss einer der übrigen, in § 226 I StGB genannten *schweren Folgen* an Gewicht zumindest *ungefähr gleichkommen.*

»Dauernd« ist die Entstellung, wenn sie mit einer bleibenden oder *unbestimmt langwierigen* Beeinträchtigung des Aussehens verbunden ist, die nicht durch *zumutbare Maßnahmen* in absehbarer Zeit mit Aussicht auf Erfolg behoben werden kann (str. → Rn. 205).

Literatur: NK-*Paeffgen* § 226 Rn. 20 f, 30 f; *S/S/Sternberg-Lieben* § 226 Rn. 3 ff. **Einführend:** *Rengier*, BT 2, § 15 Rn. 18 ff. **Monographisch:** *Fruhriep,* Die Dauerhaftigkeit der Folgen im Rahmen der schweren Körperverletzung, 2010.

Rechtsprechung Grundlegend: BGHSt 24, 315 (317). **Beispielhaft:** RGSt 39, 419 f (*regelmäßige* Beeinträchtigung der Gesamterscheinung); LG Berlin NStZ 1993, 286 (*finanzierbare* Operation); LG Saarbrücken NStZ 1982, 204 (ständige Sichtbarkeit ist nicht entscheidend).

RGSt 39, 419 (420): „ Auch eine wesentliche Steigerung der vorhandenen Unschönheit der Gesamterscheinung ist eine Entstellung".

BGH NStZ 2008, 32: „Da das Merkmal der erheblichen Entstellung in § 226 I StGB in einer Reihe mit sehr schwerwiegenden Folgen wie Siechtum, Lähmung … steht, die für die Einstufung der Körperverletzungstat als *Verbrechen* maßgeblich sind, ist eine Verunstaltung des Gesamterscheinungsbildes … erforderlich, die in ihrer *Bedeutung* für den Menschen etwa der *Benachteiligung* entspricht, die mit den *anderen* in § 226 I StGB genannten Folgen verbunden ist."

205 **Hinweise:** Die Erheblichkeit der Entstellung hängt auch davon ab, welcher Körperteil des Opfers betroffen ist. So sind Entstellungen im Gesicht oder an den Händen erheblicher als solche an den Beinen.[1] Umstritten ist, ob eine »dauernde« Entstellung auch bejaht werden kann, wenn die Entstellung durch technisch-künstliche Aus-

4 MK-*Renzikowski* § 239a Rn. 28; *Brambach*, Probleme der Tatbestände des erpresserischen Menschenraubes und der Geiselnahme, 2000, S. 95; abl. *Immel*, Die Gefährdung von Leben und Leib durch Geiselnahme, 2001, S. 229 ff. RGSt 29, 404 (407 f) lässt die Verbringung innerhalb eines „kleineren Gebäudes" nicht ausreichen. Der BGH bleibt undeutlich: Einerseits genügt *nicht jede geringfügige* Ortsveränderung (NJW 1966, 1523), andererseits bedarf es auch keiner *gewichtigen* Strecke (NJW 1967, 1765); krit. dazu *Otto* JR 1989, 340 f.

1 BGH NStZ 2006, 686; *S/S/Sternberg-Lieben* § 226 Rn. 3/4.

gleichsmaßnahmen (Zahnprothesen etc.) oder durch kosmetisch-operative Korrekturen behoben werden kann. Dabei sind zwei Fragen zu trennen. Zum einen die Frage, ob *herausnehmbare* Prothesen (im Gegensatz zu Implantaten und Transplantaten) wirklich die Entstellung beseitigen können.[2] Zum anderen ist zu beachten, ob eine Operation etc. schon vorgenommen wurde oder ob eine solche nur möglich ist: Wurde die Entstellung durch eine Operation beseitigt, kommt es auf eine etwa fortdauernde *Funktionsbeeinträchtigung* eines Körpergliedes (s. dazu das Stichw. »Glied, wichtiges« → Rn. 296) nicht an, da für die Entstellung allein das Aussehen entscheidet.[3] Ist eine Operation noch nicht vorgenommen worden, so soll es an einer »dauernden« Entstellung fehlen, wenn ein künftiger Eingriff dem Opfer *zumutbar* ist. Begründet wird dies damit, dass es andernfalls das Opfer selbst in der Hand hätte, über die Anwendbarkeit des § 226 StGB zu entscheiden.[4] Maßgeblich für die »Zumutbarkeit« soll sein, ob nach medizinischer Erfahrung der Eingriff die entstellende Wirkung beseitigen wird (»Ausführbarkeit«), er keine besonderen Risiken mit sich bringt und keine sonstigen Hindernisse (insbesondere fehlende Finanzierbarkeit) entgegenstehen.[5]

Erschleichen – § 265a I StGB

Vgl. **Automat, Erschleichen der Leistung** → Rn. 70 und **Beförderung/Zutritt, Erschleichen von** (Leistungserschleichung) → Rn. 83.

Fahruntüchtigkeit (Fahrunsicherheit) – §§ 315c I Nr. 1, III Nr. 2, 316 I, II StGB

Ein Fahrzeugführer ist »fahruntüchtig« (fahrunsicher), wenn seine **Gesamtleistungsfähigkeit** aufgrund seines geistig-seelischen oder/und körperlichen Zustandes so weit herabgesetzt ist, dass er nicht mehr in der Lage ist, das Fahrzeug im Straßenverkehr über eine **längere Strecke** – auch bei plötzlichem Auftreten *schwieriger Verkehrslagen* – **sicher zu führen**. 206

Literatur: LK-*König* § 316 Rn. 10 ff; SK-*Wolters* § 315c Rn. 6, § 316 Rn. 4 ff, 16 ff; *Stein*, Dencker-FS, 2012, S. 307 ff. **Einführend:** *Gössel/Dölling*, BT 1, § 42 Rn. 10 ff.

---

2 MK-*Hardtung* § 226 Rn. 18: *Solche Prothesen* beseitigen nicht die Entstellung, sondern mildern nur die Auswirkungen; ebenso NK-*Paeffgen* § 226 Rn. 20a und Rn. 30. Demgegenüber bejaht BGHSt 24, 315 (317) eine Beseitigung (verneint also die Dauerhaftigkeit), ohne zwischen herausnehmbaren und implantierten Prothesen zu differenzieren; ebenso *W/Hettinger* Rn. 293.

3 BGHSt 24, 315 (317) mit Anm. *Hanack* JR 1972, 472 (473 ff).

4 *K/H/H*, BT 1, Rn. 280; *Rengier*, BT 2, § 15 Rn. 23.

5 LK-*Hirsch* § 226 Rn. 20; *S/S/Sternberg-Lieben* § 226 Rn. 5; jew. m.w.N. Anders MK-*Hardtung* § 226 Rn. 14, wonach der „Erfolg der Langwierigkeit" auch dann zu bejahen sei, wenn sich das Opfer einer „machbaren und zumutbaren" Operation „rein schikanös verweigert". In diesem Fall könne aber die *objektive Zurechnung* der Langwierigkeit wegen eigenverantwortlichen Opferverhaltens entfallen (näher MK-*Hardtung* § 226 Rn. 41 f).

Rechtsprechung Grundlegend: BGHSt 13, 83 (90 – Fahruntüchtigkeit [FU]); 31, 42 (44 f – rel. FU); 37, 89 (95, 99 – absolut. FU bei Kraftfahrern); 44, 219 (221 ff – Drogenkonsum). **Beispielhaft:** BGHSt 36, 341 (346 – FU des Führers eines abgeschleppten Kfz); BGH NStZ 1995, 88 (89 – Polizeiflucht & rel. FU); BayObLG StV 1997, 254 ff (Fahrunsicherheit bei Haschischkonsum ohne Fahrfehler); KG, VRS 113 (2007), 52 (FU und Atemalkohol); OLG Düsseldorf JR 1999, 474 ff (Feststellungen bei Alkohol- und Drogenkonsum: keine Addition von Blutwerten); OLG Oldenburg DAR 2014, 397 ff (Grenzwert von 1,1‰ gilt auch für Pferdekutschen) mit krit. Anm. *König*, S. 399 (fehlende naturwissenschaftliche Grundlage).

BGHSt 13, 83 (90): Es ist „grundsätzlich davon auszugehen, daß ein Kraftfahrer nicht erst dann fahruntüchtig ist, wenn bei ihm bestimmte schwerwiegende ›psycho-physische‹ *Ausfallerscheinungen* festzustellen sind, sondern schon dann, wenn seine Gesamtleistungsfähigkeit, namentlich infolge Enthemmung sowie geistig-seelischer und körperlicher Leistungsausfälle, so weit herabgesetzt ist, daß er nicht mehr fähig ist, sein Fahrzeug im Straßenverkehr eine *längere Strecke*, und zwar auch bei plötzlichem Eintritt *schwieriger Verkehrslagen, sicher* zu steuern."

BGHSt 31, 42 (44 f): „Die ›relative‹ Fahruntüchtigkeit unterscheidet sich … von der ›absoluten‹ nicht in dem Grad der Trunkenheit oder der Qualität der alkoholbedingten Leistungsminderung, sondern allein hinsichtlich der Art und Weise, wie der *Nachweis* der Fahruntüchtigkeit als psychophysischer Zustand herabgesetzter Gesamtleistungsfähigkeit zu führen ist… [Es müssen] Tatsachen festgestellt werden, die als *Beweisanzeichen* geeignet sind, dem Tatrichter die Überzeugung von der Fahruntüchtigkeit des Angeklagten zu vermitteln. Von … Bedeutung sind dabei folgende tatsächliche Umstände: zunächst in der *Person* des Angeklagten liegende Gegebenheiten wie Krankheit oder Ermüdung (innere Umstände), sodann *äußere Bedingungen* der Fahrt wie Straßen- und Witterungsverhältnisse (äußere Umstände) und schließlich das konkrete äußere Verhalten des Angeklagten (sog. *Ausfallerscheinungen*)… Als solche Ausfallerscheinungen kommen insbesondere in Betracht: eine auffällige … Fahrweise, ein unbesonnenes Benehmen bei Polizeikontrollen, aber auch ein sonstiges Verhalten, das alkoholbedingte Enthemmung und Kritiklosigkeit erkennen läßt."

Erläuterungen

207 Die Fahrunsicherheit kann sich aus berauschenden Mitteln (§§ 315c I Nr. 1a, 316 StGB) oder aus geistigen (etwa: Psychose) bzw. körperlichen (etwa: Sehstörungen oder Übermüdung) Mängeln ergeben (§ 315c I Nr. 1b StGB). Nachfolgend einige Erläuterungen zur ersten Fallgruppe, der alkoholbedingten und der drogenbedingten (→ Rn. 208) Fahrunsicherheit:

Ab einer Blutalkoholkonzentration (BAK) von 1,1 ‰ (Grenzwert) hält die Rechtsprechung alle Führer von Kraftfahrzeugen – einschließlich Motorräder und Mofas – unabhängig von weiteren Beweisanzeichen und ohne die Möglichkeit des Gegenbeweises für fahruntüchtig (»absolute Fahruntüchtigkeit«).[1] Diesem durch eine Kombination aus unterschiedlichen Bestimmungsmethoden errechneten Grenzwert liegt ein »Grundwert« von 1,0 ‰ zugrunde, der um einen »Sicherheitszuschlag« von 0,1 ‰ erhöht wird (zum Ausgleich der Streubreite der verschiedenen Bestimmungsmethoden). Die für die »absolute Fahruntüchtigkeit« nötige BAK – eine Atemalkoholmessung genügt wegen des Risikos möglicher Fremdeinflüsse nicht – wird durch eine Blutprobe festgestellt, die regelmäßig nach der Tatzeit entnommen wird und dann auf

1 BGHSt 37, 89 ff (dort auch zu den früher höhereren Grenzwerten); BVerfG NJW 1995, 125 f.

die für die Grenzwertbestimmung relevante Tatzeit zurückgerechnet wird.[2] Im Hinblick auf die sog. »Anflutungsphase« bei einem sog. »Sturztrunk«[3] ist jedoch fahruntüchtig auch derjenige, dessen Alkoholmenge zur Tatzeit noch hinter dem Grenzwert zurückbleibt, ihn aber später erreicht hat.[4] Bei Radfahrern, die ebenfalls zu den Fahrzeugführern[5] nach §§ 315c, 316 StGB zählen, liegt der Grenzwert für die absolute Fahruntüchtigkeit bei 1,6 ‰.[6]

Ist eine »absolute« Fahruntüchtigkeit nicht gegeben oder nicht zu ermitteln, so bedarf es zusätzlicher Beweisanzeichen, die in einer Gesamtwürdigung zu bewerten sind (»relative Fahruntüchtigkeit«). Alkoholbedingte »relative« Fahruntüchtigkeit setzt nach überwiegender Auffassung eine Blutalkoholkonzentration von mindestens 0,3 ‰ voraus, zu der dann die alkoholtypischen Beweisanzeichen hinzutreten.[7] Dabei gilt, dass die Beweisanzeichen umso mehr Bedeutung haben, desto niedriger die BAK ist.

In der Praxis bereitet der Vorsatznachweis Probleme. Hier kann ab einer bestimmten Promillehöhe nicht davon ausgegangen werden, dass der Täter die Fahrunsicherheit bemerkt hat, zumal eine hohe Alkoholisierung zu einer Selbstüberschätzung führen kann. Erforderlich sind besondere Umstände, etwa, dass der Täter vor kurzem bei vergleichbaren Tatumständen wegen vorsätzlicher Trunkenheitsfahrt verurteilt oder vor Fahrtantritt von Dritten auf seine Fahrunsicherheit hingewiesen wurde.[8] Lässt sich der Vorsatz nicht feststellen, ist ein fahrlässiges Verhalten zu prüfen (§§ 315c III Nr. 2, 316 II StGB).

Bei *Drogenkonsum* ist ein Grenzwert für eine »absolute« Fahruntüchtigkeit (noch) **208**
nicht anerkannt.[9] Relative Fahruntüchtigkeit liegt nach der Rechtsprechung erst vor, wenn die Umstände den sicheren Schluss zulassen, dass der Konsument – über die »allgemeine Drogenenthemmung« hinaus – in der konkreten Verkehrssituation fahrunsicher gewesen ist. Insoweit bedarf es zwar nicht zwingend eines einschlägigen Fahrfehlers, der z.B. fehlt wenn die überhöhte Geschwindigkeit auf einer Polizei-

2 Dabei gilt ein Rückrechnungswert von 0,1‰ pro Stunde, da der menschliche Körper zumindest diesen Wert pro Stunde abbaut, wenn zwischenzeitlich kein weiterer Alkohol hinzugefügt wird. Diese Rückrechnung ist allerdings in den ersten beiden Stunden nach Trinkende nicht möglich, da in dieser Zeit der Körper noch keinen Alkohol abbaut (»Rückrechnungsverbot nach Trinkende«).

3 Bei einem Sturztrunk wird der Körper mit Alkohol „überflutet“, so dass er zunächst im Körper (insbesondere auch im Kopfbereich) verteilt wird, wodurch die Leistungsfähigkeit bereits zu diesem Zeitpunkt besonders herabgesetzt wird.

4 Bsp.: Die unmittelbar nach der Fahrt entnommene Blutprobe weist eine BAK von 0,9‰ auf, die zweite Blutprobe zeigt dann für die spätere Entnahmezeit doch noch 1,1‰.

5 Sie sind keine *Kraft*fahrzeugführer, so dass der Ordnungswidrigkeitentatbestand (§ 24a I StVG), die Entziehung der Fahrerlaubnis nach § 69 StGB oder ein Fahrverbot nach § 44 StGB nicht möglich ist. Der Radfahrer hat aber mit verwaltungsrechtlichen Konsequenzen für seine Fahrerlaubnis zu rechnen (vgl. z.B. § 13 II Nr. 2c FeV).

6 OLG Karlsruhe NZV 1997, 486 (487); *Fischer* § 316 Rn. 27; *S/S/Hecker* § 316 Rn. 11; jew. m.w.N.

7 Zu (nicht) aussagekräftigen Anzeichen s. OLG Köln StraFo 2010, 501 (Fehlverhalten bei Polizeikontrolle); LG Hamburg BA 2009, 285 (fehlendes Blinken); LG Potsdam NZV 2005, 597 (Standlicht); LG Zweibrücken BA 2008, 203 (Linksabbiegen). Zu weiteren Einzelheiten vgl. den Überblick bei *König* JA 2003, 132 ff und die zahlreichen Hinw. bei *L/Kühl* § 315c Rn. 7 ff.

8 OLG Brandenburg BA 2010, 33; OLG Koblenz NZV 2008, 304 (krit. dazu *Heß/Burmann* NJW 2009, 899 [903 f]); OLG Stuttgart NZV 2011, 413; *Fischer* § 316 Rn. 46. Zu weitgehend OLG Celle NZV 2014, 283, das auf die Eigenschaft als Berufskraftfahrer abstellt.

9 BGHSt 44, 219 (221 ff) mit krit. Bspr. *Schreiber* NJW 1999, 1770 ff; BGH NStZ 2012, 324 (325); *Fischer* § 316 Rn. 39.

flucht beruht. Anzeichen für Drogenkonsum (z.B. Zittern der Hand oder verlangsamte Pupillenreaktion) genügen allein allerdings noch nicht für eine relative Fahrunsicherheit. Ebenso wie Entzugserscheinungen müssen sie sich gerade auf die Fahreignung auswirken.[10] Auch hier „können die Anforderungen an Art und Ausmaß drogenbedingter Ausfallerscheinungen umso geringer sein, je höher die im Blut festgestellte Wirkstoffkonzentration ist".[11]

Falschaussage – §§ 153 ff StGB

Vgl. **Aussage, Falschheit der** → Rn. 56 ff.

Falschaussage, Verleitung zur – § 160 I StGB

209 »Verleiten« zur Falschaussage bedeutet das willentliche Bestimmen der Aussageperson zu einer tatsächlich oder zumindest nach der Vorstellung des Bestimmenden (str. ist, ob dann Vollendung vorliegt → Rn. 215 ff) **unvorsätzlichen** (»gutgläubigen«) **Falschaussage**.

Literatur: *Küper* JZ 2012, 992 ff; *S/S/Bosch* § 160 Rn. 1 ff, 7, 9; LK-*Ruß* § 160 Rn. 1 ff (abw. zur »Verleitung« bei bösgläubiger Aussageperson). **Einführend:** *Katzenberger/Pitz* ZJS 2009, 659 (673 f). **Monographisch:** *A. Kühne*, Verleitung zur Falschaussage i.S. des § 160 StGB, 2001.

Rechtsprechung Grundlegend: BGHSt 21, 116 (117 f – zur Vollendung).

Erläuterungen

I. Einführung

210 Um Inhalt und Funktion des § 160 I StGB zu verstehen, sollte man sich zunächst vergegenwärtigen, dass das Gesetz verschiedene Normen für die Fälle enthält, in denen ein Außenstehender eine Aussageperson, insbesondere einen Zeugen, psychisch zu einer falschen[1] Aussage *veranlasst* – also im weitesten, untechnischen Sinn »anstiftet« – oder zu veranlassen versucht. Zunächst greifen die normalen Regeln der Anstiftung (§ 26 StGB) zur jeweiligen Haupttat ein. Sie setzen voraus, dass der angestiftete Haupttäter (Zeuge) *vorsätzlich* falsch aussagt und sich der Vorsatz des Anstifters ebenfalls auf eine *vorsätzliche Falschaussage* bezieht. Die *versuchte* Anstiftung richtet sich bei der eidlichen Falschaussage (Meineid) als – geplanter – Haupttat nach § 30 I i.V.m. § 154 StGB, da der Meineid ein Verbrechen ist. Für den Versuch der

---

10 BGH NZV 2008, 528 f mit krit. Bspr. *König* NZV 2008, 492 ff; OLG Koblenz NStZ-RR 2005, 245; OLG Saarbrücken DAR 2011, 95; LG Waldshut-Tiengen BA 2012, 222; Kasuistik bei *Fischer* § 316 Rn. 40 f.

11 BGHSt 44, 219 (225); außerdem kann ein *tatnaher* Konsum für eine Fahruntauglichkeit sprechen.

1 Zur »Falschheit« von Aussagen vgl. das Stichw. »Aussage, Falschheit der« → Rn. 56 ff.

Anstiftung zu denjenigen Aussagedelikten, die *Vergehens*tatbestände darstellen – insbesondere § 153 StGB – und bei denen § 30 I StGB an sich nicht anwendbar wäre, hat der Gesetzgeber in § 159 StGB eine Sonderregelung geschaffen, die § 30 I StGB für entsprechend anwendbar erklärt und damit den Anwendungsbereich dieser Vorschrift insoweit auf Vergehen ausdehnt. Auch für die versuchte Anstiftung ist – wie für die vollendete – erforderlich, dass sich der Anstiftervorsatz auf die Veranlassung einer *vorsätzlichen* Falschaussage richtet.

Würde sich der Komplex der gesetzlichen »Veranlassungsnormen« in den Vorschriften über Anstiftung und versuchte Anstiftung erschöpfen, so könnten insbesondere die Fälle der Veranlassung einer *unvorsätzlichen* Falschaussage (bzw. des entsprechenden Versuchs) strafrechtlich nicht erfasst werden, weil die Aussagedelikte als sog. »eigenhändige Delikte« nicht in mittelbarer Täterschaft begehbar sind. Nach h.M. hat der Gesetzgeber, um diese Lücke zu schließen, jedoch mit der Sonderregelung des § 160 I StGB, die in Abs. 2 durch einen Versuchstatbestand ergänzt wird, einen »Ersatz« für die nach allgemeinen Regeln nicht strafbare Begehung der Aussagedelikte in *mittelbarer Täterschaft* normiert und insoweit das Prinzip der »Eigenhändigkeit« eingeschränkt.[2]

Nach h.M. ist das Verleiten daher „ein tatbestandlich verselbstständigter Fall (Eigen- **211**
händigkeit!) der nach allgemeinen Regeln nicht möglichen mittelbaren Täterschaft".[3] Die damit angedeutete Nähe zur Täterschaft trifft diese Beteiligungsform allerdings nicht. Denn anders als bei der mittelbaren Täterschaft bedarf es zur Verwirklichung des § 160 StGB nicht der Zurechnung der Aussage des gutgläubig Aussagenden als eigene Tat. „Der Tatveranlasser wird als Täter nicht für die Falschaussage selbst, vielmehr nur für deren Veranlassung (»Verleitung«) verantwortlich gemacht und bestraft – wie bei der Anstiftung für das »Bestimmen« zur Haupttat." Die Vorschrift stellt damit einen Sonderfall zwischen Teilnahme und mittelbarer Täterschaft dar. Sie regelt „eine – formell zur Täterschaft avancierte – Anstiftung zu einer unvorsätzlichen Haupttat", wobei sich der Teilnahmecharakter des Verleitens i.S. des § 160 StGB deutlich beim Versuch des Verleitens zeigt.[4] Die hier vorgenommene Einordnung des Verleitens führt bei der strittigen Frage, ob der Irrtum des Tatveranlassers über die Gutgläubigkeit der Aussageperson ein vollendetes Verleiten darstellt (→ Rn. 215 ff), zur entsprechenden Anwendbarkeit des § 16 II StGB (→ Rn. 218).

II. Der Anwendungsbereich des § 160 StGB

1. Das herrschende Verständnis

Aus der von der h.M. vertretenen Funktion der Vorschrift als Sonderregelung der **212**
»mittelbaren Täterschaft« könnte man folgern, dass sie die Aufgabe hat, im Bereich der Aussagedelikte den *Gesamtkomplex* der mittelbar-täterschaftlichen Begehungsformen speziell zu pönalisieren, auch wenn sie den Voraussetzungen der Anstiftung bzw. des Anstiftungsversuchs entsprechen und daher durch »Anstiftungsregeln« er-

2 Vgl. dazu *Gallas*, Engisch-FS, 1969, S. 600 ff; *S/S/Bosch* § 160 Rn. 1.
3 *A/W/Hilgendorf* § 47 Rn. 16.
4 *Küper* JZ 2012, 992 (997 – hier auch die vorhergehenden Zitate). Vgl. auch bereits RGSt 15, 148 (149 f): „Unter Verleiten ist die zu einer selbständigen Strafthat erhobene Anstiftung … die Einwirkung auf den Willen eines anderen zu verstehen".

fasst werden können. Bei diesem Verständnis wäre dann etwa die Erzwingung einer *vorsätzlichen* Falschaussage durch eine *Nötigung*, die einen entschuldigenden Notstand (§ 35 StGB) begründet, oder die Veranlassung eines sonst schuldlos Handelnden zu einer solchen Aussage ein Fall der »mittelbaren Täterschaft« i.S. des § 160 StGB.

In diesem Sinn wird jedoch § 160 StGB nicht verstanden und kann die Vorschrift nach den Intentionen des Gesetzgebers[5] auch nicht verstanden werden. Sie betrifft nach fast einhelliger Ansicht vielmehr lediglich einen *Ausschnitt* aus dem Gesamtkomplex der mittelbaren Täterschaft: nämlich die – als Anstiftung nicht erfassbare – Verleitung zu einer *unvorsätzlichen* (»gutgläubigen«) Falschaussage, also den »klassischen« Fall der mittelbaren Täterschaft durch Einsatz eines vorsatzlos handelnden Werkzeugs.[6] Die übrigen Konstellationen mittelbarer Täterschaft werden dagegen dem Anstiftungsbereich zugeordnet. Diese eigentümliche Begrenzung der »Verleitung« hängt damit zusammen, dass § 160 StGB einen im Verhältnis zu den Anstiftungsvorschriften außerordentlich *niedrigen Strafrahmen*[7] enthält: die »mittelbare Täterschaft« wird hier wesentlich milder bestraft als die Anstiftung oder versuchte Anstiftung zum Aussagedelikt.[8]

213 Von hier aus ergibt sich eine begrenzte »Ergänzungs-« oder »Auffangfunktion« des § 160 StGB: Die Vorschrift erfasst – bereits auf *tatbestandlicher* Ebene – nur diejenigen Konstellationen, in denen beim Hintermann die Voraussetzungen der Anstiftung oder jedenfalls versuchten Anstiftung zum jeweiligen Aussagedelikt *nicht*[9] vorliegen.[10] Diese Voraussetzungen liegen andererseits aber immer dann (schon) vor, wenn der Veranlasser die Aussageperson für »bösgläubig« *hält*, weil er dann einen *Anstifter*vorsatz hat, der zumindest zur versuchten Anstiftung führt. Die Anwendbarkeit des § 160 StGB setzt damit zwingend voraus,[11] dass der Hintermann von der Gutgläubigkeit (Vorsatzlosigkeit) der Aussageperson ausgeht, und § 160 StGB ist umgekehrt zwingend ausgeschlossen, wenn der Hintermann eine *vorsätzliche* Falschaussage herbeiführen will. Anstiftung und Verleitung werden somit subjektiv voneinander abgegrenzt (Was will der Tatveranlasser bewirken?).

Offen bleibt dann die Frage, wie die Konstellation zu bewerten ist, dass die Beweisperson *entgegen* der Vorstellung des Veranlassenden vorsätzlich falsch aussagt: Wegen des auf eine unvorsätzliche Falschaussage gerichteten Vorsatzes beim Hintermann ist zwar der spezielle Anwendungsbereich des § 160 StGB eröffnet. Doch entsteht in diesem Irrtumsfall *innerhalb* des § 160 StGB das Problem, ob es sich nun um eine *vollendete* Verleitung (Abs. 1) oder um einen bloßen Verleitungsversuch (Abs. 2) handelt (→ Rn. 215 ff).

5 Dazu *Gallas*, Engisch-FS, 1969, S. 600 ff; NK-*Vormbaum* § 160 Rn. 12.
6 Insoweit macht es keinen Unterschied, ob das Verleiten als verselbständiger Fall der mittelbaren Täterschaft oder als „eine – formell zur Täterschaft avancierte – Anstiftung zu einer unvorsätzlichen Haupttat“ (→ Rn. 211) bezeichnet wird.
7 Historisch begründet *H. E. Müller*, Falsche Zeugenaussage und Beteiligungslehre, 2000, S. 381 ff; *S/S/Bosch* § 160 Rn. 3/4; jew. m.w.N.
8 Näher dazu *Küper* JZ 2012, 992 (995), dort (S. 994) auch ein Vergleich der Rechtsfolgen.
9 Im Prüfungsaufbau sind daher die §§ 26, 30 I, 159 i.V.m. §§ 153 ff StGB jeweils vorrangig zu bedenken.
10 *S/S/Bosch* § 160 Rn. 1; *W/Hettinger* Rn. 783.
11 *Küper* JZ 2012, 992 (996): „Die Voraussetzungen der Anstiftungsnormen werden damit zu einer Art von ‚negativen Tatbestandsmerkmalen‘ der (versuchten) Verleitung zur Falschaussage.“

2. § 160 StGB als »Urheberschaft«

Eine Minderheitsauffassung erreicht die »Ergänzungsfunktion« (→ Rn. 213) des § 160 I StGB von einem anderen Ausgangspunkt aus. Danach ist die Vorschrift nicht als »Ersatzregelung« für den Teilbereich der mittelbaren Täterschaft zu verstehen, den die Anstiftungsnormen ungeregelt lassen, sondern als umfassender *Grundtatbestand* für alle Fälle der *Veranlassung* einer Falschaussage durch einen Hintermann (»Urheberschaft«). Doch sollen auf der Konkurrenzebene dann die strengeren Anstiftungsregeln vorgehen, so dass die praktischen Ergebnisse nicht grundsätzlich abweichen (Subsidiarität des § 160 StGB).[12] **214**

III. Die »Verleitung« bei bösgläubiger Aussageperson

1. Der Ausgangspunkt

Ist die Beweisperson entgegen der Vorstellung des Veranlassers, der sie zu einer *unvorsätzlichen* Falschaussage bestimmen will, tatsächlich »bösgläubig«, so entsteht das umstrittene Problem, ob die »Verleitung« gleichwohl *vollendet* oder lediglich *versucht* worden ist. Aus der Perspektive der allgemeinen Beteiligungslehre betrachtet, liegt eine Kombination (Diskrepanz) von »objektivem Anstiftungssachverhalt« und »subjektiver mittelbarer Täterschaft« vor. Die Beurteilung solcher »Mischkonstellationen« ist auch außerhalb der Aussagedelikte sehr umstritten.[13] Die für den Allgemeinen Teil vorgeschlagene Lösung, diesen Irrtum über die Beteiligungsrolle der (vollendeten) *Anstiftung* zuzuordnen, weil der fehlende Anstiftervorsatz durch den substanziell schwerer wiegenden, »stärkeren« Willen zur mittelbaren Täterschaft ersetzt werden könne (Anstiftung als »Minus« gegenüber mittelbarer Täterschaft), versagt im Bereich der Aussagedelikte wegen der hier gerade *umgekehrt* schwereren Strafdrohung für die Anstiftungsfälle. Deshalb verbleibt das Problem im Bereich des § 160 StGB. **215**

2. Vollendungs- und Versuchslösung

Nach heute wohl überwiegender Meinung handelt es sich in diesem Fall um eine *vollendete* Verleitung i.S. des § 160 I StGB.[14] Diese Vollendungslösung, die für die Vertreter der »Urheberschaftsthese« (→ Rn. 214) ohnehin zwingend ist, wird meist damit begründet, dass in Form einer objektiv falschen Aussage der rechtsgutsgefährdende *Erfolg* des Verleitens eingetreten sei und die Vorsatztat der Aussageperson als »Maius« die vom Hintermann gewollte unvorsätzliche Tat mitumfasse bzw. dass es sich insoweit um eine bloß »unwesentliche Abweichung« zwischen Vorstellung und Wirklichkeit handle. **216**

---

12 Vgl. dazu *Hruschka* JZ 1967, 210 ff; ebenso noch *Vormbaum*, Der strafrechtliche Schutz des Strafurteils, 1987, S. 298 ff, der diese Ansicht aber mittlerweile aufgegeben hat (vgl. *Vormbaum*, Maiwald-FS, 2010, S. 817 [826 ff]). Eingehende Kritik der »Urheberschaftslösung« bei *Gallas*, Engisch-FS, 1969, S. 600 (604 ff); *H. E. Müller*, Falsche Zeugenaussage und Beteiligungslehre, 2000, S. 388 f.

13 Übersicht bei *L/Kühl* § 25 Rn. 5; *W/Beulke/Satzger*, AT, Rn. 549; eingehend *Küper*, Roxin-FS II, 2011, S. 895 ff; jew. m.w.N.

14 Vgl. etwa BGHSt 21, 116 (117 f gegen RGSt 11, 418 [420 f]); *Kindhäuser*, BT I, § 48 Rn. 20; *L/Kühl* § 160 Rn. 4; SK-*Rudolphi* § 160 Rn. 4.

Eine verbreitete Auffassung nimmt dagegen lediglich einen *Versuch* der Verleitung (§ 160 II StGB) an.[15] Diese Auffassung wird auf den Charakter des § 160 I StGB als Sonderfall einer vollendeten *mittelbaren* Täterschaft gestützt; die Diskrepanz zwischen objektiv gegebenem Anstiftungssachverhalt und geplantem Einsatz eines unvorsätzlichen Werkzeugs führe strukturell nur zu einem untauglichen Versuch. Denn der Veranlasser „hat die erstrebte Herrschaft über das Werkzeug und damit über den Erfolgseintritt nicht erlangt und ist daher nur wegen Versuchs der Verleitung strafbar“[16].

3. Zur Bewertung der Kontroverse

217 Beschränkt man den Anwendungsbereich des § 160 I StGB auf Fälle, die in ihrer *dogmatischen Struktur* der (vollendeten) mittelbaren Täterschaft entsprechen, interpretiert man also in das erfolgreiche »Verleiten« die objektive Werkzeugqualität der Aussageperson als *notwendiges*, erfolgsvermittelndes Strukturmerkmal hinein, dann gelangt man folgerichtig zu einer bloßen Versuchskonstellation. Anders verhält es sich, wenn die Ergänzungsfunktion des § 160 I StGB auch darin gesehen wird, all diejenigen Situationen einer mit Verleitungswillen vorgenommenen Veranlassung zur tatsächlichen (»erfolgreichen«) Falschaussage zu pönalisieren, die dem Strafbarkeitsbereich der Anstiftung wegen des Erfordernisses einer vorsätzlichen Haupttat *und* eines darauf gerichteten Anstiftervorsatzes entzogen sind.[17] Aus dieser Sicht wird § 160 I StGB als eine Ergänzungsregelung verstanden, die über die Grenzen strukturell »echter« vollendeter mittelbarer Täterschaft hinausreicht und die Fälle mitumfasst, in denen der Wille des Hintermannes zur mittelbar-täterschaftlichen Deliktsverwirklichung sich letztlich im objektiven Unrechtserfolg einer falschen Aussage realisiert.

218 Dogmatisch vermögen die angeführten Argumente[18] (→ Rn. 216) der Vollendungslösung allerdings kaum zu überzeugen. Letztlich wird sie eher von einem Rechtsgefühl gespeist, das in Bezug auf die Strafwürdigkeit einen Wertungswiderspruch empfindet, weil sonst der Tatveranlasser begünstigt wird, der sogar „Schlimmeres“ (nämlich eine vorsätzliche Falschaussage) veranlasst hat. Demgegenüber erweist sich die Versuchslösung zwar als in sich widerspruchsfrei, beruht aber auf der These, dass auf Veranlasserseite ein Irrtum über die Voraussetzungen der mittelbaren Täterschaft vorliegt. Damit bleibt aber unberücksichtigt, dass – ungeachtet der Eigenhändigkeit der Aussagedelikte – das Verleiten ohnehin keine Tatherrschaft i.S. des § 25 I Alt. 2 StGB voraussetzt (dazu → Rn. 211). Der Irrtum des Tatveranlassers betrifft deshalb „nur die Divergenz zwischen zwei Varianten der Teilnahme und somit *einer* Beteiligungsform: der [objektiv verwirklichten] *Anstiftung* zur vorsätzlichen Falschaussage einerseits und der [vorgestellten] *Anstiftung* zur unvorsätzlich falschen Aussage andererseits“.[19] Ein solcher Irrtum entspricht dem Irrtum über privilegierende Voraus-

15 Vgl. u.a. *Eschenbach* Jura 1993, 407 ff; *Gallas*, Engisch-FS, 1969, S. 600 (617 ff); *Kretschmer* Jura 2003, 535 (538); *H. E. Müller*, Falsche Zeugenaussage und Beteiligungslehre, 2000, S. 386 ff; *Vormbaum*, Maiwald-FS, 2010, S. 817 (824 ff); jew. m.w.N.

16 *Gallas*, Engisch-FS, 1969, S. 600 (619).

17 So SK-*Rudolphi* § 160 Rn. 4; *Katzenberger/Pitz* ZJS 2009, 659 (673).

18 Krit. zu diesen wie zu weiteren Argumenten der Vollendungslösung *Küper* JZ 2012, 992 (999 f).

19 *Küper* JZ 2012, 992 (1001).

setzungen nach § 16 II StGB:[20] Der Täter stellt sich vor, dass er das mildere Verleiten erfüllt, tatsächlich liegt aber die schwerer wiegende Anstiftung vor. Über § 16 II StGB lässt sich daher eine Vollendungsstrafbarkeit aus § 160 StGB begründen.

IV. Die irrige Annahme einer bösgläubigen Aussageperson

Im *umgekehrten* Irrtumsfall – die Beweisperson ist bei der Aussage entgegen der Annahme des Veranlassers gutgläubig – scheidet eine vollendete Anstiftung aus, weil die *vorsätzliche* Haupttat fehlt. Andererseits ist auch § 160 I StGB aufgrund des beim Veranlasser vorhandenen Anstiftervorsatzes nicht erfüllt (→ Rn. 212). Nach heute fast einhelliger Auffassung liegt deshalb in diesem Fall eine *versuchte Anstiftung* (§§ 30 I, 159 StGB) zum jeweiligen Aussagedelikt vor.[21] **219**

Falsche Verdächtigung/Anschuldigung – § 164 I StGB

Vgl. **Verdächtigen** → Rn. 567 und **Verdächtigung, Falschheit (Unwahrheit) der** → Rn. 572.

Falschgeld, Inverkehrbringen von (»als echt«) – §§ 146 I Nr. 3, 147 I (146 I Nr. 1, 2) StGB

Falschgeld »bringt in Verkehr«, wer es aus seinem Gewahrsam – oder seiner sonstigen *Verfügungsgewalt* – derart entlässt, dass ein anderer tatsächlich in die Lage versetzt wird, sich seiner zu bemächtigen und nach eigenem Belieben damit zu verfahren, es insbesondere an andere Personen weiterzuleiten (→ Rn. 221, Rn. 224). **220**

»Als echt« in Verkehr gebracht wird Falschgeld jedenfalls dann, wenn die Weitergabe unter **Vorspiegelung der Echtheit** geschieht.

Umstritten ist, ob es für ein *Inverkehrbringen* schon genügt, dass der Täter anderen eingeweihten Personen das Falschgeld vollständig überlässt und diesen das Vorspiegeln »als echt« *ermöglicht* (**Weitergabe an Bösgläubige**) → Rn. 222 f.

Literatur: MK-*Erb* § 146 Rn. 42 ff, § 147 Rn. 4 ff; *S/S/Sternberg-Lieben* § 146 Rn. 21 f, § 147 Rn. 5. **Einführend:** *W/Hettinger* Rn. 930 ff.

Rechtsprechung Grundlegend: RGSt 67, 167 (168); BGHSt 29, 311 (312 ff – Überlassung an Eingeweihte) mit teils krit. Anm. *Otto* JR 1981, 82 ff; BGHSt 34, 108 (109 – Versuch/Verhältnis zu anderen Tatmodalitäten). **Beispielhaft:** BGHSt 27, 255 (259 – Verkauf von falschen Münzen als Sammelobjekte) mit abl. Anm. *Dreher* JR 1978, 45 (46 ff); BGHSt 42, 162 (167 f – wiederholte Weitergabe) mit krit. Bspr. *Puppe* JZ 1997, 499 f; BGH NJW 1952, 311 (312 – Einwurf in Automaten).

---

20 Näher dazu bei *Küper* JZ 2012, 992 (1002).

21 Vgl. *S/S/Bosch* § 159 Rn. 6 m.w.N.; anders *Hruschka* JZ 1967, 210 (212), der sich auf Grundlage des Urheberschaftsgedankens (→ Rn. 214) für Idealkonkurrenz zwischen Anstiftungsversuch und § 160 I StGB ausspricht; dagegen wiederum NK-*Vormbaum* § 160 Rn. 14.

BGHSt 42, 162 (167 f): „Falschgeld ist stets dann in Verkehr gebracht, wenn der Täter es derart aus seinem Gewahrsam oder seiner sonstigen Verfügungsgewalt entlassen hat, daß ein anderer tatsächlich in die Lage versetzt wird, sich des Falschgeldes zu bemächtigen und mit ihm nach eigenem Belieben umzugehen, insbesondere es weiterzuleiten; ... für das Inverkehrbringen ... reicht es aus, wenn das Falschgeld an einen *Eingeweihten* zur freien Verfügung überlassen wird."

BGH NStZ-RR 2002, 302 (303): „Das gilt jedoch nicht, wenn es sich bei der Überlassung ... um einen *internen Vorgang* zwischen Mittätern oder um die Übergabe an einen Boten handelt."

Erläuterungen

221 Für ein Inverkehrbringen des falschen Geldes ist erforderlich, dass der *Täter* seine bisherige Verfügungsgewalt *vollständig aufgibt*. Im Außenverhältnis ist also ein Wechsel der Verfügungsgewalt notwendig. Daran fehlt es, wenn das Falschgeld nur *intern* an einen Mittäter oder Verteilungsgehilfen/Boten weitergeleitet[1] oder das Geld nur vorgezeigt oder angeboten wird.[2] Die Einzahlung des Falschgelds bei einer Bank ist für eine Vollendung ausreichend, wenn durch das Handeln des Täters *tatsächlich eine Gefahr* des Umlaufs des falschen Geldes begründet wird.[3] Eine solche Gefahr besteht wiederum nicht, wenn das Geld an einen verdeckten Ermittler übergeben wird;[4] zum Inverkehrbringen durch Wegwerfen → Rn. 224. Ein Versuch des »Inverkehrbringens« setzt voraus, dass der Täter das Falschgeld bereits in seiner Verfügungsgewalt hat und somit in der Lage wäre, die Übergabe des Geldes unmittelbar vorzunehmen.[5]

Aufgrund des widersprüchlichen Gesetzeswortlauts (→ Rn. 222) ist umstritten, ob das »Inverkehrbringen als echt« auch die »Ermöglichung« des Inverkehrbringens als echt umfasst, so dass z.B. auch der Verkauf an eingeweihte Dritte genügt, die dann ihrerseits das »Inverkehrbringen als echt« übernehmen (→ Rn. 223).

I. »Inverkehrbringen« und »Ermöglichung«

1. Das Problem des Ermöglichens

222 § 146 I StGB (Verbrechen!) bestraft das *Herstellen* (Nr. 1: Nachmachen oder Verfälschen)[6] und das *Sich-Verschaffen* (oder das Feilhalten Nr. 2)[7] von falschem Geld, sofern der Täter dabei die *Absicht* hat, dieses Geld als echt *in den Verkehr zu bringen oder* zumindest ein solches *Inverkehrbringen zu ermöglichen.* § 146 I Nr. 3 StGB bestraft denjenigen, der falsches Geld *in Verkehr bringt*, das er selbst[8] zuvor in der eben

---

1 BGHSt 42, 162 (169).

2 Etwa um als kreditwürdig zu erscheinen (LK-*Ruß* § 146 Rn. 13) oder bei einem Einwurf in einen Warenautomat, der das angebotene Geld nicht akzeptiert und wieder auswirft (MK-*Erb* § 146 Rn. 45).

3 OLG Schleswig NJW 1963, 1560 f; abl. daher BGH NStZ 2013, 465 f für eingezahltes Geld, das als nicht mehr umlauffähiges Geld eingezogen werden soll.

4 BGHSt 34, 108 (109); BGH NStZ 1997, 80; 2000, 530; NStZ-RR 2002, 302 (303); SK-*Stein* § 146 Rn. 11. Hier kommt deshalb nur ein untauglicher Versuch des Inverkehrbringens in Betracht.

5 BGH NStZ 2003, 423 (424); LK-*Ruß* § 146 Rn. 23 m.w.N.

6 Zum Begriff des »falschen« (nachgemachten/verfälschten) Geldes → Rn. 258.

7 Zum »Sich-Verschaffen« s. das Stichw. »Falschgeld, Sich-Verschaffen von« → Rn. 225 f.

8 *Mittäterschaft* setzt bei § 146 I Nr. 3 StGB voraus, dass der Beteiligte schon i.S. des § 146 I Nr. 1 bzw. Nr. 2 StGB Mittäter war (BGH NJW 2011, 792).

erwähnten Absicht hergestellt oder sich verschafft hat.[9] Ist der Täter in anderer Weise (insbesondere: gutgläubig) an das Falschgeld gelangt, ist das *Inverkehrbringen* als echt nach § 147 StGB (Vergehen!) strafbar.

In §§ 146 I Nr. 3, 147 I StGB ist das »Inverkehrbringen als echt« also objektives Tatbestandsmerkmal, während es in § 146 I Nr. 1, 2 StGB im *subjektiven* Tatbestand das Bezugsobjekt der »Absicht« darstellt (und in dieser Funktion auch in der Verweisung des § 146 I Nr. 3 auf die »Voraussetzungen« der Nr. 1, 2 wiederkehrt). Da das Gesetz bei der Formulierung des subjektiven Tatbestandes ausdrücklich den Fall der »Ermöglichung« des »Inverkehrbringens als echt« einbezogen hat, ist bei der Weitergabe an Bösgläubige die *Streitfrage* entstanden, ob auch das »Inverkehrbringen« in §§ 146 I Nr. 3, 147 I StGB in diesem erweiterten Sinn verstanden werden kann oder ob für das Inverkehrbringen die *Vorspiegelung* der Echtheit zwingend vorauszusetzen ist.[10]

2. Herrschende Meinung versus »strenge« Auslegung

Die Rechtsprechung[11] und die überwiegende Auffassung in der Literatur[12] haben sich für die »erweiternde« Auslegung entschieden, die in den Begriff des »Inverkehrbringens als echt« auch dessen »Ermöglichung« einbezieht. Dafür wird u.a. geltend gemacht, dass allein diese Auslegung dem »Willen des Gesetzgebers« entspreche, der im subjektiven Tatbestand das »Inverkehrbringen« lediglich aus Gründen der *Klarstellung* durch den Hinweis auf die »Ermöglichung« (als Form des »Inverkehrbringens«) ergänzt habe. Der Gesetzgeber habe es bei der Redaktion der Textfassung nur versäumt, diese »Klarstellung« auch im Wortlaut der §§ 146 I Nr. 3, 147 I StGB vorzunehmen und die für das Absichtsmerkmal in § 146 I Nr. 1, 2 StGB erklärte »Gleichstellung« des Inverkehrbringens mit der »Ermöglichung« ausdrücklich auf § 146 I Nr. 3 und § 147 I StGB zu erstrecken (»Redaktionsversehen«). Zudem gebe es keinen sachlichen Grund, diese Gleichstellung zwar beim *Bezugsobjekt* der »Absicht« und damit im Bereich der Rechtsgutsgefährdung zu akzeptieren, sie andererseits aber für die *Verwirklichung* der Absicht und den Eintritt der Rechtsgutsverletzung (§§ 146 I Nr. 3, 147 I StGB) wieder auszuschließen. Eine solche Differenzierung führe im Gegenteil zu kriminalpolitisch und dogmatisch nicht mehr erträglichen Diskrepanzen. Denn danach müsse die Weitergabe an einen Eingeweihten zur *Teilnahme* umgewertet werden: Der Täter sei je nachdem, ob sich der Eingeweihte das Falschgeld zu eigener Verfügung verschaffe oder nur als Verteilungsgehilfe fungiere, entweder wegen Teilnahme an dessen Verbrechen (§ 146 I Nr. 2, 3 StGB) oder an dessen nachfolgendem Vergehen (§ 147 I StGB) zu bestrafen. Werde gutgläubig erlangtes Falschgeld über einen eingeweihten Mittelsmann abgeschoben, so führe dies zu dem ganz ungerechtfertigten Ergebnis, dass dieses Verhalten entgegen der Wertung des § 147 I StGB als (Teilnahme am) *Verbrechen* zu qualifizieren sei.[13] 223

9 Zudem ist hier ggf. die Strafbarkeit wegen Betrugs (§ 263 StGB) zu bedenken.

10 Vgl. dazu die Darstellungen des Problems bei *Hefendehl* Jura 1992, 374 (378); *W/Hettinger* Rn. 932 f; eingehend *Wessels*, Bockelmann-FS, 1979, S. 669 (676 ff); jew. m.w.N.

11 BGHSt 29, 311 (313 f); ebenso BGHSt 35, 21 (23); 42, 162 (167 f); BGH NStZ 2002, 593 (»Inverkehrbringen« durch Rückgabe an den Lieferanten).

12 LK-*Ruß* § 147 Rn. 2 ff; *S/S/Sternberg-Lieben* § 146 Rn. 22, § 147 Rn. 5; jew. m.w.N.

13 Zu den Teilnahmefragen, die auf der Grundlage der verschiedenen Auffassungen entstehen, vgl. → Rn. 227 und näher: SK-*Stein* § 146 Rn. 13, § 147 Rn. 5, *Stein/Onusseit* JuS 1980, 104 (106 ff), *Wessels*, Bockelmann-FS, 1979, S. 669 (678 ff).

Die verbreitete Gegenmeinung bestreitet die sachlichen Gründe für eine solche »erweiternde« Auslegung nicht. Sie kritisiert diese Auffassung jedoch unter Hinweis auf den eindeutig eingeschränkten *Wortlaut* der §§ 146 I Nr. 3, 147 I StGB als Verstoß gegen das Analogieverbot (Art. 103 II GG).[14] Wer die Übergabe an einen Bösgläubigen ausreichen lässt, bezieht ein Inverkehrbringen „als unecht" ein und schreibt diesem Verhalten einen Inhalt zu, „der gerade das Gegenteil dessen bedeutet, was der Wortlaut zum Ausdruck bringt"[15]. Ferner wird mit der *Systematik* innerhalb des § 146 StGB argumentiert: Da das Gesetz in § 146 I Nr. 1, 2 StGB zwischen dem »Inverkehrbringen als echt« und dessen »Ermöglichung« durch einen anderen differenziert, könne Letztere keinen Unterfall von Ersterem darstellen.[16]

II. Wegwerfen als »Inverkehrbringen«

224 Die Rechtsprechung[17] ist der Ansicht, dass auch das *Wegwerfen* von Falschgeld unter den Begriff des »Inverkehrbringens« subsumiert werden kann, „wenn mit dem Wegwerfen die *naheliegende Gefahr* begründet wird, daß die falschen Geldscheine aufgefunden und alsdann als echt in den Zahlungsverkehr gegeben werden", was wiederum von den „Umständen des Einzelfalles" abhängen soll. Im Schrifttum wird diese Ansicht mit unterschiedlichen Argumenten als zu weitgehend verworfen.[18] So soll ein »Inverkehrbringen« mit Blick auf die Verfügungsgewalt Dritter erst bei tatsächlichem Ansichnehmen durch Dritte vorliegen. Verneint wird auch ein »Inverkehrbringen *als echt*«, da dieses eine Handlung voraussetze, „durch die dem Falschgeld schon für sich genommen die Funktion echten Geldes beigelegt würde", woran es beim Wegwerfen in einen Papierkorb gerade fehlt.[19]

Falschgeld, Sich-Verschaffen von – § 146 I Nr. 2, 3 StGB

225 Falsches Geld »verschafft sich«, wer daran *zu eigenen Zwecken* (selbstständige) **Verfügungs- oder Mitverfügungsgewalt** erwirbt.

Ob dabei die Initiative vom Erwerbenden ausgeht oder dieser das Geld z.B. als Geschenk nur entgegennimmt, ist nach ganz h.M. gleichgültig. Unerheblich ist nach h.M. auch die Erwerbsform: Sowohl der abgeleitete (etwa von einem Vortäter) wie auch der originäre (z.B. durch Diebstahl) Erwerb seien erfasst (→ Rn. 227).

Literatur: LK-*Ruß* § 146 Rn. 20; SK-*Stein* § 146 Rn. 9; abw. MK-*Erb* § 146 Rn. 27 ff (Erforderlichkeit abgeleiteten Erwerbs wie bei Hehlerei). **Einführend:** *W/Hettinger* Rn. 928 f, 941a.

Rechtsprechung Grundlegend: BGHSt 3, 154 ff; 44, 62 (64 ff). **Beispielhaft:** BGH NStZ 2000, 530 (fehlende Mitverfügungsgewalt bei Weitergabe auf Weisung); StV 2003, 331 (Vermittlertätigkeit).

---

14 Vgl. NK-*Puppe* § 146 Rn. 34 ff; *W/Hettinger* Rn. 933a; jew. m.w.N.
15 MK-*Erb* § 146 Rn. 47.
16 MK-*Erb* § 146 Rn. 48; NK-*Puppe* § 146 Rn. 34; SK-*Stein* § 146 Rn. 12.
17 BGHSt 35, 21 (25 – Wegwerfen in einen Papierkorb einer Autobahnraststätte).
18 Krit. z.B. *Bartholme* JA 1993, 197 (200); *Hauser* NStZ 1988, 453 f.
19 MK-*Erb* § 146 Rn. 50.

BGHSt 3, 154 (156): „Dem Begriff ›sich verschaffen‹ ist nur wesentlich, daß sich der Täter in den Besitz des Geldes setzt oder es sonstwie in seine *Verfügungsgewalt* bringt. Das kann schon der Fall sein, wenn er ihm dargebotenes Geld annimmt. Eine weitere Tätigkeit ist nicht erforderlich. Notwendig ist aber immer, daß der Täter das Geld zu seiner Verfügung (oder Mitverfügung) annimmt."

BGHSt 44, 62: „Das Sichverschaffen i.S. des § 146 I Nr. 2 StGB setzt voraus, daß der Täter das Falschgeld mit dem Willen zu *eigenständiger Verfügung* annimmt."

Erläuterungen

Die frühere Rechtsprechung, wonach für ein »Sich-Verschaffen« des Falschgelds[1] auch eine *faktisch* gegebene Verfügungsmöglichkeit über das Geld genügen sollte,[2] war im Schrifttum erheblicher Kritik ausgesetzt. Eingewendet wurde, dass auf diese Weise die Grenzen zwischen Täterschaft und Teilnahme verwischt würden: Bloße Verteilungsgehilfen/Empfangsboten könnten danach als *Täter* des § 146 I Nr. 2 StGB erfasst werden.[3] Der BGH hat diese Rechtsprechung deshalb im Jahr 1997 aufgegeben.[4] Für ein täterschaftliches »Sich-Verschaffen« sei neben einer Verfügungsgewalt auch der Wille erforderlich, darüber »*eigenständig*« zu verfügen. Diese Auslegung ermögliche eine sachgerechte Abgrenzung zwischen Täterschaft und Teilnahme bei § 146 I Nr. 2 StGB.[5] So sei der Bote, der dem Interessenten (der sich das Falschgeld verschaffen wolle, um es in den Verkehr zu bringen) das Geld besorge, nur wegen Beihilfe zum Sich-Verschaffen durch den Interessenten zu bestrafen.[6] Diese Interpretation stimme zudem überein mit dem »Sich-Verschaffen« i.S. des § 259 I StGB, wenn dort der Erwerb der Verfügungsgewalt zu eigenen Zwecken vorausgesetzt werde.[7] **226**

Umstritten ist jedoch, ob für die Erlangung der Verfügungsgewalt jede Erwerbsform – etwa auch der originäre Erwerb durch Fund oder der Diebstahl – genügt. Die h.M.[8] lässt dies ausreichen, wofür geltend gemacht werden könnte, dass es für eine Bedrohung des Rechtsguts (funktionierender und sicherer Zahlungsverkehr) keinen Unterschied machen kann, ob der Täter sich das Geld, das er in Verkehr bringen will, durch einen Diebstahl oder einen Kauf vom Fälscher verschafft. Demgegenüber wird im Schrifttum eingewendet, dass nur der einvernehmliche Erwerb vom Vortäter bei diesem auch einen *Anreiz* zum Herstellen von oder zum Handeln mit Falschgeld schaffe. Für ein »Sich-Verschaffen« sei daher erforderlich, dass der Täter das Geld von einem Vortäter erlange, der selbst den Tatbestand des § 146 StGB erfülle.[9] Maßgeblich ist **227**

1 Bezüglich der »Falschheit« des Geldes genügt *bedingter Vorsatz* im Zeitpunkt des Erwerbs der Verfügungsgewalt.
2 BGHSt 35, 21 (22) mit krit. Bspr. *Jakobs* JR 1988, 121 f.
3 *Prittwitz* NStZ 1989, 8 (9); *Puppe* JZ 1991, 612.
4 BGHSt 44, 62 (64 ff); krit. *Puppe* NStZ 1998, 460 f. Für eine Mittäterschaft bedürfe es deshalb einer Mitverfügungsgewalt: BGH NStZ 2005, 686 (687); 2008, 149; NStZ-RR 2008, 41 (42).
5 Ebenso MK-*Erb* § 146 Rn. 33; krit. NK-*Puppe* § 146 Rn. 21.
6 BGHSt 44, 62 (66 f).
7 Zum »Sich-Verschaffen« bei Hehlerei vgl. das Stichw. »Sich-Verschaffen, einem Dritten Verschaffen (Erwerbshehlerei)« → Rn. 461 f, Rn. 463, Rn. 466 f.
8 Vgl. z.B. *Fischer* § 146 Rn. 10 m.w.N.; für den »Fund« vgl. RGSt 58, 412 (413), da RGSt 67, 294 (296 f) sich auf eine abweichende Gesetzesfassung (§ 148 RStGB) bezieht und mit dieser auch argumentiert.
9 MK-*Erb* § 146 Rn. 30; NK-*Puppe* § 146 Rn. 28; noch enger *Frister* GA 1994, 553 (559), der nur den *entgeltlichen* Erwerb einbeziehen will.

also die Frage, ob mit der Strafbarkeit des »Sich-Verschaffens« besonders dem Herstellen oder dem Handel mit Falschgeld entgegengewirkt werden soll oder ob die Gefährlichkeit darin besteht, dass das Falschgeld nunmehr auf eine andere Person übergegangen ist, die eigenständig zum Inverkehrbringen bereit ist. Beeinflusst von dem eben dargestellten Streit ist auch die Antwort auf die Frage, ob ein Sich-Verschaffen durch »Rückerwerb« von Falschgeld durch den Lieferanten möglich ist.[10]

Zu Wertungswidersprüchen im Verhältnis von § 147 StGB (täterschaftliches »Inverkehrbringen«) und der strenger bestraften Beihilfe an einem »Sich-Verschaffen« durch Bösgläubige (§§ 146 I Nr. 2, 27 StGB) kann es kommen, wenn gutgläubig erlangtes Falschgeld weiter gegeben wird: Wird das Geld an Gutgläubige übergeben, liegt § 147 StGB vor (Freiheitsstrafe bis zu 5 Jahren), wird es an Bösgläubige weitergereicht, die das Geld in Verkehr bringen wollen, liegt darin ein Hilfeleisten zum »Sich-Verschaffen«, das nach §§ 146 I Nr. 2, 27 StGB mit Freiheitsstrafe von bis zu 11 Jahren und 3 Monaten bestraft werden könnte.[11] Die h.M. zum »Inverkehrbringen« kommt allerdings auch bei der Übergabe an Bösgläubige zu einer Täterschaft des Weiterreichenden aus § 147 StGB (→ Rn. 223) und vermeidet über eine Sperrwirkung des § 147 StGB die Strafbarkeit aus §§ 146, 27 StGB.[12]

Freiheitsberaubung – § 239 I StGB

228 Ein Mensch ist »der Freiheit beraubt«, wenn ihm – auch vorübergehend, aber nicht bloß minimal-kurzfristig (→ Rn. 234) – die **Möglichkeit** genommen oder *wesentlich* (»unzumutbar«) *erschwert* wird, seinen gegenwärtigen **Aufenthaltsort zu verlassen**.

Nicht erfasst sind Eingriffe in die »Bewegungsfreiheit« mit der Wirkung, dass jemand einen bestimmten Ort nicht *aufsuchen* oder dort nicht *bleiben* kann (Schutz der räumlichen Bewegungsfreiheit nur als »*Fortbewegungs*freiheit«) → Rn. 229. Umstritten ist, ob zur Vollendung ein aktuell bestehender Fortbewegungswille des Opfers beeinträchtigt werden muss (Rechtsgutsproblem → Rn. 230 f) und ob Personen der Freiheit beraubt werden können, die nicht bei Bewusstsein sind (→ Rn. 232).

Eine »Beraubung« der Fortbewegungsfreiheit kann mit beliebigen Mitteln vollzogen werden (z.B. Gewalt, Täuschung, Drohung, sonstige äußere oder psychische Einwirkung).

Sie erfordert zwar nicht die Errichtung eines »unüberwindlichen« Fortbewegungshindernisses. Bei verbliebenen *Fortbewegungsmöglichkeiten* (»Auswege«) muss das Hindernis – über bloße Unbequemlichkeiten und Beschwerlichkeiten hinaus – jedoch derart *wesentlich* sein, dass seine Überwindung nach den Umständen des Einzelfalles *nicht mehr zumutbar* ist → Rn. 233.

---

10 Bejahend BGH NJW 1995, 1845 (1846) mit krit. Anm. *Wohlers* StV 1996, 28 f; BGH NStZ 2002, 593; diff. MK-*Erb* § 146 Rn. 31.

11 *W/Hettinger* Rn. 941 schlägt für diesen Fall vor, zumindest den Strafrahmen aus § 147 StGB zu nehmen.

12 BGHSt 29, 311 (315).

Literatur: LK-*Schluckebier* § 239 Rn. 1, 4 ff, 14 ff; *S/S/Eisele* § 239 Rn. 1 ff; jew. für den Schutz der »potenziellen Fortbewegungsfreiheit«. Enger (nur »tatsächliche Fortbewegungsfreiheit« geschützt) *Fischer* § 239 Rn. 2 ff. **Einführend:** *Rengier*, BT 2, § 22 Rn. 2 ff.

Rechtsprechung Grundlegend: RGSt 6, 231 (232 – Begriff der Beraubung), 7, 259 (260 – kurzzeitig); 61, 239 (241 f) und BGHSt 14, 314 (316) jew. zur potenziellen Fortbewegungsfreiheit; BGHSt 32, 183 (188 – Fortbewegungswille) mit krit. Anm. *Geerds* JR 1984, 430 (432 f), *Herzberg/Schlehofer* JZ 1984, 481 (482 f). **Beispielhaft:** RGSt 2, 292 (296 f – Festnahme durch Nichtbeamten); BGH NStZ 2005, 507 (508 – Pkw-Insasse); OLG Hamm, VRS 92 (1997), 208 (209 – keine Beraubung durch Autobahnblockade); OLG Köln NStZ 1985, 550 (551 – Blockade einer Kaserne).

BGHSt 32, 183 (188): „§ 239 StGB schützt nicht erst die Verwirklichung des auf eine Ortsveränderung gerichteten Willensentschlusses, sondern schon die *potentielle* persönliche Bewegungsfreiheit, also die *Möglichkeit* des Ortswechsels. In sie wird auch dann eingegriffen, wenn der von der Tathandlung Betroffene sich gar nicht fortbewegen *will*. Entscheidend ist allein, ob es ihm unmöglich gemacht wird, seinen Aufenthalt nach eigenem Belieben zu verändern, d.h. ob er sich ohne die vom Täter ausgehende Beeinträchtigung seiner Bewegungsmöglichkeit fortbegeben könnte, *wenn* er es wollte."

Erläuterungen

I. Einführung

§ 239 I StGB schützt anerkanntermaßen die »räumliche Bewegungsfreiheit« nur – partiell – in Gestalt der »Fortbewegungsfreiheit«: als Freiheit des Menschen, seinen gegenwärtigen Aufenthaltsort zu *verlassen*. Nicht geschützt sind danach die »schlichte Bewegungsfreiheit« als solche sowie die Freiheit, einen bestimmten Ort *aufzusuchen* oder an einem bestimmten Ort zu *bleiben*. Keine Freiheitsberaubung begeht deshalb, wer jemandem z.B. nur die Hände fesselt, ihn »aussperrt« oder »wegdrängt«. Eingriffe in solche, nicht durch § 239 StGB geschützten Formen der Bewegungsfreiheit können nur über § 240 StGB (Nötigung) erfasst werden. **229**

Innerhalb dieses begrenzten Schutzbereichs der Freiheitsberaubung sind *zwei verschiedene* Problemkomplexe analytisch voneinander zu trennen. Sie lassen sich dadurch verdeutlichen, dass der Akzent einerseits auf den Begriff »*Freiheit*«, andererseits auf den Begriff »*Berauben*« gelegt wird. Im ersten Problemkreis geht es darum, wann die Errichtung eines Fortbewegungshindernisses die »Freiheit« i.S. des § 239 I StGB überhaupt berührt und damit geeignet ist, den tatbestandlichen Erfolg einer »Freiheits«-Beraubung herbeizuführen. Dies hängt von einer »Feinbestimmung« des *geschützten Rechtsgutes* der Fortbewegungsfreiheit ab (»Rechtsgutsproblem«); sie entscheidet maßgeblich darüber, wann eine Vollendung zu bejahen ist und wer taugliches Opfer einer Freiheitsberaubung ist → Rn. 230 ff. Der zweite Problemkreis betrifft die Frage, welche Qualität oder welchen Wirkungsgrad das *Fortbewegungshindernis* selbst haben muss, damit von einer »Beraubung« der Fortbewegungsfreiheit i.S. eines wirklichen *Freiheitsverlustes* gesprochen werden kann (»Beraubungsproblem«; Problem der erforderlichen Freiheitsschranken), dazu → Rn. 233 f.

II. Das Rechtsgutsproblem

1. Schutz der potenziellen oder aktuellen Bewegungsfreiheit?

230 Im ersten Problemkreis – »Rechtsgutsproblem« – geht die h.M. mit der Rechtsprechung[1] davon aus, dass § 239 I StGB bereits die sog. »potenzielle persönliche Fortbewegungsfreiheit« schützt, d.h. die Freiheit, den gegenwärtigen Aufenthaltsort zu verlassen, »wenn man es will«. Ein »aktueller« (tatsächlicher) Fortbewegungswille ist danach nicht erforderlich, und das Opfer braucht deshalb die Beeinträchtigung seiner Bewegungsfreiheit gar nicht wahrzunehmen. Eine an Gewicht gewinnende *Minderheitsauffassung* sieht demgegenüber das Rechtsgut grundsätzlich in der »aktuellen Fortbewegungsfreiheit«. Sie setzt prinzipiell den aktuell-tatsächlichen *Willen* des Opfers zur Ortsveränderung voraus, der nur in bestimmten Konstellationen durch einen »hypothetischen« (mutmaßlichen) Willen ersetzt werden soll: Dies z.B. dann, wenn das Opfer deshalb keinen aktuellen Fortbewegungsentschluss fasst, weil es die Unmöglichkeit seiner Verwirklichung von vornherein erkennt oder weil schon die Willensbildung derart beeinflusst wird, dass ein Entschluss zur Ortsveränderung unterbleibt.[2] Innerhalb dieser beiden Grundpositionen (»Potenzialitätstheorie« versus »Aktualitätstheorie«) werden allerdings unterschiedliche Differenzierungen für Einzelfälle vorgenommen, die insbesondere *spezielle Opfergruppen* betreffen (Bewusstlose, Schlafende → Rn. 232) und zu einem insgesamt unübersichtlichen Meinungsstand geführt haben.[3]

Während die h.M. bisher kaum substantiiert begründet worden ist,[4] beruft sich die Gegenmeinung hauptsächlich darauf, dass beim Fehlen eines aktuellen oder jedenfalls hypothetischen Fortbewegungswillens die »*Autonomie*« des Opfers nicht verletzt werde und damit der für den Freiheitseingriff erforderliche *Erfolg* nicht vorliege. Die Lehre von der »potenziellen« Bewegungsfreiheit unterlaufe deshalb die Möglichkeit des (seit 1998 strafbaren) *Versuchs* der Freiheitsberaubung nach § 239 II StGB und verwandle § 239 I StGB systemwidrig in ein bloßes »Freiheitsgefährdungsdelikt«. Ein Eingriff in die Autonomie könne andererseits auch in den Fällen noch angenommen werden, in denen der »aktuelle« Fortbewegungswille durch einen »hypothetischen« ersetzt werde; „denn auch im mutmaßlichen Willen gelangt die Autonomie des Betroffenen – wenngleich nur unvollkommen – zum Ausdruck“[5]. Von der Grundposition dieser Gegenmeinung aus wird beim Fehlen eines aktuellen Fortbewegungswillens allerdings nicht stets das Surrogat des »mutmaßlichen Willens« verlangt. Kann das Opfer einen Fortbewegungsentschluss aufgrund einer entsprechenden Willenseinwirkung nicht fassen oder unterbleibt dieser Entschluss infolge der Annahme, ihn ohnehin nicht verwirklichen zu können, so wird z.T. auf einen »hypothetischen« Fortbewegungswillen *verzichtet*.[6]

---

1 RGSt 61, 239 (241 f); BGHSt 14, 314 (316); 32, 183 (188); anders noch RGSt 33, 234 (236). Vgl. aus der Lit. z.B. *Gössel/Dölling*, BT 1, § 19 Rn. 2 ff; *L/Kühl*, § 239 Rn. 1; jew. m.w.N.

2 Vgl. dazu *Bloy* ZStW 96 (1984), 703 ff; *Schumacher*, Stree/Wessels-FS, 1993, S. 431 (433 ff) m.w.N.

3 Zusammenfassender Überblick mit Aufbereitung der Argumente bei *Hillenkamp*, BT, Problem Nr. 6; *Park/Schwarz* Jura 1995, 294 f; jew. m.w.N.

4 Argumente bei LK-*Schluckebier* § 239 Rn. 8 f; grundlegend *Kargl* JZ 1999, 72 ff.

5 *Bloy* ZStW 96 (1984), 703 (723).

6 Vgl. z.B. *Otto*, BT, § 28 Rn. 3; *Park/Schwarz* Jura 1995, 294 (295 f).

2. Die Bestimmung des geschützten Rechtsguts

Die Entscheidung zwischen beiden Grundpositionen hängt von einer *genaueren Bestimmung* des Rechtsguts der »Fortbewegungsfreiheit« und der darin enthaltenen »Autonomie« ab. Die der »Aktualitätstheorie« zuzuordnenden Auffassungen verstehen die Freiheitsberaubung – in Analogie zur *Nötigung* – substanziell als ein Delikt der »Willenswidrigkeit« oder »Willensbeugung«, die in der Rechtsgutsverletzung noch repräsentiert sein müsse.[7] Von diesem Ausgangspunkt aus muss prinzipiell ein »Willenseingriff« vorausgesetzt werden, der in der Beeinträchtigung des *aktuellen* oder *hypothetischen* Fortbewegungswillens besteht.[8] 231

Die Freiheitsberaubung und ihr Rechtsgut dürften jedoch *anders* zu verstehen sein: nämlich als Straftatbestand, der dem Individuum die »*Verfügbarkeit*« eines »elementaren Bewegungsraums« (Mobilitätsraums) *normativ garantieren* soll, unabhängig davon, ob der Einzelne ihn tatsächlich oder hypothetisch nutzen will bzw. aktuell nutzen kann.[9] Diese unbeeinträchtigte »Verfügbarkeit« ist dann – als Element des Freiheits- und Persönlichkeitsrechts – der eigentliche Inhalt der in § 239 I StGB geschützten »Autonomie«. Von hier aus gelangt man wieder zur h.M. (»Potenzialitätstheorie«). Aus dieser Sicht ist grundsätzlich jede Entziehung der »Verfügbarkeit« des dem Opfer zustehenden elementaren Bewegungsraums eine Freiheitsverletzung, die dann freilich in unterschiedlichen Erscheinungsformen vollzogen werden kann. Sie liegt nicht nur bei Beeinträchtigung des *aktuell* gegebenen – oder hypothetisch anzunehmenden – Fortbewegungswillens vor, sondern auch dann, wenn das Opfer an der *Möglichkeit* gehindert wird, einen Fortbewegungswillen überhaupt zu bilden oder seinen Fortbewegungsentschluss, *sofern* es ihn fassen sollte, zu verwirklichen. Er braucht deshalb das Fortbewegungshindernis auch nicht wahrzunehmen. Auch nach diesem Ansatz fehlt es freilich an der Tatbestandsverwirklichung, wenn feststeht, dass der Betroffene mit der Beschränkung des Fortbewegungsraums einverstanden ist (tatbestandsausschließendes Einverständnis).

3. Spezielle Personengruppen

Während weithin Einigkeit darüber besteht, dass eine Freiheitsberaubung nicht an Personen begangen werden kann, denen schon »prinzipiell« die Fähigkeit zur Bildung eines Fortbewegungswillens fehlt (z.B. Kleinstkinder[10], chronisch Willensunfähige), gehen die Auffassungen über die Eignung von »*Schlafenden und Bewusstlosen*« als Opfer einer Freiheitsberaubung erheblich auseinander. Soweit sich das Freiheitshindernis noch im *Bewusstseinszustand* auswirkt, bilden solche Personen allerdings keine Sondergruppe; sie sind vielmehr nach den für »Bewusstseinsträger« geltenden, allgemeinen Regeln zu behandeln und damit je nach theoretischem Aus- 232

7 Vgl. *A/W/Weber* § 9 Rn. 13: »enge Verwandtschaft mit der Nötigung«; *Fischer* § 239 Rn. 4 ff: »Spezialfall der Nötigung«.

8 Bezieht man allerdings, ohne Rückgriff auf den hypothetischen Willen, Situationen ein, in denen das Opfer schon an der Möglichkeit gehindert wird, einen Fortbewegungsentschluss überhaupt zu fassen, so wird diese Grundposition bereits zugunsten der »Potenzialitätstheorie« modifiziert!

9 Diesem Ansatz mit näherer Begr. zust. *Kargl* JZ 1999, 72 ff; ähnlich: *Mitsch* GA 2009, 329 (332), NK-*Sonnen* § 239 Rn. 4.

10 BayObLG JZ 1952, 237 f (einjähriges Kind).

gangspunkt (Rechtsgutsproblem → Rn. 230 f) notwendig unterschiedlich.[11] Beim Sonderproblem der »Schlafenden und Bewusstlosen« geht es deshalb vor allem darum, ob sie *während der Dauer* dieses Zustandes der Freiheit beraubt werden können. Dies wird von Vertretern der »Potenzialitäts-« wie der »Aktualitätstheorie« teils bestritten, teils jedoch bejaht.[12] Auch vom Standpunkt der »Potenzialitätstheorie« aus wird die Ansicht vertreten, dass das vorübergehende Fehlen der Fortbewegungsfähigkeit, z.B. während des Schlafs, dem Opfer *in dieser Zeit* keine (potenzielle) »Freiheit« mehr übrig lasse, deren es dann noch beraubt werden könne.[13]

Nach der Vermittlungsformel von *Wessels* können jedoch auch Schlafende und Bewusstlose ihrer Freiheit unter der Voraussetzung beraubt werden, „dass sich die Möglichkeit ihres Erwachens während der Einsperrung nicht mit Sicherheit [!] *ausschließen* lässt und dass der Angriff auf ihre Fortbewegungsfreiheit nach dem Willen des Täters seine Wirksamkeit voll entfalten soll, wenn ihr *Bewusstsein zurückkehrt*“[14].

Von diesem Problem zu trennen ist die Möglichkeit, eine Freiheitsberaubung dadurch zu begehen, dass das bei Bewusstsein befindliche Opfer in die Bewusstlosigkeit versetzt oder eine bei diesem bestehende Bewusstlosigkeit unnatürlich beeinflusst und verlängert wird (z.B. durch »Narkotisierung« eines Schlafenden). Da sich das Opfer beim Versetzen in die Bewusstlosigkeit im Bewusstseinszustand befindet, liegt die Besonderheit hier nicht im Zustand des Opfers, sondern nur in der Beraubungsart, die als Gewalt aber hinreichend ist → Rn. 233. Dies gilt auch für die Verlängerung der Bewusstlosigkeit, da das Opfer ohne das Täterverhalten bei Bewusstsein wäre.

III. Das »Beraubungsproblem«

233 Im zweiten Problemkreis (»Beraubungsproblem«) muss der *Erheblichkeitsgrad* des für den Freiheitsverlust erforderlichen *Fortbewegungshindernisses* bestimmt werden. Eine »absolute« Wirkung, die dem Opfer die Fortbewegung schlechthin unmöglich macht, wird nicht verlangt. Die »Beraubung« der Freiheit kann vielmehr auch darin bestehen, dass dem Opfer zwar noch Fortbewegungsmöglichkeiten verbleiben, deren Wahrnehmung ihm aber *nicht zugemutet* wird. Hierfür sind verlässliche Maßstäbe bisher nicht entwickelt worden.[15] Keine relevanten Hindernisse sollen darstellen: das Vorhandensein eines lediglich »unbequemen«, »beschwerlichen«, »ungewöhnlichen« oder »anstößigen« Auswegs; nur wirtschaftliche/gesellschaftliche Nachteile; auch die drohende Verwirklichung eines im Rahmen einer einfachen Drohung angekündigten empfindlichen Übels genüge nicht. Ausreichend seien dagegen Hindernisse, die nur mit Gewalt oder besonderen technischen Kenntnissen überwindbar sind, ebenso Hindernisse, deren Überwindung mit Gefahr für Leib oder Leben verbunden wäre.[16] Die

---

11 Bsp.: Das Opfer schläft ein, ohne zu bemerken, dass es zuvor eingeschlossen wurde.

12 Vgl. die Übersicht bei *Fahl* Jura 1998, 456 (460 f); *Schumacher*, Stree/Wessels-FS, 1993, S. 431 (436 ff).

13 Nachw. bei *Hillenkamp*, BT, Problem Nr. 6: »Aktualisierbarkeitstheorie«; *Hohmann/Sander*, BT 2, § 11 Rn. 5 ff; *Küpper*, BT 1/I, § 3 Rn. 3.

14 *W/Hettinger* Rn. 370 (krit. dazu *Kretschmer* Jura 2009, 590 [591]); ähnlich *Fischer* § 239 Rn. 5.

15 Übersicht über die verschiedenen Vorschläge bei *Schumacher*, Stree/Wessels-FS, 1993, S. 431 (441 ff).

16 SK-*Wolters* § 239 Rn. 5 f, 8; ähnlich *S/S/Eisele* § 239 Rn. 6 f. Vgl. zur Erheblichkeit beim »Einsperren« (→ Rn. 198) RGSt 8, 210 (211); BGH NStZ 2001, 420.

Rechtsprechung verlangt, dass „die Fähigkeit des Menschen, sich nach seinem Willen fortzubewegen, unmittelbar berührt sein [muss]... Ein angedrohtes Übel etwa, das den Grad einer gegenwärtigen Gefahr für Leib oder Leben erreicht (so das Vorhalten einer Pistole), wird in der Regel ausreichen. Dagegen liegt § 239 StGB nicht stets dann vor, wenn das – an sich mögliche – Verlassen des Ortes ein *empfindliches Übel* i.S. von § 240 StGB nach sich ziehen würde."[17] In der Literatur finden sich aber auch Stimmen, die eine »Drohung mit einem empfindlichen Übel«[18] oder die »Anstößigkeit« der noch möglichen Fortbewegung nach Wegnahme der Kleider für ausreichend halten.[19]

Zum zweiten Problemkreis (»Beraubungsproblem«) gehört auch die Frage, inwieweit Fortbewegungshindernisse ausreichen, die nur *kurzfristig* wirken.[20] § 239 III Nr. 1 StGB lässt nur erkennen, dass eine Freiheitsberaubung von mehr als einer Woche die Tat zu einem Verbrechen macht, sagt aber noch nichts über die Mindestdauer der einfachen Freiheitsberaubung aus. Die Rechtsprechung hat betont, dass es „für die Erheblichkeit der Tathandlung allerdings nicht ... allein auf deren Dauer, sondern auch auf das Gewicht der Einwirkung" ankommt.[21] Auch das RG hat bereits auf die Intensität des Eingriffs abgehoben und keineswegs eine reine Zeitformel aufgestellt, wonach die Dauer des Gebets eines ‚Vaterunser' genügen soll.[22] Folgt man diesem Ansatz, so ist bei einer nur potenziellen Beschränkung des Freiheitsraums (das eingesperrte Opfer bemerkt den Verschluss nicht) ein längerer Zeitraum zu verlangen als bei einer tatsächlichen Beeinträchtigung der Fortbewegungsfreiheit (das Opfer rüttelt an der verschlossenen Tür). **234**

Führen einer Amtsbezeichnung (eines Titels usw.) – § 132a I Nr. 1-3 StGB

Der Täter »führt« eine Bezeichnung, wenn er sie im Umgang mit anderen durch *aktives* – auch konkludentes – Verhalten so für sich in Anspruch nimmt, dass durch die Art und Intensität des Gebrauchs **schutzwürdige Interessen** der **Allgemeinheit** berührt werden. **235**

Eine nur *einmalige* Inanspruchnahme gegenüber einer *einzelnen Person* im privaten Bereich genügt für eine Beeinträchtigung dieser Interessen noch nicht, während es im Übrigen von den Umständen abhängt, ob ein Gebrauch im privaten Verkehr oder ein einmaliger oder vorübergehender Gebrauch ausreicht.

---

17 BGH NJW 1993, 1807 f.

18 *M/Schroeder*, BT 1, § 14 II Rn. 6.

19 *Gössel/Dölling*, BT 1, § 19 Rn. 15; LK-*Schäfer*, 10. Aufl., § 239 Rn. 17, 19; anders RGSt 6, 231 (232).

20 Dazu etwa *K/H/H*, BT 1, Rn. 350; LK-*Schluckebier* § 239 Rn. 18.

21 BGH NStZ 2005, 507 (508). Daneben finden sich nur Einzelfallentscheidungen: So soll nach BGH NStZ 2003, 371 das „nur kurzzeitige Festhalten des Gegners im Verlauf einer körperlichen Auseinandersetzung" nicht genügen.

22 Vgl. RGSt 7, 259 (260). Dort wird die Überlegung der Vorinstanz (die Dauer eines ‚Vaterunser' genüge nicht) als irrelevant verworfen, weil – ungeachtet der Dauer! – durch das Vernageln der Tür ein *„perfekter" Verschluss* vorgelegen habe, der dem Opfer die Flucht *tatsächlich* unmöglich gemacht hat.

Literatur: *Geppert* Jura 1986, 590 (594 f); LK-*Krauß* § 132a Rn. 59 ff; MK-*Hohmann* § 132a Rn. 26 ff. **Monographisch:** *Kahle*, Der Mißbrauch von Titeln, Berufsbezeichnungen (usw.), 1995.

Rechtsprechung Grundlegend: RGSt 33, 305 (306 – Dulden der Anrede); BGHSt 31, 61 (62 f – einmalig im privaten Bereich). **Beispielhaft – verneinend:** BGHSt 26, 267 (268 – „Polizeibeamter"); BayObLG NJW 1979, 2359 („Arzt-Plakette" beim Parken); OLG Dresden NJW 2000, 2519 (2520 – scheinbare Amtsbezeichnung); OLG Karlsruhe NStZ-RR 2007, 372 (373 – aktives Führen); OLG Saarbrücken NStZ 1992, 236 f (Referendar als „Rechtsanwalt"); **bejahend:** OLG Köln NJW 2000, 1053 (1054 – „Erzbischof").

OLG Köln NJW 2000, 1053 (1054): „Eine Bezeichnung wird geführt, wenn der Täter sie im sozialen Leben für sich beansprucht, sei es öffentlich oder auch nur im privaten Verkehr; ein öffentliches Verwenden gegenüber einer unbestimmten Allgemeinheit ist demnach nicht erforderlich. Die Tatbestandsmäßigkeit setzt nur voraus, dass nach Art und Intensität der Verwendung die geschützten Interessen der Allgemeinheit berührt werden… Ob das bei einem Gebrauch im *privaten* Verkehr sowie bei *einmaligem* oder vorübergehendem Gebrauch der Fall ist, bestimmt sich maßgeblich nach den Umständen des Einzelfalls."

Führen eines Fahrzeugs – §§ 315c I, 316 I StGB

236 Ein Fahrzeug »führt«, wer es – eigen- oder mitverantwortlich – **in Bewegung setzt** oder hält, dabei dessen Antriebskräfte *bestimmungsgemäß anwendet* oder die Fortbewegung des Fahrzeugs unter Handhabung der jeweiligen technischen Vorrichtungen ganz oder teilweise *leitet*.

Literatur: LK-*König* § 315c Rn. 10 ff; MK-*Pegel* § 315c Rn. 14 ff; *S/S/Hecker* § 316 Rn. 19 f.

Rechtsprechung Grundlegend: BGHSt 35, 390 (393 ff – Fahrtbeginn) mit krit. Anm. *Hentschel* JR 1990, 32 f; BGHSt 36, 341 (343 – abgeschlepptes Fahrzeug). **Beispielhaft:** BGHSt 14, 185 (186 ff – Abrollen auf abschüssiger Strecke); 18, 6 (mitfahrender Halter kein Fahrzeugführer); 42, 235 (239 f – actio libera in causa).

BGHSt 35, 390 (393 f): „[D]ie *dynamische Komponente* [verleiht] dem Begriff des ›Führens‹ ihre entscheidende Prägung. Das ergibt schon der Sinn des Wortes… Bereits nach dem Sprachgebrauch kann etwas Statisches nicht geführt werden. Auch die zweckorientierte Auslegung der Vorschrift führt dazu, daß von dem Begriff des ›Führens‹ nur *Bewegungsvorgänge* im Verkehr erfaßt sein sollen."

BGHSt 36, 341 (343 f): Führer eines Fahrzeugs ist „derjenige, der sich selbst aller oder wenigstens eines Teiles der wesentlichen technischen Einrichtungen des Fahrzeuges bedient, die für seine Fortbewegung bestimmt sind, also das Fahrzeug unter *bestimmungsgemäßer Anwendung* seiner Antriebskräfte unter eigener Allein- oder Mitverantwortung in *Bewegung setzt* oder das Fahrzeug unter Handhabung seiner technischen Vorrichtungen während der Fahrbewegung durch den öffentlichen Verkehrsraum ganz oder teilweise lenkt. Danach ist der Führer eines Fahrzeuges nicht nur derjenige, der alle für die Fortbewegung des Fahrzeuges erforderlichen technischen Funktionen ausübt, sondern auch, wer nur *einzelne* dieser Tätigkeiten vornimmt, jedenfalls solange es sich dabei um solche handelt, ohne die eine zielgerichtete Fortbewegung des Fahrzeuges im Verkehr nicht möglich wäre."

Erläuterungen

Das Führen eines Fahrzeugs[1] setzt voraus, dass *das Fahrzeug in Bewegung ist*[2] und *vom Täter gesteuert* wird. So *steuert* zwar derjenige, der sich nur abschleppen lässt, da er Lenkung und Bremse betätigt,[3] nicht aber derjenige, der z.B. ein Kraftrad ohne Motorkräfte nur schiebt oder dem Fahrer nur kurz in die Lenkung greift. Die Steuerung kommt üblicherweise nur *einer* Person zu, so dass praktisch eine eigenhändige Tätigkeit vorliegt. In Ausnahmefällen kommt aber auch gemeinschaftliches Führen in Betracht.[4] Für den *Bewegungsvorgang* ist entscheidend, dass das Fahrzeug – sei es mit oder ohne Motorkraft – tatsächlich bewegt wird. Ein Anlassen des Motors, Lösen der Handbremse oder Einschalten des Lichts reicht nicht aus und führen in der Regel auch nicht zur Versuchsstrafbarkeit.[5] Ebenso wenig können Fehler das »Führen« eines Fahrzeugs begründen, wenn sie erst im Anschluss an die Fahrt begangen werden (etwa fehlendes Anziehen der Handbremse, so dass das Fahrzeug ‚führerlos' einen Unfall verursacht).[6] **237**

Gebäude – §§ 243 I 2 Nr. 1, 305 I, 306 I Nr. 1, 306a I Nr. 1 StGB

Vgl. **Raum, umschlossener** → Rn. 409 und **Wohngebäude** → Rn. 800.

Geburt, Beginn der – § 217 I a.F. (§§ 211 ff, 222, 223 ff, 229) StGB

Die »Geburt« und damit das Leben als »Mensch« bzw. »Person« i.S. der §§ 211 ff, 222, 223 ff, 229 StGB beginnt bei regulärem Ablauf mit dem tatsächlichen, auch medizinisch hervorgerufenen bzw. verzögerten, Einsetzen der – die *Fruchtausstoßung* einleitenden – **»Eröffnungswehen«**, nicht schon der »Vorwehen« und nicht erst der »Treib- und Presswehen« → Rn. 239. **238**

Literatur: *Hirsch*, Eser-FS, 2005, S. 309 ff; MK-*Schneider* Vor §§ 211 ff Rn. 6 ff. Grds. abw. *Herzberg*, Geilen-FG, 2003, S. 39 ff: »Vollendung« der Geburt. **Einführend:** *Kühl* JA 2009, 321 ff. **Monographisch:** *Drescher*, Beginn des Menschseins i.S. der §§ 211 ff StGB (usw.), 2004; *Ingelfinger*, Grundlagen und Grenzbereiche des Tötungsverbots, 2004, S. 103 ff; *Weinschenk*, § 217 StGB – Folgen des Wegfalls einer Norm, 2004.

---

1 Zum Begriff des »Führers« eines Kraftfahrzeugs i.S. des § 316a I StGB vgl. das Stichw. »Angriff, räuberischer auf Kraftfahrer/Mitfahrer« → Rn. 36.

2 Vom OLG Brandenburg DAR 2006, 219 sogar dann noch abgelehnt, wenn die Räder durchdrehen, das Fahrzeug im Morast aber nicht vorwärts kommt.

3 BGHSt 36, 342 (343).

4 Einer lenkt, der andere bedient Kupplung und Bremse, vgl. *Fischer* § 315c Rn. 3a m.w.N. Näher zum eigenhändigen Führen *Gerhold/Kuhne* ZStW 124 (2012), 943 ff. Ein Fahrlehrer kommt als Fahrzeugführer nur in Betracht, wenn er selbst das Fahrzeug steuert (durch Betätigen der Pedale oder durch strikte Anweisungen an den Fahrschüler), vgl. OLG Dresden NJW 2006, 1013 f mit abl. Anm. *Blum/Weber* NZV 2007, 228 f.

5 Denn der Versuch des § 316 StGB ist nicht strafbar und der des § 315c I Nr. 1a i.V.m. II StGB setzt Vorsatz auch bzgl. der konkreten Gefährdung voraus, der regelmäßig fehlen wird.

6 OLG Karlsruhe NZV 2006, 441 f gegen BGHSt 19, 371 (372 f).

Rechtsprechung Grundlegend: BVerfGE 88, 203 (251 – staatlicher Schutzauftrag für ungeborenes Leben); BVerfG NJW 1988, 2945 (Straflosigkeit pränataler fahrlässiger Einwirkung); BGHSt 31, 348 (350 ff) und 32, 194 (196 f – Geburtsbeginn mit Eröffnungswehen). **Zusammenfassend:** BGH NStZ 2008, 393 (394 – zur „Einwirkung") mit Klausurlösung bei *Jäger* Jura 2009, 53 (55 f, 59).

BGH NStZ 2008, 393 (394): „Ungeachtet der Aufhebung des § 217 StGB ... wird die Grenzlinie [zwischen Embryo und Mensch] auch heute noch durch die *Geburt* bestimmt... Diese Abgrenzung ... ergibt sich nach dem Fortfall des § 217 StGB aus der *Systematik* der Tatbestandsmerkmale der §§ 212 I, 222 StGB einerseits und des § 218 I StGB andererseits, welche den Beginn des Menschseins mit der Folge der Anwendbarkeit der Tötungstatbestände erst an das *Ende der Schwangerschaft*, also die *Geburt*, anknüpft... [Maßgebend ist dabei] der Zeitpunkt, zu dem die auf die Herbeiführung des Erfolgs gerichtete Handlung des Täters auf das Opfer *einwirkt.*"

BGHSt 32, 194 (196): „In medizinischer Sicht beginnt der normale Geburtsvorgang mit den *Eröffnungswehen...*; sie realisieren ... bereits einen erheblichen Teil des Gesamtvorgangs der Ausstoßung aus dem Mutterleib. Es erscheint daher gerechtfertigt, den Beginn der Geburt auf den Zeitpunkt des Einsetzens der Eröffnungswehen festzulegen."

OLG Karlsruhe NStZ 1985, 314 (315): „Mit dem Beginn der Geburt wandelt sich für die strafrechtliche Beurteilung ... die rechtliche Qualität des Schutzobjekts [aus] einer *Leibesfrucht* in diejenige eines *Menschen...* Der Rechtsbegriff des Beginns der Geburt ist im Einklang mit den medizinischen Anschauungen näher zu bestimmen. Die sog. *Vorwehen* ... sind nur Anzeichen einer *bevorstehenden* Geburt. Maßgeblicher Zeitpunkt ist vielmehr das tatsächliche Einsetzen der – die Geburt einleitenden – *Eröffnungswehen...* [Dies gilt] unabhängig davon, ob die Wehen spontan einsetzen oder künstlich hervorgerufen werden. Es ist auch dann maßgeblich, wenn der behandelnde Arzt ... das Einsetzen der Eröffnungswehen durch die Gabe von wehenhemmenden Mitteln *hinausschiebt...* Vom Täterverhalten und seinen Auswirkungen her gesehen, kommt es für die Abgrenzung entscheidend auf die rechtliche Qualität des Schutzobjekts als Leibesfrucht oder Mensch zum Zeitpunkt der schädigenden *Einwirkung* an... Ein zwischen Einwirkung und Erfolgseintritt stattfindender Wandel der Rechtsqualität des Opfers von der Leibesfrucht zum Menschen ist für die rechtliche Zuordnung irrelevant."

Erläuterungen

239 Das 6. StrRG (1998) hat § 217 StGB a.F. ersatzlos aufgehoben.[1] Die Vorschrift lautete (Abs. 1): „Eine Mutter, welche ihr nichteheliches Kind *in* oder gleich nach *der Geburt* tötet, wird mit Freiheitsstrafe nicht unter drei Jahren bestraft" (tatbestandliche Privilegierung gegenüber § 212 StGB). Aus der Formulierung »in der Geburt« wurde früher abgeleitet, dass der *Beginn* der Geburt maßgebend ist für die Abgrenzung zwischen dem Schutzbereich des Schwangerschaftsabbruchs (§§ 218 ff StGB) einerseits und der Tötungs- bzw. Körperverletzungsdelikte andererseits. Hierfür behält die aufgehobene Vorschrift nach verbreiteter Auffassung weiterhin Bedeutung, weil der Gesetzgeber nur die darin enthaltene »Privilegierung« habe beseitigen wollen,[2] nicht

---

1 Krit. zur Aufhebung der Vorschrift im Hinblick auf den Wegfall der »Sperrwirkung« im Verhältnis zu § 211 StGB *Struensee*, Einführung 6. StrRG, 1998, S. 28 f. Zum Mord aus »niedrigen Beweggründen« bei Kindestötung BGH NStZ 2009, 210 mit Anm. *Bosch* JA 2009, 150 ff.

2 Vgl. BT-Drs. 13/8587, S. 34 unter Hinweis darauf, dass § 213 StGB für eheliche und nichteheliche Kinder gleichermaßen anzuwenden sei. Zu Fragen der verminderten Schuldfähigkeit und zur Anwendung des § 213 StGB als »Ersatzregelung« für § 217 StGB a.F. BGH NStZ 2009, 439 (440); LG Erfurt NStZ 2002, 260 ff; *Neumann*, Eser-FS, 2005, S. 431 (439 ff); *Zabel* HRRS 2010, 403 (409 ff).

aber die Festlegung des »Lebensbeginns«.[3] Im Übrigen lässt sich die Festlegung des Menschseins auf den Beginn der Geburt auch aus dem Begriff »Schwangerschaftsabbruch« (§ 218 StGB) ableiten. Hat die Geburt bereits eingesetzt, so wird die Schwangerschaft nicht mehr andauern, kann also nicht *abgebrochen* werden, wenn jetzt auf das Kind eingewirkt wird. Zudem spricht auch die besondere Schutz- und Hilfsbedürftigkeit des Kindes bei der Geburt[4] dafür, bereits zu diesem Zeitpunkt auch den Schutz vor Gesundheitsschäden oder fahrlässigen Lebensverletzungen zu gewährleisten.[5]

Der Beginn der Geburt ist das Einsetzen der *Eröffnungswehen*, da *diese* (und nicht erst die Treib- oder Presswehen) nach medizinischen Erkenntnissen die Trennung vom Mutterleib einleiten und damit das Ende der Schwangerschaft kennzeichnen.[6] Bei *operativer* Entbindung vor Einsetzen der Eröffnungswehen ist der die Eröffnungsperiode *ersetzende ärztliche Eingriff* (Öffnung des Uterus) maßgebend.[7]

Die vorsätzliche oder fahrlässige Einwirkung auf den Embryo *vor Geburtsbeginn* ist **240** kein Tötungs- oder Körperverletzungsdelikt, auch wenn deshalb der Tod oder die Verletzung *nach* der Geburt eintritt (»pränatale Einwirkung mit postnatalen Folgen«). Die »Einwirkung« bezeichnet den Zeitpunkt, in dem das Objekt von den Auswirkungen der Handlung *nachteilig getroffen* wird: Zu fragen ist also nach der Tatobjektsqualität in dem Zeitpunkt, zu dem die Tathandlung auf das Objekt auftritt. Ist es noch kein Mensch, bleiben Verletzungen und fahrlässige Tötungen straflos.[8]

Gefährlicher Eingriff – § 315b I Nr. 3 StGB

Vgl. **Eingriff, gefährlicher** (in den Straßenverkehr) → Rn. 193.

Gefährliches Werkzeug – §§ 224 I Nr. 2, 244 I Nr. 1a, 250 I Nr. 1a, 250 II Nr. 1, 177 III Nr. 1, IV Nr. 1 StGB

Vgl. **Werkzeug, gefährliches** (bei Körperverletzung) → Rn. 763 und **Werkzeug, gefährliches** (mitgeführtes/verwendetes bei Diebstahl/Raub) → Rn. 770.

---

3 Vgl. z.B. *Satzger* Jura 2008, 424 (428); krit. dazu NK-*Neumann* Vor § 211 Rn. 6 ff m.w.N. zur krit. Lit.; für »Gewohnheitsrecht« *K/H/H*, BT 1, Rn. 3. Eingehend zum Problem mit Analyse der neuen Rechtslage und Vorschlägen zu *anderen* Begründungen *Hirsch*, Eser-FS, S. 309 ff; *Ingelfinger*, Grundlagen, S. 123 ff; *Küper* GA 2001, 515 ff, 529 ff; vgl. auch die Begr. aus der gesetzlichen Systematik in BGH NStZ 2008, 393 (394, oben zitiert → Rn. 238).

4 Für eine Gleichstellung des »lebensfähigen« Embryos mit dem »in der Geburt« befindlichen Kind – de lege ferenda – *Gropp* GA 2000, 1 ff, 17 f; dazu *Ingelfinger*, Grundlagen, S. 118 ff; *Küper* GA 2001, 515 (523 ff, 532 ff).

5 MK-*Schneider* Vor §§ 211 ff Rn. 8 gegen die Ansicht, die auf die Vollendung der Geburt abstellen will (so *Herzberg/Herzberg* JZ 2001, 1106 [1112 f]; *Herzberg*, Geilen-FG, S. 39 ff; NK-*Merkel* § 218 Rn. 40).

6 BGHSt 32, 194 (196); MK-*Schneider* Vor §§ 211 ff Rn. 11 gegen NK-*Neumann* Vor § 211 Rn. 10.

7 *Ingelfinger*, Grundlagen, S. 132 ff m.w.N.; abw. MK-*Schneider* Vor §§ 211 ff Rn. 12, der auf die Eröffnung der Bauchdecke abstellt.

8 Näher zum Kriterium der »Einwirkung« *Küper* GA 2001, 515 (518 f) und ZIS 2010, 197 (203 f); MK-*Schneider* Vor § 211 ff Rn. 13; jew. m.w.N.

Gefahr, gemeine – §§ 323c, 243 I 2 Nr. 6, 145 I Nr. 2, II Nr. 1, 2 StGB

241 »Gemeine« Gefahr ist ein Zustand, bei dem für eine (unbestimmte) **Mehrzahl von Menschen** die *konkrete Gefahr* des Todes, eines erheblichen Körperschadens oder einer Schädigung *bedeutender Sachwerte* besteht.

Literatur: LK-*Vogel* § 243 Rn. 48; SK-*Stein* § 323c Rn. 10.

Abw. LK-*Spendel* § 323c Rn. 59: „Die Gemeingefahr betrifft ... entweder einen *unbestimmten einzelnen*, der *repräsentativ* für die Allgemeinheit steht, oder eine unbestimmte Vielzahl oder bestimmbare Mehrzahl von Personen und Sachen oder schließlich Güter der Allgemeinheit.“; ähnlich *S/S/Hecker* § 323c Rn. 9.

Rechtsprechung Grundlegend: RGRspr. 5, 557 f. **Beispielhaft:** OLG Köln, VRS 24 (1963), 54 (56 – Hindernis auf der Fahrbahn).

RGRspr. 5, 557 (558): Eine gemeine Gefahr liegt „nur dann vor, wenn die Gefahr eine im voraus *nicht bestimmbare* Anzahl von Personen oder Gegenständen betrifft, der Täter sonach den Umfang der Gefährdung nicht in seiner Gewalt hat“. Anders, „wenn bloß *einzelne bestimmte* Personen oder Gegenstände gefährdet sind“ oder „die Anzahl der gefährdeten Personen oder Sachen von vornherein objektiv fest begrenzt ist“.

Gefahr, konkrete (Gefahrerfolg bei konkreten Gefährdungsdelikten) – u.a. §§ 315 – 315c, 221 I, 113 II 2 Nr. 2, 121 III 2 Nr. 3, 125a 2 Nr. 3, 250 I Nr. 1c, 306a II, 306b II Nr. 1, 319 StGB

242 »Gefahr« – Gefahrerfolg – ist ein ungewöhnlicher Zustand, in dem nach den konkreten Umständen die *Wahrscheinlichkeit* eines Schadens (Verletzungserfolges) derart gesteigert ist, dass sein Eintritt *»nahe liegt«* (traditioneller Gefahrbegriff, »Wahrscheinlichkeitsansatz« → Rn. 245, Rn. 249).

Die »Gefahr« setzt eine *kritische Situation* voraus, in der die Sicherheit eines bestimmten Objekts (Rechtsguts) dadurch beeinträchtigt wird, dass das Objekt in den **Wirkungsbereich** eines gefährlichen Geschehens – einer »Gefahrenquelle« – gelangt ist. Eine »Gefahr« liegt vor, wenn es in dieser Situation nur noch vom **»unberechenbaren Zufall«** abhängt, ob die Schädigung (Verletzung) des Objekts *ausbleibt* oder eintritt. »Zufällig« sind – im Gegensatz zu normalen/typischerweise erwartbaren Abwehr- und Vorsorgemaßnahmen – solche schadensverhindernden Umstände, auf die in der konkreten Situation nicht mehr **»vertraut«** werden kann (sog. »normativer Gefahrbegriff« → Rn. 246).

Literatur: *Gallas*, Heinitz-FS, 1972, S. 171 ff; *Hirsch*, A. Kaufmann-FS, 1993, S. 545 ff; *ders.*, Tiedemann-FS, 2008, S. 145 ff; LK-*König* § 315 Rn. 50 ff; *Radtke*, Geppert-FS, 2011, S. 461 ff; *Steinberg* GA 2008, 519 ff. **Einführend:** *A/W/Weber* § 35 Rn. 64 ff.
Monographisch: *Kindhäuser*, Gefährdung als Straftat, 1989, S. 189 ff, 201 ff; *Wolter*, Objektive und personale Zurechnung von Verhalten, Gefahr und Verletzung (usw.), 1981, S. 217 ff, 241 ff; *Zieschang*, Gefährdungsdelikte, S. 28 ff.

Rechtsprechung Grundlegend: RGSt 10, 173 (175 f – zum Begriff nach alter Rspr.); BGH NStZ 1996, 83 f und 85 f zum neueren normativen Gefahrbegriff und der konkreten Gefährdung von Beifahrern. **Beispielhaft:** BGH NZV 2012, 448 (Gefährdung von Mitfahrer durch Fahruntauglichkeit); NStZ 2014, 85 (86 – Schlafende durch Brandstiftung); OLG Düsseldorf NJW 1993, 3212 f (andere Verkehrsteilnehmer durch Ausbremsen); NZV 1994, 406 f (andere Verkehrsteilnehmer durch Überholvorgang).

RGSt 61, 362 (363 f): „Unter ›Ingefahrsetzen‹, Gefährdung, ist ein Zustand zu verstehen, in dem nach den obwaltenden konkreten Umständen der Eintritt eines Schadens als *wahrscheinlich* gelten kann, die Möglichkeit eines solchen *nahe liegt*."

BGH NStZ 1996, 83: „Wann eine solche Gefahr gegeben ist, entzieht sich exakter wissenschaftlicher Umschreibung. Die Tathandlung muß aber jedenfalls über die ihr innewohnende latente Gefährlichkeit hinaus im Hinblick auf einen bestimmten Vorgang in eine *kritische Situation* geführt haben; in dieser Situation muß – was nach der allgemeiner Lebenserfahrung aufgrund einer objektiv nachträglichen Prognose zu beurteilen ist – die Sicherheit einer bestimmten Person oder Sache so stark beeinträchtigt worden sein, daß es nur noch *vom Zufall abhing*, ob das Rechtsgut verletzt wurde oder nicht… [Es] wird die Gefahr auch nicht dadurch ausgeschlossen, daß ein Schaden ausgeblieben ist, weil sich der Gefährdete – etwa aufgrund *überdurchschnittlich* guter Reaktionen … – noch in Sicherheit bringen konnte oder weil es dem Täter – für den objektiven Beobachter *überraschend* – gelungen ist, sein Fahrzeug noch rechtzeitig anzuhalten."

OLG Düsseldorf NJW 1993, 3212: „Allgemein wird Gefahr als zwangsläufige Folge einer Gefährdungshandlung aufgefaßt, die den weiteren Ablauf des Geschehens für den Täter *unbeherrschbar* macht. Der konkrete Erfolg besteht dabei in einer erkennbar *eskalierten Krise* für die unversehrte Existenz des geschützten Rechtsguts, so daß bei normalem Verlauf seine reale Verletzung ernsthaft zu besorgen ist. Eine konkrete Gefahr ist demgemäß anzunehmen, wenn die Sicherheit einer bestimmten Person oder einer Sache … so stark beeinträchtigt ist, daß es nur noch *vom Zufall abhängt*, ob die Rechtsgutsverletzung eintritt oder nicht."

Erläuterungen

I. Einführung

1. Die konkrete Gefahr als tatbestandlicher Erfolg

Während in den Tatbeständen der sog. »abstrakten Gefährdungsdelikte« Sachverhalte beschrieben werden, die nach gesetzlicher Wertung »typischerweise«, »generell« eine Gefahr für bestimmte Rechtsgüter enthalten, ohne dass die »Gefahr« selbst *Tatbestandsmerkmal* ist, setzen die »konkreten Gefährdungsdelikte« als objektives Tatbestandselement den – wirklichen – Eintritt einer Gefahr voraus.[1] Die »konkrete Gefahr« für ein Schutzobjekt stellt hier den tatbestandlichen *Erfolg* des jeweiligen Delikts dar. Sie ist nicht etwa nur „Vorstufe einer Folge"[2], sondern der *spezifische* Erfolg des konkreten Gefährdungsdelikts (*Gefahrerfolg*, Gefährdungserfolg), der die »Existenzkrise« bezeichnet, in die das Schutzobjekt infolge des Täterverhaltens tatsächlich geraten ist.[3] Gleiches gilt für die konkrete Gefahr als Erfolgsmerkmal in Qualifikationstatbeständen (z.B. § 250 I Nr. 1c, II Nr. 3b StGB) oder als »Regelbeispiel« in Strafzumessungsregeln des BT (z.B. § 113 II 2 Nr. 2 StGB).[4] 243

1 Übersicht bei *Roxin*, AT I, § 11 B II Rn. 147 ff m.w.N.
2 So missverständlich BGHSt 26, 176 (181).
3 *Gallas*, Heinitz-FS, S. 171 (176); *Küper* NJW 1976, 543 (544 f); krit. *Koriath* GA 2001, 51 (58 ff).
4 Zur Gefahr der »schweren« Gesundheitsschädigung vgl. das Stichw. »Gesundheitsschädigung, schwere« → Rn. 271.

2. Die »Gefahr« im Gesetz – »Gefährlichkeitsdelikte«

244 Das Erfordernis eines konkreten Gefahrerfolges ist vielfach bereits aus dem *Gesetzestext* erkennbar: Das Gesetz gebraucht im Hinblick auf bestimmte Rechtsgüter erfolgsbezogene sprachliche Wendungen wie »in Gefahr bringen« (z.B. § 250 I Nr. 1c StGB), »gefährden« (z.B. § 315 I StGB) oder »der Gefahr aussetzen« (§ 221 I StGB). Andererseits ist Vorsicht geboten, wenn das Gesetz zwar sprachlich gefahrbezogene Begriffe verwendet, damit aber lediglich eine gewisse »Gefährlichkeit« des *Verhaltens* oder *Tatmittels* charakterisiert. Dann liegt nach h.M. kein konkretes Gefährdungsdelikt – mit entsprechendem Gefahrerfolg – vor; es wird vielmehr lediglich vorausgesetzt, dass die Handlung nach den *konkreten Umständen* erfahrungsgemäß *»geeignet«* ist, eine Verletzung oder Gefährdung herbeizuführen. Dies gilt z.B. für das »gefährliche Werkzeug« (→ Rn. 768), und die »lebensgefährdende Behandlung« (→ Rn. 100 ff) in § 224 I Nr. 2, 5 StGB oder für das »gemeingefährliche Mittel« (→ Rn. 382) in § 211 II StGB. In solchen Fällen handelt es sich um »Gefährlichkeitsdelikte« (*Hirsch*), die heute überwiegend als »potenzielle Gefährdungsdelikte« oder »Eignungsdelikte« bezeichnet werden.[5]

II. Die Problematik der konkreten Gefahr

1. Der traditionelle Gefahrbegriff (»Wahrscheinlichkeitsansatz«)

245 Der Begriff der konkreten Gefahr gilt als »schwer zu bestimmen«, »sehr umstritten« und »bisher wenig geklärt«.[6] Im Schrifttum wird häufig lediglich auf die *»erhebliche Wahrscheinlichkeit«* oder »naheliegende Möglichkeit« des Schadenseintritts verwiesen, die nach den individuellen Umständen ermittelt werden soll: „Nach einer gängigen Definition ist unter Gefahr ein ungewöhnlicher Zustand zu verstehen, in dem nach den konkreten Umständen der Eintritt eines Schadens naheliegt“[7]. Dieser Zustand wird bisweilen auch so beschrieben: Die Handlung müsse „über ihre latente Gefährlichkeit hinaus im Hinblick auf einen bestimmten Vorgang in eine *kritische Situation* geführt, d.h. die Möglichkeit eines Schadens so gesteigert haben, dass dessen Eintritt als wahrscheinlich gelten kann“[8]. Ein solcher »Wahrscheinlichkeitsansatz« entstammt der älteren Rechtsprechung (→ Rn. 249).

2. Der neuere (»normative«) Gefahrbegriff

246 Dagegen bemüht sich die in der Literatur vordringende und im Grundsatz schon herrschende »Theorie des *normativen* Gefahrbegriffs« oder »normative Gefahrerfolgstheorie« um eine Präzisierung der Kriterien für die Annahme einer konkreten Gefahr.[9] Hervorgehoben wird dabei zunächst – gleichsam als »ontologische Basis« der normativen Gefahrbestimmung –, dass ein potenziell gefährdetes *Tatobjekt* überhaupt *vorhanden* und in den »*Wirkungsbereich*« eines gefährlichen Verhaltens (»Gefahren-

---

5 Vgl. zu diesen Gefährdungsdelikten die Übersicht bei *L/Kühl* Vor § 13 Rn. 32 m.w.N.; eingehend *Zieschang*, Gefährdungsdelikte, S. 52 ff und passim.

6 *Roxin*, AT I, § 11 B II Rn. 148.

7 *A/W/Weber* § 35 Rn. 72.

8 *L/Kühl* § 315c Rn. 22.

9 Übersicht bei *Küpper*, Grenzen der normativierenden Strafrechtsdogmatik, 1990, S. 131 ff; *Radtke*, Geppert-FS, 2011, S. 461 (474 ff); *Roxin*, AT I, § 11 B II Rn. 150 f; *Zieschang*, Gefährdungsdelikte, S. 37 ff; jew. m.w.N.

quelle«, »Gefahrenzone«) gelangt sein muss. Die damit entstandene »*kritische Situation*« wird sodann als konkrete Gefahr dadurch normativ näher bestimmt, dass das Ausbleiben oder Eintreten eines Schadens auf einem »*unberechenbaren Zufall*« beruht: Die »konkrete Gefahr« kennzeichnet sich durch den lediglich zufallsbedingten Nichteintritt der Rechtsgutsverletzung. »Zufällig« in diesem Sinn sind – grundsätzlich – schadensverhindernde Faktoren, auf deren Vorhandensein oder Wirksamwerden nicht mehr »*vertraut*« werden kann, im Gegensatz zu »normalen«, »berechenbaren« Abwehr- und Vorsorgemaßnahmen.

Darüber, welche Umstände jeweils dem »Zufall« zuzuschreiben sind, gehen allerdings die Auffassungen erheblich auseinander:[10] Eine konkrete Gefahr soll z.B. anzunehmen sein, wenn es nicht mehr möglich ist, zur Schadensvermeidung „gezielt in ein Geschehen einzugreifen", die Schadensrelevanz eines Verhaltens „gezielt abzuschirmen"[11]. Konkret sei eine Gefahr erst dann, „wenn der unmittelbar drohende Eintritt eines Schadens weder vom Täter noch von Dritten durch *finales* Verhalten mit hoher Wahrscheinlichkeit abgewendet werden kann"[12]. Andererseits sollen Rettungsfaktoren *außer Betracht* bleiben, die „auf einer außerordentlichen Geschicklichkeit des Bedrohten oder einer unbeherrschbaren, glücklichen Verkettung anderer Umstände beruhen"[13]. Nach *Radtke*[14] ist das Ausbleiben der Rechtsgutsverletzung „zufällig", wenn es auf Umständen beruht, „auf deren Eintreten der Täter nicht normativ berechtigt vertrauen *durfte*", wie z.B. bei Sonderfähigkeiten/Sonderwissen des potenziellen Opfers oder sonst „vom Täter nicht beherrschbaren Umständen".

Viel diskutiert worden ist in der Literatur der sog. »naturwissenschaftliche« Gefahrbegriff *Horns*, der jedoch kaum Anklang gefunden hat. Danach liegt eine konkrete Gefahr vor, wenn die gegebenen Umstände nach bekannter Kausalgesetzlichkeit zur Schädigung des Tatobjekts hätten führen müssen, dieses Ergebnis aber nur aus einem „naturwissenschaftlich *unerklärbaren* Grund" – wegen eines „rätselhaften Zufalls" – nicht eingetreten ist.[15]

3. Gefahrprognose und objektive Zurechnung des Gefahrerfolges

a) Die »objektiv-nachträgliche Prognose« Der Eintritt der konkreten Gefahr wird 247
aufgrund einer sog. »*objektiv-nachträglichen Prognose*« ermittelt. Mit diesem ebenso gebräuchlichen wie schwer verständlichen Begriff ist Folgendes gemeint: Um eine »Prognose« handelt es sich, weil für eine gegebene Situation prospektiv ein in der *Zukunft* liegender Geschehensablauf zu beurteilen ist. Diese Prognose ist »objektiv«, weil sie nicht vom *subjektiven* Standpunkt des Täters aus auf der Grundlage *seines* Wissens oder *seiner* persönlichen Erkenntnisfähigkeiten vorzunehmen ist, sondern aus der Perspektive eines »objektiven Beobachters«. »Nachträglich« ist die Prognose,

10 Vgl. die Angaben in der vorigen Fußnote sowie LK-*König* § 315 Rn. 61 ff.

11 *Kindhäuser*, Gefährdung als Straftat, 1989, S. 202, 210 ff.

12 *Renzikowski* JR 1997, 115 (118).

13 *Schünemann* JA 1975, 787 (797).

14 *Radtke*, Geppert-FS, 2011, S. 461 (475 ff – mit Bsp.).

15 Vgl. *Horn*, Konkrete Gefährdungsdelikte, 1973, S. 115 ff und passim. Zur Kritik näher *Kindhäuser*, Gefährdung als Straftat, 1989, S. 192 ff; *Roxin*, AT I, § 11 B II Rn. 150; *Wolter*, Objektive Zurechnung, 1981, S. 237 ff m.w.N. dort in Fn. 698.

weil sie *in* einem (nicht *für* einen!) Zeitpunkt getroffen wird, in dem das Geschehen bereits abgeschlossen vorliegt und »Vergangenheit« geworden ist. Was den vorauszusetzenden Kenntnisstand des »objektiven Beobachters« betrifft, also das von ihm verwertbare Prognosematerial (Urteilsbasis), so ist bei diesem eigentlichen Problem der Prognose zu beachten, dass es im Rahmen des konkreten Gefährdungsdelikts nicht um die Ermittlung einer »Gefahr« als Grundlage einer *Verhaltensbewertung* oder einer *Eingriffserlaubnis* geht, sondern um die Feststellung eines bestimmten *Erfolges* (Gefahrerfolges als Verhaltensergebnis). Wegen des für die Erfolgsfeststellung notwendigen »Maximums an Wahrheitsgarantie« (*Gallas*), d.h. der bestmöglichen Richtigkeitsgewähr, ist man sich im Grundsatz heute weitgehend darüber einig, dass in die Beurteilung auch Umstände einzubeziehen sind, die erst »ex post« ermittelt oder überhaupt erkennbar wurden.[16]

248 **b) Die objektive Zurechnung des Gefahrerfolges** Nach der Lehre von der objektiven Zurechnung muss der eingetretene Gefahrerfolg – im Prinzip nicht anders als ein Verletzungserfolg – durch das Täterverhalten verursacht und darüber hinaus »objektiv zurechenbar« sein. Deshalb muss zunächst eine „konkrete Erfolgsgefahr" (*Wolter*) i.S. eines adäquaten, *unerlaubten Risikos* geschaffen werden. Maßgebend dafür ist eine »objektiv-nachträgliche Prognose ex ante«. Fällt sie negativ aus, so fehlt die Zurechenbarkeit auch dann, wenn tatsächlich ein Gefahrerfolg eingetreten ist. Bei positivem Befund der ex-ante-Prognose muss sich das unerlaubt-adäquate Risiko in einem konkreten Gefahrerfolg *verwirklicht* haben. Insoweit sind in die Prognose auch die ex post bekannt gewordenen Umstände einzubeziehen.[17]

Für die *objektive Zurechnung* des konkreten Gefahrerfolges hat *Wolter* ein Drei-Stufen-Modell entwickelt, nach dem das vollendete konkrete Gefährdungsdelikt auf folgenden Voraussetzungen beruht:

1. Der Täter muss ein „adäquates Gefährdungsrisiko" schaffen, das z.B. fehlt, wenn er willens und fähig ist, der Entstehung einer konkreten Erfolgsgefahr entgegenzutreten.
2. Dieses Gefährdungsrisiko muss sich in einem konkreten Gefahrerfolg objektiv voraussehbar und zurechenbar „realisieren". Daran fehlt es, wenn sich das Gefährdungsrisiko nicht zu einer konkreten Erfolgsgefahr verdichtet oder kein *Wirkungsobjekt* vorhanden ist bzw. das Wirkungsobjekt nicht in den *Gefahrenbereich* gerät.
3. Bei Eintreten des Objekts in den Wirkungsbereich hängt der konkrete Gefahrerfolg davon ab, ob das Ausbleiben der Rechtsgutsverletzung aufgrund einer „plötzlichen Wendung" als *zufällig* erscheint. In die hierfür erforderliche „Prognose ex post" sind sämtliche zur Zeit der Prognose feststehenden, wenn auch erst nachträglich feststellbaren Tatumstände einzubeziehen.[18]

---

16 Grundlegend *Gallas*, Heinitz-FS, S. 171 (177 ff); w.N. zum Problem bei *L/Kühl* § 315c Rn. 22. Zum Bezugs*zeitpunkt* der Prognose (»kritische Situation«) näher *Steinberg* GA 2008, 516 (522 ff).

17 *Roxin*, AT I, § 11 B II Rn. 147.

18 Vgl. *Wolter* JuS 1978, 748 ff (754); eingehend *ders.*, Objektive Zurechnung, 1981, S. 217 ff, 223 ff.

III. Die Entwicklung der Rechtsprechung zum Gefahrbegriff

1. Die ältere Rechtsprechung

Die Rechtsprechung hat die konkrete Gefahr lange Zeit lediglich unter dem Gesichtspunkt der »*erheblichen Wahrscheinlichkeit*« einer Rechtsgutsverletzung bestimmt: als Zustand, in dem nach den konkreten Umständen die Möglichkeit eines Schadenseintritts »nahe liegt«. Für das RG bildete der Gefahrbegriff den Ausgangspunkt. Dieser bezeichne nach „allgemeinem Sprachgebrauch" – „einen Zustand, in welchem nach den zur Zeit bekannten Verhältnissen der Eintritt eines Schadens als wahrscheinlich zu gelten hat, … eine *naheliegende Möglichkeit*, eine begründete Besorgnis eines Schadens vorliegt… Danach genügt zur Annahme einer Gefahr nicht die bloße, vielleicht noch so entfernte Möglichkeit, dass infolge einer Handlung ein Schaden eintrete… Andererseits verlangt das Gesetz nicht einen hohen oder überhaupt einen bestimmten Grad der Wahrscheinlichkeit eines Schadens. Eine feste … Abgrenzung zwischen der *Möglichkeit* und der *Wahrscheinlichkeit* eines Schadens läßt sich nicht ziehen."[19] **249**

2. Die neuere Rechtsprechung

Der BGH ist dieser Linie des RG in vielen Entscheidungen gefolgt und hat für die konkrete Gefahr etwa auf die „naheliegende Möglichkeit der Schädigung", die „bedrohliche Nähe" eines Schadens oder die „naheliegende Gefahr" abgestellt.[20] Dabei wurde im Anschluss an vereinzelte Entscheidungen des RG zeitweise verlangt, dass der „Eintritt eines Schadens *wahrscheinlicher* war als dessen Ausbleiben".[21] Die neuere Rechtsprechung zeigt hingegen eine deutliche Tendenz zur »normativen« Gefahrbestimmung, die sich bereits in BGHSt 18, 272 f andeutet. Hervorgehoben wird nunmehr immer wieder die für die konkrete Gefahr maßgebliche »*Zufallsabhängigkeit*« des Ausbleibens oder Eintretens einer Rechtsgutsverletzung.[22] **250**

3. Die konkrete Mitfahrer-Gefährdung

In der Rechtsprechung war früher die Frage kontrovers, ob und wann die *Fahruntüchtigkeit* (Alkoholisierung) des Fahrzeugführers für Mitfahrer eine *konkrete* Gefahr i.S. des § 315c StGB bedeutet.[23] Hierzu hatte der BGH – gegen das nahezu einhellige Schrifttum und die OLG-Rechtsprechung – zunächst die Auffassung vertreten, dass der Insasse des von einem fahruntüchtigen Fahrer geführten Kraftfahrzeugs „wegen des ihn ungleich stärker als jeden anderen Verkehrsteilnehmer treffenden Risikos" in der Regel auch dann konkret gefährdet sei, wenn es im Fahrtverlauf nicht zu einer „gefährlichen Begegnung" z.B. mit einem anderen Fahrzeug komme. Dies sollte je- **251**

---

19 RGSt 10, 173 (175 f). In dieser Richtung ferner z.B. RGSt 14, 135 (137); 29, 244 (246); 30, 178 (179); 61, 362 (363 f, oben zitiert → Rn. 242).

20 BGHSt 22, 67 (73 f – „naheliegende Möglichkeit der Schädigung"); 22, 341 (343 ff – „bedrohliche oder nächste Nähe"); 26, 176 (178 f – „naheliegende Gefahr").

21 BGHSt 8, 28 (31); 11, 162 (164); 13, 66 (70). Dieses Kriterium hat BGHSt 18, 271 (272 f) aber wieder aufgegeben.

22 Vgl. BGH, VRS 44 (1972), 422 (423); VRS 45 (1973), 38; NJW 1985, 1036; NStZ 1996, 83 (oben zitiert → Rn. 242) mit Anm. *Berz*, S. 85; zuletzt BGH NStZ 2014, 85 (86); OLG Koblenz DAR 2000, 372 (zur tatrichterlichen Feststellung). Näher zur Rspr. m.w.N. *Radtke*, Geppert-FS, S. 461 (466 ff); *Steinberg* GA 2008, 516 (524 ff).

23 Vgl. die Übersicht bei *Geppert* Jura 1996, 47 (50 f); BGH NStZ 1996, 83 (84); jew. m.w.N.

denfalls gelten, wenn sich die Fahrunsicherheit in gravierenden *Fahrfehlern* nach außen hin „indiziell gezeigt“ habe.[24] Von dieser Rechtsprechung ist der BGH jedoch mittlerweile[25] abgerückt. Nunmehr genügt es nicht, dass der betrunkene Fahrer einen „folgenlosen Fahrfehler“ begeht; der Fehler muss vielmehr im konkreten Fall zu einer „kritischen Verkehrssituation“ i.S. eines „Beinahe-Unfalls“ geführt haben, d.h. zu einem Geschehen, bei dem ein unbeteiligter Beobachter zu der Einschätzung gelangt, dass „das noch einmal gut gegangen sei“.[26]

Gefangenenbefreiung – § 120 I StGB

Vgl. **Befreien eines Gefangenen** → Rn. 86 und **Gefangener** → Rn. 252.

Gefangenenmeuterei – § 121 I StGB

Vgl. **Zusammenrottung** → Rn. 853.

Gefangener – §§ 120 I, 121 I StGB

252 »Gefangener« ist, wer sich kraft richterlicher, polizeilicher oder sonst zuständiger Hoheitsgewalt zwecks Ahndung einer Verfehlung oder zur Erzwingung prozessualer Pflichten *formell ordnungsgemäß* – nicht unbedingt materiell rechtmäßig – in **staatlichem** (→ Rn. 253), mit Freiheitsentzug verbundenen **Gewahrsam** (→ Rn. 253) befindet.

Literatur: LK-*Rosenau* § 120 Rn. 10 ff, 21 ff; MK-*Bosch* § 120 Rn. 7 ff. **Einführend:** *Gössel/Dölling*, BT 1, § 64 Rn. 2 f. **Monographisch:** *Helm*, Das Delikt der Gefangenenbefreiung, 2010, S. 55 ff, 77 und passim.

Die in der Literatur angebotenen Begriffsbestimmungen weichen – bei wesentlich übereinstimmendem sachlichen Gehalt – in den Formulierungen erheblich voneinander ab. Krit. zur Möglichkeit einer »allumfassenden Definition« LK-*Rosenau* § 120 Rn. 11.

Rechtsprechung Grundlegend: RGSt 12, 162 (163 – gerichtliche Vorführung); BGHSt 37, 388 (390 ff – Vollzugslockerungen). **Beispielhaft:** BayObLG JZ 1984, 343 (Blutprobenentnahme); KG JR 1980, 513 f (vorläufige Festnahme).

BGHSt 37, 388 (391 f): „Freiheitsentzug wird heute vielfach in *offenen Formen* und mit Unterbrechungen der ständigen Aufsicht über den Gefangenen vollzogen. Mit der früher geübten ständigen Einsperrung … hat diese Vollzugspraxis nur noch wenig gemein. Sie verlangt des-

24 BGH NJW 1985, 1036 (dagegen BayObLG NZV 1988, 70); BGH NJW 1989, 1227 f mit abl. Anm. *Geppert* NStZ 1989, 320 (322).

25 BGH NStZ 1996, 83 f.

26 Vgl. auch BGH NStZ 1996, 85 (86) gegen BGH NJW 1985, 1036 (Fahren mit verkehrsunsicherem Fahrzeug); dazu *Geppert* Jura 1996, 639 (645); *Radtke*, Geppert-FS, S. 461 (469); *Renzikowski* JR 1997, 115 ff.

halb nicht einen geminderten, sondern einen *erhöhten Schutz* des zugrunde liegenden Gewahrsamsverhältnisses. Daher fallen auch Vollzugsformen unter die Vorschrift, bei denen planmäßig lediglich abgeschwächte oder nur zeitweise bzw. punktuell vorgenommene Maßnahmen zur Überwachung der Bewegungsfreiheit des Betroffenen vorgenommen werden."

Hinweise: Kein »Gefangener« ist – mangels *staatlichen* Gewahrsams – der von einer **253**
Privatperson nach § 127 I StPO Festgenommene (zumindest solange, wie er noch nicht in behördlichen Gewahrsam gelangt ist); anders liegt es bei der Festnahme durch ein Strafverfolgungsorgan. Die Eigenschaft als »Gefangener« endet mit der *tatsächlichen Aufhebung* des hoheitlichen Gewahrsamsverhältnisses (durch Entlassung, aber auch faktisch durch Flucht).[1]

Umstritten ist, wie sich »Lockerungsmaßnahmen« und *freie Vollzugsformen* – z.B. offener Vollzug, Freigang – innerhalb des Strafvollzugs auf die »Gefangeneneigenschaft« auswirken. Teilweise wird hier das Fortbestehen eines »faktischen behördlichen Gewahrsams« gefordert, welcher dann gegeben ist, wenn eine »Aufsicht« i.S. von § 11 StVollzG ausgeübt wird.[2] Begründet wird dies u.a. mit dem Wortlaut »Gefangener«, welcher eine *physische Beschränkung* der Bewegungsfreiheit erfordere.[3] Die Gegenauffassung will die Gefangeneneigenschaft in solchen Fällen hingegen losgelöst von der Aufsicht beurteilen.[4] Die *Rechtsprechung* hat die »Gefangeneneigenschaft« auch während bestehender Lockerungsmaßnahmen grundsätzlich bejaht, dabei jedoch ausdrücklich offen gelassen, ob dies für sämtliche Vollzugslockerungen gilt.[5]

Geheimnis – §§ 203 I, II, 204 I (§ 353b I) StGB

»Geheimnis« ist eine *Tatsache beliebiger Art*, die nur einem **begrenzten Personenkreis** bekannt ist (faktisches Element) und an deren Geheimhaltung eine Person – der sog. »Geheimnisträger« – ein **schutzwürdiges Interesse** hat oder bei Kenntnis der Tatsache haben würde (normatives Element). **254**

Strittig ist, ob es darüber hinaus eines **Geheimhaltungswillens** des Geheimnisträgers bedarf (→ Rn. 255).

Literatur: LK-*Schünemann* § 203 Rn. 19 ff; MK-*Pohlit* § 203 Rn. 11 ff; *SSW-Bosch* § 203 Rn. 2 ff. **Einführend:** *Bock/Wilms* JuS 2011, 24 ff.

Rechtsprechung Beispielhaft: RGSt 26, 5 (7 f – Offenbaren); 74, 110 (111 – Klausuraufgaben); BGHSt 33, 148 (150 ff – Geheimnis und Zeugnisverweigerungsrecht); 41, 140 (142 – Ausschreibungsangebot als Geschäftsgeheimnis i.S. von § 17 UWG); OLG Karlsruhe NJW 1984, 676 (Auskünfte eines Krankenhauses an die Polizei); OLG Köln NJW 2000, 3656 f (Offenbarung getilgter Vorstrafen).

1 Einzelheiten bei *Helm*, Gefangenenbefreiung, S. 71 ff; LK-*Rosenau* § 120 Rn. 24; jew. m.N.
2 LK-*Rosenau* § 120 Rn. 27; SK-*Hoyer* § 120 Rn. 5; jew. m.w.N.
3 *Kindhäuser*, BT I, § 37 Rn. 4.
4 MK-*Bosch* § 120 Rn. 14 f (mit Verweis auf das »kriminalpolitische Bedürfnis« und unter Zugrundelegung eines »vollzugsrechtlichen Gefangenenbegriffs«); *Fischer* § 120 Rn. 4.
5 BGHSt 37, 388 (392, oben zitiert → Rn. 252); abl. *Zielinski* StV 1992, 227 (228 f: bloße Rechtsbeschränkung genügt nicht). Eingehend zu dieser Problematik *Helm*, Gefangenenbefreiung, S. 177 ff.

BGHSt 41, 140 (142): „[Unter Geschäftsgeheimnis sind] Tatsachen zu verstehen, die nach dem erkennbaren Willen des Betriebsinhabers geheimgehalten werden sollen, die ferner nur einem begrenzten Personenkreis bekannt und damit nicht offenkundig sind und hinsichtlich derer der Betriebsinhaber deshalb ein berechtigtes Geheimhaltungsinteresse hat, weil eine Aufdeckung der Tatsachen geeignet wäre, dem Geheimnisträger wirtschaftlichen Schaden zuzufügen."

Erläuterungen

255 Neben dem faktischen Element („*Geheimsein*" = wahre Tatsache, die nur einem beschränkten Personenkreis bekannt ist) bedarf es – und dies ist mittlerweile außer Streit – eines *Geheimhaltungsinteresses*, um nur solche Tatsachen unter strafrechtlichen Schutz zu stellen, deren Geheimhaltung auch unter Berücksichtigung der besonderen Situation und der Interessen des Opfers objektiv verständlich ist (Abgrenzung zu bloßen Belanglosigkeiten: z.B. die Lieblingsfarbe).[1] Darüber hinaus ist strittig, ob – so die h.M. – als drittes Element auch der Geheimhaltungs*wille* des Betroffenen hinzukommen muss (dreigliedriger Geheimnisbegriff). Verlangt man dies, so führt die Zustimmung des Geheimnisträgers zur Mitteilung an Dritte dazu, dass es an einem Geheimnis fehlt (tatbestandsausschließendes Einverständnis).[2] Demgegenüber will eine Mindermeinung mit Blick auf die erhöhten Anforderungen an die Wirksamkeit der rechtfertigenden Einwilligung auf den Geheimhaltungswillen als konstitutives Element des Geheimnisses verzichten; die Zustimmung des Geheimnisträgers ist dann als rechtfertigende Einwilligung zu prüfen.[3]

Bei § 203 StGB wird zwischen »Betriebs- oder Geschäftsgeheimnis« (also der technischen bzw. wirtschaftlich relevanten Information) und solchen Geheimnissen unterschieden, die zum »persönlichen Lebensbereich« gehören. Bei diesen ist unerheblich, auf welchen Lebensbereich des Geheimnisträgers – persönlich, beruflich, wirtschaftlich, wissenschaftlich, künstlerisch, politisch – sich das Geheimnis bezieht. Stirbt der Verletzte, so geht das Antragsrecht beim zuletzt genannten Geheimnis auf die Angehörigen, sonst auf die Erben über (§ 205 II StGB). Für das »Dienstgeheimnis« (§ 353b I StGB) gelten das faktische und das normative Element des Geheimnisbegriffs ebenfalls. Doch wird für die normative Komponente z.T. die Einschränkung gemacht, dass als geheimhaltungsbedürftig nur Angelegenheiten in Betracht kommen, die gerade mit Rücksicht auf wichtige *öffentliche Interessen* der Geheimhaltung bedürfen.[4] Die h.M. teilt diese Einschränkung unter Hinweis auf den Gesetzeswortlaut (Gefährdung öffentlicher Interessen als zusätzliches eigenständiges Tatbestandsmerkmal) nicht.[5] Zum »Staatsgeheimnis« sowie zum »Post- und Fernmeldegeheimnis« vgl. die Legaldefinitionen in §§ 93 I, II, 206 I, V StGB.

256 Wichtigste *Tathandlung* der Geheimnisverletzung ist das »Offenbaren« des Geheimnisses. »Offenbaren« ist jede Mitteilung an einen Dritten, der das Geheimnis noch

1 Krit. unter Hinw. auf die individualrechtliche Orientierung des § 203 StGB NK-*Kargl* § 203 Rn. 7 f.
2 OLG Hamm NJW 2001, 1957 (1958) m.N.
3 SK-*Hoyer* § 203 Rn. 5 f, 11 m.w.N.; zsfd. *Bock/Wilms* JuS 2011, 24 (25).
4 Vgl. dazu *S/S/Perron* § 353b Rn. 6 f.
5 BGHSt 46, 339 (342 f); BayObLG NStZ 1999, 568 f; OLG Köln NStZ 2005, 387 (388 – Beratungsgeheimnis); zur Kritik dieses Standpunkts und zur Bedeutung der Frage eingehend *Perron* JZ 2002, 50 ff; dazu wiederum NK-*Kuhlen* § 353b Rn. 16 m.N.

nicht oder nicht sicher kennt; sie muss sich bei Geheimnissen aus dem »persönlichen Lebensbereich« (→ Rn. 255) auf die geheim zu haltende Tatsache und (!) auf die *Person* des Geheimnisträgers beziehen. Die Form der Mitteilung ist unerheblich; bei einem Schriftstück genügt Gewahrsamsverschaffung mit der Möglichkeit der Kenntnisnahme. »Dritter« ist auch ein Empfänger der Mitteilung, der seinerseits *schweigepflichtig* ist, sofern er nur außerhalb des Kreises steht, dem das Geheimnis bisher schon zugänglich war.[6]

Geld (Begriff) – §§ 146, 147, 152 StGB

»Geld« ist jedes von einem *Staat* oder einer staatlich ermächtigten Stelle als *Wertträger beglaubigte* und zum Umlauf im öffentlichen Verkehr *bestimmte* – nicht notwendig schon in Umlauf gesetzte – Zahlungsmittel, ohne Rücksicht auf einen allgemeinen Annahmezwang und unabhängig von seiner stofflichen Beschaffenheit. **257**

Literatur: LK-*Ruß* § 146 Rn. 4 ff; *S/S/Sternberg-Lieben* § 146 Rn. 2 f; einschränkend (»Emission« erforderlich) MK-*Erb* § 146 Rn. 1 ff (dort in Rn. 7 ff auch zur Behandlung »außer Kurs gesetzten« Geldes).

Rechtsprechung Grundlegend: RGSt 58, 255 (256). **Beispielhaft:** BGHSt 12, 344 (345 – englischer Goldsovereign); 32, 198 f („Krügerrand" kein Zahlungsmittel).

BGHSt 32, 198: Geld ist „jedes vom Staat oder einer durch ihn dazu ermächtigten Stelle als Wertträger beglaubigte, zum Umlauf im öffentlichen Verkehr bestimmte Zahlungsmittel, ohne Rücksicht auf einen allgemeinen Annahmezwang".

Geld, Nachmachen/Verfälschen von – § 146 I Nr. 1, 3 StGB

»Nachmachen« ist Herstellung *falschen* (unechten) Geldes, das geeignet ist, im **gewöhnlichen Zahlungsverkehr** von einem **Arglosen** mit echtem Geld **verwechselt** zu werden. **258**

Diese Verwechslungsgefahr besteht auch dann, wenn bereits eine *oberflächliche Prüfung* die Falschheit ergeben könnte. Dass entsprechendes *echtes* Geld überhaupt *existiert*, ist nicht erforderlich (str. → Rn. 259).

Geld ist »falsch« (unecht), wenn es nicht oder nicht in der vorliegenden Form vom Staat als Träger des Geldmonopols – geistig – herrührt.

»Verfälschen« ist Verändern *echten* Geldes in der Weise, dass für einen Arglosen der *Anschein* eines *höheren* (Nominal-)*Wertes* hervorgerufen wird.

6 Vgl. näher *S/S/Eisele* § 203 Rn. 19a f; BayObLG NJW 1995, 1623 – dort auch zur (vorgestellten) Befugnis eines solchen Offenbarens, dazu wiederum: *Fabricius* StV 1996, 485 (486), *Gropp* JR 1996, 478 (479).

Literatur: LK-*Ruß* § 146 Rn. 6 ff; MK-*Erb* § 146 Rn. 14 ff; NK-*Puppe* § 146 Rn. 3 ff. Kasuistik bei *SSW-Wittig* § 146 Rn. 9 ff.

Rechtsprechung Grundlegend: RGSt 6, 142 (144 – nachgemachtes Geld); 58, 351 (352 f – echtes Vorbild nicht erforderlich); BGHSt 27, 255 (258 f – Unechtheit). **Beispielhaft:** RGSt 68, 65 (69 – Münzfernsprecher); BGHSt 23, 229 (232 – Schnipseltechnik); 30, 71 (72 – Nachahmung eines Reisechecks) mit Anm. *Stree* JR 1981, 427; BGH NJW 1952, 311 (312 – Herstellung falscher Münzen zur Nutzung am Automaten); 1954, 564 (seitengleiche Fälschung); 1995, 1844 (1845 – Kein Falschgeld bei deutlichem Werbeaufdruck auf beiden Seiten); StV 2003, 330 (Kein Falschgeld bei Werbeaufdruck, auch wenn dieser durch Banderole verdeckt wird).

RGSt 65, 203 (204): „›Nachmachen‹ ist die körperliche Behandlung einer Sache mit dem Ergebnis, daß sie mit einer anderen Sache, die sie in Wirklichkeit nicht ist, verwechselt werden kann."

BGHSt 23, 229 (232): „Nachmachen ist gleichbedeutend mit Herstellen unechten Geldes. Unecht ist eine Geldnote ebenso wie eine andere Urkunde dann, wenn sie nicht oder jedenfalls nicht in der vorliegenden Form von demjenigen stammt, der als Aussteller aus ihr hervorgeht.«

BGH NJW 1995, 1844 (1845): „Wie die Erfahrung lehrt, können u.U. selbst die schlechtesten Fälschungen zur Täuschung geeignet sein. Deshalb sind an die Ähnlichkeit mit echtem Geld keine allzu hohen Anforderungen zu stellen. Bei der Beurteilung dieser Frage ist von Bedeutung, ob im *normalen Verkehr* der Empfänger die Unechtheit *unschwer* – ohne daß eine nähere Prüfung erforderlich ist – erkennen kann oder nicht. Falsches Geld kann nicht nur bei einer Imitation gültigen Geldes vorliegen, sondern auch dann, wenn – wie bei einem *Phantasieprodukt* – sich entsprechendes Geld nicht im Umlauf befindet."

259 **Hinweise:** Unter Hinweis darauf, dass die Geldfälschungsdelikte Spezialfälle der Urkundenfälschung sind, hat die Rechtsprechung ein Nachmachen falschen Geldes auch dann bejaht, wenn in der Münzstätte eines Landes Münzen nachgeprägt werden, ohne dass der Bund – als Aussteller – einen Prägeauftrag erteilt hat.[1] Die h.M. hält es im Übrigen nicht für erforderlich, dass das gefälschte Geld ein »echtes Vorbild« hat. Es kommt danach also nicht darauf an, ob die angebliche Stückelung (30 € Schein) oder Währung überhaupt existiert. Denn das hergestellte Produkt muss nur geeignet sein, im gewöhnlichen Verkehr den Arglosen zu täuschen.[2] Dagegen wird eingewendet, dass es in diesen Fällen jedenfalls hinsichtlich der Währungsart an einem »Vertrauenstatbestand« fehle, der den strafrechtlichen Echtheitsschutz nach §§ 146 ff StGB plausibel erscheinen lässt.[3] Nach *Otto* soll es zumindest dann an der Falschheit fehlen, wenn es sich bei dem »Geld« um das „Phantasieprodukt eines nicht existierenden Staates" handelt.[4]

Gemeingefährliches Mittel – § 211 II StGB

Vgl. **Mittel, gemeingefährliches** → Rn. 382.

1 BGHSt 27, 255 ff (»Karlsruher Münzskandal«); näher dazu MK-*Erb* § 146 Rn. 12 m.w.N.; krit. *Dreher* JR 1978, 45 ff; zust. *Geisler* NJW 1978, 708 f.
2 MK-*Erb* § 146 Rn. 16.
3 SK-*Stein* § 146 Rn. 5a f.
4 *Otto*, BT, § 75 Rn. 5; näher *ders.* NStZ 1981, 478 f.

Gemeingefahr – §§ 323c, 243 I 2 Nr. 6 StGB

Vgl. **Gefahr, gemeine** → Rn. 241.

Gemeinschaftliche Begehung – § 224 I Nr. 4 StGB

Vgl. **Begehung, gemeinschaftliche** (Körperverletzung) → Rn. 91.

Geringwertigkeit (»Beziehung« der Tat auf eine »geringwertige Sache«) – § 243 II StGB

Die Tat »bezieht sich« auf eine »geringwertige Sache«, so dass ein besonders schwerer Fall des Diebstahls nach § 243 I 2 Nr. 1-6 StGB ausgeschlossen ist, wenn einerseits der Gegenstand der Wegnahme eine **objektiv geringwertige** Sache ist und sich andererseits auch der **Vorsatz** auf die Wegnahme einer »geringwertigen Sache« richtet (Erfordernis »doppelter«, objektiv-subjektiver »Geringwertigkeit«). **260**

Dieses doppelte (objektiv *und* subjektiv geringwertig) Erfordernis ist besonders bei einem Irrtum (→ Rn. 262) und einem Vorsatzwechsel (→ Rn. 263 f) des Täters zu beachten.

»Gering« ist der Wert einer Sache, wenn er nach allgemeiner Verkehrsauffassung für Gewinn und Verlust als unerheblich anzusehen ist; maßgeblich ist der *objektive Verkehrswert* zur Tatzeit, unabhängig von den persönlichen und wirtschaftlichen Verhältnissen der Beteiligten (zu den Einzelheiten → Rn. 266).

Literatur: *Küper* NJW 1994, 349 ff; *S/S/Bosch* § 243 Rn. 48 ff; abw. MK-*Schmitz* § 243 Rn. 63 ff, 74 ff (Geringwertigkeit als „einem negativen Tatbestandsmerkmal vergleichbare Regelung", dazu auch → Rn. 265). **Einführend:** *W/Hillenkamp* Rn. 249 ff. **Monographisch:** *Eisele*, Die Regelbeispielsmethode im Strafrecht, 2004, S. 325 ff.

Rechtsprechung Grundlegend: BGHSt 9, 253 (254 – einheitliche Tat) mit zust. Bspr. *Blei* JA 1975, 661; BGHSt 26, 104 (105 f – einheitliche Tat; Rücktritt); BGH NJW 1977, 1460 (1461 – Sache ohne Verkehrswert).

BGHSt 9, 253 (254): „Wie das RG seit der Entscheidung RGSt 14, 313 ständig ausgesprochen hat, ist für den Diebstahlsvorsatz die *Beschränkung* der Vorstellung auf bestimmte Gegenstände *unwesentlich*; er bleibt derselbe, auch wenn er sich im Rahmen einer *einheitlichen* Tat hinsichtlich des Diebstahlsgegenstandes verengt, erweitert oder sonst verändert… Anders könnte nur zu entscheiden sein, wenn der Täter seine ursprüngliche Absicht überhaupt *aufgibt* und sich dann erst *erneut entschließt*, etwas zu stehlen."

BGHSt 26, 104: „Hat der Täter unter erschwerenden Umständen (§ 243 I StGB) mit der Ausführung eines Diebstahls begonnen, ohne dabei seinen Vorsatz auf die Entwendung geringwertiger Sachen *beschränkt* zu haben, hat er dann aber, weil er nichts sonst Mitnehmenswertes fand, nur eine geringwertige Sache mitgenommen, so ›bezieht sich die Tat‹ nicht i.S. des § 243 II StGB auf eine geringwertige Sache."

Erläuterungen

I. Das überwiegende Verständnis der Geringwertigkeitsklausel

261 Das Gesetz schließt die Annahme eines besonders schweren Falles für die Regelbeispiele des § 243 I 2 Nr. 1-6 StGB aus,[1] „wenn sich *die Tat* auf eine geringwertige Sache *bezieht.*“ Die – auch hier vertretene – h.M. leitet aus diesem *Tatbezug* zweierlei ab. Zum einen die Prämisse, dass die Geringwertigkeit in *objektiver und subjektiver Hinsicht* den Bagatellcharakter der *Tat* zum Ausdruck bringen soll.[2] Dies hat Konsequenzen bei der Beurteilung des *Irrtums* über die Geringwertigkeit (→ Rn. 262) und wirft die weitere Frage auf, ob dieser Ausschlussgrund (»doppelte Geringwertigkeit«) über den Wortlaut hinaus auch für § 243 I 1 StGB und die Verweisnormen in §§ 263 IV, 263a II, 266 II StGB zu beachten ist.[3] Zum anderen werden mit Blick auf die gesamte Tat auch die Fälle gelöst, in denen der Täter während der Tat seinen Vorsatz ändert (Prinzip der »*einheitlichen* Tatbeurteilung« beim Vorsatz- und Objektswechsel → Rn. 263 f).

1. Der Irrtum über die »Geringwertigkeit«

262 Bei einer (tatsachenbezogenen) Fehlvorstellung über die »Geringwertigkeit« des Diebstahlsobjekts – der Täter hält eine objektiv wertvolle Sache für eine »geringwertige« oder umgekehrt – wird danach die »Beziehung« der Tat »auf eine geringwertige Sache« *nicht* durch die allgemeinen Irrtums- und Versuchsregeln bestimmt (zu abweichenden Ansätzen → Rn. 265), sondern durch das Prinzip der »doppelten Geringwertigkeit«: Die Sache muss sowohl *objektiv* als auch nach der subjektiven *Vorstellung* des Täters »geringwertig« sein. Ist dies nicht der Fall, weil wider Erwarten die gestohlene Sache eine nicht geringwertige ist oder der Täter eine höherwertige Sache erwartet, so weist die Tat entweder in Bezug auf das Erfolgs- oder Handlungsunrecht gerade kein Bagatellcharakter auf, so dass der kategorische Ausschluss des Regelbeispiels nicht eingreift.[4]

2. Die Fälle des »Vorsatz- und Objektswechsels«

263 Der Leitgesichtspunkt, dass § 243 II StGB eine »*Bagatelltat*« voraussetzt, bestimmt auch die Beurteilung beim sog. »Vorsatzwechsel« (Objektswechsel) im Rahmen eines einheitlichen Diebstahls: Der Täter erweitert z.B. seinen zunächst auf eine geringwertige Sache gerichteten Wegnahmevorsatz nach dem Einbruch über die Grenzen der »Geringwertigkeit« hinaus; oder er handelt primär mit »erweitertem«, nicht auf einen geringwertigen Gegenstand beschränkten Vorsatz, begnügt sich aber nach dem Einsteigen mit der Wegnahme einer geringwertigen Sache.[5] Hier lässt sich die »Tat« trotz des Objektswechsels solange als *Einheit* betrachten, wie der nach Ver-

---

1 Prüfungsökonomisch ist es deshalb die Geringwertigkeit anzusprechen, bevor näher auf die Voraussetzungen des Regelbeispiels eingegangen wird; str., vgl. bei *Zopfs* Jura 2007, 421 (422).

2 Nicht mehr vertreten wird heute die Auffassung, dass es entweder nur auf die objektive Geringwertigkeit (*Braunsteffer* NJW 1975, 1570 f) oder allein auf die entsprechende Tätervorstellung (*Gribbohm* NJW 1975, 1153 f) ankommt.

3 Bejahend: *Küper* NJW 1994, 349 ff, *Zopfs* Jura 2007, 421 f; abl. z.B. MK-*Schmitz* § 243 Rn. 62; eingehend *Jesse* JuS 2011, 313 ff m.w.N.

4 *Küper* NJW 1994, 349 (351).

5 BGHSt 26, 104 und BGH NStZ 1987, 71 (oben zitiert → Rn. 260); zuletzt NStZ 2012, 571.

wirklichung des Regelbeispiels betätigte Wegnahmevorsatz mit dem ursprünglichen Entschluss als *substanziell identisch* zu verstehen ist, d.h. als bloße Modifikation (Erweiterung/Verengung) des anfänglichen Vorsatzes. Diese »Vorsatzeinheit« rechtfertigt es, eine Geringwertigkeitsbeziehung der Tat *insgesamt* zu verneinen, sofern sie nur in *einem* Handlungsabschnitt fehlt.

Aufgehoben wird die Vorsatzeinheit erst dann, wenn der Täter nach Verwirklichung des Regelbeispiels seinen Wegnahmevorsatz – als solchen – *endgültig aufgegeben* hat und nachträglich einen »neuen« Wegnahmeentschluss fasst. In diesem Fall liegen zwei Tatentschlüsse vor, so dass die Handlungsakte auch in Bezug auf die Geringwertigkeit jeweils eigenständig beurteilt werden können.[6]

Bewertet man den Diebstahl trotz des Objektswechsels als »Einheit«, solange dem **264**
Wechsel des Tatobjekts keine endgültige Aufgabe des Vorsatzes mit neuem *Wegnahme*entschluss (echter »Vorsatzwechsel«) zugrunde liegt, so hat dies auch Konsequenzen für die Beurteilung des „Rücktritts". Wegen der Vorsatzeinheit lässt sich die Tat auch dann *nicht* in zwei getrennte Phasen – Versuchs-/Vollendungsphase – aufspalten, wenn der Täter nach Verwirklichung des Regelbeispiels auf die ursprünglich geplante Wegnahme der wertvollen Sache *freiwillig verzichtet* und nun nur noch eine »geringwertige« entwendet: *kein* »Rücktritt« vom Versuch der Wegnahme einer wertvollen Sache mit der Folge, dass § 243 II StGB auf den verbleibenden Diebstahl des minderwertigen Objekts anzuwenden wäre.[7]

II. Abweichende Tendenzen

Die Ergebnisse fallen anders – und weniger übersichtlich – aus, sobald die »Gering- **265**
wertigkeit« als ein *objektiv-negatives* Ausschlussmerkmal der Regelbeispiele (»negatives Tatbestandsmerkmal« des § 243 I StGB) mit *Vorsatzbezug* eingeordnet wird, auf das die allgemeinen Irrtums- und Versuchsregeln anzuwenden seien.[8] Die Vertreter dieses Ausgangspunktes gelangen zu im Einzelnen unterschiedlichen Lösungen:

Bei *irriger Annahme* der Geringwertigkeit – einer objektiv höherwertigen Sache – besteht noch weitgehender Konsens: Da dem Täter der »erweiterte« Vorsatz fehlt, soll aus subjektiven Gründen ein besonders schwerer Fall ausgeschlossen sein.[9] In der *umgekehrten* Situation – subjektive Verkennung der objektiv gegebenen Geringwertigkeit – soll bezüglich der Regelbeispiele eine »Versuchskonstellation« vorliegen, über deren Bewertung dann allerdings Uneinigkeit besteht.[10]

---

6 Vgl. *W/Hillenkamp* Rn. 260 f mit Bsp. Bei der »Vorsatzeinheit« nach wesentlicher/unwesentlicher Abweichung diff. *Rengier*, BT 1, § 3 Rn. 45 f.

7 Für Anerkennung eines »Teilrücktritts« mit Trennungswirkung aber z.B. *Kindhäuser* § 243 Rn. 46; *Mitsch*, BT II/1, § 1 Rn. 221; offen gelassen in BGHSt 26, 104 (105 f).

8 Vgl. *Eisele*, BT II, Rn. 159 ff; *Kindhäuser* § 243 Rn. 42 ff; jew. m.w.N.

9 Für eine analoge Anwendung des § 16 II StGB *A/W/Heinrich* § 14 Rn. 31; *M/Schroeder*, BT 1, § 33 III Rn. 102. Für eine direkte Anwendung des § 16 I StGB NK-*Kindhäuser* § 243 Rn. 57; SK-*Hoyer* § 243 Rn. 48; anders *Zipf*, Dreher-FS, 1977, S. 389 (397): § 16 II i.V.m. § 18 StGB, kein Ausschluss bei fahrlässigem Irrtum.

10 Vgl. SK-*Hoyer* § 243 Rn. 49: „unbenannter besonders schwerer Fall" mit Strafmilderung nach §§ 23 II, 49 I StGB analog; anders: *M/Schroeder*, BT 1, § 33 III Rn. 102, *Zipf*, Dreher FS, 1977, S. 389 (397): gesetzlich nicht erfassbarer »Versuch«.

Erweitert der Täter seinen zunächst auf eine geringwertige Sache gerichteten Vorsatz nach Verwirklichung des Regelbeispiels, so soll der erschwerende Regelfall mangels Vorsatzbezugs unberücksichtigt bleiben: einfacher Diebstahl.[11] Für die umgekehrte Konstellation – normaler Vorsatz beim Regelbeispiel, spätere Beschränkung auf Geringwertigkeit – wird teils ein versuchter (!) Diebstahl in einem besonders schweren Fall[12] teils ein erschwerter vollendeter Diebstahl.[13]

III. Zur wertmäßigen Bestimmung

266 Die Wertgrenze wurde in den 90er Jahren regelmäßig bei 50 DM/25 Euro angenommen. Im Anschluss an die neuere obergerichtliche Rechtsprechung[14] wird die Grenze inzwischen überwiegend bei 50 Euro angesetzt; dies entspricht auch dem Wert, der sich unter Berücksichtigung der Inflationsrate ergibt.[15] Maßgeblich ist der objektiv zu bestimmende Verkehrswert der Sache zum Zeitpunkt der Tat. Auf die Vermögensverhältnisse des Opfers kommt es nicht an.[16] Tatbedingte Schäden (etwa durch den Einbruch) bleiben bei der Berechnung ebenso außer Betracht wie eine Minderung des Wertes verbliebener Gegenstände (z.B. lückenhaftes, nur noch schwer verkäufliches Gesamtwerk).[17] Bei der Wegnahme mehrerer Sachen durch eine einheitliche Tat sind die Werte zu addieren und der Gesamtwert zugrundezulegen.[18] Dies gilt auch bei der Tatbeteiligung Mehrerer.

Umstritten ist, wie die Wertigkeit von Sachen bestimmt werden kann, die keinen Verkehrswert haben (Ausweise, Briefe, Akten, Scheckkarte). In der Literatur wird z.T. auf einen hypothetischen Marktwert abgestellt.[19] Die h.M. lehnt eine Berücksichtigung des »funktionellen Wertes« als nicht sicher messbar hingegen ab und verneint bei diesen Gegenständen die Geringwertigkeit und damit die Ausschlusswirkung des § 243 II StGB.[20]

Geschäftsraum – §§ 123 I, 124, 243 I 2 Nr. 1 StGB

267 »Geschäftsräume« sind *abgeschlossene* – auch bewegliche – *Räumlichkeiten*, die jedenfalls überwiegend und für gewisse Dauer zu *gewerblichen*, beruflichen, wissenschaftlichen, künstlerischen oder ähnlichen (nicht notwendig auf Erwerb gerichteten) Zwecken *bestimmt* sind und *benutzt* werden, einschließlich erkennbar zugeordneter Nebenräume (→ Rn. 268).

11 Vgl. NK-*Kindhäuser* § 243 Rn. 59; *Zipf*, Dreher FS, 1977, S. 395.
12 NK-*Kindhäuser* § 243 Rn. 60; SK-*Hoyer* § 243 Rn. 53.
13 *Zipf*, Dreher FS, 1977, S. 394 f. Eingehend zum Ganzen – mit z.T. wieder abw. Lösungen – *Eisele*, Regelbeispielsmethode, S. 329 ff, 334 ff.
14 OLG Hamm wistra 2004, 34; OLG Zweibrücken NStZ 2000, 536; OLG Frankfurt a.M. NStZ-RR 2008, 311 mit zust. Anm. *Jahn* JuS 2008, 1024 ff. Abw. OLG Oldenburg NStZ-RR 2005, 111 (30 €); ebenso *Fischer* § 248a Rn. 3a, während in § 243 Rn. 25 die Grenze bei 25 € gezogen wird.
15 So *Henseler* StV 2007, 323 (325) für das Jahr 2004 unter Berücksichtigung der sog. »gefühlten Inflation«.
16 *S/S/Bosch* § 248a Rn. 7 (sonst Relativierung des obj. Maßstabs) gegen BGHSt 6, 41 (43), wonach auch darauf abzustellen ist, ob der Verletzte „durch den Verlust in nennenswerter Weise getroffen" wird (was dann einer Bewertung als Geringwertigkeit entgegenstehen soll).
17 H.M., vgl. MK-*Hohmann* § 248a Rn. 5; abw. *S/S/Bosch* § 248a Rn. 11ff.
18 *L/Kühl* § 243 Rn. 7; OLG Hamm NJW 2003, 3145 (43 Tafeln Schokolade zu 1 €).
19 MK-*Schmitz* § 243 Rn. 69 m.w.N., wobei notfalls auch auf einen illegalen Markt abzustellen sei.
20 BGH NJW 1977, 1460 (1461); *Fischer* § 248a Rn. 4 m.w.N.

Literatur: GS-*Hartmann* § 123 Rn. 8; LK-*Lilie* § 123 Rn. 14 f; abw. SK-*Stein* § 123 Rn. 23 (»offene Zubehörflächen« nicht erfasst).

Rechtsprechung Grundlegend: RGSt 32, 371 f (Straßenbahnwagen kein Geschäftsraum). **Beispielhaft:** OLG Köln NJW 1982, 2740 (Konsulat) mit abl. Anm. *Bernsmann* StV 1982, 578 f.

RGSt 32, 371: Ein Geschäftsraum ist „eine Räumlichkeit, die durch einen maßgebenden Willen wesentlich, hauptsächlich und auch für eine gewisse zeitliche Dauer zur Betreibung gewerblicher, wissenschaftlicher, künstlerischer und ähnlicher Geschäfte *bestimmt* worden ist und dieser Bestimmung gemäß auch *verwendet* wird."

Hinweise: Als Nebenräume des Geschäftsraums sind Flure, Treppen, Keller und Abstellräume anerkannt, sofern sie baulich abgeschlossen sind und dem Geschäftsraum zuzuordnen sind. Umstritten ist, ob *offene* »Zubehörflächen« (Warenhauspassagen, die an Geschäften vorbeiführen, die auch vor dem Geschäft Waren an Ständern etc. anbieten) noch dem Geschäftsraum zuzurechnen sind. Die Besonderheit besteht darin, dass hier Bereiche in den Schutzbereich einbezogen werden, die nach ein oder zwei Seiten hin völlig offen gestaltet sind. Zum Teil wird dennoch auch hier darauf abgestellt, ob diese Bereiche nach ihrer „räumlichen und funktionalen Zuordnung" erkennbar dem Geschäftsraum zuzurechnen sind.[1] Andere wollen die Zubehörfläche als ein befriedetes Besitztum erfassen.[2] Unter Hinweis auf die fehlende Einhegung in einer Warenhauspassage wird aber auch die Ansicht vertreten, dass die Zubehörfläche weder als zum Geschäftsraum gehörig noch als befriedetes Besitztum erfasst wird.[3] 268

Gesundheitsschädigung – §§ 223 I, 225 I, 229 StGB

»Gesundheitsschädigung« ist die Herbeiführung oder Steigerung eines vom *Normalzustand* der körperlichen oder seelischen (str. → Rn. 270) Funktionen nachteilig *abweichenden* – auch vorübergehenden – **krankhaften Zustandes**, der einen *Heilungsprozess* erfordert. Eine Schmerzempfindung ist dafür nicht erforderlich. 269

Literatur: *S/S/Eser* § 223 Rn. 5 f; abw. LK-*Lilie* § 223 Rn. 12 ff; NK-*Paeffgen* § 223 Rn. 2 f, 14 ff (Ausklammerung rein psychischer Beeinträchtigungen). **Einführend:** *Hardtung* JuS 2008, 864 (867).

Rechtsprechung Grundlegend: RGSt 19, 226 (227 – auch bei Steigerung des pathologischen Zustandes); 64, 113 (119 – bloß psychische Einwirkung); RG DR 1939, 365; BGHSt 36, 1 (6 – HIV-*Infizierung*); 48, 34 (36 f – somatisch objektivierbarer Zustand). **Beispielhaft:** RG DR 1942, 333 (Betäubung als Gesundheitsschädigung); BGHSt 43, 346 (354 f – Röntgenstrahlung) mit krit. Anm. *Jung/Wigge* MedR 1998, 329 ff, zust. *Rigizahn* JR 1998, 523 (524 f), abl. *Wolfslast* NStZ 1999, 133 f; BGHSt 49, 34 (38 – Betäubungsmittelkonsum); BGH NJW 1983, 462 (Rauschzustand); OLG Düsseldorf NJW 2002, 2118 (nächtliche Telefonanrufe) mit krit.

1 *W/Hettinger* Rn. 581. Das OLG Oldenburg NJW 1985, 1352 lässt offen, ob ein Nebenraum oder ein eigenständiges befriedetes Besitztum vorliegt.
2 MK-*Schäfer* § 123 Rn. 13; *S/S/Sternberg-Lieben* § 123 Rn. 5. Dahinter steht wohl die Überlegung, dass die Einhegung beim befriedeten Besitztum großzügiger zu verstehen ist, allerdings fehlt hier zur Passage hin jedwede Einhegung.
3 *Amelung* NJW 1986, 2075 (2079 f); *Behm* JuS 1987, 950 ff; SK-*Stein* § 123 Rn. 23.

Anm. *Pollähne* StV 2003, 563 ff; OLG Hamm MDR 1958, 939 (bloßer Schrecken keine Gesundheitsschädigung).

BGHSt 36, 1 (6): „Als Gesundheitsbeschädigung i.S. der §§ 223 ff StGB ist jedes Hervorrufen oder Steigern eines vom Normalzustand der körperlichen Funktionen des Opfers nachteilig abweichenden Zustandes anzusehen, gleichgültig, auf welche Art und Weise die Beeinträchtigung erfolgt; mit einer Schmerzempfindung braucht sie nicht verbunden zu sein. In Rechtsprechung und Schrifttum ist anerkannt, daß auch die *Ansteckung* eines anderen mit einer nicht ganz unerheblichen Krankheit … eine Verschlechterung der Gesundheit darstellt."

BGH NStZ 1997, 123: „Zwar kann auch eine *psychische* Einwirkung den krankhaften Zustand hervorrufen, der für eine Gesundheitsbeschädigung … erforderlich ist. Jedoch müssen die psychischen Beeinträchtigungen jedenfalls den Körper im weitesten Sinne in einen *pathologischen*, somatisch *objektivierbaren* Zustand versetzen."

Erläuterungen

270 Umstritten ist, ob in die »Gesundheitsschädigung« auch die Herbeiführung *seelischer* (psychischer/geistiger) Krankheiten ohne negative Auswirkung auf den körperlichen Gesundheitszustand einbezogen werden kann.[1] Die Rechtsprechung hat dies – in Übereinstimmung mit dem überwiegenden Teil des Schrifttums – stets abgelehnt: „Wirkt der Täter auf sein Opfer lediglich *psychisch* ein, liegt eine Körperverletzung daher erst dann vor, wenn ein *pathologischer, somatisch-objektivierbarer Zustand* hervorgerufen worden ist, der vom Normalzustand nachteilig abweicht… *Bloß emotionale Reaktionen* auf Aufregungen, wie etwa starke Gemütsbewegungen oder andere Erregungszustände, aber auch *latente Angstzustände*, stellen keinen pathologischen Zustand und damit *keine Gesundheitsbeschädigung* i.S. des § 223 StGB dar".[2]

Gegen die Einbeziehung scheinen zwar die systematische Stellung der »Gesundheitsschädigung« im Komplex der »Straftaten gegen die *körperliche* Unversehrtheit« (17. Abschnitt), und die gesetzliche Bezeichnung als »Körperverletzung« zu sprechen. Der Abschnitt mit den Straftaten gegen die körperliche Unversehrtheit regelt aber auch Schädigungen der *seelischen* Entwicklung (§ 225 III Nr. 2 Alt. 2 StGB)[3] bzw. geistige Krankheiten (§ 226 I Nr. 3 StGB) oder erfasst über das Quälen (→ Rn. 407) in § 225 I StGB Handlungen, die sich beim Opfer auch nur psychisch auswirken können. Zudem stellt das StGB auch sonst körperliche und seelische/geistige Beeinträchtigungen gleich (z.B. §§ 218a II, 235 IV Nr. 1, 236 IV Nr. 2 StGB), so dass eine Gesundheitsschädigung auch dann zu bejahen ist, wenn ein rein psychischer Krankheitszustand (ohne körperliche Beeinträchtigungen) hervorgerufen wird.[4] Im Übrigen wird auch die »schwere Gesundheitsschädigung« (→ Rn. 271) nicht auf physische Beeinträchtigungen beschränkt.

---

1 Nachw. bei NK-*Paeffgen* § 223 Rn. 3, 15.

2 BGH NJW 2013, 3383 (3383 f); ebenso BGHSt 48, 34 (36 f); BGH NStZ 1997, 123 (oben zitiert → Rn. 270).

3 BGHSt 48, 34 (36) leitet daraus allerdings ein Argument *für* seine Ansicht ab (das Gesetz differenziere zwischen seelischen und körperlichen Beeinträchtigungen), setzt sich aber nicht damit auseinander, dass der übergeordnete Gesetzesbegriff hier der der „Schädigung" ist, die eben körperliche und seelische Beeinträchtigungen gleichermaßen erfasst.

4 *Hoffmann* GA 2002, 396 f; eingehend *Bublitz*, Rechtswissenschaft 2 (2011) 28 ff (40 ff); *Wolfslast*, Psychotherapie an den Grenzen des Rechts, 1985, S. 6 ff. Zu den historischen Gründen für ein nicht nur »körperliches« Verständnis der Gesundheitsschädigung näher *Küper*, Das Verbrechen am Seelenleben, 1991, S. 235 f mit Fn. 451 f.

Gesundheitsschädigung, schwere – u.a. §§ 113 II 2 Nr. 2, 121 III 2 Nr. 3, 177 III Nr. 3, 221 I, II Nr. 2, 225 III Nr. 1, 238 II, 239 III Nr. 2, 250 I Nr. 1c, 315 III Nr. 2, 315b III StGB

Die »schwere« Gesundheitsschädigung muss nicht den Grad einer »schweren Körperverletzung« i.S. des § 226 I StGB erreichen (str. → Rn. 272), sondern liegt bereits dann vor, wenn der (physische oder psychische) Krankheitszustand die Gesundheit des Betroffenen **ernstlich, einschneidend** oder **nachhaltig** beeinträchtigt oder die körperliche oder geistige *Leistungsfähigkeit* (Arbeitskraft) für längere Zeit erheblich herabsetzt. **271**

Anhaltspunkte dafür sind die Notwendigkeit einer längeren intensivmedizinischen Maßnahme oder lang andauernde Rehabilitationsmaßnahmen zur Wiederherstellung der Gesundheit/Arbeitsfähigkeit.

Literatur: LK-*Vogel* § 250 Rn. 20; SK-*Sinn* § 250 Rn. 35; *Schroth* NJW 1998, 2861 (2865 f). **Einführend:** *Rengier*, BT 2, § 10 Rn. 16 ff. **Monographisch:** *Windhorst*, Der Rechtsbegriff der »schweren Gesundheitsschädigung«, 2001.

Rechtsprechung Grundlegend: BGH NJW 2002, 2043 f. **Beispielhaft:** BGH NStZ 2003, 662 (663 – Gefahren bei der Raubhandlung).

BGH NJW 2002, 2043 f: „Der Begriff der schweren Gesundheitsschädigung reicht weiter als derjenige der schweren Körperverletzung (§ 224 StGB a.F. bzw. § 226 StGB n.F.)." Für § 250 I Nr. 1c StGB „reicht es beispielsweise aus, wenn die Raubtat das Opfer in die konkrete Gefahr einer ernsten langwierigen Krankheit, einer ernsthaften Störung der körperlichen Funktionen oder einer erheblichen Beeinträchtigung seiner Arbeitskraft bringt. Es werden … nicht allein die Gefahren umfasst, die der konkreten Raubhandlung *generell* für jeden von ihr potenziell Betroffenen innewohnen würden; vielmehr sind auch die Gefahren einbezogen, denen das konkrete Opfer allein wegen seiner *individuellen* besonderen Schadensdisposition durch die Raubhandlung ausgesetzt ist. Dabei wird … auch die Gefahr von Verletzungsfolgen ausreichen, die in ihrer Schwere *nicht* mit den in … § 226 StGB n.F. genannten *vergleichbar* sind."

BGH NStZ-RR 2007, 304 (306): „Eine schwere Gesundheitsschädigung … liegt schon dann vor, wenn die Gesundheit … *ernstlich, einschneidend* oder *nachhaltig* beeinträchtigt ist." Dies „ist jedenfalls immer dann zu bejahen, wenn intensivmedizinische Maßnahmen oder umfangreiche und langwierige Rehabilitationsmaßnahmen zur Wiederherstellung der Gesundheit und/oder zur sonstigen Beseitigung der Tatfolgen notwendig sind."

Erläuterungen

Den Begriff der »schweren« Gesundheitsschädigung, die nicht mit den schweren Folgen i.S. des § 226 I StGB (schwere Körperverletzung)[1] identisch ist, sondern darüber hinausgeht, verwendete das StGB früher nur vereinzelt: §§ 218 II 2 Nr. 2; 330 S. 2 Nr. 1, 2 a.F.; 330a I StGB. Das 6. StrRG (1998) hat ihn bei einer Vielzahl von Delikten (Tatbeständen/Regelbeispielen) eingeführt. Dies ist teils in der Weise geschehen, dass die schwere Schädigung als *Erfolg* vorausgesetzt wird – so bei den Erfolgsquali- **272**

1 Zu dem auch davon wieder zu unterscheidenden Begriff der »körperlich schweren Misshandlung« s. das Stichw. »Misshandlung, körperliche« → Rn. 381.

fikationen aus § 221 II Nr. 2 (Aussetzung), § 239 III Nr. 2 (Freiheitsberaubung), § 306b I (besonders schwere Brandstiftung) und §§ 315 III Nr. 2, 315 b III (gefährliche Verkehrseingriffe) StGB. Häufiger fungiert die »schwere« Gesundheitsschädigung aber auch nur als Bezugsobjekt einer »*Gefahr*«. Damit ist dann die *konkrete* Gefahr gemeint, dass ein Verletzungserfolg in Form der »schweren« Gesundheitsschädigung eintreten wird (spezieller Gefahrerfolg) – so z.B. in §§ 113 II 2 Nr. 2 (Widerstand), 121 III 2 Nr. 3 (Meuterei), 177 III Nr. 3 (Vergewaltigung/sexuelle Nötigung), 221 I (Aussetzung), 225 III Nr. 1 (Misshandlung Schutzbefohlener), 238 II (Nachstellung), 250 I Nr. 1c (schwerer Raub) StGB.

Die »Schwere« des Gesundheitsschadens hat begrifflich (immer) noch keine präzisen Konturen erhalten. Als Leitgesichtspunkte werden im Anschluss an die Gesetzesberatungen[2] namentlich hervorgehoben: eine erhebliche Beeinträchtigung im Gebrauch der Sinne oder des Körpers, langwierige ernste oder qualvolle – physische/psychische – Krankheit, erhebliche Beeinträchtigung der Leistungsfähigkeit/Arbeitskraft für längere Zeit oder eine lebensbedrohende Krankheit.[3] Der BGH[4] hat mit den – oben in der Definition angeführten – Anzeichen „Intensivmedizin“ bzw. „umfangreiche Rehabilitationsmaßnahmen“ die möglichen Fallgruppen der schwerwiegenden Schädigung aufgezeigt (*besonders gefährliche* bzw. *besonders komplexe* Schädigung). Im Schrifttum wird z.T. verlangt, dass der *Schweregrad* der Schädigung demjenigen der in § 226 StGB bezeichneten schweren Folgen zumindest *entsprechen* müsse, damit die Schwere nicht konturenlos werde.[5] Ob dieses Ziel aber über eine „Entsprechung“ zu den Folgen des § 226 StGB erreicht werden kann, ist fraglich. So stellt dieser z.B. auf dauerhafte Folgen ab, in der Gesetzesbegründung werden nun aber auch gerade langwierige (= also zwar länger dauernde, aber eben nicht dauerhafte) Krankheiten als hinreichend bezeichnet.[6]

273 Soweit eine konkrete »*Gefahr* der schweren Gesundheitsschädigung« vorausgesetzt wird, ist außer der Gefahr, die von der Handlung *generell* für jeden Betroffenen ausgeht, auch die individuell-besondere *Anfälligkeit* des Opfers für Gesundheitsschäden (»persönliche Schadensdisposition«) zu berücksichtigen, etwa bei der Gewaltanwendung beim Raub (das Opfer ist 20 Jahre und sportlich/das Opfer ist 80 Jahre und gebrechlich). Damit eine konkrete Gefahr des Eintritts eines schweren Gesundheitsschadens und ein darauf bezogener Vorsatz[7] (etwa bei §§ 221 I, 250 I Nr. 1c StGB) bejaht werden kann, muss eine Situation vorliegen, in der es nur noch vom »unberechenbaren Zufall« abhängt, ob eine solche Schädigung des Objekts ausbleibt oder eintritt (→ Rn. 242). Zu beachten sind demnach auch solche konkrete Gefahren, die zwar bestanden, sich aber nicht verwirklicht haben. Fehlt also z.B. der Vorsatz bzgl.

2 BT-Drs. 6/3434, S. 13; 12/192, S. 28; 13/8587, S. 27 f.

3 Konkretisierungsvorschlag mit Bsp. bei *Schroth* NJW 1998, 2861 (2865). Zur möglichen Orientierung am Begriff der »Gesundheitszerstörung« s. die 8. Aufl. 2012, S. 169.

4 BGH NStZ-RR 2007, 304 (306, oben zitiert → Rn. 271).

5 *Degener* StV 2003, 332 f; *Hellmann* JuS 2003, 17 (18) m.w.N.; *Stein*, Einführung 6. StrRG, S. 103; dagegen: LK-*Vogel* § 250 Rn. 20, *Wallschläger* JA 2002, 390 (395).

6 BT-Drs. 13/8587, S. 27 f: „Der Begriff der schweren Gesundheitsschädigung … reicht weiter als der … objektive Tatbestand der schweren Körperverletzung. Es kommt deshalb … nicht darauf an, ob der Täter eine der … *schweren Folgen* herbeigeführt hat. Vielmehr reicht es z.B. aus, daß das Opfer in eine ernste langwierige Krankheit verfällt oder seine Arbeitskraft erheblich beeinträchtigt wird.“

7 Insoweit näher *Degener* StV 2003, 332 (334 ff); *Schroth* JR 2003, 250 (252 f).

eines sogar eingetretenen schweren Gesundheitsschadens, so schließt dies den Vorsatz bzgl. der konkreten Gefahr des Eintritts anderer möglicher schwerer Schädigungen nicht aus.[8]

Gewahrsam – §§ 242 I, 249 I StGB

Vgl. **Wegnahme** → Rn. 750.

Gewalt – §§ 240 I, 253 I (u.a. §§ 113 I, 177 I Nr. 1, 234 I, 235 I Nr. 1) StGB

»Gewalt« verübt, wer **erhebliche Körperkraft** – oder ein sie ersetzendes kraftentfaltendes Werkzeug – gegen das Opfer anwendet, um dessen *Widerstand zu überwinden* oder auszuschließen (traditioneller, »klassischer« Gewaltbegriff → Rn. 276). Fehlt ein derartiger Krafteinsatz, so liegt »Gewalt« auch bei einem – nicht nur *verbalen* – Verhalten des Täters vor, das eine unmittelbare oder mittelbare **körperliche** (physische) **Zwangseinwirkung** auf den Betroffenen darstellt. 274

»Körperliche« Zwangseinwirkung ist bei Begründung einer unmittelbaren Leibes- oder Lebensgefahr gegeben. »Körperlich« wirkender Zwang wird ferner ausgeübt, wenn der Täter einen anderen durch Schaffung eines **äußeren Hindernisses** für die *Fortbewegungsfreiheit* (gegenständliche oder menschliche »Barriere«) derart einer Zwangslage aussetzt, dass der Betroffene das Hindernis in der konkreten Situation entweder *überhaupt nicht*, nur mit *erheblicher Gegengewalt* oder in *nicht zumutbarer Weise* überwinden kann (Gewalt als »körperlich vermittelter« Zwang; »traditionell-moderner« Gewaltbegriff, str. → Rn. 284).

»Gewalt« wird nicht dadurch ausgeschlossen, dass sich das Verhalten des Täters unmittelbar gegen einen *Dritten* oder eine *Sache* richtet (→ Rn. 285).

Literatur: *Fischer* § 240 Rn. 8 ff; *vH/Valerius* § 240 Rn. 6 ff, 19 ff. **Einführend:** *Rengier*, BT 2, § 23 Rn. 2 ff; *Swoboda* JuS 2008, 862 f.

Zu den im Schrifttum vertretenen, teilweise erheblich abweichenden Gewaltbegriffen siehe unten → Rn. 284.

Rechtsprechung **Grundlegend** zur Entwicklung des Begriffs in der Rspr.: RGSt 9, 58 f (Gewalt gegen Sachen); 56, 87 (88 – körperliche Kraftentfaltung); 60, 157 (158 – körperliche Zwangswirkung); BGHSt 1, 145 (147 f – Narkotikum als Gewalt); 23, 47 (54 – psychische Zwangswirkung); BVerfGE 73, 206 (243); 92, 1 ff; BGHSt 41, 182 ff (»Zweite-Reihe-Rechtsprechung«); s. zu den Einzelheiten der Entwicklung unten → Rn. 276 ff.

RGSt 56, 87 (88): „Das geltende deutsche Recht versteht, dem gewöhnlichen Sprachgebrauch folgend, in seiner geschichtlichen Entwickelung von den ältesten Bestimmungen an bis zur Ge-

8 BGH NJW 2002, 2043 (2044, oben zitiert → Rn. 271, zum Entreißen einer Handtasche).

genwart unter Gewalt ausschließlich die durch Anwendung körperlicher Kraft erfolgte Beseitigung eines tatsächlich geleisteten oder bestimmt erwarteten und deshalb von vornherein durch Körperkraft zu unterdrückenden Widerstandes".

BGHSt 1, 145 (147 f): „Für die natürliche Betrachtung als Gewaltanwendung bleibt es gleich, ob sich der Täter zur körperlichen Überwältigung nur seiner Muskelkraft – in größerem oder geringerem Umfange –, oder auch anderer Naturkräfte bedient, etwa solcher physikalischer, chemischer oder anderer Art."

BGHSt 23, 47 (54): „Die Studenten, die sich auf den Gleiskörper der Straßenbahn setzten oder stellten ... nötigten die Führer der Straßenbahn mit Gewalt, ihre Fahrzeuge anzuhalten. Dieser Bewertung steht nicht entgegen, daß die Studenten die Straßenbahn nicht durch unmittelbaren Einsatz körperlicher Kräfte aufhielten, sondern nur mit geringem körperlichen Kraftaufwand einen psychisch determinierten Prozeß in Lauf setzten... Stellt sich ein Mensch der Bahn auf den Schienen entgegen, so liegt darin die Ausübung eines Zwanges, der für den Fahrer sogar unwiderstehlich ist, denn er muß halten, weil er sonst einen Totschlag beginge."

BGHSt 41, 182 (185): „Strafbare Nötigung durch Gewalt kann ... vorliegen, wenn der Einfluß auf die Opfer bei nur geringem körperlichen Aufwand dergestalt physischer Art ist, daß die beabsichtigte Fortbewegung durch tatsächlich nicht überwindbare Hindernisse unterbunden wird."

Erläuterungen

I. Einführung

275 Der Begriff »Gewalt« gehört zu den umstrittensten Begriffen des Besonderen Teils. Von dem heute wohl allgemein akzeptierten Ausgangspunkt aus, dass ein besonderer körperlicher »Kraftaufwand« des Täters kein *notwendiges* (wenn auch relativ »sicheres«) Gewaltmerkmal ist, sondern die Art der Zwangseinwirkung auf der *Opferseite* maßgebliche Bedeutung hat, reduziert sich die grundsätzliche Problematik des Gewaltbegriffs weitgehend auf drei Grundfragen:

1. Soll entsprechend der historischen Tradition und ihrem im Kern »naturalistischen« Gewaltverständnis an der »*Körperlichkeit*« der Gewalt jedenfalls in dem *opferbezogenen* Sinn festgehalten werden, dass auf eine (noch) »physisch vermittelte Zwangswirkung« – im Unterschied zur *psychisch* wirkenden Drohung – nicht verzichtet wird?
2. Wie ist bei diesem Ansatz der »*körperliche*« (physische) Zwang genauer zu bestimmen? Die Frage stellt sich besonders bei »äußeren Hindernissen« für die Fortbewegungsfreiheit (Einsperren, Aussperren, Blockaden).
3. Oder soll der Gewaltbegriff von der »Körperlichkeit« des Zwangsmittels letztlich ganz abgelöst (»entmaterialisiert«, »vergeistigt«) und – auch – als Erscheinungsform eines nur »*psychischen« Zwanges* verstanden werden? Dieser Standpunkt liefe darauf hinaus, dass der gewaltspezifische psychische Zwang, in begrifflicher Unterscheidung von der »Drohung« (Ankündigung eines *künftigen* empfindlichen Übels), in der »*gegenwärtigen Zufügung*« eines solchen Übels besteht: »Gewalt« als »Sofortvollzug« eines Übels, dessen Ankündigung eine »Drohung« wäre.

Für die Beibehaltung eines jedenfalls im weiteren Sinn noch »physischen«, auf die »Körperlichkeit« bezogenen Gewaltbegriffs spricht neben dem historischen Ursprung und dem Gesetzeswortlaut[1] der Gesichtspunkt, dass die »Gewalt« auf diese Weise ihren Charakter als gleichsam elementar-handgreifliche Zwangsform nicht verliert. Eine Auffassung, die den Begriff der »Gewalt« auf eine »gegenwärtige Übelszufügung« reduziert, ist überdies dem Bedenken ausgesetzt, dass danach die gesetzlich vorgegebene Abschichtung der *Zwangsmittel* (Nötigungsmittel: Drohung/Gewalt) von der durch sie ausgelösten *Zwangswirkung* (»Nötigen«) im Grunde überflüssig wird. Außerdem ist ein »Erstrecht-Schluss«, dass ein zur Drohung geeignetes Übel durch unmittelbare Zufügung bereits »Gewalt« werde, nicht überzeugend.[2] So wird etwa die Drohung mit dem empfindlichen Übel der *Kündigung* eines Arbeitsverhältnisses nicht dadurch zur »Gewalt«, dass die Kündigung sogleich ausgesprochen oder vollzogen wird.

Beachtet werden muss bei jedem Gewaltbegriff die – in den Definitionen manchmal verschwiegene, aber stets mitgedachte – *Finalstruktur* der Gewalt als *Zwangsmittel:* sie muss für den Täter ein Mittel sein, um möglichen Widerstand des Betroffenen zu überwinden oder von vornherein auszuschließen. Deshalb ist z.B. die bloße (»zweckfreie«) Körperverletzung trotz körperlicher Kraftentfaltung beim Täter und körperlicher Zwangswirkung beim Opfer noch keine »Gewalt«!

Anhand des mit der Gewaltanwendung verfolgten Zwecks lassen sich zwei Erscheinungsformen der Gewalt unterscheiden: Zum einen kann die Gewaltanwendung darauf gerichtet sein, die Willensbildung (Willensentschließung) oder Willensbetätigung des Opfers *unmöglich* zu machen (z.B. durch Bewusstlosschlagen, Fesseln etc). Diese willens*ausschließende* – nicht bloß willensbeugende – Gewalt wird als »*vis absoluta*« bezeichnet.[3] Daneben ist es möglich, dass die Gewaltanwendung bei dem Opfer zu einem zwar nicht unwiderstehlichen Motivationsdruck führt. Es soll aber ein Willensentschluss des Opfers hervorgerufen und sein Wille in eine bestimmte Richtung gelenkt werden. Die Gewalt wirkt dann nicht willensausschließend, sondern *willensbeugend*, d.h. den Willensentschluss beeinflussend (sog. »*vis compulsiva*«), wie z.B. beim Zufahren auf einen Menschen, um diesen zum Ausweichen zu zwingen.[4]

II. Die Entwicklung der Rechtsprechung zum Gewaltbegriff

1. Die Rechtsprechung des RG

Das RG hat seiner Rechtsprechung bis zuletzt eine Gewalt-Definition zugrunde gelegt, die sich an der »körperlichen Kraft« des Täters und einer gewissen »körperlichen Zwangseinwirkung« auf das Opfer orientierte. »Gewalt« war danach „die Einwirkung auf einen anderen, die der Täter unter Anwendung *körperlicher Kraft* zur Beseitigung eines tatsächlich geleisteten oder bestimmt erwarteten Widerstandes anwendet" (RGSt 73, 343 [344]). Die »körperliche« Zwangseinwirkung auf das Opfer wurde dabei *weit* verstanden: Gewalt erfordere „nicht die unmittelbare Einwirkung **276**

1 Der die Gewalt eben nicht als »Zufügung eines *empfindlichen Übels*« kennzeichnet.
2 *Paeffgen*, Grünwald-FS, 1999, S. 433 (457 ff); *Schroeder* NJW 1996, 2627 (2628 f); *Küpper*, BT 1/I, § 3 Rn. 43.
3 Zur umstr. Einbeziehung von »vis absoluta« in die Nötigung → Rn. 399.
4 Vgl. *S/S/Eisele* Vor §§ 234 ff Rn. 15 mit weiteren Bsp.; *Kindhäuser* Vor §§ 232 ff Rn. 15 ff; zur Begriffsgeschichte beider Gewaltformen *Hruschka* JZ 1995, 737 (738 ff); zum Verhältnis von »vis compulsiva« und »Drohung« vgl. einerseits *Herzberg* GA 1996, 557 ff, andererseits *Hoyer* GA 1997, 451 ff.

auf den Körper des Vergewaltigten…; es genügen vielmehr alle Handlungen, die von der Person, gegen welche sie unmittelbar oder auch nur mittelbar gerichtet sind, als ein nicht nur *seelischer*, sondern *körperlicher Zwang* empfunden werden“[5].

Damit wurden „rein seelische“ Zwangseinwirkungen aus dem Gewaltbegriff ausdrücklich ausgeschieden.[6] In der Praxis hat das RG den Gesichtspunkt der »körperlichen Kraft« freilich häufig vernachlässigt oder ganz preisgegeben und auf die – vielfach nur mittelbare – »körperliche« Zwangswirkung beim *Opfer* abgestellt. So wurde »Gewalt« etwa angenommen bei der Abgabe von *Schreckschüssen*[7], bei der Bildung einer »*Menschenmauer*« zum Versperren eines Zugangs[8] sowie beim *Einschließen* und *Einsperren*.[9] Verneint wurde »Gewalt« hingegen bei der Narkotisierung ohne Anwendung besonderer Körperkraft und bei einer hypnoseähnlichen Willensbeeinflussung.[10]

Während die „ausschließlich gegen eine *Sache* gerichtete“ Einwirkung für die Annahme von »Gewalt« nicht ausreiche, genüge andererseits die „zunächst an Sachen verübte Gewalt“, wenn sie „wenigstens mittelbar oder in ihrer Wirkung eine *Richtung* gegen die *Person* des Genötigten“ habe oder sich als „Überwindung des persönlichen Widerstandes“ darstelle.[11] Im Übrigen komme auch Gewalt gegen *dritte Personen* in Betracht, wenn sie zur Nötigung geeignet und bestimmt sei (RGSt 17, 82 [83]).

2. Die Rechtsprechung des BGH bis zu BVerfGE 92, 1

277 Die Rechtsprechung des BGH zum Begriff der »Gewalt« bewegt sich überwiegend ebenfalls zwischen den beiden Polen »Körperkraft« (des *Täters*) und »körperliche Zwangseinwirkung« (auf das *Opfer*). Dabei ist das Pendel aber z.T. deutlich in den Bereich des *nur-psychischen* Zwanges ausgeschlagen. Der BGH hat zunächst hervorgehoben, dass die Anwendung „erheblicher körperlicher Kraft“ nicht notwendig zum Gewaltbegriff gehöre, und als wesentliches Kriterium die „unmittelbare Körpereinwirkung“ des Nötigungsmittels genannt: Entscheidend sei, „ob der Täter durch körperliche Handlung [!] die Ursache dafür setzt, daß der wirkliche oder erwartete Widerstand des Angegriffenen durch ein unmittelbar [!] auf dessen Körper einwirkendes Mittel gebrochen oder verhindert wird, gleichviel, ob der Täter dazu größere oder geringere Körperkraft braucht“.[12] An dem Merkmal eines »Krafteinsatzes« hat der BGH sodann formal meist festgehalten, es aber durch unterschiedlich formulierte Ein-

5 RGSt 60, 157 (158); vgl. z.B. auch RGSt 27, 405 (406); 45, 153 (156); 64, 113 (115 f); 73, 343 (344 f).

6 S. auch RGSt 45, 153 (156 f); 64, 113 (115 f).

7 RGSt 60, 157 (158): Schreckschüsse „wirken unmittelbar auf seine Sinne (Gesicht, Gehör und Geruch) ein, versetzen ihn in Verbindung hiermit in einen Zustand starker Nervenerregung und beeinflussen so sein ganzes körperliches Befinden“.

8 RGSt 45, 153 (157): Die Menschenmauer wirkte auf die »Sargträger« „als äußerer (mechanischer) Zwang, weil sie durch die gewaltsame Versperrung des Weges an der beabsichtigten Fortbewegung nach dem Grabe in der geweihten Erde körperlich verhindert wurden.“

9 RGSt 13, 49 (50 f); 27, 405 (406); 73, 343 (344 f).

10 RGSt 58, 98 (99 – bzgl. § 249 RStGB m.N.) sowie RGSt 64, 113 (118 – bei der Hypnose fehle es an einer körperlichen Kraftentfaltung, die sich körperlich beim Opfer auswirke).

11 RGSt 7, 269 (271 – Mobiliarentfernung); 9, 58 f (Ausheben von Fenster und Türen); 20, 354 (355 f – Leerräumen einer Werkstatt); vgl. auch RGSt 3, 179 (181); 13, 49 (50 f).

12 BGHSt 1, 145 (147 f): Einsatz des Narkotikums »Chloraethyl«.

schränkungen – Verzicht auf »Erheblichkeit«, »gewisser« oder »geringer« Kraftaufwand usw. – in der Sache praktisch aufgegeben.[13] Der Aspekt der »physischen Kraftentfaltung« wurde allerdings dazu benutzt, „bloß *verbale* Einwirkungen auf das Opfer“ vom Gewaltbegriff fernzuhalten (BGH NStZ 1981, 218), was aber dann nicht mehr gelten könne, wenn massiver Zwang durch *kollektive Geräuschentwicklung* erzeugt werde.[14]

Für die Zwangswirkung auf der Opferseite hat der BGH im Anschluss an das RG mehrfach den Gesichtspunkt genannt, dass die Gewalt vom Betroffenen „als ein nicht nur seelischer, sondern auch *körperlicher Zwang* empfunden“ werden müsse.[15] Einen solchen körperlichen Zwang hat der BGH z.B. in der Beibringung eines *Narkotikums*, im anhaltenden gefährlichen Bedrängen auf der Autobahn und im *Einschließen* einer Person gesehen.[16] Er soll auch vorliegen, wenn der Betroffene der Zwangseinwirkung „entweder überhaupt nicht oder nur mit erheblicher Kraftentfaltung *begegnen* könnte“ (BGH NStZ 1982, 158 [159]).

In den vieldiskutierten *Sitzblockade-Fällen* ist die Annahme von Gewalt dagegen anfangs auf den »psychischen Zwang« und sein Gewicht gestützt worden: „Mit Gewalt nötigt, wer *psychischen Zwang* ausübt, indem er auf den Gleiskörper einer Schienenbahn tritt und dadurch den Wagenführer zum Anhalten veranlaßt“.[17] Diesen Ansatz hat der BGH später dahin modifiziert, dass die Blockade als „psychische Barriere“ eine dem *physischen Hindernis* „vergleichbare Wirkung“ habe und einer körperlichen Einwirkung „gleichstehe“.[18] In der BGH-Rechtsprechung findet sich vereinzelt auch der Gedanke, die »Gewalt« von der »Drohung« nach dem Kriterium der *„gegenwärtigen Übelszufügung“* zu unterscheiden.[19] Unter diesem Aspekt wurde z.B. das Ausräumen eines Ladens als »Gewalt« bewertet (BGH JR 1988, 75).

3. Die Rechtsprechung des BVerfG

a) BVerfGE 73, 206; 76, 211 Nach der *früheren* Rechtsprechung des BVerfG[20] verletzt die »Ausweitung« des Gewaltbegriffs auf Sitzblockaden nicht das Analogieverbot (Art. 103 II GG). In der Begründung wird auf die „körperliche Kraft“, die „unausweichliche Zwangswirkung“ und die „gegenwärtige Übelszufügung“ als Gewaltmerkmale hingewiesen: **278**

„Die der Auslegung vom Wortsinn gezogene Grenze wird … jedenfalls dann eingehalten, wenn die auf das Opfer ausgeübte unausweichliche Zwangswirkung den Einsatz einer gewissen, wenn auch *geringfügigen körperlichen Kraft* durch den Täter –

13 Z.B. BGHSt 16, 341 (343 – „geringer“ Kraftaufwand); 19, 263 (265 f „ohne … erhebliche Körperkraft“); 23, 46 (54); 23, 126 (127 f – „nicht notwendig erhebliche … körperliche Kraftanwendung“); 37, 350 (352 f); BGH JR 1988, 75.

14 BGH NStZ 1982, 158 (159): »Vorlesungsstörung«.

15 BGHSt 1, 145 (146); 23, 126 (127 f); 37, 350 (353); BGH NStZ 1995, 230.

16 BGHSt 1, 145 (147 f); BGHSt 19, 263 (265 f – Autobahn); BGHSt 20, 194 (195 – Einschließen).

17 BGHSt 23, 46 (54): »Laepple-Urteil«, benannt nach dem damals angeklagten AStA-Vorsitzenden *Klaus Laepple*.

18 BGHSt 37, 350 (352 f): »Wackersdorf«, im Anschluss an BayObLG JZ 1986, 404 f; OLG Düsseldorf NStZ 1986, 267 f.

19 BGHSt 23, 126 (127 f); vgl. auch BVerfGE 73, 206 (243).

20 BVerfGE 73, 206 (239, 242 ff); 76, 211 (216).

hier: Bildung einer lebenden Barriere durch Niederlassen auf der blockierten Zufahrt – einschließt. Unter dieser Voraussetzung stellt die Gewaltalternative als *gegenwärtige Zufügung* eines empfindlichen Übels [!] auch in ihrer erweiterten Auslegung eine durchaus eigenständige Ergänzung zu der zweiten Begehungsform des § 240 StGB dar, bei der es um die künftige [!] Androhung eines solchen Übels geht" (BVerfGE 73, 206 [243]).

Nach der Auffassung von vier Verfassungsrichtern (»nicht tragende Meinung«) widerspricht dieser Standpunkt aber der Gesetzessystematik: Diese lasse „unmißverständlich erkennen, daß der Gesetzgeber nicht *jede Zwangseinwirkung* ... unter Strafe gestellt, sondern einen numerus clausus der Zwangsmittel vorgesehen hat. Hätte ihm die Verursachung einer unausweichlichen Zwangslage genügt, dann hätte er auf die Nennung dieser Zwangsmittel *verzichten* können; denn das Bewirken von Zwang folgt bereits aus dem Begriff ›nötigen‹" (BVerfGE 73, 206 [245]).

279 **b) BVerfGE 92, 1** In seinem Beschluss vom 10.1.1995 (BVerfGE 92, 1 ff) hat das BVerfG seine bisherige Rechtsprechung *revidiert*. Es ist mit fünf zu drei Stimmen zu der Auffassung gelangt, dass die „erweiternde Auslegung des Gewaltbegriffs im Zusammenhang mit Sitzdemonstrationen" gegen Art. 103 II GG verstoße. In der Begründung wird die „*körperliche Kraftentfaltung*" als Wesensmerkmal des Gewaltbegriffs wieder hervorgehoben und von hier aus eine „Ausweitung" des Gewaltmerkmals auf die Zwangsausübung durch *Sitzdemonstrationen* abgelehnt. Das BVerfG knüpft dabei an die »nicht tragende Meinung« der Ausgangsentscheidung an:

„Da die Ausübung von Zwang auf den Willen Dritter bereits im *Begriff der Nötigung* enthalten ist und die Benennung bestimmter Nötigungsmittel in § 240 I StGB die Funktion hat, innerhalb der Gesamtheit denkbarer Nötigungen die strafwürdigen einzugrenzen, kann die Gewalt nicht mit dem *Zwang zusammenfallen*, sondern muß über diesen hinausgehen. Deswegen verband sich mit dem Mittel der Gewalt im Unterschied zur Drohung von Anfang an die Vorstellung einer *körperlichen Kraftentfaltung* auf Seiten des Täters. Zwangseinwirkungen, die nicht auf dem Einsatz körperlicher Kraft, sondern auf geistig-seelischem Einfluß beruhen, erfüllen u.U. die Tatbestandsalternative der *Drohung*, nicht jedoch die der Gewaltanwendung. An der Körperlichkeit als Gewaltmerkmal hat die Rechtsprechung zwar seitdem festgehalten, auf die Kraftentfaltung jedoch so weitgehend verzichtet, daß nunmehr bereits die *körperliche Anwesenheit* an einer Stelle, die ein anderer einnehmen oder passieren möchte, zur Erfüllung des Tatbestandsmerkmals der Gewalt genügt, falls der andere durch die Anwesenheit des Täters psychisch gehemmt wird, seinen Willen durchzusetzen. Das Tatbestandsmerkmal der Gewalt wird dadurch in einer Weise *entgrenzt*, daß es die ihm vom Gesetzgeber zugedachte Funktion, unter den notwendigen, unvermeidlichen oder alltäglichen Zwangseinwirkungen auf die Willensfreiheit Dritter die strafwürdigen zu bestimmen, weitgehend verliert."[21]

21 BVerfGE 92, 1 (17). Zu den Konsequenzen der Entscheidung für sonstige Gewalt-Nötigungen im Straßenverkehr (außerhalb von Sitzblockaden): *Berz* NZV 1995, 297 ff; *Suhren* DAR 1996, 310 ff; zur Rspr. insoweit → Rn. 283.

Nach der »abweichenden Meinung« der drei überstimmten Richter fällt dagegen die »Sitzblockade« weiterhin unter den Gewaltbegriff, und zwar gerade unter dem Aspekt der »körperlichen« Zwangseinwirkung: „Durch eine Sitzblockade ... wird der Weiterfahrt herannahender Fahrzeuge ein *körperliches Hindernis* entgegengestellt. Das Blockieren ... ist danach eine Form der körperlichen, nicht der lediglich *psychischen* Einwirkung auf die Willensentschließung und -betätigung... Die – auch – psychische Einwirkung *folgt* erst daraus, daß der genötigte Fahrzeuginsasse in Fällen, in denen er das körperliche Hindernis durch Überfahren der Blockierer überwinden könnte, davon absieht, weil er diese sonst verletzen oder gar töten würde. Dieser psychisch determinierte Prozeß ist zwar entscheidend für den Erfolg der Blockade. Er ändert aber nichts daran, daß durch die Blockade selbst ein *körperliches Hindernis* bereitet wird... Der Gewaltbegriff [ist] ganz allgemein nicht auf Einwirkungen beschränkt, die die Willensbetätigung *unmöglich* machen (vis absoluta), sondern umfaßt auch körperliche Einwirkungen, die einen *psychischen Prozeß* in Lauf setzen (vis compulsiva).“[22] 280

4. Die Rechtsprechung nach BVerfGE 92, 1

a) »Zweite-Reihe-Rechtsprechung« In einem kurz nach der Entscheidung des BVerfG ergangenen Urteil hat der BGH in einer »menschlichen Straßenblockade« gleichwohl weiterhin nötigende »Gewalt« gesehen.[23] Sie soll vorliegen, wenn die Blockade-Teilnehmer *mittelbar* ein „physisches Hindernis“ schaffen, indem sie Kraftfahrer an der Weiterfahrt hindern und deren *haltende Fahrzeuge* bewusst dazu benutzen, die Durchfahrt für weitere (!) Kraftfahrer zu versperren (Veranlassung eines Fahrzeugstaus als körperlich wirkende Gewalt – sog. »Zweite-Reihe-Rechtsprechung«). 281

Nach Ansicht des BGH hat das BVerfG aus dem Gewaltbegriff allein den Bereich ausgeschlossen, in dem das Nötigungsverhalten lediglich in „körperlicher Anwesenheit“ besteht und die Zwangswirkung „nur psychischer Natur“ ist. Dagegen bleibe für »Gewalt« weiterhin Raum, „wenn der Einfluß auf die Opfer bei nur geringem körperlichen Aufwand dergestalt *physischer Art* ist, daß die beabsichtigte Fortbewegung durch tatsächlich nicht überwindbare *Hindernisse* unterbunden wird“. Im konkreten Fall hätten die Täter die von ihnen durch (möglicherweise nur) „psychischen Zwang“ *unmittelbar* angehaltenen Fahrzeuge als Mittel zur Bildung einer „physischen Barriere“ – gegenüber den *dahinter* anhaltenden Fahrzeugen – benutzt und damit »körperliche Gewalt« ausgeübt.

b) Reaktion des BVerfG Trotz verbaler Distanzierung von diesem Urteil des BGH hat sich später das BVerfG dieser Auffassung – zunächst der Sache nach – angeschlossen. Art. 103 II GG sei nicht verletzt, wenn »Gewalt« bei Blockadeaktionen angenommen wird, deren Teilnehmer „über die durch ihre körperliche *Anwesenheit* verursachte *psychische* Einwirkung *hinaus* eine *physische Barriere* errichten“: Barriere durch Anwesenheit mit Ketten verbundener, an Torpfosten angeketteter Demonstran- 282

22 BVerfGE 92, 1 (22). Vgl. zur Kritik der Lit. die Bspr. von *Arnold* JuS 1997, 289 ff (auslegungsmethodisch); *Tröndle*, BGH-FG, 2000, S. 527 (531 ff); w.N. bei *Fischer* § 240 Rn. 15. Eingehende Diskussion bei *Sinn*, Die Nötigung im System des heutigen Strafrechts, 2000, S. 164 ff.

23 BGHSt 41, 182 ff mit krit. Bspr. *Amelung* NStZ 1996, 230 f; *Hruschka* NJW 1996, 160 ff; *Tröndle*, BGH-FG, 2000, S. 527 (540 ff); *Zöller* GA 2004, 147 (155 f); zust. *Krey* NStZ 1995, 542 ff.

ten sowie durch abgestellte Fahrzeuge. Die »Ankettung« enthalte nämlich »körperliche Kraftentfaltung« und gehe über den nur »psychischen Zwang« hinaus; das Abstellen von Fahrzeugen sei die „Errichtung eines Hindernisses durch körperliche Kraftentfaltung“.[24] Fast neun Jahre später hat das BVerfG durch einen Kammerbeschluss die »Zweite-Reihe-Rechtsprechung« dann unter Hinweis auf eine „Gewalt in mittelbarer Täterschaft“ auch *ausdrücklich bestätigt*.[25] „Danach ergibt sich die Tatbestandsmäßigkeit des Verhaltens der Demonstranten gem. § 240 StGB im Ergebnis nicht aus deren unmittelbarer Täterschaft durch eigenhändige Gewaltanwendung, sondern aus mittelbarer Täterschaft durch die ihnen zurechenbare Gewaltanwendung des ersten Fahrzeugführers als Tatmittler gegenüber den nachfolgenden Fahrzeugführern“.[26] In einem Kammerbeschluss zur Nötigung im Straßenverkehr hatte das BVerfG[27] bereits 2007 betont, in BVerfGE 92, 1 und 104, 92 ist „mit Blick auf Art. 103 II GG [lediglich] klargestellt“, dass ein Täter Gewalt nur anwendet, wenn er „durch körperliche Kraftentfaltung“ einen „Zwang auf sein Opfer ausübt“, der nicht bloß „psychisch wirkt, sondern körperlich empfunden wird“. Weitergehende Anforderungen habe das BVerfG nicht gestellt (!).[28]

Die strafgerichtliche Rechtsprechung hatte die »Zweite-Reihe-Rechtsprechung« zuvor ohnehin schon fortgesetzt[29] und ausgeweitet.[30] Außerdem hatte der BGH entschieden, dass dann »Gewalt« vorliegt, wenn Demonstranten gegen Castor-Transporte sich nicht nur auf Bahngleise setzen, sondern in ihrer Mitte ein mit den Gleisen (und offenbar auch den Demonstranten) fest verbundenes »physisches Hindernis« (Stahlkasten) anbringen, das nur mit erheblichem Aufwand zu entfernen ist. Denn dann hätten die Betreiber des Kraftwerks „infolge des physischen Hindernisses den Transport nicht ausführen lassen können, selbst wenn psychischer Zwang sie nicht beeindruckt hätte“.[31]

283 **c) »Gewalt« und Straftaten im Straßenverkehr** Soweit »Gewalt« im Straßenverkehr durch *sonstigen* verkehrswidrigen Zwang – außerhalb von »Blockaden« – eingesetzt wurde, hat die in BVerfGE 92, 1 ff wiedergegebene Entscheidung die verkehrsstrafrechtliche Rechtsprechung ohnehin nicht beeinflusst. So wurde die Entscheidung zwar zur Kenntnis genommen, einhellig aber für die Konstellationen im Straßenverkehr als nicht einschlägig angesehen: So soll beim Ausbremsen eines nachfolgenden Fahrzeugs ein »physisches Hindernis« bereitet werden.[32] Das dichte Auffahren und

24 Vgl. BVerfGE 104, 92 (101 ff) mit Sondervoten *Haas* und *Jaeger/Bryde*; zust. Bspr. bei *Heger* Jura 2003, 112 ff; krit. *Sinn* NJW 2002, 1024 f und *Zöller* GA 2004, 147 (150, 156).

25 BVerfG NJW 2011, 3020 ff mit krit. Bspr. z.B. von *Jäger* JA 2011, 553 ff; *Sinn* ZJS 2011, 283 (285 ff).

26 BVerfG NJW 2011, 3020 (3021).Vgl. bereits BVerfG NJW 2002, 2308 (2309) sowie NStZ-RR 2000, 297 (Blockade mit »Tapeziertischen« als Gewalt); ferner BVerfG NJW 2006, 136 zur »Gewalt« i.S. des § 113 I StGB.

27 BVerfG NJW 2007, 1669 mit Anm. *Bosch* JA 2007, 659 (661); *Huhn* DAR 2007, 387 ff.

28 Vgl. zu dieser Entscheidung auch *Heger*, Geppert-FS, 2011, S. 153 (164 f).

29 Vgl. z.B. BGH NJW 1995, 2862 (Einsatz errichteter »Barrieren« in Form haltender Fahrzeuge als »Gewalt«); OLG Karlsruhe NJW 1996, 1551 f (Blockade durch abgestellte Fahrzeuge); OLG Hamm, VRS 92 (1997), 208 (210 f).

30 BGH NStZ-RR 2002, 236 (»physisches Hindernis« durch Legen des Körpers auf die Motorhaube); KG NStZ-RR 1998, 11 f (Anhalten *eines* Busses durch aggressive Demonstrantenmenge).

31 BGHSt 44, 34 (39 f) mit krit. Anm. *Martin* JuS 1998, 957 f.

32 BGH NJW 1995, 3131 (3133); BayObLG NJW 2002, 628 f (»massive Temporeduzierung«); OLG Düsseldorf NStZ-RR 2000, 369 ff (»beharrliches Linksfahren«); OLG Köln NZV 2000, 99 f.

Schneiden der Fahrbahn mit dem Fahrzeug beruhe auf körperlicher Kraftentfaltung (Betätigen des Gaspedals). Die „Zwangseinwirkung auf den betroffenen Verkehrsteilnehmer [sei] infolge der unmittelbaren Einwirkung auf dessen Nervensystem auch physischer Natur“[33] bzw. habe eine „der unmittelbaren Krafteinwirkung entsprechende Zwangswirkung“[34] beim betroffenen Verkehrsteilnehmer.[35]

Demgegenüber wurde – z.T. jenseits des Straßenverkehrs – das (kurzfristige) Versperren des Weges durch eine Einzelperson im Anschluss an die Entscheidung des BVerfG von den Strafgerichten nicht als »Gewalt« gewertet.[36]

III. Stimmen aus der Literatur

Im *Schrifttum* gehen die Auffassungen zum Gewaltbegriff weit auseinander.[37] Eine **284**
verbreitete Ansicht bestimmt den Begriff nach wie vor extensiv: »Gewalt« sei jedes Mittel, mit dem auf das Verhalten eines anderen durch *Zufügung eines gegenwärtigen empfindlichen Übels* eine physische oder psychische Zwangswirkung ausgeübt werde (»entmaterialisierter« Gewaltbegriff).[38]

In deutlicher Distanz zu diesem extensiven Gewaltbegriff wird hingegen vielfach „an dem Erfordernis festgehalten, dass die Zwangswirkung mindestens in dem Sinne *körperlich vermittelt* sein muss, dass der Genötigte sie körperlich empfindet, ihr also entweder überhaupt nicht, nur mit erheblicher *Gegengewalt* oder in nicht zumutbarer Weise begegnen kann“[39] (sog. »traditionell-moderner« Gewaltbegriff). Die »Gewalt« erfordere deshalb – neben einem Minimum „ganz geringfügiger Körperkraft“ – eine „physisch vermittelte Zwangswirkung“ beim Opfer, im Gegensatz zum „rein psychischen“ oder „primär seelischen“ Zwang. Dafür genüge die „Schaffung unüberwindlicher physischer Hindernisse (Barrieren)“ für die Fortbewegung, aber auch „ganz allgemein die Schaffung einer Situation, in der der Täter durch physische Hindernisse die Freiheit der Willensbildung eines anderen nicht unerheblich beeinträchtigt“ (lebende Barriere, Sitzblockade, Menschenmauer).[40] Anders formuliert: „Gewalt [ist] der – nicht notwendig erhebliche – Einsatz körperlicher Kraftentfaltung, der sich auf die Person, gegen die er sich richtet, nicht nur als seelischer (psychischer), sondern als körperlicher (physischer) Zwang auswirkt. Körperlich wirkt sich ein Zwang aus, wenn das Opfer ihm in der konkreten Situation gar nicht, nur mit erheblicher Kraftentfaltung oder in unzumutbarer Weise begegnen kann.“[41]

---

33 OLG Düsseldorf NJW 1996, 2245; OLG Köln NZV 1995, 405 und 2006, 386 (387 f – »bedrängendes Auffahren«, gebilligt durch BVerfG NJW 2007, 1669 f → Rn. 282 a.E.).

34 OLG Stuttgart NJW 1995, 2647 (2648 – »erzwungener Fahrstreifenwechsel«).

35 Übersicht zur Rspr. bei: *Maatz* NZV 2006, 337 (339 ff); *vH/Valerius* § 240 Rn. 29.1 ff.

36 OLG Düsseldorf NJW 1999, 2912 mit krit. Anm. *Erb* NStZ 2000, 199 (200); OLG Frankfurt a.M. NStZ-RR 2011, 110 (111); OLG Karlsruhe NJW 2003, 1263 f.

37 Zusammenfassung der Tendenzen bei *Gössel/Dölling*, BT 1, § 17 Rn. 32 ff; MK-*Sinn* § 240 Rn. 55 ff.

38 *S/S/Eisele* Vor §§ 234 ff Rn. 6, 8; SK-*Wolters* § 240 Rn. 9; jew. m.w.N. Tendenziell auch *Zöller* GA 2004, 147 (159 ff), der »Gewalt« definiert als „feindselig-aggressives Verhalten des Täters, durch das beim Opfer ein als gegenwärtiges Übel empfundener Zustand in Gestalt zumindest (erheblichen) psychischen Zwangs hervorgerufen wird“.

39 *L/Kühl* § 240 Rn. 10.

40 *K/Heinrich*, 14. Aufl. 2008, Rn. 342 ff.

41 *Otto*, BT, § 27 Rn. 14 und NStZ 1992, 568 (570).

Auf der Linie dieses »traditionell-modernen« Gewaltbegriffs liegt auch die Begriffsbestimmung von *Wolter*[42]. Er definiert »Gewalt« als ein „Handeln mit (List oder verbale Verhaltensweisen ausschließender) körperlicher Kraftentfaltung ..., das primär körperliche Einwirkungen durch unwiderstehlichen (vom Opfer grundsätzlich empfundenen) Zwang oder durch unmittelbare Gefahr für Leib oder Leben schafft, das regelmäßig erwarteten oder geleisteten Widerstand verhindert oder unmöglich macht und das objektiv für die Erfolgsherbeiführung geeignet ist." Der körperliche Zwang soll aber z.B. bei Blockaden und sonstigen Aussperrungen fehlen, nicht jedoch beim Einsperren. Nach *Hruschka*[43] ist Gewalt die „unmittelbare Ausübung eines physischen Zwanges auf das Opfer". Dazu gehöre das Einsperren von Menschen ebenso wie das „physische Versperren" eines Weges durch Barrikaden oder „Dazwischentreten", *nicht* dagegen die Errichtung eines „moralischen Hindernisses" in Form einer *menschlichen Barriere* vor Fahrzeugen oder durch Veranlassung eines Fahrzeugstaus. *Sinn* lehnt die vis absoluta als taugliches Zwangsmittel ab. Nach ihm ist die „nötigende Gewalt" ein „unmittelbar ausgeübter physisch wirkender Zwang, der über ein bloßes Erleiden desselben hinausgeht und durch eine körperliche Kraftentfaltung, die nicht nur zur bloßen Anwesenheit führt, ... hervorgerufen wird"[44].

IV. Gewalt gegen Sachen

285 Das Sonderproblem der »Gewalt« bei Einwirkung auf Sachen – sog. »Gewalt gegen Sachen« – macht von einem *extensiven* Gewaltbegriff aus, der auf die »gegenwärtige Übelszufügung« abhebt, keine grundsätzlichen Schwierigkeiten.[45] Die hingegen am Körperbezug des Gewaltbegriffs festhaltende Auffassung stellt darauf ab, ob sich die Sachgewalt zumindest „mittelbar *physisch*" auf die *Person* des Genötigten auswirkt, von ihm als *körperlicher* Zwang empfunden wird.[46] Auch Sacheinwirkungen in Abwesenheit des Opfers sollen »Gewalt« i.S. des § 240 StGB darstellen.[47] Insofern lässt sich – ähnlich wie beim körperlich vermittelten Zwang durch Fortbewegungshindernisse – an den Gedanken anknüpfen, dass die Veränderung *äußerer Umstände*, die der Betroffene *nicht überwinden* kann, für ihn ein »physisch« wirkendes Freiheitshindernis darstellt.

286 Zu beachten ist, dass der zur Nötigung entwickelte allgemeine Gewaltbegriff in einzelnen Tatbeständen u.U. Modifikationen erfährt. So wird für die »Gewalt« i.S. des § 113 I StGB vielfach ein *»tätiges Handeln«* mit *»Kraftäußerung«* gegenüber der Person des Vollstreckungsbeamten verlangt, das auf den Amtsträger unmittelbar oder mittelbar als »körperlicher Zwang« wirkt.[48]

---

42 *Wolter* NStZ 1985, 245 (248).

43 *Hruschka* JZ 1995, 737 ff und NJW 1996, 160 ff. *Kindhäuser* (Vor §§ 232 ff Rn. 12, ebenso in NK, Vor § 249 Rn. 16) versteht unter »Gewalt« – unabhängig vom jeweiligen Kraftaufwand – »jede physische Einwirkung auf notstandsfähige (körperliche) Güter«: Leib/Leben, Bewegungsfreiheit, Eigentum.

44 MK-*Sinn* § 240 Rn. 61 f. Zu einem »rein normativen« Gewaltbegriff: Gewalt als „garantenpflichtwidrige Verletzung der Rechte einer Person" oder als „Bruch garantierter Rechte" vgl. *Lesch*, Jakobs-FS, 2007, S. 327 ff m.w.N.

45 *S/S/Eisele* Vor §§ 234 ff Rn. 17a; SK-*Wolters* § 240 Rn. 11b.

46 Kasuistik bei *Fischer* § 240 Rn. 25; diff. *Wolter* NStZ 1985, 245 (249); eingehend zu Rspr./Lit. m.w.N. OLG Frankfurt a.M. StV 2007, 244 (245 ff – »Internetblockade«) sowie *Huhn*, Nötigende Gewalt mit und gegen Sachen, 2007, S. 198 ff.

47 OLG Köln NJW 1996, 472 f (Ausräumen einer Wohnung); krit. *Rengier*, BT 2, § 23 Rn. 30 f.

48 Im Einzelnen str.; vgl. m.w.N. *Küper,* Frisch-FS, 2013, S. 985 (992 ff); LK-*Rosenau* § 113 Rn. 23 f; vgl. auch BVerfG NJW 2006, 136.

Gewalt gegen eine Person – §§ 249 I, 252, 255 StGB

»Gewalt gegen eine Person« ist die – nicht unbedingt mit *besonderem Krafteinsatz* verbundene – Ausübung eines **erheblichen körperlichen** (physischen) **Zwanges** auf einen Menschen (→ Rn. 288 f), der dazu bestimmt ist, *Widerstand zu überwinden* oder auszuschließen. **287**

Zur Finalität der Personengewalt → Rn. 290 f, zum Unterlassen → Rn. 292.

Literatur: MK-*Sander* § 249 Rn. 11 ff, 24 ff; LK-*Vogel* § 249 Rn. 3 ff, 21 ff (abw. zur »Gewalt durch Unterlassen«). **Einführend:** *K/H/H*, BT 2, Rn. 260 ff; *Rengier*, BT 1, § 7 Rn. 8 ff, 22 ff.

Rechtsprechung Grundlegend: RGSt 69, 327 (330); 73, 343 (344 f – Einsperren); BGHSt 20, 32 (33 – Finalität bei fortdauernder Gewaltanwendung); BGH NStZ 1986, 218 (körperliche Zwangswirkung – Handtaschenraub). **Beispielhaft:** RGSt 67, 183 (186 – sofortige Betäubung durch Schläge); BGHSt 1, 145 (147 f – Betäubungsmittel); 4, 210 (212 – Wegtragen eines Bewusstlosen); 23, 126 (127 f – Bedrohen mit Schußwaffe als Gewalt? [zu § 251 StGB a.F.!]) mit krit. Bspr. *Geilen* JZ 1970, 521 ff; OLG Brandenburg NStZ-RR 2008, 201 (202 – Beiseitestoßen); OLG Koblenz StV 2008, 474 (475 – Losreißen).

RGSt 69, 330: „Zur Gewaltanwendung gegen die Person gehört [beim Raub], daß der Täter durch Anwendung von Körperkraft einen vorhandenen Widerstand brechen oder einen erwarteten Widerstand von vornherein unmöglich machen will; der Widerstand kann von dem Gewahrsamsinhaber selbst oder auch von einem *Dritten* ausgehen, der zum Schutze der Sache verpflichtet oder bereit ist. Als Widerstandsüberwindung reicht auch eine nur *mittelbar* gegen eine Person gerichtete Einwirkung aus, die von dem zu Überwältigenden körperlich empfunden wird; insbesondere kann auch schon das Einschließen des zu Beraubenden Gewaltanwendung sein."

Erläuterungen

I. Körperlicher Zwang

1. Grundsätzliches

Da eine Gewaltanwendung *gegen eine Person* verlangt wird, ist notwendig, dass nicht nur ein seelischer, sondern ein körperlicher Zwang erzeugt wird.[1] Eine *unmittelbare* Einwirkung auf den Körper (z.B. Berührung) ist allerdings nicht erforderlich; die *mittelbare* physische Einwirkung reicht aus, sofern sie wie bei einem Einsperren zu einer *erheblichen* körperlichen Zwangswirkung (s. dazu auch die kritischen Fälle → Rn. 289) führt. Insoweit (Vorliegen einer mittelbar physischen Zwangswirkung) genügt deshalb auch eine Gewalt gegen Sachen, so etwa beim Einsperren des Opfers – RGSt 73, 343 (345). Richtet sich die Gewalt hingegen auf die Sache und beschränkt sie sich in den Auswirkungen auch auf diese (z.B. Tritt gegen den Hund, um dem dadurch beeindruckten Hundehalter widerstandslos etwas wegnehmen zu können), fehlt es an einer (auch nur mittelbaren) *körperlichen* Zwangswirkung beim Opfer. **288**

2. Kritische Fälle

Die Rechtsprechung ist in der Annahme von »Gewalt gegen eine Person« bei dem Verständnis einer körperlichen Zwangswirkung zum Teil sehr weit gegangen, indem **289**

1 Allg.M., vgl. *W/Hillenkamp* Rn. 347; anders bei der einfachen Gewalt → Rn. 284.

sie z.B. das bloße Wegschieben der Hand eines Sterbenden von der Gesäßtasche[2] oder den überraschenden Zugriff auf eine Handtasche[3] ausreichen ließ.

Beim sog. »*Handtaschenraub*«[4] zeigt die neuere Rechtsprechung[5] aber eine deutlich einschränkende Tendenz: „Das Merkmal der ›Gewalt gegen eine Person‹ ... liegt nur dann vor, wenn die Kraft, die der Täter entfaltet, wesentlicher Bestandteil der Wegnahme ist. Sie muß daher so erheblich sein, daß sie geeignet ist, erwarteten Widerstand zu brechen; vom Opfer muß sie als körperlicher Zwang empfunden werden." „Eine Wegnahme ›mit Gewalt‹ ... kann dann entfallen, wenn nicht die eingesetzte Kraft, sondern *List* und *Schnelligkeit* das Bild der Tat prägen. Dies gilt insbesondere dann, wenn der Täter einen erwarteten Widerstand gerade nicht brechen, sondern ihn vermeiden und ihm zuvorkommen will."[6]

Ob und unter welchen Voraussetzungen *bewusstlose/schlafende* Objekte der »Gewalt gegen eine Person« sein können, ist im Schrifttum umstritten. Vereinzelt wird dies generell abgelehnt, da die körperliche Zwangswirkung als solche *empfunden* werden müsse.[7] Überwiegend begnügt man sich aber im Anschluss an die Rechtsprechung mit dem objektiven Vorliegen einer solchen Zwangswirkung und stellt darauf ab, ob der Täter mit der *Intention* handelt, erwarteten Widerstand auszuschließen[8]– wobei Letzterer vom Opfer (Aufwachen) oder von schutzbereiten Dritten (Bewusstloser wird deshalb weggetragen) ausgehen kann. Die Gewalt braucht sich nicht gegen das eigentliche Deliktsopfer zu richten, sie kann auch gegen Dritte ausgeübt werden (»Gewalt gegen Dritte« und »Gewalt zu Lasten Dritter«).[9]

II. Finalität des Gewalteinsatzes

1. Grundsätzliches

290 Zu beachten ist, dass die »Gewalt gegen eine Person« beim Raub das »*Mittel*« einer Wegnahme in Zueignungsabsicht sein muss (bei §§ 252, 255 StGB entsprechend das »Mittel« der Gewahrsamssicherung bzw. der Erzwingung einer vermögensschädigenden Handlung). Die Gewalt muss also »final« – zweckgerichtet – zur Wegnahme *eingesetzt* werden.[10] Dagegen ist ein *objektiver* Kausalzusammenhang zwischen Gewaltanwendung und Wegnahme nach h.M. beim Raub[11] nicht erforderlich,[12] wohl aber

2 BGHSt 16, 341 (343); vgl. auch BGH NStZ 2003, 89 (kurzer Sprühstoß mit einem Deodorant verursacht Lidschlussreflex).

3 BGHSt 18, 329 (330) mit krit. Anm. *Knodel* JZ 1963, 701.

4 Dazu *K/H/H*, BT 2, Rn. 259 ff; LK-*Vogel* § 249 Rn. 12; jew. m.w.N.

5 BGH NStZ 1986, 218; StV 1990, 262; jew. dort auch die im Text folgenden Zitate.

6 Ebenso BGH NStZ 2003, 89 (bei allerdings fraglicher Subsumtion); OLG Koblenz StV 2008, 475.

7 *S/S/Bosch* § 249 Rn. 4.

8 BGHSt 4, 210 (212); *Geilen* JZ 1974, 540 (542 f); NK-*Kindhäuser* § 249 Rn. 15.

9 SK-*Sinn* § 249 Rn. 14 f; näher *Reuter-Stracke*, Gewalt oder Drohung gegen Dritte als (qualifizierte) Nötigung, 1993, S. 118 ff.

10 Analyse der »finalen Verknüpfung« bei *Streng* GA 2010, 671 ff.

11 Bei §§ 253, 255 StGB bedarf es allerdings einer *kausalen* Verknüpfung von Nötigungshandlung (z.B. Personengewalt) und Nötigungserfolg (ob dieser in einer Vermögensverfügung bestehen muss, ist str. → Rn. 670). Soweit auch hier eine „finale Verknüpfung" verlangt wird (z.B. BGH StV 2013, 446) ist der Vorsatz hinsichtlich der kausalen Verknüpfung gemeint: Der Täter muss bei der Gewaltanwendung den Vorsatz haben, das Opfer dadurch zum vermögensschädigenden Verhalten zu bewegen.

12 Zur Gegenauffassung SK-*Sinn* § 249 Rn. 29 m.w.N.; *Albrecht*, Die Struktur des Raubtatbestandes, 2011, S. 76 ff, 101; Problemübersicht m.w.N. bei *Gierhake* JA 2008, 429 (431).

eine räumlich-zeitliche Nähebeziehung (»Unmittelbarkeit«).[13] Diese fehlt z.B. dann, wenn die Gewaltanwendung eine spätere Wegnahme erst *vorbereiten* soll. Für die Finalität reicht es zwar aus, dass eine zunächst zu einem anderen, z.B. sexuellen, Zweck angewendete Gewalt anschließend zwecks Wegnahme *weiter ausgeübt* (fortgesetzt, »umfunktioniert«) wird.[14] Doch genügt es andererseits nicht, dass der Täter lediglich eine Opfersituation, die er ohne Wegnahmevorsatz gewaltsam geschaffen hat, *nachträglich* zur Wegnahme *ausnutzt* (bloße Ausnutzung der »Gewaltwirkung« ohne »Gewaltfortsetzung«).[15]

In solchen Fällen kommt jedoch u.U. eine *konkludente Drohung* (mit gegenwärtiger **291**
Gefahr für Leib oder Leben) in Betracht, sofern der Täter erkennt oder annimmt, dass das Opfer sein Verhalten als Ankündigung weiterer Gewalt empfindet bzw. verstehen kann. Diese Drohung ist dann wiederum taugliches (»finales«) Mittel zur Wegnahme.[16]

2. Finale Gewaltanwendung durch Unterlassen?

Verschiedentlich wird angenommen, dass die ohne Wegnahmezweck angewandte **292**
Gewalt nachträglich als »*Gewalt durch Unterlassen*« – mit Wegnahmezweck – fortgesetzt werden könne, wenn der Täter die Zwangswirkung der vorher verübten Gewalt pflichtwidrig nicht beseitige: Gewaltanwendung als unechtes Unterlassen i.S. des § 13 I StGB mit Garantenstellung kraft pflichtwidrigen Vorverhaltens (Ingerenz).[17] Die Frage ist sehr umstritten:[18]

Die Befürworter der »Unterlassungslösung« verweisen darauf, dass der Gewaltbegriff nicht notwendig ein durch Aktivität geprägtes Verhalten verlange. Auch das pflichtwidrige Nichtabwenden einer Gewalt*wirkung* sei Gewalt*anwendung*.[19] Anderenfalls bestehe das unbefriedigende Ergebnis, denjenigen, der eine zuvor von ihm geschaffene Nötigungslage nachträglich ausnutzt, nicht ebenso zu bestrafen wie denjenigen, der die Nötigung von vornherein zur Wegnahme einsetzt.[20] Der BGH hat zwar letztlich offengelassen, ob das Nichtlösen der Fesseln des Opfers als „Gewaltanwendung durch positives Tun oder durch Unterlassen bei aus Ingerenz folgender Garantenpflicht des Täters anzusehen ist". Eine Gewaltanwendung durch Unterlassen (der Befreiung) könne aber bejaht werden, wenn ein enger räumlicher und zeitlicher Zusammenhang zwischen vorgehender Gewalt und nachfolgendem Wegnahmeentschluss gegeben sei. Denn dann liege eine dem aktiven Tun entsprechende Unrechtsverwirklichung vor.[21]

---

13 *Rengier*, BT 1, § 7 Rn. 24 f; BGH NStZ 2006, 38; eingehend *Küper* JZ 2001, 730 (738 m.N. in Fn. 73); krit. *Albrecht*, Die Struktur des Raubtatbestandes, 2011, S. 102 ff, 124.

14 BGHSt 20, 32 (33); BGH NStZ 1982, 380; StV 2013, 442 (443) m.w.N.

15 BGHSt 32, 88 (92); 41, 123 (124); BGH NJW 1984, 1632; StV 2013, 443 (444) m.w.N. Bei §§ 253, 255 StGB liegt die Problematik ähnlich, wenn der Täter sich nach Anwendung der Personengewalt zur Erpressung entschließt, vgl. BGH NStZ 2014, 269 (270) mit Anm. *Krehl* (S. 270 f).

16 So auch BGHSt 41, 123 (124); 48, 365 (368); BGH NStZ 1982, 380 f; 2003, 431 (432); *Ingelfinger*, Küper-FS, 2007, S. 197 (200 f – bei „unmissverständlicher Drohung"); *S/S/Bosch* § 249 Rn. 6a. Näher zur insoweit z.T. unklaren Rspr. *Fischer* § 249 Rn. 10 ff (mit Kritik an der Annahme »konkludenter Drohung«); ebenso *T. Walter* NStZ 2004, 154 f.

17 Bsp.: Der Täter fesselt das Opfer und entschließt sich erst dann, dies für eine Wegnahme zu nutzen.

18 Problemübersicht mit Argumenten pro und contra bei *T. Walter* NStZ 2005, 240 ff.

19 *Jakobs*, Eser-FS, 2005, S. 323 (327 ff); *S/S/Bosch* § 249 Rn. 6b.

20 Vgl. MK-*Sander* § 249 Rn. 32.

21 BGHSt 48, 365 (368 ff) in Abgrenzung zu BGHSt 32, 88 (92); krit.: *Otto* JZ 2004, 364 f, *T. Walter* NStZ 2004, 623 ff.

Die Kritiker der »Unterlassungslösung« argumentieren unterschiedlich. Überwiegend wird beanstandet, dass mit der Unterlassungskonstruktion die nachträgliche Ausnutzung der Gewaltwirkung (Zwangs*wirkung*) in eine finale Gewaltanwendung (Zwangs*ausübung*) umgedeutet und damit die notwendige Trennung beider Verhaltensformen missachtet werde.[22] Gewaltanwendung durch Unterlassen sei zwar auch (final) mit Wegnahmezweck möglich; dies aber nur dann, wenn das Unterlassen selbst in einer pflichtwidrigen Nichtverhinderung der Gewalt*anwendung* (z.B. eines Dritten) bestehe. Dagegen fehle ein solcher passiver Gewalteinsatz, wenn es der Täter lediglich unterlasse, die Zwangs*wirkung* – den »Erfolg« – seiner aktiv ausgeübten Gewaltanwendung zu beseitigen.[23] Die Argumentation entspricht der »Finalstruktur« der Gewalt (→ Rn. 275 a.E.): Hat der Täter den Widerstand des Opfers bereits ausgeschaltet, so dient sein Unterlassungsverhalten nicht mehr der *Überwindung* oder Verhinderung des Widerstandes gegen die Wegnahme; anders formuliert: der Täter kann die eingesetzte Gewalt nicht mehr final *ausrichten.*

Gegen die Unterlassungslösung spricht schließlich, dass die bloße *Nichtaufhebung* der Zwangswirkung durch entsprechende Passivität einer – von Zueignungsabsicht motivierten – aktiv-aggressiven Gewalt, die den Unrechtsgehalt des Raubes kennzeichnet, schwerlich i.S. des § 13 I Hs. 2 StGB *gleichgestellt* werden kann.[24] Im Übrigen könnte *physische* »Gewalt durch Unterlassen« – als Wegnahmemittel – ohnehin nur angenommen werden, wenn es dem Täter vor der Wegnahmehandlung noch möglich ist, die *körperliche* Zwangswirkung (nicht nur die psychische!) seines gewaltsamen Vorverhaltens zu beseitigen, wie z.B. beim Fesseln oder Einsperren (durch Befreien), anders liegt es hingegen bei Verletzung oder Bewusstlosigkeit des Opfers.[25] Die Annahme physischer Unterlassungs-Gewalt versagt daher in vielen Fällen und führt zu von Zufälligkeiten der vorausgegangenen Gewaltanwendung abhängigen – ungereimten – Ergebnissen: Wer das Opfer „nur" fesselt und erst danach auf Idee kommt, dem Opfer Sachen wegzunehmen, kann sich nach der Gegenauffassung noch nach §§ 249 I, 13 StGB strafbar machen. Der brutalere Täter, der sein Opfer sogar bewusstlos schlägt und erst dann den Wegnahmevorsatz fasst, würde hingegen nur noch wegen Diebstahls zu bestrafen sein.[26]

Gewalttätigkeit – §§ 113 II 2 Nr. 2, 121 III 2 Nr. 3, 124, 125 I Nr. 1, 125a 2 Nr. 3 StGB

293 »Gewalttätigkeit« ist ein aggressives, aktives Handeln, das sich in nicht nur unerheblicher Weise **unmittelbar** gegen den **Körper eines Menschen** oder die *Substanz einer fremden Sache* richtet und mit der Anwendung **physischer Kraft** verbunden ist. Einer Körper*verletzung* oder Sach*beschädigung* bedarf es nicht.

---

22 Vgl. *Küper* JZ 1981, 568 (571 f).

23 *Graul* Jura 2000, 204 (205); SK-*Sinn* § 249 Rn. 32.

24 *Ingelfinger*, Küper-FS, 2007, S. 197 (203 ff); *Satzger* Jura 2011, 749 (756); krit. *Streng* GA 2010, 671 (680).

25 Dazu BGH NStZ 2006, 508; MK-*Sander* § 249 Rn. 32.

26 S. bei *Otto*, BT, § 46 Rn. 20; *Rengier*, BT 1, § 7 Rn. 32; krit. dazu wiederum LK-*Vogel* § 249 Rn. 49: „erhöhte Vermeidemacht begründet erhöhte Verantwortlichkeit".

Literatur: MK-*Schäfer* § 125 Rn. 20 ff; *S/S/Sternberg-Lieben* § 125 Rn. 5 f; enger SK-*Stein* § 125 Rn. 4 ff (nur „substanzverletzendes Verhalten“ erfasst); *Wolter* NStZ 1985, 245 (251: „unmittelbare Körperverletzungs-/Sachbeschädigungsgefahr“ erforderlich).

Rechtsprechung Grundlegend: RGSt 52, 34 (35); BGHSt 12, 129 (130); 20, 305 (308 – fehlende Gefährlichkeit); 23, 46 (51 ff – als aggressives Handeln). **Beispielhaft:** BGH NJW 1995, 2643 (2644 – Bespritzen mit Benzin); BayObLG NStZ 1990, 37 (38 – Werfen von Erdklumpen); OLG Hamburg NJW 1983, 2273 (Blutbeutelwurf auf Kfz) mit abl. Anm. *Rudolphi* JR 1983, 252 (fehlende Erheblichkeit); OLG Köln NStZ-RR 1997, 234 (Bewerfen mit faulen Eiern).

BGH NJW 1995, 2644: „Gewalttätigkeit … verlangt nicht Körperverletzung und ist nicht mit Gewalt im sonst vom Gesetzgeber gebrauchten Sinne gleichzusetzen. Es genügt das Inbewegungsetzen *physischer Kraft* unmittelbar gegen eine Person in einem *aggressiven Handeln.*“

Gewerbsmäßig – u.a. §§ 146 II, 243 I 2 Nr. 3, 253 IV 2, 260 I Nr. 1, 260a I, 263 III 2 Nr. 1 StGB

»Gewerbsmäßig« handelt, wer die *Absicht* hat, *sich* aus der *wiederholten Tatbegehung* eine **fortlaufende Einnahmequelle** von gewisser – auch begrenzter – Dauer und einigem Umfang (→ Rn. 295) zu verschaffen. **294**

Literatur: *Fischer* Vor § 52 Rn. 61 ff; LK-*Vogel* § 243 Rn. 35 ff; *S/S/Bosch* Vor §§ 52 ff Rn. 95 f. **Monographisch:** *Meisl*, Die Gewerbsmäßigkeit im Strafrecht, 2006.

Rechtsprechung Grundlegend: BGHSt 1, 383 f (m.N. zur Rspr. des RG); 49, 177 (181 – Gewerbsmäßigkeit und Tateinheit). **Beispielhaft:** BGH NStZ 2004, 265 (Handeln zur Schuldentilgung); NJW 2011, 1686 (Geldfälschung); NStZ-RR 2011, 373 (mittelbarer Vorteile für den Täter); NStZ 2014, 271 (sukzessives Absetzen – § 260 StGB); OLG Hamm NStZ-RR 2004, 335 (Wiederholungsabsicht).

BGHSt 49, 177 (181): „Gewerbsmäßig handelt, wer sich durch wiederholte Tatbegehung eine nicht nur vorübergehende Einnahmequelle von einigem Umfang und einiger Dauer verschaffen will. Liegt diese Absicht vor, so ist bereits die *erste Tat* als gewerbsmäßig einzustufen, auch wenn es entgegen den ursprünglichen Intentionen des Täters zu weiteren Taten nicht kommt.“

BGH NStZ 2010, 149: Ein Dieb „handelt nicht allein deshalb gewerbsmäßig i.S. des § 243 I 2 Nr. 3 StGB, weil er die in *einem Akt* erlangte Diebesbeute in *mehreren Tranchen verwerten* will. Erforderlich ist vielmehr, dass sich seine Wiederholungsabsicht auf … die Begehung von Diebstählen bezieht“.

BGH NStZ 2008, 282 f: „Gewerbsmäßigkeit setzt [beim fremdnützigen Betrug] stets – im Unterschied zu den Voraussetzungen des Betrugstatbestandes – *eigennütziges* Handeln … voraus.“

Hinweise: Bei der *fortlaufenden Einnahmequelle* braucht es sich weder um eine ständige oder regelmäßige noch um eine hauptsächliche Einnahmequelle zu handeln. Nicht erforderlich ist die Absicht, die Sachen, die durch die Tat erlangt wurden, wieder »gewerbsmäßig« zu veräußern. **295**

Strittig ist, ob man auch schon dann von einem gewerbsmäßigen Diebstahl sprechen kann, wenn der Täter *erstmals zu Werke* geht. Die h.M. bejaht dies, indem auf die Gefährlichkeit der Absicht verwiesen wird, die auch bei der ersten Tat schon gegeben sei.[1] Die Gegenansicht[2] sieht die Gefährlichkeit nicht allein in der Absicht, sondern auch in einem *eingeübten* und damit *objektiv* gefährlicheren Verhalten des Täters. Ein solches sei erst nach mehreren Taten möglich. Dagegen lässt sich wiederum anführen, dass das Gesetz in § 292 II Nr. 1 StGB gerade zwischen gewerbs- und gewohnheitsmäßiger Begehung unterscheidet.

Bei der »Gewerbsmäßigkeit« handelt es sich um ein täterbezogenes *besonderes persönliches Merkmal.*[3] Auf den nicht gewerbsmäßig handelnden Teilnehmer findet daher § 28 II StGB – je nachdem, ob es sich um ein Qualifikationsmerkmal (§§ 146 II, 260 I Nr. 1, 260a I StGB) oder um ein Regelbeispiel (§§ 243 I 2 Nr. 3, 253 IV 2, 263 III 2 Nr. 1 StGB) handelt – direkte oder entsprechende Anwendung.[4]

Gift – § 224 I Nr. 1 StGB

Vgl. **Beibringung eines Stoffes (Giftes)** → Rn. 108.

Glied, wichtiges (Verlust eines wichtigen Gliedes) – § 226 I Nr. 2 (§ 224 I a.F.) StGB

296 »Glied« ist ein Körperteil mit in sich *abgeschlossener Existenz* und *besonderen Aufgaben* im körperlichen Gesamtorganismus. Dazu gehören nicht nur die durch **Gelenke** mit dem Rumpf oder miteinander verbundenen Gliedmaßen [insoweit unstr.] und die sonst **nach außen** in Erscheinung tretenden Körperteile (str. → Rn. 298), sondern auch **innere Organe** (ebenfalls str. → Rn. 298).

Die verletzte Person »verliert« ein Glied, wenn es physisch von ihrem Körper *abgetrennt* worden ist.

Die »Wichtigkeit« des Gliedes bestimmt sich nach den konkret-individuellen Körpereigenschaften des Verletzten (str. → Rn. 300).

Literatur: MK-*Hardtung* § 226 Rn. 26 ff; *S/S/Sternberg-Lieben* § 226 Rn. 2 (jew. unter Ausgrenzung innerer Organe). **Einführend:** *Rengier*, BT 2, § 15 Rn. 7 ff.

Rechtsprechung Grundlegend: RGSt 3, 391 (392 – Glied); BGHSt 28, 100 (102 – Glied); 51, 252, 254 ff (individuelle Körpereigenschaften). **Beispielhaft:** BGH NStZ 2014, 213 (Anforderungen an die Unbrauchbarkeit).

BGHSt 28, 100 (102): „Wollte man ein inneres Organ als »Glied« bezeichnen, so würde das die Grenze einer zulässigen Wortauslegung überschreiten. Außerdem werden in [§ 224 StGB aF] Organe des Körpers insofern gesondert berücksichtigt, als die Beseitigung ihrer Funktionen

1 BGHSt 49, 177 (181, oben zitiert → Rn. 294) m.w.N; *S/S/Hecker* § 260 Rn. 2; SK-*Hoyer* § 243 Rn. 32.
2 *Kindhäuser* § 243 Rn. 25; GS-*Duttge* § 243 Rn. 37.
3 *A/W/Heinrich* § 14 Rn. 50; *S/S/Bosch* Vor §§ 52 ff Rn. 96.
4 MK-*Joecks* § 28 Rn. 57.

den Tatbestand verwirklicht, so bei Geschlechtsorganen und bestimmten Sinneswerkzeugen (Augen, Ohren). Hier zählt die Vorschrift abschließend auf, welche Einbuße der körperlichen Fähigkeiten vorausgesetzt wird[;] soweit sonst die Funktionsuntüchtigkeit innerer Organe in Betracht kommt, genügen allein Siechtum, Lähmung oder Geisteskrankheit den Erfordernissen des Tatbestandes."

Erläuterungen

Beim »Verlust eines wichtigen Gliedes« i.S. des § 224 I StGB a.F. waren früher alle drei Begriffsmerkmale (Glied, Verlust, Wichtigkeit) erheblich umstritten.[1] Für den »Verlust« des Gliedes gilt dies seit 1998 nicht mehr, weil § 226 I Nr. 2 StGB die dauernde Gebrauchsunfähigkeit dem »Verlust« gleichgestellt hat (→ Rn. 299). Streit besteht jedoch nach wie vor für den Begriff des »Gliedes« (→ Rn. 298) und dessen »Wichtigkeit« (→ Rn. 300). 297

I. Der Begriff des »Gliedes«

Die übliche, noch wenig aussagekräftige, aber tendenziell extensive Definition des »Gliedes« geht auf das RG zurück. Danach bezeichnet der Begriff einen Körperteil, „der eine in sich abgeschlossene Existenz mit besonderer Funktion im Gesamtorganismus hat".[2] In der Literatur wird darüber hinaus z.T. unter Hinweis auf den Gesetzeswortlaut (»Glied des Körpers«) eine »Gelenkverbindung« gefordert,[3] so dass z.B. die Nase als Körperglied nicht erfasst wäre. Auch diese Beschränkung hatte bereits das RG erwogen: Unter Berücksichtigung der „sprachlich engere[n] Bedeutung" sei ein Körperglied jedes „mit einem anderen durch Gelenke verbundene Körperteil".[4] Unter Hinweis darauf, dass in § 226 I Nr. 1 StGB der Verlust einzelner *Organe* bereits abschließend aufgezählt sei, verlangt ein Teil des Schrifttums zudem einen „nach außen in Erscheinung tretenden Körperteil" und nimmt damit »innere Organe« vom Begriff des »Gliedes« aus.[5] In diesem Sinn hat auch der BGH betont, dass ein »inneres Organ« wie die *Niere* kein »Glied« ist.[6] Demgegenüber wird im Schrifttum „unter teleologischen Aspekten" aber auch die eingangs angeführte weite Bestimmung des RG vertreten: Die Schwere der Schädigung und der Schutz vor „heimlichen Organentnahmen" spreche für eine Einbeziehung auch innerer Organe, die als Körperteile auch als Glieder des Körpers bezeichnet werden könnten.[7] 298

II. »Verlust« des Gliedes und dauernde Unbrauchbarkeit

Die *Rechtsprechung* hatte einen »Verlust« des Gliedes nach § 224 I StGB a.F. nur angenommen, wenn es physisch – etwa auch durch Amputation nach Verletzung – vom Körper »*abgetrennt*« ist.[8] Dagegen stand die *Literatur* fast einhellig auf dem Stand- 299

1 Vgl. die Nachw. in der 1. Aufl. 1996, S. 118.
2 RGSt 3, 391 (392): daher kein Stück der Schädeldecke.
3 Vgl. *Fischer* § 226 Rn. 6; LK-*Hirsch* § 226 Rn. 14; NK-*Paeffgen* § 226 Rn. 26.
4 RGSt 6, 346 (347) für die ersten beiden Glieder des Zeigefingers.
5 Z.B. *Jäger* JuS 2000, 31 (37); MK-*Hardtung* § 226 Rn. 26.
6 BGHSt 28, 100 (102, oben zitiert → Rn. 296) gegen OLG Neustadt NJW 1961, 2076 (2077); abl. *Ebert* JA 1979, 278 f.
7 *Rengier*, BT 2, § 15 Rn. 7 ff; *Eisele*, BT I, Rn. 349; *Otto*, BT, § 17 Rn. 6.
8 BGH NJW 1988, 2622 (Versteifung eines Kniegelenks genügt nicht) m.w.N.

punkt, dass der »Verlust« nicht nur gegenständlich-naturalistisch, sondern zugleich *funktional-opferbezogen* als »Verlust der Körperfunktion« verstanden werden könne: Bei *dauernder Gebrauchsunfähigkeit* (Unbrauchbarkeit) sei der Betroffene nicht weniger beeinträchtigt als bei äußerlich-physischem Verlust.

In § 226 I Nr. 2 StGB ist diese extensive Ansicht der *Sache* nach Gesetz geworden, weil die Vorschrift auch die dauernde Gebrauchsunfähigkeit einbezieht.[9] *Formal* hat die Ergänzung des Tatbestandes allerdings die Konsequenz, dass der »Verlust« nunmehr einschränkend – i.S. der »Abtrennung vom Körper« – zu interpretieren ist. Diesem äußerlich-gegenständlichen »Verlust« ist der »totale Funktionsverlust« („dauernd nicht mehr zu gebrauchen") gleichgestellt. Dafür genügt freilich die bloße Funktions*beeinträchtigung* nicht,[10] wohl aber ein so weitgehender Funktionsausfall, dass er in der faktischen Wirkung dem physischen Verlust entspricht.[11] Wird ein abgetrenntes Glied dem Körper wieder – operativ – angefügt, so liegt ein »Verlust« nicht vor;[12] bei Wiederherstellung der Funktionsfähigkeit fehlt dann zugleich die »dauernde Unbrauchbarkeit«.

III. Die »Wichtigkeit« des Gliedes

300 Die »Wichtigkeit« des Gliedes wurde von der *früheren* Rechtsprechung *generalisierend-überindividuell* bestimmt: Es sollte allein auf die generelle, für jeden Menschen geltende Bedeutung ankommen, die ein Glied aufgrund seiner Funktion für den Gesamtorganismus hat:[13] Maßgebend war, „ob der Verlust dieses Gliedes für jeden normalen Menschen eine wesentliche Beeinträchtigung des gesamten Körpers in seinen regelmäßigen Verrichtungen … bedeutet" (RGSt 64, 200 [201]). Seit 2007 berücksichtigt der BGH[14] auch »individuelle Körpereigenschaften« und »dauerhafte körperliche Vorschädigungen« des Opfers. Das Schrifttum fordert demgegenüber z.T. ganz allgemein die Berücksichtigung der *individuellen Verhältnisse* des Verletzten (unter Einbeziehung sozialer Gesichtspunkte wie die Berufstätigkeit),[15] differenziert z.T. aber auch zwischen einzubeziehenden »individuellen Körpereigenschaften« (z.B. Linkshänder/Vorschädigung) und auszuklammernden »außerkörperlichen Besonderheiten« (z.B. Pianist).[16] Für die zuletzt genannte, auf der Linie der neueren Rechtsprechung liegende Ansicht spricht die Überlegung, dass das Gesetz auf die Wichtigkeit des Gliedes für den gesamten *Körper* abstellt (allgemeine Körperfunktionen: Greifen, Schreiben etc.), nicht aber auf eine Bedeutung des Gliedes bei besonderen externen Anforderungen (Pianospiel etc.).

---

9 Die Neufassung war auch gegen diese restriktive Rspr. gerichtet, dazu BT-Drs. 13/9064, S. 16.

10 *K/H/H*, BT 1, Rn. 277; *S/S/Sternberg-Lieben* § 226 Rn. 2; BGH NJW 2001, 980 f.

11 BGHSt 51, 252 (256 f) für die Versteifung des Zeigefingers; BGH NStZ-RR 2009, 78 (abl. bei bloßer »Taubheit«); MK-*Hardtung* § 226 Rn. 30.

12 SK-*Wolters* § 226 Rn. 11.

13 RGSt 6, 346 (347); 62, 161 ff.

14 BGHSt 51, 252 (254 ff) mit diff. Bspr. *Hardtung* NStZ 2007, 702 ff.

15 *Gössel/Dölling*, BT 1, § 13 Rn. 62; *Otto*, BT, § 17 Rn. 7.

16 Vgl. LK-*Hirsch* § 226 Rn. 15; MK-*Hardtung* § 226 Rn. 27; *S/S/Sternberg-Lieben* § 226 Rn. 2. Generalisierend jedoch NK-*Paeffgen* § 226 Rn. 27 f; eingehend *Jesse* NStZ 2008, 605 ff.

Grausamkeit, grausam – § 211 II StGB

»Grausam« tötet, wer dem Opfer – mit der vorsätzlichen Tötung – aus **gefühlloser**, unbarmherziger **Gesinnung** (str. → Rn. 306) körperliche oder seelische (str. → Rn. 305) **Schmerzen** (»Qualen«) bereitet, die infolge der *Intensität, Dauer* oder *Wiederholung* der Schmerzzufügung **besonders stark** wirken und über das für die Tötung *erforderliche Maß* hinausgehen (str. → Rn. 307). 301

Literatur: *Küper*, Seebode-FS, 2008, S. 197 ff; NK-*Neumann* § 211 Rn. 75 ff; MK-*Schneider* § 211 Rn. 129 ff; jew. mit Abweichungen untereinander. **Einführend:** *Köhne* Jura 2009, 265 ff. **Monographisch:** *Witt*, Das Mordmerkmal »grausam«, 1996.

Rechtsprechung Grundlegend: RGSt 76, 297 (299); BGHSt 3, 180 (181); 37, 40 (41). **Beispielhaft:** BGHSt 49, 189 (195 ff – qualvolle Hinrichtung) mit krit. Bspr. *Zöller* Jura 2005, 552 (558); BGH NStZ 1982, 379 (innere Tatseite); StV 1997, 565 (566 – Abwehrverhalten des Opfers); NStZ 2001, 647 (unbarmherzige Gesinnung); 2007, 402 (403 f) und NStZ-RR 2009, 173 f (jew. zum Verhungernlassen).

BGHSt 3, 180 (181): Es ist „daran festzuhalten, daß eine grausame Tötung nicht allein durch das äußere Tatbild bestimmt wird, sondern dem Opfer *besondere Schmerzen* oder Qualen zufügt und auf gefühlloser, *unbarmherziger Gesinnung* des Täters beruhen muß, die ihn jedenfalls bei der Tat beherrscht hat."

BGHSt 37, 40 (41): „Was nur *vor dem Beginn* der objektiv und subjektiv tatbestandsmäßigen *Tötungshandlung* liegt – z.B. grausames Verhalten mit Körperverletzungsvorsatz –, kann in der Regel nicht Moment des (vorsätzlichen) Tötens und damit von Umständen sein, durch die dem Opfer ›beim Vorgang des Tötens‹ besondere Qualen zugefügt werden. Entsprechendes gilt für ein Verhalten, das diesem Vorgang des Tötens erst *nachfolgt*. Zwar muß die Grausamkeit nicht notwendig in der *eigentlichen Ausführungshandlung* im engeren Sinne und den durch diese verursachten Leiden liegen; sie kann sich auch aus den Umständen ergeben, unter denen die Tötung *eingeleitet* und vollzogen wird. Das grausame Verhalten muß jedoch *vor Abschluß* der den tödlichen Erfolg herbeiführenden *Handlung* auftreten und vom Tötungsvorsatz umfaßt sein. Ein nur zeitlicher oder räumlicher *Zusammenhang* zwischen einer grausamen Körperverletzungshandlung und der Tötungshandlung, die selbst nicht grausam ist, genügt den Anforderungen an den objektiven und subjektiven Tatbestand des grausamen Tötens nicht."

Erläuterungen

I. Das grundsätzliche Verhältnis von »Grausamkeit« und »Tötung«

§ 211 II StGB verlangt mit der Wendung »wer grausam tötet«, dass die *Tötung* selbst 302
»grausam« ist. Damit wird nach üblichem Verständnis vorausgesetzt, dass die »Grausamkeit« mit ihren beiden Komponenten – Leidenszufügung/gefühllose Gesinnung – Bestandteil einer objektiv und subjektiv *tatbestandsmäßigen* Tötung[1] ist: tatbestandliche »Konkordanz« oder »Koinzidenz« von Tötung und Grausamkeit. Die genauere Bestimmung dieses Verhältnisses bereitet in Einzelfällen Schwierigkeiten, weil »gemischte Situationen« nicht selten sind, in denen der Täter eine »grausame Körperver-

1 Zum Problem der »grausamen« Tötung durch pflichtwidriges *Unterlassen* eingehend *Grünewald* Jura 2005, 519 (521 ff); monographisch: *Rauber*, Mord durch Unterlassen?, 2008, S. 109 ff, 135 ff, 153; jew. m.w.N.; vgl. auch die Rspr. oben → Rn. 301 (Verhungernlassen).

letzung« mit einer nicht oder nicht eindeutig grausamen Tötung verbindet (→ Rn. 303 f). Einigkeit besteht darüber, dass grausame Verhaltensweisen, die lediglich vom *Körperverletzungsvorsatz* bestimmt sind und an die sich eine selbst nicht mehr grausame (vorsätzliche) Tötung anschließt, den Anforderungen »grausamen Tötens« nicht genügen. Ein bloß *äußerer*, zeitlich-räumlicher Zusammenhang der Handlungsakte reicht insoweit nicht aus; der Grausamkeit muss stets ein *Tötungsvorsatz* zugrunde liegen.[2] Im Übrigen sind zwei Grundkonstellationen zu unterscheiden, die als »nachträglich-begleitende« und als »vorbereitende Grausamkeit« bezeichnet werden können:

II. Die Problematik der Verhältnisbestimmung

1. »Nachträglich-begleitende Grausamkeit«

303 In der ersten Konstellation verhält es sich so, dass der Täter erst *nach Abschluss* seiner der vorsätzlichen Tötung dienenden, selbst jedoch *nicht* »grausamen« Handlung das Opfer grausam quält. Für diese Situation ist ganz überwiegend anerkannt, dass eine »grausame Tötung« jedenfalls dann *nicht* vorliegt, wenn das grausame Handeln zur Herbeiführung des Todeserfolges nichts mehr beiträgt bzw. beitragen soll, den Erfolg also – zumindest nach der Tätervorstellung – nicht mehr beschleunigt oder sonst mitverursacht.[3] Versteht man die »grausame Tötung« demgegenüber nicht nur als „ein instrumentell-kausal auf den Todeserfolg gerichtetes Handeln", sondern auch als „Modalität des Tötens", als „Tötungsart" und damit als „Art des Todes", so lassen sich auch Verhaltensweisen einbeziehen, die zwar nicht mehr kausal für den Tod werden, wohl aber den Sterbeprozess in grausamer Weise verschärfen.[4] Erforderlich ist freilich auch hier, dass das Opfer die grausame Wirkung noch empfindet; einem bewusstlosen oder schmerzunempfindlichen Opfer können keine Qualen *bereitet* werden.[5]

2. »Vorbereitende Grausamkeit«

304 Die zweite Konstellation ist dadurch gekennzeichnet, dass der eine Tötung planende Täter das Opfer bereits *vor Beginn* der vorsätzlichen Tötungshandlung (Versuchsbeginn) grausam misshandelt und es sodann nicht-grausam tötet. Die bisher überwiegende Rechtsprechung wendet auf diese Situation den tendenziell extensiven Grundsatz an, dass die Grausamkeit nicht unbedingt „in der *eigentlichen Ausführungshandlung*" liegen müsse; sie könne sich auch „aus den *Umständen* ergeben, unter denen die Tötung *eingeleitet* und vollzogen" werde.[6] Mit dieser Formel sollen ersichtlich »vorbereitende Quälereien« einbezogen werden, wenn der Täter dabei schon den

---

2 Vgl. BGHSt 37, 40 (41, oben zitiert → Rn. 301); BGH NJW 1986, 265 (266); NStZ 2008, 29; MK-*Schneider* § 211 Rn. 135; *Otto* Jura 1994, 141 (150).

3 BGHSt 37, 40 (41); BGH NStZ-RR 2006, 236 (237); MK-*Schneider* § 211 Rn. 135; *Otto* Jura 1994, 141 (150).

4 *Küper*, Seebode-FS, S. 197 (205 ff, 212 ff – Zitate auf S. 213). Ebenfalls krit. NK-*Neumann* § 211 Rn. 83a; *S. Walther* NStZ 2005, 657 (663 f).

5 *Fischer* § 211 Rn. 57; MK-*Schneider* § 211 Rn. 132; jew. m.w.N. Abw. *Gössel/Dölling*, BT 1, § 4 Rn. 121.

6 BGHSt 37, 40 (41, oben zitiert → Rn. 301); BGH NJW 1951, 666 (667); 1971, 1189 (1190); NStZ-RR 2006, 236 (237 – zweiaktiges Tötungsgeschehen).

Willen hat, das Opfer später zu töten.[7] In der Literatur hat diese Linie z.T. Zustimmung gefunden.[8] Zur Begründung wird darauf hingewiesen, dass bereits vor der eigentlichen Tötung liegende Misshandlungen, welche „die Tötungsart verschärfen“, Ausdruck einer gefühllos-grausamen Gesinnung seien. Der Handlungsablauf wird als *einheitliches*, von Grausamkeit geprägtes Geschehen bewertet, in dem die Tötung lediglich den „Schlusspunkt einer Entwicklung“ setzt.[9] Demgegenüber spricht sich die überwiegende Meinung im Schrifttum dafür aus, ein grausames Verhalten vor Beginn des Tötungsversuchs, auch bei von vornherein geplanter Tötung, aus dem Anwendungsbereich auszuklammern, da die Grausamkeit aus der Tathandlung erwachsen muss, die eben erst mit dem Versuch beginnt.[10]

III. Einzelfragen der Grausamkeit

Die Einbeziehung »*seelischer* Qualen«, namentlich von Todesangst des Opfers, wird **305** im Schrifttum vereinzelt bestritten, weil es insoweit an einem sicheren Maßstab fehle.[11] Überwiegend wird jedoch daran festgehalten, dass neben körperlicher Schmerzzufügung auch die rein seelische Beeinträchtigung – je nach Opfersituation – ein besonders qualvolles Ausmaß annehmen kann (etwa bei gezieltem Hinauszögern des Todeseintritts; der Täter „spielt“ mit der Todesangst des Opfers etc.). Es sei daher nicht sachgerecht, »*seelische* Qualen« von vornherein auszuschließen, zumal diese häufig auch erst im Zusammenwirken mit den zugleich zugefügten körperlichen Qualen die Grausamkeit der Tötung ausmachen.[12]

Das von der Rechtsprechung geprägte Erfordernis der »gefühllos-unbarmherzigen **306** *Gesinnung*« wird von einigen Stimmen in der Literatur verworfen, da es zu unbestimmt sei.[13] *Schneider* spricht sogar von einem Restriktionsversuch, der dem „kriminalpolitischen Bemühen“ entspringt, „die lebenslange Freiheitsstrafe mithilfe flauschig-weicher Kriterien einer inhaltlich kaum fasslichen Gesinnungsdogmatik im Dienste einer obskur-verklärten Affektlehre zurückzudrängen.“[14] Überwiegend wird hingegen an dem Gesinnungserfordernis festgehalten, um besondere Fälle (Affekt-Tötungen, Tötungen im Rauschzustand) auszuscheiden, in denen der Täter zwar noch den erforderlichen Vorsatz aufweist, aber nicht mit der notwendigen Gleichgültigkeit gegenüber den Qualen des Opfers handelt.[15]

Erhebliche Kritik hat schließlich auch die häufig verwendete Formel erfahren, dass **307** die dem Opfer zugefügten Schmerzen/Leiden über das »für die Tötung *erforderliche*

7 Restriktiver jedoch BGH NJW 1986, 265 (266); 1988, 2682.
8 Vgl. *Köhne* Jura 2009, 265; *Otto* Jura 1994, 141 (150).
9 LK-*Jähnke* § 211 Rn. 54.
10 *Kargl* StraFo 2001, 365 (371); SK-*Sinn* § 211 Rn. 53. Eingehend *Küper*, Seebode-FS, S. 197 (214 ff), der vorschlägt, ein Vorverhalten dann einzubeziehen, wenn die grausamen Wirkungen das Opfer nach Versuchsbeginn treffen (S. 218); dem zust. *vH/Eschelbach* § 211 Rn. 61; krit. MK-*Schneider* § 211 Rn. 137.
11 Für eine Beschränkung auf *physische* Schmerzzufügung daher MK-*Schneider* § 211 Rn. 134; *Witt*, Das Mordmerkmal »grausam«, S. 159 ff.
12 *Köhne* Jura 2009, 265 (266); *Küper*, Seebode-FS, S. 197 (202 f).
13 *Grünewald* Jura 2005, 519 (522); NK-*Neumann* § 211 Rn. 78 f (Vorsatzfrage).
14 MK-*Schneider* § 211 Rn. 141.
15 Vgl. mit unterschiedlichen Begründungsansätzen *Kelker*, Gesinnungsmerkmale, S. 624 ff; *Küper*, Seebode-FS, S. 197 (199 ff).

Maß hinausgehen« müssten.[16] Richtig verstanden, kann die Formel nur bedeuten, dass die Verursachung von Schmerzen, die mit einer Tötung zwangsläufig und typischerweise verbunden sind, für die »Grausamkeit« nicht ausreicht. Dagegen scheidet »Grausamkeit« nicht etwa schon deshalb aus, weil dem Täter im *konkreten Fall* für die Ausführung der Tötung keine »mildere Alternative« zur Verfügung steht.[17]

Habgier – § 211 II StGB

308 »Habgier« ist **rücksichtsloses**, ungehemmtes Streben nach – nicht notwendig außergewöhnlichen – **wirtschaftlichen Vorteilen**, die in einer *Vermögensvermehrung* oder in der *Ersparung von Aufwendungen* (str. → Rn. 309) bestehen können (»Vorteil um jeden Preis«).

Beim Handeln »aus« Habgier muss dieses Motiv die Tat wesentlich – »bewusstseinsdominant« – prägen.

Literatur: *vH/Eschelbach* § 211 Rn. 20 ff; *Küper*, Meurer-GS, 2002, S. 191 ff; MK-*Schneider* § 211 Rn. 59 ff. **Einführend:** *Kühl* JA 2009, 566 (570 ff).

Rechtsprechung Grundlegend: BGHSt 10, 399; BGH NStZ 1993, 385 (386). **Beispielhaft:** BGHSt 29, 317 f („Sucht-Notstand") mit abl. Bspr. *Alwart* JR 1981, 293 ff; BGHSt 50, 1 (7 ff – mehrere Motive) mit zust. Bspr. *Kraatz* Jura 2006, 613 (614); BGH NJW 1981, 932 f (Motivbündel); 2001, 763 (Habgier und Verdeckungsabsicht); NStZ 2004, 441 (442 – Habgier und Raub).

BGHSt 10, 399: „Habgier bedeutet nach allgemeinem Sprachgebrauch ein übertriebenes Streben nach *wirtschaftlichen Vorteilen.* Wer nicht einmal davor zurückschreckt, ein Menschenleben aus diesem Beweggrunde zu töten, der zeigt ein Gewinnstreben, das in seiner Rücksichtslosigkeit das gewöhnliche Maß weit übersteigt."

BGH NStZ 1993, 385 (386): „Habgier bedeutet ein Streben nach *materiellen Gütern* oder Vorteilen, das in seiner *Hemmungslosigkeit* und Rücksichtslosigkeit das erträgliche Maß weit übersteigt und das in der Regel durch eine ungehemmte, triebhafte *Eigensucht* bestimmt ist. Voraussetzung hierfür ist, daß sich das Vermögen des Täters – objektiv oder zumindest nach seiner Vorstellung – durch den Tod des Opfers *unmittelbar vermehrt* oder daß durch die Tat jedenfalls eine sonst nicht vorhandene Aussicht auf eine unmittelbare Vermögensvermehrung entsteht. Dies ist etwa der Fall, wenn der Täter sich durch den Tod des Opfers die Möglichkeit schaffen will, einen dem Opfer gehörenden Vermögensgegenstand *wegzunehmen*, wenn er durch den Tod des Opfers dessen *Erbe* werden will, wenn er Begünstigter einer für den Fall des Todes des Opfers abgeschlossenen *Lebensversicherung* ist oder auch, wenn der Täter das Opfer tötet, um dafür eine *Belohnung* zu erhalten. Auch die Absicht, sich durch die Tötung von einer *drückenden Schuld* oder einer Unterhaltsverpflichtung zu befreien, begründet nach der Rechtsprechung das Mordmerkmal der Habgier."

BGH NJW 1995, 2365 (2366): „Handelt der Täter aus einem ›Motivbündel‹ heraus, so muß eine *Gesamtbetrachtung* der verschiedenen Motive ergeben, daß dieses Gewinnstreben *tatbeherrschend* und damit bewußtseinsdominant war."

16 *Frister* StV 1989, 343 (344); MK-*Schneider* § 211 Rn. 131.

17 Näher dazu *Küper*, Seebode-FS, S. 197 (201 f); NK-*Neumann* § 211 Rn. 75; abw. *Heghmanns* Rn. 181 ff.

Erläuterungen

Umstritten ist, ob »Habgier« vorliegt, wenn der Täter keine Vermögens*vermehrung* in Form eines »Zugewinns« erzielen, sondern lediglich *Aufwendungen ersparen*, den Vermögensbestand erhalten oder sich von einer Zahlungsverpflichtung, z.B. Unterhaltspflicht, befreien will (Streben nach wirtschaftlicher »Entlastung«). Nach der Rechtsprechung und überwiegenden Meinung soll dies ausreichen:[1] Denn die Art der erstrebten Bereicherung sei unerheblich; wer nur einen Vorteil behalten oder sich Belastungen entziehen wolle, handle ebenso zur Verbesserung seiner Vermögenslage wie jemand, der zum »Erwerb« finanzieller Vorteile töte. Dagegen wird *eingewandt*, dass beim Streben nach Entlastung die besondere Verwerflichkeit der Motivation nicht so zwingend indiziert sei wie bei echter Erwerbsabsicht (»defensive Struktur« des Motivs, »Selbstbegünstigungsintention«). Deshalb sei »Habgier« in diesen Fällen zu verneinen und die Bewertung nach dem Maßstab der »niedrigen Beweggründe« vorzunehmen.[2] **309**

Dient die Tötung(shandlung) der Durchsetzung eines – tatsächlich oder vermeintlich bestehenden – *Anspruchs* auf den Vermögensvorteil, so wird »Habgier« im Schrifttum vielfach abgelehnt.[3] Begründet wird dies mit einer Parallele zur fehlenden »Rechtswidrigkeit« der Zueignung bzw. Bereicherung bei §§ 249, 253, 255 StGB. Wer (bezogen auf die Begleichung der Forderung) einen rechtskonformen Zustand anstrebt, handelt nicht aus einem ungehemmten Gewinnstreben heraus.

Tötung »aus« Habgier« bedeutet, dass die Habgier *dominantes Motiv* der Tötungshandlung sein muss.[4] Der vom Täter erstrebte Vorteil soll dabei zwar häufig aus dem Tod als Handlungs*erfolg* resultieren.[5] Notwendig ist dies jedoch nicht; wesentlich ist allein der maßgebliche Einfluss des Habgiermotivs auf die Tötungs*handlung*. Deshalb ist »Habgier« mit einer nur *bedingt*-vorsätzlichen Tötung grundsätzlich vereinbar.[6] Setzt der Erwerb des Vorteils den Tod des Opfers nach der Tätervorstellung allerdings notwendig voraus, wie z.B. bei Tötung zur Erlangung der Lebensversicherungssumme, so sind »Habgier« und bedingter Tötungsvorsatz freilich miteinander *unvereinbar*.[7] Die zur Heimtücke entwickelte sog. »Rechtsfolgenlösung« (→ Rn. 327) ist in BGHSt 42, 301 (304) für die Habgier als nicht erforderlich abgelehnt worden. **310**

---

1 Vgl. z.B. BGHSt 10, 399; BGH NStZ 1993, 385 (386, oben zitiert → Rn. 308); MK-*Schneider* § 211 Rn. 66; NK-*Neumann* § 211 Rn. 21 f m.w.N.

2 In dieser Richtung etwa SK-*Sinn* § 211 Rn. 19; vgl. auch *Küper*, Meurer-GS, S. 191 (204 ff); krit. dazu wiederum *Kühl* JA 2009, 566 (571 f).

3 Vgl. z.B. AnwK-*Mitsch* § 211 Rn. 29; näher dazu: *Kühl* JA 2009, 566 (572), *Küper*, Meurer-GS, S. 191 (200 ff), MK-*Schneider* § 211 Rn. 65.

4 Zum Fragenkreis der »Dominanz« des Habgier-Motivs beim sog. »Motivbündel« näher *Alwart* GA 1983, 433 (443 ff); *Franke* JZ 1981, 525 ff; *Küper*, Meurer-GS, S. 191 (199 f mit Fn. 48); *Paeffgen* GA 1982, 255 (261 ff – Besitzen-Wollen als finaler Zweck).

5 So in den von BGH NStZ 1993, 385 (386, oben zitiert → Rn. 308) genannten Beispielsfällen: Hier ist der Todes*erfolg* die Voraussetzung für den Erbfall, den Versicherungsfall etc. Zum dort ebenfalls genannten Erfordernis eines [angestrebten] „unmittelbaren" Vorteils vgl. *Kühl* JA 2009, 566 (572).

6 Vgl. BGHSt 29, 317 (318: „in Kauf nimmt"); 39, 159 (160: habgieriger »Raubmord« mit bedingtem Tötungsvorsatz); MK-*Schneider* § 211 Rn. 69; krit. aber *Köhne* Jura 2008, 805 (807 f).

7 Vgl. die Parallele bei der »Verdeckungsabsicht« → Rn. 584.

Heimtücke, heimtückisch – § 211 II StGB

311 »Heimtückisch« tötet, wer die *objektiv* gegebene **Arg- und Wehrlosigkeit** des Opfers – in feindlicher Willensrichtung (→ Rn. 326) – **bewusst zur Tötung ausnutzt**.

»Arglos« ist, wer – bei vorhandener *Fähigkeit* zum Argwohn (str. → Rn. 321 f) – einen Angriff auf sein *Leben* oder einen erheblichen Angriff auf seine *körperliche Unversehrtheit* nicht erwartet (→ Rn. 313 f). Die Arglosigkeit entfällt, wenn das Opfer einen Argwohn entwickelt, der die Chance zur Wehrhaftigkeit vermittelt (str. → Rn. 319). »Wehrlos« ist, wer *infolge* der Arglosigkeit in seiner Abwehrbereitschaft oder Abwehrfähigkeit zumindest erheblich *eingeschränkt* ist (→ Rn. 315). Arg- und Wehrlosigkeit müssen bei **Beginn** des ersten, mit Tötungsvorsatz geführten **Angriffs** (Eintritt der Tat in das *Versuchsstadium*) vorliegen (→ Rn. 318 ff).
»Bewusste Ausnutzung« heißt: Der Täter muss die Arg- und Wehrlosigkeit in ihrer *Bedeutung für die Tatausführung* derart erfasst haben, dass er sich bewusst ist, einen infolge Ahnungslosigkeit wehrlosen (schutzlosen) Menschen zu überraschen.

Literatur: MK-*Schneider* § 211 Rn. 144 ff; NK-*Neumann* § 211 Rn. 46 ff. **Einführend:** *Geppert* Jura 2007, 270 ff; *Kaspar* JA 2007, 699 ff. **Monographisch:** *Morris*, Die normative Restriktion des Heimtückebegriffs (usw.), 2010, S. 39 ff, 92 ff, passim.

Rechtsprechung Grundlegend: BGHSt 2, 60 (61 – Hilfsbegriff); 30, 105 (Rechtsfolgenlösung); 32, 382 (386 – Schlafende); BGH NStZ 2013, 470 (Ausnutzungsbewusstsein: kein Ausnutzungs*wille*). **Beispielhaft:** BGHSt 37, 376 („Todesengel"); 41, 72 (78 f – Argwohn eines Polizisten); 48, 255 („Familientyrann") mit krit. Anm. *Hillenkamp* JZ 2004, 48 (51 f); BGH NStZ 2003, 146 (147 – „Sekundenargwohn"); 2005, 154 („Familientyrann II"); 2005, 688 (690 – Arglosigkeit bei nicht ernst genommener Drohung); 2008, 93 (94 – Bewusstlosigkeit; oberflächliche Mitleidmotivation); 2010, 450 f (Hinterhalt); 2013, 158 (159 – schutzbereiter Dritter); 2013, 232 (233 – vorausgehende verbale Auseinandersetzung); 2013, 337 (latente Angst).

BGH NStZ 2009, 30 (31): „Heimtückisch handelt, wer in feindlicher Willensrichtung die Arg- und Wehrlosigkeit des Tatopfers bewusst zur Tötung ausnutzt. Wesentlich ist, dass der Mörder sein Opfer, das keinen Angriff erwartet, also arglos ist, in einer hilflosen Lage *überrascht* und dadurch daran hindert, dem Anschlag auf sein Leben zu begegnen oder ihn wenigstens zu erschweren. Maßgebend für die Beurteilung ist die Lage bei Beginn des *ersten* mit Tötungsvorsatz geführten *Angriffs*. Für das bewusste Ausnutzen … ist es erforderlich, dass der Täter die Arg- und Wehrlosigkeit in ihrer *Bedeutung* für die hilflose Lage des Angegriffenen und die Ausführung der Tat in dem Sinne erfasst, dass er sich bewusst ist, einen durch seine Arglosigkeit gegenüber einem Angriff schutzlosen Menschen zu überraschen."

BGH NStZ-RR 1996, 322: „Arglos ist, wer sich keines Angriffs seitens des Täters versieht… Die Überraschung des Opfers entfällt, wenn es einen Angriff des Täters für *möglich* hält. Seine Arglosigkeit kann insbesondere dann beseitigt sein, wenn der Tat eine offene Auseinandersetzung mit von vornherein feindseligem Verhalten des Täters vorangegangen ist. Allerdings schließt ein bloßer … Wortwechsel oder eine nur feindselige Atmosphäre Heimtücke nicht aus, wenn das Opfer hieraus noch nicht die Gefahr einer *Tätlichkeit* entnommen hat. Erforderlich für die Beseitigung der Arglosigkeit ist auch bei einem vorhergehenden Streit, daß das Opfer mit einem tätlichen Angriff rechnet… Ist dies der Fall, so wird das Vorgehen des Täters nicht dadurch heimtückisch, daß dem Opfer die *Intensität* der Gefahr nicht bewußt wird und es sich nicht gerade eines Angriffs auch auf sein *Leben* versieht… Allerdings kann Arglosigkeit auch bei unmittelbar vorausgegangener Auseinandersetzung *wieder eintreten*, wenn die Streitigkeit beendet ist."

Erläuterungen

I. Allgemeines/Grundsätzliches

1. Heimtücke als Ausnutzung der »Arg- und Wehrlosigkeit«

Der Begriff der »heimtückischen« Tötung, das schwierigste und praktisch wichtigste Mordmerkmal, ist im Gesetz nicht näher gekennzeichnet. Zur Bestimmung des dafür charakteristischen »tückisch-hinterhältigen« Verhaltens hat die Rechtsprechung eine *Basisdefinition* entwickelt, die auch in der Literatur weitgehend anerkannt ist. Sie konkretisiert die »Heimtücke« durch die Verwendung eines zweigliedrigen »Hilfsbegriffs«[1], mit dem die *Opfersituation* beschrieben wird, die der Täter zur Tötung ausnutzt: Die »Arg- und Wehrlosigkeit« des Betroffenen.[2] Der Täter muss sich diese schutzlose Opferlage – im Bewusstsein ihrer Bedeutung für die Tatausführung – zur Tötung zunutze machen. Das Merkmal »heimtückisch« enthält danach *objektive* Voraussetzungen (Arg- und Wehrlosigkeit des Opfers) und hierauf bezogene *subjektive* Elemente (bewusste Ausnutzung). An der »bewussten Ausnutzung« kann es bei hochgradiger Erregung, erheblicher Alkoholisierung oder Spontanität des Tatentschlusses fehlen.[3] Dass der Täter die arg- und wehrlose Lage selbst bewusst *schafft* oder verstärkt, ist nicht notwendig; ausreichend ist auch die bewusste »Ausnutzung« einer zufällig vorgefundenen Situation.[4] Nimmt der Täter die Arg- und Wehrlosigkeit des Opfers nur *irrtümlich* an, so liegt ein (untauglicher) *Versuch* der »heimtückischen« Tötung vor. **312**

2. Der Inhalt des »Hilfsbegriffs«

a) »Arglosigkeit«, »Wehrlosigkeit« »Arglosigkeit« ist nach heutigem Verständnis gegeben, wenn und solange das Opfer nicht »argwöhnisch« (misstrauisch) in dem Sinn ist, dass es – zumindest – mit der Möglichkeit eines schweren oder erheblichen Angriffs auf seine *körperliche Unversehrtheit* rechnet.[5] Ein solcher Argwohn schließt die »Arglosigkeit« und damit die heimtückische Tötung aus.[6] Dagegen lässt ein der Tötungshandlung vorausgegangener Streit oder eine verbale Auseinandersetzung in »feindseliger Atmosphäre« die Arglosigkeit bestehen, solange das Opfer daraus nicht die Erwartung eines tätlich-körperlichen Angriffs ableitet.[7] Ebenso kann die Arglo- **313**

---

1 BGHSt 27, 322 (324); *M.-K. Meyer* JR 1986, 133.
2 Vgl. bereits RGSt 77, 41 (44); BGH-Rspr. seit BGHSt 2, 60 (61 f); näher zur Entwicklung der Judikatur: *Langer* JR 1993, 133 (137 ff), *M.-K. Meyer* JR 1979, 441 ff.
3 BGH NStZ-RR 2005, 265 f; 2010, 175 (176); NStZ 2012, 270 (271); jew. m.w.N.; krit. zur Funktion des Ausnutzungsbewusstseins in der Rspr. *Rengier*, Küper-FS, 2007, S. 473 (478 ff).
4 BGHSt 32, 382 (384) m.w.N.; BGH NStZ 2006, 338 (schlafendes Kind); 2009, 569 (570); krit. *Heghmanns* Rn. 126 ff: „gezielte Ausnutzung" notwendig.
5 Vgl. z.B. BGH NStZ 1991, 233 (234); NStZ 2008, 273 (274).
6 Nicht erforderlich ist, dass das Opfer einen *lebens*bedrohlichen Angriff erwartet (so noch BGHSt 7, 218 [221]; 23, 119 [120]).
7 BGH NStZ 2005, 691 (692); NStZ-RR 2006, 235 (236); NStZ 2009, 501 (502).

sigkeit nach einer tätlichen Auseinandersetzung *wieder eintreten*, wenn das Opfer diese für abgeschlossen hält und mit keinen weiteren Tätlichkeiten rechnet.[8] Aufgegeben hat der BGH die zeitweise abweichende Rechtsprechung, wonach – unabhängig davon, ob das Opfer gerade mit einem *tätlichen* Angriff rechnet – eine »Arglosigkeit« bereits dann ausgeschlossen sein sollte, „wenn die offene Begegnung zwischen Täter und Opfer von vornherein deutlich im Zeichen feindseligen Verhaltens steht".[9]

314 Dass das Opfer mit einem Angriff auf Leib oder Leben hätte *rechnen müssen*, genügt für den Ausschluss von »Arglosigkeit« grundsätzlich nicht.[10] Die von diesem Grundsatz für einen Sonderfall – Tötung des Erpressers durch den Erpressten in einer Notwehrlage – *abweichende* Entscheidung in BGHSt 48, 207 (210 ff)[11] hat im Schrifttum eine rege Diskussion darum ausgelöst, ob die damit verbundene Zuschreibung eines Argwohns mit dem herkömmlichen »zweigliedrigen Hilfsbegriff« noch vereinbar ist (»Normativierung« der Arglosigkeit?)[12] oder ob über die Betonung eines Elements der »Tücke« solche Fälle treffender erfasst werden können (dazu → Rn. 326 a.E.).

Die Annahme eines Argwohns, der darauf gestützt wird, dass das Opfer mit einem Angriff des von ihm rechtswidrig Angegriffenen rechnen konnte oder musste, ist mit den Grundlagen des herkömmlichen Hilfsbegriff jedoch nicht mehr vereinbar. Denn dieser orientiert sich bei der Bestimmung der Arglosigkeit an der *tatsächlichen Befindlichkeit* des Opfers. Das Opfer ist arglos, weil es von der Täterseite keinen Angriff befürchtet, so dass es sich deshalb nicht um einen Schutz in dieser Richtung sorgt („offene Flanke"). Eben diese Arglosigkeit wird vom Täter dann zur Tötung ausgenutzt (→ Rn. 317). Umgekehrt besteht ein die Arglosigkeit ausschließender Argwohn, wenn das Opfer wegen seiner Befürchtungen zumindest in die Lage versetzt wird, sich gegen einen Angriff aus dieser Richtung zur Wehr setzen zu können (Argwohn mit der Chance zur Wehrhaftigkeit). Wer einen tätlichen Angriff auf seine Person hingegen nur annehmen *müsste*, hat aber tatsächlich keine Befürchtungen, die ihm eine Chance zur Wehrhaftigkeit vermitteln.

315 »Wehrlosigkeit« ist nicht so streng zu verstehen, dass das Opfer schlechthin abwehr- und schutzunfähig sein müsste. Es reicht aus, dass seine Abwehrmöglichkeiten wegen der Arglosigkeit erheblich eingeschränkt sind.[13] Wehrhaft ist ein Opfer deshalb schon dann, wenn es noch Hilfe holen, verbal den Täter umstimmen oder fliehen kann,[14] wobei die Rechtsprechung – etwa zur verbalen Einwirkungsmöglichkeit – mitunter sehr weit geht.[15]

---

8 BGH NStZ 2011, 634; 2013, 232 (233).

9 Vgl. BGHSt 27, 322; 28, 210 (211); BGH NStZ 1983, 34 (35); aufgegeben spätestens seit BGHSt 33, 363 (365). In dieser Richtung nun allerdings wieder *Köhne* Jura 2009, 748 (753).

10 BGHSt 33, 363 (364 f); BGH NStZ-RR 2012, 371.

11 Zur Kritik der anderen Senate des BGH vgl. NStZ 2005, 688 (690); NStZ 2007, 523 (525).

12 *Exner/Remmers* ZIS 2011, 14 (22); *Fischer* § 211 Rn. 51 ff; *Hillenkamp*, Rudolphi-FS, 2004, S. 463 (472 ff); *Küper* GA 2006, 310 ff (mit Nachw. zur Diskussion); *Quentin* NStZ 2005, 128 (129 ff); *Schneider* NStZ 2003, 425 (429 f); zust. u.a.: *Müssig*, Dahs-FS, 2005, S. 117 (126 f, 135 ff), *Zorn*, Die Heimtücke i.S. des § 211 II StGB, 2013, S. 52 ff, 212 ff.

13 BGHSt 32, 382 (388: *starke* Einschränkung der natürlichen Abwehrbereitschaft und -fähigkeit).

14 BGHSt 11, 139 (143 f); BGH NStZ 1989, 364 (365); zu den die Wehrlosigkeit ausschließenden Verteidigungsmöglichkeiten s. auch MK-*Schneider* § 211 Rn. 75 f.

15 Vgl. BGH NStZ 2009, 29 (30) mit krit. Anm. *Puppe* NStZ 2009, 208 f. Eingehend zur »Wehrlosigkeit« mit Kritik der Rspr. *Morris*, Restriktion, S. 108 ff.

b) Der Zusammenhang zwischen Arg- und Wehrlosigkeit Die beiden Elemente dieses zweigliedrigen Hilfsbegriffs stehen im Zusammenhang: Der Täter muss die Arg- *und* Wehrlosigkeit ausnutzen.[16] Die Ausnutzung nur der »Wehrlosigkeit« genügt danach nicht. Die »Wehrlosigkeit« muss zudem auf der »Arglosigkeit« *beruhen*; das Opfer muss gerade aufgrund seiner Arglosigkeit auch wehrlos sein; eine unabhängig davon bestehende Wehrlosigkeit reicht nicht aus.[17] Heimtücke entfällt deshalb z.B., wenn das arglose Opfer selbst bei rechtzeitiger Wahrnehmung des tätlichen Angriffs keinerlei Abwehrchancen gehabt hätte.[18] Da freilich das *nicht* mehr »arglose« Opfer regelmäßig gewisse Verteidigungsmöglichkeiten hat, die ihm bei gegebener Arglosigkeit entzogen oder verkürzt werden, ist die »Arglosigkeit« innerhalb der Heimtücke der führende *Primärbegriff*, zu dem die »Wehrlosigkeit« als eine Art Annex ergänzend hinzutritt.[19] Die Rechtsprechung zur Heimtücke bezieht sich daher auch hauptsächlich auf die »Arglosigkeit«. 316

3. Grundgedanke und Probleme der Heimtücke

Ein so bestimmter Heimtückebegriff beruht auf dem Grundgedanken, dass die *Ausführungsart* der Tötung für das Opfer spezifisch und gesteigert gefährlich ist (Unrechts- und Schulderhöhung infolge besonderer Gefährlichkeit). Die spezifische *Gefährlichkeit* soll darin bestehen, dass der tückisch-überraschend vorgehende Täter dem arglosen Opfer *Selbstschutzmöglichkeiten* – Abwehr- und Verteidigungschancen – *entzieht*, die es sonst, bei vorhandenem Argwohn, hätte erkennen und wahrnehmen können.[20] Der Täter unterläuft gleichsam den psycho-physischen »Abwehrmechanismus«, der beim argwöhnisch-misstrauischen Opfer regelmäßig einsetzt, und erleichtert sich dadurch die Ausführung der Tat. Die Rechtsprechung hat diesen Grundgedanken in unterschiedlichen Wendungen häufig hervorgehoben.[21] So heißt es in der Entscheidung des Großen Senats (BGHSt 11, 139 [143 f]): 317

„Der Grund dafür, daß das Gesetz den, der heimtückisch einen Menschen tötet, als Mörder … bedroht, liegt in der besonderen Gefährlichkeit seines Vorgehens. Er überrascht das Opfer in einer hilflosen Lage und *hindert* es dadurch, sich zu *verteidigen*, zu fliehen, Hilfe herbeizurufen, den Angreifer umzustimmen, in sonstiger Weise dem Anschlag auf sein Leben zu begegnen oder die Durchführung wenigstens durch solche Bemühungen zu erschweren… Wer solche Möglichkeiten ausschaltet, kann fremdes Leben *leichter* und *sicherer* als sonst vernichten. Diese besonders gefährliche und erfahrungsgemäß häufige Art der Tötung will das Gesetz möglichst nachdrücklich bekämpfen… Es denkt dabei weniger an den Täter als an das hinterrücks überfallene Opfer.“

Dieser opferbezogene Heimtückebegriff, der die mordqualifizierende Unrechts- und Schuldsteigerung aus der Gefährlichkeit der Ausführungsweise ableitet, enthält einer-

---

16 BVerfGE 45, 187 (263); BGHSt 19, 321 (322).
17 BGHSt 32, 382 (388); 39, 353 (368 f); BGH NStZ 1997, 490 (491: »Kausalzusammenhang« zwischen Arg- und Wehrlosigkeit).
18 *Kaspar* JA 2007, 699 (702); *S/S/Sternberg-Lieben* § 211 Rn. 24b.
19 *M.-K. Meyer* JR 1979, 441 (444); vgl. auch *Bosch/Schindler* Jura 2000, 77 (79): »Konkretisierung« der Arg – zur Wehrlosigkeit durch den Angriff des Täters.
20 Näher dazu *Küper* JuS 2000, 740 (742).
21 Vgl. z.B. BGHSt 2, 60 (61); 23, 119 (121); 32, 382 (384).

seits »*interne*« Probleme; sie betreffen insbesondere den maßgeblichen *Zeitpunkt* der Arg- und Wehrlosigkeit (→ Rn. 318 ff) sowie die Beurteilung bei *speziellen Opfergruppen* (→ Rn. 321 f). Der an der Gefährlichkeit orientierte, »instrumentelle« Heimtückebegriff wirft andererseits »*externe*« Probleme auf. Dabei geht es vor allem um folgende Fragen: Ist die »Ausnutzung der Arg- und Wehrlosigkeit« *überhaupt* das angemessene Kriterium für den Übergang vom Totschlag zum Mord (mit lebenslanger Freiheitsstrafe)? Bedarf dieses Kriterium nicht wenigstens bestimmter *Einschränkungen* oder Ergänzungen (→ Rn. 324 ff), damit auch *schuldmindernde* Faktoren, die aus der Motivationslage des Täters resultieren, mitberücksichtigt werden können?

II. »Interne« Heimtückeprobleme

1. Der Zeitpunkt der Arg- und Wehrlosigkeit

318 **a) Regel und Ausnahme** Für den maßgeblichen Zeitpunkt der Arg- und Wehrlosigkeit ist in ständiger Rechtsprechung der auch im Schrifttum weitgehend anerkannte Grundsatz (»Regel«) aufgestellt worden, dass sich das Opfer bei *Beginn* des »ersten mit Tötungsvorsatz geführten Angriffs« – Eintritt der Tötungshandlung in das Versuchsstadium – noch im Zustand der »Arglosigkeit« befinden muss. Arglosigkeit nur bei der Tatvorbereitung oder sonst vor Beginn der Tötungshandlung soll grundsätzlich nicht genügen (sog. »Koinzidenzprinzip«).[22] Nach diesem Prinzip reicht es für die Annahme von Heimtücke z.B. nicht aus, dass der Täter sein zunächst »argloses« Opfer mit bloßem *Körper*verletzungsvorsatz angreift, hierdurch »wehrlos« macht und danach zur vorsätzlichen Tötung des nun nicht mehr »arglosen« Opfers übergeht.[23] Gleiches gilt, wenn der Täter die Wehrlosigkeit auf andere Weise ohne Tötungsvorsatz – etwa durch einverständliche Fesselung – herbeiführt und sodann einen offenen tödlichen Angriff anschließt, bei dessen Beginn das Opfer nicht »arglos« ist.[24]

Ist es andererseits in diesem Zeitpunkt noch arglos, so hat ein späterer Argwohn für die maßgebliche Arglosigkeit keine Bedeutung;[25] allerdings kann u.U. die auf Arglosigkeit beruhende »Wehrlosigkeit« nicht mehr ausgenutzt werden.[26] Erkennt das Opfer den Angriff zwar bei Beginn der Tötungshandlung, aber infolge von Überraschung erst »im letzten Augenblick«, so dass ihm keine Abwehrmöglichkeit mehr bleibt (»Sekundenargwohn«), dann soll wiederum Heimtücke nicht ausgeschlossen sein.[27] Darin könnte eine *Ausnahme* von dem Koinzidenzprinzip (maßgeblich ist die Arglosigkeit bei Versuchsbeginn) liegen, sofern das Erkennen des Angriffs das Opfer zu einem Argwohn führt, der eine Arglosigkeit zu Versuchsbeginn ausschließt

---

22 *Rengier*, Küper-FS, 2007, S. 473 (474). Vgl. zur Rspr. u.a. BGHSt 32, 382 (384); BGH NStZ 2011, 634.

23 BGHSt 19, 321 (322); BGH StV 1998, 545.

24 BGHSt 32, 382 ff. Die Wehrlosigkeit des Opfers beruht auf der von ihm selbst gewünschten Fesselung, nicht aber auf der Arglosigkeit des Opfers zu Beginn der Tötung.

25 BGH StV 1981, 338 (339 bemerktes Messer); NStZ 1991, 233 (234).

26 Bsp.: Noch im Versuchsstadium ergreift das nunmehr argwöhnische Opfer Abwehrmaßnahmen, die denen entsprechen, die ihm bei anfänglichem Argwohn möglich gewesen wären.

27 Vgl. BGH NStZ-RR 1997, 168; NStZ 1999, 506; 2003, 146 (147); NStZ-RR 2004, 14 (16); NStZ 2006, 96; 2006, 167 (169). Das gleiche soll gelten, wenn der Täter mit Verletzungsvorsatz angreift und unmittelbar darauf zur Tötung übergeht: BGH NStZ-RR 2004, 234; NStZ 2006, 502 (503); 2009, 29 (30); 2012, 35. Zu diesen Konstellationen näher *Lesch* JA 1997, 536 ff; krit. *Rengier*, Küper-FS, 2007, S. 473 (474 ff).

(→ Rn. 319). Will man dann gleichwohl eine Heimtücke bejahen, so würde hier *ausnahmsweise* doch auf eine nur im Vorbereitungsstadium bestehende Arglosigkeit abgestellt.

Daneben wird noch eine weitere Fallkonstellation als *Ausnahme* diskutiert. Sie soll in den Fällen vorliegen, in denen der Täter sein Opfer mit Tötungsvorsatz planmäßig in einen *Hinterhalt* lockt oder ihm eine *Falle* stellt; dann soll es nicht mehr entscheidend darauf ankommen, ob das Opfer bei *Beginn* der eigentlichen Tötungshandlung (Versuchsbeginn) noch arglos war: „Wer einen anderen nach einem wohlüberlegten Plan mit Tötungsvorsatz in einen Hinterhalt lockt und dadurch eine bis zur Tatausführung fortwirkende günstige Gelegenheit zur Tötung schafft, handelt auch dann heimtückisch, wenn er dem Opfer in offen feindlicher Haltung aus dem Hinterhalt entgegentritt." Das »Tückische« liege hier gerade in den bei der *Ausführung* noch *weiterwirkenden* „Vorkehrungen und Maßnahmen, die der Täter ergreift, um eine günstige Gelegenheit zur Tötung zu schaffen", außerdem in dem „überlegten, das Vertrauen des Opfers mißbrauchenden Vorgehen".[28]

b) Bemerkungen zu den Ausnahmen von der »Zeitregel« Die Rechtsprechung hat bisher weder den Grundsatz noch die Ausnahme von der Regel näher begründet.[29] Ausgangspunkt der Zeitregel dürfte der Gedanke sein, dass die »heimtückische Tötung« ein Verhalten erfordert, welches sich bereits als vorsätzliche *Tötungshandlung* gegen ein (noch) argloses und infolgedessen wehrloses Opfer richtet: Wer das zunächst arglose Opfer schon vor dessen »Tötung« wehrlos macht und sodann das argwöhnisch gewordene Opfer tötet, erfüllt diese Voraussetzungen nicht, weil seine Tötungs*handlung* selbst nicht mehr durch die Ausnutzung der Arglosigkeit des Opfers charakterisiert ist. Aus dieser Sicht könnte die »Ausnahme« in den Fällen des Hinterhalts – ohne grundsätzliche Abweichung vom tradierten Heimtückebegriff – damit erklärt werden, dass die mit *Tötungs*vorsatz gegen ein argloses Opfer gerichtete, planmäßige Tatvorbereitung, die dem im Ausführungsstadium nicht mehr arglosen Opfer schon vorgreifend Verteidigungsmöglichkeiten entzieht, wegen dieser *Wirkungen* bereits der »Tötungshandlung« zuzurechnen ist.[30] 319

Liegt aber wirklich eine Ausnahme von der Zeitregel vor? Dies wäre nur dann der Fall, wenn das Opfer bei Versuchsbeginn wegen des bereits eingetretenen Argwohns nicht mehr arglos ist. Beruht das heimtückische Vorgehen darauf, dass der Täter die aus der Arglosigkeit resultierende Wehrlosigkeit (gleichsam die „offene Flanke" gegenüber dem Täter) zur Tötung ausnutzen kann (→ Rn. 317), so muss der Argwohn, der eine solche Arglosigkeit aufheben soll, dem Opfer die Möglichkeit vermitteln, die „offene Flanke" zum Täter hin zu schließen (→ Rn. 314). Anders ausgedrückt: Durch

28 BGHSt 22, 77 (79 f). Vgl. ferner BVerfGE 45, 187 (264); BGHSt 32, 382 (385); BGH NStZ 1984, 261; 1989, 364 (365); 2010, 450 (451).

29 Unklar bleiben die Ausführungen in BGH NStZ 2012, 35 zu einer „erweiternden Auslegung des Begriffs ›Angriff‹". Näher zur noch nicht definitiv geklärten Problematik *Bosch/Schindler* Jura 2000, 77 (78 ff); NK-*Neumann* § 211 Rn. 64 ff (mit dem Vorschlag, die »Zeitregel« nur auf die »Wehrlosigkeit« anzuwenden). Eingehende Rechtsprechungsanalyse bei *Küper* GA 2014, 611 (617 ff), die zu dem Ergebnis kommt, dass in der deutlich überwiegenden Zahl der Entscheidungen keine Ausnahme von der Zeitregel intendiert ist (S. 632 ff).

30 So *Küper* in der 8. Aufl. 2012, S. 195.

die Arglosigkeit des Opfers hat der Täter einen Angriffsvorteil, der ihm prinzipiell die Tötungshandlung erleichtert. Soll ein Argwohn die Arglosigkeit des Opfers beseitigen, so muss auch der Angriffsvorteil auf Täterseite entfallen. Daraus folgt, dass der Argwohn zumindest die *Chance zu einer Wehrhaftigkeit* (als Möglichkeit, den tödlichen Angriff zumindest zu erschweren[31]) vermitteln muss, damit die aus der Arglosigkeit folgende Wehrlosigkeit nicht mehr besteht.

In den Fällen des »Sekundenargwohns« kann aber nicht die Rede davon sein, dass ein solcher Argwohn bereits geweckt worden ist. Denn unmittelbar an die Erkenntnis des Opfers schließt sich die Tötungshandlung an, so dass das Erkennen der Gefahr gerade keine Chance zur Wehrhaftigkeit mehr eröffnet. D.h. aber eben auch, dass die zuvor bestehende Arglosigkeit durch das Erkennen des Angriffs *nicht* aufgehoben wird. Vielmehr kann der Täter bei Versuchsbeginn die „offene Flanke“ des Opfers als Angriffsvorteil noch ungeschmälert zur Tötung ausnutzen. Eine Ausnahme von der Zeitregel ist deshalb in den Fällen des »Sekundenargwohns« nicht erforderlich.[32]

Betrachtet man vor diesem Hintergrund die Fälle der Hinterlist genauer, so ist auch hier der vom Opfer in der unentrinnbaren Falle geschöpfte und bei Tötungsbeginn nun vorhandene „Argwohn“ kein solcher, der diesem jemals die Chance auf Wehrhaftigkeit vermittelt hätte. Anders formuliert: Der Täter hat sich durch den Hinterhalt die „offene Flanke“ des Opfers und damit seinen Angriffsvorteil bis zur Vornahme seiner Tötungshandlung konserviert. Ebenso wie beim Sekunden„argwohn“ gelingt dem Opfer gerade wegen seiner Ahnungslosigkeit kein „Schließen der offenen Flanke“ mehr, was der Täter sich zu Tötungsbeginn (immer) noch zunutze machen kann. So gesehen stellen auch die Fälle des Hinterhalts *keine* Ausnahme vom Koinzidenzprinzip dar.

320 Zur Klarstellung: Wird das arglose Opfer zunächst nur mit Körperverletzungsvorsatz angegriffen und kann es auf diesen Angriff reagieren, bevor der Täter dann im weiteren Verlauf zur Tötung übergeht, so führt der erste Angriff zu einem die Arglosigkeit des Opfers ausschließenden Argwohn, da es dem tödlichen Angriff nun nicht mehr unvorbereitet ausgesetzt ist. Eine heimtückische Begehungsweise scheidet aus. Auch wenn das Opfer sich in diesen Fällen ggf. letztlich nicht mehr erfolgreich verteidigen kann, ändert dies nichts daran, dass es beim vorhergehenden Angriff die Chance zur Wehrhaftigkeit hatte. Wegen der zwischenzeitlich bestehenden Chance auf Wehrhaftigkeit nutzt der Täter nun bei der Tötung einen aus der Arglosigkeit folgenden Angriffsvorteil nicht mehr aus. Hat sich das Opfer hingegen ahnungslos fesseln lassen oder wurde es ahnungslos so massiv mit Körperverletzungsvorsatz angegangen, dass es sogleich völlig wehrlos ist, könnte zwar auch von einem bei Tötungsbeginn bestehenden „Argwohn“ gesprochen werden, der keinerlei Chance auf Wehrhaftigkeit vermittelt. Indes beruht diese fehlende Chance zur Wehrhaftigkeit (und damit der Angriffsvorteil des Täters) nicht unmittelbar auf der Arglosigkeit des Opfers, sondern auf einem von der späteren Tötung zu trennenden Täter- oder Opferverhalten (Gewalteinwirkung bzw. Fesselung).[33]

31 So BGH NStZ 2006, 338 (339) zum Argwohn.

32 Im Ergebnis ebenso *Küper* GA 2014, 611 (632 ff), der auch der Rspr. konsequent entgegentritt, die die Zeitregel bei zunächst nur mit Verletzungsvorsatz verübten Angriffen mit einem sog. »Überraschungsmoment« überspielen will.

33 Verkannt von BGH NStZ-RR 2006, 43 (Täter nutzt die durch *seine Faustschläge* herbeigeführte Wehrlosigkeit der schutzbereiten Mutter aus).

2. Die Arglosigkeit bei speziellen Opfergruppen

a) Der Ausgangsgrundsatz Im Prinzip ist anerkannt, dass die »Arglosigkeit« des Opfers dessen »*Fähigkeit zum Argwohn*« voraussetzt: Das Opfer muss danach psychisch überhaupt *imstande* sein, den gefährlichen Angriff – bei Beginn der Tötungshandlung (→ Rn. 318) – wahrzunehmen und auf die erkannte Gefahr mit erhöhter Abwehrbereitschaft zu reagieren.[34] Diese Voraussetzung entspricht dem Grundgedanken des primär durch »Arglosigkeit« bestimmten Heimtückebegriffs (→ Rn. 317): Dem zum »Argwohn« psychisch von vornherein unfähigen Opfer können nicht die Abwehr- und Verteidigungschancen entzogen werden, über die ein misstrauisches Opfer sonst verfügt, weil ihm solche Chancen infolge der elementaren Unfähigkeit zum Argwohn ohnehin fehlen![35] Umstritten ist jedoch, welche *Folgerungen* aus diesem Grundsatz für spezielle Opfergruppen gezogen werden müssen: 321

b) Die Rechtsprechung zur »Arglosigkeit« bei Kindern, Bewusstlosen, Schlafenden Bei Kleinst- und Kleinkindern – bis zum Alter von etwa drei Jahren – wird Heimtücke unmittelbar gegenüber dem Opfer wegen dessen »natürlicher Arglosigkeit« (Unfähigkeit zum Argwohn) allgemein verneint.[36] Ebenso verfährt die Rechtsprechung bei »Besinnungslosen«/»Bewusstlosen«[37], die den Eintritt ihres Zustandes nicht abwenden können, und in vergleichbaren Fällen, z.B. bei nicht mehr ansprechbaren Kranken.[38] 322

Heimtücke komme dann aber in Betracht, wenn die Arglosigkeit eines schutzbereiten Dritten ausgenutzt oder – bei Kleinkindern – der »natürliche Abwehrinstinkt« ausgeschaltet wird.[39] Schutzbereit soll jede Person sein, „die den Schutz vor Leib- und Lebensgefahren dauernd oder vorübergehend übernommen hat und diesen im Augenblick der Tat entweder tatsächlich ausübt oder dies deshalb nicht tut, weil sie dem Täter vertraut“; allerdings müsse die Person zumindest potenziell zum Schutz in der Lage sein, was eine räumliche Nähe voraussetzt.[40]

Anders als bei »bewusstlosen« soll es sich bei »*schlafenden*« Opfern verhalten, sofern sie nicht, wie Besinnungslose, »vom Schlaf übermannt« werden. Die Tötung eines Schlafenden sei „das klassische Beispiel der Heimtücke“: „Wer sich zum Schlafe niederlegt, nimmt die Arglosigkeit *mit in den Schlaf*; sie begleitet ihn, auch wenn er sich ihrer nicht mehr bewußt ist“[41]. Der Gedanke der »Mitnahme« vorheriger Arglo-

34 Vgl. *M.-K. Meyer* JR 1979, 441 f; SK-*Sinn* § 211 Rn. 41; BGHSt 4, 11 (13); 8, 216 (218); BGH NStZ 1997, 490 (491); BVerfGE 45, 187 (263); krit. *Bosch/Schindler* Jura 2000, 77 (79 f); *Gössel/Dölling*, BT 1, § 4 Rn. 99 f.

35 Vgl. hierzu *Küper* JuS 2000, 740 (744); MK-*Schneider* § 211 Rn. 168.

36 Vgl. aus der Rspr. BGHSt 3, 330 (332); 4, 11 (12 f); 8, 216 (218); BGH NJW 1978, 709; NStZ 2006, 338 (339); Übersicht bei *Geppert* Jura 2007, 270 (273 f).

37 Zur davon zu trennenden heimtückischen Tötung durch Herbeiführung der Bewusstlosigkeit BGH NStZ 2008, 569 mit krit Anm. *Schroeder* JR 2008, 392.

38 Bewusstlosigkeit: BGHSt 23, 119 (120); BGH NJW 1966, 1823 (1824). Krankheit: BGH NStZ 1997, 490 (491); StV 1998, 545; NStZ 2008, 93 (94).

39 BGHSt 8, 216 (219 f); BGH NStZ 2008, 93 (94 – Pflegekraft); StV 2009, 524 (525 – Ehemann); krit. zum Abwehrinstinkt: *Fahl* JA 1999, 284 (286), NK-*Neumann* § 211 Rn. 58, jew. m.w.N.

40 BGH NStZ 2013, 158 (159 – zu dem im Nebenraum schlafenden Dritten); krit. – auch zur Arglosigkeit Schlafender (dazu → Rn. 323) – *Mitsch* JuS 2013, 783 (785).

41 BGHSt 23, 119 (121); ferner z.B. BGHSt 8, 216 (218); BGH NStZ 2006, 338 (339); 2007, 523 (524).

sigkeit in den Schlaf soll zugleich die Übereinstimmung mit dem Grundsatz herstellen (→ Rn. 318), dass das Opfer noch bei *Tatbeginn* »arglos« sein muss.[42]

323 **c) Kritik der Literatur** In der Literatur wird die Unterscheidung zwischen »Besinnungslosen« und »Schlafenden« z.T. gebilligt,[43] häufig aber angegriffen. Die Kritik fordert meist eine *Gleichbehandlung* beider Opfergruppen, entweder i.S. der Bejahung oder der Verneinung von »Arglosigkeit«.[44] Dabei wird die Diskussion im Anschluss an *Dreher* auch unter dem Aspekt geführt, ob die Arglosigkeit ein „positives Sicherheitsbewusstsein" voraussetzt oder lediglich *negativ* im „Fehlen der Bewusstseinslage des Argwohns" besteht. Unter dem letzteren Gesichtspunkt seien dann Besinnungslose ebenso »arglos« wie Schlafende.[45] Obwohl die negative Fassung der Arglosigkeit zutrifft und das „positive Sicherheitsbewusstsein" des – bewusstlos (!) – Schlafenden eine Fiktion darstellt, verzerrt die Alternative das Problem: Wird an dem Grundsatz festgehalten, dass die »Fähigkeit zum Argwohn« Voraussetzung der Arglosigkeit ist (→ Rn. 321), dann können Schlafende wie Besinnungslose gleichermaßen *nicht* »arglos« sein, weil ihnen mangels Bewusstseins diese Fähigkeit fehlt.[46] Folgt man dem, ist – wie bei den Bewusstlosen – auf das Ausnutzen der Arglosigkeit schutzbereiter Dritter abzustellen.

III. »Externe« Heimtückeprobleme

1. Grundsätzlich abweichende Konzeptionen (»Vertrauensbruch«)

324 **a) Die Lehre vom »verwerflichen Vertrauensbruch«** Der aus der Rechtsprechung stammende Heimtückebegriff ist in der Literatur vielfacher Kritik ausgesetzt. In grundsätzlicher Hinsicht wird vor allem beanstandet, dass die Orientierung der Heimtücke an der »Arg- und Wehrlosigkeit« des Opfers für eine schuldangemessene Unterscheidung von Totschlag und Mord prinzipiell ungeeignet sei: auf diese Weise werde nahezu jeder *Totschlag*, bei dem der Täter dem Opfer nicht offen-aggressiv entgegentrete, bereits zum *Mord* qualifiziert. Vermisst wird ferner eine hinreichende Begründung dafür, weshalb gerade die Ausnutzung von »*Arglosigkeit*« erheblich strafwürdiger sei als andere, besonders gefährliche Ausführungsarten.[47] Aus solchen Gründen fordert eine verbreitete, bisweilen sogar als »herrschend« bezeichnete Auffassung für die Heimtücke einen »verwerflichen Vertrauensbruch«.[48] Wesentliches Kriterium sei, dass der Täter zur Tatbegehung ein spezielles »*Vertrauen*« ausnutze, welches das Opfer gerade ihm entgegenbringe. Damit wird die *Gefährlichkeits*konzeption, die dem traditionellen Heimtückebegriff zugrunde liegt (→ Rn. 317), durch die Vorstellung modifiziert, dass heimtückische Tötung gleichsam durch ein *treuwidrig-widersprüchliches* Verhalten gegenüber dem Opfer gekennzeichnet sei. In ihrer

42 Vgl. BGHSt 32, 386: »Vorverlegung« des maßgeblichen Zeitpunkts bei Schlafenden.
43 Prinzipiell zust. *Morris*, Restriktion, S. 128 ff; *Rengier*, BT 2, § 4 Rn. 29 f.
44 Vgl. etwa *Dreher* MDR 1970, 248 ff; *K/H/H*, BT 1, Rn. 45; *M.-K. Meyer* JR 1979, 441 (442); *Schmoller* ZStW 99 (1987), 389 (399 ff).
45 Vgl. z.B. *Geppert* Jura 2007, 271 (273); *K/H/H*, BT 1, Rn. 45 m.w.N.
46 Vgl. dazu *Küper* JuS 2000, 740 (745); *Kretschmer* Jura 2009, 590 (592); s. auch MK-*Schneider* § 211 Rn. 173.
47 Zusammenfassung der Kritik bei MK-*Schneider* § 211 Rn. 196; *Roxin*, Widmaier-FS, 2008, S. 741 (742 ff).
48 Nachw. dazu bei *K/H/H*, BT 1, Rn. 65; LK-*Jähnke* § 211 Rn. 47.

neueren Fassung nimmt diese Richtung den Vertrauensbruch nicht nur bei echten, »institutionalisierten« Vertrauensverhältnissen an (Ehe, Freundschaft usw.), sondern bejaht ihn unter dem Aspekt des »Missbrauchs sozial-positiver Verhaltensmuster« auch bei flüchtigen »sozial-freundlichen Kontakten«.[49]

b) Kritik des »Vertrauensansatzes« Haupteinwand gegen die Lehre vom »Vertrauensbruch« ist – neben dem Hinweis auf ihre erhebliche Unschärfe –, dass sie für die »Heimtücke« zumindest eine *persönliche* Täter-Opfer-Beziehung voraussetzen und daher den »Überfall auf einen Unbekannten«, z.B. beim terroristischen Anschlag, ausklammern muss.[50] Die Rechtsprechung hat den »Vertrauensansatz« daher dezidiert zurückgewiesen: Es sei „unerträglich, den Überfall auf einen Ahnungslosen allein deshalb nicht als heimtückisch anzusehen, weil Täter und Opfer bis dahin in keiner persönlichen Beziehung zueinander gestanden haben".[51] Allerdings wird der Gedanke des Vertrauensbruchs manchmal zur Begründung der Heimtücke *mit* herangezogen.[52] Wieder stärker an der Gefährlichkeit orientiert sind Vorschläge des Schrifttums, die »Heimtücke« jenseits bloßer Ausnutzung der »Arg- und Wehrlosigkeit« als ein spezifisch »tückisch-hinterhältiges« und »verschlagenes Vorgehen« zu begreifen.[53] 325

2. Ergänzungen und Korrekturen des Heimtückebegriffs

Die Bestimmung der Heimtücke als »Ausnutzung der Arg- und Wehrlosigkeit« bietet 326
keinen Raum für die Berücksichtigung *schuldmindernder Motivationslagen*, insbesondere schwerwiegender psychischer Konflikte als Anlass zur Tötung, bei denen das für § 211 StGB erforderliche (Höchst-)Schuldmaß fraglich ist. Dies gilt im Grundsatz für jeden Heimtückebegriff, der sich an der *Gefährlichkeit* der Ausführungsweise orientiert, aber auch für die Lehre vom »Vertrauensbruch«.

Mit der weithin akzeptierten Ergänzung der Heimtücke durch das zusätzliche Erfordernis der *»feindlichen Willensrichtung«* wird lediglich eine schmale Enklave für den Einfluss schuldmindernder Motive geschaffen. Danach lässt sich Heimtücke u.U. ausschließen, wenn der Täter aus achtenswerten Beweggründen „zum Besten des Opfers" handeln will, etwa um ihm Entehrung, Not oder schweres Leiden zu ersparen.[54] Auf eine *umfassende* Berücksichtigung schuldmindernder Faktoren zielt hingegen der Vorschlag, dass bei der Heimtücke eine sog. *»negative Typenkorrektur«* zulässig sei.

---

49 Grundlegend *M.-K. Meyer* JR 1979, 485 ff mit Bsp.; ferner etwa *S/S/Sternberg-Lieben* § 211 Rn. 26 f; strenger *Otto*, BT, § 4 Rn. 25; krit. zu den verschiedenen Varianten des »Vertrauensansatzes« *Grünewald*, Das vorsätzliche Tötungsdelikt, 2010, S. 130 ff m.w.N.

50 Vgl. zur Kritik insb. MK-*Schneider* § 211 Rn. 201 ff; *Rengier* MDR 1980, 1 (4 f); *Roxin*, Widmaier-FS, 2008, S. 741 (746 ff).

51 BGHSt 28, 210 (212); 30, 105 (116).

52 Vgl. BGH NJW 1978, 709 (710) sowie die Argumentation zu den Fällen des Hinterhalts (→ Rn. 318 a.E.).

53 Vgl. dazu insb. *Schmoller* ZStW 99 (1987), 389 (412 ff – „besonders weitgehende, dem Opfer nicht erkennbare Tatvorbereitung"); *Veh*, Mordtatbestand und verfassungskonforme Rechtsanwendung, 1986, S. 161 ff, 177 (»heimliches Verhalten als Ausdruck der Verschlagenheit«). Zu weiteren Vorschlägen in dieser Richtung vgl. die Nachw. bei *L/Kühl* § 211 Rn. 6.

54 BGHSt 9, 385 (390); 37, 376 ff; *L/Kühl* § 211 Rn. 6a; abgelehnt in BGH NStZ-RR 2000, 327 (gegen den Willen des Opfers); NStZ 2006, 338 (339 – zudem Rache); 2008, 93 (94 – oberflächliches Mitleid).

Danach habe die Ausnutzung der Arg- und Wehrlosigkeit für die Annahme von »Heimtücke« lediglich – einem nicht zwingenden Regelbeispiel vergleichbar – »symptomatisch-indizielle« Bedeutung. Ergebe die *Gesamtwürdigung* von Tat und Täter, namentlich bei Einbeziehung entlastender Motive, dass der Tat im Einzelfall die »besondere Verwerflichkeit« fehlt, so sei »Heimtücke« im Ergebnis zu verneinen.[55] Zu einer vergleichbaren Lösung[56] will eine andere Richtung dadurch gelangen, dass bei der Bewertung des Verhaltens als *»tückisch«* nicht nur die gefährliche Ausführungsart (s. bereits → Rn. 325 a.E.), sondern auch entlastende Umstände, insbesondere verständliche Beweggründe, berücksichtigt werden müssen (»Tückeansatz«).[57]

3. Die »Rechtsfolgenlösung« des BGH (BGHSt 30, 105)

327 BVerfGE 45, 187 (259 ff, 267) hat für das Mordmerkmal der Heimtücke eine *»restriktive Auslegung«* verlangt, die sicherstellt, dass in »Grenzfällen« keine dem Schuldgrundsatz (Verhältnismäßigkeitsprinzip) widersprechende lebenslange Freiheitsstrafe – Mordstrafe – verhängt wird. Es hat dabei auf die Möglichkeit hingewiesen, einen *»verwerflichen Vertrauensbruch«* vorauszusetzen oder unter dem Aspekt der »besonderen Verwerflichkeit« eine *Typenkorrektur* vorzunehmen. Doch sei die genauere Methode der Restriktion als Frage der »einfachen Gesetzesauslegung« Sache der »zuständigen Strafgerichte«.

In der grundlegenden Entscheidung BGHSt 30, 105 (114 ff [Großer Senat]) hat der BGH dagegen einerseits den Gedanken des »verwerflichen Vertrauensbruchs« als Einschränkungskriterium abgelehnt: Er führe wegen der „Vieldeutigkeit des Vertrauensbegriffs" zu einer unsicheren Rechtsprechung und bringe gerade in Grenzfällen keinen Fortschritt, weil der Tatbestand unangemessen eingeengt werde (Ausklammerung des Überfalls auf einen Unbekannten → Rn. 325). Abgelehnt wird andererseits auch eine »Typenkorrektur«: Wegen seiner „generalklauselartigen Weite" sei der Maßstab »besonderer Verwerflichkeit« zu unbestimmt und beeinträchtige die „Berechenbarkeit" der Rechtsanwendung im Tatbestandsbereich. Zurückgewiesen wird schließlich die Möglichkeit, § 213 StGB (minder schwerer Fall) auf den Mord anzuwenden, weil diese Vorschrift nur für den *Totschlag* gelten könne.[58] BGHSt 30, 105 sieht die Lösung vielmehr in der Anerkennung einer *übergesetzlichen Strafmilderung* nach dem Maßstab des § 49 I Nr. 1 StGB:

Danach ist – bei *Schuldspruch* wegen Mordes aus § 211 StGB! – eine *Strafmilderung* zulässig und geboten, wenn „außergewöhnliche Umstände" von schuldminderndem Gewicht vorliegen, die im Einzelfall eine Verhängung lebenslanger Freiheitsstrafe „unverhältnismäßig" erscheinen lassen, sofern keine *gesetzliche* Strafmilderungsmöglichkeit (wie z.B. § 21 StGB) eingreift, die eine Verurteilung zu zeitiger Freiheitsstrafe gestattet. Als „außergewöhnliche Umstände" kommen insoweit – wie bei

55 Vgl. zur »Typenkorrektur« und ihren Varianten die Nachw. bei *Mitsch* JuS 1996, 121 f; *S/S/Sternberg-Lieben* § 211 Rn. 10.

56 Zu weiteren Lösungsvorschlägen vgl. die Nachw. in der 8. Aufl. 2012, S. 198 unter 2. a.E.

57 Vgl. *Spendel* JR 1983, 269 (272 f); *W/Hettinger* Rn. 108, 114; dazu krit. *Schmoller* ZStW 99 (1987), 389 (401 ff). BGHSt 48, 207 (211) steht diesem Ansatz nahe: Verneinung von Heimtücke (»Argwohn«) bei Tötung des Erpressers durch den Erpressten unter Hinw. auf ein nicht ausreichendes Maß des »Tückischen«; dazu näher *Hillenkamp*, Rudolphi-FS, 2004, S. 463 (477 ff).

58 Anders z.B. NK-*Neumann* Vor § 211 Rn. 167 m.w.N.; *Rengier* MDR 1980, 1 ff.

§ 213 StGB – u.a. in Betracht: „notstandsnahe, ausweglos erscheinende Situation“, „große Verzweiflung“, „tiefes Mitleid“, „gerechter Zorn“, „schwere Provokation“, vom Opfer verursachter „zermürbender Konflikt“, „schwere Kränkungen“ des Täters durch das Opfer. Diese Rechtsfolgenlösung etabliert damit – außergesetzlich! – einen »minder schweren Fall des Mordes«: Schuldspruch (»Mord«) und Strafe fallen derart auseinander, dass der Strafrahmen sogar milder wird als derjenige des Totschlags![59]

Hilfeleisten zur Vorteilssicherung (Begünstigung) – § 257 I StGB

Das »Hilfeleisten« erfordert eine Handlung des Täters (Begünstigers) – einschließlich der pflichtwidrigen Unterlassung eines Garanten –, die als sachlicher Beistand (→ Rn. 333) **objektiv geeignet** ist, dem Vortäter oder Vortatbeteiligten die aus der Vortat erlangten **Vorteile zu sichern** (verselbstständigtes »objektiviertes Versuchsdelikt« → Rn. 332). **328**

Der sicherungsfähige »Vorteil« – der kein *Vermögensvorteil* zu sein braucht – muss noch **»unmittelbar«** aus der Vortat stammen (→ Rn. 334). Ein Vortat-Vorteil, der im **Besitz** einer Sache besteht, kann nicht allein durch Erhaltung des **Sachbesitzes** »gesichert« werden; auch die Sicherung der *Möglichkeit*, über die Sache durch **Veräußerung** wie ein **Eigentümer** zu verfügen, ist »Vorteilssicherung« (→ Rn. 335).

Die »Absicht« der Vorteilssicherung ist *zielgerichteter* Wille (str. → Rn. 337): Dem Täter muss es – zumindest auch – darauf ankommen, im Interesse des Vortäters/Vortatbeteiligten eine Entziehung des Vorteils (zugunsten des Verletzten) zu verhindern oder zu erschweren.

Literatur: LK-*Walter* § 257 Rn. 25 ff; NK-*Altenhain* § 257 Rn. 16 ff (abw. zum »Hilfeleisten« durch »Sicherung der Sachverwertung«). **Einführend:** *Bosch* Jura 2012, 270 ff. **Monographisch:** *Weisert*, Der Hilfeleistungsbegriff bei der Begünstigung, 1999.

Rechtsprechung Grundlegend: BGHSt 2, 362 (363 f – indirekte Vorteilssicherung); 4, 132 (133 – Abgrenzung zur Vortatbeihilfe); 4, 221 (224 f – objektive Eignung). **Beispielhaft:** BGHSt 57, 56 (58 – vorab gezahlter Tatlohn als Vorteil).

BGHSt 4, 221 (224 f): „Nach allgemein anerkannter Rechtsprechung kann eine strafbare Begünstigung nur vorliegen, wenn die Beistandshandlung auch *geeignet* war, die durch die Vortat erlangten … Vorteile gegen Entziehung zu sichern. Diese Eignung der Beistandsleistung gehört zum gesetzlichen Tatbestand. Das ergibt sich zwar nicht unmittelbar aus dem Wortlaut des Gesetzes, folgt aber aus dem Aufbau des Tatbestandes. Danach kennzeichnet sich die Begünstigung als eine zur selbständigen Straftat erhobene *Versuchshandlung*. Infolgedessen gehört es nicht zur tatbestandlichen Vollendung, daß der Begünstiger seine Absicht der … Vorteilssicherung tatsächlich erreicht; die Vollendung i.S. des § 257 StGB ist vielmehr schon in der Handlung zu sehen, mit der dieses Ziel verfolgt wird. Deshalb kann aber andererseits die *bloße Absicht* der … Vorteilssicherung – ohne Rücksicht auf die Art der zu ihrer Durchführung vorgenommenen Handlung – zur Anwendung des § 257 StGB nicht genügen. Diese Handlung muß

59 Zur weiteren Rspr. und zur Diskussion der Rechtsfolgenlösung vgl. die Nachw. bei MK-*Schneider* § 211 Rn. 39 ff; *Rengier*, Küper-FS, 2007, S. 473 (485 ff); *W/Hettinger* Rn. 87 ff.

auch *an sich geeignet* sein, das beabsichtigte Ziel zu erreichen, weil sie nur in diesem Fall ein *wirkliches Beistandleisten* i.S. des äußeren Tatbestandes ist. Daraus folgt weiter, daß ... ungeeignete Handlungen auch dann nicht strafbar sind, wenn der Täter sie *irrigerweise* für geeignet hält; denn die *versuchte* Begünstigung hat der Gesetzgeber nicht mit Strafe bedroht."

BGH NStZ 1994, 187 (188): „Das Wesen der Begünstigung liegt in der Hemmung der Rechtspflege, die dadurch bewirkt wird, daß der Täter die Wiederherstellung des gesetzmäßigen Zustandes verhindert, der sonst durch ein Eingreifen des Verletzten oder von Organen des Staates gegen den Vortäter wiederhergestellt werden könnte. Der Täter der Begünstigung beseitigt oder mindert die Möglichkeit, die Wiedergutmachung des dem Verletzten zugefügten Schadens durch ein Einschreiten gegen den Vortäter zu erreichen, das diesem den durch die Vortat erlangten Vorteil wieder entziehen würde. Wesentlich für den Tatbestand ist danach, daß der Vortäter sich zur Zeit der angeblichen Begünstigungshandlung *noch im Genuß* des durch die Tat erlangten *Vorteils* befindet. Beistandleisten, das einer Sicherung des Vorteils der Vortat i.S. des § 257 StGB dient, setzt also das *Noch-Vorhandensein* des Vorteils beim Vortäter voraus."

Erläuterungen

I. Einführung

329 Ihrem sachlichen Gehalt nach lässt sich die »Begünstigung« – formelhaft verkürzt – charakterisieren als »zweckgerichtete Sicherung von Vortat-Vorteilen gegen Entziehung zugunsten des Verletzten«: Restitutionsvereitelung oder -erschwerung. Dieser *sachliche Gehalt* hat allerdings in einer *komplizierten Tatbestandsstruktur*, deren Verständnis die Gesetzesfassung zusätzlich erschwert, einen eigentümlich »verfremdeten« und *fragmentarischen Ausdruck* gefunden. Sprachlich hat der Gesetzgeber das wesentliche Moment – die »Vorteilssicherung« – als Bezugsobjekt der »Absicht« in den *subjektiven* Tatbestand verlagert und für die Beschreibung der *Tathandlung* (Sicherungshandlung) lediglich den wenig aussagekräftigen Begriff des »Hilfeleistens« verwendet. Sein *Inhalt* muss zunächst vom Gedanken der »Vorteilssicherung« her ergänzt und präzisiert werden: als »Hilfe zur Vorteilssicherung«. Dabei muss wiederum erst einmal objektiv-inhaltlich genauer bestimmt werden, was die *»Sicherung von Vortat-Vorteilen«* (→ Rn. 330), der die »Hilfeleistung« (→ Rn. 331) dient und auf die sich die »Absicht« richtet, eigentlich bedeutet. Demgemäß werden diese *Bezugsbegriffe* des »Hilfeleistens« und der »Absicht« hier *»objektiv«* bestimmt, obwohl sie in den üblichen Erläuterungen häufig erst im subjektiven Tatbestand auftauchen oder auf den objektiven und subjektiven Tatbestand »verteilt« werden.

330 Das Rechtsgut des § 257 StGB liegt nach h.M. in dem berechtigten »Restitutionsinteresse« des durch die Vortat *Verletzten* und/oder im *allgemeinen* Interesse der »Rechtspflege« an der Wiederherstellung des gesetzmäßigen Zustandes.[1] »Sicherung« von Vorteilen heißt deshalb: Schutz gegen die – potenzielle – *Gefahr*, dass die erlangten Vorteile *zugunsten* des durch die Vortat *Verletzten/Geschädigten* wieder *entzogen* werden (Sicherung gegen Wiederherstellung des »gesetzmäßigen Zustandes«, »Restitutionsvereitelung/-erschwerung«). Keine »Vorteilssicherung« ist: die

1 Vgl. zu diesen beiden von der h.M. wahlweise oder kumulativ angeführten Aspekten des Rechtsguts (Vermögensschutz des Einzelnen, Wiederherstellung der Rechtsordnung im Allgemeininteresse): *L/Kühl* § 257 Rn. 1; *W/Hillenkamp* Rn. 804.

bloße Sacherhaltung oder sonstige Nutzbarmachung (z.B. Reparatur), der Schutz gegen Naturgewalten, die Abwehr eines rechtswidrigen Angriffs oder die Abwendung von Ersatzansprüchen des durch die Vortat Geschädigten.

Nach der sog. »Rechtsgeltungstheorie« hat die Begünstigung hingegen überhaupt kein eigenes, unmittelbar geschütztes Rechtsgut. Zweck des § 257 StGB sei es, durch Pönalisierung der vorteilssichernden Nachtat-Hilfe zugleich die *künftige Begehung* der jeweiligen Vortat *generalpräventiv* zu verhindern/erschweren: Da die Vortat die durch sie verletzte Rechtsnorm in Frage gestellt habe, bestätige die Strafbarkeit der nachträglichen Hilfe die Geltung dieser Norm und trage so mittelbar zum Schutz der Vortat-Rechtsgüter bei.[2]

II. Grundsätzliches zur Deliktsstruktur

1. Das Erfordernis »objektiv geeigneter« Hilfeleistung

Da der Wortlaut keinen »Sicherungserfolg« verlangt, besteht heute weitgehend Einigkeit darüber, dass die Hilfeleistung nicht zu einer *tatsächlichen Besserstellung* des Vortäters bzw. Vortatbeteiligten (effektive Vorteilssicherung, Abwendung der Entziehungsgefahr) geführt haben muss.[3] Andererseits wird ganz überwiegend eine bloß *subjektive Sicherungstendenz* der jeweiligen Handlung nicht für ausreichend gehalten, sondern deren *»objektive Eignung«* zur Vorteilssicherung verlangt.[4] **331**

Die Notwendigkeit einer »objektiven Geeignetheit« wird hauptsächlich daraus abgeleitet, dass die im Gesetz angeordnete *Straflosigkeit des Versuchs* nicht im Rückgriff auf eine »subjektive Handlungstendenz« umgangen werden dürfe und dass der Tatbestand bei Einbeziehung *objektiv ungefährlicher* Handlungen ohne kriminalpolitisches Bedürfnis zu weit ausgedehnt werde. Eine Subjektivierung des »Hilfeleistens« gerate zudem in Widerspruch mit dem gesetzlich eindeutigen Erfordernis einer objektiv vorliegenden *Vortat* und – in dessen Konsequenz – eines aus der Vortat stammenden *Vorteils:* Bei irriger Annahme von Vortat oder Vorteil und daraus resultierender Ungefährlichkeit des Verhaltens könne ohnehin mangels entsprechender Versuchsstrafdrohung nicht bestraft werden; es mache jedoch keinen wesentlichen Unterschied, ob sich die mangelnde Gefährlichkeit nun aus dem Fehlen der *Vortat* bzw. des *Vorteils* oder daraus ergebe, dass die Hilfeleistung zur Vorteilssicherung *ungeeignet* sei.[5] Ungeeignet ist sie z.B., wenn der Vortäter/Vortatbeteiligte im Handlungszeitpunkt den Vorteil *nicht mehr innehat* oder ihn von Rechts wegen *behalten darf.*

---

2 Näher hierzu sowie zu den sich hieraus ergebenden Konsequenzen (z.B. Erfordernis einer schuldhaft begangenen Vortat) *Miehe*, Honig-FS, 1970, S. 91 (103 ff). Übersicht zur Rechtsgutsproblematik bei LK-*Walter* § 257 Rn. 4 ff; NK-*Altenhain* § 257 Rn. 3 ff; jew. m.w.N. Für eine Beschränkung nur auf den Vermögensschutz *Bosch* Jura 2012, 270 f, so dass etwa die durch Bestechung erlangte Baugenehmigung kein Vorteil ist.

3 So aber früher z.B. RGSt 55, 178 (179); 63, 240 (241); BGHSt 2, 375 (376).

4 In diesem Sinn in der Rspr. bereits RGSt 26, 119 f; 58, 154 (155) und seit BGHSt 4, 221 (224 f, oben zitiert → Rn. 328). Eingehend zum Diskussionsstand *Weisert*, Hilfeleistungsbegriff, S. 21 ff; Übersicht bei *Hillenkamp*, BT, Problem Nr. 37; jew. m.w.N.; z.T. abw. SK-*Hoyer* § 257 Rn. 17 f („graduelle Besserstellung" erforderlich).

5 Aufbereitung der Argumente zur »objektiven Eignungstheorie« bei *Hillenkamp*, BT, Problem Nr. 37; zur Präzisierung der Gefährlichkeit nach einem ex-ante-Maßstab *Zieschang*, Küper-FS, 2007, S. 733 (735 f).

332 Die Begünstigung ist bei diesem – herrschenden – Verständnis deshalb weder ein »Erfolgsdelikt« noch ein »Unternehmensdelikt«, auch kein »unechtes Unternehmensdelikt« (in dem Sinn, dass nur der Versuch am untauglichen Objekt, nicht aber derjenige mit untauglichen Mitteln ausscheidet); sie ist vielmehr ein *Gefährlichkeitsdelikt eigener Art*, das man als »verselbstständigtes objektiviertes Versuchsdelikt« bezeichnen kann. Dieser – nicht übliche – Terminus kann auch verdeutlichen, dass die Hilfeleistungshandlung zur Vorteilssicherung nicht nur überhaupt »geeignet« sein, sondern mit ihrer Eignungsqualität das Stadium bloßer »Hilfsvorbereitung« und »Hilfsbereitschaft« bereits überschritten haben muss. D.h. die Hilfe muss derart tatsächlich »geleistet« werden, dass mit der – objektiv geeigneten – Hilfeleistung zumindest *begonnen* worden ist (»unmittelbares Ansetzen« zur Vorteilssicherung).[6]

2. Die Begünstigung als »verselbstständigtes Teilnehmerdelikt«

333 Die Begünstigung ist nicht nur ein »verselbstständigtes objektiviertes Versuchsdelikt« im dargelegten Sinn, sondern enthält zugleich ein zur Täterschaft »verselbstständigtes nachträgliches Teilnehmerdelikt«. Denn der Vortäter selbst erfüllt mit der Vorteilssicherung keinen Tatbestand (»straflose Selbstbegünstigung«), so dass für eine *echte Teilnahme* insoweit die Haupttat fehlt. Diese Lücke schließt § 257 I StGB – größtenteils – durch ein *eigenständiges täterschaftliches Delikt* der Hilfeleistung bei der Vorteilssicherung. Es umfasst allerdings, entgegen dem missverständlichen Wortlaut,[7] nicht nur die dem Vortäter beihilfeähnlich gewährte *unselbstständige Unterstützung* bei dessen Maßnahmen zur Vorteilssicherung (Hilfe beim Verstecken der Beute), sondern gerade auch die *selbstständig-tatherrschaftliche* Vorteilssicherung des Begünstigers »in eigener Regie« (Verstecken der Beute). Andererseits bezieht sich die »Hilfeleistung« i.S. des § 257 I StGB nicht auf jede Form der »unselbstständigen Sicherungshilfe«, die dem Vortäter geleistet wird: Bestimmte Formen der *psychischen* Hilfeleistung wie das anstiftungsähnliche bloße *Bestärken* des Vortäter-Willens zur Selbstbegünstigung werden ebenso ausgeschieden wie die (ohnehin tatbestandslose) *Anstiftung* zur Selbstbegünstigung. Begründet wird dies mit der früheren Fassung der Tathandlung (»Beistandleisten«), deren Inhalte durch die Formulierung »Hilfeleisten« nicht geändert worden seien. Erforderlich sei deshalb ein »*sachlicher Beistand*«, der auch bei bestimmten psychischen Hilfeleistungen vorliegen kann: z.B. in einer Warnung vor drohender Entziehung der Beute, dem Hinweis auf ein Versteck oder in sonstigen konkreten Ratschlägen.[8] Hier erlange der Vortäter zuvor nicht verfügbare sachliche Informationen, wodurch er im Hinblick auf die Vorteilssicherung bessergestellt sei.

---

6 Vgl. *Dehne-Niemann* ZJS 2009, 142 (148 f); *Lenckner* NStZ 1982, 401 (403); *Zieschang*, Gefährdungsdelikte, S. 333 ff.

7 Anders als bei § 259 I StGB – »Absetzen oder Absetzenhelfen« – spricht § 257 StGB eben nicht ausdrücklich von „Sichern oder Sichernhelfen".

8 Vgl. LK-*Walter* § 257 Rn. 53, 88; *S/S/Hecker* § 257 Rn. 15; z.T. abw. SK-*Hoyer* § 257 Rn. 19 f (jedes Hilfeleisten i.S. von § 27 StGB zur Selbstbegünstigung ist erfasst); *Dehne-Niemann* ZJS 2009, 142 (149 f: nur „unmittelbar besserstellungsgeeignete Handlungen" sind erfasst).

III. Die »Unmittelbarkeit« des Vortat-Vorteils

Dass die sicherungsfähigen Vorteile noch »unmittelbar« aus der Vortat stammen müssen und nicht durch beliebige *Austauschobjekte* (Surrogate) ersetzt werden können, ist im Grundsatz anerkannt.[9] Weil das Gesetz aber nicht, wie in § 259 I StGB, auf eine »durch die Tat erlangte Sache«, sondern allgemeiner auf die »Vorteile der Tat« abstellt, wird dieser Unmittelbarkeitsgrundsatz überwiegend nicht streng verstanden. Er erfordert nicht unbedingt das *identische Fortbestehen* des ursprünglichen Vorteils (»Substanzidentität«): Tritt an dessen Stelle ein wesentlich *gleichartiger*, so genügt es für die »Unmittelbarkeit«, dass der *bestimmungsgemäße nächste Verwendungszweck* innerhalb des Vermögens *unverändert* geblieben ist (»wirtschaftliche Äquivalenz«).[10] Ein noch »unmittelbarer« Vortat-Vorteil ist z.B. anzunehmen, wenn der Vortäter betrügerisch erlangte Schecks in Bankguthaben, die Guthaben wiederum in Wertpapiere und diese schließlich in Bargeld umwandelt.[11] Dagegen ist der Erlös aus einem *Verkauf* des durch die Vortat Erlangten kein »unmittelbarer« Vorteil aus der Vortat mehr.[12] 334

Beim »Vorteil« braucht es sich im Übrigen nicht um einen *Vermögensvorteil* zu handeln, wenn dies auch die Regel ist. Wesentlich ist allein, dass die Vortat dem Vortäter – oder Vortatbeteiligten – einen Vorteil eingebracht hat, der ihm nach der Rechtsordnung nicht zusteht.[13] Zu beachten ist ferner die Ansicht des BGH, wonach Vorteile „nicht nur die Früchte einer Straftat, sondern auch der vorab an einen Beteiligten gezahlte Lohn" sein kann. Werde dieser Tatlohn gesichert, so mindere dies die Möglichkeiten des durch die Vortat Geschädigten auf Schadenswiedergutmachung (gegen den Vortatbeteiligten).[14]

IV. Direkte und indirekte Vorteilssicherung

Die »Unmittelbarkeit« des Vorteils betrifft die Frage, ob sich der jeweilige Vorteil noch direkt aus der Vortat ableiten lässt oder als bloßer »Ersatzvorteil« seine Identität verloren hat. Damit nicht zu verwechseln ist ein anderes »Unmittelbarkeitsproblem«. Es geht dabei um die spezielle Frage, ob beim *Sachbesitz* als (unmittelbarem) Vortat-Vorteil die Vorteilssicherung nur in der Erhaltung dieses *Besitzes selbst* bestehen kann oder auch – gleichsam als »indirekte Vorteilssicherung« – in der Sicherung einer *Sachverwertung*, die gerade den *Verlust* des Besitzes voraussetzt (z.B. Hilfe beim Verschenken). Das RG hatte diese Möglichkeit in RGSt 58, 129 noch abgelehnt: Bei der Verwertung einer gestohlenen Sache durch deren *Veräußerung* werde der »Vorteil« des Vortäters, der allein in der „Sache selbst" bestehe, nicht nur nicht „gesichert", sondern im Gegenteil dem Vortäter sogar wieder „entzogen". Die Mitwirkung 335

9 LK-*Walter* § 257 Rn. 31 m.w.N.

10 Dazu BGHSt 36, 277 (280 ff); enger BGH NStZ 1987, 22 unter Hinw. auf Art. 103 II GG.

11 Vgl. auch BGH wistra 1999, 103 (105 – Steuerersparnis als geldwerter Vorteil); s. bereits RGSt 39, 236 (237 – Geld vom gestohlenen Sparbuch); zuletzt BGH NStZ 2013, 583 (584).

12 BGH wistra 2008, 305. Näher zur Abgrenzung der »Unmittelbarkeit« NK-*Altenhain* § 257 Rn. 18.

13 Zum Kreis der – neben den Vermögensdelikten – u.U. als Vortaten in Betracht kommenden Delikte vgl. *S/S/Hecker* § 257 Rn. 4 m.w.N. Näher zu Problemen des Vortat-Vorteils *Dehne-Niemann* ZJS 2009, 142 (145 ff).

14 BGHSt 57, 56 (58 f) mit krit. Anm. *Cramer* NStZ 2012, 445 (446: Tatlohn, der *nicht* aus der Tatbeute stamme, sei nicht zugunsten des Geschädigten auszugleichen und damit kein Vorteil).

beim Absatz der Beute stelle daher keine Begünstigung dar. Doch könne damit eine Begünstigung *verbunden* sein, wenn zugleich Maßnahmen zur *Besitzerhaltung* (der „einstweiligen Sicherstellung" gegen Entziehung) getroffen würden. Der BGH hat diese einschränkende und differenzierende Rechtsprechung aufgegeben; er hat die Bindung der Vorteilssicherung an die »Besitzsicherung« gelöst und mit einer Art »Sachwerttheorie« die Sicherung der »angemaßten Eigentümerstellung« einbezogen.[15]

In BGHSt 4, 122 (123 f) wird dazu ausgeführt: „Es kommt ... für den Tatbestand der sachlichen Begünstigung nicht entscheidend darauf an, ob die Beistandshandlung zum Ziel hat, dem Vortäter gerade den *Besitz* der gestohlenen Sache zu erhalten... Mit Wortlaut und Zweck steht es durchaus in Einklang, daß man unter dem Vorteil, den der Vortäter durch ein Vermögensdelikt erlangt, nicht nur die *Sache selbst* und ihren Besitz, sondern in erster Linie die *angemaßte Eigentümerstellung*, d.h. die Möglichkeit versteht, wie ein Eigentümer nach Belieben über die Sache zu verfügen. Begünstigung ist also nicht nur die Sicherung des Sachbesitzes, sondern auch ... die Sicherung der angemaßten Eigentümerstellung. Infolgedessen ist die Anwendung der Vorschrift auch nicht auf den Fall beschränkt, daß der Täter ... eine Verwertungshandlung im engeren Sinn vornimmt, d.h. eine Verfügung über die Sache trifft, die einen *wirtschaftlichen Gegenwert* einbringt. Auch wenn er ... mit dem Willen des Vortäters nach dessen Weisungen die Sache *verschenkt*, macht er sich der sachlichen Begünstigung schuldig."

Bei dieser »indirekten Vorteilssicherung« ist allerdings stets darauf zu achten, dass die Absicht des Täters darauf gerichtet sein muss, den Vortäter gegen die *Entziehung* der Verwertungsmöglichkeit (durch Sachverlust) zu schützen; hat der Täter – ohne solche *Sicherungs*absicht – nur den Willen, dem Vortäter eine *günstige Verwertung* zu ermöglichen, so fehlt der subjektive Tatbestand des § 257 I StGB.[16] Besteht in derartigen »Verwertungsfällen« ohnehin keine Entziehungsgefahr, so wird in der Literatur allerdings z.T. bereits ein Hilfeleisten im *objektiven* Tatbestand verneint, weil die »objektive Eignung« zur Vorteilssicherung stets auch eine *Gefahr* der Entziehung voraussetze.[17]

Aus der BGH-Rechtsprechung zur »indirekten Vorteilssicherung« hat das OLG Düsseldorf (NJW 1979, 2320 f) die Konsequenz gezogen, dass eine Sicherung des (Verwertungs-)Vorteils sogar durch den *Rückverkauf* einer gestohlenen Sache an den *Eigentümer* möglich sei: Bei Vorteilssicherung durch Veräußerung könne es keinen Unterschied machen, ob die Sache an einen Dritten oder an den Eigentümer verkauft werde (Restitutionsvereitelung durch »Sachrestitution mit Wertabschöpfung«).[18] Hiergegen wird auf die Parallele zur Hehlerei verwiesen: Da eine Rückführung der Sache zum Verletzten nicht unter § 259 I StGB fällt (keine Perpetuierung der rechts-

15 BGHSt 2, 362 (363 f); BGH NJW 1971, 62; vgl. auch bereits RGSt 26, 119 f; 39, 236; 40, 15 (19). Diese Rspr. hat ganz überwiegend Zustimmung gefunden (krit. aber NK-*Altenhain* § 257 Rn. 24).

16 *S/S/Hecker* § 257 Rn. 19; BGH NJW 1971, 62.

17 *Freund/Bergmann* JuS 1991, 221 mit Fn. 3; vgl. auch OLG Düsseldorf NJW 1979, 2320 (2321) zur fehlenden Entziehungsgefahr bei *faktischer* »Unmöglichkeit« der Wiederherstellung des gesetzmäßigen Zustandes.

18 Zust. u.a. *Kindhäuser* § 257 Rn. 18; *Stoffers* Jura 1995, 113 (123 f).

widrigen Besitzlage → Rn. 12), sei es „widersinnig, gewissermaßen subsidiär auf die Begünstigung zurückgreifen zu können, die den gleichen Strafrahmen wie § 259 Abs. 1 StGB aufweist“[19]. Durch die Annahme einer Restitutionsvereitelung in diesen Fällen werde zudem ein „unbestimmtes allgemeines Vermögensdelikt konstruiert“, welches der Angriffsrichtung des § 257 StGB widerspreche.[20]

V. Vorgeleistete Begünstigung – Absicht – mittelbare Förderung

»Hilfeleistung« zur Vorteilssicherung setzt eine – i.d.R. vollendete – Vortat voraus, die dem Vortäter/Vortatbeteiligten einen *entziehbaren Vorteil* eingebracht hat. Die Hilfe muss aber nicht notwendig nach begangener Vortat geleistet werden. Eine *vor* oder *während* der Vortatbegehung geleistete Hilfe reicht aus, wenn sie sich erst *nach* der Vortat *vorteilssichernd auswirkt* (Maßgeblichkeit des »Wirkungszeitpunkts«, sog. »vorgeleistete Begünstigung«).[21] 336

Nach h.M. bedarf es für die Vorteilssicherungsabsicht zwar eines zielgerichteten Willens. Dabei genügt es allerdings, dass es dem Täter (auch) darauf ankommt, im Interesse des Vortäters eine Entziehung des Vorteils zumindest zu erschweren.[22] Der Wille zur Mitwirkung an der *Verwertung* erlangter Vorteile reicht nur aus, wenn der Täter zugleich deren *Sicherung gegen Entziehung* bezweckt; wer ausschließlich helfen will, die Beute günstig zu *verwerten* (abzusetzen), handelt nicht mit der »Absicht der Vorteilssicherung«. In der Literatur wird die »Absicht« der Vorteilssicherung – entgegen der h.M. – z.T. so verstanden, dass *direkter Vorsatz* 2. Grades (Wissentlichkeit) ausreicht.[23] Dagegen wird eingewendet, dass dies zu ungereimten Ergebnissen führt: Kaufe z.B. der Täter vom Vortäter (Dieb) in Kenntnis der Sachlage ‚zähneknirschend‘ die gestohlene Sache ab, um sie dem Eigentümer zurückzuführen, so führe diese Hilfeleistung unter Zugrundelegung der Rechtsprechung zum Rückverkauf an den Eigentümer (→ Rn. 335) zu einer strafbaren Begünstigung, obwohl der Täter doch „im Interesse des Vortatgeschädigten“ gehandelt hat.[24] 337

Als *»mittelbare Förderung«* kann man die Fälle bezeichnen, in denen jemand an der Tatbestandshandlung eines Begünstigers (»Hilfeleisten«) seinerseits nur indirekt beteiligt ist, indem er ihn z.B. dazu überredet (anstiftet) oder dabei unterstützt. Fraglich ist hier, ob solche Verhaltensweisen, die nach allgemeinen Teilnahmegrundsätzen regelmäßig als Beihilfe (»Anstiftung zur Beihilfe«, »Kettenbeihilfe«) zu bewerten sind, bei § 257 I StGB in das *täterschaftliche* »Hilfeleisten« mit einbezogen werden können. Unter Berufung auf das Prinzip, dass die Begünstigungshandlung objektiv geeignet sein müsse, zur Restitutionsvereitelung *unmittelbar* beizutragen (→ Rn. 334), 338

---

19 *Dehne-Niemann* ZJS 2009, 248 (250); krit. auch SK-*Hoyer* § 257 Rn. 30.

20 *Bosch* Jura 2012, 270 (276).

21 H.M. vgl. z.B. *S/S/Hecker* § 257 Rn. 6 m.w.N.; unklar *Rengier*, BT 1, § 20 Rn. 18. Anders *Spendel*, Dreher-FS, 1977, 167 (175 ff) mit Verweis auf § 257 StGB a.F., der ein Handeln „*nach* Begehung eines Verbrechens oder Vergehens“ voraussetzte. Zur »antizipierten Begünstigung« als psychische Vortatbeihilfe *Küper* JZ 1981, 251 (256).

22 RGSt 32, 24; BGHSt 4, 107; BGH GA 1985, 321 (322); BGH NStZ 1992, 540 (541 – bloßes Zwischenziel).

23 Vgl. z.B. *Bosch* Jura 2012, 270 (275); *Otto*, BT, § 57 Rn. 8 f.

24 *Dehne-Niemann* ZJS 2009, 248 f. Eingehend zum Problem der Vorsatzanforderungen *Gehrig*, Absichtsbegriff, S. 110 ff.

wird dies heute generell verneint. Die Bestimmung eines anderen zu einer den Vortäter begünstigenden Hilfeleistung ist daher nicht selbst »Hilfeleisten« i.S. des § 257 StGB, sondern nach allgemeinen Regeln Anstiftung zur Begünstigung; ebenso gibt es bei bloß mittelbarer Förderung eine Beihilfe zur Begünstigung. Ein »Hilfeleisten« ist andererseits aber auch in Form der *mittelbaren Täterschaft* möglich, z.B. durch Nötigung des unmittelbar Hilfeleistenden.[25]

VI. Das Verhältnis zur Vortatbeihilfe

339 Hält man mit der Rechtsprechung und (noch) überwiegenden Meinung im Schrifttum eine *Beihilfe* (§ 27 I StGB) zur Vortat im Stadium zwischen *Vollendung* und *Beendigung* für möglich – sog. »sukzessive Beihilfe« –, so können Begünstigung und Beihilfe in ihren Wirkungen zusammentreffen. Nach der Rechtsprechung soll dann die subjektive »Willensrichtung« des Hilfeleistenden darüber entscheiden, ob Beihilfe oder Begünstigung vorliegt.[26] Die h.L. gibt jedoch – unter Hinweis auf § 257 III StGB, der diesen Fall regele – der *Beihilfe Vorrang*.[27] Stellt man sich demgegenüber auf den Standpunkt, dass nach *Vollendung* der Vortat eine *Beihilfe* ohnehin nicht möglich ist, dann kommt für diese nachträglich-sukzessive Hilfeleistung allein eine Strafbarkeit wegen Begünstigung in Betracht.[28]

Hilflose Lage – § 221 I Nr. 2 StGB

Vgl. **Aussetzung** → Rn. 63 und **Im-Stich-Lassen in hilfloser Lage** → Rn. 342.

Hilflosigkeit, Ausnutzung der – § 243 I 2 Nr. 6 StGB

340 »Hilflosigkeit« liegt vor, wenn jemand aufgrund eines **persönlichen Schwächezustandes** (z.B. Krankheit, Behinderung, Trunkenheit, Blindheit, Ohnmacht → Rn. 341) nicht in der Lage ist, aus eigener Kraft die **Wegnahme einer Sache** zu verhindern/erschweren, die er in seinem Gewahrsam hat oder für deren Schutz er – als *Gewahrsamshüter/Gewahrsamsgehilfe* – verantwortlich ist.

Der Täter »nutzt« die Hilflosigkeit »aus«, wenn er sich den Schwächezustand bewusst und zielgerichtet zur Durchführung oder Erleichterung der Wegnahme zunutze macht.

---

25 Vgl. näher NK-*Altenhain* § 257 Rn. 26; *S/S/Hecker* § 257 Rn. 14 m.w.N.; krit. *Dehne-Niemann* ZJS 2009, 142 (150: „Verhaltensgebundenheit des § 257 StGB“); zu ähnlichen Fragen bei der Absatzhilfe (§ 259 I StGB) → Rn. 8 und bei der Gefangenenbefreiung in Form des »Förderns« (§ 120 I StGB) → Rn. 88.

26 RGSt 58, 13 (14); BGHSt 4, 132 (133); OLG Köln NJW 1990, 587 (588).

27 Vgl. z.B. *Bosch* Jura 2012, 270 (272 f); *M/Maiwald*, BT 2, § 101 II Rn. 6. Eingehend zum ganzen Problemkreis *Weisert*, Hilfeleistungsbegriff, S. 211 ff m.w.N.

28 So z.B. *Mitsch*, BT II/1, § 9 Rn. 40; *W/Hillenkamp* Rn. 806. Vgl. zur Problematik der sog. »Beendigungsphase« – Zeitraum zwischen formeller Vollendung und materieller Beendigung des Delikts – auch → Rn. 115.

Literatur: LK-*Vogel* § 243 Rn. 46 f, 49; MK-*Schmitz* § 243 Rn. 50 f, 55; *W/Hillenkamp* Rn. 242; jew. mit Abweichungen in Einzelheiten.

Rechtsprechung Grundlegend: BayObLG NJW 1973, 1808 (blindes Opfer). **Beispielhaft:** BGH NJW 1990, 2569 (Schlafender); NStZ 2001, 532 (533 – hohes Alter); NStZ-RR 2003, 186 (188 – vom Täter zuvor verursachte Hilflosigkeit).

BGH NJW 1990, 2569: „Der *Schlaf* fällt ... nicht ohne weiteres unter den Begriff der Hilflosigkeit i.S. des § 243 I 2 Nr. 6 StGB. Der [dort] bezeichnete besonders schwere Fall ist dadurch gekennzeichnet, daß der Täter die Bedrängnis eines anderen unmittelbar oder mittelbar zum Diebstahl ausnutzt; der Dieb beweist damit eine besonders verwerfliche Gesinnung. Nach diesem Maßstab ist der *Schlafende* beispielsweise hilflos..., wenn sein Schlaf mit einer *krankhaften Störung* zusammenhängt. Der Diebstahl, bei dem der ›gesunde‹ Schlaf eines anderen ausgenutzt wird, erreicht diesen erhöhten Unrechtsgrad nicht. Er ist vielmehr mit anderen Fällen vergleichbar, in denen der Dieb die *Unaufmerksamkeit* oder auch die *Abwesenheit* eines anderen ausnutzt."

Erläuterungen

Der Gesetzgeber hat den Begriff der »Hilflosigkeit« aus § 221 I StGB a.F. (Aussetzung) übernommen. Die Vorschrift setzte eine aus bestimmten Gründen (Krankheit usw.) »hilflose Person« voraus. Diese Voraussetzung ist mit der Neufassung des § 221 StGB zwar entfallen. Doch kehrt der Gedanke der »persönlichen Hilflosigkeit« hier in der »hilflosen Lage« des Opfers wieder. Die »Hilflosigkeit« hat in § 221 I StGB und in § 243 I 2 Nr. 6 StGB freilich einen *verschiedenen* Sinn: Bei dem in »hilfloser Lage« befindlichen Opfer der Aussetzung bedeutet die »Hilflosigkeit« dessen Unfähigkeit, sich vor Gefahren für *Leben* oder *Gesundheit* selbst zu schützen (→ Rn. 67 und Rn. 346), während sie in § 243 I 2 Nr. 6 StGB Menschen betrifft, die sich gegen Angriffe auf die *Sachherrschaft* nicht ausreichend wehren können.[1] **341**

Ähnlich wie in § 221 I StGB a.F., wo nicht jede Art der »Hilflosigkeit« genügte, sondern bestimmte *persönliche Ursachen* erforderlich waren (Krankheit usw.), ist aber auch für § 243 I 2 Nr. 6 StGB ein gewisser »persönlicher Schwächezustand« Voraussetzung. Sonst würde der Begriff »Hilflosigkeit« zu weit geraten. Nicht erfasst sind deshalb: bloße Unaufmerksamkeit, Ortsabwesenheit, Sprachunkundigkeit (Ausländer), hohes Alter oder mangelnder Mut. Diese Umstände begründen vielmehr nur einen *sozialtypisch* reduzierten Gewahrsamsschutz. Der »persönliche Schwächezustand« muss nicht von längerer Dauer sein, es genügt, dass er nur im Moment der Wegnahme vorliegt. Auch der Gewahrsamsinhaber/Gewahrsamshüter, der den Schwächezustand durch Betrinken selbst herbeigeführt hat, stellt ein wegen seines persönlichen Zustandes besonders angreifbares Opfer dar; die Hilflosigkeit muss also nicht „unverschuldet" sein.[2] Demgegenüber sind *Schlafende* nicht in einer besonderen Bedrängnissituation, zumindest solange nicht, wie der Schlaf nicht auf einer *krankhaften Störung* beruht.[3]

---

1 Vgl. BayObLG NJW 1973, 1808 (erhöhte Schutzwürdigkeit solcher Menschen, die sich „gegen Eigentumsangriffe nicht ausreichend sichern können"); NK-*Kindhäuser* § 243 Rn. 36.
2 H.M. vgl. z.B. *W/Hillenkamp* Rn. 242 m.w.N.; abw. *M/Schroeder*, BT 1, § 33 Rn. 99.
3 BGH NJW 1990, 2569 (oben zitiert → Rn. 340).

Der Täter muss die Hilflosigkeit *zur* »Wegnahme« – also gerade für den Bruch und die Neubegründung des Gewahrsams – ausnutzen. Dies gebietet der Wortlaut („stiehlt, indem er die Hilflosigkeit ausnutzt") und die Überlegung, dass ein besonderer Gewahrsamsschutz für hilflose Personen dann nicht mehr nötig ist, wenn deren Gewahrsam bereits gebrochen wurde. Ein Ausnutzen der Hilflosigkeit einer Person erst in der Beendigungsphase des Diebstahls genügt deshalb nicht.[4]

Hinterlistiger Überfall – § 224 I Nr. 3 StGB

Vgl. **Überfall, hinterlistiger** → Rn. 500.

Im-Stich-Lassen in hilfloser Lage – § 221 I Nr. 2 StGB

342 »Hilflose Lage« bedeutet eine Situation, in der sich ein Mensch gegen eine **Gefahr** für **Leben** oder **Gesundheit** – die in dieser Situation besteht oder daraus entstehen *kann – ohne fremde Hilfe* (aus eigener Kraft) nicht **zu schützen** vermag und solche Hilfe für ihn *nicht verfügbar* ist (»hilflose Lage« als zumindest latent gefährlicher Zustand der »Hilfsbedürftigkeit« ohne verfügbare Hilfe) → Rn. 346.

Der Obhutspflichtige (Garant) »lässt« diesen Menschen in hilfloser Lage »im Stich«, wenn er die pflichtgemäß *gebotene*, nach den Umständen mögliche und zumutbare **Hilfeleistung unterlässt**. In welcher äußeren Verhaltensform das »Im-Stich-Lassen« geschieht – z.B. räumliche Trennung vom Opfer, Untätigbleiben vor Ort oder nicht Zu-Hilfe-Eilen –, ist gleichgültig (→ Rn. 344).

Durch Im-Stich-Lassen der »Gefahr« des Todes (Lebensgefahr) oder einer schweren Gesundheitsschädigung *»ausgesetzt«* wird das Opfer, wenn der Täter durch seine Nichthilfe eine **konkrete Gefahr** dieser Art herbeiführt oder erhöht (→ Rn. 345).

Literatur: *Küper* ZStW 111 (1999), 30 (49 ff, 55 ff); NK-*Neumann* § 221 Rn 18 ff. **Einführend:** *W/Hettinger* Rn. 202 ff. **Monographisch:** *Lautner*, Die Systematik des Aussetzungstatbestands, 2010, S. 173 ff, 184 ff; *Wielant*, Die Aussetzung nach § 221 Abs. 1 StGB, 2009, S. 93 ff, 116 ff und passim (jew. mit Hinw. auf weitere Monographien).

Rechtsprechung Beispielhaft: BGHSt 52, 153 (158 – Verhältnis hilflose Lage/Gefährdungserfolg) mit krit. Anm. *Brüning* ZJS 2008, 419 (420) und zust. Bspr. *Hardtung* JZ 2008, 953 ff; BGHSt 57, 28 (29 ff – echtes Unterlassungsdelikt) mit krit. Anm. von *Freund/Timm* HRRS 2012, 223 (230 ff: begehungsgleiches Unterlassen); BGH NStZ 2008, 395 (hilflose Lage); 2009, 385 (Vorsatz hinsichtlich des Gefährdungserfolgs); OLG Stuttgart NStZ 2009, 102 f (Garantenstellung).[1]

---

4 So aber *Geisler/Meyer* Jura 2010, 388 (389).

1 Rspr. zu § 221 StGB a.F. in der 8. Aufl. 2012, S. 209.

Erläuterungen

I. Die Neufassung des Gesetzes

1. Die ursprüngliche Gesetzesfassung

Das 6. StrRG (1998) hat den gesamten Aussetzungstatbestand neu gestaltet (dazu auch → Rn. 64 f) und die Strafbarkeit auch mit der Tatbestandsalternative des Im-Stich-Lassens im Vergleich zur früheren Fassung erheblich erweitert: Die zweite Tatbestandsvariante bestand nach § 221 I Var. 2 StGB a.F. in einem »*Verlassen* in hilfloser Lage«. Auf der Opferseite war eine aus bestimmten Gründen – jugendliches Alter, Gebrechlichkeit, Krankheit – »hilflose Person« erforderlich, für deren Schutz der Täter als Obhutspflichtiger (Garant) verantwortlich war. Die »hilflose Lage« wurde nach überwiegender Auffassung als besondere »Gefahrenlage« verstanden[2] und das »Verlassen« als ein »*räumliches* Sich-Entfernen«. Letzteres konnte auch durch Unterlassen verwirklicht werden, sofern der Garant nichts dagegen unternahm, dass Dritte ihn fortbrachten.[3] Demgegenüber wurde eine Nichthilfe bei fortbestehender Anwesenheit von der h.M. als nicht ausreichend angesehen. Denn das Gesetz habe nicht die bloße Vorenthaltung der Hilfe unter Strafe gestellt, sondern nur den *speziellen* und besonders gravierenden Fall, dass sich der Garant zur Erfüllung seiner Schutzpflicht äußerlich »*außerstande setzt*«, sie sich *unmöglich macht*, und dadurch dem Opfer die bei pflichtgemäßem Verhalten (Anwesenheit) regelmäßig bestehenden *Rettungschancen* entzieht.[4] Umstritten war schließlich die Frage, ob ein Verlassen auch durch pflichtwidrige Nichtrückkehr verwirklicht werden konnte, wenn das Opfer erst nach dem Verlassen in eine hilflose Lage geriet und der Täter es nun unterließ zurückzukehren, um die gebotene Hilfe zu leisten.[5] **343**

2. Die neue Rechtslage

Die Neufassung, die weitgehend auf § 139 I Nr. 2 E 1962 beruht[6], hat den früheren Tatbestand in mehrfacher Beziehung geändert – auch um die zuvor beschriebenen Strafbarkeitslücken zu schließen. Wie bei § 221 I Nr. 1 StGB (→ Rn. 65) ist eine konstitutionelle »Hilflosigkeit« des Opfers – wegen Krankheit, Gebrechlichkeit usw. – *nicht* mehr erforderlich. Opfer können vielmehr auch sonstige, in »hilfloser Lage« befindliche Personen sein (→ Rn. 346). Der gesetzliche Hinweis auf die erforderliche *Garantenpflicht* des Täters ist mit der *sonstigen* »Beistandspflicht« sprachlich neu gefasst worden. Die in § 323c StGB aufgeführte, für jeden geltende Hilfspflicht genügt dafür allerdings nicht, vielmehr sind solche Beistandspflichten gemeint, „die auch eine Pflicht zum Handeln im Bereich der unechten Unterlassungsdelikte (§ 13) begründen“.[7] **344**

---

2 Vgl. zur alten Fassung BGHSt 38, 78 (79 f); *Küper* Jura 1994, 516 ff, 522 ff.

3 Vgl. *Küper* Jura 1994, 516 (523); *Mitsch* StV 1992, 319 (320) und JuS 1996, 407 (409); jew. m.w.N.

4 *Küper* Jura 1994, 516 (517 ff, 522 f); *Mitsch* JuS 1994, 555 (556 ff) und JuS 1996, 407 (409); jew. m.w.N.

5 S. zu dieser Problematik die Darstellung in der 8. Aufl. 2012, S. 212 m.w.N.

6 Vgl. dort S. 35, 276 f; BT-Drs. 13/8587, S. 34.

7 BT-Drs. 13/8587, S. 34. Zu den in Betracht kommenden Garantenstellungen vgl. NK-*Neumann* § 221 Rn. 25 ff m.w.N. und Vorschlag zu Einschränkungen; zur Ingerenz auch OLG Stuttgart NStZ 2009, 102 f.

Die wichtigste Änderung besteht in der Ersetzung des Begriffs »Verlassen« durch »Im-Stich-Lassen«. Damit ist die bisher von der h.M. abgelehnte (→ Rn. 343) extensive Auslegung des »Verlassens« Gesetz geworden: „Der Begriff des Imstichlassens bringt deutlicher als das [bisher] geltende Recht zum Ausdruck, daß diese Ausführungsart nicht nur durch das räumliche Verlassen, sondern auch dadurch verwirklicht werden kann, dass der Beistandspflichtige sich der Beistandsleistung vorsätzlich entzieht, obwohl er dazu in der Lage wäre".[8] Das »Im-Stich-Lassen« bedeutet daher sachlich nichts anderes als ein *Unterlassen der Hilfeleistung*, für das es gleichgültig ist, in welcher äußeren Verhaltensform[9] es jeweils auftritt:[10] Der Garant verweigert dem Betroffenen in prinzipiell beliebiger Weise die aufgrund seiner Garantenposition gebotene, nach den Umständen erforderliche, ihm mögliche und zumutbare Hilfe. Für Umfang und Grenzen der Hilfeleistungspflicht gelten die Prinzipien des unechten Unterlassungsdelikts (§ 13 I StGB).

345 Das Gesetz verweist in § 221 I Nr. 2 StGB n.F. einerseits auf die Voraussetzungen einer sog. »hilflosen Lage«, in der sich das Opfer befinden und »im Stich gelassen« werden muss; andererseits enthält der Tatbestand die spezielle Beschreibung einer konkreten Gefahr (Gefährdungsklausel → Rn. 66),[11] die mit der Verhaltensform des »Im-Stich-Lassens in hilfloser Lage« durch ein Kausalitätserfordernis verbunden ist: »und dadurch der Gefahr aussetzt«. Da die Neufassung das Erfordernis der »hilflosen Lage« mit einer besonderen Gefährdungsklausel kombiniert und so *zwei* verschiedene *Merkmalskomplexe* geschaffen hat, ist – anders noch die Vorauflage[12] – davon auszugehen, dass die »hilflose Lage« lediglich einen Zustand der »*Hilfsbedürftigkeit*« oder »Schutzunfähigkeit« bezeichnet, in dem sich der Betroffene nicht mehr aus *eigener Kraft* – oder jedenfalls durch schutzbereite und schutzfähige Personen – gegen eine Lebens- oder Gesundheitsgefahr *zu schützen* vermag, die aus seiner Situation resultieren *kann*.[13]

346 Die hilflose Lage ist damit wie bei § 221 I Nr. 1 StGB zu definieren (→ Rn. 63). Bei der Verfügbarkeit fremder Hilfe wird allerdings mitunter gefordert, die zunächst noch erbrachte Hilfe des (späteren) Täters außer Acht zu lassen und ausschließlich auf Hilfe dritter Personen abzustellen.[14] Anderenfalls könne dieser das Opfer nicht – wie vom Gesetz verlangt – *in* bereits bestehender hilfloser Lage im Stich lassen, weil das Opfer wegen der Hilfsbereitschaft des Täters bis zu diesem Zeitpunkt noch nicht hilflos sei. Stellt man hingegen für die Bestimmung der hilflosen Lage entscheidend auf

---

8 BT-Drs. 13/8587, S. 34; E 1962, S. 277.

9 Z.B. ein Sich-Entfernen vom Opfer, jede sonstige räumliche Trennung, aber eben auch die bloße Untätigkeit bei weiterer Anwesenheit und die (früher umstrittene → Rn. 343) unterlassene Rückkehr bei eintretender Hilflosigkeit (dazu *Küper* ZStW 111 [1999], 30 [63 f]; *Struensee*, Einführung 6. StrRG, S. 38).

10 *Küper* Jura 1994, 516 (519); MK-*Hardtung* § 221 Rn. 17; SK-*Wolters* § 221 Rn. 6; BGHSt 57, 28 (30).

11 Zur »schweren« Gesundheitsschädigung vgl. das Stichw. »Gesundheitsschädigung, schwere« → Rn. 271, zum Begriff der konkreten Gefahr das Stichw. »Gefahr, konkrete« → Rn. 242.

12 S. dazu in der 8. Aufl. 2012 das Stichw. »Im-Stich-Lassen in hilfloser Lage«, Erl. I. 2. c), S. 211 f.

13 In dieser Richtung *Heger* ZStW 119 (2007), 593 (606 f); NK-*Neumann* § 221 Rn. 21 m.w.N. Eingehend *Lautner*, Systematik, S. 174 ff; *Wielant*, Aussetzung, S. 279 ff, 338 f; vgl. auch BGHSt 52, 153 (157 f); BGH NStZ 2008, 395. Zum Parallelproblem beim »Versetzen« nach § 221 I Nr. 1 StGB → Rn. 67.

14 MK-*Hardtung* § 221 Rn. 16; *Chilecki*, Zur Dogmatik der Aussetzung (usw.), 2010, S. 168 ff.

eine bestehende Hilfsbereitschaft der hilfsfähigen Personen ab, lässt sich eine hilflose Lage bei bereits hilfsbedürftigen Personen schon in dem Moment bejahen, in dem der Täter schlicht[15] seine Hilfsbereitschaft aufgibt. Dem »Im-Stich-Lassen« geht somit immer eine hilflose Lage voraus, so dass auch der zuvor hilfsbereite Täter das Opfer *in* hilfloser Lage im Stich lassen kann. Deshalb ist bei der Verfügbarkeit fremder Hilfe auch bei § 221 I Nr. 2 StGB die Hilfsbereitschaft des Täters einzubeziehen.

II. Zur Deliktsstruktur

Umstritten ist, ob es sich bei § 221 I Nr. 2 StGB um ein Begehungs- oder Unterlassungsdelikt handelt. Die Einordnung wirkt sich auf den Strafrahmen aus: Handelt es sich um ein echtes Unterlassungsdelikt, scheidet ein Rückgriff auf § 13 I StGB aus, mit der Folge, dass die fakultative Strafmilderung nach § 13 II StGB (zumindest unmittelbar) keine Anwendung findet. Die Deliktseinordnung richtet sich danach, anhand welcher Kriterien man die Abgrenzung zwischen *echten* und *unechten* Unterlassungsdelikten vornimmt:[16] **347**

Teilweise wird angenommen, echte Unterlassungsdelikte seien dadurch gekennzeichnet, dass bereits das Unterlassen der gebotenen Handlung für sich allein zur Tatbestandsverwirklichung genügt.[17] Da für die Verwirklichung von § 221 I Nr. 2 StGB die bloße (Un-)Tätigkeit des Täters nicht ausreicht, sondern es eines darüber hinausgehenden konkreten Gefahrerfolgs bedarf (→ Rn. 67), wird angenommen,[18] dass § 221 I Nr. 1 StGB kein echtes Unterlassungsdelikt sei. Die weitere Frage, ob das Verhalten des Täters als Begehen oder unechtes Unterlassen zu qualifizieren ist, richte sich dann je nach Einzelfall danach, ob das konkrete Verhalten des Täters schwerpunktmäßig in einem aktiven Tun liegt (dann *Begehungsdelikt*) oder ein Unterlassen darstellt (dann *unechtes Unterlassungsdelikt* unter Anwendung des § 13 StGB).

Nach h.M. richtet sich die Frage, ob ein echtes Unterlassungsdelikt vorliegt, jedoch allein danach, ob der jeweilige Straftatbestand ein Unterlassen beschreibt; der Charakter eines Erfolgsdelikts stehe hingegen der Einordnung als echtes Unterlassungsdelikt nicht entgegen.[19] Da das »Im-Stich-Lassen« unabhängig von der Begehungsweise stets das »Unterlassen von Hilfe« umschreibe, sieht die überwiegende Ansicht im Schrifttum § 221 I Nr. 2 StGB daher als echtes Unterlassungsdelikt an.[20] Insoweit gelte nichts anderes als bei § 323c StGB. Dort sei allgemein anerkannt, dass ein aktives Sich-Entfernen nichts an der Struktur eines echten Unterlassungsdelikts ändert.[21] Um Wertungswidersprüche zu dem Fall zu vermeiden, in dem der Täter durch Nichteinschreiten etc. das Opfer in eine hilflose Lage versetzt (§ 221 I Nr. 1 StGB durch

15 Die bloße Aufgabe des Hilfswillens bietet noch keinen strafrechtlich relevanten Anknüpfungspunkt für ein »Im-Stich-lassen« (ebenso wenig für ein »Versetzen«). Hierfür ist vielmehr erst auf das nachfolgende Verhalten abzustellen.

16 Treffend NK-*Neumann* § 221 Rn. 20.

17 *L/Kühl* § 13 Rn. 4 m.w.N.

18 So *Momsen* StV 2013, 54 (58); LK-*Jähnke* § 221 Rn. 22. Anders BGHSt 57, 28 (30 f), wonach zwar ein *Verletzungs*erfolg, nicht aber ein bloßer *Gefährdungs*erfolg der Annahme eines echten Unterlassungsdelikts entgegenstehe.

19 *S/S/Bosch*, Vor §§ 13 ff Rn. 137 m.w.N.; NK-*Neumann* § 221 Rn. 20.

20 MK-*Hardtung* § 221 Rn. 2; *Theile* ZJS 2012, 389 (391 f); SK-*Wolters* § 221 Rn. 6; *Jäger* JA 2012, 154 (155 f); i.E. ebenso BGHSt 57, 28 (30 f).

21 NK-*Neumann* § 221 Rn. 19.

unechtes Unterlassen, § 13 I StGB), wird vielfach eine analoge Anwendung des § 13 II StGB auch für das »Im-Stich-Lassen« gefordert.[22]

Berücksichtigt man, dass § 221 I Nr. 2 StGB im Gegensatz zu (sonstigen) echten Unterlassungsdelikten bereits tatbestandlich die Garantenpflicht beschreibt („obwohl er ihn in seiner Obhut hat oder ihm sonst beizustehen verpflichtet ist"), so ist es auch möglich, die Norm als »speziell vertatbestandlichtes unechtes Unterlassungsdelikt« zu begreifen[23] und auf diesem Wege zu einer zumindest entsprechenden Anwendung des § 13 II StGB zu gelangen.

III. Abgrenzung zu § 221 I Nr. 1 StGB

1. Fälle »anfänglicher Hilfsbedürftigkeit«

348 Da sich die »hilflose Lage« nicht allein nach der Hilfsbedürftigkeit des Opfers, sondern auch nach der Anwesenheit schutzbereiter und -fähiger Personen bestimmt, fehlt es an einer »hilflosen Lage«, solange der Täter dem hilfsbedürftigen Opfer beisteht. Gibt er hingegen seine Hilfsbereitschaft auf, befindet sich das Opfer ab diesem Zeitpunkt nicht mehr lediglich in einer hilfs*bedürftigen* Situation, sondern es ist – mangels hilfsbereiter Personen – nun auch *»hilflos«* (→ Rn. 346). Dabei ist zu beachten, dass die bloße innere Aufgabe der Hilfsbereitschaft seitens des Täters nicht schon zu einem »Versetzen« führt, denn Anknüpfungspunkt für eine strafrechtlich relevante Handlung kann vielmehr nur das sich hieran anschließende Verhalten des Täters sein. Da im Zeitpunkt dieses Verhaltens aber bereits – wenn u.U. auch erst seit einer logischen Sekunde – eine hilflose Lage besteht, scheidet ein »Versetzen« (§ 221 I Nr. 1 StGB) aus. Das Täterverhalten ist dann vielmehr unter § 221 I Nr. 2 StGB zu fassen: Der Täter lässt durch seine Nichthilfe, sein Weggehen etc. das Opfer *in* hilfloser Lage im Stich.

In dem zur Abgrenzung der beiden Tatalternativen vielfach angeführten »Bergsteiger-Fall« (Bergführer B lässt nach einem Streit den unerfahrenen Wanderer W allein in den Bergen zurück, woraufhin W in konkrete Lebensgefahr gerät) macht sich demzufolge der Bergführer nach § 221 I Nr. 2 StGB strafbar, da sich der Wanderer im Zeitpunkt des Zurücklassens bereits in einer hilflosen Lage befindet.[24] Mitunter wird in dieser Konstellation stattdessen § 221 I Nr. 1 StGB bejaht,[25] teils auch als Versetzen *durch Unterlassen* (§ 13 I StGB).[26] Die Anwendung des § 221 I Nr. 2 StGB entspricht jedoch der gesetzgeberischen Intention, der zweiten Tatalternative diejenigen Fälle zuzuordnen, in denen sich der Beistandspflichtige der Beistandsleistung vorsätzlich entzieht.[27]

---

22 *Jäger* JA 2012, 154 (156); *Ladiges* JuS 2012, 687 (689); vgl. auch NK-*Neumann* § 221 Rn. 20a; abl. BGHSt 57, 28 (31); SK-*Wolters* § 221 Rn. 6.

23 So *Wielant*, Aussetzung, S. 147 ff, 168; *Küper* ZStW 111 (1999), 30 (55, 58). Wieder anders *Heger* ZStW 111 (1999), 593 (599 f): zugleich Begehungs- und echtes Unterlassungsdelikt.

24 Ebenso (mit teils unterschiedlicher Begründung) *Rengier*, BT 2, § 10 Rn. 12; SK-*Wolters* § 221 Rn. 4; LK-*Jähnke* § 221 Rn. 12; *Eisele*, BT I, Rn. 247 f; *Jäger* JuS 2000, 31 (34).

25 *W/Hettinger* Rn. 201, 204; MK-*Hardtung* § 221 Rn. 11 (wonach aber zugleich § 221 I Nr. 2 StGB verwirklicht sei).

26 *Wielant*, Aussetzung, S. 399 ff, 422 f.

27 BT-Drs. 13/8587, S. 34.

Unter § 221 I Nr. 1 StGB fallen demgegenüber die Fälle, in denen das Opfer auch bei fehlender Hilfsbereitschaft des Täters nicht hilflos ist (etwa weil es nicht hilfsbedürftig ist, oder Dritte ihm beistehen), sondern die Hilflosigkeit vielmehr erst Folge eines Eingreifens (»Versetzens«) des Täters ist. Raum für ein *Versetzen durch Unterlassen* bleibt nach der hier vorgeschlagenen Lösung dort, wo der Garant die Selbstaussetzung des Opfers pflichtwidrig unterlässt (→ Rn. 69).

2. »Im-Stich-Lassen« nach vorherigem »Versetzen«

Erfüllt der Täter § 221 I Nr. 1 StGB, schließt sich hieran faktisch fast immer auch die Verwirklichung von § 221 I Nr. 2 StGB an, da das »Versetzen« i.d.R. eine für § 221 I Nr. 2 StGB bedeutsame Beistandspflicht aus Ingerenz begründet,[28] die den Täter zu einer nachfolgenden Hilfeleistung verpflichtet, der der Täter aber nicht nachkommt (indem er das hilflose Opfer allein lässt etc.). In diesem Fall liegt der Unrechtsschwerpunkt zumeist im »Versetzen«, sodass § 221 I Nr. 1 StGB in aller Regel § 221 I Nr. 2 StGB konsumiert.[29] § 221 I Nr. 2 StGB erlangt jedoch dann eigenständige Bedeutung, wenn der Täter im Zeitpunkt des »Versetzens« nicht vorsätzlich handelt (etwa, weil er die Möglichkeit einer konkreten Lebensgefahr erst nachträglich erkennt). **349**

Inbrandsetzen/Brandlegung – §§ 306 ff (§ 263 III 2 Nr. 5) StGB

»In Brand gesetzt« ist eine Sache, wenn sie vom Feuer – zumindest in einem *wesentlichen Bestandteil* (zu Gebäuden → Rn. 358) – derart erfasst ist, dass sich an ihr das Feuer auch nach Entfernen/Erlöschen des Zündstoffs **selbstständig weiter ausbreiten** kann (»Brand« als »Fortbrennen aus eigener Kraft«). **350**

Für den »Brand« ist die Entwicklung einer Flamme nicht erforderlich; ein Schwelbrand reicht aus.

»Brandlegung« ist die Anwendung eines Brandmittels (Feuer, Zündstoff, Sprengmittel), die unmittelbar darauf gerichtet oder dazu geeignet ist, den »Brand« einer Sache zu bewirken oder sie zu zerstören (→ Rn. 356 f).

Literatur: LK-*Wolff* § 306 Rn. 5 ff; SK-*Wolters* § 306 Rn. 10 ff. **Einführend:** *Wrage* JuS 2003, 985 ff. **Monographisch:** *Bender*, Normzweck und Deliktstypus der einfachen und schweren Brandstiftung gem. §§ 306, 306a StGB n.F., 2014; *Radtke*, Die Dogmatik der Brandstiftungsdelikte, 1998, S. 196 ff.

Rechtsprechung Grundlegend: RGSt 7, 131 (132 – Begriff des »Inbrandsetzens«); BGHSt 18, 363 (364 ff – Wohnbereich) mit zust. Anm. *Schmitt* JZ 1964, 189 ff; BGHSt 34, 115 (117 ff – »Inbrandsetzen« gemischt genutzter Gebäude); 48, 14 (19 ff – »teilweises Zerstören durch

28 MK-*Hardtung* § 221 Rn. 48; *A/W/Hilgendorf* § 36 Rn. 8. Eine Ausnahme gilt dann, wenn der Täter bei der Versetzungshandlung pflichtgemäß handelt, also etwa der Autofahrer trotz sorgfältigen Fahrens den Fußgänger anfährt (*K/H/H*, BT 1, Rn. 130), wobei es in solchen Fällen i.d.R. am Vorsatz fehlt, oder wenn der Täter nach Verwirklichung von § 221 I Nr. 1 StGB den Eintritt der konkreten Gefahr nicht mehr abzuwenden vermag (LK-*Jähnke* § 221 Rn. 3).

29 MK-*Hardtung* § 221 Rn. 48; *Hacker/Lautner* Jura 2006, 274 (279 f); anders *A/W/Hilgendorf* § 36 Rn. 8.

Brandlegung«) mit zust. Anm. *Radtke* NStZ 2003, 432 ff. **Beispielhaft:** BGH NStZ 2007, 270 f (Kellerraum) mit Anm. *Jahn* JuS 2007, 484 f; BGH StV 2012, 471 (472: bloße »Verschmutzungen« kein »teilweises Zerstören«) sowie unten → Rn. 358.

RGSt 40, 321 (323): „Die Inbrandsetzung einer Sache bedingt notwendig einen *Brand* der letzteren; während als Inbrandsetzung die äußere Brandstiftungshandlung in Betracht kommt, ist unter Brand der *Erfolg* zu verstehen, der durch das Inbrandsetzen herbeigeführt wird. Eine Begriffsbestimmung des Wortes ›Brand‹ ist im Gesetz nicht gegeben; es unterliegt aber keinem Bedenken, darunter aufgrund der Materialien des Gesetzes und in Anlehnung an den allgemeinen Sprachgebrauch ein *Brennen* der Sache selbst, ein Ergriffensein derselben vom Feuer, und zwar derart, daß das Feuer *ohne die Einwirkung neuen Zündstoffes* sich fortzuentwickeln vermag, zu verstehen."

BGH NStZ 1994, 130 f: „In Brand gesetzt ist ein Gebäude … erst, wenn Teile, die für dessen *bestimmungsgemäßen Gebrauch* wesentlich sind, so vom Feuer erfaßt werden, daß es *selbständig* ohne Fortwirken des Zündstoffs weiterbrennt."

Erläuterungen

351 Der Begriff »in Brand setzt« bezeichnet nicht lediglich die Brandstiftungs*handlung*, sondern auch deren *Erfolg* (»Brand«). Um die Mindesterfordernisse (!) dieses Erfolges geht es bei der Begriffsbestimmung des »Inbrandsetzens«. Da das Inbrandsetzen frühzeitig vollendet ist, bleibt wegen des zeitlich kurzen Versuchsstadiums wenig Raum für einen Rücktritt vom Versuch (§ 24 StGB); § 306e StGB sieht daher die Möglichkeit der tätigen Reue durch Löschen vor, sofern noch kein erheblicher[1] Schaden entstanden ist. Die »Brandlegung« (→ Rn. 356 f) setzt dagegen keinen solchen *Brand*stiftungserfolg voraus, sondern bezeichnet eine *Handlung*, die zu einem anderen Erfolg (*Sach*zerstörung) führt.

I. Die Neuordnung der Brandstiftungsdelikte

1. Allgemeines und Systematik der Brandstiftungsdelikte

352 Im Jahr 1998 wurden die Brandstiftungsdelikte durch das 6. StrRG auf der Grundlage wechselnder Entwurfsfassungen in einem eher hektischen Gesetzgebungsverfahren neu geregelt.[2] Diese Reform ist zwar – mit Blick auf den „modernisierten" Tatobjektskatalog in § 306 StGB und das ungeklärte Verhältnis der §§ 306, 306a, 306d StGB zueinander – als misslungen zu bezeichnen.[3] Die hier in Frage stehenden Tathandlungen, der überkommene Begriff des »Inbrandsetzens« und der mit dem 6. StrRG eingefügte Begriff der Zerstörung durch »Brandlegung«, sind davon allerdings weniger betroffen. Beide Tathandlungen finden sich in allen Brandstiftungsdelikten (§§ 306-306d StGB). Diese werden nachfolgend vorab kurz vorgestellt:

Die Eingangsvorschrift zur »einfachen« Brandstiftung (§ 306 StGB) soll nach h.M. wie schon der frühere § 308 Alt. 1 StGB a.F. ein spezielles *Sachbeschädigungsdelikt*

1 Ungeklärt ist, ob die Erheblichkeit nach einer festen Wertgrenze oder nach einem prozentualen Wertanteil zu bestimmen ist; vgl. bei *Fischer* § 306e Rn. 3.

2 Vgl. dazu BT-Drs. 13/8587, S. 68 ff, 86 ff; 13/9064, S. 22; BR-Drs. 164/97, S. 91 ff, 159 ff.

3 Zu gesetzestechnischen Mängeln *Fischer* NStZ 1999, 13 f; *Schroeder* GA 1998, 571 ff; zu typischen Auslegungsproblemen *Wrage* JuS 2003, 985 ff; *Bender*, Normzweck und Deliktstypus, S. 269 ff, 371 ff; Anregungen zur Reform bei *Börner*, Ein Vorschlag zum Brandstrafrecht, 2006.

darstellen, weil es sich nur auf die Beeinträchtigung »*fremder*« Objekte bezieht. Demgegenüber sieht eine vordringende Auffassung in dem Delikt – über den primären Eigentumsschutz hinaus – auch Elemente der »Gemeingefährlichkeit«.[4] Dies wirft wiederum Probleme bei der Beurteilung der Zustimmung des Eigentümers auf.[5]

Die Vorschrift über die »schwere Brandstiftung« (§ 306a StGB) umfasst *zwei verschiedene* Tatbestandsgruppen. § 306a I Nr. 1-3 StGB entspricht im Wesentlichen der schweren Brandstiftung nach § 306 StGB a.F.: Brandstiftung u.a. an Wohngebäuden und Räumlichkeiten des zeitweiligen Aufenthalts. Die Vorschrift enthält ein *abstraktes Gefährdungsdelikt* zum Schutz von Leib oder Leben.[6] Die Einbeziehung der »Zerstörung durch Brandlegung« hat an dieser Funktion nichts geändert. § 306a II StGB ist an die Stelle des § 308 I Alt. 2 StGB a.F. (sog. »mittelbare Brandstiftung«) getreten. Im Gegensatz zu ihrer Vorgängernorm ist die Vorschrift *unabhängig* von den *Eigentumsverhältnissen* formuliert worden; dies folgt aus der eingeschränkten Verweisung auf die in § 306 I Nr. 1-6 StGB „*bezeichneten* Sachen".[7] Außerdem ist § 306a II StGB als echtes *konkretes* – qualifiziertes – *Gefährdungsdelikt* konzipiert: Erforderlich ist ein – *vorsätzlich* herbeigeführter – Erfolg in Form der »Gefahr einer Gesundheitsschädigung«.[8] Auch hier ist die Möglichkeit einer Rechtfertigung durch Einwilligung des Gefährdeten davon abhängig, welches Rechtsgut von § 306a II StGB geschützt werden soll.[9] 353

Die weiteren Vorschriften enthalten u.a. Qualifikationstatbestände in verschiedenen Varianten.[10] »Normale« Qualifikationen (qualifizierte Vorsatzdelikte) enthält die besonders schwere Brandstiftung nach § 306b II Nr. 1-3 StGB. Auch Abs. 2 Nr. 1 der Vorschrift ist *nicht* etwa ein erfolgsqualifiziertes Delikt i.S. des § 18 StGB: auf die – konkrete – »Gefahr des Todes« muss sich hier der *Vorsatz* beziehen.[11] Abs. 2 Nr. 3 verlangt ein Verhalten, das das Löschen erschwert hat. Dies ist der Fall, wenn die sonst bestehenden Chancen zur erfolgreichen Löschung „nicht nur unerheblich verschlechtert", „insbesondere zeitlich relevant verzögert" wurden.[12] 354

---

4 BGH NJW 2001, 765. Zur zweifachen Schutzrichtung näher *Duttge* Jura 2006, 15 ff; *Kreß* JR 2001, 315 ff; MK-*Radtke* § 306 Rn. 8 ff; krit. LK-*Wolff* § 306 Rn. 3 und *Bender*, Normzweck und Deliktstypus, S. 207 ff, 221 ff, der unter Berücksichtigung der Besonderheit der im Gesetz ursprünglich angelegten Eigentümerprivilegierung nur auf die Gemeingefährlichkeit und eine abstrakte Gefährdung abstellt (S. 224 ff).

5 Zum Problem der Einwilligung vgl. die Hinw. bei *W/Hettinger* Rn. 956. *Bender*, Normzweck und Deliktstypus, 2014, S. 239 ff plädiert für ein tatbestandsausschließendes Einverständnis.

6 Zum str. Konkurrenzverhältnis zwischen § 306 I Nr. 1 und § 306a I Nr. 1 StGB bei Brandstiftung an fremdem Wohngebäude vgl. BGH NJW 2001, 765 (mit krit. Bspr. *Kreß* JR 2001, 315 [318]): Konsumtion von § 306 StGB. Ist die schwere Brandstiftung nur versucht, soll Tateinheit vorliegen (BGH StV 2012, 468 f).

7 BGH NStZ 1999, 32 (33); eingehend SK-*Wolters* § 306a Rn. 23 ff; krit. *Schenkewitz* JA 2001, 400 (402 f) m.w.N.

8 BGH StV 2014, 483. Zu § 306a II StGB als Basis weiterer Qualifikationen *Kudlich* NStZ 2003, 458 ff.

9 S. die Darstellung bei *Bender*, Normzweck und Deliktstypus, S. 349 ff m.N.

10 Näher zur unterschiedlichen Struktur der Qualifikationstatbestände *Immel* StV 2001, 477 ff; *Radtke*, Brandstiftungsdelikte, S. 310 ff und ZStW 110 (1998), 848 (873 ff); jew. m.w.N.

11 BGH NJW 1999, 3131 f mit zust. Anm. *Stein* JR 2000, 115 ff. Zur Bestimmung dieses Gefährdungsvorsatzes näher *Radtke* NStZ 2000, 88 (89 f).

12 BGH StV 2014, 16.

Die »Ermöglichungsabsicht« in § 306b II Nr. 2 StGB soll nach Auffassung des BGH[13] *nicht* die Vorstellung des Täters voraussetzen, dass die Begehung der »anderen Straftat« gerade durch die *gefährlichen* Auswirkungen der Brandstiftung/Brandlegung begünstigt wird (dies wäre etwa der Fall, wenn nach der Tätervorstellung der beabsichtigte Diebstahl gerade durch die Brandgefahren und die damit verbundene Unachtsamkeit des Eigentümers begünstigt würde). Deshalb sei § 306b II Nr. 2 StGB auch erfüllt, wenn die schwere Brandstiftung zum Zweck eines späteren *Betruges* gegenüber der Brandversicherung begangen werde.[14] Dagegen ist § 306b II Nr. 2 StGB mangels auf eine »andere Straftat« gerichteter Ermöglichungsabsicht *nicht* erfüllt, wenn mit der Brandstiftung ein Versicherungsmissbrauch i.S. des § 265 StGB oder eine Sachbeschädigung am Inventar (§ 303 StGB) zusammentrifft.[15]

Die »Absicht« setzt einen *zielgerichteten* Willen voraus, der auf die »Ermöglichung« der *Begehung* einer »anderen Straftat« bezogen ist; für den Erfolg der anderen Tat soll ebenso wie für die Brandstiftung dolus eventualis genügen.[16] Dies erscheint zumindest für eine Brandstiftung in betrügerischer Absicht fraglich. Denn zahlt die Feuerversicherung nur bei einer Brandursache, so kann der Täter, der einen Betrug zu Lasten des Feuerversicherers anstrebt, das Inbrandsetzen (als notwendige Bedingung für seine Meldung des Versicherungsfalls) nicht nur billigend in Kauf nehmen.

355 Um eine *Erfolgsqualifikation* handelt es sich bei § 306c StGB (Brandstiftung mit Todesfolge), ebenso bei der sog. »fahrlässigen Brandstiftung« nach § 306d I, 3. Fall, i.V.m. § 306a II StGB: Vorsatz-Fahrlässigkeits-Kombination. § 306d II i.V.m. § 306a II StGB repräsentiert den Ausnahmefall eines durch Fahrlässigkeit erfolgsqualifizierten *Fahrlässigkeitsdelikts* (Fahrlässigkeits-Fahrlässigkeits-Kombination).

Auch die besonders schwere Brandstiftung nach § 306b I StGB wird überwiegend als erfolgsqualifiziertes Delikt betrachtet, so dass für die Herbeiführung der schweren Folge Fahrlässigkeit ausreicht.[17] Die schwere Folge besteht nach § 306b I StGB in der Herbeiführung entweder einer »schweren« Gesundheitsschädigung (→ Rn. 271) bei mindestens *einem* anderen Menschen oder einer »einfachen« Gesundheitsschädigung bei einer »*großen Zahl*« von Menschen. Für die Bestimmung der »großen Zahl« bietet sich als normativer Maßstab der Gedanke an, dass die gesundheitliche Schädigung mehrerer Personen dem »*schweren*« Gesundheitsschaden *eines* Menschen ungefähr entsprechen muss.[18]

---

13 BGHSt 45, 211 (216 ff) mit Bspr. *Radtke* JR 2000, 428 (429 ff), *Rönnau* JuS 2001, 328 (330 ff) und *Schlothauer* StV 2000, 138 ff.

14 BGHSt 51, 236 (238) mit zust. Bspr. *Bosch* JA 2007, 743 (744 f); BGH NStZ 2000, 197 (198); NJW 2000, 3581 f mit krit. Anm. *Liesching* JR 2001, 126 ff; BGH NStZ 2008, 571. Krit. zu dieser Rspr. z.B. *Fischer* § 306b Rn. 9b; *Rengier*, BT 2, § 40 Rn. 50 ff; SK-*Wolters* § 306b Rn. 11c, 12; LG Kiel StV 2003, 675 (676) mit zust. Anm. *Ostendorf*, S. 676 f.

15 BGHSt 51, 236 (239 ff). Eingehend zum ganzen Komplex *Dehne-Niemann* Jura 2008, 530 ff; Übersicht mit Aufbereitung der Argumente bei *Hillenkamp*, BT, Problem Nr. 16; jew. m.w.N.

16 BGHSt 45, 211 (217); BGH NStZ 2008, 571 mit krit. Anm. *Dehne-Niemann* StV 2008, 577 ff; *Fischer* § 306b Rn. 10a.

17 Vgl. BGHSt 44, 175 (177) mit zust. Anm. *Ingelfinger* JR 1999, 211 (212); *Rengier*, BT 2, § 40 Rn. 40; jew. m.w.N.; anders z.B. *Geppert* Jura 1998, 597 (603).

18 Vgl. BGHSt 44, 175 (177 f: »jedenfalls« bei Schädigung von 14 Personen) mit zust. Bspr. *Kühn* NStZ 1999, 559. Zur Lit., in der die Mindestzahl überwiegend bei zehn Personen angesetzt wird, vgl. insb. *Nagel* Jura 2001, 588 (589 f); SK-*Wolters* § 306b Rn. 4; jew. m.w.N.

2. »Inbrandsetzen« und »Brandlegung«

Mit dem 6. StrRG (1998) sind die Brandstiftungstatbestände über die eigentliche Brandstiftung hinaus erweitert worden: Neben das echte »Inbrandsetzen« – mit dem Erfolg eines »Brandes« – ist die ergänzende Alternative getreten, dass das jeweilige Objekt »durch eine *Brandlegung* ganz oder teilweise *zerstört*« wird. Die »Brandlegung« soll die Fälle treffen, in denen die gefährdende/zerstörende Wirkung des *Brandmittels* eintritt, ohne dass es zum »*Brand*« des Objekts kommt, wie z.B. bei Explosion des Zündstoffs[19] oder bei Schäden, die durch den Brand oder das Löschen des Zündstoffs entstanden sind, ohne dass das Tatobjekt selbst in Brand gesetzt wurde (BGH NStZ 2001, 252). Nach der Vorstellung des Gesetzgebers soll die Erweiterung des Tatbestandes zugleich berücksichtigen, dass bei modernen Gebäuden häufig wesentliche Bestandteile selbst nicht »brennbar« sind. Es sollen deshalb Gefährdungen miterfasst werden, die etwa infolge von Ruß-, Gas- oder Rauchentwicklung entstehen können, ohne dass wesentliche Gebäudeteile selbstständig brennen.[20] Die »Zerstörung durch Brandlegung« typisiert in § 306a I StGB neben dem »Inbrandsetzen« einen weiteren Fall der *abstrakten* Gefährdung anderer Rechtsgüter (Leben, Leib, Eigentum) durch Brandsetzungsgefahren; beide Varianten werden gleichgestellt. Es handelt sich also nicht etwa um ein »Sachbeschädigungsdelikt«. 356

Ein Wohngebäude oder ein solches, das gewerblichen Zwecken dient, soll nach Ansicht des BGH dann *teilweise* zerstört sein, „wenn das Gebäude für eine nicht unbeträchtliche Zeit wenigstens für einzelne seiner Zweckbestimmungen oder … ein für die ganze Sache zwecknötiger Teil unbrauchbar gemacht wird“. Gleiches soll gelten, „wenn einzelne Bestandteile des Gebäudes, die für einen selbständigen Gebrauch bestimmt oder eingerichtet sind, wie etwa eine einzelne Abteilung des Gebäudes, gänzlich vernichtet werden“.[21] Das Gewicht des einzelnen Bestandteils bemisst sich nach der „Bedeutung des betroffenen Raumes für den Widmungszweck des Gesamtgebäudes“;[22] zur (teilweisen) Zerstörung von Wohngebäuden (→ Rn. 359).

Der Begriff der »Brandlegung« ist schwer zu definieren. Nach seiner tatbestandlichen Funktion soll er, in Ergänzung des »Inbrandsetzens«, gleichsam »uneigentliche Brandstiftungshandlungen« erfassen, die nicht zum Erfolg eines »Brandes« führen, sondern eine anderweitige – gänzliche oder partielle – Sachzerstörung bewirken. Hierher gehören zum einen Handlungen, die auf ein »Inbrandsetzen« *gerichtet* sind, bei denen der entsprechende Erfolg (»Brand«) wider Erwarten aber ausbleibt: Versuch des »Inbrandsetzens«. Einbezogen werden müssen zum anderen aber auch Tätigkeiten, die von *vornherein* darauf abzielen, ein Objekt durch Verwendung von Zündstoff »ohne Brand« zu zerstören; z.B. durch Verursachung einer Brandmittel-Explosion, die keinen »Brand« des Objekts zur Folge haben soll. Stets muss der Täter freilich ein »Brandmittel« – Feuer, Zündstoff, Sprengmittel – verwenden und aktivieren, damit wortsinnkonform von einer »*Brand*legung« die Rede sein kann; sonstige 357

19 BT-Drs. 13/8587, S. 69; 13/9064, S. 22.

20 Vgl. dazu BR-Drs. 164/97, S. 93 f.

21 BGHSt 57, 50 (51 f) im Anschluss an BGHSt 48, 14 (19 ff); BGH NJW 2014, 1123 (1124).

22 BGHSt 57, 50 (53 – nicht: Teeküche im Verwaltungsgebäude); BGH NStZ 2010, 151 f (nicht: Kinderzimmer einer Wohnung eines Mehrfamilienhauses); anders bei einem Schlafzimmer (BGH NStZ 2014, 404 [405]).

Mittel der Sachzerstörung scheiden hingegen aus. Da das Gesetz auch die *fahrlässige* »Brandlegung« miterfasst (§ 306d I Var. 1 und 2, II StGB), kann der Begriff »Brandlegung« ebenso wenig wie das »Inbrandsetzen« auf Vorsatzhandlungen beschränkt werden, was in der Literatur häufig nicht beachtet wird. »Brandlegung« im allgemeinsten Sinn ist daher die Anwendung eines Brandmittels, die unmittelbar darauf gerichtet oder dazu *geeignet* ist, eine Sache in Brand zu setzen oder sie zu zerstören.[23]

II. Die Erfolgsbestimmung bei Brandstiftung an Gebäuden

358 Beim Inbrandsetzen von *Gebäudeteilen* wird in der Rechtsprechung häufig die tendenziell extensive Formel verwendet, dass der Erfolg (Brand des Gebäudes) eingetreten sei, wenn „der Brand sich auf Teile des Gebäudes ausbreiten *kann* [!], die für dessen bestimmungsgemäßen Gebrauch von wesentlicher Bedeutung sind".[24] Für die »Wesentlichkeit« eines Bestandteils ist maßgebend, „dass er nicht jederzeit entfernt werden [kann], ohne dass das Bauwerk selbst beeinträchtigt [würde]"[25] (»funktionswesentlicher Bestandteil«). Ein »wesentlicher« Gebäudeteil ist in der Rechtsprechung z.B. angenommen worden bei: Türen, Fensterrahmen, Zimmerwand, Fußboden, Teppichboden.[26] Verneint wurde die »Wesentlichkeit« u.a. bei einer Tapete, einer Fußbodensockelleiste oder der Lattentür eines Kellerraumes.[27]

359 Umstritten ist die strafrechtliche Bewertung bei der Brandstiftung an *»gemischt genutzten«* Gebäuden, die z.B. teils *Wohnzwecken*, teils *gewerblichen* Zwecken dienen: Ist hier § 306a I Nr. 1, 3 StGB erst erfüllt, wenn der Wohn- bzw. Aufenthaltsbereich vom Brand erfasst worden ist? Nach neuerer Rechtsprechung soll grundsätzlich bereits das Inbrandsetzen eines *sonstigen* Gebäudeteils ausreichen, wenn ein Übergreifen des Brandes auf den *Wohnungsteil* (bzw. Aufenthaltsbereich) »nicht auszuschließen« ist.[28] Dahinter steht der Gedanke, dass im Falle einer Übertragungsmöglichkeit die typischen Brandgefahren (Rauch, Ruß, Hitze, versperrte Fluchtwege etc.) sich bereits in solchen Gebäudeteilen auswirken können, die selbst noch nicht vom Feuer erfasst sind. Vorausgesetzt wird deshalb ein »einheitliches« Gebäude (z.B. mit gemeinsamem Treppenhaus): ein Doppelhaus mit getrennten Eingängen und einer Brandmauer ist hingegen nicht erfasst.[29]

---

23 Zust. *Gössel/Dölling*, BT 1, § 41 Rn. 9. Ausführlich zum Begriff der »Brandlegung« *Liesching*, Die Brandstiftungsdelikte der §§ 306 bis 306c StGB nach dem 6. StrRG, 2002, S. 86 ff; *Radtke*, Brandstiftungsdelikte, S. 207 ff; *Stein*, Einführung 6. StrRG, S. 84 ff, mit einschränkendem und differenziertem Auslegungsvorschlag; z.T. anders: NK-*Kargl* § 306 Rn. 30, *Fischer* § 306 Rn. 15 ff m.w.N.

24 So z.B. BGHSt 18, 363 (365 f); 34, 117; enger u.a. BGH NStZ 1984, 74; 1994, 130 f; krit. zur Annahme von Vollendung bei bloßer *Möglichkeit* der Brandübertragung: *Ingelfinger* JR 1999, 211 (212), *W/Hettinger* Rn. 957 m.w.N.

25 BGH StV 2002, 145. Das Brennen von bloßem *Inventar* genügt grds. nicht (BGHSt 16, 109 [110 f]). Krit. zu solchen Bestimmungen des »Teilbrandes« *Kratzsch* JR 1987, 360 (363), der verlangt, dass bereits »das Gebäude selbst« in Brand geraten ist (dagegen *Radtke*, Brandstiftungsdelikte, S. 199 ff).

26 BGHSt 20, 246 (247); BGH NStZ 1984, 74; wistra 1988, 304; NStZ 1995, 87.

27 BGHSt 18, 363 (366); BGH NStZ 1981, 220 f; 1994, 130 f; 2003, 266.

28 Vgl. dazu BGHSt 35, 283 (285 f); BGH JR 1987, 385 mit krit. Bspr. *Kratzsch*, S. 360 ff; BGH NStZ 2000, 197 (198). Zur kontroversen Lit. vgl. die Hinw. bei NK-*Kargl* § 306a Rn. 12; eingehend *Radtke*, Brandstiftungsdelikte, S. 189 ff.

29 Vgl. zum Problem der »Einheitlichkeit« des Gebäudes BGH StV 2001, 576 f mit Anm. *Schröder* JA 2002, 367 ff; BGH NStZ 2010, 515 mit Anm. *Jahn* JuS 2010, 830 ff; BGH NStZ 2011, 214 mit krit. Anm. *Bachmann/Goeck*, S. 214 f.

Bei »*Zerstörung* durch *Brandlegung*« müsse dagegen zur Verwirklichung des § 306a I Nr. 1, 3 StGB der Wohn- bzw. Aufenthaltsbereich des gemischt genutzten Gebäudes selbst betroffen sein. Zur Begründung dieser gegenüber dem Inbrandsetzen engeren Ansicht hat der BGH auf den „tatbestandlich vorausgesetzten Erfolg" der Zerstörung verwiesen, der gerade im bewohnten Teil auftreten muss,[30] ohne dadurch allerdings zu erklären, weshalb dieser »Erfolg« beim Inbrandsetzen schon gegeben ist, wenn der nicht bewohnte Teil brennt. Im Ansatz treffender hat der BGH schon früher darauf hingewiesen, dass es bei einer Zerstörung durch Brandlegung (im Gegensatz zum Inbrandsetzen) an den typischen Brandgefahren für Personen fehlt, wenn nur der nicht bewohnte Teil teilweise zerstört wird, da eine Zerstörung auch durch Verrußung oder [dem Täter zurechenbare] Löschmaßnahmen eintreten kann.[31] Letztlich ist hier brandtechnisch zu klären, ob von einem brennenden Bestandteil des Gebäudes typischerweise höhere Gefahren für Bewohner ausgehen als von einem Einsatz des Brandlegungsmittels, das zur Zerstörung eines Gebäudeteils führt.

Handelt es sich bei dem Tatobjekt hingegen um ein »Gebäude« i.S. von §§ 306a II, 306 I Nr. 1 StGB, so soll es zur »*Zerstörung* durch *Brandlegung*« wiederum genügen, dass ein funktionaler Gebäudeteil zerstört wird (sofern bei § 306a II StGB hinzukommt, dass eine Person konkret gefährdet wurde).[32]

Ein bereits brennendes Gebäude kann jedenfalls dann nochmals »in Brand gesetzt« **360**
werden, wenn *außerhalb* der bisherigen Brandstelle ein weiterer Brandherd (»Zweitbrand«) geschaffen wird. Umstritten ist dagegen, ob auch das bloße *Verstärken* eines bestehenden Brandes für ein »Inbrandsetzen« ausreicht. Entgegen der Rechtsprechung[33] wird dies mit Rücksicht auf den Schutzzweck der Brandstiftungsvorschriften von einer verbreiteten Meinung bejaht.[34] Die Gegenauffassung wendet ein, dass damit die *Wortlautgrenze* überschritten werde: Das Intensivieren eines bereits bestehenden Brandes sei kein *In*brandsetzen.[35] Die Streitfrage hat auch Bedeutung für den Anwendungsbereich der Brandstiftung durch garantenpflichtwidriges Unterlassen (»Unterlassen der Löschung« als »Inbrandsetzen durch Unterlassen«?).[36]

III. Der Ausschluss konkreter Gefährdung

Ob, unter welchen *Voraussetzungen* und auf welcher Stufe des *Deliktsaufbaus* die **361**
Strafbarkeit wegen schwerer Brandstiftung nach § 306a I StGB – früher § 306 StGB a.F. – ausgeschlossen werden kann, wenn die hier normierte »abstrakte Gefährdung« keine *konkrete Gefahr* für Menschen zur Folge hat, ist Gegenstand zahlreicher Vorschläge in der Literatur.[37] Als weitgehend konsensfähig hat sich dabei – ungeachtet der Änderung durch das 6. StrRG (1998)[38] – die folgende, im Anschluss an BGHSt

30 BGH NJW 2011, 2148 (2149) mit krit. Bspr. *Piel* StV 2012, 502 (507 f).
31 BGH NStZ 2010, 452 mit krit. Bspr.: *Bachmann/Goeck* ZIS 2010, 445 f, *Piel* StV 2012, 502 (506).
32 BGHSt 56, 94 (95 ff) mit zust. Anm.: *Bachmann/Goeck* NJW 2011, 1092, *Börner* StraFo 2011, 195 f.
33 BayObLG NJW 1959, 1885 f; OLG Hamm JZ 1961, 94 mit Anm. *Stratenwerth*, S. 95 ff.
34 Vgl. *L/Kühl* § 306 Rn. 3; LK-*Wolff* § 306 Rn. 10; *Rudolphi*, Jescheck-FS, 1985, S. 559 (563 ff).
35 Vgl. *Radtke*, Brandstiftungsdelikte, S. 204 ff; *Rengier*, BT 2, § 40 Rn. 9; *Wrage* JuS 2003, 985.
36 Vgl. dazu MK-*Radtke* § 306 Rn. 58; *Rengier*, BT 2, § 40 Rn. 10 f; *S/S/Bosch* § 306 Rn. 18 m.N.
37 Vgl. dazu die Übersicht z.B. bei *Otto*, BT, § 78 Rn. 3 ff und die Nachw. bei *L/Kühl* § 306a Rn. 1.
38 Str. ist, ob die Untätigkeit des Gesetzgebers in Bezug auf einen Gefährdungsausschluss als Billigung von BGHSt 26, 121 zu interpretieren ist: bejahend *W/Hettinger* Rn. 968 und BGH NStZ 1999, 32 (33), abl. z.B. *Geppert*, Weber-FS, 2004, S. 427 (434).

26, 121 entwickelte »Einschränkungsformel« erwiesen: Die Strafbarkeit wegen schwerer Brandstiftung scheidet aus, wenn nach der *objektiven Sachlage* eine Gefährdung von Menschen *offensichtlich ausgeschlossen* war und der *Täter* sich vor der Tat davon in einer jeden Zweifel behebenden Weise *Gewissheit* verschafft hat, was allerdings nur bei *kleinen*, auf einen Blick überschaubaren *Objekten* möglich erscheint (»absoluter objektiv-subjektiver Gefährdungsausschluss«).[39] Ungeklärt bleibt bei dieser Betrachtung – ungeachtet des weithin unterschätzen Gefährdungspotenzials von Rauchgasen – aber die Frage, ob mit dieser Kontrolle auch Gefahren für Personen ausgeschlossen werden können, die sich nach dem Inbrandsetzen (etwa zur Rettung von Sachwerten oder dort vermuteten Personen) dem Tatobjekt nähern.[40]

Ingebrauchnehmen eines Fahrzeugs (gegen den Willen des Berechtigten) – § 248b I StGB

362 Ein Fahrzeug »nimmt in Gebrauch«, wer es *bestimmungsgemäß* – in Ausübung von Herrschaftsgewalt – als **Mittel der Fortbewegung** in Gang setzt. Ein bloß unbefugtes In-Gebrauch-»Halten« genügt nicht (str. → Rn. 364).

»Gegen den Willen des Berechtigten« handelt, wer das Fahrzeug im Widerspruch zu dessen tatsächlichem oder mutmaßlichem Willen benutzt (fehlende Gebrauchserlaubnis; Tatbestandsmerkmal); ein Gewahrsamsbruch ist dafür nicht erforderlich.

»Berechtigter« ist *jeder* zur Benutzung des Fahrzeugs als Fortbewegungsmittel rechtlich – dinglich oder obligatorisch – *Befugte*. Die »Berechtigung« eines nutzungsbefugten Nichteigentümers besteht auch gegenüber dem *Eigentümer* (str. → Rn. 365).

Literatur: LK-*Vogel* § 248b Rn. 4 ff; MK-*Hohmann* § 248b Rn. 10 ff (mit Beschränkung auf Eigentumsschutz); NK-*Kindhäuser* § 248b Rn. 3 ff (mit Einbeziehung von vertragswidriger Benutzung und In-Gebrauch-»Halten«). Grds. abw. SK-*Hoyer* § 248b Rn. 7 ff (»Wegnahme« bzw. »Anvertrautsein« erforderlich).

Rechtsprechung Grundlegend: BGHSt 11, 44 (46 f – Abrollen im Leerlauf); 11, 47 (48 ff – zum In-Gebrauch-»Halten«); 22, 45 (46 ff – Abgrenzung § 242/§ 248b StGB). **Beispielhaft:** BGH, VRS 39 (1970), 199 f (abredewidriger Gebrauch durch den Miteigentümer); NJW 2014, 2887 (Weiterbenutzung als Schlafplatz); OLG Neustadt MDR 1961, 708 f (Gebrauch durch Dritten nach unbefugter Weitergabe durch Entleiher); LG Mannheim NJW 1965, 1929 f (vertragswidriger Gebrauch durch den Mieter).

BGHSt 11, 47 (50): „Benutzung bedeutet jede beliebige Art der Verwendung, ›Ingebrauchnahme‹ dagegen nur die Benutzung zu dem *bestimmungsgemäßen Zweck* des Fahrzeugs. Die Ingebrauchnahme kann deshalb nur eine Benutzung sein, bei der der Täter sich des Fahrzeugs unter

39 Dazu u.a. MK-*Radtke* § 306a Rn. 43 ff; *Radtke*, Brandstiftungsdelikte, S. 215 ff, 240 ff; Aufbereitung der Argumente bei *Hillenkamp*, BT, Problem Nr. 15; zum Streitstand näher *Bachmann* NStZ 2009, 667 (670 f).

40 Ebenso BGH NStZ 2014, 404 (406); *Bender*, Normzweck und Deliktstypus, S. 302 ff, dort (S. 355 ff) auch zur Zurechnung von Retterschäden.

Einwirkenlassen der zur Ingangsetzung und Inganghaltung geeigneten Kräfte als *Fortbewegungsmittel* bedient und dabei eine (ihm nicht zustehende) Herrschaftsgewalt über das ganze Fahrzeug ausübt."

BGHSt 11, 44: „Ein ›Ingebrauchnehmen‹ i.S. des § 248b StGB liegt vor, wenn der Täter ein Kraftfahrzeug oder ein Fahrrad zu seiner Fortbewegung benutzt. Daß dies mittels der dem *technischen Wesen* des Fahrzeugs eigentümlichen *Triebkräfte* geschieht, ist nicht erforderlich."

Erläuterungen

Das Ingebrauchnehmen setzt die Benutzung als Fortbewegungsmittel voraus; sonstige Nutzungsarten (z.B. Übernachtung, Verwendung als Versteck) genügen nicht. Dazu muss das Fahrzeug *in Bewegung gesetzt* werden; eine Fortbewegung im *Leerlauf* reicht aus, nicht aber die bloße *Inbetriebnahme* (Anlassen des Motors) ohne Fortbewegung (insoweit dann aber Versuch, § 248b II StGB). Das unbefugte Ingebrauchnehmen ist ein *Dauerdelikt*, das mit der Fortbewegung vollendet, aber erst mit Abschluss der begonnenen Fahrt beendet ist. **363**

I. Umstrittene Fragen

1. In-Gebrauch-Halten/Berechtigung

Sehr umstritten ist die Frage, ob § 248b I StGB außer dem eigentlichen In-Gebrauch-»Nehmen« auch die unbefugt gewordene *Weiterbenutzung* nach Ablauf der vereinbarten Nutzungsdauer (In-Gebrauch-»Halten«) erfasst und damit zugleich eine Art nachträglicher »Gebrauchsunterschlagung« pönalisiert: Fälle der sog. »Nicht-mehr-Berechtigung«. Dies wird von der Rechtsprechung[1] und von Teilen des Schrifttums[2] angenommen. Nach BGHSt 11, 50 liegt die Ingebrauchnahme „schon bei der Ingangsetzung, jedoch ebenso später vor; denn die immer wieder erneuerten Kräfte der Fortbewegung wirken bis zur Außerbetriebnahme weiter, und die Herrschaftsgewalt setzt sich ebenso fort, nachdem das Fahrzeug in Gang gebracht worden ist. *Ingangsetzen* und *Inganghalten* fallen mithin gleicherweise unter den Begriff der Ingebrauchnahme." Eine verbreitete Auffassung[3] macht gegen diese Deutung den *Wortlaut* der Vorschrift und außerdem geltend, dass eine nur »vertragswidrige« Benutzung – auch in der Nutzungsdauer – nicht hinreichend *strafwürdig* sei.[4] Die extensivste Auffassung bezieht freilich sogar bestimmte »vertragswidrige« Benutzungen ein, wie z.B. Schwarzfahrten durch Chauffeure oder Umwegfahrten eines Taxifahrers zu privaten Zwecken:[5] Fälle der »Nicht-so-Berechtigung«. Dagegen spricht zum einen, dass das Fahrzeug hier prinzipiell »befugt« in Gebrauch genommen wird, zum anderen ist hier umso mehr die Strafwürdigkeit dieser Vertragsverletzungen zu hinterfragen. **364**

---

1 BGHSt 11, 47 (50); BGH GA 1963, 344; OLG Schleswig NStZ 1990, 340 f mit krit. Anm. *Schmidhäuser*, S. 341.

2 NK-*Kindhäuser* § 248b Rn. 6; *W/Hillenkamp* Rn. 435.

3 Nachw. bei LK-*Vogel* § 248b Rn. 5 Fn. 6; dezidiert gegen BGHSt 11, 47 (50) auch AG München NStZ 1986, 458 ff mit zust. Anm. *Schmidhäuser*, S. 460.

4 MK-*Hohmann* § 248b Rn. 17 f; *K/H/H*, BT 2, Rn. 212; diff. (strafloses Weitergebrauchen und strafbares erneutes Ingebrauchnehmen) LK-*Vogel* § 248b Rn. 5.

5 NK-*Kindhäuser* § 248b Rn. 6 f; *Rengier*, BT 1, § 6 Rn. 6 f.

365 Umstritten ist, wer als »*Berechtigter*« i.S. des § 248b I StGB anzusehen ist (Wird der Gebrauchsberechtigte, etwa der Mieter, auch gegenüber einer Ingebrauchnahme durch den *Eigentümer* geschützt?). Die Beurteilung hängt davon ab, ob § 248b StGB als *Eigentumsdelikt* verstanden wird (Schutz des Eigentums bzw. eines daraus *abgeleiteten* Gebrauchsrechts gegenüber Dritten)[6] oder die jeweilige *Nutzungsbefugnis* als *selbstständiges* Rechtsgut schützt.[7] Für die zweite Ansicht wird u.a. geltend gemacht, dass sonst z.B. der Halter eines unter Eigentumsvorbehalt gekauften Fahrzeugs gegenüber der Gebrauchsanmaßung durch den (formalen) Eigentümer schutzlos wäre.

2. Rückführungsphase/Sich-Fahren-Lassen

366 Die Rechtsprechung hat eine Gebrauchsanmaßung in der »Rückführungsphase« – *Zurückbringen* des Fahrzeugs zum Berechtigten durch den Täter, damit der Berechtigte wieder über das Fahrzeug verfügen kann – als nicht mehr tatbestandsmäßig bewertet. Im Zweifel erfolge die Rückführung zum Berechtigten nämlich nicht mehr gegen den Willen des Berechtigten.[8] Während dies für die Strafbarkeit des Täters bei einer einheitlichen Fahrt keine Konsequenzen hat (mit Ingangsetzen hat dieser das Dauerdelikt bereits vollendet), folgt daraus eine Straflosigkeit des Gehilfen, der den Täter bei der Rückführung unterstützt.[9]

Da § 248b StGB kein »eigenhändiges Delikt« ist, Täter also nicht nur der »Fahrer« selbst sein kann, soll nach einer auf das RG zurückgehenden Auffassung der Tatbestand täterschaftlich (!) auch dadurch verwirklicht werden können, dass sich jemand „von einem anderen mit dem fremden Kraftwagen fahren lässt und zu diesem Zweck die *Fahrt veranlasst*, die sonst unterblieben wäre"; in diesem Fall sei der Fahrer Gehilfe oder Mittäter.[10] Eine solche Beurteilung dürfte in dieser Allgemeinheit aber mit der heutigen Täterschaftslehre nicht mehr vereinbar sein: Der Täter des § 248b I StGB muss die Benutzung des Fahrzeugs als Fortbewegungsmittel entweder unmittelbar oder in mittelbarer Täterschaft (Fahrer als Werkzeug) *beherrschen* oder doch mittäterschaftlich mitbeherrschen; eine bloße »Veranlassung« zum Sich-Fahren-Lassen kann nicht genügen.[11]

II. Das Verhältnis zu den Zueignungsdelikten

367 § 248b StGB ist als Straftatbestand der »Gebrauchsanmaßung« zwar für die Fälle geschaffen worden, in denen die Zueignungsabsicht (mangels »Enteignungs«-willens) *fehlt* bzw. nicht nachgewiesen werden kann. Doch setzt der Tatbestand selbst nicht etwa das Fehlen der Zueignungsabsicht *negativ voraus.* Bei gegebener Zueignungsabsicht besteht zwischen § 248b StGB und dem jeweiligen Zueignungsdelikt vielmehr *Gesetzeskonkurrenz:* Die strafbare Gebrauchsanmaßung tritt aufgrund der *Subsidiaritäts*klausel des § 248b I StGB zurück, wenn das Zueignungsdelikt »mit schwererer Strafe bedroht« ist. Die Frage, ob über die Gebrauchsanmaßung hinaus z.B. ein Diebstahl des Fahrzeugs

6 Vgl. MK-*Hohmann* § 248b Rn. 1 ff; SK-*Hoyer* § 248b Rn. 1 ff; *S/S/Bosch* § 248b Rn. 1, 7.
7 LK-*Vogel* § 248b Rn. 9; *W/Hillenkamp* Rn. 433.
8 BGH NJW 2014, 2887 f (Ingebrauchnehmen nur zur Rückführung an den Vermieter).
9 OLG Düsseldorf NStZ 1985, 413; zust. u.a. *L/Kühl* § 248b Rn. 3; abl.: *W/Hillenkamp* Rn. 438, GS-*Duttge* § 248b Rn. 9.
10 RGSt 76, 176 f; vgl. auch BGH, VRS 19 (1960), 288; NK-*Kindhäuser* § 248b Rn. 10.
11 Krit. auch *L/Kühl* § 248b Rn. 3 a.E.; *W/Hillenkamp* Rn. 436. Zu Fragen der mittelbaren Täterschaft eingehend *Mitsch*, BT II/2, § 1 Rn. 33.

vorliegt, ist also kein Problem der »*Abgrenzung*« zwischen den Tatbeständen, wie es oft missverständlich heißt; sie betrifft das Konkurrenzverhältnis zwischen § 248b StGB und dem *zusätzlich* verwirklichten Diebstahl, hinter dem die subsidiäre Gebrauchsanmaßung zurücktritt. Da der Täter bei § 248b StGB mit »Aneignungsabsicht« handelt (Absicht der Sachnutzung für Vermögenszwecke), kommt es für das vorrangige Zueignungsdelikt darauf an, ob auch die *Enteignungs*komponente der Zueignungsabsicht vorliegt. Zu beachten ist dabei, dass für den Enteignungswillen bereits *bedingter* Vorsatz genügt (vgl. hierzu → Rn. 368 und das Stichw. »Zueignung, Absicht der« → Rn. 812).

Ist das Zueignungsdelikt *nicht* mit schwererer Strafe bedroht als § 248b StGB, wie z.B. bei *einfacher* Unterschlagung (§ 246 I StGB), so kann freilich die Subsidiaritätsklausel auf der Konkurrenzebene nicht eingreifen.[12] § 248b StGB wird dann jedoch vom Zueignungsdelikt *konsumiert.* Umstritten ist, ob die Gebrauchsanmaßung auch gegenüber schwereren Delikten mit »abweichender Schutzrichtung« – wie z.B. Verkehrsdelikten – subsidiär ist. Dafür spricht der Wortlaut, der keine Beschränkung auf schwerere Zueignungsdelikte vorsieht, dagegen die Überlegung, dass nur bei einer tateinheitlichen Verurteilung die Verletzung des Gebrauchsrechts deutlich wird.[13]

Die Rechtsprechung, der die h.L. gefolgt ist,[14] nimmt bei der Entwendung von Fahrzeugen Zueignungsabsicht (Enteignungsvorsatz) an, wenn dem Täter der sog. »*Rückführungswille*« fehlt, d.h. der Wille, den Berechtigten in eine solche Lage zu versetzen, die es ihm „ohne ungewöhnlichen Aufwand und ohne die Hilfe des reinen Zufalls ermöglicht, seine Verfügungsgewalt an dem Fahrzeug wieder zu erlangen". Zueignungsabsicht hat danach insbesondere, wer das Fahrzeug an einer Stelle stehen lassen will, wo es „dem *beliebigen Zugriff* Dritter preisgegeben" ist. Das Vorhandensein oder Fehlen dieses »Rückführungswillens« soll aus den *Gesamtumständen* des Einzelfalls erschlossen werden.[15] **368**

Ein über die bloße Gebrauchsanmaßung hinausgehendes Zueignungsdelikt kommt – trotz »unbedingten Rückführungswillens« – auch in Betracht, wenn das Fahrzeug erst nach erheblicher Substanzbeeinträchtigung oder Wertminderung zurückgegeben wird bzw. werden soll. Auch dies ist ein Problem der Enteignungskomponente der Zueignungsabsicht (→ Rn. 815). Dagegen »sperrt« § 248b StGB einen Rückgriff auf den mit der (bloßen) Gebrauchsanmaßung verbundenen Treibstoffmitteldiebstahl (»Benzindiebstahl«) bzw. auf eine entsprechende Unterschlagung. Diese Sperrwirkung wird z.T. schon aus einer »teleologischen Reduktion« der §§ 242, 246 StGB abgeleitet, die zum Tatbestandsausschluss führt, überwiegend jedoch auf die Subsidiaritätsklausel des § 248b I StGB gestützt, die andernfalls regelmäßig unanwendbar wäre und »leer laufen« würde.[16]

---

12 Anders offenbar NK-*Kindhäuser* § 248b Rn. 12; zweifelnd *L/Kühl* § 248b Rn. 6.

13 Subsidiarität bejahend *L/Kühl* § 248b Rn. 6; abl.: *Mitsch*, BT II/2, § 1 Rn. 39, *W/Hillenkamp* Rn. 440; jew. m.w.N. Zum Parallelproblem bei § 246 StGB vgl. das Stichw. »Zueignung (›Zueignen‹) bei Unterschlagung« → Rn. 843.

14 Z.B. NK-*Kindhäuser* § 242 Rn. 93; *W/Hillenkamp* Rn. 157 f.

15 BGHSt 22, 45 (46 ff); s. auch BGH NStZ 1996, 38 (m.w.N.) mit Anm. *von Heintschel-Heinegg* JA 1996, 271 ff. Zur Kritik dieser Auffassung vgl. insb. *Kargl* ZStW 103 (1991), 136 (150 ff); *Schramm* JuS 2008, 773 (775); w.N. bei *Otto*, BT, § 48 Rn. 9.

16 Vgl. BGHSt 14, 386 (388); BGH GA 1960, 182 f; NK-*Kindhäuser* § 248b Rn. 13; *S/S/Bosch* § 248b Rn. 15; jew. m.w.N. Zum Benzinverbrauch eines von § 248b StGB nicht erfassten Schienenfahrzeugs AG Rosenheim BeckRS 2008, 21683.

Inverkehrbringen (von Falschgeld) – §§ 146 I Nr. 3, 147 I (§ 146 I Nr. 1, 2) StGB

Vgl. **Falschgeld, Inverkehrbringen von** („als echt") → Rn. 220.

Irrtum (Erregen/Unterhalten eines Irrtums) – § 263 I StGB

369 »Irrtum« ist die **unrichtige Vorstellung** einer Person über **Tatsachen** (»Fehlvorstellung«); sie kennzeichnet sich dadurch, dass der jeweilige Vorstellungs*inhalt* mit der Wirklichkeit nicht übereinstimmt. Dazu gehört auch die in einem wesentlichen Punkt *lückenhafte* (unvollständige) und deshalb falsche Tatsachenvorstellung.

Die für den »Irrtum« maßgebliche Fehlvorstellung setzt keine **zweifelsfreie subjektive Gewissheit** i.S. des Überzeugtseins voraus; es genügt ein *Für-möglich-Halten* in Wirklichkeit nicht vorliegender Tatsachen (str. → Rn. 371 f).

Einen Irrtum »erregt«, wer die Fehlvorstellung – zurechenbar – verursacht oder mitverursacht.

»Unterhalten« wird ein Irrtum dadurch, dass die Aufklärung einer bereits *bestehenden* Fehlvorstellung verhindert/erschwert oder diese Fehlvorstellung bestärkt/verfestigt (str. → Rn. 370) wird.

Literatur: LK-*Tiedemann* § 263 Rn. 77 ff; MK-*Hefendehl* § 263 Rn. 228 ff; *S/S/Perron* § 263 Rn. 33 ff (abw. zum »Bestärken« einer bestehenden Fehlvorstellung). **Einführend:** *Rönnau/Becker* JuS 2014, 504 ff.

Rechtsprechung Grundlegend: RGSt 25, 95 f (Ausnutzen bereits vorhandenen Irrtums); 42, 40 (41 – fehlende Vorstellung); BGHSt 34, 199 (201 f – Leichtgläubigkeit) mit zust. Anm. *Bottke* JR 1987, 428 (429); BGH NJW 2003, 1198 f (Zweifel) mit krit. Anm. *Beckemper/Wegner* NStZ 2003, 315 f und *Krack* JR 2003, 384 ff. **Beispielhaft:** BGHSt 24, 257 (260 f – Mahnverfahren); 39, 392 (398 – Abhebung nach Fehlüberweisung) mit zust. Anm. *Joerden* JZ 1994, 422 ff; BGH StV 2000, 477 f (falsche Überweisungsträger); OLG Köln JZ 1988, 101 f (zu viel gezahltes Wechselgeld) mit krit. Anm. *Joerden*, S. 103 ff.

BGH NJW 2003, 1198: „Die herrschende Lehre geht davon aus, dass auch der *Zweifelnde* i.S. des § 263 StGB irre und Zweifel solange irrelevant seien, als er die Wahrheit der Tatsache noch für *möglich* halte. Der Getäuschte falle der List des Täters auch dann zum Opfer, wenn er trotz seiner Zweifel infolge der Täuschung die Vermögensverfügung vornehme. Ein tatbestandsmäßiger Irrtum sei erst dann nicht mehr gegeben, wenn er zwar die vorgespiegelte Tatsache für möglich halte, jedoch zur Frage der Wahrheit innerlich nicht Stellung beziehe, ihm der Wahrheitsgehalt *gleichgültig* sei und er die Vermögensverfügung unabhängig von ihrer Wahrheit treffe… Die Rechtsprechung des BGH stimmt im Wesentlichen mit der herrschenden Auffassung im Schrifttum überein."

OLG Hamburg NJW 1983, 768 (769): Für einen Irrtum „genügt eine am konkreten Sachverhalt orientierte, letztlich auf der Täuschung beruhende *Vorstellung der Ordnungsmäßigkeit* (›alles in Ordnung‹), sofern diese innere Stellungnahme zur Wahrheitsfrage nicht völlig unerheblich für das Verhalten … ist."

BGHSt 39, 392 (398): „Das bloße Schweigen nach Entgegennahme einer Zuvielleistung stellt in aller Regel als *reine Ausnutzung* eines bereits vorhandenen Irrtums keine strafbare Handlung dar. Strafbar wird ein solches Verhalten – unter Beachtung des § 13 StGB – nur, wenn im Einzelfall eine *Garantenpflicht* den Betreffenden zur Offenbarung zwingt, wobei nicht jedes Unterlassen einer Aufklärung strafrechtliche Konsequenzen auslöst. Das ›Aufklärungsrisiko‹ kann nach der Sozialüblichkeit des Geschäftsverkehrs auch beim irrenden Opfer liegen. Erforderlich ist, daß der Unterlassende aufgrund einer besonders begründeten Einstandspflicht gerade für die vermögensrechtliche Entscheidungsfreiheit des anderen ›auf Posten gestellt‹ ist."

Erläuterungen

I. Grundsätzliches

Der »Irrtum« ist im Betrugstatbestand ein selbstständiges Tatbestandsmerkmal neben **370** der »Täuschungshandlung«: Es bezeichnet deren ersten, psychischen Erfolg (»Zwischenerfolg«) der Tathandlung, bildet das Bindeglied zwischen Täuschung und Verfügung und charakterisiert den Betrug als spezifischen Fall gelungener »Überlistung« des Getäuschten. Wie die Täuschungshandlung selbst, so muss sich auch der Irrtum auf »Tatsachen« beziehen (→ Rn. 479): Der Irrtum ist eine *tatsachenbezogene* Fehlvorstellung, nicht eine bloße »Fehlbewertung« i.S. eines Werturteils.

Diese Fehlvorstellung braucht nicht auf einem reflektierten Bewusstseinsinhalt (»Nachdenken«) zu beruhen; eine unreflektierte Vorstellung in Form »sachgedanklichen Mitbewusstseins« oder »ständigen Begleitwissens« reicht aus. Demgegenüber ist nach h.M.[1] das bloße *Fehlen einer Vorstellung* über den wahren Sachverhalt – also das »reine Nichtwissen« ohne unrichtigen Vorstellungsinhalt (sog. »ignorantia facti«) – kein »Irrtum«. Denn dieser setzt eine positive Fehlvorstellung voraus, die auf einem unrichtigen Vorstellungs*inhalt* beruht. Die im Schrifttum häufig erwähnte Annahme des Verfügenden, es sei *»alles in Ordnung«* (Fall des blinden Passagiers), stellt i.S. des § 263 I StGB einen »Irrtum« dar, wenn ihr eine auf *bestimmte Tatsachen* bezogene – z.B. auf Kontrollmaßnahmen beruhende – Fehlvorstellung zugrunde liegt, sie also nicht bloß Ausdruck eines allgemeinen Gefühls der Ordnungsmäßigkeit und des schlichten Nichtwissens ist.[2]

Das »*Unterhalten*« des Irrtums kann auf ein aktives Tun des Täters zurückgehen, etwa indem Tatsachen mitgeteilt werden, die die Aufklärung erschweren, oder Aufklärungsmaßnahmen des Irrenden beeinträchtigt werden. Demgegenüber genügt das *bloße Ausnutzen* einer bestehenden Fehlvorstellung (»Weiterwirken-Lassen«) – ohne eine Garantenpflicht zur Irrtumsaufklärung – nicht für ein »*Unterhalten*« des Irrtums. Relevant wird dies z.B. bei der Entgegennahme nicht geschuldeten Geldes.[3] Die Möglichkeit, in das »Unterhalten« eines Irrtums auch das bloße »Bestärken« einzube-

---

1 Eingehende Begründung der h.M. m.w.N. bei LK-*Lackner*, 10. Aufl., § 263 Rn. 76: positive Fehlvorstellung – auch bei Betrug durch pflichtwidriges Unterlassen (!) – als notwendiges Element der betrugsspezifischen »Überlistung«. Anders *Frisch*, Herzberg-FS, 2008, S. 729 (730 ff, 759 f – Irrtum als »Enttäuschung von Erwartungen«, auch bei Nichtwissen); *S/S/Perron* § 263 Rn. 36 f, der jedoch über die Täuschung als »intellektuelle Einwirkung« die irrelevanten Fälle des Nichtwissens ohnehin aussondert; ähnlich MK-*Hefendehl* § 263 Rn. 230 f.

2 LK-*Tiedemann* § 263 Rn. 79; MK-*Hefendehl* § 263 Rn. 232; OLG Hamburg NJW 1983, 768 (769, oben zitiert → Rn. 369).

3 S. bereits RGSt 46, 414 (415) m.w.N. Beschränkt sich das Verhalten des Nicht-Garanten auf die bloße Entgegennahme der nicht geschuldeten Leistung, so ist dies keine konkludente Tatsachenbehauptung und damit schon keine Täuschung (→ Rn. 482).

ziehen, wird in der Literatur mit dem Argument bestritten, dass es in diesen Fällen entweder nichts zu bestärken gebe, weil der Verfügende schon überzeugt sei,[4] oder die zusätzlich behaupteten Tatsachen einen neuen Irrtum *erregten*.[5] Letzterem kann jedoch entgegengehalten werden, dass ein Verstärken der Umstände, die den Irrtum erregt haben, die Fehlvorstellung verfestigen können, so dass ihnen das gleiche Gewicht zukommt wie Maßnahmen, die einer Aufklärung entgegenwirken.[6]

II. Das Problem des »Irrtums bei Zweifel«

1. Die herrschende Auffassung

371 Die Frage, ob und wann ein »Irrtum« auch vorliegt, wenn der Adressat einer Täuschungshandlung an der Tatsachendarstellung des Täters *zweifelt*, sie also nicht für mit Gewissheit richtig hält, wird in der neueren Literatur intensiv und unübersichtlich diskutiert.[7] Die von verschiedenen Ansatzpunkten aus unternommenen Versuche, den Anwendungsbereich des »Irrtums« beim lediglich zweifelndem »Für-möglich-Halten« einzuschränken, haben sich aber nicht durchzusetzen vermocht. Nach h.L. schließen auch mehr oder weniger substantiierte und erst recht nur vage Zweifel den »Irrtum« nicht aus, solange der Zweifel nicht zur völligen Gleichgültigkeit gegenüber der Wahrheit führt. Zur Begründung wird darauf verwiesen, dass sich auch der Zweifelnde „irrt", da auch er eine Fehlvorstellung von der behaupteten Tatsache hat.[8] Dieser Linie folgt auch die Rechtsprechung des BGH.[9]

2. Einschränkungsversuche

372 Von den unterschiedlichen Einschränkungsversuchen haben die Auffassungen, die beim Irrtum auf das Bewusstsein einer erheblichen oder gar überwiegenden »*Wahrscheinlichkeit*« des vorgetäuschten Sachverhalts abstellen (»Wahrscheinlichkeitstheorien«), wenig Anklang gefunden. Vereinzelt geblieben ist der Versuch, den »Irrtum« auf Fälle des Zweifels zu beschränken, die nach *Einwilligungsregeln* eine Unwirksamkeit der Zustimmung ergeben würden. Relativ breite Resonanz hat demgegenüber zeitweise ein in verschiedenen Varianten vorgetragener »*viktimologischer Ansatz*« zur Einschränkung des »Irrtums bei Zweifel« gefunden. Leitgesichtspunkt ist hier der auf die Subsidiarität des strafrechtlichen Güterschutzes gestützte Gedanke, dass der »Zweifelnde« sich zumindest dann gegen eine vermögensschädigende Verfügung *selbst zu schützen* vermöge, wenn sein Zweifel auf konkreten Anhaltspunkten beruhe, denen er nachgehen könne; deshalb habe der staatlich-strafrechtliche Rechtsgüterschutz, den § 263 StGB gewährleiste, in solchen Fällen mangels Erforderlichkeit und aufgrund der »Selbstverantwortung« des Opfers zurückzutreten.[10]

---

4 Strafbar sei deshalb nur das pflichtwidrige Unterlassen der Aufklärung.

5 *S/S/Perron* § 263 Rn. 46; SK-*Hoyer* § 263 Rn. 82.

6 Für ein »Unterhalten« in diesen Fällen z.B. LK-*Tiedemann* § 263 Rn. 95; *M/Maiwald*, BT 1, § 41 II Rn. 67.

7 Zur Strukturierung der Diskussion vgl. die Übersicht bei *Hillenkamp*, BT, Problem Nr. 29; NK-*Kindhäuser* § 263 Rn. 175 ff; SK-*Hoyer* § 263 Rn. 68 ff.

8 Vgl. LK-*Tiedemann* § 263 Rn. 86; *S/S/Perron* § 263 Rn. 40; *W/Hillenkamp* Rn. 512.

9 Vgl. BGH wistra 1990, 305; eingehend BGH NJW 2003, 1198 f (oben zitiert → Rn. 369).

10 *Amelung* GA 1977, 1 (6 ff); *Exner/Remmers* ZIS 2011, 14 (18 f) m.w.N.

Gegen diese »viktimologische Restriktion« des Irrtumsbegriffs wird hauptsächlich eingewandt, dass regelmäßig auch derjenige der für den Betrug charakteristischen »List« des Täters zum Opfer falle, der die Verfügung trotz seiner Zweifel vornehme: In seiner *praktischen Entscheidung* für die Vermögensverfügung habe er den Zweifel letztlich *wirkungslos* gemacht und dokumentiert, dass er sich auf die für möglich gehaltene Wahrheit verlassen habe; auch ein derart überlistetes Opfer verdiene den Schutz des Strafrechts, für dessen Einschränkung der Begriff des »Irrtums« ohnehin systematisch untauglich sei.[11] Ein genereller Vorrang des privaten Selbstschutzes vor staatlichem Eingreifen sei unserer Rechtsordnung überdies fremd;[12] konsequenterweise müsste er, über den Bereich des »Zweifels« hinaus, auf Fälle der »Leichtgläubigkeit« und der Erkennbarkeit der Täuschung bei sorgfältiger Prüfung ausgedehnt werden, was jedoch nach dem Gesetz nicht möglich sei.[13] Schließlich sei auch die Konsequenz nicht erträglich, dass die *Opfer*mitverantwortung eine korrespondierende „Handlungsfreiheit des *Täters* zur Täuschung" begründen würde.[14]

Lähmung – § 226 I Nr. 3 StGB

Vgl. **Siechtum** → Rn. 475.

Lebensgefährdende Behandlung – § 224 I Nr. 5 StGB

Vgl. **Behandlung, lebensgefährdende** → Rn. 99.

Leistungserschleichung – § 265a I StGB

Vgl. **Automat, Erschleichen der Leistung** → Rn. 70 und **Beförderung/Zutritt, Erschleichen von** (Leistungserschleichung) → Rn. 83.

List – u.a. §§ 232 IV Nr. 1, 234 I, 234a, 235 I Nr. 1 StGB

»List« ist ein Verhalten, mit dem der Täter zur Durchsetzung seines Ziels die verfolgte *Absicht* oder die ihrer Verwirklichung dienenden *Mittel* (Umstände) **geflissentlich und geschickt verbirgt**. Eine *Täuschungshandlung* oder Irrtumserregung ist dafür nicht erforderlich (str. → Rn. 374). **373**

11 *Frisch*, Bockelmann-FS, 1979, S. 647 (655 f); LK-*Lackner*, 10. Aufl., § 263 Rn. 80.
12 *M/Maiwald*, BT 1, § 41 II Rn. 61; vgl. auch BGH NJW 2003, 1198 (1199: „dem Strafrecht fremde Bewertung eines Mitverschuldens").
13 Zum Irrtum trotz »extremer Leichtgläubigkeit« des Opfers vgl. die Nachw. bei *L/Kühl* § 263 Rn. 18 a.E. sowie den Hinw. in → Rn. 479.
14 *Stuckenberg*, ZStW 118 (2006), 878 (897).

Literatur: *Geppert*, H. Kaufmann-GS, 1986, S. 759 (783 ff); LK-*Gribbohm* § 234 Rn. 27 ff; MK-*Wieck-Noodt* § 234 Rn. 37 ff.

Rechtsprechung Grundlegend: RGSt 17, 90 ff (Täuschung nicht erforderlich). **Beispielhaft:** BGHSt 10, 376 (378 f – Kindesentziehung an »verschlagenen Ort«); 25, 237 (238 – Bewusstlose) mit zust. Bspr. *Meyer-Gerhards* JuS 1974, 566 (568); BGH MDR 1962, 750 (751 – Vorspiegelung besserer Lebensverhältnisse); NJW 1989, 917 (fehlende Vorstellung); 1997, 2609 (2610 – Verschweigen von Stasi-Tätigkeit).

BGHSt 32, 267 (269): Der „Begriff der List … umschreibt ein Verhalten, das darauf abzielt, unter geflissentlichem und geschicktem Verbergen der wahren Zwecke oder Mittel die Ziele des Täters durchzusetzen".

Erläuterungen

374 Der übliche Begriff der »List« – der in der Definition des »hinterlistigen Überfalls« wiederkehrt (→ Rn. 500) – geht auf RGSt 17, 90 (93) zurück: Nach „gewöhnlichem Sprachgebrauche" sei zur List „eine *Täuschung* oder ein auf Täuschung berechnetes Mittel *nicht* erforderlich". Es genüge – „neben der Anwendung eines gewissen Grades von Klugheit, Schlauheit, Fertigkeit, ein *geflissentliches Verbergen* der Absicht oder der zur Erreichung der Absicht gebrauchten Mittel…, ohne daß es darauf ankommt, ob bei dem Überlisteten *irrige Vorstellungen* wirksam waren oder doch nach dem Willen des Thäters wirksam werden sollten." In der Literatur wird diese Begriffsbestimmung der List (»verbergendes Täterverhalten«) als zu weitreichend kritisiert, und eine Beschränkung auf täuschende Verhaltensweisen verlangt.[1] Begründet wird dies mit der Gesetzessystematik: Da die List im StGB jeweils zusammen mit den Merkmalen »Gewalt« und »Drohung« auftritt, sei eine diesen beiden Merkmalen *vergleichbare* Freiheitsbeeinträchtigung erforderlich, welche nur im Falle einer Täuschung gegeben sei.[2]

Mensch (Menschqualität, Person) – §§ 211 ff, 223 ff StGB

Vgl. **Geburt, Beginn der** → Rn. 238 sowie **Schwangerschaftsabbruch** → Rn. 449 und **Tod** → Rn. 498.

Menschenwürde, Angriff auf die – § 130 I Nr. 2, II Nr. 1 StGB

375 Ein »Angriff auf die Menschenwürde anderer« besteht in einem Verhalten, das die angegriffenen Personen – nicht nur in *einzelnen* Persönlichkeitsrechten, sondern – im **Kern ihrer Persönlichkeit** dadurch trifft, dass ihnen das *Lebensrecht* in der Gemeinschaft bestritten (abgesprochen) wird und/oder sie als *unterwertige Menschen* behandelt (bezeichnet) werden. »Lebensrecht« ist nicht nur das »biologische«, sondern auch das »soziale Lebensrecht«: das Recht, als *gleichwertige* Menschen in der staatlichen Gemeinschaft zu leben.

1 Insb. *Krack*, List als Straftatbestandsmerkmal, 1994, S. 18 ff, 147 ff (Täuschung und Irrtumserregung); SK-*Wolters* § 235 Rn. 10 (Erzeugung einer Fehlvorstellung).

2 *Bohnert* GA 1978, 353 (360 ff).

Literatur: LK-*Krauß* § 130 Rn. 51 ff; MK-*Schäfer* § 130 Rn. 55 ff; SK-*Stein* § 130 Rn. 7 ff.

Rechtsprechung Grundlegend: BVerfG NJW 2001, 61 (62 f – »Jude«); 2008, 2907 (2909 – »Heimatvertriebenenlied«); BGHSt 40, 97 (100 – »Gaskammerlüge«) mit zust. Anm. *Jakobs* StV 1994, 540 (541). **Beispielhaft:** BGHSt 36, 83 (90 f – Beleidigungen von Soldaten) mit zust. Bspr. *Maiwald* JR 1989, 485 (488 f); BayObLG NStZ 1994, 588 f (»Asylbetrüger«) mit krit. Anm. *Otto* Jura 1995, 277 (278 f); OLG Frankfurt a.M. NJW 1985, 1720 (1721 – Lokalverbot für Türken) mit krit. Anm. *Blau* JR 1986, 82 ff; OLG Frankfurt a.M. NStZ-RR 2000, 368 f (»Sozialparasiten«) mit krit. Bspr. *Kargl* Jura 2001, 176 (178 f); OLG Hamm NStZ 1995, 136 (137 f – »Ausländer raus«).

BGHSt 40, 97 (100): „§ 130 StGB verlangt einen Angriff auf die Menschenwürde. Allein die Verletzung der *Ehre* einer Person genügt hierfür nicht. Erforderlich ist vielmehr, daß der angegriffenen Person ihr *Lebensrecht* als gleichwertige Persönlichkeit in der staatlichen Gemeinschaft abgesprochen und sie als *minderwertiges Wesen* behandelt wird. Der Angriff muss sich mithin gegen den ihre menschliche Würde ausmachenden *Kern* der Persönlichkeit, nicht lediglich gegen einzelne Persönlichkeitsrechte, richten.“

Missbrauchstatbestand – § 266 I StGB

Vgl. **Verfügungs-/Verpflichtungsbefugnis, Missbrauch der** (»Missbrauchstatbestand«) → Rn. 595.

Misshandeln, rohes – § 225 I (§ 223b I a.F.) StGB

»Roh« ist eine Misshandlung, die einer **gefühllosen**, gegenüber fremdem Leiden gleichgültigen **Gesinnung** entspringt und sich in Handlungsfolgen von erheblichem Gewicht für das *körperliche* oder *seelische* (str. → Rn. 377) Wohlbefinden des Opfers äußert. 376

Ein Handeln in großer Erregung kann die »gefühllose Gesinnung« ausschließen.

Literatur: MK-*Hardtung* § 225 Rn. 17 f, 27; jew. abw. (»seelisches Misshandeln« nicht erfasst): LK-*Hirsch* § 225 Rn. 13 f und NK-*Paeffgen* § 225 Rn. 16.

Rechtsprechung Grundlegend: BGHSt 25, 277 (278 ff). **Beispielhaft:** RG JW 1938, 2808 (keine Charaktereigenschaft); BGHSt 3, 105 (109 – große Erregung des Täters); BGH NStZ 2004, 94 (durch Unterlassen); NStZ 2007, 405 (Schütteln eines Kleinkindes).

BGHSt 25, 277: „Eine rohe Mißhandlung … liegt vor, wenn der Täter einem anderen eine Körperverletzung aus gefühlloser Gesinnung zufügt, die sich in erheblichen Handlungsfolgen äußert. Solches Vorgehen wird zwar *regelmäßig* seinen Niederschlag in beträchtlichen Schmerzen oder Leiden finden, jedoch braucht dies – z.B. bei infolge geistiger Erkrankung … schmerzunempfindlichen Personen – *nicht notwendig* der Fall zu sein. Entscheidend ist die Schwere des körperlichen Eingriffs, in dem sich die gefühllose Gesinnung widerspiegelt und der so beschaffen sein muß, daß ein *normaler Mensch* ihn als erheblich schmerzhaft empfinden würde.“

Erläuterungen

377 Eine »rohe« *körperliche* Misshandlung erfordert zwar regelmäßig, aber nicht ausnahmslos die Zufügung *erheblicher Schmerzen:* Bei Opfern mit reduzierter oder fehlender Schmerzempfindung ist maßgebend, ob ein normaler Mensch die Misshandlung als erheblich schmerzhaft empfinden würde. Der BGH hat diese Ansicht mit dem Argument begründet, dass die Zufügung erheblicher Schmerzen nur ein objektiver Ausdruck der eigentlich maßgeblichen gefühllosen Gesinnung des Täters sei. Diese Gesinnung komme aber auch in der Schwere der Misshandlung zum Ausdruck, die so beschaffen ist, dass ein Mensch mit normalem Empfinden dies als erheblich schmerzhaft einstuft.[1] In der Literatur ist diese Argumentation auf Kritik gestoßen, da das objektive Erfordernis der erheblichen Misshandlung mit der subjektiven Gesinnung vermischt werde: „Es geht … um die rohe Mißhandlung des Opfers, nicht um seine rohe Abwertung durch Mißhandlung".[2] Z.T. wird bei Schmerzunempfindlichkeit in der Literatur deshalb unter Verweis auf den fehlenden objektiven Unrechtserfolg ein rohes Misshandeln abgelehnt.[3]

Umstritten ist außerdem, ob die Beeinträchtigung des »seelischen« Wohlbefindens von der rohen Misshandlung umfasst ist. Dafür spricht der Wortlaut des § 225 StGB, der keine rohe *körperliche* Misshandlung verlangt, dagegen wird eingewandt, dass die Misshandlung als Körperverletzung nur körperliche Beeinträchtigungen erfasse.[4]

Misshandlung, körperliche – §§ 223 I, 229 StGB

378 Körperliche »Misshandlung« ist eine üble, unangemessene Behandlung des Körpers mit der *Folge*, dass sie das **körperliche Wohlbefinden** oder die **körperliche Unversehrtheit** – namentlich durch *Substanzverletzung* – nicht nur unerheblich beeinträchtigt. Die Zufügung von Schmerzen ist für eine »Misshandlung« nicht erforderlich.

Literatur: LK-*Lilie* § 223 Rn. 6 ff; MK-*Joecks* § 223 Rn. 4 ff; *S/S/Eser* § 223 Rn. 3 ff. **Einführend:** *Hardtung* JuS 2008, 864 (865 f).

Rechtsprechung Grundlegend: RGSt 19, 136 (138 ff – Schmerzempfinden); 25, 375 (378); RG DR 1939, 365; BGHSt 25, 277 (278 – Schmerzerregung); 48, 34 (36 f – rein psychische Empfindungen). **Beispielhaft:** BGH NJW 1990, 3156 (3157 – Ohrfeige); NStZ 1997, 123 („kribbelnder" Stromstoß); StV 2001, 680 (unerheblicher Schlag vor die Brust – mit Todesfolge); OLG Düsseldorf NJW 1991, 2918 (2919 – Tritt); OLG Köln NStZ-RR 2013, 308 (bloßes Fixieren).

RGSt 25, 375 (378): „Als man statt der mehr kasuistischen Fassung des § 187 des preußischen StGB 1851 (›wer vorsätzlich einen Anderen stößt oder schlägt, oder demselben eine andere

1 BGHSt 25, 277 (278 ff).
2 So *Jakobs* NJW 1974, 1829 (1830), der sich – um die Rohheit der Misshandlung zu bejahen – für das Kriterium eines „erheblichen Leidens" ausspricht, das nicht bewusst erlebt werden müsse.
3 NK-*Paeffgen* § 225 Rn. 16; *S/S/Sternberg-Lieben* § 225 Rn. 13.
4 NK-*Paeffgen* § 225 Rn. 16; abl. auch LK-*Hirsch* § 225 Rn. 13. Für die Einbeziehung mit eingehender Argumentation MK-*Hardtung* § 225 Rn. 17.

Mißhandlung oder Verletzung des Körpers zufügt‹) die jetzige Formulierung des § 223 StGB wählte…, wollte man mit dem Ausdruck ›körperlich mißhandeln‹ … alle unmittelbar und physisch dem körperlichen Organismus zugefügten Verletzungen zusammenfassen."

OLG Köln NJW 1997, 2191 f: „Unter körperlicher Mißhandlung ist eine üble, unangemessene Behandlung zu verstehen, durch die das Opfer in seiner körperlichen *Unversehrtheit* oder seinem körperlichen *Wohlbefinden* mehr als nur unerheblich beeinträchtigt wird. Darunter fallen vor allem *substanzverletzende* Einwirkungen auf den Körper, die dessen Unversehrtheit beeinträchtigen… Der erforderliche Körperlichkeitsbezug in Form der Störung des Wohlbefindens kann darüber hinaus auch bei der Erregung von Angst und Schrecken gegeben sein, sofern *seelische* Beeinträchtigungen, die für die Anwendung des § 223 StGB grundsätzlich nicht ausreichen, *körperliche Auswirkungen* auslösen… Erforderlich ist aber stets, daß die Beeinträchtigung des körperlichen Wohlbefindens mehr als nur unerheblich und damit unangemessen ist."

Erläuterungen

Im Zentrum des Misshandlungsbegriffs steht die erhebliche *Beeinträchtigung des »körperlichen Wohlbefindens«* (Erfolg!) durch eine »üble, unangemessene Behandlung«. In den Begriff der »Misshandlung« müssen aufgrund der *umfassenden Schutzfunktion* des Merkmals aber auch Verletzungen der körperlichen Unversehrtheit (Körperintegrität) einbezogen werden, die das »Wohlbefinden« nicht beeinträchtigen und erst recht keine »Gesundheitsschädigung« darstellen. Dazu gehören zum einen *schmerzlose Substanzverletzungen* (z.B. Abschneiden der Haare/Zöpfe, Abscheren des Bartes),[1] zum anderen aber auch sonstige Beeinträchtigungen der Körperintegrität, gegen die das Opfer geschützt werden muss: z.B. das Beschmieren mit Farbe (»*Verunstaltung ohne Substanzeingriff*«), auch etwa Schläge gegen individuell schmerzunempfindliche Körperteile oder die Hervorrufung körperlicher Funktionsstörungen ohne Krankheitswert. Die einzelnen Modalitäten der »Misshandlung« schließen einander nicht aus. So kann die »Substanzverletzung« zugleich das »körperliche Wohlbefinden« beeinträchtigen (was sogar die Regel sein dürfte) oder die »Verunstaltung« mit einer »Substanzverletzung« oder der Beeinträchtigung des »körperlichen Wohlbefindens« zusammentreffen. **379**

Die im Schrifttum angebotenen Definitionen weichen, bei weitgehender Einigkeit in der Sache, voneinander ab. Überwiegend wird eine grundsätzliche *Zweiteilung* unter den Aspekten »körperliches Wohlbefinden« und »körperliche Unversehrtheit« bevorzugt. Manchmal werden alle Misshandlungsarten der Beeinträchtigung des »körperlichen Wohlbefindens« zugeordnet, das damit als Synonym für die »körperliche Unversehrtheit« (Körperintegrität) fungiert. Z.T. wird die »substanzverletzende Einwirkung« neben der Verletzung der »Unversehrtheit« – deren Sonderfall sie darstellt – eigens hervorgehoben. Allgemein wird im Anschluss an die Rechtsprechung des RG eine »üble, unangemessene Behandlung« vorausgesetzt.[2] Dieses *traditionelle* Definitionselement, dessen genauerer Inhalt unklar geblieben ist,[3] sollte ursprünglich den

1 RGSt 29, 58 ff (Abschneiden von Bartteilen) stellt ergänzend auf die Beeinträchtigung des körperlichen Wohlbefindens ab, BGH NJW 1953, 1440 (entstellendes Abschneiden der Haare) auf eine „unangemessene, schlimme Behandlung"; schlicht bejaht von BGH NStZ-RR 2009, 50 (Dreadlocks).

2 Zur Begriffsgeschichte und zu Problemen der Begriffsbildung näher *Kargl* GA 2001, 538 (547 ff); *Murmann* Jura 2004, 102 ff; *Schroeder*, Hirsch-FS, 1999, S. 725 ff.

3 Vgl. dazu etwa LK-*Lilie* § 223 Rn. 6.

Misshandlungsbegriff um diejenigen Eingriffe in die Körperintegrität erweitern, die weder das »Wohlbefinden« beeinträchtigen noch eine »Substanzverletzung« enthalten.[4] Da sie jedoch in der erheblichen Beeinträchtigung »körperlicher *Unversehrtheit*« begrifflich schon miterfasst sind, wird das zusätzliche Erfordernis der »unangemessenen Behandlung« als im Grunde überflüssig bezeichnet.[5]

380 Da § 223 StGB nur die »*körperliche*« Misshandlung erfasst, ist die Beeinträchtigung des »Wohlbefindens« nach allgemeiner Auffassung ebenfalls körperlich (und nicht seelisch) zu verstehen. Eine Störung des seelischen Wohlbefindens oder »Erschütterung des seelischen Gleichgewichts« reicht daher für sich genommen nicht aus,[6] sondern muss »körperliche« – »somatisch objektivierbare« – Auswirkungen haben. Nach der Rechtsprechung sollen Schrecken, Angst und Aufregung, auch Ekel, als hinreichend *erhebliche* körperliche Beeinträchtigung *nicht* genügen, wohl aber z.B. Magenschmerzen, Übelkeit oder Schwindelgefühl.[7] Da die genannten psychischen Einflüsse (Angst etc.) immer auch zu Veränderungen im Körper führen (Kreislauf, Atmung, Temperatur),[8] dürfte die Erheblichkeit der damit verbundenen weiteren körperlichen Auswirkungen (Veränderung des Blutdrucks führt zu kürzeren oder längeren Schwindelzuständen etc.) stark vom jeweiligen Einzelfall abhängen.

381 Neben der »einfachen« körperlichen Misshandlung und dem »rohen« Misshandeln (→ Rn. 376) kommt im Besonderen Teil mehrfach der Begriff einer »körperlich *schweren* Misshandlung« vor – so in §§ 250 II Nr. 3a, 233a II Nr. 2, 232 III Nr. 2, 177 IV Nr. 2a, 176a V StGB. Nach der Rechtsprechung[9] genügt zur Verwirklichung dieses Merkmals eine Misshandlung i.S. des § 223 I StGB ebenso wenig wie eine »rohe« Misshandlung (§ 225 I StGB), während andererseits der Eintritt einer »schweren Folge« (§ 226 StGB) nicht erforderlich ist. »Schwer« sei die Misshandlung bei Verursachung »*erheblicher Schmerzen*«, z.B. heftigen schmerzhaften Schlägen, oder »erheblicher *Folgen* für die *Gesundheit*«[10]. Das Schrifttum folgt dem überwiegend und fordert eine »strenge Auslegung«. Als Anwendungsfälle werden dabei u.a. angesehen: Zufügung von Schmerzen mit gefährlichen Gegenständen, langdauernde schmerzhafte Fesselung, gezielte Zufügung beträchtlicher Schmerzen, »besonders rohe« körperliche Misshandlung. Uneinigkeit besteht über die Einbeziehung *gesundheitlicher* Folgen i.S. einer »schweren Gesundheitsschädigung« (→ Rn. 271 ff).[11] Bloß »seelische« Misshandlungen werden ebenso wie bei § 223 StGB nicht einbezogen.

---

4 RGSt 19, 136 ff (Schläge ins Gesicht ohne Schmerzempfinden).

5 *Murmann* Jura 2004, 102 ff; *Putzke*, Herzberg-FS, 2008, S. 669 (673): Frage der obj. Zurechnung; anders mit spezieller Konzeption des Misshandlungserfolges *Rackow* GA 2003, 135 ff.

6 Bei der Gesundheitsschädigung ist dies str., s. das Stichw. → Rn. 270.

7 Vgl. RGSt 32, 114 (heftiger Schreck); BGHSt 48, 36 f; BGH NStZ 1986, 166 (Schrecken und Herzinfarkt); NJW 2013, 3383 (3384 – wobei körperliche Misshandlung und Gesundheitsschädigung vermischt werden); OLG Hamm MDR 1958, 939; OLG Köln NJW 1997, 2191 f (Diarrhoe nach Angsterlebnis, oben zitiert → Rn. 378); OLG Zweibrücken NJW 1991, 240 f (Ekel durch Anspucken); jew. m.N.

8 Krit. zur Unterscheidung zwischen »körperlicher« und »seelischer« Beeinträchtigung mit abw. Vorschlag *Bublitz*, Rechtswissenschaft 2 (2011), 28 ff (36 ff) und passim.

9 BGH NStZ 1998, 461 f; zuletzt NStZ-RR 2014, 73.

10 Zu diesem Aspekt krit. BGH NJW 2000, 3655 (mit zust. Anm. *Kudlich* JR 2001, 379 ff): schwerer Gesundheitsschaden ist nur Indiz für schwere Misshandlung.

11 Für eine Einbeziehung z.B. *Renzikowski* NStZ 1999, 377 (383); abl. *Fischer* § 176a Rn. 19; eingehend *Windhorst*, Der Rechtsbegriff der »schweren Gesundheitsschädigung«, 2001, S. 160 ff; jew. m.w.N.

Mittel, gemeingefährliches – § 211 II StGB

»Gemeingefährlich« ist ein Mittel, dessen Einsatz aufgrund der *konkreten Tatsituation* – unter Berücksichtigung der persönlichen Fähigkeiten und Absichten des Täters – **geeignet** ist, eine **Mehrzahl anderer Menschen** an Leib (str. → Rn. 383) oder Leben zu gefährden, weil der Täter die Auswirkungen des Mittels nicht **sicher beherrschen** kann. **382**

Literatur: MK-*Schneider* § 211 Rn. 121 ff; *Zieschang*, Puppe-FS, 2011, S. 1301 ff (jew. mit Beschränkung auf *Lebens*gefahren für Dritte). **Einführend:** *Köhne* Jura 2009, 265 (267 ff). **Monographisch:** *Wilms*, Die Tötung mit gemeingefährlichen Mitteln, 2011.

Rechtsprechung Grundlegend: BGHSt 34, 13 (14); 38, 353 (354 ff). **Beispielhaft:** BGH NJW 1985, 1477 (1478 – zur räumlichen Begrenzung der Gefahr) mit krit. Bspr. *Horn* JR 1986, 32 f, *Rengier* StV 1986, 405 ff; BGH NStZ 2006, 167 (168 – Amokfahrt) mit zust. Anm. *Jahn* JuS 2006, 88 f; BGH NStZ 2006, 503 (504 – Geisterfahrt); NStZ-RR 2010, 373 (374 – Steinwürfe von Autobahnbrücke).

BGHSt 38, 353 (354): „Das Mordmerkmal der Tötung mit gemeingefährlichen Mitteln ist erfüllt, wenn der Täter ein Mittel zur Tötung einsetzt, das in der konkreten Tatsituation eine *Mehrzahl* von Menschen an Leib oder Leben gefährden kann, weil er die *Ausdehnung der Gefahr* nicht in seiner Gewalt hat. Dabei ist nicht allein auf die abstrakte Gefährlichkeit eines Mittels abzustellen, sondern auf seine Eignung und Wirkung in der *konkreten Situation* unter Berücksichtigung der persönlichen Fähigkeiten und Absichten des Täters."

BGH NStZ 2006, 167 (168): „Die Mordqualifikation kann deshalb auch dann erfüllt sein, wenn ein Tötungsmittel eingesetzt wird, das seiner *Natur nach* … nicht gemeingefährlich ist."

BGH NStZ 2006, 90 (bei Altvater): „Von der *Mehrfachtötung* unterscheidet sich die gemeingefährliche Tötung dadurch, dass die Tat nicht gegen eine Mehrzahl von *individualisierten* Opfern gerichtet ist, sondern *Zufallsopfer* in Kauf nimmt."

BGHSt 34, 13 (14): „Die Qualifikation hat ihren Grund in der besonderen Rücksichtslosigkeit des Täters, der sein Ziel durch *Schaffung* unberechenbarer Gefahren für andere durchzusetzen sucht. Sie ist darum nicht gegeben, wenn der Täter eine bereits *vorhandene* gemeingefährliche Situation nur zur Tat *ausnutzt*. Dabei macht es keinen Unterschied, ob die Gefahr zufällig entstanden oder … vom Täter selbst *ohne Tötungsvorsatz* herbeigeführt worden ist."

Erläuterungen

In der Literatur wird z.T. eine bloße *Körper*gefährlichkeit des Mittels nicht für ausreichend gehalten, also »Lebensgefährlichkeit« gefordert, um dem Gebot der restriktiven Auslegung der Mordmerkmale zu entsprechen. Dagegen wird z.B. eingewandt, dass der 28. Abschnitt zu den gemeingefährlichen Delikten Gefahren für Leib oder Leben ebenfalls ausreichen lässt (etwa §§ 307 I, 315 ff StGB) und die Unterscheidung zwischen Leibes- und Lebensgefahren in der Praxis nur schwer zu treffen ist.[1] Mitunter wird statt der *Eignung* des Tatmittels, in der *konkreten Tatsituation*, eine Leibes- oder Lebensgefahr zu bewirken, sogar der Eintritt einer »*konkreten Gefahr*« für das **383**

1 Für die restriktive Sicht z.B. MK-*Schneider* § 211 Rn. 125; für die h.M. *vH/Eschelbach* § 211 Rn. 66; jew. m.w.N.

Leben bzw. für Leib oder Leben eines Dritten verlangt.[2] Insoweit ist allerdings zu bedenken, dass dieses Erfordernis zur Beurteilung der Gefährlichkeit des Mittels nichts Entscheidendes beiträgt. Das eingesetzte Mittel ist gemeingefährlich, weil es in der Tatsituation geeignet war, andere zu verletzen oder zu töten. Es ist nicht deshalb gemeingefährlich, weil mehr oder minder zufällig diese konkrete Gefahr auch eingetreten ist.

Vereinzelt wird für die »Gemeingefährlichkeit« gefordert, dass das jeweilige Mittel – unabhängig von den konkreten Umständen – schon »allgemein«, »abstrakt« bzw. »seiner Natur nach« gemeingefährlich sein müsse, d.h. im Allgemeinen in seinen Wirkungen nicht mehr zu beherrschen sei (wie z.B. Feuer, Sprengstoff, Maschinenwaffen). Dabei wird allerdings zusätzlich verlangt, dass das Mittel auch *in concreto* vom Täter nicht »beherrscht«, seine Wirkung also nicht auf bestimmte Menschen beschränkt wird: »Gemeingefährliche« Mittel sind nach dieser Auffassung daher abstrakt gemeingefährliche Mittel, die konkret nicht beherrscht werden.[3]

384 Ein gemeingefährliches »Mittel« wird nicht »eingesetzt«, wenn der Täter eine schon *vorhandene* gemeingefährliche Situation lediglich zur Tötung *ausnutzt*. Darauf aufbauend wird überwiegend angenommen – oder vorausgesetzt –, dass der »Einsatz« eines gemeingefährlichen Mittels grundsätzlich nicht durch garantenpflichtwidriges *Unterlassen* (der Abwendung einer Gemeingefahr) verwirklicht werden könne.[4] Nach Ansicht des BGH ist ein auf *einen bestimmten* Menschen gezielter Schuss auch dann kein »gemeingefährliches Mittel«, wenn der Täter in Kauf nimmt, dass der Schuss fehlgehen und *einen* unbeteiligten Dritten aus einer Vielzahl von Personen treffen könne. Insoweit fehle es an einer unberechenbaren „Gefahr für eine unbestimmte Vielzahl von Menschen".[5]

385 Dementsprechend wird auch eine Tötung mit gemeingefährlichen Mitteln abgelehnt, wenn der Täter bewusst eine Mehrzahl/Vielzahl *individualisierter Opfer* tötet (sog. »schlichte Mehrfachtötung« – Beispiel: Der Täter will mit der Bombe die gesamte anwesende Familie töten, weitere Personen können nicht getroffen werden). Dagegen wird eingewandt, dass hier ein Wertungswiderspruch zu den – zur Annahme eines Mordes mit gemeingefährlichen Mitteln führenden – Fällen bestehe, in denen sich der Vorsatz des Täters auf die Tötung nur *einer* Person beschränkt, dabei jedoch mehrere Dritte vorsätzlich gefährdet werden.[6]

---

2 So *Rengier* StV 1986, 505 (407 f); vgl. auch NK-*Neumann* § 211 Rn. 86 f.

3 Vgl. SK-*Sinn* § 211 Rn. 61: Einsatz eines Mittels mit der Eigenschaft „abstrakter Vielgefährlichkeit", dessen Wirkung im konkreten Fall nicht beherrscht (beschränkt) wird. In dieser Richtung auch *von Danwitz* Jura 1997, 569 ff; krit.: NK-*Neumann* § 211 Rn. 87, *Zieschang*, Puppe-FS, S. 1301 (1309 ff) m.w.N.

4 Vgl. *Köhne* Jura 2009, 265 (268); NK-*Neumann* § 211 Rn. 89; BGHSt 34, 13 (14, oben zitiert → Rn. 382); BGH NStZ 2010, 87 f mit krit. Anm. *Bachmann/Goeck* S. 510, *Berster* ZIS 2011, 255 ff; offen gelassen in BGHSt 48, 147 (149). Krit. zu dieser Auffassung insb. *Grünewald* Jura 2005, 519 ff; *Zieschang* Puppe-FS, S. 1301 (1320 ff).

5 BGHSt 38, 353 (354 ff) mit zust. Anm. *Rengier* JZ 1993, 364 f; *vH/Eschelbach* § 211 Rn. 68 weist darauf hin, dass „moderne Hochleistungsprojektile durchaus auch bei Abgabe nur eines Schusses mehrere Menschen verletzen oder töten können".

6 Vgl. *Eisele*, BT I, Rn. 112 f sowie *Rengier*, BT 2, § 4 Rn. 47c mit dem Vorschlag, ein gemeingefährliches Mittel bei Gefährdung »austauschbarer Repräsentanten der Allgemeinheit« anzunehmen; dagegen wiederum MK-*Schneider* § 211 Rn. 122 a.E.; *Zieschang*, Puppe-FS, S. 1301 (1318 ff).

Mordlust – § 211 II StGB

»Mordlust« liegt vor, wenn der Antrieb zur Tötung **allein** in dem Motiv besteht, einen anderen Menschen zu töten: Es **fehlt** an einem in der Person des Opfers oder in der besonderen Tatsituation liegenden **Tatanlass** und an einem über den Tötungsakt hinausgehenden **Tatzweck**. 386

Literatur: *Köhne* Jura 2009, 100 ff; *Kühl* JA 2009, 566 f; MK-*Schneider* § 211 Rn. 49 ff. Krit. *Kargl* StraFo 2001, 365 (366): »rechtsstaatswidrig«. **Monographisch:** *Kelker*, Gesinnungsmerkmale, S. 594 ff.

Rechtsprechung Grundlegend: BGHSt 34, 59 (60 f) mit zust. Anm. *Geerds* JR 1986, 519 f; BGHSt 47, 128 (133 f – grundlose Tötung) mit zust. Anm. *Otto* JZ 2002, 567 (568); BGH MDR 1974, 546 f (bei Dallinger – direkter Vorsatz erforderlich). **Beispielhaft:** BGH NJW 1994, 2629 (2630 – Tötung »aus Spaß«) mit krit. Anm. *Fabricius* StV 1995, 637 sowie *Grotendiek/Göbel* NStZ 2003, 118 (120 ff); BGH NStZ 2007, 522 (523 – triebhafte bzw. gefühlsmäßige Regung).

BGHSt 34, 59 (61): „Die Tötung aus Mordlust unterscheidet sich von den anderen Tötungsvarianten, die … als Mord qualifiziert werden, dadurch, daß bei ihr der Tod des Opfers als solcher der *einzige Zweck* der Tat ist. Mit dem Merkmal sollen Fälle erfaßt werden, bei denen weder ein in der Person des Opfers oder in der besonderen Tatsituation liegender *Anlaß* noch ein über den Tötungsakt selbst hinausgehender *Zweck* die Tat bestimmt. In solchen Fällen kommt eine *prinzipielle*, vom individuellen Träger gelöste Mißachtung fremden Lebens zum Ausdruck, die das den Mordvorwurf rechtfertigende Gefährlichkeitsurteil begründet."

Nachstellen (Fangen, Erlegen, Zueignen) – § 292 I Nr. 1 StGB

Dem Wild »stellt nach«, wer eine Handlung vornimmt, die *unmittelbar* – d.h. als unmittelbares Ansetzen i.S. des § 22 StGB (str. → Rn. 388) – auf das »Fangen«, »Erlegen« oder »Zueignen« von lebendem (herrenlosem) Wild gerichtet ist. Das »Nachstellen« braucht zur *Ausführung* dieser Handlungen nicht *objektiv geeignet* zu sein und umfasst *insoweit* auch den **untauglichen Versuch** (Versuch mit untauglichen *Mitteln* [str. → Rn. 389]); es muss sich aber gegen ein **Objekt** – »Wild« – richten, an dem die übrigen Tathandlungen **verwirklicht werden können** (»unechtes« Unternehmensdelikt: Ausschluss des Versuchs am untauglichen *Objekt* [str → Rn. 390 f]). 387

»Fangen« heißt: das Wild lebend in seine Gewalt bringen. »Erlegen« umfasst jede Art der (erfolgreichen) Tötung. »Zueignen« erfordert *Gewahrsamsbegründung* mit – manifestierter – Zueignungsabsicht. Für das »Fangen« und »Erlegen« sowie für ein darauf bezogenes »Nachstellen« ist *Zueignungsabsicht* nicht erforderlich.

Literatur: NK-*Gaede* § 292 Rn. 19 ff (abw. zum Versuch am untauglichen Objekt); SK-*Hoyer* § 292 Rn. 13 ff. **Einführend:** *Geppert* Jura 2008, 599 (600 f).

Rechtsprechung Beispielhaft (auch zur »Jagdausübung« nach § 292 StGB a.F.): RGSt 11, 249 (251 – Begriff des Jagens: Aufstellen von Schlingen); 14, 419 f (Nachstellen durch Auslegen vergifteter Köder); RGRspr. 10, 331 (Aufscheuchen von Wild); BayObLG GA 1955, 247

(249 – Zutreibenlassen von Wild); OLG Frankfurt a.M. NJW 1984, 812 (Fischwilderei); OLG Hamm NJW 1956, 881 f (Drittzueignung, s. schon RGSt 4, 261 [262]).

Erläuterungen

I. Allgemeines

388 § 292 I StGB nennt in der ersten Alternative der Nr. 1 zwar drei Tathandlungen (Nachstellen, Fangen, Erlegen) nebeneinander, zeitlich betrachtet geht das Nachstellen (als Auflauern oder Fallenstellen) aber dem tatsächlichen Fangen und Erlegen vor. Die »eigentlichen« Wildereihandlungen (Fangen, Erlegen, Zueignen) in § 292 I Nr. 1, StGB gewinnen also nur dann selbstständige Bedeutung, wenn – was eher untypisch wäre – ein vorangegangener Nachstellungsakt *fehlt.* Die Tathandlung des »Nachstellens« *verlagert* die Strafbarkeit/Vollendung wegen Jagdwilderei damit vor und bestimmt auf diese Weise weitgehend die Grenze zwischen Strafbarkeit und Straflosigkeit, zumal der Versuch der Jagdwilderei straflos ist.

Gleichwohl sind die wesentlichen Fragen noch wenig geklärt. Im Ausgangspunkt besteht zwar Einigkeit darin, dass das Nachstellen auf ein Fangen etc. des Wildes gerichtet sein muss. Wie eng deshalb das Nachstellen mit den »eigentlichen« Wildereihandlungen verknüpft sein muss, ist damit aber noch nicht bestimmt. Auch wenn mit einem unmittelbaren Bevorstehen oder einer unmittelbaren Gefahr für das Wild auf den Versuch des Fangens etc. abgestellt und das Delikt in der Variante des Nachstellens deshalb wegen seiner *versuchsähnlichen* Struktur meist als »Unternehmensdelikt« (→ Rn. 389 ff) bezeichnet wird, ist damit noch keine Klarheit gewonnen. So wird z.T. angenommen, dass mit dem »Nachstellen« bereits ein Teilbereich des *Vorbereitungsstadiums* erfasst ist.[1] Überwiegend wird jedoch – jedenfalls verbal – eine *Überschreitung* der Vorbereitungsphase i.S. des unmittelbaren Ansetzens zum »Fangen«, »Erlegen« usw. verlangt.[2]

II. »Unechtes« oder »echtes« Unternehmensdelikt?

1. Die Grundsatzfrage

389 Abgesehen von dieser *zeitlichen* Frage des tatbestandlichen Handlungsbeginns (Versuchsbeginns) taucht beim »Nachstellen« das Problem auf, ob und inwiefern es sich um ein »unechtes« oder – trotz der hierfür untypischen Gesetzesfassung (§ 11 I Nr. 6 StGB!) – um ein »echtes« Unternehmensdelikt handelt. Hierbei geht es um die Anwendbarkeit des »Nachstellens« auf den *untauglichen Versuch*, eine der übrigen Tathandlungen zu verwirklichen, bzw. (bei anderem Ausgangspunkt → Rn. 388 a.E.) auf die »untaugliche Vorbereitung« dieser Tathandlungen. Diese Frage wird allerdings fast allgemein insofern bejaht, als für die Nachstellungs*handlung* keine Erfolgstauglichkeit gefordert wird, so dass der Versuch mit *untauglichem Mittel* – z.B. ungeladenem Gewehr – ausreicht.[3] Erheblich umstritten ist dagegen, ob auch der Versuch am *untauglichen Objekt* genügt (z.B. Verfolgen eines Tieres, das der Täter irrig für »Wild« hält).

---

1 Vgl. z.B. *A/W/Heinrich* § 16 Rn. 15; *L/Kühl* § 292 Rn. 2: „unmittelbare Vorbereitung"; LK-*Schünemann* § 292 Rn. 44 ff: „Eindringen in den Lebensraum des Wildes".

2 Vgl. etwa *Geppert* Jura 2008, 599 (600 f); *Kindhäuser*, BT II, § 11 Rn. 14 f; *W/Hillenkamp* Rn. 450; OLG Frankfurt a.M. NJW 1984, 812; eingehend *Wolters*, Das Unternehmensdelikt, 2001, S. 306 ff.

3 Krit. aber *Mitsch*, BT II/2, § 1 Rn. 74; vgl. auch LK-*Schünemann* § 292 Rn. 49.

Üblicherweise wird der Begriff des »unechten« Unternehmensdelikts für tatbestandliche Handlungsbeschreibungen verwendet, die einen Versuch mit untauglichen *Mitteln* zulassen, sich aber auf ein tatsächlich vorliegendes Handlungsobjekt beziehen und damit den Versuch am untauglichen *Objekt* ausschließen. Begründet wird dies mit der Überlegung, dass das unechte Unternehmensdelikt durch eine Handlung charakterisiert ist, die von einer deliktischen Absicht getragen ist. Eine objektiv fehlende Handlungsgefährlichkeit (Versuch mit untauglichem Mittel) stehe dieser Einordnung nicht entgegen, wohl aber ein Fehlen sonstiger objektiver Tatbestandsvoraussetzungen.[4] Soweit der Begriff des unechten Unternehmensdelikts im Zusammenhang mit dem »Nachstellen« gebraucht wird, ist freilich nicht immer klar, ob er in diesem Verständnis gemeint ist.[5] Sieht man aber in der Nachstellungsvariante des § 292 I StGB ein »unechtes« Unternehmensdelikt im üblichen Sinn, so muss sich das »Nachstellen« auf ein *taugliches* – und überhaupt vorhandenes – *Tatobjekt* (»Wild«) beziehen; die irrige Annahme des Täters reicht insoweit nicht aus.[6] 390

2. Der Diskussionsstand in den Irrtumsfällen

Beim »Nachstellen« *kompliziert* sich die Frage der Anwendbarkeit auf den Versuch am untauglichen Objekt noch dadurch, dass sie mit der umstrittenen Beurteilung bestimmter Irrtumskonstellationen im Bereich der »eigentlichen« Tathandlungen zusammenhängt.[7] Eignet sich der Täter z.B. ein fremdes Tier zu, das er irrtümlich für herrenloses »Wild« hält, so ist bezüglich des »Sichzueignens« der *objektive* Tatbestand der *Wilderei* an sich nicht erfüllt, während für den *subjektiven* Tatbestand des objektiv verwirklichten *Eigentumsdelikts* (§§ 242, 246 StGB) die Vorstellung der »Fremdheit« fehlt. Hier wird im Schrifttum z.T. angenommen, dass gleichwohl wegen Wilderei bestraft werden könne, weil die (objektive) Eigentumsverletzung ein »Plus« gegenüber der (erstrebten) Verletzung des bloßen Aneignungsrechts sei.[8] Von dieser Position aus muss konsequenterweise dann auch ein auf die Zueignung gerichtetes »Nachstellen« – trotz Untauglichkeit des Tatobjekts – angenommen werden. 391

Die überwiegende Auffassung verwirft jedoch die Annahme eines Plus-Minus-Verhältnisses und geht *für die Zueignungsalternative* des § 292 I StGB infolge der Inkongruenz von objektivem und subjektivem Tatbestand von einer *Strafbarkeitslücke* aus.[9] Da diese Lücke zunächst nur die »Zueignung« selbst betrifft, wird versucht, sie im Rückgriff auf ein vorangegangenes »Nachstellen« zu schließen, sofern dies nach dem Sachverhalt begrifflich möglich ist (Vorhandensein eines vorhergehenden Nachstellungsakts).[10] Diese Lösung setzt aber voraus, dass das »Nachstellen« als *echtes* Unternehmensdelikt verstanden werden kann, das auch den Versuch am untauglichen Objekt erfasst. Dagegen spricht indessen der *Wortlaut* des Gesetzes, der schwerlich die Deutung zulässt, dass auch das tatbestandliche Objekt der »Nachstellung« (Wild)

4 Vgl. etwa LK-*Hillenkamp* Vor § 22 Rn. 126 ff; *S/S/Hecker* § 11 Rn. 47 f; jew. m.w.N.
5 Deutlich aber z.B. *Geppert* Jura 2008, 599 (600 f); *S/S/Hecker* § 292 Rn. 12; SK-*Hoyer* § 292 Rn. 14.
6 Für Einbeziehung des untauglichen Objekts aber z.B. *Kindhäuser* § 292 Rn. 16; NK-*Gaede* § 292 Rn. 24; diff. LK-*Schünemann* § 292 Rn. 49.
7 Näher zu den Irrtumsfällen *Wessels* JA 1984, 221 (222 ff); MK-*Zeng* § 292 Rn. 36 ff; jew. m.w.N.
8 Vgl. etwa *M/Schroeder*, BT 1, § 38 II Rn. 20; ähnlich *Kindhäuser* § 292 Rn. 18 ff.
9 Nachw. bei LK-*Schünemann* § 292 Rn. 69.
10 In dieser Richtung LK-*Schäfer*, 10. Aufl., § 292 Rn. 47, 80; *Waider* GA 1962, 176 (183 f).

durch die irrige Annahme des Täters ersetzt werden kann.[11] Der Gesetzgeber hätte vielmehr, um dieses Ergebnis zu erreichen, eine dem § 11 I Nr. 6 StGB entsprechende, auf die übrigen Tathandlungen bezogene Formulierung (»unternimmt«) wählen müssen.

Nachstellen, beharrliches (»Stalking«) – § 238 I StGB

392 »Nachstellen« ist ein in § 238 I Nr. 1-5 StGB näher konkretisiertes Verhalten gegen den Willen des Opfers, das darauf abzielt, dieses psychologisch zu beeinflussen und in dessen **persönlichen Lebensbereich** einzugreifen (→ Rn. 393).

Beharrlich stellt der Täter dem Opfer nach, wenn er **wiederholt** tätig wird und eine **Gesamtwürdigung** dieser Tätigkeiten die Missachtung des entgegenstehenden Willens oder die Gleichgültigkeit gegenüber den Wünschen des Opfers deutlich macht und erkennen lässt, dass der Täter sich auch in **Zukunft** immer wieder entsprechend verhalten wird (→ Rn. 394).

Literatur: MK-*Gericke* § 238 Rn. 14 ff; *M/R/Eidam* § 238 Rn. 5 ff. **Einführend:** *W/Hettinger* Rn. 369a ff.

Rechtsprechung Grundlegend: BGHSt 54, 189 (192 ff) mit zust. Bspr. *Buß* JR 2011, 84 f, krit. *Heghmanns* ZJS 2010, 269 (271 f). **Beispielhaft:** BGH NStZ-RR 2013, 145 (146) und OLG Brandenburg NStZ 2010, 519 f – jew. zur schwerwiegenden Beeinträchtigung der Lebensgestaltung; OLG Celle BeckRS 2012, 14130 (Beharrlichkeit bei langen Zeitabständen); Bericht und Analyse der Rspr. bei *Krüger* NStZ 2010, 546 ff.

BGHSt 54, 189 (193): „Im Kontext des § 238 StGB umschreibt der Begriff im Grundsatz … alle Handlungen, die darauf ausgerichtet sind, durch unmittelbare oder mittelbare Annäherungen an das Opfer in dessen persönlichen Lebensbereich einzugreifen und dadurch seine Handlungs- und Entschließungsfreiheit zu beeinträchtigen". Allerdings „sind in § 238 Abs. 1 Nr. 1 bis 5 StGB die Handlungsformen abschließend beschrieben, auf die sich die Pönalisierung erstreckt."

Erläuterungen

I. »Nachstellen«

393 Der Gesetzgeber hat aus § 292 I Nr. 1 StGB den Begriff des »Nachstellens« in den seit 31.3.2007 geltenden Tatbestand der »Nachstellung« übernommen. Danach ist unter bestimmten Voraussetzungen strafbar, »wer einem Menschen unbefugt nachstellt«. Der Begriff des »Nachstellens« fungiert hier zwar formal als Oberbegriff der in § 238 I Nr. 1 - 5 StGB genannten Erscheinungsformen der Nachstellung. Er umschreibt aber selbst keinen eigenständig definierbaren, zur Subsumtion geeigneten Inhalt, sodass das Verhalten letztlich immer auf die einzelnen Nachstellungsvarianten (Nr. 1-5)[1] zurückgeführt werden muss, in denen das Gesetz die eigentlichen Tatbe-

11 Vgl. auch SK-*Stein* § 11 Rn. 45; anders *Kindhäuser*, BT II, § 11 Rn. 22.

1 Vgl. zu den Nachstellungsvarianten die Übersichten bei *Kindhäuser*, BT I, § 18 Rn. 24 ff; NK-*Sonnen* § 238 Rn. 31 ff; jew. m.w.N.

standsmerkmale der »Nachstellung« konkretisiert.[2] In Anlehnung an den Begriff des »Nachstellens« bei § 292 StGB (→ Rn. 387 ff) enthält der Begriff aber eine Ausrichtung auf den tatbestandlichen Erfolg des Delikts, die durch die Nachstellungen verursachte »schwerwiegende Beeinträchtigung der Lebensgestaltung« des Opfers (→ Rn. 395). Erforderlich ist deshalb ein Handeln, das nicht nur den entgegenstehenden Willen des Opfers missachtet, sondern auch darauf abzielt, durch psychologische Beeinflussung des Opfers in dessen persönlichen Lebensbereich einzudringen. Ein nur zufälliges räumliches Aufeinandertreffen oder eine Kommunikation, die anderen Zwecken dient (z.B. der Ausübung des Sorgerechts für gemeinsame Kinder), genügt deshalb nicht.

Außerdem indiziert der Begriff des beharrlichen »Nachstellens« das Handlungsmuster des aus einer *Mehrzahl von Einzelhandlungen* zusammengesetzten »Gesamtverhaltens«[3]; dies folgt schon aus dem Umstand, dass die Beharrlichkeit eine wiederholte Tätigkeit voraussetzt. Dabei ist § 238 I StGB kein Dauerdelikt. Allerdings folgt aus der Verknüpfung der »Beharrlichkeit« und dem »Nachstellen«, dass „die verschiedenen Angriffe" des Täters, „mit denen der zur Vollendung des Delikts erforderliche Erfolg nur einmal herbeigeführt wurde, … eine tatbestandliche Handlungseinheit" bilden.[4]

II. »Beharrlichkeit«

Die Nachstellungshandlungen müssen *»beharrlich«* vorgenommen werden. Nach überwiegender Auffassung handelt der Täter »beharrlich«, wenn sein *wiederholtes Verhalten* durch besondere Hartnäckigkeit und Gleichgültigkeit gegenüber dem Willen des Opfers sowie durch die *Absicht* gekennzeichnet ist, sich auch künftig immer wieder entsprechend zu verhalten.[5] Ein wiederholtes Verhalten setzt zumindest zwei Nachstellungshandlungen i.S. des § 238 I Nr. 1-5 StGB voraus, bereits abgeurteilte Handlungen werden dabei wegen des eingetretenen Strafklageverbrauchs nicht berücksichtigt.[6] Bei längeren zeitlichen Zwischenräumen zwischen den einzelnen Nachstellungshandlungen kann eine Zäsur vorliegen, so dass die Nachstellungshandlungen jeweils als Einzeltaten zu werten sind, die für sich genommen die erforderliche Beharrlichkeit nicht aufweisen.[7] **394**

III. Erfolgsdelikt

§ 238 I StGB ist als – verhaltensgebundenes – *Erfolgsdelikt* ausgestaltet. Der tatbestandliche Erfolg, der durch die jeweilige Nachstellungshandlung objektiv zurechenbar verursacht sein muss, besteht in einer »schwerwiegenden Beeinträchtigung der Lebensgestaltung« des Opfers. Einzelne Nachstellungsvarianten enthalten demgegenüber allenfalls bestimmte »Zwischenerfolge«, wie z.B. das »Aufsuchen räumlicher Nähe« (Nr. 1), das nicht nur eine bloße Tätigkeit bezeichnet. »Schwerwiegende Be- **395**

2 SK-*Wolters* § 238 Rn. 7; BGHSt 54, 189 (193).
3 *Fischer* § 238 Rn. 9.
4 BGHSt 54, 189 (197 f); i.E. (eine Tat) ebenso: *Fischer* § 238 Rn. 39, SK-*Wolters* § 238 Rn. 24.
5 BGHSt 54, 189 (195); *Fischer* § 238 Rn. 18 f; SK-*Wolters* § 238 Rn. 15; krit. zu dieser subjektiven Ausrichtung: *Mosbacher* NStZ 2007, 665 (666), *Neubacher/Seher* JZ 2007, 1029 (1032).
6 Dazu OLG Zweibrücken BeckRS 2010, 04520.
7 OLG Celle BeckRS 2012, 14130: mehr als sechs Monate.

einträchtigung der Lebensgestaltung« ist strukturell ein *dreigliedriger* Begriff. »Lebensgestaltung« soll nach der Vorstellung des Gesetzgebers „ganz allgemein die Freiheit der menschlichen Entschlüsse und Handlungen" umfassen.[8] »Beeinträchtigung« bedeutet eine erzwungene Veränderung der Lebensumstände: Das Opfer wird zu einem äußeren Verhalten veranlasst, das es sonst nicht gezeigt hätte und das eine objektivierbare Änderung in der Lebensführung – der äußeren Gestaltung des Lebens – darstellt.[9] Die »schwerwiegende« Beeinträchtigung erfordert „im konkreten Kontext ins Gewicht fallende, gravierende und ernst zu nehmende Folgen, die über durchschnittliche, regelmäßig hinzunehmende und zumutbare Modifikationen der Lebensgestaltung erheblich und objektivierbar hinausgehen".[10] Dazu zählen etwa das „Verlassen der Wohnung nur noch in Begleitung Dritter, ein Wechsel des Arbeitsplatzes oder der Wohnung und das Verdunkeln der Fenster der Wohnung". Auch Reaktionen des Opfers, die für sich betrachtet diesen Schweregrad nicht erreichen, können sich in ihrer Gesamtheit zu einer »schwerwiegenden« Beeinträchtigung summieren.[11]

Nachteilszufügung, Absicht der – § 274 I Nr. 1 StGB

396 Beabsichtigter »Nachteil« ist nicht nur ein *Vermögensschaden*, sondern auch eine (über die bloße Einwirkung auf die Urkunde hinausgehende) **Beeinträchtigung fremder Beweisführungsinteressen:** Sie besteht in einer *Verschlechterung* der Lage des Betroffenen, die darauf beruht, dass die Urkunde nicht oder nur noch eingeschränkt als *Beweismittel* im Rechtsverkehr verwendet werden kann (»Beweisführungsnachteil«); ein sonstiger Nachteil reicht nicht aus (str. → Rn. 397).

Für die »Absicht« der Nachteilszufügung genügt bedingter Vorsatz nicht; erforderlich ist zumindest das Bewusstsein, dass der Nachteil als *notwendige Folge* der Tat eintreten wird (direkter Vorsatz in Form der Wissentlichkeit); insgesamt str. → Rn. 397 a.E.

Literatur: *Rengier*, BT 2, § 36 Rn. 8 f; SK-*Hoyer* § 274 Rn. 15 ff; *S/S/Schuster* § 274 Rn. 14 ff.

Rechtsprechung Beispielhaft: RGSt 22, 283 (285 – *Erschwernis* der Beweisführung); BayObLG NJW 1968, 1896 (1897) und OLG Celle NJW 1966, 557 (558) jew. zur Wegnahme eines Adresshinweises nach Unfall); OLG Hamburg NJW 1964, 736 (737 – „Ausleihen" eines Verwarnungszettels) mit Anm. *Schröder* JR 1964, 230. **Zusammenfassend:** BGH NStZ 2010, 332 (333).

Zum Nachteil: BGHSt 29, 192 (196): „Der Nachteil muß nicht vermögensrechtlicher Natur sein."

OLG Köln, VRS 50 (1976), 421 (422): „Unter Nachteil im Sinne der Vorschrift des § 274 Abs. 1 Nr. 1 StGB ist nicht nur jede Verschlechterung der Beweislage, sondern überhaupt jede mögliche Beeinträchtigung fremder Beweisführungsrechte anzusehen".

---

8 BT-Drs. 16/575, S. 7; einschränkend SK-*Wolters* § 238 Rn. 4.
9 BT-Drs. 16/575, S. 8; *Fischer* § 238 Rn. 22; SK-*Wolters* § 238 Rn. 4 f.
10 BGHSt 54, 189 (197) unter Hinw. auf BT-Drs. 16/575, S. 8 und 16/3641, S. 14.
11 Vgl. *Kindhäuser*, BT I, § 18 Rn. 34: „Gesamtschau der Opferreaktionen"; *Valerius* JuS 2007, 319 (323); BGHSt 54, 189 (197).

Zur Absicht: OLG Köln, VRS 50 (1976), 421 (423): „Absicht bedeutet hier lediglich, das *Bewußtsein*, daß der Nachteil die notwendige Folge des eigenen Handelns ist, nicht aber daß die Nachteilszufügung der *Beweggrund* des Täters gewesen sein muß, die Urkunde zu vernichten. Für die *Absicht* i.S. von § 274 Abs. 1 Nr. 1 StGB … wird damit der bedingte Vorsatz ausgeschlossen."

OLG Frankfurt NJW 2007 1221 (1222): „Ausreichend ist insoweit das Bewusstsein, dass der Nachteil die notwendige Folge der Tat ist, das heißt, dass das Benutzen des gedanklichen Inhalts der Urkunde in einer aktuellen Beweissituation vereitelt wird."

Erläuterungen

Manche Begriffsbestimmungen des »Beweisführungsnachteils« klingen so, als bestehe der »Nachteil« bereits darin, dass die Urkunde dem Berechtigten nicht mehr (uneingeschränkt) als Beweismittel *zur Verfügung steht*. Das ist zumindest missverständlich: Verhielte es sich so, dann wäre die in § 274 I StGB verlangte *spezielle* Nachteilsabsicht funktionslos, weil schon die vorsätzliche Tathandlung – Vernichten, Unterdrücken usw. – einen derartigen »Nachteil« notwendigerweise beinhaltet. Da andererseits anerkannt ist, dass der »Nachteil« über die bloße *Einwirkung* auf die Urkunde hinausgehen muss, kann er nur in den nachteiligen (negativen) *Folgen* bestehen, die sich für den Betroffenen aus der fehlenden oder eingeschränkten Möglichkeit *ergeben*, die Urkunde zu einem bestimmten Zweck – etwa zur Geltendmachung oder Abwehr eines Anspruchs – als Beweismittel zu verwenden.[1] Man kann dies so ausdrücken, dass als beabsichtigter »Nachteil« die Vereitelung/Beeinträchtigung des »abstrakten Beweisführungsinteresses«, die bereits mit der Tathandlung ohnehin verbunden ist, *nicht* genügt, sondern eine zusätzliche Verschlechterung der Lage des Betroffenen erforderlich ist, die aus dem Verlust bzw. der Beeinträchtigung von Beweisführungsmöglichkeiten resultiert (»konkreter Beweisführungsnachteil«). Daran fehlt es z.B., wenn der Betroffene über andere, gleichwertige Beweismittel verfügt. **397**

Umstritten ist, ob die Urkundenunterdrückung zum Zweck der Vereitelung straf- oder ordnungsrechtlicher *Sanktionen* einen »Nachteil« für einen »*anderen*« begründen kann. Die noch h.M. lehnt dies mit dem Argument ab, dass der staatliche Strafverfolgungsanspruch, der nur im Rahmen besonderer Schutzrechte für den Beschuldigten bestehe, nicht mit privaten Interessen gleichgestellt werden könne. Er werde daher nicht vom Schutzgut erfasst, so dass der Staat in Bezug auf diesen Anspruch daher kein »*anderer*« sei.[2]

Hinsichtlich der *Absicht* verneint die Rechtsprechung die Notwendigkeit eines zielgerichteten Willens, da „die fremde Schädigung selten echtes Motiv der Tat" sei.[3] Es genüge deshalb das Bewusstsein, dass die Urkundenunterdrückung für den anderen

1 Vgl. SK-*Hoyer* § 274 Rn. 15 f; *Rengier*, BT 2, § 36 Rn. 9; RGSt 31, 143 (149); krit. MK-*Freund* § 274 Rn. 53.

2 *S/S/Schuster* § 274 Rn. 16; ebenso i.E. z.B.: *Fischer* § 274 Rn. 9, *L/Kühl* § 274 Rn. 7 sowie die bisherige Rspr., s. BGH NStZ-RR 2011, 276 (277 m.w.N.), zweifelnd aber BGH NStZ-RR 2012, 243; a.A. *H. Schneider* NStZ 1993, 16 (18 f), der auch das staatliche Beweisführungsinteresse als schützenswert ansieht; i.E. ebenso NK-*Puppe* § 274 Rn. 14, 17; eingehend *Zieschang* HRRS 2013, 49 ff.

3 OLG Celle NJW 1966, 557 (558); ebenso *S/S/Schuster* § 274 Rn. 15.

einen Nachteil zur Folge habe.[4] Dem wird im Schrifttum unter Hinweis auf die Wortlautgrenze („Absicht“) widersprochen.[5]

Bei der Unterdrückung (Vernichtung/Beschädigung) »technischer Aufzeichnungen« und »beweiserheblicher Daten« (§ 274 I Nr. 2 StGB) hat die Benachteiligungsabsicht sinngemäß den gleichen Inhalt.

Nötigen – u.a. §§ 240 I, 253 I, 239b I, 177 I StGB

398 »Nötigen« heißt, dem Betroffenen ein **seinem Willen widerstrebendes** Verhalten – Handeln, Dulden oder Unterlassen – aufzwingen. »Genötigt« ist auch, wer durch *absoluten Zwang* (»vis absoluta«) gehindert wird, einen Willensentschluss zu fassen oder zu verwirklichen (str. → Rn. 399 a.E.).

Der **Nötigungserfolg** ist eingetreten, sobald der Betroffene sich unter dem Einfluss des Nötigungsmittels (Gewalt/Drohung) dem Nötigungszweck entsprechend verhält oder zumindest damit *beginnt*.

Literatur: *Fischer* § 240 Rn. 4 ff, 55 ff; *S/S/Eisele* § 240 Rn. 12 ff. **Monographisch:** *Sinn*, Die Nötigung im System des heutigen Strafrechts, 2000.

Rechtsprechung Grundlegend: RGSt 2, 287 (288); BGHSt 37, 350 (353 ff). **Beispielhaft:** BGH NStZ 2004, 385 (386 – Versuch/Vollendung bei ungeklärtem Nötigungsziel); NStZ-RR 2006, 77 (weitergehender Nötigungserfolg).

RGSt 2, 287 (288): „Die Nötigung besteht darin, daß der Entschluß einer Person, eine bestimmte Handlung vorzunehmen oder zu unterlassen oder eine Handlung des anderen zu dulden, nicht aus dem *freien Willen* derselben erwachsen, sondern durch die … Tätigkeit des Nötigenden *erzwungen* worden ist. Zwang, wie ihn das Gesetz im Auge hat, umfaßt aber … [auch] die *vis absoluta*, d.h. die Fälle, wo der Genötigte durch das Vorgehen des Handelnden in einen Zustand von Willensunfreiheit versetzt ward... Es macht rechtlich keinen Unterschied, ob der abstrakte Erfolg durch eine *Mitwirkung* des unfrei gewordenen Willens des Genötigten oder unmittelbar durch *Überwältigung* erreicht wird.“

BGH NStZ 2013, 36: „§ 240 StGB ist als *Erfolgsdelikt* ausgestaltet. Die tatbestandsmäßige Nötigungshandlung des Täters muss in kausalem Sinne zu dem vom Täter geforderten Verhalten des Opfers führen. Vollendet ist die Nötigung erst dann, wenn der Genötigte die verlangte Handlung vorgenommen oder zumindest mit ihrer Ausführung begonnen hat. Ein *Teilerfolg*, der mit Blick auf ein weitergehendes Ziel jedenfalls vorbereitend wirkt, kann für die Annahme einer vollendeten Nötigung ausreichen, wenn die abgenötigte Handlung des Opfers nach den Vorstellungen des Täters eine *eigenständig bedeutsame Vorstufe* des gewollten Enderfolgs darstellt.“

---

4 BGH NStZ 2010, 332 (333); OLG Frankfurt a.M. NJW 2007, 1221 (1222, oben zitiert → Rn. 396); RGSt 55, 74 (76 m.w.N. zur Rspr. des RG); aus der Lit.: *Fischer* § 274 Rn. 9a; LK-*Zieschang* § 274 Rn. 57.

5 So MK-*Freund* § 274 Rn. 58 ff, *Otto*, BT, § 72 Rn. 6 und SK-*Hoyer* § 274 Rn. 17, die zielgerichteten Willen verlangen; NK-*Puppe* § 274 Rn. 12 will bedingten Vorsatz genügen lassen.

Erläuterungen

Als Nötigung »zu« einer Handlung, Duldung oder Unterlassung ist die Nötigung ein *Erfolgsdelikt*, das sich nicht in der Anwendung des Nötigungsmittels (Gewalt/Drohung) erschöpft. Der Eintritt des jeweiligen Nötigungserfolges, der über die Vollendung des Delikts entscheidet, richtet sich danach, ob der vom Täter verfolgte *Nötigungszweck* erreicht wird. Dabei kann das Erreichen eines Teilerfolges genügen, wenn dieser aus Sicht des Täters in Bezug auf das weitergehende Ziel jedenfalls vorbereitend wirkt.[1] Das gleiche gilt, wenn der Täter mehrere Erfolge nebeneinander anstrebt und einen von diesen erreicht. **399**

Der »spezifische Zusammenhang« (Zurechnungszusammenhang) zwischen Nötigungshandlung und -erfolg kann fehlen, wenn der Erfolg zwar äquivalent-kausal auf das Täterverhalten zurückzuführen ist, sich aber nicht mehr als Verwirklichung der damit verbundenen Gefahr darstellt (z.B. das Opfer kommt den Ansinnen aus Neugierde nach). Mit Blick auf die *unmittelbare* Zwangswirkung bei der Gewalt ist der Zurechnungszusammenhang problematisch, wenn der Erfolg durch Dritte vermittelt wird (Bsp.: Die Polizei hält die Kraftfahrer im Vorfeld der blockierten Straße an).[2]

Die traditionelle Einbeziehung *absoluten* Zwanges (»vis absoluta« → Rn. 275) in die Nötigung wird in der Literatur[3] kritisiert: Danach soll Nötigung eine »Willensbeugung« voraussetzen, die bei Anwendung absoluter Gewalt fehle. Dem wird von der h.M. entgegengehalten, dass der Wille des Opfers ebenso, wenn nicht sogar erst recht, dem Täterwillen untergeordnet wird, wenn über die Anwendung von »vis absoluta« bereits eine Willensentschließung unmöglich gemacht wird. Überdies sei nicht einsichtig, weshalb über die Drohung zwar die *Ankündigung* eines Übels erfasst werde, bei der Gewalt aber die *Zufügung* des Übels nicht ausreichen soll.[4]

Nötigung, Verwerflichkeit der (Zweck-Mittel-Relation) – §§ 240 II, 253 II StGB

Die Anwendung des Nötigungsmittels (Gewalt/Drohung) zu dem angestrebten Zweck ist »verwerflich«, wenn die **Gesamtwürdigung des Verhältnisses von Mittel und Zweck** – unter Berücksichtigung von Umfang und Intensität der Zwangswirkung – im konkreten Fall zu dem Ergebnis führt, dass die Tat **sozialethisch in hohem Maße missbilligenswert** und deshalb »*sozial unerträglich*« ist. Diese abstrakte Formel kann durch folgende Leitsätze konkretisiert werden: **400**

1 BGH NStZ 2013, 36 m.w.N.; sehr weitgehend BGH NStZ 1987, 70 (71). Zur Abgrenzung von Versuch und Vollendung vgl. z.B. NK-*Toepel* § 240 Rn. 130 ff; SK-*Wolters* § 240 Rn. 5 ff, 23 ff.

2 S. dazu *Fischer* § 240 Rn. 55b; Otto, BT, § 27 Rn. 51 ff; eingehend *Sinn*, Nötigung, S. 135 ff.

3 *Hruschka* JZ 1995, 737 ff und NJW 1996, 160 (162 f); *Köhler*, Leferenz-FS, 1983, S. 511 ff; MK-*Sinn* § 240 Rn. 97 ff.

4 *S/S/Eisele* § 240 Rn. 1a; vgl. auch *Herzberg* GA 1997, 251 (257 ff); NK-*Kindhäuser* Vor § 249 Rn. 21; NK-*Toepel* § 240 Rn. 49 ff; diff. *Heghmanns* Rn. 602; eingehend zum Problem *Sinn*, Nötigung, S. 195 ff.

- Die »Verwerflichkeit« kann sich bereits aus der Bewertung des *Zwecks* oder des *Mittels* allein ergeben.
- Die Erzwingung eines *strafbaren* oder sonst *rechtswidrigen* Verhaltens, auch mit an sich erlaubtem Mittel, ist regelmäßig »verwerflich«.
- Enthält das Nötigungs*mittel selbst* schon eine rechtswidrige/strafbare Handlung oder besteht es in deren Ankündigung, so ist die Tat, *unabhängig* vom verfolgten Zweck, grundsätzlich »verwerflich«.
- Die Anwendung eines an sich *erlaubten Mittels* in Verfolgung eines an sich *rechtlich anerkannten Zwecks* ist prinzipiell dann »verwerflich«, wenn zwischen Mittel und Zweck keinerlei *innere Beziehung besteht* (»Inkonnexität«, »willkürliche Verknüpfung« nicht zusammenhängender Lebensvorgänge), str. → Rn. 402 a.E.
- Wer sich ohne speziellen Rechtfertigungsgrund anmaßt, die *Gesetzestreue* anderer unter Umgehung des von der Rechtsordnung vorgesehenen *Verfahrens* mit Nötigungsmitteln zu erzwingen, handelt grundsätzlich »verwerflich« (Vorrang staatlicher Zwangsmittel).
- Lediglich *geringfügige* Zwangseinwirkungen sind regelmäßig nicht »verwerflich«.

Literatur: *Küper* JZ 2013, 449 ff; MK-*Sinn* § 240 Rn. 109 f, 115 ff. **Einführend:** *Geppert* Jura 2006, 31 (38 ff). **Monographisch:** *Sinn*, Die Nötigung im System des heutigen Strafrechts, 2000, S. 339 ff.

Rechtsprechung Grundlegend: BVerfGE 73, 206 (238 – Verwerflichkeit als tatbestandsregulierendes Korrektiv) mit krit. Bspr. *Starck* JZ 1987, 145 (146 ff); BGHSt 17, 328 (331 f); 18, 389 (391); 34, 71 (77 – Abwägungsmaßstäbe) mit krit. Anm. *Jakobs* JZ 1986, 1063 (1064 f). **Beispielhaft:** BGHSt 35, 270 (276 f – keine Berücksichtigung von Fernzielen) mit zust. Bspr. *Jahn* JuS 1988, 946 (947 f), krit. *Ostendorf* StV 1988, 488 (489 f); BGHSt 39, 133 (137 – Selbsthilfe); 44, 34 (42 – Nötigung durch Hindernisbereiten) mit krit. Anm. *Otto* NStZ 1998, 513 (514); BGH NStZ 2014, 149 (152 – anwaltliches Mahnschreiben) mit krit. Anm. *Becker*, S. 154 f; OLG Frankfurt a.M. NStZ-RR 2011, 110 (111 – kurzzeitig blockiertes Fahrzeug); OLG Zweibrücken NJW 1991, 53 (54 f „objektivierter Bewertungsmaßstab").

»Verwerflichkeitsformeln« aus der Rechtsprechung:

BGH NStZ-RR 2011, 143 (144): Die „Voraussetzungen der Verwerflichkeitsklausel [sind] erfüllt, wenn unter Berücksichtigung sämtlicher Umstände des Einzelfalls ein *erhöhter Grad* der sozialethischen Missbilligung der für den angestrebten Zweck angewandten Mittel festzustellen ist. Hierbei ist das rechtlich Verwerfliche nicht *einseitig* in dem angewandten Mittel oder in dem erstrebten Zweck zu suchen, sondern in der *Beziehung* beider zueinander… Auch der an sich erlaubte Zweck rechtfertigt nur die Anwendung sozial hinnehmbarer Mittel."

OLG Stuttgart NJW 1991, 994: „Die ein verwerfliches, strafwürdiges Mißverhältnis zwischen Mittel und Zweck *ausschließenden* Umstände müssen um so gravierender sein, je massiver und intensiver ein Täter sein Nötigungsmittel wählt und je stärker und erheblicher das dem Opfer abgenötigte Handeln, Dulden oder Unterlassen dessen Freiheitssphäre beeinträchtigt. Umgekehrt wird es an dem erforderlichen *erhöhten* Grad einer Verhaltensmißbilligung regelmäßig um so eher fehlen, je belangloser das vom Täter eingesetzte Nötigungsmittel ausfällt und je geringfügiger das dem Opfer abgenötigte Verhalten dessen Willensfreiheit tangiert."

BGHSt 39, 133 (137): „Das Recht zur Erzwingung von Gesetzestreue [kommt] in erster Linie dem *Staat* zu. Der einzelne, der sich anmaßt, den Staat dabei mit Nötigungsmitteln zu vertreten, handelt verwerflich, wenn er vorsätzlich den *Vorrang staatlicher Zwangsmittel* außer acht läßt, um durch von ihm selbst ausgeübte Gewalt und ohne speziellen Rechtfertigungsgrund die Gesetzestreue anderer zu erzwingen."

Erläuterungen

I. Einführung

Die in → Rn. 400 mitgeteilten »Leitsätze« formulieren Kriterien der »Verwerflichkeit«, die heute überwiegend anerkannt sind. Im Übrigen ist die *grundsätzliche* Inhaltsbestimmung der Verwerflichkeitsklausel (Zweck-Mittel-Relation) in vielfacher Hinsicht kontrovers. Differenzen bestehen bereits im *Ausgangspunkt* der Bewertung. Die Rechtsprechung hat sich weitgehend daran orientiert, ob die Tat nach allgemeinem Urteil einen »erhöhten Grad sittlicher Missbilligung« derart aufweist, dass sie »*strafwürdiges* Unrecht« darstellt (BGHSt 18, 389 [391]). Im Schrifttum wird dagegen vielfach auf die »Sozialwidrigkeit« oder »soziale Unerträglichkeit« des Verhaltens abgehoben. Hinter dem Gegensatz von »sittlicher Missbilligung« und »Sozialwidrigkeit« dürften sich inzwischen jedoch nur noch *Formulierungsunterschiede* verbergen, zumal auch die Judikatur die »Sozialwidrigkeit« bzw. »soziale Unerträglichkeit« häufiger hervorhebt. Demgegenüber besteht eine wesentliche *sachliche* Differenz in der – auch im Schrifttum unterschiedlich beurteilten – Frage, ob § 240 II StGB ein *qualifiziertes*, »gesteigertes« Unwerturteil i.S. »strafwürdigen Unrechts« voraussetzt,[1] oder ob die »Verwerflichkeit« lediglich die Rechtswidrigkeit als *Unerlaubtheit* im üblichen Verständnis betrifft. **401**

II. Konkretisierungen der Zweck-Mittel-Relation

Soweit sich die Literatur bisher um eine *Konkretisierung* der Zweck-Mittel-Relation durch Prinzipien geringerer Abstraktionshöhe bemüht hat, werden unterschiedliche Methoden vorgeschlagen. So empfiehlt *Gössel* (*Gössel/Dölling*, BT 1, § 18 Rn. 33) eine an § 34 StGB angelehnte »Verhältnismäßigkeitsprüfung«: Die Verwerflichkeit sei zu verneinen, „wenn das mit der Zwangshandlung verfolgte rechtlich geschützte Interesse unter Berücksichtigung seiner rechtlichen Schutzwürdigkeit die Beeinträchtigung der Willensfreiheit aufgrund einer Abwägung i.S. des § 34 *überwiegt*", wobei ein »wesentliches Überwiegen« nicht erforderlich sei. *Krey* (JuS 1974, 418 [423 f]) will mit dem »Geringfügigkeitsprinzip« und einem offenen »Prinzip der Wahrnehmung berechtigter Interessen« arbeiten. **402**

Viel Beachtung hat die »Prinzipienlehre« *Roxins* (JuS 1964, 373 ff) gefunden. Danach wird die Verwerflichkeitsprüfung durch **sechs Prinzipien** geleitet:

- »Rechtswidrigkeitsprinzip«: Die Nötigung zu *verbotenem* Verhalten ist immer verwerflich.
- »Güterabwägungsprinzip«: Die Beeinträchtigung eines »sozialwidrigen Willens« (z.B. Abhalten von einem Diebstahl) ist nicht verwerflich.

---

1 Dafür dezidiert z.B. *Günther*, Baumann-FS, 1992, S. 213 (216 ff); *Küper* JZ 2013, 449 (450); *Lampe*, Stree/Wessels-FS, 1993, S. 449 (460).

- »Geringfügigkeitsprinzip«: Zwangseinwirkungen »ohne Dauer und nennenswerte Folgen« sind nicht verwerflich.
- »Prinzip des Vorranges staatlicher Zwangsmittel«: Wer sich für eine Forderung gewaltsam Befriedigung verschafft, indem er die Grenzen des Selbsthilferechts überschreitet und den Klageweg umgeht, handelt immer verwerflich. Das gilt „für alle Fälle der Gewaltanwendung, die nicht durch positive Rechtfertigungsgründe und das erwähnte Güterabwägungsprinzip gedeckt oder durch das Geringfügigkeitsprinzip ausgeschaltet sind".
- »Prinzip des mangelnden Zusammenhanges«: Wer an sich legitime Zwecke erstrebt, handelt verwerflich, wenn er ein Mittel anwendet, „das mit dem Ziel in keiner inneren Beziehung steht" (z.B. Drohung mit Aufdeckung früherer Straftaten zwecks Wiedergutmachung anderweitigen Schadens).[2]
- »Autonomieprinzip«: Keine Verwerflichkeit bei Androhung der *Unterlassung* einer Handlung[3], deren Vornahme die Rechtsordnung in das freie Belieben des Einzelnen stellt (z. B. Nichtverlängern eines Werbevertrages).[4]

Für die Beurteilung der Verwerflichkeitsfrage ist auch von Bedeutung, wie das *Rechtsgut* des § 240 StGB genauer bestimmt wird. Definiert man es entgegen der h.M. nicht als Freiheit von sozialwidrigem *Willenszwang*, sondern spezieller als die dem Opfer gegenüber dem Täter von der Rechtsordnung anderweitig *»garantierte Freiheit«*,[5] so kann z.B. die »Inkonnexität« zwischen an sich erlaubter Zweckverfolgung und an sich billigenswertem Mittel nicht zur Verwerflichkeit führen, weil der rechtlich garantierte Freiheitsraum nicht verletzt wird.[6]

III. Zweck-Mittel-Relation (§ 240 II StGB) und Rechtfertigungsgründe

403 Keine Einigkeit besteht bisher über den deliktssystematischen Standort des § 240 II StGB. Die Vorschrift wird teils als umgekehrt formulierter – erweiterter, nötigungsspezifischer – *Rechtfertigungsgrund* verstanden, der zu den allgemeinen, »klassischen« Rechtfertigungsgründen (§§ 32, 34 StGB usw.) hinzutritt. Nach dieser vor allem in der Rechtsprechung vertretenen Auffassung enthält § 240 I StGB einen vollständigen Tatbestand im üblichen Sinn. Im Schrifttum wird § 240 II StGB überwiegend jedoch als eine *tatbestandsergänzende* Regelung gedeutet: Sie habe die Funktion, den noch unvollkommenen (»offenen«) Tatbestand des § 240 I StGB um die *Voraussetzungen* der »Verwerflichkeit« – nicht allerdings um die daraus resultierende Verwerflichkeits*bewertung* – zu ergänzen. Die *Umstände*, aus denen sich die »Verwerflichkeit« ergibt, gehören danach zum Tatbestand; die *Bewertung* als »verwerflich« ist Rechtswidrigkeitsmerkmal.[7] Z.T. wird auch ein sog. »Strafunrechtsaus-

---

2 S. auch OLG Karlsruhe NJW 2004, 3724: Unterschlagen einer Strafanzeige gegen Bezahlung.

3 Zur Verwerflichkeit bei einer »Drohung mit Unterlassen« → Rn. 168 ff.

4 Zur Kritik an dieser Prinzipienlehre vgl. SK-*Wolters* § 240 Rn. 38 ff.

5 *Jakobs*, H. Kaufmann-GS, 1986, S. 791 (797); *Lesch*, Rudolphi-FS, 2004, S. 483 ff, und Jakobs-FS, 2007, S. 327 ff; *Wallau* JR 2000, 312 f; krit. zu dieser Konzeption u.a.: *Deiters* GA 2002, 259 (272), *Kindhäuser*, BT I, § 13 Rn. 4, NK-*Toepel* § 240 Rn. 21 ff.

6 Vgl. dazu SK-*Wolters* § 240 Rn. 40 ff.

7 Zu den Konsequenzen im Irrtumsbereich vgl. *Küper* JZ 2013, 449 (452 f zur Einstufung der Verwerflichkeit als Rechtswidrigkeitsnorm und S. 454, aber auch S. 457 zur Einstufung als tatbestandsergänzende Regelung).

schlussgrund« (Strafwürdigkeitsregel) angenommen (→ Rn. 401 a.E.),[8] der eine tatbestandsmäßig-rechtswidrige Tat voraussetze.

404 Unabhängig von diesem Streit um die deliktssystematische Einordnung ist aber weitgehend anerkannt, dass die Prüfung der allgemeinen Rechtfertigungsgründe *Vorrang* hat vor der im Rahmen der Zweck-Mittel-Relation durchzuführenden »Gesamtwürdigung«. Denn eine Nötigung, die bereits durch einen Rechtfertigungsgrund gedeckt sei, könne von vornherein nicht »verwerflich« i.S. des § 240 II StGB sein.[9] Dies lässt sich auch damit begründen, dass Rechtfertigungsgründe, wie z.B. die Notwehr, *konkretisierte* und präziser ausgeformte Zweck-Mittel-Relationen enthalten, die den Ausschluss des Unrechts (»Nicht-Verwerflichkeit«) zwingend ergeben. Deshalb wird häufig gesagt, dass es auf § 240 II StGB nur dann »ankommt«, wenn kein allgemeiner Rechtfertigungsgrund vorliegt.[10]

Dieser »Vorrang« allgemeiner Rechtfertigungsgründe kann nun auf zweifache Weise berücksichtigt werden. Die eine, wohl überwiegend vertretene Möglichkeit besteht darin, die Rechtfertigungsgründe »zwischen« § 240 I und § 240 II StGB einzuordnen, § 240 II StGB also für die Fälle zu *reservieren*, in denen ein allgemeiner Rechtfertigungsgrund *nicht* vorliegt.[11] Als zweite Möglichkeit kommt in Betracht, die Rechtfertigungsgründe als *immanente Bestandteile* des § 240 II StGB – und somit als erste, konkretisierte Stufe der Zweck-Mittel-Relation – zu behandeln.[12] Sie fungieren dann »innerhalb« des § 240 II StGB (nicht »vor« dieser Bestimmung) als *zwingende* Ausschlussgründe der »Verwerflichkeit«, die allerdings nicht *abschließend* sind, weil die Verwerflichkeit im Rahmen der Gesamtwürdigung auch aus anderen Gründen verneint werden kann.[13] Beide Methoden harmonieren mit dem Grundgedanken des § 240 II StGB: Die Vorschrift *erweitert* mittelbar den *Ausschluss* des (strafwürdigen) Nötigungsunrechts über die allgemeinen Rechtfertigungsgründe hinaus!

Nutzen, öffentlicher (Dienen zum öffentlichen Nutzen) – § 304 I StGB

405 Ein Gegenstand »dient dem öffentlichen Nutzen«, sofern er nach seiner gegenwärtigen *Zweckbestimmung* (Widmung) **unmittelbar der Allgemeinheit** derart zugutekommt, dass **jedermann** – wenn auch erst nach Erfüllung bestimmter allgemeiner Bedingungen – daraus Nutzen ziehen kann: aus dem Gegenstand selbst (z.B. durch Gebrauch), aus seinen bestimmungsgemäßen Wirkungen oder seinen Erzeugnissen (»unmittelbare Gemeinwohlfunktion«).

Literatur: LK-*Wolff* § 304 Rn. 11 ff; *M/R/Altenhain* § 304 Rn. 11 ff; *W/Hillenkamp* Rn. 53 ff.

---

8 Vgl. dazu die Nachw. bei *L/Kühl* § 240 Rn. 25; *Otto* NStZ 1992, 568 (571).
9 Vgl. etwa MK-*Sinn* § 240 Rn. 111; *Otto*, BT, § 27 Rn. 31; SK-*Wolters* § 240 Rn. 51; abw. *S/S/Eisele* § 240 Rn. 33.
10 *W/Hettinger* Rn. 425 m.w.N.; vgl. auch BGHSt 39, 133 (136 ff).
11 Vgl. z.B. *A/W/Weber* § 9 Rn. 77; *Rengier*, BT 2, § 23 Rn. 58.
12 Näher dazu *Küper* JZ 2013, 449 (451 f); ebenso *Fischer* § 240 Rn. 38a; vgl. auch NK-*Toepel* § 240 Rn. 140.
13 Zur Kombination dieses Ansatzes mit dem tatbestandsergänzenden Verständnis des § 240 II StGB *Küper* JZ 2013, 449 (454 f).

Rechtsprechung Grundlegend: RGSt 58, 346 (347 f – Brunnen); BGHSt 31, 185 (186 ff – Beschädigung eines Polizeistreifenwagens). **Beispielhaft:** RGSt 65, 133 (134 f – Feuermelder); BGH NStZ 2006, 345 (Fenstergitter eines Justizvollzugskrankenhauses); BayObLG NJW 1988, 837 (838 – Feuerlöscher); OLG Oldenburg NJW 1988, 924 (Bäume).

BGHSt 31, 185 (186) im Anschluss an RGSt 58, 346 (348); 66, 203 (204): „Unter diesen Begriff fallen nach der heute noch anerkannten Definition des RG ›Gegenstände, die dem Publikum *unmittelbaren Nutzen* bringen, sei es durch ihren Gebrauch, sei es in anderer Weise. Unmittelbarkeit in diesem Sinn liegt vor, wenn jedermann aus dem Publikum, sei es auch nach Erfüllung bestimmter allgemeingültiger Bedingungen – ohne Vermittlung dritter, zu beliebiger Auswahl der Teilnehmer befugter Personen –, aus dem Gegenstande selbst oder aus dessen Erzeugnissen oder Wirkungen Nutzen ziehen kann‹."

Erläuterungen

406 Neben dem »öffentlichen Nutzen« kann der Gegenstand auch anderen (etwa privaten) Zwecken dienen,[1] sofern die anderweitigen Zwecke nicht überwiegen. Der »öffentliche Nutzen« *fehlt* bei Gegenständen,[2] die lediglich *innerdienstlichen Behördenzwecken* dienen. Gleiches gilt für Gegenstände, deren bestimmungsgemäße Verwendung der Allgemeinheit nur *mittelbar* dadurch nützt, dass sie Amtsträgern die Wahrnehmung öffentlicher Aufgaben ermöglicht oder erleichtert (z.B. eine Geschwindigkeitsmessanlage[3]). Der BGH hat deshalb auch den polizeilichen Streifenwagen als Tatobjekt ausgeschieden, weil zwar der polizeiliche Einsatz, nicht aber das Fahrzeug selbst unmittelbar dem öffentlichen Nutzen dient.[4] Das Polizeifahrzeug fällt allerdings unter § 305a I Nr. 3 StGB! Bei Justizvollzugsanstalten wird entsprechend differenziert zwischen den Teilen, die unmittelbar der sicheren Unterbringung der Gefangenen dienen, und sonstigen Gegenständen, die nur den Betrieb erleichtern (Werkstätten, Einrichtungsgegenstände).[5] Zur *Beschädigung* von Gegenständen i.S. des § 304 I StGB und zur Veränderung des Erscheinungsbildes (§ 304 II StGB) → Rn. 427.

Quälen – § 225 I (§ 223b I a.F.) StGB

407 »Quälen« ist Zufügung länger *andauernder* oder sich *wiederholender* erheblicher Schmerzen **körperlicher** oder **seelischer** Art.

Literatur: MK-*Hardtung* § 225 Rn. 11 ff; *S/S/Sternberg-Lieben* § 225 Rn. 12; abw. NK-*Paeffgen* § 225 Rn. 13 ff (Beschränkung auf »körperliche« Schmerzzufügung sowie Erfordernis »gefühlloser, unbarmherziger Gesinnung«).

---

1 So bereits RGSt 5, 318 (319); 34, 1 (3 – privat betriebene Straßenbahn).

2 Bsp. für und gegen den »unmittelbaren öffentlichen Nutzen« bei *Fischer* § 304 Rn. 11 ff; NK-*Zaczyk* § 304 Rn. 11 f; zum Wahlplakat vgl. *Wilhelm* JuS 1996, 424 (427 f); zum Verkehrszeichen und zur Konkurrenz der §§ 145 II, 303, 304 StGB s. OLG Köln NZV 1999, 134 (136) mit krit. Anm. *Jahn* JA 1999, 98 (101).

3 OLG Braunschweig BeckRS 2014, 01103.

4 BGHSt 31, 185 (186 f) gegen OLG Hamm NStZ 1982, 31; abl. NK-*Zaczyk* § 304 Rn. 11. Für den öffentlichen Nutzen von Rettungsfahrzeugen OLG Düsseldorf NJW 1986, 2122 (2123 f).

5 Einzelheiten bei *Laubenthal*, Otto-FS, 2007, S. 659 (667 f).

Rechtsprechung Grundlegend: BGHSt 41, 113 (115). **Beispielhaft:** BGH NStZ 2004, 94 (Misshandlung eines Kleinkindes durch Unterlassen); NStZ-RR 2007, 304 (306 – Handlungseinheit).

BGHSt 41, 113 (115): „Quälen … bedeutet das Verursachen länger dauernder oder sich wiederholender erheblicher Schmerzen oder Leiden. In der letztgenannten Begehungsform wird dieses Tatbestandsmerkmal somit typischerweise durch Vornahme mehrerer Handlungen verwirklicht; die ständige Wiederholung macht erst den besonderen Unrechtsgehalt dieser Form der Körperverletzung aus."

Hinweise: In der Literatur wird z.T. einschränkend verlangt, dass die Leidenszufügung – wie bei der »Grausamkeit« (→ Rn. 306) – einer »gefühllosen, unbarmherzigen Gesinnung« entspringen müsse.[1] Typischerweise werden die sich wiederholenden Schmerzen nicht durch eine, sondern durch mehrere Handlungen bewirkt. Dieses mehraktige Geschehen wird zu einem einheitlichen »Quälen« zusammengefasst.[2] **408**

Räuberischer Angriff auf Kraftfahrer – § 316a I StGB

Vgl. **Angriff, räuberischer auf Kraftfahrer/Mitfahrer** (mit »Ausnutzung der besonderen Verhältnisse des Straßenverkehrs«) → Rn. 31.

Raum, umschlossener – § 243 I 2 Nr. 1 StGB

»Raum« ist jedes *abgegrenzte* – unbewegliche oder bewegliche – *Raumgebilde*, das zumindest *auch* zum **Betreten durch Menschen** bestimmt ist. **409**

»Umschlossen« bedeutet nicht notwendig »*ver*schlossen«: »Umschlossen« ist ein Raum, wenn er mit – mindestens teilweise *künstlichen* – Vorrichtungen versehen ist, die nach dem äußerlich erkennbaren Willen des Berechtigten dazu *bestimmt* sind, Unbefugte vom Betreten abzuhalten, und die auch *tatsächlich* deren Eindringen nicht unerheblich erschweren.

Das Vorhandensein unverschlossener Eingänge oder einzelner Lücken ist unerheblich, sofern die bestehende Umfriedung erkennbar andere vom Betreten abhalten soll. Nicht »umschlossen« ist der Raum, wenn jedermann frei und *ungehindert* Zutritt hat oder der Ausschlusswille des Berechtigten offensichtlich fehlt.

Literatur: LK-*Vogel* § 243 Rn. 13 ff (mit umfangreicher Kasuistik); *M/Schroeder*, BT 1, § 33 III Rn. 75 ff; NK-*Kindhäuser* § 243 Rn. 9 ff.

Rechtsprechung Grundlegend: RGSt 7, 262 (263 ff); BGHSt 1, 158 (164 ff). **Beispielhaft:** RGSt 54, 20 (lückenhafter Zaun); 55, 153 (154 – Bahnhofshalle); 56, 97 (Freihafenbezirk); BGHSt 2, 214 f (Bürowagen und Pkw); 4, 16 f (Beförderungsraum eines Lkw); BGH NJW

1 NK-*Paeffgen* § 225 Rn. 13; SK-*Wolters* § 225 Rn. 10.
2 BGHSt 41, 113 (115 f); MK-*Hardtung* § 225 Rn. 14; *Warda*, Hirsch-FS, 1999, S. 391 ff; jew. m.w.N.; krit. NK-*Paeffgen* § 225 Rn. 15.

1954, 1897 f (Friedhof); OLG Frankfurt a.M. NJW 2006, 1746 (1748 – Fußgängerpassage im Bahnhof).

RGSt 7, 262 (265): „Allein der Begriff des *Umschlossenseins* fällt nicht zusammen mit demjenigen des *Verschlossenseins*. Umschlossen ist ein Raum, wenn Vorrichtungen bestehen, welche bestimmt und an und für sich *geeignet* sind, das willkürliche *Eindringen von Menschen* in denselben abzuwehren, ohne daß deswegen der Eintritt für jedermann ohne Aufwendung eines besonderen Maßes von Kraft und Geschick ausgeschlossen erscheinen muß. Das Vorhandensein eines zum regelmäßigen Eintritte bestimmten Einganges, welcher verschlossen werden kann und … nicht zu dem ungehinderten Eintritte jedermanns zu jeder Zeit freistand, hebt die objektive Eigenschaft des Raumes als eines umschlossenen nicht auf, auch wenn darauf zeitweise der Begriff des Verschlossenseins nicht zutreffen sollte."

BGHSt 1, 158 (164): Ein umschlossener Raum ist „jedes Raumgebilde…, das (mindestens auch) dazu bestimmt ist, von *Menschen* betreten zu werden, und das mit (mindestens teilweise künstlichen) *Vorrichtungen* umgeben ist, die das Eindringen von Unbefugten abwehren sollen".

BGH StV 1983, 149: Ein umzäuntes Grundstück ist ein umschlossener Raum nur dann, „wenn die Umzäunung nach dem Willen des Berechtigten dazu dienen soll, andere am Betreten des abgegrenzten Raumes zu hindern, und wenn sie *tatsächlich* ein Hindernis bildet, das das Eindringen Unbefugter nicht unerheblich erschwert".

Erläuterungen

410 Der frühere Standpunkt der Rechtsprechung, dass als »umschlossene Räume« nur „begrenzte Teile der Erd- oder Wasserfläche" in Betracht kommen,[1] ist seit BGHSt 1, 158 aufgegeben worden. Erfasst sind seitdem z.B. auch Wohnwagen oder einzelne Zimmer innerhalb eines Gebäudes. Auch das Kraftfahrzeug ist erfasst, soweit es zum Betreten geeignet ist (Fahrgastzelle); wird nur der von der Fahrgastzelle abgetrennte Kofferraum aufgebrochen, scheidet § 243 I 2 Nr. 1 StGB aus – in Betracht kommt aber § 243 I 2 Nr. 2 StGB (der Kofferraum als »verschlossenes Behältnis«).[2] Nach h.M. soll für den umschlossenen Raum eine Begrenzung nach oben (insb. ein Dach) nicht erforderlich sein, sodass z.B. auch umzäunte Lagerplätze usw. einzubeziehen sind.[3]

Der »umschlossene Raum« ist in § 243 I 2 Nr. 1 StGB *Oberbegriff* der dort genannten sonstigen Räumlichkeiten. Deshalb muss z.B. auch das »Gebäude« die Voraussetzungen der »Umschließung« erfüllen. »Gebäude« i.S. der Vorschrift ist „ein durch Wände und Dach begrenztes, mit dem Erdboden fest – wenn auch nur durch die eigene Schwere – verbundenes Bauwerk, das den Eintritt von Menschen gestattet *und … Unbefugte abhalten soll*".[4] Der Gebäudebegriff ist wegen dieser *Schutzfunktion* enger als bei §§ 305 I, 306 I Nr. 1, 306a I Nr. 1 StGB.[5]

1 RGSt 4, 164 (166).
2 Zum »verschlossenen Behältnis« → Rn. 97.
3 LK-*Vogel* § 243 Rn. 14; *Rengier*, BT 1, § 3 Rn. 10; mit Blick auf den Wortlaut „Raum" krit. MK-*Schmitz* § 243 Rn. 13.
4 BGHSt 1, 158 (163).
5 Vgl. BGHSt 6, 107 f (insoweit grundlegend); *Fischer* § 243 Rn. 4.

Die Ausgestaltung des Wohnungseinbruchsdiebstahls zu einem Qualifikationstatbestand (§ 244 I Nr. 3 StGB) hat nichts daran geändert, dass die »Wohnung« weiterhin unter den Oberbegriff des »umschlossenen Raumes« fällt: keine »Exklusivität« der Merkmale. Hält z.B. der Täter eines Einbruchsdiebstahls den Raum irrtümlich für eine Wohnung[6], so kommt neben dem Versuch des § 244 I Nr. 3 StGB auch ein vollendeter Diebstahl in einem besonders schweren Fall in Betracht, da der Vorsatz, in eine Wohnung einzubrechen, die Vorstellung nicht ausschließt, es mit einem umschlossenen Raum zu tun zu haben.[7] Bei einem Einbruchsdiebstahl in eine Wohnung (ohne Irrtum) verdrängt § 244 I Nr. 3 StGB kraft Spezialität das Grunddelikt des Diebstahls und damit zugleich die daran gebundene Strafzumessungsregel (!) des § 243 I 2 Nr. 1 StGB.[8] 411

Rausch – § 323a I StGB

»Rausch« ist ein auf *Intoxikation* beruhender Zustand erheblich beeinträchtigter psychischer Fähigkeiten (»Enthemmung«), der sich in einem für das jeweilige Rauschmittel *typischen Erscheinungsbild* äußert. Er setzt einen **Mindestschweregrad** der psychischen Beeinträchtigung voraus, der nur vorliegt, wenn die Einsichts- oder Steuerungsfähigkeit des Täters – bezogen auf die im Intoxikationszustand begangene Tat – i.S. des § 21 StGB **erheblich vermindert** ist (str. → Rn. 413). 412

Literatur: *Lackner*, Jescheck-FS, 1985, S. 645 ff; MK-*Geisler* § 323a Rn. 16 ff; *S/S/Hecker* § 323a Rn. 5 ff. **Einführend:** *Rengier*, BT 2, § 41 Rn. 10, 19 ff.

Rechtsprechung Grundlegend: BGHSt 26, 363 (364 ff – berauschende Mittel neben anderen Schuldunfähigkeitsgründen) mit krit. Anm. *Horn* JR 1977, 210; BGHSt 32, 48 (53 ff – Rausch und § 21 StGB) mit krit. Bspr. *Dencker* JZ 1984, 453 ff sowie *Paeffgen* NStZ 1985, 8 ff. **Beispielhaft:** BGH NJW 1979, 1370 (Vorsatz und Rausch); NStZ-RR 2011, 80 (Schuldunfähigkeit überwiegend nicht durch Rauschmittel); OLG Köln DAR 2001, 230 (sicherer § 21 StGB; Nachtrunk). **Zusammenfassend:** OLG Köln, VRS 68 (1985), 38 ff.

BGHSt 32, 48 (53 f): Rausch ist ein Zustand, „der nach seinem ganzen Erscheinungsbild als durch den Genuß von Rauschmitteln hervorgerufen anzusehen ist… Ob ein tatbestandsmäßiger Rausch i.S. des § 323a StGB auch bei *möglicher voller Schuldfähigkeit* (aber nicht ausgeschlossener Schuldunfähigkeit) vorliegen kann, bedarf … keiner Entscheidung“. Doch ist „die Tatbestandsmäßigkeit des Rausches zu bejahen, wenn dieser einen *Schweregrad* erreichte, der zu einer erheblich *verminderten Schuldfähigkeit* des Täters in bezug auf die Rauschtat geführt hat“.

6 Zur »Wohnung« und zum Wohnungseinbruchsdiebstahl → Rn. 802 ff.

7 *Fahl* NJW 2001, 1699 (1700); *Zopfs* Jura 2007, 421 (423 f).

8 *K/H/H*, BT 2, Rn. 136; für *Subsidiarität* hingegen *W/Hillenkamp* Rn. 224; vgl. auch *Jäger* JuS 2000, 651 (657): Heranziehung von § 243 I 2 Nr. 1 StGB neben § 244 I Nr. 3 StGB als Verstoß gegen § 46 III StGB.

Erläuterungen

413 Obwohl das Gesetz in § 323a I StGB den »Rausch« und die »Rauschtat«, auf die sich die Schuldunfähigkeit bezieht, als *selbstständige* Merkmale nennt, lässt sich nach der in der Literatur überwiegenden Auffassung[1] die tatbestandliche Relevanz des »Rausches« nur in Abhängigkeit von der *Schuldfähigkeitsfrage* bestimmen. Erforderlich für den »Rausch« ist danach ein »Mindestschweregrad«, der erst bei einer im Zustand verminderter Schuldfähigkeit (§ 21 StGB) begangenen Tat erreicht ist und auch bei »nicht auszuschließender« Schuldunfähigkeit *sicher nachgewiesen* werden muss, d.h. nicht lediglich »in dubio pro reo« angenommen werden darf (sog. »sicherer Bereich« des § 21 StGB). Erst dann kann von der in § 323a StGB mit dem Rausch vorausgesetzten Gefährlichkeit des Täters ausgegangen werden. Die verbreitete Gegenmeinung verlangt demgegenüber keinen solchen Mindestschweregrad und versucht, den Rausch *unabhängig* von § 21 StGB »eigenständig« zu bestimmen.[2] So soll es z.B. auf einen Zustand verminderter „Gesamtleistungsfähigkeit" ankommen, in dem der Täter „beim Auftreten auch *schwieriger* Entscheidungssituationen, wie sie *jederzeit* eintreten können, sich nicht mehr sicher zu steuern vermag".[3] BGHSt 32, 48 (53 ff) hat zwar angenommen, dass „jedenfalls" unter den Voraussetzungen des § 21 StGB ein Rausch vorliegt, die Frage jedoch im Übrigen offen gelassen.

Bedeutung hat die Streitfrage vor allem für die Situation, dass nach der Beweislage unaufgeklärt bleibt, ob der alkoholisierte Täter *schuldunfähig*, *vermindert* schuldfähig oder sogar *uneingeschränkt* schuldfähig war (»dreifacher Zweifel«). Die überwiegende Auffassung verneint hier mangels sicheren Nachweises verminderter Schuldfähigkeit eine Strafbarkeit – mangels Vorliegens eines Rausches auch – aus § 323a StGB,[4] während nach der Gegenmeinung die Vorschrift einen »Auffangtatbestand« enthält, der solche Fälle ebenfalls erfasst. Z.T. wird dabei sogar auf den Nachweis der »Berauschung« verzichtet.[5]

Rücksichtslos – § 315c I Nr. 2, III StGB

414 »Rücksichtslos« handelt, wer sich aus eigensüchtigen Gründen **bewusst** über seine **Pflichten** gegenüber anderen Verkehrsteilnehmern **hinwegsetzt** oder wer aus Gleichgültigkeit **Bedenken** gegen sein pflichtwidriges Verhalten von vornherein **nicht aufkommen** lässt.

---

1 *L/Kühl* § 323a Rn. 3 f m.w.N.

2 Vgl. LK-*Spendel* § 323a Rn. 153 ff; *Otto* Jura 1986, 478 (482 f); eingehend *Tröndle*, Jescheck-FS, 1985, S. 665 (682 ff).

3 SK-*Wolters* § 323a Rn. 4. S. auch NK-*Paeffgen* § 323a Rn. 32 ff, 43 ff (mit detaillierter Übersicht über die verschiedenen Vorschläge).

4 Übersicht bei *Rengier*, BT 2, § 41 Rn. 21 ff; *W/Hettinger* Rn. 1032 f. Eine Wahlfeststellung zwischen § 323a StGB und der Rauschtat scheidet nach h.M. mangels »rechtsethischer und psychologischer Vergleichbarkeit« der jeweiligen Verhaltensweisen aus, vgl. *S/S/Hecker* § 323a Rn. 26; OLG Karlsruhe NJW 2004, 3356 (3357).

5 Näher dazu *Fischer* § 323a Rn. 11a ff; *Geppert* Jura 2009, 40 (43); NK-*Paeffgen* § 323a Rn. 43 ff; SK-*Wolters* § 323a Rn. 16.

Literatur: LK-*König* § 315c Rn. 137 ff; MK-*Pegel* § 315c Rn. 82 ff; *S/S/Hecker* § 315c Rn. 28 f.

Rechtsprechung Grundlegend: BGHSt 5, 392 (395). **Beispielhaft:** BayObLG JZ 1983, 401 f (Rücksichtslosigkeit und Vorsatz); OLG Düsseldorf NZV 1995, 115 (Wenden auf der Autobahn, um Gefährdung zu vermeiden); 1996, 245 f (Rotlichtverstoß).

BGHSt 5, 392 (395): „Rücksichtslos handelt … ein Fahrer, der sich im gegebenen Falle seiner *Pflicht bewußt* ist, aber aus eigensüchtigen Gründen, etwa seines ungehinderten Fortkommens wegen, sich über sie *hinwegsetzt…* Rücksichtslos handelt ferner, wer sich aus Gleichgültigkeit auf seine Pflichten als Fahrer *nicht besinnt*, Hemmungen gegen seine Fahrweise in sich gar nicht aufkommen läßt und *unbekümmert* um die Folgen seines Verhaltens drauflosfährt."

Hinweise: Für die Beurteilung der Motive des Täters ist die konkrete Verkehrslage **415** entscheidend. So ist die Missachtung der Vorfahrt mit hoher Geschwindigkeit bei schlechter Sicht nur rücksichtslos, wenn dem Täter die Vorfahrtsregelung in dieser konkreten Situation auch bekannt war.[1] Dementsprechend wird ein verkehrswidriges Verhalten, das auf einer nur augenblicklichen Unaufmerksamkeit, einer Fehleinschätzung der Verkehrslage, auf Bestürzung, Schrecken oder anderer hochgradiger Erregung beruht, i.d.R. nicht »rücksichtslos« sein, da es in der konkreten Situation an der vorausgesetzten Eigensucht oder Gleichgültigkeit fehlen wird.[2] § 315c III Nr. 2 StGB erfasst auch die unbewusste Fahrlässigkeit; eine entsprechende Rücksichtslosigkeit wird hier nur auf Gleichgültigkeit beruhen können, da es an einer *bewussten* Missachtung der Pflichten fehlt. Die Rücksichtslosigkeit wird überwiegend als Tatbestandsmerkmal[3] verstanden und soll nach h.M. ein strafbegründendes besonderes persönliches Merkmal i.S. des § 28 I StGB darstellen.[4]

Sachbeschädigung – §§ 303 I, 304 I StGB

Vgl. **Sache, Beschädigen (Zerstören) einer fremden** → Rn. 420.

Sache (Sachbegriff des Strafrechts) – z.B. §§ 242 I, 246 I, 249 I, 259 I, 289 I, 303 I StGB

»Sache« ist jeder **körperliche Gegenstand** (§ 90 BGB). Dazu gehören auch – **416** trotz § 90a BGB – das *Tier* (str. → Rn. 417) und der menschliche Leichnam (str. → Rn. 418), nicht aber der lebende Mensch, eingefügte Implantate (str. → Rn. 418) und der Embryo. Wirtschaftlicher Wert (*Eigentum*sschutz!) und Aggregatzustand (fest, flüssig, gasförmig) sind für die Sacheigenschaft unerheblich.

---

1 KG NStZ 2008, 257 f; OLG Koblenz SVR 2009, 426.
2 BGH NJW 1962, 2165 f m.w.N.
3 Im Fall des § 315c I Nr. 2 (ggf. i.V.m. III Nr. 1) StGB müsste das Merkmal dann im subjektiven Tatbestand geprüft werden.
4 SK-*Wolters* § 315c Rn. 24; zur Frage einer Anwendung von § 29 StGB in diesen Fällen (Rücksichtslosigkeit als besonderes Schuldmerkmal) vgl. *vH/Kudlich* § 315c Rn. 39.3 und § 29 Rn. 4.1.

Literatur: LK-*Vogel* § 242 Rn. 3 ff; MK-*Schmitz* § 242 Rn. 25 ff (abw. zur Einordnung von Implantaten). **Einführend:** *Rengier*, BT 1, § 2 Rn. 4, 9 f, § 24 Rn. 5.

Rechtsprechung Grundlegend: RGSt 32, 165 (172 ff, 178 ff). **Beispielhaft:** RGSt 24, 40 (50 ff – Forderung keine Sache); 44, 335 (336 – Heizdampf); 64, 313 f (Leichnam zumindest keine *fremde* Sache); BGH MDR 1958, 739 f (bei Dallinger) – herausgebrochene Zahnplombe; BGH NJW 1978, 710 (Grundschuldbrief als Hehlereigegenstand); BayObLG NJW 1992, 2306 (2307 – Hund).

RGSt 32, 165 (179, 181): „Der *strafrechtliche* Begriff der ›beweglichen Sache‹ ist als ein *selbständiger*, öffentlich-rechtlicher nur aus dem geltenden Strafgesetze selbst zu entnehmen und ist unabhängig von den Begriffsbestimmungen der Sache in der *Privatrechtsordnung*. Übrigens wird der strafgesetzliche Begriff … sich mit dem bürgerlichen Rechte … insofern im Einklange befinden, als das deutsche Bürgerliche Gesetzbuch in § 90 als Sachen i.S. dieses Gesetzes ›nur körperliche Gegenstände‹ gelten läßt… Ist hiernach die *Körperlichkeit* in dem natürlichen engeren Sinne zu verstehen, so bilden den Gegensatz nicht bloß solche Objekte, welche nicht in der Außenwelt als sinnlich wahrnehmbare Dinge existieren…, sondern weiter auch diejenigen Erscheinungen der realen Welt, welche der *körperlichen Selbständigkeit* ermangeln, räumlich nicht faßbar und für den Menschen körperlich nicht greifbar sind."

OLG Karlsruhe NJW 2001, 2488: „*Tiere* unterliegen … auch nach Einführung des § 90a BGB weiterhin dem strafrechtlichen Sachbegriff, wie sich z.B. aus dem Wortlaut … der §§ 324a I Nr. 1, 325 I 1 StGB (›Tiere, Pflanzen oder *andere* Sachen‹) klar ergibt."

Erläuterungen

I. Tiere als Sachen

417 Seit 1.9.1990 bestimmt § 90a BGB, dass »Tiere keine Sachen« und auf *Tiere* die für Sachen geltenden Vorschriften »entsprechend anzuwenden« sind. Nach anfänglicher Unsicherheit (nur noch *analoge* Anwendbarkeit strafrechtlicher Normen kraft gesetzlich verfügter Analogie?) hat sich im Strafrecht die Auffassung durchgesetzt, dass Tiere als »körperliche Gegenstände« weiterhin Sachen *sind*.[1] Insoweit verfüge das StGB über einen eigenständigen *strafrechtlichen* Sachbegriff, während § 90a BGB nur für das bürgerliche Recht gelte.[2]

II. Implantate/Körperteile

418 Der lebende Mensch ist aufgrund seiner Subjektsqualität keine Sache. Erst nach dem Tod kommt dem menschlichen Leichnam Sachqualität zu (er kann z.B. nach § 168 I StGB weggenommen werden, mangels Fremdheit unterfällt die Wegnahme aber nicht den §§ 242 ff StGB).[3]

1 Für (nur) *analoge* Anwendung dagegen z.B. *M/Schroeder*, BT 1, § 32 III Rn. 17; Problemübersicht bei *Fahl* Jura 2005, 273 (274).

2 Vgl. etwa *Fischer* § 242 Rn. 3; MK-*Schmitz* § 242 Rn. 26; eingehend: *Graul* JuS 2000, 215 ff (dazu *Kahlert* JuS 2000, 1247), *Küper* JZ 1993, 435 ff. vgl. auch OLG Karlsruhe NJW 2001, 2488 (oben zitiert → Rn. 416).

3 LK-*Vogel* § 242 Rn. 14; OLG Hamburg NJW 2012, 1601 (1603 – Zahngold nach Einäscherung Verstorbener) m.w.N.; a.A. unter Hinweis auf den Pietätsschutz, der einen „Rückstand an Persönlichkeit" vermittele, *M/Schroeder*, BT 1, § 32 III Rn. 19.

Organische Teile des Menschen sind – im Gegensatz zu Fremdbestandteilen (z.B. Prothesen) – keine »Sachen«, solange sie mit dem lebenden Körper *verbunden* sind; anders bei *Abtrennung* vom Körper[4]. Natürliche und künstliche Körperimplantate – z.B. Plomben, Stiftzähne – verlieren nach h.M. mit der Einfügung als Körperbestandteile ihre Sachqualität, solange die Verbindung mit dem lebenden Körper besteht.[5] Nach einer differenzierenden Ansicht ist hingegen zu unterscheiden zwischen »Ersatzimplantaten« (keine Sachen) und »Zusatzimplantaten« (Sachen).[6] »Ersatzimplantate« sind individuell angepasste Funktions- und Formsurrogate für defekte Körperteile mit nicht nur unterstützender/ergänzender, sondern *ersetzender* Aufgabe (z.B. Hüftköpfe), während »Zusatzimplantate« ein vorhandenes Organ lediglich unterstützen (z.B. Herzschrittmacher).[7]

III. Sonstiges

Für die »Körperlichkeit« der Sache wird manchmal vorausgesetzt, dass der Gegenstand eine »Begrenzung« aufweist und durch ein »gesondertes, individuelles Dasein« aus seiner Umwelt hervortritt. Deshalb soll z.B. dem »Meerwasser« und »frei umher liegendem Schnee« die Sacheigenschaft fehlen.[8] Keine »Sachen« sind mangels Körperlichkeit Forderungen und Rechte, ebenso wenig Kräfte oder Strahlen; die bis zum Jahr 1900 umstrittene Frage, ob der *elektrischen Energie* Sacheigenschaft zukommt, hat der Gesetzgeber durch Einfügung des § 248c StGB gegenteilig entschieden.[9] Bei einem Computer hat der Datenträger, auf dem die Software gespeichert ist, nicht aber die Software selbst Sacheigenschaft. Diese fällt unter den Datenbegriff (legaldefiniert in § 202a II StGB). 419

Sache, Beschädigen (Zerstören) einer fremden – §§ 303 I, 304 I (§§ 303 II, 304 II, 265 I, 306 I, 306a I) StGB

Der Täter »beschädigt« eine fremde Sache, wenn er auf sie derart unmittelbar *körperlich einwirkt*, dass er ihre **stoffliche Unversehrtheit** in beachtlicher Weise **verletzt** (»Substanzverletzung«) oder ihre **bestimmungsgemäße Gebrauchsfähigkeit** nicht nur unerheblich **beeinträchtigt** (»Brauchbarkeitsminderung«, »Funktionseinbuße«). Umstritten ist, ob unter das »Beschädigen« i.S. des § 303 I StGB 420

4 NK-*Kindhäuser* § 242 Rn. 13 m.w.N. Für das Zivilrecht hat der BGH die Sachqualität abgetrennter natürlicher Körperteile, die zur Wiedereinfügung in den eigenen Körper bestimmt sind (z.B. Eigenblutspende), verneint, was jedoch auf dem Boden eines eigenständigen strafrechtlichen Sachbegriffs (→ Rn. 417) abgelehnt wird, vgl. LK-*Vogel* § 242 Rn. 12. Übersicht zur Behandlung vorübergehend abgetrennter Teile des menschlichen Körpers bei *Otto* Jura 1996, 219 f.

5 *Hardtung* JuS 2008, 864 f; *Lackner/Kühl* § 242 Rn. 2; SK-*Hoyer* § 242 Rn. 5.

6 Vgl. MK-*Schmitz* § 242 Rn. 29; NK-*Kindhäuser* § 242 Rn. 13.

7 Vgl. dazu sowie zur Einordnung von Implantaten eingehend *Gropp* JR 1985, 181 ff.

8 Vgl. LK-*Wolff* § 303 Rn. 3; NK-*Zaczyk* § 303 Rn. 2; krit. *S/S/Bosch* § 242 Rn. 9: keine Frage der Sachqualität, sondern der »Fremdheit«. Die Sacheigenschaft von Schnee mit *eingezogener Langlaufspur* hingegen bejahend *W/Hillenkamp* Rn. 18 und *Schmid* JR 1980, 430 f gegen BayObLG NJW 1980, 132 f.

9 Dazu *Schramm* JuS 2008, 678 (679). Immer noch lesenswert die maßgeblichen Entscheidungen in RGSt 29, 111 (112 ff) und 32, 165 (172 ff, z.T. oben zitiert → Rn. 416).

auch eine »Zustandsveränderung« (Ändern der Erscheinungsform) zu rechnen ist, sofern diese dem *berechtigten Interesse* des Eigentümers an der Erhaltung des bisherigen Zustandes widerspricht (→ Rn. 422 ff).

»Zerstört« ist eine Sache, die in ihrer Existenz *vernichtet* oder so wesentlich beschädigt wird, dass sie ihre bestimmungsgemäße Brauchbarkeit *gänzlich* verliert.

Literatur: MK-*Wieck-Noodt* § 303 Rn. 17 ff; *S/S/Hecker* § 303 Rn. 7 ff. **Einführend:** *Satzger* Jura 2006, 428 (430 ff).

Erläuterungen

I. Die Entwicklung der Rechtsprechung zur Sachbeschädigung

1. Die Rechtsprechung des RG

421 Das RG hat den Begriff des »Beschädigens« anfangs noch eng ausgelegt und nur eine *substanzverletzende* Einwirkung als ausreichend angesehen;[1] eine Einwirkung, die nur zu einer dem Eigentümerwillen widersprechenden Verwendung der Sache führe, genüge auch dann nicht, wenn der Eigentümer dadurch in seinem Vermögen beschädigt wird. In der Folgezeit wurde einerseits – darauf aufbauend – betont, dass der Fall der Sachentziehung keine Beschädigung darstelle, da damit „nicht die Sache selbst, sondern nur das Verhältnis des Eigentümers zur Sache verändert" werde (RGSt 20, 182 [185]). Andererseits wurde bei Manipulationen an zusammengesetzten Sachen auf eine Minderung der *Gebrauchsfähigkeit* der gesamten Sache (»Brauchbarkeit für die Zweckbestimmung«) abgestellt.[2] Zur Substanzverletzung und Beeinträchtigung der Gebrauchsfähigkeit kam aber bald darauf noch ein dritter Gesichtspunkt hinzu: Soweit ein Gegenstand gegen den Willen des Eigentümers *repariert* werde, fehle es zwar an einer »Brauchbarkeitsminderung«, in Betracht komme aber eine Beschädigung durch *Veränderung des Zustandes* der Sache, an dem der Eigentümer (zu Beweiszwecken) ein erhebliches Interesse habe (RGSt 33, 177 [180]). Zur Beschädigung durch Verunreinigung eines Denkmals hieß es dann in RGSt 43, 203 (204): Es „muß schon eine Einwirkung genügen, die zwar keine stoffliche Verringerung oder Verschlechterung des Gegenstandes, wohl aber eine belangreiche Veränderung der äußeren Erscheinung und Form mit sich bringt".

Zuletzt lautete die zusammenfassende Formel in RGSt 74, 14: Es „ist als Sachbeschädigung jede *nicht ganz unerhebliche* körperliche Einwirkung auf die Sache zu erachten, durch die die *stoffliche Zusammensetzung* der Sache verändert oder sonst ihre Unversehrtheit derart aufgehoben wird, daß die *Brauchbarkeit* für ihre Zwecke gemindert ist; es genügt eine Einwirkung, die zwar keine stoffliche Verringerung oder Verschlechterung des Gegenstandes, wohl aber eine *belangreiche Veränderung der äußeren Erscheinung und Form* mit sich bringt."

1 RGSt 13, 27 (28); ähnlich noch in RGSt 39, 328 (329).

2 RGSt 20, 182 (183 ff – Brauchbarkeit einer Maschine). Ebenso RGSt 31, 329 (331 – Wasserstandsmarke); 37, 411 (412 – Tier); 64, 250 (251 – Beeinträchtigung einer aufgestellten Fahne durch Verstecken des Fahnentuchs); 66, 203 (205 – Lesbarkeit behördlicher Bekanntmachungen).

Gestützt auf diese Rechtsprechung ist mittlerweile zwar *unumstritten*, dass eine nur unerhebliche (geringfügige) Beeinträchtigung/Veränderung, deren Beseitigung üblicherweise unterbleibt oder ohne ins Gewicht fallenden Aufwand möglich ist, als »Beschädigung« *grundsätzlich ausscheidet*. Das gleiche gilt für eine bloße Sachentziehung. Weitgehend außer Streit ist auch eine »Beschädigung« durch »Substanzverletzung« oder durch »Brauchbarkeitsminderung«.[3] *Umstritten* ist in Rechtsprechung und Schrifttum aber eine »Beschädigung« durch Zustandsveränderung geblieben (→ Rn. 422 ff) – auch soweit diese auf eine ordnungsgemäße Reparatur[4] oder den bestimmungsgemäßen Verbrauch der Sache[5] zurückzuführen ist (»Beschädigen« oder nur Veränderung bzw. Nutzung gegen den Willen des Eigentümers?).

2. Die einschränkende Rechtsprechung seit BGHSt 29, 129

a) Ablehnung der »Zustandsveränderung« Der BGH folgte zunächst der Linie 422
des RG.[6] Aus Anlass von Fällen »wilden Plakatierens« reagierte der BGH dann aber mit erheblichen Einschränkungen auf Tendenzen des Schrifttums und der obergerichtlichen Rechtsprechung, als »Beschädigung« *jede* dem Eigentümerinteresse widersprechende Veränderung des *äußeren Erscheinungsbildes* zu erfassen, auch wenn damit keine erhebliche Substanzbeeinträchtigung oder Brauchbarkeitsminderung verbunden ist. So heißt es zur Plakatierung auf einem »Verteilerkasten« der Post, dass eine „dem Gestaltungswillen des Eigentümers zuwiderlaufende Veränderung der äußeren Erscheinung und Form einer Sache“ für die Beschädigung auch dann grundsätzlich *nicht* ausreicht, wenn sie auffällig (»belangreich«) ist.[7] Andernfalls würde der Gesichtspunkt der Brauchbarkeitsminderung »entleert« und der Wortsinn des Merkmals »Beschädigen« missachtet. Eine Ausnahme gelte nur für die schon vom RG (RGSt 43, 203 [204]) entschiedenen Fallkonstellationen, in denen „die Gebrauchsbestimmung eines Gegenstandes, etwa einer Statue, eines Gemäldes oder eines Baudenkmals, offensichtlich mit seinem *ästhetischen Zweck* zusammenhängt“; hier genüge eine „belangreiche Veränderung der äußeren Erscheinung und Form... Bei Verteilerkästen bleibt dieser besondere Bewertungsmaßstab jedoch außer Betracht.“

Damit hatte der BGH[8] die im Schrifttum vielfach vertretene »Theorie der Zustandsveränderung« abgelehnt. Nach dieser Auffassung kann in den Begriff der »Beschädigung« – über die Substanzverletzung und Minderung der Brauchbarkeit hinaus – auch

3 Zur Brauchbarkeitsminderung (ohne Substanz*verletzung*) BGHSt 44, 34 (38 f – »Hinzufügen« eines Hindernisses am Bahngleis) mit zust. Bspr. *Dietmeier* JR 1998, 470 (471 f), krit. *Otto* NStZ 1998, 513 (zur *Minderung*); OLG Köln NJW 1999, 1042 (1044 – Überkleben eines Verkehrsschildes) mit Bspr. *Baier* JuS 2004, 56 (59). Zu weitgehend OLG München NJW 2006, 2132 (2133 – »Blenden« einer Verkehrsüberwachungsanlage) mit krit. Bspr. *Gaede* JR 2008, 97 ff und *Mann* NStZ 2007, 271 f.

4 Hier wird überwiegend ein »Beschädigen« abgelehnt, vgl. *S/S/Hecker* § 303 Rn. 13 (m.w.N. auch zur Gegenansicht), der Abs. 2 anwenden will.

5 Die wohl h.M. lehnt ein »Beschädigen« ab, da der bestimmungsgemäße Verbrauch (etwa bei Lebensmitteln oder Benzin) zur Sacheigenschaft zählt, vgl. *Rengier*, BT 1, § 24 Rn. 18 (m.w.N. auch zur Gegenansicht).

6 Vgl. BGHSt 13, 207 f (Ablassen der Luft aus den Reifen – Erheblichkeit der Gebrauchsbeeinträchtigung) mit Übersicht über die Entwicklung der Judikatur.

7 BGHSt 29, 129 (133 f); vgl. auch BGH NStZ 1982, 508 f (überklebtes Plakat).

8 Zu BGHSt 29, 129 vgl. die zust. Bspr. von *Katzer* NJW 1981, 2036 ff; krit. hingegen: *Dölling* NJW 1981, 207 f, *Gössel* JR 1980, 184 ff, *Maiwald* JZ 1980, 256 ff.

die Verletzung des Eigentümerinteresses an der Erhaltung des bisherigen Sachzustandes einbezogen werden, sofern der Zustand nachteilig verändert wird und der ursprüngliche nicht mühelos wiederhergestellt werden kann. In diesem Eigentumseingriff liege ebenfalls eine Verminderung des Sachwertes für den Eigentümer und damit, ohne Verstoß gegen den Wortsinn, eine »Beschädigung« der Sache.[9] Von den Vertretern der »Zustandsveränderungstheorie« wird dafür ein »vernünftiges«, »objektiv nachvollziehbares Interesse« des Eigentümers an der Bewahrung des bisherigen Zustandes vorausgesetzt,[10] das allerdings überwiegend verneint wird, wenn der Eigentümer lediglich zu *Beweiszwecken* an der Zustandserhaltung interessiert ist. Aus dieser Sicht bedeutet »Beschädigen« i.S. des § 303 I StGB namentlich auch die nachteilige Veränderung des *äußeren Erscheinungsbildes* einer Sache (»Verunstaltung«), wie etwa durch sog. »Graffiti«, unabhängig davon, ob der jeweiligen Sache irgendeine »ästhetische« Zweckbestimmung zuerkannt werden kann.[11]

423 **b) Berücksichtigung des »Reinigungsschadens«** Im Anschluss an einen Hinweis in BGHSt 29, 129 (131) hat die Rechtsprechung[12] den Begriff des »Beschädigens« freilich insofern wieder erweitert, als auch Fälle der »Zustandsveränderung« einbezogen werden sollen, in denen die *Wiederherstellung* des bestimmungsgemäßen Zustandes zwangsläufig zu einer *Substanzverletzung* führt. Dann soll bereits im Zeitpunkt der *Veränderung*, etwa durch Besprühen mit Farbe, und nicht erst nach der Wiederherstellung eine Beschädigung vorliegen (»mittelbare Substanzverletzung«, »beschädigungsgleicher Zustand«, »hypothetischer Reinigungsschaden«).[13]

II. Die Neuregelung der »Zustandsveränderung« (§ 303 II StGB)

1. Schutzzweck

424 Um die mit der früheren Rechtsprechung zur »Zustandsveränderung«, namentlich in den »Graffiti«-Fällen, verbundenen Schwierigkeiten zu beheben und – angebliche – Strafbarkeitslücken zu schließen, hat der Gesetzgeber mit dem »Graffiti-Bekämpfungsgesetz« (2005) die Regelung des § 303 II StGB eingeführt und sie in § 304 II StGB auf die »gemeinschädliche Sachbeschädigung« (→ Rn. 405) übertragen.

Nach § 303 II StGB wird »ebenso« – wie nach Abs. 1 – »bestraft, wer unbefugt das *Erscheinungsbild* einer fremden Sache nicht nur unerheblich und nicht nur vorübergehend *verändert*«. Nach der Vorstellung des Gesetzgebers sollen von § 303 I StGB weiterhin die Fälle der Substanzverletzung/Brauchbarkeitsminderung erfasst werden, während § 303 II StGB *darüber hinaus* den Schutz des äußeren Erscheinungsbildes gewährleisten und insoweit die »Schutzlücken« ausfüllen soll, die seit BGHSt 29, 129 in der Rechtsprechung aufgetreten waren. Dadurch sollen auch die Beweisschwierig-

9 *Dölling*, Küper-FS, 2007, S. 21 (22 f).

10 *Otto*, BT, § 47 Rn. 9; *L/Kühl* § 303 Rn. 6; jew. m.w.N.

11 *Dölling*, Küper-FS, 2007, S. 21 (22 f); *M/Schroeder*, BT 1, § 36 III Rn. 11 ff.

12 Vgl. z.B. BayObLG StV 1997, 80 f; OLG Düsseldorf NJW 1999, 1199; OLG Hamburg NStZ-RR 1999, 209 f m.w.N.; weit. Hinw. bei *S/S/Hecker* § 303 Rn. 10.

13 Eingehend zu diesem Komplex *Ingelfinger*, Graffiti und Sachbeschädigung, 2003, S. 21 ff; *Maiwald* JZ 1980, 256 ff; *Mogg*, Die strafrechtliche Erfassung von Graffiti, 2007, S. 37 ff; *Momsen* JR 2000, 172 ff; *Scheffler* NStZ 2001, 290 ff.

keiten bei der Feststellung einer Substanzverletzung, insbesondere eines »hypothetischen Reinigungsschadens« (→ Rn. 423), überwunden werden, die nach der Rechtsprechung eine Bestrafung aus § 303 I StGB bisher oft verhindert hatten.[14]

2. Verhältnis von § 303 II zu § 303 I StGB

Das Verhältnis des neuen Tatbestandes zur »Beschädigung« einer Sache i.S. des § 303 I StGB ist gleichwohl noch nicht definitiv geklärt. Vom Standpunkt der »Zustandsveränderungstheorie« (→ Rn. 422) aus handelt es sich bei § 303 II StGB lediglich um die gesetzliche *Klarstellung* einer an sich schon von § 303 I StGB erfassten Form der »Beschädigung« in einer Sondervorschrift. Sie besagt danach nur, dass auch das Verändern des Erscheinungsbildes unter den Voraussetzungen des § 303 II StGB als Sachbeschädigung zu werten ist.[15] Soweit der Wortlaut des § 303 II StGB über die bisher als »Zustandsveränderung« eingeordneten Konstellationen hinausgeht, wie z.B. bei vorteilhafter Veränderung des Erscheinungsbildes (»Verschönerung« der Sache[16]), wäre aus dieser Sicht entweder der Tatbestand teleologisch zu reduzieren[17] oder § 303 II StGB selbst als Anerkennung eines um neutrale Zustandsveränderungen *erweiterten Beschädigungs*begriffs zu verstehen. Schließlich heißt auch die gesetzliche Deliktsbezeichnung nach wie vor »Sach*beschädigung*«, und der Täter des § 303 II StGB macht sich »wegen Sach*beschädigung*« strafbar! **425**

Überwiegend wird der Neuregelung jedoch die Wertung des Gesetzgebers entnommen, dass die »Beschädigung« (§ 303 I StGB) i.S. der Rechtsprechung auf Substanzverletzung und Brauchbarkeitsminderung zu *beschränken* sei. Bei diesem Verständnis enthält § 303 II StGB einen die eigentliche Sachbeschädigung ergänzenden, neuartigen Tatbestand mit »veränderter Schutzrichtung«.[18] Daraus kann freilich nicht gefolgert werden, dass sich andererseits § 303 II StGB ausschließlich auf solche Veränderungen beschränkt, die nicht schon unter § 303 I StGB fallen.[19] Trifft eine Substanzbeeinträchtigung oder Brauchbarkeitsminderung mit einer tatbestandsrelevanten Veränderung des Erscheinungsbildes zusammen, dann ist vielmehr § 303 II StGB *ebenfalls* erfüllt, jedoch gegenüber § 303 I StGB grundsätzlich *subsidiär*.[20] Kommt eine Substanzverletzung lediglich als »mittelbare« Beschädigung aufgrund eines »Reinigungsschadens« in Betracht (→ Rn. 423) oder ist sie sonst zweifelhaft, so spricht die Funktion des § 303 II StGB als »Auffangtatbestand«, der zuvor bestehende Schwierigkeiten der Rechtsprechung vermeiden soll, allerdings für die Lösung, *allein diese* Vorschrift anzuwenden.[21]

---

14 BT-Drs. 15/5313, S. 1, 3. Näher zur Gesetzgebungsgeschichte *Hillenkamp*, Schwind-FS, 2006, S. 927 (930 ff).

15 *Dölling*, Küper-FS, 2007, S. 21 (24 mit Fn. 20): „Klarstellung des Schutzumfangs des Sachbeschädigungstatbestandes"; *K/H/H*, BT 2, Rn. 354; NK-*Zaczyk* § 303 Rn. 22.

16 Dazu *L/Kühl* § 303 Rn. 7b; *Satzger* Jura 2006, 428 (434).

17 *M. Heinrich*, Otto-FS, 2007, S. 577 (591 f); krit. *K/H/H*, BT 2, Rn. 365.

18 SK-*Hoyer* § 303 Rn. 4: Schutz gegen „funktionsneutrale äußere Veränderungen"; *Fischer* § 303 Rn. 8 f; *Rengier*, BT 1, § 24 Rn. 25.

19 So aber *K/H/H*, BT 2, Rn. 359 und *L/Kühl* § 303 Rn. 7a, 10: Exklusivität der Tatbestände.

20 *Satzger* Jura 2006, 428 (435); *Schuhr* JA 2009, 169 (172); KG NStZ 2007, 223 (224).

21 Vgl. NK-*Zaczyk* § 303 Rn. 28; SK-*Hoyer* § 303 Rn. 15 f; *W/Hillenkamp* Rn. 29 (der »Reinigungsfälle« schon tatbestandsmäßig aus § 303 I StGB ausscheiden will); anders *L/Kühl* § 303 Rn. 7a.

3. Einzelfragen

426 Die (erhebliche) »Veränderung« des Erscheinungsbildes wird überwiegend in dem Sinn einschränkend ausgelegt, dass sie – wie die echte Sachbeschädigung – eine »unmittelbare Einwirkung« auf die Sache voraussetzt, also die Sache selbst in ihrer Erscheinungsform verändert. Damit scheiden Handlungen aus, die nur die *Beziehung* der Sache zu ihrer Umwelt verändern, wie etwa das »Verstellen« der Sache, das Errichten von Hindernissen, die die Sicht auf die Sache beeinträchtigen, oder eine Lichtprojektion auf die Hauswand.[22]

Die »Unbefugtheit« der Veränderung meint als *Tatbestandsmerkmal* ein Handeln gegen oder ohne den Willen des Eigentümers; dessen Einwilligung (Einverständnis) schließt den objektiven Tatbestand aus. »Unbefugtes« Handeln liegt aber auch bei *fehlender* Einwilligung nicht vor, wenn ein *Rechtfertigungsgrund* oder eine öffentlich-rechtliche Befugnisnorm eingreift. Insofern hat das Merkmal hier[23] eine »Doppelfunktion«: Zum einen als Tatbestandsausschluss bei Einverständnis, zum anderen als bloßer Hinweis auf allgemeine Unrechtsausschließungsgründe.[24]

427 Bei der gemeinschädlichen Sachbeschädigung (§ 304 I StGB) ist zu beachten, dass ein »Beschädigen« – über die allgemeinen Voraussetzungen hinaus – nur dann vorliegt, wenn durch die Tathandlung auch der *besondere Zweck* beeinträchtigt wird, dem die Sache dient.[25] Dies soll in gleicher Weise auch für die Veränderung des Erscheinungsbildes i.S. des § 304 II StGB gelten:[26] Beim großflächigen Besprühen von Straßenbahnwagen soll z.B. die öffentliche Funktion als attraktives und sicheres Nahverkehrsmittel beeinträchtigt sein, wenn Fenster und Türen durch die Farbe verdeckt werden.[27] Liegt die öffentliche Funktion aber gerade auch in ihrem äußeren Erscheinungsbild, so führt eine Veränderung unter Zugrundelegung der engeren Rechtsprechung zum Beschädigen (BGHSt 29, 129 → Rn. 422 a.E.) bereits zu einer Beschädigung und damit zur Anwendung des § 304 I StGB, so dass § 304 II StGB praktisch überflüssig würde.[28]

Zur »Beschädigung« einer Urkunde → Rn. 541.

Sache, bewegliche – §§ 242 I, 246 I, 249 I, 289 I StGB

428 »Beweglich« ist – unabhängig vom bürgerlich-rechtlichen Begriff (§§ 93 ff BGB) – eine Sache, die von ihrem bisherigen Ort **tatsächlich fortgeschafft** werden kann (»natürliche Betrachtungsweise«).

---

22 Vgl. *M. Heinrich*, Otto-FS, 2007, S. 577 (591 f); *Satzger* Jura 2006, 428 (435); *W/Hillenkamp* Rn. 38; OLG Jena NJW 2008, 776.

23 Vgl. die Parallele bei der »Rechtswidrigkeit« der Zueignung (→ Rn. 851).

24 NK-*Zaczyk* § 303 Rn. 26; *Satzger* Jura 2006, 428 (434 f); *W/Hillenkamp* Rn. 40; abw. *Eisenschmid* NJW 2005, 3033 (3035): *stets* Tatbestandsausschluss.

25 Vgl. RGSt 43, 31 (32); 65, 133 (134 f); KG NStZ 2007, 223; *S/S/Hecker* § 304 Rn. 12 mit weit. Bsp.

26 Vgl. KG NStZ-RR 2009, 310 (311) mit Anm. *Jahn* JuS 2009, 958 (959) m.w.N.

27 OLG Hamburg BeckRS 2014, 00585 mit krit. Bspr. *Jäger* JA 2014, 550 f.

28 Ebenso *Fischer* § 304 Rn. 13a; *Kudlich* GA 2006, 38 ff; *Satzger* Jura 2006, 428 (436); abw. *Schuhr* JA 2009, 169 (173 f).

Dazu gehören auch Teile »unbeweglicher« Sachen (z.B. Bestandteile von Gebäuden, Grundstückserzeugnisse), die durch die *Tathandlung* erst losgelöst, abgetrennt oder sonst *beweglich gemacht* werden (müssen).

Literatur: GS-*Duttge* § 242 Rn. 9 ff; LK-*Vogel* § 242 Rn. 15 f; MK-*Schmitz* § 242 Rn. 44 ff; abw. SK-*Hoyer* § 242 Rn. 9 f (»zivilrechtsakzessorische« Auslegung).

Rechtsprechung Grundlegend: RGSt 18, 128 (130). **Beispielhaft:** RGSt 23, 71 (74 f – abgemähtes Gras); 26, 367 (368 – herausgerissene Zaunstange); LG Karlsruhe NStZ 1993, 543 (abgeweidetes Gras).

RGSt 18, 128 (130): Es „sind sehr häufig *bewegliche* Gegenstände Pertinenzien [Zubehör] von *unbeweglichen*, so Fenster, Schlösser, Thüren usw. Pertinenzien des Hauses... Müßten diese beweglichen Sachen strafrechtlich der *Hauptsache* gleich behandelt werden, so wäre eine Entwendung an ihnen gar nicht möglich, da der Diebstahl die Wegnahme *beweglicher* Sachen voraussetzt... Selbst Thüren, Fenster und andere mit der Hauptsache mechanisch verbundene Zubehörungen unbeweglicher Sachen werden als Objekt des Diebstahles betrachtet, sobald sie durch den Dieb von der Hauptsache *getrennt* und damit *mobilisiert* werden."

Hinweise: Bei den Zueignungsdelikten ist zu beachten, dass auch solche Gegenstände *beweglich* sind, die zunächst mit einer unbeweglichen Sache fest verbunden sind und erst durch die Entwendung fortgeschafft werden.[1] Unbewegliche Sachen kommen als Handlungsobjekte u.a. in §§ 303 ff, 306 ff StGB in Betracht, aber auch bei den Hehlereidelikten nach §§ 259 ff StGB.[2] 429

Sache, fremde – z.B. §§ 242 I, 246 I, 249 I, 289 I, 303 I, 306 I StGB

»Fremd« ist für den Täter eine Sache, die im Eigentum – Allein-, Mit- oder Gesamthandseigentum – eines *anderen Rechtssubjekts* (einschließlich des Staates) steht. Für die Eigentumsverhältnisse sind die Vorschriften des bürgerlichen Sachenrechts maßgebend (kein »kriminalistisches« oder »wirtschaftliches« Eigentum [str. → Rn. 431]). 430

Nicht »fremd« sind ausschließlich dem Täter gehörende sowie *herrenlose* Sachen (zu nicht verkehrsfähigen Sachen, etwa Drogen → Rn. 432).

Literatur: LK-*Vogel* § 242 Rn. 18 ff; MK-*Schmitz* § 242 Rn. 31 ff. **Einführend:** *Kudlich/Noltensmeier* JA 2007, 863 ff.

Rechtsprechung Grundlegend: RGSt 3, 150 (152 – zivilrechtliche Bestimmung).
Beispielhaft: RGSt 4, 83 (84 – Miteigentum); BGH NJW 1992, 250 f (Gesamthandsgemeinschaft); OLG Bamberg NJW 2008, 1543 (1547 – eingeäscherter Leichnam, Zahngold) mit zust. Anm. *Kudlich* JA 2008, 391 (393); OLG Düsseldorf NJW 1988, 1335 (1336 – Münzen im defekten Automaten). Kasuistik zur »Fremdheit« mit Rspr. zu str. Fällen bei *Fischer* § 242 Rn. 5 ff.

---

1 Zum Verhältnis von »Wegnahme« und »Beweglichkeit« *Streng* JuS 2002, 454 (456).
2 Vgl. RGSt 56, 335 (336); *S/S/Hecker* § 259 Rn. 4.

Erläuterungen

431 Nach ganz h.M. ist der Begriff der »Fremdheit« – im Gegensatz zum Sachbegriff – *streng zivilrechtsakzessorisch* zu verstehen. Dagegen hat insbesondere *Otto* einen »wirtschaftlichen Fremdheitsbegriff« vorgeschlagen, der bisher jedoch wenig Anklang gefunden hat. Danach „ist eine Sache für den Täter fremd…, wenn jemand anderes ein *stärkeres Vermögensrecht*, eine umfassendere Vermögensposition an der Sache hat als der Täter.“[1]

Problematisch kann die Frage der Fremdheit dann werden, wenn der Täter *durch die Tathandlung* rechtsgeschäftlich oder durch gesetzlichen Erwerb *Eigentümer* der Sache wird. Relevant wird dies z.B. bei der Entnahme von Waren oder Geld an Automaten oder beim Selbstbedienungstanken. Nimmt man in den erstgenannten Fällen (entgegen der h.M.) an, dass die Ansichnahme des Geldes nach ordnungsgemäßer Bedienung (durch den Nicht-Berechtigten) eine Übergabe und damit eine Eigentumsübertragung i.S. des § 929 BGB darstellt,[2] wird in der Ansichnahme zwar keine Wegnahme gesehen werden können,[3] so dass ein Diebstahl schon deshalb ausscheidet. Relevant wäre die Frage der Fremdheit aber noch für die Unterschlagung. Und beim Selbsttanken könnte etwa bei Hinzutanken einer geringen Menge in den fast vollen Tank der Täter nach §§ 947 I, II, 948 BGB Eigentümer werden, so dass der Eigentumswechsel während der Wegnahme (so bei Manipulation der Tanksäule) bzw. der Zueignung (beim unbemerkten Tanken [sonst Betrug] an der SB-Säule) stattfindet.

Zum Teil wird in diesen Fällen wegen des Eigentumserwerbs die Fremdheit generell verneint,[4] so dass die Zueignungsdelikte mangels tauglichen Tatobjekts ausscheiden. Die wohl überwiegende Meinung stellt hingegen darauf ab, ob die »Fremdheit« *vor/bei* Beginn der Ausführung noch bestand, auch wenn der Täter *durch* die Tathandlung anschließend Eigentümer wird (sog. »Präzedenzprinzip«).[5] Folgt man in diesen Fällen dem »Präzedenzprinzip«, so bezieht sich die Tat – trotz Eigentumserwerbs – zwar auf eine »*fremde*« Sache; doch scheitert ein Zueignungsdelikt zumindest beim Eigentumserwerb nach §§ 929 ff BGB an dem Umstand, dass der frühere Eigentümer die Eigentumsübertragung will. Diese Einwilligung schließt nämlich – da der Eigentumsordnung entsprechend – zumindest die Rechtswidrigkeit der (beabsichtigten) »Zueignung« aus.[6]

432 Wer als Privatperson unbestellte Waren erhält, geht zwar (solange die zivilrechtliche Einigung fehlt) mit fremden Sachen um, so dass eine Beschädigung (des aufgedrängten Gegenstandes) den Tatbestand des § 303 I StGB verwirklichen kann. Es fehlt aber die Rechtswidrigkeit, da § 241a I BGB eine Gefahrtragungspflicht des Unternehmers begründet.[7] An illegal erlangten Drogen kann zwar nach § 134 BGB kein Eigentum

1 Vgl. *Otto*, BT, § 40 Rn. 10 ff und JZ 1993, 559 f (auch zu den Konsequenzen); Kritik bei *Lamberz* JA 2008, 425 (426); MK-*Schmitz* § 242 Rn. 31.

2 Anders aber BGHSt 35, 153 (161): fehlende Einigung.

3 Da man dann auch von einer Gewahrsamsübertragung ausgehen wird.

4 *Mitsch*, BT II/1, § 1 Rn. 28; OLG Celle NJW 1959, 1981.

5 Näher LK-*Vogel* § 242 Rn. 22, 46 (maßgeblich sei „Zeitpunkt des Versuchsbeginns i.S. von § 22 StGB“); MK-*Schmitz* § 242 Rn. 42 f; SK-*Hoyer* § 242 Rn. 17 ff.

6 Dazu → Rn. 851. Ähnlich i.E. SK-*Hoyer* § 242 Rn. 19.

7 Dazu *Haft/Eisele*, Meurer-GS, 2002, S. 245 (249 ff); *Lamberz* JA 2008, 425 ff; *Matzky* NStZ 2002, 458 ff. Anders (auf dem Boden eines wirtschaftlichen Eigentumsbegriffs → Rn. 431) *Otto* Jura 2004, 389 (390 f), der schon die Fremdheit verneint. Monographisch: *Naumann*, Unbestellte Leistungen: Die Bedeutung des § 241a BGB (usw.), 2010.

erworben werden, gleichwohl sollen sie nach h.M. im (ggf.) fremden Eigentum stehen, das durch die Produktion des Betäubungsmittels entstanden sei (§§ 950, 953 BGB).[8] Nicht »fremd« braucht die Sache bei § 259 I StGB (Hehlerei) zu sein, wenngleich dies der typische Fall ist. Hehlerei kann also auch an herrenlosen Sachen (Wild), u.U. sogar an eigenen Sachen des Täters begangen werden.[9]

Schaden – § 263 I (u.a. §§ 253 I, 266 I) StGB

Vgl. **Vermögensschaden** → Rn. 626.

Schlägerei, Beteiligung an – § 231 I (§ 227 I a.F.) StGB

»Schlägerei« ist ein mit *gegenseitigen Tätlichkeiten* (Körperverletzungen) verbundener Streit, an dem mindestens **drei Personen** aktiv beteiligt sind. 433

Für die – täterschaftliche – »Beteiligung«, die eine »Schlägerei« *begründet*, ist neben der *Anwesenheit* am Tatort eine **physische Mitwirkung** in feindseliger Willensrichtung notwendig; sie kann nach h.M. auch in der Unterstützung (»Beihilfe«) eines anderen Beteiligten bestehen (str. → Rn. 435). Bei einer schon *begründeten* »Schlägerei« soll nach h.M. für die täterschaftliche »Beteiligung« bereits eine **psychische** – intellektuelle – **Mitwirkung** am Tatort ausreichen (str. → Rn. 436).

Literatur: *S/S/Sternberg-Lieben* § 231 Rn. 2a, 4; *Zopfs*, Puppe-FS, 2011, S. 1323 ff (abw. von der h.M. zur Beteiligung). **Einführend:** *Rengier*, BT 2, § 18 Rn. 3 f. **Monographisch:** *Saal*, Die Beteiligung an einer Schlägerei, 2005; *Pichler*, Beteiligung an einer Schlägerei, 2010, S. 41 ff, 67 ff, passim.

Rechtsprechung Grundlegend: BGHSt 16, 130 (132 – Beteiligungszeitpunkt); 33, 100 (104 – schwere Folge beim Beteiligten); 39, 305 (307 ff – gerechtfertigte Folge). **Beispielhaft:** RGSt 32, 33 (35 – Beteiligung trotz Notwehr); OLG Köln NJW 1962, 1688 (1689 – fehlender Ursachenzusammenhang).

BGHSt 31, 124 (125): „Dieses Tatbestandsmerkmal ist nur erfüllt, wenn an einer mit gegenseitigen Körperverletzungen verbundenen Auseinandersetzung *mehr als zwei Personen* (aktiv) mitwirken."

Erläuterungen

I. Die »Beteiligung« an der Schlägerei

Bei der »Beteiligung« an einer Schlägerei, die nach dem Gesetz zur *täterschaftlichen* Verantwortlichkeit des jeweiligen Beteiligten führt, sind *zwei Arten* der »Beteiligung« prinzipiell zu unterscheiden: einerseits diejenige »Beteiligung«, die eine 434

8 BGH NJW 2006, 72 f m.w.N. mit zust. Bspr. *Hauck* ZIS 2006, 36 ff; krit.: MK-*Schmitz* § 242 Rn. 17 f, *Wolters*, Samson-FS, 2010, S. 495 ff (der schon die Eigentumsentstehung bestreitet).

9 *S/S/Hecker* § 259 Rn. 4 m.w.N.

»Schlägerei« als Drei-Personen-Verhältnis überhaupt erst *begründet* (»konstitutive Beteiligung«), und andererseits die »Beteiligung« an einer schon *bestehenden* Schlägerei (»sekundäre Beteiligung«). Die Unterscheidung wird im Schrifttum nicht immer deutlich getroffen;[1] sie dient jedoch einer besseren Strukturierung der Beteiligungsfragen, insbesondere bei dem Problem, ob/wann eine nur *psychische* Mitwirkung als »Beteiligung« i.S. des § 231 I StGB bewertet werden kann.

1. »Konstitutive« Schlägereibeteiligung

435 Für diese erste Beteiligungsart ist anerkanntermaßen eine *aktive körperliche* (physische) *Mitwirkung* von drei Personen am Tatort notwendig. Sie erfordert nach h.M. nicht unbedingt ein mittäterschaftliches Zusammenwirken und streng genommen nicht einmal die »Täterschaft« jedes Einzelnen, so dass auch physische Beihilfe genügen soll. Dies überzeugt nicht, weil eine nur physische *Unterstützung* durch einen Dritten nicht das für eine Schlägerei notwendige Gefahrenpotenzial schafft, so dass insbesondere für die konstitutive Schlägereibeteiligung eine unmittelbar tätliche Mitwirkung zu fordern ist.[2] Die Rechtsprechung lässt es auch genügen, dass „nacheinander jeweils nur zwei [unterschiedliche] Personen gleichzeitig wechselseitige Tätlichkeiten verüben, zwischen diesen Vorgängen aber ein so enger innerer Zusammenhang besteht, dass eine Aufspaltung in einzelne ‚Zweikämpfe' nicht in Betracht kommt".[3] Da keine Kriterien für diesen „inneren Zusammenhang" genannt werden, ist zu fordern, dass die gestaffelten Auseinandersetzungen so verknüpft sind, dass zur gleichen Zeit mit tätlichen Angriffen von mehr als zwei gegeneinander handelnden Personen zu rechnen ist. Nur dann lässt sich von einer für die Schlägerei charakteristischen Unübersichtlichkeit der Angriffsrichtungen sprechen.

Die nur *psychische Mitwirkung* – Anstiftung, psychische Beihilfe – reicht aber auch nach h.M. nicht für eine konstitutive Beteiligung aus. Eine »Schlägerei« liegt daher nicht vor, wenn zwei Personen gegeneinander tätlich werden und ein Dritter nur psychisch, etwa durch verbales »Anfeuern«, an diesem Zweikampf mitwirkt. Erst wenn der Dritte in das Geschehen aktiv-tätlich eingreift, begründet seine Beteiligung eine »Schlägerei«. Dabei ist es für die »Beteiligung« allerdings prinzipiell gleichgültig, ob ein Beteiligter etwa *gerechtfertigt* oder entschuldigt handelt. Auch der in Notwehr Handelnde wird deshalb bei der Begründung der Schlägerei als beteiligte Person »mitgezählt«. Ein Notwehrverhalten reicht allerdings dann nicht aus, wenn es sich auf bloße »Schutzwehr« beschränkt; erst die Gegenwehr (»Trutzwehr«) begründet die erforderliche aktive Mitwirkung der dritten Person und damit eine »Schlägerei«.[4] Dementsprechend liegt keine »Schlägerei« mehr vor, sobald sich einer von drei Beteiligten von der Auseinandersetzung entfernt, so dass nur zwei Personen übrig bleiben.

Die Rechtsprechung nimmt eine »Schlägerei« allerdings auch in Fällen an, in denen ein Dritter jemanden anderen daran hindert, die tätliche Auseinandersetzung zweier

---

1 Vgl. aber z.B. LK-*Hirsch* § 231 Rn. 4, 7; *S/S/Sternberg-Lieben* § 231 Rn. 2, 4.

2 Näher dazu *Zopfs*, Puppe-FS, S. 1323 (1332 f); auf S. 1330 ff auch zu den typischen Schlägereigefahren.

3 BGH NStZ 2014, 147 (148).

4 Vgl. BGHSt 15, 369 (371); LK-*Hirsch* § 231 Rn. 4; SK-*Wolters* § 231 Rn. 3; krit. NK-*Paeffgen* § 231 Rn. 6.

Personen zu schlichten oder einem der beiden Personen zu Hilfe zu kommen.[5] Ein solches Verhalten des Dritten mag nach §§ 223, 27 StGB strafbar sein, für die Gefährlichkeit der Schlägerei fehlt es jedoch an der aktiv mitwirkenden dritten Person, die dadurch einerseits eine weitere Angriffsrichtung/Gefahrenquelle in das Geschehen hineinträgt und andererseits durch ihre Aktionen andere zum Mitmachen anreizen kann.

2. »Sekundäre« Schlägereibeteiligung

Für die sekundäre »Beteiligung« (als Täter des § 231 StGB!) an einer bereits durch andere Personen *begründeten* »Schlägerei« soll nach wohl h.M. bereits eine nur *psychische* Mitwirkung ausreichen. Daraus folgt, dass z.B. das »Anfeuern« eines Schlägers ebenso wie die unmittelbare körperliche Mitwirkung einer täterschaftlichen »Beteiligung« zuzuordnen wäre. Die vordringende Gegenauffassung hält diese Gleichstellung nicht für sachgemäß; sie werde der geringeren Gefährlichkeit bloß psychischer Mitwirkung nicht gerecht. Von hier aus wird diese Mitwirkungsart der – täterschaftlichen – »Beteiligung« i.S. des § 231 I StGB entzogen und der *Teilnahme* (§§ 26, 27 StGB) zugewiesen.[6] **436**

Im Übrigen ist für die sekundäre täterschaftliche »Beteiligung« nach h.M. erforderlich, dass der Mitwirkende im Streit »Partei ergreift«: Eine Unterstützung, die den Beteiligten *insgesamt* zugutekommt – z.B. Ablenkung der Polizei, wahlloses Verteilen von gefährlichem Material an alle Beteiligten – soll deshalb nicht genügen; es komme dann nur Teilnahme in Betracht.[7]

Nicht »beteiligt« ist, wer nur den Streit schlichten will, Verletzte fortbringt oder ausschließlich passives Angriffsobjekt ist. Soweit schlichtungswillige Dritter an ihrem Vorgehen gehindert werden, soll dies für eine »sekundäre Beteiligung« unter bestimmten Umständen ausreichen.[8] Treffender ist es, auch hier von bloßer Beihilfe auszugehen, da das Abhalten Schlichtungswilliger nur zur Intensivierung der bereits bestehenden Schlägereigefahren führt, die Schlägerei aber nicht täterschaftlich durch das Hinzutreten einer weiteren Angriffsrichtung etc. gefährlicher macht.[9]

II. Schlägereibeteiligung und »schwere Folge«

1. Allgemeines

Die Strafbarkeit wegen (vorsätzlicher) Beteiligung an einer Schlägerei tritt nur ein, wenn »durch die Schlägerei« eine *schwere Folge* – Tod, schwere Körperverletzung i.S. des § 226 I StGB – verursacht worden ist. Der Eintritt dieses Erfolges ist nach **437**

---

5 BGHSt 15, 369 (371 f); abl.: *S/S/Sternberg-Lieben* § 231 Rn. 2a, *Stree*, Schmitt-FS, 1992, S. 215 (217), *Zopfs*, Puppe-FS, 2011, S. 1323 (1334); diff. NK-*Paeffgen* § 231 Rn. 17.

6 In dieser Richtung z.B. *Geisler*, Zur Vereinbarkeit objektiver Strafbarkeitsbedingungen mit dem Schuldprinzip, 1998, S. 282 f; *Kretschmer* Jura 1998, 244 (250); eingehend *Stree*, Schmitt-FS, 1992, S. 215 (219 f); nach der Art psychischer Mitwirkung diff. *S/S/Sternberg-Lieben* § 231 Rn. 4; für Teilnahme auch bei *physischer* Unterstützung *Zopfs*, Puppe-FS, S. 1323 (1332 f).

7 LK-*Hirsch* § 231 Rn. 7; MK-*Hohmann* § 231 Rn. 16; krit.: *vH/Eschelbach* § 231 Rn. 12, *S/S/Sternberg-Lieben* § 231 Rn. 4.

8 NK-*Paeffgen* § 231 Rn. 17 verlangt handgreifliches Abhalten des Schlichtungswilligen; SK-*Wolters* § 231 Rn. 7 und LK-*Hirsch* § 231 Rn. 7 wollen nach der Zielrichtung des Abhaltenden (parteiergreifend?) unterscheiden; *Fischer* § 231 Rn. 8 lässt jedes „Abhalten von Hilfskräften“ genügen.

9 *Zopfs*, Puppe-FS, S. 1323 (1333).

h.M. *objektive Bedingung* der Strafbarkeit (keine Erfolgsqualifikation!),[10] braucht also nicht vom Vorsatz umfasst und nicht einmal fahrlässig herbeigeführt zu sein. Ein Kausalzusammenhang zwischen dem Beitrag des *einzelnen* Schlägereibeteiligten und der schweren Folge ist nicht erforderlich; es genügt die Ursächlichkeit – und sonstige objektive Zurechenbarkeit – aufgrund der »Schlägerei« als eines besonders gefährlichen Gesamtvorgangs. Für die objektive Zurechenbarkeit wird überwiegend verlangt, dass sich die schwere Folge als Realisierung der »spezifischen Gefährlichkeit« einer Schlägerei darstellt.[11] Die »schwere Folge« kann jede beliebige Person getroffen haben, auch einen *nicht* an der Schlägerei Beteiligten (z.B. Zuschauer, einschreitende Polizisten, Sanitäter). Trifft sie einen Beteiligten, so wird dadurch dessen Strafbarkeit nach § 231 StGB nach h.M. nicht ausgeschlossen.[12]

2. Beteiligungszeitpunkt und »schwere Folge«

438 Während im Wesentlichen anerkannt ist, dass ein »vorzeitiges Ausscheiden« eines Beteiligten vor Verursachung der schweren Folge an dessen Strafbarkeit nichts ändert – es sei denn, dass nach dem Ausscheiden gar keine »Schlägerei« mehr vorliegt –, ist die *umgekehrte Situation* erheblich umstritten: die erst *nachträgliche* Beteiligung nach Verursachung der schweren Folge. Die h.M. nimmt auch in diesem Fall eine *Strafbarkeit* an, obwohl der erst nachträglich Hinzukommende zu der *Gefährlichkeit*, die sich in der schweren Folge realisiert haben kann, keinen Beitrag leisten konnte. Der BGH stützt sich dabei vor allem auf den Gesichtspunkt, dass das Gesetz die »Beweisschwierigkeiten« vermeiden wolle, „die sich meistens bei den undurchschaubaren Vorgängen einer Schlägerei hinsichtlich der Person der Verursacher und der dabei vorkommenden schweren Verletzungen ergeben". Es sei daher gleichgültig, „wann der einzelne in die Schlägerei schuldhaft verstrickt worden ist, ob zu einem Zeitpunkt, in dem die schweren Folgen der tätlichen Auseinandersetzung bereits eingetreten waren oder noch nicht".[13]

Dass die schwere Folge aus einer Schlägerei entstanden ist, zu deren Gefährlichkeit der Täter noch nichts beitragen konnte, steht einer Strafbarkeit nicht entgegen. Denn die individuell vom Täter eingebrachte Gefährlichkeit muss sich nicht auch in der schweren Folge auswirken können. Eine solch potenzielle Auswirkung wäre nämlich selbst dann eine Fiktion, wenn man die Beteiligung ausschließlich *während* der Verursachung der schweren Folge fordern würde. Man denke dafür nur an den Täter, der

---

10 A.A. LK-*Hirsch* § 231 Rn. 1, der mit Rücksicht auf das Schuldprinzip bezüglich der schweren Folge zumindest *Fahrlässigkeit* fordert (§ 18 StGB analog). Gegenkritik bei *Geisler*, Zur Vereinbarkeit objektiver Strafbarkeitsbedingungen mit dem Schuldprinzip, 1998, S. 291 ff sowie NK-*Paeffgen* § 231 Rn. 3.

11 SK-*Wolters* § 231 Rn. 8a; *S/S/Sternberg-Lieben* § 231 Rn. 8; eingehend: *Rengier*, Roxin-FS I, 2001, S. 811 (816 f), *Stree*, Schmitt-FS, 1992, S. 215 (221 ff); krit. NK-*Paeffgen* § 231 Rn. 21.

12 Vgl. BGHSt 33, 100 (104) mit krit. Bspr. *Günther* JZ 1985, 585 (586 f); *Montenbruck* JR 1986, 138 (141); *Schulz* StV 1986, 250 (251); näher: *Berz*, Geilen-FG, 2003, S. 17 (20 ff), LK-*Hirsch* § 231 Rn. 10, *Stree*, Schmitt-FS, 1992, S. 215 (224 f), *Zopfs* Jura 1999, 172 (179 f); zsfd. *Pichler*, Beteiligung, S. 71 ff.

13 BGHSt 16, 130 (132 f); zuletzt BGH BeckRS 2014, 06889; zur Kritik vgl. etwa: *K/H/H*, BT 1, Rn. 323 (wo sogar eine Beteiligung »während der Verursachung« der schweren Folge gefordert wird), *S/S/Sternberg-Lieben* § 231 Rn. 9. Eingehend zum Fragenkomplex *Geisler*, Zur Vereinbarkeit objektiver Strafbarkeitsbedingungen mit dem Schuldprinzip, 1998, S. 337 ff; NK-*Paeffgen* § 231 Rn. 9 ff; *Zopfs* Jura 1999, 172 (177 ff).

sich an *einem* Ende einer Massenschlägerei erstmals beteiligt, während am *anderen* Ende bereits die schwere Folge verursacht wird. Der Täter wird (allerdings bei zu hohem Strafrahmen) bestraft, weil er sich an einem Gesamtgeschehen beteiligt hat, das dieses Potenzial aufgewiesen hat; eine Aufspaltung des Geschehens in einen gefährlichen Teil (bis zum Eintritt der schweren Folge) und einen ungefährlichen Teil (nach Eintritt der schweren Folge) ist nicht nur unpraktikabel, sie wäre wiederum auch nur eine Fiktion. Vor diesem Hintergrund sind eben an die Beteiligung des Täters (umso mehr) *restriktive* Anforderungen zu stellen (→ Rn. 435 f).

Die Ausschlussklausel des § 231 II StGB – Beteiligung ohne »Vorwerfbarkeit« – **439**
wird überwiegend nicht als Tatbestandseinschränkung, sondern als deklaratorische Verweisung auf die allgemeinen Rechtfertigungs- und Entschuldigungsgründe betrachtet.[14] Zu beachten ist, dass die Rechtfertigung/Entschuldigung einer *einzelnen*, bei der Schlägerei vorgenommenen Handlung die Strafbarkeit wegen der »Beteiligung« nicht ausschließt, wenn der Täter weitere nicht gerechtfertigte Beteiligungshandlungen vorgenommen hat: Die »Beteiligung« darf, damit Straffreiheit eintritt, zu *keinem Zeitpunkt* der Schlägerei rechtswidrig/schuldhaft sein.

Umstritten ist, ob auch derjenige nach § 231 StGB strafbar ist, der sich zunächst rechtswidrig beteiligt, dann aber durch eine weitere Beteiligungshandlung selbst – nun aber gerechtfertigt – die schwere Folge herbeiführt. Kann auch derjenige bestraft werden, der die Folge rechtmäßig verursacht? Für die bejahende Ansicht der h.M.[15] spricht die Überlegung, dass auch derjenige Beteiligte nach § 231 StGB bestraft wird, der die Folge überhaupt nicht verursacht hat, so dass es auf die Rechtmäßigkeit der Verursachung ebenfalls nicht ankommen kann – Bedeutung hat Letztere bei der Beurteilung einer Strafbarkeit aus § 226 bzw. § 212 StGB.[16]

Schlüssel, falscher – §§ 243 I 2 Nr. 1, 244 I Nr. 3 StGB

»Falsch« ist ein Schlüssel, den der *Berechtigte* – d.h. berechtigte Inhaber der Ver- **440**
fügungsgewalt über den umschlossenen Raum – zur Tatzeit entweder überhaupt nicht, nicht mehr oder noch nicht zur Öffnung des konkreten Verschlusses *bestimmt* hat (fehlende »Widmung«).

Literatur: GS-*Duttge* § 243 Rn. 19 ff; LK-*Vogel* § 243 Rn. 24 ff; MK-*Schmitz* § 243 Rn. 25 ff (z.T. abw. zu den Anforderungen an die »Entwidmung«).

Rechtsprechung Grundlegend: RGSt 4, 414 (415); BGHSt 13, 15 (16 – befristetes Mietverhältnis); 21, 189 (190 – Entwidmung); **Beispielhaft:** RGSt 5, 17 (19 f – Neuanfertigung eines Ersatzschlüssels als Entwidmung); 6, 157 (158 – zweckentfremdeter Schlüssel als richtiger?); RG, GA 59 (1912), 455 f (stillschweigende Entwidmung durch Nutzung eines Duplikats);

---

14 Vgl. LK-*Hirsch* § 231 Rn. 16; *S/S/Sternberg-Lieben* § 231 Rn. 10. Zur weiteren Bedeutung der Klausel *Eisele* JR 2001, 270 ff; NK-*Paeffgen* § 231 Rn. 14 f (Fall der »actio illicita in causa«).

15 BGHSt 39, 305 (307 ff) mit Bspr. *Stree* JR 1994, 370 (371) und *Wagner* JuS 1995, 296 ff.

16 Vom Prüfungsaufbau her sollten die §§ 212, 226 StGB immer vor § 231 StGB untersucht werden. So müssen weder das Vorliegen der schweren Folge noch der Umstand, dass die Herbeiführung der Folge gerechtfertigt war, inzident bei § 231 StGB untersucht werden.

BGHSt 14, 291 (292 – verwahrter Reserveschlüssel); KG StV 2004, 544 f (zurückbehaltener Schlüssel).

RGSt 52, 84 f: Es kommt nicht darauf an, „ob der Berechtigte mit der Verwendung des Schlüssels zur Verübung eines Diebstahls einverstanden war, sondern allein darauf, ob er dem Schlüssel die bisherige Bestimmung *überhaupt entzogen* hat."

BGHSt 21, 189 (190): Es „verliert ein gestohlener wie auch ein auf andere Art abhanden gekommener Schlüssel die Bestimmung zur ordnungsmäßigen Öffnung nicht von selbst, sondern erst dadurch, daß sie ihm vom Berechtigten *entzogen* wird. Voraussetzung dafür ist aber ... mindestens, daß der Bestohlene den Diebstahl des Schlüssels *bemerkt* hat. Dann allerdings kann ... in der Regel nach der Lebenserfahrung ohne weiteres davon ausgegangen werden, daß er mit der Verwendung des Schlüssels seiner ursprünglichen Bestimmung gemäß nicht mehr einverstanden ist, ihm diese also entzogen hat."

Erläuterungen

441 Entscheidend ist immer die Bestimmung des Schlüssels zum Öffnen zur Zeit der Tat. Die Bestimmung steht dem Berechtigten zu, also demjenigen, der zur Tatzeit „die alleinige räumliche Verfügungsgewalt"[1] über den Raum besitzt. Ein ursprünglich richtiger Schlüssel wird zum »falschen«, wenn ihm nach dem – zumindest aus den Umständen erkennbaren – Willen des Berechtigten die *Bestimmung* zur Öffnung *entzogen* worden ist: »Entwidmung«. Eine »Entwidmung« tritt auch mit Ablauf einer für die Benutzungsberechtigung bestimmten Frist ein (z.B. bei Beendigung eines Miet- oder Dienstverhältnisses).[2] Beim abhanden gekommenen Schlüssel stellte die Rechtsprechung früher an die »Entwidmung« strenge Anforderungen: Sie müsse „so *unzweideutig* kundgegeben sein, dass an der Ernstlichkeit und Beständigkeit des Willens nicht zu zweifeln ist".[3] Großzügiger ist die heute allgemeine Auffassung, die für die Entwidmung das Bemerken des Abhandenkommens genügen lässt: „Wenn nicht besondere Umstände dagegen sprechen, ist vielmehr ohne Rücksicht auf die Erkennbarkeit eines dahingehenden Willens des Berechtigten anzunehmen, daß der rechtmäßige Besitzer eines Schlüssels diesem die Bestimmung zur ordnungsgemäßen Benutzung entzieht, sobald er bemerkt, daß er ihm gestohlen worden ist."[4] Hier ist allerdings zu verlangen, dass der Berechtigte nicht nur das Fehlen bemerkt, sondern auch von einem *Abhandenkommen* ausgeht. Denn nur dann ist die ebenso lebensnahe Annahme ausgeschlossen, dass der Schlüssel nur verlegt sei.[5]

Ein vom Berechtigten zur Öffnung des entsprechenden Schlosses *bestimmter* (»richtiger«) Schlüssel wird nicht dadurch zum »falschen«, dass er *missbraucht* wird. Die

1 RGSt 4, 414 (415); vgl. auch RGSt 11, 436 (437 – Mieter als Alleinberechtigter während der Mietzeit; ebenso RGSt 53, 101 f).

2 RGSt 40, 80 (81 – befristete Anstellung); BGHSt 13, 15 (16 – befristetes Mietverhältnis); krit. MK-*Schmitz* § 243 Rn. 28.

3 RGSt 52, 84 (85).

4 BGHSt 21, 189 (190); zust. *W/Hillenkamp* Rn. 228.

5 S. wiederum RGSt 52, 84 (85): Ein bloßes Vermissen des Schlüssels sei noch nicht ausreichend, da der Berechtigte ebenso gut angenommen haben könnte, „daß der ‚vermißte' Schlüssel nur verlegt sei und sich wohl wieder finden lasse"; ähnlich MK-*Schmitz* § 243 Rn. 28, wonach für die Annahme einer Entwidmung die Ingebrauchnahme eines Reserveschlüssels oder [zu restriktiv] auch die Anfertigung eines neuen Schlüssels allein nicht ausreichen.

bloß vertragswidrige oder sonst unbefugte Verwendung (der Schlüssel wird vom öffnungsbefugten Inhaber einem Unbefugten überlassen) ändert nichts an der ursprünglichen Widmung dieses Schlüssels zum Öffnen des Schlosses.[6]

Der Begriff des »Schlüssels« umfasst nicht nur die traditionell-metallischen Öffnungsinstrumente, sondern auch mechanische oder elektronische Kunststoff-Kartenschlüssel (Codekarten); eine Zahlenkombination zur Öffnung eines Zahlenschlosses ist mangels Gegenständlichkeit kein Schlüssel.[7] **442**

Das in §§ 243 I 2 Nr. 1, 244 I Nr. 3 StGB dem falschen Schlüssel gleichgestellte »andere nicht zur ordnungsmäßigen Öffnung bestimmte Werkzeug« kann zwar von beliebiger Beschaffenheit sein (z.B. Dietrich, Haken, Zange, Draht), muss jedoch so angewandt werden, dass der *Verschlussmechanismus* ordnungswidrig in Bewegung gesetzt wird.[8] *Brechwerkzeuge* gehören daher nicht hierher, insoweit ist ggf. ein »Einbrechen« zu prüfen.

Schusswaffe – §§ 121 III 2 Nr. 1, 125a 2 Nr. 1, 292 II 2 Nr. 3 (§§ 244 I Nr. 1, 250 I Nr. 1 a.F.) StGB

»Schusswaffe« ist ein funktions- und einsatzfähiges Gerät (Werkzeug), das geeignet und allgemein dazu *bestimmt* ist, Menschen oder Sachen dadurch erheblich zu verletzen bzw. zu schädigen, dass ein **festes, mechanisch wirkendes Geschoss** (str. → Rn. 445) aus einem Lauf mittels Explosions- oder Luftdrucks abgefeuert wird. »Schusswaffe« ist bei dieser Wirkungsweise auch eine Jagd- oder Sportwaffe. **443**

Literatur: *Küper*, Hanack-FS, 1999, S. 569 ff; *L/Kühl* § 244 Rn. 3; MK-*Schäfer* § 125a Rn. 10 f (mit Einbeziehung chemisch wirkender Waffen [Gaspistole]).

Rechtsprechung Grundlegend: BGHSt 3, 229 (232 – ungeladene Pistole); 24, 136 (137 ff – Gaspistole mit Lauf nach vorn als Schusswaffe) mit abl. Anm. *Schröder* JR 1971, 382 f; BGHSt 44, 103 (104 ff – ungeladene Schusswaffe). **Beispielhaft:** BGH MDR 1974, 547 (bei Dallinger) – Luftgewehr als Schusswaffe; BayObLG NJW 1971, 392 (393 – Schussrichtung nach vorn); OLG Düsseldorf NStZ 1991, 40 f (Schreckschusspistole als Schusswaffe); OLG Hamm MDR 1975, 420 f (Bolzenschussapparat).

Erläuterungen

Das 6. StrRG (1998) hat die früher für den schweren Diebstahl und schweren Raub geltenden Qualifikationstatbestände, die das »Beisichführen einer Schusswaffe« voraussetzten (§§ 244 I Nr. 1, 250 I Nr. 1 StGB a.F.), beseitigt und durch erweiterte Qualifikationen ersetzt. Danach genügt das Beisichführen irgendeiner »*Waffe*« im technischen Sinn (§§ 244 I Nr. 1a, 250 I Nr. 1a StGB n.F.). Dazu gehört auch eine »Schusswaffe«. **444**

---

6 BGH StV 1998, 204; NK-*Kindhäuser* § 243 Rn. 16.
7 MK-*Schmitz* § 243 Rn. 27.
8 Vgl. *S/S/Bosch* § 243 Rn. 15; *W/Hillenkamp* Rn. 229; jew. m.w.N.

Die Waffe muss als Schusswaffe funktions- und einsatzfähig sein; für die Einsatzfähigkeit reicht es aus, dass Geschossmunition *griffbereit zur Verfügung* steht.[1] Ist Letzteres der Fall, so führt der Täter die Schusswaffe bei sich (§§ 121 III 2 Nr. 1, 125a 2 Nr. 1 StGB) bzw. ist mit ihr ausgerüstet (§ 292 II Nr. 3 StGB);[2] an das Verwenden einer Schusswaffe, deren Munition nur mitgeführt wird, werden strengere Anforderungen gestellt (→ Rn. 743).

445 Eine nur chemisch wirkende Waffe, insbesondere eine *Gaspistole*, ist keine »Schusswaffe«.[3] Da sie nicht dazu bestimmt ist, durch ein festes, mechanisch wirkendes Geschoss auf den Körper des Opfers einzuwirken, kommt ihr eine geringere Gefährlichkeit zu (zu ihrer Einordnung als »Waffe« → Rn. 745). Ebenso scheiden Schreckschusspistolen mangels festen Geschossen als *Schuss*waffen[4] aus.[5]

Schutzvorrichtung (als besondere Sicherung gegen Wegnahme) – § 243 I 2 Nr. 2 StGB

446 Eine »Schutzvorrichtung«, durch die eine Sache »gegen Wegnahme *besonders* gesichert« wird, ist eine von *Menschen* geschaffene Einrichtung oder Vorkehrung, die – zumindest auch – dazu *bestimmt* und *geeignet* ist (→ Rn. 447), die **Wegnahme der konkreten Sache**, d.h. die Gewahrsamserlangung, erheblich zu erschweren (→ Rn. 447 f).

Literatur: LK-*Vogel* § 243 Rn. 28 ff; MK-*Schmitz* § 243 Rn. 32, 34 ff. **Einführend:** *Rengier*, BT 1, § 3 Rn. 24 ff.

Rechtsprechung Beispielhaft: BayObLG NJW 1981, 2826 (Spielwerk eines Glücksspielautomaten) mit abl. Anm. *Meurer* JR 1982, 292 (293); OLG Frankfurt a.M. NJW 1988, 3028 f (Registrierkasse); OLG Hamm NJW 1978, 769 f (*auch* Transportsicherung); NStZ-RR 2009, 204 (205 – erhebliche Erschwerung); OLG Schleswig NJW 1984, 67 f (*allein* Transportsicherung); OLG Zweibrücken NStZ 1986, 411 (Zählwerk einer Abfüllanlage). **Zusammenfassend:** OLG Düsseldorf NJW 1998, 1002.

OLG Stuttgart NStZ 1985, 76: „Unter einer Schutzvorrichtung ist jede von Menschenhand geschaffene Einrichtung zu verstehen, die ihrer Art nach geeignet und dazu bestimmt ist, die Wegnahme einer Sache erheblich zu erschweren… Eine Sache ist [deshalb] nicht durch eine Schutzvorrichtung gegen Wegnahme besonders gesichert, wenn das an ihr befestigte *elektromagnetische* Sicherungsetikett aufgrund seiner Konstruktion erst *nach* Gewahrsamserlangung durch den Dieb durch optische und akustische Zeichen Alarm auslöst."

OLG Düsseldorf NJW 1998, 1002: „Daß derartige Sicherheitsetiketten auch dazu geeignet und bestimmt sind, bei möglichen Tätern die Angst vor der Entdeckung … zu begründen und dadurch eine *psychologische* Hemmschwelle zu errichten, macht sie noch nicht zu Schutzvorrich-

1 BGH NStZ 1985, 547 m.w.N.; StV 1987, 67.
2 Zur Problematik des Beisichführens von (Schuss-)Waffen bei Berufswaffenträgern → Rn. 747 f.
3 Anders BGHSt 24, 136 (137 ff); 45, 92 (93).
4 Zur Einordnung der Schreckschusspistole als »Waffe« → Rn. 746.
5 Anders – allerdings an Anlehnung an die neuere Rspr. zur Einordnung der Schreckschusspistole als technische Waffe – MK-*Zeng* § 292 Rn. 60.

tungen i.S. des § 243 I 2 Nr. 2 StGB, bei denen es sich jedenfalls um vor dem Gewahrsamsbruch physikalisch wirksame Einrichtungen handeln muß.“

Erläuterungen

Erschwerungen, die sich allein aus der *Beschaffenheit* der Sache (z.B. Gewicht) oder als bloße *Nebenfolge* einer anderen Zwecken dienenden Vorkehrung (z.B. Schutz vor Verschmutzung oder Transportsicherung) ergeben, scheiden aus, da sie die Wegnahme nicht erschweren sollen oder wie die Beschaffenheit der Sache keine geschaffene Vorkehrung darstellen. Gleiches gilt für Einrichtungen, welche nur die *Wiedererlangung des Gewahrsams* ermöglichen oder erleichtern sollen. Sind z.B. »elektromagnetische Sicherungsetiketten« an Gegenständen befestigt, die in mitgebrachter Kleidung oder Taschen versteckt werden können, so wird nach h.M. die Wegnahme (→ Rn. 750) innerhalb der fremden Herrschaftssphäre (Einkaufsmarkt) schon durch Verbringen in die eigene Gewahrsamssphäre *vollendet* – das Sicherungsetikett kann durch einen Alarm am Ausgang nur noch auf die bereits vollzogene Wegnahme aufmerksam machen, aber nicht mehr vor ihr sichern.[1] **447**

Umschließungen i.S. des § 243 I 2 Nr. 1 StGB sind – auch wenn sie abschließbar sind (z.B. mit einem Türschloss) – keine gegen Wegnahme »besonders sichernden Schutzvorrichtungen«; dort beruht der Schutz vor Wegnahme auf der räumlichen Umschließung, die bereits ein Hineingelangen des Täters verhindern will (→ Rn. 185).

Die besondere Wegnahmesicherung durch eine »Schutzvorrichtung« muss nach § 243 I 2 Nr. 2 StGB lediglich *vorhanden* sein, also nicht unbedingt durch die Tat *überwunden* oder beseitigt werden (str., vgl. dazu die Erläuterungen zum Stichw. »Behältnis, verschlossenes« → Rn. 98). Eine lediglich psychisch-generalpräventiv – durch Erhöhung der »seelischen Hemmschwelle« – wirkende Vorkehrung (z.B. eine blinkende Leuchtdiode mit vermeintlicher Alarmfunktion) genügt ebenfalls nicht. Die Vorrichtung muss so beschaffen sein, dass sie zumindest in der überwiegenden Zahl der zu erwartenden Vorgehensweisen objektiv ein erhebliches Hindernis gegen die Gewahrsamserlangung bildet: Die »Wegnahme« soll tatsächlich erschwert werden, nicht nur der Wegnahme*entschluss*![2] **448**

Schwangerschaftsabbruch – § 218 I StGB

Der »Abbruch« der Schwangerschaft besteht in einem Eingriff, mit dem *vor Beginn* der Geburt auf den Fötus *eingewirkt* und dadurch dessen **Tod** – entweder schon im Mutterleib oder nach der Geburt als unmittelbare (zurechenbare) Folge des Eingriffs – herbeigeführt wird. **449**

Literatur: *Küper* ZIS 2010, 197 ff; MK-*Gropp* § 218 Rn. 4 ff, 10 ff; *S/S/Eser* § 218 Rn. 4 ff, 20 ff; z.T. abw. NK-*Merkel* § 218 Rn. 44 ff. **Einführend:** *Satzger* Jura 2008, 424 (427 ff).

1 BayObLG NJW 1995, 3000 f mit krit. Bspr. *Kargl* JuS 1996, 971 ff; OLG Düsseldorf NJW 1998, 1002 (oben zitiert → Rn. 446); OLG Stuttgart NStZ 1985, 76 (z.T. oben zitiert → Rn. 446); näher *Dölling* JuS 1986, 688 (691 ff); *S/S/Bosch* § 243 Rn. 24 m.w.N.

2 Hierzu *Seier* JA 1985, 387 (389 ff).

Rechtsprechung Grundlegend: BGHSt 1, 278 (279 f – Tod der Schwangeren); 10, 291 (293 f – Tateinheit § 212/§ 218 StGB); 13, 21 (24 – Tatmehrheit §§ 218, 22 und § 212). **Zusammenfassend:** BGHSt 31, 348 (350 ff – Todeseintritt *alsbald* nach der Geburt); BGH NStZ 2008, 393 (394 f – zum Zeitpunkt der Einwirkung).

BGH NStZ 2008, 393 (394): „Wirkt der Täter auf die Leibesfrucht bereits vor der Geburt ein, tritt der tatbestandsmäßige Erfolg, der Tod des Kindes, aber erst nach dessen Geburt ein, so ist der Täter wegen eines Schwangerschaftsabbruchs, nicht wegen eines Tötungsdelikts zu bestrafen, da maßgeblich … der Zeitpunkt ist, zu dem die auf die Herbeiführung des Erfolgs gerichtete Handlung … auf das Opfer *einwirkt.*"

450 **Hinweise:** Entscheidend für die Frage, ob die §§ 218 ff StGB oder die §§ 211 ff, 223 ff StGB einschlägig sind, ist die Qualität des Tatobjekts, die mit dem Beginn der Geburt (→ Rn. 238) wechselt (Leibesfrucht/Mensch). Dabei kommt es auf den Zeitpunkt der Einwirkung auf das Tatobjekt an (→ Rn. 240). Führt die Tathandlung zum Abgang einer lebenden Leibesfrucht, die erst danach stirbt, so muss der Tod eine dem Täterverhalten zuzurechnende Folge sein.[1] Die Rechtsprechung hat verlangt, dass der Tod eines zunächst lebend geborenen Kindes „*alsbald*" nach der Geburt eintreten muss,[2] und sich damit dem berechtigten Einwand ausgesetzt, dass bei dieser Betrachtung die Strafbarkeit des Täters von dem Stand der medizinischen Sachkunde abhängen würde.[3]

Sich-Bemächtigen – §§ 239a I, 239b I StGB

451 »Sich-Bemächtigen« bedeutet entweder die **Begründung der Verfügungsgewalt** (»physischen Herrschaft«) über den **Körper** eines anderen oder die **Intensivierung** einer schon bestehenden Verfügungsgewalt derart, dass die bisherige *Geborgenheit* des Opfers zugunsten der Herrschaftsmacht des Täters erheblich gemindert wird.

Zur Begründung der Verfügungsgewalt genügt die – auch durch Drohung oder Täuschung mögliche – Schaffung einer Herrschaftsbeziehung, die eine *Ortsveränderung* des Opfers verhindert oder wesentlich erschwert (z.B. In-Schach-Halten mit einer Waffe).

Bei einem »Sich-Bemächtigen« im **Zwei-Personen-Verhältnis** ist erforderlich, dass der Täter die dadurch geschaffene Opfersituation – sog. »Bemächtigungslage« – zu einer *weiteren Nötigung* (Erpressung) ausnutzen will (→ Rn. 454): Erfordernis einer »Eigenständigkeit« und »Stabilisierung« der Bemächtigungslage (im Einzelnen str. → Rn. 456 f).

1 Zu den umstr. Einzelfragen des »Zusammenhangs« zwischen Eingriff und Tod (muss der Tod gerade auf der mangelnden Ausreifung des Kindes beruhen oder genügt es, dass das Kind ohne die Tathandlung später gestorben wäre?) vgl. MK-*Gropp* § 218 Rn. 18 ff; NK-*Merkel* § 218 Rn. 70 ff; SK-*Rogall* § 218 Rn. 14 f.

2 BGHSt 31, 348 (252); offengelassen nunmehr in BGH NStZ 2008, 393 (394 f: zumindest bei einem Abstand von 16 Tagen zum Eingriff sei der zeitliche Zshg. noch gewahrt).

3 S. etwa MK-*Gropp* § 218 Rn. 20.

Zwischen der durch »Sich-Bemächtigen« geschaffenen Zwangslage (»Bemächtigungslage«) und der beabsichtigten Nötigung/Erpressung muss ein »*funktionaler und zeitlicher Zusammenhang*« derart bestehen, dass der Täter das Opfer – oder einen Dritten – noch **während des Bestehens** der »Bemächtigungslage« zu einem bestimmten Verhalten zwingen will (→ Rn. 455).

Literatur: LK-*Schluckebier* § 239a Rn. 7 ff, 16 ff; *S/S/Eisele* § 239a Rn. 7, 13 ff. **Einführend:** *W/Hillenkamp* Rn. 741 ff. **Monographisch:** *Brambach*, Probleme der Tatbestände des erpresserischen Menschenraubes und der Geiselnahme, 2000; *Immel*, Die Gefährdung von Leben und Leib durch Geiselnahme, 2001; *Zschieschack*, Geiselnahme und erpresserischer Menschenraub im Zwei-Personen-Verhältnis, 2001.

Rechtsprechung Grundlegend: BGHSt 40, 350 ff. **Beispielhaft:** Zum Zwei-Personen-Verhältnis die Nachweise in → Rn. 454; zum Nötigungs-/Erpressungserfolg *während* der Bemächtigunglage die Nachweise in → Rn. 455.

BGH NStZ 1999, 509: „Ein Sichbemächtigen i.S. des § 239a StGB liegt vor, wenn der Täter die *physische Herrschaft* über einen anderen erlangt, wobei weder eine Ortsveränderung erforderlich ist noch der Tatbestand der Freiheitsberaubung erfüllt sein muss…Bestimmte Mittel der Bemächtigung sind gesetzlich nicht vorgeschrieben. Es genügt z.B. die Bedrohung mit einer ungeladenen Schusswaffe … oder einer Pistolenattrappe, wenn der Täter dadurch die Verfügungsgewalt über den Körper eines anderen begründet… Erforderlich ist [ferner] ein *funktionaler Zusammenhang* zwischen dem ersten, objektiv verwirklichten Teilakt des … Sichbemächtigens und dem zweiten, in die Vorstellung des Täters verlagerten Teilakt der angestrebten weitergehenden Nötigung bzw. Erpressung."

Erläuterungen

I. Die Problematik bei Zwei-Personen-Verhältnissen

Seit 1989 hat der Gesetzgeber den Erpressungs- bzw. Nötigungsschutz der §§ 239a, 239b StGB auch auf das *Opfer* des »Sich-Bemächtigens« – und »Entführens« – erstreckt und damit die ursprüngliche »Dreiecksstruktur« (Drei-Personen-Verhältnis: Täter, entführtes Opfer, Erpresster/Genötigter) dieser Delikte aufgegeben. Außerdem wurden die Strafdrohungen erheblich verschärft. Der Gesetzgeber hat die Tatbestände erweitert, um durch die Geiselnahmedelikte auch Fälle zu erfassen, in denen z.B. Politiker als Geiseln genommen werden, damit sie unter Nötigungszwang etwa eine Erklärung abgeben oder die Freilassung von Gefangenen (Terroristen!) veranlassen sollen. Nicht recht bedacht wurde bei dieser Änderung aber die Frage, wie das Verhältnis zu den »klassischen« Nötigungsdelikten (insb. räuberische Erpressung, Vergewaltigung, sexuelle Nötigung und Raub) beschaffen ist, wenn ein »Sich-Bemächtigen« im »Zwei-Personen-Verhältnis« vorliegt. Bejaht man z.B. ein »Sich-Bemächtigen« beim Vorhalten und Bedrohen mit einer Schusswaffe, so könnte in jeder versuchten räuberischen Erpressung oder in jedem versuchten Raub bereits ein vollendeter erpresserischer Menschenraub liegen, da der Täter sich einer Person bemächtigt hat, die er in dieser Bemächtigungslage auch erpressen will. Zu diesem Problem sind in einer unübersichtlichen Rechtsprechung zahlreiche Entscheidungen des BGH ergangen.[1] **452**

1 S. *Brambach*, Probleme, S. 180; *Fischer* § 239a Rn. 6 ff; *Zschieschack*, Geiselnahme, S. 37 ff.

II. Die Entwicklung der Rechtsprechung

1. Anfängliche Einschränkungsversuche (»Außenwirkung«/»Opfersicht«)

453 Die Rechtsprechung hat die Lösung zunächst im Erfordernis einer sog. (erstrebten) »*Außenwirkung*« gesucht. So sollen die §§ 239a, 239b StGB aufgrund einschränkender Auslegung auf solche Fälle nicht anwendbar sein, in denen das Sich-Bemächtigen oder Entführen unmittelbares Nötigungsmittel z.B. einer räuberischen Erpressung ist und „eine über das hierdurch begründete unmittelbare Gewaltverhältnis zwischen Täter und Opfer *hinausreichende Außenwirkung* des abgenötigten Verhaltens nach der Vorstellung des Täters nicht eintreten soll".[2] Nach anderen Entscheidungen sollte dies jedoch nicht für Situationen gelten, bei denen „in einem Zwei-Personen-Verhältnis infolge einer Nötigungshandlung der Tod oder die schwere Körperverletzung des Opfers aus dessen Sicht unmittelbar bevorsteht".[3]

2. Die neuere Rechtsprechung (seit BGHSt 40, 350)

454 Der Große Senat des BGH hat jedoch in der zu § 239b I StGB ergangenen Entscheidung vom 22.11.1994[4] die bisher vorgeschlagenen Einschränkungskriterien (»Außenwirkung«, »Opfersicht«) *abgelehnt*, weil sie mit dem Gesetz nicht vereinbar seien. Im Ergebnis stellt die Entscheidung klar, dass die §§ 239a, 239b StGB für *Entführungsfälle* uneingeschränkt gelten. Für das »Sich-Bemächtigen« wird eine restriktive Auslegung befürwortet: Die Vorschriften sollen voraussetzen, dass der Täter beabsichtigt, die durch das Sich-Bemächtigen für das Opfer geschaffene Lage zu einer *weiteren Nötigung* durch qualifizierte Drohung *auszunutzen*, wobei die auszunutzende Opferlage „eine gewisse Stabilisierung" erfordere (»unvollkommen zweiaktiges Delikt« mit »funktionalem Zusammenhang« der Teilakte und »stabiler Zwischenlage«). Daran fehle es jedoch regelmäßig in Fällen, „in denen in unmittelbarem Zusammenhang mit dem Sich-Bemächtigen qualifizierte Drohungen in weitergehender Nötigungsabsicht eingesetzt werden", insbesondere dann, wenn eine Drohung „zugleich" dazu diene, „sich des Opfers zu bemächtigen und es in unmittelbarem Zusammenhang zu weitergehenden Handlungen oder Duldungen...zu nötigen". In solchen Fällen komme der Bemächtigungssituation nicht die in §§ 239a, 239b StGB vorausgesetzte „eigenständige Bedeutung" zu.

Dieser Standpunkt hat die Konsequenz, dass die Fälle ausscheiden, in denen das »Sich-Bemächtigen« faktisch allein in der Bedrohung besteht und keine davon substanziell unterscheidbare Opferlage schafft (wie etwa im genannten Beispiel [→ Rn. 452] des Bedrohens mit der Schusswaffe).[5] Eine »eigenständige« und hinreichend »stabilisierte« Bemächtigungslage soll allerdings schon gegeben sein, wenn der Täter sein Opfer durch *sukzessiv gesteigerte* Drohungen gegen dessen Leben in

---

2 BGHSt 39, 36 (38 ff – für das Sich-Bemächtigen) mit abl. Bspr. *Renzikowski* JZ 1994, 492 (498 f); krit. auch *Tenckhoff/Baumann* JuS 1994, 836 ff; BGHSt 39, 330 (für das Entführen).

3 Vgl. z.B. BGHSt 40, 90 (93). Abl. zu BGHSt 39, 36 und 330 auch BGH NStZ 1994, 283 und 1994, 430 f (Vorlagebeschluss an den Großen Senat).

4 BGHSt 40, 350 (357 ff) mit krit. Bspr. *Müller-Dietz* JuS 1996, 110 (114 ff) und *Renzikowski* JR 1995, 349 f.

5 Vgl. zur nachfolgenden Rspr. z.B. BGH NStZ 1999, 509; NStZ-RR 2006, 141 (142); zuletzt NStZ 2014, 38.

Schach hält.[6] Mit der »eigenständigen Bedeutung« der Bemächtigungslage sei nämlich *lediglich* „gemeint, dass über die in jeder … Nötigungshandlung liegende Beherrschungssituation hinaus eine *weitergehende* Druckwirkung auf das Opfer sich gerade auch aus der *stabilisierten* Bemächtigungslage ergeben und der Täter beabsichtigen muss, die durch das Sich-Bemächtigen des Opfers geschaffene Lage für sein *weiteres* erpresserisches Vorgehen auszunutzen".[7] Dies sei nicht der Fall, „wenn sich der Täter des Opfers durch Nötigungsmittel bemächtigt, die *zugleich unmittelbar* der beabsichtigten Erpressung dienen, wenn also Bemächtigungs- und Nötigungsmittel *zusammenfallen*".[8] Auch beim *Drei-Personen-Verhältnis* wird von der Rechtsprechung inzwischen eine »gewisse Stabilisierung« der Bemächtigungslage verlangt.[9] Ist das Opfer bereits von Dritten entführt, so soll der Täter eine eigenständige Bemächtigungslage begründen, wenn er „die Situation des Opfers qualitativ ändert und über das Fortbestehen der Bemächtigungslage nunmehr maßgeblich selbst bestimmt".[10]

Die Rechtsprechung verlangt außerdem (!) einen *zeitlich*-funktionalen Zusammenhang zwischen der Bemächtigungslage und der angestrebten Nötigung bzw. Erpressung; dies gilt *nicht nur* bei einem Zwei-Personen-Verhältnis: Der Täter müsse das Opfer – oder einen Dritten – »während der Dauer« der Zwangslage nötigen/erpressen wollen, also in einer Situation, in der er die Drohung jederzeit realisieren kann. Solle nach dem Tatplan die erzwungene »Leistung« erst *später*, außerhalb der Bemächtigungslage erbracht werden, so reiche dies nicht aus;[11] allerdings genüge bereits eine »Teilleistung« in Form einer abgenötigten Handlung, die gegenüber dem erstrebten Endzweck selbstständige Bedeutung habe.[12] In der Konsequenz bedeutet dies, dass der Zusammenhang nicht vorliegt, wenn der Verhaltenszwang erst *nach Abschluss* der »Bemächtigungslage« wirksam werden soll. **455**

Bei einem Drei-Personen-Verhältnis erfordere der funktionale Zusammenhang die Vorstellung des Täters, dass der Nötigungsadressat das abgenötigte Verhalten in Kenntnis der Bemächtigungslage des Opfers und *gerade wegen* dieser Lage vornehmen soll.[13]

---

6 BGH NJW 1997, 1082 f (mit zwei Waffen); NStZ 2003, 604 (längeres Bedrohen mit dem Messer); NStZ-RR 2004, 333 f (Bedrohung und Verletzung mit dem Messer); 2010, 47 (Fesselung des Opfers und weitere Misshandlungen).

7 BGH NStZ 2006, 448 f; 2007, 32.

8 BGH NStZ 2007, 32; StraFo 2012, 153 (154); zuletzt BGH BeckRS 2014, 07299.

9 BGH NStZ 1999, 509; 2002, 31 (32); jew. im Anschluss an BGHSt 40, 350 (359). Vgl. dazu *Fischer* § 239a Rn. 8b; *Immel* NStZ 2001, 67 ff; *Renzikowski* StV 1999, 647 (648 ff); *S/S/Eisele* § 239a Rn. 13c.

10 So BGH NStZ 2014, 316 (317) im Anschluss an MK-*Renzikowski* § 239a Rn. 34, 60 (Machtübernahme).

11 BGHSt 40, 350 (355); BGH NStZ 1996, 277; 2006, 36 (37 – auch zur »Entführung«); StV 2007, 354 f.

12 BGH NJW 1997, 1082 f (Ehrenwort); StV 2008, 249 (nicht bei freiwillig erbrachter Entschuldigung); NStZ 2014, 38 (nicht das Erdulden der weiteren Bemächtigung); 2014, 316 (317 – Schuldanerkenntnis).

13 BGH NStZ-RR 1997, 100.

III. Bemerkungen zum Problem

456 Legt man die neuere Rechtsprechung zugrunde,[14] so dürfte für die Anwendung der §§ 239a, 239b StGB erforderlich sein, dass sich der Täter des Opfers »bemächtigt«, um eine Situation (»eigenständige Bemächtigungslage«) zu schaffen, auf deren *Grundlage* er – nach Abschluss des eigentlichen Bemächtigungsakts, aber noch vor Beendigung der Bemächtigungssituation – das Opfer durch ein *weiteres Verhalten* erpressen bzw. nötigen will. Eine solche »Selbstständigkeit« der intendierten Bemächtigungssituation gegenüber der angestrebten Erpressung/Nötigung, die der »Bemächtigung« ein eigenes – der »Entführung« vergleichbares – Unwertgewicht verleiht, wird man nur bejahen können, wenn die Erpressung/Nötigung nicht zugleich der Aufrechterhaltung der Bemächtigungslage dienen soll, sondern davon deutlich unterscheidbar ist. Zu fragen wäre danach, ob die Bemächtigungslage *bestehen* bliebe, wenn die angestrebte Erpressungs- bzw. Nötigungshandlung *entfiele* (hinweggedacht würde): Entfällt mit dem Nötigungsmittel (z.B. Vorhalten einer Waffe) zugleich schon die – insoweit »instabile« – Bemächtigungssituation, wie etwa bei normaler räuberischer Erpressung oder beim typischen Raub, so sind die §§ 239a, 239b StGB mangels »Selbstständigkeit« und »Stabilisierung« der Bemächtigungslage nicht anwendbar.[15] Diese Einschränkung dürfte freilich nur über den *subjektiven* Tatbestand zu erreichen sein, d.h. durch Verneinung der spezifischen »Ausnutzungsabsicht«, da objektiv ein »Sich-Bemächtigen« nicht verneint werden kann.[16]

457 Die Literatur hat der Rechtsprechung bisher nur vereinzelt eigene Vorschläge zur Tatbestandseinschränkung entgegengesetzt:[17] So soll der Täter eine vom weiteren Nötigungsverhalten unabhängige Bemächtigungslage durch *»vis absoluta«* begründen bzw. eine »stabile« Bemächtigungssituation zwecks Erzwingung zusätzlichen *aktiven* Opferverhaltens schaffen.[18] Andere verlangen eine Bemächtigungslage mit »notwendiger« Opfermitwirkung zur Herbeiführung des Nötigungserfolges bzw. eine Bemächtigung mit Bereitschaft des Täters zur *Realisierung* der Drohung.[19] Gefordert wird auch eine echte (nicht notwendig zeitliche) »Zweiaktigkeit« des Verhaltens i.S. zweier materieller Handlungen, während die bloß »kurzzeitige Machtausübung« generell ausgeklammert werden soll.[20] Zum Teil wird auch ein »Sich-Bemächtigen« durch bloße *Täuschung* (Vorhalten einer Scheinwaffe) als nicht ausreichend angesehen.[21]

Sich-Entfernen (vom Unfallort) – § 142 I, II StGB

Vgl. **Unfallort, Sich-Entfernen vom** → Rn. 511.

---

14 Krit. insb. *Fischer* § 239a Rn. 8a ff; MK-*Renzikowski* § 239a Rn. 55 ff; *Satzger* Jura 2007, 114 (119); zust. *Rengier*, BT 2, § 24 Rn. 16 ff.

15 In dieser Richtung auch *Elsner* JuS 2006, 784 (786); *Kindhäuser* § 239a Rn. 27; NK-*Sonnen* § 239a Rn. 31; *Zöller* JA 2000, 476 (481); missverständlich *Satzger* Jura 2007, 114 (119).

16 Vgl. *Rengier*, BT 2, § 24 Rn. 21; so auch BGH NStZ-RR 2009, 16 f.

17 Übersicht und Kritik dazu bei *S/S/Eisele* § 239a Rn. 13c.

18 *Brambach*, Probleme, S. 192 ff bzw. *B. Heinrich* NStZ 1997, 365 (369 f).

19 *Zschieschack*, Geiselnahme, S. 171 f bzw. *Rheinländer*, Erpresserischer Menschenraub und Geiselnahme, 2000, S. 193 ff.

20 *Gössel/Dölling*, BT 1, § 20 Rn. 40 bzw. *Immel*, Gefährdung, S. 218 ff, 382.

21 *Fischer* § 239a Rn. 4c f; MK-*Renzikowski* § 239a Rn. 33.

Sich-verborgen-Halten – §§ 243 I 2 Nr. 1, 244 I Nr. 3 StGB

Der Täter »hält sich« in dem umschlossenen Raum »verborgen«, wenn er sich – zur Ausführung des Diebstahls – in dem Raum *unberechtigt* derart aufhält, dass er **Vorkehrungen gegen ein Bemerktwerden** trifft oder getroffen hat. **458**

Literatur: LK-*Vogel* § 243 Rn. 18, 27; MK-*Schmitz* § 243 Rn. 11, 31; NK-*Kindhäuser* § 243 Rn. 18.

Rechtsprechung Grundlegend: RGSt 32, 310 (311 f); OLG Hamm MDR 1976, 155.

RGSt 32, 310 (311): „Es handelt sich … nicht um die Art und Weise, in welcher der Dieb die fremden Sachen *wegnimmt*, sondern um sein *voraufgehendes* Verhalten, durch das er sich die Ausführung der Tat erleichtert oder ermöglicht… Wer sich verbirgt, muß sich da aufhalten, wo man ihn nicht erwarten darf und die Örtlichkeit ihn dem Gesehenwerden entzieht. Gewöhnlich wird das so ausgedrückt, daß zum Verbergen der Aufenthalt an einem Ort gehöre, dessen Benutzung dem Thäter nicht freistehe."

Hinweise: Unerheblich ist, ob der Täter berechtigt oder unberechtigt in den Raum *hineingelangt* ist. Maßgeblich ist, dass er im *Tatzeitpunkt* (also beim Sich-Verbergen): **459**

1. keine Berechtigung zur Anwesenheit (mehr) hat,
2. Vorkehrungen gegen ein Bemerktwerden getroffen hat[1] und
3. bereits zu diesem Zeitpunkt auch den Tatentschluss zum Diebstahl aufweist.

Letzteres ist umstritten, da der Wortlaut auch so verstanden werden kann, dass ein Handeln zur Ausführung der Tat nur beim Einbrechen, Einsteigen und Eindringen vorliegen muss.[2] Für die h.M. spricht indes die Erforderlichkeit einer Gleichwertigkeit der Varianten des § 243 I 2 Nr. 1 (§ 244 I Nr. 3) StGB: Der Täter muss bereits bei Überwindung des Gewahrsamsschutzes in entsprechender Absicht handeln, um gerade die Schwere des Diebstahls zu erhöhen.[3]

Der Raum, in dem der Täter »sich verborgen hält«, braucht mit dem Raum, in dem die Tat ausgeführt werden soll, nicht identisch zu sein; freilich müssen sich die Räume – damit die durch das Sich-Verbergen ausgeschaltete Gewahrsamssicherung betroffen ist – im selben Gebäude befinden.

Sich-Verschaffen, einem Dritten Verschaffen (»Erwerbshehlerei«) – § 259 I StGB

»Sich-Verschaffen« ist bewusst-gewollter Erwerb der **tatsächlichen Verfügungsgewalt** über die Sache (»Sachherrschaft«) **zu eigenen Zwecken** und im **einverständlichen Zusammenwirken** mit dem Vortäter oder sonstigen Vorbesitzer. **460**

---

1 Derjenige, der offen im Raum verbleibt, was dann aber bei Schließung des Geschäfts etc. niemandem auffällt, verbirgt sich nicht.

2 So *M/Schroeder*, BT 1, § 33 III Rn. 86, der deshalb auch den Fall erfassen will, dass sich der Täter zu anderen Zwecken verborgen hat und sich erst später zur Tat entschließt.

3 MK-*Schmitz* § 243 Rn. 11; *W/Hillenkamp* Rn. 232.

»Zu eigenen Zwecken« wird die Verfügungsgewalt erworben, wenn die Übernahme darauf angelegt ist, die Sache faktisch dem eigenen Vermögen einzuverleiben (Begründung *»eigentümergleicher Verfügungsgewalt«*, »Zueignung« der Sache → Rn. 466 f).
Die »Verfügungsgewalt« setzt regelmäßig, aber nicht notwendig, den unmittelbaren Besitz der Sache voraus; der Erwerb mittelbaren Besitzes oder einer ihm entsprechenden Sachherrschaft genügt, wenn dadurch die Möglichkeit begründet wird, über die Sache zu eigenen Zwecken zu verfügen (zur Mitverfügungsgewalt → Rn. 463, zum Mitverzehr → Rn. 464, zum Pfand-/Gepäckschein → Rn. 465).
»Einverständliches Zusammenwirken« mit dem Vortäter/Vorbesitzer ist gegeben, wenn sich das Einvernehmen auf die Übertragung der eigentümergleichen Verfügungsgewalt an den Erwerber bezieht (→ Rn. 468) und im Zeitpunkt der Begründung dieser Verfügungsgewalt noch fortbesteht (sog. »abgeleiteter« oder »derivativer« Erwerb des Hehlers); zum durch *Täuschung* oder *Drohung* beeinflussten Einvernehmen → Rn. 469 f.

»Einem Dritten Verschaffen« meint die **Begründung fremder Verfügungsgewalt** – ohne Erwerb der eigenen – durch **selbstständiges**, weisungsunabhängiges Handeln (→ Rn. 462) in fremdem oder eigenem Interesse: z.B. fremdnützige Begründung von Verfügungsgewalt für den Geschäftsherrn, Betriebsinhaber oder Ehegatten; Vermittlung der Verfügungsgewalt als »Zwischenhändler« ohne eigene Besitzerlangung. Auf die Gut- oder Bösgläubigkeit des »Dritten« kommt es nicht an.

Literatur: LK-*Walter* § 259 Rn. 34 ff; MK-*Maier* § 259 Rn. 67 ff. **Einführend:** *W/Hillenkamp* Rn. 845 ff.

Rechtsprechung Grundlegend: RGSt 55, 58; BGHSt 13, 403 (405 – abgeschlossene Vortat); 15, 53 (56 – Sich-Verschaffen als Zueignungsakt); 35, 172 (175 – Verfügungsgewalt); 42, 196 (197 – einverständliches Zusammenwirken). **Beispielhaft:** BGH NJW 1958, 1244 (Bargeld als Darlehen); NStZ-RR 2005, 373 (Abgrenzung zur Absatzhilfe); NStZ 2014, 577 (Verhältnis Sich-Verschaffen und Absetzen); OLG Düsseldorf NJW 1978, 713 (gutgläubiger Vorbesitzer) mit krit. Anm. *Paeffgen* JR 1978, 466 f; s. auch die Nachweise in → Rn. 463 ff und Rn. 474.

RGSt 55, 58: Zum Sich-Verschaffen (früher Ansichbringen) „gehört ein auf gegenseitiger Willensübereinstimmung beruhender Erwerb der tatsächlichen Verfügungsgewalt zu ihrer Ausübung derart, daß es dem Empfänger der Sache ermöglicht wird, über sie wie über *seine eigene* und zu seinen *eigenen Zwecken* zu verfügen."

BGHSt 15, 53 (56): „Der abgeleitete Erwerb der Verfügungsgewalt mit der Folge, daß man mit der Sache wie ein Eigentümer verfahren *kann*, genügt für das Merkmal des Ansichbringens [Sich-Verschaffens] noch nicht. Es muß eine Verfügungsgewalt ›zu eigenen Zwecken‹ in dem Sinne gewollt sein, daß die Sache ihrem wirtschaftlichen Werte nach übernommen wird. Das RG hat dem wiederholt durch den Hinweis Ausdruck gegeben, daß … die Absicht des Täters dahin gehe, über die Sache *als eigene* zu verfügen, sie sich zuzueignen… Daraus folgt aber, daß das Ansichbringen ein *Zueignungsakt* ist."

BGHSt 42, 196 (197 f): „Ein tatbestandsmäßiges ›Sich-Verschaffen‹ ist nur dann gegeben, wenn der Täter die eigene Verfügungsgewalt an der Sache im *Einverständnis* mit dem Vortäter herstellt… Die Vorschrift stellt als typischen Fall des hehlerischen Sich-Verschaffens zunächst ihr Ankaufen unter Strafdrohung und erstreckt diese dann, wie die Wendung ›oder sonst‹ belegt, auf vergleichbare Fälle des *abgeleiteten* Erwerbs. Dem ›Ankaufen‹ vergleichbar ist das sonstige Verschaffen aber nur dann, wenn es *nicht gegen* den Willen des Vortäters erfolgt… Hehlerei ist Aufrechterhaltung des durch die Vortat geschaffenen rechtswidrigen Vermögenszustandes durch *einverständliches Zusammenwirken* mit dem Vortäter. In dem Zusammenwirken von Vortäter und Hehler besteht der innere Zusammenhang mit der Vortat, der nach ständiger Rechtsprechung … für die Hehlerei in allen ihren Begehungsformen – auch für das Sich-Verschaffen – erforderlich ist.“

Erläuterungen

I. Grundsätzliches

1. Die Struktur der »Erwerbshehlerei«

Die Hehlerei in den Erscheinungsformen der beiden »Verschaffungs«-Varianten lässt sich – im Unterschied zum Komplex der »Absatz-« oder »Verwertungshehlerei« – schlagwortartig als »*Erwerbshehlerei*« bezeichnen: Es geht jeweils um Formen des Sacherwerbs durch Begründung eigener oder fremder Verfügungsgewalt, die materiell einen »*Zueignungsakt*« des Hehlers enthalten (»Selbstzueignung«/»Drittzueignung«). Mit dieser Begründung »eigentümerähnlicher Verfügungsgewalt« (Anmaßung der Eigentümerposition) wird die durch die Vortat geschaffene rechtswidrige Vermögenslage – besser: rechtswidrige *Besitzlage* – »perpetuiert« (fortgesetzt), d.h. regelmäßig zum Nachteil des Geschädigten in der Person des Erwerbers *aufrechterhalten* und verfestigt: sog. »Aufrechterhaltungs-« oder »Perpetuierungstheorie«.[1] Von diesem Ausgangspunkt aus wird in der Perpetuierung der rechtswidrigen Besitzlage eine abstrakte Gefährdung des Vermögens gesehen (Hehlerei als abstraktes Vermögensgefährdungsdelikt).[2] **461**

Die Erwerbshehlerei kennzeichnet sich damit durch einen »*perpetuierenden Zueignungsakt*« in Form der Begründung von Sachherrschaft (Verfügungsgewalt). Dieser Zueignungsakt muss im »einverständlichen Zusammenwirken« – Einvernehmen – mit einem Vorbesitzer der Sache, der nicht unbedingt »Vor*täter*« zu sein braucht (→ Rn. 468), quasi-rechtsgeschäftlich vollzogen werden: sog. »derivativer [abgeleiteter] Erwerb«.

Das »Ankaufen« ist nur *gesetzliches Beispiel* (Unterfall, Modalität) für das »Sich-Verschaffen« oder »Einem Dritten Verschaffen«, deren Voraussetzungen (Zueignung, Einvernehmen etc.) jeweils *zusätzlich* vorliegen müssen; so reicht der Abschluss eines schuldrechtlichen Kaufvertrages allein nicht aus.[3]

2. Die Funktion des Merkmals »Drittverschaffung«

Vor der Neufassung des Tatbestandes (1974) war die Erwerbshehlerei einheitlich als »Ansichbringen« formuliert, ergänzt durch das Beispiel des »Ankaufens«. Diese auf den Erwerb »eigener« Verfügungsgewalt zugeschnittene, reflexive Formulierung **462**

---

1 Vgl. *L/Kühl* § 259 Rn. 1; LK-*Walter* § 259 Rn. 4; krit. zur Perpetuierungstheorie insb. *Altenhain*, Das Anschlußdelikt, 2002, S. 197 ff, 246 ff, *Miehe*, Honig-FS, 1970, S. 91 (99 ff); Antikritik u.a. bei *Roth* JA 1988, 193 (195 ff).

2 *Arzt* NStZ 1981, 10 f; *Küper*, Stree/Wessels-FS, 1993, S. 467 (487); krit. *Hörnle*, Schroeder-FS, 2006, S. 477 (485 f).

3 RGSt 17, 59 (60 f); *S/S/Hecker* § 259 Rn. 26 m.w.N.

(»sich«) hatte Auslegungsschwierigkeiten bereitet, wenn der Täter Verfügungsgewalt für einen *anderen* begründete – insbesondere für einen möglicherweise gutgläubigen Dritten – und dabei die Erlangung *eigener* Verfügungsgewalt zumindest zweifelhaft war (sog. »Hehlerei des Gewerbegehilfen«). Entgegen der strengeren Rechtsprechung des RG, das für ein »Ansichbringen« *eigene* Verfügungsgewalt verlangte,[4] hatte der BGH solche Fälle in den Tatbestand einbezogen, obwohl dies mit dem Wortlaut nur schwer vereinbar war.[5]

Mit der Ergänzung des »Sich-Verschaffens« durch die Wendung »einem Dritten verschafft« in der Neufassung des § 259 StGB sollte dieser Auslegung eine »sichere gesetzliche Grundlage« gegeben und *klargestellt* werden, dass die Erwerbshehlerei nicht unbedingt *eigene* Verfügungsgewalt des Hehlers voraussetzt.[6] Die Alternative der »Drittverschaffung« – als fremdnützige Erwerbshehlerei – muss dann freilich, im Anschluss an die frühere BGH-Rechtsprechung, wiederum einschränkend ausgelegt werden, damit nicht auch die bloße *Beihilfe* zu einem »Sich-Verschaffen« des *Erwerbers* unter diese Täterschaftsform fällt: »Drittverschaffung« erfordert deshalb eine *eigenständige*, nicht bloß weisungsabhängige Begründung fremder Verfügungsgewalt.[7]

II. Die hehlerische Verfügungsgewalt

1. Mitverfügungsgewalt (neben dem Vortäter)

463 Für das »Sich-Verschaffen« reicht der Erwerb von *»Mitverfügungsgewalt«* – gemeinsame Verfügungsmacht mehrerer Personen – grundsätzlich aus. Die »Mitverfügungsgewalt« des Erwerbers muss jedoch von derjenigen des Vortäters (Vorbesitzers) *unabhängig* sein. Soweit dem Vortäter/Vorbesitzer noch eine gewisse Verfügungsmacht verbleibt, ist dies in der Rechtsprechung gelegentlich nicht als ausreichend für das »Sich-Verschaffen« angesehen worden: Der Vortäter müsse „jede Möglichkeit verlier[en], auf die Sache einzuwirken".[8] Demgegenüber wird im Schrifttum durchweg betont, dass ein *Verlust* der Verfügungsgewalt des Vortäters (Vorbesitzers) nicht unbedingt notwendig sei, sofern nur der Erwerber *unabhängig* von dessen Mitverfügungsgewalt und Willen *selbstständig* über die Sache verfügen könne.[9]

Diese Sicht hat auch der BGH geteilt: „Der Vortäter muß sich der Sache ... entäußert und die Verfügungsgewalt auf den Hehler übertragen haben, so daß dieser nach eigenem Gutdünken mit ihr verfahren kann... Wird dem Täter ... vom Vortäter lediglich Mitgewahrsam eingeräumt und erwirbt dieser dabei ›Mitverfügungsbefugnis‹, so liegt darin nicht ohne weiteres ein hehlerischer Erwerb. Vielmehr muß danach unterschieden werden, ob die gemeinsame Berechtigung darin besteht, daß beide nur *gemeinschaftlich* über die Sache verfügen können, oder ob jeder für sich unter *Ausschluß des anderen Teils* verfügungsberechtigt sein soll. Im ersteren Fall scheidet Hehlerei in der Form des Sichverschaffens aus... Da der andere Teil mitspracheberechtigt ist, fehlt es an der für den Hehlereitatbestand wesentlichen Perpetuierung des rechts-

---

4 RGSt 55, 220 f; 64, 21 (22).

5 Z.B. in BGHSt 2, 262 (266 f); 2, 355 (357).

6 Vgl. *L/Kühl* § 259 Rn. 9.

7 Vgl. NK-*Altenhain* § 259 Rn. 43; *S/S/Hecker* § 259 Rn. 23 f; eingehend zur fremdnützigen Hehlerei *Arzt* JA 1979, 574 ff.

8 BGHSt 27, 160 (163); ebenso BGH NStZ 1992, 36; NStZ-RR 2005, 236; OLG Stuttgart NJW 1973, 1385 (1386) mit krit. Anm. *Kraemer/Ringwald*, S. 1387.

9 Vgl. *Lenckner* JZ 1973, 794 (797); NK-*Altenhain* § 259 Rn. 37; *W/Hillenkamp* Rn. 849 f.

widrigen Vermögenszustandes. Diese liegt im Falle der Mitverfügungsbefugnis von Vortäter und Erwerber vielmehr nur dann vor, wenn beide Teile übereinkommen, daß jeder für sich allein, der Erwerber also *unabhängig* vom Willen des Vortäters, über die Sache verfügen kann."[10]

2. Mitverzehren

Traditionell umstritten ist, ob im bloßen *Mitverzehren* (Mitverbrauchen, »Mitverprassen« [RG]) von Lebens- oder Genussmitteln ein hehlerisches »Sich-Verschaffen« gesehen werden kann. Die Rechtsprechung und die h.M. haben dies von jeher grundsätzlich *abgelehnt*, weil der zum bloßen »Mitgenuss« Eingeladene regelmäßig keine echte, vom »Gastgeber« unabhängige Verfügungs- oder Mitverfügungsgewalt erlange.[11] Ähnlich verhalte es sich bei demjenigen, der z.B. gestohlene Gegenstände im gemeinsamen Haushalt verbrauche. Dabei werden allerdings gewisse Ausnahmen anerkannt (Anlegen eines »Vorrats«, Überschreitung des »laufenden Bedarfs«).[12] Gegen diese Auffassung streitet freilich das an den früheren Wortlaut anknüpfende Argument: „Das ›Insichbringen‹ ist die stärkste Form des ›Ansichbringens‹". Es gebe nämlich keine deutlichere Art der hehlerischen Perpetuierung als den bestimmungsgemäßen Verbrauch zu eigenen Zwecken, und eine ausreichende »Verfügungsgewalt« über die verzehrten Lebensmittel lasse sich ebenfalls nicht leugnen.[13] **464**

3. Legitimationspapiere

Ob der Erwerb eines *Legitimationspapiers*, insbesondere eines »Pfandscheins«, zur Erlangung der Verfügungsgewalt über die noch in fremdem Besitz befindliche Sache (Pfandgegenstand) ausreicht, wurde früher in der Rechtsprechung kontrovers beurteilt. Nach Ansicht des BGH liegt beim Pfandschein ein »Sich-Verschaffen« in Form des Erwerbs mittelbaren Besitzes dann vor, „wenn dem Täter durch die Übergabe der Urkunde ermöglicht werden soll, über den verpfändeten Gegenstand zu eigenem Nutzen zu verfügen".[14] Diese Auffassung, die auch der h.M. im Schrifttum entspricht, wird allerdings unter Hinweis darauf bestritten, dass der Pfandschein nur eine »potenzielle Verfügungsmacht« über die verpfändete Sache verschaffe.[15] **465**

III. Die Erwerbshehlerei als Zueignungsakt

Zu beachten ist bei der Erwerbshehlerei stets, dass die jeweilige Sache nicht nur rein *faktisch* in die Herrschaft oder Mitherrschaft des Hehlers – die »zweite Hand« – gelangt sein muss (was allerdings für den Erfolgseintritt des »Verschaffens« notwendig **466**

---

10 BGHSt 35, 172 (175 f); zuvor ähnlich BGHSt 33, 44 (46) mit Anm. *Arzt* JR 1985, 212; später ebenso BGH StV 1999, 604; vgl. auch BGH StV 2005, 87 (nur Gemeinschaftsbesitz bei Bandenmitgliedern).

11 Vgl. RGSt 9, 199 (200 – Wein); 55, 281 (282); BGHSt 9, 137 f (Mitverprassen gestohlenen Geldes auch keine Absatzhilfe); BGH NJW 1952, 734; NStZ 1992, 36 (Drogen); StV 1999, 604 (Möbel, Lebensmittel); *W/Hillenkamp* Rn. 852 m.w.N.

12 RGSt 39, 308 (310); MK-*Maier* § 259 Rn. 92 m.w.N.; s. auch BGH GA 1965, 374 (zwar kein Ansichbringen, aber Absatzhilfe).

13 Vgl. NK-*Altenhain* § 259 Rn. 33; *Roth* JA 1988, 193 (203); *S/S/Hecker* § 259 Rn. 22.

14 BGHSt 27, 160 (163 ff – gegen OLG Schleswig NJW 1975, 2217 f) mit zust. Anm. *Meyer* JR 1978, 253 ff; ebenso zuvor RGSt 70, 37 gegen RGSt 23, 27 (28 f).

15 Z.B. von *Schall* NJW 1977, 2221 f (unzulässige »Ersatzhehlerei«). Näher zum Problem mit Aufbereitung der Argumente und w.N. *Hillenkamp*, BT, Problem Nr. 39; eingehend *Roth* JA 1988, 193 (202 f).

ist). Die »Verfügungsgewalt« muss vielmehr so geartet sein, dass man von einer »*Zueignung*« der Sache sprechen kann: erforderlich ist »eigentümergleiche Verfügungsgewalt«. Sie wird beim »Sich-Verschaffen« vom Hehler selbst erworben, bei der »Drittverschaffung« wird sie einem anderen vermittelt (»Drittzueignung«): „Die übertragene Verfügungsgewalt muss darauf angelegt sein, mit der Sache *zu eigenen Zwecken* zu verfahren, und zwar dergestalt, dass die Sache ihrem wirtschaftlichen Wert nach vom Hehler übernommen oder dem Dritten zugeleitet wird“.[16]

Aus diesem *Zueignungscharakter* erklärt sich, dass Erwerbsarten ausscheiden, denen mangels »Enteignung« oder »Aneignung« diese spezifische »Zueignungsqualität« fehlt: z.B. Verwahrung, Miete, Erwerb zur vorübergehenden Benutzung, zur bloßen Vernichtung, zur Rückgabe an den Berechtigten. Solche »nichtzueignenden« Erwerbsarten können allenfalls *nachträglich* zur Hehlerei werden, wenn der Täter den ursprünglichen »Fremdbesitz« – im Einverständnis mit dem Vorbesitzer – in »Eigenbesitz« und damit in eigentümergleiche Verfügungsgewalt umwandelt.[17]

467 Hat der Erwerber einer gestohlenen Sache einen fälligen *Anspruch* gegen den Bestohlenen (Eigentümer) auf Übereignung, so entspricht die Erwerbssituation einer Zueignung, deren »Rechtswidrigkeit« fehlt. Hier liegt deshalb ein »Sich-Verschaffen« nicht vor, weil keine *rechtswidrige* Besitzlage fortgesetzt, sondern eine im Ergebnis rechtmäßige Besitzlage hergestellt wird.[18]

Die Übernahme der Sache in sog. »*Verkaufskommission*«, d.h. zur Veräußerung für Rechnung und im maßgeblichen Interesse des Vortäters/Vorbesitzers, könnte an sich als Zueignungsakt des »Sich-Verschaffens« oder der »Drittverschaffung« erfasst werden; sie wird jedoch der speziellen Hehlereiform des »Absetzens« zugeordnet,[19] die für solche Fälle »selbstständiger« fremdnütziger Absatzförderung gedacht ist (→ Rn. 9).

IV. Das einverständliche Zusammenwirken

1. Die Ausgangssituation

468 Das sog. »einverständliche Zusammenwirken« (Einvernehmen) mit dem Vortäter oder sonstigen Vorbesitzer ist nach ganz h.L. und einhelliger Rechtsprechung ein notwendiges, »ungeschriebenes« Tatbestandsmerkmal der Hehlerei (»abgeleiteter« oder »derivativer« Erwerb des Hehlers). Es gilt nicht nur für die eigentliche Erwerbshehlerei – »Sich-Verschaffen«, »einem Dritten Verschaffen« –, sondern für *alle Hehlereiformen*, auch für die Absatzhehlerei. Im Beispielsfall des »Ankaufens« wird ein gesetzlicher Niederschlag dieses Erfordernisses gesehen. Das einschränkende [!] Tatbestandserfordernis dient dazu, den Erwerb durch *eigenmächtiges Handeln* (z.B. Diebstahl, Raub usw.) aus § 259 StGB auszuschließen und die Vorschrift auf Fälle zu be-

---

16 *S/S/Hecker* § 259 Rn. 17; ähnlich BGHSt 15, 53 (56 – daher nicht bei Übergabe zum Vernichten).

17 Vgl. z.B. RGSt 64, 326 (327); BGHSt 5, 47 (49); 15, 53 (58 f).

18 Vgl. *S/S/Hecker* § 259 Rn. 1; ähnlich *Roth* JA 1988, 258 (259 f: fehlende »Rechtswidrigkeit des Verschaffens«); abl. *Mitsch*, BT II/1, § 10 Rn. 63.

19 Vgl. z.B. RGSt 55, 58 f; BGHSt 27, 45 (47, 51); BGH NJW 1976, 1698 f; *W/Hillenkamp* Rn. 847; mit beachtlichen Gründen abw. (Verkaufskommission als Sich-Verschaffen) *Dencker*, Küper-FS, 2007, S. 9 ff.

schränken, in denen der Hehler mit dem Vorbesitzer quasi rechtsgeschäftlich zusammenwirkt; dadurch soll der »innere Zusammenhang« mit der Vortat hergestellt werden und die Hehlerei das ihr eigentümliche Gepräge als »Weiterführung des deliktischen Werkes des Vortäters« erhalten:[20] Derjenige, der den Vortäter bestiehlt, begründet eine weitere (neue) rechtswidrige Besitzlage, setzt aber die alte nicht fort.

Ein »kollusives« Zusammenwirken in dem Sinn, dass auf beiden Seiten Unrechtsbewusstsein vorliegt, ist nicht erforderlich.[21] Es reicht ein konkludent erteiltes Einverständnis,[22] ein »faktisches Einvernehmen« aus, das sich bei der Erwerbshehlerei auf die Erlangung oder Vermittlung der »eigentümergleichen Verfügungsgewalt« bezieht, im Zeitpunkt des »Verschaffens« noch fortbesteht und auch nachträglich – z.B. bei Übernahme der Sache zunächst nur zur Verwahrung – zwischen den Beteiligten hergestellt werden kann. Dabei genügt das Zusammenwirken mit einem *gutgläubigen Vorbesitzer*, dem der Vortäter die Sache überlassen hat,[23] es sei denn, dieser hat bereits *unanfechtbares* Eigentum erworben, so dass durch den Erwerb keine *rechtswidrige* Besitzlage (→ Rn. 472) mehr »perpetuiert« wird.

2. Zusammenwirken, Perpetuierung und Gefährlichkeit

a) Grundsätzliches Im Schrifttum ist das »einverständliche Zusammenwirken« als notwendiges Hehlereierfordernis in neuerer Zeit ins Zwielicht geraten, weil es mit der »Perpetuierungstheorie« *allein* offenbar nicht erklärt werden könne: Auch der Dieb, der seinerseits dem Dieb die gestohlene Sache – in Kenntnis der Vortat – eigenmächtig wegnimmt, knüpft in gewisser Weise an die rechtswidrige Besitzlage an. Es ist daher vorgeschlagen worden, auf das Erfordernis des »einverständlichen Zusammenwirkens« überhaupt zu *verzichten*.[24] Diese Auffassung hat sich aber bisher nicht durchsetzen können; eine fundierte Diskussion des Vorschlags steht noch aus. **469**

Um die Notwendigkeit des »einverständlichen Zusammenwirkens« besser erklären zu können, wird im Schrifttum auf einen »*zweiten Strafgrund*« der Hehlerei – neben dem Perpetuierungsgedanken – zurückgegriffen: den »*Gefährlichkeitsaspekt*« oder die »Bedrohung allgemeiner Sicherheitsinteressen«.[25] Danach ist das spezifische Unrecht der Hehlerei *auch* darin begründet, dass der Hehler mit seiner Bereitschaft zur Übernahme oder zum Absatz der Vortatbeute einen »Anreizfaktor« für die Begehung von Vermögensdelikten bilde. Ein solcher gefährlicher »Anreiz« werde aber durch den *eigenmächtigen Zugriff* des »Erwerbers« gerade *nicht* geschaffen. „Einen Anreiz für potentielle Vermögensstraftäter … kann das Sich-Verschaffen oder Absetzen der Deliktsbeute von vornherein nur dann bilden, wenn es auch dem Willen des Vortäters

---

20 *Stree* GA 1961, 33 (36 f); BGHSt 42, 196 (198, oben zitiert → Rn. 460); jew. m.w.N.

21 *W/Hillenkamp* Rn. 846 m.w.N.; anders *Kindhäuser* § 259 Rn. 19.

22 Str. ist, ob ein »*mutmaßliches* Einverständnis« des Vortäters ausreicht; bejahend: *M/Maiwald*, BT 1, § 39 II Rn. 24, SK-*Hoyer* § 259 Rn. 34; anders: RGSt 57, 203 (204), BGH NJW 1955, 350 (351), NK-*Altenhain* § 259 Rn. 29.

23 Vgl. *S/S/Hecker* § 259 Rn. 37 m.w.N.; anders *Miehe*, Honig-FS, 1970, S. 111; SK-*Hoyer* § 259 Rn. 32: Einvernehmen mit dem »Vor*täter*« erforderlich.

24 *Hruschka* JR 1980, 221 f; *Roth* JA 1988, 193 (206 f); eingehend *Wagner* ZJS 2010, 17 ff; krit. *Otto* Jura 1988, 606 (607 f).

25 *S/S/Hecker* § 259 Rn. 3; *Kindhäuser* § 259 Rn. 1; jew. m.w.N. Zur *Kritik* der »Gefährlichkeitstheorie« eingehend: *Altenhain*, Das Anschlußdelikt, 2002, S. 246 f i.V.m. 237 ff, *Roth* JA 1988, 193 (195 ff).

entspricht. Niemand wird sich zur Begehung einer Vermögensstraftat deshalb entschließen, weil er die Erfahrung gemacht hat, daß einem Straftäter die Beute gestohlen oder sonst gegen seinen Willen wieder entzogen werden kann."[26]

470 **b) Einverständliches Zusammenwirken auch bei Täuschung/Drohung?** Von dieser Position aus – »Gefährlichkeitstheorie« – wird zugleich die traditionelle Auffassung[27] in Frage gestellt, dass eine *Täuschung* und sogar eine *Drohung* gegenüber dem Vortäter am maßgeblichen »Einvernehmen« nichts ändern sollen.[28] Diesem restriktiven Standpunkt hat sich für die »Drohung« auch der BGH angeschlossen. In der Begründung wird darauf hingewiesen, dass es nicht einleuchte, wenn zwar der *Raub* das »einverständliche Zusammenwirken« anerkanntermaßen ausschließe, nicht aber die *räuberische Erpressung*. Dabei beruft sich der BGH deutlich auf den »Gefährlichkeitsaspekt«:

Das Erfordernis des einverständlichen Zusammenwirkens „hat seinen Grund darin, daß gerade aus diesem Zusammenwirken den *allgemeinen Sicherheitsinteressen*, die § 259 StGB – neben dem durch die Vortat bereits verletzten Eigentum oder Vermögen – schützt, Gefahren erwachsen: Gefährlich wird der Hehler für die vom Recht geschützten Vermögensinteressen nicht erst mit der einzelnen hehlerischen Verletzung fremden Vermögens. Er ist es schon durch seine Vermögensdelikte generell *fördernde Bereitschaft*, bei der Abnahme der Beute mitzuhelfen … und schafft so durch sein Vorhandensein einen ständigen *Anreiz* für die Begehung von Diebstählen und anderen Vermögensstraftaten…Wer dem Vortäter die Tatbeute durch erpresserische Drohungen abnötigt, ist – ebenso wie derjenige, der sie ihm entwendet – nicht *der* Helfer, dem § 259 StGB Strafe androht, weil er durch sein einverständliches Zusammenwirken mit dem Vortäter die Bereitschaft zur Begehung von Vermögensstraftaten fördert und dadurch die allgemeinen Sicherheitsinteressen gefährdet. Die Aussicht, die erhoffte Beute durch Erpressung oder Nötigung zu verlieren, schafft keinen Anreiz zu Vermögensstraftaten."[29]

471 Von diesem Standpunkt aus soll auch eine *Täuschung* das »einverständliche Zusammenwirken« i.S. des § 259 StGB ausschließen.[30] Diese Gleichstellung ist aber selbst aus Sicht der Gefährlichkeitstheorie keineswegs zwingend. Anders als die Drohung kann die Täuschung dem Getäuschten auf Dauer verborgen bleiben, so dass der Anreizcharakter eines täuschenden Erwerbs für den Vortäter nicht verloren gehen muss.[31] Nimmt man gleichwohl auch die Täuschung aus, so kann die »erpresserische/betrügerische Hehlerei« danach – abgesehen von der Unterschlagung – lediglich noch unter dem Gesichtspunkt der Erpressung (§§ 253, 255 StGB) bzw. des Betruges (§ 263 StGB) strafrechtlich erfasst werden. Die Erpressungs- oder Betrugslösung setzt freilich voraus, dass bei der Prüfung der §§ 253, 263 StGB der *unrechtmäßige*

---

26 *Rudolphi* JA 1981, 1 (5). Zur Verwertbarkeit bei der *Auslegung* des § 259 StGB und zur begrenzten Reichweite der Gefährlichkeitstheorie vgl. *Küper*, Dencker-FS, 2012, S. 203 (213 ff).

27 RGSt 35, 278 (280 ff); *S/S/Stree*, 27. Aufl., § 259 Rn. 42.

28 *Mitsch*, BT II/1, § 10 Rn. 38; MK-*Maier* § 259 Rn. 71 ff; *Rengier*, BT 1, § 22 Rn. 21 f; mit abw. Begr. (Unvereinbarkeit von »Entziehungs-« und bloßem »Aufrechterhaltungsunrecht«) auch *Otto* Jura 2005, 100 (101 f).

29 Vgl. BGHSt 42, 196 (199 f) – gegen RGSt 35, 280 ff – mit Anm. *Hruschka* JZ 1996, 1135 f; auch schon BGH wistra 1984, 22 f.

30 *K/H/H*, BT 2, Rn. 882; MK-*Maier* § 259 Rn. 71; SK-*Hoyer* § 259 Rn. 31.

31 Zwischen Drohung und Täuschung diff. auch: *Fischer* § 259 Rn. 13a, *L/Kühl* § 259 Rn. 10; grds. krit. mit abw. Vorschlag (»rechtsgeschäftlicher« Charakter des Zusammenwirkens erforderlich) *Küper*, Dencker-FS, 2012, S. 203 ff, 219 f.

Sachbesitz des genötigten/getäuschten Vortäters oder Vorbesitzers als strafrechtlich schutzwürdiger *Vermögensbestandteil* anerkannt wird, so dass dessen Entziehung einen »Vermögensschaden« begründen kann (→ Rn. 615).

V. Hehlerei und Vortat

Die Hehlerei setzt eine Sache voraus, die »ein anderer« – unmittelbar – durch die Vortat »erlangt hat«. Die Wendung »ein anderer« hat nach heute allgemeiner Ansicht die Bedeutung, dass jeder *Vortäter* – auch ein *Mittäter* der Vortat – bereits aus dem *Tatbestand* des § 259 I StGB grundsätzlich ausgeschlossen wird (»Unvereinbarkeitsprinzip«).[32] Bei bloßer *Teilnahme* (Anstiftung/Beihilfe) an der Vortat des [anderen] Haupttäters ist dagegen die Möglichkeit einer Hehlerei durch den Teilnehmer ganz überwiegend anerkannt.[33] 472

Durch die Vortat muss eine rechtswidrige Besitzlage beim Vortäter entstehen, die auch zum Zeitpunkt des Sich-Verschaffens noch vorliegt. Eine solche Besitzlage endet, wenn der Vortäter oder ein anderer Vorbesitzer unanfechtbares Eigentum erworben hat. Der Eigentumserwerb beurteilt sich dabei nach zivilrechtlichen Grundsätzen: Gesetzlicher Erwerb (z.B. §§ 947, 948 BGB) oder (soweit möglich: § 935 BGB!) auch ein rechtsgeschäftlicher gutgläubiger Zwischenerwerb schließen die Widerrechtlichkeit der Besitzlage aus.[34] Zu beachten ist, dass *anfechtbarer* Eigentumserwerb (insb. Vortat Betrug!) die Rechtswidrigkeit der Besitzlage *nicht* ausschließt. Wegen der Rückwirkung der Anfechtung (§ 142 BGB) gilt dies unabhängig davon, ob vor der Tathandlung die Anfechtung bereits erklärt wurde. Ist die auf Eigentumsübertragung gerichtete Willenserklärung jedoch zivilrechtlich unanfechtbar geworden (etwa nach § 124 BGB), so fehlt es fortan an der rechtswidrigen Besitzlage, so dass eine Hehlerei an diesem Gegenstand ausscheidet.[35]

Erheblich umstritten ist die Strafbarkeit wegen Hehlerei, wenn der *Vortäter* des ursprünglichen Delikts die Sache vom Hehler wieder zurückerwirbt (»*Rückerwerb*«). Dabei scheitert die Strafbarkeit aus § 259 StGB nicht schon an dem für Vortäter geltenden »Unvereinbarkeitsprinzip«. Denn die erste Hehlerei bildet für den Rückerwerber (= ursprünglicher Vortäter) wiederum die Vortat *eines anderen*, an die er anknüpfen könnte. Gleichwohl wird eine solche Hehlerei-Strafbarkeit vielfach abgelehnt, weil der »Rückerwerb« keine neue Rechtsgutsverletzung bedeute, so dass *zumindest* auf Konkurrenzebene die Hehlerei als mitbestrafte Nachtat – gegenüber der ursprünglichen Vortat – zurücktreten muss.[36] Die Gegenauffassung sieht in diesem Rückerwerb hingegen eine Hehlerei des ursprünglichen Vortäters (»Verlängerung der Hehlereikette«), die dann im Verhältnis zur Vortat in Tatmehrheit stehe.[37] 473

---

32 *L/Kühl* § 259 Rn. 18; LK-*Walter* § 259 Rn. 90 f; eingehend zur Problematik *Küper*, Probleme der Hehlerei bei ungewisser Vortatbeteiligung, 1989, S. 3, 39 ff, 63 ff.

33 Vgl. NK-*Altenhain* § 259 Rn. 6; *S/S/Hecker* § 259 Rn. 51; jew. m.w.N.; a.A. SK-*Hoyer* § 259 Rn. 9 (Vortatteilnehmer bedürfen keiner präventiven Einwirkung über § 259 StGB); diff. *Roth* JA 1988, 193 (200 f).

34 MK-*Maier* § 259 Rn. 39 ff (in Rn. 41 auch zum Miteigentum).

35 MK-*Maier* § 259 Rn. 42; SK-*Hoyer* § 259 Rn. 17.

36 *K/H/H*, BT 2, Rn. 861; *L/Kühl* § 259 Rn. 18; SK-*Hoyer* § 259 Rn. 7; *S/S/Hecker* § 259 Rn. 48; *Zöller/Frohn* Jura 1999, 378 (384).

37 *Geppert* Jura 1994, 100 (103 f); *Kindhäuser* § 259 Rn. 6; NK-*Altenhain* § 259 Rn. 5.

474 Aus dem Gesetzeswortlaut (»erlangt *hat*«) i.V.m. dem Perpetuierungsgedanken leiten die h.M. und die Rechtsprechung ab, dass die »Erlangung« der Sache durch den Vortäter vor der Anschlusstat des Hehlers *zeitlich abgeschlossen* sein müsse, beide Vorgänge also nicht zeitlich *zusammenfallen* dürften (andernfalls nur Beteiligung des Erwerbers an der Vortat).[38] Im Gegensatz zu dieser »Sukzessivitätstheorie« lässt es eine verbreitete Minderheitsauffassung genügen, dass die Vortat – namentlich bei der Unterschlagung oder Untreue – »durch eine Verfügung« zugunsten des Erwerbers begangen wird.[39] Vermittelnd wird vorgeschlagen, nicht auf ein zeitliches Nacheinander von Vortaterfolg und Hehlereihandlung, sondern auf den – der Vortat nachfolgenden – Zeitpunkt des Hehlerei*erfolges* abzustellen. Dann könne die hehlerische *Handlung* durchaus während oder sogar noch vor Begehung der Vortat vorgenommen werden.[40]

Siechtum (Lähmung, geistige Krankheit/Behinderung) – § 226 I Nr. 3 StGB

475 »Siechtum« ist ein **chronischer Krankheitszustand**, der den Gesamtorganismus in Mitleidenschaft zieht, ein Schwinden der Körper- oder Geisteskräfte sowie allgemeine Hinfälligkeit zur Folge hat und dessen Heilung sich überhaupt nicht oder doch *zeitlich* nicht bestimmen lässt.

Literatur: LK-*Hirsch* § 226 Rn. 22 f; MK-*Hardtung* § 226 Rn. 36 f; SK-*Wolters* § 226 Rn. 15.

Rechtsprechung Grundlegend: RGSt 12, 127 (Siechtum); 72, 345 (346).
Beispielhaft: BGH NStZ 2007, 325 (Arbeitsunfähigkeit).

RGSt 72, 345 (346): Bei „dem »Verfallen in Siechtum« [ist] an einen Zustand zu denken, der den Gesamtzustand der körperlichen und geistigen Kräfte (den »Gesamtorganismus«) des Verletzten erheblich beeinträchtigt. Im übrigen muß ein anhaltender (»chronischer«) Krankheitszustand vorliegen, der das Allgemeinbefinden erheblich stört und ein Schwinden der Körperkräfte und Hinfälligkeit zur Folge hat. Der Zustand braucht nicht unheilbar zu sein; es genügt vielmehr, dass sich die Heilung entweder nicht oder doch nicht der Zeit nach bestimmen läßt".

476 **Hinweise:** Das Verständnis zum Siechtum hat auch die Auslegung der gleichgestellten Merkmale »Lähmung« »geistige Krankheit« bzw. »geistige Behinderung« beeinflusst.[1] So bedeutet »Lähmung« eine erhebliche Beeinträchtigung der bestimmungsgemäßen Bewegungsfähigkeit (zumindest) eines Körper*teils*, die sich auf die Bewegungsfähigkeit des *ganzen Körpers* nachteilig auswirkt. Eine vollständige Bewe-

38 Vgl. dazu *S/S/Hecker* § 259 Rn. 14; *W/Hillenkamp* Rn. 832 f; BGHSt 13, 403 (405); BGH StV 2002, 542; NStZ-RR 2011, 245 (246) mit Anm. *Hecker* JuS 2011, 1040 (mit Hinw. zur Vortatvollendung bei § 246 StGB); BGH NStZ 2012, 510; NJW 2012, 3736.

39 Vgl. *L/Kühl* § 259 Rn. 6; *Otto*, BT, § 58 Rn. 8; jew. m.w.N. Eingehend zum Verhältnis der Hehlerei zur Vortat *Küper*, Stree/Wessels-FS, 1993, S. 467 ff; Aufbereitung der Argumente mit Übersicht über den Streitstand bei *Hillenkamp*, BT, Problem Nr. 38.

40 *Küper* Jura 1996, 205 (212); LK-*Walter* § 259 Rn. 32; *Mitsch*, BT II/1, § 10 Rn. 20 f (»antizipierte Hehlerei«).

1 RGSt 21, 223; 44, 59 (60).

gungsunfähigkeit wird nicht vorausgesetzt. Der »ganze Körper« ist betroffen, wenn entweder für dessen Bewegungsfähigkeit wesentliche Teile außer Funktion gesetzt sind oder eine partielle Lähmung solchen Ausmaßes vorliegt, dass der Bewegungsapparat des Körpers insgesamt in seiner Funktionsfähigkeit wesentlich beeinträchtigt ist.[2]

An die Stelle der »Geisteskrankheit« (§ 224 I StGB a.F.) hat der Gesetzgeber des 6. StrRG (1998) die »geistige Krankheit oder Behinderung« gesetzt. Deshalb und weil körperliche Behinderungen in § 226 I StGB durch andere Merkmale schon erfasst sind, wird unter »Behinderung« allgemein nur die *geistige* Behinderung verstanden.[3] Zur Unterscheidung von der »geistigen Krankheit« wird vorgeschlagen, dieses Merkmal an § 20 StGB zu orientieren, während unter »geistiger Behinderung« Hirnverletzungen mit körperlichen Auswirkungen zu verstehen seien.[4]

Stoff, gesundheitsschädlicher – § 224 I Nr. 1 StGB

Vgl. **Beibringung eines Stoffes (Giftes)** → Rn. 108.

Strafvereitelung – § 258 I StGB

Vgl. **Vereiteln der Bestrafung** (Strafvereitelung als »Verfolgungsvereitelung«) → Rn. 585.

Tätlicher Angriff – § 113 I StGB

Vgl. **Angriff, tätlicher** (auf den Vollstreckungsbeamten) → Rn. 40.

Täuschungshandlung (Täuschung über Tatsachen) – § 263 I StGB

Die »Täuschungshandlung« i.S. des § 263 I StGB (»Vorspiegeln«, »Entstellen«, »Unterdrücken«) setzt eine **Täuschung über Tatsachen** voraus (→ Rn. 479). Sie besteht in einer bewusst wahrheitswidrigen Tatsachenbehauptung oder in einem zur *Irreführung bestimmten Verhalten* mit entsprechendem Erklärungswert, durch das auf die *Vorstellung* eines anderen *eingewirkt* wird (ausdrückliche oder konkludente Täuschung). **477**

2 Vgl. LK-*Hirsch* § 226 Rn. 24; NK-*Paeffgen* § 226 Rn. 34; BGH NJW 1988, 2622 (versteiftes Kniegelenk) mit krit. Anm. *Kratzsch* JR 1989, 295.
3 Vgl. *L/Kühl* § 226 Rn. 4; LK-*Hirsch* § 226 Rn. 25; *S/S/Sternberg-Lieben* § 226 Rn. 7.
4 *Jäger* JuS 2000, 31 (37 f); *Rengier*, BT 2, § 15 Rn. 26; krit.: *Fischer* § 226 Rn. 13, LK-*Hirsch* § 226 Rn. 25.

»Tatsachen« als Bezugsobjekt einer Täuschung sind konkrete Vorgänge/Zustände der *Vergangenheit* oder *Gegenwart* (grundsätzlich nicht: der Zukunft), die dem **Beweis zugänglich** sind (»intersubjektive Nachprüfbarkeit«, »prinzipielle Beweistauglichkeit«); dazu → Rn. 480.

Dazu gehören nicht nur »äußere« Tatsachen (z.B. Beschaffenheit einer Sache, gegenwärtige Zahlungsfähigkeit), sondern auch »innere«, psychische Tatsachen (z.B. Kenntnisse, Motive, Zahlungsbereitschaft).

Literatur: MK-*Hefendehl* § 263 Rn. 53 ff; SK-*Hoyer* § 263 Rn. 9 ff. **Einführend:** *Rengier*, BT 1, § 13 Rn. 4 ff. **Monographisch:** *Pawlik*, Das unerlaubte Verhalten beim Betrug, 1999, S. 65 ff, 139 ff; *Wittig*, Das tatbestandsmäßige Verhalten des Betrugs, 2005, S. 205 ff.

Rechtsprechung: Vgl. die Nachweise zur konkludenten Täuschung in → Rn. 483.

Erläuterungen

I. Definition der »Täuschungshandlung« und Gesetzeswortlaut

478 Die »Täuschungshandlung« kommt als Tatbestandsbegriff in § 263 I StGB nicht *ausdrücklich* vor. Der Gesetzeswortlaut beschreibt sie vielmehr durch die drei Täuschungsformen: »Vorspiegelung falscher Tatsachen«, »Entstellung wahrer Tatsachen«, »Unterdrückung wahrer Tatsachen«. Diese verbale Dreiteilung gilt allgemein als umständlich, unbefriedigend und letztlich sprachlich wie logisch missglückt, weil sich die drei Begriffe weitgehend *überschneiden*.[1] Deshalb ist es üblich geworden, aus den drei beschriebenen Täuschungsformen gleichsam als gemeinsamen Nenner den Oberbegriff »Täuschungshandlung« i.S. der »Täuschung über Tatsachen« zu bilden und bei der Subsumtion mit *diesem* Begriff zu arbeiten. Da er inhaltlich nicht weiter reicht bzw. reichen darf als die dreifach gegliederte Wortlautfassung, liegt in diesem Verfahren kein Verstoß gegen das Analogieverbot des Art. 103 II GG.

Obwohl dies heute anerkannt ist, begegnet man in der Literatur verhältnismäßig selten Definitionen der »Täuschungshandlung«, hingegen häufiger Begriffsbestimmungen des »Vorspiegelns«, »Entstellens« und »Unterdrückens«. An diesen Täuschungsformen orientiert sich vielfach auch die Rechtsprechung. Sie werden üblicherweise folgendermaßen definiert:[2] »Vorspiegeln falscher Tatsachen« heißt, in Wirklichkeit nicht vorliegende Umstände tatsächlicher Art einem anderen gegenüber als vorhanden oder gegeben hinstellen. »Entstellen wahrer Tatsachen« ist die Verfälschung des tatsächlichen Gesamtbildes zwecks Irreführung durch Hinzufügen oder Fortlassen wesentlicher Einzelheiten. »Unterdrücken wahrer Tatsachen« ist ein – zur Irreführung bestimmtes – Verhalten, durch das der betreffende Umstand der Kenntnis einer anderen Person entzogen werden soll. Auch die oben in der Definition vorgeschlagene Begriffsbestimmung der »Täuschungshandlung« ist unvollkommen, weil die bezeichnete Alternative („Tatsachenbehauptung oder …Verhalten“) keine echte Disjunktion enthält, sondern nur eine unterschiedliche Akzentsetzung. Ihr zweiter Teil (»Verhalten«) lässt sich auch in der »wahrheitswidrigen Tatsachenbehauptung«

1 Näher LK-*Lackner*, 10. Aufl., § 263 Rn. 9; *S/S/Perron* § 263 Rn. 7.
2 Vgl. *S/S/Perron* § 263 Rn. 6.

unterbringen, wenn man in diesen Begriff die konkludente Täuschung einbezieht. Andererseits muss die ausdrückliche Tatsachenbehauptung, wie jedes Täuschungsverhalten, ebenfalls zur Irreführung durch Einwirkung auf die Vorstellung bestimmt sein.

Da es nicht auf die Sprachverwendung, sondern auf den sachlichen Gehalt der »Täuschung über Tatsachen« ankommt, kann man, statt mit dem Begriff der »Täuschungshandlung« oder mit dessen gesetzlich beschriebenen Formen zu arbeiten, auch das wahrheitswidrige »*Vorspiegeln von Tatsachen*« zum Oberbegriff ernennen und die Täuschungsmodalitäten von hier aus weiter differenzieren in: »ausdrückliches Vorspiegeln«, »Vorspiegeln durch schlüssige Handlung« und »Vorspiegeln durch Unterlassen«.[3] Dieses Verfahren hat sogar den Vorzug größerer Wortlautnähe, weil das Gesetz immerhin den Begriff des »Vorspiegelns« ausdrücklich verwendet, wenn auch im logisch unsinnigen Zusammenhang mit »falschen« Tatsachen (die es eigentlich gar nicht gibt).

II. Charakteristische Merkmale der Täuschungshandlung

Wesentlich für die »Täuschungshandlung« sind – bei aktivem Tun – vor allem *drei Momente:* **479**

- Die Täuschung muss sich auf »Tatsachen« beziehen, also ausdrücklich oder nach ihrem konkludenten Erklärungswert eine wahrheitswidrige *Tatsachendarstellung* enthalten, nicht nur ein »Werturteil« oder eine »Meinungsäußerung«. Allerdings kann in einem »Werturteil« eine Täuschung über Tatsachen *enthalten* sein, wenn die Äußerung einen *nachprüfbaren* (»beweistauglichen«) *Tatsachenkern* hat, über den eine wahrheitswidrige Vorstellung erweckt werden soll (→ Rn. 495).
- Die Täuschung muss ferner dazu bestimmt sein (sich darauf richten), die *Irreführung* einer Person (in tatsächlicher Hinsicht) zu bewirken; insofern enthält der Begriff der »Täuschungshandlung« bereits ein *subjektives Element*, zu dem das Bewusstsein des Täters gehört, dass seine Tatsachendarstellung unrichtig ist.[4] Diese subjektive Seite wird vielfach nicht deutlich hervorgehoben, meist aber durch Verwendung intentionaler Begriffe im Umkreis der Irreführung (»gerichtet auf«, »bestimmt zu«, »dienen« usw.) angedeutet.
- Weiterhin gehört zur Täuschungshandlung die »intellektuelle« *Einwirkung* gerade *auf die Vorstellung* selbst; die schlichte *Veränderung von Tatsachen*, deren Existenz oder Nichtexistenz den Gegenstand einer Vorstellung bildet, reicht daher nicht aus. Dies wird aus dem Charakter des Betrugs als »Kommunikationsdelikt« abgeleitet.[5] Dabei ist zwischen der »bloßen« Veränderung von Tatsachen (Manipulation an der »Wirklichkeit« als Vorstellungsgegenstand = keine Täuschung) und der Tatsachenmanipulation als täuschender Einwirkung auf die Vorstellung zu unterscheiden.[6]

---

3 So etwa *M/Maiwald*, BT 1, § 41 II Rn. 36 ff.

4 *W/Hillenkamp* Rn. 492; BGHSt 18, 235 (237); 47, 1 (5); näher dazu *Stübinger*, Puppe-FS, 2011, S. 263 (277 ff); anders z.B.: AnwK-*Gaede* § 263 Rn. 11, NK-*Kindhäuser* § 263 Rn. 58 m.w.N.: Vorsatzfrage.

5 Vgl. LK-*Tiedemann* § 263 Rn. 22 f; MK-*Hefendehl* § 263 Rn. 90 f; anders: LK-*Lackner*, 10. Aufl., § 263 Rn. 19, SK-*Hoyer* § 263 Rn. 25.

6 Vgl. *Kargl*, ZStW 119 (2007), 250 (254 f); NK-*Kindhäuser* § 263 Rn. 100 f; *S/S/Perron* § 263 Rn. 37.

Die »Täuschungshandlung« muss sich zwar auf die Irreführung des Adressaten *richten*, braucht zur Erregung eines Irrtums aber nicht objektiv oder generell »*geeignet*« zu sein,[7] so dass auch »extrem leichtgläubige« Opfer getäuscht werden können. Bei »produktbezogenen Irreführungen« wird mit Verweis auf die EU-Warenverkehrsfreiheit jedoch z.T. eine *europarechtskonforme Auslegung* gefordert, wonach die Betrugsstrafbarkeit erst dann greifen könne, „wenn ihnen auch ein durchschnittlich informierter, aufmerksamer und verständiger Verbraucher zum Opfer fallen kann".[8] Der BGH hat dem jedoch eine Absage erteilt, da die damit einhergehende Verkürzung des von § 263 StGB intendierten Rechtsgüterschutzes dem Sinn und Zweck der europarechtlichen Vorgaben widerspreche.[9]

480 Der Begriff der »Tatsache« entspricht im Wesentlichen dem im Ehrschutzstrafrecht verwendeten, (→ Rn. 492 ff), hat jedoch im Hinblick auf die Schutzfunktion des § 263 StGB einen letztlich eigenständig zu bestimmenden Inhalt, dessen wesentliches Kriterium die »intersubjektive Nachprüfbarkeit« (prinzipielle Beweisbarkeit) der irreführenden Tatsachendarstellung ist.[10] Zu beachten ist z.B., dass auch über »künftige Tatsachen« getäuscht werden kann, wenn sie mit vergangenen oder gegenwärtigen in Zusammenhang stehen, so etwa über einen weiteren Geschehensablauf oder die Eigenschaft eines Gegenstands, der sich erst in künftiger Zeit zeigen wird (z.B. die Kompatibilität eines Geräts mit einer noch in der Entwicklung befindlichen Technik).[11] Hinsichtlich der zugrunde liegenden »Erfahrungstatsachen« können auch Erfahrungssätze – ebenso wie nachprüfbare Bewertungsmaßstäbe (Ratings) und Rechtssätze – Gegenstand einer Täuschung über »Tatsachen« sein.[12]

III. Die Täuschung durch konkludentes Verhalten

1. Allgemeines

481 Da eine *ausdrückliche* Täuschung nicht selten fehlt, geht es bei der Anwendung des Begriffs »Täuschungshandlung« häufig um die Ermittlung des sog. »*konkludenten*« (schlüssigen, stillschweigenden) *Erklärungswertes* eines bestimmten, u.U. äußerlich unauffälligen Täterverhaltens. Ein mögliches konkludentes Täuschungsverhalten[13] ist stets zu ermitteln, *bevor* auf eine »Täuschung durch *Unterlassen*« zurückgegriffen wird. Vielfach erweist sich Schweigen oder äußere Passivität i.V.m. einer Tätigkeit als ein Verhalten mit bestimmtem Erklärungswert in der konkreten Situation und damit als konkludente Täuschung über Tatsachen. Nach der weitgehend akzeptierten Formel von *Lackner* kommt es darauf an, ob das „Gesamtverhalten nach der Verkehrsanschauung als stillschweigende Erklärung über eine Tatsache zu verstehen ist". Dies hänge davon ab, „wie die allgemeine Verkehrsanschauung das Verhalten des

---

7 Grds. abw. *Gaede*, Roxin-FS II, 2011, S. 967 ff m.w.N.

8 Vgl. AnwK-*Gaede* § 263 Rn. 21 ff m.w.N.; vgl. auch *Dannecker*, ZStW 117 (2005), 697 (711 ff); *SSW-Satzger* § 263 Rn. 112 ff.

9 BGH NJW 2014, 2595 (2596 f); bestätigt durch BGH wistra 2014, 439 (441).

10 Zur Täuschung als Verletzung eines »Rechts auf Wahrheit« (*Kindhäuser*), s. die Nachw. in der 8. Aufl. 2012, S. 287.

11 Vgl. MK-*Hefendehl* § 263 Rn. 78; *M/Maiwald*, BT 1, § 41 II Rn. 27.

12 *Graul* JZ 1995, 595 ff; *Hilgendorf*, Tatsachenaussagen und Werturteile im Strafrecht, 1998, S. 205 ff, 222 f; jew. m.w.N.

13 Zur Verfassungsmäßigkeit BVerfG wistra 2012, 102 (104).

Täters in der jeweiligen Gesamtsituation objektiv bewertet", insbesondere, welche Tatsachen danach als stillschweigend »miterklärt« in dem Sinn gelten können, dass sich der Adressat „in dieser Situation auf das Vorliegen der relevanten Tatsache muß *verlassen* können" (*normative* Bestimmung konkludenten Verhaltens je nach Zuständigkeit für das »Orientierungsrisiko«).[14]

Die umfangreiche Rechtsprechung hat zur konkludenten Täuschungshandlung – überwiegend unter Zustimmung des Schrifttums – eine Reihe von *Grundsätzen* entwickelt.[15] Einige Grundsätze werden nachfolgend hervorgehoben; dabei handelt es sich um Richtlinien, die sich am »typischen Fall« orientieren und stets unter dem Vorbehalt stehen, dass sich aus den »besonderen Umständen«, namentlich aus *speziellen Beziehungen* zwischen den Beteiligten, ein abweichender Erklärungswert ergeben kann: **482**

2. Richtlinien für die konkludente Täuschung

- Die Eingehung einer vertraglichen Verpflichtung enthält die Erklärung des Schuldners, dass er zur *Erfüllung* der Forderung *gewillt* und – nach eigenem Urteil – bei deren Fälligkeit *imstande* sei. Im Angebot einer Sache zum Kauf liegt die Erklärung des Verkäufers, zur Veräußerung *befugt* (zur Eigentumsverschaffung imstande) zu sein. Wer einen Kredit beantragt, erklärt damit seine Absicht, im Fälligkeitszeitpunkt Rückzahlung zu leisten, und seine Annahme, hierzu in der Lage zu sein.
- Die Hingabe eines Schecks enthält die Zusicherung, dass er bei Vorlage *eingelöst* wird.
- Die Anforderung einer objektiv nicht geschuldeten Leistung enthält regelmäßig die Erklärung, dass die anspruchsbegründenden *Tatsachen* vorliegen.
- Wer Schmuck zu einem für echte Objekte angemessenen (üblichen) Preis anbietet, behauptet damit die Echtheit des Schmucks. Der Fahrzeug*händler*, der einen Gebrauchtwagen ohne besonderen Hinweis anbietet, erklärt, dass es sich um ein *unfallfreies* Fahrzeug handelt.
- Im Lastschriftverfahren behauptet der Veranlasser einer Abbuchung, dass er eine ordnungsgemäße Einziehungsermächtigung besitzt.
- Der Kunde einer Selbstbedienungstankstelle erklärt durch das Einfüllen des Treibstoffs dem beobachtenden Personal die Bereitschaft zur (Bar)Zahlung.

Aber:

- Wer eine Ware oder Leistung zu einem bestimmten Preis anbietet, behauptet damit noch *nicht* die *Angemessenheit* oder Üblichkeit des Preises.
- Das Angebot zum Abschluss eines Kaufvertrages enthält regelmäßig *nicht* die Erklärung, dass der Kaufgegenstand *mangelfrei* ist.
- Die bloße *Entgegennahme* einer Leistung enthält *nicht* die Erklärung, dass sie vom Leistenden *geschuldet* ist; die Annahme zu viel gezahlten Geldes enthält *nicht* die Behauptung, dass eine Forderung auf das Geld besteht.

14 LK-*Lackner*, 10. Aufl., § 263 Rn. 28. Zur Diskussion in der Lit. näher *Hoffmann* GA 2003, 613 ff; *Kasiske* GA 2009, 360 ff (Orientierung an der »Informationsherrschaft«); *Kraatz*, Geppert-FS, 2011, S. 269 (272 ff). Überblick bei *Becker* JuS 2014, 307 (308 ff).

15 Kasuistik u.a. bei *Fischer* § 263 Rn. 24 ff; *SSW-Satzger* § 263 Rn. 45 ff; *Kindhäuser* § 263 Rn. 72 ff.

- Die bloße Entgegennahme von vorher vereinbarten Hotelleistungen durch den zahlungsunfähig gewordenen Hotelgast enthält noch *nicht* die Behauptung fortbestehender Zahlungsfähigkeit.

3. Sonderfälle konkludenter Täuschung

483 Viel diskutiert wird das Problem einer (konkludenten) »Täuschung trotz verbaler Erklärung der *Wahrheit*«, wie sie namentlich BGHSt 47, 1 ff angenommen hat. Danach verübt eine Täuschung i.S. des § 263 I StGB, wer ein »Angebotsschreiben« (Vertragsofferte) durch Verwendung typischer »Rechnungsmerkmale« so gestaltet, dass der Angebotscharakter gegenüber dem Eindruck einer bereits bestehenden *Zahlungspflicht* in den Hintergrund tritt.[16] Vgl. dazu die krit. Bspr. von *Geisler* NStZ 2002 86 ff; *Krack* JZ 2002, 613 ff; *Loos* JR 2002, 77 ff; *Pawlik* StV 2003, 297 ff; *Rose* wistra 2002, 13 ff; s. auch BGH NJW 2014, 2595 (2596 f – „Abo-Falle"); OLG Köln NStZ 2014, 327 ff (rechtsmissbräuchliche Abmahnung).

Zur Frage der konkludenten Täuschung beim »*Vorbeischmuggeln*« versteckter Ware an der Kasse eines *Selbstbedienungsladens* vgl. *Hillenkamp* JuS 1997, 217 (221); LK-*Tiedemann* § 263 Rn. 50; NK-*Kindhäuser* § 263 Rn. 128; jew. m.w.N.; s. auch → Rn. 651.

Zur konkludenten Täuschung bei *unbemerktem* (!) Tanken an einer *SB-Tankstelle* BGH NStZ 2012, 324 mit zust. Bspr. *Hecker* JuS 2012, 1138 ff.

Zur Frage der konkludenten »Behauptung eines Anspruchs« gegenüber der Bank in Fällen der »Fehlbuchung« bzw. »*Fehlüberweisung*« vgl. – generell ablehnend (!) – BGHSt 46, 196 ff mit zust. Bspr. *Hefendehl* NStZ 2001, 281 ff und *Joerden* JZ 2001, 614 ff, krit. *Krack* JR 2002, 25 ff und *Ranft* JuS 2001, 854 ff; eingehend *Pawlik*, Lampe-FS, 2003, S. 689 (691 ff); zusammenfassend SK-*Hoyer* § 263 Rn. 35 f.

Zur konkludenten Täuschung bei *Kreditbeschaffung* durch sog. »Lastschriftreiterei« BGHSt 50, 147 (153 ff) mit zust. Anm. *Hadamitzky/Richter* NStZ 2005, 636 f, krit. *Soyka* NStZ 2005, 637 f; näher zur »Lastschriftreiterei« *Fahl* Jura 2006, 733 ff m.w.N.

Zur konkludenten Vortäuschung der »Manipulationsfreiheit« beim »*Sportwettenbetrug*« vgl. BGHSt 51, 165 (168 ff – *Hoyzer-Urteil*) mit zust. Bspr.: *Bosch* JA 2007, 389 ff, *Engländer* JR 2007, 477 ff, *Krack* ZIS 2007, 103 ff, *Radtke* Jura 2007, 445 ff, *Saliger et al.* NStZ 2007, 361 ff; krit. hingegen: *Jahn/Maier* JuS 2007, 215 ff, *Kubiciel* HRRS 2007, 68 ff, *Trüg/Habetha* JZ 2007, 878 ff; zsfd. *W/Hillenkamp* Rn. 500; s. auch BGHSt 58, 102 (107); BGH JR 2014, 483 (Täuschungsvorsatz des Wettenden, der als an der Manipulation Unbeteiligte diese nur vermutet) mit Anm. *Lienert*, S. 484 ff. Zu einer vergleichbaren Konstellation bei Abschluss einer *Lebensversicherung* (beabsichtigte Vortäuschung des Versicherungsfalls) BGHSt 54, 69 (120 ff) mit krit. Bspr. *Thielmann* StraFo 2010, 412 (415 ff).

16 Grds. zur Problematik solcher Fälle *Hoffmann* GA 2003, 610 ff; *H. Schneider* StV 2004, 537 ff; Übersicht bei *Kindhäuser/Nikolaus* JuS 2006, 193 (195 f). Monographisch: *Paschke*, Der Insertionsoffertenbetrug, 2007.

Zur Täuschung bei *Telefon-Gewinnspielen* im Fernsehen vgl. *Eiden* ZIS 2009, 59 ff; *Noltenius* wistra 2008, 285 ff; *Oehme* JA 2009, 39 ff; *Schröder/Thiele* Jura 2007, 814 ff. Zu »Kostenfallen« im *Internet* OLG Frankfurt a.M. NJW 2011, 398 (399 ff) mit zust. Anm. *Hecker* JuS 2011, 470 ff; allg.: *Eisele* NStZ 2010, 193 ff; *Hatz* JA 2012, 186 ff.

Zur Täuschung bei sog. *»Ping-Anrufen«* vgl. BGH wistra 2014, 310 (311 ff) mit zust. Anm. *Jäger* JA 2014, 630 ff; OLG Oldenburg wistra 2010, 453 ff mit krit. Anm. *Jahn* JuS 2010, 1119 ff; s. auch: *Erb* ZIS 2011, 368 ff; *Kölbel* JuS 2013, 193 ff.

IV. Die Täuschung durch Unterlassen

Fehlt eine ausdrückliche oder konkludente Täuschungshandlung, so kommt im Einzelfall eine »Täuschung durch Unterlassen« in Betracht, d.h. eine Täuschung durch garantenpflichtwidriges Unterlassen der *gebotenen Aufklärung* über wesentliche Tatsachen. Dafür gelten die allgemeinen Regeln des unechten Unterlassungsdelikts, wobei insoweit die Entsprechungsklausel des § 13 I Hs. 2 StGB zu beachten ist: Nicht jede pflichtwidrige Unterlassung der Aufklärung kann im Unwert einer Irreführung durch positives Tun gleichgestellt werden. Grundvoraussetzung ist im Übrigen das Vorliegen einer *Garantenstellung* und eine daraus folgende Aufklärungspflicht. Sie kann sich insbesondere aus Ingerenz oder aus einem speziellen Vertrauensverhältnis der Beteiligten ergeben. Die Einzelheiten sind sehr umstritten und Gegenstand einer vielfältigen Kasuistik.[17] Als »Negativposten« ist weitgehend anerkannt, dass sich aus dem Bestehen *vertraglicher* Beziehungen *allein* noch keine Garantenpflicht zur Aufklärung ergibt, ebenso wenig grundsätzlich aus § 242 BGB (»Treu und Glauben«).[18] **484**

Täuschung im Rechtsverkehr, Absicht der (»zur«) – § 267 I (§§ 268 I, 269 I, 271 II, 273 I) StGB

»Zur Täuschung im Rechtsverkehr« handelt, wer den Willen hat, durch *Gebrauch* der Urkunde einem anderen deren **Echtheit** (bzw. Unverfälschtheit) **vorzutäuschen** und ihn damit zu einem – durch den Falschheitsgehalt motivierten – **rechtserheblichen Verhalten** zu veranlassen, oder wer diesen Willen eines *Dritten kennt* und mit dessen *Verwirklichung rechnet*. **485**

Die Täuschung und das rechtserhebliche Verhalten muss der Täter zumindest *unbedingt wollen* (direkter Vorsatz in Form der Wissentlichkeit), ohne dass es ihm darauf anzukommen braucht (str. → Rn. 487).

Literatur: LK-*Zieschang* § 267 Rn. 252 ff, 270 ff; abw. MK-*Erb* § 267 Rn. 202 ff und NK-*Puppe* § 267 Rn. 99 ff (dolus eventualis ausreichend).

---

17 Grds. krit. *Frisch*, Herzberg-FS, 2008, S. 729 (744 ff, 761 f).

18 Vgl. dazu die Übersichten bei *Fischer* § 263 Rn. 45 ff, 51; *W/Hillenkamp* Rn. 505 ff. Eingehend: *Kargl*, ZStW 119 (2007), 250 (264 ff – zur Entsprechungsklausel); MK-*Hefendehl* § 263 Rn. 160 ff; NK-*Kindhäuser* § 263 Rn. 144 ff, jew. m.w.N. Differenzierte Zusammenfassung der Rspr. bei OLG Stuttgart NStZ 2003, 554 f.

Rechtsprechung Grundlegend: RGSt 46, 224 (226 f); BGHSt 2, 50 (52); 33, 105 (109 f – geänderte Führerscheinklasse und Reichweite der Täuschungsabsicht) mit krit. Bspr. *Kühl* JR 1986, 297 (298 ff), diff. *Puppe* JZ 1986, 947 (948). **Beispielhaft:** BGHSt 5, 149 (151 f – bedingter Gebrauch); OLG Köln NJW 1983, 769 (770 – fehlender Wille zum Gebrauch); OLG München NStZ-RR 2010, 173 (174 – fiktives Legitimationspapier).

RGSt 37, 83 (87 – zu § 267 StGB a.F.): Das Handeln richtet sich auf den „Mißbrauch eines falschen urkundlichen Beweismittels unter Täuschung über *Echtheit* oder Unverfälschtheit desselben zur Führung eines urkundlichen Beweises im *Rechtsleben*... [Es] erfordert daher den Willen, die Urkunde als Beweismittel zu benutzen, durch ihre *Beweiskraft* auf einen anderen einzuwirken."

BGHSt 2, 50 (52): „Die Absicht, im Rechtsverkehr zu täuschen ..., besteht ... nur dann, wenn durch den *Gebrauch* der Urkunde getäuscht werden soll, also dadurch, daß sie unter der Vorspiegelung, sie sei echt, der körperlichen *Wahrnehmung* eines anderen zugänglich gemacht wird."

BGHSt 33, 105 (109): „Zur Täuschung im Rechtsverkehr handelt, wer erreichen will, daß ein anderer die Urkunde *für echt hält* und durch diese irrige Annahme zu einem *rechtlich erheblichen Verhalten* ... bestimmt wird."

Erläuterungen

486 In manchen Definitionen fehlt der Hinweis darauf, dass sich der Täuschungswille auf den »*Gebrauch*« der Urkunde als *Beweismittel* beziehen muss: Erforderlich ist der Wille, dass »mit der Urkunde«, d.h. durch deren »Gebrauch« (→ Rn. 542), getäuscht und zu einem rechtserheblichen Verhalten veranlasst werden soll.[1] Bezugsobjekt der *subjektiven* Täuschungsintention ist also auch beim Herstellen einer unechten – oder beim Verfälschen einer echten – Urkunde das im *objektiven* Tatbestand des § 267 I StGB (3. Fall) vorausgesetzte »*Gebrauchen*« der Urkunde in dem dafür geltenden Sinn (wenngleich dies dann nicht notwendig durch den Täter selbst geschehen muss); andere Formen der Verwendung als Täuschungsmittel, also ohne »Gebrauch« mit dem Ziel, einen anderen zu einem rechtserheblichen Verhalten zu veranlassen, reichen daher nicht aus.[2] Nicht erforderlich ist allerdings der Wille, die Urkunde gerade in dem Rechtsverhältnis zu gebrauchen, für das die Urkunde geschaffen wurde.[3]

Wer in die Tathandlung des »Gebrauchens« mit der Rechtsprechung auch den Fall einbezieht, dass nur die »mittelbare sinnliche Wahrnehmung« der Urkunde ermöglicht werden muss (z.B. durch eine Fotokopie → Rn. 543), gelangt folgerichtig zur Bejahung der Täuschungsabsicht, wenn lediglich in dieser Weise »mittelbar« getäuscht werden soll.[4]

1 So auch BGHSt 2, 50 (52, oben zitiert → Rn. 485); MK-*Erb* § 267 Rn. 203; SK-*Hoyer* § 267 Rn. 93.

2 Vgl. RGSt 46, 224 (225 ff – um die Verschwiegenheit des Adressaten zu prüfen); 47, 199 (200 – um den Getäuschten zu beruhigen); 64, 95 (96 – um den Adressaten aufzuhalten).

3 So bereits RGSt 3, 337 (341); vgl. auch LK-*Zieschang* § 267 Rn. 255. BayObLG NStZ-RR 2002, 305 bejaht dies auch bei Änderung des Alters auf einer Zeitkarte der Verkehrsbetriebe, um Zugang zur Diskothek zu erhalten; zust.: LK-*Zieschang* § 267 Rn. 263; abl.: *Stein* JR 2003, 39 (40 f), MK-*Erb* § 267 Rn. 207.

4 BayObLG NJW 1991, 2163 m.w.N.; *L/Kühl* § 267 Rn. 25, Wer für das Gebrauchen die Möglichkeit *unmittelbarer* Betrachtung verlangt, lehnt die Täuschungsabsicht folgerichtig ab, wenn der Täter nur eine Kopie der unechten Urkunde benutzen will (MK-*Erb* § 267 Rn. 203).

Für die »Täuschungsabsicht« wird heute fast einhellig *keine* Absicht i.S. eines *zielgerichteten Willens* verlangt,[5] sondern *»sicheres Wissen«* als ausreichend angesehen.[6] Weder verlange der Wortlaut (Handeln zur Täuschung) zwingend eine Absicht, noch gebiete der Umstand, dass sich die Urkundenfälschung objektiv im Vorfeld des eigentlichen schädigenden Verhaltens bewege, in subjektiver Hinsicht erhöhte Unrechtsanforderungen. Denn zum einen sei zumindest das Gebrauchen einer unechten/verfälschten Urkunde keine typische Vorbereitungstat und zum anderen sei in Rechnung zu stellen, dass sicheres Wissen um eine Täuschung des Rechtsverkehr ebenso gefährlich sei: „Für die Frage der Rechtssicherheit macht es nämlich keinen Unterschied, ob es dem Täter auf die Verletzung des Rechtsgutes ankommt oder ob er sie als sichere Folge seines Tuns voraussieht. Der Täter ist in beiden Fällen für das geschützte Rechtsgut gefährlich".[7] Im Schrifttum wird allerdings auch die Ansicht vertreten, dass für ein Handeln zur Täuschung im Rechtsverkehr auch ein *bedingter Vorsatz* genügt.[8] Denn bereits dann weise das Verhalten des Täters eine „dem geschützten Rechtsgut zuwiderlaufende Handlungstendenz" auf und nur so könnten Strafbarkeitslücken beim professionellen Fälscher vermieden werden, der eine Verwendung der Urkunde durch den Auftraggeber weder beabsichtige noch sich dessen sicher sein könne.[9] **487**

Die für die Täuschungsabsicht i.S. des § 267 I StGB maßgebenden Grundsätze gelten sinngemäß auch für andere Tatbestände des 23. Abschnitts, in denen dieses Merkmal vorkommt, insbesondere für §§ 268 I, 269 I, 271 II, 273 I StGB. Der »Täuschung im Rechtsverkehr« ist nach § 270 StGB die »fälschliche Beeinflussung einer Datenverarbeitung« gleichgestellt.[10]

Täuschung über Tatbeteiligung – § 145d II Nr. 1 StGB

Täuschungshandlung i.S. der Vorschrift ist die erfolgreiche oder versuchte Täuschung über die **Person** des an einer wirklich geschehenen oder *irrig angenommenen* (str. → Rn. 490) rechtswidrigen Tat **Beteiligten**. **488**

Die Täuschung muss darauf gerichtet und geeignet sein, die Verfolgungsorgane durch *konkrete Hinweise* zu Ermittlungsmaßnahmen in einer **bestimmten falschen Richtung** zu veranlassen (auf eine »falsche Spur« zu setzen → Rn. 489), z.B. durch Lenkung des Verdachts auf einen Unbeteiligten, aber auch durch unrichtige Selbstbezichtigung (anders als § 164 StGB verlangt § 145d II StGB nicht die Verdächtigung eines anderen!).

---

5 Absicht i.S. des dolus directus 1. Grades verlangt *M. Vormbaum* GA 2011, 167 ff (zumindest für die Varianten Herstellen/Verfälschen); diff. SK-*Hoyer* § 267 Rn. 91 f, der für die »Täuschungskomponente« dolus directus 1. Grades verlangt, während für den Willen, den Getäuschten zu einem »rechtserheblichen Verhalten« zu bestimmen, bedingter Vorsatz genügen soll.

6 Vgl. *Fischer* § 267 Rn. 42 m.w.N.; eingehend zur Frage der Vorsatzanforderungen: *Gehrig*, Absichtsbegriff, S. 79 ff, *Lenckner* NJW 1967, 1890 ff. Grds. abw. die »funktionale« Differenzierung bei *Freund*, UStrT, Rn. 212 ff (dazu *Erb* GA 1999, 344 [345 f]).

7 BayObLG NJW 1998, 2917 gegen BayObLG NJW 1967, 1476 (1477).

8 NK-*Puppe* § 267 Rn. 101 ff; *S/S/Schuster* § 267 Rn. 91.

9 MK-*Erb* § 267 Rn. 209.

10 Zur Klarstellungsfunktion dieser Vorschrift vgl. *S/S/Schuster* § 270 Rn. 1 ff m.w.N.

Literatur: LK-*Ruß* § 145d Rn. 14 ff; MK-*Zopfs* § 145d Rn. 30 ff; *Stree*, Lackner-FS, 1987, S. 527 ff. **Einführend:** *Geppert* Jura 2000, 383 ff. **Monographisch:** *Saal*, Das Vortäuschen einer Straftat als abstraktes Gefährdungsdelikt, 1997.

Rechtsprechung Grundlegend: BGHSt 19, 305 (306 ff – nicht *strafbare* Beteiligung); BayObLG NJW 1984, 2302 (2303 – falsches Alibi). **Beispielhaft:** KG JR 1989, 26 (Angabe falscher Personalien); OLG Celle NJW 1961, 1416 f (Verweis auf Unbekannten); NJW 1964, 733 f (Abstreiten eigener Beteiligung beim Fahrerwechsel); OLG Frankfurt a.M. NJW 1975, 1895 (1896 – Selbstbezichtigung bei fehlender Tätertauglichkeit); OLG Karlsruhe NStZ-RR 2003, 234 (235 zum Vorsatz).

BGHSt 19, 305 (306 ff): Zur Täuschung über die Tatbeteiligung „gehören nicht nur die Fälle, in denen ein *Unbeteiligter* den Verdacht vom Täter weg auf einen Dritten lenken will, sondern nach ständiger Rechtsprechung auch diejenigen, in denen der *Täter selbst* den Verdacht von sich abzulenken versucht, indem er sein eigenes Verhalten einem *Dritten* zuschiebt. Diese Art der Selbstbegünstigung ist also nicht straffrei. Jedoch ist die Vorschrift nur anwendbar, wenn das dem anderen zugeschobene Tun auch in dessen Person mindestens den äußeren Tatbestand einer strafbaren Handlung erfüllt … § 145d StGB enthält keine allgemeine Strafdrohung gegen den, der die Ermittlungen der Strafverfolgungsbehörden *in irgendeiner Weise erschwert…* Die Vorschrift will verhindern, daß die Strafverfolgungsbehörden ungerechtfertigt in Anspruch genommen werden… Jedenfalls kann es nach diesem Grundgedanken nicht genügen, daß die Strafverfolgungsbehörden nur veranlaßt werden sollen, *keine Nachforschungen* gegen den wirklichen Täter anzustellen."

BayObLG NJW 1984, 2302 (2303): „Nach herrschender Rechtsprechung wird zur Erfüllung des Tatbestandes … gefordert, daß – entsprechend dem Schutzzweck der Vorschrift – der Täter die Verfolgungsorgane auf eine *falsche Fährte* zu lenken versucht. Dies kann sowohl durch eine falsche Selbstbezichtigung des Täters als auch dadurch geschehen, daß er den Verdacht auf eine andere unbeteiligte Person zu lenken versucht … [§ 145d II Nr. 1 StGB ist aber nicht verwirklicht], wenn lediglich der Verdacht von dem Tatbeteiligten *abgelenkt* wird, ohne daß die Ermittlungsbehörden zugleich auf eine *falsche* Spur geführt werden. Die Vorschrift … bezweckt nämlich, den behördlichen Untersuchungsapparat vor Irreführung zu schützen. Es sollen unnütze Maßnahmen und falsche Erwägungen der staatlichen Dienststellen vermieden werden. Es genügt nicht, daß der Täter die Überführung des Schuldigen *lediglich erschwert* oder verhindert."

Erläuterungen

I. »Verdachtsablenkung« als Beteiligungstäuschung?

489 Die Vortäuschung der Tatbeteiligung muss *geeignet* sein, strafverfolgungsrechtliche Ermittlungen auszulösen. Daran fehlt es, wenn die behaupteten Tatsachen schon kein tatbestandliches (beim Verdacht einer Trunkenheitsfahrt wird ein Nüchterner als Fahrer benannt) oder schuldhaftes Verhalten aufzeigen. Umstritten ist, ob diese Eignung auch schon zu bejahen ist, wenn der Täter den Verdacht von einer *anderen Person* nur ablenkt bzw. abzulenken versucht, ohne zugleich Umstände mitzuteilen, die die Behörde auch auf eine falsche Spur führen. Zum Teil wird die Auffassung vertreten, dass dies zur Beteiligungstäuschung ausreicht. Denn auch die bloße Ablenkung des Verdachts von einem Tatbeteiligten, etwa durch ein »falsches Alibi«, erfülle bereits den Tatbestand, weil dadurch den Strafverfolgungsbehörden »unnütze Mehrarbeit« entstehen könne.[1] Dagegen spricht jedoch die Überlegung, dass § 145d II StGB nicht

1 Vgl. z.B. *Geppert* Jura 2000, 383 (386 f); *Saal*, Vortäuschen, S. 189 ff; zur h.M. vgl. demgegenüber SK-*Rogall* § 145d Rn. 26 m.w.N.; BayObLG NJW 1984, 2302 (2303, oben zitiert → Rn. 488) mit krit. Bspr. *Kühl* JR 1985, 296 (297 ff); eingehend *Stree*, Lackner-FS, S. 527 (528 ff).

die Gefahr jeglicher unnützer Strafverfolgungstätigkeit unterbinden will, sondern ganz gezielt auf Ermittlungen abstellt, die der Behörde eine unzutreffende Tatbeteiligung aufzeigen und damit geeignet sind, die Strafverfolgungstätigkeit auf eine unzutreffende Person zu lenken.

Die Problematik liegt ähnlich bei einem Leugnen/Bestreiten *eigener Täterschaft.* Sie wird dort zwar meist durch eine Einbeziehung der Diskussion um das Schweigerecht des Beschuldigten überlagert, bleibt im Ansatz aber derselben Frage verhaftet: Ist allein das Leugnen der Tat (etwa mittels falscher Alibibehauptung, der die Behörde unnütz nachgehen würde) geeignet, die Ermittlungstätigkeit gegen einen tatsächlich nicht Beteiligten auszulösen? Die Problematik verschärft sich, wenn durch das Leugnen entweder der Verdacht »zwangsläufig« auf eine andere Person fallen muss, oder ein anderer zur Verdeckung eigener Täterschaft ausdrücklich der Tatbegehung bezichtigt wird. Hier ist zu berücksichtigen, inwieweit der Verdacht gegen eine andere Person tatsächlich auf neuen Anhaltspunkten beruht (denen dann unnötig nachgegangen werden könnte = ausreichende Beteiligungstäuschung) und inwieweit der Verdacht ohnehin schon bestand und nur durch den Verdacht gegen den Täter überlagert war (in diesem Fall würde nur eine bestehende Verdachtslage aufgezeigt, diese selbst aber nicht durch Umstände verstärkt, die nun unnütz aufzuklären wären).[2]

II. Die irrtümliche Annahme der Vortat

Umstritten ist, ob und unter welchen Voraussetzungen auch die *irrtümliche Annahme* einer rechtswidrigen Tat für eine Beteiligungstäuschung ausreicht: Setzt § 145d II Nr. 1 StGB (indem auf eine Täuschung über die Beteiligung *an einer rechtswidrigen Tat* abgestellt wird) zur Tatbestandsverwirklichung auch voraus, dass diese Tat wirklich begangen wurde? Oder genügt es, dass der Täter von einer solchen Tat nur irrig ausgeht, weil das Gesetz maßgeblich auf die Vorstellung des Täters abhebt („zu täuschen sucht")? **490**

Die strengste Auffassung will die irrtümliche Annahme des Täters, dass eine rechtswidrige Tat begangen worden sei, ganz *unberücksichtigt* lassen, weil dies dem Normtext am besten entspreche: Zwar genüge nach § 145d II Nr. 1 StGB als Tathandlung ein »Täuschungsversuch«; die Täuschungshandlung müsse sich jedoch auf die Beteiligung an einer *tatsächlich vorliegenden* »rechtswidrigen Tat« beziehen.[3]

Nach der Gegenansicht ist die irrige Annahme der für eine rechtswidrige Tat notwendigen *Umstände* (Tatsachen) ausreichend.[4] Diese Auffassung beruft sich darauf, dass bereits bei irrtümlicher Annahme einer rechtswidrigen Tat die Behörde durch Täu-

2 MK-*Zopfs* § 145d Rn. 35 m.w.N.; s. auch *Fezer*, Stree/Wessels-FS, 1993, S. 663 (673 ff); *Saal*, Vortäuschen, S. 180 ff; *Schneider*, Selbstbegünstigungsprinzip, S. 237 ff; *S/S/Sternberg-Lieben* § 145d Rn. 15.

3 So z.B. *Eisele*, BT I, Rn. 1491; *Rengier*, BT 2, § 51 Rn. 8 f; OLG Hamburg MDR 1949, 309.

4 OLG Hamm NJW 1963, 2138 f mit krit. Anm. *Morner* NJW 1964, 310; *L/Kühl* § 145d Rn. 7; *SSW-Jeßberger* § 145d Rn. 14. Ebenso, aber auch *rechtliche* Irrtümer (!) des Täters einschließend: *Saal*, Vortäuschen, S. 173 ff, *Stree*, Lackner-FS, S. 528 (536 ff). Diese Erweiterung ist aber dem Einwand ausgesetzt, dass der Adressat die strafrechtliche Relevanz eigenständig beurteilt und damit aufgrund eigener Fehlbeurteilung in Gefahr gerät, unnütz zu ermitteln.

schung über einen angeblich Tatbeteiligten auf eine »falsche Fährte gelockt« und zu *grundloser Ermittlungstätigkeit* provoziert werden könne. Der Schutzzweck der Vorschrift treffe deshalb zu. Ein Widerspruch zum Gesetzeswortlaut bestehe nicht, da es insoweit nur auf den Täuschungsversuch, nicht den Täuschungserfolg ankomme. Verlange man hingegen stets ein objektiv begangenes Delikt, so müsste dieses Erfordernis nach dem Grundsatz »in dubio pro reo« zur Straflosigkeit des Täters führen, wenn dessen Täuschung die Feststellung einer rechtswidrigen Tat gerade *verhindert* habe.[5]

Vermittelnd wird die Ansicht vertreten, dass ein Irrtum über das tatsächliche Vorliegen einer rechtswidrigen Tat für § 145d II StGB nur dann ausreiche, wenn der Adressat ebenfalls bereits vom Vorliegen einer rechtswidrigen Tat ausgeht und dann eben nur noch Gefahr läuft, nun gegen eine unzutreffende Person Ermittlungen aufzunehmen. Denn selbst wenn der Wortlaut des zweiten Absatzes mit der Formulierung „zu täuschen sucht" offen lässt, ob die Tat – als Grundlage der Beteiligungstäuschung – tatsächlich oder nur in der Vorstellung des Täters vorliegt, kann der Schutzzweck des § 145d II StGB nicht außer Betracht bleiben. Dieser will nicht unnütze Ermittlungen wegen einer nicht vorliegenden Tat unterbinden, sondern nur solche, die gerade auf eine bestimmte Tatbeteiligung gerichtet sind. Geht der Adressat aber bereits vom Vorliegen der Tat aus, so ist eine Beteiligungstäuschung, die demselben Irrtum unterliegt, geeignet, die Ermittlungen der Behörde auch gerade auf die unzutreffende Tat*beteiligung* zu erstrecken.[6]

III. Die Subsidiarität des Delikts

491 Zu beachten ist bei der Beteiligungstäuschung die Subsidiarität des Delikts: Die in § 145d I StGB (a.E.) angeordnete Subsidiaritätsklausel gilt auch für die Fälle des Abs. 2. Dies folgt aus der Wendung »ebenso wird bestraft« in § 145d II StGB, die nicht nur auf den Strafrahmen des Abs. 1, sondern zugleich auf die dort verfügte *Subsidiarität* (»Nichtstrafbarkeit«) verweist. Danach haben falsche Verdächtigung (§ 164 StGB) und Strafvereitelung (§§ 258, 258a StGB) konkurrenzrechtlich Vorrang. Trotz des missverständlichen Wortlauts – »mit Strafe bedroht« – entfällt die Strafbarkeit nach § 145d StGB allerdings nicht bereits dann, wenn der Täter i.S. der §§ 164, 258, 258a StGB tatbestandsmäßig-rechtswidrig handelt. Die Subsidiarität setzt vielmehr voraus, dass eine *Bestrafung* wegen falscher Verdächtigung usw. im konkreten Fall möglich ist (Anwendung allgemeiner Subsidiaritätsregeln). Scheitert sie bei der Strafvereitelung z.B. nur am Strafausschließungsgrund des § 258 V oder § 258 VI StGB, so bleibt § 145d StGB anwendbar.[7]

5 *Saal*, Vortäuschen, S. 175 m.w.N.

6 Vgl. LK-*Ruß* § 145d Rn. 14; SK-*Rogall* § 145d Rn. 24; MK-*Zopfs* § 145d Rn. 32.

7 Vgl. dazu etwa *Rengier*, BT 2, § 51 Rn. 20; *S/S/Sternberg-Lieben* § 145d Rn. 26. Aus der Rspr. z.B. BayObLG NJW 1978, 2563 f (zu § 258 V StGB); OLG Celle JZ 1980, 418 (zu § 258 VI StGB) mit zust. Anm. *Geerds* JR 1981, 35 ff.

Tatsachenbehauptung/-verbreitung (»in Beziehung auf einen anderen«) – §§ 186, 187 (§§ 190, 192) StGB

»Tatsachen« – als Inhalt einer Behauptung/Verbreitung – sind **konkrete Vorgänge** oder Zustände der *Vergangenheit* oder *Gegenwart*, die der wahrnehmbaren Wirklichkeit angehören und damit dem **Beweis zugänglich** sind (Merkmale: geschichtliche Existenz, Wahrnehmbarkeit, prinzipielle Beweisbarkeit; *Gegensatz:* Werturteil, Meinungsäußerung → Rn. 493). Dazu gehören auch »innere«, *psychische Tatsachen* – wie Absichten und Motive –, wenn sie zu bestimmten *äußeren Ereignissen* erkennbar in Beziehung gesetzt werden. **492**

»Behaupten« heißt, eine Tatsache als nach **eigenem Wissen** geschehen oder vorhanden darstellen. »Verbreiten« bedeutet die Mitteilung einer Tatsache als **Gegenstand fremden Wissens** durch Weitergabe einer (tatsächlichen oder angeblichen) Behauptung eines *anderen*, die sich der Täter nicht zu eigen macht.

Die Tatsachenbehauptung/-verbreitung »in Beziehung auf einen anderen« setzt voraus, dass der Äußernde sie auf einen Dritten bezieht; also ein *anderer* als der Betroffene der – angebliche oder wirkliche – *Urheber* der Äußerung ist: Wer diesen »Drittbezug« der Äußerung *verbirgt*, wird nicht erfasst (→ Rn. 497).

Literatur: LK-*Hilgendorf* § 185 Rn. 2 ff, § 186 Rn. 5 ff; SK-*Rogall* § 186 Rn. 3 ff, 13 ff.
Einführend: *Geppert* Jura 2002, 820 ff; *W/Hettinger* Rn. 492 ff, 504 f.

Rechtsprechung Grundlegend: RGSt 41, 193 (194 – Tatsache vs. erkennbar frei Erfundenes); 55, 129 (131 – Tatsache vs. Werturteil); 67, 268 (269 f – zum Behaupten); BVerfGE 90, 241 (247); BGH NStZ 1984, 216 (zum Drittbezug). **Beispielhaft:** BGH NJW 1982, 2248 (2249 – in Werturteil eingekleidete Tatsachenbehauptung); OLG Bremen NStZ 1999, 621 f (Schriftsatz eines Rechtsanwalts: Werturteil vs. Tatsache); OLG Karlsruhe NStZ 2005, 575 f (Behauptungen über Abtreibungspraxis eines Frauenarztes) mit abl. Anm. *Mosbacher*, S. 576.

BVerfG NJW 1996, 1529 f: „Während für *Werturteile* die subjektive Beziehung des sich Äußernden zum Inhalt seiner Aussage kennzeichnend ist, werden *Tatsachenbehauptungen* durch die objektive Beziehung zwischen Äußerung und Wirklichkeit charakterisiert. Gerade unabhängig von den *subjektiven* Auffassungen des sich Äußernden soll etwas als *objektiv gegeben* hingestellt werden. Anders als Werturteile sind Tatsachenbehauptungen daher grundsätzlich dem *Beweis zugänglich*. Dies gilt auch bei Äußerungen, in denen sich tatsächliche und wertende Elemente durchdringen."

BGH NJW 1992, 1314 (1316): „Äußerungen sind auch dann, wenn sie auf *Werturteilen* beruhen, als Tatsachenbehauptungen einzustufen, wenn und soweit bei dem Adressaten zugleich die Vorstellung von *konkreten*, in die Wertung eingekleideten *Vorgängen* hervorgerufen wird, die als solche einer Überprüfung mit den Mitteln des *Beweises* zugänglich sind."

BGH NJW 1993, 930 (931): „Äußerungen, in denen das Tatsachensubstrat, mit dem sie sich befassen, für den Leser oder Hörer nicht hinreichend kenntlich wird, weisen sich für ihn, weil er ihnen eine Mitteilung über dem *Beweis zugängliche* Vorgänge nicht entnehmen kann, als bloß subjektive Meinungen und nicht als Tatsachenbehauptungen aus."

Erläuterungen

I. Tatsachenbezogene Äußerung und »Werturteil«

1. Grundsätzliches

493 Die Behauptung bzw. Verbreitung von »Tatsachen« ist vom »Werturteil« oder der »Meinungsäußerung« zu unterscheiden. Die Grenze gilt allgemein als »fließend«, ist aber im Grundsatz anerkannt. Wesentliche Orientierungspunkte der Abgrenzung sind die Fragen nach der »*Beweisfähigkeit*« und nach der »*Wahrheit/Unwahrheit*« der jeweiligen Äußerung: Tatsachenaussagen sind „Äußerungen, deren Gehalt einer *objektiven Klärung* zugänglich ist und als etwas Geschehenes oder Vorhandenes mit den prozessualen Möglichkeiten festgestellt werden kann"; nur sie „können deshalb auch *wahr* oder *unwahr* sein". Um „bloße Werturteile … handelt es sich dagegen, wenn die Äußerung durch Elemente der subjektiven Stellungnahme, des Dafürhaltens oder Meinens geprägt ist und deshalb nicht wahr oder unwahr, sondern je nach persönlicher Überzeugung nur falsch oder richtig sein kann".[1] Dabei kommt es nicht allein auf den Wortlaut und die Form der Äußerung, sondern maßgeblich auf ihren *Sinn* an, wie er von dem angesprochenen Adressatenkreis im *Gesamtzusammenhang* verstanden wird;[2] s. auch → Rn. 495.

494 Das spezifische Unrecht der in §§ 186, 187 StGB beschriebenen Handlungen besteht nicht in der Kundgabe *eigener*, sondern in der »*Ermöglichung fremder Missachtung*« (durch Dritte), für die der Täter gleichsam die Tatsachenbasis der Urteilsbildung schafft.[3] Die Ehre des Betroffenen ist nachhaltiger beeinträchtigt, wenn sich Dritte (gestützt auf vermeintlich zutreffende Tatsachen) eine eigene Ansicht bilden. Demgegenüber kann die Meinung des Täters von Dritten nur geteilt werden. Dieser Gesichtspunkt ist auch bei der Abgrenzung zwischen Tatsachenbehauptung/-verbreitung und Werturteil im Blick zu behalten: Tatsachenbezogen ist die Äußerung, „wenn durch sie das Opfer so gekennzeichnet wird, dass Dritten unabhängig von der Person des Äußernden eine *selbständige Überprüfung* des Geäußerten möglich ist"; beim Werturteil ist demgegenüber der Gehalt der Äußerung „so mit der Person des Äußernden verbunden, dass der Inhalt keine von der Verbindung unabhängige Aussagekraft hat".[4]

2. Einzelheiten

495 Bei einer in die *äußere Form* eines Werturteils gekleideten Äußerung, z.B. der Bezeichnung einer Person als »Dieb«, liegt eine Tatsachenbehauptung vor, wenn die Äußerung erkennbar auf ein *tatsächliches Geschehen* bezogen ist, das sie lediglich »verkürzt« wiedergibt. Umgekehrt kann sich hinter dem Anschein einer Tatsachenbehauptung (»alter Nazi«) je nach Sinnzusammenhang auch (nur) ein – verdecktes – Werturteil verbergen. Eine Tatsachenbehauptung verliert diese Eigenschaft allerdings nicht dadurch, dass aus den behaupteten Tatsachen zugleich ein *Werturteil abgeleitet* wird.[5] Lediglich ein Werturteil wird angenommen, wenn das tatsächliche Vorbringen

1 *S/S/Eisele* § 186 Rn. 3 m.w.N.
2 *L/Kühl* § 186 Rn. 3 m.w.N.
3 *S/S/Eisele* § 186 Rn. 1.
4 NK-*Zaczyk* § 186 Rn. 2 f.
5 Vgl. BGHSt 12, 287 (291 f); OLG Celle NJW 1988, 353 (354).

nur als »Erläuterung« einer Meinungsäußerung dient, die näher begründet und verdeutlicht werden soll. Tritt der tatsächliche Gehalt einer Äußerung als *»substanzarm«* gegenüber der subjektiven Wertung ganz in den Hintergrund, so liegt ebenfalls ein bloßes Werturteil vor. Vielfach muss das »überwiegende Element« der Abgrenzung zugrunde gelegt werden.[6]

Die Unterscheidung zwischen »Tatsachenbehauptung« und »Werturteil« ist nicht nur für die Abgrenzung zwischen § 185 und §§ 186, 187 StGB wichtig.[7] Erhebliche Bedeutung hat sie auch deshalb, weil der Äußernde nach der Rechtsprechung des BVerfG bei (unwahren) *Tatsachenbehauptungen* die Möglichkeit der Berufung auf das Grundrecht der Meinungsfreiheit (Art. 5 GG, § 193 StGB) weitgehend verliert.[8]

Bei § 186 StGB ist die »Unwahrheit« der behaupteten/verbreiteten (ehrenrührigen) **496**
Tatsache – im Gegensatz zu § 187 StGB – nach Rechtsprechung und h.M. *kein* Merkmal des objektiven *Tatbestandes*; vielmehr stellt die »Nichterweislichkeit« der Wahrheit, also das Misslingen des Wahrheitsbeweises im Prozess, eine sog. *»objektive Bedingung* der Strafbarkeit« dar. Zur Gewährleistung des *Schuldprinzips* verlangt demgegenüber eine verbreitete, an Zustimmung gewinnende Auffassung, dass sich der Äußernde bezüglich der Unwahrheit zumindest *sorgfaltswidrig* (fahrlässig) verhält. Danach scheidet Strafbarkeit wegen übler Nachrede aus (auch bei »Nichterweislichkeit« der Wahrheit der Tatsache), wenn die subjektive Annahme der Wahrheit nicht auf Sorgfaltswidrigkeit beruht.[9]

II. Schaffung einer »kompromittierenden Sachlage« – »Drittbezug«

§§ 186, 187 StGB sind nach der Rechtsprechung und ganz h.L. *»Äußerungsdelikte* **497**
mit erkennbarem Drittbezug«. Deshalb erfassen sie – trotz der damit möglicherweise verbundenen Ehrverletzung – nicht die bloße Schaffung einer *»kompromittierenden Sachlage«* durch anderweitige Manipulationen (Beispiele: Verstecken von Diebesgut, Veröffentlichung einer kompromittierenden Schrift unter dem Namen des Betroffenen). Bei derartigen Manipulationen fehlt es entweder schon an einer »Behauptung« oder mangels erkennbaren Drittbezuges an einer Äußerung »in Beziehung auf einen anderen«. Die »drittbezogene« Äußerung setzt nämlich stets voraus, dass hinter ihr ein *anderer* als der von der Äußerung Betroffene als – angeblicher oder wirklicher – Urheber steht, der Drittbezug also *nicht verschleiert* wird.[10]

Der BGH hat deshalb eine Verleumdung nach § 187 StGB bei einem Fall abgelehnt, in dem der Täter unter dem Namen seiner Ehefrau eine Zeitungsannonce aufgegeben hatte, in der sie sich als Prostituierte anbot („Modell-Hostess Jutta für private schöne Stunden“[11]): Wer den erforderlichen »Drittbezug« *verberge* und damit nur eine den

6 Vgl. zu den Einzelheiten *Geppert* Jura 2002, 820 (821 ff); *S/S/Eisele* § 186 Rn. 3 f; jew. m.w.N.
7 Zur Beurteilung einer (ehrenrührigen) Tatsachenbehauptung unmittelbar ggü. dem *Betroffenen* → Rn. 119.
8 Vgl. BVerfGE 85, 1 (14 f) m.w.N.; BVerfG NJW 1996, 1529 f (oben zitiert → Rn. 492); OLG Hamm NStZ 2008, 631 f (m.w.N. zur Rspr. des BVerfG). Näher zum ganzen Komplex NK-*Zaczyk* § 193 Rn. 4 ff, 33 ff m.w.N.
9 So z.B. NK-*Zaczyk* § 186 Rn. 15 ff, 19 m.w.N.; krit. dazu aber z.B.: *Amelung*, Die Ehre als Kommunikationsvoraussetzung, 2002, S. 59 ff, SK-*Rogall* § 186 Rn. 20 ff, 24.
10 Vgl. *K/H/H*, BT 1, Rn. 511 f; *S/S/Eisele* § 186 Rn. 7; jew. m.w.N.
11 BGH NStZ 1984, 216.

Betroffenen »kompromittierende Sachlage« schaffe, begehe keine Verleumdung.[12] Es bestehe allerdings die Möglichkeit, solche Fälle als *Beleidigung* nach § 185 StGB – in mittelbarer Täterschaft – zu erfassen, wenn potenzielle Kunden (als vorsatzlose Werkzeuge) Kontakt aufnehmen.[13]

Technische Aufzeichnung – §§ 268, 274 I Nr. 1 StGB

Vgl. **Aufzeichnung, technische** → Rn. 46 und **Aufzeichnung, Unechtheit der technischen** → Rn. 49.

Tod – §§ 211 ff StGB

498 »Tod« ist das *endgültige* – irreversible – Erloschensein der **gesamten Hirntätigkeit**, d.h. aller Gehirnfunktionen (*Hirntod*, Zerebraltod; »moderner« Todesbegriff – in Abkehr vom »klassischen Todesbegriff« → Rn. 499).

Literatur: MK-*Schneider* Vor §§ 211 ff Rn. 14 ff; NK-*Neumann* Vor § 211 Rn. 16 ff. **Einführend:** *K/H/H*, BT 1, Rn. 15 ff. **Monographisch:** *Ingelfinger*, Grundlagen und Grenzbereiche des Tötungsverbots, 2004, S. 137 ff; *Merkel*, Früheuthanasie, 2001, S. 111 ff.

499 **Hinweise:** Für die Bestimmung des Todes wurde ursprünglich auf den *klinischen* Tod abgestellt. »Tod« ist danach der *endgültige* – irreversible – Stillstand von Kreislauf und Atmung, verbunden mit dem Aufhören der Tätigkeit des Zentralnervensystems und gefolgt vom Absterben aller Zellen und Gewebe des Organismus (»klassischer Todesbegriff«). Dieser Todesbegriff ist zu einer Zeit entstanden, in der es der medizinischen Technik noch nicht möglich war, nach vollständigem Herz- und Kreislaufversagen einen Menschen „wiederzubeleben". Seitdem dies – zumal für eine beachtliche Zeitspanne nach dem klinischen Tod – möglich ist, stellt die h.M. für die Bestimmung des Todeszeitpunktes auf den vollständigen Ausfall aller Hirnfunktionen ab.[1] So wird auch in § 3 II Nr. 2 TPG – der allerdings *keine* allgemeinverbindliche Definition des »Todes« enthält – als Todeskriterium der »Hirntod« ausdrücklich zugrunde gelegt.[2] Das Gesetz bestimmt ihn als „endgültigen, nicht behebbaren Ausfall der Gesamtfunktion des Großhirns, des Kleinhirns und des Hirnstamms" und verweist für die Feststellung des Hirntodes auf die „Verfahrensregeln, die dem Stand der Erkenntnisse der medizinischen Wissenschaft entsprechen".[3] Auch die »Hirntodkon-

---

12 Krit. zu dieser Auffassung *Gössel/Dölling*, BT 1, § 31 Rn. 20 ff und *Streng* GA 1985, 214 ff, die auf die Alternative »*Verbreiten*« zurückgreifen wollen. Hierzu krit. wiederum NK-*Zaczyk* § 186 Rn. 12; *S/S/Eisele* § 186 Rn. 8 (eine solche Auslegung verkenne § 186 StGB als *Äußerungs*delikt).

13 BGH NStZ 1984, 216; *Rengier*, BT 2, § 29 Rn. 8; eingehend und diff. zum Problem *Fuhr*, Die Äußerung im Strafgesetzbuch, 2001, S. 45 ff, 51.

1 Vgl. *S/S/Sternberg-Lieben* Vor §§ 211 ff Rn. 19 m.w.N.

2 In anderen Ländern wird für die Transplantation hingegen ein Zeitpunkt gewählt, in dem der Hirntod unmittelbar bevorsteht, s. MK-*Tag* § 3 TPG Rn. 17.

3 Dazu näher *Merkel* Jura 1999, 113 (114 f).

zeption« ist allerdings nicht unwidersprochen, da ein solcher auch vorliegen kann, wenn Atmung und Kreislauf – aufgrund maschineller Hilfe – noch funktionieren.[4] Kritisch ist der Vorschlag von *Dencker* aufgenommen worden, den Todesbegriff in Fällen »irreversibler Bewusstlosigkeit« und »irreversibler schwerer Hirnschädigung« auf ein kurzfristiges *Vorstadium* des Hirntodes zu erweitern.[5]

Treubruchstatbestand – § 266 I StGB

Vgl. **Vermögensbetreuungspflicht/Vermögensfürsorgepflicht** (»Treubruchstatbestand«) → Rn. 618.

Übel, empfindliches – §§ 240 I, 253 I (§§ 234 I, 235 I Nr. 1) StGB

Vgl. **Drohung mit einem empfindlichen Übel** → Rn. 160.

Überfall, hinterlistiger – § 224 I Nr. 3 (§ 223a I a.F.) StGB

Ein »hinterlistiger Überfall« besteht in einem *überraschenden*, vom Opfer nicht erwarteten Angriff (»Überfall«), bei dem der Angreifer seine Angriffsabsicht **planmäßig-berechnend verdeckt**, um dadurch dem Angegriffenen die Abwehr unmöglich zu machen oder zu erschweren (»Hinterlist«). Die bloße *Ausnutzung* des *Überraschungsvorteils* reicht nicht aus. **500**

Literatur: LK-*Lilie* § 224 Rn. 31 f; *S/S/Sternberg-Lieben* § 224 Rn. 10.

Rechtsprechung Grundlegend: RGSt 2, 74 (75); 65, 65 (66).

RGSt 65, 65 (66): „Ein ›Überfall‹ … ist gegeben, wenn der Verletzte unversehens, ohne sich darauf vorbereiten zu können, angegriffen worden ist. Als ›*hinterlistig*‹ ist ein Überfall … erst dann anzusehen, wenn der Täter dabei *planmäßig* … in einer auf *Verdeckung* seiner wahren Absicht berechneten Weise, eben mit ›List‹, zu Werke geht, um gerade hierdurch dem Angegriffenen die Abwehr des nicht erwarteten Angriffs zu erschweren, seine Überlegung und die Vorbereitung auf die Verteidigung nach Möglichkeit auszuschließen. Hinterlist ist *nicht* schon allein die *bewußte Ausnutzung* des in der Überraschung durch den ›Überfall‹ für den Angegriffenen liegenden Nachteils."

BGH NStZ 2005, 40: „Hinterlist setzt voraus, dass der Täter *planmäßig* in einer auf *Verdeckung* seiner wahren Absicht gerichteten Weise vorgeht, um dadurch dem Überfallenen die Ab-

4 Krit. zum Hirntod aus verfassungsrechtlicher Sicht insb. *Höfling* JZ 1995, 26 ff und JZ 1996, 615 ff; *Rixen* ZRP 1995, 461 ff. Dazu wiederum *Heun* JZ 1996, 213 ff, 618 f; *Merkel* Jura 1999, 113 (118 ff). Zur umfangreichen Auseinandersetzung um den »Hirntod« vgl. im Übrigen *Ingelfinger*, Grundlagen, S. 146 ff; MK-*Tag* § 3 TPG Rn. 19 (Wertungsfrage). Umfassende Nachw. bei *L/Kühl* Vor § 211 Rn. 4; NK-*Neumann* Vor § 211 Rn. 17 ff, 24 ff.

5 *Dencker* NStZ 1992, 311 ff (315); zur Kritik vgl. NK-*Neumann* Vor § 211 Rn. 34 m.w.N.

wehr des nicht erwarteten Angriffs zu erschweren und eine Vorbereitung auf die Verteidigung auszuschließen, beispielsweise durch Entgegentreten mit vorgetäuschter Friedfertigkeit oder indem er sich vor dem Opfer verbirgt und ihm auflauert oder sich anschleicht."

BGH NStZ 2007, 702: „Die Ausnutzung lediglich des *Überraschungsmoments* genügt nicht."

501 **Hinweise:** *Anders* als bei der Heimtücke, bei der sich der Täter – folgt man der h.M. – der Arg- und Wehrlosigkeit des Opfers zumindest bewusst sein muss (→ Rn. 311), setzt der hinterlistige Überfall auf Täterseite mehr voraus.[1] Bei dem überraschenden Angriff auf eine ahnungslose Person (Überfall) muss der Täter erkennbar (nicht unbedingt auch für das Opfer) seine Angriffsabsicht zuvor verdeckt haben, etwa, indem er Friedfertigkeit vortäuscht (z.B. durch freundlichen Gruß), sich vor dem Annähernden versteckt oder diesen in eine Falle lockt.[2] Nicht ausreichend ist es hingegen, dass der Täter sich bloß von hinten annähert und den Überraschungsmoment nutzt.[3]

In der Literatur wird z.T. einschränkend gefordert, dass der Täter durch sein hinterlistiges Vorgehen eine *gesteigerte Gesundheitsgefahr* begründet oder doch zumindest die Zufügung erheblicher Verletzungen *ermöglichen* will.[4] Dem wird jedoch entgegengehalten, dass derartige Einschränkungen vom Wortlaut her nicht geboten sind und die Unrechtssteigerung gegenüber der einfachen Körperverletzung hier nicht in einer erhöhten Gefährdungslage für das Opfer liegt. Vielmehr sei die besondere Verwerflichkeit der Begehungsweise in Rechnung zu stellen und der Umstand, dass durch die hinterlistige Vorgehensweise das Opfer überhaupt in seinen Verteidigungsmöglichkeiten geschwächt sei.[5]

Umschlossener Raum – § 243 I 2 Nr. 1 StGB

Vgl. **Raum, umschlossener** → Rn. 409.

Unfall im Straßenverkehr – § 142 StGB

502 Ein »Unfall im Straßenverkehr« ist ein *plötzliches Ereignis*, das mit den typischen *Gefahren* (→ Rn. 506) des öffentlichen *Straßenverkehrs* (→ Rn. 505) ursächlich zusammenhängt und einen nicht völlig belanglosen Fremdschaden (*Personen- oder Sachschaden* → Rn. 504) zur Folge hat.

Literatur: LK-*Geppert* § 142 Rn. 20 ff; MK-*Zopfs* § 142 Rn. 25 ff; SK-*Stein* § 142 Rn. 8 ff.
Einführend: *Rengier*, BT 2, § 46 Rn. 2 ff.

1 Anders *M. Heinrich*, Die gefährliche Körperverletzung, 1993, S. 634 ff sowie in JA 1995, 718 (726): es genüge der »bewusste Einsatz des Überraschungsmoments«; krit. dazu NK-*Paeffgen* § 224 Rn. 22 a.E.
2 Zum heimlichen Beibringen eines Betäubungs- oder Schlafmittels als »hinterlistigem Überfall« vgl. BGH NStZ 1992, 490; NStZ-RR 1996, 100 (101); NStZ 2009, 505 (506).
3 BGH NStZ 2012, 698; StV 2013, 439.
4 Vgl. NK-*Paeffgen* § 224 Rn. 22; SK-*Wolters* § 224 Rn. 23.
5 MK-*Hardtung* § 224 Rn. 29; ähnlich LK-*Lilie* § 224 Rn. 32.

Rechtsprechung Grundlegend: BGHSt 8, 263 (265 f – bloße Selbstschädigung); 12, 253 (256 – vorsätzliche Unfallherbeiführung); 47, 158 (159 – erkennbar deliktisches Handeln). **Beispielhaft:** OLG Düsseldorf NJW 1986, 2001 (Verbotsirrtum bei Irrtum über Schadenshöhe) mit krit. Bspr. *Kuhlen* StV 1987, 437 ff (Tatumstandsirrtum); LG Berlin NStZ 2007, 100 (Herausstellen von Mülltonnen).

BGHSt 24, 382 (383): Es „ist unter dem Begriff ›Verkehrsunfall‹ jedes mit dem Straßenverkehr und seinen Gefahren ursächlich zusammenhängende Ereignis zu verstehen, durch das ein Mensch zu Schaden kommt oder ein nicht ganz belangloser Sachschaden verursacht wird. Der Kennzeichnung eines solchen Geschehens als Verkehrsunfall steht nicht entgegen, daß ein daran Beteiligter es *vorsätzlich* herbeigeführt hat, wenn nur einem anderen ein von ihm ungewollter Schaden entstanden ist. Dann handelt es sich mindestens für diesen anderen um ein ungewolltes, ihn plötzlich von außen her treffendes Ereignis."

BGHSt 47, 158 (159): „Die Rechtsprechung ist … dahin zu verstehen, daß sich in dem ›Verkehrsunfall‹ gerade die *typischen* Gefahren des Straßenverkehrs verwirklicht haben müssen. [Dies] kann jedenfalls dann nicht angenommen werden, wenn ein Verhalten schon nach seinem äußeren Erscheinungsbild keine Auswirkung des allgemeinen Verkehrsrisikos, sondern einer *deliktischen Planung* ist."

Erläuterungen

Beim »Unfall im Straßenverkehr« sind drei unterschiedliche Punkte zu beachten: Es **503** muss sich um einen Unfall mit Fremdsachschaden (→ Rn. 504) handeln, der im Straßenverkehr (→ Rn. 505) verursacht wurde und noch als typischer Verkehrsunfall verstanden werden kann (im Gegensatz zur deliktischen Schädigung oder einem Schaden, der nicht von den Beweisschwierigkeiten im Straßenverkehr geprägt ist → Rn. 506).

§ 142 StGB dient dem Schutz des zivilrechtlichen Beweissicherungsinteresses. Dieses **504** ist bei Unfällen im Straßenverkehr – im Gegensatz zu anderen Schadensfällen – besonders schutzwürdig, da die Schnelligkeit der Abläufe im Verkehr und die Anonymität der Verkehrsteilnehmer untereinander die Beweissicherung typischerweise erschweren.

Eine Beweissicherungsmöglichkeit ist aber nur dort schützenswert, wo auch ein bedeutsamer zivilrechtlicher Anspruch entstanden ist. Voraussetzung dafür ist deshalb ein Fremdsachschaden, eine bloße *Gefährdung* anderer Personen oder fremder Sachen genügt nicht. Ebenso wenig genügt ein Schaden, durch den allein der Unfallbeteiligte geschädigt wurde, wobei hier letztlich ein Schadensbegriff zugrunde gelegt wird, der darauf abstellt, wer wirtschaftlich das Schadensrisiko trägt. Leasingnehmer und Eigentumsvorbehaltskäufer schädigen sich daher selbst, wenn sie ihre fremden Fahrzeuge beschädigen (str. für gemietete oder geliehene Fahrzeuge).[1]

Eine Beweissicherung für einen *bedeutsamen* zivilrechtlichen Anspruch setzt eine nicht nur belanglose Schädigung voraus. Ein Personenschaden muss mindestens in einer nicht ganz unerheblichen Körperverletzung bestehen; ein Sachschaden ist »völlig belanglos«, wenn seinetwegen üblicherweise keine Schadensersatzansprüche geltend gemacht werden; dies soll bei Schäden bis 25 €[2] der Fall sein.

1 *Fischer* § 142 Rn. 12; näher MK-*Zopfs* § 142 Rn. 29 f.

2 Z.T. werden auch höhere Beträge (50 € bis hin zu 150 €) angenommen, s. NK-*Kretschmer* § 142 Rn. 35.

505 Der Unfall muss seine Ursache im Straßenverkehr gefunden haben, so dass es nicht maßgeblich darauf ankommt, wo der Schaden eintritt (etwa nach dem Abkommen von der Straße auf privatem Grund), sondern darauf, wo die Schadensursache gesetzt wurde. Zum Straßenverkehr[3] zählt nicht nur der gewidmete öffentliche Verkehrsraum, sondern auch ein privates Grundstück, soweit dieses zumindest faktisch einer allgemein bestimmten größeren Personengruppe als Verkehrsfläche zur Verfügung steht.[4] Dabei ist zu berücksichtigen, dass ein schutzwürdiges Beweissicherungsinteresse nicht nur bei Unfällen mit Kraftfahrzeugen entstehen kann; nach h.M. ist auch der Fahrrad-, Skate- und Fußgängerverkehr einbezogen.[5] Hier ist allerdings zu fordern, dass der Unfall zwischen Fußgängern noch als Verkehrsunfall mit den typischen Beweisschwierigkeiten (→ Rn. 504) begriffen werden kann; daran fehlt es z.B., wenn ein Fußgänger von einem Straßenbauarbeiter versehentlich verletzt wird.

506 Umstritten sind die Fälle (direkt-)*vorsätzlicher* Schadensverursachung. Die Rechtsprechung hat es grundsätzlich genügen lassen, dass der Schaden mindestens von *einem* Beteiligten unvorsätzlich (mit-)verursacht worden ist, sofern nicht ein Fahrzeug »ausschließlich« als Tatwaffe benutzt wird.[6] Überwiege nämlich das rein deliktische Handeln, so sei das Schadensereignis nicht mehr Ausdruck des allgemeinen Verkehrsrisikos.[7] Dafür lässt sich anführen, dass § 142 StGB nicht die Beweisschwierigkeiten abdecken will, die mit dem Nachweis eines Schadens verbunden sind, der auf einer Straftat beruht. Maßgeblich sind vielmehr die typischen Risiken für die Beweissicherung nach Verkehrsunfällen, die gerade durch die Fortbewegung anonymer Verkehrsteilnehmer im Straßenverkehr entstehen (→ Rn. 504).

In der Praxis umstritten sind die Fälle des Beladens von Fahrzeugen. Werden dabei (etwa durch wegrollende Einkaufswagen, geöffnete Seitentüren etc.) danebenstehende andere Fahrzeuge beschädigt, stellt sich die Frage, ob hier noch ein typischer mit Beweisschwierigkeiten behafteter Verkehrsunfall vorliegt.[8] Maßgeblich dürfte hier sei, ob sich an das Beladen eine umgehende Weiterfahrt anschließt oder eher ein rein statisches Schadensereignis vorliegt.

507 § 142 IV StGB n.F. setzt für die »tätige Reue« u.a. einen Unfall »außerhalb des *fließenden* Verkehrs« voraus. Nach h.M. soll dies von der Bewegung der beteiligten Verkehrsteilnehmer abhängen und nur die Bewegung im ruhenden Verkehr erfassen. Tä-

---

3 Relevant ist der Begriff auch für §§ 315b, 315c, 316 StGB: Dort muss die Tathandlung im Straßenverkehr stattfinden bzw. bei § 315b StGB sich zumindest dort auswirken.

4 BGHSt 49, 128 (129 – Werksgelände); zuletzt BGH NStZ 2013, 530 (531) mit dem Hinweis, dass eine Verkehrsfläche auch zeitweise öffentlich sein kann (Parkhaus mit Öffnungszeiten) und so lange zum Straßenverkehr zählt.

5 Vgl. MK-*Zopfs* § 142 Rn. 33 m.w.N.; abw. NK-*Kretschmer* § 142 Rn. 39 und *S/S/Sternberg-Lieben* § 142 Rn. 17: Beteiligung wenigstens *eines* Fahrzeugs erforderlich.

6 Vgl. BGHSt 12, 253 (256); 24, 382 (383, oben zitiert → Rn. 502); 48, 233 (239); w.N. bei *L/Kühl* § 142 Rn. 8.

7 BGHSt 47, 158 (159 f, oben zitiert → Rn. 502, – Abwerfen von Mülltonnen während der Fahrt); OLG Hamm NJW 1982, 2456 (2457 – Wurf einer Flasche). Aus dem Schrifttum: LK-*Geppert* § 142 Rn. 26 ff; MK-*Zopfs* § 142 Rn. 35; *Müller-Kraus* NZV 2003, 559 f; *Schnabl* NZV 2005, 281 ff; SK-*Stein* § 142 Rn. 13 ff; damit nur schwer vereinbar BGHSt 48, 233 (239 – gezieltes Rammen, um das gerammte Fahrzeug zu stoppen).

8 Abl. LG Düsseldorf NZV 2012, 194 (kein Zshg. zur Fortbewegung), aufgehoben durch OLG Düsseldorf NStZ 2012, 326 (Fahrzeug als Transportmittel)); zsfd. *Lenhart* NZV 2013, 270 ff.

tige Reue sei deshalb nur bei sog. »Parkunfällen« (Unfälle beim Halten oder Ein- und Ausparken) möglich. Nicht erfasst seien demgegenüber Schäden, die der fließende Verkehr im Vorbeifahren an stehenden/ruhenden Objekten (abgestelltes Fahrzeug, Leitplanke) verursache.[9] Im Schrifttum wird demgegenüber vorgeschlagen, auf den Unfallort abzustellen. Befinde sich dieser auf einer Fläche außerhalb des fließenden Verkehrs, sei tätige Reue möglich.[10]

Unfallbeteiligter – § 142 StGB

»Unfallbeteiligter« ist jeder, dessen **Verhalten** nach den Umständen zur Verursachung des Unfalls **beigetragen haben kann** (Legaldefinition in § 142 V StGB). **508**

Grundsätzlich ist dafür ein Verhalten – Handeln/Unterlassen – des zum Unfallzeitpunkt **Anwesenden** (str. → Rn. 510) erforderlich, das in *unmittelbarem Zusammenhang* mit der **aktuellen Unfallsituation** steht (str. → Rn. 509) und aufgrund der *konkreten Fallumstände* unter Berücksichtigung des gesamten Unfallgeschehens – zumindest – den **Verdacht** begründet, dass dadurch der Unfall verursacht oder mitverursacht worden ist; auf ein Verschulden kommt es grundsätzlich nicht an (s. aber zur mittelbaren Verursachung → Rn. 509 a.E.).

Literatur: MK-*Zopfs* § 142 Rn. 36 ff; *M/R/Renzikowski* § 142 Rn. 15 ff; abw. LK-*Geppert* § 142 Rn. 35 ff (Anwesenheit im Unfallzeitpunkt nicht erforderlich). **Monographisch:** *Engelstädter*, Der Begriff des Unfallbeteiligten (usw.), 1997; *Vierhaus*, Tatsächliche Unfallverursachung und die „Verursachung nach den Umständen" im Tatbestand des § 142 StGB, 2009.

Rechtsprechung Beispielhaft: BayObLGSt 1986, 93 (94 – Anwesenheit zum Unfallzeitpunkt); NJW 1990, 335 (möglicher Unfall zu unterscheiden von möglicher Beteiligung); OLG Köln NZV 1992, 80 (Halter als Unfallbeteiligter); OLG Stuttgart NJW 1981, 2369 (Unfallbeteiligter oder Gehilfe?). **Zusammenfassend:** BayObLG NStZ-RR 2000, 140 (141).

BayObLG NStZ-RR 2000, 140 (141): Es handelt sich „um einen ›Verdachtsbegriff‹, der keinen wirklichen, häufig erst ex post feststellbaren Kausalbeitrag zum Unfall voraussetzt, sondern lediglich eine ex ante gegebene ›Verdachtslage‹, die den realen Beitrag vermutungsweise und vorläufig indiziert".

OLG Frankfurt a.M. NZV 1997, 125 (126): „Allein der Umstand, daß *nicht feststeht*, wer von zwei Insassen des Tatfahrzeugs zum Tatzeitpunkt Fahrzeugführer war, macht beide Insassen ... noch nicht zu Unfallbeteiligten, da sich der Verdacht aus den *konkreten Umständen* des Einzelfalls ergeben muß."

OLG Stuttgart NStZ-RR 2003, 278: „Bei lediglich *mittelbarer* Mitverursachung eines Unfalls ... ist Unfallbeteiligter nur derjenige, der sich *verkehrswidrig* verhalten oder über die normale Verkehrsteilnahme hinaus auf das Verkehrsgeschehen eingewirkt hat."

9 Vgl. *Fischer* § 142 Rn. 63 m.w.N.; krit.: MK-*Zopfs* § 142 Rn. 130; *S/S/Sternberg-Lieben* § 142 Rn. 88a.

10 *Henseler*, § 142 IV StGB, 2011, S. 35; dort (S. 4 ff) eingehend zum Streitstand.

Erläuterungen

509 Der Begriff »Unfallbeteiligter« kombiniert eine »*Verdachtslage*« (Möglichkeit eines Beitrags zum Unfall) mit dem Gedanken der *Ursächlichkeit* oder Mitursächlichkeit, auf die sich wiederum der Verdacht bezieht. Im Interesse einer sachgerechten Begrenzung der aus der Unfallbeteiligung folgenden Sonderpflichten bedarf der Begriff unter beiden Aspekten (Verdacht, Kausalität) der Absicherung gegen unangemessene Ausuferungen: Der »Verdacht« muss aufgrund des Unfallgeschehens durch *konkrete Anhaltspunkte* fundiert sein, und für den – möglichen – Kausalbeitrag ist grundsätzlich eine Mitwirkung in der *aktuellen Unfallsituation* erforderlich.

Die Rechtsprechung ist demgegenüber in der Annahme einer »Unfallbeteiligung« z.T. sehr weit gegangen.[1] So soll z.B. der mitfahrende Fahrzeughalter, der sein Fahrzeug einem ungeeigneten Fahrer überlassen hat, schon deshalb »Beteiligter« an einem von diesem mitverursachten Unfall sein. Beim Ehegatten als Mitfahrer hat der BGH den Verdacht der Unfallmitwirkung generell als gegeben angesehen, weil er die Fahrweise seiner Frau „beeinflußt haben konnte, etwa dadurch, daß er seine Frau durch Gespräche von der aufmerksamen Beobachtung der Fahrbahn abhielt".[2] Bei dieser Sicht wäre faktisch jeder am Unfallort Anwesende zugleich Unfallbeteiligter, da seine Anwesenheit den Fahrzeugführer abgelenkt haben *könnte*. Abzustellen ist deshalb auf *konkrete Anhaltspunkte* im Verhalten des Betroffenen, die nahelegen, dass sein Verhalten in der *Unfallsituation*[3] den Unfall mitverursacht haben kann. Fehlt eine unmittelbare Beteiligung an der Kollision, so kann auch eine mittelbare Ursächlichkeit ausreichen (Bsp.: Das Abbiegen führte zur Vollbremsung des nachfolgenden Fahrzeugs, auf das dann das nächste Fahrzeug auffuhr). Bei lediglich »mittelbarer« (entfernterer) Ursächlichkeit muss aber ein *verkehrswidriges* Verhalten in der *aktuellen Unfallsituation* (im Bsp.: Abbiegen ohne Blinkzeichen) vorliegen,[4] da nur ein solches Verhalten zivilrechtliche Ansprüche auslösen kann, die dann eine Beweissicherung auch gegenüber diesen Personen erfordern.

510 Die umstrittene Frage, ob auch ein *nach* dem Unfall hinzukommender, am Unfallort »nachträglich« anwesender (potenzieller) Mitverursacher »Unfallbeteiligter« sein kann (etwa derjenige, der sein Fahrzeug am Unfallort verkehrsbehindernd geparkt hat und erst nach dem Unfall zum Fahrzeug zurückkehrt), wird im Schrifttum vereinzelt bejaht.[5] Rechtsprechung und überwiegende Ansicht im Schrifttum verlangen jedoch eine *Anwesenheit* des Unfallbeteiligten im *Unfallzeitpunkt*.[6] Dafür spricht, dass § 142 StGB nur eine Rekonstruktion des Unfallhergangs zum Unfallzeitpunkt schützen soll. Soweit das Gesetz *für diese Rekonstruktion* ein strafbewehrtes Verbleiben des Unfall-

1 Kasuistik bei *Fischer* § 142 Rn. 15 ff.

2 BGHSt 15, 1 (5). Zur Kritik an solchen Ausweitungen eingehend *Arloth* GA 1985, 495 ff (der prinzipiell *pflichtwidrige* Verursachung verlangt); *Küper* JuS 1988, 287 f; SK-*Stein* § 142 Rn. 16 ff; aus der Rspr. OLG Zweibrücken VRS 82 (1992), 114 (115).

3 Die Rspr. lässt es auch genügen, dass nachträglich unklar wird, wer zum Unfall beigetragen hat (etwa deshalb, weil alle das Fahrzeug verlassen haben und deshalb *im Nachhinein* die Fahrereigenschaft fraglich ist); dagegen auch mit Nachw. zur Rspr. MK-*Zopfs* § 142 Rn. 42.

4 OLG Stuttgart NStZ-RR 2003, 278 (z.T. oben zitiert → Rn. 508); *Fischer* § 142 Rn. 16 m.w.N.

5 Vgl. z.B. *Berz* NStZ 1992, 591 f; LK-*Geppert* § 142 Rn. 37 f; NK-*Kretschmer* § 142 Rn. 52; *Vierhaus*, Tatsächliche Unfallverursachung, S. 145.

6 OLG Köln NJW 1989, 1683 (1684); w.N. bei *L/Kühl* § 142 Rn. 4 a.E. und OLG Jena DAR 2004, 599.

beteiligten an der Unfallstelle verlangt, kann diese Forderung nur gegenüber solchen Personen erhoben werden, die zum Unfallzeitpunkt diese Anforderung auch erfüllen können.

Unfallort, Sich-Entfernen vom – § 142 I, II StGB

»Unfallort« ist – primär (→ Rn. 512) – die Stelle, an der das Schadensereignis (»Unfall«) stattgefunden hat, einschließlich des *unmittelbaren Umkreises*, innerhalb dessen die beteiligten Fahrzeuge zum Stillstand gekommen sind oder hätten angehalten werden können. **511**

»Sich-Entfernen« vom Unfallort setzt ein **willensgetragenes Verlassen** (→ Rn. 514) dieses Ortes – durch aktives Sich-weg-Begeben oder pflichtwidrige Untätigkeit – voraus. Das Verhalten muss im *Ergebnis* dazu führen, dass sich der Unfallbeteiligte nicht mehr am »Unfallort« befindet (»Erfolgsdelikt«); eine bloße *Absetzbewegung* oder ein Verstecken innerhalb des »Unfallortes« genügt noch nicht.

Literatur: LK-*Geppert* § 142 Rn. 53 ff, 118 ff; MK-*Zopfs* § 142 Rn. 47 ff; *S/S/Sternberg-Lieben* § 142 Rn. 41 ff. **Einführend:** *Brüning* ZJS 2008, 148 (150 f).

Rechtsprechung Beispielhaft: OLG Bremen, VRS 52 (1977), 423 (424 f – verkehrsgefährdende Unfallstelle); OLG Düsseldorf NJW 1985, 2725 (einverständliches Weiterfahren: § 142 II Nr. 2 StGB); OLG Hamm, VRS 54 (1978), 433 (434 – nächstgelegene Parklücke); NJW 1985, 445 (misslungener Rollentausch und Festnahme); OLG Karlsruhe NStZ 1988, 409 (410 – Reichweite des Unfallorts auf der Autobahn) mit krit. Anm. *Janiszewski*, S. 410; OLG Köln, VRS 57 (1979), 406 (Bewusstloser); OLG Stuttgart NJW 1981, 878 (879 – erfolgreiches Sich-Entfernen) mit Anm. *Hentschel* JR 1981, 211 f. **Zusammenfassend** zum »Unfallort«: OLG Köln NZV 1989, 197 (198) mit Anm. *Bernsmann*, S. 198.

OLG Stuttgart NStZ 1992, 384 (385): „Unfallort ist der Bereich, in dem der Unfallbeteiligte seine Pflicht, einem Berechtigten seine Unfallbeteiligung zu offenbaren, erfüllen kann, oder in dem – unabhängig davon – eine feststellungsbereite Person unter den gegebenen Umständen einen Wartepflichtigen vermuten und gegebenenfalls durch Befragen ermitteln würde".

BayObLG NJW 1993, 410: „Nach nahezu einhelliger Meinung … liegt ein Entfernen vom Unfallort i.S. des § 142 I StGB nur vor, wenn der Unfallbeteiligte die Unfallstelle auf Grund eines *willensgetragenen Verhaltens* verlassen hat, nicht aber, wenn er gegen seinen Willen vom Unfallort *entfernt worden* ist."

Erläuterungen

I. Reichweite des Unfallorts

Zum »Unfallort« gehört über die Kollisionsstelle hinaus ein *Nähebereich*, in dem der Unfallbeteiligte noch uneingeschränkt für Feststellungen an Ort und Stelle zur Verfügung steht, weil ein *Zusammenhang* seines Aufenthalts mit dem Unfall ohne weiteres *erkennbar* ist und feststellungsbereite Personen ihn dort *typischerweise vermuten* (Notrufsäule etc.). Nach dieser Prämisse ist auch der Bereich in den Unfallort einzu- **512** beziehen, den ein Unfallbeteiligter aufsucht, um in den Grenzen des Erforderlichen oder Zweckmäßigen Verkehrsgefährdungen oder -behinderungen zu vermeiden,[1] so dass sich der Unfallbeteiligte ggf. auch dann noch am Unfallort befindet, wenn er vom Kollisionsort aus gar nicht mehr zu sehen ist. Demgegenüber ist es zu weitgehend, wenn auch nicht einsehbare Räumlichkeiten, die ein Unfallbeteiligter aufgesucht hat (etwa: um Hilfe zu holen oder zum Schutz vor der Witterung), noch zum Unfallort gerechnet werden, nur weil Zeugen diesen Vorgang beobachtet haben. Entscheidend ist auch hier, ob ein Bereich überschritten wurde, der für *hinzukommende* feststellungsbereite Personen noch zum Unfallort zählt.[2] Hat der Unfallbeteiligte diesen aus berechtigtem Grund überschritten, richtet sich die Strafbarkeit nach § 142 II Nr. 2 StGB.

513 Die in BGHSt 28, 129 (132 ff) begründete, Jahrzehnte herrschende Rechtsprechung, dass ein Unfallbeteiligter, der sich »unvorsätzlich« vom Unfallort entfernt hat, nach § 142 II Nr. 2 StGB strafbar werden kann, wenn er die erforderlichen Feststellungen nicht unverzüglich *nachträglich ermöglicht*, hat das BVerfG im Jahr 2007 für verfassungswidrig erklärt, weil sie gegen das Analogieverbot des Art. 103 II GG verstoße (kein »berechtigtes oder entschuldigtes« Sich-Entfernen).[3] In einem obiter dictum hat das BVerfG dort allerdings ausgeführt, dass ggf. eine erweiterte Auslegung des Unfallortes in Betracht komme, so dass § 142 I StGB auch Situationen erfassen könne, „in denen der Täter nachträglich auf den Unfall hingewiesen wird und sich gleichwohl – *weiter* – vom Unfallort entfernt". Im Übrigen sei zu bedenken, dass der Vorsatz des Sich-Entfernens auch erst zu einem späteren Zeitpunkt gebildet werden könnte, nämlich „grundsätzlich bis zur *Beendigung* der Tat durch ein erfolgreiches Sich-Entfernt-Haben".[4] Beide Überlegungen sind in der Literatur mit Recht fast einhellig abgelehnt worden[5] und haben auch in der Rechtsprechung kaum Zuspruch erfahren.[6] Denn wer sich bereits unvorsätzlich vom Unfallort entfernt hat, verwirklicht nur den objektiven Tatbestand; ein erst *danach* gefasster Vorsatz ist ein unbeachtlicher dolus subsequens. Und der Unfallort wird auch nicht bis zu dem Ort erweitert, an dem der unvorsätzlich Davongefahrene erstmals auf den Unfall aufmerksam gemacht wird. Denn das Verbleiben am Unfallort soll die Beweissicherung *vor Ort* ermöglichen; hier hilft es nicht, dass der Unfallbeteiligte an einem anderen Ort wartet, an dem er erstmals vom Unfall erfährt.

II. Sich-Entfernen/Entfernt-Werden

514 Kein »Sich-Entfernen«, sondern ein nicht-tatbestandliches sog. »Entfernt-Werden« liegt vor, wenn es an der »Willentlichkeit« der räumlichen Distanzierung überhaupt *fehlt* (z.B. Abtransport eines Bewusstlosen, Anwendung von »vis absoluta«). In die-

1 *Fischer* § 142 Rn. 20 m.w.N.
2 MK-*Zopfs* § 142 Rn. 48 m.w.N. auch zur Rspr. und zur Gegenansicht.
3 Vgl. BVerfG NJW 2007, 1666 ff mit zahlreichen, bei *L/Kühl* § 142 Rn. 25 angegebenen Bspr.
4 BVerfG NJW 2007, 1666 (1668).
5 Vgl. z.B. *Beulke*, Maiwald-FS, 2010, S. 21 (26 ff); *Brüning* ZIS 2007, 317 (320 ff); *Dehne-Niemann* Jura 2008, 135 (140 f); *Kraatz* NZV 2011, 321 (322 ff).
6 Abl. BGH NStZ 2011, 209 (210) mit Anm. *Jahn* JuS 2011, 274; OLG Hamburg NZV 2009, 301 f mit Anm. *Brüning* ZJS 2009, 442; zust. nur OLG Düsseldorf NZV 2008, 107 f (dazu näher *Küper* NStZ 2008, 597 [601 ff]).

sem Fall kann das weitere Verhalten schon deshalb nicht nach § 142 II Nr. 2 StGB beurteilt werden,[7] weil auch Abs. 2 voraussetzt, dass der Täter sich zuvor *willentlich* entfernt hat.

Überwiegend wird ein Sich-Entfernen jedoch auch abgelehnt, wenn die Ortsveränderung *gegen* den Willen des Unfallbeteiligten vorgenommen wird, wie etwa beim erzwungenen Mitfahren in einem unfallbeteiligten Fahrzeug oder bei der Festnahme durch Polizeibeamte und anschließender Wegführung vom Unfallort. Insoweit wird für das »Sich-Entfernen«, über die *Handlungsqualität* hinaus, auch eine »zwangsfreie« Distanzierung vom Unfallort vorausgesetzt.[8] Zu beachten ist, dass beim sog. »Entfernt-Werden« ein »Sich-Entfernen« durch *Unterlassen* in Betracht kommt, wenn dem „Abtransportierten" es möglich und zumutbar ist, das Wegfahren zu unterbinden.[9]

Unglücksfall – §§ 323c (145 I Nr. 2, II Nr. 1, 2; 243 I 2 Nr. 6; 315 III Nr. 1a) StGB

»Unglücksfall« ist ein (»plötzlich« eintretendes) Ereignis, das die **unmittelbare Gefahr** (→ Rn. 516) eines erheblichen Schadens für andere *Menschen* – d.h. für Leben, Leib oder Freiheit mindestens einer Person – bewirkt. Die h.M bezieht auch die Gefahr für eine *fremde Sache* ein, sofern diese einen *bedeutenden Wert* hat (→ Rn. 517). 515

Maßgebend für die Beurteilung der gefahrbegründenden **Umstände** als »Unglücksfall« ist eine Gesamtbetrachtung einschließlich erst *nachträglich* erkennbar/bekannt gewordener Tatsachen (Beurteilung »ex post«, str. → Rn. 518 f).

Literatur: SK-*Stein* § 323c Rn. 5 ff; abw. MK-*Freund* § 323c Rn. 18 ff (Beurteilung »ex ante«). **Einführend:** *Rengier*, BT 2, § 42 Rn. 3 ff, § 8 Rn. 18 ff. **Monographisch:** *M. Schmitz*, Die Funktion des Begriffs Unglücksfall bei der unterlassenen Hilfeleistung (usw.), 2006.

Rechtsprechung Grundlegend: BGHSt 6, 147 (152 f). **Beispielhaft:** BGHSt 32, 367 (375 f – Selbsttötung als Unglücksfall); BGH NJW 1983, 350 (351 – Eileiterschwangerschaft/fehlender Behandlungswunsch) mit krit. Anm. *Kreuzer* JR 1984, 294 ff; BGH NStZ 1997, 127 (Straftat als Unglücksfall/Teilnehmer als Hilfspflichtiger); NJW 2012, 1237 (1239 – Straftat nachgeordneter Mitarbeiter als Unglücksfall); BayObLG NJW 1963, 62 (trunkenheitsbedingte Hilflosigkeit); OLG Düsseldorf NJW 1995, 799 (akute Verschlimmerung eines Herzleidens).

BGHSt 6, 152 f: „Nach der durch die reichsgerichtliche Rechtsprechung[1] festgelegten Begriffsbestimmung ist Unglücksfall ein *plötzliches Ereignis*, das erheblichen *Schaden* an Men-

7 So aber das BayObLG NJW 1982, 1059 (1060 – wobei sich die Entscheidung allerdings auf die mittlerweile überholte Entscheidung in BGHSt 28, 129 ff stützt); krit. dazu die ganz h.L., s. *Beulke*, Maiwald-FS, 2010, S. 21 (32 f) m.w.N.

8 S. bei *Rengier*, BT 2, § 46 Rn. 19 m.w.N.; näher *Küper* GA 1994, 49 (63 f); krit.: MK-*Zopfs* § 142 Rn. 50 (stattdessen: fehlendes *täterschaftliches* Verhalten, da das Sich-Entfernen vom Unfallbeteiligten nicht beherrschbar ist), SK-*Stein* § 142 Rn. 35b.

9 *Joerden* JR 1984, 51 f; NK-*Kretschmer* § 142 Rn. 87 m.w.N.

1 Vgl. RGSt 71, 187 (189); 71, 200 (203 – Verkehrsunfall); 75, 68 (70 – schwere Krankheit).

schen oder Sachen *verursacht* und weiteren Schaden zu verursachen *droht*..., wobei allerdings der Ausdruck des Plötzlichen, Unerwarteten nicht zu eng verstanden werden darf. Zu den Unglücksfällen wird *weiter* zu rechnen sein ein überraschendes Ereignis, von dem Schaden *noch nicht* angerichtet ist [!], aber unmittelbare, ernste Gefahr droht, weil andernfalls u.U. die Hilfe zu spät kommen kann. Unglücksfall ist demnach jedes mit einer gewissen Plötzlichkeit eintretende Ereignis, das eine *erhebliche Gefahr* bringt oder zu bringen droht, gleichgültig, ob die Gefahrenlage dem Gefährdeten von außen zugestoßen oder ob sie ... von seinem Willen hervorgerufen ist."

BGH NStZ 1985, 122: »Unglücksfall« ist „jedes mit einer gewissen Plötzlichkeit eintretende Ereignis, das eine erhebliche Gefahr bringt oder zu bringen droht. Er kann auch durch die Fortentwicklung einer *Krankheit* begründet werden, aber nur dann, wenn sie eine (plötzliche und) sich rasch *verschlimmernde Wendung* nimmt".

Erläuterungen

I. Der Unglücksfall als Gefahrenlage

1. Schaden und Gefahr

516 Die vom RG anfangs übernommene Auffassung, dass beim »Unglücksfall« ein *Schaden* bereits »verursacht« sein müsse, hat die Rechtsprechung seit BGHSt 6, 147 (152 f, oben zitiert → Rn. 515) der Sache nach aufgegeben; es kommt nicht auf den »entstandenen«, sondern allein auf den »*drohenden*« Schaden an, d.h. auf die *Gefahr* eines Schadenseintritts, deren Verwirklichung durch Hilfeleistung verhindert werden soll.[2] Die dafür in der Rechtsprechung übliche Kennzeichnung der Gefahrenlage als ein „Ereignis, das eine Gefahr *bringt* oder *zu bringen droht*" – ist missverständlich und inkorrekt, weil ein Gefährdungszustand, der noch nicht »besteht«, sondern als »drohend« erst noch bevorsteht, ein Gefahrenvorfeld umschreibt, das noch keinen gefährlichen »Unglücksfall« darstellt (s. auch nachfolgend → Rn. 517).[3]

2. Die bedrohten Rechtsgüter

517 Der Begriff »Unglücksfall« benennt ausdrücklich weder die von der Gefahr betroffenen *Rechtsgüter* noch den *Grad der Gefahr*. Als Basis einer elementaren Solidaritätspflicht für »jedermann«,[4] die sofortiges Eingreifen gebietet, erfordert der Begriff insoweit eine Interpretation, die auf Sinn und Reichweite dieser Pflicht Rücksicht nimmt und eine Überforderung mitmenschlicher Solidarität vermeidet. Ein sofortiges Eingreifen erfordert zum einen eine „unmittelbare", „gegenwärtige" Gefahr (eine nur drohende Gefahr genügt nicht → Rn. 516). Zum anderen muss eine Gefahr für solche Rechtsgüter bestehen, die unter Androhung einer Strafe Jedermann zur Hilfe verpflichten. Dass der »Unglücksfall« deshalb Gefahren für die *höchstpersönlich-exi-*

---

2 Fast allg.M. auch im Schrifttum; krit. aber mit Verweis auf den Gesetzeswortlaut *Seebode*, Kohlmann-FS, 2003, S. 279 (286 ff – dazu wiederum: *Stein*, Küper-FS, 2007, S. 607 [610 ff], *Spendel*, Seebode-FS, 2008, S. 377 [381]). Nach SK-*Stein* § 323c Rn. 5d f sei der Umstand, dass ein Schaden bereits eingetreten ist, zwar nicht erforderlich, aber hinreichend; drohen in diesem Fall keine weiteren Gefahren (etwa weil das Unfallopfer bereits gestorben ist), fehle es aber an der »Erforderlichkeit« der Hilfeleistung.

3 Vgl. LK-*Spendel* § 323c Rn. 42; *Zopfs*, Seebode-FS, 2008, S. 449 (450 f).

4 Zur grds. Problematik der Legitimation einer (strafbewehrten) allg. Hilfeleistungspflicht: *Kahlo*, Die Handlungsform der Unterlassung, 2001, S. 289 ff; *Kargl* GA 1994, 247 ff; *Pawlik* GA 1995, 360 ff.

stentiellen Rechtsgüter »Leben«, »körperliche Unversehrtheit« (Gesundheit)[5] und »Freiheit« (einschließlich sexueller Selbstbestimmung) umfasst, steht außer Streit; andere höchstpersönliche Güter, wie z.B. die Ehre, dürften dagegen ausscheiden.[6]

Umstritten ist, ob und inwieweit Gefahren für *Sachgüter* ausreichen. Pointiert gefragt: Besteht eine Hilfeleistungspflicht für Jedermann auch dort, wo das Eigentum Dritter durch Straftaten oder die Ernte durch einen Gewitterregen bedroht ist? Die h.M. bejaht dies, meist allerdings mit der Einschränkung, dass es sich um bedeutende Sachwerte handeln müsse.[7] Ungeachtet der Frage, ab welcher Höhe ein Sachwert als bedeutend anzusehen ist, bleibt fraglich, inwiefern ein bedeutender Sachwert, der – anders als Leben, Leib und Freiheit –, nicht zwingend Jedermann zur Verfügung steht, jeden Menschen unter Strafe zur Solidarität verpflichten kann. Im Schrifttum wird die Einbeziehung der Sachgefahr daher (mit weiteren Argumenten) auch vollständig abgelehnt.[8]

3. Bestimmung des Unglücksfalles »ex ante« oder »ex post«?

a) Das Problem Umstritten ist, ob die Gefahrenlage, die den »Unglücksfall« ausmacht, von einem Standpunkt »ex post« aus zu beurteilen ist oder ob für die Beurteilung ein »ex-ante«-Standpunkt (aus der Sicht eines *objektiv-verständigen Beobachters*) gilt. Demgegenüber ist für die *Prognose* selbst, die bei jeder *Gefahrbestimmung* über den künftigen Geschehensablauf zu treffen ist, auch beim »Unglücksfall« anerkannt, dass sie in einem objektiven ex-ante-Urteil besteht; dieses bezieht sich auf die Frage, ob aufgrund der gegenwärtig vorliegenden Umstände (Prognosetatsachen) für die Zukunft der Eintritt eines Schadens zu befürchten ist. Bei der Kontroverse um den Standpunkt »ex post« oder »ex ante« geht es deshalb um die genauere Bestimmung der *tatsächlichen Grundlage* (Beurteilungsbasis) dieser »ex-ante«-Prognose: Ist Beurteilungsgrundlage des »Unglücksfalles« die Situation, wie sie sich zunächst einmal (»ex ante«) für einen objektiven Beobachter darstellt, auch wenn sich die danach gegebene Gefahrenlage später als ungefährlich erweist?[9] Oder sind in die Prognosebasis auch die erst nachträglich bekannt gewordenen Tatsachen einzubeziehen?[10] 518

b) Bemerkungen zum Problem Für die ex-ante-Beurteilung spricht, dass es sich bei der den Unglücksfall kennzeichnenden »Gefahr« nicht um einen *Erfolg* (Gefahrerfolg) handelt, der mit größtmöglicher Erkenntnissicherheit festzustellen ist (→ Rn. 247), sondern um die Grundlage einer *Verhaltenspflicht* zum Zweck des 519

---

5 Eine Erkrankung ist ein »Unglücksfall«, wenn eine *akute Verschlechterung* des Gesundheitszustandes (»bedrohlicher, rascher Verschlimmerung«) droht, vgl. BGH NStZ 1985, 122 (oben zitiert → Rn. 515); ebenso *Fischer* § 323c Rn. 6 m.w.N.

6 *Fischer* § 323c Rn. 2 will allerdings jedes „beliebige Rechtsgut" ausreichen lassen.

7 *Geilen* Jura 1983, 78 (86 f); MK-*Freund* § 323c Rn. 26 f; LK-*Spendel* § 323c Rn. 43 f; SK-*Stein* § 323c Rn. 6a; weitergehend *Fischer* § 323c Rn. 3 (jede „Sach-Gefahr").

8 *Otto*, BT, § 67 Rn. 4; *Seebode*, Kohlmann-FS, 2003, S. 289 f; *Zopfs*, Seebode-FS, 2008, S. 449 (450 ff – entstehungsgeschichtlich).

9 So (mit eingehender Begr.) MK-*Freund* § 323c Rn. 29 ff, 55 f; *Rudolphi* NStZ 1991, 217 (238 f); *Zieschang*, Gefährdungsdelikte, S. 342 ff.

10 So GS-*Verrel* § 323c Rn. 5; NK-*Gaede* § 323c Rn. 7; SK-*Stein* § 323c Rn. 2b, 5a; *S/S/Hecker* § 323c Rn. 2; eingehend *Stein*, Küper-FS, 2007, S. 607 (613 ff, 622 ff – mit normtheoretischer Begr.); aus der Rspr. AG Tiergarten NStZ 1991, 236 f mit abl. Anm. *Rudolphi* NStZ 1991, 237 (238 f).

Rechtsgüterschutzes. Demgegenüber kann für die ex-post-Betrachtung geltend gemacht werden, dass das Gesetz den Versuch der unterlassenen Hilfeleistung – auch den »tauglichen« Versuch – straflos lässt. *Praktisch relevant* wird die Streitfrage im Übrigen nur, wenn aus objektiver ex-ante-Sicht ein Unglücksfall *vorliegt*, der sich aus der ex-post-Perspektive nicht bestätigt;[11] die umgekehrte Konstellation führt jedenfalls mangels Vorsatzes ohnehin zur Straflosigkeit.

Wie das Beispiel der gestellten Unfälle bzw. Überfälle zeigt, streitet auch der Wortlaut für eine ex post-Betrachtung. Denn in diesen Fällen dürfte es gekünstelt wirken, von einem »Unglücksfall« zu sprechen.[12] Ausschlaggebend für den Vorzug der *ex-post*-Perspektive dürfte jedoch letztlich die Erwägung sein, dass § 323c StGB eine moralische Solidaritätspflicht im Interesse des von einem Unglücksfall Betroffenen zu einer *Rechts*pflicht verstärkt: Dies legitimiert die Begrenzung der Verhaltenspflicht auf Fälle, in denen wegen eines wirklichen Unglücksfalles ein *echtes* Schutzbedürfnis – und nicht nur ein noch so plausibler »objektiver Anschein« der Schutzbedürftigkeit – auf der Opferseite besteht.[13]

II. Der Unglücksfall als »plötzliches« Ereignis

520 Das übliche Definitionselement der »Plötzlichkeit«, das auf etwas »Überraschendes«, »Unerwartetes« hinweist, kennzeichnet zwar die typische Situation des Unglücksfalles und verdeutlicht sprachlich die »Aktualität« einer Gefahrenlage, die sofortige Hilfsmaßnahmen erfordert. Eine sachlich-begrenzende Bedeutung in dem Sinn, dass der Hilfspflichtige von der Gefahr »überrascht« werden muss, kann dem Element der »Plötzlichkeit« jedoch nicht zugestanden werden. Im Grunde ist es entbehrlich und irreführend.[14]

III. Selbstmordversuch als »Unglücksfall«?

1. Die Bejahung des Merkmals (»Zumutbarkeitslösung«)

521 Nach der Rechtsprechung und verbreiteter Literaturmeinung ist auch der Suizidversuch – d.h. die dadurch herbeigeführte Gefahrenlage – ein »Unglücksfall« i.S. des § 323c StGB, und zwar unabhängig davon, ob der Suizidentschluss auf einer freien, voll verantwortlichen Entscheidung beruht (»Abwägungs-« oder »Bilanzsuizid«) oder ob dies nicht der Fall ist (»Verzweiflungssuizid«).[15]

Dieser Auffassung liegt heute *nicht mehr* der Gedanke zugrunde, dass der Wille des Selbstmörders grundsätzlich unbeachtlich sei.[16] Von dem anerkannten Ausgangspunkt aus, dass die Rechtsordnung den *freiverantwortlichen* Suizidentschluss auch im

---

11 Etwa bei gestellten Unfällen oder Überfällen, um die Hilfsbereitschaft Dritter zu testen und zu dokumentieren; ein solches Verhalten kann im Übrigen nach § 145 I Nr. 2 StGB strafbar sein, dazu *Scheffler* NZV 1994, 261 ff.

12 Vgl. SK-*Stein* § 323c Rn. 5a („außerhalb des möglichen Wortsinns"); *ders.*, Küper-FS, 2007, S. 607 (614).

13 So auch *Geppert* Jura 2005, 39 (42); krit. hierzu aber MK-*Freund* § 323c Rn. 41.

14 Vgl. *Geilen* Jura 1983, 78 (89 f); *Vermander*, Unfallsituation und Hilfspflicht, 1969, S. 52 ff; krit. aber SK-*Stein* § 323c Rn. 5b.

15 Vgl. zur Rspr. insb. BGHSt 6, 147 (149 ff gegen BGHSt 2, 150 f); 32, 367 (375 f); OLG München NJW 1987, 2940 (2945 f). Zur entsprechenden Lit. vgl. die Nachw. bei *L/Kühl* § 323c Rn. 2; SK-*Stein* § 323c Rn. 8a.

16 So noch BGHSt 6, 147 (153) unter Berufung auf die „sittliche Mißbilligung" des Suizids.

Rahmen des § 323c StGB zu respektieren habe, wird für eine Bejahung des »Unglücksfalles« vielmehr die bei Selbstmordversuchen typische »Unklarheit der Verantwortungslage« geltend gemacht: „Die Feststellung, ob ein Suizidversuch in einem Zustand der psychischen Verengung begangen wird oder ob er auf reiflicher Überlegung beruht, setzt eine Erforschung des den Mitmenschen oft verborgenen Willensbildungsprozesses des Lebensmüden voraus“.[17] Deshalb soll ein »Unglücksfall« auch bei einem – möglicherweise – freiverantwortlichen Suizid angenommen werden. Vgl. BGHSt 32, 367 (376): „Wenn § 323c StGB seine dem solidarischen Lebensschutz dienende Funktion ... erfüllen soll, kann die ... Hilfspflicht nicht davon abhängig gemacht werden, ob im konkreten Einzelfall der Selbstmörder aufgrund eines freiverantwortlich gefaßten oder eines auf Willensmängeln beruhenden Tatentschlusses handelt... Dies kann innerhalb der kurzen Zeitspanne, die für die u.U. lebensrettende Entscheidung zur Verfügung steht, kaum jemand ohne psychiatrisch-psychologische Fachkenntnisse und ohne sorgfältige Abklärung der äußeren und inneren Motivationsfaktoren zuverlässig beurteilen.“

Von diesem Standpunkt aus wird versucht, unter dem Aspekt der »*Unzumutbarkeit*« die Hilfeleistungspflicht bei Situationen zu verneinen, die den freiverantwortlichen und irreversiblen Selbsttötungswillen *eindeutig erkennen* lassen: „Wo klar auf der Hand liegt, dass der Suizident am Selbsttötungswillen festhält, keine Rettung wünscht und sich zur Wiederholung der Tat veranlasst sähe, falls man seinen eigenverantwortlich ins Werk gesetzten Willen nicht respektiert (sog. »Bilanzsuizid«), ist die Zumutbarkeit von Rettungsbemühungen zu verneinen“.[18]

2. Die Gegenmeinung

Die im Schrifttum vordringende und wohl schon h.M. nimmt demgegenüber den Suizidversuch, der auf einer freien und voll verantwortlichen Entscheidung beruht, bereits vom *Begriff* des »Unglücksfalles« grundsätzlich aus. Anderenfalls werde die gesetzliche Wertentscheidung missachtet, die in der Straflosigkeit (Tatbestandslosigkeit) einer Teilnahme am Selbstmordversuch zum Ausdruck komme: Wenn die aktive Mitwirkung – Anstiftung/Beihilfe – bei der Selbsttötung straflos sei, müsse es die passive Nichthinderung des Suizids ebenfalls sein; sie dürfe nicht auf dem »Umweg« über § 323c StGB für strafbar erklärt werden.[19] Dabei wird die Frage, wie die »Freiverantwortlichkeit« genauer zu bestimmen ist (»Exkulpations-« oder »Einwilligungsregeln«?), unterschiedlich beantwortet.[20] Eine Ausnahme wird mitunter dann gemacht, wenn der Suizident nach zunächst freiverantwortlichem Handeln nachträglich (nach Entstehung der Lebensgefahr) seinen Tötungsentschluss aufgibt und um Hilfe bittet.[21] 522

---

17 *Dölling* NJW 1986, 1011 (1015).

18 *W/Hettinger* Rn. 61. Vgl. zu dieser »Zumutbarkeitslösung« näher *Dölling* NJW 1986, 1011 (1015 ff); zsfd. *Rengier*, BT 2, § 8 Rn. 20 f. In gleicher Richtung BGHSt 32, 367 (381); BGH NStZ 1983, 117 (118); 1988, 127.

19 Vgl. etwa LK-*Spendel* § 323c Rn. 50 ff; MK-*Freund* § 323c Rn. 59 ff (mit Einschränkung bei »ernsthaftem Zweifel« an Freiverantwortlichkeit); SK-*Stein* § 323c Rn. 8; *S/S/Hecker* § 323c Rn. 7.

20 Vgl. die Übersichten bei *L/Kühl* Vor § 211 Rn. 13a, b; *W/Hettinger* Rn. 48 ff; eingehend *Dölling*, Maiwald-FS, 2010, S. 119 (123 ff). Zu Vorschlägen einer gesetzlichen Regelung vgl. die Hinw. bei *SSW-Schöch* § 323c Rn. 8 a.E.

21 Vgl. *S/S/Hecker* § 323c Rn. 8; *M/Schroeder*, BT 2, § 55 II Rn. 15; krit. SK-*Stein* § 323c Rn. 8, wonach das Aufgeben des Suizidentschlusses kein „plötzliches Ereignis“ ist.

IV. Der »Unglücksfall« in §§ 243 I 2 Nr. 6, 315 III Nr. 1a, 145 I Nr. 2 StGB

523 Für den Begriff des »Unglücksfalles« in §§ 243 I 2 Nr. 6, 315 III Nr. 1a StGB wird vielfach auf § 323c StGB verwiesen. Doch hat der Begriff in jenen Vorschriften, in denen es nicht um die Begründung der Hilfeleistungspflicht geht, eine abweichende Bedeutung. In dem Regelbeispiel aus § 243 I 2 Nr. 6 StGB bezeichnet der »Unglücksfall« eine Gefahrenlage oder Schadenssituation, die den Betroffenen von Maßnahmen zum Eigentums- oder Gewahrsamsschutz abhält.[22] Dazu gehört auch ein »Unfall« i.S. des § 142 I StGB (→ Rn. 502). Die »Ausnutzung« dieses Ereignisses zum Zweck des Diebstahls braucht sich nicht gegen einen vom Unglücksfall *Betroffenen* zu richten. Geschützt sind auch Retter/Hilfswillige und sonstige Personen, die aus Anlass des Unglücksfalles von Maßnahmen zur Sicherung des Eigentums abgehalten werden.[23] Die bloße Vorspiegelung eines »Unglücksfalles« genügt allerdings für § 243 I 2 Nr. 6 StGB nicht.

Beim Qualifikationstatbestand aus § 315 III Nr. 1a StGB, auf den auch § 315b III StGB verweist, ist – beabsichtigter – »Unglücksfall« die Rechtsguts*verletzung*, die sich aus dem Zustand der konkreten Gefahr i.S. des Abs. 1 entwickelt (also nicht nur die Unfallgefahr, sondern der Unfall selbst).[24] Der subjektive Tatbestand erfordert deshalb einen *Schädigungs*vorsatz (in Form der Absicht); bloßer *Gefährdungs*vorsatz reicht nicht aus.[25] Für den vorgetäuschten »Unglücksfall« (§ 145 I Nr. 2 StGB) gilt dagegen im Grundsatz die Begriffsbestimmung des § 323c StGB.[26]

Untreue – § 266 I StGB

Vgl. **Verfügungs-/Verpflichtungsbefugnis, Missbrauch der** (»Missbrauchstatbestand«) → Rn. 595 und **Vermögensbetreuungspflicht/Vermögensfürsorgepflicht** (»Treubruchstatbestand«) → Rn. 618.

Urkunde (Begriff) – §§ 267 I, 271 I, 274 I Nr. 1, 348 I StGB

524 »Urkunde« ist eine **verkörperte**, d.h. mit einem körperlichen Gegenstand hinreichend fest verbundene, visuell wahrnehmbare, nicht unbedingt in *Schriftform* geäußerte, allgemein oder zumindest für die Beteiligten verständliche **Gedankenerklärung** (»Perpetuierungsfunktion« → Rn. 526), die einen **Aussteller** bezeichnet oder **erkennen lässt** (»Garantiefunktion« → Rn. 527) und zum **Beweis** rechtlich erheblicher Tatsachen – »im Rechtsverkehr« – **geeignet** und **bestimmt** ist (»Beweisfunktion« → Rn. 528).

---

22 GS-*Duttge* § 243 Rn. 49; LK-*Vogel* § 243 Rn. 48.
23 BGH NStZ 1985, 215; OLG Hamm NStZ 2008, 218; SK-*Hoyer* § 243 Rn. 39; *W/Hillenkamp* Rn. 242.
24 Vgl. SK-*Wolters* § 315 Rn. 13.
25 BGH NJW 1996, 329 (330); OLG München NZV 2006, 46 f; LK-*König* § 315 Rn. 113.
26 Vgl. *Hoffmann* GA 2002, 385 (391 f); NK-*Kretschmer* § 145 Rn. 12.

»Aussteller« ist nicht notwendig, wer die Urkunde *körperlich* hergestellt hat (»Körperlichkeitstheorie«), sondern derjenige, dem das urkundlich Erklärte im Rechtsverkehr als *Urheber zuzurechnen* ist (»Geistigkeitstheorie«, → Rn. 527).
Die »Beweiseignung«, die nicht volle »Beweiskraft« bedeutet, ist im weiten Sinn zu verstehen (»abstrakte Beweiserheblichkeit«); sie liegt bereits vor, wenn die verkörperte Gedankenerklärung für sich allein oder in Verbindung mit anderen Umständen zu Beweiszwecken geeignet – im Rechtsverkehr nicht »völlig bedeutungslos« – ist (→ Rn. 528).
Die »Beweisbestimmung« kann *von vornherein* vom Aussteller getroffen werden (sog. »Absichtsurkunde«) oder durch einen *nachträglich* eintretenden Umstand entstehen (sog. »Zufallsurkunde«, str. → Rn. 529), insbesondere aufgrund des Beweisführungsinteresses eines Dritten.

Literatur: LK-*Zieschang* § 267 Rn. 4 ff; MK-*Erb* § 267 Rn. 16 ff (mit grundsätzlicher Kritik am Urkundenbegriff der h.M.). **Einführend:** *Satzger* Jura 2012, 106 ff.

Rechtsprechung Beispielhaft: RGSt 17, 103 (106 – Augenscheinsobjekt); 51, 36 (38 – Gesamturkunde); BGHSt 1, 117 (120 – Abschrift); 5, 291 (293 – Kopie einer verfälschten Urkunde); 9, 235 (237 f – Beweiszeichen); 17, 297 (298 – Rechtschreibdiktat als Gedankenerklärung des Schülers); 24, 140 (141 – Durchschrift und Kopie); 34, 375 (376 f – zusammengesetzte Urkunde); BGH NStZ 2013, 105 (Farbkopie ohne inhaltliche Änderungen); OLG Hamburg NStZ-RR 2013, 110 (Fernkopie und Scan als E-Mail).

RGSt 17, 282 (283): „Soll ein Gegenstand als Urkunde gelten dürfen, so muß er aus sich selbst eine in ihm niedergelegte und hierdurch *verkörperte Gedankenäußerung*, also Tatsache und Inhalt derselben, wie auch deren Urheber erkennbar werden lassen und solches bezwecken, und es muß ferner diese Gedankenäußerung, wenn auch nicht notwendig von Anfang an und nach dem Willen des Ausstellers der Urkunde, *fähig* und *bestimmt* sein, eine mit ihr nicht vollständig zusammenfallende Tatsache dritten Personen gegenüber zu *beweisen* oder doch diesen Beweis zu unterstützen."

RGSt 42, 97 (98): „Als ›Urkunde‹ kann ein Gegenstand nur dann gelten, wenn er eine in ihm niedergelegte oder durch ihn verkörperte Gedankenäußerung wiedergibt, die für den Rechtsverkehr bestimmt und geeignet ist, und wenn er zugleich den Urheber der Gedankenäußerung bezeichnet oder doch erkennbar macht."

BGHSt 24, 140 (141): „Urkunden i.S. des Strafrechts sind nach feststehender Rechtsprechung des BGH *verkörperte Erklärungen*, die ihrem gedanklichen Inhalt nach *geeignet* und *bestimmt* sind, für ein Rechtsverhältnis Beweis zu erbringen, und die ihren *Aussteller* erkennen lassen."

Erläuterungen

I. Der dreigliedrige Urkundenbegriff

Der – von der Rechtsprechung[1] entwickelte – dreigliedrige Urkundenbegriff wird zwar von der h.L. geteilt, ist im Schrifttum aber auch grundsätzlicher Kritik ausge- **525**

1 Rechtsprechungsübersicht zu den Urkundendelikten (insgesamt) bei *Böse* NStZ 2005, 370 ff.

setzt.[2] Legt man das herrschende Verständnis zugrunde, so sind innerhalb der h.M. Umfang und Konsequenzen der drei Funktionen freilich nicht unumstritten.[3]

1. Perpetuierungsfunktion

526 Über die „Verkörperung der Gedankenerklärung" wird eine visuell wahrnehmbare, mit einem Gegenstand verbundene Erklärung eines Menschen vorausgesetzt. Mit dieser Formulierung wird nicht nur zu anderen Objekten abgegrenzt,[4] sondern auch eine für die Urkunde konstitutive Funktion angesprochen. Anders als eine flüchtige mündliche Aussage kann eine schriftliche Erklärung aufgrund ihrer Fixierung fortbestehen und im Rechtsverkehr weiter eingesetzt werden (*Perpetuierungsfunktion*). Dabei muss die Verkörperung nicht zwingend in einer schriftlich verfassten Erklärung liegen. Gegebenenfalls liegt die Gedankenerklärung auch in wortverkürzenden Symbolen (sog. »Beweiszeichen« → Rn. 537, wie z.B. eine Prüfplakette), die dann meist mit einem Gegenstand in einer bestimmten Weise verbunden sind (sog. »zusammengesetzte Urkunde« → Rn. 538). In bestimmten Fällen kann sich eine zusätzliche Gedankenerklärung zudem daraus ergeben, dass Einzelurkunden oder Beweiszeichen miteinander in bestimmter Weise verknüpft sind (sog. »Gesamturkunde« → Rn. 540).

2. Garantiefunktion

527 Die verkörperte Gedankenerklärung muss erkennen lassen, von wem die Erklärung stammt, d.h. wer als Aussteller der Erklärung für diese garantiert (*Garantiefunktion*). Nach h.M. ist *nicht* erforderlich, dass es sich bei dem erkennbaren Aussteller auch um den wahren Aussteller handelt, sodass auch solche Urkunden, die nicht von demjenigen herrühren, der aus ihr als Aussteller hervorgeht (»unechte Urkunden«) unter den Urkundenbegriff fallen.[5] Die Ausstellereigenschaft bemisst sich nicht danach, wer die Urkunde tatsächlich körperlich hergestellt hat. Maßgeblich ist, wer hinter der abgefassten Urkunde steht und damit ihren Inhalt verantwortet (sog. »Geistigkeitstheorie«). Dies ist insbesondere dort bedeutsam, wo die fixierte Gedankenerklärung nicht unterschrieben ist (etwa bei Behördenschreiben, i.d.R. aber auch bei zusammengesetzten Urkunden), so dass die Erklärung – unter Berücksichtigung der Gesamterscheinung der Urkunde und besonderer Kenntnisse des Empfängers – einer Person zuzuordnen bzw. zuzurechnen ist. Häufig wird für diese Zuordnung die eher irreführende Formulierung gewählt: Entscheidend sei, vom wem die Erklärung geistig „herrühre". Für die Ausstellereigenschaft entscheidet aber nicht die geistige Urheberschaft. So ist auch derjenige Aussteller, der sich fremde Texte zu eigen macht.[6]

---

2 Vgl. insb. *Jakobs*, Küper-FS, 2007, S. 225 ff, 236 (Ausklammerung »rechtswirkungsloser Bezeugungen«); MK-*Erb* § 267 Rn. 30 ff (insb. zur Beweisfunktion); NK-*Puppe* § 267 Rn. 17 ff. S. auch den abw. Begriffsvorschlag bei MK-*Erb* § 267 Rn. 25.

3 Die relevanten *Streitpunkte* sind knapp und übersichtlich dargestellt bei *Otto*, BT, § 70 Rn. 1 ff; eingehend *Freund*, UStrT, Rn. 63 ff.

4 Dateien (§ 269 StGB) und Darstellungen auf dem Bildschirm sind nicht mit einem *Gegenstand verbunden*, Tonaufzeichnungen sind nicht *visuell wahrnehmbar*, eine technische Aufzeichnung (§ 268 StGB!) enthält keine *menschliche* Gedankenerklärung; Augenscheinsobjekte (→ Rn. 536) wie eine Blutspur oder ein Fußabdruck verkörpern keine Gedanken*erklärung*.

5 Vgl. LK-*Zieschang* § 267 Rn. 8 f; SK-*Hoyer* § 267 Rn. 4 ff; jew. m.w.N.; s. näher → Rn. 555.

6 Krit. zu dem Begriff „Geistigkeitstheorie" daher NK-*Puppe* § 267 Rn. 63 f.

3. Beweisfunktion

Der Beweisfunktion kommt wegen des weiten Verständnisses von Beweisbestimmung und Beweiseignung (→ Rn. 524) kaum die Wirkung zu, den Urkundenbegriff näher zu *begrenzen*. Liegt die Beweiseignung schon vor, wenn die Gedankenerklärung die Überzeugungsbildung im Rechtsverkehr irgendwie beeinflussen kann, wird sie i.d.R. nur fehlen, wenn für die Gedankenerklärung strenge Formerfordernisse bestehen *und* die formunwirksame Erklärung auch keine andere (als die formbedürftige Verkörperung der) Tatsache beweisen kann. So ist aber z.B. ein formunwirksames Testament noch beweisgeeignet, da es zumindest Anhaltspunkte bei der Ermittlung des wahren Erblasserwillens liefern kann.[7] **528**

Auch die Beweisbestimmung, die z.B. bei Entwürfen noch fehlt, wird im Übrigen von der h.M. sehr weit verstanden. Grundsätzlich kann (und wird) eine Gedankenerklärung die für die Urkundeneigenschaft erforderliche Beweisbestimmung bereits bei der *Ausstellung* durch den Urheber erhalten, der die Erklärung zum *Beweis* im Rechtsverkehr bestimmt (»Absichtsurkunde«, anfängliche Beweisbestimmung). Die Beweisbestimmung soll aber auch erst *nachträglich* durch einen Dritten getroffen werden können, der die verkörperte Gedankenerklärung »zufällig« als Beweismittel in Anspruch nimmt (»Zufallsurkunde«, nachträgliche Beweisbestimmung). Dies gilt z.B. für einen – ursprünglich nicht »beweisbestimmten« – Privatbrief oder für eine Notiz im Terminkalender, wenn sie in einem späteren Prozess als Beweismittel herangezogen werden.[8] **529**

Schriftstücke, die als Beweismittel *gegen* den Aussteller eingesetzt werden, weil die Äußerungen zivil- oder strafrechtliche Sanktionen zur Folge haben können (etwa weil sie beleidigenden Inhalt haben), werden von der h.M. als sog. »*Deliktsurkunden*« ebenfalls zu den Absichtsurkunden gerechnet. Denn der Aussteller ist sich bereits beim Abfassen der Erklärung darüber bewusst, dass er dem *Empfänger* (auch) ein Beweismittel liefert.[9]

Zu beachten ist freilich, dass die traditionelle Einteilung der Urkunden in »Absichts-« und »Zufallsurkunden« zwar den Zeitpunkt der Beweisbestimmung veranschaulichen mag, inhaltlich im Rahmen des § 267 StGB indes keinerlei Bedeutung hat.[10]

II. Besondere Formen der Urkunde

1. Abschrift, Durchschrift, Fotokopie und Fax

Die *»einfache Abschrift«* einer Urkunde ist eine bloß *berichtende Wiedergabe* einer Erklärung, die in einem anderen Schriftstück verkörpert ist. Sie ist damit grundsätzlich keine Urkunde, da ihr die drei oben genannten Funktionen fehlen. Zum einen verkörpert sie selbst keine Gedankenerklärung, sondern reproduziert nur die in einem an- **530**

---

7 BGH GA 1971, 180 für einen formunwirksamen Scheck gegen RGSt 43, 231 (236 – Testament).

8 Vgl. näher LK-*Zieschang* § 267 Rn. 70 ff; *S/S/Schuster* § 267 Rn. 14 f; jew. m.w.N. Zur Kritik an der »nachträglichen Beweisbestimmung« bei sog. Zufallsurkunden vgl. *Erb*, Puppe-FS, 2011, S. 1107 ff; MK-*Erb* § 267 Rn. 34 ff; NK-*Puppe* § 267 Rn. 9 ff; dazu wiederum *Kindhäuser*, BT I, § 55 Rn. 24 f.

9 *W/Hettinger* Rn. 799 m.w.N. Ebenso i.E. (Deliktsurkunde als Urkunde) MK-*Erb* § 267 Rn. 73 f („zwangsläufige Rechtserheblichkeit").

10 Vgl. *S/S/Schuster* § 267 Rn. 15; *W/Hettinger* Rn. 797 („sachlich entbehrlich").

deren Schriftstück verkörperte.[11] Zum anderen lässt sie den Aussteller nicht erkennen und ist i.d.R. auch nicht zum Beweis geeignet.[12]

Sie kann ausnahmsweise dann Urkundenqualität gewinnen, wenn der Aussteller des Originals seinen Willen bekundet, dass die Wiedergabe seiner Erklärung im Rechtsverkehr als *Urschrift* gelten soll.[13] Das gleiche gilt, wenn die »Abschriften« gesetzlich wie Urschriften behandelt werden oder nach Gesetz oder Herkommen als Ersatz des Originals dienen sollen.[14] Urkundencharakter hat letztlich auch die *»beglaubigte* Abschrift«. Dort ist die Abschrift selbst aber nur Bezugsobjekt, das in Verbindung mit dem *Beglaubigungsvermerk* eine zusammengesetzte Urkunde (→ Rn. 538) bildet, sofern die sonstigen Erfordernisse des Urkundenbegriffs erfüllt sind.[15] Sofern die Abschrift den Eindruck hervorruft, es handele sich um ein Original, soll es sich – wie bei entsprechenden Fotokopien (→ Rn. 532) – ebenfalls um eine Urkunde handeln.[16]

531 Die *»Durchschrift«* einer Urkunde ist ebenfalls *Urkunde*, weil – und wenn – sie als *weitere Verkörperung* der Originalerklärung des Ausstellers zu dem Zweck angefertigt wird, über mehrere Exemplare der Erklärung als Beweismittel zu verfügen; anders als bei der Abschrift lässt die Durchschrift auch erkennen, von wem sie stammt, wer also Aussteller der vervielfältigten Erklärung ist.[17]

Bei technisch hergestellten »Vervielfältigungsstücken« – Zweit-, Drittschriften, Mehrfertigungen, Hektographien, Matrizenabzügen – ist jedes *Einzelstück* selbstständige *Urkunde*, wenn sich die Stücke als gleichwertige Verkörperungen *derselben Erklärung* darstellen und im Übrigen die Anforderungen des Urkundenbegriffs erfüllt sind.[18] Unter diesen Voraussetzungen ist auch der (Mehrfach-)Ausdruck einer Datei eine Urkunde. Hier bringt zwar nicht der Erklärende, sondern die Hardware des Computers die Erklärung zu Papier. Zugerechnet wird sie jedoch dem Erklärenden, der den Ausdruck veranlasst und als Aussteller der Urkunde anzusehen ist.[19]

532 Ob die *»Fotokopie«* einer schriftlichen Erklärung eine Urkunde darstellt,[20] ist umstritten. Die h.M. differenziert wie folgt: Ist die Kopie als *Ablichtung erkennbar*, stellt sie keine Urkunde dar. Denn sie enthält als bloßes *Abbild* eines – angeblichen – Originals keine verkörperte Gedankenerklärung mit erkennbarem Aussteller (fehlende Perpetuierungs- und Garantiefunktion).[21] Die als Ablichtung erkennbare Kopie kann des-

---

11 LK-*Zieschang* § 267 Rn. 105; *M/Schroeder*, BT 2, § 65 II Rn. 39.

12 BGHSt 24, 140 (141); *Fischer* § 267 Rn. 17; jew. m.w.N.

13 So z.B. bei Verlust des Originals, vgl. LK-*Zieschang* § 267 Rn. 106; *S/S/Schuster* § 267 Rn. 40a. Aus der Rspr.: RGSt 26, 270 (271).

14 RGSt 24, 281 (283); BGHSt 2, 35 (38); *S/S/Schuster* § 267 Rn. 40a.

15 LK-*Zieschang* § 267 Rn. 107; *S/S/Schuster* § 267 Rn. 36b, 40a.

16 RGSt 69, 228 (229 – zu allen drei Ausnahmen: *Wille* des Ausstellers, *Gesetz* und *Anschein*); BGHSt 1, 117 (120); *Gustafsson*, Die scheinbare Urkunde, 1993, S. 157 f; SK-*Hoyer* § 267 Rn. 23.

17 RG JW 1938, 1161 Nr. 8; BGHSt 24, 140 (141); OLG Hamm NJW 1973, 1809 (1810); *Geppert* Jura 1990, 271 ff; LK-*Zieschang* § 267 Rn. 109.

18 RGSt 29, 357 (359 f); *W/Hettinger* Rn. 808; *Welp*, Stree/Wessels-FS, 1993, S. 511 (516 ff).

19 MK-*Erb* § 267 Rn. 106. Anders aber beim bloßen Ausdruck eines eingescannten Dokuments, der wie eine Fotokopie (→ Rn. 532) behandelt wird und deshalb grds. keine Urkunde darstellt, vgl. *Fischer* § 267 Rn. 22.

20 Zur Vorlage einer Fotokopie als *Gebrauchen* der Originalurkunde → Rn. 543.

21 BGHSt 5, 291 (293); 24, 140 (141 ff) mit zust. Bspr. *Kienapfel* NJW 1971, 1781 (1782 f); BayObLG NJW 1990, 3221; 1992, 3311 f; *K/H/H*, BT 1, Rn. 1014.

halb nur in Ausnahmefällen zur Urkunde aufrücken und zwar dann, wenn der Aussteller der Urschrift seinen Willen bekundet, dass die Reproduktion im Rechtsverkehr als Urschrift gelten soll oder dies nach Gesetz und Herkommen anzunehmen ist (so etwa bei vervielfältigten Speisekarten).[22] Die h.M. orientiert sich insoweit also an den Grundsätzen zur Abschrift (→ Rn. 530). Dementsprechend wird auch eine Kopie als Urkunde angesehen, wenn die Fotokopie selbst den *Anschein* einer angeblich vom Aussteller herrührenden *Urschrift* in der Weise erweckt, dass im Rechtsverkehr die Möglichkeit einer Verwechslung besteht (Kopie mit dem *Anschein* eines Originals).[23] Denn „dann täuscht das gefertigte Schriftstück, auch wenn es sich tatsächlich um eine Abbildung handelt, vor, es werde nicht nur wiedergegeben, was in einem anderen Schriftstück verkörpert ist, sondern es enthalte eine eigene Erklärung des angeblichen Ausstellers, für die dieser einstehen wolle".[24] Relevant wird diese als Original eingesetzte Fotokopie für die Strafbarkeit des Herstellens unechter Urkunden (Abänderung von Verträgen, Fahrausweisen etc.), wobei zu beachten ist, dass eine Verwechselungsgefahr nur besteht, wenn die Kopie auch die *Authentizitätsmerkmale* (etwa Stempel, notarieller Kaufvertrag) des vorgetäuschten Originals aufweist.[25]

Die *Gegenansicht* will den Fotokopien hingegen grundsätzlich die Urkundenqualität **533**
zuerkennen.[26] Sie beruft sich hauptsächlich darauf, dass Fotokopien – als mittelbaren Erklärungsverkörperungen – im Rechtsverkehr inzwischen die gleiche Akzeptanz und Garantiefunktion zukomme wie Originalurkunden; das Vertrauen des Rechtsverkehrs in die »Echtheit« sei daher gleichermaßen schutzwürdig.[27] Auch die »Erkennbarkeit eines Ausstellers« sei bei Fotokopien insofern gegeben, als der »geistige Urheber« der Erklärung aus der Kopie ebenfalls hervorgehe.[28]

Bei der Frage, ob und wann ein *»Telefax«* die Qualität einer Urkunde hat, sind zu- **534**
nächst die beiden Formen der Faxherstellung zu unterscheiden. Das moderne »*Computerfax*« übermittelt unmittelbar vom Computer (Sendegerät) dort gespeicherte Daten an ein Empfangsgerät, wo das Fax mit einem Sendevermerk ausgedruckt wird; es existiert somit keine schriftliche Faxvorlage, die versendet wurde. Man könnte das Computerfax auch mit dem Ausdruck einer Datei vergleichen, die an einem fremden Drucker vorgenommen wird. Dagegen ist das *herkömmliche Telefax*, bei dem ein

22 LK-*Zieschang* § 267 Rn. 113; MK-*Erb* § 267 Rn. 95 f; BayObLG NJW 1990, 3221.

23 *Rengier*, BT 2, § 32 Rn. 27 m.w.N. Noch nicht geklärt sind die Anforderungen, die an die Qualität der Kopie zu stellen sind. Genügt es, dass bereits bei näherer Betrachtung das Schriftstück als Kopie zu erkennen ist (MK-*Erb* § 267 Rn. 176) oder bedarf es erhöhter Anforderungen (kaum vom Original zu unterscheiden, so *M/R/Maier* § 267 Rn. 78). Bedenklich OLG Stuttgart NJW 2006, 2869, das auch bei sofortigem Erkennen der Kopie eine Urkundenqualität bejaht und letztlich nur auf den Täterwillen abstellt.

24 BayObLG NJW 1989, 2553 (2554) mit krit. Bspr. *Lampe* StV 1989, 207 f und *Zaczyk* NJW 1989, 2515 (2517).

25 BGH NStZ 2010, 703 (704 – notarieller Kaufvertrag per Telefax) mit krit. Anm. *Bosch* JA 2010, 555 ff; BGH NStZ-RR 2011, 213 (214 – Personalausweis). Auch das Vervollständigen einer Kopie oder eines Dokumentenscans kann unter diesen Voraussetzungen eine Urkunde darstellen, vgl. BGH NStZ 1999, 620 (Aufbringen eines Zollstempels).

26 *Freund*, UStrT, Rn. 127 (im Anschluss an JuS 1991, 723 ff); NK-*Puppe* § 267 Rn. 22 ff, 49 f; detaillierte Kritik wiederum bei *Erb* GA 1998, 577 ff (dazu *Freund* StV 2001, 234 [235 f]). Zsfd. zum Diskussionsstand: *Beckemper* JuS 2000, 123 (124 f); *Dedy* Jura 2002, 137 (138).

27 *Freund* JuS 1991, 723 (725 ff); NK-*Puppe* § 267 Rn. 23, 49; krit. *Erb* GA 1998, 577 (578 ff).

28 *Freund*, UStrT, Rn. 127; *Mitsch* NStZ 1994, 88 (89).

Schriftstück vom Sendegerät zunächst »eingelesen«, in Daten umgewandelt und dann in der Empfangsstation reproduziert wird, eine Art »Fernkopie« (Telekopie) der Faxvorlage, die als Wiedergabe dieser Vorlage zudem stets erkennbar (!) ist.

Da es sich beim ausgedruckten *»Computerfax«* (Ankunftsfax) nicht um die Kopie eines anderen Schriftstücks handelt, sondern um die primäre stoffliche Verkörperung der gefaxten Erklärung – die elektronische »Fernanfertigung« eines Originals –, bestehen gegen die Anerkennung als Urkunde keine Bedenken,[29] sofern der Text die übrigen Merkmale des Urkundenbegriffs erfüllt (vgl. auch → Rn. 531 a.E.). Strittig ist, ob das Gleiche auch für den Ausdruck einer empfangenen E-Mail zu gelten hat oder hier der Urkundencharakter abzulehnen ist, da der Ausdruck nicht die Verkörperung der Originalerklärung ist, sondern nur die gespeicherte Reproduktion des Originals widerspiegelt.[30]

535 Für das *herkömmliche Fax* sollen nach wohl noch überwiegender Ansicht dieselben Grundsätze gelten wie für die als Wiedergabe des Originals erkennbare *Fotokopie* (→ Rn. 532). Aus dieser Sicht wird die Urkundeneigenschaft prinzipiell verneint.[31] *Bejaht* wird die Urkundenqualität des Fax freilich von Autoren,[32] die ohnehin auch die Fotokopie als Urkunde einstufen (→ Rn. 533). Daneben zeigt sich in der Literatur die zunehmende Tendenz, dem mit Absenderangabe versehenen Telefax – weitgehend unabhängig von der Bewertung einer Fotokopie – als *»Zweitausfertigung«* der Faxvorlage grundsätzlich Urkundenqualität zuzuerkennen. Dies jedenfalls, wenn das Fax die vom Absender »autorisierte« (ihm zurechenbare) Verkörperung einer in der Vorlage enthaltenen *eigenen* Erklärung darstellt oder nach außen hin diesen *Anschein* erweckt und nicht lediglich als Abbild (»Kopie«) auf eine *fremde* Erklärung verweist.[33]

2. Augenscheinsobjekt, Beweiszeichen und Kennzeichen

536 Ein *»Augenscheinsobjekt«*, wie etwa ein Fingerabdruck, ist mangels Verkörperung einer menschlichen Gedankenerklärung *keine Urkunde:* es dient allein – allenfalls – infolge seines *Daseins* oder *Soseins*, seiner Eigenschaften, Gestalt oder Lage dazu, Beweis zu erbringen. Auch wenn das Augenscheinsobjekt auf eine bestimmte Person zurückgeführt werden kann, so lässt es sich dieser nicht als *Erklärung* zuordnen.[34] Dazu bereits RGSt 17, 103 (106):

Es „wird zum Begriff der Urkunde … erfordert, daß ein Gegenstand nicht bloß seine eigene *Existenz*, seine natürlichen Eigenschaften als die eines bestimmten Körpers, sein Vorhanden-

---

29 *Beckemper* JuS 2000, 123 (126); LK-*Zieschang* § 267 Rn. 127 ff; *Nestler* ZJS 2010, 608 (612 ff).

30 Die Urkundeneigenschaft bejahend: *Fischer* § 267 Rn. 21, LK-*Zieschang* § 267 Rn. 130 ff; abl.: MK-*Erb* § 267 Rn. 89, *S/S/Schuster* § 267 Rn. 43a.

31 Vgl. z.B. *Fischer* § 267 Rn. 21; *L/Kühl* § 267 Rn. 16; OLG Oldenburg NStZ 2009, 391 f; OLG Zweibrücken NJW 1998, 2918 f; BGH NStZ 2010, 703; OLG Hamburg NStZ-RR 2013, 110.

32 *Freund*, UStrT, Rn. 128a; NK-*Puppe* § 267 Rn. 49 f.

33 Vgl. dazu mit Differenzen im Einzelnen *Beckemper* JuS 2000, 123 (124 f); LK-*Zieschang* § 267 Rn. 122 ff; *Rengier*, BT 2, § 32 Rn. 28; SK-*Hoyer* § 267 Rn. 21 f; *S/S/Schuster* § 267 Rn. 43; *Zielinski* CR 1995, 286 (291 f).

34 *Freund*, UStrT, Rn. 69 ff; *Kindhäuser* § 267 Rn. 15 f; NK-*Puppe* § 267 Rn. 26 f; RGSt 17, 103 (105 ff); 55, 97 (98); OLG Karlsruhe NStZ 2002, 652 (653 – technische Aufzeichnung als Augenscheinsobjekt).

sein an einem bestimmten Ort zu einer bestimmten Zeit erkennbar mache; dies alles ... beweist er als bloßes *Augenscheinsobjekt*. Um Urkunde zu sein, muß er aus sich *menschliche Gedanken* irgend welchen Inhaltes ... erkennbar werden lassen; erst dann wirkt der Gegenstand nicht bloß als Augenscheinsobjekt auf die *sinnliche Wahrnehmung*, sondern darüber hinaus vermöge seines *geistigen Inhalts* auf das Verständnis anderer von diesem Inhalt."

Ein *»Beweiszeichen«* ist eine *zeichenhaft verkürzte*, gegenständlich verkörperte Gedankenerklärung eines erkennbaren Ausstellers mit Beweisfunktion. Hierunter fallen z.B. Prüfplaketten des TÜV, Poststempel oder Fahrzeug-Identifizierungsnummern.[35] Trotz fehlender »Schriftform« hat das Beweiszeichen nach h.M. *Urkundenqualität*, weil – und sofern – es über die bloße Kennzeichnung des Gegenstandes hinaus eine beweiserhebliche Äußerung seines Urhebers vermittelt.[36] Dagegen ist ein *»Kennzeichen«* (»Identitätszeichen«, »Unterscheidungszeichen«), dessen Zweck sich in der *Individualisierung* (Unterscheidung, Herkunfts- oder Eigentumsbezeichnung, Sicherung) von Gegenständen *erschöpft*, mangels Beweisfunktion keine Urkunde.[37] Für die im Einzelfall nicht immer einfache Abgrenzung zwischen »Beweiszeichen« und »Kennzeichen« ist damit letztlich entscheidend, ob der Rechtsverkehr in dem Zeichen eine beweiserhebliche Gedankenerklärung erblickt.[38] **537**

3. Zusammengesetzte Urkunde

Eine »zusammengesetzte Urkunde« liegt vor, wenn eine verkörperte Gedankenerklärung, die einen Aussteller erkennen lässt, mit einem *nicht-urkundlichen Gegenstand*, auf den sie sich bezieht (»Bezugsobjekt«), zu einer *Beweismitteleinheit räumlich fest* verbunden ist (z.B. die Preisauszeichnung an der Ware).[39] Die besondere Funktion der »zusammengesetzten Urkunde« sehen Rechtsprechung und h.L. in der Möglichkeit, eine Veränderung des *Bezugsobjekts*, namentlich dessen Austausch gegen ein anderes Objekt, als Urkunden(ver)fälschung zu erfassen, weil durch die Manipulation am Bezugsobjekt auch der *Erklärungsinhalt* verändert werde.[40] **538**

Missverständlich sind Definitionen, die bereits den Erklärungsteil als »Urkunde« bezeichnen. Dieser Teil *kann* im Einzelfall Urkunde sein (so belegt der noch abzustempelnde Blankofahrschein einen grundsätzlich bestehenden Anspruch auf Beförderung); die Besonderheit der zusammengesetzten Urkunde besteht aber darin, dass sich deren Urkundenqualität erst aus der verweisenden *Verbindung* mit dem Bezugsobjekt ergibt: Der gestempelte Fahrschein weist die Berechtigung für die Inanspruchnahme dieser Fahrt aus; diese Ware kostet 3,50 €; dieses Fahrzeug ist mit diesem amtlichen Kennzeichen zum Verkehr zugelassen etc. Erforderlich ist deshalb auch eine ausrei-

35 BGHSt 9, 235 (237 f); 16, 94 ff; BayObLG NJW 1980, 1057 (Eintragungen im Fahrzeugschein); weit. Bsp. bei MK-*Erb* § 267 Rn. 41. In den meisten Fällen handelt es sich um Teile einer *zusammengesetzten Urkunde* (LK-*Zieschang* § 267 Rn. 85), s. hierzu → Rn. 538.

36 Vgl. LK-*Zieschang* § 267 Rn. 85 ff; MK-*Erb* § 267 Rn. 41 ff; *Satzger* Jura 2012, 106 (109 f).

37 Zur möglichen unterschiedlichen Einordnung von Verschlussplomben: RGSt 64, 48 (49); zur Einordnung eines Künstlerzeichens im Gegensatz zum bloßen Autogramm: RGSt 76, 28 (29 f); Bsp. für Kennzeichen bei *W/Hettinger* Rn. 806.

38 *Rengier*, BT 2, § 32 Rn. 16; eingehend *Obermair*, Die Abgrenzung der Beweiszeichen von den Kennzeichen beim Urkundenbegriff des § 267 StGB, 2000, S. 97 ff.

39 *SSW-Wittig* § 267 Rn. 44.

40 Krit. dazu vor allem SK-*Hoyer* § 267 Rn. 72 ff: keine Einwirkung auf den „Zeichenbestand der Urkunde", sondern nur auf deren Beweisrichtung; Gegenkritik bei MK-*Erb* § 267 Rn. 52.

chende Beständigkeit dieser Verbindung, wenngleich eine Untrennbarkeit nicht zu fordern ist;[41] an der hinreichend festen Verbindung fehlt es z.B. bei Preisauszeichnungen, die lediglich locker mit der Ware verbunden sind (umgehängtes Preisschild, Preisschild auf einfach zu tauschender Verpackung).[42] Das Bezugsobjekt muss im Übrigen nicht stets ein bloßes »Augenscheinsobjekt« sein, es kann z.B. auch eine »technische Aufzeichnung« oder eine »Abschrift« (→ Rn. 530) in Bezug genommen werden. Ist das Bezugsobjekt hingegen selbst eine Urkunde – ohne dass eine Gesamturkunde (→ Rn. 540) vorliegt –, wirkt nicht erst die »Zusammensetzung« für die Urkundeneigenschaft konstitutiv (eine Urkunde liegt schließlich bereits vor), sodass nicht von einer zusammengesetzten, sondern von einer *abhängigen* Urkunde gesprochen werden sollte.[43]

539 Die Frage, wer Aussteller einer zusammengesetzten Urkunde ist, wird sich nicht – wie sonst gefordert[44] – immer aus der Urkunde selbst ergeben: Folgt der Aussteller des Kfz-Kennzeichens noch aus dem Zulassungsstempel (Stadt XY, Landratsamt ABC),[45] ist dies bei der Plakette, die die Hauptuntersuchung nachweist, nicht der Fall. Insoweit soll es ausreichen, dass sich der Aussteller aus der (gedanklichen) Verbindung der Urkunde mit weiteren Gegenständen (hier die Fahrzeugbescheinigung) ergibt.[46] Umstritten ist, ob ein *Verkehrszeichen* (Verkehrsschild) i.V.m. dem räumlichen Bereich, für den es gilt, als »zusammengesetzte Urkunde« verstanden werden kann. Die Rechtsprechung hat dies für den Fall eines überklebten Verkehrsschilds abgelehnt, weil bei der Aufstellung des Verkehrsschilds unterschiedliche Kompetenzen bestünden (Straßenbauamt und Straßenverkehrsbehörde), so dass der Aussteller unklar sei, und die räumliche Überschaubarkeit des Bezugsobjekts fehle.[47] Will man gleichwohl eine zusammengesetzte Urkunde bejahen,[48] ist zu bedenken, ob die ohnehin verwirklichte Strafbarkeit nach § 145 II Nr. 1 StGB (Verändern von Warn- und Verbotsschildern) nicht als lex specialis einer Anwendbarkeit des § 267 StGB entgegensteht.

4. Gesamturkunde

540 Eine »Gesamturkunde« liegt vor, wenn mehrere *Einzelurkunden* dauerhaft zu einem einheitlichen Ganzen derart verbunden werden, dass sie in ihrer Gesamtheit – nach Gesetz, Geschäftsgebrauch oder Vereinbarung der Beteiligten – einen *selbstständigen*, über die Einzelurkunden hinausgehenden *Erklärungsinhalt* aufweisen und ein *vollständiges, abschließendes Bild* bestimmter Rechtsbeziehungen vermitteln sol-

41 *A/W/Heinrich* § 31 Rn. 21; *B. Heinrich* JA 2011, 423 (424 f); MK-*Erb* § 267 Rn. 53 ff.

42 BGH NStZ 1984, 73 (74 – Arzneimittelverpackung); OLG Düsseldorf NJW 1982, 2268 (mit allerdings unzutreffender Bezeichnung „Gesamturkunde"); OLG Köln NJW 1979, 729 f mit Anm. *Lampe* JR 1979, 214.

43 *Lampe* NJW 1965, 1746 (1748); LK-*Zieschang* § 267 Rn. 103. Beispiel nach *S/S/Schuster* § 267 Rn. 36b: Ein Bürge setzt seine schriftliche Erklärung unter den zwischen Gläubiger und Schuldner geschlossenen Darlehensvertrag.

44 *Fischer* § 267 Rn. 11 m.w.N.

45 Zum Aussteller eines roten Kennzeichen s. BGHSt 34, 375 (376 f).

46 OLG Celle NJW 2011, 2983 (2984); AG Waldbröl NJW 2005, 2870 (2871); MK-*Erb* § 267 Rn. 24.

47 OLG Köln NJW 1999, 1042 ff mit krit. Anm. *Dedy* NZV 1999, 136 ff; zust. hingegen: *Böse* NStZ 2005, 370 f, *L/Kühl* § 267 Rn. 8.

48 So *Freund*, UStrT, Rn. 81b; *Rengier*, BT 2, § 32 Rn. 18a m.w.N.

len.[49] Charakteristisch für die Gesamturkunde ist es, dass die Verbindung der Einzelurkunden einen Gedankeninhalt wiedergibt, der über die Summe der in den einzelnen Urkunden enthaltenen Erklärungen hinausgeht und in einer »Abgeschlossenheits- und Vollständigkeitserklärung« besteht. Die »Gesamturkunde« soll dabei nicht nur das Zustandekommen der in den Urkundenverband *aufgenommenen* Vorgänge beweisen, sondern – »abschließend« – zugleich negativ das Nichtzustandekommen der *nicht aufgenommenen* Vorgänge („Dies ist alles, und es fehlt nichts").[50] Als Beispiele für Gesamturkunden gelten: kaufmännische Handelsbücher (RGSt 51, 36 [37 f]), Sparbücher (BGHSt 19, 19 [21]); Personalakten (OLG Düsseldorf NStZ 1981, 25 [26]), ausgefüllte Stimmzettel mit Wählerliste in der Wahlurne (BGHSt 12, 108 [112] und OLG Koblenz NStZ 1992, 134 [135]).[51]

Die Funktion der »Gesamturkunde« – einer von der Rechtsprechung entwickelten Konstruktion – liegt vor allem darin, dass als Urkundenfälschung in Form der »Verfälschung« *nachträgliche Veränderungen* an der Urkundengesamtheit erfasst werden sollen, die unter dem Aspekt der *Einzelurkunden* nicht den Tatbestand des § 267 I StGB erfüllen: nämlich die unbefugte *Hinzufügung* und *Entnahme* einer Einzelurkunde. Besondere Bedeutung gewinnt die »Gesamturkunde« insoweit auf der Grundlage der Auffassung, dass eine Urkundenverfälschung auch durch den *Aussteller* selbst möglich sei (s. dazu → Rn. 560 ff). Im Schrifttum wird die Konstruktion der Gesamturkunde u.a. mit dem Argument abgelehnt, dass diese »zusätzliche« Gedankenerklärung nur fingiert werde, um Beweisinteressen zu schützen.[52]

Urkunde, Beschädigen, Vernichten, Unterdrücken der – § 274 I Nr. 1 StGB

Eine Urkunde »beschädigt«, wer sie derart verändert, dass ihre **Brauchbarkeit als Beweismittel** erheblich beeinträchtigt ist (»Minderung des Beweiswerts« bei Erhaltung als Beweismittel). 541

Eine Urkunde »vernichtet«, wer sie völlig zerstört oder ihre *beweiserhebliche Substanz* gänzlich beseitigt (»Totalaufhebung der Beweistauglichkeit«).

Eine Urkunde »unterdrückt«, wer dem Beweisführungsberechtigten die **Benutzung** der Urkunde als **Beweismittel** – ohne sie zu beschädigen/vernichten – dauernd oder vorübergehend *entzieht* oder *vorenthält* (»Vereitelung der Beweisführung« ohne Eingriff in die Integrität des Beweismittels).

Die mitgeteilten Begriffsbestimmungen gelten mit sinngemäß gleichem Inhalt auch für das Beschädigen, Vernichten und Unterdrücken einer »*technischen Aufzeichnung*«.

---

49 RGSt 51, 36 (38); 60, 17 (19 f) m.w.N.; *Geppert* Jura 1988, 158 (162); *Satzger* Jura 2012, 106 (110 f).

50 BGHSt 4, 60 (61); *Rengier*, BT 2, § 32 Rn. 20; *W/Hettinger* Rn. 815.

51 Weitere Beispiele und Gegenbeispiele bei *S/S/Schuster* § 267 Rn. 36; *Fischer* § 267 Rn. 24 f.

52 MK-*Erb* § 267 Rn. 58; NK-*Puppe* § 267 Rn. 41 ff; SK-*Hoyer* § 267 Rn. 80; krit. zur Konstruktion der »Gesamturkunde« auch *Lampe* GA 1964, 323 ff.

Literatur: LK-*Zieschang* § 274 Rn. 24 ff; SK-*Hoyer* § 274 Rn. 10 ff; *S/S/Schuster* § 274 Rn. 7 ff.

Rechtsprechung Grundlegend: RGSt 3, 370 (371 – zum Beschädigen). **Beispielhaft** zum Beschädigen: OLG Düsseldorf NJW 1983, 2341 (2342 – überklebter Mehrfahrtenausweis) mit krit. Anm. *Puppe* JR 1983, 429 (430). **Beispielhaft** zum Vernichten: BGH NJW 1954, 1375 (Ausradieren einer Unterschrift). **Beispielhaft** zum Unterdrücken: OLG Düsseldorf NStZ 1981, 25 (26 – entnommenes Protokoll); OLG Hamburg NJW 1964, 736 (737 – „Ausleihen" eines Verwarnungszettels); OLG Hamm NJW 1968, 1894 (1895 – angebrachtes falsches Preisschild) mit krit. Anm. *Peters*, S. 1896; OLG Köln NJW 1973, 1807 (abgerissenes Preisschild).

RGSt 67, 226 (229 f): Beschädigung einer Urkunde liegt vor, „wenn mit ihr eine Veränderung vorgenommen wird, die ihren Zweck, als *Beweismittel* zu dienen, beeinträchtigt, sei es, daß unter Erhaltung ihrer ›Substanz‹ ihr sachlicher Inhalt, d.h. die durch sie bekundeten Tatsachen, sei es, daß beide betroffen werden."

RGSt 57, 310 (312): „Der Begriff der Unterdrückung i.S. des § 274 Nr. 1 StGB erfordert, daß die Urkunde der Benutzung seitens des Verletzten entzogen oder vorenthalten wird."

Urkunde, Gebrauchen einer unechten/verfälschten – §§ 267 I (268 I Nr. 2, 269 I, 271 II, 273 I Nr. 2, 279, 281 I) StGB

542 »Gebraucht« wird eine Urkunde, wenn sie dem Adressaten der beabsichtigten **Täuschung** derart *zugänglich gemacht* wird, dass dieser die **unbehinderte Möglichkeit** erhält, vom Urkundeninhalt durch unmittelbare (str. → Rn. 543) **sinnliche Wahrnehmung** der Urkunde Kenntnis (→ Rn. 544) zu nehmen.

Literatur: LK-*Zieschang* § 267 Rn. 215 ff; MK-*Erb* § 267 Rn. 195 ff; SK-*Hoyer* § 267 Rn. 84 ff.

Rechtsprechung Grundlegend: RGSt 19, 215 (216 – zum Ermöglichen der Einsicht). **Beispielhaft:** RGSt 66, 298 (312 – Bewusstsein um Möglichkeit einer Beschlagnahme); OLG Stuttgart NJW 1989, 2552 (2553 – Gebrauchmachen durch Vorlage beim Gericht). Zum Gebrauchen durch Vorlage der Kopie vgl. die Nachw. in → Rn. 543.

RGSt 72, 369 (370): „Zum ›Gebrauchmachen‹ gehört, daß die Urkunde in den Machtbereich dessen gebracht wird, gegen den sich die *Täuschung* richtet, [so daß] für ihn die *Möglichkeit* gewährleistet ist, von dem Inhalt ohne weiteres *Kenntnis* zu nehmen; das ist auch dann der Fall, wenn die Urkunde zur Kenntnis dessen, der getäuscht werden soll, nur bereit gelegt wird, falls ihm … ohne weiteres der Zugriff auf die Urkunde offensteht, sie also seiner Verfügung unterliegt."

BGHSt 36, 64 (65): „Eine gefälschte Urkunde gebraucht, wer sie demjenigen, der durch sie getäuscht werden soll, so zugänglich macht, daß dieser sie wahrnehmen kann."

Erläuterungen

I. Gebrauchen der Urkunde durch Vorlage ihrer Kopie?

543 Nach der Rechtsprechung und einem Teil des Schrifttums soll auch die Ermöglichung nur »mittelbarer sinnlicher Wahrnehmung« – durch Vorlage einer *Fotokopie* – für das »Gebrauchen« ausreichen, sofern das in dieser Weise wahrgenommene Objekt (Aus-

gangsmaterial) selbst als *Urkunde* qualifiziert werden kann.[1] An Letzterem soll es allerdings fehlen, wenn das Ausgangsmaterial selbst mangels fester Verbindung (Collage aus Papierschnipseln) keine zusammengesetzte Urkunde darstellt[2] oder „zu offensichtlich unecht“ ist, so dass jegliche Beweisbestimmung für die Kopiervorlage fehlt (zusammengeklebtes „Zeugnis")[3].

Gegen diese Auffassung werden vor allem *zwei Einwände* erhoben. Einmal wird eingewandt, dass bereits die *Prämisse* nicht zutreffe: Wenn die Fotokopie lediglich ein »Abbild« der Urkunde sei (→ Rn. 532), werde durch die Wahrnehmung der Kopie eben nur dieses Abbild sinnlich wahrgenommen, nicht aber die Kopiervorlage, also die Urkunde selbst.[4]

Der zweite Einwand setzt an dem Umstand an, dass für das »mittelbare Gebrauchen« einer *Urkunde* als Kopiervorlage eben auch eine »*Urkunde*« existieren muss, die zudem »*unecht*« *oder* »*verfälscht*« sein muss. Vorlagen anderer Art können damit nicht per Kopie als *Urkunde* mittelbar »gebraucht« werden, obwohl der Rechtsverkehr durch das Betrachten der Kopie in gleicher Weise (wie bei der Existenz einer Urkunde als Kopiervorlage) betroffen ist. Daraus resultiere für das »mittelbare Gebrauchen« eine nicht mehr verständliche *Zufallsstrafbarkeit* mit der Konsequenz, dass gerade die einfachsten und wirkungsvollsten Methoden der Täuschung mit Hilfe von Kopien durch § 267 StGB nicht erfasst werden könnten, nämlich die Herstellung von »Montagen« im Kopierverfahren:[5] Fertige der Täter z.B. eine Fotokopie an, indem er verschiedene unverbundene Schriftstücke so aufeinander lege, dass die Kopie den Eindruck eines einheitlichen Schriftstücks erwecke, so fehle es an einer »Urkunde« als Gegenstand des mittelbaren Gebrauchs. Werde eine *echte* Urkunde durch Abdecken eines Teils so kopiert, dass die Kopie einen anderen Inhalt des Originals vorspiegele, dann liege gleichfalls kein »Gebrauchen« einer (*unechten/verfälschten*) Urkunde vor. Dies scheide ferner aus, wenn nicht die echte Urkunde, sondern eine Fotokopie derselben verändert und sodann eine Kopie der veränderten Kopie verwendet werde (usw.). Die Rechtsprechung könne deshalb das »Vertrauen in die Zuverlässigkeit der Fotokopie«, welches sie über die Alternative des »Gebrauchens« in den Schutz des § 267 StGB einbeziehe, nur sehr fragmentarisch und letztlich unbefriedigend schützen. Das alles zeige, dass die Vorschrift auf den »*unmittelbaren Gebrauch*« (*des Originals*) beschränkt werden müsse.

Das Problem des »mittelbaren Gebrauchs« durch Fotokopien wird freilich obsolet, wenn – und soweit – die Fotokopie selbst als »Urkunde« anerkannt werden kann (→ Rn. 533), weil dann bereits ein »unmittelbarer« Gebrauch der Urkunde vorliegt. Beim »*Telefax*« hängt die Beurteilung davon ab, ob und wann einer derartigen »Fernkopie« Urkundenqualität zukommt (→ Rn. 534 f).

1 Vgl. insb. RGSt 69, 228 (230 f); BGHSt 5, 291 (292); 24, 141 (142); BGH NJW 1965, 642 (643) mit krit. Anm. *Schröder* JR 1965, 232 f; BayObLG NJW 1991, 2163; OLG Düsseldorf StV 2001, 233 f mit krit. Anm. *Freund* S. 234 ff und *Wohlers* JR 2001, 83 f. Nachw. für das zust. Schrifttum bei LK-*Zieschang* § 267 Rn. 217.

2 BGH NStZ 2003, 543 (544); OLG Düsseldorf NJW 2001, 167 f mit krit. Anm. *Erb* NStZ 2001, 317 f und *Puppe* NStZ 2001, 482 (484) jew. zu den Erwägungen, mit denen das OLG einen Versuch in Betracht zieht.

3 BayObLG NJW 1992, 3311 (3312) mit zust. Anm. *Keller* JR 1993, 300 f.

4 MK-*Erb* § 267 Rn. 199.

5 Vgl. MK-*Erb* § 267 Rn. 200; NK-*Puppe* § 267 Rn. 95.

II. »Gebrauchen« als Möglichkeit der Kenntnisnahme

544 Ein »Gebrauchen« ist deshalb auch in der Weise möglich, dass der Täter die Urkunde der *Allgemeinheit* zugänglich macht, wie z.B. bei Benutzung eines Fahrzeugs mit gefälschten Kennzeichen.[6] Demgegenüber genügt das bloße Beisichführen eines gefälschten Führerscheins noch nicht, hier liegt ein »Gebrauchen« erst im tatsächlichen Vorzeigen.[7] Denn erst dadurch wird der Adressat in die Lage versetzt, ohne weitere Täterhandlungen von der Urkunde Kenntnis zu nehmen. Es genügt auch nicht, dass die Urkunde nur eingeweihten Dritten zugänglich gemacht wird. Erforderlich ist die Möglichkeit der Kenntnisnahme für einen Täuschungsadressaten oder einen gutgläubigen Mittelsmann, weil der Täter die Urkunde zur Täuschung im Rechtsverkehr gebrauchen muss.[8]

Das Gesetz benutzt den Begriff »Gebrauchen« auch in anderen, die Verwendung von Beweismitteln betreffenden Vorschriften, vgl. §§ 268 I Nr. 2 (technische Aufzeichnung), 269 I (beweiserhebliche Daten), 271 II, 273 I Nr. 2 (Falschbeurkundung), 279 (Gesundheitszeugnis), 281 I (Ausweispapier) StGB. Der Begriff hat dort den sinngemäß gleichen Inhalt wie bei § 267 I StGB.

Urkunde, Nicht-Gehören der – § 274 I Nr. 1 StGB

545 Die Urkunde »gehört« dem Täter »überhaupt nicht« – oder »nicht ausschließlich« –, wenn ein anderer das **Recht** hat, sie als **Beweismittel** zu gebrauchen (Fehlen alleiniger »Verfügungsbefugnis«).

Ein solches »Beweisführungsrecht« hat regelmäßig der Eigentümer der Urkunde, außerdem – ohne Rücksicht auf die Eigentumsverhältnisse – grundsätzlich derjenige, der berechtigt ist, zu Beweiszwecken die Herausgabe, Vorlage, Einsichtnahme oder Bereithaltung der Urkunde zu verlangen (str. → Rn. 547 ff). *Öffentlich-rechtliche* Vorlegungspflichten, die nur der Erleichterung von Verwaltungsaufgaben oder bloßen Kontrollzwecken dienen, begründen kein »Beweisführungsrecht« der Behörde (str. → Rn. 551).

Literatur: LK-*Zieschang* § 274 Rn. 5 ff; MK-*Freund* § 274 Rn. 22 ff. **Einführend:** *Rengier*, BT 2, § 36 Rn. 1 ff. **Monographisch:** *F. Schmitz*, Der Schutz des Beweisführungsinteresses im Urkundenstrafrecht, 2001.

Rechtsprechung Grundlegend: BGHSt 29, 192 (194).

BGHSt 29, 192 (194): „Was unter ›gehören‹ i.S. des § 274 I Nr. 1 StGB zu verstehen ist, ergibt sich aus dem Schutzzweck der Vorschrift. Die Urkundenunterdrückung ist *keine* gegen das *Eigentum* als solches gerichtete Straftat. In § 274 I Nr. 1 StGB wird vielmehr das Recht geschützt, mit der Urkunde *Beweis* zu erbringen. Täter kann auch der Eigentümer sein. Fehlt ihm das Recht, über die Urkunde allein zu verfügen, weil ihm die Rechtsordnung die *Verpflichtung* auferlegt, die Urkunde für die Beweisführung eines anderen *herauszugeben* oder zur *Einsicht-*

6 RGSt 72, 369 (370); BGHSt 18, 66 (70); MK-*Erb* § 267 Rn. 196.
7 BGH GA 1973, 179; StV 1989, 304; SK-*Hoyer* § 267 Rn. 85. Vgl. auch BGHSt 33, 105 (109) zur Reichweite der möglichen Kenntnisnahme bei Vorlage eines Führerscheins.
8 RGSt 72, 369 (370); BGHSt 36, 64 (65, 67) m.w.N.; jew. oben zitiert → Rn. 542.

nahme bereitzuhalten, so unterliegt die Unterdrückung der Urkunde der Strafdrohung des § 274 I Nr. 1 StGB. Denn mit der Urkundenunterdrückung oder -beseitigung wird das *Beweisführungsrecht* des Dritten ausgeschaltet oder zumindest erheblich beeinträchtigt."

Erläuterungen

I. Allgemeines zum geschützten Beweisführungsrecht

Die gesetzliche Formulierung, dass die Urkunde[1] dem Täter »überhaupt nicht oder nicht ausschließlich gehört«, verweist nicht primär auf die *Eigentumslage*, sondern auf den Mangel der Befugnis zur »*Verfügung*« über die Urkunde; vgl. auch die modernere Fassung in § 274 I Nr. 2 StGB für beweiserhebliche Daten [»verfügen darf«]. Dabei verschweigt die negative Formulierung (»Nicht-Gehören«) den positiven *Grund* für diesen Mangel der Dispositionsbefugnis: nämlich das Bestehen des »Beweisführungsrechts« (geschützten Beweisführungsinteresses) eines anderen, dem die Urkunde deshalb in diesem Sinn – allein oder auch – »gehört«. Für die Entstehung eines fremden Beweisführungsrechts aufgrund privatrechtlicher Rechtsnormen sind vor allem § 422 ZPO und § 810 BGB zu beachten. Nach § 422 ZPO hat neben dem Eigentümer ein Beweisführungsrecht derjenige, der die Herausgabe oder Vorlegung nach bürgerlichem Recht verlangen kann. Gemäß § 810 BGB kann bei berechtigtem Interesse jedermann die Vorlegung u.a. dann verlangen, wenn die Urkunde (auch) in seinem Interesse errichtet ist, wenn sie ein auch ihn betreffendes Rechtsverhältnis beurkundet oder Verhandlungen über ein Rechtsgeschäft enthält, das ihn berührt. Nach der Rechtsprechung kann der Eigentümer einer Urkunde einem anderen ein »nicht mehr entziehbares Recht« zur Beweisführung dadurch einräumen, dass er die Urkunde willentlich in dessen »Herrschaftsbereich« gelangen lässt (z.B. Befestigung einer Unfallnachricht am beschädigten Fahrzeug).[2] **546**

II. Der Verlust der Dispositionsbefugnis (Verfügungsbefugnis)

1. Gründe für den Verlust der Dispositionsbefugnis

Was unter dem Verlust der alleinigen »Dispositionsbefugnis« *genauer* zu verstehen ist (insb., in welchem *Zeitpunkt* die Verfügungsgewalt des Ausstellers endet und die Urkunde i.S. des § 274 StGB ihm nicht mehr allein »gehört«), ist in grundsätzlicher Hinsicht noch wenig geklärt und Gegenstand unübersichtlicher Kasuistik.[3] **547**

Der Verlust der Abänderungsbefugnis wird bei *öffentlichen* Urkunden (→ Rn. 552) regelmäßig bereits mit dem Abschluss ihrer *Entstehung* angenommen, z.B. bei einer Grundbucheintragung. Bei *Privat*urkunden soll dies gleichfalls gelten, wenn sie nach Gesetz oder Herkommen im Interesse des Rechtsverkehrs ähnlich wie öffentliche Urkunden als »unabänderbar« anzusehen seien, wie etwa bei Handelsbüchern eines Kaufmanns; auf eine »Entäußerung« oder auf das Beweisbegehren eines rechtlich Interessierten komme es dann nicht an.

1 Nach h.M. sind hierunter nur *echte* Urkunden zu verstehen, da ein Schutz des Beweisführungsrechts an unechten Urkunden im Widerspruch zu § 267 StGB stünde, vgl. SK-*Hoyer* § 267 Rn. 6 m.w.N.

2 Vgl. BayObLG NJW 1968, 1896; OLG Celle NJW 1966, 557 (558); AG Karlsruhe NJW 2000, 87 f (Vorenthalten einer solchen Nachricht).

3 Vgl. die Zusammenstellung bei *Küper* Jura 1996, 205 (208); eingehend *Schmitz*, Schutz des Beweisführungsinteresses, S. 84 ff, 121 ff.

548 Im Übrigen soll die Dispositionsbefugnis des Ausstellers enden, wenn die Urkunde in den *Rechtsverkehr* gelangt ist, etwa bei Quittungserteilung, nach Abschluss einer Kassenprüfung, bei Beschlagnahme oder Sicherstellung. Darüber hinaus ist ein Verlust der Dispositionsbefugnis angenommen worden: bei einem *Vorlageverlangen* nach § 810 BGB; bei Antritt eines *Urkundenbeweises* im Prozess; bei *Berufung* eines anderen auf die Urkunde zu Beweiszwecken; wenn das Interesse eines Dritten am unversehrten Bestand der Urkunde »manifest« geworden ist; bei Bestehen einer Verpflichtung des Ausstellers, die Urkunde »herauszugeben« oder jederzeit »zur Einsicht bereitzuhalten«. Z.T. wird ganz allgemein unter den Voraussetzungen des § 810 BGB ein der Abänderungsbefugnis entgegenstehendes Beweisführungsrecht angenommen. Generell hat RGSt 74, 341 (343) hervorgehoben, es müsse ein fremder Anspruch auf Unversehrtheit der hergestellten Urkunde entstanden sein, denn dann habe die Urkunde ihre „bestimmungsgemäße Bedeutung für den Rechtsverkehr erlangt".

2. Dispositionsverlust auch in der Herrschaftssphäre des Ausstellers?

549 Angesichts dieser uneinheitlichen und wenig präzisen Kriterien wird man in Fällen, in denen eine Privaturkunde noch nicht aus dem Herrschaftsbereich ihres Urhebers in den *Rechtsverkehr* gelangt ist, mit der Annahme eines fremden Beweisführungsrechts (»Nicht-Gehören«) zurückhaltend sein müssen. Solange sich ein Beweisinteressent oder der Aussteller selbst nicht auf die Urkunde zu Beweiszwecken berufen hat (Beweisantritt, Herausgabe- oder Vorlegungsverlangen), dürfte die alleinige »Dispositionsgewalt« des Ausstellers allenfalls dann beendet sein, wenn für ihn die *aktuelle* Verpflichtung entstanden ist, die Urkunde vorzulegen oder zur jederzeitigen Einsicht bereitzuhalten.[4] Vorgeschlagen wird auch, ein durch § 274 I Nr. 1 StGB geschütztes Beweisführungsinteresse nur dann anzunehmen, wenn in der Urkunde „unmittelbar selbst ein Beweismittel verkörpert ist, welches zur Durchsetzung von Rechtsansprüchen notwendig oder durch Rechtsgeschäft oder Gesetz hierzu im Interesse des anderen bestimmt ist".[5]

III. Sonstiges

550 Die für das »Nicht-Gehören« geltenden Grundsätze gewinnen auch für die »*Verfälschung*« einer echten Urkunde Bedeutung, wenn man die Möglichkeit anerkennt, dass der *Aussteller* selbst die Urkunde i.S. des § 267 I StGB »verfälschen« kann. Denn auch dann entscheidet der Moment des Verlusts der Dispositionsbefugnis darüber, ob der Aussteller sein Abänderungsrecht zugunsten des Beweisführungsberechtigten verloren hat (→ Rn. 560).[6]

551 Bestehen hinsichtlich der Urkunde öffentlich-rechtliche Vorlegungs- und Aufbewahrungspflichten, so ist umstritten, inwieweit diese Pflichten des Betroffenen zugunsten der jeweiligen Behörde bereits ein »Beweisführungsrecht« begründen. Überwiegend

4 Weitergehend NK-*Puppe* § 274 Rn. 6, wonach auf den Zeitpunkt abzustellen sei, „in dem das Schriftstück aufhört, ein Urkundenentwurf zu sein und eine Urkunde wird".

5 *Reichert* StV 1998, 51 (53). Vgl. auch die Unterscheidung bei *Freund*, UStrT, Rn. 288; MK-*Freund* § 274 Rn. 26 ff zwischen dem spezifischen »Recht *zur* Beweisführung« mit dieser Urkunde und einem für § 274 I StGB unerheblichen generellen »Recht *auf* Beweisführung« durch eine andere Person.

6 Vgl. RGSt 37, 83 (85 f – Schuldschein); 52, 88 (90 f – Handelsbücher); OLG Stuttgart NJW 1978, 715 (auf Fahrtenschreiberaufzeichnung hinzugefügter Name) mit krit. Anm. *Puppe* JR 1978, 206 ff.

soll ein solches Recht zumindest bei denjenigen Pflichten nicht bestehen, die – wie etwa die Vorlage des Passes nach § 48 AufenthG – lediglich der Erleichterung von Verwaltungs- und Überwachungsaufgaben dienen.[7] Danach »gehören« Pässe, Personalausweise, Führerscheine usw. mitsamt den darin enthaltenen Urkunden (Vermerken) ausschließlich dem jeweiligen Inhaber, nicht auch der »Behörde«. Dementsprechend hat der Gesetzgeber für das Verändern von amtlichen Ausweisen in § 273 StGB eine *Sonderregelung* geschaffen. Bei Aufbewahrungspflichten wird man ein Beweisführungsrecht der Behörde z.B. erst annehmen können, wenn ein Antragsteller die Unterlagen treuhänderisch für die Behörde verwahrt.[8]

Urkunde, öffentliche – §§ 271 ff, 348 I StGB

Eine »öffentliche« Urkunde liegt vor, wenn die Urkunde von einer **Behörde** oder einer mit öffentlichem Glauben versehenen Person innerhalb ihrer *sachlichen Zuständigkeit* in der *vorgeschriebenen Form* aufgenommen wird (formale Grundelemente: § 415 I ZPO), und außerdem **öffentlichen Glauben** genießt, d.h. bestimmt und geeignet ist, im Rechtsverkehr – nach *außen* – die **Richtigkeit** des Urkunden*inhalts* mit Wirkung **für und gegen jedermann** (→ Rn. 553) zu beweisen (materiell-strafrechtliches Element). **552**

Literatur: LK-*Zieschang* § 271 Rn. 8 ff; SK-*Hoyer* § 271 Rn. 7 ff. **Einführend:** *Rengier*, BT 2, § 37 Rn. 12 ff. **Monographisch:** *Spernau*, Der Begriff der öffentlichen Urkunde im Strafrecht, 2005.

Rechtsprechung Grundlegend: BGHSt 22, 201 (203). **Beispielhaft:** BGHSt 19, 19 (21 ff – Sparkassenbuch); 34, 299 (301 – Führerschein und Geburtsdatum); 37, 207 (209 – Führerschein und umgeschriebene Fahrzeugklasse); 53, 34 (36 – Zulassungsbescheinigung Teil I [„Fahrzeugschein"] und Fahrzeugidentität) mit Anm. *Erb* NStZ 2009, 389; BGH NStZ 2007, 471 f (Adoptionsbeschluss und Angaben zur Sache); BayObLG NStZ 1993, 591 (592 – Postsparbuch); NStZ-RR 1999, 79 (Prüfplakette trotz Mängeln); OLG Hamburg NZV 2014, 279 (Prüfbericht und Mängelfreiheit beim Kfz). Zur Identitätsangabe bei Aufenthaltsgestattungen (bei unterschiedlicher Rechtslage): BGHSt 42, 131; OLG Bamberg NStZ-RR 2014, 142; OLG Brandenburg NStZ-RR 2010, 12.

BGHSt 47, 39 (41 f): „Falsch *beurkundet* [i.S. des § 348 StGB] sind nur diejenigen rechtlich erheblichen Erklärungen, Verhandlungen oder Tatsachen, auf die sich der *öffentliche Glaube* der Urkunde, d.h. die ›volle Beweiswirkung für und gegen jedermann‹, erstreckt. Welche Angaben im Einzelnen diese Voraussetzungen erfüllen, ergibt sich in erster Linie aus den gesetzlichen Bestimmungen, die für Errichtung und Zweck der öffentlichen Urkunde maßgeblich sind... Die Beurkundung einer Tatsache, die weder nach dem Gesetz noch nach einer anderen Vorschrift (zwingend) angegeben zu werden *braucht* und deren unwahre Kundgabe die *Wirksam-*

---

7 LK-*Zieschang* § 274 Rn. 7 ff; *Mätzke* MDR 1996, 19 (20 f); krit.: NK-*Puppe* § 274 Rn. 4, *Schmitz*, Schutz des Beweisführungsinteresses, S. 100 ff, 119 f; diff. nach »Vorlegungs*pflicht*« und bloßer »Obliegenheit« SK-*Hoyer* § 274 Rn. 9 (dazu krit. MK-*Freund* § 274 Rn. 29 mit Fn. 42). Zur Rspr.: BayObLG (zum Reisepass) in: NJW 1990, 264 (265) und NJW 1997, 1592; OLG Düsseldorf (zum Schaublatt des Fahrtenschreibers) in: NJW 1985, 1231 (1232) und NZV 1989, 477 mit krit. Bspr. *Bottke* JR 1991, 252 ff.

8 MK-*Freund* § 274 Rn. 29.

keit der Beurkundung nicht berührt, kann grundsätzlich nicht als Beurkundung einer rechtlich erheblichen Tatsache angesehen werden."

Erläuterungen

553 Das spezifisch *strafrechtliche* Element des »Öffentlichen« im Begriff der »öffentlichen Urkunde« enthält einen eigentümlichen Relationsbegriff (Beziehungsbegriff), der sich auf den »öffentlichen Glauben« der beurkundeten Tatsachen bezieht: Es kommt jeweils darauf an, *welche* Bestandteile der öffentlichen Urkunde an deren *Wahrheitsgarantie* und besonderer Beweiskraft (»für und gegen jedermann«)[1] teilnehmen (nur insoweit kommt eine [mittelbare] Falschbeurkundung in Betracht) und welche Elemente andererseits davon *nicht* erfasste, »gewöhnliche« Beurkundungen darstellen. Eine formal (nach § 415 I ZPO) »öffentliche« Urkunde kann also in *einer* bestimmten Beziehung auch strafrechtlich »öffentlich« sein, in einer *anderen* Beziehung wiederum nicht.

Für die Frage, welche Angaben im Einzelfall an der erhöhten Beweiskraft (dem öffentlichen Glauben) teilnehmen, stellt die Rechtsprechung „unter Anlegung eines strengen Maßstabs" auf die „für die Errichtung und den Zweck der Urkunde maßgeblichen gesetzlichen Bestimmungen, aber auch [auf die] Verkehrsanschauung" ab.[2] So wird z.B. bei notariellen Beurkundungen danach gefragt, ob die Tatsachen für die Niederschrift obligatorisch sind (§ 9 I BeurkG „muss enthalten"). Soll-Vorschriften (etwa der Beurkundungsort nach § 9 II BeurkG) oder gänzlich fehlende Regelungen (wie die zur Frage, *auf welche Weise* der Notar die Identität der Beteiligten festzustellen hat) sprechen eher gegen die Annahme einer erhöhten Beweiskraft.[3] Als Orientierung kann auch die Frage dienen, welche Tatsachen der Amtsträger aus seiner Sicht überhaupt umfassend prüfen kann, damit dem beurkundeten Umstand Beweiskraft »für und gegen jedermann« zuzumessen ist: So kann der Notar das Erscheinen und die Identität einer Person feststellen, nicht aber Art und Umfang der Sprachkundigkeit. Ebenso bestätigt die Anmeldebescheinigung des Einwohnermeldeamtes nur, dass sich jemand unter dieser Adresse angemeldet hat, nicht aber, dass er dort auch tatsächlich wohnt.[4]

Die »öffentliche« Urkunde muss im Rechtsverkehr (»für und gegen jedermann«) Beweis erbringen, also eine *Außenwirkung* entfalten – sie muss nach außen gerichtet sein. Sog. »schlicht amtliche Urkunden«, die nur für den *inneren Dienstbetrieb* bestimmt sind, z.B. zur Kontrolle, Ordnung und Übersicht der behördlichen Geschäftsführung, sind also keine »öffentlichen« Urkunden.[5]

---

1 Krit. zu den Merkmalen »öffentlicher Glaube« und »Beweiswirkung für und gegen jedermann« als *Kriterien* der öffentlichen Urkunde *Freund*, UStrT, Rn. 306 f; NK-*Puppe* § 271 Rn. 8 ff; für völligen Verzicht auf diese begrenzenden Merkmale *Bock* ZIS 2011, 330 (331 ff).

2 BGHSt 54, 140 (144); ähnlich bereits BGHSt 22, 201 (203); 47, 39 (41, oben zitiert → Rn. 552).

3 BGHSt 44, 186 (188) zum Beurkundungsort und BGH NJW 2004, 3195 zur Art der Identitätsfeststellung. Vgl. auch OLG Zweibrücken NStZ 2004, 334 (335 – zum Vermerk der vollständigen Verlesung).

4 Vgl. BGHSt 47, 39 (42 – zur Sprachkundigkeit); OLG München NStZ 2006, 575 (576 – Meldebestätigung). Weitere Beispiele z.B. bei *W/Hettinger* Rn. 910 ff; zur umfangreichen Kasuistik: LK-*Zieschang* § 271 Rn. 40 ff, *SSW-Wittig* § 271 Rn. 15 f, 20.

5 SK-*Hoyer* § 271 Rn. 14 m.w.N.; Kasuistik bei LK-*Zieschang* § 271 Rn. 24 ff.

Urkunde, unechte (Herstellen einer unechten Urkunde) – § 267 I StGB

»Unecht« ist eine Urkunde, die nicht von demjenigen herrührt, der aus ihr als Aussteller hervorgeht (Divergenz von scheinbarem und wirklichem Aussteller, sog. »Identitätstäuschung« → Rn. 555). 554

Eine unechte Urkunde »stellt her«, wer den Anschein erweckt, dass sie von einem anderen als dem wirklichen Aussteller stammt.

Literatur: *Kindhäuser* § 267 Rn. 34 ff; abw. NK-*Puppe* § 267 Rn. 62 ff (unechte Urkunde nur *scheinbar* eine »Urkunde«). **Einführend:** *Rengier*, BT 2, § 33 Rn. 4 ff. **Monographisch:** *Steinmetz*, Der Echtheitsbegriff im Tatbestand der Urkundenfälschung, 1991.

Rechtsprechung Grundlegend: BGHSt 33, 155 (159 – Stellvertretung); 40, 203 (204 ff – Namens- oder Identitätstäuschung). **Beispielhaft:** RGSt 13, 171 (174 – wechselnde Nutzung des Ruf- oder Vornamens); 68, 240 (Herstellen und Unterzeichnen einer Klausur in fremdem Namen); BGH StV 1986, 156 (befugte Stellvertretung); NStZ 2003, 543 (544 – Collage); 2011, 91 (schriftliche Lüge); NStZ-RR 2013, 168 (Herstellen kein eigenhändiges Delikt); BayObLG NJW 1981, 772 (773 f – Unterzeichnen einer fremden Prüfungsleistung mit eigenem Namen); NJW 1989, 2142 (Zustimmung zur Verwendung des Namens durch einen anderen) mit abl. Bspr. *Otto* JR 1990, 252 ff; OLG Karlsruhe NStZ 2002, 652 (653 – ausgetauschte Diagrammscheiben eines Fahrtenschreibers); LG Verden NZV 2012, 498 (Belassen eines ungültigen Kennzeichens am Pkw).

BGHSt 40, 204 f: „Eine Urkunde ist unecht, wenn sie nicht von demjenigen stammt, der aus ihr als Aussteller hervorgeht, wenn also der *Anschein* erweckt wird, ihr *Aussteller* sei eine andere Person als diejenige, von der sie herrührt. Entscheidend ist dabei die Täuschung über die *Identität* des Ausstellers, nicht über seinen *Namen*. Deshalb ist die Angabe eines unrichtigen Namens dann nicht tatbestandsmäßig, wenn der Aussteller der Urkunde so gekennzeichnet ist, daß über seine Person kein Zweifel bestehen kann oder die Richtigkeit der Namensangabe unter Berücksichtigung des Verwendungszwecks der Urkunde ohne Bedeutung ist… Eine mit dem richtigen Namen unterschriebene Urkunde kann unecht i.S. von § 267 StGB sein, wenn damit der Eindruck erweckt werden soll, die Urkunde stamme von einer anderen Person als derjenigen, die sie tatsächlich hergestellt hat.“

Erläuterungen

§ 267 I StGB schützt mit der Tathandlung des Herstellens einer unechten Urkunde das Vertrauen des Rechtsverkehrs in die Echtheit der Urkunde. Eine Urkunde ist echt, wenn derjenige, der hinter der Urkunde steht und ihren Inhalt verantwortet (wirklicher Aussteller) auch derjenige ist, der aus der Urkunde als Aussteller hervorgeht (scheinbarer Aussteller). Sind wirklicher und scheinbarer Aussteller hingegen nicht personenidentisch, etwa weil der scheinbare Aussteller nicht existiert oder zwar existiert, diese Urkunde aber nicht zu verantworten hat, ist die Urkunde unecht (*Identitätstäuschung*): Der Rechtsverkehr wird in diesem Fall in seinem Vertrauen auf den Beweiswert der Urkunde enttäuscht, weil die Urkunde mit dem scheinbaren Aussteller eine Person vorgespiegelt hat, die die Urkunde tatsächlich nicht zu verantworten hat. Auf die *Wahrheit* des Urkunden*inhalts* kommt es demzufolge für die »Unechtheit« nicht an; die sog. »schriftliche Lüge« mag zwar geeignet sein, den Rechtsverkehr zu täuschen, er wird aber mit dieser Urkunde nicht hinsichtlich der Identität des Ausstellers getäuscht. 555

Nach h.M. handelt es sich auch bei der unechten Urkunde um eine »Urkunde«. Denn das Gesetz spreche in § 267 I StGB sowohl von „echten“ als auch von „unechten“ Urkunden und unterstelle damit beide Fälle einem einheitlichen Urkundenbegriff.[1] Für die *Garantiefunktion* der Urkunde bedeutet dies, dass diese lediglich voraussetzt, dass die Erklärung *einen* Aussteller – nicht hingegen zwingend *ihren* (wahren) Aussteller – erkennen lässt.[2] Bezüglich der *Beweiseignung* ist zu beachten, dass diese bei unechten Urkunden nicht deshalb entfällt, weil in einem möglichen Gerichtsverfahren „der Schwindel auffliegt“. Vielmehr ist bei unechten Urkunden danach zu fragen, ob die Beweiseignung „unter der *gedachten* Voraussetzung ihrer Echtheit“ gegeben ist.[3] Nach einer neueren Auffassung sollen unechte Urkunden hingegen keine »Urkunden« sein, da das Wort „unecht“ gerade die Negation des ihm folgenden Begriffs „Urkunde“ impliziere.[4] Der Streit ist jedoch eher terminologischer Art, praktische Auswirkungen sind nicht ersichtlich.[5]

Problematisch ist freilich die Antwort auf die Frage, *welche* Person jeweils aus der Urkunde als Aussteller hervorgeht (Wer scheint der Aussteller zu sein?). *Grundsätzlich* entscheidet darüber bei Schriftstücken zwar der verwendete Name, da dieser für den Rechtsverkehr grundsätzlich die Identität festlegt: Gebraucht jemand einen fremden Namen, so täuscht er eben regelmäßig auch über seinen eigenen Namen und damit dann auch über seine Identität. Diese Regel verliert jedoch an Bedeutung, wenn sich der Rechtsverkehr nicht mehr an dem verwendeten Namen orientiert. Für diesen Fall lassen sich in doppelter Hinsicht Ausnahmen von der grundsätzlichen Orientierung an der Verwendung des richtigen Namens finden, die nachfolgend nur aufgezeigt werden können: 1. Die Verwendung des *richtigen* Namens führt zur *unechten* Urkunde (→ Rn. 556). 2. Die Verwendung eines *falschen* Namens führt *nicht* zur Unechtheit der Urkunde (→ Rn. 557).

556 Zur ersten Ausnahme zählen Unterschriften (häufig mit dem Zusatz „im Auftrag“) auf Dokumenten, die bestimmten Behörden, Institutionen oder Firmen zuzuordnen sind. Hier wird für den Rechtsverkehr i.d.R die Firma etc. als Aussteller erscheinen (nicht aber derjenige, der im eigenen Namen unterschreibt), so dass der Unterzeichnende auch bei Verwendung seines Namens eine unechte Urkunde herstellt, wenn der Firma der Urkundeninhalt nicht zuzuordnen ist; anders liegt es, wenn der Rechtsverkehr sich für die Austellereigenschaft nicht maßgeblich am verwendeten Briefkopf, sondern an der Unterschrift orientiert, wie dies bei Schriftstücken von Privatpersonen eher der Fall ist.[6] Verwendet der Täter beim *Versandhandel* zwar seinen richtigen Namen, erweckt aber durch Zusätze (abweichender Vorname, andere Adresse, anderes

1 LK-*Zieschang* § 267 Rn. 8 f; SK-*Hoyer* § 267 Rn. 5.

2 LK-*Zieschang* § 267 Rn. 45; *Mitsch* NStZ 1994, 88 (89); SK-*Hoyer* § 267 Rn. 6; s. zur Garantiefunktion der Urkunde → Rn. 527.

3 Vgl. *Rengier*, BT 2, § 33 Rn. 9; *W/Hettinger* Rn. 796.

4 MK-*Erb* § 267 Rn. 27; NK-*Puppe* § 267 Rn. 18, 78 ff.

5 *M/Schroeder*, BT 2, § 65 Rn. 45; *A/W/Heinrich* § 31 Rn. 30 spricht von einem „definitorischen Geplänkel“.

6 Vgl. die Darstellung und Nachw. bei *Rengier*, BT 2, § 33 Rn. 10 ff; dort auch zur strittigen Behandlung der Unterschrift bei Schriftstücken von Rechtsanwälten und Ärzten. Aus der Rspr. z.B.: BGHSt 17, 11 (12 f – Behörde); BGH NJW 1993, 2759 (natürliche Person) mit krit. Bspr. *Zielinski* wistra 1994, 1 ff; OLG München NStZ-RR 2010, 173 f (Behörde, aber fehlende Beweiseignung: Kennkarte „Deutsches Reich“).

Geburtsdatum) beim Empfänger den Eindruck einer anderen Identität, so soll gleichfalls eine unechte Urkunde vorliegen, da in diesem Geschäftskreis die Identität auch nach diesen Zusätzen bestimmt wird.[7]

Trotz richtiger Unterschrift liegt eine unechte Urkunde vor, wenn die Unterschrift nur unter einen noch unvollständigen Urkundenentwurf gesetzt worden war und dieses *Blankett* nun von dritter Hand ohne Einvernehmen mit dem Unterzeichner vervollständigt wird.[8] Zur Unechtheit der Urkunde soll auch eine mittels vis absoluta erzwungene oder eine ohne jegliches Erklärungsbewusstsein abgegebene Unterschrift führen.[9]

Wer einen fremden Namen verwendet, kann durchaus eine echte Urkunde herstellen. **557**
Nach h.M. ist dies bei der sog. »verdeckten«[10] und wirksamen Stellvertretung der Fall, bei der der Vertreter im Schriftstück den Namen des Vertretenen führt, insbesondere auch mit diesem unterzeichnet. Für die Wirksamkeit wird vorausgesetzt, dass der Unterzeichnende zur Vertretung rechtlich befugt ist – woran es bei einer vorgeschriebenen höchstpersönlichen Unterzeichnung (z.B. einem Testament) fehlen soll –, er den Vertretenen vertreten will und die Vertretung auch dem Willen des Vertretenen entspricht.[11]

Die Verwendung eines falschen Namens soll auch belanglos sein, wenn der Verwender im Rechtsverkehr trotz falschen Namens zweifelsfrei identifiziert werden kann, da er nur unter dem falschen Namen bekannt ist (Täuschung über den wahren Namen),[12] oder den fremden Namen nur deshalb einsetzt, um nicht erkannt zu werden, sich aber an seiner Erklärung festhalten lassen will (*bloße* Namenstäuschung).[13] Im letzteren Fall erscheint es jedoch treffender, die Intention des Täters erst im subjektiven Tatbestand zu berücksichtigen und i.d.R. die Täuschungsabsicht zu verneinen. Denn es ist nicht ersichtlich, weshalb der Rechtsverkehr sich nicht an dem scheinbaren Aussteller orientieren sollte, objektiv also eine unechte Urkunde hergestellt wird, wenn der Gast sich mit falschem Namen in die Anmeldeunterlagen des Hotels einträgt.[14]

---

7 BGHSt 40, 203 (206) mit zust. Bspr. *Meurer* NJW 1995, 1655 ff; krit. *Mewes* NStZ 1996, 14 ff; abl.: *Puppe* JZ 1997, 491 f, *Sander/Fey* JR 1995, 209 f.

8 BGHSt 5, 295 (296 f).

9 *Fischer* § 267 Rn. 28; *Rengier*, BT 2, § 33 Rn. 20 („in mittelbarer Täterschaft").

10 Bei einer *offenen* Stellvertretung (Verwendung des eigenen Namens bei Mitteilung der Vertretung) für eine andere natürliche Person soll eine Erklärung des Vertreters vorliegen (ähnlich bereits in → Rn. 556 für die Unterzeichnung „im Auftrag" bei einem Schriftstück Privater), vgl. *W/Hettinger* Rn. 830.

11 BGHSt 33, 159 (161 f) mit krit Bspr. *Paeffgen* JR 1986, 114 ff und *Weidemann* NJW 1986, 1976 ff; ähnlich bereits: RGSt 37, 196 (197); 43, 348 (349 f); 75, 46 (47); s. auch BayObLG NJW 1988, 1401 („Scheckfälschung" im Einverständnis des Kontoinhabers); OLG Düsseldorf NJW 1993, 1872 (1873 – Verwendung einer fremden Kreditkarte mit Zustimmung); *Rengier*, BT 2, § 33 Rn. 16 f. Krit. dazu NK-*Puppe* § 267 Rn. 66 ff, wonach es wegen § 116 BGB nicht auf den inneren Willen der Beteiligten, sondern allein auf den erklärten Willen ankomme (dagegen MK-*Erb* § 267 Rn. 139, der sich allerdings m.w.N. in Rn. 141 ff gegen die von der h.M. postulierte Anknüpfung an die rechtliche Befugnis ausspricht).

12 RGSt 48, 238 (240 f); BGHSt 33, 159 (160); BGH NStZ-RR 1997, 358 f.

13 *K/H/H*, BT 1, Rn. 996 ff; LK-*Zieschang* § 267 Rn. 166; OLG Celle NJW 1986, 2772 f; jew. m.w.N.; krit. NK-*Puppe* § 267 Rn. 70.

14 *Kienapfel* NStZ 1987, 28 f; *Kindhäuser* § 267 Rn. 40; MK-*Erb* § 267 Rn. 157.

Urkunde, Verfälschen einer echten – § 267 I StGB

558 »Verfälschen« einer echten Urkunde ist die *nachträgliche Veränderung* ihres beweiserheblichen Inhalts – ihrer »Beweisrichtung« –, deren Ergebnis den *Anschein* erweckt, dass der Aussteller die urkundliche Erklärung so abgegeben habe, wie sie sich nach der Veränderung darstellt (»sekundäre Unechtheit«, »nachträgliche Identitätstäuschung«).

Ein »Verfälschen« ist nicht notwendig dadurch ausgeschlossen, dass der **Aussteller selbst** – oder ein mit dessen Einverständnis Handelnder – die *Veränderung vornimmt* (str. → Rn. 560 ff): In diesem Fall wird die echte Urkunde »verfälscht«, wenn der Aussteller im Zeitpunkt der Veränderung die ausschließliche **Verfügungsbefugnis** über die Urkunde mit der Wirkung verloren hat, dass für einen *Dritten* das *Recht* entstanden ist, mit der (ursprünglichen) Urkunde *Beweis zu führen* (»Verfälschen« als unbefugte Beeinträchtigung fremder Beweisführungsbefugnis durch Eingriff in den Urkundenbestand, »Erklärungstäuschung«).

Literatur: *Kindhäuser* § 267 Rn. 44 ff; abw. MK-*Erb* § 267 Rn. 180 ff (»Verfälschen« durch Aussteller nicht möglich). **Einführend:** *Rengier*, BT 2, § 33 Rn. 21 ff.

Rechtsprechung Beispielhaft: RGSt 69, 396 (398 f – Änderung von Handelsbüchern); BGH NStZ 2013, 105 (Farbkopie als Original eingesetzt, aber ohne Verfälschung des Originals); BayObLG NStZ 1988, 313 f (eigenmächtige Rechnungsergänzung) mit krit. Anm. *Puppe*, S. 314 f; NJW 1990, 264 (265 – überklebter Passvermerk); OLG Hamm NJW 1973, 1809 (1810 – Vervollständigen einer Rechnungsdurchschrift); OLG Koblenz NJW 1995, 1624 (1625 f – ärztliche Krankenakte) mit abl. Anm. *Puppe* JZ 1997, 491; OLG Köln, VRS 59 (1980), 342 (keine Verfälschung bei Aufhebung der Beweiseignung); NJW 2002, 527 f (manipulierter Parkschein) mit zust. Bspr. *Hecker* JuS 2002, 224 (225).

RGSt 62, 11 (12): Die Verfälschung einer Urkunde „besteht nicht in der Beseitigung oder Beschränkung ihres ursprünglichen Beweisinhaltes, sondern in der *Veränderung* der in ihr zum Ausdruck kommenden *Beweisrichtung*; die Urkunde muß infolge des von dem Täter vorgenommenen Eingriffs eine andere Tatsache zu beweisen scheinen als vorher".

BGHSt 45, 197 (201 f): „Eine echte Urkunde wird verfälscht, wenn unbefugt nachträglich ihr Gedankeninhalt verändert wird, so daß sie etwas anderes als zuvor zum Ausdruck bringt. Entscheidend ist, daß die Urkunde infolge der Verfälschung einen *irreführenden* Beweisgehalt vermittelt, der vom angeblichen Urheber herzurühren scheint."

KG wistra 1984, 233: Unter Verfälschen wird „jede nachträgliche Veränderung des gedanklichen Inhalts einer echten Urkunde verstanden, durch die der Anschein erweckt wird, als habe der Aussteller die Erklärung von Anfang an so abgegeben, wie sie nach der Veränderung vorliegt. Entscheidend hierfür ist, daß die Urkunde infolge des Eingriffs eine andere rechtserhebliche Tatsache zu beweisen scheint als vorher, daß sich also ihre ursprüngliche Beweisrichtung geändert hat".

Erläuterungen

I. Begriffliches

559 Die üblichen Begriffsbestimmungen des »Verfälschens« sind meist bereits durch die Vorstellung beeinflusst, dass eine Verfälschung auch durch den *Aussteller* der Urkunde möglich sei. Daraus erklärt sich die häufige Charakterisierung der Verfälschung

als »*unbefugter*« Inhaltsänderung, ebenso der Hinweis darauf, dass die verfälschte Urkunde den Anschein erwecke, sie habe »von vornherein« den späteren Inhalt gehabt. Lehnt man es hingegen ab, auch die Änderung durch den Aussteller einzubeziehen, und versteht die »Verfälschung« lediglich als Sonderfall der Herstellung einer »*unechten*« Urkunde (nachträgliche Identitätstäuschung), dann sind derartige Einfügungen entbehrlich und irreführend; es kommt vielmehr allein auf die »nachträgliche Unechtheit« einer ursprünglich echten Urkunde an.

II. Die sog. »Verfälschung durch den Aussteller«

1. Die überwiegende Meinung

Nach der Rechtsprechung und der (wohl noch) überwiegenden Meinung im Schrifttum ist eine »Verfälschung« auch durch den *Aussteller selbst* – oder einen mit dessen Einverständnis Handelnden – möglich, sobald der Aussteller im Zeitpunkt der Inhaltsänderung die sog. »Dispositionsbefugnis« oder »Verfügungsgewalt« über die Urkunde verloren hat und damit sein »Abänderungsrecht« zugunsten einer fremden *Beweisführungsbefugnis* erloschen ist. Gerade in der Einbeziehung dieser Konstellationen unbefugter Veränderung ohne »Identitätstäuschung« – bloße »Erklärungstäuschung« –, bei denen ein fremdes rechtliches Interesse am unversehrten Bestand der (ursprünglichen) Urkunde verletzt wird, soll die *eigenständige* Bedeutung des Verfälschungsmerkmals innerhalb des § 267 I StGB liegen. **560**

Die »Falschheit« der verfälschten Urkunde – als Gegensatz zur »Echtheit« – hat danach eine doppelte Bedeutung. Bei »externer« Verfälschung durch einen beliebigen *Dritten* (Nichtaussteller) bedeutet sie die »nachträgliche Unechtheit« der ursprünglich echten Urkunde: ein Sonderfall des »Herstellens« einer unechten Urkunde (sekundäre Identitätstäuschung). Bei »interner« Verfälschung durch den *Aussteller* selbst ist die »Falschheit« dagegen eine Sonderform der – sonst von § 267 StGB nicht erfassten – *Unwahrheit*; sie besteht in dem »falschen Anschein«, dass der Aussteller die eigene urkundliche Erklärung schon von Anfang an mit dem späteren Inhalt abgegeben habe (»Erklärungstäuschung«). Allerdings reicht dieser falsche Anschein allein nicht aus; er muss vielmehr in einem Zeitpunkt geschaffen werden, in dem der Aussteller seine »Dispositionsbefugnis« verloren hat, weil für einen *anderen* das Recht entstanden ist, mit der unveränderten Urkunde Beweis zu führen (»unbefugte Erklärungstäuschung«). Die Lehre von der Verfälschung durch den Aussteller arbeitet also nicht nur mit einem »gespaltenen« – doppeldeutigen – *Falschheitsbegriff* und damit einem »gespaltenen Echtheitsbegriff«, sondern in dem Bereich, der die interne Eigenverfälschung erfassen soll, zugleich mit einem *normativ eingeschränkten* Falschheitsbegriff (Echtheitsbegriff): Urkundenverfälschung des Ausstellers ist nur dessen *unbefugte* Verfälschung, die ein fremdes Beweisführungsrecht verletzt.

Die besonderen Voraussetzungen, unter denen wegen »Unbefugtheit« der Abänderung eine Verfälschung durch den Aussteller angenommen wird, entsprechen im Wesentlichen den Kriterien für das »*Nicht-Gehören*« der Urkunde i.S. des § 274 I Nr. 1 StGB (→ Rn. 545). Sie werden meist gekennzeichnet als: »Verlust der alleinigen Verfügungsgewalt« (Dispositionsbefugnis), »Erlöschen des Abänderungsrechts«, »Erwerb eines Beweisführungsrechts« oder eines »rechtlichen Interesses an Beweisführung« durch Dritte, »Erlangung eines Rechts auf unverfälschten Fortbestand« der Urkunde.[1]

2. Die Kontroverse um die »Ausstellerverfälschung«

561 **a) Argumente der Gegenmeinung** Die verbreitete Gegenauffassung ordnet solche Fallgestaltungen der »Erklärungstäuschung ohne Identitätstäuschung« allein der »Bestandsschutzvorschrift« des § 274 I Nr. 1 StGB zu: Der Schutz des Interesses an der Integrität bestehender Beweismittel sei nicht Aufgabe des § 267 StGB, sondern allein durch § 274 StGB und unter dessen speziellen Voraussetzungen (Absicht der Nachteilszufügung) gewährleistet. Gegen die Lehre von der »Verfälschung durch den Aussteller« werden vor allem ein theoretischer und ein praktisch-kriminalpolitischer Einwand erhoben. Der theoretische Einwand geht dahin, dass sie mit dem *Schutzzweck* (Rechtsgut) des § 267 StGB nicht vereinbar sei: Geschützt werde hier das Vertrauen des Rechtsverkehrs darauf, dass der in der Erklärung als Aussteller Erscheinende tatsächlich hinter dieser Erklärung stehe und für sie haftbar sei. Dieses Vertrauen könne der *wirkliche* Aussteller aber durch *Änderung* der Erklärung gar nicht »enttäuschen«, weil er für den veränderten Inhalt ebenso einzustehen habe wie für den ursprünglichen.[2] Praktisch-kriminalpolitisch wird argumentiert, dass die Einbeziehung der sog. »Verfälschung durch den Aussteller« in den Anwendungsbereich des § 267 StGB wenig sinnvoll sei. Zum einen reiche der durch § 274 StGB gewährleistete Schutz gegen unbefugte Änderungen für die strafwürdigen Fälle aus. Zum anderen könne der Aussteller eine Strafbarkeit nach § 267 StGB leicht *umgehen*, indem er die frühere Erklärung nicht verändere, sondern durch eine neue *ersetze* oder sie zunächst nur unvollständig abfasse und später vervollständige. In solchen Fällen liege ohnehin keine »Verfälschung« vor. Wirkungsvoller und gleichmäßiger würden fremde Beweisführungsinteressen daher durch § 274 StGB geschützt.[3]

562 **b) Die Begründung der herrschenden Auffassung** Die – noch – h.M.[4] macht dagegen geltend, dass der »Falschheitsbegriff« (Echtheitsbegriff) im Gesetz nicht näher bestimmt sei. Daher könne man ihn bei der Alternative »Verfälschen« – die als bloßer Unterfall des »Herstellens« sonst auch überflüssig sei – in einem weiteren, über die »Unechtheit« hinausgehenden Sinn verstehen: nicht allein »ausstellerbezogen«, sondern auch »erklärungsbezogen« im Hinblick auf den Zeitpunkt der urkundlichen Erklärung. Nur bei diesem Verständnis werde – über § 267 StGB – auch der *besondere Unwertgehalt* der Manipulation erfasst, die der Aussteller unbefugt mit der Inhaltsänderung vornehme. Diese Manipulation erschöpfe sich nicht in einer *Beeinträchtigung* der ursprünglichen Urkunde i.S. des § 274 I Nr. 1 StGB (»Unterdrückung«), sondern erhalte aufgrund des Anscheins, dass die nachträglich veränderte Erklärung mit der ursprünglichen identisch sei, eine *zusätzliche*, spezifische Täuschungsqualität, die mit

1 Vgl. näher LK-*Zieschang* § 267 Rn. 204 ff (mit umfangreicher Kasuistik).
2 MK-*Erb* § 267 Rn. 191 ff; SK-*Hoyer* § 267 Rn. 83; *S/S/Schuster* § 267 Rn. 68.
3 *Freund*, UStrT, Rn. 184 ff; NK-*Puppe* § 267 Rn. 89 ff; vgl. zum Streitstand die Aufbereitung der Argumente für und wider bei *Hillenkamp*, BT, Problem Nr. 13.
4 Eingehende Begr. bei LK-*Tröndle*, 10. Aufl., § 267 Rn. 158 f; vgl. auch LK-*Zieschang* § 267 Rn. 211; *Zieschang* JA 2008, 192 (194 f).

§ 274 StGB nicht verbunden sei.[5] Eine unterdrückte oder beschädigte Urkunde könne eben anders als eine noch existente, aber veränderte Urkunde nicht das Vertrauen des Rechtsverkehrs auf den unveränderten Fortbestand des Urkundeninhalts enttäuschen und so die Gefahr der Irreführung des Rechtsverkehrs mit sich bringen.

III. Verfälschen als Veränderung des beweiserheblichen Inhalts

Der Täter muss eine echte Urkunde so in ihrem Beweisinhalt ändern, dass die neue **563** Erklärung nunmehr einen Inhalt aufweist, den der scheinbare Aussteller der Urkunde zuvor nicht gegeben hatte. Entfernt der Täter nur die Ausstellerangaben, liegt kein Verfälschen vor. Verfügt der Täter über die Nachteilszufügungsabsicht, verwirklicht er § 274 StGB, und stellt eine echte (!) Urkunde (wenn er sich selbst als Aussteller einträgt)[6] bzw. eine unechte Urkunde her (§ 267 I Var. 1 StGB), wenn nunmehr ein Dritter als Aussteller der Urkunde erscheint.

Das Verfälschen muss eine Veränderung des Inhalts,[7] nicht nur eine solche der Erkennbarkeit der Urkunde zur Folge haben. So führt das Überkleben eines Kfz-Kennzeichens mit einer Antiblitzfolie dazu, dass es im Fall einer Blitzlichtaufnahme nicht ablesbar ist, ändert aber nicht den Beweisinhalt.[8]

Unabhängig davon setzt ein »Verfälschen« stets voraus, dass bei der Veränderung der Urkunde deren Urkundenqualität, insbesondere die Beweiseignung, im Ergebnis erhalten bleibt; daran kann es fehlen, wenn die Erklärung durch die Änderung offensichtlich widersprüchlich geworden ist, wobei allerdings zu beachten ist, dass an die Beweiseignung keine hohen Anforderungen gestellt werden (→ Rn. 524).[9] Fehlt die Beweiseignung, so kommt neben § 274 StGB (Urkundenbeschädigung, da der Beweiswert der echten Urkunden verloren geht) ein Versuch des Verfälschens in Betracht.[10]

Veräußern/Beiseiteschaffen von Vermögensbestandteilen – § 288 I StGB

Ein »Veräußern« umfasst jede **rechtsgeschäftliche Verfügung**, durch die ein Vermögensbestandteil – ohne vollwertigen Ausgleich – aus dem Vermögen des Vollstreckungsschuldners mit der Wirkung ausgeschieden wird, dass er der Zwangsvollstreckung *rechtlich* (ganz oder teilweise) *entzogen* ist (z.B. Übereignung, Abtretung, Verpfändung). **564**

5 Dazu *Paeffgen* Jura 1980, 479 (487).
6 BGH NJW 1954, 1375 (ausgetauschte Unterschrift); NStZ 2003, 543 (544); *S/S/Schuster* § 267 Rn. 72.
7 So z.B. auch bei farblicher Änderung der Prüfplakette am Kfz-Kennzeichen, s. AG Waldbröl NJW 2005, 2870 (2871) mit zust. Anm. *Kudlich* JA 2006, 173 ff.
8 BGHSt 45, 197 (200 ff – kein Verfälschen bei »Antiblitzfolie«) gegen OLG Düsseldorf NJW 1997, 1793 (1794) mit zust. Bspr. *Kudlich* JZ 2000, 426 f; vgl. auch die Bspr. von *Krack* NStZ 2000, 423 f (dort auch zur Anwendbarkeit des § 274 I Nr. 1 StGB) sowie *Walter/Uhl* JA 2009, 32 (33).
9 MK-*Erb* § 267 Rn. 188; OLG Saarbrücken NJW 1975, 658 (659).
10 Anders zu § 274 StGB (fehlender Vorsatz [?]) *S/S/Schuster* § 267 Rn. 67.

»Beiseiteschaffen« ist jede sonstige Handlung, mit der die Zwangsvollstreckung in einen Vermögensbestandteil **tatsächlich** vereitelt oder erschwert wird, auch wenn der Gegenstand rechtlich aus dem Schuldnervermögen nicht ausscheidet (z.B. räumliches Entfernen, Verbergen, Zerstören [str. → Rn. 565], Scheingeschäft; nicht: wertmindernder Gebrauch, Beschädigung).

Bestandteile des »Vermögens« sind Gegenstände, die – zwecks Befriedigung des Gläubigers – der **Zwangsvollstreckung** in das Schuldnervermögen unterliegen (*vollstreckungsrechtlicher* Vermögensbegriff → Rn. 565).

Literatur: LK-*Schünemann* § 288 Rn. 20 ff; MK-*Maier* § 288 Rn. 18 ff. **Einführend:** *Rengier*, BT 1, § 27 Rn. 9 ff.

Rechtsprechung Beispielhaft: RGSt 7, 237 (239 f – Verpfändung); 12, 129 (131 – Hypothek für scheinbare Forderung); 19, 25 (26 f – Zerstörung), 22, 208 (210 – vollstreckungsrechtlicher Vermögensbegriff); 32, 20 (21 – Verpflichtungsgeschäft); 35, 62 (63 – Beiseiteschaffen von Forderungsrechten); 38, 227 (230 f – schutzwürdige Ansprüche); 42, 62 ff (Beschädigen); BGHSt 16, 330 (331 ff – Sachbesitz).

Erläuterungen

565 § 288 StGB schützt im Fall drohender Zwangsvollstreckung (→ Rn. 855) den Gläubiger vor Maßnahmen, mit denen der Schuldner Bestandteile seines Vermögens beiseiteschafft oder veräußert, um eine Befriedigung des Gläubigers aus dessen vollstreckungsrechtlichem Anspruch (→ Rn. 566) zu vereiteln. Dabei beeinflussen die zivilprozessualen Regeln zur Zwangsvollstreckung sowohl den objektiven wie auch den subjektiven Tatbestand des § 288 StGB.

Das Vermögen des Schuldners ist daher nur so weit erfasst, wie auch zivilprozessual eine Vollstreckung möglich wäre. Kein »Vermögensbestandteil« sind deshalb bei einer Vollstreckung wegen Geldforderungen in bewegliche Sachen des Schuldners die unpfändbaren Sachen (§ 811 ZPO),[1] das unpfändbare Arbeitseinkommen (§§ 850 ff ZPO), Forderungen, die der Schuldner bereits zur Einziehung an Dritte abgetreten hat, oder Gegenstände, an denen einem Dritten ein die Veräußerung hinderndes Recht (§ 771 ZPO) zusteht. Denn insoweit würde der Gläubiger ungeachtet der Vereitelungshandlung letztlich ohnehin keine Befriedigung im Wege der Zwangsvollstreckung erlangen können.

Das »Veräußern« eines Vermögensbestandteils muss dazu führen, dass dieser der Zwangsvollstreckung rechtlich entzogen wird. Der Abschluss eines schuldrechtlichen Verpflichtungsvertrages genügt dafür grundsätzlich[2] nicht. Entscheidend ist auch für das »Veräußern«, worauf die Zwangsvollstreckung gerichtet ist. Bei drohender Zwangsvollstreckung wegen einer *Geldforderung* liegt deshalb ein »Veräußern«

---

1 Zielt die Zwangsvollstreckung allerdings auf die Herausgabe beweglicher Sachen (§ 883 ZPO), gilt § 811 ZPO nicht. Insoweit zählt z.B. auch der Besitz des Vorbehaltskäufers bei der Vollstreckung des Verkäufers als Bestandteil des Vermögens.

2 Ausnahmen können bestehen, wenn im Zuge des Verpflichtungsgeschäfts bereits der Besitz an der Sache übertragen wurde, dazu MK-*Maier* § 288 Rn. 23.

nicht vor, wenn ein Vermögensbestandteil lediglich gegen einen gleich- oder höherwertigen *ausgetauscht* wird. Denn in diesem Fall wird das pfändbare Vermögen des Schuldners nicht verringert. Richtet sich die Zwangsvollstreckung hingegen auf Herausgabe einer bestimmten beweglichen Sache (§ 883 ZPO), so ist ein Veräußern dieser Sache auch bei eingetauschtem höheren Gegenwert tatbestandsmäßig, da diese Zwangsvollstreckung nun unmöglich gemacht wurde. Die Befriedigung eines anderen Gläubigers ist *keine* »Veräußerung«, sofern dieser nach Art und Zeitpunkt einen *Anspruch* auf die gewährte Befriedigung hat (sog. »kongruente Deckung«).

Der Wortlaut »Beiseiteschaffen« erfordert, dass die *Zugriffsmöglichkeit* des Gläubigers auf den Vermögensbestandteil beeinträchtigt wird. Daher reicht ein bloßes *Beschädigen* einer Sache nicht aus.[3] Umstritten ist jedoch, ob im *Zerstören* einer Sache ein »Beiseiteschaffen« gesehen werden kann. Teilweise wird auch dies mit Hinweis auf den Gesetzeswortlaut verneint.[4] Die h.M. nimmt demgegenüber ein »Beiseiteschaffen« an, da dies vom Wortlaut noch gedeckt sei und dem Schutzzweck des § 288 I StGB entspreche.[5]

Im *subjektiven* Tatbestand des § 288 I StGB ist neben dem Vorsatz die »Absicht« des Täters erforderlich, die »Befriedigung« des Gläubigers – dauernd oder zeitweilig – zu »vereiteln«. Für diese »Absicht« reicht nach fast allg.M. *direkter Vorsatz* (2. Grades) in Form der »Wissentlichkeit« aus;[6] für den Tatbestands*vorsatz* genügt dagegen bedingter Vorsatz. Bei der speziellen Vereitelungsabsicht ist zu beachten, dass der Täter den Willen haben muss, die Befriedigung des Gläubigers *überhaupt* zu vereiteln. Die Absicht, nur eine *bestimmte Vollstreckungsmaßnahme* zu verhindern (ein bestimmtes Vermögensstück dem Gläubigerzugriff zu entziehen), genügt als solche nicht.[7] Deshalb liegt Vereitelungsabsicht nicht vor, wenn bei der Zwangsvollstreckung wegen einer Geldforderung nach der Vorstellung des Täters (Schuldners) noch *andere* verwertbare Vermögensbestandteile vorhanden sind, die zur Befriedigung des Gläubigers *ausreichen*. 566

Verdächtigen – § 164 I StGB

»Verdächtigen« ist das Unterbreiten oder Zugänglichmachen von Tatsachenmaterial, das einen *Verdacht* gegen eine bestimmte andere Person *begründet* oder einen schon bestehenden Verdacht *verstärkt*. Ob dies durch ausdrückliche oder konkludente Äußerung oder durch **Schaffung einer verdächtigenden Beweislage** (sog. »isolierte Beweismittelfiktion«, »Tatsachenmanipulation«) geschieht, ist ebenso umstritten (→ Rn. 569) wie die Frage, ob ein Verdächtigen auch durch Bestreiten eigener Täterschaft möglich ist (→ Rn. 570 f). 567

3 LK-*Schünemann* § 288 Rn. 32; MK-*Maier* § 288 Rn. 31; NK-*Gaede* § 288 Rn. 13.
4 Vgl. NK-*Gaede* § 288 Rn. 13; SK-*Hoyer* § 288 Rn. 15.
5 Vgl. *A/W/Heinrich* § 16 Rn. 42; LK-*Schünemann* § 288 Rn. 31; MK-*Maier* § 288 Rn. 30.
6 *S/S/Hecker* § 288 Rn. 17 m.w.N.; krit. aber z.B.: LK-*Schünemann* § 288 Rn. 37, NK-*Gaede* § 288 Rn. 16.
7 Es sei denn die Vollstreckung ist auf die Herausgabe dieses Vermögensstücks bezogen (§ 883 ZPO).

Die Verdächtigung muss dem Adressaten (Behörde usw.) *zugegangen* und nach den konkreten Umständen **geeignet** sein, die Einleitung oder Fortführung eines **behördlichen Verfahrens** zu bewirken (den für ein behördliches Einschreiten erforderlichen *Verdachtsgrad* begründen, → Rn. 568).

Literatur: MK-*Zopfs* § 164 Rn. 20 ff; SK-*Rogall* § 164 Rn. 10 ff; *S/S/Bosch* § 164 Rn. 5 ff. **Einführend:** *Rengier*, BT 2, § 50 Rn. 4 ff, 16 ff.

Rechtsprechung Grundlegend: RGSt 69, 173 (175 – Verdächtigen durch Beweismittelfiktion). **Beispielhaft:** BGHSt 13, 219 (220 – verstorbene Person); 14, 240 (246 – Weiterleiten einer fremden Verdächtigung); OLG Brandenburg NJW 1997, 141 (Verschweigen strafbarkeitsausschließender Umstände); OLG Hamm NStZ-RR 2002, 167 (168 – fehlende Strafmündigkeit); OLG Stuttgart NStZ-RR 2014, 276 (fehlender Strafantrag).

Erläuterungen

568 Vollendet ist die Tat grundsätzlich mit dem *Zugang* der Verdächtigung beim Adressaten; ob aufgrund der Verdächtigung dann ein Verfahren *tatsächlich* stattfindet oder fortgeführt wird, ist unerheblich. Entscheidend ist nur, dass sie (aus Sicht eines objektiven Dritten in der Situation des Adressaten) *geeignet* ist, ein Verfahren einzuleiten oder fortdauern zu lassen. Daran fehlt es, wenn zugleich Tatsachen mitgeteilt werden, die eine Sanktion gegen den Bezichtigten ausschließen würden. Denn in diesem Fall besteht kein Anlass zur Eröffnung eines Strafverfahrens, so dass die Rechtspflege in ihrer Strafverfolgungstätigkeit bzw. der Bezichtigte[1] nicht gefährdet werden kann.

Geht zumindest *zeitgleich* ein Widerruf der Verdächtigung beim Adressaten ein oder widerruft der Täter die Aussage noch vor Abschluss seiner Vernehmung, fehlt die Vollendung;[2] der Versuch ist straflos. Ein Widerruf nach Vollendung kann bei der Strafzumessung berücksichtigt werden; für eine mitunter im Schrifttum geforderte analoge Anwendung des § 158 StGB fehlt es an einer Regelungslücke.[3]

I. Verdächtigung und »Tatsachenmanipulation«

569 Die h.M., dass ein Verdächtigen auch durch *Beweismittelfiktion* (bloße Tatsachenmanipulation) möglich sei, § 164 I StGB also kein »Äußerungsdelikt« darstelle, wird im Schrifttum bestritten.[4] Nach dieser Gegenansicht muss aus dem *Wortlaut* des § 164 II StGB (»sonstige Behauptung tatsächlicher Art«) i.V.m. der Entstehungsgeschichte des Gesetzes geschlossen werden, dass auch in Abs. 1 *nur Äußerungen* erfasst seien, nicht aber bloße »Beweismittelfälschungen«. Der von der h.M. bezweckte »umfassende Rechtsgüterschutz« gegen Beweismittelfiktionen werde außerdem durch § 145d StGB – Vortäuschung einer Straftat – hinreichend gewährleistet. Demgegen-

1 Siehe zum Rechtsgut des § 164 StGB → Rn. 573 und zur »Falschheit« der Verdächtigung → Rn. 574.
2 OLG Düsseldorf NJW 2000, 3582 (3583) mit Bspr. *H. E. Müller* NStZ 2002, 356 (357).
3 SK-*Rogall* § 164 Rn. 49 m.w.N. gegen *S/S/Bosch* § 164 Rn. 35.
4 Vgl. insb. *Langer*, Lackner-FS, 1987, S. 541 ff; *ders.*, Schlüchter-GS, 2002, S. 361 (366 f); NK-*Vormbaum* § 164 Rn. 20 f; *Vormbaum*, Dencker-FS, 2012, S. 359 (366 f); *W/Hettinger* Rn. 694.

über beruft sich die h.M.[5] auf die Vereinbarkeit der weiten Auslegung mit dem Wortlaut des § 164 I StGB – »Verdächtigen« – und auf den *Schutzzweck*, der bei den für Betroffene besonders gefährlichen Verdächtigungen nach Abs. 1 (regelmäßig: Verdächtigung einer *Straftat*) einen weitergehenden Schutz rechtfertige, als ihn Abs. 2 gewähre. Aus dem Hinweis auf »sonstige Behauptungen tatsächlicher Art« in Abs. 2 lasse sich für Abs. 1 lediglich folgern, dass ein »Verdächtigen« *auch*, nicht aber, dass es *nur* in einer Tatsachenbehauptung bestehen könne.

II. »Verdächtigen« durch Leugnen/Bestreiten?

1. Grundsätzliches: Verdächtigung als »Reflex« des Leugnens

Das bloße Leugnen oder Abstreiten eines Tatvorwurfs (»Ich war es nicht«) ist *als solches* kein »Verdächtigen«: Als schlichte *Abwehr* eines Tatverdachts schafft es für sich genommen keine gegen eine andere Person wirkende Verdachtsbelastung. Nach im Ergebnis nahezu einhelliger Ansicht liegt ein tatbestandsmäßiges »Verdächtigen« *ebenso wenig* vor, wenn sich der Täter zwar auf das Leugnen/Bestreiten beschränkt, aber damit den Verdacht *zwangsläufig* auf eine andere Person lenkt (reduziert), die nach der Sachlage gleichfalls als Täter in Betracht kommt. Dies gilt etwa, wenn bei einem Verkehrsdelikt von zwei tatverdächtigen Personen (z.B. Fahrzeuginsassen) eine Person notwendigerweise der Täter ist. Die Tatbestandslosigkeit einer solchen, mit dem Leugnen zwangsläufig verbundenen »Reflexverdächtigung« wird vielfach aus dem *strafprozessualen* Grundsatz (§ 136 StPO!) abgeleitet, dass ein Beschuldigter nicht verpflichtet sei, sich selbst zu belasten. Das wahrheitswidrige Leugnen ändere gegenüber dem nach § 136 StPO befugten Schweigen die Beweissituation nicht und dürfe deshalb nicht dazu führen, dass über § 164 StGB letztlich die bloße Lüge des Beschuldigten pönalisiert werde (»zulässiges Verteidigungsverhalten«, insoweit straffreie »Selbstbegünstigung«).[6] 570

Bei diesem prozessualen Ansatz wird allerdings ersichtlich nicht vorausgesetzt, dass der Leugnende/Bestreitende bereits »Beschuldigter« i.S. des Strafprozessrechts ist; vielmehr soll aus der prozessualen Rechtsstellung des Beschuldigten *generell* – auch für den (noch) nicht Beschuldigten – die materiell-rechtliche Konsequenz gezogen werden, dass die bloße »Verdachtsabwehr« auch dann nicht unter den Tatbestand der Verdächtigung fällt, wenn das Bestreiten die Behauptung notwendig impliziert, dass nach der Verdachtslage eine andere Person der Täter sei. Daher wird das gleiche Ergebnis (kein Verdächtigen beim Bestreiten eigener Täterschaft) auch unabhängig von diesem strafprozessualen Ansatz mit primär materiell-rechtlicher Begründung erzielt: Wer seine Täterschaft nur leugne, unterbreite der Behörde etc. keine neuen Tatsachen; gerate zwangsläufig eine andere Person in Verdacht, so beruhe dies auf einer ohnehin schon bestehenden Verdachtslage gegenüber dieser Person.[7]

---

5 Näher MK-*Zopfs* § 164 Rn. 21 f; SK-*Rogall* § 164 Rn. 12; *SSW-Jeßberger* § 164 Rn. 9. Eingehend zum Problem *Fuhr*, Die Äußerung im StGB, 2001, S. 93 ff.

6 In dieser Richtung z.B. *A/W/Hilgendorf* § 48 Rn. 17; *Fahrenhorst* JuS 1987, 707 (708); *Geilen* Jura 1984, 251 (255); SK-*Rogall* § 164 Rn. 14. Aus der Rspr.: BayObLG NJW 1986, 441 (442); OLG Düsseldorf NJW 1992, 1119 f; jew. m.w.N.

7 *Fezer*, Stree/Wessels-FS, 1993, S. 663 (674 ff); *Mitsch* JZ 1992, 979 f; MK-*Zopfs* § 164 Rn. 26. Vgl. auch *S/S/Bosch* § 164 Rn. 5 zum »wechselseitigen Bestreiten« bei mehreren verdächtigen Personen.

2. Bestreiten mit ausdrücklicher Beschuldigung

571 Besteht die »Reflexverdächtigung« nicht im bloßen Leugnen/Bestreiten eigener Täterschaft, sondern in einer *ausdrücklichen* Bezichtigung der anderen Person, so hat die Rechtsprechung verschiedentlich schon aus diesem Grund ein »Verdächtigen« bejaht:[8] In der „positiven Beschuldigung" liege gegenüber dem Leugnen ein „unzulässiges Mehr".[9] Die im Schrifttum deutlich überwiegende Auffassung geht dahin, dass die ausdrückliche Bezichtigung *allein* nicht ausreicht. Eine »Verdächtigung« liege vielmehr erst dann vor, wenn der Verdacht durch *zusätzliche* Tatsachenbehauptungen verstärkt[10] oder die Beweislage sonst zum Nachteil der anderen Person verfälscht wird (»qualifiziertes Leugnen«).[11] Ähnliche Fragen stellen sich, wenn ein *Beschuldigter* eine ihn belastende *Zeugenaussage* zurückweist und damit inzident den Zeugen der Falschaussage bezichtigt.[12]

Verdächtigung, Falschheit (Unwahrheit) der – § 164 I StGB

572 Die »Falschheit« – objektive Unwahrheit – der Verdächtigung setzt nicht notwendig voraus, dass der Verdächtigte die ihm angelastete Tat **nicht begangen hat** (»Unwahrheit der *Beschuldigung*« – so aber die Rspr.); maßgebend ist vielmehr der Wahrheits- und Vollständigkeitsgehalt des unterbreiteten bzw. geschaffenen **Tatsachenmaterials** (»Unwahrheit der *Verdachtsmaterie*«, str. → Rn. 574), wobei es insoweit auf den wesentlichen Inhalt der Verdachtsgrundlage ankommt.

Literatur: MK-*Zopfs* § 164 Rn. 2 ff, 33 ff; *S/S/Bosch* § 164 Rn. 1a f, 15 ff. **Einführend:** *W/Hettinger* Rn. 686 ff, 698 ff. **Monographisch:** *Landskron*, Der Gegenstand der falschen Verdächtigung, 2005.

Rechtsprechung Grundlegend (zur Beschuldigungstheorie und damit abw. von der hier vertretenen Ansicht): BGHSt 35, 50 (52 ff); anders (Bezichtigungstheorie) zuvor noch RGSt 71, 167 (170); OLG Hamburg StV 1986, 343 (344 – Vorlagebeschluss für BGHSt 35, 50).

Erläuterungen

I. Das Rechtsgut der falschen Verdächtigung

573 Umstritten ist das Rechtsgut des § 164 StGB. Nach h.M.[1] werden »*zwei Rechtsgüter*« geschützt, ein Universal- und ein Individualrechtsgut: Die Vorschrift schütze einerseits die Funktionsfähigkeit der – innerstaatlichen – »*Rechtspflege*« vor ungerechtfer-

8 Vgl. OLG Hamm NJW 1965, 62; VRS 32 (1967), 441 f.

9 Anders OLG Düsseldorf NJW 1992, 1119; OLG Frankfurt a.M. DAR 1999, 225 f; vgl. auch OLG Celle NStZ-RR 2009, 370 f.

10 Das Verstärken des Verdachts ist nach allg.M. (*Fischer* § 164 Rn. 3 m.w.N.) erforderlich, um einen bestehenden Verdacht »fortdauern« zu lassen. Dies ist dann freilich auch beim Verdächtigen durch unechtes Unterlassen zu fordern (SK-*Rogall* § 164 Rn. 17); die wohl h.M. lässt hingegen für ein Unterlassen das bloße Fortbestehen eines schon vorhandenen Verdachts genügen (vgl. *S/S/Bosch* § 164 Rn. 21 m.w.N.).

11 Vgl. dazu näher MK-*Zopfs* § 164 Rn. 26 (fehlende »Eignung«); *Rengier*, BT 2, § 50 Rn. 19 f; SK-*Rogall* § 164 Rn. 15; *S/S/Bosch* § 164 Rn. 5; jew. m.w.N. auch zur Gegenauffassung.

12 Vgl. SK-*Rogall* § 164 Rn. 16; *S/S/Bosch* § 164 Rn. 5; *W/Hettinger* Rn. 697.

1 Vgl. *S/S/Bosch* § 164 Rn. 1a f m.w.N.

tigter Beanspruchung durch Irreführung, andererseits auch den *Einzelnen* vor der Gefahr, Opfer unbegründeter staatlicher Maßnahmen zu werden. Dieser »doppelte Rechtsgüterschutz« wird dabei nicht kumulativ, sondern *alternativ* verstanden, so dass § 164 StGB anwendbar ist, wenn nur eines der beiden Rechtsgüter betroffen ist.[2] Aus dieser Sicht greift die Vorschrift z.B. auch bei einer *Einwilligung* des Verdächtigten ein (Schutz der Rechtspflege) und ebenso, wenn etwa ein Inländer bei einer *ausländischen*, durch § 164 StGB nicht geschützten, Behörde verdächtigt wird (Schutz des Einzelnen).[3]

II. Der Begriff der »Falschheit«

Für die »Falschheit«[4] der Verdächtigung, die sich als objektives Tatbestandsmerkmal **574**
aus dem *subjektiven* Tatbestand (»wider besseres Wissen«) wie auch aus der Überschrift ergibt, stellt eine vom BGH und von einer Minderheit im Schrifttum vertretene Meinung auf die *Unwahrheit der »Beschuldigung«* ab (»Beschuldigungstheorie«). Die Verdächtigung ist danach *nicht* »falsch«, wenn der Betroffene die Tat, derer er verdächtigt wird, tatsächlich *begangen* hat, die »Beschuldigung« also im Ergebnis zutrifft. Nimmt der Täter dies – wenn auch nur als Möglichkeit – irrtümlich an, so fehlt daher der für die »Falschverdächtigung« erforderliche (direkte) *Vorsatz*.[5] Demgegenüber wird im Schrifttum überwiegend die Ansicht vertreten, dass es auf die *Falschheit des »Verdachtsmaterials«* ankommt, mit dem die Beschuldigung gestützt wird (»Behauptungs-« oder »Unterbreitungstheorie« bzw. »Bezichtigungstheorie«).[6]

Die zuletzt angeführte Auffassung verweist zunächst darauf, dass es bei § 164 II StGB schon nach dessen *Wortlaut* – »Behauptung *tatsächlicher* Art« – allein auf die Unrichtigkeit[7] der »Verdachtsmaterie« (Tatsachendarstellung) ankomme; dies müsse wegen der *Gleichwertigkeit* der Tatbestände auch für § 164 I StGB gelten. Ferner werde die »Beschuldigungstheorie« dem von der h.M. vertretenen – doppelten – *Schutzzweck* der Vorschrift (→ Rn. 573) nicht gerecht: So werde der *Schutz des Verdächtigten* nur unzureichend gewährt, da es – anders als bei § 186 StGB – zur Verurteilung auf den *Nachweis* ankomme, dass der Verdächtigte tatsächlich unschuldig ist und der Täter dies auch gewusst habe; überdies sei auch der wirklich *Schuldige* davor zu schützen, durch *falsches Beweismaterial* belastet und in ein Strafverfahren hineingezogen zu werden. Auch die Rechtspflege werde – folge man der »Beschuldigungstheorie« – nur unzureichend geschützt. Unterbreite der Täter falsche, also nicht ver-

---

2 Zur Begr. dieses alternativ-doppelten Rechtsgüterschutzes – gegen die »reine Rechtspflegetheorie« und die »Individualgutstheorie« – vgl. näher *S/S/Bosch* § 164 Rn. 2; krit. MK-*Zopfs* § 164 Rn. 2 ff.

3 Eingehend zur ganzen Problematik *Langer*, Schlüchter-GS, 2002, S. 361 (364 ff); *Vormbaum*, Der strafrechtliche Schutz des Strafurteils, 1987, S. 440 ff, 449 ff, 461, und Dencker-FS, 2012, S. 359 (362 ff).

4 Zum Fehlen der »Falschheit« bei bloßen Übertreibungen vgl. OLG München NStZ 2010, 219 (220) m.w.N. sowie → Rn. 722 f zum Stichw. »Vortäuschen einer Straftat«.

5 Vgl. BGHSt 35, 50 (52 ff) mit abl. Bspr. *Fezer* NStZ 1988, 177 f. Ebenso die neuere OLG-Rspr.: z.B. OLG Düsseldorf StraFo 1999, 64 f; OLG Rostock NStZ 2005, 335 (336); OLG Koblenz NZV 2011, 93. Aus dem Schrifttum z.B.: AnwK-*Rahmlow* § 164 Rn. 16; *Fischer* § 164 Rn. 6 m.w.N.; eingehend *Schilling*, A. Kaufmann-GS, 1989, S. 595 ff.

6 Vgl. *Deutscher* JuS 1988, 526 ff; *Langer*, Tröndle-FS, 1989, S. 265 (278 ff), *ders.*, Schlüchter-GS, 2002, S. 361 (369 ff); *Otto* Jura 2000, 217 f. Zur Verfassungsmäßigkeit BVerfG NJW 2008, 570 f.

7 Zur »Falschen Verdächtigung« durch eine wahre, aber unvollständige Tatsachenbehauptung MK-*Zopfs* § 164 Rn. 20, 31; *S/S/Bosch* § 164 Rn. 10, 17; BVerfG NJW 2008, 570 f; OLG Brandenburg NJW 1997, 141 f; OLG Karlsruhe NStZ-RR 1997, 37 (38).

wertbare Beweise, so bestehe die Gefahr, dass die Behörde mit der Einleitung eines Strafverfahrens zu Unrecht in Anspruch genommen werde.[8]

Verdeckungsabsicht (Absicht, eine andere Straftat zu verdecken) – §§ 211 II, 306b II Nr. 2, 315 III Nr. 1b, 315b III StGB

575 »Verdeckungsabsicht« ist der *zielgerichtete* Wille, durch die (Tötungs-)Handlung zu **verhindern**, dass eine andere – sei es auch *irrig angenommene* oder nur für *möglich* gehaltene – eigene oder fremde Straftat von den Strafverfolgungsorganen **entdeckt** (aufgeklärt) wird (zum Handeln zur Vermeidung *außerstrafrechtlicher Konsequenzen* → Rn. 577). Die Handlung muss nach der Vorstellung des Täters ein zur Verhinderung der Entdeckung *geeignetes Mittel* sein.

»Andere Straftat« (Vortat) ist eine straftatbestandsmäßige, rechtswidrig-schuldhafte, strafbare Tat. Sie ist Gegenstand der Verdeckungsabsicht nicht nur, wenn sie in ihrer *Existenz* (»Tatbegehungsverdeckung«), sondern auch, wenn sie bezüglich der *Täterschaft* oder sonstigen *Beteiligung* einer Person (»Tatsubjektsverdeckung«) verborgen werden soll (→ Rn. 576).

Literatur: MK-*Schneider* § 211 Rn. 211 ff; NK-*Neumann* § 211 Rn. 97 ff. **Einführend:** *Geppert* Jura 2004, 242 ff. **Monographisch:** *Groth*, Der Verdeckungsmord als doppelmotivierter Handlungsakt, 1993; *Weiß*, Die Problematik der Verdeckungsabsicht im Mordtatbestand, 1997.

Rechtsprechung Grundlegend: BGHSt 21, 283 (284 bedingter Tötungsvorsatz und Verdeckungsabsicht); 41, 8 (9 f – außerstrafrechtliche Konsequenzen); BGHSt 41, 358 ff (keine Entdeckungsgefahr durch das Opfer); BGH NJW 2003, 1060 ff (Unterlassen). **Beispielhaft:** BGHSt 28, 93 (94 f – zu verdeckende Ordnungswidrigkeit genügt nicht); 50, 11 (14 ff – noch mögliche Verdeckung); BGH NStZ-RR 1999, 235 f (Verdeckungsabsicht und niedrige Beweggründe, dazu auch → Rn. 576 a.E.). **Zusammenfassend:** BGHSt 56, 239 (243 f).

Speziell zur Rspr. bei »außerstrafrechtlichem« (strafvereitelungsfremdem) Verdeckungszweck → Rn. 577 und zur »Verdeckung durch Unterlassen« → Rn. 582.

BGHSt 11, 268 (269 f): „Der Begriff des Verdeckens … setzt ein ›Zudecken‹ der Tat, also ein Unkenntlichmachen von Tatspuren oder ein Unschädlichmachen von Menschen voraus, die zur *Aufdeckung* beitragen könnten."

BGHSt 15, 291 (295 f): „Diesen Tatbestand verwirklicht … nicht nur, wer ein Menschenleben auslöscht, um einen *Zeugen* oder *Mitwisser* seiner Missetat zu beseitigen, sondern auch, wer … einen *Verfolger* erschießt, um unerkannt zu entkommen. Ihm steht gleich, wer einen … Menschen tötet, um einer Festnahme zu entgehen, von der er die *Entdeckung* oder Aufklärung … strafbarer Verfehlungen befürchtet… Nur wenn die Festnahme für die *Aufklärung* der Straftat *unerheblich* ist, weil Tat und Täter sowie alle erheblichen Tatumstände schon in einem die *Strafverfolgung sichernden* Umfang aufgedeckt sind, kann der Fliehende – sofern er dies weiß – nicht mehr in Verdeckungsabsicht töten."

BGHSt 56, 239 (244): „Auch nach Bekanntwerden einer Straftat kann ein Täter dann noch in Verdeckungsabsicht handeln, wenn er zwar weiß, dass er als Täter … verdächtigt wird, die *genauen Tatumstände* aber noch nicht in einem die Strafverfolgung sichernden Umfang aufgedeckt sind."

8 So bei *S/S/Bosch* § 164 Rn. 16. Zum nicht tatbestandsmäßigen Unterbreiten falschen Verdachtsmaterials bei § 145d I Nr. 1 StGB → Rn. 721.

BGH NJW 1988, 2682: „In Verdeckungsabsicht tötet sowohl, wer die *Vortat* überhaupt, als auch, wer lediglich die eigene *Täterschaft* verbergen will, die den Strafverfolgungsbehörden nach seiner Vorstellung bisher nicht bekannt ist."

BGH GA 1979, 108: „Wer mit der Tötungshandlung *nur* seine *Festnahme* verhindern will, deckt weder Tat noch Täterschaft zu."

Erläuterungen

I. Grundsätzliches

1. »Verdeckung« und »bloße Verfolgungsvereitelung«

Charakteristisch für die »Verdeckungsabsicht« ist das Bestreben, durch die Tötung eines Menschen die »*Entdeckung*« (Aufdeckung, Aufklärung) einer strafbaren – eigenen oder fremden – Vortat[1] zu verhindern: sei es, dass schon die *Vortat* als solche, sei es, dass insoweit die *Täterschaft* bzw. Beteiligung gegen Aufdeckung geschützt werden soll. »Verdeckung« ist »verbergendes«, kenntnisentziehendes Verhalten. Es richtet sich jedenfalls grundsätzlich auf die Verhinderung der Aufdeckung durch Personen (»Verdeckungsadressaten«), die unmittelbar oder mittelbar die staatliche *Strafverfolgung* aktivieren können, z.B. Polizeibeamte, Zeugen oder Opfer der Vortat (beachte aber auch die BGH-Rspr. zum außerstrafrechtlichen Verdeckungszweck → Rn. 577). Der Täter braucht freilich nicht gerade von dem *Opfer* selbst eine Entdeckung zu befürchten; es genügt etwa die Absicht, durch die Tötung *Tatspuren* zu beseitigen, die zur Entdeckung der Vortat führen können.[2] Dagegen ist ein Handeln zur bloßen Sicherung gegen *Festnahme* – bei schon »entdeckter« Vortat – keine tatbestandsmäßige »Verdeckung«, sondern »schlichte Verfolgungsvereitelung«, die als Ziel der Verdeckungsabsicht allein nicht ausreicht.[3] Die Grenze zwischen einer noch möglichen Verdeckung der Täterschaft und einer bloßen Verfolgungsvereitelung ist im Einzelfall nicht einfach zu ziehen. So hat der BGH eine Verdeckungsabsicht noch bejaht, wenn Tat und Täterschaft zwar entdeckt, aber diese Entdeckung (Zeuge vom Hörensagen in einem Vergewaltigungsvorwurf) für eine Strafverfolgung noch nicht ausreichend gesichert war.[4] Auch eine objektiv vorliegende Entdeckung schließe die Tat nicht aus, da es auf die Vorstellung des Täters von den Verdeckungsmöglichkeiten ankomme; so sei eine Verdeckungsabsicht auch zu bejahen, wenn der schon verdächtigte Täter nur glaube, „mit der Tötung eine *günstige Beweisposition* aufrechterhalten zu können".[5] Negativ formuliert: Die Verdeckungsabsicht fehlt, wenn Tat und Täter (Beteiligte) der Vortat den Strafverfolgungsorganen nach der Vorstellung des Handelnden bereits derart *bekannt* sind, dass die Strafverfolgung *gesichert* ist, und der Täter mit seiner Handlung nur verhindern will, dass er *gestellt* (festgenommen) wird. 576

1 Die – da es nur auf die Verdeckungs*absicht* ankommt – nicht zwingend tatsächlich begangen, sondern nur in der Vorstellung des Täters vorliegen muss; allg.M., vgl. BGHSt 11, 226 (227 f).

2 BGHSt 41, 358 ff mit Bspr. u.a. von *Saliger* StV 1998, 22 ff; zur Vereinbarkeit von bedingtem Tötungsvorsatz und Verdeckungsabsicht → Rn. 584.

3 Vgl. zu dieser Unterscheidung eingehend *Küper* JZ 1995, 1158 ff m.w.N. und Hinw. zu Grenzfragen in Fn. 15; MK-*Schneider* § 211 Rn. 218 f.

4 BGHSt 50, 11 (14 ff) mit zust. Bspr. *Steinberg* JR 2007, 293 (294 f).

5 BGHSt 56, 239 (243 ff) m.w.N. mit krit. Anm. *Brand* NStZ 2011, 698 (699); zust. *Theile* ZJS 2011, 405 ff.

Liegen wie z.B. in Fällen bloßer *Verfolgungsvereitelung* die Voraussetzungen der Absicht zur »Verdeckung« einer Straftat nicht vor, so tendiert die Rechtsprechung dahin, das Motiv des Täters zur Vermeidung strafrechtlicher Verantwortung – oder ein vergleichbares »wertwidriges« Motiv – als »niedrigen Beweggrund« einzustufen (»verdeckungsnahes Motiv«). Dies gilt etwa auch, wenn der Täter ein (wie er weiß) *strafloses* Fehlverhalten »verdecken« will, das er für verwerflich oder seinem Ansehen abträglich (»peinlich«) hält.[6]

2. Verdeckungsabsicht bei »außerstrafrechtlichem« Verdeckungszweck?

577 Nach neuerer Rechtsprechung[7] verlangt »Verdeckungsabsicht« nicht unbedingt, dass der Täter für den Fall des Bekanntwerdens der Vortat mit *Strafverfolgung* rechnet; es genüge, dass er sog. »außerstrafrechtliche Konsequenzen« der vorangegangenen Straftat vermeiden wolle, wie z.B. die Rückgewähr der Deliktsbeute an das nicht anzeigewillige Opfer. Der Mord sei in keiner Begehungsform ein gegen die *Rechtspflege* gerichtetes Delikt. Qualifikationsgrund der Verdeckungsmodalität sei lediglich die „Verknüpfung von Unrecht mit weiterem Unrecht durch den Täter". Kennzeichne sich schon die Tötung zur Verhinderung der Strafverfolgung durch ein »krasses Missverhältnis« von Mittel und Zweck, so sei die Tötung zur Verdeckung aus »außerstrafrechtlichen Gründen« wegen des regelmäßig geringeren Konfliktdrucks in noch höherem Maße verwerflich.[8]

Die Literatur steht dieser Erweiterung der »Verdeckungsabsicht« vielfach kritisch gegenüber. Mit der Einbeziehung beliebiger – u.U. im Ansatz »legitimer« – Verdeckungszwecke verliere das Mordmerkmal seine *spezifische Unrechtsqualität* als elementarer Eingriff in staatliche Strafverfolgungsinteressen, auch seine Funktion als relativ »bewertungssicheres« Kriterium einer besonders verwerflichen Tötung.[9] Treffender sei das Motiv zur Vermeidung »außerstrafrechtlicher Konsequenzen« daher dem flexibleren, eine Gesamtwürdigung der Tatantriebe fordernden Mordmerkmal der »niedrigen Beweggründe« zuzuordnen.

3. Die prinzipielle Rechtfertigung der Mordqualifikation

578 Anders als bei der »Ermöglichungsabsicht« befindet sich der zum Schutz gegen Strafverfolgung handelnde Verdeckungstäter regelmäßig in einer *Konfliktsituation* (»Selbstbegünstigung«), die – besonders bei affektiv-unüberlegten Spontanreaktionen – erhebliche *schuldmindernde Momente* enthält. Darin, dass die »Verdeckungsabsicht« gleichwohl zur Mordqualifikation mit lebenslanger Freiheitsstrafe führt, sieht die herrschende, durch BVerfGE 45, 187 (264 ff) bestätigte Auffassung keinen Widerspruch zum verfassungsrechtlich garantierten *Schuldprinzip* (Art. 1 I, 2 I, 20 III

---

6 Vgl. zsfd. BGHSt 35, 116 (121 f) sowie z.B. BGH NJW 1992, 919 (920) mit krit. Anm. *Hohmann* NStZ 1993, 183 ff; BGH NStZ 1997, 81; 1999, 243; NStZ-RR 1999, 234 f. Krit. dazu *Bosch/Schindler* Jura 2000, 77 (83 f); NK-*Neumann* § 211 Rn. 37, 99; *Sowada* JZ 2000, 1035 (1041 f); zust. MK-*Schneider* § 211 Rn. 85.

7 BGHSt 41, 8 (9 f); BGH NStZ 1999, 243; 1999, 615 f.

8 Zust. zur Rspr. u.a. *Kindhäuser*, BT I, § 2 Rn. 43; *Saliger*, ZStW 109 (1997), 302 (305 ff) und StV 1998, 19 ff.

9 Vgl. dazu *Brocker* MDR 1996, 228 f; *Küper* JZ 1995, 1158 ff; *Mitsch*, Krey-FS, 2010, S. 351 (370 f); MK-*Schneider* § 211 Rn. 225; *Sowada* JZ 2000, 1035 ff.

GG), aus dem folgt, dass die angedrohte Strafe in einem gerechten Verhältnis zum Ausmaß der Schuld des Täters stehen muss. Die aus der Konfliktlage resultierende Schuldminderung soll vielmehr unter zwei Gesichtspunkten in der Regel wieder »überkompensiert« werden: einmal durch die *extreme Verwerflichkeit* der Tat, die sich aus dem krassen Missverhältnis von Mittel (Vernichtung eines Menschenlebens) und Zweck (Verdeckung strafbaren Unrechts) ergibt; zum anderen durch die *besondere Gefährlichkeit* des Täter und die damit indizierte erhöhte Schutzbedürftigkeit der Opfer (generalpräventiver Rechtsgüterschutz).[10]

II. Die Problematik der einschränkenden Auslegung

BVerfGE 45, 187 (266 f) hat eine »einengende Auslegung« gefordert, die in »Grenzfällen« sicherstellt, dass das Schuldprinzip nicht verletzt wird. Welcher Weg dabei zu beschreiten sei, obliege als Frage der »einfachen Gesetzesauslegung« den zuständigen Strafgerichten. In Betracht komme z.B. die Beschränkung der Verdeckungsabsicht auf Fälle der schon *im Voraus geplanten* Tötung oder die Ergänzung des Mordmerkmals um das ungeschriebene Erfordernis der »besonderen Verwerflichkeit« (sog. »Typenkorrektur«). **579**

Im Anschluss an diese Entscheidung hatte die Rechtsprechung seit BGHSt 27, 346 (347 ff) *zunächst* versucht, den Tatbestand des Verdeckungsmordes für bestimmte Fallgruppen »einzuengen«, ohne ihn andererseits auf die bereits im Voraus geplante Tötung zu beschränken: Die Absicht der Verdeckung einer »*anderen*« Straftat sollte danach unter dem Gesichtspunkt einer materiell »identischen« Tat verneint werden, wenn sich die Vortat der Tötungshandlung ebenfalls gegen Leib oder Leben richtet (»Gleichheit der Angriffsrichtung«), beide Taten einer unvorhergesehenen Augenblickssituation entspringen (»Doppelspontaneität«) und in engem zeitlich-sachlichen Zusammenhang »nahtlos« ineinander übergehen. Verdeckungsabsicht wurde demgegenüber z.B. bejaht, wenn sich der Täter in »rechtsfeindlicher Absicht« von vornherein in die zur Tötung führende Situation begeben oder wenn er vor dem Übergang zur Tötung das Geschehen *überdacht* und sodann Angriffsziel/Angriffswerkzeug gewechselt hatte.[11]

Seit BGHSt 35, 116 (119 ff) ist *diese* Rechtsprechung zur »Tatidentität« aufgegeben worden.[12] Demgegenüber sieht der BGH die Lösung für Grenzfälle erheblich geminderter Schuld darin, dass die »Verdeckungsabsicht« als spezielle Ausprägung (»Regelbeispiel«) eines »niedrigen Beweggrundes« verstanden und unter diesem Aspekt die Möglichkeit einer umfassenden *Gesamtwürdigung* eröffnet wird, die in Ausnahmefällen zur Verneinung der »Verdeckungsabsicht« führen kann.[13] **580**

10 Vgl. dazu die Nachw. bei *Küper* JZ 1995, 1158 (1162 f); krit. *Weiß*, Verdeckungsabsicht, S. 199 ff („verfassungswidrig“). Vgl. auch BGH NJW 1999, 1039 (1041). Eingehend zu den »Legitimationsproblemen« *Freund* JuS 2002, 640 (642 ff) mit Kritik am Gedanken der »Gefährlichkeit«; MK-*Schneider* § 211 Rn. 213 ff m.w.N.

11 Vgl. dazu die Übersichten in BGHSt 35, 116 (118 f) und bei *Laber* MDR 1989, 861 ff; jew. m.w.N.

12 Zsfd. dazu auch in BGH NJW 2003, 1060.

13 BGHSt 35, 116 (126). Krit. dazu u.a. *Otto* Jura 1994, 141 (151 f); *Wohlers* JuS 1990, 20 (22). »Bedenken« gegen die Orientierung der Verdeckungsabsicht am niedrigen Beweggrund auch in BGHSt 41, 358 (361 f); grds. zust. aber *Freund* JuS 2002, 640 (644).

Mit der Ausschlusswirkung einer »Tatidentität« arbeitet der BGH freilich noch in Fällen der »einheitlichen *Tötungs*handlung«, in deren Verlauf die »Verdeckungsabsicht« zum Tötungsvorsatz nachträglich hinzutritt:[14] Handle der Täter von vornherein mit (bedingtem) Tötungsvorsatz, so stelle die Vollendung der so begonnenen Tötung keine Verdeckung einer »*anderen*« Straftat dar. Verdeckungsabsicht sei hingegen zu bejahen, wenn eine wesentliche zeitliche *Zäsur* zwischen den Handlungsakten vorliege, und der Täter gleichsam »im zweiten Anlauf« nun zur Verdeckung töte.[15] Diese Rechtsprechung sei dagegen auf ein begehungsgleiches Unterlassen nicht übertragbar: Folgt der vorsätzlichen Tötungshandlung deren »Verdeckung durch Unterlassen« (zum Unterlassen → Rn. 581), so liegt nach Ansicht des BGH – auch bei zeitlicher Zäsur zwischen Handlung und Unterlassung – ein einheitliches Verhalten vor, das die Verdeckung einer »anderen« Straftat ausschließt. Denn hier werde das ursprüngliche Ziel nur weiterverfolgt, nicht aber eine andere Tat begangen.[16]

Eine »affektive Erregung« des Täters stehe der Annahme einer Verdeckungsabsicht grundsätzlich nicht entgegen. Zumindest in Fällen, in denen es „um die Auswirkung nicht krankhafter und die Schuldfähigkeit nicht beeinträchtigender affektiver Erregungszustände geht", seien „gesteigerte Anforderungen" an die Annahme zu stellen, die Erregung habe die Verdeckungsabsicht ausgeschlossen. Insoweit bedürfe es nämlich keines „abwägende[n] Reflektieren[s] über die eigenen Ziele im Sinne einer aktuell vor Augen stehenden Vorstellung". Vielmehr reiche „ein in der Regel vorhandenes gedankliches Mitbewußtsein" über die Eignung zur Verdeckung der eigenen Täterschaft aus.[17]

III. »Verdeckung« durch unechtes Unterlassen?

581 Erheblich umstritten ist die Frage, ob »Verdeckungsabsicht« auch bei einem Täter bejaht werden kann, der als Garant die Abwendung des Todeserfolges pflichtwidrig *unterlässt*, um damit die Entdeckung seiner strafbaren Vortat (Täterschaft) zu verhindern. Typisch dafür ist die Situation, dass ein Verkehrsteilnehmer das erheblich verletzte Opfer seiner Fahrlässigkeitstat (Ingerenz!) mit Tötungsvorsatz am Unfallort hilflos liegen lässt und sich entfernt. Die Garantenstellung begründet hier zunächst die Verantwortlichkeit für den tödlichen Erfolg (§ 212 StGB) bzw. für einen Tötungsversuch. Die psychischen Voraussetzungen einer »Verdeckungsabsicht« liegen an sich ebenfalls vor, sofern der Täter nicht lediglich »Verfolgungsvereitelung« bezweckt (→ Rn. 576). Auch schließt der nur »bedingte« Tötungsvorsatz, der das Verhalten häufig kennzeichnet, die »Absicht« der Verdeckung grundsätzlich nicht aus (→ Rn. 584). Die gleichwohl bestehenden Zweifel an der tatbestandsmäßigen »Verdeckung« beruhen hauptsächlich auf dem Bedenken, ob eine derart passive »Entdeckungsvereitelung« im Unwertgehalt der Verdeckungstötung durch aktives Tun *gleichgestellt* werden kann (§ 13 I StGB: Entsprechungsklausel).

---

14 BGH NStZ 1990, 385 mit zust. Anm. *Hohmann* JR 1991, 212 f; BGH NStZ 1992, 127 (128); NStZ 2000, 498 f; NJW 2001, 763; NStZ 2002, 253 f.

15 Krit. dazu *Freund* JuS 2002, 640 (644 f); *Rengier*, BT 2, § 4 Rn. 65; zust. MK-*Schneider* § 211 Rn. 228 ff (dort auch zum »zäsurlosen« Übergang bei anfänglichem Körperverletzungsvorsatz).

16 BGH NJW 2003, 1060 f. Ebenso BGH StraFo 2007, 123 (124); NStZ-RR 2009, 239. Krit. *Freund* NStZ 2004, 123 (125 f); *Stein* JR 2004, 79 ff; *Wilhelm* NStZ 2005, 177 (178 ff).

17 BGH NJW 1999, 1039 (1041) mit zust. Anm. *Momsen* JR 2000, 29 (31 f).

Zunächst hat der 4. Senat des BGH die Verdeckungsabsicht bei einer Unterlassungstat **582**
verneint. Der Begriff des »Verdeckens« verlange mehr als ein »Nichtaufdecken«, nämlich ein »Zudecken« der Tat. Wer die Pflicht zur Abwendung des tödlichen Vortaterfolges nur verletze, um seine Täterschaft nicht selbst »aufzudecken«, wolle „somit die Tat nicht verdecken, sondern bloß dem Geschehen seinen Lauf lassen". Das pflichtwidrige Unterlassen, Hilfe zu leisten „und sich damit selbst der Strafverfolgung zu überantworten", erreiche nicht den für einen Verdeckungsmord erforderlichen „Unrechtsgehalt der besonderen Verwerflichkeit".[18] Nachdem der 4. Senat jedoch bereits im Jahr 1965 im Ergebnis gegenteilig entschieden hatte, hat er sich dann auf den Standpunkt gestellt, dass die frühere Rechtsprechung damit »aufgegeben« worden sei.[19] In der Folge wurde vom BGH nur noch knapp ausgeführt, dass die Entsprechensklausel gewahrt sei bzw. der Tatbestand auch durch Unterlassen verwirklicht werden kann.[20]

In der Literatur wird überwiegend angenommen, dass »Verdeckungsabsicht« auch **583**
bei einer Tötung durch pflichtwidriges Unterlassen möglich ist.[21] Die Entsprechungsklausel des § 13 I StGB stehe dem nicht entgegen, da diese nur bei *verhaltensgebundenen* Delikten gelte, zu denen die *täterbezogene* Verdeckungsabsicht nicht zähle.[22] Sofern zwischen der Verdeckung durch aktives Tun und durch Unterlassen ein Wertungsunterschied angenommen wird, könne dem hinreichend durch § 13 II StGB Rechnung getragen werden.[23]

Die Gegenmeinung bezweifelt vereinzelt bereits grundsätzlich die Vereinbarkeit von Unterlassung und – zielgerichteter – Verdeckungsabsicht;[24] überwiegend beruft sie sich (ähnlich wie die frühere Rechtsprechung) darauf, dass der Unwertgehalt einer nur passiven Entdeckungsvereitelung der Unrechtsschwere einer aktiven Verdeckungstötung nicht entspreche:[25] Während nämlich das *Verbot*, zwecks Verdeckung (aktiv) zu töten, vom Täter nur die Unterlassung der Tötungshandlung und damit die Hinnahme der Gefahr einer Entdeckung der Vortat fordere, setze eine »Verdeckung durch Unterlassen« ein darüber hinausgehendes »*Gebot*« voraus: die Vortat durch *aktives Tun* (Hilfeleistung/Erfolgsabwendung) sogar »*aufzudecken*« bzw. zu deren Entdeckung aktiv beizutragen. Diese grundlegende Bewertungsdifferenz schließe eine Gleichstellung (§ 13 I StGB) von passiver und aktiver Verdeckungstötung aus.[26]

---

18 BGHSt 7, 287 (290 f); zust. BGHSt 15, 291 (296).

19 BGH NStZ 1992, 125 unter Hinweis auf BGH MDR 1966, 24 (bei Dallinger); ebenso BGHSt 38, 356 (361).

20 BGH NJW 2000, 1730 (1732); NJW 2003, 1060; inzident auch BGH NStZ 2012, 86 (89). Rechtsprechungsanalyse bei *Schlüchter*, BGH-FG, 2000, S. 933 (944 ff).

21 Vgl. z.B. *Fischer* § 211 Rn. 72; *Geppert* Jura 2004, 242 (245 f); eingehend *Grünewald* GA 2005, 502 ff.

22 *Grünewald* GA 2005, 502 (505); MK-*Schneider* § 211 Rn. 243; krit. *Schlüchter*, BGH-FG, 2000, S. 933 (948).

23 *Kargl* StraFo 2001, 365 (373); krit. *Freund* NStZ 2004, 123 (125 f).

24 *Grünwald*, Mayer-FS, 1966, S. 281.

25 Vgl. dazu u.a. *Freund* NStZ 2004, 123 (125 f); *Haas*, Weber-FS, 2004, S. 235 (240 ff); *Theile* JuS 2006, 110 (111 f); eingehend NK-*Neumann* § 211 Rn. 102 ff (mit Differenzierung nach »Verdeckungsadressaten«: Opfer oder Dritte).

26 Zu weiteren Argumenten (u.a. »Verdeckungsuntauglichkeit« bloßen Unterlassens, »Doppelverwertung« der Garantenpflicht; keine Pflicht zur Erhaltung von Beweismitteln) *Mitsch* JuS 1996, 213 (219); NK-*Neumann* § 211 Rn. 104; krit. hierzu wiederum *Grünewald* GA 2005, 502 (507 ff); MK-*Schneider* § 211 Rn. 243. Monographisch zum ganzen Komplex: *Rauber*, Mord durch Unterlassen?, 2008, S. 207 ff.

IV. Verdeckungs-»absicht« und bedingter Tötungsvorsatz

584 Zu beachten ist, dass nach heute anerkannter Auffassung die »Absicht« der Verdeckung mit dem nur *bedingten Tötungsvorsatz* grundsätzlich vereinbar ist. Die »Verdeckungsabsicht« setzt als zielgerichteter Wille lediglich voraus, dass die »Tötung« (Tötungs*handlung*) für den Täter – subjektiv – das Mittel zum Zweck der »Verdeckung« einer Vortat ist („mit dieser Handlung kann ich die Tat/Täterschaft verdecken"). Die Tötung selbst kann dabei auch mit bedingtem Vorsatz hinsichtlich des Todeserfolgs begangen werden (Bsp.: Zufahren auf den Polizeibeamten, um unerkannt zu entkommen).[27] Verdeckungsabsicht und bedingter Tötungsvorsatz sind allerdings dann nicht mehr miteinander vereinbar, wenn eine »Verdeckung« nach der Tätervorstellung den Todes*erfolg* notwendig voraussetzt (Bsp.: Der Täter nimmt an, die Entdeckung nur durch den Tod des Opfers, das ihn bereits identifiziert hat, verhindern zu können).[28]

Vereiteln der Bestrafung (Strafvereitelung als »Verfolgungsvereitelung«) – § 258 I StGB

585 Das »Vereiteln« bezeichnet einen – ganz oder teilweise eingetretenen – *Erfolg* (»Vereitelungserfolg«), der auf einem bestimmten Täterverhalten (»Vereitelungshandlung«) beruht; zu den Anforderungen an die täterschaftliche Vereitelungshandlung → Rn. 591 f.

»Ganz vereitelt« (vollständiger Erfolg) ist die Bestrafung nicht nur und nicht erst, wenn eine Strafe *endgültig* nicht mehr verhängt werden kann; es genügt, dass die Verwirklichung des staatlichen Strafanspruchs für **»geraume Zeit«** verzögert wird (str. → Rn. 589). »Zum Teil« ist die Bestrafung vereitelt, wenn die Strafe im Ergebnis *milder* ausfällt, als es der materiellen Rechtslage entspricht.

Literatur: LK-*Walter* § 258 Rn. 30 ff, 156 ff (abw. zum Vereiteln bei Verzögerung durch »geraume Zeit«); *S/S/Hecker* § 258 Rn. 11 ff, 35. **Einführend:** *Satzger* Jura 2007, 754 ff.

Rechtsprechung Grundlegend: BGHSt 46, 53 (54 – Strafverteidigung).
Beispielhaft zu sozialadäquatem Verhalten: BGH NJW 1984, 135 f; OLG Koblenz NJW 1982, 2785 f mit krit. Bspr. *Frisch* NJW 1983, 2471 (2473); OLG Stuttgart NJW 1981, 1569 f.
Beispielhaft zum Verhalten des Verteidigers: KG NStZ 1983, 556 (557 – Weitergabe von Informationen); 1988, 178 f; OLG Bamberg StV 2014, 8; OLG Karlsruhe StV 1991, 519 (zulässige Ratschläge); OLG Koblenz NStZ 1992, 146 (147 – Empfehlung, der Hauptverhandlung fernzubleiben; geraume Zeit als Strafvereitelungserfolg); OLG Nürnberg NJW 2012, 1895 f (täterschaftliches Verhalten).

---

27 Vgl. dazu die Hinw. bei *L/Kühl* § 211 Rn. 15; eingehend *Saliger*, ZStW 109 (1997), 302 (317 ff); krit. *Köhne* Jura 2011, 650 (655 – stets direkter Tötungsvorsatz notwendig).

28 Zur uneinheitlichen Rspr. s. in BGHSt 41, 358 (359 ff) mit krit. Bspr. *Fischer* NStZ 1996, 416 ff und *Mitsch* JuS 1997, 788 (793 f); BGH NStZ 2011, 34; jew. m.w.N. – Ähnlich hat der BGH zur Ermöglichungsabsicht entschieden: Diese liege bereits vor, wenn der Täter mit der Tötungs*handlung* die Begehung der Tat erleichtern will, vgl. BGHSt 39, 159 (160 f) mit i.E. zust. Bspr. *Graul* JR 1993, 510 (511 f); BGH NStZ 1996, 81.

BGH NJW 1984, 135: „Die tatbestandsmäßige Handlung des § 258 I StGB besteht darin, daß die Bestrafung des Vortäters … ganz oder zum Teil vereitelt wird. Der Täter muß also, anders als nach § 257 StGB a.F., den Vereitelungs*erfolg* herbeiführen. Dabei ist es nicht erforderlich, daß die Strafverfolgung völlig und endgültig unmöglich gemacht wird; der Vortäter muß aber zumindest *geraume Zeit* der Bestrafung entzogen oder in sonstiger Hinsicht in bezug auf die Strafverfolgung bessergestellt werden."

Erläuterungen

I. Persönliche Begünstigung (§ 257 StGB a.F.) und Strafvereitelung

Der Gesetzgeber hat 1974 den früheren Tatbestand der sog. »persönlichen Begünstigung«, der in § 257 StGB a.F. mit der »sachlichen Begünstigung« zusammengefasst war, als »Strafvereitelung« neu formuliert und hinter § 257 StGB n.F. (Begünstigung) eingefügt. Während früher tatbestandsmäßig handelte, wer nach Begehung einer Straftat (Vortat) deren Täter/Teilnehmer »*Beistand leistet*, um ihn der Bestrafung zu entziehen«, muss der Täter nach der Neufassung – ganz oder zum Teil – »*vereiteln*«, dass ein anderer wegen der Vortat »bestraft wird«. Die Änderung des Gesetzeswortlauts hat Grundprobleme hervorgerufen, die nur im *Vergleich* der früheren mit der heutigen Tatbestandsfassung voll verständlich werden. Nach anerkannter Auslegung des § 257 StGB a.F. (»persönliche Begünstigung«) war unter »Beistandleisten« jedes Verhalten zu verstehen, das *objektiv geeignet* war und mit der *subjektiven Tendenz* vorgenommen wurde, den Vortäter (Vortatbeteiligten) gegenüber den Strafverfolgungsorganen besser zu stellen. Es war danach für den objektiven Tatbestand kein »Vereitelungserfolg« erforderlich, andererseits die bloß subjektive »Hilfeleistungstendenz« der Handlung nicht ausreichend (Erfordernis der »objektiven Eignung«). Außerdem war es unerheblich, ob das »Beistandleisten« in einem *täterschaftlich-selbstständigen* – »tatherrschaftlichen« – Verhalten des Begünstigers bestand, welches die Besserstellung des Vortäters »unmittelbar« herbeizuführen geeignet war, oder ob der »Beistand« als *Hilfestellung* zur Vereitelungshandlung des Vortäters »mittelbar« und unselbstständig-beihilfeähnlich wirken sollte. **586**

Die persönliche Begünstigung (Strafvereitelung) i.S. des § 257 StGB a.F. war danach strukturell einerseits ein »verselbstständigtes objektiviertes Versuchsdelikt« mit Ausdehnung sogar in die Vorbereitungszone (BGHSt 31, 10 [12]: „Unternehmenstatbestand"), und sie war andererseits zugleich ein »verselbstständigtes nachträgliches Teilnehmerdelikt«, das freilich neben der »Beihilfe zur Selbstbegünstigung« des Vortäters auch die täterschaftlich-selbstständige »Fremdbegünstigung« umfasste.[1]

II. Die systematischen Grundprobleme der Strafvereitelung

1. Das Erfolgs- und Verhaltensproblem

Vor diesem Hintergrund ergeben sich für die Neufassung namentlich *zwei Grundprobleme*. Einerseits hat der Gesetzgeber das frühere »objektivierte Versuchsdelikt« (Tätigkeitsdelikt mit objektiver Eignung) eindeutig durch ein *Erfolgsdelikt* ersetzt, das durch den strafbaren *Versuch* (§ 258 IV StGB) – auch den untauglichen – ergänzt wird: Strafbar ist jetzt nicht mehr schon, wer zum Zweck der Strafvereitelung objek- **587**

1 Vgl. die *Parallele* zur Struktur des § 257 StGB n.F. → Rn. 331 ff.

tiv geeigneten »Beistand« leistet, sondern nur derjenige, der die Bestrafung effektiv »vereitelt« (Vollendung) oder zu vereiteln versucht. Deshalb muss der »Vereitelungserfolg« – für den mit dem »zum Teil Vereiteln« auch ein »Teilerfolg« ausreicht – genauer bestimmt werden (→ Rn. 588 ff).

Andererseits umschreibt das Gesetz die Vereitelungs*handlung* nicht mehr als »Hilfeleistung« (Beistandleisten) zugunsten des Vortäters bzw. Vortatbeteiligten, sondern als »Vereiteln« und damit so, wie sonst ein Handeln in *Täterschaft* gesetzlich beschrieben wird (»wegnehmen«, »töten« usw.). Daraus ist die Frage entstanden, ob sich der Begriff »Vereiteln« auf ein strukturell täterschaftlich-selbstständiges Handeln beschränkt oder ob – wie im früheren Recht – auch unselbstständige *Hilfeleistungsmaßnahmen* einbezogen werden können, insoweit also die frühere Struktur eines »nachträglichen Teilnehmerdelikts« erhalten geblieben ist (→ Rn. 591 f).

Soviel allerdings vorab: Klammert man die »Beihilfe« aus, weil für ein »Vereiteln« materiell echte *Täterschaft* erforderlich sei, so kann eine bloße Hilfeleistung, die dem Vortäter/Vortatbeteiligten zu dessen »Selbstvereitelung« (Selbstbegünstigung) gewährt wird, auch nicht als Beihilfe bestraft werden. Vereitelt der Vortäter nämlich ausschließlich die eigene Bestrafung (nicht [auch] eine solche eines anderen), handelt er tatbestandslos, so dass mangels vorsätzlich rechtswidriger Haupttat auch die Beihilfe tatbestandlos ist. Damit könnten typische Strafvereitelungshandlungen – z.B. Fluchthilfe, Beschaffung falscher Papiere – grundsätzlich nicht mehr von § 258 StGB erfasst werden, auch nicht als Versuch.

2. Die Bestimmung des Vereitelungserfolges

588 **a) Die herrschende Ansicht** Die Rechtsprechung und die überwiegende Ansicht im Schrifttum bestimmen den vollständigen »Vereitelungserfolg« danach, ob der staatliche Strafanspruch zumindest für *»geraume Zeit«* nicht verwirklicht worden ist (→ Rn. 585): Vollendete Strafvereitelung ist zumindest die »Vereitelung auf Zeit« (erhebliche Verzögerung). Die Formel »geraume Zeit« stammt aus der Rechtsprechung des RG zum Tatbestand der »Straf*entziehung*« durch einen Beamten (§ 346 StGB a.F.), dem Vorläufer der »Strafvereitelung im Amt« (§ 258a StGB). Zur Begründung stützte sich das RG auf zwei Erwägungen: Zum einen werde der Begriff der Entziehung auch in § 137 StGB a.F. [= § 136 I StGB – Verstrickungsbruch] entsprechend verstanden, zum anderen würde der Beamte – stelle man auf eine dauernde oder endgültige Entziehung ab – meist nur wegen Versuchs bestraft werden können.[2] Dementsprechend hat der Gesetzgeber bei der Neufassung des § 258 StGB (→ Rn. 586) hervorgehoben,[3] dass das Merkmal der Vereitelung schon dann erfüllt ist, wenn der Strafanspruch „für geraume Zeit nicht verwirklicht worden ist“, ohne dabei allerdings die »geraume Zeit« näher zu bestimmen.

589 Die maßgebliche Zeitspanne für die Verzögerung der Bestrafung bzw. der Anordnung der Maßnahme wird innerhalb der h.M. unterschiedlich angesetzt, wobei man sich einig darin ist, dass eine Verzögerung von nur *einer Woche* im Allgemeinen

---

2 RGSt 70, 251 (254 f). Bestätigt durch: RGSt 73, 294 (298); 74, 178 (181); BGHSt 15, 18 (21) m.w.N.
3 BT-Drs. 7/550, S. 249; ebenso zuvor die Begr. zu § 447 im E 1960 (BR-Drs. 270/60, S. 587); jew. ohne weitere Erläuterungen.

nicht ausreicht.[4] Zum Teil wird in Anlehnung an die strafprozessuale Unterbrechungsfrist in § 229 I StPO für eine »geraume Zeit« ein Mindestzeitraum von drei Wochen gefordert.[5] Für diese Orientierung (wobei für die »geraume Zeit« freilich eine *Überschreitung* der drei Wochen zu verlangen ist) spricht die Überlegung, dass das Strafverfahrensrecht mit der regelmäßigen Unterbrechungsfrist anzeigt, dass Verzögerungen im Strafverfahren von drei Wochen hinzunehmen sind. Wird eine solche Verfahrensverzögerung also generell toleriert, so kann eine Bestrafungsverzögerung von bis zu drei Wochen nicht zugleich die Wirkung beigemessen werden, dass sie Bestrafung *vereitelt* bzw. dadurch der Beschuldigten erfolgreich der Strafverfolgung *entzogen* wird. Im Übrigen ist zu beachten, dass die Verzögerung um geraume Zeit auf den Zeitpunkt der *Bestrafung* zu beziehen ist. Eine bloße Verzögerung der Ermittlungstätigkeit[6] ist damit nicht ohne weiteres gleichzusetzen.[7]

b) Abweichende Vorschläge Angesichts der erheblichen Unschärfe des Kriteriums **590**
»geraume Zeit« sind in der Literatur *abweichende Vorschläge* zur Bestimmung des Vereitelungserfolges gemacht worden, die sich bisher aber nicht durchsetzen konnten. So soll der Erfolg auf jeden Fall dann eingetreten sein, wenn die Handlung zur *Einstellung* des Verfahrens oder zum *Freispruch* geführt hat (unabhängig von einer späteren Fortsetzung des Ermittlungsverfahrens bzw. von der Rechtskraft der Entscheidung). Bei einer *Verzögerung* der Bestrafung sei für den Erfolg maßgebend, ob die Strafe später verhängt wird, als dies sonst möglich gewesen wäre, wobei lediglich ganz kurzfristige Verzögerungen (»quantité négligeable«) ausscheiden sollen.[8] Demgegenüber wird aber vielfach auch eine „endgültige Verhinderung der Bestrafung" gefordert.[9] Die Verzögerungsfälle sollen nach dieser Ansicht durch den *Versuch* der Strafvereitelung erfasst werden.[10] Dies setzt dann freilich voraus, dass sich der *Vorsatz* des Täters – als Absicht bzw. Wissentlichkeit – auch auf die *endgültige* Vereitelung richtet (!). Dazwischen steht eine Ansicht, nach der eine Verzögerung nur ausreicht, wenn sie die „Gefahr der endgültigen Vereitelung erheblich erhöht".[11]

3. Die Vereitelungshandlung

a) Die Minderheitsauffassung (Notwendigkeit »täterschaftlichen« Handelns)

Die Vereitelungshandlung soll nach einer vordringenden Minderheitsauffassung nicht **591**
mehr, wie nach § 257 StGB a.F., in einer bloßen *Unterstützung* des Vortäters/Vortatbeteiligten bei dessen – tatbestandsloser – Strafvereitelung bestehen können, sondern

4 Vgl. die Nachw. bei LK-*Walter* § 258 Rn. 35; *S/S/Hecker* § 258 Rn. 14. Vgl. auch *W/Hettinger* Rn. 727: Untergrenze zwei Wochen. Aus der Rspr.: KG JR 1985, 24 (25 – acht Tage nicht ausreichend); OLG Stuttgart NJW 1976, 2084 (10 Tage ausreichend – ohne Begr.). Näher zur Rspr. *Vormbaum*, Küper-FS, 2007, S. 663 (665 ff).

5 *SSW-Jahn* § 258 Rn. 15 m.w.N.

6 Strafvereitelung kann auch schon vor Einleitung des förmlichen Verfahrens begangen werden, maßgeblich ist, ob ein staatlicher Strafanspruch entstanden ist, vgl. BGHSt 45, 97 (103).

7 BGH wistra 1995, 143.

8 *Lenckner*, Schröder-GS, 1978, S. 339 (342 ff); ähnlich *Rudolphi* JuS 1979, 859 (860 ff).

9 In dieser Richtung insb. *Kargl*, Hamm-FS, 2008, S. 235 (250); *Samson* JA 1982, 181 ff; SK-*Hoyer* § 258 Rn. 13; *Vormbaum*, Küper-FS, 2007, S. 663 ff.

10 NK-*Altenhain* § 258 Rn. 51.

11 LK-*Walter* § 258 Rn. 36. Eingehend zum ganzen Komplex mit weiteren Vorschlägen *Günther*, Das Unrecht der Strafvereitelung, 1998, S. 85 ff, 98 ff; *Stumpf*, Die Strafbarkeit des Strafverteidigers wegen Strafvereitelung, 1999, S. 64 ff; *Wappler*, Der Erfolg der Strafvereitelung, 1998, S. 103 ff, 172 ff.

nur noch in einem strukturell *täterschaftlichen* Handeln des Vereitelnden. Diese Ansicht eliminiert jedes Verhalten mit materieller »Teilnahmestruktur« aus dem Begriff des »Vereitelns« und ordnet es der straflosen Teilnahme an der Selbstbegünstigung zu: Die Einbeziehung unselbstständiger Hilfeleistungen widerspreche dem Gesetzeswortlaut, sei ein Verstoß gegen die im StGB systematisch zwingend vorgegebene Abgrenzung von Täterschaft und Teilnahme und verletze das Gesetzlichkeitsprinzip des Art. 103 II GG.[12] Von diesem Standpunkt aus wird die Möglichkeit erörtert (aber zumeist verneint), bestimmte »Hilfeleistungen« für den Vortäter/Vortatbeteiligten dadurch als »täterschaftliche« Handlungen zu qualifizieren, dass sie der mittelbaren Täterschaft oder einer »Quasi-Mittäterschaft« zugeordnet werden.[13]

b) Die herrschende Ansicht (Einbeziehung »sachlichen Beistandes«)

592 Demgegenüber nimmt die h.M. – in Übereinstimmung mit der Rechtsprechung – an, dass es angesichts des besonderen *Schutzzwecks* von § 258 StGB, gerade auch die »Hilfe« nach der Tat zu verhindern, teleologisch geboten und mit dem Wortsinn vereinbar sei, die Unterstützung des Vortäters (Vortatbeteiligten) *insoweit* einzubeziehen, als sie in »*sachlichem Beistand*« besteht. Sonst werde § 258 StGB seines zentralen Anwendungsbereichs beraubt. Dies entspreche auch dem Willen des Gesetzgebers. Die psychische Beihilfe durch bloße *Bestärkung* des Selbstbegünstigungsentschlusses[14] wird hingegen aufgrund des Schutzzwecks als straflose Teilnahme ebenso ausgeschieden wie die »Anstiftung zur Selbstvereitelung«.[15] Diese Lösung überträgt damit die frühere Auslegung des § 257 StGB a.F. in das neue Recht und versteht § 258 StGB weiterhin auch als »verselbstständigtes nachträgliches Teilnahmedelikt«.[16] Auf diese Weise wird der »Vereitelung« eine Art verkürzter (»kupierter«) Einheitstäterbegriff zugrunde gelegt, der die echte Täterschaft mit dem *Kernbereich der Beihilfe* zur Täterschaft i.S. des § 258 StGB vereinigt.

Zusammenfassend *S/S/Hecker* § 258 Rn. 35: „Beschränkt sich jemand darauf, den Vortäter zum *Selbstschutz* zu *veranlassen* (etwa durch bloße Aufforderung zur Flucht) oder den Selbstschutzwillen zu *bestärken*, so erhält der Vortäter noch nicht die nachträgliche Hilfe, deren Ausschaltung mit § 258 StGB bezweckt wird… Wer jedoch über das bloße Veranlassen (Stärken) des Selbstschutzes hinausgeht, z.B. dem Vortäter bei Verdunkelungsmaßnahmen behilflich ist, ihn auf die drohende Entdeckung oder eine bevorstehende Verhaftung oder Durchsuchung hinweist, ihm Geld oder gefälschte Ausweispapiere für die Flucht aushändigt oder durch sonstige Handlungen die Flucht ermöglicht, ist wegen Strafvereitelung strafbar."

593 **c) Vorbereitung und Versuch** Das Verständnis der täterschaftlichen Vereitelungshandlung bestimmt auch die Abgrenzung zwischen Vorbereitung und Versuch. Allerdings liegt ein Strafvereitelungsversuch bei einem Vereiteln als »sachlichem Bei-

12 In dieser Richtung insb. *Ebert*, ZRG 110 (1993), 1 (56 ff); NK-*Altenhain* § 258 Rn. 23 f; *Rudolphi*, Kleinknecht-FS, 1985, S. 379 ff; SK-*Hoyer* § 258 Rn. 29 ff; monographisch: *Stumpf*, Die Strafbarkeit des Strafverteidigers wegen Strafvereitelung, 1999, S. 104 ff.

13 Vgl. dazu die Nachw. in der vorstehenden Fn. sowie *Jerouschek/Schröder* GA 2000, 51 (60 f); *Scholderer* StV 1993, 228 (229 f); *Stumpf* wistra 2001, 123 (126 ff).

14 BGH NJW 1984, 135; *Rengier*, BT 1, § 21 Rn. 34 f.

15 *Lenckner*, Schröder-GS, 1978, S. 339 (352 ff); *S/S/Hecker* § 258 Rn. 35.

16 Vgl. dazu *Küper*, Schroeder-FS, 2006, S. 555 (560 ff); *Küpper* GA 1987, 385 (391 ff); LK-*Walter* § 258 Rn. 159 ff; zu Beistandshandlungen des Verteidigers *Beulke/Ruhmannseder*, Volk-FS, 2009, S. 45 (58 ff).

stand« erst vor, wenn der *Vortäter* (bzw. Vortatbeteiligte) auch damit beginnt, den Vereitelungserfolg herbeizuführen.[17] Erbietet sich der Täter, als Zeuge vor Gericht zugunsten des Angeklagten falsch auszusagen, oder gibt er eine entsprechende Zusage, so ist allein dieses Verhalten noch kein Versuch. Eine versuchte Strafvereitelung liegt erst vor, wenn der Täter mit der *falschen Aussage* beginnt.[18]

III. Einzelfragen

Die Vereitelungshandlung muss – über die Erfolgskausalität hinaus – im Hinblick auf den Vereitelungserfolg vorgenommen werden, also darauf gerichtet (»*Vereitelungstendenz*«) und geeignet sein, den Vortäter im Hinblick auf die Realisierung des Strafverfolgungsanspruchs besserzustellen. Bloß neutralem Verhalten, wie das Zusammenleben mit dem Vortäter nebst der damit verbundenen Versorgung (Einkauf etc.), fehlt zumindest solange die Vereitelungstendenz, wie es nicht darauf *ausgerichtet* ist, Strafverfolgungsmaßnahmen zu erschweren. Gleiches gilt für sozialadäquate Maßnahmen wie das Vermieten eines Fahrzeugs oder eine ärztliche Behandlung. Insoweit mag solchen Verhaltensweisen zwar eine Vereitelungswirkung zukommen, solange sie aber nicht an die besondere Strafverfolgungssituation des Vortäters angepasst werden, kommt ihnen keine Vereitelungstendenz zu. Vielmehr nimmt der Handelnde lediglich den jedermann garantierten »Freiheitsspielraum« in Anspruch. Was die dogmatische Begründung des Ausschlusses neutralen/sozialadäquaten Verhaltens betrifft – und damit die Verortung im Deliktsaufbau –, gehen die Auffassungen auseinander.[19] **594**

In der Rechtsprechung umstritten ist die Frage, ob sich der Zeuge, der grundlos sein Zeugnis verweigert, nach §§ 258, 13 StGB strafbar macht. Zum Teil wird dies unter Hinweis auf die besondere Pflichtenstellung des Zeugen bejaht,[20] treffend ist dies aber zu verneinen, da die Pflichtenstellung als Zeuge nicht darauf gerichtet ist, die Strafverfolgung zu befördern. Anderenfalls würden auch die für diese Konfliktsituation strafprozessual vorgesehenen Regelungen (§ 70 StPO) unterlaufen werden.[21]

Soweit es um Verhaltensweisen von Strafverteidigern geht, ist zu bedenken, dass diese aufgerufen sind (§ 137 StPO) und auch dazu bestellt werden (§§ 140 ff StPO), den Beschuldigten über seine Verteidigungsmöglichkeiten zu informieren und ihn in der Wahrnehmung dieser Rechte zu unterstützen. Soweit sich der Verteidiger im Rahmen dieser prozessual eröffneten Möglichkeiten hält, ist sein Verhalten, mag es auch die Durchsetzung der Strafverfolgung behindern oder unmöglich machen, schon nicht tatbestandsmäßig.[22] Denn auch der Strafanspruch kann und soll nur unter Berücksichtigung der Beschuldigtenrechte und den Möglichkeiten realisiert werden, die das Gesetz der Verteidigung einräumt.

---

17 Vgl. die Parallele zum Versuch der Absatzhilfe → Rn. 19.

18 Vgl. BGHSt 31, 10 (13); LK-*Walter* § 258 Rn. 153 m.w.N.

19 Für ein Entfallen der objektiven Zurechnung mangels »rechtlich missbilligter Gefahr« z.B. *Rengier*, BT 1, § 21 Rn. 37 f; SK-*Hoyer* § 258 Rn. 24 f; eingehend zu den verschiedenen Lösungsvorschlägen *Küpper* GA 1987, 385 ff; Übersicht bei *Ernst*, ZStW 125 (2013), 299 ff, der auf die i.d.R. fehlende Tatherrschaft verweist (S. 316).

20 LG Ravensburg NStZ-RR 2008, 177 (178 f); OLG Köln NStZ-RR 2010, 146 (nur Leitsatz).

21 LG Itzehoe NStZ 2010, 10 ff; eingehend *Popp* JR 2014, 418 ff.

22 BGHSt 46, 53 (54); MK-*Pascal* § 258 Rn. 10 ff; vgl. auch *Dessecker* GA 2005, 142 ff; umfassend *Beulke/Ruhmannseder*, Die Strafbarkeit des Verteidigers, 2. Aufl. 2010, Rn. 5 ff, 151 ff; Überblick über zulässiges/unzulässiges Verteidiger-Verhalten bei *Satzger* Jura 2007, 759 f.

Die h.M. lehnt eine Strafvollstreckungsvereitelung (§ 258 II StGB) ab, wenn ein Dritter für den Verurteilten die *Geldstrafe* zahlt. Sieht man allerdings in der Verurteilung zur Zahlung einer Geldstrafe eine höchstpersönliche Leistungsverpflichtung (wofür sich die Bemessung der Tagessatzhöhe anhand der Verhältnisse des Täters [§ 40 II 1 StGB] anführen lässt), so wird der Zweck der Geldstrafe beeinträchtigt, wenn der Dritte für den Verurteilten die Strafe zahlt oder ihm die Zahlung nachträglich ersetzt.[23] Dagegen lässt sich aber einwenden, dass eben diese persönliche Leistungsverpflichtung nicht *durchsetzbar* ist (mögliche Umgehung durch Schenkungen etc.): Anders als bei der Freiheitsstrafe ist die *Vollstreckung* der Geldstrafe nicht so angelegt, dass die Erbringung der höchstpersönlichen Leistung auch gewährleistet werden kann (selbst bei der Zwangsvollstreckung kann nicht ausgeschlossen werden, dass untergeschobene fremde Gegenstände gepfändet werden). Die Zahlung durch Dritte mag daher zwar den Straf*zweck* vereiteln, die von § 258 II StGB geschützte *Vollstreckung* der Strafe wird dadurch aber nicht betroffen.[24]

Vereitelung der Zwangsvollstreckung – § 288 I StGB

Vgl. **Veräußern/Beiseiteschaffen von Vermögensbestandteilen** → Rn. 564.

Verfügung – §§ 263 I, 253 I, 255 StGB

Vgl. **Vermögensverfügung** (beim Betrug allgemein) → Rn. 647, **Vermögensverfügung** (beim »Dreiecksbetrug«, Verfügung über Fremdvermögen) → Rn. 657 und **Vermögensverfügung** (bei Erpressung/räuberischer Erpressung) → Rn. 669.

Verfügungs-/Verpflichtungsbefugnis, Missbrauch der (»Missbrauchstatbestand«) – § 266 I StGB

595 Die »Befugnis«, über fremdes Vermögen zu verfügen oder einen anderen zu verpflichten, besteht in einer *Rechtsstellung* – »Rechtsmacht«, regelmäßig: Vertretungsmacht (→ Rn. 599 f) – des Täters, die ihn befähigt, Vermögensrechte eines anderen **rechtswirksam zu übertragen**, zu ändern oder aufzuheben (»Verfügungsbefugnis«) oder den anderen **rechtswirksam** mit Verbindlichkeiten zu belasten (»Verpflichtungsbefugnis«).

Der Verfügungs- oder Verpflichtungsbefugnis muss im Innenverhältnis (→ Rn. 604) eine »**Vermögensbetreuungspflicht**« zumindest in dem Sinn zugrunde liegen, dass dem Täter die jeweilige Befugnis als »fremdnützige Dispositionsbefugnis« – zur Erfüllung einer im *Interesse des Vermögensinhabers* liegenden

23 Für eine Strafbarkeit daher noch OLG Frankfurt a.M. StV 1990, 112 f; *Mitsch* JA 1993, 304 f.
24 So auch BGHSt 37, 226 (228 ff) mit krit. Anm. *Hillenkamp* JR 1992, 74 ff und *Wodicka* NStZ 1991, 486 ff; eingehend *Scholl* NStZ 1999, 599 ff; w.N. bei *Hillenkamp*, BT, Problem Nr. 12.

Aufgabe – eingeräumt worden ist (»Betreuungsverhältnis« als Erfordernis auch des Missbrauchstatbestandes, str. bzgl. des »Ob« und »Wie« → Rn. 601 ff).

Ein »Missbrauch« der Verfügungs- oder Verpflichtungsbefugnis setzt voraus, dass der Täter von seiner jeweiligen Befugnis zwar im »*Außenverhältnis*« – Beziehung zwischen Vermögensinhaber und Dritten – **rechtlich wirksam Gebrauch macht**, diese Befugnis jedoch im »*Innenverhältnis*« – Beziehung zwischen Täter und Vermögensinhaber – *bestimmungswidrig* (»pflichtwidrig«) *ausübt:* sog. Inkongruenz von »externem rechtlichen *Können*« und »internem rechtlichen *Dürfen*« (→ Rn. 598). Kennzeichnend für den rechtlich wirksamen Gebrauch im Außenverhältnis ist ein *rechtsgeschäftliches* (oder hoheitliches) Handeln; rein *tatsächliche* Einwirkungen auf das fremde Vermögen reichen für einen »Missbrauch« nicht aus.

Literatur: MK-*Dierlamm* § 266 Rn. 23 ff, 32 ff, 133 ff; SK-*Hoyer* § 266 Rn. 10 ff, 43, 74 ff. **Einführend:** *W/Hillenkamp* Rn. 749 ff.

Rechtsprechung Grundlegend: BGHSt 5, 61 (62 f – Verfügungsbefugnis); 24, 386 (387 – Vermögensbetreuungspflicht auch beim Missbrauch). **Beispielhaft:** BGHSt 13, 274 (275 f – Verfügungsbefugnis des Gerichtsvollziehers); 43, 293 (296 – „Haushalt des Staatstheaters"); BGH GA 1977, 342 f (Testamentsvollstrecker, § 2205 BGB); NStZ 2011, 280 f (Handlungsbevollmächtigter, § 54 HGB); OLG Celle NStZ 2011, 218 und LG Dresden NStZ 2006, 633, jew. zum Missbrauch einer Tankkarte bei unterschiedlicher Beurteilung der Vermögensbetreuungspflicht.

BGHSt 5, 61 (63): Von einer „Befugnis, über fremdes Vermögen zu verfügen oder einen anderen zu verpflichten, kann … nur bei einer *Rechtsmacht* die Rede sein, die ihren Ursprung in dem rechtlichen Verhältnis zwischen ihrem Träger und demjenigen hat, zu dessen Lasten sie wirksam werden kann. Denn der Zweck des Mißbrauchstatbestandes besteht in dem Schutze von Rechtsbeziehungen, durch die einem Beteiligten ein *rechtliches Können* gewährt wird, das über das *rechtliche Dürfen* hinausgeht."

BGH NJW 1984, 2539 (2540): „Beiden Tatbeständen [Mißbrauchs- und Treubruchstatbestand] ist gemeinsam, daß der Täter dem, dessen Vermögensinteressen er zu betreuen hat, einen Vermögensnachteil zufügt. Sie unterscheiden sich voneinander dadurch, daß beim Mißbrauchstatbestand der Täter aufgrund einer nach außen wirkenden Verfügungs- oder Verpflichtungsbefugnis handelt, dabei aber eine im Innenverhältnis bestehende Vermögensbetreuungspflicht verletzt, während für den Treubruchstatbestand die bloße Verletzung einer nur im Innenverhältnis bestehenden Vermögensfürsorgepflicht ausreicht."

Erläuterungen

I. Der entstehungsgeschichtliche Hintergrund des Missbrauchstatbestandes

Der heutige »Doppeltatbestand« der Untreue – Missbrauchs- und Treubruchstatbestand – verdankt seine Entstehung der Tatsache, dass der Gesetzgeber eine *Kontroverse* entscheiden wollte, die namentlich § 266 Nr. 2 StGB a.F. ausgelöst hatte.[1] Nach dieser Vorschrift waren ursprünglich »Bevollmächtigte« strafbar, „welche über Forderungen oder andere Vermögensstücke des Auftraggebers absichtlich zum Nachteil **596**

1 Vgl. näher *Kargl*, ZStW 113 (2001), 565 (567 ff); *Perron* GA 2009, 219 (220 f).

desselben verfügen“. Die sog. »Missbrauchstheorie« behauptete, dass diese Bestimmung eine wirksame *rechtsgeschäftliche Verfügung* oder Verpflichtung voraussetze. Dagegen sollten nach der »Treubruchstheorie« auch sonstige nachteilige Einwirkungen auf das fremde Vermögen erfasst werden, ähnlich wie in § 266 Nr. 1 StGB a.F., wo das Gesetz einen kasuistischen »Treubruchstatbestand« für spezielle Tätergruppen (u.a. Vormünder, Testamentsvollstrecker) formuliert hatte. Der Gesetzgeber hat diesen Theorienstreit dann 1933 durch die Aufgliederung des § 266 StGB in zwei verschiedene Tatbestände entschieden; dabei wurde im neuen Treubruchstatbestand zugleich die kasuistische Spezifizierung des Täterkreises aufgegeben und im Missbrauchstatbestand der »Bevollmächtigte« durch den Inhaber einer »Verfügungs- oder Verpflichtungsbefugnis« ersetzt, außerdem der Begriff des »Missbrauchs« eingeführt. Mit dem Missbrauchstatbestand sollte die »Missbrauchstheorie« berücksichtigt und dieser Tatbestand auf *wirksames rechtsgeschäftliches Handeln* beschränkt werden. Die Begriffe »Befugnis«, »verfügen/verpflichten« sind deshalb außerstrafrechtlich-zivilrechtlich (bzw. öffentlich-rechtlich) zu verstehen. In veränderter Form ist der alte Streit zwischen »Missbrauchs-« und »Treubruchstheorie« freilich in der Frage erhalten geblieben, ob und inwiefern auch der Missbrauchstatbestand die Verletzung einer »Vermögensbetreuungspflicht« voraussetzt (→ Rn. 601 ff).

II. Die Schutzfunktion des Missbrauchstatbestandes

1. Allgemeines

597 Der sog. »Missbrauchstatbestand« schützt nach ganz h.M. – nur – gegen den nach außen *wirksamen* Fehlgebrauch der »Rechtsmacht« (Befugnis) des Täters, über fremdes Vermögen (dinglich) zu verfügen oder es mit Verbindlichkeiten zu belasten: Der Vermögensträger – Geschäftsherr – soll vor den spezifisch »rechtlichen Gefahren« geschützt werden, die mit der Ausübung eines »rechtlichen Könnens« (Außenbeziehung) verbunden sind, welches durch ein »rechtliches Dürfen« (Innenbeziehung) nicht mehr legitimiert ist.[2] Dieser »Gefährdungsschutz« greift allerdings nur ein, wenn sich die »rechtliche Gefahr« in einem *Vermögensschaden* realisiert; der »Missbrauch« als solcher ist nicht strafbar, ebenso wenig der bloße »Versuch« der Untreue.

2. Der Missbrauch der Rechtsmacht

598 **a) Der Begriff des »Missbrauchs«** Jeder »Missbrauch« setzt zunächst voraus, dass von der jeweiligen »Befugnis« – mit Rechtswirkungen für den Vermögensinhaber – überhaupt »*Gebrauch*« gemacht wird: Es genügt nicht, dass der Täter eine Verpflichtungs- oder Verfügungsbefugnis i.S. des § 266 I StGB »hat«, z.B. als Bevollmächtigter; er muss sie im konkreten Fall auch »*ausüben*« und *durch* die bestimmungswidrige *Ausübung* – nicht durch sonstiges nachteiliges Handeln – den Vermögensinhaber *schädigen:*[3] „Mißbrauch ist unrechter Gebrauch… *Nichtgebrauch* ist darum kein Mißbrauch… Wer außerhalb seiner Befugnis handelt, gebraucht und mißbraucht die Befugnis nicht.“

---

2 Vgl. *S/S/Perron* § 266 Rn. 17 m.w.N.; grds. abw. *Arzt*, Bruns-FS, 1978, S. 365 (375 ff); LK-*Schünemann* § 266 Rn. 47 ff: Verzicht auf »Wirksamkeit« des Geschäfts; krit. dazu *SSW-Saliger* § 266 Rn. 21.

3 LK-*Hübner*, 10. Aufl., § 266 Rn. 60. Sachlich ebenso: BGH wistra 1990, 305; *Mitsch* JuS 2011, 97 (99); SK-*Hoyer* § 266 Rn. 75.

Da der Missbrauchstatbestand eine umfassendere »externe Rechtsmacht« des Täters verlangt, als sie ihm im Innenverhältnis zusteht, ist dieser Tatbestand nur relativ selten anwendbar.[4] Mangels Befugnis (kein rechtliches Können)[5] fällt der »Vertreter ohne Vertretungsmacht« nicht unter den Missbrauchstatbestand (beachte aber → Rn. 600). Führen *interne* Begrenzungen auch im *Außenverhältnis* zur Beschränkung der Befugnis, so dass sich »Können« und »Dürfen« decken und der Täter deshalb auch das Können überschreitet, dann scheidet mangels Rechtswirksamkeit des Geschäfts der Missbrauchstatbestand ebenfalls aus. Gleiches gilt bei Fällen, in denen nach Zivilrecht die Wirksamkeit einer Vollmacht durch das Institut des »Missbrauchs der Vertretungsmacht« eingeschränkt wird (z.B. »Kollusion« zwischen Vertreter und Drittem, Evidenz des Missbrauchs).[6]

b) Das Problem der »Befugnis« Die im Gesetz mit »Befugnis« gekennzeichnete Rechtsmacht besteht regelmäßig in einer *Vertretungsmacht*. Doch kommen aufgrund zivilrechtlicher Regelungen auch sonstige Rechtspositionen in Betracht, die dem Handeln des Täters Rechtswirkungen für andere verleihen, z.B.: Ermächtigung nach § 185 I BGB, »verdeckte Stellvertretung« beim Kommissionär.[7] **599**

Dagegen reicht eine »Rechtsmacht« nicht aus, die sich lediglich indirekt aus Vorschriften zum *Schutz des Rechtsverkehrs* ergibt (Gutglaubensschutz, Rechtsschein), wie z.B. nach § 932 BGB, §§ 56, 366 II HGB. Denn diese Rechtsmacht wurzelt nicht in der Ausstattung des Täters mit einer rechtlichen »Befugnis«, sondern nur in den Wirkungen des Schutzes, den die *Rechtsordnung* im Interesse der *Verkehrssicherheit* gewährt: Von einer Befugnis i.S. des § 266 I StGB kann „nur bei einer Rechtsmacht die Rede sein, die ihren Ursprung in dem rechtlichen Verhältnis zwischen ihrem Träger und demjenigen hat, zu dessen Lasten sie wirksam werden kann".[8]

In diesem Zusammenhang ist umstritten, ob das »fingierte Fortbestehen« einer wirksam erteilten, aber erloschenen Vollmacht (§§ 169, 674 BGB) oder das »Fortwirken« der Vertretungsmacht gegenüber Dritten (§§ 170 ff BGB) eine »Befugnis« begründet. Unter Hinweis darauf, dass es auch hier lediglich um den Schutz des Rechtsverkehrs gehe, wird dies in der Literatur z.T. verneint.[9] Die vordringende Gegenmeinung argumentiert, dass auch die isoliert fortbestehende Rechtsmacht ihre *Grundlage* noch im Verhältnis zum Vermögensträger habe und kein *bloßer Reflex* des gesetzlichen Verkehrsschutzes sei.[10] **600**

---

4 Typische Beispiele bei *W/Hillenkamp* Rn. 754 ff.
5 MK-*Dierlamm* § 266 Rn. 134; *vH/Wittig* § 266 Rn. 16.
6 Vgl. *S/S/Perron* § 266 Rn. 17 m.w.N.
7 Vgl. näher *A/W/Weber* § 22 Rn. 18 ff.
8 BGHSt 5, 61 (63, oben zitiert → Rn. 595). Vgl. dazu LK-*Schünemann* § 266 Rn. 41; *S/S/Perron* § 266 Rn. 4; jew. m.w.N.
9 So z.B. *A/W/Weber* § 22 Rn. 22; *K/H/H*, BT 2, Rn. 804.
10 In dieser Richtung OLG Koblenz NStZ 2012, 330 (331); OLG Stuttgart NStZ 1985, 365 (366); *Labsch* Jura 1987, 411 (412); LK-*Schünemann* § 266 Rn. 40; NK-*Kindhäuser* § 266 Rn. 89; vgl. auch SK-*Hoyer* § 266 Rn. 80, nach welchem es in diesen Fällen jedoch am Erfordernis eines fortbestehenden Pflichtenverhältnisses (→ Rn. 604) fehlen könne.

III. Das Verhältnis von Missbrauchs- und Treubruchstatbestand

1. Die »Vermögensbetreuungspflicht« als Voraussetzung des Missbrauchstatbestandes

601 Umstritten ist das Verhältnis des »Missbrauchstatbestandes« zum sog. »Treubruchstatbestand« des § 266 I StGB. Dabei geht es um die Frage, ob überhaupt und inwiefern auch die Missbrauchsalternative eine »*Vermögensbetreuungspflicht*« (→ Rn. 618) und deren Verletzung voraussetzt. Lange Zeit war es – nicht immer deutlich artikulierte – h.M., dass Missbrauchs- und Treubruchstatbestand zwei *selbstständige*, einander ergänzende Untreuetatbestände seien, mit der Konsequenz, dass für den Missbrauchstatbestand im Innenverhältnis *keine* »Vermögensbetreuungspflicht« (Vermögensfürsorgepflicht) verlangt wurde, die zur Einschränkung der Missbrauchsalternative herangezogen werden konnte.

Im Anschluss an das »Scheckkarten-Urteil«[11] vollzog auch das Schrifttum überwiegend[12] eine »Wende«: Es setzte sich weitgehend die Auffassung durch, dass beide Untreuetatbestände durch das *gemeinsame Merkmal* einer »Vermögensbetreuungspflicht« miteinander verbunden seien, so dass auch der »Befugnis« zur rechtswirksamen Verfügung oder Verpflichtung eine solche Betreuungspflicht zugrunde liegen müsse. Der Missbrauchstatbestand wird damit zu einem „Spezialfall des umfassenderen Treubruchstatbestands".[13]

BGHSt 24, 386 (387) hat dies bereits aus dem »Wortlaut« abgeleitet: „Wie schon aus dem Wortlaut des § 266 StGB hervorgeht, setzen beide … Alternativen dieser Bestimmung voraus, dass der Täter fremde Vermögensinteressen von einiger Bedeutung zu *betreuen* hat." An einer „solchen Vermögensfürsorgepflicht" fehle es im Verhältnis des Scheckkarteninhabers zu seiner Bank. Der Vorteil dieses »Treubruchsansatzes« wird darin gesehen, dass er der „Notwendigkeit Rechnung [trägt], einer Ausuferung des § 266 StGB vorzubeugen und seinen Anwendungsbereich durch eine restriktive Auslegung sachgerecht zu begrenzen".[14]

Die Auffassung, dass auch der *Missbrauchstatbestand* eine Vermögensbetreuungspflicht verlangt, war zudem (mit) gesetzgeberisches Motiv für die 1986 eingefügte Sondervorschrift des § 266b StGB: Missbrauch von Scheck- und Kreditkarten. In dieser Vorschrift hat der Gesetzgeber eine spezielle »Missbrauchs-Untreue *ohne Vermögensbetreuungspflicht*« normiert. Dies lässt die verbindliche Wertung des Gesetzes erkennen, dass – umgekehrt – der allgemeine Missbrauchstatbestand des § 266 I StGB eine solche Pflicht voraussetzt!

2. Die Anforderungen an die Vermögensbetreuungspflicht

602 Allerdings besteht noch Uneinigkeit darüber, *wie* die »Vermögensbetreuungspflicht« innerhalb des Missbrauchstatbestandes zu verstehen ist: Handelt es sich dabei inhaltlich um *dieselbe* Vermögensfürsorgepflicht – mit denselben Einschränkungen –, de-

11 BGHSt 24, 386 (387 f); ebenso dann für die Kreditkarte BGHSt 33, 244 (250 f) mit abl. Bspr. *Bringewat* NStZ 1985, 535 (537) und zum Lastschriftverfahren OLG Hamm NJW 1977, 1834 (1835).

12 Zur nach wie vor vertretenen Gegenansicht → Rn. 603.

13 BGHSt 50, 331 (342); vgl. auch BVerfG NJW 2010, 3209 (3214 f) und BGH NJW 1984, 2539 (2540 im Zshg. mit der Hinweispflicht aus § 265 StPO).

14 *W/Hillenkamp* Rn. 750 m.w.N. auch zur Gegenmeinung.

ren Verletzung der Treubruchstatbestand voraussetzt, oder gelten für den »Treubruch durch Befugnismissbrauch« Besonderheiten? Die Literatur steht z.T. auf dem Standpunkt, „dass jede Restriktion, die Rechtsprechung und Lehre für den Treubruchstatbestand aus dem Merkmal ›Wahrnehmung fremder Vermögensinteressen‹ herausgearbeitet haben, auch für den Missbrauchstatbestand gilt, weil er durch den inhaltsgleichen [!] Begriff der ›Betreuung fremder Vermögensinteressen‹ in derselben Weise begrenzt ist".[15]

Eine gewichtige Gegenmeinung *reduziert* demgegenüber die Vermögensbetreuungspflicht auf den Gesichtspunkt, dass dem Täter die jeweilige »Befugnis« gerade im *Interesse des Vermögensinhabers* – und nicht nur im eigenen Interesse – eingeräumt sein müsse (»*fremd*nützige Dispositionsbefugnis«), ohne dass zugleich auch eine Betreuungspflicht i.S. des Treubruchstatbestandes erforderlich sei. Die *inhaltsgleiche* Übertragung auf den Missbrauchstatbestand führe nämlich entweder zu Strafbarkeitslücken oder zwinge umgekehrt dazu, beim Treubruchstatbestand auf wesentliche Einschränkungen zu *verzichten*, namentlich auf das Erfordernis eines *eigenen Entscheidungsspielraums*.[16]

In der Literatur[17] wird allerdings auch für eine »völlige Selbstständigkeit« des Miss- **603**
brauchstatbestandes plädiert: Durch die Beschränkung des Anwendungsbereichs auf den Missbrauch der rechtlichen Befugnis werde der Tatbestand bereits hinreichend bestimmt; weiterer Einschränkungen bedürfe es nicht. Schon das »rechtliche Können« konturiere zugleich die Pflicht zur Wahrnehmung fremder Vermögensinteressen in ausreichender Weise.[18]

IV. Die Innenbeziehung der Befugnis

Mit dem Problem, inwiefern der Missbrauchstatbestand im Innenverhältnis eine Ver- **604**
mögensbetreuungspflicht voraussetzt, hängt auch die weitere Frage zusammen, ob für die »Befugnis« ein in der Innenbeziehung *rechtswirksames Pflichtenverhältnis* bestehen muss. Die wohl h.M. bejaht diese Frage: Die äußere Rechtsmacht des Täters müsse in einem wirksamen Innenverhältnis ihren »rechtlichen Rückhalt« finden; charakteristisch für den Missbrauchstatbestand sei auch der »rechtliche Bestand« des Innenverhältnisses, dem der Täter seine äußere Stellung als Verfügungs- oder Verpflichtungsbefugter verdanke.[19] Die Überschreitung des »rechtlichen Dürfens« im Innenverhältnis wird von hier aus meist als »*Pflichtwidrigkeit*« oder »Pflichtverletzung« gekennzeichnet – eine Terminologie, die implizit bestehende »Rechtspflichten« voraussetzt.

15 *L/Kühl* § 266 Rn. 4. In dieser Richtung z.B. auch *A/W/Weber* § 22 Rn. 68; SK-*Hoyer* § 266 Rn. 14 ff; *SSW-Saliger* § 266 Rn. 6; ebenso wohl BGHSt 50, 331 (342).

16 Vgl. dazu *Eisele* GA 2001, 377 (380 f); *S/S/Perron* § 266 Rn. 2, 11; *Wegenast*, Mißbrauch und Treubruch, 1994, S. 134 ff; jew. m.w.N.

17 *Labsch* Jura 1987, 343 (345 f); *Otto*, BT, § 54 Rn. 8 ff und JR 1985, 29 (30 f); jew. m.w.N.

18 Eingehend zum ganzen Fragenkomplex *Kargl*, ZStW 113 (2001), 565 ff, 589 f; LK-*Schünemann* § 266 Rn. 10 ff; *Nelles*, Untreue zum Nachteil von Gesellschaften, 1991, S. 218 ff, 502 ff; Übersicht mit Aufbereitung der Argumente und w.N. bei *Hillenkamp*, BT, Problem Nr. 34.

19 Vgl. LK-*Hübner*, 10. Aufl., § 266 Rn. 63; *M/Maiwald*, BT 1, § 45 II Rn. 15; SK-*Hoyer* § 266 Rn. 43, 80; jew. m.w.N.

Von dem Ausgangspunkt aus, dass dem Täter lediglich eine im Außenverhältnis wirksame Befugnis zur »*fremdnützigen Disposition*« eingeräumt sein muss (→ Rn. 602 a.E.), gelangt man demgegenüber zu teilweise abweichenden Folgerungen. Danach ist es prinzipiell gleichgültig, ob das »Innenverhältnis« zur Zeit der Tat noch besteht oder überhaupt wirksam entstanden ist. Ein »Missbrauch« als »bestimmungswidrige Ausübung« der Befugnis liegt nicht nur beim Verstoß gegen »Pflichten« aus einem *rechtswirksamen* Innenverhältnis vor, sondern z.B. auch dann, wenn der Täter von seiner »Befugnis« Gebrauch macht, obwohl er sie wegen Nichtigkeit oder Beendigung des Innenverhältnisses nicht hätte ausüben dürfen (z.B. durch Kündigung eines Auftrags oder Geschäftsbesorgungsvertrags). Folgt die Nichtigkeit des Innenverhältnis hingegen aus §§ 134, 138 BGB, so ist anerkannt, dass dies den Missbrauchstatbestand grundsätzlich ausschließt. Denn in diesem Fall fehlt es nicht nur an einem wirksamen Innenverhältnis, sondern auch an einer im Außenverhältnis bestehenden wirksamen Befugnis (»rechtliches Können«).[20]

Vergiftung – § 224 I Nr. 1 StGB

Vgl. **Beibringung eines Stoffes (Giftes)** → Rn. 108.

Verlangen, ausdrückliches ernstliches – § 216 I StGB

605 »Ausdrückliches ernstliches Verlangen« bedeutet, dass das Opfer, über die bloße *Zustimmung* zur Tötung hinausgehend, seinen Tod – noch im Zeitpunkt der Tatausführung – ernstlich begehrt und dies unmissverständlich kundgetan hat.

»Ernstlichkeit« setzt voraus, dass der Verlangende imstande ist, die Tragweite seiner Entscheidung zu erfassen, und dass er sie frei von *Zwang* und anderen *wesentlichen Willensmängeln* (→ Rn. 606) trifft.

Literatur: *S/S/Sternberg-Lieben* § 216 Rn. 4 ff; abw. MK-*Schneider* § 216 Rn. 10 ff (sämtliche Willensmängel beachtlich). **Einführend:** *Steinhilber* JA 2010, 430 ff.

Rechtsprechung Beispielhaft: RGSt 68, 306 (307 – bloßes Einverstandensein genügt nicht); BGHSt 50, 80 (91 f – handlungsleitendes Motiv [Kannibalen-Fall]); BGH NJW 1987, 1092 f (Tötungsverlangen für den Fall, dass Selbsttötung misslingt) mit krit. Bspr. *Kühl* JR 1988, 338 (339) und *Roxin* NStZ 1987, 345 (346).

BGH NStZ 2012, 85 (86): „Ernstlich ist ein derartiges Verlangen nur, wenn es auf fehlerfreier Willensbildung beruht. Der seinen Tod verlangende Mensch muss dazu die Urteilskraft besitzen, um die Bedeutung und Tragweite seines Entschlusses zu überblicken und abzuwägen. Dem entsprechend ist einem Tötungsverlangen die Anerkennung im Sinne des Privilegierungstatbestands für den Täter zu versagen, wenn das Opfer durch eine Erkrankung in seiner natürlichen Einsichts- und Willensfähigkeit beeinträchtigt war und es deshalb die Tragweite seines

20 Vgl. zu dieser diff. Lösung näher MK-*Dierlamm* § 266 Rn. 134; *S/S/Perron* § 266 Rn. 11, 18.

Entschlusses, sich töten zu lassen, nicht überblickte. Unbeachtlich ist aber auch ein Tötungsverlangen in depressiver Augenblicksstimmung, zumindest wenn es nicht von innerer Festigkeit und Zielstrebigkeit getragen wird."

Hinweise: Das den Täter zur Tötung »bestimmende« *Verlangen* des Opfers muss nach überwiegender Auffassung als *entscheidender* –, wenn auch nicht notwendig einziger Tatantrieb beim Täter[1] gewirkt haben (Verlangen als »handlungsleitender Todeswunsch«).[2] Bei der irrtümlichen Annahme eines Tötungsverlangens ist § 16 II StGB,[3] bei der Beteiligung § 28 II StGB zu beachten.[4] **606**

Die *Ernstlichkeit* setzt zweierlei voraus: Zum einen muss der Verlangende die Tragweite der Entscheidung abgewogen haben („tiefere Reflexion"),[5] zum anderen darf die Beurteilungsbasis nicht auf wesentlichen Willensmängeln beruhen. Welche Willensmängel wesentlich sind, wird nicht einheitlich beurteilt: Überwiegend wird auf solche abgestellt, die auch bei der Beurteilung der Freiverantwortlichkeit des Suizids relevant sind.[6] Zum Teil werden aber auch erhöhte Anforderungen an die Ernstlichkeit gestellt, da der Wunsch nach Fremdtötung – im Vergleich zur Selbsttötung – generell auf eine geringere psychische Entschlossenheit deute, so dass das ernstliche Verlangen bei jeglichen Motivirrtümern oder bei bloßem Nötigungszwang zu verneinen sei.[7]

Vermögen (strafrechtlicher Vermögensbegriff) – § 263 I (u.a. §§ 253 I, 266 I) StGB

»Vermögen« ist die Gesamtheit der Güter und Positionen einer natürlichen oder juristischen Person, die einen messbaren **wirtschaftlichen Wert –** Geldwert – haben (insoweit: »rein wirtschaftlicher Vermögensbegriff«), *sofern* sie dem Vermögensinhaber unter dem **Schutz der Rechtsordnung** oder wenigstens ohne deren *Missbilligung* zustehen (in dieser *eingeschränkten* Form: »juristisch-ökonomischer Vermögensbegriff«, »wirtschaftlicher Vermögensbegriff auf normativer Grundlage«). **607**

---

1 Zur Abgrenzung zwischen (täterschaftlicher) »Tötung auf Verlangen« und *strafloser* Beteiligung am Suizid, insb. beim sog. »einseitig fehlgeschlagenen Doppelselbstmord«, vgl. die Übersicht bei *W/Hettinger* Rn. 162 ff.

2 LK-*Jähnke* § 216 Rn. 8; BGHSt 50, 80 (91 f) mit krit. Bspr.: *Kudlich* JR 2005, 342 (343), *Mitsch* ZIS 2007, 197 (198 f), *Otto* JZ 2005, 799 (800) und *Scheinfeld* GA 2007, 695 (698 ff, 709); gegen die Kritik wiederum MK-*Schneider* § 216 Rn. 29; zur Verfassungsmäßigkeit dieser Auslegung BVerfG NJW 2009, 1061 (1062).

3 Näher *Gierhake* GA 2012, 291 (302 ff); *Küper* Jura 2007, 260 ff, 263 ff; BGH NStZ 2012, 85 (86).

4 Eingehend *Engländer*, Krey-FS, 2010, S. 71 ff auch zur Rspr. im Zshg. mit der Anwendung des § 28 StGB; Übersicht bei *S/S/Sternberg-Lieben* § 216 Rn. 18.

5 Nach BGH NStZ 2011, 340 (341) und 2012, 85 (86) setzt die Ernstlichkeit daher einen Entschluss von „innerer *Festigkeit* und Zielstrebigkeit" voraus.

6 *S/S/Sternberg-Lieben* § 216 Rn. 8 m.w.N.: bei Täuschungen (insbesondere durch den Täter) seien rechtsgutsbezogene und *wesentliche* Motivirrtümer (etwa über die Schwere der Krankheit) beachtlich.

7 MK-*Schneider* § 216 Rn. 22 f. Eingehend zu der Problematik *M.-K. Meyer*, Ausschluß der Autonomie durch Irrtum, 1984, S. 223 ff; *F. Müller*, § 216 StGB als Verbot abstrakter Gefährdung, 2010, 134 ff; *Küper* JZ 1986, 219 (227 ff).

Nach dem »juristisch-ökonomischen Vermögensbegriff« sind – wenn auch nicht unstrittig – **Bestandteile des »Vermögens«**:

- das *Eigentum* und sonstige dingliche oder obligatorische *Rechte* (Ansprüche, Forderungen), Anwartschaftsrechte;
- tatsächliche *Erwerbsaussichten* (sog. »Exspektanzen«, »faktische Anwartschaften«), wenn sie bereits derart konkretisiert – »verfestigt« – sind, dass ihnen *wirtschaftlicher Gegenwartswert* zukommt (→ Rn. 616);
- der – auch widerrechtlich erlangte (str. → Rn. 615) – *Besitz* einer Sache; die Möglichkeit, »*Arbeitskraft*« gegen Entgelt zu verwerten, soweit sie nicht zu verbotenem/sittenwidrigem Zweck eingesetzt wird (str. → Rn. 614). Ein sonstiger wirtschaftlicher Wert (insb. Geld, Eigentum, Besitz) verliert im Übrigen nicht dadurch seine Eigenschaft als Bestandteil des geschützten »Vermögens«, dass er zur *Erfüllung* eines gesetz- oder sittenwidrigen Geschäfts oder sonst zu **unerlaubtem Zweck** verwendet wird (str. → Rn. 613).

Nicht zum Vermögen zählen demgegenüber:

- *nichtige Ansprüche* aus gesetz- oder sittenwidrigen Geschäften (str. → Rn. 612);
- der staatliche Anspruch auf Zahlung einer *Geldstrafe* oder Geldbuße (str. → Rn. 616).

Literatur: LK-*Tiedemann* § 263 Rn. 127 ff; MK-*Hefendehl* § 263 Rn. 336 ff (mit »normativ-ökonomischem« Vermögensbegriff). **Einführend:** *Rengier*, BT 1, § 13 Rn. 118 ff.

Erläuterungen

I. Vermögensbegriff und Vermögenstheorien

608 Bei den Vermögensdelikten gewinnt der Begriff des »Vermögens« in dreifacher Hinsicht Bedeutung.[1] Soweit diese Straftaten – als sog. »Selbstschädigungsdelikte« – im Tatbestand eine »Vermögensverfügung« voraussetzen, muss Objekt dieser *Verfügung* eine Position sein, die strafrechtlich dem »Vermögen« zuzuordnen, als dessen Bestandteil anzusehen ist. Ferner muss der »*Schaden*« eine Beeinträchtigung gerade des »Vermögens« – insgesamt – darstellen. Und schließlich ist das »Vermögen« vielfach Gegenstand einer auf dessen *Verbesserung* (»Vermögensvorteil«, »Bereicherung«) gerichteten, *speziellen Absicht* (Vorteilsabsicht, Bereicherungsabsicht). Zu beachten ist, dass sich der Streit der strafrechtlichen *Vermögenstheorien* um den »richtigen Vermögensbegriff«, insbesondere um das Verhältnis von wirtschaftlichen und juristischen Kriterien bei der Bestimmung des »Vermögens«, lediglich auf die beiden *zuerst* genannten Bereiche bezieht: Es geht um die Bestimmung des »strafrechtlich *geschützten*« Vermögens als Bezugsobjekt von »Verfügung« und »Schaden« (Rechtsgutsproblem), nicht um das »Vermögen« als Gegenstand der Bereicherungsabsicht. Der erstrebte Vermögens*vorteil*, auf den es bei der Bereicherungsabsicht ankommt, ist vielmehr – unabhängig vom Streit um die Vermögenstheorien – wirtschaftlich zu bestimmen (vgl. → Rn. 130).

In der Auseinandersetzung um den strafrechtlichen *Vermögensbegriff* wird die sog. »juristische Vermögenstheorie«, die vor allem mit den Namen *Binding* und *A. Merkel*

1 Zum vollstreckungsrechtlichen Begriff des »Vermögens« i.S. des § 288 I StGB → Rn. 564.

verbunden ist, heute kaum mehr vertreten. Sie verstand das »Vermögen« als der *Vermögensrechte* und *-pflichten* einer Person, ohne Rücksicht auf den *wirtschaftlichen* Wert, und verband diesen juristischen Vermögens- mit einem Schadensbegriff: Der Schaden sollte in einem »Rechtsverlust« de facto oder im Ausbleiben der »rechtlich zustehenden Gegenleistung« bestehen.[2] Heute konkurrieren im Wesentlichen die beiden in der Definition (→ Rn. 607) wiedergegebenen Vermögensbegriffe: eine *»rein wirtschaftliche«* Vermögenstheorie mit einer in verschiedenen Spielarten vertretenen *»juristisch-ökonomischen Vermittlungslehre«*, die im Schrifttum inzwischen die h.M. repräsentieren dürfte;[3] – zu anderen Vermögenstheorien → Rn. 617.

II. Wirtschaftliche und juristisch-ökonomische Vermögenstheorie

1. Grundsätzliches

Kennzeichnend für eine »rein wirtschaftliche« Vermögenslehre ist der Satz: »Es gibt kein strafrechtlich ungeschütztes Vermögen.« Danach erfasst das »Vermögen« alle ökonomisch werthaften (geldwerten) Güter und Positionen, unabhängig von ihrer *rechtlichen* Anerkennung. Die »juristisch-ökonomische Vermittlungslehre« stimmt im Ausgangspunkt mit dem wirtschaftlichen Vermögensbegriff überein, *begrenzt* jedoch den Bereich des geschützten Vermögens unter rechtlichen Gesichtspunkten.[4] Ihr grundsätzliches Anliegen besteht darin, die für die Vermögenszuordnung auch im Wirtschaftsleben mitbestimmenden rechtlichen Regelungen angemessen zu berücksichtigen: „Der Begriff des Vermögens gehört, auch im wirtschaftlichen Sinn verstanden, nicht einer ›amoralischen‹ Welt bloßer Machtbeziehungen, sondern einer von vornherein auf *Ordnungswerte* bezogenen sozialen Wirklichkeit an".[5] »Vermögen« ist danach die Summe der geldwerten Wirtschaftsgüter/Positionen einer Person, die ihrer »rechtlichen Verfügungsmacht unterliegen« (*Nagler*, *Gallas*), ihr »unter dem Schutz der Rechtsordnung« (*Welzel*) oder wenigstens »ohne deren Missbilligung« (*Lackner*, *Lenckner*) zustehen bzw. die sie »unter Billigung der rechtlichen Güterzuordnung innehat« (*Cramer*).[6] **609**

2. Die Relevanz der Vermögensbegriffe

Der Unterschied zum »rein wirtschaftlichen« Vermögensbegriff wird u.a. – namentlich beim Betrug – in drei umstrittenen Problembereichen relevant:[7] **610**

- bei der Frage, ob *»nichtige Ansprüche«* aus verbotenen/sittenwidrigen Geschäften als Bestandteile des »Vermögens« anzuerkennen sind (→ Rn. 612);
- bei dem Problem, ob ein zur Erreichung eines rechtlich *missbilligten Zwecks* (Erfüllung eines verbotenen Geschäfts) eingesetzter wirtschaftlicher Wert – einschließlich der »Arbeitskraft« – noch am strafrechtlichen Vermögensschutz teilnimmt (→ Rn. 613 f);

---

2 Näher dazu LK-*Lackner*, 10. Aufl., § 263 Rn. 121; *M/Maiwald*, BT 1, § 41 II Rn. 88 ff.

3 Dezidiert für eine ausschließlich wirtschaftliche Betrachtung aber z.B. noch *Heghmanns* Rn. 1229 f; *Hohmann/Sander*, BT 1, § 11 Rn. 76; *K/H/H*, BT 2, Rn. 613 ff; Übersicht mit Aufbereitung der Argumente und w.N. bei *Hillenkamp*, BT, Problem Nr. 31.

4 Zsfd. LK-*Tiedemann* § 263 Rn. 132.

5 *Gallas*, Beiträge zur Verbrechenslehre, 1968, S. 233.

6 Zu Unterschieden innerhalb dieser Lehre vgl. SK-*Hoyer* § 263 Rn. 92, 108 ff; *Spickhoff* JZ 2002, 970 (972 f).

7 Übersicht mit Fallbeispielen bei *Otto* Jura 1993, 424 ff; *Rengier*, BT 1, § 13 Rn. 129 ff; *Waszcynski* JA 2010, 251 (252 ff).

- bei der Frage, ob und inwieweit der »*unrechtmäßige Besitz*« – oder eine sonst in missbilligenswerter Weise erlangte wirtschaftliche Position – einen schutzwürdigen Vermögensbestandteil darstellt (→ Rn. 615).

Nach einer im Schrifttum vertretenen Auffassung soll es sich hierbei – im Betrugsbereich – nicht eigentlich um die Problematik des »richtigen *Vermögens*begriffs«, sondern um die andere Frage handeln, inwieweit es „zur rechtlich geschützten Handlungsfreiheit gehört, bestimmte Vermögens*verfügungen* täuschungsfrei vornehmen zu können" (Differenzierung nach der rechtlichen Schutzwürdigkeit/Akzeptanz des Verfügungszwecks).[8] Auf die Ergebnisse hat dieser abweichende theoretische Ansatz aber wohl keinen Einfluss.

III. Zur Entwicklung der Rechtsprechung

611 In der Rechtsprechung[9] legte das RG zunächst einen tendenziell »juristischen« Vermögensbegriff zugrunde,[10] verstand sodann aber – i.S. einer rechtlich-ökonomischen Vermittlungslehre – unter Vermögen nur das »rechtlich geschützte Vermögen«, mit doppelter Konsequenz: keine Einbeziehung *nichtiger Ansprüche* und Ausschluss von Gütern, die zu rechtlich *missbilligten Zwecken* eingesetzt werden.[11] Mit einer Entscheidung der Vereinigten Strafsenate, die freilich nicht das Problem unwirksamer Ansprüche betraf (!), vollzog die Rechtsprechung generell den Übergang zu einer »*rein wirtschaftlichen*« Vermögensauffassung (Zahlung für ein nur angeblich taugliches Abtreibungsmittel): „Der Vermögensbegriff ist in erster Linie ein Begriff des wirtschaftlichen Lebens. Vermögen ist wirtschaftliche Macht, ist alles das, was für die wirtschaftlichen Verhältnisse einer Person Wert hat, ist somit ein Inbegriff von Werten oder … die *Summe der geldwerten Güter* einer Person."[12] Spätere Entscheidungen des RG hielten an dieser Linie fest, betonten z.T. aber auch wieder den »Schutz der Rechtsordnung« als Voraussetzung strafrechtlich geschützten Vermögens.[13]

Im Anschluss an RGSt 44, 230 vertrat der BGH anfangs einen »rein wirtschaftlichen« Vermögensbegriff:[14] Er schränkte ihn freilich bereits in BGHSt 4, 373 (Bezahlung einer Prostituierten) normativ ein. Spätestens seit BGH NStZ 1987, 407 kann die BGH-Rechtsprechung für eine »*juristisch-ökonomische Vermittlungslehre*« in Anspruch genommen werden.[15] Dort wurde mit folgender Argumentation weder der »Arbeitskraft« noch dem »Lohnanspruch« von Prostituierten Vermögensqualität zuerkannt:[16] „Zwar kann auch die Möglichkeit, die eigene Arbeitskraft zur Erbringung

---

8 *Bergmann/Freund* JR 1988, 189 ff; zust. *Otto* Jura 2002, 606 (611) m.w.N.

9 Zur Entwicklung näher *Lenckner* JZ 1967, 105 f; LK-*Lackner*, 10. Aufl., § 263 Rn. 122; SK-*Hoyer* § 263 Rn. 93 ff. Übersicht über die Rspr. bei *Fischer* § 263 Rn. 101 ff.

10 RGSt 3, 332 f; 11, 72 ff.

11 Vgl. z.B. RGSt 19, 186 (190 f); 21, 161 f; 36, 334 (343 f); 37, 30 (31).

12 RGSt 44, 230 (233); ebenso die nachf. Rspr. des RG (s. die Nachw. in BGHSt 2, 364 [365 ff]).

13 Vgl. insb. RGSt 65, 99 (100 f); 66, 281 (284 f).

14 BGHSt 2, 364 (365 ff) mit Anm. *Bockelmann* JZ 1952, 485 ff; BGHSt 3, 99 (102); 8, 254 (256); 15, 83 (86 f).

15 *Bergmann/Freund* JR 1988, 189 (190); skeptisch SK-*Hoyer* § 263 Rn. 93 und *SSW-Satzger* § 263 Rn. 94. Auf der Linie einer juristisch-wirtschaftlichen Vermögenstheorie liegen auch BGHSt 26, 346 (347 f) und 31, 178 (180) sowie z.B. BGH NStZ 2001, 534. Repräsentativ für eine »rein wirtschaftliche« Betrachtungsweise ist dagegen noch OLG Hamburg NJW 1966, 1525 f mit krit. Bspr. *Cramer* JuS 1966, 472 ff.

16 Vgl. zu dieser Entscheidung (bestätigt durch BGH wistra 1989, 142) die Bspr. *Barton* StV 1987, 485; *Bergmann/Freund* JR 1988, 189 ff; *Tenckhoff* JR 1988, 126 ff.

von Dienstleistungen einzusetzen, zum Vermögen i.S. des § 263 StGB gehören, wenn solche Leistungen üblicherweise nur gegen Entgelt erbracht werden. Das gilt aber nicht für Leistungen, die verbotenen oder unsittlichen Zwecken dienen. Das Strafrecht würde sich *in Widerspruch zur* übrigen *Rechtsordnung* setzen, wenn es im Rahmen des Betrugstatbestandes nichtigen Ansprüchen Schutz gewährte, die aus verbotenen oder unsittlichen Rechtsgeschäften hergeleitet werden"; – zum Anspruch der Prostituierten auf Bezahlung seit Inkrafttreten des »Prostitutionsgesetzes« am 1.1.2002 → Rn. 614.

IV. Wichtige Problembereiche

1. Nichtige Ansprüche, unerlaubte Zwecke

Soweit der Vermögensbegriff im Problemkreis der »rechts- oder sittenwidrigen Geschäfte« eine Rolle spielt, sind namentlich zwei Aspekte der Problematik zu unterscheiden. Einmal geht es darum, ob auch »*nichtige Ansprüche*« aus verbotenen/sittenwidrigen Geschäften (Beispiel: Anspruch des Auftragskillers auf Bezahlung) als Vermögensbestandteile anzuerkennen sind, wenn ihnen immerhin ein »wirtschaftlicher Wert« zugesprochen werden kann. Dies wird von der »juristisch-ökonomischen« Vermögensauffassung verneint, weil das Recht diesen Anspruch missbillige (§§ 134, 138 BGB) und ihn damit nicht zugleich als Vermögenswert strafrechtlich schützen könne.[17] Unter Zugrundelegung eines »rein wirtschaftlichen Vermögensbegriffs« – der die Frage der rechtlichen Anerkennung/Missbilligung ausklammert – ist in diesen Fällen hingegen die Zuordnung des nichtigen Anspruchs zum »Vermögen« denkbar, sofern der Anspruch rein *tatsächlich durchsetzbar* ist (etwa aufgrund enger Freundschaft, Komplizenschaft).[18] **612**

Hiermit nicht zu verwechseln ist die verwandte, aber andersartige Frage, wie der *Einsatz von Vermögenswerten* (»redlich erworbenen Gütern«, »gutem Geld«, »Arbeitskraft«) zu *missbilligten Zwecken* (Beispiel: Geld, das an den Auftragskiller gezahlt wurde) unter dem Gesichtspunkt des strafrechtlich geschützten Vermögens zu beurteilen ist. Die Frage ist erheblich umstritten. Nach der Rechtsprechung und h.M. im Schrifttum verliert ein geldwertes Gut grundsätzlich nicht dadurch seine Eigenschaft als schutzwürdiger Vermögensgegenstand, dass es zur *Verfolgung* eines rechts- oder sittenwidrigen *Zwecks*, insbesondere zur Erfüllung eines verbotenen Geschäfts, eingesetzt wird. Mit anderen Worten: der Schutz für originär schutzwürdiges Vermögen wird *nicht* infolge illegaler Zweckverfolgung *verwirkt*.[19] Dieser Auffassung stimmen auch die Vertreter des juristisch-ökonomischen Vermögensbegriffs überwiegend zu.[20] Die *Gegenmeinung* sieht in der rechtlichen »Anerkennung« von Vermögenswer- **613**

17 Vgl. *Neumann* JuS 1993, 746 (748); *Waszcynski* JA 2010, 251 (252).

18 Vgl. *K/H/H*, BT 2, Rn. 609; *W/Hillenkamp* Rn. 568 f.

19 Näher zur Argumentation der h.M. *Bergmann/Freund* JR 1988, 189 (191) m.w.N.

20 Vgl. zu diesem Fragenkreis, der sich auch mit der Problematik der »bewussten Selbstschädigung« berührt, i.S. der h.M. etwa RGSt 44, 230 (236); BGHSt 29, 300 (301 f) mit zust. Bspr. *Dölling* JuS 1981, 570 (571 f), abl. aber *Maiwald* NJW 1981, 2777 (2780); BGHSt 48, 322 (329 f); BGH NJW 2002, 2117 mit zust. Bspr. *Engländer* JR 2003, 164 f, abl. aber *Kindhäuser/Wallau* NStZ 2003, 152 ff und *Mitsch* JuS 2003, 122 ff sowie *Swoboda* NStZ 2005, 476 ff; KG NJW 2001, 86 f mit Bspr. *Gröseling* NStZ 2001, 515 ff und *Hecker* JuS 2001, 228 (229 ff); LK-*Tiedemann* § 263 Rn. 138; *Otto* Jura 1993, 424 (425 f); *W/Hillenkamp* Rn. 564 ff.

ten, die zu rechts- oder sittenwidrigem Zweck eingesetzt werden, einen Widerspruch zur Behandlung nichtiger Ansprüche. Im Rahmen des § 263 StGB wird dabei z.T. – unter dem Aspekt der Betrugsrelevanz – eine »Vermögensverfügung« bzw. sogar schon die »Täuschungshandlung« verneint.[21]

614 Demgegenüber wird die »*Arbeitsleistung*«[22], die zu verbots- oder sittenwidrigen Zwecken eingesetzt wird (so z.B. das „Schmierestehen" beim Einbruch),[23] ganz überwiegend *nicht* dem »Vermögen« zugerechnet. Erklären lässt sich diese »Asymmetrie« der Bewertung (eingesetztes Geld schutzwürdig, die Arbeitsleistung hingegen nicht) mit der Überlegung, dass das Geld seine *bereits bestehende* Eigenschaft als Wirtschaftsgut nicht durch den Einsatz zu sittenwidrigen Zwecken verliert (→ Rn. 613), während es sich bei der gesetz- und sittenwidrigen Arbeitsleistung *von vornherein* nicht um ein marktfähiges Wirtschaftsgut handelt.[24]

Das »Prostitutionsgesetz« vom 1.1.2002 hat klargestellt, dass der Anspruch auf Zahlung des vereinbarten Entgelts für erbrachte sexuelle Handlungen nicht sittenwidrig, sondern rechtlich geschützt ist. Diese Bewertung wirkt sich auch auf die Beurteilung der Dienstleistung der Prostituierten aus, die nunmehr nicht mehr unter Hinweis auf die Sittenwidrigkeit der bezahlbaren sexuellen Handlung als nicht geschützt angesehen werden kann. Soweit der BGH daher meint, dass der Prostituierten nur dann ein – ihrem Vermögen zurechenbarer – Anspruch auf das vereinbarte Entgelt zusteht, wenn die abgesprochene sexuelle Handlung *einvernehmlich* vorgenommen, nicht aber wenn sie erzwungen worden ist,[25] bleibt zu prüfen, ob die erzwungene Leistung dann zumindest als vermögenswerte Arbeitsleistung schutzwürdig ist.[26]

2. Der (unrechtmäßige) Besitz als Vermögensbestandteil

615 Dass auch der »Besitz« an einer Sache – unmittelbarer oder mittelbarer Besitz –, sofern er einen wirtschaftlichen Wert verkörpert,[27] grundsätzlich zu den Bestandteilen des geschützten »Vermögens« gehört, ist in Literatur und Rechtsprechung seit langem anerkannt.[28] Auf der Grundlage eines »rein wirtschaftlichen« Vermögensbe-

---

21 Vgl. hierzu mit unterschiedlichen Begr. etwa AnwK-*Gaede* § 263 Rn. 79; *Bergmann/Freund* JR 1988, 189 (191 ff); *Hecker* JuS 2001, 228 ff; SK-*Hoyer* § 263 Rn. 131 ff; LG Regensburg NStZ-RR 2005, 312 f; zsfd. *Waszczynski* JA 2010, 251 (253 f).

22 Zur – sonstigen – » Arbeitsleistung« als Vermögensbestandteil eingehend *B. Heinrich* GA 1997, 24 ff m.w.N.

23 Zum fehlenden Vermögenswert einer auf die Erfüllung eines *Straftatbestandes* gerichteten Leistung BGH NStZ 2001, 534; NStZ-RR 2009, 106 (107).

24 Vgl. *Neumann* JuS 1993, 746 (749); s. auch BGHSt 57, 95 (118) m.w.N.

25 BGH NStZ 2011, 278 (279) mit zust. Anm. *Zimmermann* NStZ 2012, 211 (213); BGH NStZ 2013, 710.

26 *Barton* StV 2014, 418 (419); *Eckstein* JZ 2012, 101 (103 f); *Hecker*, Kühne-FS, 2013, 81 (88 f). Zum Einfluss des »Prostitutionsgesetzes« auf das »Vermögen« der Prostituierten vgl. auch SK-*Hoyer* § 263 Rn. 94 ff, 133; *Ziethen* NStZ 2003, 184 ff.

27 Zur Bestimmung des wirtschaftlichen Wertes beim Besitz (für die Schadensermittlung) vgl. LK-*Tiedemann* § 263 Rn. 190 ff m.w.N.; BGHSt 14, 386 (389); BGH StV 2011, 412 (413) m.w.N.; OLG Celle StV 1996, 154 (155).

28 Vgl. LK-*Lackner*, 10. Aufl., § 263 Rn. 133 m.w.N.; aus der Rspr. z.B.: RGSt 1, 55 (57 f); 41, 265 (268); 44, 230 (235); BGHSt 14, 386 (388); 48, 322 (326); BGH NStZ 2008, 627 mit abl. Anm. *Kindhäuser* StV 2009, 355 (356 f). Eingehend zur Problematik des »Besitzes« als Vermögensbestandteil *Hillenkamp*, Achenbach-FS, 2011, S. 189 ff, 201 ff; *Kühl* JuS 1989, 505 (510 ff); jew. m.w.N.

griffs gilt dies konsequenterweise ohne Einschränkung: Es kann danach nicht darauf ankommen, ob der Besitz »rechtmäßig« oder »unrechtmäßig«, der unrechtmäßige Besitzer »redlich« oder »unredlich« ist; auch der widerrechtlich (deliktisch!) erlangte Besitz fällt hiernach unter den strafrechtlichen Vermögensschutz.

Für die Vertreter eines »juristisch-ökonomischen« Vermögensbegriffs liegt dagegen die Folgerung nahe, nur den »rechtmäßigen«, durch ein *Besitzrecht* legitimierten Sachbesitz als Bestandteil des strafrechtlich geschützten Vermögens anzuerkennen, insbesondere den deliktisch erlangten Besitz (etwa durch Diebstahl) vom Vermögensschutz auszunehmen.[29]

Gleichwohl bestehen innerhalb der juristisch-ökonomischen Vermittlungslehre insoweit *erhebliche Meinungsverschiedenheiten.* Sie erklären sich daraus, dass die Rechtsordnung (§§ 859 ff BGB) auch den *unrechtmäßigen* Besitz in bestimmtem Umfang *schützt:* „[N]ur der Berechtigte – und auch er nur mit den von der Rechtsordnung zur Verfügung gestellten Mitteln – soll den Nichtberechtigten gegen seinen Willen aus der Besitzposition vertreiben dürfen. Diese Regelung läßt den Grundgedanken erkennen, daß eine einmal entstandene, sei es auch widerrechtliche Besitzlage … eine bis zur Wiederherstellung des wirklichen Rechts von jedermann zu respektierende vorläufige Position [ist], die der … Besitzer in seinem Interesse verteidigen darf“.[30] Innerhalb der »*juristisch-ökonomischen Vermittlungslehre*« wird der unrechtmäßige, auch widerrechtlich erlangte Besitz als Vermögensobjekt deshalb überwiegend anerkannt.[31] Die *Gegenauffassung* wendet demgegenüber ein, dass der nur vorläufige (»possessorische«) Besitzschutz keine *rechtliche Anerkennung* des unrechtmäßigen Besitzes als Vermögensbestandteil mit sich bringe.

3. Anwartschaften, Exspektanzen, Sonstiges

Nach ständiger Rechtsprechung und h.M. können auch »Erwerbs- und Gewinnaus- **616**
sichten« zum geschützten Vermögen gehören, wenn sie nach den konkreten Umständen das Stadium einer »flüchtigen, wirtschaftlich noch nicht fassbaren Hoffnung« überschritten haben und ihnen der Geschäftsverkehr bereits einen wirtschaftlichen Wert beimisst, weil es sich um eine »gesicherte Erwerbsposition« handelt.[32] Keine solche Position hat z.B. der gesetzliche oder testamentarisch eingesetzte Erbe zu Lebzeiten des Erblassers.[33]

---

29 Vgl. *Gallas*, Beiträge zur Verbrechenslehre, 1968, S. 248 ff; NK-*Kindhäuser* § 263 Rn. 239; *Zieschang*, Hirsch-FS, 1999, S. 831 (837 f).

30 LK-*Lackner*, 10. Aufl., § 263 Rn. 133.

31 So z.B. GS-*Duttge* § 263 Rn. 44; LK-*Tiedemann* § 263 Rn. 140 f; MK-*Hefendehl* § 263 Rn. 471 f; jew. m.w.N. auch zur Gegenansicht. Diff. zwischen »redlichem« und »unredlichem« rechtswidrigen Besitz *S/S/Perron* § 263 Rn. 94 f.

32 Zur Problematik der »Anwartschaften« und »Exspektanzen« als Vermögensobjekte vgl. die Nachw. zur Rspr. und Lit. bei *S/S/Perron* § 263 Rn. 86 ff; monographisch *Hefendehl*, Vermögensgefährdung und Exspektanzen, 1994, S. 199 ff. Aus der neueren Rspr. vgl. z.B. BGHSt 17, 147 (148); 31, 178 (179 f) mit abl. Bspr. *Lenckner* NStZ 1983, 409 (410); BGH NStZ 2004, 557 (558); BayObLG NJW 1994, 208 mit abl. Bspr. *Hilgendorf* JuS 1994, 466 (468 f).

33 OLG Stuttgart NJW 1999, 1564 (1566). Näher zu den Problemen der »Erberschleichung« *Brand/Fett* JA 2000, 211 (212 ff); *Eisele*, Weber-FS, 2004, S. 271 ff; *Hoyer*, Schroeder-FS, 2006, S. 497 ff.

Dem staatlichen Anspruch auf Zahlung einer *Geldstrafe* oder einer Geldbuße fehlt nach h.M. die Vermögensqualität. Diese Ansicht wird zum einen damit begründet, „daß diese Sanktionen keine »für den Wirtschaftsverkehr relevanten« Gegenstände darstellen, da ... ihnen ... eine wirtschaftliche Zweckbestimmung nicht zugrunde liegt.“[34] Zum anderen wird darauf verwiesen, dass § 258 StGB als abschließende Spezialregelung für den Schutz des staatlichen Straf- und Ahndungsanspruchs einem Schutz dieser Ansprüche über § 263 StGB entgegensteht.[35]

V. Der personale Vermögensbegriff – neue Vermögensbegriffe

617 Nach dem sog. »*personalen Vermögensbegriff*«, der heute namentlich von *Otto* vertreten wird, ist Vermögen die »wirtschaftliche Potenz des Rechtssubjekts«, die auf der Herrschaft über in der Rechtsgemeinschaft als selbstständige Objekte des Wirtschaftsverkehrs angesehene Gegenstände beruht. »Vermögen« ist eine »personal strukturierte Einheit«, welche die Entfaltung der Person im gegenständlich-wirtschaftlichen Bereich gewährleistet. Diese »Einheit« konstituiert sich in den von der *Rechtsordnung anerkannten* Herrschaftsbeziehungen der Person zu Objekten (Vermögensgütern), die von der Rechtsgesellschaft als wirtschaftliche Verkehrsobjekte bewertet werden, weil sie Gegenstand eines entsprechenden *Rechtsgeschäfts* (»Tausch gegen Geld«) sein können. Ein objektiver »Veräußerungswert« ist unerheblich. Der Vermögensschaden besteht nicht eigentlich im Verlust eines »Vermögenswertes«, sondern – qua »Verringerung der wirtschaftlichen Potenz« – maßgeblich darin, dass der vom Vermögensträger gewollte *wirtschaftliche Zweck* nicht erreicht wird: „Die wirtschaftliche Zweckverfehlung ist das Kriterium des Schadens, nicht ein irgendwie gearteter geldlicher Minderwert.“[36]

Einen sog. »funktionalen« Vermögensbegriff hat *Kindhäuser* entwickelt: Vermögen als „Verfügungsmacht einer Person über die ihr rechtlich zugeordneten übertragbaren Güter“.[37] *Hoyer* hat einen modifizierten ökonomisch-juristischen, am »Tauschwert« und an der rechtlichen Billigung eines »hypothetischen Tauschgeschäfts« orientierten Vermögensbegriff vorgeschlagen,[38] während *Hefendehl* einen an der »zivilrechtlich konstituierten Herrschaft« ausgerichteten, »normativ-ökonomischen« Vermögensbegriff favorisiert.[39]

---

34 Vgl. BGHSt 38, 345 (351 f). Ebenso BayObLG JR 1991, 433; OLG Karlsruhe NStZ 1990, 282; OLG Köln NJW 2002, 527 (528); SK-*Hoyer* § 263 Rn. 129; *S/S/Perron* § 263 Rn. 78a; krit. dazu *Graul* JR 1991, 435 f.

35 *Hecker* JuS 2002, 224 (227); dazu auch MK-*Hefendehl* § 263 Rn. 462 f.

36 Vgl. dazu die zsfd. Darstellung bei *Otto*, BT, § 38 Rn. 1 ff, § 51 Rn. 54, 59 ff sowie in ZRP 1996, 300 (305 ff); w.N. bei *L/Kühl* § 263 Rn. 33. Zur Kritik *Lampe*, Otto-FS, 2007, S. 623 ff; LK-*Tiedemann* vor § 263 Rn. 30 ff. Beispiele zu umstrittenen Fallkonstellationen mit kurzer Beurteilung nach dem jeweiligen Vermögensbegriff (wirtschaftlich, juristisch-ökonomisch, personal) bei *Hillenkamp*, BT, Problem Nr. 31.

37 NK-*Kindhäuser* § 263 Rn. 35 ff; vgl. auch *Kindhäuser*, Lüderssen-FS, 2002, S. 635 ff.

38 SK-*Hoyer* § 263 Rn. 115 ff. Neuformulierung eines »juristischen« Vermögensbegriffs bei *Pawlik*, Das unerlaubte Verhalten beim Betrug, 1999, S. 259 ff.

39 MK-*Hefendehl* § 263 Rn. 374 ff.

Vermögensbetreuungspflicht/Vermögensfürsorgepflicht (»Treubruchstatbestand«) – § 266 I StGB

Die »Pflicht, fremde Vermögensinteressen wahrzunehmen«, setzt als spezifische »Vermögensbetreuungspflicht« (Vermögensfürsorgepflicht) im Verhältnis des Täters zum Vermögensinhaber eine **besonders qualifizierte Pflichtenstellung** voraus, die den *»typischen und wesentlichen«* Inhalt dieser Beziehung kennzeichnet. **618**

Notwendig für die »Vermögensbetreuungspflicht« ist das Bestehen eines Treueverhältnisses, das in seinem wesentlichen Inhalt durch die **Besorgung fremder Vermögensangelegenheiten** bestimmt wird (*»Geschäftsbesorgung«* als »fremdnützige Pflicht«): Die Wahrnehmung gerade der *Fremdinteressen* muss einen essentiellen Bestandteil des Verhältnisses zwischen Täter und Vermögensträger bilden (Ausrichtung der Pflicht auf »fremdnützige Vermögensfürsorge«). Erforderlich dafür ist eine qualifizierte Garantenbeziehung zu dem fremden Vermögen, die auch die Verfolgung der wirtschaftlichen Ziele des Vermögensinhabers umfasst und regelmäßig zugleich auf Vermögensvermehrung oder -erhaltung gerichtet ist.

Daraus folgt: Einfache schuldrechtliche Verpflichtungen zur Vertragserfüllung reichen nicht aus; ebenso wenig genügt die einem Vertrag zugrundeliegende (allgemeine) Pflicht, auf die Interessen des Partners gebührend Rücksicht zu nehmen. Die Pflicht zur Wahrnehmung fremder Vermögensinteressen muss dem Täter gerade als *»Hauptpflicht«* – nicht als bloße Nebenpflicht – obliegen (→ Rn. 619).

Über diese Ausrichtung auf die Wahrnehmung von *Fremdinteressen* hinaus erfordert die »Vermögensbetreuungspflicht« eine gewisse **Selbstständigkeit** und einen **eigenen Entscheidungsspielraum** (Eigenverantwortlichkeit) des Verpflichteten. Der dem Täter übertragene Aufgabenkreis darf nicht durch *ins einzelne gehende Weisungen* fest vorgezeichnet sein; er muss vielmehr – wenn auch im Rahmen vorgegebener Ziele und allgemeiner Richtlinien – Spielraum für *eigenverantwortliche Entscheidungen* (»Dispositionen«) enthalten (→ Rn. 624).

Daraus folgt: »Mechanische« Tätigkeiten (z.B. Botendienst, Bewachung, Bedienung einer Maschine) scheiden aus. Keine »Vermögensbetreuungspflicht« haben auch Personen, die ausschließlich nach *festen und detaillierten Regeln* Geschäfte abzuschließen oder abzuwickeln haben (z.B. Verkäufer, Kassierer, Auslieferungsfahrer); dies gilt unabhängig von der Dauer der Tätigkeit und der *Höhe der Vermögenswerte*, auf die sie sich bezieht (im Einzelnen str. → Rn. 623).

Pflichten zur Wahrnehmung ganz geringfügiger wirtschaftlicher Interessen oder ganz untergeordneter Tätigkeiten begründen keine »Vermögensbetreuungspflicht«. Rechtsgeschäfte, die wegen rechts- oder sittenwidriger Zwecke *nichtig* sind, können nicht Grundlage einer solchen Pflicht sein (str. → Rn. 625).

Literatur: SK-*Hoyer* § 266 Rn. 27 ff; *S/S/Perron* § 266 Rn. 22 ff. **Einführend:** *W/Hillenkamp* Rn. 769 ff.

Rechtsprechung Beispielhaft: BGHSt 24, 386 (388 – nicht für den Scheckkarteninhaber) mit abl. Bspr. *Meyer* JuS 1973, 214 (216 f), zust. *Seebode* JR 1973, 117 ff; BGHSt 33, 244 (250 f – nicht für den Kreditkarteninhaber) mit abl. Bspr. *Bringewat* NStZ 1985, 535 ff und *Labsch* NJW 1986, 104 ff; BGHSt 35, 224 (226 ff – Nachlassrichter) mit abl. Anm. *Otto* JZ 1988, 883 (884); BGHSt 41, 224 (227, 229 – Wohnraummietkaution) mit abl. Bspr. *Satzger* Jura 1998, 570 (573 ff) – s. aber auch BGHSt 52, 182 (184 ff – Gewerberaummiete) mit krit. Anm. *Kretschmer* JR 2008, 348 (349 f); BGHSt 49, 147 (150 ff – Vermögensbetreuungspflicht des Alleingesellschafters) mit Bspr. *Krause* JR 2006, 51 (52 f); BGHSt 50, 331 (337 ff – Betreuungspflicht des Aufsichtsrats einer AG [Mannesmann/Vodaphone]) mit zust. Anm. *Rönnau* NStZ 2006, 218 ff, krit. *Hohn* wistra 2006, 161 ff; BGH NStZ 1986, 361 (362 – Nichtauskehr von Geldern durch Rechtsanwalt); 2013, 165 (Begleichung nichtiger Forderung); 2013, 407 (begrenzte Vermögensbetreuungspflicht eines Rechtsanwalt im Zivilprozess); OLG Celle NStZ 2011, 218 (219 – Tankkarte des Arbeitgebers); OLG Düsseldorf NJW 2000, 529 (530 – Verkaufsauftrag in Abgrenzung zur Kommission); OLG Stuttgart NStZ 1999, 246 (248 – Vermögensbetreuungspflicht des Betreuers auch nach dem Tod des Betreuten). Vgl. auch → Rn. 621 f. **Zusammenfassend:** RGSt 69, 58 (60 ff, → Rn. 620); BGH wistra 2008, 427 (428).

Erläuterungen

I. Grundfragen des Treubruchstatbestandes

619 Der Gesetzgeber hat 1933 die früheren Untreuetatbestände reformiert und dem § 266 I StGB seine heutige Gestalt gegeben (vgl. auch → Rn. 596). Dabei wurde der in § 266 Nr. 1 StGB a.F. auf bestimmte Tätergruppen – u.a. Vormünder, Testamentsvollstrecker – kasuistisch beschränkte »Treubruchstatbestand«, den die Rechtsprechung über § 266 Nr. 2 StGB a.F. (nachteilige Verfügung eines »Bevollmächtigten«) zu erweitern versucht hatte, gleichsam generalisiert: Wesentliches Kriterium des Gesetzes ist seitdem nur noch die »Pflicht, fremde Vermögensinteressen wahrzunehmen«. Für diese Pflicht hat sich im Anschluss an den folgenden Passus (»dessen Vermögensinteressen er zu betreuen hat«) und an das im Gesetz als Pflichtgrundlage erwähnte »Treueverhältnis« der Ausdruck »*Vermögensbetreuungspflicht*« oder »Vermögensfürsorgepflicht« eingebürgert.

Es besteht Einigkeit darüber, dass die gesetzliche Formulierung zu weit geraten ist und daher der *einschränkenden Auslegung* bedarf. Abgesehen von einigen »Mindeststandards« – wie etwa der Ausscheidung »einfacher schuldrechtlicher Verpflichtungen«, »allgemeiner Rechtspflichten zur Rücksichtnahme« (§ 242 BGB) oder »rein mechanischer Verrichtungen« – sind jedoch die *Maßstäbe* unklar und umstritten, nach denen die spezifische »Vermögensbetreuungspflicht« genauer einzugrenzen ist. Vereinzelt wird eine Konkretisierung überhaupt für unmöglich gehalten und der Treubruchstatbestand deshalb wegen Verstoßes gegen Art. 103 II GG als verfassungswidrig angesehen.[1] Das BVerfG hat die Verfassungsmäßigkeit indes bestätigt.[2]

1 Vgl. dazu *Kargl*, ZStW 113 (2001), 565 (576 ff); *Ransiek*, ZStW 116 (2004), 634 (640 ff); LK-*Schünemann* § 266 Rn. 24 ff m.w.N.

2 BVerfG NJW 2010, 3209 (3212 ff) mit Bspr. *Beckemper* ZJS 2011, 88 ff, *Böse* Jura 2011, 617 (621 f), *Kuhlen* JR 2011, 246 (250 f). Eingehend krit. *Perron*, Heinz-FS, 2012, S. 796 ff.

Regelmäßig werden für die Begrenzung bestimmte »Topoi« genannt, die in Rechtsprechung und Literatur in unterschiedlichen Kombinationen wiederkehren: Betreuungspflicht als »Hauptpflicht«, als »typischer und wesentlicher Inhalt« des Pflichtverhältnisses, »Fremdnützigkeit« der Pflicht, »Geschäftsbesorgung« als Pflichtinhalt, »Selbstständigkeit« und »eigener Entscheidungsspielraum« des Täters bei der Wahrnehmung der Fremdinteressen, jedenfalls »in gewissem Umfang«, Ausklammerung ganz »untergeordneter« oder wirtschaftlich »geringfügiger« Tätigkeiten und quasimechanischer Geschäftsabwicklungen, die nach »festen und detaillierten Regeln« verlaufen.

Problematisch ist dabei vor allem, ob solche Gesichtspunkte als *verbindliche Ausgrenzungskriterien* fungieren können – so dass z.B. eine Tätigkeit *ohne* jeden »eigenen Entscheidungsspielraum« *zwingend* ausscheidet –, oder ob es sich nur um »*Anhaltspunkte*« und »Indizien« für eine Vermögensbetreuungspflicht handelt, die letztlich in einer Art »Gesamtschau« nach Gewicht und Bedeutung des jeweiligen Vorgangs bestimmt wird. Zu dieser »Gesamtwürdigung« neigt überwiegend die Literatur und insbesondere die Rechtsprechung. In diesem Sinn werden als für eine restriktive Auslegung wesentlich die folgenden Gesichtspunkte zusammenfassend hervorgehoben: Das Verhältnis zwischen Vermögensträger und Treupflichtigem (Täter) müsse „von einer Art sein, dass diesem in einem gewissen *Spielraum* und mit einer gewissen *Selbstständigkeit* und Bewegungsfreiheit gerade die Betreuung *fremder* Vermögensinteressen als *Hauptpflicht* obliegt“; vorauszusetzen sei „ein Treueverhältnis gehobener Art mit Pflichten von einigem Gewicht“, die „nicht in allen Einzelheiten vorgegeben sind“.[3]

II. Übersicht über die Rechtsprechung

1. Der Ausgangspunkt (RG)

Die sehr umfangreiche Rechtsprechung hat sich von Anfang an um eine *einschränkende Auslegung* des Tatbestandes bemüht. Ausgangspunkt ist die grundlegende Entscheidung RGSt 69, 58 (60 ff) vom 14.12.1934 (!), in der bereits wesentliche restriktive »Topoi« genannt werden und zugleich die »Indizkonstruktion« der späteren Judikatur vorgezeichnet ist. Darin heißt es: „Dem Ausdruck ›Vermögensinteressen‹ kann und muß i.V.m. den Ausdrücken ›betreuen‹ und ›wahrnehmen‹ so viel entnommen werden, daß an Pflichten … gedacht ist, die sich ihrer Dauer nach über eine gewisse Zeit oder ihrem Umfang nach über bloße Einzelfälle hinaus erstrecken, so daß der Verpflichtete einen gewissen *Spielraum*, eine gewisse *Bewegungsfreiheit* oder Selbständigkeit hat, mag auch ein solcher Pflichtenkreis an Bedeutung und Umfang hinter dem eines … Vermögensverwalters im eigentlichen Sinne mehr oder weniger zurückbleiben und sich mehr einer einzelnen *Geschäftsbesorgung* … annähern. Nicht hierher werden in der Regel rein ›*mechanische*‹ Tätigkeiten gehören, so die bloße Botentätigkeit als solche oder die Erledigung untergeordneter Einzelaufträge. *Ausnahmen* sind freilich auch hier denkbar, wie etwa die Tätigkeit eines Kassenboten. Einen *Anhaltspunkt* kann es auch geben, ob die das Vermögen … berührende Obliegenheit des Täters den wesentlichen Inhalt oder nur eine *Nebenpflicht* des … Innenverhältnisses **620**

3 *L/Kühl* § 266 Rn. 8 f.

bildet. Mit alledem ist es freilich nicht gelungen, eine eindeutige, alle Fälle treffende Grenze zu ziehen… Das ist bei der Unbestimmtheit des Gesetzesausdrucks [!] überhaupt nicht möglich… [Es] können die erörterten Gesichtspunkte dem Richter *Hinweise* dafür geben, auf welche Anzeichen er bei der von ihm zu treffenden Entscheidung zu achten hat."[4]

2. Einschränkungskriterien der BGH-Rechtsprechung

Der BGH hat an diese Rechtsprechung des RG angeknüpft und verwendet in unterschiedlicher Weise die aus der folgenden Zusammenstellung markanter Entscheidungen ersichtlichen Kriterien:

621 **a) Entscheidungen aus der amtlichen Sammlung (BGHSt)** Für eine Vermögensbetreuungspflicht genügt „weder die Pflicht, einen *Vertrag* zu erfüllen, als solche, noch die einem Vertrag innewohnende allgemeine Pflicht, auf die Interessen des Partners gebührende *Rücksicht* zu nehmen (§ 242 BGB). Zur Abgrenzung des Anwendungsgebiets der Vorschrift hat die Rechtsprechung den Grundsatz entwickelt, daß nur solche Rechtsbeziehungen den Schutz des § 266 StGB genießen, bei denen die Wahrnehmung fremder Vermögensinteressen den *Hauptgegenstand* bildet" (BGHSt 1, 186 [188 f]). Vorauszusetzen sei dafür die Verletzung eines Verhältnisses, „das den Täter gerade zur *Betreuung* von Vermögensinteressen des Treugebers verpflichtet, wobei es sich stets um Beziehungen von einigem *Gewicht* und um Pflichten oder Pflichtenkreise von gewisser *Bedeutung* handeln muß, die dem Verpflichteten außerdem einen gewissen Spielraum, eine gewisse *Bewegungsfreiheit* oder Selbständigkeit gerade bei der Betreuung dieses Vermögensinteresses lassen" (BGHSt 3, 289 [293 f]). D.h. die Pflicht muss „wirtschaftlich betrachtet der *wesentliche* Gegenstand des Rechtsverhältnisses" sein; sie [darf] sich daraus nicht nur „nebenher ergeben" (BGHSt 4, 170 [172]).

Nach BGHSt 13, 315 kann die Frage, ob „eine Wahrnehmung von Vermögensinteressen i.S. des Treubruchstatbestandes vorliegt, [regelmäßig nur] nur nach den *gesamten Umständen* des Falles entschieden werden; der Grad der Selbstständigkeit, der wirtschaftlichen Bewegungsfreiheit und der Verantwortlichkeit des Verpflichteten, die Dauer, der Umfang und die Art seiner Tätigkeit sind hierfür nur *Beweisanzeichen*." Und die Freiheit zur „eigenen Disposition" sei dabei kein *notwendiges* Merkmal, ebenso wenig wie die Bindung an Weisungen des Auftraggebers einen zwingenden Ausschlussgrund darstelle; sonst könnten z.B. *Kassierer* einer Bank nicht erfasst werden, die aufgrund genauer schriftlicher Anweisungen handeln (S. 318).

Anerkannt ist allerdings „daß *einfache* schuldrechtliche Verpflichtungen kein Treueverhältnis i.S. des § 266 StGB begründen. Denn es ist nicht der Zweck dieser Vorschrift, die Nichterfüllung oder Verletzung von Leistungs- oder allgemeinen, auf Treu und Glauben beruhenden Schuldnerpflichten schlechthin als Untreue mit Strafe zu bedrohen… Eine strafrechtlich relevante Treupflicht ergibt sich auch nicht daraus, daß eine Vertragspartei im Rahmen eines gewöhnlichen Schuldverhältnisses ganz oder teilweise *vorleistet*." Etwas anderes gilt u.U., „wenn die Vorleistung, insbeson-

4 In dieser Richtung z.B. auch RGSt 69, 146 (148); 69, 279 (280 f); 73, 299 (300).

dere eine Vorauszahlung, zu einem bestimmten, den Interessen gerade des *Vorleistenden* dienenden Zweck erbracht wird und nach den Umständen auch nur dazu verwendet werden darf" (BGHSt 28, 20 [23 f]). Nach BGHSt 52, 182 (187 f) müssen „*vertragliche* Pflichten, um eine Vermögensbetreuungspflicht begründen zu können, in *besonderem Maße* den Interessen des Vertragspartners dienen und gerade deshalb vereinbart worden sein. Die vereinbarte Regelung muss – als rechtsgeschäftlich eingegangene Vermögensbetreuungspflicht – mithin zu Gunsten des geschützten Vertragspartners Elemente einer *Geschäftsbesorgung* aufweisen."

Zusammenfassend BGHSt 33, 244 (250): Eine „eigenverantwortliche Vermögensbetreuungspflicht i.S. des § 266 StGB ist nur dann gegeben, wenn sie den *wesentlichen* Inhalt des Vertragsverhältnisses ausmacht und damit zu den *Hauptpflichten* aus dem Vertrage gehört".

b) Entscheidungen aus Zeitschriften BGH GA 1977, 18 (19): Erforderlich sei eine „fremdnützige Betreuungspflicht"; sie *fehle* bei Schuldverhältnissen, „die nicht *fremdnützig typisiert* sind, sondern dadurch charakterisiert werden, daß fremde Vermögensinteressen auf eigene, gegenläufige Interessen treffen und daß jeder Teil die Beziehung zum anderen nur um des eigenen Vorteils willen verfolgt". **622**

BGH NStZ 1983, 455: „Nach ständiger Rechtsprechung des BGH muß der vom Gesetzgeber zu weit gefaßte [!] Treubruchstatbestand dahin *eingeengt* werden, daß die Vermögensfürsorgepflicht *wesentlicher* Inhalt des Vertragsverhältnisses ist und es sich nicht um eine *ganz untergeordnete* Tätigkeit handeln darf; dafür ist der Grad der *Selbständigkeit*, der Bewegungsfreiheit und der Verantwortlichkeit des Verpflichteten von maßgeblicher Bedeutung. Die erforderliche Selbständigkeit ist zu *verneinen*, wenn die zu erfüllenden Pflichten in allen *Einzelheiten vorgegeben* sind und eine Dispositionsbefugnis nicht besteht."

BGH wistra 1989, 60 (61): „Das *Einkassieren*, Verwalten und Abliefern von Geld ist insbesondere dann als Wahrnehmung fremder Vermögensinteressen anzusehen, wenn der Kassierer zur *Kontrolle* der Einnahmen und der Ablieferungen Bücher zu führen, Quittungen zu erteilen und Wechselgeld herauszugeben hat."[5]

BGH NStZ 1989, 72 f: „Zwar kann sich bei atypischer Vertragsgestaltung eine Treuepflicht auch aus einem an sich *nicht fremdnützigen* Rechtsverhältnis ergeben. Jedoch genügt hierfür nicht, daß eine Partei … *vorleistet* und eine länger dauernde Geschäftsbeziehung besteht. Erforderlich ist vielmehr, daß das Vertragsverhältnis Elemente einer *Geschäftsbesorgung* aufweist und die dadurch festgelegte Verpflichtung zur *fremdnützigen Vermögensfürsorge* einen wesentlichen Inhalt des Vertragsverhältnisses bildet und nicht von untergeordneter Bedeutung ist."

BGH NJW 1991, 2574: „Der Treubruchstatbestand setzt voraus, daß der Täter innerhalb eines nicht unbedeutenden Pflichtenkreises zur *fremdnützigen Vermögensfürsorge* verpflichtet ist. Indes fällt nicht jede aufgrund eines solchen Verhältnisses bestehende oder im Zusammenhang mit ihm stehende Verpflichtung ohne weiteres in den

---

5 Im Anschluss an BGHSt 13, 315 (318 f); 18, 312 (313); bestätigt in wistra 2008, 427 (428 – Geldtransport).

Kreis jener fremdnützigen Pflichten, deren Verletzung das Handlungsunrecht des Treubruchstatbestandes verwirklicht. Hinzukommen muß vielmehr, daß dem Täter die ihm übertragene Tätigkeit nicht durch ins einzelne gehende *Weisungen* vorgezeichnet ist, sondern ihm Raum für *eigenverantwortliche Entscheidungen* und eine gewisse Selbständigkeit beläßt."

BGH NStZ 2006, 38 (39): „Ein Treueverhältnis i.S. des § 266 StGB erfordert, daß der Täter innerhalb eines nicht unbedeutenden Pflichtenkreises bei Einräumung von *Ermessensspielraum*, Selbständigkeit und *Bewegungsfreiheit* zur fremdnützigen Vermögensfürsorge verpflichtet ist."

BGH wistra 2008, 427 (428): „Hierbei ist aber nicht nur auf die Weite des dem Täter eingeräumten *Spielraums* abzustellen, sondern auch auf das *Fehlen von Kontrolle*, also auf seine tatsächlichen Möglichkeiten, ohne eine gleichzeitige Steuerung und Überwachung durch den Treugeber auf dessen Vermögen zuzugreifen... Denn der Grad der *Selbstständigkeit* des Verpflichteten stellt neben anderen Kriterien wie Dauer und Umfang der Tätigkeit nur ein *Indiz* dafür dar, dass es sich ... um Vorgänge handelt, denen die Bedeutung der qualifizierten Wahrnehmung von Vermögensinteressen zukommt."

III. Die Diskussion in der Literatur

623 In der Literatur werden die von der Rechtsprechung verwendeten Kriterien an sich überwiegend anerkannt. Doch wird kritisiert, dass die Rechtsprechung sie in Einzelfällen oft vernachlässigt oder nur als austauschbare »Indizien« für das Bestehen einer Vermögensbetreuungspflicht behandelt. Die Kritik richtet sich insbesondere gegen Entscheidungen, die auch beim *völligen Fehlen* eines »Entscheidungsspielraums« eine Vermögensfürsorgepflicht bejahen. Dies gilt z.B. für die *Bankkassierer-Fälle* und ähnliche Konstellationen genau vorgeschriebener Tätigkeiten, in denen sich die Judikatur nicht an der »Bewegungsfreiheit« des Täters, sondern daran orientiert, dass er bei seiner Tätigkeit bestimmten *Kontrollmaßnahmen* – Buchführung, Quittungserteilung – unterworfen ist.[6] Ausschlaggebende Gesichtspunkte sind hier für die Rechtsprechung ersichtlich die Dauer der fremdnützigen Tätigkeit und die *Höhe* der betroffenen Vermögenswerte. Solche Merkmale werden im Schrifttum hingegen meist als unverbindlich angesehen.[7]

624 Im Übrigen wird in der Literatur versucht, eine Pflichtbegrenzung aus dem Grundgedanken zu gewinnen, dass die Verletzung der »Vermögensbetreuungspflicht« ein dem »Missbrauch der Verfügungs- oder Verpflichtungsbefugnis« *gleichwertiges Verhalten* darstelle: Das Opfer des Treubruchstatbestandes müsse daher dem Täter in ähnlicher Weise ausgeliefert sein wie das Opfer des Missbrauchstatbestandes. Von hier aus gewinnt das Kriterium der *eigenen Dispositionsbefugnis* (»Selbstständig-

---

6 Vgl. BGHSt 13, 315 (318 f, oben zitiert → Rn. 621); 18, 312 (313); BGH wistra 1989, 60 (61, oben zitiert → Rn. 622); 2004, 417 (428); 2008, 427 (428, oben zitiert → Rn. 622).

7 Vgl. etwa *Beulke*, Eisenberg-FS, 2009, S. 245 (249 f); *Kindhäuser*, Lampe-FS, 2003, S. 709 (715 f); LK-*Schünemann* § 266 Rn. 89; SK-*Hoyer* § 266 Rn. 31; MK-*Dierlamm* § 266 Rn. 64 ff; grds. zust. dagegen *SSW-Saliger* § 266 Rn. 11; in den Kassierer-Fällen nach dem Grad der Verantwortlichkeit diff. *Rengier*, BT 1, § 18 Rn. 28 f.

keit«, »Entscheidungsspielraum«, »Bewegungsfreiheit«, »Eigenverantwortlichkeit«) entgegen der Rechtsprechung, die es vielfach nur als Indiz behandelt, *zwingende Bedeutung* für die Qualifizierung der Vermögensbetreuungspflicht: „Nur unter dieser Voraussetzung einer gewissen Entscheidungsfreiheit des Täters im Innenverhältnis ist es zu rechtfertigen, dass der Treubruch dem Missbrauch, dessen spezifische Gefährlichkeit sich aus der Gestaltungsmöglichkeit des Täters im Außenverhältnis ergibt, als *gleichwertige Angriffshandlung* an die Seite gestellt ist… Als Täter des Treubruchstatbestands scheiden daher alle diejenigen aus, die, wie z.B. Verkäufer in Ladengeschäften, Kassierer, Auslieferungsfahrer usw., ausschließlich nach festen und detaillierten Regeln Geschäfte abzuschließen bzw. abzuwickeln haben und denen … Gewahrsam an Waren, Geld usw. nur für diese eng begrenzten Zwecke und den dafür erforderlichen Zeitraum … eingeräumt ist“.[8]

IV. Das Sonderproblem der »Ganovenuntreue«

Bei der Frage, ob ein zu gesetz- oder sittenwidrigen Zwecken begründetes und deshalb nichtiges Innenverhältnis Grundlage einer »Vermögensbetreuungspflicht« sein kann, ist zu *unterscheiden*. Anerkannt ist, dass die Nichtausführung eines *gesetzwidrigen Auftrags* – z.B. zum Absatz von Falschgeld – keine »Betreuungspflicht« i.S. des § 266 I StGB verletzt. Hierfür gilt der nicht bezweifelte Grundsatz: Eine »*Pflicht*« zur Erfüllung gesetz- oder sittenwidriger Abreden kann nicht bestehen und deshalb auch keine »Vermögensfürsorgepflicht« begründen.[9] **625**

Dagegen soll nach der Rechtsprechung und einem beachtlichen Teil der Literatur Treubruchs-Untreue vorliegen, wenn der Täter Gegenstände unterschlägt, die für einen *rechtswidrigen Zweck* bestimmt sind oder aus einem rechtswidrigen Geschäft stammen.[10] Hinter dieser Auffassung steht der Gedanke, möglichst lückenlos alle strafwürdigen Fälle (auch) durch § 266 I StGB zu erfassen, zu denen ebenfalls die »Ganovenuntreue« gehöre; auch insoweit gebe es kein »strafrechtlich ungeschütztes Vermögen«, und dem vorhandenen Unrecht dürfe nicht noch neues hinzugefügt werden. Die *Gegenansicht* verweist darauf, dass es dem Prinzip der »Einheit der Rechtsordnung« widerspreche, eine das Vermögen schützende Sonderpflicht sogar dort anzunehmen, wo eine Abmachung rechtlich missbilligt werde und dem Auftraggeber kein rechtlich anerkennenswertes Interesse zustehe.[11]

---

8 *S/S/Perron* § 266 Rn. 23b. – Vorschläge zur Neuformulierung der Untreue unter Verzicht auf den Treubruchstatbestand (Erweiterung des »Missbrauchstatbestandes«) bei *Kargl*, ZStW 113 (2001), 565 (590 ff).

9 Vgl. RGSt 70, 7 (9 f); BGHSt 20, 143 (145 f); MK-*Dierlamm* § 266 Rn. 166; *SSW-Saliger* § 266 Rn. 28.

10 Vgl. RGSt 73, 157 (159 f); BGHSt 8, 254 (258 f); LK-*Schünemann* § 266 Rn. 64; *Rengier*, BT 1, § 18 Rn. 32.

11 Vgl. *Freund/Bergmann* JuS 1991, 221 (222 f); NK-*Kindhäuser* § 266 Rn. 42; *S/S/Perron* § 266 Rn. 31. Übersicht über den Streitstand mit Aufbereitung der Argumente und w.N. bei *Hillenkamp*, BT, Problem Nr. 35; eingehend und diff. zur Diskussion SK-*Hoyer* § 266 Rn. 41 f; *SSW-Saliger* § 266 Rn. 28.

Vermögensschaden – § 263 I (u.a. §§ 253 I, 266 I) StGB

626 Das »Vermögen« erleidet einen »Schaden« (Nachteil), wenn der **Gesamtwert** des Vermögens infolge der Vermögensverfügung im Ergebnis **vermindert** wird.

Ermittelt wird der »Vermögensschaden« durch einen **Vergleich** der Vermögensstände **vor** und **nach** der jeweiligen **Vermögensverfügung** (»Prinzip der *Gesamtsaldierung*«). Maßgeblicher Vergleichszeitpunkt ist die *unmittelbar* aus der Verfügung resultierende Vermögenssituation (»Verfügungslage«), nicht deren spätere Entwicklung. Ein »Vermögensschaden« liegt nicht vor, wenn die vermögensmindernde Wirkung der Verfügung – z.B. Ausscheidung eines Vermögensobjekts, Begründung einer Vermögensbelastung – durch einen *unmittelbar* mit ihr verbundenen **Vermögenszuwachs** (Äquivalent) vollständig **ausgeglichen** wird: »Kompensationsgrundsatz«, »Prinzip der unmittelbaren Schadenskompensation« (→ Rn. 629 ff). Eine Vermögensminderung, mit der eine fällige/einredefreie *Verbindlichkeit erfüllt* wird, begründet keinen »Vermögensschaden« (»Schadenswegfall aus Rechtsgründen«, str. → Rn. 645 f).

Die Wertbemessung der Vermögensgegenstände bei der *Berechnung* des »Vermögensschadens« ist nach einem **objektiv-individualisierenden Maßstab** vorzunehmen: Objektiv wird zwar auf den Marktwert abgestellt, dieser wird in bestimmten Fällen aber überlagert durch eine Bewertung anhand der *persönlichen Verhältnisse* des potenziell Geschädigten (sog. »persönlicher« oder »individueller Schadenseinschlag« → Rn. 632). Ebenso kommt es bei der Bewertung von Ansprüchen nicht allein auf den objektiven Wert des zu leistenden *Gegenstandes*, sondern auch auf die »Bonität« – Erfüllungssicherheit oder -unsicherheit – des *Anspruchs* selbst an: So begründet auch eine *Leistungsunfähigkeit* oder *Leistungsunwilligkeit* des jeweiligen Schuldners eine Minderwertigkeit des Anspruchs.

Ein »Vermögensschaden« setzt nicht notwendig den tatsächlichen Verlust eines Vermögenswertes (»effektive Einbuße«) oder die Begründung einer das Vermögen belastenden Verbindlichkeit voraus: Der »Schaden« kann sich auch aus der **»konkreten Gefährdung«** einer Vermögensposition ergeben, sofern die »Gefahr« bereits eine Verschlechterung der *gegenwärtigen* Vermögenslage bedeutet (konkrete Vermögensgefährdung als »Vermögensschaden«, sog. »schadensgleiche Vermögensgefährdung« → Rn. 633 ff). Ein solcher Schaden wird insbesondere beim sog. **»Eingehungsbetrug«** angenommen: Hier besteht die irrtumsbedingte Vermögensverfügung im *Abschluss* eines gegenseitigen Vertrages, so dass bereits im Zeitpunkt des *Vertragsabschlusses* ein »Vermögensschaden« vorliegt, wenn der vom Getäuschten erlangte *Anspruch* in seinem Vermögenswert hinter dem Wert der übernommenen *Verpflichtung* zurückbleibt und die Umstände des Einzelfalles die *konkrete Gefahr* begründen, dass dadurch eine effektive Verschlechterung der Vermögenslage eintritt (»Eingehungsschaden« als schadensbegründende Vermögensgefährdung; str. → Rn. 635 f).

Bei einer irrtumsbedingten Vermögensverfügung im Stadium der *Vertragserfüllung*, die auf einer *nach Vertragsabschluss* erfolgten Täuschung beruht (sog. »echter **Erfüllungsbetrug**«), ergibt sich dagegen der »Vermögensschaden« – grundsätzlich – aus dem Wertvergleich zwischen der jeweils *vertraglich* geschuldeten und der *tatsächlich* erbrachten/empfangenen Leistung (»Erfüllungsschaden« als nachteilige Differenz zwischen **Leistung** und **Vertragsanspruch** → Rn. 638 ff). Dies gilt jedoch nicht, wenn Eingehungs- und Erfüllungsstadium deshalb als **Einheit** zu bewerten sind, weil die bei Vertragsschluss begangene Täuschung lediglich in der Erfüllungsphase *fortwirkt*; in diesem Fall entscheidet über den »Vermögensschaden« der Wertvergleich zwischen den jeweiligen – tatsächlichen – Leistungen (»unechter Erfüllungsbetrug«, str. → Rn. 642 ff).

Literatur: LK-*Tiedemann* § 263 Rn. 126, 158 ff; MK-*Hefendehl* § 263 Rn. 336, 489 ff. **Einführend:** *Rengier*, BT 1, § 13 Rn. 117 ff, 155 ff. **Monographisch:** *Wahl*, Die Schadensbestimmung beim Eingehungs- und Erfüllungsbetrug, 2008.

Erläuterungen

I. Einführung

Der Begriff des »Vermögensschadens« (kurz: Schaden) hat sich in Rechtsprechung **627**
und Schrifttum zu einer Art »Rechtsmikrokosmos« entwickelt; er verlangt die Berücksichtigung einer kaum zu erschöpfenden Vielfalt von Gesichtspunkten, die meist erheblich umstritten sind. In den oben in der Definition mitgeteilten »Leitsätzen« wird versucht, die grundlegend wichtigsten, überwiegend anerkannten Aspekte der Schadensbestimmung zusammenzufassen. Die Darstellung ist primär auf den Vermögensschaden beim *Betrug* ausgerichtet; sie gilt sinngemäß jedoch auch für den – substanziell identischen – Schadensbegriff *anderer* Vermögensdelikte wie z.B. Erpressung und Untreue.[1]

Der »Vermögensschaden« hängt eng mit dem Begriff des »Vermögens« und den hierzu vertretenen Auffassungen zusammen: Der Berechnung des »Schadens« können nur Positionen zugrunde gelegt werden, die – auf der Aktiv- und Passivseite – überhaupt dem »Vermögen« im strafrechtlichen Sinn zuzuordnen, als »Vermögensobjekte« anzuerkennen sind. So müsste z.B. der Verlust *unrechtmäßig* erlangten *Besitzes* als schadensbegründender Faktor ausscheiden, *wenn* solcher Besitz nicht dem schutzwürdigen »Vermögen« zuzurechnen wäre (→ Rn. 615).

Dass der Getäuschte eine Verfügung getroffen hat, die er ohne den Irrtum überhaupt nicht oder nicht so vorgenommen hätte, begründet allein noch keinen »Vermögensschaden« (kein Schutz der »wirtschaftlichen *Dispositionsfreiheit*« als solcher). Auch das bloße Ausbleiben einer erwarteten Vermögens*vermehrung* stellt keinen »Schaden« dar (kein Schutz »enttäuschter Gewinnerwartungen«, aber Schutz von konkreten Erwerbs- und Gewinnaussichten → Rn. 616), ebenso wenig die bloße Veränderung des Vermögens in seinen *Bestandteilen* (kein Schutz der »Integrität des Vermögensbestandes«): »Vermögensschaden« ist eine »wirtschaftlich nachteilige Vermögensdifferenz«.

1 Zu Besonderheiten des »Vermögensschadens« bei der *Untreue* vgl. näher *Mansdörfer* JuS 2009, 114 ff (insb. im Bereich der schadensgleichen Vermögensgefährdung [dazu → Rn. 633, 635 f]); *Perron*, Frisch-FS, 2013, S. 857 ff m.w.N.

II. Grundsätze der Schadensbestimmung

1. Der Ausgangspunkt

628 Als Ausgangspunkt für die Schadensbestimmung (beim Betrug) kann festgehalten werden: „In der Mehrzahl der Betrugsfälle entsteht ein Schaden dadurch, daß die Vermögensverfügung des Getäuschten dem betroffenen Vermögen einen *Bestandteil entzieht* oder es mit einer *Verbindlichkeit belastet* und dadurch seinen Wert mindert. Dabei kann sich die Entziehung oder Belastung als *einseitige* Werteinbuße darstellen, für die der Betroffene keinen *Gegenwert* erlangt hat. In solchen Fällen entspricht der Schaden dem Wert des ausgeschiedenen Vermögensbestandteils oder der belastenden Wirkung der Verbindlichkeit. Im allgemeinen erlangt jedoch der Betroffene für das weggegebene Vermögensstück oder die übernommene Verbindlichkeit irgendeinen Gegenwert, sei es eine Gegenleistung, einen Anspruch auf eine Gegenleistung oder einen gesetzlichen Ausgleichsanspruch, so daß der Prüfung bedarf, ob der erlangte *Gegenwert* den durch die *Einbuße* des Vermögensbestandteils oder die eingegangene *Verbindlichkeit* entstandenen Minderwert voll *ausgleicht*“.[2] „Es ist demnach zunächst zu fragen, welche Vermögensstücke der Vermögensinhaber aufgrund der Verfügung verloren und welche Stücke er erhalten hat… Sodann sind die einzelnen Vermögensstücke zu bewerten… Ergibt sich bei dieser Bewertung ein *negativer Saldo*, dann liegt ein Vermögensschaden vor“.[3]

2. Die maßgeblichen Grundprinzipien

629 **a) Saldierung und Kompensation** Die in den zuvor wiedergegebenen Aussagen enthaltenen Prinzipien der »*Gesamtsaldierung*« und der »*Schadenskompensation*« sind heute anerkannt. Gleiches gilt für den maßgeblichen *Zeitpunkt* (»Verfügungslage«) und den die Grenzen der Kompensierbarkeit bestimmenden Grundsatz der »*Unmittelbarkeit*«. So bleiben auf *Rechtsgründen* beruhende Vorteile, die mit der Vermögensverfügung nicht in unmittelbarem Zusammenhang stehen, ebenso außer Betracht wie eine nachträgliche Schadensbeseitigung.

Dementsprechend wird hinsichtlich der »Ansprüche/Rechte«, die für eine ausgleichende Schadenskompensation in Betracht kommen, prinzipiell unterschieden. »Gesetzliche Ansprüche«, wie z.B. Schadensersatz- und Rückgewähransprüche oder Ansprüche aus ungerechtfertigter Bereicherung (zu Anfechtungs- und Gewährleistungsrechten s. aber → Rn. 630), wachsen dem Vermögen *nicht unmittelbar* aufgrund der vermögensmindernden Verfügung als Gegenwert zu. Sie gehen vielmehr auf die Täuschung zurück und sind grundsätzlich[4] *nicht* kompensationsfähig. Demgegenüber werden »Vertragsansprüche« nach Maßgabe ihres Vermögenswertes beim Ausgleich berücksichtigt. Dazu zählen alle *vertraglichen* Ansprüche und vertraglich erlangten Gegenwerte (Gegenleistungen) sowie alle Leistungen, die zur Sicherung gegen Schädigung vereinbart oder gegeben werden (»ausreichende Sicherheiten«);[5] zum Wegfall einer fälligen Verbindlichkeit als kompensationsfähiger Ausgleich → Rn. 645.

2 LK-*Lackner*, 10. Aufl., § 263 Rn. 179.
3 SK-*Hoyer* § 263 Rn. 193.
4 Str. ist die Bewertung des gesetzlichen Unternehmerpfandrechts (§ 647 BGB), vgl. BayObLG JZ 1974, 189 (190) mit Anm. *Lenckner* JR 1974, 337 ff; eingehend *Amelung* NJW 1975, 624 ff.
5 Zuletzt BGH StraFo 2014, 339 (340) m.w.N.

Nicht einhellig beurteilt wird die Bedeutung von Anfechtungs- und Gewährleistungsrechten als »Ausgleichsfaktoren«. Nach der Rechtsprechung und (noch) h.L. hat insbesondere die *Anfechtbarkeit* generell außer Betracht zu bleiben.[6] Die Frage der Berücksichtigung von »gesetzlichen Gegenrechten« wird vor allem beim »Eingehungsbetrug« relevant (→ Rn. 636), wo sie unter dem Aspekt des möglichen Gefährdungsausschlusses (Schadensausschluss wegen mangelnder konkreter Vermögensgefährdung) Bedeutung gewinnt. Deshalb ist die übliche – *generelle* – Zuordnung zum Fragenkreis der »Schadenskompensation« problematisch. 630

b) Der aus Rechtsgründen nicht kompensierbare »Gegenwert« Um ein Problem der – unzulässigen – »Schadenskompensation« soll es sich nach h.M. auch bei Fällen handeln, in denen der Täter zunächst eine Sache entwendet und sie anschließend dem Eigentümer gegen Zahlung von »*Lösegeld*« zurückgewährt oder aufgrund einer Täuschung über die Identität »zurückverkauft«. Da infolge der Entwendung die Sache dem Vermögen des Eigentümers entzogen worden ist und sein Herausgabeanspruch (gegen den unbekannten Täter) regelmäßig keinen ökonomischen Wert hat, wird der Eigentümer bei »wirtschaftlicher« Betrachtung nicht geschädigt, wenn er für die wiedererlangte Sache das Lösegeld bzw. den Rückkaufpreis zahlt – es sei denn, er »überzahlt« den Wert der Sache.[7] Die h.M. kommt gleichwohl zu einem Vermögensschaden, indem der Wert der zurückgewährten Sache gegenüber der Vermögenseinbuße (Geldzahlung) als nicht »kompensationsfähig« angesehen wird. Für die Schadensberechnung soll aus *rechtlichen Gründen* die Einschränkung gelten: „Wer nur leistet, was er sowieso ohne Entgelt leisten muss, kann sich nicht darauf berufen, dass er einen *anrechenbaren Gegenwert* erbracht hat."[8] Der Umstand, dass auf die Rückgewähr der entwendeten Sache ein Rechtsanspruch bestand (z.B. §§ 985, 861 BGB), schließt es danach aus, die Wiedererlangung per Kompensation als Vermögenszuwachs (»Gegenwert«) zu berücksichtigen. 631

Dieser Grundsatz kann als spezielle Ausprägung der »juristisch-ökonomischen« Vermögenslehre (→ Rn. 609 f) im Bereich der Schadenskompensation verstanden werden. Die *»juristische« Nicht*anerkennung eines wirtschaftlichen Vermögensobjekts (rückgewährte Sache) dient hier freilich – anders als sonst – nicht der *Einschränkung* des Vermögensschutzes, sondern mittelbar dessen *Erweiterung*, nämlich der Begründung eines Vermögensschadens.

c) Der »persönliche Schadenseinschlag« Bei der Berechnung des »Vermögensschadens« gilt für die Bewertung der in den Vergleich einzustellenden Vermögensgegenstände (bzw. der Ansprüche) ein objektiv-individualisierender Maßstab: Neben dem »objektiv-wirtschaftlichen Wert« (regelmäßig: Marktwert) des jeweiligen Ver- 632

---

6 *K/H/H*, BT 2, Rn. 631 m.w.N.

7 Vgl. OLG Hamburg MDR 1974, 330 mit abl. Anm. *Mohrbotter* JZ 1975, 102; näher *Graul* JuS 1999, 562 (565) m.w.N.

8 BGHSt 26, 346 (348). Zust.: *Rengier*, BT 1, § 11 Rn. 45; *SSW-Satzger* § 263 Rn. 212; eingehend *Stoffers* Jura 1995, 113 (118 f). Krit.: *Altenhain*, Das Anschlußdelikt, 2002, S. 250 f; *Dehne-Niemann*, ZStW 123 (2011), 485 ff (umfassende Auseinandersetzung); *Trunk* JuS 1985, 944 ff. Bei Übereinstimmung i.E., aber mit Kritik zur Begr. *Graul* JuS 1999, 562 (566) mit abw. Vorschlag zur Schadensberechnung im Anschluss an *Jakobs* JR 1974, 474: Einsatz des Herausgabeanspruchs mit seinem vollen Wert (»normativen Nennwert«).

mögensobjekts ist auch dessen »individuell-konkreter Wert« für die *persönlichen Verhältnisse* des potenziell Geschädigten zu berücksichtigen (sog. »persönlicher« oder »individueller Schadenseinschlag«). Dieser führt nach Ansicht der h.M.[9] trotz objektiv-wirtschaftlicher Gleichwertigkeit von Leistung und Gegenleistung bzw. von Verpflichtung und Gegenanspruch (»abstrakt-rechnerischer Ausgeglichenheit«) dennoch zu einem »Vermögensschaden«,

- wenn die Gegenleistung für den Betroffenen nicht oder nicht in vollem Umfang zu dem *vertraglich vorausgesetzten Zweck* brauchbar ist und er sie auch nicht in *anderer zumutbarer Weise* verwenden, namentlich ohne besondere Schwierigkeiten wieder veräußern kann (Schädigung kraft »mangelnder individueller Verwendbarkeit«), oder
- wenn der Betroffene infolge der eingegangenen Verpflichtung bzw. der erbrachten Leistung zu *anderweitigen vermögensmindernden Maßnahmen* gezwungen ist oder nicht mehr über die Mittel verfügt, die zur ordnungsgemäßen Erfüllung seiner Verbindlichkeiten oder sonst für eine persönlich angemessene Wirtschafts- und Lebensführung unerlässlich sind (Schädigung kraft »erheblicher Beschränkung der wirtschaftlichen Bewegungsfreiheit«).

Zustimmung hat vor allem die erste Fallgruppe erfahren,[10] während der Schaden durch »erhebliche Beschränkung der wirtschaftlichen Bewegungsfreiheit« auch wegen der Unschärfe der sie tragenden Kriterien in der Kritik steht.[11]

III. Die sog. »schadensgleiche Vermögensgefährdung«

633 In der Rechtsprechung und im Wesentlichen auch im Schrifttum ist anerkannt, dass eine *»konkrete Vermögensgefährdung«* einen Schaden darstellen kann (sog. »schadensgleiche Gefährdung«, besser: »schadensbegründende Gefährdung«).[12] Dahinter steht die Erwägung, dass in bestimmten Konstellationen (vor allem beim sog. »Eingehungsbetrug« → Rn. 635)[13] nicht erst der tatsächliche Verlust des Vermögensgegenstands sondern schon die konkrete Gefahr des Vermögensverlusts schadensbegründend wirken kann, weil die Vermögenslage schon durch den drohenden Wegfall des Vermögensgegenstandes/Ausfall der Forderung verschlechtert wird.[14] Dies setzt dann allerdings eine Situation voraus, in der der spätere tatsächliche Verlust des Vermögenswerts faktisch bereits weitgehend vorgegeben ist (s. dazu auch → Rn. 636). Das BVerfG hat die »schadensgleiche Gefährdung« verfassungsrechtlich nicht beanstandet, allerdings darauf hingewiesen, dass die Wahrscheinlichkeit eines späteren realen

9 Grundlegend BGHSt 16, 321 (325 ff – »Melkmaschine«); dazu *Fahl* JA 1995, 198 ff; *K/H/H*, BT 2, Rn. 643 ff; jew. m.w.N.

10 Zur weiteren Rspr. in diesem Bereich und zur Diskussion in der Lit. *Schmoller*, ZStW 103 (1991), 92 (94 ff).

11 Vgl. *Kindhäuser* § 263 Rn. 183 m.w.N.; zu den Problemen der Instanzgerichte BGH NStZ 2014, 518 (519).

12 Dazu eingehend *Hefendehl*, Vermögensgefährdung und Exspektanzen, 1994, S. 256 ff; LK-*Tiedemann* § 263 Rn. 168 ff; MK-*Hefendehl* § 263 Rn. 588 ff; jew. m.w.N. auch zur Gegenansicht, die in der schadensgleichen Vermögensgefährdung eine unzulässige Vorverlagerung der Strafbarkeit sieht (Versuchsunrecht; § 263 StGB werde zum abstrakten Gefährdungsdelikt umgestuft).

13 Daneben insb. auch beim Gutglaubenserwerb (→ Rn. 634), beim Kreditbetrug sowie bei der Preisgabe einer Geheimzahl, vgl. *W/Hillenkamp* Rn. 572 a.E.

14 Zsfd. *Kubiciel* JZ 2014, 99 m.w.N.

Vermögensverlustes nicht „diffus" sein dürfe und die Höhe des Schadens grundsätzlich[15] in nachvollziehbarer Weise darzulegen (ggf. Schätzung auf tragfähigen Grundlagen) und ein Mindestschaden anzugeben sei.[16]

1. Vermögensschaden bei gutgläubigem Erwerb (»Makeltheorie«)?

Unter dem Gesichtspunkt der sog. »schadensgleichen Vermögensgefährdung« hält die *Rechtsprechung* einen Vermögensschaden auch für möglich, wenn ein Gegenwert erlangt wird, der lediglich nach den bürgerlich-rechtlichen Vorschriften über den *gutgläubigen Erwerb* rechtlich unangreifbar ist, z.B. beim Eigentumserwerb an einer Sache aufgrund §§ 932 ff BGB. So soll der Schaden beim gutgläubigen Eigentumserwerb daraus folgen, dass der Erwerber der „Gefahr von Rechtsstreitigkeiten" und dem „Verdacht der Hehlerei" ausgesetzt ist, u.U. auch Aufwendungen (Geld, Zeit, Arbeitskraft) zur Verteidigung des Erwerbs machen muss und eventuell an einer beabsichtigten Weiterveräußerung gehindert ist. Außerdem könne es „für die wirtschaftliche Bewertung einer Sache nicht ohne Einfluß sein, daß sie mit einem *sittlichen Makel* behaftet ist", der sie „nach gesundem Volksempfinden [!] auch als Vermögensstück minderwertig" mache.[17] Der BGH hat sich zwar von dem Gesichtspunkt des sittlichen Makels (»Makeltheorie«) distanziert, aber an der »Gefährdung« bei gutgläubigem Erwerb grundsätzlich festgehalten. Doch soll es insoweit ganz auf die »Besonderheiten des Einzelfalles« ankommen: auf die beteiligten Personen, die Art des Vermögensobjekts und die konkreten Umstände, unter denen Veräußerung und Erwerb stattgefunden haben.[18] Vor dem Hintergrund der Notwendigkeit einer Bezifferung der schadensbegründenden Gefährdung (→ Rn. 633 a.E.) hat der BGH allerdings in Frage gestellt, ob ein solcher Schaden „allein in dem Bestehen eines zivilrechtlichen Prozessrisikos liegen kann" und welche „Parameter für die Berechnung der Höhe eines solchen Schadens" gelten können.[19] **634**

In der *Literatur* ist diese Rechtsprechung weitgehend auf *Ablehnung* gestoßen.[20] Der im Schrifttum heute *überwiegenden* Auffassung dürfte die zusammenfassende Stellungnahme bei *L/Kühl* entsprechen (§ 263 Rn. 43): „Wirtschaftlich wertmindernd kann hier allenfalls die Gefahr prozessualer Auseinandersetzung mit dem Altberechtigten wirken … sie ist jedoch im Hinblick auf die zivilrechtlich starke Stellung des gutgläubigen Erwerbers nur dann ›konkret‹, wenn dieser den Gegenstand unter *regelwidrigen Umständen* erlangt hat, die es wahrscheinlich machen, dass er ihn in einer Auseinandersetzung verteidigen muss und ihn möglicherweise nicht behaupten kann,

15 Ausgenommen werden einfach gelagerte Fälle. Nach BGHSt 58, 205 (209) zählt dazu der Fall fehlender Erfüllungsbereitschaft. Hier bedürfe es keiner Feststellung des objektiven Marktwerts, es genüge eine Orientierung an den vertraglich vereinbarten Werten; i.E. zust. *Kubiciel* JZ 2014, 99 (101 f).

16 BVerfGE 126, 170 (221 ff zum Nachteil bei § 266 StGB); BVerfG NStZ 2012, 496 (503 ff – »Eingehungsbetrug«); hierzu *Hinrichs* wistra 2013, 161 ff. Übersicht bei *Rengier*, BT 1, § 13 Rn. 185c f.

17 RGSt 73, 61 (62 ff) gegen RGSt 49, 16 (17).

18 Vgl. dazu insb. BGHSt 3, 370 (372); 15, 83 (86 f); BGH JR 1990, 517 (518) mit Anm. *Keller*, S. 519; BGH wistra 2003, 230 f.

19 BGH NStZ 2013, 37. *Schlösser* geht in seiner Anm. (NStZ 2013, 162 [163]) zu der Entscheidung daher davon aus, dass damit die Makeltheorie überholt ist.

20 Vgl. zum Streitstand und zu den Einwänden die Darstellungen z.B. bei *Hefendehl*, Vermögensgefährdung und Exspektanzen, 1994, S. 350 ff; *Hillenkamp*, BT, Problem Nr. 32; LK-*Tiedemann* § 263 Rn. 209; jew. m.w.N.

oder wenn er aus Gründen wirtschaftlicher Rücksichtnahme zur Herausgabe gezwungen ist." Bei gutgläubigem Sacherwerb zwecks Weiterveräußerung kann ein Schaden – unter dem Aspekt des individuellen Schadenseinschlags – im Übrigen vorliegen, wenn die Sache im Einzelfall für den Erwerber wegen ihrer Herkunft faktisch *unverkäuflich* ist (»merkantiler Minderwert«).[21]

2. Der sog. »Eingehungsbetrug« (Eingehungsschaden)

635 **a) Grundsätzliches zum Eingehungsschaden** In den Zusammenhang des Problems »Vermögensschaden aufgrund Vermögensgefährdung« gehört auch die von der Rechtsprechung seit RGSt 16, 1 (10 f) entwickelte, in der Literatur grundsätzlich anerkannte und verfassungsrechtlich unbedenkliche[22] Konstruktion des sog. »*Eingehungsbetruges*«, bei der es sich um eine spezielle Form der Schadensbegründung und -berechnung handelt (»Eingehungsschaden« als schädigende Vermögensgefährdung). Die Figur des »Eingehungsbetruges« soll es ermöglichen, den Schaden bereits auf der Basis des *Verpflichtungsgeschäfts* und der daraus resultierenden *Ansprüche* – unabhängig vom späteren Austausch der tatsächlichen Leistungen – zu berechnen: mit der Konsequenz, dass schon im Stadium des *Vertragsabschlusses* ein *vollendeter* Betrug vorliegen kann. Maßgebend für die Schadensberechnung ist danach der Wertvergleich der einander gegenüberstehenden Ansprüche (»Vertragswerte«).[23] Nach dem Grundansatz der Rechtsprechung – und der Lehre vom »Eingehungsbetrug« allgemein – führt der Abschluss eines Vertrages „dann zu einem Vermögensschaden, wenn ein Vergleich der Vermögenslage vor und nach Eingehung der schuldrechtlichen Verbindlichkeit ergibt, dass der Betroffene durch den *Vertrag* wirtschaftlich schlechter gestellt ist, sei es, weil das Versprochene gegenüber der Leistung des Getäuschten minderwertig ist, sei es, weil der Versprechende leistungsunfähig oder leistungsunwillig ist".[24]

Die dem Vertragsabschluss eventuell – und häufig – nachfolgende *Erfüllung* durch den Getäuschten (Erbringung der Leistung) bedeutet danach lediglich eine »Vertiefung« oder »endgültige Realisierung« des bereits im Eingehungsstadium vorliegenden Gefährdungsschadens.[25] Da der effektiv-endgültige Vermögensschaden regelmäßig in einer Vermögensminderung *ohne* ausgleichendes *Äquivalent* besteht, wird der »Eingehungsschaden« typischerweise durch die *Gefahr* begründet, dass der Getäuschte ohne hinreichende Kompensation leisten wird.[26] Kommt es zum tatsächlichen *Leistungsaustausch*, so kann freilich die Schadensberechnung in aller Regel auf dieser späteren Grundlage vorgenommen werden, so dass normalerweise auf das »Eingehungsstadium« nicht zurückgegriffen zu werden braucht:[27] »Subsidiarität« des

---

21 Vgl. dazu *K/H/H*, BT 2, Rn. 667.

22 BVerfG NJW 1998, 2589 f; NStZ 2012, 496 (503 ff).

23 Zuletzt BGH NStZ 2014, 318 (319 f) m.w.N. Dort auch zur Schadensberechnung bei Risikogeschäften, bei denen das Ausfallrisiko in den Wert des Gegenanspruchs einzubeziehen ist (S. 320 f); zur Berechnung des Schadens beim Darlehensvertrag unter erhöhten Ausfallrisiken BGH NStZ 2014, 457 mit krit. Anm. – auch zur Bewertung des Schadens bei Risikogeschäften – *Becker*, S. 458.

24 *S/S/Perron* § 263 Rn. 128 m.w.N.

25 LK-*Lackner*, 10. Aufl., § 263 Rn. 234. Die Bezeichnungen »Gefährdungsschaden« und »schadensgleiche Vermögensgefährdung« werden synonym verwandt, vgl. BVerfG NStZ 2012, 496 (504).

26 *Rotsch*, ZStW 117 (2005), 577 (586 f).

27 BGHSt 58, 102 (109 f); *Müller-Christmann* JuS 1988, 108 (112); *Rengier* JuS 2000, 644 (645); jew. m.w.N.

Eingehungsschadens gegenüber dem effektiven Schaden. Haben Getäuschter und Täuschender jeweils schon geleistet, sind grundsätzlich die realen *Leistungen* wertmäßig miteinander zu vergleichen. Hat nur der Getäuschte – oder nur der Täuschende – bereits geleistet, so ist Maßstab der Schadensbestimmung ein Vergleich zwischen dem Wert der *vollzogenen* Leistung und dem Wert des *Anspruchs* auf die jeweilige Gegenleistung.[28] Ein »Gefährdungsschaden« liegt danach vor, wenn der Wert des Anspruchs auf die noch ausstehende Gegenleistung hinter dem Wert der bereits erbrachten Leistung zurückbleibt; etwa weil die Gegen*leistung* selbst *minderwertig* oder weil die *Erfüllung der* an sich gleichwertigen Gegen*forderung gefährdet* ist (Gegenleistungspflichtiger will oder kann nicht leisten), so dass diese Forderung aus diesem Grund als minderwertig bzw. wertlos zu bewerten ist.[29]

Zum Vermögensschaden beim Eingehungsbetrug hat der BGH ausgeführt:[30] „Bei diesem ist der Vermögensstand vor und nach dem *Vertragsabschluss* durch einen Wertvergleich der vertraglich begründeten gegenseitigen *Ansprüche* zu ermitteln. Zu vergleichen sind danach die beiderseitigen Vertrags*verpflichtungen*. Wenn der Wert des Anspruchs auf die Leistung des Täuschenden hinter dem Wert der Verpflichtung zur Gegenleistung des Getäuschten zurückbleibt, ist der Getäuschte geschädigt. Da die Vertragspflichten bei Vertragsabschluss – nicht aber die künftig erbrachten Leistungen im Rahmen der Vertragserfüllung – zu vergleichen sind, handelt es sich um einen *Gefährdungsschaden*, der schadensgleich sein muss, um einen Vermögensschaden zu begründen."[31]

b) Eingehungsschaden und konkrete Vermögensgefährdung Wird die Konstruktion des »Eingehungsbetruges« in *reiner Form* durchgeführt, d.h. ohne Korrekturen unter dem Gesichtspunkt einer *konkreten Gefährdung* im Einzelfall, so läuft sie letztlich auf eine generalisierend-typisierende »Vorverlegung« des Gefährdungsschadens in das Abschlussstadium nach Art eines »abstrakten Gefährdungsdelikts« hinaus. Die ältere Rechtsprechung neigt in der Sache vielfach zu einem solchen Verständnis, obwohl sie andererseits die Notwendigkeit einer »konkreten Gefahr« betont. Die »abstrahierende« Betrachtungsweise kommt u.a. darin zum Ausdruck, dass bei der Ermittlung des Eingehungsschadens »gesetzliche Gegenansprüche«, insbesondere das Anfechtungsrecht, grundsätzlich auszuklammern seien[32] und dass bereits die »fehlende Erfüllungsbereitschaft« des täuschenden Vertragspartners regelmäßig einen Minderwert des jeweiligen Anspruchs begründen könne.[33] **636**

Demgegenüber dominieren im Schrifttum inzwischen die Stimmen, die bei der Begründung des Eingehungsschadens auf dem Erfordernis einer wirklich »konkreten« Gefahr der tatsächlichen Vermögenseinbuße bestehen und darauf hinweisen, dass die

28 Näher dazu BGH NStZ 2011, 638 (639).

29 Vgl. den Fall BGHSt 53, 199 ff (»Schneeballsystem«), in dem der BGH allerdings eine »schadensgleiche Vermögensgefährdung« verneint und einen »endgültigen Schaden« angenommen hat. Näher dazu *Küper* JZ 2009, 800 ff (804); *Schlösser* NStZ 2009, 663 ff.

30 BGHSt 45, 1 (4 f); ähnlich BGHSt 54, 69 (122); BGH NStZ 2007, 151 (154).

31 Vgl. auch BGH NStZ 2008, 96 (98) zur Bestimmung des Eingehungsschadens nach dem „vernünftigen Urteil eines objektiven Dritten"; ebenso BGHSt 54, 69 (122).

32 Vgl. die Hinw. bei *K/H/H*, BT 2, Rn. 449a.

33 LK-*Lackner*, 10. Aufl., § 263 Rn. 207 m.w.N.

»Konkretheit« u.a. bei einem *Rücktrittsrecht*, der *Zug-um-Zug-Einrede*[34] (keine Vorleistungspflicht) und einem *Anfechtungsrecht* entfallen kann.[35] Diesen Einschränkungsvorschlägen „liegt der Gedanke zugrunde, daß von einer wirtschaftlich spürbaren *Gefährdung* nicht gesprochen werden kann, wenn der Getäuschte es *noch selbst in der Hand hat*, ob er ohne ausreichende Gegenleistung erfüllen will oder nicht".[36] Eine zur Schadensbegründung hinreichende »konkrete« Vermögensgefährdung ist danach regelmäßig ausgeschlossen, wenn der Getäuschte seine Leistung noch nicht erbracht hat oder für den Getäuschten sonst die ungehinderte (»unproblematische«, »liquide«) Möglichkeit besteht, sich vor einer *effektiven* Vermögenseinbuße durch die Geltendmachung seines »Gegenrechts« wirksam zu schützen. Dafür sind u.a. die Erkennbarkeit und Beweisbarkeit dieses Rechts sowie die Zumutbarkeit seiner Ausübung von Bedeutung.[37]Auch die Rechtsprechung folgt zunehmend dieser Linie einer »konkretisierenden« Gefahrbestimmung.[38]

IV. Der Vermögensschaden beim sog. »Erfüllungsbetrug« (»Erfüllungsschaden«)

637 Beim »*Erfüllungsbetrug*« (Abwicklungsbetrug) sind *zwei Problemkonstellationen* zu unterscheiden. Die erste kann man als »echten« oder »typischen«, die zweite als »unechten« oder »atypischen« Erfüllungsbetrug bezeichnen. Der Unterschied beruht darauf, dass der Täter seine Täuschungshandlung in zwei verschiedenen Zeitpunkten vornehmen kann: einmal erst *nach Abschluss* des schuldrechtlichen Vertrages bei dessen Erfüllung (»echter Erfüllungsbetrug« → Rn. 638 ff), zum anderen bereits im Rahmen des *Verpflichtungsgeschäfts* (»unechter Erfüllungsbetrug« → Rn. 642 ff). Die erste Konstellation ist in der Beurteilung weitgehend anerkannt, die Bewertung der zweiten jedoch *sehr strittig*.

1. Der »echte« Erfüllungsbetrug

638 **a) Allgemeines** Ein »echter« Erfüllungsbetrug wird angenommen, wenn der Täter erst *nach Vertragsabschluss* täuscht und dadurch den Betroffenen veranlasst, entweder (a) eine im Verhältnis zu seinem Anspruch minderwertige Leistung als *Erfüllung anzunehmen* oder (b) selbst *mehr zu leisten*, als er rechtlich zu leisten verpflichtet ist. Bei dieser Ausgangslage kommt es für die Ermittlung des Vermögensschadens – »Erfüllungsschadens« – darauf an, ob die empfangenen oder erbrachten *Leistungen* jeweils den schuldrechtlichen *Ansprüchen/Verpflichtungen* gleichwertig sind oder nicht. Der Schaden resultiert dann entweder (a) bereits aus einem »Erfüllungsdefekt«, d.h. aus dem Mangel vollwertiger Erfüllung des bestehenden Anspruchs – »Zuwenig-Leistung« –, oder (b) aus einer »Überzahlung« der Verpflichtung, d.h. aus der Erbringung einer nicht in voller Höhe geschuldeten (Gegen-)Leistung: »Zu-viel-Leistung«. Diese zivilrechtsakzessorische Schadensberechnung, die sich am Verhält-

34 So dass die für das Vermögen „abstrakt gefährliche" mangelnde Erfüllungsbereitschaft des Täters sich beim Opfer konkret nicht schädigend auswirken kann.

35 Vgl. z.B. *S/S/Perron* § 263 Rn. 131 f; *T. Walter*, Herzberg-FS, 2008, S. 763 (768 ff); jew. m.w.N.

36 *Tenckhoff*, Lackner-FS, 1987, S. 677 (679), der auch Kriterien für eine »konkreten« Gefahrbestimmung beim Eingehungsschaden vorschlägt (S. 683 f).

37 Vgl. dazu *Lenckner* JZ 1971, 320 ff; *S/S/Perron* § 263 Rn. 131 ff.

38 Zuletzt BGH wistra 2014, 224 (226) zur Übergabe einer widerruflichen Bankanweisung sowie exemplarisch: BGH NStZ-RR 2005, 180 f (Zug-um-Zug-Leistung); OLG Stuttgart NJW 2002, 384 f mit Anm. *Erb* JR 2002, 216 (Vorleistungspflicht des Täuschenden); w.N. in der 8. Aufl. 2012, S. 383.

nis der tatsächlichen Leistungen zu den vertraglichen Ansprüchen/Verpflichtungen orientiert, gilt nach allgemeiner Auffassung auch dann, wenn die Leistung des täuschenden Täters zwar den wirtschaftlichen Wert der Gegenleistung an sich erreicht (oder sogar übersteigt), weil es sich z.B. um einen für den Getäuschten günstigen Vertragsabschluss handelt, andererseits aber gegenüber dem *Vertragsanspruch* des Betroffenen einen *Minderwert* darstellt.[39] Obwohl hier im faktischen Ergebnis letztlich nur die Realisierung einer »Gewinnerwartung« ausbleibt, liegt aufgrund der maßgeblichen Vergleichsbasis (zivilrechtliche »Anspruchslage«) ein Vermögensschaden vor: „Die Maßgeblichkeit dieser Vergleichsbasis ergibt sich daraus, daß die Beteiligten durch den Abschluß des Verpflichtungsgeschäfts ihrem Vermögen Ansprüche von wirtschaftlichem Wert zugeführt und entsprechende Verpflichtungen übernommen haben. Werden diese Ansprüche *nicht vollwertig erfüllt* oder werden über die Verbindlichkeit *hinausgehende Leistungen* erbracht, so ergibt der Saldo bei wirtschaftlicher Betrachtung eine Wertminderung.“[40] Deshalb ist es auch unerheblich, ob der Getäuschte einen Gegenstand erwirbt, der trotzdem den vereinbarten oder gezahlten Preis wert ist.[41]

b) Gattungs- und Speziesschuld beim Erfüllungsbetrug

aa) Frühere Rechtslage Bei der Anwendung dieser Grundsätze hatte *früher* – vor der Schuldrechtsreform (1.1.2002) – der Unterschied zwischen Gattungs- und Speziesschuld (Gattungs-/Stückkauf) entscheidende Bedeutung; er führte aufgrund der zivilrechtlichen Rechtslage je nach Art der Schuld zu einer verschiedenen Bestimmung des Erfüllungsschadens: **639**

Wich bei der *Gattungsschuld* die vom Täuschenden erbrachte Leistung von der geschuldeten nachteilig ab (Sachmangel, Fehlen sog. »zugesicherter Eigenschaft«), so lag schuldrechtlich *keine Erfüllung* vor (§§ 243 I, 480 BGB a.F.). Der Erfüllungsschaden sollte deshalb bereits daraus resultieren und schon dadurch eintreten, dass der Getäuschte mit der »Annahme« der Leistung »als Erfüllung« – unter Verzicht auf die Geltendmachung seines Erfüllungsanspruchs – wertmäßig *weniger erhalte*, als er vertraglich zu beanspruchen habe: Vermögensschaden mangels »vollwertiger Erfüllung«, »Erfüllungsdefekt«, »Zu-wenig-Leistung«. Zur Schadensbegründung müsse daher nicht auch auf die »Überzahlung« qua Gegenleistung durch den Getäuschten (»Zu-viel-Leistung«) abgestellt werden. Anders dagegen beim *Speziesanspruch* (Stückschuld): Hier habe der Getäuschte – abgesehen von der Lieferung eines »aliud« – von vornherein nur einen Erfüllungsanspruch auf Leistung der vertraglich *individualisierten* Sache »so wie sie ist«. Ein Erfüllungsschaden ergebe sich deshalb erst daraus (und setze voraus), dass der Getäuschte die *volle Gegenleistung* erbringe, obwohl ihm ein *Minderungsrecht* zustehe, das er hätte geltend machen können (§§ 459 ff, 472, 478 BGB a.F.): Schaden aufgrund »Überzahlung«.[42]

39 Bsp.: Aus Werbezwecken hat V einen Kaufvertrag über eine Sache für den Preis von 100 € abgeschlossen, obwohl diese einen Marktwert von 150 € hat. V liefert dann nur eine Sache im Wert von 100 (120) € und behauptet, diese sei die vertraglich vereinbarte Ware.

40 LK-*Lackner*, 10. Aufl., § 263 Rn. 227.

41 Zur vermögenswerten »Exspektanz« in diesem Zshg. vgl. MK-*Hefendehl* § 263 Rn. 497 f.

42 Näher zu dieser Differenzierung *Tenckhoff*, Lackner-FS, 1987, S. 684 ff, 686 m.w.N.

640 **bb) Neue Rechtslage (Schuldrechtsreform)** Diese strikte Differenzierung je nach »Gattungs«- oder »Speziesschuld« kann jedoch nach der Schuldrechtsreform nicht mehr aufrechterhalten werden. Nach heutigem Schuldrecht hat der Getäuschte auch bei der *Speziesschuld* (Stückkauf) grundsätzlich einen originären Anspruch auf Verschaffung einer »mangelfreien Sache« (§§ 433 I 2, 434 BGB) bzw. im Fall der – bisher sog. – »zugesicherten Eigenschaft« einen entsprechenden Anspruch aus der vom Verkäufer übernommenen »Garantie« (§§ 276, 443 BGB). Dieser Erfüllungsanspruch wird bei Schlechtlieferung nicht mehr nur durch sekundäre »Gewährleistungsrechte« (Minderungs-/Rücktrittsrecht, § 437 Nr. 2 BGB) abgelöst, sondern setzt sich in einem »Nacherfüllungsanspruch« fort (§§ 437 Nr. 1, 439 I BGB). Der Anspruch auf Nacherfüllung richtet sich auf die Beseitigung des Mangels und eventuell sogar auf einwandfreie *Ersatzlieferung* einer gleichartigen/gleichwertigen Sache.[43] Soweit ein solcher Anspruch besteht, erhält daher der Getäuschte bereits mit der *Annahme* einer von der geschuldeten nachteilig abweichenden Leistung wertmäßig weniger, als er vertraglich zu beanspruchen hat – nicht anders als bei der Gattungsschuld: Erfüllungsschaden aufgrund »Erfüllungsdefekts«.

641 Hiervon zu unterscheiden ist die Situation, dass der Täuschende eine mangelhafte Sache leistet, bezüglich derer die Nacherfüllung *unmöglich* (§ 275 I BGB) ist: Da dem Getäuschten hier kein (Nach-)Erfüllungsanspruch zusteht – in Betracht kommen lediglich sekundäre Gewährleistungsrechte (§ 437 Nr. 2, Nr. 3 BGB) –, setzt ein Erfüllungsschaden bei dieser Lage – wie früher generell bei Stückschuld (→ Rn. 639) – voraus, dass der Getäuschte die eigene *Gegenleistung* erbringt und der Schaden erst aufgrund der »Überzahlung« eintritt.[44]

2. Der »unechte« Erfüllungsbetrug

642 **a) Ausgangspunkt** Ein »unechter« Erfüllungsbetrug kommt in Betracht, wenn die Täuschung bereits im Rahmen des *Verpflichtungsgeschäfts* verübt wird und in der Erfüllungsphase lediglich *fortwirkt*, ohne dass andererseits im *Eingehungsstadium* bereits ein Schaden vorliegt, weil die gegenseitigen *Ansprüche* gleichwertig sind.[45] Die Beurteilung dieser möglichen Variante eines »Erfüllungsbetruges« ist *sehr umstritten*. Die Rechtsprechung hat sie bisher grundsätzlich außer Betracht gelassen, und bricht bei Gleichwertigkeit von Leistung und Gegenleistung die Schadensermittlung regelmäßig schon auf der Ebene des – fehlenden – Eingehungsschadens ab,[46] behandelt also den (unechten) Erfüllungsbetrug nur nach den Grundsätzen des (dann nicht vorliegenden) Eingehungsbetruges. Doch lässt sich der Vermögensschaden hier eventuell in gleicher Weise »zivilrechtsakzessorisch« bestimmen wie bei einem »echten« Erfüllungsbetrug, also nach den oben (→ Rn. 638 ff) darge-

43 Vgl. BGH NJW 2006, 2839 (2840 f) m.w.N.; *Canaris* JZ 2003, 831 ff; *H. Roth* NJW 2006, 1004 ff; str.

44 Vgl. NK-*Kindhäuser* § 263 Rn. 331. Eingehend zum »echten« Erfüllungsbetrug, z.T. mit Kritik an der vorstehend dargestellten h.M., *Küper*, Tiedemann-FS, 2008, S. 617 ff, 627 ff; *Wahl*, Schadensbestimmung, S. 149 ff, 207 f.

45 Bsp.: V hat einen Kaufvertrag über eine Sache, die sonst einen Marktpreis von 150 € hat, für den Preis von 100 € abgeschlossen. Dabei hat er *schon bei Vertragsschluss* vor, stattdessen eine minderwertige Sache zu liefern, die aber 100 € wert ist.

46 Nachw. bei NK-*Kindhäuser* § 263 Rn. 333; *Schneider* JZ 1996, 914 (918).

stellten Grundsätzen. Danach wäre es unerheblich, in welchem Stadium des Geschäfts die Täuschungshandlung vorgenommen worden ist.[47]

b) Überwiegende Auffassung und Gegenmeinung Nach der (noch) überwiegenden Auffassung im Schrifttum sind aber wegen der »Unselbstständigkeit« der bei der Erfüllung nachwirkenden Täuschung das Verpflichtungs- und das Erfüllungsgeschäft schadensrechtlich als »*Einheit*« zu behandeln, mit der Konsequenz, dass über den Schaden nicht die zivilrechtliche »Anspruchslage«, sondern nur der Wertvergleich zwischen den *jeweiligen Leistungen* entscheidet.[48] Davon wird z.T. wieder eine Ausnahme gemacht, wenn zur ursprünglichen Täuschung (beim Verpflichtungsgeschäft) in der Erfüllungsphase eine »neue selbstständige Täuschung« hinzutritt. Zur Begründung der prinzipiellen »Einheitsbetrachtung« wird u.a. darauf hingewiesen, dass die Täuschung bei Vertragsabschluss aufgrund ihrer Fortwirkung im Erfüllungsstadium durch zwei *einander aufhebende Wirkungen* gekennzeichnet sei: sie mache den Betroffenen durch den Vertragsanspruch »reicher« und *zugleich* durch die beabsichtigte Vereitelung des Erfüllungs- bzw. Gewährleistungsanspruchs wieder »ärmer«. Anders als beim »echten« Erfüllungsbetrug werde der zivilrechtliche Anspruch nicht zuerst vollwertiger Bestandteil des Vermögens, bevor dieses Vermögen dann durch eine nachfolgende Täuschung angegriffen werde. Bei wirtschaftlicher *Gesamtbeurteilung* werde daher das Vermögen nicht gemindert, sondern lediglich eine »Gewinnerwartung« enttäuscht. Der vom Opfer erworbene Erfüllungsanspruch bzw. das Gewährleistungsrecht sei zur Schadensbegründung ungeeignet, weil der Entschluss des Täters zur Fortsetzung der Täuschung diese Rechtsposition »*wirtschaftlich* wertlos« mache. 643

Die *vordringende Kritik* an solcher »Einheitsbetrachtung« hält ihr insbesondere entgegen:[49] Der bei einer Täuschung erst nach Vertragsabschluss vorliegende Erfüllungsschaden könne nicht deshalb entfallen, weil der Täter schon im Rahmen des Verpflichtungsgeschäfts getäuscht habe. Die schadensbegründende zivilrechtliche »Anspruchslage« müsse auch in diesem Fall respektiert und dürfe nicht durch eine »wirtschaftliche Gesamtbetrachtung« eingeebnet werden. Nach dieser Auffassung ist der »unechte« Erfüllungsbetrug ebenso zu behandeln wie der »echte« (→ Rn. 638 ff), so dass der Vermögensschaden – wiederum trotz objektiver Gleichwertigkeit von gelieferter Sache und vereinbartem/gezahltem Kaufpreis – auf einem »Erfüllungsdefekt« oder jedenfalls auf einer »Überzahlung« beruht. Der wegen Ausgewogenheit des Verpflichtungsgeschäfts nicht durchgreifende »Eingehungsbetrug« wird von diesem Standpunkt aus vielfach als ein »*versuchter Erfüllungsbetrug*« gedeutet, der im Erfüllungsstadium in einen vollendeten Erfüllungsbetrug übergehe.[50] 644

---

47 Der Paradefall aus der Rspr. ist der sog. »Zellwollhosenfall« (BGHSt 16, 220 [222 f]); w.N. aus der Rspr. in der 8. Aufl. 2012, S. 386.

48 Vgl. dazu LK-*Tiedemann* § 263 Rn. 201 f; MK-*Hefendehl* § 263 Rn. 554 ff; *Tenckhoff*, Lackner-FS, 1987, S. 677 (686 ff).

49 *Puppe* JZ 1984, 531 ff; *Schneider* JZ 1996, 914 (916 ff); *T. Walter*, Betrugsstrafrecht in Frankreich und Deutschland, 1999, S. 537 ff; jew. m.w.N.; Gegenkritik bei *Küper*, Tiedemann-FS, 2008, S. 617 (635 f); *Wahl*, Schadensbestimmung, S. 193 ff.

50 Vgl. *Lenckner* MDR 1961, 652 (654 f); *S/S/Perron* § 263 Rn. 137.

V. Der »Schadenswegfall aus Rechtsgründen«

1. Grundsätzliches

645 Der oben (→ Rn. 626) schlagwortartig als »*Schadenswegfall aus Rechtsgründen*« apostrophierte Gesichtspunkt – Tilgung fälliger/einredefreier Verbindlichkeit, nach der Rechtsordnung hinzunehmende Einbuße – ist eine Konsequenz der »juristisch-ökonomischen Vermögenslehre«, die sich insoweit auch in der Rechtsprechung inzwischen durchgesetzt hat. Ein wirtschaftlicher Wert, den der Vermögensinhaber von Rechts wegen »weggeben« oder dessen Einbuße er sonst rechtlich hinnehmen muss, wird danach als vor dem Recht »nicht anerkennungsfähig« aus dem Bestand des schutzwürdigen Vermögens »juristisch« ausgeschieden, so dass er bei der Schadensbegründung außer Betracht bleibt.[51]

Die auf der Vermögens- und Schadensebene »rein wirtschaftlich« argumentierende Gegenauffassung führt allerdings bei Schädigungsdelikten, die im subjektiven Tatbestand die »Absicht rechtswidriger Bereicherung« voraussetzen, über die Verneinung der »Rechtswidrigkeit« des erstrebten Vermögensvorteils regelmäßig zu gleichen Ergebnissen. Auch die (ältere) Rechtsprechung arbeitet vielfach erst mit diesem Gesichtspunkt.[52] Auf ihn kann freilich nicht zurückgegriffen werden, wenn es sich um ein Schädigungsdelikt *ohne* Absicht rechtswidriger Bereicherung handelt, wie etwa § 266 StGB (Untreue).

2. Ergänzungen

646 Problematischer sind die Fälle, in denen mit der Leistung zwar keine Verbindlichkeit »erfüllt« wird, jedoch aus einem *anderen Rechtsgrund* ein Anspruch auf dieselbe Leistung besteht. Hier wird vorgeschlagen, einen Schaden zu bejahen, wenn durch die Leistung die Verbindlichkeit *nicht erlischt* und die weitere Inanspruchnahme des Betroffenen möglich bleibt, d.h. nicht faktisch ausgeschlossen ist.[53] In den Fragenkreis des »Schadenswegfalls aus Rechtsgründen« gehört auch das Schadensproblem bei »Erschwindelung einer Aufrechnungslage«: Ein Gläubiger verschafft sich Befriedigung für seine Forderung, indem er beim Schuldner ein entsprechendes Darlehen aufnimmt, um es durch Aufrechnung mit der Gegenforderung zu tilgen. Nach h.M.[54] fehlt bei rechtlich *zulässiger* (!) Aufrechnung bereits der »Vermögensschaden«. Der »Schadenswegfall aus Rechtsgründen« ist das Gegenstück zu dem oben (→ Rn. 631) erwähnten Gesichtspunkt, dass bei der »Kompensation« ein Vermögenszuwachs nicht als Äquivalent berücksichtigt werden kann, der dem Geschädigten nach der Rechtsordnung ohnehin *unentgeltlich* zusteht.[55]

Zur Problematik des Vermögensschadens bei den sog. »*Zweckverfehlung*sfällen« (Spendenbetrug etc.) → Rn. 653 ff.

---

51 Vgl. dazu näher *L/Kühl* § 263 Rn. 47; LK-*Lackner*, 10. Aufl., § 263 Rn. 155 (auch zur rein wirtschaftlichen Gegenposition); *S/S/Perron* § 263 Rn. 116 f; jew. m.w.N. Aus der Rspr. z.B.: BGHSt 20, 136 (137 f); 31, 178 (180); BGH NJW 1983, 2646 (2648); NStZ 2004, 205.

52 Z.B.: BGHSt 3, 160 (162); 19, 206 (216); 42, 268 (272 f); anders aber bereits RGSt 11, 72 (76).

53 LK-*Lackner*, 10. Aufl., § 263 Rn. 155. Vgl. hierzu auch das Parallelproblem bei der Rechtswidrigkeit der Bereicherung (→ Rn. 129).

54 BGH NJW 1953, 1479; *K/H/H*, BT 2, Rn. 679.

55 Zum Zusammenhang beider Aspekte *M/Maiwald*, BT 1, § 41 II Rn. 134; *S/S/Perron* § 263 Rn. 117.

Vermögensverfügung (beim Betrug allgemein) – § 263 I StGB

»Vermögensverfügung« ist jedes Handeln, Dulden oder Unterlassen des Getäuschten, das **unmittelbar** – ohne zusätzliches *eigenmächtiges* (deliktisches) Täterverhalten (→ Rn. 648) – **vermögensmindernd** (→ Rn. 649) wirkt (übliche Standarddefinition). **647**

Der Begriff deckt sich nicht mit der zivilrechtlichen »Verfügung«; er hat einen eigenständig-betrugsspezifischen Inhalt: Die »Vermögensverfügung« kann ebenso in einem *rechtsgeschäftlichen* Handeln (z.B. Vertragsabschluss, Übereignung, Forderungserlass) wie in einem Verhalten mit nur *faktischer* Auswirkung auf das Vermögen bestehen (z.B. Übertragung von Gewahrsam, Verzicht auf Geltendmachung eines Anspruchs), außerdem in einem staatlichen *Hoheitsakt* (z.B. gerichtliche Verurteilung zur Leistung).
Besteht die vermögensmindernde Wirkung im Verlust des *Gewahrsams* an einer Sache, so ist für die »Vermögensverfügung« ein entsprechendes **Verfügungsbewusstsein** des Getäuschten erforderlich. »Wegnahme« i.S. des § 242 I StGB und »Vermögensverfügung« schließen einander deshalb aus (»Exklusivität« von Diebstahl und Sachbetrug → Rn. 650); dies wirkt sich auch bei einem erzwungenen Gewahrsamswechsel aus: Eine Verfügung setzt einen »freien Willensentschluss« voraus (→ Rn. 652).

Literatur: LK-*Tiedemann* § 263 Rn. 96 ff; abw. SK-*Hoyer* § 263 Rn. 136 f, 151 ff (Verfügungsbewusstsein stets [!] erforderlich). **Einführend:** *Rengier*, BT 1, § 13 Rn. 61 ff, 146 ff.

Rechtsprechung Grundlegend: RGSt 47, 151 (152 f); BGHSt 14, 170 (171 f); jew. nachfolgend zitiert. **Beispielhaft:** BGHSt 41, 198 (202 ff – Vorbeischmuggeln an der Kasse); OLG Celle NJW 1975, 2218 (2219 – fehlende Unmittelbarkeit); OLG Düsseldorf NJW 1988, 922 ff (Vorbeischmuggeln an der Kasse, versteckte Ware); OLG Hamm NJW 1969, 620 f (Vortäuschung einer Eigentümerstellung an Fundsache – kein Verfügungsbewusstsein) mit abl. Bspr. *Bittner* MDR 1970, 291 ff (nur § 246) und *Wedekind* NJW 1969, 1128 f (nur § 263); OLG Stuttgart NStZ-RR 2013, 174 (Erschleichung von Rezepten über verschreibungspflichtige Medikamente) sowie die nachfolgend zitierte Rspr.:

Grundsätzlich zur »Vermögensverfügung«: RGSt 47, 151 (152 f): „Ungeschriebenes Tatbestandsmerkmal des § 263 StGB ist eine Verfügung (eine sog. Vermögensdisposition) des Getäuschten. Nur sie kann den ursächlichen *Zusammenhang* zwischen *Irrtum* und *Vermögensschaden* herbeiführen. Der § 263 ist zu behandeln, als lautete er: Wer usw. einen anderen dadurch, daß er in ihm durch Vorspiegelung usw. einen Irrtum erregt oder unterhält, zu einer *Verfügung* bestimmt, durch welche das Vermögen des Getäuschten oder eines anderen beschädigt wird."

BGHSt 14, 170 (171 f): „Von dem Begriff der Vermögensverfügung i.S. des § 263 StGB werden nicht nur die Verfügungen des bürgerlichen Rechts erfaßt. Als – schädigende – Vermögensverfügung ist beim Tatbestand des Betruges vielmehr *jedes* Handeln, Dulden oder Unterlassen des Getäuschten zu verstehen, das *unmittelbar* eine Vermögensminderung im wirtschaftlichen Sinn … herbeiführt… Derjenige, der die Vermögensverfügung vornimmt, braucht sich dabei *nicht bewußt* zu sein, daß er auf sein Vermögen oder dasjenige eines Dritten einwirkt [hier kein Fall des Sachbetrugs]. Auch hoheitliche Akte können als Vermögensverfügung in diesem Sinn in Betracht kommen."

BGHSt 31, 178 (179): „Für die Frage, ob unmittelbar eine *Vermögensminderung* eintritt, ist es ohne Belang, ob die Leistung durch ein ausreichendes Äquivalent *kompensiert* wird. Der Vergleich zwischen Leistung und Gegenleistung entscheidet lediglich darüber, ob im Ergebnis ein *Vermögensschaden* eingetreten ist."

Abgrenzung § 242/§ 263: BGHSt 17, 205 (209): „Für den Diebstahl im Gegensatz zum Betrug ist es kennzeichnend, daß der dem Verletzten zugefügte Schaden … ausschließlich durch eine *eigenmächtige* Handlung des Täters herbeigeführt wird, während er beim Betrug infolge einer Vermögensverfügung des (vom Täter getäuschten) Verletzten eintritt. Allein dieser grundlegende Gegensatz der beiden Tatbestände macht es unmöglich, in einem einheitlichen tatsächlichen Vorgang, der die Zufügung eines Vermögensschadens zum Gegenstand hat, *zugleich* den Tatbestand des Diebstahls und den Tatbestand des Betrugs zu finden. Da beide Tatbestände einander *ausschließen*, kann immer nur der eine oder andere gegeben sein."

BGH MDR 1974, 15 (bei Dallinger): „Der Tatbestand des Betruges setzt u.a. voraus, daß der vom Täter Getäuschte aus *freiem*, nur durch den Irrtum beeinflußten *Willen* über sein Vermögen … verfügt und dieses dadurch unmittelbar schädigt, wobei eine solche Verfügung bereits in einer bloßen Gewahrsamsübertragung liegen kann. Diebstahl verlangt dagegen einen Gewahrsamsbruch, d.h. die eigenmächtige Aufhebung fremden und Begründung neuen Gewahrsams gegen den Willen des bisherigen Inhabers. Für die Abgrenzung der beiden Tatbestände kommt es somit … wesentlich auf die *Willensrichtung* des Getäuschten und auf sein Verhältnis zu der Sache an. Hiernach liegt wegen Mangels eines Verfügungswillens kein Betrug, sondern ein Diebstahl vor, wenn die Täuschung dem Täter nur die Herbeiführung des Schadens durch eine *eigene Handlung* ermöglichen soll, die den Gewahrsam des bisherigen Inhabers ohne dessen Willen eigenmächtig aufhebt. So kann auch eine durch Täuschung bewirkte Zustimmung allein dann als Vermögensverfügung i.S. des § 263 StGB angesehen werden, wenn sie das Ergebnis eines zwar durch den Irrtum erzeugten, im übrigen aber *innerlich freien* Willensentschlusses ist."

Zur Unmittelbarkeit: BGH MDR 1987, 446 (bei Holtz): „Der BGH hat mehrfach Fälle entschieden, in denen das Verhalten des Täters trotz eines *Nehmens* der Sache als Betrug wie auch umgekehrt trotz eines *Gebens* als Diebstahl beurteilt worden ist. Betrug liegt vor, wenn der Getäuschte aufgrund freier, nur durch Irrtum beeinflußter Entschließung Gewahrsam übertragen will und überträgt. In diesem Fall wirkt sich der Gewahrsamsübergang … *unmittelbar* vermögensmindernd aus. Diebstahl ist gegeben, wenn die Täuschung lediglich dazu dienen soll, einen gegen den Willen des Berechtigten gerichteten, eigenmächtigen Gewahrsamsbruch des Täters zu ermöglichen oder wenigstens zu erleichtern."

BGHSt 50, 174 (178): „An dem Unmittelbarkeitserfordernis der Vermögensverfügung fehlt es, wenn der Getäuschte dem Täter lediglich die Möglichkeit gibt, den Vermögensschaden durch weitere selbständige deliktische Schritte herbeizuführen."

Zum Verfügungsbewusstsein beim Sachbetrug: OLG Düsseldorf NJW 1988, 922 (923): „Besteht der vom Täter erstrebte und erreichte Erfolg in dem *Verlust einer Sache*, so beruht der hierin zu sehende Schaden nur dann auf einer Vermögensverfügung des Getäuschten, wenn dieser den Besitz oder Gewahrsam *bewußt* zugunsten des Täters oder eines Dritten aufgegeben hat. Diese Einschränkung für den Fall des Sachbetruges ergibt sich aus der Notwendigkeit, den Tatbestand des Betruges von dem des Diebstahls abzugrenzen: Da nur das *Einverständnis* des Gewahrsamsinhabers mit der Gewahrsamsübertragung den für die Erfüllung des Diebstahlstatbestandes vorausgesetzten Gewahrsamsbruch ausschließt, tritt bei der *unbewußten Sachhingabe* ein Gewahrsamswechsel ohne oder regelmäßig sogar gegen den wirklichen Willen des Gewahrsamsinhabers ein, wie es der Diebstahlstatbestand voraussetzt."

Erläuterungen

I. Einführung

1. Die Funktion der Vermögensverfügung

Das im Gesetz nicht ausdrücklich genannte (ungeschriebene) objektive Tatbestandsmerkmal der »Vermögensverfügung« – Kurzbegriff: *Verfügung* – stellt in § 263 I StGB das nach der Deliktsstruktur notwendige Bindeglied zwischen dem »Irrtum« und dem »Vermögensschaden« dar.[1] Es bezeichnet einen weiteren »Zwischenerfolg« der Täuschungshandlung (nach dem »Irrtum«) und charakterisiert den Betrug – im Unterschied zu den »Fremdschädigungsdelikten« wie z.B. dem Diebstahl – als ein sog. »*Selbstschädigungsdelikt*«, bei dem der Getäuschte (Irrende) als »Werkzeug« des täuschenden Täters die zum Schaden führende Vermögensminderung unmittelbar selbst bewirkt.[2] **648**

Die eminente Bedeutung der »Verfügung« und ihrer genaueren Inhaltsbestimmung ergibt sich für die Rechtsprechung und die h.L. im Schrifttum aus der *Grundannahme*, dass zwischen dem Betrug als »Selbstschädigungsdelikt« und den »Fremdschädigungsdelikten« ein zwingendes *gegenseitiges Ausschlussverhältnis* besteht (tatbestandliche »Exklusivität«, Unvereinbarkeit, logisch: Kontravalenz). Dieses Ausschlussverhältnis soll tatbestandliche Überschneidungen – die zur Ideal- oder Gesetzeskonkurrenz der Delikte führen würden (!) – auch dort nicht zulassen, wo sich in Grenzbereichen täuschungsbedingter Vermögensminderung »Selbst-« und »Fremdschädigung« so eng berühren, dass sie im Unwertgehalt kaum mehr unterscheidbar sind. Die h.M. nimmt diesen Mangel deshalb in Kauf, weil die bei einem *Verzicht* auf Exklusivität häufig erforderliche Annahme von *Idealkonkurrenz*, insbesondere zwischen Betrug und Diebstahl, nicht als angemessene Lösung empfunden wird (»Verdoppelung« des einheitlichen Delikts im Schuldspruch!).[3]

Aus der Exklusivität der Selbst- im Verhältnis zur Fremdschädigung resultiert die »Abgrenzungsfunktion« der Vermögensverfügung, die insbesondere bei der Abgrenzung zum *Diebstahl* bedeutsam ist. Diese Abgrenzungsfunktion wird namentlich an zwei speziellen Merkmalen der Vermögensverfügung festgemacht: an der »*Unmittelbarkeit*« (unmittelbar vermögensmindernde Wirkung) und am »*Verfügungsbewusstsein*«. Die Herbeiführung einer bloßen »Gewahrsamslockerung«, die dem Täter den anschließenden Gewahrsamsbruch erst ermöglicht, ist danach mangels »Unmittelbarkeit« keine Vermögensverfügung.[4] Auch die sog. »unbewusste Verfügung«, die z.B. darin besteht, dass der Getäuschte eine Gewahrsamsverschiebung bewirkt oder dul-

---

1 Zu den Besonderheiten der »Vermögensverfügung« bei der Verfügung über das Vermögen eines Dritten (sog. »Dreiecksbetrug«) → Rn. 657.

2 Zur insoweit bestehenden Parallele zur mittelbaren Täterschaft vgl. etwa *Frisch*, Bockelmann-FS, 1979, S. 647 (651 ff); *Kindhäuser*, Bemmann-FS, 1997, S. 339 ff.

3 Zur Gegenposition – Kritik am »Exklusivitätspostulat« – vgl. etwa *Heghmanns* Rn. 1234 f; *Miehe*, Unbewußte Verfügungen, 1987, S. 7 ff; eingehende Begr. der h.M. bei *K/H/H*, BT 2, Rn. 560 ff; LK-*Lackner*, 10. Aufl., § 263 Rn. 103 ff. Zur praktischen Bedeutung der Exklusivität zwischen §§ 242, 263 StGB, z.B. in Bezug auf nachfolgende Gewalt zur Besitzerhaltung (§ 252 StGB), *Hillenkamp* JuS 1997, 217 (218 ff) m.w.N.

4 Zur Kritik am Erfordernis der »Unmittelbarkeit« als Merkmal des Verfügungsbegriffs vgl. MK-*Hefendehl* § 263 Rn. 306 ff; *Stuckenberg*, ZStW 118 (2006), 878 (900 ff); SK-*Hoyer* § 263 Rn. 159 f (dort mit Stellungnahme i.S. der h.M.).

det, ohne sich des Gewahrsamswechsels *bewusst* zu werden, stellt nach überwiegender Auffassung keine »Vermögensverfügung« i.S. des § 263 I StGB dar (→ Rn. 650).

2. Vermögensverfügung und Vermögensschaden

649 Bisweilen wird der Begriff der Verfügung als ein Verhalten definiert, das unmittelbar einen Vermögens*schaden* bewirkt. Diese Einbeziehung des »Schadens« in den *Verfügungsbegriff* ist dogmatisch nicht korrekt, weil der Eintritt des »Vermögensschadens« ein gegenüber der »Verfügung« selbstständiges Tatbestandsmerkmal bezeichnet, das bei einer Vermögensverfügung nicht notwendig erfüllt ist (Kompensation!). Zum Begriff der Vermögensverfügung gehört als deren Wirkung (»Verfügungserfolg«) lediglich die Herbeiführung eines »negativen Primäreffekts« für das betroffene Vermögen, der in einer – vor endgültiger Schadensermittlung festzustellenden – nachteiligen Veränderung des *Vermögensbestandes* besteht. Für diese Primärwirkung, die also nur die »Vermögensrelevanz« der Verfügung zum Ausdruck bringen soll, hat sich der neutralere Ausdruck »Vermögensminderung« eingebürgert. Er ist freilich insofern ungenau, als die Verfügung zugleich den »positiven Effekt« haben muss, dass sie sich *zugunsten* eines anderen Vermögens auswirkt.[5]

Zu beachten ist, dass die »Unmittelbarkeit« einer Vermögensminderung und damit eine »Vermögensverfügung« u.U. bejaht werden kann, wenn der Getäuschte dem Täter eine Position einräumt, die für den Betroffenen bereits eine – schadensbegründende – *konkrete* Vermögens*gefährdung* bedeutet. Dieser Gesichtspunkt spielt namentlich bei der täuschungsbedingten Erlangung einer Geldautomatenkarte mit Kenntnis der Geheimnummer (PIN) und in vergleichbaren Fällen eine Rolle.[6]

II. Bewusste und unbewusste Verfügungen

1. Grundsätzliches

650 Nach h.M. gehört zum Begriff der Vermögensverfügung nicht notwendig ein sog. »*Verfügungsbewusstsein*«, d.h. die Vorstellung des Getäuschten, dass sein Verhalten eine vermögensmindernde Wirkung hat.[7] Die Möglichkeit »unbewusster Verfügungen« wird namentlich in zwei Fallgruppen bedeutsam: beim *Forderungsbetrug* (»Abrechnungsbetrug«) – in der Variante des unwissentlichen Verzichts auf die Geltendmachung eines Anspruchs – und bei der *Unterschriftserschleichung*.[8] Soweit es um die Abgrenzung zwischen *Betrug* und *Diebstahl* geht (»Sachbetrug«), wird dagegen von der Rechtsprechung einhellig und in der Literatur überwiegend ein »Verfügungsbewusstsein« verlangt: Nur die *bewusste* Übertragung von Gewahrsam oder die bewusste Mitwirkung an der Gewahrsamsverschiebung soll »Verfügung« i.S. des § 263 I StGB sein. Dieser »gespaltene« Verfügungsbegriff der h.M. hängt damit zusammen, dass nur ein bewusstes *Einverständnis* des Getäuschten mit dem Gewahrsamswechsel einen »Bruch« des Gewahrsams und damit eine »Wegnahme« i.S. des § 242 I StGB

---

5 *T. Walter*, Herzberg-FS, 2008, S. 763 (764 f): Erfordernis der »Fremdbegünstigung«.

6 Vgl. BGH NStZ-RR 2004, 333 (334 zu §§ 253, 255 StGB); *Jäger* JuS 2010, 761 (762 f); *Stuckenberg*, ZStW 118 (2006), 878 (899 f); jew. m.w.N. Vgl. dazu auch das Stichw. »Vermögensverfügung (bei Erpressung/räuberischer Erpressung)« → Rn. 685 a.E.

7 Anders z.B. *Otto*, BT, § 51 Rn. 28 ff; SK-*Hoyer* § 263 Rn. 165 ff, 181 ff; jew. m.w.N.

8 Näher m.N.: *M/Maiwald*, BT 1, § 41 II Rn. 73; *S/S/Perron* § 263 Rn. 60.

auszuschließen vermag: Fehlt es mangels »Verfügungsbewusstseins« an einem echten Einverständnis, so bleibt es beim Diebstahl, und ein Betrug scheidet aufgrund der Exklusivität der Delikte aus (→ Rn. 648).

Das »Verfügungsbewusstsein« hat von diesem Standpunkt aus die Funktion, die »Exklusivität« der Tatbestände zu sichern: Fehlt das Verfügungsbewusstsein, so fällt die Entscheidung auch in den Fällen zugunsten der »Wegnahme« aus, in denen die List des Täters dem Getäuschten sogar die vermögensmindernde *Wirkung* seines Verhaltens *verschleiert* und insofern besonders effektiv ist![9] Nach *Miehe*, der die Exklusivität von Diebstahl und Betrug bestreitet, kommt es beim Sachbetrug auf Folgendes an: „Verfügungsbewußtsein in dem Sinne, daß der Getäuschte seine Vermögenseinwirkung in vollem Umfang übersieht, ist nicht erforderlich; auch das Bewußtsein wenigstens des Gewahrsamsübergangs wird nicht verlangt. Vielmehr genügt, daß der Getäuschte den äußeren Vorgang der Sachbewegung erkennt, daß er das … Vermögen betroffen weiß und daß er für diese Sachbewegung gewonnen wird".[10]

2. Das »Vorbeischmuggeln« an der Kasse

Mit der Abgrenzung von »Verfügung« und »Wegnahme« hat sich die OLG-Recht- **651**
sprechung häufiger aus Anlass von Fällen befasst, in denen Waren an der *Kasse eines Selbstbedienungsgeschäfts* »vorbeigeschmuggelt« wurden oder werden sollten.[11] Die Fälle können danach unterschieden werden, ob der Täter überhaupt Ware an der Kasse vorlegt oder er zwar Waren vorlegt, dabei aber andere Gegenstände im Einkaufswagen oder in der zu bezahlenden Ware versteckt. Der BGH verlangt in diesen Fällen für die »Vermögensverfügung«[12] und damit für den Betrug einen auf bestimmte Waren »*konkretisierten Verfügungswillen*« des Kassenpersonals. Erkenne dieses schon gar nicht, „daß sich im Einkaufswagen noch weitere Waren befinden, scheidet grundsätzlich schon gedanklich die Annahme … bewußter Vermögensverfügung bezüglich dieser Waren … aus". Allein das Bewusstsein des Kassenpersonals, sämtliche Ware erfasst zu haben, begründe kein Verfügungsbewusstsein bzgl. der versteckten Ware, ein daraus abgeleitetes *generelles* Verfügungsbewusstsein über den gesamten Inhalt des Einkaufswagens sei „eine bloße Fiktion". Der Verfügungswille konkretisiere sich vielmehr auf die vorgelegte Ware. „Nur auf diese Waren bezieht sich der Abschluß des Kaufvertrags … nur diese Waren will der Kassierer auch übertragen".[13]

Zu dieser Lösung (Diebstahl, da das Verfügungsbewusstsein nicht auf die versteckte Ware konkretisiert wurde) tendiert der BGH auch in dem Fall, dass der Täter sogar

9 Umfassend zur Problematik des Verfügungsbewusstseins MK-*Hefendehl* § 263 Rn. 283 ff; *Miehe*, Unbewußte Verfügungen, 1987, S. 29 ff, 79 ff; jew. m.w.N.

10 *Miehe*, Unbewußte Verfügungen, 1987, S. 77. Zum Verhältnis von Sachbetrug und Diebstahl, wenn *keine* Exklusivität angenommen oder (und) auf ein Verfügungsbewusstsein verzichtet wird, vgl. *Geiger* JuS 1992, 834 (836 ff). Prinzipiell gegen ein »Verfügungsbewusstsein« auch beim Sachbetrug: NK-*Kindhäuser* § 263 Rn. 223 f; *Pawlik*, Das unerlaubte Verhalten beim Betrug, 1999, S. 236 (242 f).

11 Vgl. dazu die Hinw. in der 6. Aufl. 2005, S. 384 sowie bei: MK-*Hefendehl* § 263 Rn. 292 ff; *Timmermann*, Diebstahl und Betrug im Selbstbedienungsladen, 2014, S. 123 ff.

12 Zur Problematik der Täuschungshandlung bzw. des Irrtums und des Forderungsbetruges in solchen Fällen sowie zur Frage der Diebstahlsvollendung näher *Hillenkamp* JuS 1997, 217 (221 ff); LK-*Tiedemann* § 263 Rn. 50, 120; jew. m.w.N.

13 BGHSt 41, 198 (202 f – gegen OLG Düsseldorf NJW 1993, 1407) mit zust. Bspr. *Hillenkamp* JuS 1997, 217 ff und *Zopfs* NStZ 1996, 190 f.

ausdrücklich darüber täuscht, sämtliche Waren vorgelegt zu haben.[14] Folgt man dem, so wird – was der BGH nicht zu entscheiden hatte – ein Diebstahl jedoch abzulehnen (und Betrug zu bejahen) sein, wenn die Ware *in* der vorgelegten Ware versteckt oder gar vollständig ausgetauscht wird (teure Ware in der Verpackung billigerer Ware). Denn dann erstreckt sich das Verfügungsbewusstsein des Kassierers räumlich-gegenständlich auf die vorgelegte Ware und der Gewahrsam wird insoweit auch bzgl. der enthaltenen versteckten Gegenstände vom Kassierer auf den Kunden übertragen.[15]

III. Die »Freiwilligkeit« der Vermögensverfügung

652 Von der Frage des »Verfügungsbewusstseins« ist das Problem zu trennen, ob eine Vermögensverfügung i.S. des § 263 I StGB jedenfalls bei der Gewahrsamsverschiebung eine zwar irrtumsbedingte, im Übrigen aber »freiwillige« (zwangsfreie) Disposition voraussetzt, so dass eine betrugsrelevante »Verfügung« ausscheidet, wenn der Getäuschte den Gewahrsamswechsel lediglich *unter Zwang* bewusst geschehen lässt oder sogar daran mitwirkt (Fälle »*vorgetäuschter Beschlagnahme*«, Amtsanmaßungsfälle). Die Rechtsprechung hat den Grundsatz aufgestellt, dass die Vermögensverfügung „auf einem freien, nur durch den Irrtum beeinflußten Willensentschluß beruhen muss"; daran fehle es, wenn der Getäuschte von der Vorstellung bestimmt werde, „er müsse die Wegnahme dulden, weil ein Widerspruch (Widerstand) zwecklos sei".[16]

BGH NJW 1953, 73 (74) führt dazu aus: „Duldet das Opfer die Wegnahme, so kann hierin nur dann eine Verfügung i.S. des Betruges gesehen werden, wenn die Duldung das Ergebnis eines zwar durch Irrtum erzeugten, im übrigen aber *innerlich freien* Willensentschlusses ist. Für den Begriff der ›inneren Freiheit‹ bzw. ›inneren Gebundenheit‹ ist es hierbei unerheblich, ob und inwieweit das Opfer sich an der Vornahme der rein physischen Verschaffungshandlung selbst beteiligt hat oder nicht. Es ist vielmehr allein die bei ihm vorhandene innere Willensrichtung maßgebend… Hatte der Hingebende in einer inneren Zwangslage gehandelt, die unter dem Druck der Vorstellung veranlaßt wurde, ein Widerstand sei untunlich und zwecklos, so ist ihm gar kein Raum mehr für einen eigenen Willensentschluß geblieben. Es fehlt unter diesen Umständen mithin an dem Merkmal der (freiwilligen) Vermögensverfügung."

Das Schrifttum hat diesem »Freiwilligkeitsansatz«, der zu der Regel passt, dass ein *erzwungenes Einverständnis* mit dem Gewahrsamswechsel die »Wegnahme« i.S. des § 242 I StGB nicht ausschließt, ausdrücklich oder in der Sache weitgehend zugestimmt.[17] Dabei wird allerdings mitunter hervorgehoben, dass das Freiwilligkeitserfordernis nicht über die »Beschlagnahmefälle« hinaus *verallgemeinert* werden dürfe.[18]

---

14 BGHSt 41, 198 (203), da sich auch bei ausdrücklicher Täuschung an dem fehlenden Verfügungsbewusstsein nichts ändere.

15 Str., wie hier: *Fahl* NStZ 2014, 244 (247); *Rengier*, BT 1, § 13 Rn. 86 ff m.w.N. Anders (Diebstahl): MK-*Hefendehl* § 263 Rn. 252; *Oğlakcıoğlu* JA 2012, 902 (904); *W/Hillenkamp* Rn. 639 m.w.N.

16 BGH NJW 1952, 795 (796); in dieser Richtung u.a. auch BGHSt 18, 221 (223); BGH NJW 1953, 73 (74); BGH NJW 2011, 1979 mit krit. Anm. *Jäger* JA 2011, 632 (633).

17 Vgl. z.B. *Eisele*, BT II, Rn. 566; *Geppert* JuS 1977, 69 (70); *Küper* NJW 1970, 2253 (2254); LK-*Tiedemann* § 263 Rn. 102, 120.

18 *W/Hillenkamp* Rn. 631 ff. Grds. krit. zur »Freiwilligkeit« als Kriterium der betrugsspezifischen Verfügung u.a. *Graul* JuS 1999, 562 (568 f); *Kindhäuser*, Bemmann-FS, 1997, S. 339 (353); diff. *Miehe*, Unbewußte Verfügungen, 1987, S. 73 ff m.w.N.

IV. Bewusste Selbstschädigung und Zweckverfehlung

1. Einführung

Mit der Problematik des »Verfügungsbewusstseins« und der »freiwilligen Verfügung« nicht zu verwechseln ist der besondere Fragenkreis der sog. »*bewussten Selbstschädigung*«, der vor allem für den Spenden-, Bettel- und Schenkungsbetrug bedeutsam ist. Dabei geht es nicht mehr um den *Inhalt* der Vermögensverfügung, sondern um ein spezielles Problem des »funktionalen Zusammenhangs« zwischen Irrtum, Verfügung und Schaden. Nach verbreiteter, aber sehr umstrittener Auffassung stellt der Betrug ein Delikt der »*unbewussten* Selbstschädigung« dar: Die schadensbegründende Wirkung der Verfügung – d.h. die Vermögensminderung selbst oder deren fehlender Ausgleich durch ein Äquivalent – müsse dem Getäuschten/Verfügenden *verborgen* bleiben (verschleiert werden). Der Betrugstatbestand soll danach die Fälle irrtumsbedingt-*bewusster* Selbstschädigung grundsätzlich nicht erfassen. Ziel dieser Lehre ist es, zu verhindern, dass ein beliebiger *Motivirrtum* zu einem betrugsrelevanten Schaden führen kann, wenn und obwohl dem Getäuschten *bewusst* ist, dass er durch die Verfügung das Vermögen »unentgeltlich« (ohne Gegenleistung/ausgleichendes Äquivalent) mindert: kein Schutz der bloßen »Dispositionsfreiheit« oder des »Affektionsinteresses« z.B. beim Erschleichen einer Spende durch die Täuschung, dass andere Personen bereits gespendet hätten. Diese »funktionale Einschränkung« erfährt aber zumeist eine *Rückeinschränkung* durch die – mit dem Ansatz der »unbewussten Selbstschädigung« kombinierte – »Lehre von der Zweckverfehlung«[19], und zwar derart, dass die mit einer bewussten Selbstschädigung verbundene (unbewusst-irrtümliche) *Verfehlung* eines *sozialen* oder *wirtschaftlichen Zwecks* wieder zur Anwendbarkeit des Betrugstatbestandes zurückführt (→ Rn. 654).[20] **653**

2. Die Lehre von der »Zweckverfehlung«

Würden *alle Fälle* der »bewussten Selbstschädigung« aus dem Betrugstatbestand radikal *ausgeschieden*, so müsste § 263 StGB stets verneint werden, wenn der Getäuschte sein Vermögen ohne geldwertes Äquivalent bewusst mindert, unabhängig davon, ob der mit der Verfügung verfolgte Zweck erreicht oder verfehlt wird. Bezöge man umgekehrt alle Konstellationen der »bewussten Selbstschädigung« in den Anwendungsbereich des § 263 StGB ein, dann würde *jede* irrtumsbedingte unentgeltliche Vermögensminderung zur Betrugsstrafbarkeit führen, selbst wenn sie z.B. ihren sozialen Zweck (Spendenzweck) erreicht. In der ersten Alternative wäre der Betrug auf »wirtschaftliche Austauschverhältnisse« beschränkt und würde erschlichene *unentgeltliche* Verfügungen nicht erfassen. In der zweiten Alternative erhielte der Betrug letztlich die Funktion (auch) eines Delikts zum Schutz von bloßer »*Dispositionsfreiheit*« oder »Affektionsinteressen«. In diesem Dilemma versucht die – regelmäßig mit dem Gedanken der »unbewussten Selbstschädigung« kombinierte – Zweckverfehlungslehre, einen Mittelweg zu gehen, indem nur diejenigen Fälle der »bewussten Selbstschädigung« dem Betrug zugeordnet werden, die sich durch die täuschungsbe- **654**

19 Zur *Kritik* an der „Zweckverfehlungslehre" vgl. insb. *Idler* JuS 2007, 904 ff; *Mitsch*, BT II/1, § 7 Rn. 35 ff; MK-*Hefendehl* § 263 Rn. 731 ff.

20 Vgl. zu diesem komplizierten Fragenkreis die Übersichten u.a. bei *Eisele*, BT II, Rn. 626 ff; *Satzger* Jura 2009, 518 (523 f); eingehend *Graul*, Brandner-FS, 1996, S. 801 ff; *Jordan* JR 2000, 133 ff; LK-*Lackner*, 10. Aufl., § 263 Rn. 164 ff. Monographisch: *Merz*, »Bewußte Selbstschädigung« (usw.), 1999.

dingte Verfehlung ihres sozialen/wirtschaftlichen Zwecks auszeichnen und unter *diesem Aspekt* als Situationen »unbewusster Selbstschädigung« (nämlich unbewusster Zweckverfehlung) begriffen werden können. Der Zweckverfehlungslehre liegt damit zwar *auch* der Gedanke zugrunde, dass der Betrug ein Delikt »unbewusster Selbstschädigung« darstellt. Kernstück der Theorie ist jedoch der Rückgriff auf die »Zweckverfehlung« selbst; diesem Leitgesichtspunkt läuft der Aspekt »unbewusster Selbstschädigung« parallel, ohne eigentlich konstitutive Bedeutung zu haben.

655 Die sog. »Zweckverfehlungslehre« wird im Schrifttum überwiegend in *zwei Varianten* vertreten.[21] Die erste Variante kann man als »Kompensationsmodell«, die zweite als »funktionale Schutzzwecklehre« bezeichnen. Mindert der Getäuschte durch die Verfügung bewusst seinen Vermögensbestand ohne geldwertes Äquivalent, so erleidet er nach der *ersten Variante* gleichwohl keinen »Schaden« im rechtlichen Sinn, wenn die Verfügung ihren sozialen oder wirtschaftlichen Zweck *erreicht:* Die Zweckerfüllung *kompensiert* als »sinnhafter Gegenwert« die Vermögensminderung.[22] Mit der bewussten Minderung des Vermögensbestandes wird der Getäuschte lediglich in seiner »Dispositionsfreiheit« und einem etwaigen »Affektionsinteresse« verletzt. Eine unbewusste Selbst*schädigung* liegt unter diesem Gesichtspunkt nicht vor. Anders liegt es bei einer »Zweckverfehlung« der unentgeltlichen Leistung: Hier mangelt es an der kompensierenden Wirkung der Zweckerfüllung, und *insofern* schädigt der darüber Getäuschte sich »unbewusst« selbst.

Nach der *zweiten Variante* greift der *Schutzzweck* des § 263 StGB trotz vorliegenden Vermögensschadens nicht ein, wenn der Getäuschte/Verfügende den Bestand seines Vermögens durch dessen sinnvollen – sozialen oder wirtschaftlichen – Einsatz *bewusst* unentgeltlich mindert; es fehlt der vom Schutzzweck geforderte »funktionale Zusammenhang« zwischen Irrtum, Verfügung und Schaden. Die täuschungsbedingte Vermögensminderung *als solche* ist insoweit, weil sie bewusst herbeigeführt wird *und* zugleich ihren Zweck *erfüllt*, für die Schadensbestimmung »normativ irrelevant«. Dies ändert sich in Fällen der »Zweckverfehlung«: Der Schutzzweck des § 263 StGB greift nunmehr wieder ein, weil dem Verfügenden *unbewusst* bleibt, dass die (bewusste) Vermögensminderung ihren sozialen/wirtschaftlichen Zweck nicht erreicht![23]

3. Rechtsprechung

656 Die Rechtsprechung ist der »Lehre von der unbewussten Selbstschädigung« bisher nur vereinzelt gefolgt;[24] sie erkennt jedoch im Rahmen der *Schadensermittlung* den Gedanken der »Zweckverfehlung« an[25] und räumt damit ein, dass nicht jede irrtums-

---

21 Näher dazu *Graul*, Brandner-FS, 1996, S. 801 (806 ff) m.w.N.

22 Dazu krit. MK-*Hefendehl* § 263 Rn. 731 (»mit wirtschaftlichem Vermögensbegriff unvereinbar«).

23 Zu einer dritten möglichen Variante der Zweckverfehlungslehre, die das Problem schon im Bereich der »betrugsrelevanten Täuschung« ansiedelt, vgl. *Graul*, Brandner-FS, 1996, S. 801 (813 ff) und die Übersicht bei *W/Hillenkamp* Rn. 563 m.w.N.

24 OLG Düsseldorf NJW 1988, 922 (923); anders z.B. RGSt 70, 255 (256); BGHSt 19, 37 (45); BGH NJW 1992, 2167.

25 Zur »Zweckverfehlung« bei zweckwidriger Verwendung von Subventionsgeldern vgl. BGH NStZ 2006, 624 f; zur Täuschung über den Verwendungszweck von Darlehensmitteln OLG Frankfurt a.M. NStZ-RR 2011, 13 (14 – keine schadensrelevante »Zweckverfehlung«); w.N. zur Rspr. bei SK-*Hoyer* § 263 Rn. 211.

bedingt-bewusste Selbstschädigung schon zur Betrugsstrafbarkeit führt: „In den Fällen des sog. Spenden-, Bettel- oder Schenkungsbetrugs entfällt die Annahme einer täuschungs- und irrtumsbedingten Schädigung allerdings nicht schon deshalb, weil sich die Getäuschten … der nachteiligen Wirkung ihrer Verfügung auf ihr Vermögen *bewußt* sind. Die (bewußte) Vermögenseinbuße soll, wie für diese Fälle kennzeichnend ist, nach den Vorstellungen des Gebenden durch Erreichen eines bestimmten, nicht vermögensrechtlichen *Zweckes* ausgeglichen werden. Wird dieser Zweck verfehlt, so wird das Vermögensopfer auch wirtschaftlich zu einer *unvernünftigen Ausgabe*, die auf Täuschung beruht. Allerdings kann, soll § 263 StGB nicht seines Charakters als einer Vorschrift zum Schutze des Vermögens beraubt und zu einer Vorschrift zum Schutze der Dispositionsfreiheit umgestaltet werden, nicht *jeder* auf Täuschung beruhende *Motivirrtum* die Strafbarkeit begründen. Erforderlich ist vielmehr die Verfehlung eines Zweckes, der dem Verfügenden in der konkreten Situation notwendig und sinnvoll erscheint, sei es, daß er einen *sozialen*, sei es, daß er einen indirekt *wirtschaftlich relevanten* Zweck verfolgt."[26]

Vermögensverfügung (beim »Dreiecksbetrug«, Verfügung über Fremdvermögen) – § 263 I StGB

Bei § 263 I StGB müssen zwar Getäuschter/Irrender und Verfügender, nicht aber *Verfügender* und *Geschädigter* identisch sein. Eine »Vermögensverfügung« kann deshalb auch in einem Verhalten des Getäuschten bestehen, das sich auf das **Vermögen eines Dritten** – unmittelbar – nachteilig auswirkt (sog. »Dreiecksbetrug«). **657**

Dies setzt voraus, dass das vermögensmindernde Verhalten dem Inhaber des Drittvermögens wie eine *von ihm selbst* vorgenommene Verfügung **»zugerechnet«** werden kann (→ Rn. 659). Dazu bedarf es einer *besonderen*, bereits *vor* der Täuschung/Verfügung bestehenden *Beziehung* des Getäuschten zum Objekt der Vermögensverfügung (spezifisches **»Näheverhältnis«**).

Diese besondere Nähebeziehung liegt vor, wenn der Getäuschte die **rechtliche Befugnis** hat, über den jeweiligen Vermögensgegenstand mit Wirkung für den Vermögensinhaber zu verfügen, d.h. insoweit eine Rechtshandlung oder Gewahrsamsdisposition vorzunehmen, deren Vollzug in den Rahmen der *objektiv bestehenden Verfügungsbefugnis* fällt. Die »Verfügungsbefugnis« kann auf einer – auch stillschweigend erteilten – Ermächtigung des Vermögensinhabers zur Verfügung über dessen Vermögen oder auf Gesetz bzw. behördlichem Auftrag beruhen (sog. »Befugnis-« oder »Ermächtigungstheorie«, insoweit unstr. → Rn. 662). Für diese »befugte« Verfügung über Drittvermögen ist in *subjektiver* Hinsicht erforderlich, dass sich der Getäuschte/Verfügende nach seiner *Vorstellung* in den Grenzen der ihm *objektiv eingeräumten* Verfügungsbefugnis hält (str. → Rn. 663).

26 BGH NJW 1995, 539 mit zust. Bspr. *Rudolphi* NStZ 1995, 289 (290); ebenso OLG München wistra 2014, 33 mit zust. Anm. *Hecker* JuS 2014, 561 ff.

Das notwendige »Näheverhältnis« liegt *darüber hinaus* vor, wenn der Getäuschte zum Objekt der Vermögensverfügung in einer **engeren Beziehung** steht als ein **beliebiger Dritter** (Außenstehender). Bei der Verfügung über Sachen (»Sachbetrug«) ist dies der Fall, wenn der Getäuschte Inhaber von *Allein- oder Mitgewahrsam* an der jeweiligen Sache ist oder wenn er gegenüber der Sache – auch als Gewahrsamsdiener/Gewahrsamsgehilfe – eine **Obhutsstellung** (»Hüterposition«) innehat (»Theorie des faktischen Näheverhältnisses« oder der »tatsächlichen Dispositionsmacht«; »*Lagertheorie*«, str. → Rn. 664). Die »Verfügung« über fremdes Vermögen setzt bei dieser Art des Näheverhältnisses *subjektiv* das Bewusstsein des Getäuschten voraus, zur Vermögensverfügung (Gewahrsamsübertragung) *berechtigt* zu sein (str. → Rn. 665).

Liegt ein solch spezifisches »Näheverhältnis« vor und verfügt der Getäuschte i.S. des § 263 I StGB wirksam über Drittvermögen, so wird dadurch – auch – im Verhältnis zum Vermögensinhaber ein Gewahrsamsbruch ausgeschlossen (str. → Rn. 660).

Literatur: *M/R/Saliger* § 263 Rn. 129 ff; abw. MK-*Hefendehl* § 263 Rn. 325 ff (i.S. der engeren »Befugnistheorie«). **Einführend:** *W/Hillenkamp* Rn. 641 ff.

Rechtsprechung Grundlegend: BGHSt 18, 221 (223 f – Mitgewahrsam).
Beispielhaft: BGH MDR 1974, 15 (bei Dallinger) zur Verfügung eines Minderjährigen; BGH NStZ 2008, 339 (Ablieferung von Nebentätigkeitsvergütungen); OLG Stuttgart NStZ-RR 2013, 174 (Kassenarzt).

Erläuterungen

658 In den in der Definition mitgeteilten »Leitsätzen« wird versucht, aus der Vielfalt der nicht immer deutlich formulierten Äußerungen zum sog. »Dreiecksbetrug« (in Form des *Sachbetrugs*)[1] den Stand der h.M. herauszufiltern und das Wesentliche möglichst präzise zusammenzufassen.[2]

I. Einführung

1. Die Grundlagen des Dreiecksbetruges

659 § 263 I StGB setzt zwar notwendig die Identität von Getäuschtem (Irrendem) und Verfügendem voraus, nicht aber die Identität des *Verfügenden* mit dem *Inhaber* des von der Verfügung betroffenen *Vermögens* (Geschädigten). Dies ist ein allgemein anerkannter Satz der Betrugslehre.[3] Deshalb kann ein Betrug – als sog. »Dreiecksbetrug« – auch in der Weise begangen werden, dass der vom Täter Getäuschte über *fremdes* Vermögen (Drittvermögen) i.S. des § 263 I StGB »wirksam« verfügt und dadurch einen Dritten schädigt. Damit jedoch bei derartigen »Dreiecksverhältnissen« die Grundstruktur des Betrugs als »*Selbst*schädigungsdelikt« – hier: im erweiterten Sinn – erhalten bleibt und »mittelbare Fremdschädigungen« (durch täuschende Ein-

---

1 Zum Dreiecksbetrug bei einer Verfügung über *Forderungen* s. *W/Hillenkamp* Rn. 653 (Überblick); näher *Fock/Gerhold* JA 2010, 511 ff; jew. m.w.N.
2 Konzentrierte und detaillierte Übersicht zur Diskussion bei *Kindhäuser* § 263 Rn. 146 ff.
3 Vgl. z.B. RGSt 17, 264 (266); 73, 382 (384); BGHSt 18, 221 (223 f); *L/Kühl* § 263 Rn. 28.

wirkung auf einen Außenstehenden) aus dem Tatbestand ausscheiden, ist für die »Verfügung« eine *besondere Beziehung* des Verfügenden zu dem betroffenen Drittvermögen erforderlich. In ihrer allgemeinsten Form (»Näheverhältnis«) wird diese Sonderbeziehung meist so gekennzeichnet, dass der Getäuschte entweder *rechtlich* oder – aufgrund einer besonderen Nähebeziehung zum betroffenen Vermögen – *tatsächlich* in der Lage ist, über das Vermögen des Dritten zu verfügen.[4]

Mit dieser noch unspezifischen Formel können jedenfalls drittschädigende Handlungen des Getäuschten aus dem Verfügungsbegriff ausgeschlossen werden, deren vermögensmindernde Wirkung auf keinerlei spezieller Beziehung des Handelnden zum beeinflussten Drittvermögen beruht (Handlungen *völlig Außenstehender*). Im Übrigen muss die »besondere Beziehung« bereits *vor* der Täuschung/Verfügung bestanden haben und es gestatten, die Vermögensverfügung des Getäuschten im Rahmen des § 263 I StGB so zu behandeln, als hätte sie der Inhaber des Vermögens selbst vorgenommen: Die Verfügung muss dem Vermögensinhaber (Geschädigten) wie dessen eigene Disposition *»zugerechnet«* werden können. Dies setzt wiederum voraus, dass der Verfügende betrugsrechtlich als *Repräsentant* (»Verfügungsvertreter«, »Alter Ego«) des Vermögensinhabers angesehen werden kann. Über diese allgemeinen Grundlagen des Dreiecksbetrugs (*Zurechnungs*konstruktion) besteht heute in der Sache weitgehende Einigkeit.[5]

2. Das Verhältnis zur Wegnahme

Liegt die erforderliche Zurechnungsbeziehung vor, so wird bei der Verfügung über Sachen (»Sachbetrug«) nach h.M. ein an sich – faktisch – gegenüber dem Vermögensinhaber vollzogener *Gewahrsamsbruch* strafrechtlich *ausgeschlossen*. Dies ist beim Dreiecksbetrug die Konsequenz des vorausgesetzten »Exklusivverhältnisses« zwischen Betrug (Verfügung) und Diebstahl (Wegnahme): Die dem Träger des betroffenen Drittvermögens zurechenbare »Verfügung« wirkt kraft ihrer Zurechenbarkeit wie das Einverständnis – auch – des Vermögensinhabers mit dem Gewahrsamswechsel (daher nach h.M. keine Wegnahme auch im Verhältnis zum Vermögensinhaber).[6] **660**

Fehlt dagegen die geforderte Zurechnungsbeziehung, so ist der Getäuschte bloßes *Werkzeug* einer fremdschädigenden »Wegnahme« gegenüber dem Vermögensinhaber, soweit dieser zugleich Inhaber von Sachgewahrsam ist: Diebstahl in mittelbarer Täterschaft.

II. Die Anforderungen an die Vermögensverfügung: Dispositionsbefugnis oder Dispositionsmacht?

1. Die Ausgangssituation

Da das Gesetz für Verfügungen über Drittvermögen keine genaueren Kriterien – »Vertretungsregeln«, »Zurechnungsregeln« – vorgibt, ist im Schrifttum eine ausgiebige Kontroverse darüber entstanden, welche *Anforderungen* an ein zurechnungsbe- **661**

4 LK-*Lackner*, 10. Aufl., § 263 Rn. 110; *W/Hillenkamp* Rn. 641 m.w.N.

5 Ausdrückliche Hervorhebung der »Zurechnung« z.B. bei *Amelung* GA 1977, 1 (14 f); LK-*Tiedemann* § 263 Rn. 114; *Otto*, BT, § 51 Rn. 44.

6 Zu abw. Auffassungen, die beim Dreiecksbetrug neben der Verfügung des Getäuschten eine Wegnahme – im Verhältnis zum Vermögensinhaber – für möglich halten, vgl. die Nachw. bei *W/Hillenkamp* Rn. 651 f; näher *Ebel* Jura 2007, 897 ff, 901 f (unter Hinw. auf anderenfalls unbefriedigende Ergebnisse).

gründendes »Näheverhältnis« gestellt werden müssen.[7] Übereinstimmung besteht insoweit, als jedenfalls die *rein tatsächliche* Möglichkeit des Getäuschten, auf fremdes Vermögen nachteilig einzuwirken, allein nicht genügt, weil die schlichte »faktische Zugriffsmöglichkeit« auch die Fälle kennzeichnet, in denen der getäuschte Dritte lediglich *Werkzeug der Wegnahme* ist.

Theoretisch betrifft die Kontroverse im Ausgangspunkt das Problem, ob die Grundlage der Zurechnung ausschließlich in einer »*rechtlichen* Dispositionsbefugnis« des Getäuschten gesehen werden darf und daher – beim Sachbetrug – dessen *prinzipielle Befugnis* voraussetzt, über die abgelistete Sache eine Verfügung zu Lasten des Vermögensinhabers zu treffen, oder ob die Zurechnungsbasis über diesen Bereich hinaus (!) um Konstellationen *erweitert* werden kann, in denen der Getäuschte aufgrund seiner *speziellen Herrschaftsbeziehung* zur Sache eine Art »*faktische* Dispositionsmacht« innehat, die ihn in die Lage versetzt, über die Sache tatsächlich zu verfügen.

Praktisch geht es bei dieser Rivalität zwischen »rechtlicher« und »faktischer« Betrachtung (»Dispositionsbefugnis«/»Dispositionsmacht«) insbesondere um die Frage, ob als »Verfügende« nur Personen in Betracht kommen, denen vom Vermögensinhaber bereits eine »Verfügungsposition« (Legitimation zur Gewahrsamsübertragung) eingeräumt worden ist – wie z.B. der Verkäuferin –, oder ob auch Personen einzubeziehen sind, die aufgrund einer bloßen *Obhutsbeziehung* zur jeweiligen Sache lediglich eine »Hüter- oder Wächterposition« innehaben, also an sich über die Sache nicht verfügen dürfen.

2. Die Relevanz der Streitfrage

662 Der in der Literatur mit »unverhältnismäßigem Aufwand«[8] ausgetragene Streit um die Verfügungsanforderungen beim Dreiecksbetrug *reduziert* sich in seinen Auswirkungen dadurch erheblich, dass die engere – Minderheitsmeinung gebliebene – sog. »Befugnis- oder Ermächtigungstheorie« in ihrem Anwendungsbereich (!) auch von den weitergehenden Gegenmeinungen akzeptiert wird: „Nach allgemein anerkannter Auffassung liegt … eine Vermögensverfügung i.S. des § 263 StGB vor, wenn der Getäuschte bei seiner Einwirkung auf das fremde Vermögen Rechtshandlungen vornimmt oder Gewahrsamsdispositionen trifft, zu denen er kraft Gesetzes, behördlichen Auftrags, Rechtsgeschäfts oder einer zumindest stillschweigend erteilten Ermächtigung an sich *rechtlich befugt* war (z.B. als Insolvenzverwalter, Testamentsvollstrecker, gesetzlicher Vertreter, Bevollmächtigter oder im Rahmen einer damit vergleichbaren Stellung) und die er daher subjektiv in dem irrtumsbedingten Glauben vornimmt, hierzu auch konkret berechtigt zu sein“.[9] Es geht in der Diskussion deshalb allein um den *Ausschließlichkeitsanspruch* dieser »Theorie der rechtlichen Befugnis«.

663 Bei der Anwendung der sog. »Befugnis- oder Ermächtigungstheorie« ist allerdings zu beachten, dass die Theorie in ihrer üblichen Formulierung mehr verlangt, als sie tatsächlich fordern kann. Denn auch der zur Disposition über den Vermögensgegen-

---

7 Übersicht mit Aufbereitung der Argumente und w.N. bei *Hillenkamp*, BT, Problem Nr. 30; zsfd. *L/Kühl* § 263 Rn. 28 ff; eingehende Darstellung bei *Offermann-Burckart*, Vermögensverfügungen Dritter im Betrugstatbestand, 1994, S. 43 ff, 92 ff.

8 LK-*Lackner*, 10. Aufl., § 263 Rn. 110.

9 *W/Hillenkamp* Rn. 642.

stand, etwa als Vertreter des Vermögensinhabers, rechtlich »Befugte« hat diese Befugnis *im konkreten Fall* objektiv (!) regelmäßig nicht; sie wird ihm vielmehr durch die Täuschung lediglich *vorgespiegelt*, so dass er *annimmt*, in concreto zu dieser Verfügung befugt zu sein. Streng genommen kann die »Befugnistheorie« also nur verlangen, dass sich der Getäuschte *subjektiv* – nach seiner irrtumsbedingten Vorstellung – in dem *Rahmen* hält, der ihm durch seine Dispositionsbefugnis *objektiv eingeräumt* worden ist. In diesem Sinn wird die Theorie dann auch überwiegend als »subjektivierte Befugnistheorie« auf der Basis einer objektiv bestehenden Verfügungsbefugnis verstanden.[10] Wird demgegenüber eine Verfügung des »Befugten« nur dann dem Vermögensinhaber zugerechnet, wenn sie sich auch *objektiv* im Rahmen der eingeräumten Befugnis bewegt,[11] so bleibt von einer »Befugnistheorie« als Zurechnungsgrundlage praktisch nichts mehr übrig, und die typischen Fälle vorgetäuschter konkreter Verfügungsbefugnis fallen aus dem Dreiecksbetrug heraus!

3. Die herrschende »Lagertheorie«

Die im Schrifttum h.M. (»Theorie der tatsächlichen Dispositionsmacht«, »Lagertheorie«) folgt beim Sachbetrug dem Prinzip, dass zwar einerseits die bloß *faktische* Zugriffsmöglichkeit für die Verfügungsfähigkeit des Getäuschten nicht genügt, es andererseits aber ausreicht, wenn der Getäuschte vor der Tat in einem *besonderen Näheverhältnis* zu dem betroffenen Drittvermögen steht, das ihn zum Vermögenskreis des Geschädigten in eine engere Beziehung bringt als einen *beliebigen Außenstehenden*.[12] Hierher gehören die Fälle einer Verfügungsmacht kraft Innehabung von *Allein-* oder *Mitgewahrsam*, vor allem aber die Situationen, in denen – auch unabhängig von den Gewahrsamsverhältnissen – eine *Obhutsbeziehung* zur jeweiligen Sache besteht (»Hüterstellung« als Gewahrsamsdiener oder Gewahrsamsgehilfe). Nach einer häufig erwähnten Formel *Lenckners* (JZ 1966, 320 f) kommt es darauf an, ob der Getäuschte „im ›Lager‹ des Geschädigten steht", „demselben Machtkreis angehört, dem die … Sache entstammt, und sei es auch nur als Gewahrsamsdiener oder Gewahrsamsgehilfe". **664**

Außer dieser objektiven Nähebeziehung sind nach allerdings umstrittener Ansicht bestimmte *subjektive Voraussetzungen* in der Person des Verfügenden erforderlich,[13] damit dessen Verhalten dem Vermögensinhaber als Verfügung zugerechnet werden kann: Der Getäuschte darf sich nicht bewusst in Widerspruch zum Willen des Vermögensträgers setzen. Für den »Gewahrsamshüter« wird diese Einschränkung, die zur Abgrenzung gegenüber dem fremdschädigenden Eingriff »von außen« notwendig ist, oft so formuliert, dass der Hüter die Grenzen seines »Aufgabenbereichs« nicht bewusst überschreiten dürfe.[14] Solche Formulierungen sind missverständlich, weil der **665**

---

10 Vgl. *Kindhäuser*, ZStW 103 (1991), 398 (417); MK-*Hefendehl* § 263 Rn. 332; *Otto*, ZStW 79 (1967), 59 (84 f); enger SK-*Hoyer* § 242 Rn. 63, § 263 Rn. 150: Ausschluss fahrlässiger Fehlannahme, Erfordernis »pflichtgemäßer Prüfung« der Verfügungsbefugnis.

11 *Kindhäuser*, Bemmann-FS, 1997, S. 339 (360); *SSW-Satzger* § 263 Rn. 186.

12 So das Résumé bei *W/Hillenkamp* Rn. 645.

13 Anders NK-*Kindhäuser* § 263 Rn. 220: Gewahrsam des Getäuschten notwendig und ausreichend; wie hier *W/Hillenkamp* Rn. 642, 647; *M/R/Saliger* § 263 Rn. 134 f; in der Sache wohl auch BGHSt 18, 221 (223 f – »Sammelgarage«); i.E. ähnlich *Rengier*, BT 1, § 13 Rn. 105 und Roxin-FS I, 2001, S. 811 (824 ff), der jedoch die Kriterien der objektiven Zurechnung heranzieht.

14 Vgl. z.B. LK-*Lackner*, 10. Aufl., § 263 Rn. 114 m.w.N.

Hüter, wenn er *verfügt*, seine bloße *Obhutsposition* bewusst verlässt und damit außerhalb seiner Hüterstellung handelt. Gemeint kann deshalb nur sein, dass die Obhutsperson *subjektiv* in dem Bewusstsein handeln muss, im konkreten Fall auch zur Verfügung (Gewahrsamsübertragung) *legitimiert* zu sein. In dieser Richtung deutlich *Otto* (BT, § 51 Rn. 44): „Der Gewahrsamshüter (Mitgewahrsamsträger oder Gewahrsamsdiener), dessen Aufgabe es ist, den Gewahrsam für den Eigentümer zu bewahren, verfügt … zu Lasten des Eigentümers, wenn ihm eine Situation vorgespiegelt wird, die – läge sie vor – ihn zu der Verfügung berechtigen würde."

666 Die bisher wenig aussagekräftige Rechtsprechung verlangt nur ein »tatsächliches Näheverhältnis«, ohne es bisher genauer bestimmt zu haben. Nach der grundlegenden Entscheidung in BGHSt 18, 221 (223 f) kommt es bei Mitgewahrsam „allein auf die Willensentschließung des gutgläubigen [!] Mitgewahrsamsinhabers an, der der Sache am nächsten stehend die unmittelbar räumliche Einwirkungsmöglichkeit hat und der deshalb über sie, unabhängig vom Willen des anderen Mitgewahrsamsinhabers, *tatsächlich* verfügen kann". Auf die »tatsächliche Verfügungsgewalt« stellte auch das RG ab.[15]

III. Zur Bewertung der Auseinandersetzung

667 Die Vertreter der »Befugnistheorie« und der herrschenden »Lagertheorie« werfen sich gegenseitig Abgrenzungsschwierigkeiten und Unklarheiten in der Konzeption vor. Die »Befugnistheorie« rügt an der Gegenansicht das Fehlen einer von der *faktischen Nähe* zur Sache substanziell unterscheidbaren »normativen Beziehung« zwischen Vermögensinhaber und Verfügendem, während die herrschende »Lagertheorie« in der Voraussetzung notwendiger Verfügungs-»befugnis« einen Widerspruch zum *wirtschaftlich* ausgerichteten *Vermögensbegriff* sieht (»systemwidriger Fremdkörper«). Die h.M. verweist außerdem auf *Strafbarkeitslücken*, die nach der Befugnistheorie entstehen, wenn die Tathandlung mangels Verfügungsbefugnis des Getäuschten und Zueignungsabsicht des Täters weder als Betrug noch als Diebstahl erfasst werden kann.

Definitiv überzeugende dogmatische Argumente sind trotz intensiver Diskussion bisher nicht gefunden worden. Deshalb kommt dem kriminalpolitischen Gesichtspunkt, dass die »Lagertheorie« den umfassenderen Vermögensschutz gewährleistet und durchweg zu befriedigenden Ergebnissen gelangt, besonderes Gewicht zu. Der *theoretische Vorzug* der »Befugnistheorie« besteht darin, dass sie anscheinend besser zu erklären vermag, warum die Drittverfügung dem Vermögensinhaber *zugerechnet* werden kann: Die Zurechnung wird darauf gestützt, dass der Getäuschte bereits eine rechtliche »Verfügungsposition« innehat, die ihn im Verhältnis zum Vermögensinhaber dazu legitimiert, an dessen Stelle Verfügungen zu treffen. Bei einer bloßen »Obhutsstellung« fehlt dagegen eine derartige Legitimation. Die herrschende »Lagertheorie« verfügt hingegen über keine vergleichbare positive Begründung der Zurechenbarkeit. Sie lebt wesentlich von dem negativ-abgrenzenden Gedanken, dass Verfü gungen solcher Personen, die gegenüber dem betroffenen Vermögen nicht mehr nur

15 RGSt 25, 244 (247); 49, 16 (19); 73, 382 (384). Ebenso BayObLG MDR 1964, 343 f (Fundsache); OLG Köln MDR 1966, 253 f; anders OLG Stuttgart NJW 1965, 1930 f (Nähe zur Befugnistheorie). Eingehend zur Rspr. *Offermann-Burckart*, Vermögensverfügungen Dritter im Betrugstatbestand, 1994, S. 32 ff.

beliebige »Außenstehende« sind, als Vermögenseingriffe »von innen« dem Anwendungsbereich der Fremdschädigungsdelikte zu entziehen und *deshalb* dem Betrug zuzuordnen seien.

Wird freilich beachtet, dass auch nach der »Befugnistheorie« die Zurechnung letztlich eben nicht auf der *objektiven* Verfügungsberechtigung *in concreto* beruht, sondern auf deren *subjektiver Annahme* durch den Getäuschten (→ Rn. 663), und dass sich in diesem Punkt »Befugnis-« und »Lagertheorie« decken (→ Rn. 665), so verliert die »Befugnistheorie« ihre scheinbare dogmatische Überlegenheit: Es ist dann nicht einzusehen, weshalb eigentlich außer der »subjektiven Verfügungsbefugnis« – die (wie dargelegt → Rn. 665) auch für die h.M. vorauszusetzen ist – noch eine objektive Beziehung verlangt werden sollte, die über ein *Obhutsverhältnis* hinausgeht.

IV. Neuere Vorschläge zum Dreiecksbetrug

Nach dem Lösungsvorschlag von *Offermann-Burckart*, einer Modifikation der »La- **668**
gertheorie«, liegt eine dem Vermögensinhaber zurechenbare Drittverfügung vor, wenn die folgenden objektiven und subjektiven Voraussetzungen kumulativ zusammentreffen:[16] Der Geschädigte muss dem getäuschten Dritten bewusst-gewollt die tatsächliche Gewalt (oder die mittelbare Dispositionsmöglichkeit) über die betroffene Sache übertragen/überlassen haben. Die Sachweggabe oder sonstige Disposition über die Sache muss unter der hypothetischen Bedingung, dass der Inhalt der täuschenden Behauptung wahr gewesen wäre, dem – wirklichen oder mutmaßlichen – Willen des Geschädigten entsprochen haben.

Nach *Pawlik* kommt es für die Annahme eines Dreiecksbetruges darauf an, ob der Getäuschte die »Kompetenz« zur Entgegennahme und Prüfung der vom Täuschenden ausgehenden Informationen besitzt. Dies richte sich danach, welche Funktion dem Getäuschten innerhalb der »Verwaltungsorganisation« des Vermögensinhabers zukomme.[17]

Nach der von *Kindhäuser* früher vertretenen »Wirksamkeitstheorie« sollte entscheidend sein, ob der Getäuschte in der Lage ist, über das Vermögensobjekt »rechtlich wirksam« zu Lasten des Geschädigten zu verfügen.[18] Diese Auffassung hat der Autor zugunsten einer »faktischen Nähetheorie« aufgegeben, nach der allein maßgebend ist, dass der Getäuschte objektiv (!) Gewahrsam innehat.[19]

Vermögensverfügung (bei Erpressung/räuberischer Erpressung) – §§ 253 I, 255 StGB

Die »Vermögensverfügung« ist nach h.L. ein ungeschriebenes objektives Merk- **669**
mal der Erpressungstatbestände (str. → Rn. 670, anders die Rspr. → Rn. 671 ff und ein Teil der Lit. → Rn. 682) und setzt als solches zumindest ein **willentliches Verhalten** des Genötigten mit vermögensmindernder Wirkung voraus, das

16 *Offermann-Burckart*, Vermögensverfügungen Dritter im Betrugstatbestand, 1994, S. 142 ff, 169 f.
17 *Pawlik*, Das unerlaubte Verhalten beim Betrug, 1999, S. 205 ff.
18 *Kindhäuser*, Bemmann-FS, 1997, S. 339 (358 ff); dazu wiederum SK-*Hoyer* § 263 Rn. 147.
19 Vgl. NK-*Kindhäuser* § 263 Rn. 220 f; *Kindhäuser/Nikolaus* JuS 2006, 293 (294 f).

daher bei Anwendung *absoluter Gewalt* (»vis absoluta«) ausgeschlossen ist (insoweit unstr. innerhalb der h.L.).

Räuberische Wegnahme (§ 249 StGB) und räuberische Erpressung (§ 255 StGB) sind somit nach h.L. nicht anhand des *»äußeren Erscheinungsbilds«* der Tat – »Nehmen oder Geben« – voneinander zu unterscheiden (so aber die Rspr. auf Konkurrenzebene → Rn. 674), sondern danach, ob der Genötigte eine **»Vermögensverfügung«** vornimmt (§ 255 StGB) oder nicht (§ 249 StGB).

Innerhalb der h.L. sind die inhaltlichen Anforderungen an die »Vermögensverfügung« des Genötigten allerdings umstritten. Nach überwiegender Ansicht genügt nicht jede »Herausgabe« der Sache oder sonstige willentliche Mitwirkung beim Gewahrsamswechsel: Die Mitwirkung muss so beschaffen sein, dass sie aus der *Sicht des Genötigten* für den **Gewahrsamsübergang** im konkreten Fall **notwendig ist** (subjektive »Schlüsselstellung« des Genötigten, str. → Rn. 684), wobei es unerheblich ist, ob das Verhalten des Genötigten die Vermögensminderung »unmittelbar« oder nur »mittelbar« herbeiführt (kein »Unmittelbarkeitserfordernis« bei erpressungsspezifischer Verfügung, str. → Rn. 685).

Für die »Verfügung« über das Vermögen eines **Dritten** (»Dreieckserpressung«) bedarf es nach h.L. einer *besonderen Beziehung* des Genötigten zum Objekt der Vermögensverfügung (»Näheverhältnis«). Insoweit gelten sinngemäß die Grundsätze des »Dreiecksbetruges« (→ Rn. 657), mit der Abweichung, dass eine – zumindest subjektiv angenommene – *Befugnis* des Genötigten zur Vermögensverfügung (Gewahrsamsübertragung) nicht erforderlich ist (str. → Rn. 688).

Literatur: *Erb*, Herzberg-FS, 2008, S. 711 ff; *Küper*, Lenckner-FS, 1998, S. 495 ff.
Einführend: *W/Hillenkamp* Rn. 709 ff, 728 ff.

Zur von der h.L. grds. *abweichenden* Rspr. → Rn. 671 ff.

Erläuterungen

I. Das »doppelte« Verfügungsproblem

670 Soweit sich das Problem der »Vermögensverfügung« bei den Erpressungstatbeständen stellt (§§ 253, 255 StGB), sind vor allem *zwei Grundfragen* zu unterscheiden, die namentlich bei der »Sacherpressung« Bedeutung gewinnen: 1. Ist die »Verfügung« des Genötigten – ähnlich wie beim Betrug diejenige des Getäuschten – *überhaupt* ein notwendiges, »ungeschriebenes« Tatbestandsmerkmal der Erpressung, einschließlich der räuberischen (Qualifikation), mit der Folge, dass jede »Wegnahme« aus dem Tatbestand ausscheidet? Die Rechtsprechung verneint im Ergebnis diese Ausgangsfrage (→ Rn. 671 ff), während sie in der Literatur überwiegend bejaht wird. *Bejaht* man sie, so stellt sich als 2. Frage das Problem: Wie ist die »Vermögensverfügung« bei der Erpressung *inhaltlich* genauer zu bestimmen und von der »Wegnahme« abzugrenzen (Problem des *erpressungsspezifischen* Verfügungsbegriffs)? Darüber herrscht in der Literatur noch erhebliche Unstimmigkeit (→ Rn. 683 ff). Gesichert ist lediglich, dass die Anwendung *absoluter*, willensausschließender *Gewalt* (»vis absoluta«) eine »Verfügung« des Opfers ausschließt, weil dafür *zumindest* ein »willentliches Verhalten« vorausgesetzt werden muss.

II. Die Auffassung der Rechtsprechung

1. Der Ausgangspunkt

Der Rechtsprechung liegt die Auffassung zugrunde, dass die Erpressungstatbestände (§§ 253, 255 StGB) *nicht* das einschränkende Merkmal der »Vermögensverfügung« enthalten, sondern so »weit« interpretiert werden können, wie es der *Wortlaut* zulässt: Danach genügt eine Nötigung auch zur bloßen »Duldung«! Bereits das RG hatte »vis absoluta« als Tathandlung einbezogen und zwischen Raub (gewaltsamer Wegnahme) und räuberischer Erpressung *kein Exklusivverhältnis* angenommen, sondern § 249 StGB als *Spezialfall* der – räuberischen – *Erpressung* betrachtet: Der Raub werde von der Erpressung »mitumfasst«.[1] Der BGH ist dieser Rechtsprechung im Wesentlichen gefolgt; auch er *verzichtet* auf ein Tatbestandserfordernis der »Vermögensverfügung« und hat sich letztlich der Ansicht des RG zum »Spezialitätsverhältnis« zwischen Raub und Erpressung angeschlossen.[2] 671

2. Das Verhältnis von Raub und räuberischer Erpressung in der BGH-Rechtsprechung

a) Die Maßgeblichkeit des »äußeren Erscheinungsbildes« (Herausgabe/Wegnahme)

Für das Verhältnis von *Raub* und *räuberischer Erpressung* ergibt sich der Standpunkt der Rechtsprechung aus einer »Zusammenschau« der beiden grundlegenden Entscheidungen BGHSt 7, 252 ff und BGHSt 14, 386 ff. BGHSt 7, 252 betrifft den Fall einer mit Raubmitteln (qualifizierte Drohung) und in Zueignungsabsicht erzwungenen *Herausgabe* einer Geldtasche. Der BGH unterscheidet Raub und räuberische Erpressung nach dem »*äußeren Erscheinungsbild* des vermögensschädigenden Verhaltens«: Nehmen (Raub) oder Sich-Geben-Lassen (räuberische Erpressung). Dazu heißt es: „Für die Abgrenzung von *Betrug* und *Diebstahl* kommt es auf die Vornahme einer *Vermögensverfügung* an; insoweit ist das innere Verhalten des Getäuschten entscheidend. Für diejenige von *Raub* und *räuberischer Erpressung* läßt das Gesetz das *äußere Erscheinungsbild* des vermögensschädigenden Verhaltens des Verletzten entscheidend sein. Es spielt keine Rolle, ob dieser ›freiwillig‹ handelt oder sich unter dem Druck der Vorstellung, Widerstand sei zwecklos, dem Willen des Täters fügt. Das gilt auch, wenn das erzwungene Verhalten des Opfers in der *Herausgabe* der verlangten Sache besteht. Dann kommt es nicht darauf an, ob hierin i.S. des Betrugstatbestandes eine Vermögensverfügung zu erblicken ist, sondern nur darauf, ob ein Handeln des Verletzten vorliegt, durch das er sein Vermögen *selbst hingibt*. Ist dies zu bejahen, so ist der Tatbestand des Raubes ausgeschlossen" (BGHSt 7, 252 [255]). 672

In dieser Entscheidung wird zunächst nur auf eine »Verfügung« i.S. des § 263 StGB (!) verzichtet; sie wird ersetzt durch die phänotypische »Herausgabe«, die der BGH einer »Wegnahme« gegenüberstellt. Doch wird für die Erpressung immerhin noch ein »Handeln des Verletzten« als charakteristisch angesehen, »durch das er sein Vermögen selbst hingibt«. Deshalb könnte man die Entscheidung so verstehen, dass sie für

---

1 Vgl. insb. RGSt 4, 429 (430 ff); 55, 239 (240 f); 67, 343 (345).

2 Vgl. insb. BGHSt 7, 252 (254 f); 14, 386 (390 f) mit abl. Anm. *Schnellenbach* NJW 1960, 2154; BGHSt 25, 224 (228); 41, 123 (125 f – zur Dreieckserpressung, s. auch → Rn. 690); BGH MDR 1993, 1040 f; NStZ 1999, 350 (351); 2003, 604 (605 – zur Anwendbarkeit des § 239a StGB).

die räuberische Erpressung jedenfalls noch eine »Verfügung i.w.S.« voraussetzt, die in einem willentlichen »Herausgeben« besteht und mit der »Wegnahme« tatbestandlich unvereinbar ist.[3]

673 **b) Die räuberische Erpressung durch »Wegnahme«** Der BGH hat jedoch seit BGHSt 14, 386 seine Rechtsprechung derart modifiziert, dass auch eine »Wegnahme« – ohne irgendein selbstschädigendes Opferverhalten – die räuberische Erpressung *nicht ausschließt*, so dass sich in diesem Fall § 249 und § 255 StGB überschneiden können. Die Entscheidung verdeutlicht den Verzicht auf jede Form der »Vermögensverfügung« bei den Erpressungstatbeständen. Sie knüpft an die Auffassung des RG zur »Spezialität« des Raubes gegenüber der Erpressung (→ Rn. 671) wieder an. BGHSt 14, 386 betrifft den Fall einer mit Gewalt (Schuss mit der Gaspistole in das Gesicht des Opfers) vorgenommenen *Wegnahme* eines Fahrzeugs *ohne Zueignungsabsicht* (Gebrauchsanmaßung), aber mit Bereicherungsabsicht und vermögensschädigendem Erfolg. Dieser Fall wird vom BGH der räuberischen Erpressung zugeordnet, obwohl eine »Herausgabe« nicht vorliegt. Die Begründung lautet:

„Der Tatbestand der Erpressung umfaßt … den Tatbestand des Raubes mit. Die Wegnahme einer fremden beweglichen Sache mit Gewalt oder unter Drohung mit gegenwärtiger Gefahr für Leib oder Leben, die § 249 StGB erfordert, schließt auch die Nötigung eines anderen zur Duldung der Wegnahme in sich … § 249 StGB ist insofern das *besondere Strafgesetz* gegenüber dem allgemeineren des § 255 StGB und geht daher diesem vor… Das den engeren Tatbestand enthaltende Strafgesetz – hier § 249 StGB – schließt aber die Anwendbarkeit des den weiteren Tatbestand enthaltenden Strafgesetzes – hier § 255 StGB – nur *insoweit* aus, als seine Voraussetzungen *vorliegen*. Die Unterscheidung zwischen *Wegnahme* und *Herausgabe* ist daher für die Abgrenzung zwischen Raub und räuberischer Erpressung nur erheblich, wenn *alle übrigen* Tatbestandsmerkmale des *Raubes* vorliegen" (BGHSt 14, 386 [390 f]).

3. Zusammenfassung: Das Lösungsmodell des BGH

674 Im Verhältnis von Raub und räuberischer Erpressung führt diese Rechtsprechung damit zu folgender Lösung: Eine mit qualifizierten Nötigungsmitteln (»Raubmitteln«) durchgeführte, in der Absicht rechtswidriger Bereicherung begangene Vermögensschädigung, die im erzwungenen Verlust des Gewahrsams besteht, stellt *zunächst einmal* eine räuberische Erpressung i.S. des § 255 StGB dar (»allgemeineres Delikt«), und zwar unabhängig davon, ob der Täter die Schädigung durch »Wegnahme« oder »Herausgabe« bewirkt. Handelt es sich dabei um eine für den Täter fremde bewegliche Sache und verfügt der Täter über eine *Zueignungsabsicht*, so erfüllt er zugleich den speziellen Tatbestand des § 249 StGB – der § 255 StGB *auf der Ebene der Gesetzeskonkurrenz* verdrängt –, wenn (!) der Täter nach dem *äußeren Erscheinungsbild* des Verhaltens »wegnimmt«. Lässt er sich dagegen die Sache »herausgeben«, dann bleibt es bei der räuberischen Erpressung. *Fehlt* andererseits die Zueignungsabsicht, so liegt § 255 StGB *ohne Rücksicht darauf* vor, ob der Täter die Sache äußerlich »wegnimmt« oder sie sich vom Genötigten »herausgeben« lässt. Der Raub ist danach ein gegenüber der räuberischen Erpressung »spezielles« Delikt, dessen Spezialität auf

3 S. auch BGHSt 7, 252 (254): Der räuberische Erpresser zwingt sein Opfer, „selbst eine vermögensmindernde Handlung vorzunehmen … oder ein sein Vermögen schädigendes Tun eines andern zu dulden, das über die Wegnahme der Sache hinausgeht oder anderer Art ist als diese."

dem kumulativen *Zusammentreffen* zweier Besonderheiten beruht: einerseits *objektiv* auf dem äußeren Erscheinungsbild einer »Wegnahme« – im Gegensatz zur »Herausgabe« – und (!) andererseits *subjektiv* auf dem Vorhandensein der Zueignungsabsicht. Fehlt auch nur eines dieser Sondermerkmale, dann ist lediglich das »allgemeinere Delikt« der räuberischen Erpressung gegeben, sofern dessen Voraussetzungen im Übrigen vorliegen. Von einer »Abgrenzung« zwischen Raub und räuberischer Erpressung kann man somit streng genommen nicht mehr sprechen.[4]

Der praktische Effekt dieser Konzeption besteht vor allem in *zwei Ergebnissen*. Zum einen kann im typischen Fall *vorhandener Zueignungsabsicht* der Raub von der räuberischen Erpressung nach dem relativ einfachen, äußerlich»handgreiflichen« Kriterium des »Nehmens oder Gebens« abgeschichtet werden (Vereinfachungseffekt). Zum zweiten wird die Möglichkeit eröffnet, auf die Erpressungstatbestände auch dann zurückzugreifen, wenn bei einer »Wegnahme« die Voraussetzungen von Raub oder Diebstahl *mangels Zueignungsabsicht* nicht erfüllt sind (umfassender Vermögensschutz versus eingeschränktem Eigentumsschutz). In den Erpressungsbereich muss neben der »gewaltsamen Gebrauchsanmaßung« im Übrigen die »gewaltsame Pfandkehr« generell ebenso einbezogen werden wie etwa ein Diebstahl mit »einfachen« Nötigungsmitteln, die den Grad von »Raubmitteln« nicht erreichen (sog. »kleiner Raub«, → Rn. 677, 678).

Zu beachten ist auch, dass – da die (räuberische) Erpressung gegenüber dem Raub das »allgemeinere« Delikt darstellt – »Erpressungsabsicht« i.S. des § 239a I StGB nach der Rechtsprechung auch dann vorliegt, wenn der Täter bei der Entführung bzw. beim Sich-Bemächtigen die Absicht hat, einen *Raub* zu begehen.[5]

III. Die überwiegende Auffassung in der Literatur (»Verfügungstheorie«)

1. Die Ausgangssituation

Die (noch) überwiegende Auffassung im Schrifttum verlangt dagegen für die Erpres- **675**
sungstatbestände eine »Vermögensverfügung«. »Wegnahme« i.S. des § 249 StGB und »Verfügung« i.S. der §§ 253, 255 StGB schließen sich gegenseitig aus (Exklusivverhältnis). Trifft der Genötigte keine »Vermögensverfügung«, wird ihm die Sache vielmehr »weggenommen«, so sind bei *fehlender Zueignungsabsicht* des Täters die Erpressungstatbestände nach h.L. *nicht* anwendbar; der Täter ist allein nach den für seine Handlung sonst geltenden Normen zu beurteilen (z.B. Nötigung i.V.m. § 248b StGB).

Diese »Verfügungstheorie« wird mit einer Reihe unterschiedlicher Argumente begründet.[6] Die Argumente beziehen sich teils *allgemein* auf die »Struktur« der Erpressung, einschließlich der räuberischen, teils auf die *Stellung* der Erpressungstatbestän-

4 Zur näheren Analyse vgl. *Küper*, Lenckner-FS, S. 495 (498 ff).

5 BGH NStZ 2002, 31 (32); 2003, 604 (605); NStZ-RR 2004, 333 (334); NStZ 2006, 448 (449); vgl. aber auch BGH NStZ 2006, 38 – dort wird [mit allerdings unklaren Erwägungen] neben §§ 249, 22 StGB eine versuchte räuberische Erpressung abgelehnt.

6 Zusammenstellung/Diskussionsübersicht z.B. bei *Hillenkamp*, BT, Problem Nr. 33; *Rengier*, BT 1, § 11 Rn. 13 ff, 25 ff und JuS 1981, 654 ff; *Röckrath*, Die Zurechnung von Dritthandlungen bei der Dreieckserpressung, 1991, S. 4 ff; *Tausch*, Die Vermögensverfügung des Genötigten – notwendiges Merkmal des Erpressungstatbestandes?, 1995, S. 28 ff; jew. m.w.N.

de im (angeblichen) gesetzlichen »System des Vermögensschutzes«, teils speziell auf das Verhältnis von *Raub* und *räuberischer Erpressung*, so dass die Diskussionslage schwer überschaubar ist. Hier seien die wichtigsten Argumente der »Verfügungstheorie« genannt:

2. Argumente der Verfügungstheorie

676 **a) Der systematische Ansatz** Die Notwendigkeit einer »Vermögensverfügung« wird zunächst daraus abgeleitet, dass die (räuberische) Erpressung ebenso wie der Betrug ein »*Selbstschädigungsdelikt*« sei, das sich vom Betrug lediglich durch die *Mittel* unterscheide – Zwang statt Täuschung –, mit denen der Täter das selbstschädigende Verhalten des Opfers bewirke (»strukturelle Parallelität« der Deliktstypen). Da diese Strukturthese freilich nur eine begründungsbedürftige *Behauptung* ist – denn gerade aus der Verschiedenheit der angewandten *Mittel* könnte ein erheblicher Strukturunterschied folgen –, wird die These heute hauptsächlich mit Überlegungen zum gesetzlichen »*System des Vermögensschutzes*« (einschließlich des Schutzes spezialisierter Vermögenswerte, insbesondere des Eigentumsschutzes) untermauert. In seiner allgemeinsten Form lautet das daraus abgeleitete Argument: Die Erpressung habe im Rahmen der Vermögensdelikte eine gegenüber anderen, dem Vermögensschutz dienenden Tatbeständen deutlich *abgegrenzte Funktion*, die nur unter der Voraussetzung einer selbstschädigenden »Verfügung« gewährleistet sei; ein Verzicht auf dieses Erfordernis verwandle die Erpressung hingegen in einen „konturlosen Grundtatbestand" (undifferenzierten Auffangtatbestand) „aller mit Nötigungsmitteln begangenen Angriffe auf fremdes Vermögen" und damit in ein Delikt, welches „dem Element des Zwanges in diesem Bereich eine zusätzliche, für andere Deliktsgruppen nicht vorgesehene Schärfungswirkung beilegt".[7]

677 **b) Die »Einebnung der Wertstufen«** Konkreter gefasst zielt diese Argumentation darauf ab, eine bei *Verzicht* auf das Verfügungserfordernis drohende »Nivellierung des Vermögensschutzes« zu verhindern, die in der *Einebnung* seiner – gesetzlich vorgegebenen – *Wertstufen* gesehen wird (»Sprengkraft« der Erpressung als Fremdschädigungsdelikt). Dies zeige sich namentlich bei der *Gebrauchsanmaßung*, die im System des Eigentumsschutzes grundsätzlich straflos, in Ausnahmefällen (§§ 248b, 289, 290 StGB) gegenüber den Zueignungsdelikten immerhin noch »privilegiert« sei. Solche Abstufungen würden »unterlaufen«, wenn die mit Nötigungsmitteln bewirkte, schlichte Fremdschädigung (ohne Opferverfügung) als Erpressung bzw. räuberische Erpressung bewertet werde. Dann führe z.B. die an sich *straflose* Gebrauchsentwendung bei Wegnahme mit qualifizierten Nötigungsmitteln (§ 255 StGB) sogar zur Strafbarkeit wegen *räuberischer* Erpressung »gleich einem Räuber«, obwohl dem Täter die Zueignungsabsicht fehle. Auch etwa *Pfandkehr* (§ 289 StGB) und *Wilderei* (§ 292 StGB) würden bei Anwendung von Nötigungsmitteln systemwidrig zu Erpressungsfällen umgewertet. Diese Argumentation – »Unterlaufen der Wertstufen im Vermögensschutz« – wird geradezu als die »Hauptstütze« der Verfügungstheorie betrachtet.[8]

---

7 *L/Kühl* § 253 Rn. 3.
8 *Rengier* JuS 1981, 654 (659).

c) Der »kleine Raub« In diesen Zusammenhang gehört ferner der Gedanke, dass ohne das Verfügungserfordernis ein dem System des Eigentumsschutzes fremder »*kleiner Raub*« geschaffen würde: Bereits der Diebstahl mit *einfachen* Nötigungsmitteln (§ 240 StGB) werde danach als Erpressung (§ 253 StGB) erfasst, obwohl das Gesetz für die Kombination von Diebstahl und Nötigung in § 249 StGB ein erhöhtes Strafmaß erst bei *qualifizierten* Nötigungsmitteln (»Raubmitteln«) vorsehe. Zusammenfassend: „Ganz ungleichgewichtige Vermögensstraftaten ... werden dann unterschiedslos bei Anwendung nichtqualifizierter Nötigungsmittel auf die Stufe der Erpressung und bei Anwendung der Raubmittel auf die Stufe der räuberischen Erpressung angehoben... Diese nivellierende Auffangwirkung der Erpressungstatbestände ... hebt für alle Fälle der Zwangseinwirkung die differenzierte Bewertung der verschiedenartigen Angriffe auf das Vermögen auf und läßt sie ohne Rücksicht auf ihren unterschiedlichen Unwert im Erpressungsunrecht aufgehen."[9] **678**

d) Das Verhältnis von Raub und räuberischer Erpressung Flankiert wird diese systematische Argumentation der »Verfügungstheorie« mit zusätzlichen Erwägungen speziell zur Beziehung zwischen *Raub* und *räuberischer Erpressung*, die sich gegen das Verständnis der Rechtsprechung richten und häufig sogar in den Vordergrund gestellt werden. So soll § 249 StGB bei Einbeziehung der Fremdschädigung in die räuberische Erpressung (§ 255 StGB) »praktisch überflüssig« werden. Überdies bestehe zwischen Raub und räuberischer Erpressung wegen der Verschiedenartigkeit der objektiven und subjektiven Voraussetzungen kein »Spezialitätsverhältnis«. § 255 StGB (»gleich einem Räuber«) verweise zudem auf § 249 StGB und die weiteren Raubvorschriften – nicht umgekehrt –, woraus folge, dass das Gesetz die räuberische Erpressung nicht als das »allgemeinere«, sondern als ein gegenüber dem Raub eigenständiges, mit dessen Voraussetzungen unvereinbares Delikt verstehe.[10] **679**

IV. Die systematische Problematik des Verfügungserfordernisses

1. Die Konkurrenz der Vermögensschutzsysteme

Im »Dickicht« der vielfältigen Argumente wird die Quintessenz der herrschenden »Verfügungstheorie« fast verschüttet. Sie besteht in einer bestimmten – vorzugsweise aus der behaupteten gesetzlichen Schutzsystematik abgeleiteten – *Option:* Bei einer mit Nötigungsmitteln vollzogenen »Fremdschädigung« des Vermögens (also: ohne Opferverfügung) soll das *differenzierte System* des Schutzes *spezialisierter* Vermögenswerte, insbesondere des Eigentumsschutzes, mit seinen »Wertstufen« (→ Rn. 677 f) *Vorrang* haben vor dem System des »allgemeinen« Vermögensschutzes, den die Erpressungstatbestände in Nötigungsfällen – sonst – gewährleisten. Dieser »allgemeine« Vermögensschutz, der keine »Wertabstufungen« und keine »Privilegierung« z.B. der Gebrauchsanmaßung kennt, soll erst bei einer erzwungenen »Selbstschädigung« des Opfers (Vermögensverfügung) wieder eingreifen. Der *Nötigungszwang allein* könne hingegen den allgemeinen Vermögensschutz nicht auslösen. **680**

Der ganze Streit um die »Verfügungstheorie« lässt sich damit in seinem *Kern* auf die Frage reduzieren, ob die vorbezeichnete Option *berechtigt* ist und die Rivalität der

9 LK-*Lackner*, 10. Aufl., § 253 Rn. 7.
10 Vgl. *Rengier* JuS 1981, 654 (659).

»Schutzsysteme« in dieser Richtung aufgelöst werden kann:[11] Die Verfügungstheorie muss erklären können, weshalb es gerade die »Vermögensverfügung« – und nicht bereits der Nötigungszwang als solcher – sein soll, der den *Übergang* vom engeren und differenzierten in das weitere und allgemeinere Schutzsystem bewirkt.

2. Erklärungen für den Systemwechsel

681 Eine Erklärung für den durch die selbstschädigende »Verfügung« ausgelösten »Systemwechsel« wird – vereinzelt – in *zweifacher Hinsicht* versucht: einmal mit systematischen Erwägungen zur begrenzten (!) Schutzfunktion der »allgemeinen« Vermögensdelikte; zum anderen mit der Überlegung, dass der Zwang zu *selbstschädigendem* Opfer*verhalten* wegen der damit verbundenen »Persönlichkeitsverletzung« ein besonderes *Unwertgewicht* habe.

Die gesetzliche Ausgestaltung des Schutzes gegen Vermögensbeeinträchtigungen sei von dem *Prinzip* bestimmt, einen »*lückenlosen*« Schutz nur zu garantieren, wenn der Täter nicht »*von außen*« in die fremde Vermögenssphäre eingreife, sondern das Vermögen »von innen her« durch den Einsatz innerhalb der Vermögenssphäre befindlicher Personen aushöhle; ein lediglich *fragmentarischer* Strafrechtsschutz bestehe dagegen, wenn der Täter in die fremde Vermögenssphäre eigenmächtig »von außen« einbreche. Diesem Prinzip entspreche die Notwendigkeit einer Vermögensverfügung bei den Erpressungstatbeständen.[12]

Der besondere *Unwert* gerade des Zwanges zur »Selbstschädigung«, im Unterschied sogar zur Ausschaltung des Opfers durch absolute Gewalt, wird darin gesehen, dass der Eingriff in Freiheit und Persönlichkeit des Genötigten *gravierender* sei, weil dessen menschliche Fähigkeiten „wie die eines Sklaven zu fremdem Nutzen mißbraucht“ würden.[13]

3. Kritik an der Verfügungstheorie

682 Nahezu sämtliche Argumente der »Verfügungstheorie« werden von einer gewichtigen, an Zustimmung gewinnenden *Minderheitsauffassung* bestritten.[14] Abgesehen von der grundsätzlichen Kritik an der behaupteten »Strukturparallelität« zwischen Erpressung und Betrug wird namentlich der Ausschluss »absoluter Gewalt« aus den Erpressungstatbeständen, der in der Konsequenz des Verfügungserfordernisses liegt, als wenig sachgerecht empfunden. Auch wird u.a. eingewandt, dass die speziellen »Wertstufen des *Eigentums*schutzes« (→ Rn. 677 f) dem System des »allgemeinen *Vermögens*schutzes« fremd seien und außerdem bei *Vorliegen* einer Vermögensverfügung des Opfers ebenfalls »unterlaufen« würden; deshalb müssten solche »Wertabstufungen«, wie z.B. die Privilegierung der Gebrauchsanmaßung, im Erpressungsbereich unberücksichtigt bleiben.[15]

---

11 Dazu näher *Küper*, Lenckner-FS, S. 495 (507 ff).

12 Vgl. LK-*Lackner*, 10. Aufl., § 253 Rn. 7; krit. *Küper*, Lenckner-FS, S. 495 (508 f).

13 *Tenckhoff* JR 1974, 489 (491); vgl. auch *Werle* Jura 1979, 485 (489).

14 Übersicht über die Einwände gegen die »Verfügungstheorie« bei *Graul* JuS 1999, 562 (564 f); *Kindhäuser* § 253 Rn. 18 ff.

15 Vgl. zur Kritik z.B. *Geilen* Jura 1980, 43 (50 ff); *Hecker* JA 1998, 300 (302 ff); LK-*Vogel* Vor §§ 249 ff Rn. 55 ff, § 253 Rn. 13 f; NK-*Kindhäuser* Vor § 249 Rn. 37 ff. Eingehende Zsfg. und Weiterführung der Kritik bei *Erb*, Herzberg-FS, S. 711 (713 ff); *Küper*, Lenckner-FS, S. 495 (500 ff, 511 ff).

Wird *keine* »Vermögensverfügung« vorausgesetzt, aber auch *nicht* nach dem »äußeren Erscheinungsbild« differenziert, so ist das Verhältnis zwischen (räuberischer) Erpressung und Diebstahl/Raub noch nicht abschließend geklärt. Insoweit wird als Lösung vorgeschlagen, zunächst zu fragen, ob „nach allgemeinen Grundsätzen" eine Wegnahme vorliegt und die weiteren Voraussetzungen der §§ 242, 249 StGB erfüllt sind. Ist dies der Fall, *konsumiere* der Raub eine zugleich begangene räuberische Erpressung, während zwischen Diebstahl und einfacher Erpressung *Tateinheit* bestehen soll.[16]

V. Die inhaltliche Bestimmung der Vermögensverfügung

1. Die Notwendigkeit eines erpressungsspezifischen Verfügungsbegriffs

Wird für die Erpressungstatbestände eine »Vermögensverfügung« des Genötigten *gefordert*, so stellt sich die Frage, wie sie *inhaltlich beschaffen* sein muss und von der »Wegnahme« abzugrenzen ist. Der unübersichtliche Diskussionsstand wird weitgehend von der Vorstellung geprägt, dass für die Erpressung ein »spezifischer« Verfügungsbegriff erforderlich ist, der nicht unbesehen an der Vermögensverfügung i.S. des § 263 StGB orientiert werden darf. *Mindesterfordernis* ist jedenfalls ein »willensgetragenes Verhalten«, so dass die Anwendung von »vis absoluta« eine Verfügung ausschließt; darüber besteht Einigkeit. In dem vom Willenserfordernis begrenzten Bereich soll die »Verfügung« sodann nach überwiegender Auffassung durch die »*innere Willensrichtung*«, nicht durch das zufällige »äußere Erscheinungsbild« – Geben oder Nehmen – bestimmt werden. Dieser Ansatz berücksichtigt, dass es bei der »Verfügung« darum geht, das vermögensrelevante Verhalten des Genötigten als dessen eigenen »Dispositionsakt« (Entscheidungsakt) i.S. einer persönlichen Stellungnahme zum Vermögensverlust zu begreifen.[17] **683**

2. »Freiwilligkeit« und »subjektive Schlüsselstellung« bei der Verfügung

Da es sich bei der Erpressung stets um eine Verfügung »unter Zwang« handelt, kann andererseits die »*Freiwilligkeit*« der Disposition (zur Freiwilligkeit der Verfügung beim Betrug → Rn. 652) kein Kriterium einer erpressungsspezifischen Vermögensverfügung sein, an dem die Abgrenzung zur Wegnahme orientiert werden könnte.[18] Auch der »Grad der Unfreiwilligkeit« – etwa in dem Sinn, ob der Genötigte nach seiner Vorstellung noch eine »Verhaltensalternative« oder eine »gewisse Wahlfreiheit« hat, die er auf der Basis seiner Unfreiheit quasi »freiwillig« nicht nutzt (»Restfreiwilligkeit«) – führt als Abgrenzungskriterium ersichtlich nicht weiter.[19] **684**

Erhebliche Resonanz hat daher ein Vorschlag zur Inhaltsbestimmung des Verfügungsbegriffs gefunden, der darauf abstellt, ob sich der Genötigte – subjektiv – eine Art »Schlüsselstellung« für die Vermögensverschiebung beimisst, die darin besteht,

16 *Erb*, Herzberg-FS, S. 711 (721 ff). Anders SK-*Sinn* § 253 Rn. 38: »Subsidiarität« von § 253 StGB bzw. § 255 StGB.

17 Nach *Rengier*, BT 1, § 11 Rn. 37 soll indes dem äußeren Erscheinungsbild (Geben/Nehmen) eine *Indiz*wirkung zukommen; in gleicher Richtung *Biletzki* Jura 1995, 635 (637); MK-*Sander* § 253 Rn. 21.

18 Vgl. *Biletzki* Jura 1995, 635 (636 f); *Küper* NJW 1970, 2253 (2254) und NJW 1978, 956; *Mohrbotter* GA 1968, 112 (118 f); *Rengier* JuS 1981, 654 (655).

19 Näher dazu bei *Küper*, Lenckner-FS, S. 495 (504 ff).

dass er seine Mitwirkung für *notwendig* hält: Keine »Verfügung« liegt danach vor, wenn es in der Zwangslage aus der Sicht des Genötigten für ihn *gleichgültig* ist, wie er sich verhält, der Gegenstand also unabhängig von seiner Mitwirkung bereits dem *Zugriff des Täters preisgegeben* ist (dann »Wegnahme« auch bei äußerer »Herausgabe«); ist der Gewahrsamsverlust dagegen nach der Vorstellung des Genötigten von seiner Mitwirkung *abhängig*, so stellt diese Mitwirkung grundsätzlich eine »Vermögensverfügung« dar.[20]

3. Das Problem der »Unmittelbarkeit«

685 Sieht man den für die »Verfügung« entscheidenden Gesichtspunkt in einer Mitwirkung an der Vermögensverschiebung, auf die der Täter aus der Sicht des Genötigten *angewiesen* ist (»Aktivierung der Schlüsselstellung«), dann wird man auch die Fälle einbeziehen müssen, in denen das Opferverhalten den Gewahrsamswechsel noch nicht »unmittelbar« herbeiführt, sondern dem Täter erst die Möglichkeit dazu eröffnet (z.B. Gewahrsamslockerung durch Preisgabe des Verstecks, Mitteilung der Zahlenkombination eines Tresors usw.). Zum Teil wird deshalb auf eine »Unmittelbarkeit« der vermögensmindernden Wirkung bei der Erpressung verzichtet.[21] Denn das vom Betrug her geläufige »Unmittelbarkeitserfordernis« (→ Rn. 648 a.E.) erweist sich in der dort verwendeten Funktion bei der Erpressung als nicht erforderlich. Bei § 263 StGB bezieht es seinen Sinn aus dem Gedanken, dass eine *erschlichene Gewahrsamslockerung* noch kein – für die bewusste Verfügung erforderliches – *Einverständnis* mit dem *Gewahrsamsverlust* bedeutet[22] und deshalb die nachfolgende »Wegnahme« nicht ausschließen kann. Ein solcher Ausschluss ist beim Betrug eben nur möglich, wenn der Getäuschte *unmittelbar* vermögensmindernd tätig wird (und sich zugleich der Gewahrsamsverschiebung bewusst ist). Demgegenüber gibt das erpresserisch *erzwungene Einverständnis* mit der Gewahrsamslockerung dem Täter den Weg zur Gewahrsamsverschiebung bewusst frei und enthält damit regelmäßig *zugleich* das (unfreiwillige) Einverständnis auch mit der nachfolgenden *Gewahrsamsverschiebung*, selbst wenn diese dann »unmittelbar« erst vom Täter herbeigeführt werden muss.[23]

Will man hingegen an einer »*unmittelbar*« vermögensmindernden Verfügung festhalten, so wird die Unmittelbarkeit in diesen Fällen (ebenso bei der erzwungenen Preisgabe einer Geheimnummer [PIN]) damit begründet, dass das erzwungene Opferverhalten bereits eine »schadensgleiche Vermögensgefährdung« bewirken kann.[24] Erforderlich ist freilich, dass sich diese wirtschaftlich bemessen und beziffern lässt (dazu → Rn. 633), was für einen Tresorinhalt einfacher zu bejahen sein dürfte als bei einem oder mehreren Zugriff(en) auf das Girokonto über die Bankautomatenkarte.

---

20 In dieser Richtung mit unterschiedlichen Formulierungen z.B. *A/W/Heinrich* § 17 Rn. 17; *Otto*, ZStW 79 (1967), 59 (86 f); *Tenckhoff* JR 1974, 489 (492); *W/Hillenkamp* Rn. 714.

21 AnwK-*Habetha* § 253 Rn. 11; LK-*Lackner*, 10. Aufl., § 253 Rn. 10; *Tenckhoff* JR 1974, 489 (492); krit. dagegen: *Biletzki* Jura 1995, 635 (637), *W/Hillenkamp* Rn. 714.

22 Die Täuschung führt gerade dazu, dass dem Handelnden der bevorstehende Verlust verborgen bleibt.

23 Zust. *Erb*, Herzberg-FS, S. 711 (726 f).

24 Vgl. *Graul* Jura 2000, 204 (207 f); abl.: *Heinz*, Maurer-FS, 2001, S. 1111 (1122), *Rengier*, BT 1, § 11 Rn. 38, 49. Der BGH hat eine schadensbegründende Vermögensgefährdung bei einem Schuldschein (NStZ-RR 2000, 234 [235]) und einer bereits entwendeten Bankautomatenkarte (NStZ-RR 2004, 333 [334]) bejaht (allerdings nicht bei fehlender Kontodeckung: NStZ 2011, 212 [213]).

VI. Die Dreieckserpressung

Erpressung und räuberische Erpressung sind auch in der Konstellation möglich, dass zwischen dem vom Täter *Genötigten* und dem Inhaber des geschädigten *Vermögens* keine Identität besteht. Das Gesetz lässt in § 253 I StGB diese Erpressungsvariante ausdrücklich zu (»dem Vermögen des Genötigten oder eines *anderen* Nachteil zufügt«). Die Erpressung im Drei-Personen-Verhältnis – sog. »Dreieckserpressung« – hat allerdings erst in neuerer Zeit stärkere Aufmerksamkeit gefunden,[25] wobei die Beurteilung der »Dreieckserpressung« eng mit der Frage zusammenhängt, ob für die Erpressungstatbestände eine »Vermögensverfügung« erforderlich ist (→ Rn. 687 f) oder nicht (→ Rn. 689). 686

1. Stellungnahmen in der Literatur

a) Ausgangspunkt: »Selbstschädigungsdelikt« Vom Standpunkt der »Verfügungstheorie« aus geht es um die Frage, wann eine Vermögensverfügung des Genötigten – die stets vorliegen muss – dem geschädigten Vermögensinhaber wie dessen eigene Verfügung *zugerechnet* werden kann (normative »Zurechnungseinheit«). Soweit dies möglich ist, soll nach überwiegender Auffassung, ähnlich wie beim »Dreiecksbetrug«, eine »Wegnahme« der jeweiligen Sache aufgrund des »Exklusivverhältnisses« von »Verfügung« und »Wegnahme« ausgeschlossen sein (»Selbstschädigungsdelikt« im Dreiecksverhältnis): Der »Dreieckserpresser« begeht dann allein eine – u.U. räuberische – Erpressung zum Nachteil des Vermögensinhabers, nicht etwa zugleich eine Anstiftung des Genötigten zum Diebstahl oder einen Diebstahl/Raub in mittelbarer Täterschaft.[26] Bei der Bestimmung der *Voraussetzungen* für eine dem Geschädigten zurechenbare »Drittverfügung« (des Genötigten) kehrt die vom »Dreiecksbetrug« her bekannte Rivalität zwischen »Befugnis-« und »Lagertheorie« (→ Rn. 661) in modifizierter Form wieder. Vielfach wird angenommen, dass die Zurechnungsfrage in beiden Bereichen weitgehend parallel zu entscheiden sei.[27] 687

Dabei hat sich freilich die Auffassung durchgesetzt, dass es auf eine objektiv vorhandene oder subjektiv angenommene »Verfügungs*befugnis*« des Genötigten nicht entscheidend ankommen kann, weil auch der an sich zur Verfügung »Befugte« – z.B. Bankkassierer/Verkäuferin – diese Befugnis im Nötigungsfall typischerweise bewusst *überschreitet*.[28] Als ausreichend wird vielmehr ein »*faktisches Näheverhältnis*« angesehen, aufgrund dessen der Genötigte/Verfügende zum geschädigten Vermögen in einer *engeren Beziehung* steht als ein beliebiger Dritter: Obhutsstellung z.B. als (Mit-)Gewahrsamsinhaber, Gewahrsamshüter, sonstige vom Vermögensinhaber eingeräumte oder für ihn ausgeübte Schutz- oder Abwehrposition. Maßgebend für die Zurechnung ist danach eine *Sonderbeziehung* des Genötigten zum betroffenen Vermögen: entweder aufgrund einer – zumindest subjektiv angenommenen – »Befugnis« zur Verfügung, einschließlich mutmaßlicher Einwilligung des Vermögensinhabers, oder aufgrund eines sonstigen »Näheverhältnisses«. 688

---

25 Vgl. z.B. *Ebel* Jura 2007, 897 ff und Jura 2008, 256 ff; *Erb*, Herzberg-FS, S. 711 (716 ff). Übersicht zum Diskussionsstand bei *Ingelfinger* JuS 1998, 531 (537 f); *Kindhäuser* § 253 Rn. 24 ff. Ganz abl. *G. Wolf* JR 1997, 73 ff. Zur Ansicht von *Röckrath* vgl. die 8. Aufl. 2012, S. 412.

26 Krit. zum »Exklusivitätsdogma« aber *Ebel* Jura 2007, 897 (898 ff).

27 Nachw. bei *Erb*, Herzberg-FS, S. 711 (716 Fn. 22); *W/Hillenkamp* Rn. 715.

28 Vgl. *Ebel* Jura 2007, 897 (899); *Rengier* JZ 1985, 565 (566).

689 **b) Ausgangspunkt: »Fremdschädigungsdelikt«** Wird für die Erpressungstatbestände hingegen *keine* »Vermögensverfügung« vorausgesetzt, so entfällt damit bei der »Dreieckserpressung« zugleich die *Notwendigkeit* eines zurechnungsbegründenden, den Charakter als »Selbstschädigungsdelikt« garantierenden »Näheverhältnisses«.[29] Erpresserische Vermögensschädigung und »Wegnahme« stehen dann auch in der Dreieckskonstellation nicht in einem Exklusivverhältnis, so dass der Täter neben einer drittschädigenden (räuberischen) Erpressung eine Anstiftung zum Diebstahl bzw. einen Diebstahl/Raub in mittelbarer Täterschaft begehen kann (Konkurrenzfrage).[30]

Gleichwohl wird von Gegnern der »Verfügungstheorie« z.T. ebenfalls ein »Näheverhältnis« oder eine andere Sonderbeziehung des Genötigten zum Drittvermögen verlangt.[31] Sie soll etwa – nur – vorliegen, wenn der Genötigte zum Widerstand gegen die Vermögensschädigung »verpflichtet« oder ein Widerstand sonst von ihm »zu erwarten« sei.[32] Gefordert wird vereinzelt auch eine Art hypothetischer »Opfergemeinschaft« in dem Sinn, dass das dem Genötigten angedrohte Übel den Vermögensinhaber gleichfalls zu dem schädigenden Verhalten veranlasst hätte.[33]

2. Der Standpunkt der Rechtsprechung

690 Auf der Grundlage seiner Auffassung, dass die Erpressung *keine* Vermögensverfügung voraussetzt, verlangt auch der BGH[34] für die Dreieckserpressung ein sog. »Näheverhältnis«:

> „Erpressung bedeutet die erzwungene Preisgabe von eigenen oder fremden Vermögenswerten, deren Schutz der Genötigte wahrnehmen kann und will. Allerdings braucht diese Preisgabe – anders als beim Betrug – nicht in Form einer Vermögensverfügung zu erfolgen. Eine Dreieckserpressung setzt daher [!] weder eine *rechtliche Verfügungsmacht* noch eine *tatsächliche Herrschaftsgewalt* des Genötigten über die fremden Vermögensgegenstände i.S. einer Gewahrsamsdienerschaft voraus. Dennoch kann nicht jedes einem Dritten abgenötigte vermögensschädigende Verhalten eine Strafbarkeit wegen Erpressung begründen; vielmehr muß zwischen dem Genötigten und dem in seinem Vermögen Geschädigten ein *Näheverhältnis* dergestalt bestehen, daß das Nötigungsopfer spätestens im Zeitpunkt der Tatbegehung auf der Seite des Vermögensinhabers steht. Gerade darin, daß der Täter die von einem Dritten im Interesse des Vermögensinhabers wahrgenommene *Schutzfunktion* mit Nötigungsmitteln aufhebt, liegt der Unrechtsgehalt der Dreieckserpressung. Steht der Dritte, den der Täter in Bereicherungsabsicht zur Wegnahme zwingt, den Vermögensinteressen des Geschädigten dagegen *gleichgültig* gegenüber, so ist er [der Täter] lediglich wegen Nötigung in Tateinheit mit Anstiftung zum Diebstahl oder Diebstahl in mittelbarer Täterschaft zu bestrafen."

Ein für die Dreieckserpressung ausreichendes »Näheverhältnis« hat der BGH angenommen, wenn der Genötigte die Vermögensinteressen des Geschädigten (Dritten) insofern „wahrnehmen will", als er – ohne die Nötigung – zum Schutz dieser Interes-

29 *Krack* JuS 1996, 493 (496) und NStZ 1999, 134 f.
30 Vgl. dazu → Rn. 682 a.E.
31 *K/H/H*, BT 2, Rn. 436; LK-*Vogel* § 253 Rn. 20; *Schünemann* JA 1980, 486 (489 f).
32 *Kindhäuser* § 253 Rn. 31; NK-*Kindhäuser* § 253 Rn. 25; SK-*Sinn* § 253 Rn. 18.
33 *Mitsch*, BT II/1, § 6 Rn. 44 f und NStZ 1995, 499 f; krit. dazu *Ebel* Jura 2008, 256 (258).
34 BGHSt 41, 123 (126) mit krit. Bspr. z.B. von *Biletzki* JA 1996, 189 (191) und *Mitsch* NStZ 1995, 499 f; ebenso BGHSt 41, 368 (371). Würdigung der BGH-Rspr. zur Dreieckserpressung bei *Ebel* Jura 2008, 256 (257 ff); NK-*Kindhäuser* § 253 Rn. 24 f.

sen „bereit gewesen wäre" (potenzielle Schutzbereitschaft).[35] Auch bei einem »Dreiecksverhältnis« soll sich die Abgrenzung zwischen *Raub* und (räuberischer) *Erpressung* im Übrigen nach dem »äußeren Erscheinungsbild der Tat« richten.[36]

Vermögensvorteil – §§ 263 I, 253 I (259 I) StGB

Vgl. **Bereicherung, Rechtswidrigkeit der** (Rechtswidrigkeit des erstrebten Vermögensvorteils) → Rn. 126 und **Bereicherungsabsicht/Vorteilsabsicht** → Rn. 130.

Versetzen in hilflose Lage – § 221 I Nr. 1 StGB

Vgl. **Aussetzung** („Versetzen in hilflose Lage") → Rn. 63.

Verstrickungsbruch (Verstrickungsentziehung) – § 136 I StGB

Der »Verstrickung entzogen« ist eine Sache, wenn die Ausübung der – durch Beschlagnahme oder Pfändung begründeten – *amtlichen Verfügungsgewalt* über die Sache vollständig oder teilweise, dauernd oder vorübergehend *verhindert* oder *wesentlich erschwert* wird. Auf welche Weise dies geschieht, ist gleichgültig; eine räumliche Entfernung der Sache ist weder erforderlich noch allein ausreichend. **691**

Literatur: *Geppert* Jura 1987, 35 (39 ff); LK-*Krauß* § 136 Rn. 25 ff; SK-*Stein* § 136 Rn. 12 f.

Rechtsprechung Beispielhaft: RGSt 15, 205 (206 – untergeschobene andere Pfandsache); OLG Hamm NJW 1980, 2537 (angekündigte Auslagerung der Pfandsache); OLG Koblenz BeckRS 1989, 07908 (Ladung eines überladenen Lkw); OLG Zweibrücken NStZ 1989, 268 (269 – abgebrochene polizeirechtliche Beschlagnahme).

RGSt 15, 205 (206): „Eine Sache wird … der Verstrickung entzogen, sobald die durch die Pfändung oder Beschlagnahme begründete Verfügungsgewalt der Behörde über die Sache, sei es dauernd oder nur zeitweise, aufgehoben wird. Welche Mittel angewendet werden, um der Behörde die Ausübung der Verfügungsgewalt unmöglich zu machen, ist für den Tatbestand … gleichgültig."

Hinweise: Täter kann auch der Gerichtsvollzieher (oder sonstiger Amtsträger) sein, **692**
der die verstrickte Sache freigibt, ohne dazu nach den einschlägigen Vorschriften befugt zu sein. Ist Letzteres allerdings der Fall, entfällt durch wirksame Freigabe die Verstrickung.[1] Für die »Rechtmäßigkeit« der Verstrickung (§ 136 III StGB) gelten im Wesentlichen die bei § 113 III StGB maßgebenden Grundsätze.[2]

---

35 BGHSt 41, 123 (125 f). Zum »Näheverhältnis« eines Angestellten des Geschädigten aufgrund »untergeordneten Mitgewahrsams« OLG Celle NStZ 2012, 447 (448) mit krit. Anm. *Krell* ZJS 2011, 572 (574 – Näheverhältnis nicht wegen untergeordneten *Gewahrsams*, sondern aus dem Anstellungsverhältnis).

36 Vgl. BGHSt 41, 123 (126); BGH NStZ-RR 1997, 321 mit Anm. *Cramer* NStZ 1998, 299 f.

1 BGHSt 5, 155 (157 ff); *Geppert* Jura 1987, 35 (40); SK-*Stein* § 136 Rn. 13 m.w.N.

2 Vgl. *L/Kühl* § 136 Rn. 7; eingehend und z.T. abw. SK-*Stein* § 136 Rn. 25 ff. Näheres dazu beim Stichw. »Vollstreckungshandlung, Rechtmäßigkeit der« → Rn. 711.

Verunglimpfen – §§ 189 (90 I, 90a I Nr. 2, 90b I) StGB

693 »Verunglimpfen« ist mehr als »beleidigen«; es setzt eine nach Form, Inhalt, Motiv oder Begleitumständen **besonders schwere** Ehrenkränkung – durch Werturteil, Tatsachenbehauptung oder -verbreitung – voraus. Die Verunglimpfung kann in Form einer Beleidigung (§ 185), üblen Nachrede (§ 186) oder Verleumdung (§ 187) erfolgen.

Literatur: MK-*Pegel* § 189 Rn. 18; NK-*Zaczyk* § 189 Rn. 4 f; SK-*Rogall* § 189 Rn. 12.

Rechtsprechung Beispielhaft: BayObLG JZ 1951, 786 (Tätlichkeiten gegen einen Leichnam); NStZ 1997, 283 (284 f – Leugnen des Massenmordes an Juden); LG Bonn NStZ-RR 2014, 79 ff (Dietrich Bonhoeffer als Landesverräter).

BGHSt 12, 364 (366): „Der Ausdruck umfaßt alles das, was die Sprache des Strafgesetzbuchs als Beleidigung i.S. der §§ 185, 186 und 187 begreift, jedoch nur eine nach Form, Inhalt, den Begleitumständen oder dem Beweggrund *erheblichere* Ehrenkränkung, so daß geringere, unwesentliche Entgleisungen außer Betracht bleiben."

Verwahrungsbruch (dienstliche Verwahrung, Verfügungsentziehung) – § 133 I StGB

694 In »dienstlicher Verwahrung« (§ 133 I Alt. 1 StGB) befindet sich eine Sache, die ein Hoheitsträger – Behörde, Anstalt, Körperschaft, Amtsträger usw. – in Gewahrsam genommen hat, um sie für bestimmte, über das behördliche *Funktionsinteresse hinausgehende* Zwecke in ihrem Bestand unversehrt zu erhalten und vor unbefugtem Zugriff zu bewahren, solange der dienstliche Gewahrsam andauert; auf den Verwahrungsort, der auch ein nichtdienstlicher sein kann, kommt es dabei nicht an (sog. »dienstlicher Verwahrungsbesitz«, »*fürsorglicher Amtsgewahrsam*« → Rn. 695).

»Dienstlich in Verwahrung gegeben« (§ 133 I Alt. 2 StGB) ist eine Sache, wenn daran einer *Privatperson* – aufgrund dienstlicher Anordnung zu dienstlichen Zwecken – äußerlich erkennbar *dienstliche Herrschaftsgewalt* übertragen worden ist.

Der »dienstlichen Verfügung entzogen« ist ein Gegenstand, wenn einem dienstlich (Mit-)Berechtigten – auch nur vorübergehend – die Möglichkeit genommen oder wesentlich erschwert wird, über den Gegenstand bestimmungsgemäß ungehindert dienstlich zu verfügen; eine Ortsveränderung der Sache ist dafür nicht erforderlich, die Entziehung muss aber gegen den Willen des Berechtigten vorgenommen werden (→ Rn. 696).

Literatur: LK-*Krauß* § 133 Rn. 7 ff, 26 ff; SK-*Stein* § 133 Rn. 5 ff, 11 ff. **Einführend:** *Rengier*, BT 2, § 57 Rn. 2 ff, 10 f.

Rechtsprechung Beispielhaft: RGSt 22, 204 ff (Postsendung); 28, 107 (108 – Aufhebung der Verwahrung); 47, 393 (394 – Eigentümer als Täter); BGHSt 5, 155 (159 f – Täterschaft von Beamten); 35, 340 (341 ff – Nichtweitergabe von Asservaten an die StA) mit abl. Bspr. *Brammsen* Jura 1989, 81 (82); BGH GA 1978, 206 (Zugänglichmachen von Ermittlungsakten); BayObLG JZ 1988, 726 (entwendete Blutprobe); OLG Köln NJW 1980, 898 (Weitergabe von Anklageschriften) mit zust. Bspr. *Rudolphi* JR 1980, 383 f; OLG Nürnberg NJW 2010, 2071 ff (Verwahrungsbruch an Zahngold nach Einäscherung Verstorbener). **Zusammenfassend** zur dienstlichen Verwahrung BGHSt 18, 312 (313 f) mit Anm. *Schröder* JR 1963, 427; BGHSt 38, 381 (385 ff).

BGHSt 18, 312 (313 f): „§ 133 StGB schützt in beiden Begehungsformen nur Gegenstände im amtlichen Verwahrungsbesitz, d.h. solche beweglichen Sachen, die *fürsorgliche Hoheitsgewalt* … in Besitz genommen hat, um sie unversehrt zu erhalten und vor unbefugtem Zugriff zu bewahren, solange der fürsorgliche Amtsgewahrsam andauert… Dagegen zählen Gegenstände des *allgemeinen Amtsbesitzes*, dem die eigentümliche Zweckbestimmung der Erhaltung der Sache im Bestande fehlt, nicht hierher. Das hat die Rechtsprechung stets für Sachen angenommen, die einer Behörde zum Gebrauch oder Verbrauch im Amte zugewiesen sind, wie z.B. Brennstoffe, Formblätter und anderes Schreibmaterial, Einrichtungsgegenstände einer Amtsstelle und Werkzeug zur Erfüllung ihrer Aufgaben, Benzinmarken. Auch zur Veräußerung oder zur Vernichtung bestimmte Gegenstände betrifft § 133 StGB nicht."

BayObLG JZ 1988, 726: Dienstliche Verwahrung „ist gegeben, wenn eine Behörde eine Sache im Rahmen der ihr obliegenden öffentlichen Aufgabe amtlich in Besitz genommen hat, um sie für bestimmte, über das bloße Funktionsinteresse der Behörde hinausgehende Zwecke zu erhalten und sie hierzu der dienstlichen Verfügung zu unterwerfen. Danach ist es Ziel der Verwahrung, die Sache vor unbefugten Eingriffen zu sichern und damit zu gewährleisten, daß sie der dienstlichen Verfügung unterworfen bleibt… Die verwahrte Sache ist der dienstlichen Verfügung entzogen, wenn dem Berechtigten die Möglichkeit, jederzeit über die Sache bestimmungsgemäß zu verfügen, sei es auch nur vorübergehend und ohne Ortsveränderung genommen oder erheblich erschwert wird."

Erläuterungen

Keine »dienstliche Verwahrung« besteht an Gegenständen des sog. »*schlichten Amtsbesitzes*«, bei denen die spezifische Zweckbindung des Gewahrsams fehlt, so etwa bei Sachen, die zum bloßen Gebrauch, Verbrauch, zur Veräußerung, Vernichtung, Besichtigung oder Ausbildung bestimmt sind (z.B. Einrichtungsinventar, Materialvorräte, auszuzahlendes Geld, Bücher in Bibliotheken, Museumsgegenstände).[1] – Bei rechtlich fehlerhafter Verwahrung ist für den »dienstlichen« Charakter die *Bestandskraft* (Wirksamkeit) der zugrunde liegenden Anordnung maßgebend, nicht deren materielle oder formelle *Rechtmäßigkeit*. 695

Mit der Alt. 2 des § 133 I StGB (»einem anderen dienstlich in Verwahrung gegeben«) soll der Schutz solcher Gegenstände gewährleistet werden, die einem *Privaten* aus dienstlichen Gründen in Gewahrsam gegeben worden sind; die übrigen Fälle dienstli-

1 Einzelfälle zur Abgrenzung zwischen »dienstlichem Verwahrungsbesitz« und »allgemeinem Amtsbesitz« bei LK-*Krauß* § 133 Rn. 11 f.

chen Gewahrsams werden bereits durch die Alt. 1 erfasst. Am »dienstlichen Gewahrsam« der Privatperson fehlt es aber bei gepfändeten Sachen, die im Besitz des Schuldners oder Gläubigers verbleiben.

696 Die »Entziehung« erfordert ein Handeln *gegen* den Willen des Berechtigten, woran es fehlt, wenn die Herausgabe durch Täuschung veranlasst wurde.[2] Umstritten ist, ob § 133 StGB erfüllt ist, wenn der *verantwortliche Behördenleiter* bösgläubig Führerscheine für Nichtberechtigte ausstellt und sie an diese herausgibt. Der BGH hat dies abgelehnt, weil der Verwahrungszweck mit dem Zeitpunkt ende, in dem der zur amtlichen Verfügung Berechtigte den Führerschein „der allgemeinen dienstlichen Verwendung zuführt". Dabei sei es unerheblich, ob er eine in jeder Hinsicht gesetzmäßige Verfügung treffe: „Ebenso wie das Einverständnis des Verfügungsberechtigten mit der Entfernung eines in dienstlicher Verwahrung befindlichen Gegenstands durch einen Dritten die Anwendung des § 133 StGB grundsätzlich ausschließt, so führt die im Rahmen des Dienstbetriebs vorgenommene Verwendung des Gegenstands durch ihn selbst grundsätzlich nicht zur Anwendung dieser Strafvorschrift." Anders ist es (ebenso wie beim Verstrickungsbruch [→ Rn. 691]), wenn der Amtsträger die Pflicht zur Verwahrung elementar verletzt, etwa indem er sie sich selbst zueignet. [3]

Verwenden eines Gegenstandes (Waffe, gefährliches Werkzeug) – §§ 177 IV Nr. 1, 250 II Nr. 1 StGB

Vgl. **Waffe** → Rn. 739 und **Werkzeug**, **gefährliches** (mitgeführtes/verwendetes bei Diebstahl/Raub) → Rn. 770.

Verwenden von Daten, unbefugtes – § 263a I StGB

697 »Verwenden« der Daten setzt voraus, dass Täter die Daten in den Datenverarbeitungsprozess einführt, die bloße Nutzung bereits vorhandener Daten genügt nicht (str. → Rn. 700).

»Unbefugt« ist die Verwendung der Daten, wenn sie *täuschungsäquivalent* ist (sog. »betrugsspezifische Auslegung«, str. → Rn. 702). Für die Täuschungsäquivalenz ist zu fragen, was bei dieser Art der Datenverwendung nach der Verkehrsanschauung und dem zugrundeliegenden Vertragstyp in Bezug auf eine Berechtigung konkludent miterklärt wird (→ Rn. 701): Ist dieser Erklärungswert unwahr, handelt der Täter bei dieser Datenverwendung unbefugt.

Literatur: MK-*Mühlbauer* § 263a Rn. 35 ff. **Einführend:** *Rengier*, BT 1, § 14 Rn. 10 ff.

Rechtsprechung Grundlegend: BGHSt 38, 120 (123 f – gefälschte Karte); 47, 160 (162 f – berechtigter Karteninhaber). **Beispielhaft:** BGHSt 58, 119 (125 f – unzutreffende Lastschriften

2 Vgl. dazu BGH MDR 1993, 719 (bei Holtz); OLG Düsseldorf NStZ 1981, 25 f; *S/S/Sternberg-Lieben* § 133 Rn. 15; *W/Hettinger* Rn. 681.

3 BGHSt 33, 190 (193 f) mit abl. Anm. *Wagner* JZ 1987, 705 (706); zsfd. LK-*Krauß* § 133 Rn. 33.

beim online Banking) mit krit. Anm. *Schuhr* JR 2013, 579 ff; BGH NStZ 2013, 281 f (Wettbetrug im Internet); OLG Hamm NStZ 2014, 275 (Einscannen falscher Strichcodes an SB-Kasse: fehlende Unmittelbarkeit) mit Bspr. *Fahl* NStZ 2014, 244 ff; LG Gießen NStZ-RR 2013, 312 (313 – unberechtigte Einlösung eines Online-Gutscheins).

BGHSt 47, 160 (162 f): „Nach der gesetzgeberischen Intention ist der Anwendungsbereich dieser Tatbestandsalternative durch die Struktur- und Wertgleichheit mit dem Betrugstatbestand bestimmt… Dem entspricht eine betrugsnahe oder betrugsspezifische Auslegung… Danach ist nur eine solche Verwendung von Daten „unbefugt", die täuschungsäquivalent ist. Ob allerdings eine Betrugsäquivalenz für die Abhebung von Geld am Geldautomaten mit der Abhebung am Schalter gegeben ist, ist … streitig… Bejaht wird eine Betrugsäquivalenz insbesondere mit der Begründung, dass in beiden Fällen von einer schlüssigen Miterklärung auszugehen sei, dass das Konto gedeckt oder ein gewährter Kredit zurückgezahlt werde. Dabei wird aber zur Begründung der Täuschungsqualität der Abhebung am Geldautomaten auf einen fiktiven Bankangestellten abgestellt, der die Interessen der Bank *umfassend* wahrzunehmen hat. Zu Recht wird demgegenüber darauf hingewiesen, dass eine Vergleichbarkeit nur mit einem Schalterangestellten angenommen werden kann, *der sich mit den Fragen befasst, die auch der Computer prüft…* Der Computer prüft aber nicht die Bonität des berechtigten Karteninhabers, sondern lediglich, ob sich dieser im Rahmen des Verfügungsrahmens bewegt."

OLG Karlsruhe NStZ 2004, 333 (334): „Damit einer Datenverwendung Täuschungsäquivalenz in diesem Sinne zukommt, muss sich die Unbefugtheit der Verwendung aus dem Fehlen einer Befugnis ergeben, die zu den Grundlagen des jeweiligen Geschäftstypus gehört und nach der Verkehrsanschauung als selbstverständlich vorhanden vorausgesetzt wird… Nur unter diesen Voraussetzungen, die sich an die Kriterien für die konkludente Täuschung beim Betrug anlehnen, besitzt die Verwendung von Daten Täuschungswert."

BGH NStZ 2005, 213: „Dieser Tatbestand erfasst die Verwendung gefälschter, manipulierter oder mittels verbotener Eigenmacht erlangter Karten durch einen Nichtberechtigten… Nicht tatbestandsmäßig ist hingegen die missbräuchliche Verwendung durch den berechtigten Karteninhaber; denn die Strafvorschrift ist „betrugsspezifisch" auszulegen, so dass nur täuschungsäquivalente Handlungen unbefugt i.S. des Tatbestandes sind… Ein Computerbetrug liegt schließlich auch dann nicht vor, wenn der berechtigte Inhaber die Karte einem anderen überlässt und dieser die Karte abredewidrig nutzt".

Erläuterungen

I. Die Tathandlungen in § 263a StGB

Die »unbefugte Verwendung von Daten« ist die dritte Tathandlungsvariante des § 263a StGB. Dieser Tatbestand wurde 1986 in das StGB zur Schließung von Strafbarkeitslücken aufgenommen, um „den strafrechtlichen Vermögensschutz gegen manipuliert herbeigeführte Vermögensverfügungen auf die Fälle [zu] erweitern, in denen an Stelle eines konkreten menschlichen Entscheidungsprozesses der determinierte Einsatz des Computers getreten ist, so daß der Tatbestand des Betruges, der eine Irrtumserregung voraussetzt, nicht eingreift."[1] § 263a I StGB kennt insgesamt vier Tathandlungsvarianten, die aufgrund ihrer unscharf formulierten Merkmale nur schwer voneinander zu unterscheiden sind. 698

1 BT-Drs. 10/318, S. 12; dort (S. 18) auch näher zur Strafbarkeitslücke und zur betrugsähnlichen Ausgestaltung.

699 Das Gesetz geht davon aus, dass das »Ergebnis eines Datenverarbeitungsvorgangs« in unterschiedlicher Weise vermögensschädigend beeinflusst werden kann: So kann der Täter am Datenverarbeitungsprogramm ansetzen (Var. 1 – Unrichtige Gestaltung des Programms), unrichtige Daten (in das richtig arbeitende Programm) eingeben (Var. 2 – Verwenden unrichtiger/unvollständiger Daten)[2] oder richtige Daten bei einem zutreffend arbeitenden Programm einsetzen, die er nicht verwenden darf (Var. 3 – Unbefugtes Verwenden von Daten).[3] Daneben bleibt als Auffangtatbestand die vierte Variante (sonst unbefugte Einwirkung), die Fälle erfassen soll, die durch die Varianten 1 bis 3 nicht abgedeckt sind. Die Reichweite der vierten Variante ist nach wie vor sehr umstritten. So hat der BGH offen gelassen, ob beim sog. „Leerspielen" eines Geldspielautomatens eine »Verwendung von Daten« i.S. der dritten Variante gegeben ist, und zieht den Auffangtatbestand der sonstigen »Einwirkung auf den Ablauf« heran; dieser Tatbestand beschränke sich nicht auf den Eingriff »mittels eines Werkzeugs«. »Unbefugt« sei eine Einwirkung »jedenfalls« auch dann, wenn der Spieler ein Programm zur Auswertung der Programmierung des Geldspielautomatens einsetze, das er widerrechtlich erlangt habe, weil dies mit dem Willen des Automatenbetreibers nicht mehr vereinbar sei.[4] Diese Entscheidung hat ebenso wie eine Folgeentscheidung des OLG Braunschweig zum Ausnutzen eines Automatendefekts an einer Selbstbedienungstankstelle[5] erheblichen Widerspruch im Schrifttum ausgelöst, da mit einer solchen (auf den subjektiven Willen des Automatenbetreibers abstellenden Sicht) *jegliche unerwünschte Benutzung* zur Strafbarkeit führen kann.[6]

II. Die unbefugte Verwendung von Daten (Var. 3)

1. Zur Auslegung des Merkmals »unbefugt«

700 Die »Verwendung« der Daten soll das Ergebnis eines Datenverarbeitungsvorgangs beeinflussen. Dies könnte zwar auch durch eine *Nutzung vorhandener Daten* geschehen, etwa indem der Täter Daten auswertet und die daraus gewonnene Kenntnis anderweitig zur Beeinflussung eines Datenverarbeitungsvorgangs einsetzt.[7] Die Gesetz-

2 BGHSt 59, 68 (73 f) bejaht diese Tatalternative bei Beantragung eines Bescheids im automatisierten Mahnverfahren, falls die damit geltend gemachte Forderung tatsächlich nicht besteht; krit. dazu (insb. zur Täuschungsäquivalenz) die Anm. von *Trüg* NStZ 2014, 157 (158 – worauf bezöge sich die Prüfung des Rechtspflegers?).

3 Dabei überschneiden sich die Tatvarianten freilich: So kann eine unerwünschte Programmerweiterung, die den Verarbeitungsprozess der Daten beeinflusst (Var. 1), durch den Einsatz unrichtiger Daten (Var. 2) vorgenommen werden, die der Täter ggf. unter Verwendung richtiger Daten (Var. 3) unbefugt (mit) eingegeben hat (oder über § 25 I Alt. 2 StGB eingeben ließ); hier handelt es sich dann um eine einheitliche Tat des Computerbetrugs, wobei aus der spezielleren Var. 1 zu verurteilen ist.

4 So im Anschluss an BayObLG NStZ 1994, 287 (288 f – mit krit. Anm. *Achenbach* JR 1994, 293 ff) in BGHSt 40, 331 ff mit krit. Bspr. *Ranft* JuS 1997, 19 ff.

5 OLG Braunschweig NStZ 2008, 402 f mit krit. Bspr. *Niehaus/Augustin* JR 2008, 436 (437).

6 Vgl. z.B. MK-*Mühlbauer* § 263a Rn. 62 f m.w.N. *W/Hillenkamp* Rn. 617 will darauf abstellen, dass der Täter es *unterlässt*, über sein vorhandenes Sonderwissen aufzuklären; die fehlende Aufklärung sei im Fall des Geldspielautomatens (nicht aber bei bloßen Automatendefekt) garantenpflichtwidrig (Ingerenz).

7 So das BayObLG NJW 1991, 438 (440) für das systematische Betätigen einer Taste am Geldspielautomaten, wobei der Täter das System aus der Nutzung eines anderen Datenverarbeitungsprogramms entwickelt hat.

gebungsmaterialien[8] gehen aber ebenso wie die herrschende engere Ansicht[9] davon aus, dass ein Verwenden die *Eingabe* von Daten voraussetzt, so dass *deren* Verarbeitungsergebnis dann in einem Vermögensschaden mündet.

Mit der erst im Laufe des Gesetzgebungsverfahrens aufgenommenen dritten Variante der *unbefugten* Verwendung sollte gerade der Bankautomatenmissbrauch bekämpft werden. Die fehlende Berechtigung zum Einsatz der (an sich richtigen[10]) Daten wird damit durch das Merkmal »unbefugt« ausgedrückt. **701**

Bei der Konkretisierung dieses Begriffs[11] hat sich inzwischen die sog. »*betrugsnahe*« oder »*betrugsspezifische*« Auslegung weitgehend durchgesetzt. Danach setzt die unbefugte Verwendung »Täuschungsäquivalenz« – »Täuschungswert« – des Verhaltens voraus. Solche Äquivalenz soll vorliegen, wenn das Verhalten gegenüber einer fiktiven Person, d.h. z.B. einem anstatt des Computers gedachten Bankmitarbeiter, den Charakter einer Täuschungshandlung/Irrtumserregung hätte.[12] Dabei beschränkt sich das maßgebliche Verhalten nicht auf das, was auch der Computer *prüft*.[13] Denn dies wären nur die richtigen Daten (nur diese werden bei der Var. 3 ja verwendet), aus denen sich ausschließlich eine Berechtigung, also keine unbefugte Vorgehensweise ergibt. Maßgeblich ist, was objektiv bei dieser Datenverwendung – unter Zugrundelegung der für das jeweilige Geschäft maßgeblichen Verkehrsanschauung – miterklärt wird.[14] Stellt etwa bei der Bankautomatenkarte der Besitz der codierten Karte in Kombination mit der davon getrennt erteilten PIN die Integrität der Kartendaten und die Identität des Karteninhabers sicher, so wird bei Verwendung der Karte und der PIN durch Eingabe der Daten konkludent miterklärt, dass die Originalkarte verwendet wird und der Verwender zur Nutzung der Karte berechtigt ist. Ist dies nicht zutreffend (gefälschte oder entwendete Karte), wird über Karten- und Verwenderidentität getäuscht. Bleibt man bei dem Vergleichsbild des Bankmitarbeiters, so ist zu fragen, was für diesen – würde er den Aufgabenbereich des Automaten ersetzen – konkludent miterklärt wird.

Für die betrugsspezifische Ansicht sprechen die oben mitgeteilte (→ Rn. 698) Intenti- **702**
on des Gesetzgebers und die Gesetzessystematik. Demgegenüber hat sich die sog. »*subjektivierende* Ansicht« nicht durchsetzen können. Sie will zur Bestimmung des Begriffs »unbefugt« auf den tatsächlich oder mutmaßlich entgegenstehenden Willen des Verwendungsberechtigten abstellen,[15] setzt sich aber dem Einwand aus, in der Bestimmung der fehlenden Berechtigung kaum sichere Grenzen zu setzen und über

8 Jeweils bezogen auf die Var. 2 des § 263a I StGB: BT-Drs. 10/5058, S. 30 („*Input*manipulation"). Soweit BT-Drs. 10/318, S. 20 ein Verwenden auch neben der unmittelbaren Eingabe bejaht, sind Fälle gemeint, in denen der Täter für die eingebende Person falsche Daten liefert (§ 25 I Alt. 2 StGB).

9 MK-*Mühlbauer* § 263a Rn. 30 f m.w.N.

10 Daher hat sich im Gesetzgebungsverfahren die für den Bankautomatenmissbrauch zunächst vorgesehene Var. 2 des § 263a StGB als unzureichend erwiesen, vgl. BT-Drs. 10/5058, S. 30.

11 Zu den verschiedenen Deutungsmöglichkeiten vgl. die Übersichten bei *Hillenkamp*, BT, Problem Nr. 36; *Kraatz* Jura 2010, 36 (41); eingehend LK-*Valerius* § 263a Rn. 42 ff.

12 Nachw. bei *L/Kühl* § 263a Rn. 13.

13 So missverständlich BGHSt 47, 160 (162 f, oben zitiert → Rn. 697); krit. dazu MK-*Mühlbauer* § 263a Rn. 40; *Rengier*, BT 1, § 14 Rn. 23 a.E.

14 Grundlegend *Lackner*, Tröndle-FS, 1989, S. 41 (52 ff); weiterführend MK-*Mühlbauer* § 263a Rn. 47.

15 NK-*Kindhäuser* § 263a Rn. 27; *SSW-Hilgendorf* § 263a Rn. 10, 14; jew. m.w.N.

die intendierte Schließung der Strafbarkeitslücken hinauszugehen.[16] Auch die zunächst in der Rechtsprechung[17] aufgeworfene sog. »*computerspezifische* Deutung« des Merkmals »unbefugt«, die voraussetzt, dass die fehlende Befugnis des Täters gerade in der Bedienung des Computers zum Ausdruck kommt (Umgehung von Berechtigungsprüfungen etc.), wird dem Anliegen des Tatbestandes nicht gerecht. Denn gerade bei missbräuchlicher Inanspruchnahme des Bankautomaten wird das zugrundeliegende Computerprogramm ordnungsgemäß bedient, so dass der Bankautomatenmissbrauch nicht erfasst werden könnte. Die unterschiedlichen Konsequenzen dieser Ansichten werden bei den verschiedenen Fällen des Bankautomatenmissbrauchs deutlich: Einsatz einer gefälschten oder entwendeten[18] Karte (→ Rn. 704), Einsatz der Karte durch den Kontoinhaber trotz fehlender Kontodeckung (→ Rn. 705 f) bzw. durch Dritte, die für den Inhaber tätig werden, sich aber nicht an die Vorgaben des Kontoinhabers halten (→ Rn. 707).

2. Fälle des Bankautomatenmissbrauchs

703 Weitgehend außer Streit dürfte insoweit die Frage stehen, ob beim Bankautomatenmissbrauch durch die Dateneingabe auch ein Datenverarbeitungsvorgang *beeinflusst* werden kann. Zwar wurde hier eingewendet, dass die Eingabe der Karte den Datenverarbeitungsvorgang erst in Gang setze, einen laufenden Vorgang also nicht beeinflussen könne. Ungeachtet der Frage, ob eine Beeinflussung eines Ergebnisses eines Vorgangs nicht auch durch sein Ingangsetzen bewirkt werden kann, ist zu bedenken, dass durch die Betriebsbereitschaft des Geldautomatens bereits ein Datenverarbeitungsvorgang in Gang gesetzt wurde, auf den mit Dateneingabe (Karte) nunmehr eingewirkt wird; überdies stellt auf jeden Fall die Eingabe der PIN eine Beeinflussung des dann durch Karteneingabe in Gang gesetzten Datenverarbeitungsvorgangs dar.[19]

704 **a) Verwendung der (entwendeten/gefälschten) Karte** Eine »unbefugte« Verwendung ist beim sog. »nichtberechtigten« Karteninhaber gegeben, der etwa eine durch *verbotene Eigenmacht* erlangte oder *manipulierte* Codekarte zur Geldabhebung benutzt. Denn in diesen Fällen täuscht der Täter durch die Verwendung der Karte und der dazugehörigen PIN dem Automaten die Identität der Karte bzw. die Berechtigung des Verwenders vor (→ Rn. 701), die gegenüber einem Bankmitarbeiter durch täuschend ähnliche Unterlagen vorgespiegelt werden müsste.[20] Die subjektivierende Ansicht (→ Rn. 702) käme jeweils – da dem Willen der Bank zuwider gehandelt wird – zum gleichen Ergebnis, während die computerspezifische Auslegung (→ Rn. 702) des Merkmals »unbefugt« dieses im Fall des Einsatzes der entwendeten Originalkarte ablehnen müsste, weil der Täter die computerspezifischen Anforderungen ordnungsgemäß erfüllt, in diesem Sinne also nicht unbefugt handeln würde.

16 Vgl. MK-*Mühlbauer* § 263a Rn. 45 m.w.N.

17 OLG Celle wistra 1989, 355 (356); LG Freiburg NJW 1990, 2635 (2637); LG Ravensburg StV 1991, 214 (215); aus der Lit. z.B. *Achenbach* JR 1994, 293 ff m.w.N.

18 Nicht zwingend gestohlene Karten, da diese bei vorgesehener Rückgabe an den Berechtigten nicht in Zueignungsabsicht weggenommen wird (Stichworte: fehlende Enteignungskomponente, keine Verkörperung eines bestimmten Sachwerts, Karte dient nur als Schlüssel zum Konto → Rn. 810).

19 Zum Streitstand m.w.N. MK-*Mühlbauer* § 263a Rn. 19 mit Fn. 85.

20 BGHSt 47, 160 (162); 50, 174 (179); *Fischer* § 263a Rn. 12a; LK-*Valerius* § 263a Rn. 48 ff; *W/Hillenkamp* Rn. 614; jew. m.w.N.

b) Missbrauch durch den »berechtigten« Karteninhaber Sehr umstritten wurde dagegen die Frage beim sog. »berechtigten« Karteninhaber (Kontoinhaber) beurteilt, dessen Missbrauch darin besteht, dass er die Karte zur *Kontoüberziehung* einsetzt, ohne zum Ausgleich bereit/imstande zu sein (»Quasi-Kreditbetrug am Automaten«). Während die computerspezifische Auslegung die Tatbestandsverwirklichung ablehnte, da der Bankautomat ggf. den täglich eingeräumten Verfügungsrahmen prüft, nicht aber untersucht, ob dafür wirklich noch eine Kontodeckung besteht, hatte die subjektivierende Ansicht die unbefugte Verwendung zu bejahen, da der Einsatz im Widerspruch zu den vertraglichen Abreden mit der Bank steht.[21] Die herrschende betrugsspezifische Auffassung war sich nicht einig: Zum Teil wurde dieses Verhalten ebenfalls als »unbefugte« Datenverwendung bewertet, weil es einer Täuschung über die Kreditwürdigkeit gleichzustellen sei.[22] Der BGH hat eine »Täuschungsäquivalenz« jedoch abgelehnt. Der Automat bzw. fiktive Bankangestellte prüfe nicht die »Bonität« (Kreditwürdigkeit), sondern nur die Einhaltung des – mit dem Kreditrahmen nicht identischen – »Verfügungsrahmens«.[23] Bei Anwendung des § 263a StGB entstünde ferner ein »Wertungswiderspruch« zum spezielleren § 266b StGB, dessen milderer Strafrahmen bei Anwendung des § 263a StGB unterlaufen würde. Der BGH hat deshalb das missbräuchliche Verhalten des berechtigten Karteninhabers grundsätzlich § 266b I Var. 1 StGB (Missbrauch einer [damals noch gültigen][24] »Scheckkarte«) zugeordnet – allerdings mit der Einschränkung, dass der Tatbestand eingreife bei Benutzung von Automaten des »eigenen« Kreditinstituts, das die Karte ausgegeben habe; anders sei es hingegen bei Abhebung an Automaten einer »dritten« Bank im Drei-Partner-System.[25] Der Missbrauch von Automaten der »eigenen« Bank durch den berechtigten Karteninhaber ist danach straflos geblieben. Denn auch §§ 242, 246 StGB sind in diesen Fällen mangels »Wegnahme« und wegen Übereignung des Geldes[26] nicht anwendbar. **705**

Indes dürfte die Differenzierung zwischen Geldautomaten der Hausbank und der Drittbank überholt sein. Das Regelwerk über das Deutsche Geldautomatensystem sieht in Anlage 3 (3.7) vor, dass die »girocard«, auch wenn sie an einem institutsfremden Geldautomat eingesetzt wird, sich für die Autorisierung der Zahlung *unmittelbar am Girokonto des Kontoinhabers* orientiert[27] und die Auszahlung unverzüglich als Lastschrift auf diesem Konto gebucht wird. Zwischen Abbuchungen an Dritt- und **706**

---

21 *SSW-Hilgendorf* § 263a Rn. 17; ebenso NK-*Kindhäuser* § 263a Rn. 47, 49, der allerdings einen Vorrang des § 266b StGB (Kreditkartenmissbrauch) annimmt.

22 Nachw. bei *L/Kühl* § 263a Rn. 14; krit. zur Täuschungsäquivalenz *Altenhain* JZ 1997, 752 (757 f).

23 Treffender ist hier (vgl. schon → Rn. 701) zu fragen, ob bei dem Einsatz von Karte und PIN konkludent eine *Kontodeckung miterklärt wird* oder – bezogen auf das Vergleichsbild des Bankmitarbeiters – ob diesem gegenüber (nachdem er die Identität des Kunden und die Existenz des Kontos geprüft hat) mit dem Auszahlungsbegehren eine Kontodeckung miterklärt wird. Dies wird man ablehnen müssen, da nur nach Kontoprüfung, nicht aber aufgrund bloßer Sichtprüfung des Gegenübers ausgezahlt wird.

24 Diese Rspr. ist insofern überholt, als die üblicherweise eingesetzten codierten Automatenkarten mit Beendigung des Euroscheckssystems zum 31.12.2001 keine »Scheckkarten« mehr sind (vgl. *S/S/Perron* § 263a Rn. 11). Die Anwendung von § 266b I StGB wäre weiterhin denkbar, wenn man mit *Rengier* (BT 1, § 19 Rn. 23) diese Karten den »Kreditkarten« (Var. 2) zuordnet; die h.M. lehnt dies jedoch ab (vgl. MK-*Radtke* § 266b Rn. 32 m.w.N).

25 Vgl. mit eingehender Begr. BGHSt 47, 160 (162 ff) mit Bspr. *Beckemper* JA 2002, 545 ff und *Kudlich* JuS 2003, 537 ff sowie krit. *W/Hillenkamp* Rn. 615 f.; i.E. ebenso *S/S/Perron* § 266b Rn. 8.

26 Zur Frage der »Fremdheit« bzw. »Zueignung« vgl. die Erläuterungen zum Stichw. »Sache, fremde« → Rn. 431.

27 Einzelheiten bei *Rengier*, Stürner-FS, 2013, S. 891 (896 ff); zur Nichtanwendung des § 266b StGB in diesen Fällen *ders.*, BT 1, § 19 Rn. 26.

Hausbank bestehen damit vertragstypisch keine Unterschiede mehr: In beiden Fällen wird unmittelbar das Konto belastet – allenfalls lässt sich für die Belastung durch die Drittbank eine zeitliche Verzögerung ausmachen. Überträgt man die Rechtsprechung des BGH auf den heutigen Stand der Technik, scheidet eine unbefugte Verwendung von Daten am Geldautomaten bei Überziehung des Kontos aus.

Rengier kommt zum gleichen Ergebnis, lehnt ein täuschungsäquivalentes Verhalten aber schon deshalb ab, weil die Inanspruchnahme eines Kredits ohnehin keinen Täuschungswert habe, sondern mit Willen der Bank vorgenommen werde.[28] Dem widerspricht *Hillenkamp* für den Fall des Überziehungskredits, den ein Bankmitarbeiter eben nur gewähren würde, wenn er die Kreditwürdigkeit geprüft hätte.[29] Dabei wird jedoch übersehen, dass der Zugriff auf den Überziehungskredit über den Geldautomaten bereits vorab (mit Einräumung des Überziehungskredits) so eingerichtet wurde, dass auch die Überziehung schon autorisiert wurde. Bleibt man bei dem Vergleichsbild des Bankmitarbeiters, so wurde diesem bereits die Auszahlung eines Überziehungskredits genehmigt, so dass es für die Vertragsabwicklung nicht auf ein weiteres „kreditwürdiges“ Auftreten ankommt.

707 Nach subjektivierender Ansicht liegt eine unbefugte Verwendung auch vor, wenn der vom Kontoinhaber beauftragte Dritte abredewidrig (und damit gegen den Willen des geschädigten Kontoinhabers) zu viel Geld abhebt. Die computerspezifische Auslegung würde eine Tatbestandsverwirklichung verneinen, da der Dritte die Zugangssicherung ordnungsgemäß bedient. Bei betrugsspezifischer Betrachtung besteht wiederum keine Einigkeit. Zum Teil wird ein täuschungsäquivalentes Verhalten bejaht, weil der Dritte gegenüber einem (vergleichsweise herangezogenen) Bankmitarbeiter eine solch weitgehende Befugnis behaupten müsste, die er indes nicht habe; zum Teil wird die weitgehende Befugnis jedoch in der Überlassung der Karte gesehen, so dass die Befugnis nicht vorgetäuscht werde.[30]

Verwerflichkeit (der Nötigung) – §§ 240 II, 253 II StGB

Vgl. **Nötigung, Verwerflichkeit der** (Zweck-Mittel-Relation) → Rn. 400.

Vollstreckungshandlung (Diensthandlung) – §§ 113 I, 114 I StGB

708 »Vollstreckungshandlung« ist eine Tätigkeit der dazu berufenen Organe, die auf die Vollziehung der in § 113 I StGB genannten Rechtsnormen oder Hoheitsakte gerichtet ist: Sie dient – im Gegensatz zur *schlichten Gesetzesanwendung*, Überwachungs- oder Ermittlungstätigkeit – der Verwirklichung des auf die Regelung eines **bestimmten Einzelfalles konkretisierten**, notfalls mit unmittelbarem **Zwang durchsetzbaren** Staatswillens (→ Rn. 709).

---

28 *Rengier*, BT 1, § 14 Rn. 21 ff.
29 *W/Hillenkamp* Rn. 615; ebenso LK-*Valerius* § 263a Rn. 51.
30 Bejahend etwa: *Rengier*, BT 1, § 14 Rn. 18 ff; *Theile* JA 2011, 32 (33 f); abl. z.B.: *Mühlbauer* NStZ 2003, 650 (651); *W/Hillenkamp* Rn. 620 m.w.N.

Literatur: LK-*Rosenau* § 113 Rn. 18 ff; *Küper*, Frisch-FS, 2013, S. 985 ff, 997 ff.
Einführend: *Bosch* Jura 2011, 268 (270 f).

Rechtsprechung Grundlegend: RGSt 41, 82 (88); BGHSt 25, 313 (314 f). **Beispielhaft:** BGH NJW 1982, 2081 (Rückweg zählt noch zur Diensthandlung) mit krit. Anm. *Otto* JR 1983, 72 (74 – Abschluss des Interaktionsprozesses entscheidend); KG StV 1988, 437 (nur präventiv-beobachtende Tätigkeit).

BGHSt 25, 313 (314 f): Vollstreckungshandlung „ist jede Handlung einer dazu berufenen Person, welche die Verwirklichung des (die Regelung eines *bestimmten Falles* anstrebenden) nach Umfang und Inhalt durch das Gesetz oder die in § 113 StGB bezeichneten Staatsorgane bestimmten und begrenzten, notfalls *zwangsweise durchsetzbaren* Staatswillens bezweckt... Mit Recht sind daher Streifenfahrten, Beschuldigtenvernehmungen, Befragungen von Straßenpassanten und andere *bloße Ermittlungstätigkeiten* von Polizeibeamten *nicht* als Vollstreckungshandlungen i.S. des § 113 StGB angesehen worden. Wenn jedoch ein Polizeibeamter bei einer allgemeinen Verkehrskontrolle einen Verkehrsteilnehmer zum Anhalten auffordert, um ihn oder sein Fahrzeug zu kontrollieren, so ist das bereits der *Beginn* einer bestimmten Vollstreckungshandlung. Wie das Reichsgericht in RGSt 41, 82 eingehend dargelegt hat, ergibt der Wortlaut der Vorschrift, daß auch die unmittelbare Vollstreckung des in einem Gesetz zum Ausdruck gekommenen Staatswillens ohne vorausgehende gerichtliche oder behördliche Anordnung den Schutz des § 113 StGB genießen soll. § 36 Abs. 5 StVO ermächtigt die Polizeibeamten, Verkehrsteilnehmer zur Verkehrskontrolle anzuhalten."

BGH NJW 1982, 2081: „Eine Vollstreckungshandlung ist so lange nicht beendet, wie das Verhalten des Vollstreckungsbeamten in so *engem Zusammenhang* mit der Durchsetzung des Staatswillens steht, daß es nach natürlicher Lebensauffassung als *Bestandteil* der zur Regelung des Einzelfalls ergriffenen Maßnahme angesehen werden kann... Denn so lange jedenfalls ist der Beamte des besonderen Schutzes bedürftig, den § 113 I StGB ihm im Zusammenhang mit der Vornahme einzelner Vollstreckungshandlungen gewährt."

Erläuterungen

Die umfangreiche Kasuistik[1] in der Rechtsprechung zeigt als typische *konkretisierte* Vollstreckungsmaßnahme eine solche mit Eingriffscharakter, die auf Seiten des Betroffenen eine Duldungspflicht auslöst.[2] Demgegenüber fehlt die Vollstreckungstätigkeit zumindest solange, wie die staatliche Tätigkeit noch auf eine Überwachung und allgemeine Kontrolle ausgerichtet ist (z.B. bei der Streifenfahrt, der Beobachtung von Personengruppen [etwa bei Demonstrationen, Sportveranstaltungen] oder der Befragung von Verkehrsteilnehmern). Liegt eine auf eine einzelne Person bezogene Maßnahme vor (etwa die polizeiliche Beschuldigtenvernehmung), ist ferner zu beachten, ob deren Durchsetzung notfalls *erzwungen* werden kann (woran es bei der Vernehmung fehlt). »Erzwingbarkeit« bedeutet wiederum die *unmittelbare Durchsetzbarkeit* mit Zwang, so dass die Möglichkeit, wegen der Zuwiderhandlung gegen die Maßnahme eine *Sanktion* (Bußgeld) zu verhängen, für eine »Vollstreckungshandlung« allein nicht ausreicht.[3] **709**

1 Nachw. z.B. bei LK-*Rosenau* § 113 Rn. 18 f; *S/S/Eser* § 113 Rn. 13 f.
2 *Küper*, Frisch-FS, S. 985 (986 f) m.w.N.
3 Vgl. *Kindhäuser*, BT I, § 36 Rn. 10; SK-*Wolters* § 113 Rn. 5.

710 Abgrenzungsprobleme bestehen bei solchen Tätigkeiten, die zwischen konkretem Eingriff und noch allgemeiner Überwachung stehen. Ein Beispiel dafür bildet die Durchführung einer »*allgemeinen Verkehrskontrolle*«, in der Verkehrsteilnehmer und ihr Fahrzeug – ohne besonderen Anlass[4] – kontrolliert werden. Stellt hier schon das Haltegebot der Polizei (§ 36 V StVO) gegenüber dem Verkehrsteilnehmer eine auf den Einzelfall konkretisierte »Vollstreckungshandlung« dar, so dass das Zufahren auf den Beamten schon zu diesem Zeitpunkt als Widerstandshandlung gegen die Vollstreckungstätigkeit verstanden werden kann? Die Rechtsprechung bejaht dies: Fordere ein Polizeibeamter bei einer allgemeinen Verkehrskontrolle einen Verkehrsteilnehmer zum Halten auf, so sei dies bereits der Beginn einer »bestimmten Vollstreckungshandlung«, nämlich der »unmittelbaren Verwirklichung des Gesetzeswillens«, die notfalls mit Zwang durchsetzbar sei.[5] Das Schrifttum stimmt dem überwiegend zu;[6] nur vereinzelt werden Bedenken angemeldet: Denn die Vornahme des Haltegebots sei zunächst einmal einfache Gesetzesanwendung. Von einer Vollstreckungshandlung, die schon mit dem Haltegebot beginne, könne erst die Rede sein, wenn auch vor dem Geben des Haltezeichens bereits festgelegt sei, welche Maßnahme zu vollstrecken sei. Maßgeblich sei also der jeweilige Zweck des Haltegebots:[7] Vollstreckungshandlung nur, wenn das Haltezeichen der Vollziehung einer zuvor *festgelegten Maßnahme* gegen eine bestimmte Person diene; anders, wenn lediglich eine noch unbestimmte Maßnahme ermöglicht werden solle. Die allgemeine Verkehrskontrolle »ohne konkreten Verdacht« soll danach als »Vollstreckungshandlung« ausscheiden.[8]

Vollstreckungshandlung, Rechtmäßigkeit der (sog. »strafrechtlicher Rechtmäßigkeitsbegriff«) – §§ 113 I, III, 136 III StGB

711 Die »Rechtmäßigkeit« der Vollstreckungshandlung (Diensthandlung) setzt neben der sachlichen/örtlichen *Zuständigkeit* des Amtsträgers und der Beachtung *wesentlicher Förmlichkeiten* (im Gegensatz zu bloßen Ordnungsvorschriften) ein von Inhalt und Rechtsgrundlage der jeweiligen Diensthandlung abhängiges »**Mindestmaß sachlicher Richtigkeit«** voraus (sog. »strafrechtlicher Rechtmäßigkeitsbegriff« → Rn. 712 f).

Ein **Irrtum** des Vollstreckungsbeamten über die *tatsächlichen* Zulässigkeitsvoraussetzungen der Diensthandlung (Tatsachenirrtum) lässt deren »Rechtmäßigkeit« unberührt, sofern er nicht auf erheblichen Sorgfaltsmängeln beruht (sog. »Irrtumsprivileg des Staates«, str. → Rn. 714). Irrt der Vollstreckungsbeamte dagegen über die *rechtlichen Grenzen* seiner Amtsbefugnis oder die *rechtliche Zulässigkeit* seines Einschreitens, ist die Diensthandlung grundsätzlich rechtswidrig.

4 Umstritten ist, ob § 36 V StVO auch einschlägig ist, wenn zugleich der Verdacht einer Straftat oder Ordnungswidrigkeit besteht: bejahend OLG Düsseldorf NZV 1996, 458 (459) mit krit. Anm. *Seier/Rohlfs* NZV 1996, 460; abl. OLG Celle NZV 2013, 409 (410 f).

5 BGHSt 25, 313 (314 f; oben zitiert → Rn. 708); OLG Düsseldorf NZV 1996, 458 (459).

6 Umfangreiche Nachw. bei *Küper*, Frisch-FS, S. 985 (988 in Fn. 12).

7 *Ehlen/Meurer* NJW 1974, 1776 f.

8 Gegenkritik bei *Teubner* DRiZ 1975, 243 (245), die selbst aber Einwänden ausgesetzt ist, vgl. *Küper*, Frisch-FS, S. 985 (989).

Literatur: LK-*Rosenau* § 113 Rn. 27 ff; abw. MK-*Bosch* § 113 Rn. 25 ff (»vollstreckungsrechtlicher Rechtmäßigkeitsbegriff«). **Einführend:** *W/Hettinger* Rn. 632 ff.

Rechtsprechung Grundlegend: BGHSt 4, 161 (164). **Beispielhaft:** BGHSt 4, 110 (111 f – örtliche Zuständigkeit); 21, 334 (363 – Ermessensausübung); BGH NStZ 1981, 22 (polizeiliche Vorführung); BayObLG JZ 1980, 109 f (Zuziehung von Zeugen bei Durchsuchung) mit zust. Bspr. *Küper* JZ 1980, 633 ff, krit. aber *Thiele* JR 1981, 30 f; OLG Düsseldorf wistra 2008, 318 (319 – Wohnungsdurchsuchung bei einem Dritten); OLG Hamm NStZ 2013, 62 (63 f – *fehlende* Belehrung bei Identitätsfeststellung). **Zusammenfassend** zum strafrechtlichen Rechtmäßigkeitsbegriff KG BeckRS 2013, 00925.

BGHSt 4, 161 (164): „Die Rechtmäßigkeit der Vollzugshandlung hängt nicht vorwiegend vom *sachlichen Recht* ab, sondern regelmäßig schon von der sachlichen und örtlichen *Zuständigkeit* des Beamten zum Eingreifen, von den gesetzlichen *Förmlichkeiten*, soweit solche vorgeschrieben sind, von dem vom zuständigen Vorgesetzten erteilten Auftrag (Befehl) oder, soweit der Beamte nach eigenem *Ermessen* handelt, von der *Ordnungsmäßigkeit* der Ermessensausübung. Sind diese Voraussetzungen erfüllt, so handelt der Beamte rechtmäßig; auf die sachliche Rechtmäßigkeit der Vollziehungshandlung … kommt es dann nicht mehr an."

BGHSt 21, 334 (363): „Rechtmäßig ist … die Amtsausübung dann, wenn der Beamte das ihm eingeräumte Ermessen *pflichtgemäß ausübt* und sein amtliches Handeln nach dem Ergebnis dieser Prüfung einrichtet. Ob dieses Ergebnis richtig oder falsch ist, ist für die Frage der Rechtmäßigkeit ohne Bedeutung, wenn der Beamte auf Grund *sorgfältiger Prüfung* in der Annahme gehandelt hat, zu der Amtshandlung berechtigt und verpflichtet zu sein… Nur ein *schuldhafter Irrtum* über die Erforderlichkeit der Amtsausübung, Willkür oder Amtsmißbrauch machen die Handlung rechtswidrig."

Erläuterungen

I. Der strafrechtliche Rechtmäßigkeitsbegriff

Der von der Rechtsprechung für § 113 StGB entwickelte »strafrechtliche[1] Rechtmä- **712**
ßigkeitsbegriff« entspricht auch der im Schrifttum – noch – überwiegenden Auffassung.[2] Neben zwei formalen Kriterien (Handeln im Rahmen der örtlichen und sachlichen *Zuständigkeit* unter Beachtung der *wesentlichen Förmlichkeiten*[3]) wird ein reduziertes Maß an sachlicher Richtigkeit verlangt. Letzteres beruht auf der Überlegung, dass Vollstreckungsbeamte häufig auf unsicherer Tatsachengrundlage schnelle Entscheidungen treffen müssen, die sich später, nach umfassender Sachverhaltsaufklärung, als unrichtig erweisen können. Hauptkennzeichen des »strafrechtlichen Rechtmäßigkeitsbegriffs« ist daher, dass ein *Irrtum* des Vollstreckungsbeamten über die *tatsächlichen* Voraussetzungen seines Einschreitens (Sachverhaltsirrtum) die »Rechtmäßigkeit« einer an sich – materiell – unzulässigen Vollstreckungshandlung nicht berührt, solange der Irrtum nicht auf erheblichen *Sorgfaltsmängeln* bei der Beurteilung der Sachlage beruht (sog. »Handeln nach pflichtgemäßem Ermessen«).[4]

---

1 Die Bezeichnung beruht auf einer Abgrenzung zur engeren *verwaltungsrechtlichen* Rechtmäßigkeit, deren höhere Anforderungen (materielle Rechtmäßigkeit) der Situation der Vollstreckung nicht gerecht werden.

2 Vgl. *S/S/Eser* § 113 Rn. 21 m.w.N. auch aus der Rspr.

3 Zu den wesentlichen Förmlichkeiten wird auch die richtige Belehrung des Beschuldigten [oder Betroffenen] gezählt, vgl. OLG Celle NZV 2013, 409 (410): bei konkretem Tatverdacht ist nach §§ 163b I 1, 163a IV 1 StPO [i.V.m. § 53 OWiG] zu belehren, eine auf § 36 V StVO bezogene Belehrung führt deshalb zur Rechtswidrigkeit der Diensthandlung.

4 So schon RGSt 5, 295 (297 f); 30, 348 (349 f); 61, 297 (298 f – Pfändung in falscher Wohnung).

713 Bei der Beurteilung der Rechtmäßigkeit der Diensthandlung nach dem »strafrechtlichen Rechtmäßigkeitsbegriff« ist zu beachten, aus welchem Grund der Beamte tätig wird:

Soweit er beim *unmittelbaren Vollzug* eines – formellen/materiellen – *Gesetzes* Beurteilungen im Rahmen *unbestimmter Rechtsbegriffe* zu treffen oder *Ermessen* auszuüben hat, schließt objektiv fehlerhaftes Vorgehen die »Rechtmäßigkeit« nur aus, wenn es auf erheblichen *Sorgfaltsmängeln* (»grober Fahrlässigkeit«), Willkür oder Amtsmissbrauch beruht (Erfordernis »pflichtgemäßer Prüfung«). Liegt ein Mangel *subjektiv* pflichtgemäßer Prüfung vor, so führt dieser allerdings dann nicht zur Rechtswidrigkeit, wenn die Diensthandlung im *objektiven Ergebnis* den Bedingungen ihrer Zulässigkeit entspricht.[5]

Vollzieht der Vollstreckungsbeamte nicht unmittelbar ein Gesetz, sondern einen *sonstigen Staatsakt* (Urteil, Beschluss, Verfügung, Verwaltungsakt), so richtet sich die »Rechtmäßigkeit« der Diensthandlung grundsätzlich nach dessen *Wirksamkeit* und *Vollstreckbarkeit*, nicht nach der *materiellen Rechtmäßigkeit* des Staatsakts. Die Diensthandlung ist in diesen Fällen allenfalls dann rechtswidrig, wenn der Staatsakt nichtig oder gar nicht vollstreckungsfähig ist oder wenn die Diensthandlung ihrerseits dem Gesetz widerspricht.

Handelt der Vollstreckungsbeamte *auf Anordnung* (Weisung, Befehl) eines *Vorgesetzten*, so ist die Diensthandlung bei – strafrechtlicher – »Rechtmäßigkeit« der *Anordnung* ihrerseits ebenfalls »rechtmäßig«. Eine Ausnahme wird dort gemacht, wo der Vollstreckungsbeamte *erkennt*, dass die Anordnung auf einem Irrtum über *tatsächliche* Voraussetzungen beruht. Demgegenüber ist der untergeordnete Vollstreckungsbeamte in der Regel nicht berechtigt und verpflichtet, auch die Rechtmäßigkeit der Anordnung des Vorgesetzten zu prüfen. Die Durchführung einer sachlich rechtswidrigen Anordnung kann damit gleichwohl eine »rechtmäßige« Diensthandlung sein.[6]

II. Die Kritik am strafrechtlichen Rechtmäßigkeitsbegriff

714 Dieser »strafrechtliche Rechtmäßigkeitsbegriff« ist jedoch nicht nur in vielen Detailfragen umstritten, sondern darüber hinaus *grundsätzlicher Kritik* ausgesetzt.[7] Die Kritik richtet sich vor allem[8] gegen das – nach der Rechtsprechung sehr weitgehende – »Irrtumsprivileg« (*W. Jellinek*) des Vollstreckungsbeamten und gegen die Vernachlässigung der spezifischen Anforderungen, die in den *Vollstreckungsnormen* des öffentlichen Rechts gestellt werden. So sei es z.B. nicht einzusehen, dass der Bürger aufgrund angeblicher »Rechtmäßigkeit« der Vollstreckungshandlung sogar dann keinen Widerstand leisten dürfe, wenn er etwa bei der Festnahme, Durchsuchung oder zivilprozessualen Vollstreckung Opfer einer *Personenverwechslung* werde, die dem Beamten indessen nicht als »sorgfaltswidrig« vorgeworfen werden könne. Ein »Irrtumsprivileg« sei vielmehr nur dort anzuerkennen, wo es bereits in der jeweiligen

---

5 *Küper* JZ 1980, 633 (636); *L/Kühl* § 113 Rn. 10.

6 BGHSt 4, 161 (162) m.w.N.; KG NJW 1972, 781 f mit krit. Anm. *Rostek*, S. 1335; KG StV 2001, 260 f; OLG Karlsruhe NJW 1974, 2142 (2143); krit. MK-*Bosch* § 113 Rn. 52 m.w.N.

7 Verteidigung des »strafrechtlichen Rechtmäßigkeitsbegriffs« bei LK-*Rosenau* § 113 Rn. 40.

8 Speziell zur Kritik an der Relevanz »wesentlicher Förmlichkeiten« *Reil* JA 1998, 143 ff.

Vollstreckungsnorm enthalten sei (→ Rn. 716), weil und wenn danach die irrtümliche Situationsbeurteilung an der Rechtmäßigkeit des Eingriffs nichts ändere (sorgfältige ex-ante-Einschätzung bei Verdachts- und Prognosetatbeständen in den jeweiligen Vollstreckungsnormen).[9]

III. Gegenvorschläge in der Literatur

Von den aus der Kritik am »strafrechtlichen Rechtmäßigkeitsbegriff« hervorgegangenen Gegenvorschlägen hat die Auffassung, dass es für die »Rechtmäßigkeit« der Vollstreckungshandlung lediglich auf deren »*Wirksamkeit*« (fehlende Nichtigkeit) ankomme, nur geringen Anklang gefunden (sog. »Wirksamkeitstheorie«).[10] Gegen diesen Rechtmäßigkeitsbegriff, der »Rechtmäßigkeit« mit »Wirksamkeit« identifiziert, wird u.a. eingewendet, dass er der in § 113 IV StGB vorgenommenen Differenzierung zwischen Rechtmäßigkeit und Zumutbarkeit von Rechtsbehelfen widerspreche und zudem die Rechtsposition des Bürgers zu stark einschränke.[11] **715**

Dagegen mehren sich die Stimmen, welche die »Rechtmäßigkeit« der Vollstreckungshandlung an der öffentlich-rechtlichen *Zulässigkeit*, insbesondere an der Einhaltung der *vollzugsrelevanten Normen*, orientieren (»vollstreckungsrechtlicher Rechtmäßigkeitsbegriff«). Grundsätzlich wird danach geprüft, ob die Voraussetzungen für die *Durchsetzbarkeit* des Vollstreckungsaktes vorgelegen haben, ohne dass dem Amtsträger [wegen der Besonderheit der Vollstreckungssituation] per se ein »Irrtumsprivileg« zuzubilligen ist. Soweit diese Normen dem Vollstreckungsbeamten einen Spielraum zugestehen (etwa bei §§ 81a, 127 II StPO), ein Handeln auch bei Anscheinsgefahr zulassen oder zur Abklärung eines Gefahrenverdachts sog. »Gefahrerforschungsmaßnahmen« erlauben, seien diese Einschätzungsmöglichkeiten gesetzlich bestimmt und durch eine fachgerichtliche Rechtsprechung begrenzt. Damit [und nur dann] „ist die Umorientierung in der Verteilung der Lasten v[on] Irrtümern [bei der Durchführung der Vollstreckung] gesetzgeberisch oder höchstrichterlich fachgerichtlich legitimiert."[12] **716**

IV. Die Rechtsprechung des BVerfG

Soweit es bei der Ahndung von Ordnungswidrigkeiten um die »Rechtmäßigkeit« behördlicher Anordnungen geht, verlangt das BVerfG für die *Sanktionierung* des Verstoßes (Geldbuße wegen Nichtbefolgung), dass die jeweilige Anordnung nachträglich »in vollem Umfang« auf ihre materielle Rechtmäßigkeit überprüft wird: Anders als für die »Durchsetzbarkeit« der Anordnung und die dazu erforderlichen Maßnahmen könnten für die spätere *Sanktionierung* der Zuwiderhandlung die „verkürzten Voraussetzungen des sog. strafrechtlichen Rechtmäßigkeitsbegriffs" nicht gelten.[13] Ausgehend von diesen Prämissen wird im Schrifttum als Einwand gegen den »strafrechtli- **717**

---

9 Vgl. zur Kritik insb. LK-*Rönnau* Vor § 32 Rn. 237 ff; *Niehaus/Achelpöhler* StV 2008, 71 (73 ff); *Roxin*, Pfeiffer-FS, 1988, S. 45 (48 ff); w.N. bei *L/Kühl* § 113 Rn. 7.

10 Vgl. dazu *K/Heinrich*, 14. Aufl. 2008, Rn. 510 ff m.w.N.; mit Modifikationen zust. *Erb*, Gössel-FS, 2002, S. 217 (226 ff).

11 Vgl. zur Kritik insb. MK-*Bosch* § 113 Rn. 33; NK-*Paeffgen* § 113 Rn. 39.

12 NK-*Paeffgen* § 113 Rn. 42; ähnlich MK-*Bosch* § 113 Rn. 35. Übersicht zum »vollstreckungsrechtlichen Rechtmäßigkeitsbegriff« bei *Bosch* Jura 2011, 268 (273 f); *Kindhäuser*, BT I, § 36 Rn. 39 ff.

13 BVerfGE 92, 191 (199 ff, Zitat auf S. 201); ebenso BVerfGE 87, 399 (408 ff, 410).

chen Rechtsmäßigkeitsbegriff« diskutiert, ob diese Differenzierung (»Zwei-Ebenen-Modell«) auf die *strafrechtliche* »Sanktionierung« nach § 113 StGB übertragen werden kann.[14] Das BVerfG selbst hat eine solche Übertragung jedoch abgelehnt: Die „Verwendung des sog. strafrechtlichen Rechtmäßigkeitsbegriffs im Bereich des § 113 III StGB [genügt] den grundrechtlichen Anforderungen“; eine Bestrafung wegen Widerstands gegen Vollstreckungsbeamte setze *nicht* zwingend voraus, dass „die Diensthandlung nach öffentlich-rechtlichen Maßstäben rechtmäßig ist“. Doch seien bei der „konkretisierenden Auslegung und Anwendung des strafrechtlichen Rechtmäßigkeitsbegriffs“ auch Bedeutung und Tragweite der betroffenen *Grundrechte* zu berücksichtigen. Missachte der Amtsträger „ohne weiteres erkennbare rechtliche Voraussetzungen seiner Befugnisse“, so dürfe ein auf die *„Ausübung seines Grundrechts gerichteter Widerstand* des Grundrechtsträgers“ nicht nach § 113 I StGB „mit einer strafrechtlichen Sanktion geahndet werden“.[15]

718 **Hinweis:** Umstritten ist, wie die »Rechtmäßigkeit« der Vollstreckungshandlung deliktssystematisch einzuordnen ist. Vertreten wird u.a. eine Einstufung als »objektive Bedingung der Strafbarkeit« bzw. die Annahme eines besonderen Rechtfertigungsgrundes (bei fehlender Rechtmäßigkeit der Vollstreckungshandlung).[16] Praktisch und auch für die Fallprüfung relevant ist diese Frage aber nur für die Einordnung des Irrtums (als Tatbestandsirrtum, Erlaubnistatbestandsirrtum etc.). Da in § 113 III 2, IV StGB der Irrtum über die Rechtswidrigkeit jedoch gesondert geregelt wurde, ist die Frage nur noch theoretisch bedeutsam.

Vortäuschen einer Straftat – § 145d I Nr. 1 StGB

719 Ein »Vortäuschen« setzt die Erregung oder Verstärkung des falschen *Verdachts* einer rechtswidrigen Tat voraus; dies kann auf beliebige Weise geschehen: durch ausdrückliche oder konkludente *Tatsachenbehauptung*, Schaffung einer *verdachtserregenden Beweislage* (»Beweismittelfiktion«) oder *verdächtiges Verhalten* bzw. Selbstbezichtigung.

Die Vortäuschung muss zur *Kenntnis* der Behörde bzw. sonst zuständigen Stelle *gelangt* und **geeignet** sein, ein **ungerechtfertigtes** (»sinnloses«) **Einschreiten** zu veranlassen (→ Rn. 720); ob sie diesen Erfolg hat oder auch nur zu einem Irrtum der Behörde führt, ist unerheblich.

Erforderlich ist aber die *»Falschheit«* (Unwahrheit) des hervorgerufenen Verdachts, die vorliegt, wenn die **Tat** (→ Rn. 721), die den Verdachtsgegenstand bildet, **nicht begangen** worden ist (→ Rn. 724). Die bloß übertreibende oder vergröbernde Darstellung (»Aufbauschen«) einer tatsächlich begangenen Tat reicht nicht aus (→ Rn. 722 f).

---

14 Dafür *Reinhart* NJW 1997, 911 ff; *Weber* JuS 1977, 1080 (1082); krit.: MK-*Bosch* § 113 Rn. 36 f, NK-*Paeffgen* § 113 Rn. 45 ff, KG StV 2001, 260.

15 BVerfG NVwZ 2007, 1180 (1181 f). Näher zu dieser Entscheidung (Fall eines Mangels »wesentlicher Förmlichkeiten«!) *Niehaus/Achelpöhler* StV 2008, 71 (73 f).

16 LK-*Rosenau* § 113 Rn. 28 ff; MK-*Bosch* § 113 Rn. 26 ff; NK-*Paeffgen* § 113 Rn. 63 ff; knappe Übersicht bei *Bosch* Jura 2011, 268 (273).

Literatur: MK-*Zopfs* § 145d Rn. 15 ff; SK-*Rogall* § 145d Rn. 14 ff. **Einführend:** *Geppert* Jura 2000, 383 ff. **Monographisch:** *Saal*, Das Vortäuschen einer Straftat als abstraktes Gefährdungsdelikt, 1997.

Rechtsprechung Beispielhaft: OLG Düsseldorf NJW 1982, 1242 f (kein Schutz ausländischer Behördentätigkeit). Zum Aufbauschen einer tatsächlich begangenen Tat OLG Karlsruhe MDR 1992, 1166 (1167) sowie die Rspr. in → Rn. 722.

Erläuterungen

I. Schutzzweck der Vorschrift – Falschheitsbegriff

§ 145d I Nr. 1 StGB schützt die Rechtspflege gegen ungerechtfertigte (»sinnlose«) **720** Inanspruchnahme des inländischen staatlichen Verfolgungsapparats. Die Vorschrift dient „dem Schutz deutscher Behörden und Dienststellen vor *unnützer Inanspruchnahme* ihres Apparats und der damit verbundenen Schwächung der Verfolgungsintensität".[1] Anders als eine sonstige Tätigkeit der Behörden (etwa der Leistungsverwaltung), die in ihrer Leistungsfähigkeit durch unzutreffende Eingaben ebenso gefährdet wird, verdienen die Strafverfolgungstätigkeit (§ 145d I Nr. 1, II Nr. 1 StGB) und die Abwehr bevorstehender Straftaten besonderen Schutz, weil gerade die effektive Wahrnehmung dieser Aufgaben Kennzeichen eines wehrhaften Rechtsstaats sind.[2] Zur *Vollendung* bedarf es allerdings keiner unnützen Behörden*tätigkeit*, es genügt, dass die Vortäuschung nach § 145d I Nr. 1 StGB die *Eignung* aufweist, Ermittlungen zu veranlassen, die typischerweise erforderlich sind, um eine Bestrafung oder die Verhängung einer Maßregel zu ermöglichen. Daran fehlt es – trotz Vortäuschung der *rechtswidrigen* Tat – z.B. dann, wenn die angebliche Tat offensichtlich verjährt ist.[3]

Die Notwendigkeit eines »falschen« Verdachts – als objektives Tatbestandsmerkmal **721** – ergibt sich aus den Begriffen »Vortäuschen« und »wider besseres Wissen«. Die »Falschheit« ist hier aber *anders* zu bestimmen als bei der *falschen Verdächtigung* i.S. des § 164 I StGB. Während es dort nach h.L. für die »Falschheit« auf die »Verdachtsmaterie« ankommt, d.h. auf das verdachtserregende *Tatsachenmaterial* (vgl. dazu das Stichw. »Verdächtigung, Falschheit der« → Rn. 572), ist bei § 145d I Nr. 1 StGB maßgebend, dass die *jeweilige Tat*, die den Gegenstand des Verdachts bildet, in Wirklichkeit *nicht begangen* worden ist. Das folgt nicht nur aus dem Wortlaut: »Vortäuschung einer begangenen rechtswidrigen Tat«, sondern auch aus dem Schutzzweck der Vorschrift. Zur Begründung z.B. SK-*Rogall* (§ 145d Rn. 18): „Anders als bei § 164 ist … der Tatbestand nicht verwirklicht, wenn der Täter zum Beweis einer wirklich begangenen rechtswidrigen Tat falsche Behauptungen aufstellt. Denn der von § 145d allein verfolgte Zweck, die staatlichen Verfolgungsbehörden vor einer *unnützen Inanspruchnahme* und einer Fehlleitung ihrer Verfolgungstätigkeit zu bewahren, greift hier nicht Platz. Im Gegenteil, die Verfolgungsbehörden werden gerade dazu veranlasst, eine wirklich begangene rechtswidrige Tat zu verfolgen. Die abweichende Entscheidung für § 164 rechtfertigt sich dagegen aus dem Umstand, dass § 164 über § 145d hinausgehend die staatliche Rechtspflege vor allem davor bewahren will, dass sie durch Täuschungen zu gesetzlich an sich nicht zugelassenen Verfol-

1 BGH NStZ 1984, 360 (361); vgl. auch *L/Kühl* § 145d Rn. 1 m.w.N.
2 MK-*Zopfs* § 145d Rn. 5; krit. zum Schutzgut *Stübinger* GA 2004, 338 (348 ff).
3 H.M. s. NK-*Kretschmer* § 145d Rn. 10 m.w.N.

gungsmaßnahmen gegen eine bestimmte andere Person veranlasst wird. Denn dies ist bereits dann der Fall, wenn sie auf Grund *vorgetäuschter Tatsachen* oder *falscher Beweismittel* gegen eine bestimmte (möglicherweise sogar schuldige) Person vorgeht."

II. »Vortäuschen« und bloßes »Aufbauschen« der Tat

722 Bei einer *tatsächlich begangenen*, also nicht von vornherein nur vorgetäuschten Tat ist das bloße »Aufbauschen« und »Übertreiben« von der tatbestandsmäßigen »Vortäuschung« u.U. schwer abzugrenzen. Dabei geht es um die Frage, wie Täuschungen zu bewerten sind, die insofern einen Wahrheitsgehalt haben, als der ihnen zugrunde liegende Sachverhalt eine rechtswidrige und verfolgungswürdige Tat darstellt (Problem der »*Täuschung mit Wahrheitskern*«). Überwiegend wird in mehr pragmatischer Abgrenzung angenommen, dass eine tatbestandsrelevante »Vortäuschung« dann vorliege, wenn die wirkliche Tat gegenüber der angegebenen (vorgetäuschten) nicht »ins Gewicht fällt« oder durch die Täuschung ein »völlig verändertes Gepräge« erhält.[4] Dies gelte z.B. für die Darstellung einer Körperverletzung als Raub, die Umfälschung eines Vergehens in ein Verbrechen oder die Vorspiegelung eines Sachverhalts, der gegenüber dem tatsächlich geschehenen den Ermittlungsgegenstand grundlegend verändert.[5] Demgegenüber sollen als bloße *Übertreibung* etwa ausscheiden: die »Übersteigerung« eines Grunddelikts zum qualifizierten Delikt, eines Versuchs zur vollendeten Tat, einer Sachbeschädigung zur Wegnahme einer Sache oder auch die bloße »Aufstockung« der Diebesbeute.[6]

723 Sucht man bei den Fällen der »*Täuschung mit Wahrheitskern*« nach einem *generalisierenden* Kriterium, so wird eine – schutzzweckbezogene – Abgrenzung danach vorgeschlagen, ob das Täterverhalten aus der ex-ante-Perspektive generell geeignet ist, in erheblichem Umfang ungerechtfertigte Verfolgungs- und Ermittlungsarbeit – »überflüssige Mehrarbeit« – auszulösen.[7] Andere wollen danach differenzieren, ob eine »partielle *Überschneidung*« *des* wirklichen *Geschehens* mit dem vorgetäuschten gegeben sei (dann fehle die Gefahr unnützer Ermittlungen).[8] Ein weiterer Ansatz fragt danach, ob der Ermittlungsgegenstand auf einen Tatverdacht gelenkt wird, der bei Zugrundelegung des Ermittlungsumfangs für die wirklich begangene Tat nicht abzuklären gewesen wäre (Beispiele: bei einer Wegnahme unter Widerspruch des Opfers ist auch von vornherein auch mit Blick auf § 249 StGB zu ermitteln, während z.B. bei einer Beleidigung ein Gewaltdelikt nicht abzuklären sei).[9] Schließlich finden sich auch grundsätzliche Bedenken, die in all diesen Vorschlägen den unzulässigen Versuch sehen, „eine sachgemäße Differenzierung, die im Gesetz gerade fehlt … in den Begriff der rechtswidrigen Tat teleologisch hineinzulesen".[10]

---

4 Vgl. LK-*Ruß* § 145d Rn. 12; *S/S/Sternberg-Lieben* § 145d Rn. 9; jew. m.w.N.

5 *Krümpelmann*, ZStW 96 (1984), 999 (1021 ff) und JuS 1985, 763 (766 f).

6 Entspr. der Reihenfolge der Beispiele: OLG Hamm NJW 1971, 1324 (1325); NStZ 1987, 558 f; BayObLG NJW 1988, 83 und OLG Oldenburg NStZ 2011, 95 mit krit. Anm. *Hecker* JuS 2011, 81 (82); OLG Hamm NJW 1982, 60.

7 Vgl. z.B. *L/Kühl* § 145d Rn. 4; *Rengier*, BT 2, § 51 Rn. 4; *SSW-Jeßberger* § 145d Rn. 11; *Stree* NStZ 1987, 559 f.

8 SK-*Rogall* § 145d Rn. 20 f; zust. *Otto*, BT, § 95 Rn. 14.

9 MK-*Zopfs* § 145d Rn. 24 f; ähnlich *Janott*, Täuschungen mit Wahrheitskern (usw.), 2004, S. 150 ff; *Krümpelmann*, ZStW 96 (1984), 999 (1032 ff) soweit dort auf eine Veränderung des Ermittlungsgegenstandes abgestellt wird.

10 *W/Hettinger* Rn. 710.

III. Vortäuschen »gegenwärtiger Deliktsbegehung«

Aus dem Wortlaut des § 145d I Nr. 1 StGB (»begangen worden sei«) darf nicht geschlossen werden, dass sich die Vortäuschung stets auf eine in der »Vergangenheit« liegende Tat beziehen muss. Die Vortäuschung einer Straftat ist vielmehr auch durch eine unmittelbare oder mittelbare[11] Täuschung der Behörde über eine *»gegenwärtige Deliktsbegehung«* möglich. [12] Denn auch in diesen Fällen wird der Behörde – im Zeitpunkt der Kenntniserlangung – vorgetäuscht, dass die angebliche Tat »begangen worden sei«. **724**

Hinweis: Zur Beteiligtentäuschung nach § 145d II Nr. 1 StGB vgl. das Stichw. »Täuschung über Tatbeteiligung« → Rn. 488. Zur Subsidiarität des § 145d I, II StGB gegenüber falscher Verdächtigung und Strafvereitelung → Rn. 491. **725**

Vorteil (Begriff) – §§ 331 - 334 StGB

»Vorteil« ist jede – auch vorübergehende – Zuwendung *materieller* oder *immaterieller* Art (→ Rn. 728), die nicht auf einem durchsetzbaren *Rechtsanspruch* beruht (str. → Rn. 729 a.E.) und die Situation des Empfängers wirtschaftlich, rechtlich oder persönlich in *objektiv messbarer Weise* verbessert. Ein Nachteil des Zuwendenden ist nicht erforderlich. **726**

Die Zuwendung braucht den Amtsträger selbst weder unmittelbar noch – bei Zuwendung an bzw. für Dritte – *wenigstens mittelbar* besser zu stellen (kein Erfordernis des »Eigennutzens« → Rn. 730).

Literatur: MK-*Korte* § 331 Rn. 60 ff, 110 ff; abw. NK-*Kuhlen* § 331 Rn. 39 ff, 98 f (»Vorteil« auch bei Rechtsanspruch). **Einführend:** *Rengier*, BT 2, § 60 Rn. 8 ff.

Rechtsprechung Grundlegend: BGHSt 31, 264 (279) mit krit. Anm. *Dingeldey* NStZ 1984, 503 (505). **Beispielhaft:** BGHSt 47, 295 (304 ff – Drittmittelakquisition an Hochschulen) mit Bspr. von: *Ambos* JZ 2003, 345 (348, 350 ff), *Kindhäuser/Goy* NStZ 2003, 291 (293 ff) und *Korte* NStZ 2003, 57 ff; BGHSt 49, 275 (280 ff, 294 – Wahlkampfspenden) mit zust. Bspr. *Dölling* JR 2005, 519 f, abl. *Kargl* JZ 2005, 503 (512) und krit. *Korte* NStZ 2005, 512 f; BGHSt 53, 6 (11 ff – kostenloser Zutritt, Vorteil aus Sicht des Gewährenden) mit insoweit zust. Bspr. *Trüg* NJW 2009, 196 ff; BGH NJW 1987, 1340 (1342 – Vorteil bei einer Beteiligung an einer Straftat durch die Amtshandlung) mit zust. Bspr. *Letzgus* NStZ 1987, 309 (310 f); BGH NJW 1989, 914 (915 – nicht schon die bloße Gelegenheit zu unentgeltlichem sexuellen Kontakt) mit krit. Anm. *Bottke* JR 1989, 432 f; BGH NStZ-RR 1998, 269 (Bezug von Fachbüchern unter Rabatt); NStZ 2005, 334 (335 – Sozialadäquanz); 2005, 692 (693 – Bußgeld aus einer Ordnungswidrigkeit) mit krit. Anm. *Bosch* JA 2006, 251 f; OLG Zweibrücken NStZ 1982, 204 f (private Ermittlungstätigkeit eines Polizeibeamten gegen Unkostenerstattung) mit krit. Anm. *Geerds* JR 1982, 384 ff.

---

11 Zur »mittelbaren« Vortäuschung, wenn unmittelbarer Adressat eine Privatperson ist: *Hoffmann* GA 2002, 385 (394 f); MK-*Zopfs* § 145d Rn. 14; OLG Frankfurt a.M. NStZ-RR 2002, 209 (210).

12 Vgl. z.B. OLG Braunschweig NJW 1955, 1935 f (Vorspielen eines Menschenraubs); OLG Köln, VRS 54 (1978) 196 f (Vorspiegelung von Trunkenheit im Verkehr durch Fahren in Schlangenlinien); SK-*Rogall* § 145d Rn. 16.

BGHSt 53, 6 (11): „Unter Vorteil ist jede Leistung zu verstehen, auf die der Amtsträger *keinen Anspruch* hat und die seine wirtschaftliche, rechtliche oder auch nur persönliche Lage objektiv verbessert.“

Erläuterungen

I. Überblick zu den Bestechungsdelikten

727 Die §§ 331 ff StGB schützen das Vertrauen der Bevölkerung in die Unkäuflichkeit der Behörden- bzw. Richtertätigkeit. Unter Strafe steht nicht nur die „gekaufte“ pflichtwidrige Vornahme einer Diensthandlung (Bestechlichkeit – § 332 I StGB) oder die „gekaufte“ Dienst*ausübung* (Vorteilsannahme – § 331 I StGB) des Amtsträgers. Gesondert strafbar ist spiegelbildlich auch der „Käufer“ dieser Diensthandlung (Bestechung – § 334 I StGB) bzw. der Dienstausübung (Vorteilsgewährung – § 333 I StGB); die Strafbarkeit des *Vorteilsgebers* wegen Teilnahme (etwa Anstiftung des Amtsträgers zur Bestechlichkeit oder Vorteilsannahme) ist damit exklusiv von den §§ 333, 334 StGB miterfasst und wird nicht gesondert untersucht.

In den jeweils ersten Absätzen der §§ 331, 333 StGB wird schon die Vorteilsannahme bzw. -gewährung für die Dienst*ausübung* (→ Rn. 735 f) unter Strafe gestellt. Eine besondere Verknüpfung mit einer *bestimmten* Diensthandlung ist hier nicht erforderlich (die sog. »Klimapflege« soll bereits erfasst werden). Dies ist in den jeweils zweiten Absätzen anders. Dort gelten (ebenso wie generell bei §§ 332, 334 StGB) erhöhte Anforderungen an die sog. »*Unrechtsvereinbarung*« (→ Rn. 734), d.h. die Annahme des Vorteils (bzw. das »Fordern« oder »Sich versprechen lassen« desselben) ist dort mit einer einzelnen Dienst*handlung* verknüpft (zu den Tathandlungen → Rn. 731).

Zu beachten ist, dass der hier erläuterte Begriff des »Vorteils« in den Bestechungstatbeständen kein selbstständiges Tatbestandsmerkmal (Erfolgsmerkmal) bezeichnet, sondern das Objekt darstellt, auf das die in den Tathandlungen enthaltene »Unrechtsvereinbarung« bzw. die Dienst*ausübung* Bezug nimmt; der »Vorteil« ist daher stets in diesem Zusammenhang zu behandeln.[1]

II. »Vorteil« als materielle oder immaterielle Zuwendung

728 Der »Vorteil« meint eine Zuwendung, die sich nicht mehr im Rahmen des sozial üblichen Umgangs (etwa das Angebot eines Kaffees im Rahmen einer Besprechung) bewegt. Sozialadäquate und damit typischerweise geringwertige, im Rahmen der Verkehrssitte oder allgemein übliche Höflichkeitsregeln angebotene bzw. gewährte Zuwendungen genügen also nicht.[2]

Ein Vorteil liegt nicht nur in einer *materiellen* Vergünstigung (etwa einer Geldzahlung, einer Sachleistung oder einem Preisnachlass[3]), sondern grundsätzlich auch in *immateriellen* Werten, soweit sie objektiv messbar sind und in irgendeiner Weise eine tatsächliche Besserstellung darstellen (z.B. die Aufnahme in einen bestimmten Club

---

1 Dazu LK-*Sowada* § 331 Rn. 21.

2 Krit. zur Sozialadäquanz und zu weiteren Restriktionsansätzen *Gropp*, Wolter-FS, 2013, S. 575 (582 ff).

3 Auch wenn der nachgelassene Preis nur zu einem marktüblichen Preis führt (BGH JR 2001, 514 mit krit. Anm. *Kudlich*, S. 516 f), da der Amtsträger diesen ohne das Angebot nicht erzielt hätte (NK-*Kuhlen* § 331 Rn. 43 in Fn. 13).

oder die Vornahme sexueller Handlungen).[4] In der Anerkennung »immaterieller« Vorteile ist die Rechtsprechung mitunter sehr weit gegangen und hat z.B. die bloße Befriedigung von »Ehrgeiz«, »Eitelkeit« oder die Verbesserung von »Karrierechancen« als Vorteil betrachtet,[5] was jedoch kaum mehr *objektiv messbar* ist.[6] Allerdings ist die [zu] weitreichende Rechtsprechung zu den immateriellen Vorteilen noch zur alten Rechtslage (→ Rn. 730) ergangen, die einen Vorteil ausschloss, wenn die Zuwendung nur an Dritte gerichtet war, so dass gerade in diesen Fällen die mittelbare Besserstellung in immateriellen Vergünstigungen für den Amtsträger gesucht wurde.[7] Nunmehr – da der Vorteil für Dritte genügt – dürfte sie deshalb an praktischer Relevanz verloren haben.[8]

In der Kritik steht die Rechtsprechung auch, wenn sie einen »Vorteil« darin sieht, dass der Amtsträger ein *angedrohtes Übel* vermeiden kann. So hat das RG in der Ankündigung der [rechtlich zulässigen] Kündigung eines Mietverhältnisses zugleich das Versprechen gesehen, das Mietverhältnis fortzusetzen, wenn der Amtsträger sich entsprechend verhalte (»Drohung« als implizites Vorteilsversprechen).[9] Dem wird entgegengehalten, dass der Amtsträger in diesen Fällen nicht wegen der Besserstellung, sondern primär zur Vermeidung des Nachteils handelt.[10]

Ein Vorteil kann nach h.L. zudem in dem *Abschluss* eines Vertrages (z.B. über die **729**
Vergütung einer Nebentätigkeit) liegen, auf den der Amtsträger *keinen Rechtsanspruch* hat, selbst wenn die darin vereinbarten Leistungen äquivalent sind: „Zwar wird durch einen – wirksamen – Vertrag ein rechtlicher Anspruch auf die für die Diensthandlung versprochene Gegenleistung begründet. Dies schließt einen Vorteil im Sinne der Bestechungsdelikte aber dann nicht aus, wenn kein Anspruch auf den Abschluss eines gegenseitigen Vertrages über die Diensthandlung besteht und der Vorteil daher bereits in dem Vertragsschluss und die dadurch begründete Forderung liegt". Denn „andernfalls ließen sich die Bestechungstatbestände schlicht durch die Vereinbarung eines Vertragsverhältnisses umgehen."[11] Dem wird entgegengehalten, dass der Vertragsabschluss begrifflich keine Zuwendung oder Leistung darstellen könne, so dass allenfalls die Zahlung der [dann aber rechtlich begründeten] Vergütung einen Vorteil darstelle.[12] Dem wird wiederum entgegnet, dass auch wechselseitige Vertragsangebote mit äquivalentem Leistungsaustausch für den Amtsträger eine

---

4 Zur Frage, ob auch die durch (illegale) »Deals« im Strafverfahren erlangte Arbeitserleichterung für Gericht und Staatsanwaltschaft einen »Vorteil« darstellen kann, vgl. *Erb* StV 2014, 103 (108), der dies verneint, weil die Arbeitserleichterung nur auf dem „Reflex eines Prozessverhaltens" beruhe.

5 Vgl. die Nachw. bei OLG Karlsruhe NJW 2001, 907 (908).

6 Zur Kritik GS-*Bannenberg* § 331 Rn. 19; SK-*Stein* § 331 Rn. 21; *S/S/Eisele* § 331 Rn. 18; Bedenken (in Bezug auf den Vorteil im Bereich der Drittmitteleinwerbung) auch in BGHSt 47, 295 (304 f).

7 Exemplarisch BGHSt 14, 123 (128).

8 Vgl. MK-*Korte* § 331 Rn. 69; NK-*Kuhlen* § 331 Rn. 48; zur Strafzumessungsrelevanz s. aber BGHSt 47, 295 (306 – eigennützig/fremdnützig).

9 RGSt 64, 374 (375); BGH NStZ 1985, 497 (499 – Vermeiden von Nachteilen als Behalten von Vorteilen in der beruflichen Stellung) mit krit. Anm. *Marcelli*, S. 500.

10 *S/S/Eisele* § 331 Rn. 19; *Wagner* JZ 1987, 594 (603 f); diff.: NK-*Kuhlen* § 331 Rn. 42 f (Vorteil dann, wenn der Amtsträger mit dem Nachteil *ohnehin* rechnen müsse), LK-*Sowada* § 331 Rn. 35.

11 BGH StV 2012, 19 (21) unter Hinweis auf BGHSt 31, 264 (280); s. auch BGH NStZ 2008, 216 (217); OLG Celle NStZ 2008, 164 f mit krit. Bspr. *Zieschang* StV 2008, 253 ff. Vgl. näher dazu NK-*Kuhlen* § 331 Rn. 52 ff; LK-*Sowada* § 331 Rn. 45 f m.w.N.

12 *H. Schneider*, Seebode-FS, 2008, S. 331 (347 f) m.w.N.

merkliche finanzielle Verbesserung darstellen und damit eine Anreizfunktion erfüllen können: „Ob man für die wohlwollende Prüfung eines Genehmigungsantrages oder eines Examenskandidaten mit einem Beratervertrag oder mit Bargeld bezahlt, macht keinen normativ erheblichen Unterschied.“[13]

Aber auch soweit die h.M. für den »Vorteil« voraussetzt, dass auf die Zuwendung kein »Rechtsanspruch« bestehen dürfe, wird dem in der Literatur z.T. widersprochen: Denn wirtschaftlich betrachtet könne auch die Erfüllung eines Anspruchs den Gläubiger erheblich besserstellen und somit die für den Vorteilsbegriff maßgebliche Anreizfunktion besitzen.[14] Die h.M. müsse zudem einen »Vorteil« verneinen, wenn der Zusammenhang zwischen Zuwendung *und Dienstausübung* erst nach Vertragsabschluss hergestellt wird (z.B. indem der Amtsträger seinen Schuldner nunmehr darauf hinweist, nur bei sofortiger Bezahlung eine bestimmte Diensthandlung vorzunehmen).[15] Die Frage eines Anspruchs auf die Zuwendung sei daher vom Vorteilsbegriff zu trennen und als Frage, ob es für die Zuwendung einen »legitimen Sachgrund« gibt, dem ungeschriebenen Merkmal der »Unrechtsvereinbarung« zuzuordnen.[16]

III. Kein Erfordernis des Eigennutzens

730 In §§ 331 ff StGB a.F. hatte das Gesetz den Begriff des »Vorteils« ohne Hinweis darauf verwendet, *für wen* die Zuwendung vorteilhaft sein muss. Rechtsprechung und h.L. hatten bei dieser ursprünglichen Gesetzeslage den Vorteilsbegriff relativ eng i.S. eines »*Eigennutzens*« ausgelegt: Die Zuwendung müsse den Amtsträger selbst unmittelbar oder diesen – bei Zuwendung an bzw. für Dritte – wenigstens *mittelbar* besser stellen. Zuwendungen, die ausschließlich einem Dritten zugutekommen, ohne dass der Amtsträger persönlich begünstigt wird, sollten nicht genügen.[17] Diese Auslegung führte zu erheblichen *Abgrenzungsschwierigkeiten* bei der »Mittelbarkeit« des Eigennutzens, namentlich in Fällen von Zuwendungen an oder für *Organisationen*, denen der Amtsträger angehört. Sie begünstigte zudem Möglichkeiten der Verschleierung von Eigenvorteilen, die den Tatnachweis wesentlich erschwerten.

Seit der Änderung der Tatbestände durch das Gesetz zur Bekämpfung der Korruption (1997) sind durchgängig Vorteile für einen Dritten – sog. »Drittzuwendungen« – einbezogen worden, so dass ein zumindest mittelbarer Eigennutzen nicht mehr verlangt wird.[18] Damit können z.B. auch Zuwendungen an Personenvereinigungen erfasst werden, ohne dass ein »mittelbarer« Nutzen für den Amtsträger nachgewiesen werden muss.[19]

---

13 NK-*Kuhlen* § 331 Rn. 56; ähnlich MK-*Korte* § 331 Rn. 73.

14 NK- *Kuhlen* § 331 Rn. 62.

15 NK- *Kuhlen* § 331 Rn. 61; vgl. auch SK-*Stein* § 331 Rn. 22.

16 LK-*Sowada* § 331 Rn. 32; *Satzger*, ZStW 115 (2003), 469 (475 f); SK-*Stein* § 331 Rn. 22; zur »Unrechtsvereinbarung« → Rn. 733.

17 Vgl. z.B. BGHSt 35, 128 (133 ff); w.N. in der 1. Aufl. 1996, S. 299 f; abl. zum Erfordernis der wenigstens mittelbaren Eigennützigkeit z.B. *Rudolphi* NJW 1982, 1417 (1419 ff).

18 Einschränkend aber etwa *K/H/H*, BT 1, Rn. 936.

19 Näher dazu LK-*Sowada* § 331 Rn. 41 ff; NK-*Kuhlen* § 331 Rn. 47 ff; *S/S/Eisele* § 331 Rn. 20 ff.

Vorteil: Fordern, Sich-versprechen-Lassen, Annehmen eines Vorteils (Tathandlungen allgemein) – §§ 331, 332 StGB

»Fordern« bedeutet das *einseitige*, ausdrücklich oder konkludent (»versteckt«) geäußerte *Verlangen* eines Vorteils für eine Diensthandlung oder für die Dienstausübung, das zur Kenntnis des Aufgeforderten – oder eines Mittelsmannes – gelangt ist. **731**

Es kommt nicht darauf an, ob der Sinn der Forderung *vom Adressaten verstanden* wird oder für ihn wenigstens erkennbar ist (str. → Rn. 732), sofern sich nur der – zumindest bedingte – *Vorsatz des Fordernden* darauf richtet, dass der Adressat den Sinn versteht.

»Sich-versprechen-Lassen« ist die ausdrückliche oder konkludente *Annahme* eines (auch bedingten) *Angebots*, das – zumindest nach seinem *objektiven* Erklärungsinhalt (str. → Rn. 732) – auf die Zuwendung eines künftigen Vorteils für eine Diensthandlung bzw. die Dienstausübung gerichtet ist, vom Empfänger in diesem Sinn verstanden und mit dem Willen angenommen wird, den Vorteil später entgegenzunehmen.

»Annehmen« ist die tatsächliche *Entgegennahme* eines für eine Diensthandlung oder für die Dienstausübung geforderten oder angebotenen Vorteils. Das Behalten eines zunächst *gutgläubig* erlangten – und noch vorhandenen – Vorteils reicht grundsätzlich aus, nicht aber die Entgegennahme als *Beweismittel* zur Überführung des Vorteilsgebers.

Literatur: LK-*Sowada* § 331 Rn. 21 ff; NK-*Kuhlen* § 331 Rn. 19 ff.

Rechtsprechung Grundlegend: BGHSt 10, 237 (240 ff – zum Fordern, gegen RGSt 77, 75 [76]). **Beispielhaft:** RGSt 57, 28 f (Sich-Versprechenlassen/Annahme unter einer Bedingung); 58, 263 (266 f – Annahme bei zunächst unvorsätzlich erlangtem Vorteil; Vorteils“annahme“ zu Beweiszwecken); BGHSt 15, 88 (97 – Annahme mit innerem Vorbehalt, die Diensthandlung nicht vorzunehmen); BGH NStZ 2008, 33 (34 – Akzeptanz *bereits verbrauchter* Wahlkampfspenden, die unvorsätzlich angenommen wurden). **Zusammenfassend** zur Rspr. des RG: RGSt 77, 75 (76).

BGH NStZ 2006, 628 (629): „Fordern i.S. der Bestechungstatbestände ist nicht nur das ausdrückliche, sondern auch das konkludente Verlangen eines Vorteils für eine dienstliche Tätigkeit. Die das Verlangen eines Vorteils objektiv zum Ausdruck bringende, d.h. von einem verständigen Betrachter in der Situation des Angesprochenen so zu verstehende Erklärung des Amtsträgers muss zur Kenntnis des potenziellen Gebers gebracht werden… Dass [dieser] den Zusammenhang zwischen Vorteil und Amtshandlung erkennt oder wenigstens nach seiner Auffassungsgabe erkennen kann, ist nicht vorausgesetzt … erst recht nicht, dass er die Forderung „unrechtsvereinbarend" akzeptiert.“

Erläuterungen

Die Funktion der verschiedenen Tathandlungen »Fordern«, »Sich-versprechen-Lassen« und »Annehmen« ergibt sich erst aus dem Zusammenhang mit der sog. »Unrechtsvereinbarung«:[1] Hiernach entspricht das »Fordern« dem Angebot („Verhandlungsstufe“), das »Sich-versprechen-Lassen« der Annahme („Vereinbarungsstufe“) **732**

1 S. zur »Unrechtsvereinbarung« → Rn. 733.

und das »Annehmen« als tatsächliches Entgegennehmen des Vorteils dem auf dieser Abrede getroffenen Verfügungsgeschäft („Leistungsstufe").[2] Dabei ist freilich zu beachten, dass nur das »Sich-versprechen-Lassen« und das »Annehmen« bereits Teil der »Unrechtsvereinbarung« sind, während das »Fordern« – als Vorstufe – lediglich auf eine solche gerichtet ist.[3] Gemeinsamer Bezugspunkt der drei Tathandlungen ist dabei die *Zuwendung*, die wiederum einheitlich zu bestimmen ist: Eine Zuwendung, die nicht tauglicher Gegenstand des »Forderns« oder »Sich-versprechen-Lassens« ist, kann auch nicht durch Entgegennahme als »Annehmen eines Vorteils« gewertet werden.[4]

Das »Fordern« setzt voraus, dass der Adressat von dem Verlangen des Amtsträgers Kenntnis erlangt. Nach h.M. ist hingegen *nicht* erforderlich, dass er auch die *Bedeutung* der Forderung (d.h. das Angebot, die Dienstausübung bzw. -handlung gegen Entgegennahme eines Vorteils vorzunehmen) richtig versteht oder nach seiner Auffassungsgabe verstehen könnte. Maßgeblich sei vielmehr die »*objektive* Erkennbarkeit« des Forderungsverlangens[5] für einen verständigen Betrachter in der Situation des Angesprochenen.[6] Denn nur diese sei entscheidend dafür, ob ein vorwerfbarer Eindruck der Käuflichkeit entsteht.[7]

Aus dem Wesen des »Sich-versprechen-Lassens« („Vereinbarungsstufe") wird abgeleitet, dass es hierfür einer „vertragsgemäßen" Willensübereinstimmung beider Teile bedarf. Dies habe zur Folge, dass auch das »Sich-versprechen-Lassen« nach seinem *objektiven* Erklärungsgehalt auf die Gewährung eines Vorteils für die Diensthandlung bzw. -ausübung gerichtet und zudem dieser Zusammenhang beiden Beteiligten *bewusst* sein müsse.[8] Gegen das Erfordernis des „beiderseitigen Bewusstseins" wird allerdings eingewendet, dass auch ohne ein solches zivilrechtlich eine Vereinbarung zustande komme und bereits eine „hinreichende Basis für den Anschein der Käuflichkeit" bestehe.[9]

Vorteil: Fordern (usw.) »als Gegenleistung für eine Diensthandlung« bzw. »für die Dienstausübung« (»Unrechtsvereinbarung«) – §§ 331, 332 StGB

733 Das Fordern, Sich-versprechen-Lassen oder Annehmen eines Vorteils »*als Gegenleistung*« für eine Diensthandlung setzt ein **Beziehungsverhältnis** (*Äquivalenzverhältnis*) zwischen **Diensthandlung** und **Vorteil** in dem Sinn voraus, dass der Vor-

2 Vgl. LK-*Sowada* § 331 Rn. 21; SK-*Stein* § 331 Rn. 24; jew. m.w.N.
3 *Kargl*, ZStW 114 (2002), 763 (774); *L/Kühl* § 331 Rn. 10 m.w.N.
4 Zum Konkurrenzverhältnis der Begehungsformen – z.B. beim »Annehmen« eines zuvor »geforderten« Vorteils – vgl. näher BGHSt 47, 22 (29 f).
5 Würde man auf die objektive Erkennbarkeit verzichten, wäre auch ein offensichtlich untaugliches Forderungsverlangen, das der Fordernde irrig für tauglich hält, erfasst. Damit *möchte* sich der Amtsträger dann zwar käuflich zeigen, tatsächlich wird der Anschein aber nicht geweckt.
6 Vgl. BGH NStZ 2006, 628 (629, oben zitiert → Rn. 731) im Anschluss an BGHSt 10, 237 (241); NK-*Kuhlen* § 331 Rn. 21; SK-*Stein* § 331 Rn. 25.
7 LK-*Sowada* § 331 Rn. 24.
8 RGSt 39, 193 (198 f) m.w.N.; vgl. auch LK-*Sowada* § 331 Rn. 27; NK-*Kuhlen* § 331 Rn. 25; jew. m.w.N.
9 SK-*Stein* § 331 Rn. 25a; dazu krit. wiederum MK-*Korte* § 331 Rn. 54 a.E.

teil dem Empfänger **wegen** einer vorgenommenen oder künftigen Diensthandlung zugewandt werden soll.

Daran fehlt es bei Zuwendungen, die nur *allgemein* mit Rücksicht auf die Dienststellung oder lediglich aus *Anlass* bzw. bei *Gelegenheit* einer Diensthandlung gemacht werden sollen. In solchen Fällen wird von der h.M. auch ein auf die **»Dienstausübung«** bezogener Vorteil (§ 331 StGB) abgelehnt (→ Rn. 735).

Beim »Fordern« muss der Täter eine Diensthandlung bzw. die Dienstausübung als Äquivalent des Vorteils anbieten; beim »Sich-versprechen-Lassen«/»Annehmen« ist eine *zumindest stillschweigende Übereinkunft* über das *Äquivalenzverhältnis* erforderlich (sog. »*Unrechtsvereinbarung*«).

Bezieht sich die Äquivalenz auf eine *künftige* Diensthandlung, so ist es unerheblich, ob der Täter die Handlung tatsächlich vornimmt, vornehmen will oder dies nur *vortäuscht*. Demgegenüber reicht die Vorspiegelung des Täters, in der *Vergangenheit* eine Diensthandlung vorgenommen zu haben, nicht aus (str. → Rn. 737).

»Diensthandlung« ist eine wenigstens in *Umrissen bestimmte* Tätigkeit, die in den Bereich der dienstlichen Obliegenheiten des Amtsträgers fällt und in amtlicher Eigenschaft vorgenommen wird. Einzubeziehen sind straf- oder dienstrechtlich *verbotene* Handlungen, deren Vornahme dem Amtsträger gerade durch seine Dienststellung *ermöglicht* wird (»Missbrauchsfälle«, str. → Rn. 738).

»Dienstausübung« ist grundsätzlich jede *dienstliche Tätigkeit*; sie braucht – im Gegensatz zur »Diensthandlung« – *nicht* einmal in »groben Umrissen« *konkretisiert* zu sein.

Literatur: LK-*Sowada* § 331 Rn. 50 ff; NK-*Kuhlen* § 331 Rn. 64 ff. **Einführend:** *Rengier*, BT 2, § 60 Rn. 15 ff; mit Abweichungen untereinander bei der Täuschung über scheinbar vorgenommene Diensthandlungen.

Rechtsprechung Grundlegend: BGHSt 29, 300 (302 ff – *Vortäuschung* der Vornahme einer Diensthandlung); 35, 45 (46 f – Unrechtsvereinbarung bei der Dienst*handlung*); 53, 6 (13 – Unrechtsvereinbarung bei der Dienst*ausübung*) mit krit. Bspr. *Kuhlen* JR 2010, 148 ff, *Trüg* NJW 2009, 196 (198) und *Valerius* GA 2010, 211 (214 ff). **Beispielhaft:** BGHSt 49, 275 (284 ff – Wahlkampfspende und Beeinflussung des künftigen Verhaltens), zu den Bspr. s. bereits → Rn. 726; BGH NStZ 2008, 33 (34 – Wahlkampfspende und „verspätete" Annahme durch Verbleiben im Amt) mit krit. Bspr. *Korte* NStZ 2008, 341 f, eingehend *Zöller* GA 2008, 151 (165); BGH NStZ 2008, 216 (217 – Nebentätigkeit und Dienstausübung); OLG Hamm JR 2000, 35 f (Annahme für zurückliegende Dienst*handlungen*) mit Anm. *Kuhlen*, S. 36 f (zu Konkurrenzfragen); OLG Hamm NStZ 2002, 38 (39 – Unrechtsvereinbarung zwischen Amtsträgern).

BGHSt 53, 6 (13 ff): „Zwischen dem Vorteil und der Dienstausübung muss ein „Gegenseitigkeitsverhältnis" in dem Sinne bestehen, dass der Vorteil nach dem (angestrebten) ausdrücklichen oder stillschweigenden Einverständnis der Beteiligten seinen Grund gerade in der Dienstausübung hat... Dies erfordert, dass Ziel der Vorteilszuwendung ist, auf die künftige Dienstausübung Einfluss zu nehmen ... und/oder die vergangene Dienstausübung zu honorieren... In diesem allgemeinen Sinne muss der Vorteil somit nach wie vor Gegenleistungscharakter haben... Unter Dienstausübung ist dabei grundsätzlich jede dienstliche Tätigkeit zu verstehen. Diese muss nach den Vorstellungen der Beteiligten nicht – noch nicht einmal in groben Umrissen – konkretisiert sein; daher genügt es, wenn der Wille des Vorteilsgebers auf ein generelles Wohlwollen bezogen auf künftige Fachentscheidungen gerichtet ist, das bei Gelegenheit aktiviert werden kann… Als mögliche Indizien für oder gegen das Ziel, mit dem Vorteil auf die künftige Dienstausübung Einfluss zu nehmen oder die vergangene Dienstausübung zu honorieren, fließen neben der Plausibilität einer anderen – behaupteten oder sonst in Betracht kommenden – Zielsetzung in die wertende Beurteilung namentlich ein: die Stellung des Amtsträgers und die Beziehung des Vorteilsgebers zu dessen dienstlichen Aufgaben, die Vorgehensweise bei dem Angebot, dem Versprechen oder dem Gewähren von Vorteilen sowie die Art, der Wert und die Zahl solcher Vorteile."

BGH NJW 1987, 1340 (1341): „Nach der ständigen Rechtsprechung des RG und des BGH begeht eine pflichtwidrige Handlung i.S. des § 332 StGB nicht nur derjenige, der eine Tätigkeit vornimmt, die an sich in den Kreis seiner Amtspflichten fällt, sondern auch, wer seine amtliche Stellung dazu *mißbraucht*, eine … verbotene Handlung vorzunehmen, die ihm gerade seine amtliche Stellung ermöglicht. Ein solcher Mißbrauch ist keine Privattätigkeit, sondern eine pflichtwidrige Amtshandlung."

Erläuterungen

I. Die Neufassung der Tatbestände (1997)

734 Durch das Gesetz zur Bekämpfung der Korruption vom 13./20.8.1997[1] sind die Bestechungstatbestände teilweise neu gefasst worden. Dabei hat der Gesetzgeber auch die Formulierung des »Beziehungsverhältnisses« zwischen Vorteil und dienstlicher Tätigkeit, die sog. »Unrechtsvereinbarung«, z.T. geändert. In § 331 I StGB (Vorteilsannahme) und § 333 I StGB (Vorteilsgewährung) wird seitdem nicht mehr verlangt, dass sich die Unrechtsvereinbarung – wie nach früherem Recht – im strengen Sinn auf einen Vorteil »als *Gegenleistung* für eine Dienst*handlung*« bezieht. Es genügt vielmehr ein »für die Dienst*ausübung*« (allgemein) geforderter, versprochener usw. Vorteil.

Der Grund für diese sog. »Lockerung« des Beziehungsverhältnisses liegt in dem Verständnis der früheren Rechtsprechung. Danach reichte für eine genügend »konkrete« Unrechtsvereinbarung zwar das Einverständnis aus, „dass der Amtsträger innerhalb eines bestimmten *Aufgabenbereichs* nach einer gewissen Richtung hin tätig werden soll". Es genügte aber nicht, wenn die Zuwendung lediglich „mit Rücksicht auf die Dienststellung oder aus Anlass oder bei Gelegenheit einer Amtshandlung" oder z.B. ausschließlich „für die *Art und Weise* der Diensthandlung" geleistet wurde. Auch schieden die Fälle aus, in denen mit dem Vorteil nur „allgemeines Wohlwollen" des Amtsträgers erkauft werden sollte.[2] Abgrenzungsschwierigkeiten bestanden insbesondere, wenn eine Zuwendung nicht eindeutig einer *bestimmten* Diensthandlung zugeordnet werden konnte oder bewusst nicht auf eine konkrete Amtshandlung bezogen wurde.

735 Mit der erweiternden »Auflockerung« der Unrechtsvereinbarung in §§ 331 I, 333 I StGB soll nach der Vorstellung des Gesetzgebers »klargestellt« werden, dass einerseits weiterhin eine *Beziehung* zwischen der Zuwendung und den Diensthandlungen

---

1 Dazu näher *König* JR 1997, 397 ff; *Korte* NJW 1997, 2556 ff.
2 BGHSt 39, 45 (46 ff) m.w.N.

des Amtsträgers bestehen muss, aber eine hinreichend *bestimmte* Diensthandlung als Gegenstand des Beziehungsverhältnisses nicht vorzuliegen braucht.[3] Die genauere Reichweite dieser »Auflockerung« ist freilich noch unklar.[4] So soll etwa die Vorteilsgewährung lediglich »aus Anlass« oder »bei Gelegenheit« der dienstlichen Tätigkeit weiterhin ausscheiden, während Zuwendungen zur Schaffung eines »Nähe- und Abhängigkeitsverhältnisses« (sog. »Anfüttern«) oder zur Erlangung »allgemeinen Wohlwollens« (sog. »Klimapflege«) miterfasst seien.[5] Demgegenüber hat der Gesetzgeber u.a. in § 332 StGB (Bestechlichkeit) und § 334 StGB (Bestechung) das bisherige Äquivalenzverhältnis i.S. einer »strengen« Unrechtsvereinbarung beibehalten.

»Dienst*ausübung*« ist gegenüber »Dienst*handlung*« also der allgemeinere und weitere Begriff, der den engeren in sich enthält. Deshalb werden in §§ 331 I, 333 I StGB, wo lediglich die »Dienstausübung« als Bezugsobjekt genannt ist, die Fälle miterfasst, in denen sich die Unrechtsvereinbarung – sogar – auf eine bestimmte »Diensthandlung« bezieht. § 331 I StGB kann daher sinngemäß folgendermaßen gelesen werden: »Ein Amtsträger…, der einen Vorteil als Gegenleistung für eine Diensthandlung oder *sonst* für die Dienst*ausübung* für sich oder einen Dritten fordert, sich versprechen lässt oder annimmt usw.« Soweit es in § 331 I StGB um die – in der »Dienstausübung« enthaltene – »Diensthandlung« geht, ist mit der Erweiterung freilich die früher in § 331 I StGB a.F. enthaltene Einschränkung entfallen, dass er »eine Diensthandlung *vorgenommen* hat«. **736**

II. Spezielle Fragen

Umstritten ist die Frage, ob eine – beim »Fordern« angestrebte – »Unrechtsvereinbarung« ausreicht, wenn der Amtsträger nur *vortäuscht*, dass er die richterliche Handlung bzw. die Dienst*handlung* in der *Vergangenheit* vorgenommen hat (§§ 331 II, 332 II bzw. § 332 I StGB).[6] Die h.L. bejaht dies mit der Begründung, dass auch in diesem Fall – wie bei Vorspiegelung einer künftigen Diensthandlung[7] – eine Vereinbarung getroffen oder erstrebt worden sei, die das Vertrauen in die Unkäuflichkeit von Amtsträgern und Diensthandlungen erschüttere. Der Gesetzeswortlaut (»vorgenommen hat«, »Dienstpflichten verletzt hat«) stehe nicht entgegen, weil er sich als indikativisch formulierte Umschreibung dieser Unrechtsvereinbarung deuten lasse (»vorgenommen habe«).[8] Zuzustimmen ist jedoch der Auffassung des BGH, der darauf verwiesen hat, dass Wortlaut und Entstehungsgeschichte es verbieten, die Vorspiegelung einer *bereits erbrachten* Diensthandlung in §§ 331, 332 StGB zu berücksichtigen.[9] Dafür spricht auch die Überlegung, dass (anders als bei künftigen Hand- **737**

3 BT-Drs. 13/8079, S. 15; näher dazu *Schünemann*, Otto-FS, 2007, S. 777 (787 ff) m.N.

4 Vgl. *Fischer* § 331 Rn. 24a; zur Abgrenzung zum nicht strafwürdigen Verhalten MK-*Korte* § 331 Rn. 100 ff.

5 BGHSt 49, 275 (281); 53, 6 (14 f); BGH NStZ 2008, 216 (217); OLG Karlsruhe NStZ 2011, 164.

6 Zur lediglich vorgetäuschten oder irrtümlich angenommenen »Pflichtwidrigkeit« der Diensthandlung vgl. SK-*Stein* § 332 Rn. 10.

7 Insoweit besteht inzwischen Einigkeit, dass der fehlende Wille des Amtsträgers, seine für die *Zukunft* zugesagte *Diensthandlung* durchzuführen, die Tatbestandsverwirklichung aus §§ 331, 332 StGB *nicht* ausschließt, vgl. NK-*Kuhlen* § 331 Rn. 36 m.w.N.

8 Vgl. *L/Kühl* § 331 Rn. 11; *Rengier*, BT 2, § 60 Rn. 21; *Wagner* JZ 1987, 594 (598 ff).

9 BGHSt 29, 300 (302 ff); mit unterschiedlichen Begründungen zust. u.a.: *Dölling* JuS 1981, 570 (572 ff), *Maiwald* NJW 1981, 2777 ff, SK-*Stein* § 331 Rn. 17b.

lungen) feststeht, dass die Diensthandlung nicht vom Amtsträger vorgenommen, sondern dieses nur vorgetäuscht wurde.[10] Mit diesem Verhalten erweckt der Fordernde daher nicht den Anschein der Käuflichkeit, vielmehr soll der Zuwendende betrügerisch überlistet werden.

Soweit es um die *Vortäuschung* einer vorgenommenen Dienstausübung nach § 331 I StGB geht, steht zwar der Gesetzeswortlaut nicht mehr entgegen (→ Rn. 736). Dies ändert aber nichts an dem Umstand, dass auch das Fordern eines Vorteils mit Blick auf eine tatsächlich gar nicht ausgeübte Diensttätigkeit oder eine pflichtgemäße Diensthandlung, die tatsächlich gar nicht vorgenommen wurde, dem Betrug zuzuordnen ist.[11]

738 Umstritten ist zudem, ob auch der »eklatante Amtsmissbrauch« in den Begriff der – pflichtwidrigen – *Dienst*handlung einbezogen werden kann. Dabei geht es um straf- oder dienstrechtlich verbotene Handlungen, die dem Amtsträger gerade durch seine Dienststellung ermöglicht werden.[12] Für eine Einbeziehung spricht, dass die Bereitschaft, für einen Vorteil sogar strafbare Handlungen vorzunehmen, „das Vertrauen der Bevölkerung in die Lauterkeit der Amtsführung in besonderem Maße" gefährdet.[13] Dagegen wird eingewendet, dass jedenfalls solche Handlungen, zu denen im Dienstbereich des Amtsträgers kein „pflichtgemäßes Korrelat" existiert (z.B. Aktenverbrennung durch einen Staatsanwalt), schwerlich vom Begriff der »Diensthandlung« gedeckt seien.[14] Jedenfalls dürfte mit dem durch das EGStGB eingefügten Begriff der »*Dienst*handlung« die frühere Rechtsprechung hinfällig sein, die auch eine Handlung einbeziehen wollte, „die [nur] ihrer Natur nach zu dem Dienst des Beamten in einer inneren Beziehung steht und nicht völlig außerhalb seines Aufgabenbereichs liegt".[15]

Das »Beziehungsverhältnis« von Amtsträgern zu ihren Drittmittelgebern bei der Einwerbung sog. »*Drittmittel*« für Forschungszwecke, hat die Rechtsprechung mehrfach untersucht:[16] Eine »Unrechtsvereinbarung« soll nicht vorliegen, wenn das für die Einwerbung hochschulrechtlich vorgeschriebene *Verfahren* eingehalten wird (teleologische Reduktion des Tatbestandes).[17]

10 LK-*Sowada* § 331 Rn. 63 m.w.N.
11 *Fischer* § 331 Rn. 10; LK-*Sowada* § 331 Rn. 63.
12 BGHSt 4, 293 (294 f – Verletzung der Amtsverschwiegenheit, noch zum Begriff einer „in das Amt einschlagenden Handlung"); BGH NJW 1983, 462 (Alkohol an Anstaltsverwahrte).
13 LK-*Sowada* § 331 Rn. 58; ähnlich NK-*Kuhlen* § 331 Rn. 74; BGH NJW 1987, 1340 (1342).
14 *Amelung/Weidemann* JuS 1984, 595 (596 f); eingehend krit. *Ebert* GA 1979, 361 (368 ff); dazu wiederum *Letzgus* NStZ 1987, 309 (310).
15 So noch BGHSt 16, 37 (38) m.w.N.; offengelassen in BGHSt 31, 264 (280); wie hier *L/Kühl* § 331 Rn. 8.
16 Vgl. näher BGHSt 47, 295 (306 ff); BGH NStZ 2003, 158 (159).
17 Eingehend dazu *Ambos* JZ 2003, 345 (350 ff [mit Überblick zu weiteren Restriktionsansätzen]); LK-*Sowada* § 331 Rn. 77 ff; *H. Schneider*, Seebode-FS, 2008, S. 339 ff.

Waffe – §§ 113 II 2 Nr. 1, 121 III 2 Nr. 2, 125a 2 Nr. 2, 177 III Nr. 1, 177 IV Nr. 1, 224 I Nr. 2, 244 I Nr. 1a, 250 I Nr. 1a, 250 II Nr. 1, 2 StGB

Waffe »im technischen Sinn« ist neben der – funktionsfähigen/einsatzbereiten – Schusswaffe jedes Werkzeug, welches nach der **Art seiner Anfertigung** (Konstruktion) oder nach der Verkehrsauffassung **allgemein** dazu **bestimmt** und geeignet ist, Menschen durch seine *mechanische* oder *chemische* Wirkung körperlich zu verletzen. Dazu gehört – unter diesen Voraussetzungen – auch eine *Gaspistole* (z.T. str. → Rn. 745), nicht jedoch eine nur mit *Schreckschussmunition* ausgestattete Pistole (str. → Rn. 746). **739**

Der Begriff der Waffe wird im StGB zwar in unterschiedlichem Kontext gebraucht: verwendet als Verletzungsmittel (→ Rn. 740), bloß mitgeführt (→ Rn. 741), verwendet in gefährlicher Weise (→ Rn. 742) oder in einer solchen Absicht (→ Rn. 743). Bestimmt wird der Waffenbegriff aber immer im oben angeführten technischen Sinn. Nur bei der Verwendung als Verletzungsmittel (§ 224 I Nr. 2 StGB) muss hinzukommen, dass die Waffe *zugleich* als »gefährliches Werkzeug« i.S. dieser Vorschrift benutzt wird (→ Rn. 740).
Zur *Verwendung* (§§ 250 II Nr. 1, 177 IV Nr. 1 StGB) und zur *beabsichtigten Verwendung* (§§ 113 II 2 Nr. 1, 121 III 2 Nr. 2, 125a 2 Nr. 2 StGB) als Waffe → Rn. 742 f; zum *Beisichführen* der Waffe durch Berufswaffenträger → Rn. 747 f.

Literatur: *Küper*, Hanack-FS, 1999, S. 569 ff; LK-*Vogel* § 244 Rn. 19 ff. **Einführend:** *W/Hettinger* Rn. 273, 645; *W/Hillenkamp* Rn. 265 f, 371, 381 f. **Monographisch:** *J. Becker*, Waffe und Werkzeug als Tatmittel im Strafrecht, 2003.

Rechtsprechung Grundlegend: RGSt 66, 191 ff (Waffenbegriff); BVerfG NJW 2008, 3627 (3628 f – § 113 II StGB a.F., Pkw ist keine Waffe) mit abl. Bspr. *Simon* NStZ 2009, 84 f; BGHSt 1, 1 ff; 44, 103 (105 ff – Scheinwaffen sind sonstige Werkzeuge) mit Bspr. *Mitsch* JuS 1999, 640; BGHSt 45, 92 ff (Gaspistole als Schusswaffe); 48, 197 ff (Schreckschusswaffe ist der Gaspistole gleichstellte Waffe).

RGSt 74, 281 (282): „Waffen im eigentlichen, ›technischen‹ Sinn … sind nach der Rechtsprechung nur solche Werkzeuge, die *ihrer Natur nach* dazu bestimmt sind, (durch Hieb, Stoß, Stich oder Schuß) zu verletzen. Nur solche Gegenstände fallen unter diesen Begriff, denen nach der Art ihrer Anfertigung oder nach der herrschenden Verkehrsauffassung von *vornherein* diese Zweckbestimmung beigelegt ist. Dagegen sind in diesem Sinne nicht ›Waffen‹ die Gegenstände, die nicht allgemein ihrer Natur nach, sondern nur nach dem Willen des Täters im *Einzelfalle* zu diesem Zwecke bestimmt oder benutzt werden."

BGHSt 4, 125 (127): „Der Begriff der Waffe im *technischen* Sinne umfaßt … nur solche Werkzeuge, die nach der Art ihrer Anfertigung nicht nur geeignet, sondern auch *allgemein* dazu *bestimmt* sind, Menschen auf mechanischem oder chemischem Wege körperlich zu verletzen."

BGHSt 44, 103: „Eine Waffe i.S. des § 250 II Nr. 1 StGB … muß objektiv gefährlich und geeignet sein, erhebliche Verletzungen zu verursachen. Die Gefährlichkeit der Waffe kann sich auch aus der konkreten Art ihrer Benutzung im Einzelfall ergeben."

BGHSt 45, 92: „Waffe i.S. des § 250 I Nr. 1a und II Nr. 1 StGB ist ein gefährliches Werkzeug, das nach seiner Beschaffenheit und nach seinem Zustand zur Zeit der Tat bei *bestimmungsgemäßer Verwendung* geeignet ist, erhebliche Verletzungen zuzufügen."

BGH NJW 2002, 2889: „Der Begriff der Waffe – als tatbestandlich herausgehobenes Beispiel gefährlicher Werkzeuge – erfasst … solche Gegenstände, die ihrer Art und *Bestimmung* nach zur Herbeiführung erheblicher Verletzungen geeignet sind, insbesondere also … die Waffen im *technischen* Sinn."

Im Gegensatz dazu BGHSt 48, 197: „Wer bei einer Raubtat das Opfer mit einer geladenen *Schreckschußwaffe*, bei der der Explosionsdruck nach vorn austritt, bedroht, verwendet eine Waffe und erfüllt damit den Tatbestand des § 250 II Nr. 1 StGB."

Erläuterungen

I. Die »Waffen«-Begriffe im jeweiligen Gesetzeskontext

740 Das StGB verwendet den Begriff der »Waffe« in den einzelnen Vorschriften – je nach Funktion und Kontext – mit unterschiedlichem Inhalt, wobei stets ein »bewegliches« Tatmittel vorausgesetzt wird.[1] Insgesamt lassen sich *vier* Normenkomplexe unterscheiden: .

In § 224 I Nr. 2 StGB ist die »Waffe« ein Spezialfall des »gefährlichen Werkzeugs« als Mittel körperlicher Verletzung. Mit »Waffe« ist hier eine Waffe im technischen Sinn gemeint, die jedoch zugleich als »gefährliches Werkzeug« eingesetzt wird und damit im konkreten Fall die Anforderungen erfüllen muss, die § 224 I Nr. 2 StGB an die Verwendung eines »gefährlichen Werkzeugs« stellt. Erforderlich ist daher, dass die Waffe nach Art ihrer Verwendung *im konkreten Fall geeignet* ist, *erhebliche Verletzungen* zu bewirken[2]; s. dazu → Rn. 764.

741 In §§ 244 I Nr. 1a, 250 I Nr. 1a, 250 II Nr. 2, 177 III Nr. 1 StGB ist unter der mitgeführten »Waffe« eine Waffe im technischen Sinn zu verstehen. Sie ist trotz des missverständlichen Wortlauts – »Waffe oder ein anderes gefährliches Werkzeug« – vom »gefährlichen Werkzeug« streng zu unterscheiden: Der Täter/Beteiligte muss die (technische) »Waffe« lediglich bewusst »bei sich führen«; eine besondere Verwendungsabsicht ist hier zur Festlegung des Waffenbegriffs *nicht* erforderlich. Für das zusätzlich genannte »gefährliche Werkzeug« gilt dies hingegen nicht. Insoweit setzt das »Beisichführen« nach zutreffender Ansicht zugleich eine Verwendungsabsicht voraus (str. → Rn. 774 ff).

742 Die »verwendete« Waffe in §§ 250 II Nr. 1, 177 IV Nr. 1 StGB bezeichnet gleichfalls die Waffe im technischen Sinn, die hier einen Spezialfall des in den Vorschriften genannten »gefährlichen Werkzeugs« darstellt. Diese »Waffe« muss verwendet, also ebenso wie das andere gefährliche Werkzeug (→ Rn. 776 f) zur Verletzung, körperlichen Gefährdung oder zumindest zur gefährlichen (realisierbaren) Drohung eingesetzt werden. D.h.: Verwendet wird die Waffe, wenn sie *in gefährlicher Weise* gegen einen Menschen eingesetzt wird. Eine solche Verwendung liegt nicht nur beim Einsatz der Waffe als Mittel einer erheblichen körperlichen *Verletzung* oder *Gefährdung* vor. Sie ist auch beim Einsatz als Mittel einer *»latent gefährlichen« Drohung* gegeben. »Latent gefährlich« ist eine Drohung, wenn sie derart *verwirklicht werden könnte*,

---

1 BGHSt 52, 89 (91 ff); zur Beweglichkeit des mitgeführten gefährlichen Werkzeugs → Rn. 114.

2 Daran kann es bei Verwendung einer Waffe z.B. fehlen, wenn das Opfer durch besondere Schutzkleidung nicht erheblich verletzt werden kann.

dass für den Betroffenen zumindest die Gefahr einer *erheblichen Körperverletzung* entsteht (Erfordernis realisierbarer, potenziell gefährlicher Drohung).

Die Rechtsprechung hat sich wiederholt mit der Verwendung[3] des Tatobjekts als Waffe beschäftigt: So verlangte der BGH (StV 1999, 151 f) für die »Verwendung« als gefährliches *Drohungsmittel* zunächst einen »konkret« gefährlichen Einsatz in dem Sinn, dass die Drohung »jederzeit« in die Realisierung der angedrohten Verletzung umschlagen kann. Anders sodann BGH NStZ 1999, 301 f und namentlich BGHSt 45, 92: „Der Begriff des ›Verwendens‹ i.S. des § 250 II Nr. 1 StGB setzt *nicht* voraus, daß der Einsatz des objektiv gefährlichen Tatmittels eine *konkrete* Gefahr erheblicher Verletzungen anderer begründet" (Bedrohung einer Bankangestellten mit Verletzung noch abwesender, aber »erwarteter« Bankkunden).

Eine funktionsfähige, aber ungeladene Waffe, deren Munition der Täter allerdings bei sich hat und die er kurzfristig[4] laden kann, soll als Drohungsmittel gleichwohl nicht gefährlich »*verwendet*« werden, weil der Täter seine Drohung mit der Waffe »in ihrem konkreten Zustand« (= ungeladen) nicht verwirklichen könne.[5] Hierbei ist zu beachten, dass die Rechtsprechung an das *Beisichführen* einer Waffe keine solch engen Anforderungen stellt. Hier genügt es, dass der Täter die ungeladene Schusswaffe und die Munition separat mitführt oder Letztere in Tatortnähe griffbereit versteckt hat.[6]

Das BVerfG hat im Jahr 2008 die frühere Auslegung zum Waffenbegriff in §§ 113 II 2 Nr. 1, 121 III 2 Nr. 2, 125a 2 Nr. 2 StGB, wonach die in Verwendungsabsicht mitgeführte »Waffe« außer der »Waffe im technischen Sinn« sonstige sog. »gefährliche Werkzeuge« umfassen soll,[7] wegen Verstoßes gegen das Analogieverbot für verfassungswidrig erklärt (Überschreitung des »möglichen Wortsinns«): Der Begriff »Waffe« beschränke sich auf Gegenstände, die „bei bestimmungsgemäßer Verwendung geeignet sind, erhebliche Verletzungen zuzufügen", also auf „technische" Waffen.[8] Der *Gesetzgeber* hat die Entscheidung des BVerfG im Jahr 2011[9] zum Anlass genommen, die jeweiligen Vorschriften um das Tatobjekt des »gefährlichen Werkzeugs« zu ergänzen: »Waffe oder ein anderes gefährliches Werkzeug«. Damit ist der Begriff »Waffe« nunmehr gesetzlich auf »Waffen im *technischen«* Sinn« beschränkt worden. Zugleich fungiert das »andere gefährliche Werkzeug« nach der Neufassung nun auch (→ Rn. 772, 774) hier als Oberbegriff, die »Waffe« als Spezialfall. Zu beachten ist (auch hier), dass die »Verwendungsabsicht« nicht darauf gerichtet sein *muss*, die »Waffe« zum Zweck erheblicher körperlicher Verletzung oder Gefährdung einzuset- **743**

3 Wird die Waffe erst nach Vollendung bis zur »Beendigung« der Tat verwendet, so stellen sich die gleichen Fragen wie beim »Beisichführen« in der sog. »Beendigungsphase«, dazu → Rn. 115.

4 BGH NStZ-RR 2008, 342: Gebrauchsbereitschaft in wenigen Sekunden mit zwei oder drei schnellen Handgriffen genügt nicht!

5 BGHSt 45, 249 (251 f) mit krit. Anm. *Hannich/Kudlich* NJW 2000, 3475 f sowie *Kindhäuser* § 250 Rn. 23; zust. *W/Hillenkamp* Rn. 381. Zur Frage des »Verwendens« bei bloßem *Hinweis* auf eine mitgeführte Waffe vgl. *Baumanns* JuS 2005, 405 ff.

6 BGH NStZ 2001, 88 (89); StV 2006, 416; s. auch → Rn. 444 (Schusswaffe), → Rn. 113 ff (»Beisichführen«) und → Rn. 770 ff (»Verwendungsabsicht« bzw. »Verwendung« von Waffen und Werkzeugen).

7 Danach konnte z.B. ein Kraftfahrzeug u.U. als »Waffe« qualifiziert werden (BGHSt 26, 171 f).

8 BVerfG NJW 2008, 3628 f (zu § 113 II 2 Nr. 1 StGB a.F.); krit. *Bosch* Jura 2011, 268 (275); zust. z.B. SK-*Sinn* § 250 Rn. 8; *Wörner* ZJS 2009, 236 (237 ff).

9 44. StrÄndG – Widerstand gegen Vollstreckungsbeamte vom 1.11.2011 (BGBl. I, 2130).

zen; es genügt vielmehr der beabsichtigte Einsatz als – latent gefährliches, weil in gefährlicher Weise realisierbares – *Drohungsmittel*. Dies gilt gleichermaßen für das »gefährliche Werkzeug«, welches hier deshalb eine andere Bedeutung hat als in § 224 I Nr. 2 StGB, wo es ein Verletzungsmittel kennzeichnet (missverständlich BT-Drs. 17/4143, S. 6). Bloße »Scheinwaffen«, wie etwa die nur zur Einschüchterung mitgeführte ungeladene Pistole, scheiden dagegen aus; ebenso sonstige Gegenstände, die sich – nach geplanter Einsatzart – lediglich als Mittel einer *nicht realisierbaren* Drohung eignen.

II. Die Waffe »im technischen Sinn«

1. Allgemeines/Grundsätzliches

744 Nach der Rechtslage *vor* dem 6. StrRG (1998) hatte der Begriff der »Waffe im technischen Sinn« in der Praxis nur untergeordnete Bedeutung, soweit die Waffe als Tatobjekt neben dem gefährlichen Werkzeug angeführt wurde. Erfüllte das Objekt nicht die strengen Anforderungen der technischen Waffe, so konnte es zumindest unter das gefährliche Werkzeug subsumiert werden. Die genauere Abgrenzung zwischen eigentlicher »Waffe« und sonstigem »gefährlichen Werkzeug« war deshalb relativ belanglos, weil das Gesetz darüber hinaus *keine* unterschiedlichen Anforderungen an den Umgang mit dem jeweiligen Gegenstand stellte. Dies gilt weiterhin für die »Waffe« bei der gefährlichen Körperverletzung (§ 224 I Nr. 2 StGB), für die »verwendete Waffe« i.S. der §§ 250 II Nr. 1, 177 IV Nr. 1 StGB und seit 2011 nun auch für die »Waffe« in §§ 113 II 2 Nr. 1, 121 III 2 Nr. 2, 125a 2 Nr. 2 StGB (→ Rn. 743). Demgegenüber hat sich die Situation bei Vorschriften geändert, welche die früheren »Schusswaffen«-Qualifikationen (§§ 244 I Nr. 1, 250 I Nr. 1 StGB a.F.) durch Bestimmungen abgelöst haben, in denen es nunmehr auf das Beisichführen einer »*Waffe*« oder eines »anderen gefährlichen Werkzeugs« ankommt: §§ 244 I Nr. 1a, 250 I Nr. 1a, 177 III Nr. 1 StGB. Hier reicht das bloße »Beisichführen« des Gegenstandes lediglich bei Waffen im *technischen* Sinn aus, während für die »gefährlichen Werkzeuge« eine *Verwendungsabsicht* zu fordern ist (str. → Rn. 774 ff). Deshalb gewinnt in diesem Zusammenhang[10] der Begriff der »technischen Waffe« in Abgrenzung vom sonstigen »gefährlichen Werkzeug« wieder zentrale Bedeutung:

Die Rechtsprechung hat dafür stets hervorgehoben, dass es sich um einen Gegenstand handelt, der nicht nur dazu »geeignet«, sondern von vornherein – »seiner Natur nach« oder jedenfalls nach »allgemeiner Anschauung« – dazu »*bestimmt*« ist, Menschen körperlich zu verletzen.[11] Nach RGSt 75, 243 (244 f) sind Waffen im eigentlichen, technischen Sinn „nur solche Werkzeuge, die ihrer Natur nach dazu bestimmt sind, durch Hieb, Stoß, Stich oder Schuß zu verletzen". Zum Wesen dieser Waffe gehöre, „daß sie nach der Art ihrer Anfertigung oder nach der herrschenden Verkehrsanschauung von vornherein dazu bestimmt ist oder doch dazu benutzt wird, Verletzungen beizubringen".[12]

10 Relevant wird die Unterscheidung auch im Hinblick auf § 250 II Nr. 2 StGB, wo allein die »*Waffe*«, nicht aber das »gefährliche Werkzeug« genannt ist.

11 Vgl. z.B. RGSt 66, 191 ff; 68, 238 (239 – nicht: gewöhnliches Taschenmesser); 74, 281 (282, oben zitiert → Rn. 739); 75, 243 (244 f – nicht: Schreckschusspistole); BGHSt 1, 1 ff; 4, 125 (127, oben zitiert → Rn. 739); BGH NJW 1965, 2115.

12 Vgl. ferner BGHSt 45, 92; BGH NJW 2002, 2889; jew. oben zitiert → Rn. 739; BGHSt 52, 257 (261 f: »generelle Bestimmung«); BVerfG NJW 2008, 3628 f (dazu oben → Rn. 743).

2. Gas- oder Schreckschusspistole als technische »Waffe«?

a) Gaspistole Umstritten war früher die Beurteilung der (geladenen/funktionsfähigen) Gaspistole als »Schusswaffe« i.S. der §§ 244 I Nr. 1, 250 I Nr. 1 StGB a.F. Unter Rückgriff auf die Grundvorstellungen des WaffG und den »allgemeinen Sprachgebrauch« bezog der BGH auch die Gaspistole ein, wenn das Gerät so konstruiert ist, dass daraus *Gaspatronen* verschossen werden und das freigesetzte Gas den Lauf in Richtung *nach vorn* verlässt.[13] Die besondere abstrakte Gefährlichkeit einsatzbereiter Schusswaffen liege auch bei Gaspistolen vor, wenn und weil sie nach ihrer Konstruktion geeignet und bestimmt seien, Gegner über eine gewisse Reichweite hinweg auf *chemischem* Wege körperlich zu verletzen. Diese Auffassung hatte in der Literatur z.T. Zustimmung gefunden. Die wohl h.L. lehnte sie jedoch mit dem Hinweis auf die vergleichsweise – im Vergleich mit typischen Schusswaffen – *geringere Gefährlichkeit* ab. Deshalb sollte die Gaspistole den §§ 244 I Nr. 2, 250 I Nr. 2 StGB a.F. zugeordnet werden, also Vorschriften, die eine *Verwendungsabsicht* voraussetzten.[14] **745**

Nachdem das 6. StrRG in §§ 244 I, 250 I StGB die »Schusswaffe« durch die (technische) »Waffe« ersetzt hat, dürfte dort nunmehr wieder auf die *ursprüngliche* – auch in der Literatur nicht umstrittene – Rechtsprechung zur Gaspistole zurückzugreifen sein. Danach ist die Gaspistole „eine Waffe im *technischen* Sinne, wenn sie dazu geeignet und allgemein auch dazu bestimmt ist, Menschen auf mechanischem oder chemischem Wege körperlich zu verletzen".[15] Dies gilt dann für §§ 244 I Nr. 1a, 250 I Nr. 1a, 177 III Nr. 1 StGB ebenso wie für § 250 II Nr. 2 StGB (Beisichführen einer Waffe ohne erforderliche Verwendungsabsicht) und für §§ 250 II Nr. 1, 177 IV Nr. 1 StGB (Verwendung der Waffe). Da es dort nicht mehr um die spezielle Qualifizierung der Gaspistole als »*Schusswaffe*« geht, kann es schwerlich darauf ankommen, in welcher Weise/Richtung das Gas austritt. Die Rechtsprechung erkennt gleichwohl – im Rückgriff auf die frühere Judikatur zur »Schusswaffe« – die Gaspistole nur dann als (technische) »Waffe« an, wenn sie den Gasaustritt »durch den Lauf *nach vorn*« ermöglicht.[16]

b) Schreckschusspistole Die *bisherige* Rechtsprechung hatte in der (geladenen) »Schreckschusspistole« – in Übereinstimmung mit der Literatur – grundsätzlich weder eine »Waffe« noch ein »gefährliches Werkzeug« gesehen, sondern ein *ungefährliches* Tatmittel i.S. der §§ 244 I Nr. 1b, 250 Nr. 1b StGB (»Scheinwaffe«) angenommen. Anders jedoch, sofern der Gegenstand im konkreten Fall potenziell gefährlich verwendet wird, namentlich zur Drohung aus *kurzer Distanz* oder mit »aufgesetzter« Pistole. In solchen Fällen wurde teils von einem »gefährlichen Werkzeug«, teils von **746**

---

13 Vgl. insb. BGHSt 24, 136 (137 ff); BGH NJW 1998, 3131; weitere Hinweise zur Rspr. beim Stichw. »Schusswaffe« → Rn. 443.

14 Vgl. dazu die 1. Aufl. 1996, S. 169 f. Der Streit um die Erfassung einer Gas- oder Schreckschusspistole als Schusswaffe besteht nach wie vor bei solchen Delikten, die zwischen der mitgeführten Schusswaffe einerseits und der technischen Waffe in Verwendungsabsicht andererseits unterscheiden (§§ 121 III 2 Nr. 1, 125a 2 Nr. 1 StGB) oder nur die Schusswaffen erfassen (§ 292 II 2 Nr. 3 StGB) → Rn. 443 ff.

15 BGHSt 4, 125 (127). Vgl. ferner BGHSt 24, 136 (137); BGH NJW 1965, 2115 (2116).

16 BGHSt 45, 92 (93); 45, 249 (250); BGH NStZ 1999, 135 f; 301 (302); 2001, 532 (533). Vgl. auch BGH JR 1999, 33; NStZ 2002, 31 (33); NJW 2011, 1979 (1980).

einer »Waffe« ausgegangen.[17] Nach BGH NJW 2002, 2889 ff sollte dagegen ein »gefährliches Werkzeug« i.S. des § 250 II Nr. 1 StGB – allerdings keine »Waffe« – anzunehmen sein, wenn der Täter eine geladene/schussbereite Schreckschusspistole zwar aus *größerer Distanz* zur Drohung einsetzt, jedoch „die objektive Gefährlichkeit des Werkzeugs im unmittelbaren Fortgang des konkreten Tatgeschehens in *kürzester Zeit* realisieren kann". Mit Beschluss vom 4.2.2003 hat der *Große Senat*[18] diese Differenzierungen aufgegeben und die geladene »Schreckschusswaffe«, sofern der »Explosionsdruck nach vorn austritt«, *generell* als »Waffe im technischen Sinn« eingeordnet. Dies soll nicht nur für die »Verwendung« i.S. des § 250 II Nr. 1 StGB – etwa bei Bedrohung mit der Schreckschusspistole – gelten, sondern auch für die Vorschriften zum »Beisichführen« einer »Waffe« (z.B. §§ 244 I Nr. 1a, 250 I Nr. 1a StGB).[19]

Der BGH beruft sich dafür namentlich auf zwei Gesichtspunkte: einmal auf die einer Gaspistole *vergleichbare Gefährlichkeit* der Schreckschusspistole unter dem Aspekt der nach ihrer »*Beschaffenheit*« gegebenen »*Eignung*«, erhebliche Verletzungen hervorzurufen; zum anderen auf die Einordnung der Schreckschusspistole als »Waffe« in § 1 II Nr. 1 WaffG n.F. Damit wird jedoch das für den *strafrechtlichen* Begriff der »Waffe im technischen Sinn« (→ Rn. 744) wesentliche Element aufgegeben: die *generelle Bestimmung* bzw. die bestimmungsgemäße Verwendung des Gegenstandes zur Verletzung, die bei einer Schreckschusspistole nicht vorliegt.[20] Die Schreckschusspistole sollte daher grundsätzlich als »sonstiges Werkzeug« i.S. der §§ 244 I Nr. 1b, 250 I Nr. 1b StGB qualifiziert werden – es sei denn, dass im Einzelfall die Voraussetzungen des Beisichführens bzw. Verwendens eines »gefährlichen Werkzeugs« vorliegen. Zu den dafür maßgeblichen Kriterien → Rn. 770 ff.

III. Das Beisichführen von Waffen bei »Berufswaffenträgern«

747 Für die Qualifikationstatbestände der §§ 244 I Nr. 1a, 250 I Nr. 1a StGB ist charakteristisch, dass sich das Gesetz bei der »Waffe« mit dem bloßen – vorsätzlichen – »Beisichführen« begnügt; eine *Verwendungsabsicht* (Einsatzwille) ist *nicht* erforderlich. Die Qualifikationen sind als »abstrakte Gefährdungstatbestände« konzipiert. Daraus ergeben sich Probleme bei »berufsmäßigen Waffenträgern«, die in dieser Ausrüstung »zufällig« das Grunddelikt begehen: z.B. Diebstahl eines Polizeibeamten, der dabei »ordnungsgemäß« seine Dienstwaffe trägt. Die Problematik bezog sich früher auf die »Schusswaffen«-Qualifikationen nach §§ 244 I Nr. 1, 250 I Nr. 1 StGB a.F.; sie besteht aber in gleicher Weise für das Beisichführen einer »Waffe« in §§ 244 I Nr. 1a, 250 I Nr. 1a StGB n.F.

1. Die Diskussion in der Literatur

748 Zu einer regen Diskussion hat im Schrifttum die Frage geführt, ob es sachgerecht ist, die Qualifikationen auch dann anzuwenden, wenn die Tat von einem dienstlich zum Tragen der Waffe verpflichteten Täter – ohne den Willen zum Waffeneinsatz – be-

17 Vgl. etwa BGH NStZ-RR 1999, 102 f (gef. Werkzeug); StV 2001, 274 (275 – Waffe); NStZ-RR 2002, 265 (266 – Waffe); BGH NJW 2002, 2889 (gef. Werkzeug).

18 BGHSt 48, 197 ff (oben zitiert → Rn. 739).

19 Vgl. auch BGH NJW 2006, 73 f (zu § 30a II Nr. 2 BtMG); NStZ 2010, 390.

20 Krit. deshalb AnwK-*Habetha* § 250 Rn. 6; *Erb* JuS 2004, 653 ff; *Fischer* § 244 Rn. 7 ff, § 250 Rn. 5a f; *Zopfs* Jura 2007, 510 (517 f); zust. aber *S/S/Bosch* § 244 Rn. 3a m.w.N.

gangen wird. In der Literatur sind unterschiedlich begründete Vorschläge zur »*teleologischen Reduktion*« der Qualifikationstatbestände gemacht worden.[21] Ihnen liegt z.T. der Gedanke zugrunde, dass die »pflichtgemäße« Bewaffnung dem Täter nicht zugleich *unrechtserhöhend* zugerechnet werden dürfe (»Wertungswiderspruch«?). Deshalb sei die Anwendung der Qualifikationen auf Fälle zu beschränken, in denen eine – subjektive – »Beziehung zwischen Bewaffnung und Tat« bestehe (»*Beziehungserfordernis*« als ungeschriebenes einschränkendes Tatbestandsmerkmal), etwa in der Weise, dass sich der Täter zum Zweck der Tatausführung bewaffnet oder sich wenigstens der Möglichkeit bewusst ist, die Waffe zur Absicherung der Tat einzusetzen. Argumentiert wird ferner mit der Überlegung, dass bei Berufswaffenträgern die latente (»abstrakte«) Gefährlichkeit der mitgeführten Waffe vielfach »erfahrungsgemäß auszuschließen« sei und deshalb die »*widerlegbare Gefährlichkeitsvermutung*« der Qualifikationen nicht eingreife.[22]

Diese restriktive Auffassung hat sich jedoch nicht durchsetzen können. Insbesondere ist die These, dass die Anwendung der Qualifikationen einen »Wertungswiderspruch« zum »pflichtgemäßen« Waffentragen bedeute, auf nachdrückliche Kritik gestoßen.[23] Ein ungeschriebenes und zudem unscharfes »Beziehungserfordernis« widerspreche dem Gesetz, weil es die Differenz zu den vom *Einsatzwillen* (Verwendungsabsicht) abhängigen Qualifikationen einebne. Ebenso wenig gesetzeskonform sei mangels verlässlicher Maßstäbe der Rückgriff auf eine »widerlegbare Gefährlichkeitsvermutung«.[24]

2. Die Rechtsprechung

Die Rechtsprechung[25] begründet die Anwendbarkeit der Qualifikationen damit, dass **749**
die *Gefährlichkeit* der mitgeführten Waffe bei »Berufswaffenträgern« in gleicher Weise bestehe wie bei anderen Tätern: „Das Bewußtsein[26] der Verfügung über ein so gefährliches und handliches Angriffsmittel kann leicht zum Einsatz … führen. Diese Gefahr ist bei einem diebischen Polizeibeamten nicht geringer einzuschätzen als bei einem anderen … Täter; hat ein solcher Beamter erst einmal die *hohe Hemmschwelle* überwunden, die ihn von der Begehung eines Diebstahls abhalten müßte, dann ist nicht ersichtlich, was ihn mehr als einen anderen Täter daran hindern sollte, sich durch plötzlich auftretende Probleme zum Einsatz … verleiten zu lassen, zumal für ihn bei Entdeckung in der Regel die weitere Berufslaufbahn auf dem Spiele steht.“[27]

---

21 Vgl. *Hettinger* GA 1982, 525 (528 ff) m.w.N.

22 Vgl. dazu im Einzelnen u.a. AnwK-*Kretschmer* § 244 Rn. 19; *Haft* JuS 1988, 364 (368 f); *Hruschka* NJW 1978, 1338; *Lenckner* JR 1982, 424 (425 ff).

23 Näher *Hettinger* GA 1982, 525 (541 ff); *Lenckner* JR 1982, 426.

24 Vgl. für die h.L. z.B. *Kargl* StraFo 2000, 7 (12); *W/Hillenkamp* Rn. 269 f; eingehend zur Problematik insb. *Hettinger* GA 1982, 525 ff.

25 BGHSt 30, 44 (45) mit zust. Bspr. *Katzer* NStZ 1982, 236 ff; OLG Hamm NStZ 2007, 473 (474); OLG Köln NJW 1978, 652 (653).

26 Zur Frage, ob sich der Beamte auch *bewusst* ist, eine einsatzbereite Dienstwaffe mitzuführen, vgl. BayObLG StV 1999, 383 (384); OLG Hamm NStZ 2007, 473 (474).

27 BGHSt 30, 44 (45 f) im Anschluss an RGSt 32, 402 (403) zu § 123 III StGB a.F.; vgl. auch BVerfG NStZ 1995, 76.

Wegnahme (bei Diebstahl/Raub) – §§ 242 I, 249 I StGB

750 »Wegnahme« ist *Bruch fremden* und *Begründung neuen*, nicht notwendig – aber regelmäßig – eigenen *Gewahrsams*.

»*Gewahrsam*« ist die tatsächlich-soziale, von einem Herrschaftswillen getragene Herrschaft einer natürlichen Person über eine Sache (»faktische Verfügungsgewalt«). Entstehung, Umfang (Reichweite) und Verlust des Gewahrsams richten sich maßgeblich nach der »**Verkehrsauffassung**«, d.h. der *sozialen Zuordnung* von Sachherrschaftsbeziehungen (→ Rn. 751 f).

Fremder Gewahrsam – auch gleich- und übergeordneter Mitgewahrsam (→ Rn. 753) – wird »*gebrochen*«, wenn die Sachherrschaft des bisherigen Gewahrsamsinhabers **gegen oder ohne dessen Willen** (Einverständnis) aufgehoben wird. Dementsprechend schließt die bewusst-gewollte – auch irrtumsbedingte – *Übertragung* der Sachherrschaft einen »Bruch« des Gewahrsams grundsätzlich aus.

Neuer Gewahrsam ist »*begründet*«, sobald der Täter (oder ein Dritter) die Sachherrschaft derart erlangt hat, dass er sie **ohne wesentliche Hindernisse ausüben** und der bisherige Inhaber auf die Sache nicht mehr einwirken kann, ohne zuvor die Verfügungsgewalt des Täters (Dritten) zu beseitigen. Ungefährdete Sachherrschaft – »gesicherter Gewahrsam«, »Bergung der Beute« – ist dafür nicht erforderlich.

Literatur: LK-*Vogel* § 242 Rn. 48 ff; *S/S/Bosch* § 242 Rn. 22 ff. **Einführend:** *Zopfs* ZJS 2009, 506 (507 ff).

Rechtsprechung Grundlegend: BGHSt 8, 273 (274 f – Mitgewahrsam, Kasse); 16, 271 (273 ff – Beobachtung); 23, 254 (255 – Gewahrsamsbegründung durch Einstecken); 41, 198 (205 f – Abgrenzung §§ 242, 263 StGB). **Beispielhaft:** RGSt 50, 46 (48 – versteckte Sachen in fremder Gewahrsamssphäre); 50, 183 (184 – Gewahrsam an Haustieren); 54, 231 (232 – liegengelassene Gegenstände am Bahnsteig); 66, 394 (395 f – beiseitegelegte Beute); BGH NJW 1968, 662 (Gewahrsam angelieferter Ware vor der Tür) mit zust. Anm. *Schmitt* JZ 1968, 307 f; BGH NStZ 1982, 420 (Wegnahme eines Fahrzeugs/Verhältnis zu § 248b StGB); 2011, 36 (37 – Übergabe eines Mobiltelefons) mit Anm. *Hecker* JuS 2011, 374 f; KG BeckRS 2014, 10477 (abgesaugtes Benzin). Siehe auch die mitgeteilten Entscheidungen in → Rn. 757 f.

RGSt 56, 115 (117): „Der Gewahrsam im strafrechtlichen Sinn ist vor allem ein *tatsächliches* Verhältnis, das der tatsächlichen Herrschaft über die Sache. Den Vorschriften des bürgerlichen Rechts über den *Besitz* … kommt für die Beantwortung der Frage nach dem Vorliegen dieses tatsächlichen Verhältnisses keine maßgebende Bedeutung zu."

BGHSt 8, 273 (274 f); 16, 271 (273): „Gewahrsam ist ein tatsächliches, vom entsprechenden Willen getragenes Herrschaftsverhältnis über eine Sache. Wesentlich ist die *Sachherrschaft*, der unter Ausschluß fremder Einwirkungsmöglichkeiten kein Hindernis entgegenstehen darf… Ob sie vorliegt, hängt aber nicht in erster Linie … von der körperlichen *Nähe zur Sache* und nicht von der physischen Kraft ab, mit der die Beziehung zur Sache aufrechterhalten wird oder aufrechterhalten werden kann. Vielmehr kommt es für die Frage der Sachherrschaft entscheidend auf die Anschauungen des täglichen Lebens an. Der Gewahrsamsbegriff ist wesentlich durch die *Verkehrsauffassung* bestimmt."

BGH NStZ 2008, 624 (625): „Nach der Rechtsprechung ist die zur Vollendung des Diebstahls führende Wegnahme dann vollzogen, wenn fremder Gewahrsam gebrochen und neuer Gewahrsam begründet ist. Für die Frage des Wechsels der tatsächlichen Sachherrschaft ist entscheidend, dass der Täter die Herrschaft über die Sache derart erlangt, dass er sie *ohne Behinderung* durch den alten Gewahrsamsinhaber ausüben und dieser über die Sache nicht mehr verfügen kann, ohne seinerseits die Verfügungsgewalt des Täters zu brechen. Ob dies der Fall ist, richtet sich nach den Anschauungen des täglichen Lebens."

Erläuterungen

I. Gewahrsam

1. Der Inhalt des Gewahrsamsbegriffs

Der Gewahrsam stellt auf eine *faktische* Sachherrschaft einer natürlichen Person ab; **751**
für eine juristische Person oder Behörde üben die zuständigen Organe, Amtsträger usw. den Gewahrsam aus. Dieser ist damit nicht gleichbedeutend mit »Besitz« i.S. bürgerlichen Rechts, da für den Gewahrsamsbegriff insbesondere die zivilrechtlichen Fiktionen nach §§ 855, 857 BGB sowie die Figur des »mittelbaren Besitzes« unerheblich sind.[1] Der Gewahrsam umfasst auch die unberechtigte Sachherrschaft. Nach h.M. wird der Begriff durch drei Elemente ausgefüllt:

Objektiv setzt »Gewahrsam« voraus, dass nach der Verkehrsauffassung der Verwirklichung des Willens zur unmittelbaren Einwirkung auf die Sache keine erheblichen Hindernisse entgegenstehen (»Herrschaftsmöglichkeit«, *objektiv-faktisches Gewahrsamselement*). Kein erhebliches Hindernis ist z.B. eine vorübergehende räumliche Trennung des Gewahrsamsinhabers von der Sache, die im Rahmen des sozial Üblichen liegt. Hier handelt es sich vielmehr um eine bloße »Gewahrsamslockerung«.

Der »Herrschaftswille« (*subjektiv-voluntatives Gewahrsamselement*) besteht in dem Willen, die Möglichkeit ungehinderter Einwirkung auf die Sache wahrzunehmen und zu erhalten. Rechtliche Willensfähigkeit (Geschäftsfähigkeit) ist dafür ebenso wenig notwendig wie ein individualisiertes und ständig aktuelles (»waches«) Sachherrschaftsbewusstsein: genereller und latenter Herrschaftswille reichen aus. Durch Schlaf und Bewusstlosigkeit wird der Herrschaftswille nicht aufgehoben.

»Herrschaftsmöglichkeit« und »Herrschaftswille« beziehen sich nach der von der »Verkehrsauffassung« geprägten sozialen Zuordnung (*normativ-soziales Gewahrsamselement*) auch auf *generelle*, insbesondere *räumliche Herrschafts- und Einflussbereiche* (»Gewahrsamssphären«): Körper, Kleidung, Gepäck, Wohnung, Geschäftsraum, sonstige, u.U. lockere Sachherrschaftsbeziehungen.

Bei Sachen *geringen Umfangs* und *leichter Beweglichkeit* erlangt eigenen Gewahr- **752**
sam auch in einem fremden räumlichen Herrschaftsbereich (Warenhaus, Wohnung) regelmäßig derjenige, der die Sache in seine *Kleidung* oder ein leicht transportables *Behältnis* steckt oder sie unauffällig wie seine eigene Sache fortträgt (sog. »Gewahrsamsenklave«, s. dazu auch die Rspr. in → Rn. 757). Zufällige oder planmäßige *Beobachtung*, auch sofortige Festnahme, hindert den Gewahrsamswechsel grundsätzlich nicht. Bei sperrigen oder sonst *schwer beweglichen* Gegenständen, ebenso bei Sachen, die wegen ihrer Vielzahl des auffälligen Abtransports bedürfen, wird Gewahr-

1 Vgl. *Bosch* Jura 2014, 1237 (1238); NK-*Kindhäuser* § 242 Rn. 30.

sam dagegen in der Regel erst dadurch gebrochen und begründet, dass der Täter die Objekte aus dem fremden räumlichen Herrschaftsbereich *herausschafft*.

2. Umstrittene Fragen – neuere Lehren

753 *Theoretisch* umstritten sind – freilich ohne erkennbare praktische Konsequenzen – Berechtigung und Beziehungsverhältnis der drei »Gewahrsamselemente«. Die Erforderlichkeit eines subjektiven »Herrschaftswillens« wird in der Literatur bisweilen *geleugnet*, da dieses Element fiktiv und im Grunde überflüssig sei. Auch wird gegenüber der »tatsächlichen Verfügungsgewalt« die »soziale Zuordnung« teils in den Vordergrund gestellt, teils als das allein wesentliche Gewahrsamskriterium verstanden.[2] Nicht von praktischer Bedeutung ist ferner der Streit um die Möglichkeit sog. *»gestuften Mitgewahrsams«* (über- und untergeordneten Mitgewahrsams). Nach h.M. kann nur der Inhaber des *untergeordneten* Mitgewahrsams eine *Wegnahme* zum Nachteil des anderen Mitgewahrsamsinhabers begehen, während im umgekehrten Fall keine Wegnahme vorliegt. Die Gegenmeinung erreicht die gleichen Ergebnisse mit der These, dass der »Untergeordnete« *überhaupt keinen* Gewahrsam habe, der »Übergeordnete« also Alleingewahrsamsinhaber sei.[3]

754 Die für die praktische Anwendung des Gewahrsamsbegriffs erheblichen »neuralgischen Punkte« ergeben sich im Wesentlichen daraus, dass die von der *Verkehrsauffassung* geprägte soziale Zuordnung in Grenzbereichen *unsicher* ist, weil sie teils stärker von »faktischen«, teils mehr von »normativen« Aspekten bestimmt wird. Hierbei geht es insbesondere um folgende Sachverhalte:

- Von eingriffsbereiten Personen *»beobachteter Diebstahl«* im fremden räumlichen Herrschaftsbereich;[4]
- Gewahrsamsbeziehungen in sozialen *Abhängigkeits*verhältnissen (Dienst-, Arbeits-, Auftragsverhältnissen): u.a. Verkäufer, Abteilungsleiter, Kassenverwalter, Lkw-Fahrer;[5]
- Gewahrsam am Inhalt verschlossener *Behältnisse*.[6]

755 In grundsätzlicher Hinsicht ist eine *neuere Lehre* beachtlich, die als »soziale Rechtfertigungslehre des Gewahrsams« bezeichnet werden kann.[7] »Gewahrsam« ist danach „eine Herrschaftsbeziehung zwischen einer Person und einer Sache, deren faktisches Konstitutionselement man daran erkennt, dass der Zugriff auf die Sache keiner *sozialen Rechtfertigung* bedarf", weil er als selbstverständlich „sozial anerkannt" ist (auch: »sozial-normativer« Gewahrsamsbegriff).[8] Die Frage nach der Aussagekraft der »Verkehrsauffassung« für die soziale Zuordnung der »Sachherrschaft« wird damit

2 Vgl. näher MK-*Schmitz* § 242 Rn. 62 ff; *W/Hillenkamp* Rn. 82, 86 ff; jew. m.w.N.
3 Vgl. *L/Kühl* § 242 Rn. 13; SK-*Hoyer* § 242 Rn. 45; jew. m.w.N.
4 Hierzu *Bosch* Jura 2014, 1237 (1240 ff); *Hillenkamp*, BT, Problem Nr. 20; *Zopfs* ZJS 2009, 506 (511 f). Zur Begründung einer »Gewahrsamsenklave« durch *Nötigung* vgl. *Hütwohl* ZJS 2009, 131 ff.
5 Vgl. dazu die Übersicht bei *W/Hillenkamp* Rn. 100 ff sowie die Rspr. in → Rn. 758.
6 *W/Hillenkamp* Rn. 105 ff; *Zopfs* ZJS 2009, 506 (509 f); jew. m.w.N.
7 Weitere Vorschläge zur Bestimmung der »Wegnahme« (die bisher aber keinen Anklang gefunden haben) bei *Kahlo*, in: IKF, Vom unmöglichen Zustand des Strafrechts, 1995, S. 123 (131 ff); *Ling*, ZStW 110 (1998), 919 ff, 939 ff; *Rotsch* GA 2008, 65 ff.
8 *Kargl* JuS 1996, 971 (974 ff); NK-*Kindhäuser* § 242 Rn. 28. Grundlegend *Bittner*, Der Gewahrsamsbegriff, 2. Aufl. 2008, S. 95 ff.

zur Frage nach der »Rechtfertigungsbedürftigkeit« oder »Selbstverständlichkeit« des konkreten Sachzugriffs. Die Vertreter dieser Lehre bestreiten, dass es sich dabei nur um einen terminologischen Streit handelt.[9] Vielmehr könne das Verhältnis von tatsächlicher Herrschaftsmacht und sozialer Zuordnung mit diesem Begriff sachgerechter erfasst und z.B. der Gewahrsam bei fehlender Zugriffsmöglichkeit – das Fahrrad des Pendlers am Bahnhof – nachvollziehbar hergeleitet werden.[10]

Zum Teil werden alle Varianten eines »sozialen« Gewahrsamsbegriffs aber auch unter Hinweis auf die Beliebigkeit des Kriteriums der »sozialen Zuordnung« kritisch gesehen und vorgeschlagen, stattdessen den Gewahrsam als „Eingliederung der Sache in ein persönliches Nutzungsreservat" zu bestimmen, das sowohl durch „faktische Okkupation" als auch durch „rechtliche Vereinbarungen" geschaffen werden könne.[11]

II. Wichtige Aussagen der Rechtsprechung

Zur Verdeutlichung der Rechtsprechung gerade zu den »neuralgischen Punkten« **756**
(→ Rn. 754) der Gewahrsamsbeurteilung seien nachfolgend einige aussagekräftige Passagen aus Entscheidungen zur »Wegnahme« und zum »Gewahrsam« angeführt:

1. Wegnahme in fremdem Herrschaftsbereich

Zur Beobachtung im SB-Markt: „Sobald der Täter im Selbstbedienungsladen mit **757**
Zueignungsabsicht Waren in seine *Kleidung* oder eine mitgeführte *Tasche* gesteckt hat, ist sein Gewahrsam begründet…, auch wenn das Personal den Vorgang *beobachtet* hat und die weitere Verfügung ›ohne Schwierigkeiten‹ verhindern kann… Diebstahl ist *keine heimliche* Tat.[12] Die Beobachtung, mag sie nun zufällig oder planmäßig, anhaltend oder nur vorübergehend sein, und eine körperliche Unterlegenheit des Täters oder seine Bereitschaft zur Rückgabe geben dem Bestohlenen lediglich die *Möglichkeit*, den ihm bereits entzogenen Gewahrsam *wiederzuerlangen*."[13]

Zur Gewahrsamsneubegründung durch Einstecken: „Bei *unauffälligen*, leicht beweglichen Sachen … läßt die Verkehrsauffassung für die vollendete Wegnahme schon ein *Ergreifen* und *Festhalten* der Sache genügen. Der Annahme eines Gewahrsamswechsels steht in diesen Fällen nicht entgegen, daß sich der erbeutete Gegenstand, wie etwa bei Festnahme des Täters am Tatort, noch im Gewahrsamsbereich des Berechtigten befindet. Die Tatvollendung setzt keinen *gesicherten* Gewahrsam voraus. Die alsbaldige Entdeckung des Täters gibt nur die Möglichkeit, ihm die Sache wieder abzunehmen… Die Verkehrsauffassung weist im Regelfall einer Person, die einen Gegenstand in der Tasche ihrer Kleidung trägt, die ausschließliche Sachherr-

9 So aber *Bosch* Jura 2014, 1237 (1238); LK-*Vogel* § 242 Rn. 55.

10 *W/Hillenkamp* Rn. 82 m.w.N. Zu weiteren abw. Konsequenzen dieses Bestimmungsansatzes vgl. *Kargl* JuS 1996, 974 f; *Martin* JuS 1998, 892 f; vgl. auch OLG Karlsruhe NStZ-RR 2005, 140 (141).

11 SK-*Hoyer* § 242 Rn. 30 ff; dazu wiederum krit. MK-*Schmitz* § 242 Rn. 60 ff.

12 Nur dieser Satzteil wird in Übungsarbeitern von Bearbeitern häufig *allein* zur Gewahrsamsneubegründung angeführt. Damit ist eine solche jedoch *nicht erklärt*, sondern nur schlagwortartig bedeutet, dass eine Wegnahme auch unter Beobachtung möglich ist: Begründen lässt sich die Neubegründung mit der Erwägung, dass der Täter den Gegenstand in seine Gewahrsamssphäre verbringen kann, ohne daran gehindert zu werden.

13 BGHSt 16, 271 (274); vgl. auch OLG Düsseldorf NJW 1986, 2266 (große Gegenstände und Beobachtung); OLG Hamm NStZ-RR 2014, 209 (210 – Begründung neuen Gewahrsams bei Beobachtung).

schaft zu.“[14] „In Selbstbedienungsläden entsteht neuer, alleiniger Gewahrsam des Täters, wenn dieser *kleinere*, leicht transportable Sachen in ein mitgeführtes *Behältnis* steckt oder in seiner *Kleidung* verbirgt… Demgegenüber bleibt die Sache in dem tatsächlichen Herrschaftsbereich des Geschäftsinhabers, wenn der Kunde sie an sich nimmt, um sie zur Kasse zu tragen, sei es in einem bereitgestellten Verkaufswagen oder manuell.“[15]

Zur Wegnahmevollendung bei gesicherter Ware: „Bringt der Täter in einem Selbstbedienungsgeschäft eine Ware an sich, indem er sie unter seiner Kleidung oder sonst in seinen Sachen versteckt, ist die Wegnahme in der Regel auch dann vollendet, wenn die Ware mit einem *elektromagnetischen Sicherungsetikett* versehen ist, das – falls es nicht entfernt oder deaktiviert wird – beim Verlassen des Kontrollbereichs ein Alarmsignal auslöst.“[16]

Zusammenfassend: „Die soziale Anschauung weist dem Kunden eines Supermarktes, der die *Kassensperre durchschritten* und die Bezahlung abgeschlossen hat, allgemein die tatsächliche Sachherrschaft an den im Einkaufswagen mitgeführten und nach dieser Sachlage vermutlich bezahlten Waren zu; dies entspricht der Auffassung, für den geschlossenen Ladenbereich *vor der Kasse* umgekehrt vom generellen Gewahrsam des Ladeninhabers auszugehen, soweit nicht Waren in Taschen oder Kleidungsstücken verborgen worden sind. Die Tatsache, daß der Vorgang … von Gewahrsamshütern *beobachtet* worden ist, kann an diesem Ergebnis nichts ändern, weil der Diebstahl keine ›heimliche Tat‹ ist und nicht vorausgesetzt wird, daß der Täter endgültigen und gesicherten Gewahrsam erlangt.“[17]

2. Gewahrsam bei Angestellten, Behältnissen, Verletzten

758 **Zum Gewahrsam des Kassierers am Kasseninhalt:** „Bei Verkäufern und Angestellten in einem Laden nimmt die Rechtsprechung nach den Gepflogenheiten des Lebens regelmäßig *Alleingewahrsam* des *Ladeninhabers* an den Waren und dem in der Kasse befindlichen Geld an. Bei Kassierern und *Kassenverwaltern*, die die alleinige Verantwortung für die Kasse tragen, hat dagegen regelmäßig der Kassenverwalter den Alleingewahrsam am Kasseninhalt bis zu dessen Ablieferung… Der Geschäftsinhaber oder Vorgesetzte hat zwar ein Weisungsrecht, darf aber nach den Gepflogenheiten selbst keine Beträge aus der Kasse entnehmen, sondern bedarf dazu der Mitwirkung des Kassierers. Dieses Weisungsrecht begründet deshalb noch keinen Mitgewahrsam“.[18]

Zum Warentransport: „Im Verhältnis zwischen dem Fahrer eines Lkw oder Transporters und dem Geschäftsherren kann zwar je nach den Umständen Mitgewahrsam oder Alleingewahrsam des einen oder des anderen bestehen. Alleingewahrsam des Fahrers ist aber regelmäßig bei Fernfahrten anzunehmen, solange der Eigentümer nicht die Möglichkeit hat, seinen Herrschaftswillen auszuüben. Lediglich bei Trans-

14 BGHSt 23, 254 (255); ähnlich BGH NStZ 2008, 624 (625); 2011, 158 (159).
15 OLG Düsseldorf NJW 1988, 922 (923).
16 BayObLG NJW 1995, 3000 (3001) mit zust. Bspr. *v. Heintschel-Heinegg* JA 1995, 833 (834 f).
17 OLG Zweibrücken NStZ 1995, 448 (449).
18 BGHSt 8, 273 (275); vgl. auch BGH NStZ-RR 1996, 131 (132); 2001, 268 sowie bereits RGSt 30, 88 (89 f).

porten innerhalb desselben Ortes – aber selbst dies nicht in Großstädten – bleiben Transporte zumeist in der Reichweite des Geschäftsherren und besteht daher dessen Gewahrsam aufgrund seiner Einwirkungsmöglichkeit fort. Maßgebend ist, ob der Inhaber der Firma auch während der Fahrt Einfluss auf die Sachen nehmen kann."[19]

Zum Gewahrsam an dem Inhalt verschlossener Behältnisse: „Darüber, ob ... der Behältnisverwahrer oder der Schlüsselbesitzer den Gewahrsam am Inhalt des *verschlossenen Behältnisses* hat, gibt es keine allgemeine Regel... Die Verkehrsanschauung mißt allerdings gewissen Merkmalen der Sachgestaltung wesentliche Bedeutung bei, aus der sich Richtlinien für die Beantwortung der Gewahrsamsfrage ergeben. Ein solches Merkmal ist die *Beweglichkeit* oder *Unbeweglichkeit* des Behältnisses. Hat z.B. jemand Geld in eine Kassette eingeworfen, die mit einem Gebäude fest verbunden ist, so ... billigt die Verkehrsauffassung dem Schlüsselinhaber Gewahrsam am Inhalt des Behältnisses zu... Ist dagegen das Behältnis selbständig und beweglich, so daß der Verwahrer gleichzeitig mit ihm auch über den Inhalt durch Wegschaffen oder Veräußern verfügen kann, so hat er in der Regel die tatsächliche Gewalt über die Sachgesamtheit und damit Alleingewahrsam auch am Inhalt."[20]

Zum Gewahrsam hilfloser Personen: „Gewahrsam eines erheblich *Verletzten* an seinen neben ihm liegenden Sachen ist nicht schon deshalb zu verneinen, weil er nicht mehr fähig ist, etwas zu deren Schutze zu unternehmen. Diesen Gewahrsam verliert er auch nicht rückwirkend, wenn er infolge der Verletzungen stirbt."[21]

Wegnahme (bei Pfandkehr) – § 289 I StGB

Die »Wegnahme« der Sache setzt bei § 289 I StGB nicht notwendig einen Bruch fremden **»Gewahrsams«** voraus. Es reicht vielmehr aus, dass die Sache aus dem *tatsächlichen* – rechtlich fundierten, gewahrsamsähnlichen – *Macht- und Zugriffsbereich* des Pfandgläubigers oder sonstigen Rechtsinhabers räumlich entfernt wird (str. → Rn. 760). **759**

Literatur: *S/S/Hecker* § 289 Rn. 9; abw. *Bock*, ZStW 121 (2009), 548 (551 ff [»Wegnahme« i.S. von § 242 StGB erforderlich]). **Einführend:** *K/H/H*, BT 2, Rn. 400 ff.

Rechtsprechung Grundlegend (zum besitzlosen Vermieterpfandrecht): RGSt 10, 321 (323); 27, 222 (225).

BayObLG NJW 1981, 1745 (1746): „Die unterschiedliche Auslegung des Begriffs ›Wegnehmen‹ bei § 242 und § 289 StGB rechtfertigt sich aus der *abweichenden Zielsetzung* beider Strafvorschriften: Während § 242 das Eigentum und zusätzlich den Gewahrsam schützt, will § 289 verhindern, daß bestimmte Sicherungs- oder Nutzungsrechte vereitelt werden. Da aber – wie z.B. gerade beim Pfandrecht des Vermieters – das Bestehen eines solchen Sicherungsrechts nicht vom *Besitz* am Sicherungsgut abhängig ist, verlöre § 289 insoweit jede Bedeutung, wenn

19 OLG Köln, VRS 107 (2005), 366 (368) m.w.N.
20 BGHSt 22, 180 (182 f); in diese Richtung schon RGSt 5, 222 (223 f) und 47, 210 (212 ff).
21 BGH NJW 1985, 1911 mit Bspr. *Lampe* JR 1986, 294 ff; vgl. auch BGHSt 4, 210 (211 – vorübergehende Bewusstlosigkeit).

man unter ›Wegnehmen‹ nur einen Bruch fremden Gewahrsams verstehen wollte… ›Wegnehmen‹ bedeutet deshalb bei § 289 StGB nichts anderes als ›dem Machtbereich des Berechtigten entziehen‹."

RGSt 37, 118 (126 f): Die Rechtsprechung „geht dahin, daß das zur Annahme der Möglichkeit einer Wegnahme begrifflich erforderliche Herrschafts- und Gewaltverhältnis des Vermieters … bereits durch die Einbringung der Sachen des Mieters in die Mietwohnung hergestellt wird, solange fortdauert, als die Sachen tatsächlich in der Mietwohnung bleiben, und … mit der Wegschaffung der Sachen aus der Mietwohnung erlischt, mag auch das Pfandrecht … noch darüber hinaus fortdauern".

Erläuterungen

760 Die Auslegung des Begriffs »Wegnehmen« bei § 289 I StGB ist in der Literatur sehr umstritten; sie hat vor allem für den Schutz *besitzloser Pfandrechte* Bedeutung.[1] Die vordringende Gegenmeinung fordert auch für § 289 I StGB eine »Wegnahme« i.S. des § 242 I StGB. Dies wird teils mit der gegenüber §§ 288 I, 136 I StGB verschärften Strafdrohung des § 289 I StGB begründet, teils mit der angeblichen Verschwommenheit des »gewahrsamsähnlichen Macht- und Zugriffsbereichs«. Die besitzlosen Pfandrechte sind nach dieser Auffassung also mangels Gewahrsam des Pfandrechtsinhabers nicht von § 289 I StGB geschützt.[2] Eine weitere Ansicht spricht sich dafür aus, die »Wegnahme« als eine räumliche Veränderung zu verstehen, die dem Schuldner im Verhältnis zum Gläubiger untersagt ist; werde sie gleichwohl vollzogen, führe dies zu einer »faktischen Rechtsvereitelung«.[3]

Wegnahme (Störung der Totenruhe) – § 168 I StGB

761 »Wegnahme« ist Aufhebung eines *Obhutsverhältnis* (»Bruch«) gegen/ohne Willen des Berechtigten, wobei es auf eine Begründung *neuen Gewahrsams* nicht ankommt.

»Berechtigter« ist der Inhaber des *Totenfürsorgerechts*, d.h. insbesondere die näheren Angehörigen sowie bei Obhut des Handlungsobjekts in einem Krankenhaus oder Altersheim deren Leiter.

Literatur: LK-*Dippel* § 168 Rn. 26, 41 ff; NK-*Stübinger* § 168 Rn. 8 ff.

Rechtsprechung Beispielhaft: OLG Bamberg NJW 2008, 1543 (1545 f – Zahngold) m.w.N.; OLG Zweibrücken JR 1992, 212 f (Gewahrsam des Angehörigen) mit zust. Anm. *Laubenthal*, S. 213.

762 **Hinweise:** Eine spezielle Bedeutung hat der Begriff »Wegnahme *aus dem Gewahrsam*« in § 168 I StGB (Störung der Totenruhe). »Gewahrsam« bedeutet hier – trotz der Sacheigenschaft des Handlungsobjekts – nicht »Sachherrschaft«, meint vielmehr

1 Übersicht bei *Rengier*, BT 1, § 28 Rn. 10 ff.

2 Vgl. *Bock*, ZStW 121 (2009), 548 (551); *Otto* Jura 1992, 666 (667). Für eine Koordination mit dem Wegnahmebegriff des § 242 I StGB ferner NK-*Gaede* § 289 Rn. 9 ff; SK-*Hoyer* § 289 Rn. 8 ff.

3 LK-*Schünemann* § 289 Rn. 14 ff m.w.N. Die Wegnahme-Begriffe des StGB sind im Zusammenhang dargestellt bei *Laubenthal* JA 1990, 38 ff; *Otto* Jura 1992, 666 ff.

ein weniger konkretisiertes tatsächliches *Obhutsverhältnis* i.S. eines Aufsichts- und Bewachungsverhältnisses, das in der Regel von den nächsten Angehörigen oder der Krankenanstalt ausgeübt wird.

Im Gegensatz zu § 242 I StGB können Berechtigter und Gewahrsamsinhaber auseinanderfallen; nur wenn beides in Kombination vorliegt, werden die Tatobjekte vor einer Wegnahme geschützt.[1] Z.T. wurde zur Bestimmung des »Gewahrsams« i.S. von § 168 I StGB allein auf die Verletzung eines den Hinterbliebenen zustehenden Obhuts*rechts* abgestellt, um insbesondere Strafbarkeitslücken zu vermeiden, die bei der Organentnahme durch das Obhutsverhältnis ausübende Ärzte entstanden.[2] Da nunmehr der im Jahr 2007 geschaffene § 19 TPG eigens die Strafbarkeit bei unberechtigter Organentnahme regelt, ist die Notwendigkeit einer solchen Auslegung weitgehend entfallen.[3]

Werkzeug, gefährliches (bei Körperverletzung) – § 224 I Nr. 2 (§ 223a I a.F.) StGB

»Gefährliches Werkzeug« ist ein *beweglicher* (str. → Rn. 765 f) – d.h. durch menschliche Einwirkung gegen den Körper eines Menschen *bewegbarer* – Gegenstand (also kein Körperteil, str. → Rn. 769), der nach seiner objektiven Beschaffenheit *und* nach der Art seiner Verwendung als Angriffs- oder Verteidigungsmittel im *konkreten Fall* **geeignet** ist, **erhebliche** (→ Rn. 767) Verletzungen zu bewirken. 763

Dabei muss die Eignung des Gegenstandes zur erheblichen Verletzung nicht auf dessen »mechanischer« Wirkung beruhen: In Betracht kommen auch Gegenstände mit *chemischer* Verletzungseigenschaft und zur Körperverletzung eingesetzte *Tiere.*

Literatur: *Fischer* § 224 Rn. 7 ff; *S/S/Sternberg-Lieben* § 224 Rn. 3 ff. **Einführend:** *Kretschmer* Jura 2008, 916 (918 ff).

Rechtsprechung Grundlegend: RGSt 4, 397; 24, 372 (374 f); BGHSt 1, 1 (4) – auch chemische Wirkung einer Waffe (Waffe noch als Oberbegriff für das gefährliche Werkzeug); 22, 235 (236 f – Ausschluss unbeweglicher Gegenstände). **Beispielhaft** → Rn. 769.

BGHSt 22, 235 (236 f – noch zu § 223a StGB a.F.): „Das natürliche Sprachempfinden wehrt sich dagegen, eine feste Wand, den gewachsenen Boden oder einen Fels als ›Werkzeug‹ zu bezeichnen. Die Beispiele aus der Entstehungsgeschichte des Gesetzes, die RGSt 24, 372 angeführt hat, zeigen, daß auch die Gesetzgeber unter Werkzeugen nur solche Gegenstände verstanden haben, die durch menschliche Einwirkung irgendwie gegen einen menschlichen Körper *in Bewegung gesetzt* werden können. Dabei war von Anfang an nicht zweifelhaft, daß auch schwere, aber bewegliche Gegenstände, etwa schwere Maschinenteile, unter den Werkzeugbegriff fallen, dieser also nicht auf leicht zu handhabende Gegenstände, wie Waffen und Messer,

1 Vgl. NK-*Stübinger* § 168 Rn. 8.
2 Vgl. *Sternberg-Lieben* NJW 1987, 2062; w.N. bei *Czerner*, ZStW 115 (2003), 93 (95).
3 Vgl. LK-*Dippel* § 168 Rn. 45. Zum Verhältnis von § 168 StGB zum TPG vgl. MK-*Hörnle* § 168 Rn. 18.

beschränkt ist... Die neuere Rechtsprechung zeigt allerdings die Neigung, den sehr eng gefaßten Werkzeugbegriff des RG in anderer Beziehung zu erweitern. So gelten heute *chemisch wirkende* Mittel oder ein auf den Menschen *gehetzter Hund* unbestritten als gefährliche Werkzeuge... An der durch den *eindeutigen Wortlaut* des Gesetzes gebotenen Grundauffassung, daß *unbewegbare* Gegenstände nicht zu den Werkzeugen in diesem Sinn gehören, ist jedoch bisher nicht gerüttelt worden... Körperverletzungen durch Stoßen gegen eine Wand, den Fußboden, durch Sturz aus einem Fenster u. dgl. fallen, wenn sie das *Leben* des Verletzten gefährden, ohnehin unter § 223a [heute § 224 I Nr. 5] StGB. Für leichtere Fälle reicht der Strafrahmen des § 223 StGB aus."

BGH NJW 1978, 1206: § 223a StGB a.F. nennt „das gefährliche Werkzeug nur als Beispiel für eine Waffe. Nach dem Sinn des Gesetzes soll die erhöhte Strafbarkeit in diesen Fällen deshalb an den Gebrauch einer Waffe oder eines Gegenstandes geknüpft sein, der einer Waffe *vergleichbar* ist. Um einen solchen Gegenstand handelt es sich aber nur, wenn ihn der Täter bei einem Angriff oder Kampf zu *Angriffs-* oder *Verteidigungszwecken* benutzt." Ärztliche Instrumente, wie das Skalpell des Chirurgen oder die zahnärztliche Zange, seien daher bei bestimmungsgemäßer Verwendung durch den Arzt keine »gefährlichen Werkzeuge«, selbst wenn *kein* »Heileingriff« vorgenommen werde.

BGH NStZ 2010, 151: „Nach der ständigen Rechtsprechung des BGH ist ein Werkzeug ›gefährlich‹ i.S. von § 224 I Nr. 2 StGB, wenn es nach seiner objektiven Beschaffenheit und nach der Art seiner *Benutzung* im *konkreten Einzelfall* geeignet ist, erhebliche Körperverletzungen herbeizuführen."

Erläuterungen

I. Das begriffliche Verhältnis von »Werkzeug« und «Waffe«

764 In § 223a I StGB a.F. stellte das Gesetz nicht das »gefährliche Werkzeug«, sondern die »Waffe« in den Vordergrund. Nach der *grammatischen Satzstruktur* fungierte die »Waffe« als Oberbegriff (Gattungsbegriff), das »gefährliche Werkzeug« war hingegen der Spezialfall. Die herrschende Interpretation sah im »*gefährlichen Werkzeug*« gleichwohl den sachlich maßgebenden Oberbegriff, an dem die Auslegung zu orientieren sei. Dies wurde damit begründet, dass auch die Verwendung einer »Waffe« nur ausreiche, wenn sie im *konkreten Fall* als »gefährliches Werkzeug« eingesetzt werde. Die »Waffe« wurde dabei als Waffe im *technischen* Sinn verstanden, die freilich stets *zugleich* die Voraussetzungen eines »gefährlichen Werkzeugs« erfüllen muss.[1]

Die auf dem 6. StrRG (1998) beruhende *Neufassung* des Gesetzes stellt klar, dass das »gefährliche Werkzeug« den *Oberbegriff* enthält: »Waffe oder ein *anderes* gefährliches Werkzeug«. Das Gesetz hat damit die bereits für § 223a I StGB a.F. h.M. übernommen. Die »Waffe« ist danach – als Spezialfall eines »gefährlichen Werkzeugs« – eine Waffe im technischen Sinn[2]; sie muss *zugleich* die Eigenschaft eines »gefährlichen Werkzeugs« haben, d.h. im konkreten Fall als »gefährliches Werkzeug« benutzt werden.[3]

1 Eingehend zu diesen (ehemaligen) begrifflichen Fragen *M. Heinrich*, Die gefährliche Körperverletzung, 1993, S. 61 ff, 392 ff m.w.N. – Zur uneinheitlichen Rspr. (»Waffe« oder »gefährliches Werkzeug« als Oberbegriff bzw. »Synonymität« der Begriffe) vgl. die Nachw. in der 6. Aufl. 2005, S. 440.

2 Zur Waffe im technischen Sinn vgl. → Rn. 744.

3 Näher dazu *Küper*, Hanack-FS, 1999, S. 569 (572, 576).

Nach BGH NJW 1978, 1206 (zu § 223a StGB a.F. [oben zitiert → Rn. 763]) wird das gefährliche Werkzeug im Gesetz nur als »Beispiel für eine Waffe« genannt. Deshalb müsse es ein mit der Waffe »vergleichbares« Tatmittel insofern sein, als es »zu Angriffs- oder Verteidigungszwecken« benutzt werde. Daran fehle es bei einem bestimmungsgemäß verwendeten *ärztlichem Instrument*. Abgesehen davon, dass diese Begründung nach der Neufassung überholt ist, dürfte die Beschränkung auf Angriffs-/Verteidigungsmittel weniger aus der »Vergleichbarkeit« des gefährlichen Werkzeugs mit einer »Waffe« als vielmehr daraus resultieren, dass vom Arzt de lege artis benutzte Instrumente nicht den vom Gesetz vorausgesetzten Gefährlichkeitsgehalt aufweisen.[4]

II. Unbewegliche Gegenstände als »gefährliche Werkzeuge«?

1. Der Standpunkt der Rechtsprechung

Erheblich umstritten ist, ob auch »unbewegliche Gegenstände« (Hauswand, Straßen- **765**
decke, fest montierte Maschine usw.) unter den Begriff des »gefährlichen Werkzeugs« subsumiert werden können. Nach feststehender Rechtsprechung muss das »gefährliche Werkzeug« ein *beweglicher Gegenstand* sein; »unbewegliche Gegenstände« – im normalen Verständnis dieses Begriffs, der z.B. auch einen Schrank oder Herd umfasst – scheiden danach aus. Bei »beweglichen« Gegenständen soll es allerdings nicht auf die konkrete Art der *Dynamik* ankommen. Unerheblich ist also, ob das Werkzeug gegen den Menschen oder umgekehrt das Opfer gegen das Werkzeug bewegt wird. Der Gegenstand muss also nur die Eigenschaft der »Bewegbarkeit« besitzen.[5] Diese Rechtsprechung wird hauptsächlich mit dem angeblich »eindeutigen Wortlaut« des Merkmals »Werkzeug« begründet.[6] Außerdem wird geltend gemacht, dass die gravierenden Fälle von Verletzungen durch unbewegliche Gegenstände regelmäßig als »lebensgefährdende Behandlung« (§ 224 I Nr. 5 StGB) erfasst werden könnten.

2. Die Kontroverse in der Literatur

Die Literatur ist der Rechtsprechung weitgehend gefolgt.[7] Die verbreitete und vor- **766**
dringende *Gegenmeinung* will hingegen auch unbewegliche Gegenstände in den Werkzeugbegriff einbeziehen.[8] Sie beruft sich darauf, dass es für die *Gefährlichkeit* eines Tatmittels keinen Unterschied ausmache, ob der zur Verletzung eingesetzte Gegenstand beweglich oder unbeweglich sei. Auch der Gesetzeswortlaut lasse die Einbeziehung unbeweglicher Werkzeuge zu. Der Wortlaut könne hier ebenso wenig wie z.B. beim Einsatz chemischer Mittel oder Tiere auf ein »Werkzeug« i.S. des üblichen Alltagssprachgebrauchs beschränkt werden. Schließlich reiche die Alternative der »lebensgefährdenden Behandlung« nicht aus, um die bei Verwendung unbeweglicher Gegenstände relevanten Gefährlichkeitsfälle angemessen zu erfassen.

---

4 Grds. abw. *M. Heinrich* JA 1995, 718 (726); zum Problem näher: *Sowada* JR 1988, 123 ff, *S/S/Sternberg-Lieben* § 224 Rn. 8.

5 Vgl. dazu RGSt 24, 372 (374 f); BGHSt 22, 235 (236 f, oben zitiert → Rn. 763).

6 Vgl. aber auch den Hinw. in RGSt 24, 374 f auf die Entstehungsgeschichte und die anderenfalls »schrankenlose Erweiterung des Begriffs«.

7 Nachw. bei NK-*Paeffgen* § 224 Rn. 14.

8 Vgl. z.B. *Eckstein* NStZ 2008, 125 (126 f); *Küpper* JuS 2000, 225 (226); LK-*Lilie* § 224 Rn. 27; *Rengier*, BT 2, § 14 Rn. 39; diff. MK-*Hardtung* § 224 Rn. 15.

Wird der Werkzeugbegriff auf *unbewegliche* Gegenstände erstreckt, so geraten allerdings auch Verletzungsarten in den Anwendungsbereich des »gefährlichen Werkzeugs«, bei denen sich der Sprachsinn gegen die Zuschreibung der Werkzeugeigenschaft sträubt: Aussetzen des Opfers im Schnee oder in der Sonne, Stoßen in eiskalten Gebirgsbach, Drücken des Kopfes unter Wasser, Werfen in einen Graben oder durch ein offenes Fenster usw. Zwischen dem »Werkzeug« und beliebigen »gefährlichen Arrangements« lässt sich dann keine plausible Grenze mehr ziehen. Diese Gefahr einer konturlosen Ausuferung[9] spricht – ebenso wie der Spezialfall der »Waffe« – für einen restriktiven, an der Beweglichkeit des Gegenstandes orientierten Werkzeugbegriff, auch wenn er weder vom Wortlaut noch vom Gesetzeszweck zwingend gefordert wird.[10]

III. Die Eignung zu »erheblichen« Verletzungen

767 Die beim konkreten Werkzeugeinsatz naheliegende »erhebliche« Verletzung braucht nach Rechtsprechung und nahezu einhelliger Auffassung[11] keine »schwere« Körperverletzung i.S. des § 226 I StGB zu sein, auch keine »schwere Gesundheitsschädigung« (dazu → Rn. 271). Verlangt wird lediglich eine »gravierende«, »schwerwiegende« Körperverletzung, die nicht mehr als »leicht« angesehen werden kann. Maßgeblich ist „eine Verletzung des Körpers, die dessen Funktionen oder dessen Erscheinungsbild so einschneidend und nachhaltig beeinträchtigt, daß der Verletzte schwer getroffen ist und beträchtlich darunter zu leiden hat".[12]

IV. Das gefährliche Werkzeug als »Mittel« der Verletzung

768 Die Körperverletzung »mittels« eines gefährlichen Werkzeugs erfordert den *bewussten* Einsatz des Gegenstandes als *Mittel* des Täters zum Zweck der Verletzung (Mittel-Zweck-Beziehung). Die bloße Verursachung der Körperverletzung durch den gefährlichen Gegenstand genügt somit nicht, auch wenn sie nach allgemeinen Regeln als Verletzungs*erfolg* objektiv und subjektiv zurechenbar ist.[13] Zwar könnte bei weiter Auslegung des Wortlauts („mittels") jeder kausal auf die Verwendung des Werkzeugs zurückzuführender Verletzungs*erfolg* genügen. Jedoch verlangt der Normzweck, der auf die Gefährlichkeit der Begehungsweise abstellt, einen die bloße Kausalität übersteigenden spezifischen Zusammenhang zwischen der Verwendung des Werkzeugs und dem Verletzungserfolg. Gerade die Verwendung des Werkzeugs muss *unmittelbar* die Gefahr erheblicher Verletzungen begründen, die sich im poten-

9 Vgl. bereits RGSt 24, 374 (375). SK-*Wolters* § 224 Rn. 18 will einer unangemessenen Ausdehnung dadurch begegnen, dass »unbewegliche« Werkzeuge, einschließlich situativer Konstellationen, nur einbezogen werden, wenn sie der Täter »absichtlich« zur Verletzung einsetzt, d.h. mit *direktem Vorsatz* 1. Grades handelt.

10 Vgl. auch *Krüger* NZV 2006, 112 mit Hinw. auf die »Beweglichkeit« des Werkzeugs in §§ 113 II Nr. 1, 244 I Nr. 1a StGB.

11 Anders: SK-*Wolters* § 224 Rn. 4, 14: nur Körperschäden nach § 226 StGB; ähnlich NK-*Paeffgen* § 224 Rn. 16; dazu krit.: LK-*Lilie* § 224 Rn. 22, BGH StV 2002, 21 (22). Vgl. zum Problem auch *Rengier*, BT 2, § 14 Rn. 33.

12 *Stree* Jura 1980, 281 (287). Grds. abw. *M. Heinrich* JA 1995, 601 (605 f, 718 ff) mit dem Vorschlag: „Begehung mittels eines bewußt in durchschlagskrafterhöhender Weise zum Zwecke der Körperverletzung eingesetzten gegenständlichen Tatmittels".

13 Vgl. dazu näher LK-*Lilie* § 224 Rn. 27 (»Widmung zum Werkzeug«); diff. MK-*Hardtung* § 224 Rn. 16, 21; ausführlich *M. Heinrich*, Die gefährliche Körperverletzung, 1993, S. 670 ff.

ziellen Körperverletzungserfolg niederschlagen kann. Typischerweise ist dies der Fall, wenn die Verwendung des Werkzeugs selbst den Verletzungserfolg bewirkt und dabei die Gefahr besteht, dass erhebliche Verletzungen eintreten (Beispiel: Der Täter fährt wuchtig mit dem Kfz dem Opfer gegen die Beine).[14] Entgegen der Annahme der h.M. ist es aber auch möglich, dass das Werkzeug nicht unmittelbar verletzt, sondern eine Gefahrenlage schafft, die bei Verletzungseintritt noch fortbesteht (Beispiel: Der Täter beschleunigt ein Kfz auf 40 km/h, um das sich am Fahrzeug festhaltende Opfer abzuschütteln, so dass das Opfer „beschleunigt" aufprallt). Anders als beim Stoßen des Opfers gegen die Wand wird hier ein Werkzeug verwendet, dessen Gefährlichkeit (erhebliche Verletzungsgefahr durch den werkzeugbedingten Beschleunigungseffekt)[15] sich beim Verletzungseintritt realisieren kann.[16] Demzufolge kann auch eine psychisch vermittelte Gesundheitsschädigung, die auf die Verwendung eines Werkzeugs zurückgeht, § 224 I Nr. 2 StGB verwirklichen, sofern bei Eintritt der Gesundheitsschädigung die Gefahr erheblicher – psychisch vermittelter – Schädigungen (z.B. Herzinfarkt) besteht.[17]

Aus dem Erfordernis einer Mittel-Zweck-Beziehung folgt zudem, dass eine Verwirklichung durch Unterlassen i.S. von § 13 StGB nur eingeschränkt möglich ist: Bei einem »reinen Geschehenlassen« einer Körperverletzung durch ein Werkzeug[18] fehlt es i.d.R. an der erforderlichen Zwecksetzung des Gegenstandes als Werkzeug, sodass die Körperverletzung nicht »mittels« des Werkzeugs erfolgt.[19] Anders liegt es hingegen, wenn der Täter das Werkzeug bewusst zur Körperverletzung einsetzt, also etwa der Hundehalter seinen bissigen Hund nicht anleint, damit dieser einen Passanten anfällt.[20]

V. Typische Anwendungsfälle

Die Rechtsprechung bietet eine Fülle von Beispielen für »gefährliche Werkzeuge«, **769**
auf die auch in der Literatur hingewiesen wird.[21] Hier eine Auswahl:

- Kleiderbügel bei Schlägen gegen den Kopf oder ins Gesicht (BGH MDR 1975, 367 [bei Dallinger]);
- Schwerer Weinschlauch bei Einsatz gegen empfindliche Körperteile/Organe (BGHSt 3, 105 [109], zum Einsatz eines Ledergürtels: BGH NStZ 2007, 95);

---

14 Auf diese Fälle will die Rspr. die Verwendung als »Mittel« beschränken. Verlangt wird deshalb ein „*von außen* auf den Körper einwirkendes Tatmittel". In der Sache wird damit stets eine »unmittelbare Einwirkung« auf den Körper verlangt (dagegen *Eckstein* NStZ 2008, 125 [128]). Daher verneint der BGH § 224 I Nr. 2 StGB bei Schüssen auf die Reifen eines Fahrzeugs zur Herbeiführung eines Unfalls (NStZ 2006, 572 [573]), bei Benutzung eines Fahrzeugs zum »Hinausschleudern« (NStZ 2007, 405) oder zum »Umstoßen« (NStZ 2012, 697; 2014, 36 [37]); vgl. auch OLG Jena NStZ-RR 2008, 75, wo grundsätzlich eine »Einwirkung des Fahrzeugs auf den Körper« verlangt wird; zust. aus dem Schrifttum z.B. *Fischer* § 224 Rn. 7a.

15 Dazu *Eckstein* NStZ 2008, 125 (128).

16 Ähnlich will das OLG Hamm NStZ-RR 2014, 141 auf die Notwendigkeit besonders gefährlicher Rettungshandlungen abstellen.

17 MK-*Hardtung* § 224 Rn. 21. Anders hingegen BGH NStZ-RR 2010, 205 (206).

18 Beispiel: Das Hundehalter sieht tatenlos zu, wie sein Hund einen Passanten beißt (vgl. OLG Hamm NJW 1965, 165).

19 NK-*Paeffgen* § 224 Rn. 21; *S/S/Sternberg-Lieben* § 224 Rn. 9; generell eine Verwirklichung durch Unterlassen ablehnend SK-*Wolters* § 224 Rn. 21.

20 LK-*Lilie* § 224 Rn. 29; *S/S/Sternberg-Lieben* § 224 Rn. 9; vgl. auch NK-*Paeffgen* § 224 Rn. 21 (»spezifische *Beherrschungs-Beziehung*« erforderlich).

21 Umfangreiche Kasuistik bei LK-*Lilie* § 224 Rn. 23 ff.

- Auf Menschen gehetzter bissiger Hund (BGHSt 14, 152 [155] gegen RGSt 8, 315 f; vgl. auch OLG Hamm NJW 1965, 164 [165]);
- Behältnisse oder Geräte mit chemisch wirkenden Verletzungsmitteln, z.B. Säure (BGHSt 1, 1 ff), Gaspistole (BGHSt 4, 125 [127]); Pfefferspray (BGH NZV 2001, 352 [353]); Reinigungsmittel (BGH NStZ-RR 2011, 275 [276]); anders zu heißem Kaffee OLG Dresden NStZ-RR 2009, 337 f mit krit. Anm. *Jahn* JuS 2010, 268 (269);[22]
- Injektionsspritze bei Verwendung durch Nichtarzt (BGH NStZ 1987, 174 mit krit. Bspr. *Sowada* JR 1988, 123);
- Auf die Haut gedrückte brennende Zigarette (BGH NStZ 2002, 30; StV 2002, 21 [22]; krit. MK-*Hardtung* § 224 Rn. 20);
- Überstülpen einer Plastiktüte über den Kopf (BGH NStZ 2002, 594);
- Tritt mit »beschuhtem Fuß« in Gesicht/Unterleib: Maßgebend für die konkrete Gefährlichkeit sind hier nach der Rechtsprechung neben der Beschaffenheit des Schuhs die Heftigkeit der Einwirkung und die Empfindlichkeit des betroffenen Körperteils (vgl. BGHSt 30, 375 [377] mit Bspr. *Hettinger* JuS 1982, 895 ff); BGH NStZ 1984, 328 (329); 2003, 662 (663); 2010, 151; NStZ-RR 2011, 337.

Demgegenüber wurde das gefährliche Werkzeug beim Einsatz der Schere (des Messers) beim Abschneiden der Haare[23] und das ärztliche Instrument[24] als nicht ausreichend angesehen. Nach ganz h.M. fallen auch *tätereigene Körperteile* (z.B. die Faust des Boxers, der ins Auge gestochene Finger) *nicht* unter § 224 I Nr. 2 StGB, da der Wortlaut »Werkzeug« ein »gegenständliches Plus« voraussetzt.[25] Die Gegenauffassung, die besonders gefährliche Begehungsweisen erfassen und um Wertungswidersprüche zu vermeiden sich für eine Einbeziehung ausspricht,[26] überdehnt in unzulässiger Weise (Art. 103 II GG) die durch den Wortlaut gezogenen Grenzen.[27]

Werkzeug, gefährliches (mitgeführtes/verwendetes bei Diebstahl/Raub) – §§ 244 I Nr. 1a, 250 I Nr. 1a, 250 II Nr. 1, 177 III Nr. 1, IV Nr. 1 StGB

770 Ein »gefährliches Werkzeug«, welches der Täter (Beteiligte) i.S. der §§ 244 I Nr. 1a, 250 I Nr. 1a, 177 III Nr. 1 StGB *»bei sich führt«*, ist ein Gegenstand, der dazu geeignet ist und in der **Absicht** mitgeführt wird, ihn bei der Tat – eventuell – **»in gefährlicher Weise«** zu verwenden (»subjektiver Verwendungsvorbehalt« [sehr str. → Rn. 774 ff, 778 ff]).

---

22 Zum Verhältnis des »gefährlichen Werkzeugs« zur Beibringung eines gesundheitsschädlichen Stoffes i.S. des § 224 I Nr. 1 StGB → Rn. 110.

23 BGH NStZ-RR 2009, 50.

24 BGH NJW 1978, 1206 (oben zitiert → Rn. 763).

25 LK-*Lilie* § 224 Rn. 25; *M. Heinrich*, I. Roxin-FS, 2012, S. 241 (252 ff); vgl. auch BGH GA 1984, 124 (125 »Knie«); BGH BeckRS 2011, 02854 (»Kopfnuss«).

26 *Hilgendorf*, ZStW 112 (2000), 811 (822 ff); *Lesch* GA 1999, 365 (374 f); z.T. auch *M/Schroeder*, BT 1, § 9 II Rn. 15 (»Karate«).

27 Eingehend krit. SK-*Wolters* § 224 Rn. 13 (dort auch zur Frage der Verwendung von Prothesen, Gebissen und *täterfremden* Körperteilen).

Ein »gefährliches Werkzeug«, welches der Täter (Beteiligte) i.S. der §§ 250 II Nr. 1, 177 IV Nr. 1 StGB »bei der Tat *verwendet*«, setzt die tatsächliche Verwendung des Gegenstandes »*in gefährlicher Weise*« voraus → Rn. 777.

Eine Verwendung **»in gefährlicher Weise«** liegt nicht nur vor, wenn der Gegenstand als Mittel einer erheblichen körperlichen *Verletzung* oder *Gefährdung* eingesetzt wird. Sie ist auch beim Einsatz des Gegenstandes als Mittel einer **»latent gefährlichen« Drohung** gegeben. »Latent gefährlich« ist die Drohung, wenn die Übelsankündigung derart *verwirklicht werden könnte*, dass für den Betroffenen zumindest die *Gefahr einer erheblichen Körperverletzung* entsteht (Erfordernis realisierbarer, potenziell gefährlicher Drohung).

Literatur: *Küper* JZ 1999, 187 ff; *ders.* Schlüchter-GS, 2002, S. 331 ff. **Einführend:** *Rönnau* JuS 2012, 117 ff; *W/Hillenkamp* Rn. 272 ff, 371, 380 ff. **Monographisch:** *J. Becker*, Waffe und Werkzeug als Tatmittel im Strafrecht, 2003.

Rechtsprechung Grundlegend: BGHSt 52, 257 (261 ff, 267 ff – objektiver Maßstab) mit krit. Bspr. *Kasiske* HRRS 2008, 378 ff, *Krüger* JA 2009, 190 (192); anders noch BGH NStZ 1999, 301 (302 – Tendenz zur subj. Einschränkung); BGHSt 52, 376 (377 f – Verwenden nach Vollendung setzt Beutesicherungsabsicht voraus); BGH NJW 2004, 3437 (Wahrnehmung des Drohmittels erforderlich). **Beispielhaft zum Verwenden:** BGHSt 45, 92 ff (Verwenden setzt keine konkrete Leibes- o. Lebensgefahr voraus) mit Bspr. *Kargl* StraFo 2000, 7 ff, *Zopfs* JZ 1999, 1062 ff; BGHSt 45, 249 (250 ff – kein *Verwenden* einer Waffe, wenn Täter Munition separat bei sich führt); BGH NStZ-RR 2001, 41 (Verwenden eines noch nicht einsatzbereiten Werkzeugs); NStZ 2002, 480 (481 – straferschwerende Berücksichtigung und Doppelverwertungsverbot beim Verwenden); 2011, 158 (159 – abgebrochener Schraubendreher als Drohmittel).

Zum **nur mitgeführten** Werkzeug: BGH NStZ 1999, 301 (302): „Die vom Gesetzgeber selbst angeregte Orientierung an [§ 224 I Nr. 2 StGB n.F.] … erweist sich jedenfalls für die Auslegung des Tatbestandsmerkmals ›gefährliches Werkzeug‹ in § 250 I Nr. 1a StGB n.F. als *untauglich*, weil das ›gefährliche Werkzeug‹ dort nur mitgeführt werden muß und es zu einer *konkreten Benutzung*, an deren Art die Gefährlichkeit zu messen wäre, nicht kommt."

Zum **verwendeten** Werkzeug: BGHSt 45, 92 (94 f): „Ein tatbestandsmäßiges *Verwenden* … eines anderen gefährlichen Werkzeugs setzt nicht voraus, daß der Täter diese Gegenstände als Mittel der Gewaltausübung einsetzt. Der Einsatz als *Drohmittel* genügt."
BGH NStZ 2011, 158 (159): „Dabei setzt (vollendetes) Verwenden zur Drohung voraus, dass das Opfer das Nötigungsmittel als solches erkennt und die Androhung seines Einsatzes wahrnimmt… Kein Verwenden ist das bloße Mitführen, und zwar grundsätzlich auch dann, wenn es offen erfolgt."

Erläuterungen

I. Die Änderungen durch das 6. StrRG

Das 6. StrRG (1998) hat die Qualifikationstatbestände, die bei Diebstahl und Raub früher das bloße »Beisichführen« von *Schusswaffen* voraussetzten (§§ 244 I Nr. 1, 250 I Nr. 1 StGB a.F.), wesentlich geändert. Sie sind so ausgestaltet, dass auf das Mitführen einer »Waffe« oder eines »anderen gefährlichen Werkzeugs« abgestellt wird (§§ 244 I Nr. 1a, 250 I Nr. 1a StGB n.F.). Hinzugekommen ist ein Qualifikationstatbestand, der die »*Verwendung*« solcher Gegenstände erfasst (§ 250 II Nr. 1 StGB **771** n.F.). Die Regelung in §§ 177 III Nr. 1, 177 IV Nr. 1 StGB n.F. (sexuelle Nötigung/ Vergewaltigung) ist diesen Änderungen angepasst worden.

II. Die Auslegung der neugefassten Vorschriften

1. Das »mitgeführte« gefährliche Werkzeug

772 **a) Auslegungsprobleme** Die Auslegung der Vorschriften, die das »Beisichführen eines gefährlichen Werkzeugs« betreffen (§§ 244 I Nr. 1a, 250 I Nr. 1a, 177 III Nr. 1 StGB),[1] ist nach wie vor außerordentlich umstritten. Nach seinem *Wortlaut* stellt das Gesetz lediglich auf das – vorsätzliche – »Beisichführen« des Gegenstandes ab,[2] verlangt also keine darüber hinausgehende *Verwendungsabsicht.* Soweit es um das Mitführen einer »*Waffe*« geht, die hier im *technischen* Sinn verstanden werden muss, ist ein Verzicht auf die Verwendungsabsicht plausibel. Denn funktionsfähige/einsatzbereite technische »Waffen« sind an sich schon hinreichend – latent – gefährlich, weil sie nach ihrer Eigenart und Konstruktion zur Verletzung von Menschen *bestimmt* und geeignet sind. Insofern muss für die »Waffe« dasselbe gelten wie früher für die »Schusswaffe« in §§ 244 I Nr. 1, 250 I Nr. 1 StGB a.F.: Eine Verwendungsabsicht ist nicht erforderlich; das bewusste Mitführen reicht aus (zur Waffe im »technischen Sinn« → Rn. 741). Bei den sonstigen »gefährlichen Werkzeugen« wäre jedoch eine Auslegung, die sich mit dem bloßen – bewussten – »Beisichführen« eines zur Verletzung *geeigneten* Gegenstandes begnügt, nicht mehr sinnvoll durchführbar:

Ähnlich wie in § 224 I Nr. 2 StGB handelt es sich dabei um prinzipiell beliebige Gegenstände, die – anders als »technische« Waffen – nicht von vornherein zur physischen Verletzung *zweckbestimmt* und insofern zunächst einmal »ungefährlich« sind. Sie können ihre »Gefährlichkeit« erst im konkreten Fall aus dem *Handlungskontext* gewinnen, in dem sie benutzt werden oder werden sollen, insbesondere aus dem Willen des Täters/Beteiligten, den Gegenstand in verletzungsträchtiger (»gefährlicher«) Weise einzusetzen. Im Gegensatz zu § 224 I Nr. 2 StGB, wo das »gefährliche Werkzeug« als konkretes *Verletzungsmittel* fungiert, ist freilich beim nur »*mitgeführten*« Werkzeug eine Orientierung der Auslegung an den dort geltenden Grundsätzen nicht möglich, obwohl sie dem Gesetzgeber bei der Neuregelung ersichtlich vorgeschwebt hat.[3] Es besteht daher in der Literatur Einigkeit darüber, dass die Gefährlichkeit eines Werkzeugs, das der Täter nur »bei sich führt«, nach *anderen* Grundsätzen bestimmt werden muss, als sie für § 224 I Nr. 2 StGB gelten.[4]

773 Die Neufassung führt daher zu ähnlichen Auslegungsproblemen, wie sie ursprünglich – vor der ersten Reform 1969/75 – bestanden, als das Gesetz die Qualifikationstatbestände bei Diebstahl und Raub lediglich mit dem »Beisichführen von Waffen« verknüpfte, ohne ausdrücklich zwischen »Waffen« und »gefährlichen Werkzeugen« zu unterscheiden. Damals setzte sich in der Rechtsprechung – unter Zustimmung des Schrifttums – eine Interpretation durch, die gleichwohl zwischen eigentlichen »Waffen« im *technischen* Sinn und sonstigen »gefährlichen Werkzeugen« unterschied. Für

1 Zum mitgeführten »gefährlichen Werkzeug« in §§ 113 II 2 Nr. 1, 121 III 2 Nr. 2, 125a 2 Nr. 2 StGB → Rn. 743.

2 Zum »*Beisichführen* eines Gegenstandes« bei Tatbegehung → Rn. 113 ff.

3 BT-Drs. 13/9064, S. 18. Zu dem Missgriff des Gesetzgebers vgl. *Küper* JZ 1999, 187 (189); *Streng* GA 2001, 359 (360); jew. m.w.N.

4 Zum »gefährlichen Werkzeug« i.S. dieser Vorschrift → Rn. 763.

die »technischen« Waffen sollte das bloße »Beisichführen« im Bewusstsein der Einsatzfähigkeit als Verletzungsmittel genügen. Für andere verletzungsgeeignete Werkzeuge (nichttechnische Waffen) wurde zusätzlich eine »Verwendungsabsicht« in dem Sinn verlangt, dass der Täter/Beteiligte wenigstens mit der Möglichkeit gerechnet hat, den Gegenstand als gefährliches Tatmittel – zur Verletzung oder zur potenziell gefährlichen, realisierbaren Drohung – einzusetzen.[5]

b) Die Notwendigkeit einer einschränkenden Auslegung In ähnlicher Weise bedürfen die Vorschriften zum »Beisichführen eines gefährlichen Werkzeugs« einer *einschränkenden Interpretation*, die einerseits berücksichtigt, dass das schlichte »Beisichführen« eines verletzungs*geeigneten* Gegenstandes dessen Gefährlichkeit noch nicht indiziert, und andererseits beachtet, dass der Gegenstand nicht als gefährliches Werkzeug i.S. des § 224 I Nr. 2 StGB zur Verletzung *eingesetzt* werden muss. Das im Begriff des »gefährlichen Werkzeugs« gleichwohl vorausgesetzte Erfordernis einer (latenten) »Gefährlichkeit« lässt sich im Anschluss an die frühere Rechtsprechung dadurch berücksichtigen, dass zusätzlich zur objektiven Verletzungs*eignung* und zum bewussten »Beisichführen« im subjektiven Tatbestand eine bestimmte »*Verwendungsabsicht*« verlangt wird: nämlich die Absicht des Täters/Beteiligten, den Gegenstand in seiner *Eigenschaft* als »gefährliches Tatmittel« zu verwenden (sog. »Verwendungsvorbehalt« nach *Hillenkamp*). Dabei reicht – wie auch sonst für die Verwendungsabsicht – der Wille aus, das Werkzeug »im Bedarfsfall« (notfalls) einzusetzen (näher dazu unten → Rn. 776 ff).[6] **774**

Zur »Verwendungsabsicht« gehört dabei nicht notwendig der Wille, den Gegenstand zwecks körperlicher *Verletzung* oder Gefährdung zu benutzen. Ausreichend ist die Absicht, das Werkzeug als Mittel einer *Drohung* einzusetzen, *sofern* die in Aussicht genommene Drohung ihrerseits als »gefährlich« angesehen werden kann (latente Gefährlichkeit der Drohung). Dies ist der Fall, wenn die geplante Übelsankündigung in einer Weise *realisiert* werden könnte, die für den Betroffenen zumindest die Gefahr einer erheblichen Verletzung schafft oder selbst eine solche Verletzung bedeutet. Die derart an der »Gefährlichkeit« des Werkzeugs orientierte restriktive Auslegung entspricht dem Standpunkt, der früher zum »Werkzeug oder Mittel« i.S. der §§ 244 I Nr. 2, 250 I Nr. 2 StGB a.F. im Schrifttum überwiegend vertreten wurde (→ Rn. 788). Sie stimmt außerdem überein mit der für §§ 113 II 2 Nr. 1, 121 III 2 Nr. 2, 125a 2 Nr. 2 StGB anerkannten Auslegung (→ Rn. 743).

c) Das Schrifttum zum »mitgeführten« gefährlichen Werkzeug

aa) Die Ausgangslage In der Literatur ist die Auslegung gleichwohl *erheblich umstritten*.[7] Teilweise wird (wie hier → Rn. 774) die *Absicht* einer *gefährlichen Verwendung* »im Bedarfsfall« gefordert.[8] Allerdings wird in einer solchen Restriktion des **775**

---

5 Vgl. dazu RGSt 68, 238 (239); BGHSt 13, 259 (260); BGH NJW 1972, 731; 1976, 248. Zu dieser Rspr. näher *Küper*, Hanack-FS, 1999, S. 569 (573 ff).

6 Zur Verwendungsabsicht allgemein bereits oben → Rn. 116 f.

7 Eingehende Übersicht mit Darstellung der Argumente und w. N. bei *Hillenkamp*, BT, Problem Nr. 26; knappe Übersicht in BGHSt 52, 257 (264 ff).

8 In dieser Richtung *Bachmann/Goeck* Jura 2010, 922 (925); *Kasiske* HRRS 2008, 378 (380 ff); *Rengier*, BT 1, § 4 Rn. 38 ff (allerdings mit Ausklammerung bloßer Drohungsabsicht), Rn. 41; *W/Hillenkamp* Rn. 273 ff (»innerer Verwendungsvorbehalt«); *Zopfs* Jura 2007, 510 (519 f).

subjektiven Tatbestandes vielfach ein Widerspruch zur gesetzlichen *Systematik* gesehen,[9] weil das Gesetz beim »gefährlichen Werkzeug« – im Gegensatz zum »sonstigen Werkzeug/Mittel« z.B. in § 244 I Nr. 1b StGB – eine Verwendungsabsicht nicht ausdrücklich verlangt.[10]

Von dem Ausgangspunkt aus, dass eine restriktive subjektive »Absichtslösung« systematisch nicht akzeptabel sei,[11] wird in der Literatur nach verschiedenen Richtungen hin versucht, die »Gefährlichkeit« des mitgeführten Werkzeugs irgendwie *»objektiv-generalisierend«* derart zu bestimmen, dass im subjektiven Tatbestand das nur bewusste »Beisichführen« ausreicht. Dabei steht meist die Vorstellung im Vordergrund, dass man bestimmte »typisch« oder »evident« verletzungsgefährliche Werkzeuge von den nur »individuell« gefährlichen nach der »objektiven Beschaffenheit« oder/und dem »situativen Tatkontext« unterscheiden könne. Die *übrigen*, nicht schon »generell« gefährlichen Gegenstände sollen dann den »sonstigen Werkzeugen/Mitteln« zugeordnet werden, bei denen das Gesetz explizit eine Verwendungsabsicht voraussetzt (§§ 244 I Nr. 1b, 250 I Nr. 1b StGB).

776 **bb) Das »objektiv-generell« gefährliche Werkzeug** Zur Bestimmung der »objektiv-generellen« Gefährlichkeit werden allerdings die unterschiedlichsten Kriterien angeboten. Der radikalste Vorschlag, der freilich keinen Anklang gefunden hat, geht dahin, das gefährliche Werkzeug strikt auf Gegenstände zu beschränken, deren generelle Gefährlichkeit sich daraus ergebe, dass sie nach der Rechtsordnung nicht »jedermann frei verfügbar« seien, weil ihr Besitz einem *gesetzlichen Verbot* unterliegt.[12] Überwiegend wird die objektiv-generelle Gefährlichkeit jedoch nicht derart formal verstanden.

So wird (mit unterschiedlichen Formulierungen)[13] auf Gegenstände abgestellt, die eine »waffenähnliche Beschaffenheit« haben und »typischerweise« zur gefahrenträchtigen Verwendung gegen Menschen eingesetzt werden.[14] Andere stellen darauf ab, ob ein Einsatz des Werkzeugs zur Verletzung oder Bedrohung eines Menschen mit einer »Zweckentfremdung« des Gegenstandes verbunden wäre[15] oder ob aus Sicht eines objektiven Beobachters in der konkreten Situation das Mitführen *allein* dem Einsatz als (verletzungsgefährliches) Angriffs- oder Verteidigungsmittel dienen soll.[16]

---

9 Da der Gesetzgeber – wie dargelegt – die Gefährlichkeit des Werkzeugs mit unzutreffenden systematischen Erwägungen begründet hat, ist eine auf »die Systematik der Vorschriften« gestützte Argumentation – per se – erheblichen Zweifeln ausgesetzt.

10 So zuerst *Dencker*, Einführung 6. StrRG, 1998, S. 11 f. Soweit *Sickor*, ZStW 125 (2013), 788 (801) in diesem Zshg. zudem auf §§ 113, 121, 125a StGB verweist, weil dort das Erfordernis einer Verwendungsabsicht des Werkzeugs eigens angeordnet worden sei, übersieht er, dass die Verwendungsabsicht bereits zuvor in den Regelbeispielen enthalten war und hier nur die Tatobjekte erweitert wurden.

11 Dagegen *Rönnau* JuS 2012, 117 (120); eingehend *Küper*, Schlüchter-GS, S. 341 ff.

12 *Lesch* GA 1999, 365 (375 f mit Bsp.); krit. NK-*Kindhäuser* § 244 Rn. 12.

13 Siehe zu den einzelnen Formulierungen die 8. Aufl. 2012, S. 457 sowie die Übersicht bei *Küper*, Schlüchter-GS, S. 331 (337 f).

14 SK-*Hoyer* § 244 Rn. 11 f; *SSW-Kudlich* § 244 Rn. 13 f; LK-*Vogel* § 244 Rn. 17 („Waffenersatzfunktion").

15 So *Hörnle* Jura 1998, 169 (172) und *K/H/H*, BT 2, Rn. 185, die in diesem Fall die Werkzeugeigenschaft verneinen.

16 NK-*Kindhäuser* § 244 Rn. 13 ff; *S/S/Bosch* § 244 Rn. 5a; MK-*Schmitz* § 244 Rn. 15 ff.

Derlei Versuche, die »Gefährlichkeit« des Werkzeugs rein *objektiv* zu bestimmen, führen jedoch zur Schaffung konturloser „Verdachtstatbestände", hinter denen letztlich nur die „diffuse Spekulation über den mutmaßlichen Einsatzwillen" steht.[17] Dass die – reichlich unbestimmten – objektiven Kriterien die Gefahr einer „schwer kalkulierbaren Einzelfallkasuistik" mit „widersprüchlichen Entscheidungen" bergen, ist offenkundig.[18] Diese Unsicherheiten vermeidet die an der »Verwendungsabsicht« orientierte Auslegung, indem sie auf subjektiver Ebene sich an die anerkannte Definition des »gefährlichen Werkzeugs« in § 224 I Nr. 2 StGB anlehnt.[19]

2. Das »verwendete« gefährliche Werkzeug

In §§ 250 II Nr. 1, 177 IV Nr. 1 StGB n.F. muss das gefährliche Werkzeug tatsächlich **777**
(objektiv/subjektiv) als Mittel zur Begehung der jeweiligen Tat »verwendet« werden, ein bloßes (sei es auch offenes) Mitführen genügt nicht.[20] Die »Verwendung« beschränkt sich hierbei nicht auf den Einsatz als Verletzungs- oder Gefährdungsmittel; sie umfasst zugleich die Benutzung zur – latent gefährlichen, weil realisierbaren – *Drohung*.[21] Dies ist im Schrifttum fast einhellig anerkannt[22] und entspricht auch der Judikatur.[23] Insoweit gelten dieselben Grundsätze wie für die – beabsichtigte – »Verwendung« in §§ 244 I Nr. 1a, 250 I Nr. 1a, 177 III Nr. 1 StGB (→ Rn. 774).[24] Benutzt der Täter das Werkzeug zur Verübung von *Gewalt*, so ist kein »generell gefährliches« Tatmittel erforderlich; es reicht aus, dass sich die Gefährlichkeit eines »an sich ungefährlichen« Gegenstandes aus dessen *konkreter Verwendung* ergibt, weil sie zur Zufügung erheblicher Verletzungen geeignet ist.[25] Wird das Werkzeug erst nach Vollendung – bis zur »Beendigung« – der Tat verwendet, so stellen sich die gleichen Fragen wie beim »Beisichführen« in der sog. »Beendigungsphase« (→ Rn. 115).

III. Der Begriff des (mitgeführten) »gefährlichen Werkzeugs« in der Rechtsprechung

Im Anschluss an die Gesetzesmaterialien (→ Rn. 772) hat der BGH in einer Reihe **778**
von Entscheidungen das »verwendete« ebenso wie das nur »mitgeführte« gefährliche Werkzeug zunächst im Rückgriff auf die bei § 224 I Nr. 2 StGB (gefährliche Körperverletzung) übliche Begriffsbestimmung definiert: Es müsse sich jeweils um Gegen-

---

17 *Küper* JZ 1999, 187 (193); vgl. auch *Rengier*, BT 1, § 4 Rn. 27 ff, 35 ff sowie die krit. Bemerkungen in der 4. Aufl. 2000, S. 433 f.

18 *Rönnau* JuS 2012, 117 (120). So auch ausdrücklich BGHSt 52, 257 (269).

19 Damit wird zugleich auch die vom Gesetzgeber intendierte Orientierung an § 224 I Nr. 2 StGB – soweit möglich – erreicht, s. *Erb* JR 2001, 206 (207).

20 BGH StV 2013, 444 (445), es sei denn im offenen Mitführen liegt bereits eine konkludente Drohung des Einsatzes.

21 BR-Drs. 164/97, S. 153; BT-Drs. 13/8587, S. 45.

22 Krit. aber *Lesch* JA 1999, 30 ff.

23 BGHSt 45, 92 (94 f, oben zitiert → Rn. 770); BGH NJW 2004, 3437 (mit der Forderung, dass das Drohmittel vom Bedrohten »wahrgenommen« werden muss; ebenso BGH NStZ 2011, 158 (159, oben zitiert → Rn. 770) und NStZ 2012, 389.

24 Zur Frage, ob die Verwendung als Drohmittel »*konkret*« gefährlich in dem Sinn sein muss, dass die Drohung »jederzeit« in die Realisierung der angedrohten Verletzung umschlagen kann, sowie zur »Verwendung« bei bloßem *Hinweis* auf ein mitgeführtes Werkzeug vgl. das Stichw. »Waffe« → Rn. 742.

25 Wie bei § 224 I Nr. 2 StGB, vgl. BGH NStZ 2011, 211 (212 – Kunststoffband).

stände handeln, „die nach ihrer objektiven Beschaffenheit *und* nach der Art ihrer *Benutzung im konkreten Einzelfall* geeignet sind, erhebliche Verletzungen zuzufügen". Diese an sich *unzutreffende* (→ Rn. 772) Definition[26] diente *einerseits* dazu, die üblichen *Scheinwaffen* aus dem Anwendungsbereich »gefährlicher Werkzeuge« *auszuscheiden* und sie den »sonstigen Werkzeugen/Mitteln« zuzuordnen.[27] Parallel dazu sollten Gegenstände aus dem »gefährlichen Werkzeug« ausgesondert werden, die der Täter nur als Mittel physisch *ungefährlicher Gewaltanwendung* (Freiheitsberaubung) einsetzt bzw. bei sich führt.[28] *Andererseits* wurde die aus § 224 I Nr. 2 StGB abgeleitete Werkzeugdefinition dazu benutzt, die Verwendung (!) von *Drohungsmitteln einzubeziehen*, soweit sie infolge Realisierbarkeit der Drohung als *latent gefährlich* eingestuft werden können (→ Rn. 777).[29]

779 BGH NStZ 1999, 301 (302, oben zitiert → Rn. 770) distanzierte sich erstmals deutlich von der Orientierung an § 224 I Nr. 2 StGB und erwog für das »mitgeführte« Werkzeug eine abweichende Auslegung. Danach soll es zwar nicht auf die *Absicht* einer gefährlichen Verwendung im *konkreten Fall* ankommen, wohl aber auf eine *generelle subjektive* »Widmung« des Gegenstandes zu einer derartigen Verwendung.[30] Demgegenüber wird in anderen Entscheidungen[31] auf die Notwendigkeit »objektiver« Gefährlichkeitskriterien abgehoben, allerdings ohne diese näher zu konkretisieren. In der Folgezeit gelingt der Rechtsprechung keine klare Linie:

BGH NStZ-RR 2003, 12 f, verneint bei einem Taschenmesser nunmehr das *Beisichführen* eines gefährlichen Werkzeugs mangels »Bewusstseins der Gebrauchsbereitschaft«. Nach OLG Schleswig NStZ 2004, 212 ff (Teppichmesser) soll das Merkmal des »*Beisichführens*« eine eingrenzende subjektive Komponente enthalten, die aber nicht mit »genereller subjektiver Widmung« identisch sei: Der Täter müsse das Werkzeug »bewusst gebrauchsbereit bei sich haben«; dafür reiche „das *allgemeine*, noch auf keinen bestimmten Zweck gerichtete Bewusstsein aus, ein *funktionsbereites* Werkzeug zur Verfügung zu haben, das *geeignet* ist, erhebliche Verletzungen zu verursachen".[32] OLG Stuttgart NJW 2009, 2756 (2758 – Schraubendreher) favorisiert dagegen eine Lösung, die praktisch auf das subjektive Erfordernis einer *Verwendungsabsicht* hinausläuft. Danach muss beim mitgeführten gefährlichen Werkzeug ein »Gebrauch drohen«, der zur Herbeiführung einer erheblichen Körperverletzung geeignet ist; dies sei aufgrund der Umstände des Einzelfalles „einschließlich der inne-

26 Diese fehlerhafte Anknüpfung wird verkannt von: BayObLG NStZ-RR 2001, 202 (Taschenmesser); OLG Hamm NJW 2000, 3510 f (»Butterfly-Messer«); zuletzt noch OLG Köln NStZ 2012, 327 (»Schweizer Offiziersmesser«) mit krit. Anm. *Kraatz* S. 328 (329).

27 In dieser Richtung etwa BGHSt 44, 103 (105 f – ungeladene/unechte Schusswaffe); BGH StV 1999, 91 (92).

28 Vgl. BGH StV 1998, 660 (niedrig dosierte Schlafmittel); BGH StV 1999, 208 (209 – Lautsprecherkabel zum Fesseln).

29 BGH StV 1998, 487 (erkennbares Messer unter der Kleidung); 2004, 201 (Kugelschreiber am Hals); NStZ 2008, 687 (Baseballschläger).

30 In gleicher Richtung OLG Braunschweig NJW 2002, 1735 (1736 f); OLG Frankfurt a.M. StV 2002, 145 (146).

31 BGH NJW 2002, 2889 (2890); NStZ-RR 2002, 265 (266).

32 In gleicher Richtung BGH StV 2005, 606 (kleines Taschenmesser); OLG Celle StV 2005, 336 (mit Kette befestigtes Taschenmesser); KG StV 2008, 361 (zusammengeklapptes Taschenmesser) und 473 f (»Schweizer Offiziersmesser«).

ren Haltung [!] des Täters zur Verwendung des Werkzeugs" festzustellen. Das OLG betont dabei die maßgebliche Bedeutung dieses »*subjektiven* Gefährlichkeitskriteriums«.[33]

Im Beschluss vom 3.6.2008 (BGHSt 52, 257 [267 ff]) lehnt der BGH zwar eine Orientierung der Auslegung an § 224 I Nr. 2 StGB ab, verwirft aber auch den Ansatz der »generellen Widmung« (s. → Rn. 779). Das Erfordernis einer »Verwendungsabsicht« (»Verwendungsvorbehalt«) wird unter Hinweis auf den »Wortlaut« sowie auf »Sinn und Zweck« des Gesetzes gleichfalls abgelehnt; es müsse »allein auf *objektive Kriterien* zurückgegriffen werden«. Ohne deren nähere Konkretisierung (!) bejaht der BGH die Gefährlichkeit des Werkzeugs bei einem am Gürtel befestigten „klappbaren *Taschenmesser* mit längerer Klinge": aufgrund der Ähnlichkeit mit „Waffen im technischen Sinn"[34] und der „latenten Gefahr", die von einem solchen Messer ebenso ausgehe wie »von sonstigen Messern mit einer vergleichbar langen *feststehenden* Klinge«.[35] Der BGH regt im Übrigen eine „adäquate Neufassung des Gesetzes" an, zu deren Inhalt er sich nicht weiter äußert.[36] 780

Der *Gesetzgeber* hat darauf zwar reagiert – dies jedoch unzureichend: Statt die verunglückte Fassung in den jeweiligen Tatbeständen neu zu formulieren, wurde bei § 244 StGB ein »minder schwerer Fall« aufgenommen (§ 244 III StGB),[37] um „sicherzustellen, dass in jedem Einzelfall eine angemessene Strafe verhängt werden kann".[38] Indes müsste der Einzelfall erst einmal unter § 244 I Nr. 1a StGB subsumiert werden können, bevor ein abweichender Strafrahmen aus § 244 III StGB relevant werden kann.

Werkzeug/Mittel zur Drohung mit Gewalt/Gewaltanwendung (»Scheinwaffe«) – §§ 244 I Nr. 1b, 250 I Nr. 1b, 177 III Nr. 2 StGB

Ein »Werkzeug oder Mittel«, das der Täter (Beteiligte) zur »Drohung mit Gewalt« oder zur »Gewaltanwendung« bei sich führt, ist ein im spezifischen Sinn **»ungefährlicher«** – nicht latent verletzungsgefährlicher – Gegenstand: 781

»Ungefährlich« ist der mitgeführte Gegenstand,

- wenn die »*Gewalt*«, zu deren Androhung oder Ausführung er verwendet werden soll, selbst *nicht körperlich gefährlich ist* (z.B. Werkzeug zum Einsperren oder zur Fesselung) oder,

33 Gegen OLG Stuttgart wiederum OLG Köln NStZ 2012, 327 (eine subj. Einschränkung finde im Gesetzeswortlaut keine Grundlage).
34 Ein Taschenmesser mit verschiedenen Gebrauchsfunktionen ist jedoch weit entfernt davon, konstruktionsbedingt als Angriffs- oder Verteidigungsmittel zu dienen.
35 Zur Kritik der Entscheidung *Kasiske* HRRS 2008, 378 ff, *Krüger* JA 2009, 190 (192 f) sowie *Rengier*, Schöch-FS, 2010, S. 549 ff.
36 Siehe dazu bereits den Vorschlag bei *Küper* JZ 1999, 187 (191).
37 Gesetz vom 1.11.2011 (BGBl. I, 2130).
38 BT-Drs. 17/4143, S. 7; vgl. dazu die Kritik von *Hettinger*, Roxin-FS II, 2011, S. 273 (280 ff); *Zopfs* GA 2012, 259 ff.

- wenn er zwar zur Androhung einer *physischen Verletzung* (Tötung) eingesetzt werden soll, sich aber – nach der geplanten/vollzogenen Art seiner Verwendung – lediglich als Mittel einer **nicht realisierbaren** (»leeren«) **Drohung** eignet (sog. »Scheinwaffe«).

Literatur: *Küper*, Hanack-FS, 1999, S. 561 (581 ff); MK-*Schmitz* § 244 Rn. 28 ff; MK-*Sander* § 250 Rn. 38 ff. **Einführend:** *W/Hillenkamp* Rn. 284 ff, 372 ff.

Rechtsprechung Grundlegend: BGHSt 44, 103 (105 ff – ungeladene Schusswaffen und Scheinwaffen). **Beispielhaft:** BGH StV 1999, 92 (Deko-Waffe: Salut-Doppelflinte); NStZ 2003, 89 (Deospray); NStZ-RR 2005, 373 (Reizgas). Zu ersichtlich ungefährlichen Werkzeugen: BGHSt 38, 116 (118 – Plastikrohr) und BGH NJW 1996, 2663 (Labello); NStZ 2007, 332 (333 f) mit krit. Anm. *Bosch* JA 2007, 468 (469) und *Kudlich* JR 2007, 381 f.

BGH NJW 1998, 2914: „Spielzeugpistolen und Schußwaffenattrappen sind ›Werkzeuge oder Mittel‹ i.S. des § 250 I Nr. 1b StGB."

BGH StV 1998, 486: „Wird eine sog. Scheinwaffe oder ein sonstiges Werkzeug oder Mittel verwendet, ohne daß hierbei wenigstens Leibesgefahr begründet wird, so richtet sich die Strafbarkeit [bei räuberischer Erpressung] nach dem ›Auffangtatbestand‹ des § 250 I Nr. 1b StGB."

BGH NStZ 2007, 332 (333): Es wird „regelmäßig davon auszugehen sein, dass bei Verwendung eines objektiv *ersichtlich ungefährlichen* Gegenstandes, den das Opfer nicht oder nur unzureichend wahrnehmen kann (und soll), das *Täuschungselement* im Vordergrund steht. Entsprechend dem gesetzgeberischen Willen erscheint es daher weiterhin gerechtfertigt, solche Gegenstände, die bereits nach ihrem *äußeren Erscheinungsbild* offensichtlich ungefährlich sind, vom Anwendungsbereich des … § 250 I Nr. 1b StGB *auszunehmen*."

BGH NStZ 2011, 703: „Für diese Beurteilung kommt es allein auf die Sicht eines *objektiven Betrachters* und nicht darauf an, ob … das Tatopfer eine solche Beobachtung tatsächlich machen konnte oder ob der Täter dies durch sein täuschendes Vorgehen gerade vereitelte."

Erläuterungen

I. Einführung

782 Die durch das 6. StrRG (1998) neu gefassten Vorschriften ersetzen bei Diebstahl und Raub die früher in §§ 244 I Nr. 2, 250 I Nr. 2 StGB a.F. enthaltenen Qualifikationstatbestände. Danach war erforderlich, dass der Täter/Beteiligte bei der Tat »eine Waffe oder sonst ein Werkzeug oder Mittel bei sich führt, um den Widerstand eines anderen durch Gewalt oder Drohung mit Gewalt zu verhindern oder zu überwinden«. Die Auslegung dieser Vorschriften war erheblich umstritten (Problem der »Scheinwaffe«, dazu unten → Rn. 783 ff). Die Neufassungen, denen § 177 III Nr. 2 StGB entspricht, sind bis auf den Wegfall der »Waffe« zwar fast wortgleich *formuliert*. Doch hat sich ihr normativer *Inhalt* dadurch geändert, dass die Wendung »sonst ein Werkzeug oder Mittel« nunmehr auf einen *Gegensatz* Bezug nimmt, der zwischen dem »sonstigen« Werkzeug/Mittel und dem in §§ 244 I Nr. 1a, 250 I Nr. 1a (177 III Nr. 1) StGB erwähnten »*gefährlichen Werkzeug*« (→ Rn. 770) besteht: Das »sonstige« Werkzeug oder Mittel wird als »ungefährliches« Tatmittel charakterisiert und in dieser Eigenschaft dem »gefährlichen Werkzeug« gegenübergestellt.

Der Gesetzgeber wollte mit den neuen Regelungen *Auffangtatbestände* für das Beisichführen *ungefährlicher* Gegenstände schaffen, die zur Drohung mit Gewalt oder zur Gewaltanwendung eingesetzt werden sollen. In der *Drohungsvariante* zielt die Regelung darauf ab, die bis dahin entwickelte einschränkende *Rechtsprechung* zur »Scheinwaffe« (→ Rn. 785) gesetzlich zu verankern. Die *Gewaltalternative* ist für Gewalt-Instrumente gedacht, die – wie z.B. ein Kabel oder Tuch zur Fesselung des Opfers – *nicht* körperlich *gefährlich* sind.[1] Der Inhalt der Neuregelungen ist deshalb nur vor dem Hintergrund des früheren Diskussionsstandes zu §§ 244 I Nr. 2, 250 I Nr. 2 StGB a.F., insbesondere zur Problematik der »Scheinwaffe«, voll verständlich. Daher ist im Folgenden (→ Rn. 783 ff) zunächst die *frühere Rechtslage* darzustellen.

II. Die Rechtsprechung zur »Scheinwaffe« (bis 1998)

1. Die frühere Rechtsprechung

Die Entwicklung der Rechtsprechung zur sog. »Scheinwaffe« ist in mehreren Phasen verlaufen. Für die *ursprüngliche* Gesetzesfassung, nach der es nur auf das Beisichführen einer »Waffe« ankam (§§ 243 I Nr. 5, 250 I Nr. 1 StGB ältere Fassung), hatte der BGH die Benutzung einer nach dem Täterplan lediglich zur Einschüchterung bestimmten und geeigneten »Scheinwaffe« *nicht* genügen lassen. Der Qualifikationsgrund wurde vielmehr in der „*besonderen Gefährlichkeit* der Waffe i.S. der Gewalttätigkeit, nicht i.S. der List" gesehen.[2] **783**

2. Die Rechtsprechung bis zum 6. StrRG

a) Grundlagen und Folgerungen Nach der Umformulierung der Qualifikationstatbestände (1969/75) in die bis zum 6. StrRG (1998) geltende Fassung *änderte* der BGH seine Auslegung, und zwar zunächst für § 244 I Nr. 2 StGB a.F. Aus dem subjektiv gefassten Wortlaut (»um durch Drohung mit Gewalt«) wurde abgeleitet, dass das Gesetz eine *Gefährlichkeit* des Mittels nicht mehr voraussetze. Die Qualifikation habe „ihren Grund nicht nur in der objektiven Gefährlichkeit von Täter und Tat, sondern außerdem in dem stärkeren verbrecherischen Willen" eines Täters, der bereit sei, „zum Räuber zu werden", sowie in dem Schutzbedürfnis des potenziellen Opfers schon gegen eine „Bedrohung mit Gewalt".[3] Auf der Grundlage dieser Auslegung hat der BGH seine Rechtsprechung zur »Scheinwaffe« zunächst ohne Einschränkungen fortgesetzt.[4] § 250 I Nr. 2 StGB a.F. wurde sogar bejaht, wenn das Opfer die *Ungefährlichkeit* der Scheinwaffe *erkannt* hatte.[5] Dieser Linie entsprach es, dass der BGH auch beim Mitführen eines Gegenstandes zwecks *Anwendung* von »Gewalt« keine Gefährlichkeit des Mittels für die Körperintegrität verlangte, sondern z.B. die Verwendung eines Tuches oder Kabels zur Fesselung ausreichen ließ.[6] Der Täter musste freilich stets einen »Gegenstand« mitführen, nicht nur dessen Existenz – z.B. durch ein Körperteil – vortäuschen.[7] **784**

---

1 Vgl. zur Begründung des Gesetzgebers BT-Drs. 13/9064, S. 18.

2 Vgl. BGHSt 3, 229 (232 – Pistole ohne Patronen). Ebenso BGHSt 24, 276 (277 – ungeladene Waffe) mit Anm. *Küper* NJW 1972, 1059; w.N. bei *Küper* NStZ 1982, 28 (29).

3 BGHSt 24, 339 (341 f). BGH NJW 1976, 248 hat sodann diese Auslegung auf § 250 I Nr. 2 StGB a.F. übertragen.

4 Vgl. z.B. BGHSt 30, 375 (376 f) mit Bspr. *Hettinger* JuS 1982, 895 (898); BGH NStZ 1981, 436 mit abl. Anm. *Küper* NStZ 1982, 28 f; BGH StV 1986, 19.

5 BGH NJW 1990, 2570; krit. dazu *Hauf* GA 1994, 319 ff, *Herzog* StV 1990, 547.

6 BGH NJW 1989, 2549 f mit Bspr. *Hillenkamp* JuS 1990, 454 (457 ff).

7 BGH NStZ 1985, 547 f.

785 **b) Einschränkungstendenzen** *Später* hat der BGH seine Rechtsprechung zur »Scheinwaffe« eingeschränkt: Das Tatmittel müsse – nach den konkreten Umständen der geplanten Anwendung – aus Tätersicht »ohne weiteres«, namentlich ohne *zusätzliche Erklärungen* oder Hinweise, dazu geeignet sein, dem Opfer den Eindruck eines gefährlichen Gegenstandes zu vermitteln.[8] Weiter einschränkend entschied der BGH dann 1996[9]: „Jedenfalls dann, wenn der Gegenstand – und zwar schon nach seinem *äußeren Erscheinungsbild – offensichtlich ungefährlich* und deshalb nicht geeignet ist, mit ihm ... auf den *Körper* eines anderen in erheblicher Weise einzuwirken, kommt die Anwendung des § 250 I Nr. 2 StGB nicht in Betracht." Hier stehe „die Täuschung so sehr im Vordergrund", dass die Qualifizierung als Werkzeug i.S. der Vorschrift verfehlt sei.

III. Die früher herrschende Ansicht zur »Scheinwaffe«

1. Die »latente Gefährlichkeit« des Drohmittels

786 In kritischer Distanz zur Rechtsprechung (→ Rn. 784) stand die *Literatur* überwiegend auf dem Standpunkt, dass jedenfalls § 250 I Nr. 2 StGB a.F. auf sog. »Scheinwaffen« nicht anwendbar ist; für § 244 I Nr. 2 StGB a.F. folgten immerhin einige Stimmen der Rechtsprechung. Die ablehnende Auffassung (»*Gefährlichkeitslösung*« → Rn. 787) sah den inneren Grund der Qualifikationstatbestände in der »latenten Gefährlichkeit« auch solcher Werkzeuge/Mittel, die der Täter lediglich zur »Drohung mit Gewalt«, also zur bloßen *psychischen Einschüchterung* potenzieller Opfer, einsetzen will. Sie schloss deshalb »ungefährliche«, nur zur »leeren Drohung« bestimmte und nach der geplanten Art des Einsatzes allein dazu geeignete Gegenstände aus dem Anwendungsbereich der §§ 244 I Nr. 2, 250 I Nr. 2 StGB a.F. aus. Für solche Gegenstände hat sich das Schlagwort »Scheinwaffe« eingebürgert. Das gegenständliche Drohungsmittel musste danach ein »gefährliches Werkzeug« in einem *bestimmten Sinn* von »Gefährlichkeit« sein (→ Rn. 788).

2. Argumente der Gefährlichkeitslösung

787 Die h.L. stützte diese »Gefährlichkeitslösung« im Wesentlichen auf folgende Erwägungen:[10]

Nur die Orientierung an der »Gefährlichkeit« des Tatmittels gewährleiste die notwendige *Unrechtsabstufung* der erheblich strafschärfenden Qualifikationen im Verhältnis zu den *Grundtatbeständen*. Der lediglich mit einem scheingefährlichen Mittel listigeinschüchternd operierende Täter, der seine Drohung bewusstermaßen nicht realisieren könne, zeige mit seinem Verzicht auf Gewaltbereitschaft eine relativ geringe kriminelle Energie, welche innerhalb des Grundstrafrahmens ausreichend berücksichtigt werden könne. Die einschränkende Auslegung des Drohungsmerkmals unter dem Leitgesichtspunkt der »Gefährlichkeit« passe im Übrigen die Qualifikationstatbestände der §§ 244 I Nr. 2, 250 I Nr. 2 StGB a.F. *intrasystematisch* sachgerecht in den

8 BGHSt 38, 116 (118 – »Plastikrohr«).
9 BGH NJW 1996, 2663 (»Labello«). Zu weiteren Entscheidungen in dieser Richtung vgl. die Hinw. in BGH NStZ 2007, 332 (333); *Pfuhl* ZJS 2011, 415 (416).
10 *Eser* JZ 1981, 761 (763 ff); *Küper* JuS 1976, 645 ff; jew. m.w.N.

Rahmen der *übrigen* qualifizierenden Modalitäten (§ 244 I Nr. 1, 3, § 250 I Nr. 1, 3, 4 StGB a.F.) ein, denen ebenfalls der Gefährlichkeitsgedanke zugrunde liege. Diese Auslegung vermeide die sonst notwendige, rechtsstaatlich schwer erträgliche Ausuferung der §§ 244 I Nr. 2, 250 I Nr. 2 StGB a.F. durch Einbeziehung objektiv harmloser Gegenstände beliebiger Art, mit denen gefährliche Werkzeuge vorgetäuscht werden könnten. Bei § 250 I Nr. 2 StGB a.F. könne der Schutz potenzieller Opfer vor besonderer Einschüchterung ohnehin nicht der Sinn eines Qualifikationstatbestandes sein, der bereits in seinen *Grundtatbeständen* (§§ 249, 252, 255 StGB a.F.) eine massive Beeinträchtigung der Willensfreiheit voraussetze (nur dieses Argument galt für § 244 I Nr. 2 StGB a.F. nicht). Schließlich widerspreche die Annahme, dass die Diebstahlsqualifikation des § 244 I Nr. 2 StGB a.F. zugleich einen speziellen Fall der »Raubvorbereitung« betreffe, der *Systematik* des Gesetzes, das Diebstahl und Raub trenne. Ein erhöhtes Schutzbedürfnis des Opfers gegen die von einer »Scheinwaffe« ausgehende Bedrohung entstehe überdies erst bei deren *tatsächlichem* Vollzug und werde dann durch § 249 StGB hinreichend erfasst.

3. Die spezifische »Gefährlichkeit« des Drohmittels

Die von der h.M. verlangte »Gefährlichkeit« war dabei in einem *speziellen Sinn* zu **788**
verstehen: »Gefährlich« ist das Drohungsmittel immer und nur dann, wenn die für den Fall der *Anwendung* des Mittels in Aussicht genommene *Drohung* (Übelsankündigung) derart *verwirklicht* werden könnte, dass das Opfer dadurch physisch verletzt oder zumindest gefährdet würde. In diesem Sinn musste der nur zur Drohung mitgeführte Gegenstand ein – bei *Realisierung* der Drohung – verletzungsgeeignetes »gefährliches Werkzeug« sein. Der Begriff der »Drohung« wurde somit auf die »körperlich latent gefährliche Drohung« reduziert. Beurteilungsgrundlage dieser spezifischen Gefährlichkeit war die *objektive Realisierbarkeit* der vom Täter *subjektiv geplanten* Übelsankündigung in einer für die Körperintegrität (oder sogar das Leben) des potenziellen Opfers verletzungsträchtigen Weise.

Verstand man das Drohungsmerkmal der §§ 244 I Nr. 2, 250 I Nr. 2 StGB a.F. in diesem an der Gefährlichkeit des Mittels orientierten Sinn, so hatte dies zugleich Bedeutung für den Begriff der »*Gewalt*«, wie er in beiden Qualifikationstatbeständen als Gegenstand der Drohung (»Drohung mit Gewalt«) und als Zweck des sonstigen Mitteleinsatzes (»durch Gewalt«) aufzufassen war: Die »Gewalt«, die der Täter mit dem Werkzeug androhen oder ausüben will, musste geeignet sein, *Leib oder Leben* des Opfers zu verletzen, nicht nur dessen *Freiheit* – wie z.B. durch Fesselung – zu beeinträchtigen.[11] Die Gefährlichkeitslösung definierte die »latente Gefährlichkeit« zwar auf der *subjektiven* Grundlage des *geplanten Mitteleinsatzes*, im Übrigen aber *objektiv*. Kennt der Täter die Umstände nicht, welche objektiv die Gefährlichkeit begründen, so fehlte ihm insoweit der Vorsatz (Tatbestandsirrtum). Nimmt er umgekehrt derartige Umstände irrig an, so lag bezüglich der §§ 244 I Nr. 2, 250 I Nr. 2 StGB a.F. ein (untauglicher) Versuch vor.[12]

---

11 Näher *Hillenkamp* JuS 1990, 454 (457 ff); *Küper* JuS 1976, 645 (647).
12 *Küper* JuS 1976, 645 (647 f).

IV. Die Neufassung des Gesetzes

1. Grundsätzliches

789 Die Argumente der »Gefährlichkeitslösung« (→ Rn. 787) haben zwar auch nach der Neufassung nichts von ihrem *sachlichen* Gewicht verloren. Doch muss andererseits die *Grundentscheidung* des Gesetzgebers respektiert werden, in den Qualifikationen §§ 244 I Nr. 1b, 250 I Nr. 1b StGB Auffangtatbestände für das Beisichführen von Tatmitteln zu schaffen, die vom Täter/Beteiligten lediglich in *ungefährlicher* Weise eingesetzt werden (sollen). Diese Grundentscheidung ist nicht bloßes gesetzgeberisches Motiv geblieben. Sie kommt in der Wendung »sonst ein Werkzeug oder Mittel« – im Gegensatz zum »gefährlichen Werkzeug« – deutlich zum Ausdruck (→ Rn. 782). Eine einschränkende Auslegung der neugefassten Vorschriften in Richtung der früher herrschenden »Gefährlichkeitslösung« ist daher mit dem Gesetz nicht mehr vereinbar.[13] Die »Gefährlichkeitslösung« gilt jetzt vielmehr nur noch für das Beisichführen eines »anderen gefährlichen Werkzeugs« i.S. der §§ 244 I Nr. 1a, 250 I Nr. 1a StGB und vergleichbarer Vorschriften (dazu → Rn. 774).

2. Drohungsmittel (»Scheinwaffen«)

790 **a) Allgemeines** Für die zur »*Drohung* mit Gewalt« vom Täter/Beteiligten mitgeführten oder verwendeten Werkzeuge bedeutet dies zunächst, dass die »*Gewalt*« als physisch »*ungefährliche*«, nicht verletzungsgeeignete Gewalt zu verstehen ist, wie sie typischerweise etwa bei der Freiheitsberaubung durch Fesselung des Opfers vorliegt. Gleiches gilt für die Fälle des Beisichführens eines Gegenstandes zur tatsächlichen *Anwendung* von Gewalt.[14] Bei den zur Bedrohung mit *Körperverletzung* oder Tötung bestimmten Tatmitteln reichen nach der Neufassung Gegenstände aus – sind aber grundsätzlich auch *erforderlich* (!)[15] –, deren körperliche Gefährlichkeit bei der Drohung (wie sie geplant ist bzw. vollzogen wird) nur *vorgetäuscht* werden kann, weil die Übelsankündigung nicht verwirklichungsfähig und insofern »ungefährlich« ist.[16] In diesen Hauptanwendungsbereich der Vorschriften gehören etwa Waffenattrappen, Spielzeugpistolen, ungeladene Waffen und ähnliche scheingefährliche Mittel (»Scheinwaffen«).[17] Ist die in Aussicht genommene Drohung jedoch *realisierbar*, so liegt dagegen ein »gefährliches Werkzeug« i.S. der §§ 244 I Nr. 1a, 250 I Nr. 1a StGB vor.

In diesem Punkt *ändert* sich die Beurteilung allerdings, sofern man unter solche »gefährlichen Werkzeuge« nur die objektiv »*generell gefährlichen*« subsumiert und insoweit wiederum *keine* Verwendungsabsicht verlangt (vgl. zu entsprechenden Vor-

---

13 Zweifelnd *Hörnle* Jura 1998, 169 (173 f); dezidiert abw. *Lesch* JA 1999, 36 ff; NK-*Kindhäuser* § 244 Rn. 28 ff; wie hier die inzwischen ganz h.L. und die Rspr. → Rn. 781.

14 Vgl. BGHSt 48, 365 (371 – Strick); BGH StV 1999, 208 (209 – Kabel); NStZ 2007, 332 (334 – Klebeband); nach BGH StV 2009, 408 auch Narkotisierung durch »K.O.-Tropfen«, krit. dazu *Bosch* JA 2009, 737 (738 f).

15 Nochmals: Das Vortäuschen einer Bewaffnung durch die ausgestreckte Hand in der Manteltasche genügt *mangels Gegenstand* nicht.

16 Dem Merkmal »Mittel« kommt neben dem »Werkzeug« keine eigenständige Bedeutung zu, da eine Differenzierung zwischen beiden Begriffen weder möglich noch notwendig ist (MK-*Sander* § 250 Rn. 38 m.w.N.).

17 BGH NJW 1998, 2914 (2915); StV 1998, 486; jew. oben zitiert → Rn. 781. Zur umstr. Behandlung der »Schreckschusspistole« → Rn. 746.

schlägen → Rn. 775 f). Von diesem Standpunkt aus beziehen sich Vorschriften wie §§ 244 I Nr. 1b, 250 I Nr. 1b StGB zum einen auf »ungefährliche Werkzeuge« im erläuterten Sinn, zum anderen aber *auch* auf Gegenstände, die erst aufgrund der individuellen *Verwendungsabsicht* – zwecks Verletzung oder jedenfalls realisierbarer Drohung mit Verletzung – als gefährlich zu qualifizieren sind!

b) Irrtumsfälle Irrt der Täter über die Gefährlichkeit des mitgeführten Gegen- **791**
stands, so ist zu differenzieren.

Aufgrund ihrer *Auffangfunktion* dürften die auf ungefährliche Drohmittel (»Scheinwaffen«) zugeschnittenen Vorschriften §§ 244 I Nr. 1b, 250 I Nr. 1b StGB auch die Situation miterfassen, in denen ein objektiv *gefährliches* Drohungswerkzeug – etwa eine geladene Schusswaffe – vom Täter *irrig* für ungefährlich gehalten wird und nach seiner Vorstellung auch nur ungefährlich eingesetzt werden soll. Es wäre nicht einsichtig, hier nur wegen Versuchs zu bestrafen, solange der objektiv gefährliche Gegenstand (wie ein tatsächlich ungefährlicher) in körperlich ungefährlicher Weise eingesetzt werden kann und soll.[18]

Liegt es allerdings so, dass der Täter die ungeladene Schusswaffe irrig für funktions- **792**
tauglich und einsatzbereit hält, so verfügt er über das Bewusstsein, dass der mitgeführte Gegenstand körperlich gefährlich ist. Dies rechtfertigt die Annahme eines Versuchs aus §§ 244 I Nr. 1a, 250 I Nr. 1a StGB (bei Verwendung des Gegenstandes auch aus § 250 II Nr. 1 StGB). Zu weitgehend ist es aber, hierzu tateinheitlich auch ein vollendetes Delikt aus §§ 244 I Nr. 1b, 250 I Nr. 1b StGB zu bejahen.[19] Denn die Auffangfunktion kann nur dort eingreifen, wo das mitgeführte Mittel in ungefährlicher Weise zum Einsatz kommen soll.[20]

c) Einschränkungen bei Scheinwaffen? Nach den gesetzgeberischen Motiven[21] **793**
soll bei der Anwendung der Vorschriften die „einschränkende neuere Rechtsprechung des BGH" (→ Rn. 785) „Beachtung finden". Dies würde bedeuten, dass Drohungsmittel ausscheiden, deren vorgetäuschte Gefährlichkeit sich erst aus einer »zusätzlichen *Erklärung*« des Täters ergibt oder die »nach ihrem *äußeren Erscheinungsbild* offensichtlich ungefährlich« sind. Die Rechtsprechung[22] und Teile des Schrifttums[23] vertreten diese Ansicht, die sich mit dem Argument stützen lässt, dass in solchen Fällen der angestrebte Eindruck der Gefährlichkeit ganz wesentlich auf die zusätzliche Erklärung, nicht aber auf das einzusetzende Mittel zurückzuführen ist. Für die »offensichtliche Ungefährlichkeit« soll es dabei nach der Rechtsprechung allein auf die »Sicht eines *objektiven Betrachters*« ankommen, nicht auf die Perspektive des *konkreten Opfers* und dessen Wahrnehmungsmöglichkeiten.

---

18 Anders MK-*Schmitz* § 244 Rn. 65: nur Versuch der Nr.1; so wohl auch LK-*Vogel* § 244 Rn. 39.
19 So aber *Rengier*, BT 1, § 8 Rn. 27.
20 Im Ergebnis wie hier MK-*Schmitz* § 244 Rn. 65; LK-*Vogel* § 244 Rn. 39.
21 BT-Drs. 13/9064, S. 18.
22 BGH NStZ 2007, 332 (333 f, oben zitiert → Rn. 781); NStZ 2009, 95 (Gegenstand unter dem T-Shirt); 2011, 278 (Sporttasche als Bombe – hier wird die »Offensichtlichkeit« verneint) mit abl. Bspr. *Pfuhl* ZJS 2011, 415 (417); BGH NStZ 2011, 703 (Wasserpistole, oben zitiert → Rn. 781); OLG Köln StV 2010, 636 (dicker Ast).
23 *Rengier*, BT 1, § 4 Rn. 68 ff; SSW-*Kudlich* § 244 Rn. 25; *W/Hillenkamp* Rn. 288, 374.

Derartigen Einschränkungen wird entgegengehalten, dass sie inkonsequent und im Grunde willkürlich sind: Denn die Intensität einer aus *Opfersicht* vorliegenden Gefährlichkeit und die daraus resultierenden Einschüchterungseffekte hängen nicht davon ab, ob das Drohungsinstrument schon »äußerlich« gefährlich wirkt oder ob der Täter diesen Eindruck der Gefährlichkeit auf andere Weise hervorruft.[24] Auf einem anderen Blatt steht die Frage, ob § 250 I Nr. 1b StGB auch dann zu bejahen ist, wenn das Opfer die »Scheinwaffe« als solche *erkennt* (zur früheren Rspr. → Rn. 784). Mangels einer psychischen »Einschüchterungssituation« muss dies verneint werden, so dass lediglich ein Versuch der Qualifikation in Betracht kommt.[25]

Wichtiges Glied – § 226 I Nr. 2 StGB

Vgl. **Glied, wichtiges** (Verlust eines wichtigen Gliedes) → Rn. 296.

Widerstandleisten – § 113 I StGB

794 »Widerstandleisten« ist *aktives*, gegen den Vollstreckungsbeamten gerichtetes – nicht notwendig erfolgreiches oder erfolgstaugliches – Handeln mit dem Ziel, die *Durchführung der Vollstreckungshandlung* zu verhindern oder zu erschweren. Bloß passives Verhalten (»passiver Widerstand«) reicht nicht aus.

Literatur: *Küper*, Frisch-FS, 2013, S. 985 (989 ff); MK-*Bosch* § 113 Rn. 13 ff. Zum Verhältnis von Widerstand und Nötigung *Zopfs* GA 2012, 259 (266 ff). **Einführend:** *Bosch* Jura 2011, 268 ff.

Rechtsprechung Grundlegend: RGSt 4, 374 (376 – aktives Handeln); BGHSt 18, 133 (134 – fortwirkendes Handeln, hier: Aussperren) mit Anm. *Ruß* NJW 1963, 1165. **Beispielhaft:** OLG Düsseldorf NZV 1996, 458 (459 – Betätigen der Türverriegelung beim Pkw) mit krit. Bspr. *Seier/Rohlfs* NZV 1996, 460; OLG Hamm NJW 1973, 1240 f (Zufahren).

RGSt 4, 374 (376): Zum Widerstandleisten gehört, dass „eine aktive Tätigkeit gegen den Beamten entwickelt wird, welche dazu bestimmt und an und für sich geeignet ist, die Vollziehung der betreffenden Diensthandlung nicht zur Vollendung gelangen zu lassen".

BGHSt 18, 133 (134 f): „Untätigen Widerstand, bloßen Ungehorsam ließ [das RG] nicht genügen. Die gewaltsame, also unter Aufwendung von Körperkraft vorgenommene, gegen den Beamten gerichtete Handlung brauchte allerdings nicht unmittelbar gegen dessen Person gerichtet zu sein; es genügte vielmehr auch eine nur mittelbar gegen die Person des Beamten, unmittelbar aber gegen Sachen gerichtete Einwirkung, wenn sie nur von der Person körperlich empfunden wurde… Diese Grundsätze hat der Bundesgerichtshof übernommen… Allerdings muß nach ihnen auch die mittelbare Kraftentfaltung im Zeitpunkt der Amtshandlung gegen den Beamten wirken dergestalt, daß dieser seine Amtshandlung nicht ausführen kann, ohne seiner-

24 *Fischer* § 250 Rn. 11 ff; *Klesczewski* GA 2000, 257 (259 ff); NK-*Kindhäuser* § 244 Rn. 29.

25 *Rengier*, BT 1, § 8 Rn. 9, der auch eine vollendete *Drohung* verneint und nur §§ 249, 22 StGB bejaht; *W/Hillenkamp* Rn. 374 mit weiterer Einschränkung für kurzfristige Freiheitsbeeinträchtigungen; vgl. auch bereits *Küper* JuS 1976, 645 (648 f).

seits eine nicht ganz unerhebliche Kraft aufwenden zu müssen; doch genügt es, daß der Täter die eigene Kraftentfaltung schon vor Beginn der Amtshandlung vorgenommen hat, wenn sie sich nur noch als Widerstandsleistung gegen den Beamten im Zeitpunkt seines Tätigwerdens auswirkt."

Erläuterungen

I. Zur Widerstandshandlung

Zu beachten ist, dass der Tatbestand des § 113 I StGB nur ein Widerstandleisten »mit Gewalt« bzw. »durch Drohung mit Gewalt« erfasst. Dabei muss sich die »Gewalt«, auch die angedrohte, – unmittelbar oder mittelbar – gegen den *Amtsträger* richten. Dies folgt aus der Funktion des Merkmals »Gewalt« innerhalb des § 113 I StGB: Die überwiegende Auffassung versteht »Gewalt« i.S. von § 113 I StGB restriktiver als in § 240 I StGB und fordert eine *körperliche* Zwangswirkung.[1] Die Gewalt gegen *Dritte* „wirkt als Vollstreckungshindernis hingegen lediglich *psychisch*. Für psychische Einwirkungen auf den Vollstreckungsbeamten ist aber allein die Tatbestandsalternative der ›Drohung mit Gewalt‹ zuständig."[2] Mangels einer *gegen den Amtsträger* gerichteten Handlung scheidet § 113 I StGB daher aus, wenn der Täter vor der Polizei flieht und dabei andere Verkehrsteilnehmer gefährdet, ohne dass die nachfolgende Polizei dadurch gewaltsam behindert werden sollte.[3] Nach h.M. folgt aus dem Begriff des »Widerstand*leisten*s« zudem das Erfordernis *aktiven* Handelns; rein passives Verhalten (z.B. das bloße „Sich-Wegtragen-Lassen") scheidet aus.[4] **795**

Außerdem muss der Widerstand »*bei* der Vornahme« der Vollstreckungshandlung (→ Rn. 708) geleistet werden. Dies bedeutet grundsätzlich, dass die Vollstreckungshandlung im Zeitpunkt des Widerstandleistens bereits *begonnen* haben muss und noch nicht *abgeschlossen* sein darf. Dabei werden nach h.M. auch solche Vollstreckungssituationen einbezogen, „die – schon oder noch – so eng mit dem eigentlichen Hoheitsakt zusammenhängen, dass sie als Bestandteil der Vollstreckungsmaßnahme angesehen werden können" (z.B. das Betreten der Wohnung des Schuldners durch den Gerichtsvollzieher).[5] Nach wohl allgemeiner Auffassung soll hierzu auch der Zeitpunkt zählen, in dem die Vollstreckung *unmittelbar bevorsteht*. Eine solche Ausdehnung ist zwar an sich vom Wortsinn „Vornahme" nicht mehr gedeckt, wird aber durch eine Deutung des Wortes „bei" als unmittelbare *zeitliche* Nähe („nahe bei") möglich.[6] Eine *vor* diesem Zeitpunkt in Erwartung künftiger Vollstreckungsmaßnahmen vorgenommene Vorkehrung des Täters (z.B. Verbarrikadieren der Wohnung) soll nach h.M. dann berücksichtigt werden, wenn diese im maßgeblichen Zeitraum noch *fortwirkt* (sog. »vorweggenommener Widerstand«). Denn es sei „nicht einzusehen, warum der vorbereitete, also geplante Widerstand anders behandelt werden soll als der nicht vorbereitete, der erst im Augenblick der Amtshandlung beginnt. Der vor-

1 Vgl. *Bosch* Jura 2011, 268 (271 f); *Küper*, Frisch-FS, S. 985 (992 f) m.w.N. sowie den Hinweis in → Rn. 286.
2 *Küper*, Frisch-FS, S. 985 (995).
3 BGH NStZ 2013, 336 (337).
4 *Bosch* Jura 2011, 268 (271); LK-*Rosenau* § 113 Rn. 23 f m.w.N.
5 *Küper*, Frisch-FS, S. 985 (998).
6 *Küper*, Frisch-FS, S. 985 (999).

bereitete Widerstand, der oft wirksamer und deshalb mindestens ebenso strafwürdig ist wie der nicht vorbereitete, müsste bei gegenteiliger Entscheidung zur Straflosigkeit führen", was „auch in rechtspolitischer Hinsicht unerfreulich" sei.[7]

II. Das Verhältnis von Widerstand und Nötigung

1. Die Ausgangslage

796 § 113 I StGB wurde nach *bisher* h.M. als *privilegierter Spezialfall* der Nötigung bzw. des Nötigungsversuchs verstanden: Der Gesetzgeber habe den häufig vorliegenden »begreiflichen Erregungszustand« des von der Vollstreckung Betroffenen (typische Verminderung der Motivationsfähigkeit) durch einen gegenüber § 240 I StGB milderen Strafrahmen privilegierend berücksichtigt.[8] Diese Ausgangslage hat sich jedoch durch das »44. Gesetz zur Änderung des StGB – Widerstand gegen Vollstreckungsbeamte« vom 1.11.2011 (BGBl. I, 2130) wesentlich geändert. § 113 I StGB hat danach den gleichen Grundstrafrahmen wie § 240 StGB erhalten, so dass die angenommene »Privilegierung« insoweit entfallen ist und § 113 StGB ein der Nötigung gleichwertiges Delikt darstellt.

Liegen die tatbestandlichen Voraussetzungen des Widerstandleistens vollständig vor, so scheidet – wie bisher[9] – eine Strafbarkeit wegen (versuchter) *Nötigung* aus: Gesetzeskonkurrenz aufgrund Spezialität, wobei allerdings nicht unumstritten ist, worauf die Spezialität zu stützen ist.[10] Gleiches gilt für den – gegen die Vollstreckung gerichteten – »tätlichen Angriff« i.S. des § 113 I StGB (insoweit str. → Rn. 41).

Erfüllt die Widerstandshandlung dagegen die besonderen Voraussetzungen des § 113 I StGB *nicht*, dann stellt sich die Frage nach der Anwendbarkeit des § 240 I StGB bzw. des entsprechenden Versuchs. Zu beachten ist dabei, an welchen Voraussetzungen die Anwendung des § 113 StGB scheitert. Bleibt das Widerstandsverhalten ganz »außerhalb« der Tatbestandsgrenzen – z.B. Gewaltanwendung zur Verhinderung einer erst geplanten Vollstreckung, Widerstand gegen eine »normale« (nichtvollstreckende) Amtshandlung –, so ist § 240 StGB anwendbar, weil die in § 113 StGB vorausgesetzte – früher »privilegierende« – spezifische Vollstreckungssituation von vornherein nicht vorliegt.[11] Problematisch sind hingegen die Konstellationen, in denen der Täter eine Vollstreckungssituation irrtümlich annimmt (→ Rn. 798) oder die Gewaltanwendung/Gewaltandrohung nur von unbeteiligten »Dritten« vorgenommen wird (→ Rn. 799). Umstritten war und ist zudem der Fall, in dem das Widerstandsverhalten »unterhalb« der besonderen Anforderungen bleibt, die § 113 I StGB an die *Widerstandsmittel* stellt (→ Rn. 797), etwa bei Drohung mit einem nur »empfindlichen Übel« (nicht aber mit »Gewalt«).

---

7 BGHSt 18, 133 (135 f, oben zitiert → Rn. 794); zust. NK-*Paeffgen* § 113 Rn. 18. Krit. mit Blick auf den Wortlaut „Widerstand *leistet*" *Küper*, Frisch-FS, S. 985 (1000 f).

8 Vgl. SK-*Wolters* § 113 Rn. 2; *S/S/Eser* § 113 Rn. 3; krit.: *Deiters* GA 2002, 259 ff, *Hirsch*, Klug-FS, 1983, S. 235 ff, *Zopfs* GA 2000, 527 ff, 535 ff; jew. m.w.N.

9 Vgl. BGHSt 48, 233 (238 f); LK-*Rosenau* § 113 Rn. 89; *Zopfs* GA 2000, 527 (539 f); abw. *Deiters* GA 2002, 259 (269 ff): »Exklusivität« der Tatbestände.

10 *Rengier*, BT 2, § 53 Rn. 27 stützt dies auf fortbestehende privilegierende Momente im Tatbestand bzw. in § 113 III, IV StGB, dagegen *Fahl*, ZStW 124 (2012), 311 (312 ff); zur historischen Begründung der Sperrwirkung → Rn. 797.

11 *Kindhäuser*, BT I, § 36 Rn. 59; MK-*Bosch* § 113 Rn. 65; abw. Begründung bei *Deiters* GA 2002, 259 (271 ff).

2. (Bisher) umstrittene Fallgestaltungen

In Literatur und Rechtsprechung wurde bisher vielfach angenommen, dass in dem zuletzt genannten Fall mangels Spezialität des § 113 StGB auf die (versuchte) Nötigung zurückgegriffen werden könne, allerdings mit dem Strafrahmen des § 113 I StGB und unter analoger Anwendung von § 113 III, IV StGB (»Kombinationslösung«).[12] Eine vordringende und wohl schon h.M. betrachtete dagegen § 113 StGB als *abschließende Sonderregelung*, die den Rückgriff auf § 240 StGB *völlig sperrt*, weil sonst die Privilegierungsfunktion der Widerstandsvorschrift »unterlaufen« würde (»Sperrlösung«).[13] Von diesem Standpunkt aus wurde die durch § 113 StGB garantierte »Privilegierung« nicht nur in der gegenüber der Nötigung überwiegend *günstigeren Strafrahmen-* und Irrtumsregelung (§ 113 I, III, IV StGB), sondern zugleich darin gesehen, dass für die *Strafbarkeit* des Widerstandes die in § 113 I StGB geforderte Qualität/Intensität der Zwangsmittel erreicht sein muss.[14] **797**

Nachdem die Neuregelung (→ Rn. 796) eine Gleichstellung der Grundstrafrahmen von Widerstand und Nötigung eingeführt hat, ist die früher vertretene »Kombinationslösung« insofern obsolet, als sie sich für eine Anwendung des (nun ohnehin gleichen) Strafrahmens aus § 113 I auf § 240 I StGB aussprach. Gleichwohl wird weiterhin vertreten, in den Fällen, in denen das eingesetzte Nötigungsmittel nicht das für § 113 I StGB, wohl aber für eine Nötigung erforderliche Maß erreicht, aus § 240 I StGB zu strafen und dabei § 113 III, IV StGB analog anzuwenden.[15] Sachgerechter erscheint es jedoch, in diesen Fällen mit der »Sperrlösung« eine Strafbarkeit nach § 240 I StGB zu verneinen: Denn der Widerstandleistende würde anderenfalls auf dem Umweg über die Nötigung aus dem gleichen Strafrahmen wie dem des § 113 I StGB bestraft, obwohl (!) er die für eine *Strafbarkeit* des Widerstandes erforderlichen speziellen Zwangsmittel nicht eingesetzt hat.[16] Ungeklärt bleibt noch, worauf die Sperrwirkung zu stützen ist. So ließe sich auch hier die Privilegierungsthese mit Blick auf die erhöhten Anforderungen an die Tathandlung, die Straflosigkeit des Versuchs oder mit Blick auf die besonderen Irrtumsregelungen aufrechterhalten.[17] Die Entstehungsgeschichte zeigt allerdings, dass § 113 StGB a.F. neben der damals noch existenten Beamtennötigung ohnehin als eigenständiger besonderer Tatbestand (lex specialis) konzipiert wurde, um die Gegenwehr in Vollstreckungssituationen speziell zu erfassen.[18] Diese besondere Schutzrichtung, die die Vorschrift durch nachfolgende Reformen nicht verloren hat,[19] rechtfertigt es, Maßnahmen während der Dauer der Vollstreckungssituation ausschließlich nach § 113 StGB zu beurteilen.

---

12 Nachw. bei NK-*Paeffgen* § 113 Rn. 90; OLG Hamm NStZ 1995, 547 (548).

13 Vgl. *A/W/Hilgendorf* § 45 Rn. 25; *Joecks* § 113 Rn. 43; LK-*Rosenau* § 113 Rn. 95; *Zöller/Steffens* JA 2010, 161 (167); wohl auch BGHSt 30, 235 (236); im Ergebnis übereinstimmend *Deiters* GA 2002, 259 (269 ff – »Exklusivität«).

14 Vgl. 7. Aufl. 2008, S. 472.

15 *L/Kühl* § 113 Rn. 26; *Rengier*, BT 2, § 53 Rn. 28.

16 NK-*Paeffgen* § 113 Rn. 90; *S/S/Eser* § 113 Rn. 43, 45, 68.

17 SK-*Wolters* § 113 Rn. 2.

18 *Zopfs* GA 2000, 527 (535 ff) und GA 2012, 259 (269 ff); ebenso unter Berücksichtigung der Entstehungsgeschichte für eine „systematisch eigenständige Norm" plädierend: *Steinberg/Zetzmann/Dust* JR 2013, 7 (10 f).

19 Vielmehr zeigen die besonderen Regelungen in § 113 III, IV StGB wiederum das Ziel, den betroffenen Interessen in Vollstreckungssituationen durch eine Spezialregelung gerecht zu werden.

798 Nimmt der Widerstandleistende *irrtümlich* an, dass sich sein Widerstand gegen die »Vollstreckungshandlung« eines Amtsträgers richtet, so wurde bisher z.T. vorgeschlagen, in analoger Anwendung des § 16 II StGB nur aus § 113 StGB zu bestrafen oder § 240 StGB mit Straflimitierung nach § 113 StGB anzuwenden.[20]

Nach der Neuregelung (→ Rn. 796) wird vorgeschlagen, in diesen Fällen § 240 StGB anzuwenden.[21] Da man damit jedoch die gesetzgeberische Wertung unterliefe, wonach der Versuch des § 113 StGB straffrei ist, erscheint es treffender, einen *straflosen untauglichen Versuch* des Widerstandleistens anzunehmen, der den Rückgriff auf § 240 StGB versperrt.[22] Erkennt *umgekehrt* der Täter nicht, dass sein Verhalten die objektiven Voraussetzungen des § 113 I StGB erfüllt, so ist zwar diese Vorschrift wegen Tatbestandsirrtums nicht anwendbar. Doch gibt es in diesem Fall keine Gründe für eine »Sperrwirkung« des § 113 StGB, so dass § 240 StGB anwendbar bleibt.[23]

799 Leistet ein »unbeteiligter Dritter« – nicht von der Vollstreckung unmittelbar Betroffener – Widerstand, so wird von einer Minderheitsauffassung angenommen, in diesem Fall sei *nur* § 240 StGB anzuwenden, weil der Privilegierungsgedanke des § 113 StGB auf »Dritte« nicht zutreffe.[24] Vorzugswürdig ist es hingegen, in diesem Fall nur § 113 StGB anzuwenden, da der Tatbestand des § 113 StGB auch als »Allgemeindelikt« formuliert ist, dessen Täterkreis eben nicht auf Personen beschränkt ist, die selbst von der Vollstreckung betroffen sind.[25]

Wilderei – § 292 I Nr. 1 StGB

Vgl. **Nachstellen** (Fangen, Erlegen, Zueignen) → Rn. 387.

Wohngebäude (zur Wohnung von Menschen dienendes Gebäude) – § 306a I Nr. 1 (§ 306 Nr. 2 a.F.) StGB

800 Ein Gebäude »dient« zur Wohnung von Menschen, wenn es im Tatzeitpunkt **tatsächlich** – auch nur zeitweise oder widerrechtlich – als Wohnung **verwendet** wird (→ Rn. 801); es kommt nicht darauf an, ob es zu Wohnzwecken *bestimmt* oder allgemein *geeignet* ist.

20 Vgl. einerseits *A/W/Hilgendorf* § 45 Rn. 41; andererseits LK-*Rosenau* § 113 Rn. 97.
21 *Fahl* StV 2012, 623 (624); *S/S/Eser* § 113 Rn. 52.
22 Ebenso MK-*Bosch* § 113 Rn. 67; NK-*Paeffgen* § 113 Rn. 74, 91.
23 Vgl. MK-*Bosch* § 113 Rn. 55; so bisher schon LK-*Rosenau* § 113 Rn. 96; anders NK-*Paeffgen* § 113 Rn. 75, 93.
24 SK-*Wolters* § 113 Rn. 16; so bisher schon LK-*Rosenau* § 113 Rn. 73; eingehend *Sander* JR 1995, 491 ff m.w.N.
25 Vgl. *L/Kühl* § 113 Rn. 5; so bisher schon *Bosch* Jura 2011, 268 (269); *Zöller/Steffens* JA 2010, 161 (163 f); vgl. auch 7. Aufl. 2008, S. 473.

Zur »Wohnung« dient ein Gebäude, wenn es zumindest vorübergehend als **Mittelpunkt der privaten Lebensführung** genutzt wird. Die vorübergehende Abwesenheit der Bewohner, sogar für längere Zeit, schließt die Wohnungseigenschaft nicht aus.

»Gebäude« ist ein durch Wände und Dach begrenztes, mit dem Erdboden verbundenes Bauwerk.

Literatur: MK-*Radtke* § 306a Rn. 6 ff, 15 ff; *S/S/Bosch* § 306a Rn. 3 ff. **Einführend:** *W/Hettinger* Rn. 962 ff. **Monographisch:** *Krumme*, Die Wohnung im Recht, 2004, S. 254 ff; *Radtke*, Die Dogmatik der Brandstiftungsdelikte, 1998, S. 160 ff.

Rechtsprechung Grundlegend: BGHSt 6, 107 f (Rohbau als Gebäude); 16, 394 (395 f – Entwidmung durch Inbrandsetzen); 23, 114 f (Tod des einzigen Bewohners). **Beispielhaft:** BGH NStZ 1994, 130 (Aufgabe des Wohnzwecks durch *alle* Bewohner); StV 2001, 576 (577 – Doppelhaushälfte); NStZ-RR 2005, 76 (*bedingte* Entwidmung); JR 2011, 40 f (Wohnmobil) mit Anm. *Bachmann/Goeck*, S. 41.

BGH NStZ 2012, 39: „Ein Gebäude dient nur dann zur Wohnung von Menschen, wenn es von seinen Bewohnern zumindest vorübergehend tatsächlich als Mittelpunkt ihrer (privaten) Lebensführung zu Wohnzwecken genutzt wird. Indizien hierfür können neben der Gebrauchsdauer das regelmäßige Übernachten, das Zubereiten von Speisen sowie die postalische Erreichbarkeit sein. Bloße Aufenthalte zur Hausreinigung und Gartenpflege genügen hingegen nicht."

BGHSt 16, 394 (395 f): „Die Eigenschaft eines Gebäudes, zur Wohnung von Menschen zu dienen, ist ein Merkmal wesentlich *tatsächlicher* Art; es kommt allein auf die Verwendung zu Wohnzwecken an. Eine entsprechende *Bestimmung* oder *Widmung* ist … weder genügend noch erforderlich… Deshalb kommt es auch für die Frage, ob und wodurch ein bisher zur Wohnung dienendes Gebäude diese Eigenschaft *verliert*, auf die *tatsächlichen* Umstände des Einzelfalles an. Der Eigentümer kann zwar das Gebäude nicht einseitig durch bloße Willenserklärung gegenüber den Bewohnern … der bisherigen Verwendung entziehen. Ist er aber der einzige bisherige Bewohner, dann hat er es auch allein in der Hand, die Wohnungseigenschaft zu beseitigen… Sobald er das Gebäude als Wohnung *tatsächlich aufgibt*, ist es dem Schutz des § 306 Nr. 2 StGB [a.F.] entzogen… Der Entschluß zur Aufgabe kann auch … mit der *Inbrandsetzung* selbst verwirklicht werden."

Hinweise: Ein von *allen Bewohnern* als Wohnung *aufgegebenes* (»faktisch entwidmetes«) Gebäude »dient« nicht zur Wohnung, ebenso wenig ein durch den *Tod* des letzten Bewohners leer gewordenes Haus. Die »Aufgabe« der Wohnungseigenschaft kann von den Bewohnern auch durch *Inbrandsetzen* vollzogen werden (und unter dem Vorbehalt stehen, dass die Brandstiftung gelingt). Sie wird durch die Absicht, das Gebäude nach dem Brand zu Wohnzwecken *neu zu errichten* oder zu renovieren, nicht ausgeschlossen.[1] **801**

Zur Brandstiftung an »gemischt genutzten« Gebäuden → Rn. 359; zur Frage der Anwendbarkeit von § 306a I StGB bei Ausschluss jeder konkreten Gefahr für Menschen → Rn. 361. Zum Begriff des »Gebäudes« in § 243 I 2 Nr. 1 StGB → Rn. 409.

1 BGH StV 2007, 584 (585) mit krit. Anm. *Radtke* NStZ 2008, 100 f und zust. Anm. *Schlothauer* StV 2007, 585 (586). Der Fall befasst sich auch mit der Problematik, ob *ein* Erziehungsberechtigter allein „stellvertretend" für Minderjährige den Wohnzweck aufgeben kann. Zur Entwidmung durch *beide* Erziehungsberechtigten siehe bereits BGH NStZ 1992, 541.

Wohnung – § 244 I Nr. 3 (§§ 123 I, 124, 201a I, II) StGB

802 »Wohnung« ist der Inbegriff der – abgeschlossenen und überdachten, auch beweglichen – Räumlichkeiten, die als **Kernbereich des privaten Lebens** dem *Zweck dienen*, einem oder mehreren Menschen zumindest vorübergehend *Unterkunft* zu gewähren.

Literatur: LK-*Vogel* § 244 Rn. 74 ff; MK-*Schmitz* § 244 Rn. 57 ff. **Einführend:** *Koranyi* JA 2014, 241 ff; *W/Hillenkamp* Rn. 289 ff. **Monographisch:** *Krumme*, Die Wohnung im Recht, 2004, S. 214 ff, 245 ff, 270 ff.

Rechtsprechung Grundlegend: RGSt 12, 132 (133 – weiter Wohnungsbegriff); BGH NStZ 2008, 514 (515 – enger Wohnungsbegriff). **Beispielhaft:** OLG Hamm NJW 1982, 2676 (2677 – zum Abriss bestimmtes Gebäude, § 123). **Zusammenfassend:** BGH NStZ 2013, 120 f (gemischt-genutzte Gebäude).

RGSt 12, 132 (133): Das Gesetz versteht „unter Wohnung den Inbegriff derjenigen Räumlichkeiten, welche einer Einzelperson oder einer zusammengehörenden Mehrheit von Personen, einer Familie, zum ständigen Aufenthalte dienen oder zur Benutzung freistehen".

BGH NStZ 2008, 514 (515): „Der Tatbestand des § 244 I Nr. 3 StGB [bezweckt] neben dem Schutz des Eigentums den verstärkten Schutz der häuslichen Privat- und Intimsphäre… [D]essen Anwendbarkeit [scheidet] aus, wenn der Täter in Räumlichkeiten einsteigt oder einbricht, die *nicht* diesem besonderen Schutzbereich zuzuordnen sind".

BGH NStZ 2013, 120 (121): Dagegen liegt Wohnungseinbruchdiebstahl liegt vor, „wenn der Täter in einen Raum einbricht, der zwar ausschließlich beruflich genutzt, aber so in den Wohnbereich *integriert* ist, dass insgesamt eine in sich *geschlossene Einheit* vorliegt… Ein Raum in einer Wohnung bleibt auch dann Teil der Wohnung, wenn der Bewohner ihn zu seinem Arbeitsraum bestimmt hat… Die Verletzung der Privatsphäre wiegt nicht weniger schwer, wenn der Täter in diesen Raum der Wohnung einbricht… Vergleichbares gilt für Einbrüche in Nebenräume wie z.B. Keller oder Garagen. Auch hier wird Wohnungseinbruchdiebstahl verneint, wenn diese, auch bei räumlicher Nähe zur Wohnung, *abgeschlossen oder selbstständig sind…* Jedoch liegt aus den genannten Gründen Wohnungseinbruchdiebstahl vor, wenn der Täter in Räume einbricht, die dem Begriff des Wohnens *typischerweise* zuzuordnen sind, wie z.B. den Keller eines Einfamilienhauses. Dies gilt sowohl, wenn er sich von dort ungehindert Zugang zum ohne Weiteres erreichbaren Wohnbereich im Erd- oder Obergeschoss verschafft … als auch dann, wenn er aus derartigen Räumen stiehlt".

Erläuterungen

803 Die h.M. legt den Begriff der »Wohnung« im Besonderen Teil unterschiedlich aus. Nach überwiegender Ansicht fallen unter »Wohnung i.S. von § 123 I StGB auch außerhalb des eigentlichen Wohnbereichs gelegene *Nebenräume* wie Treppenhaus, Keller-, Wasch-, Bodenräume, Garage.[1] Ferner werden von § 123 I StGB auch sog. »Zubehörflächen« (z.B. Hausgärten, Terrassen) erfasst, wobei je nach den Umständen des Einzelfalls unterschiedlich beurteilt wird, ob diese unter den Begriff der »Wohnung« (bzw. »Geschäftsraum«) oder den des »befriedeten Besitztums« fallen.[2]

1 Vgl. MK-*Schäfer* § 123 Rn. 12 m.w.N.
2 Vgl. *W/Hettinger* Rn. 579 m.w.N.; eingehend *Behm* GA 1986, 547 ff; *Krumme*, Wohnung, S. 216 f, 251 m.w.N. S. auch → Rn. 146, Rn 268.

Diesem weiten Wohnungsbegriff steht nach h.M. ein *engerer* Begriff der »Wohnung« in dem durch das 6. StrRG (1998) eingeführten »*Wohnungseinbruchsdiebstahl*« (§ 244 I Nr. 3 StGB) gegenüber. Unter Hinweis auf die amtliche Begründung, die auf die psychischen Folgewirkungen für den Wohnungsinhaber abgehoben hat,[3] werden nur Räumlichkeiten erfasst, die für den Bewohner auch den »Mittelpunkt des privaten Lebens« bilden. Denn gerade dort ist das Sicherheitsgefühl des Betroffenen besonders empfindlich beeinträchtigt und schutzwürdig. Nur insoweit ist deshalb die Strafrahmenerhöhung gegenüber einem Einbruch in Geschäftsräume etc. (§§ 242, 243 I 2 Nr. 1 StGB) gerechtfertigt.[4] Daraus folgt, dass abgetrennte Nebenräume (z.B. Keller, Garage, Abstellräume außerhalb der Wohnung), sofern sie nur als solche – und nicht auch als Kernbereich des privaten Lebens (→ Rn. 804) – benutzt werden, ebenso ausscheiden wie nur vorübergehend benutzte Hotelzimmer.[5]

Diese unterschiedliche Auslegung des Begriffs der »Wohnung« wird vereinzelt kritisiert und stattdessen ein *einheitlich*-restriktiver Wohnungsbegriff gefordert, wobei die Wohnungs- bzw. Haustür die entscheidende Begrenzung für jede »Wohnung« sein soll.[6]

Der »Wohnungseinbruchsdiebstahl« setzt nicht voraus, dass eine Sache »aus der Wohnung« weggenommen wird, in die der Täter eingedrungen ist; es genügt, wenn die Wegnahme z.B. aus einem angrenzenden Geschäftsraum erfolgt.[7] Im umgekehrten Fall – Einbruch in einen nur gewerblich genutzten Raum mit anschließender Wegnahme aus angrenzendem Wohnbereich ohne Überwindung weiterer Hindernisse – schließt dagegen der Wortlaut die Anwendung des § 244 I Nr. 3 StGB aus.[8] Ebenso wie bei einem Einbruch in einen »Nebenraum« einer Wohnung, ist in diesen Fällen aber zu beachten, ob – da der Täter *ohne weitere Einbruchshandlungen oder ein Einsteigen* in den Wohnbereich vordringen kann, weil der Wohnungsinhaber zu diesem Raum offenbar keinerlei Barriere eingerichtet hat – der Geschäftsbereich bzw. der Nebenraum nicht doch zum Kernbereich auch des privaten Lebens und damit zum Wohnbereich zu rechnen ist.[9] **804**

Die »Wohnung« in § 201a StGB (unbefugte Bildaufnahmen) wird dort »einem gegen Einblick besonders geschützten Raum« generell gleichgestellt. Die Wohnung selbst **805**

---

3 BT-Drs. 13/8587, S. 43: „Es handelt sich um eine Straftat, die tief in die Intimsphäre der Opfer eindringt und zu ernsten psychischen Störungen – z. B. langwierigen Angstzuständen – führen kann"; zu neueren empirischen Forschungen *Bartsch, et al.* KRIM 2014, 483 (487 f).

4 Zum Verhältnis von »Wohnung« (§ 244 I Nr. 3 StGB) und »umschlossenem Raum« (§ 243 I 2 Nr. 1 StGB) auch bei Irrtumsfällen → Rn. 411.

5 In dieser Richtung mit unterschiedlichen Abgrenzungen u.a. *Hellmich* NStZ 2001, 511 (513 ff); *Krumme*, Wohnung, S. 314 ff; LK-*Vogel* § 244 Rn. 75; *Zopfs* Jura 2007, 510 (520 f); OLG Schleswig NStZ 2000, 479 (480); AG Saalfeld NStZ-RR 2004, 141 f (nicht: Gartenhaus) und StV 2005, 613 (nicht: leerstehender Wohnraum).

6 Vgl. *Behm* GA 2002, 153 ff; *Schall*, Schreiber-FS, 2003, S. 423 (426 ff). Zur »Wohnung« von Gefangenen innerhalb der Vollzugsanstalt *Bernsmann*, Schwind-FS, 2006, S. 515 ff; *Mitsch*, ebda., S. 603 (612 f).

7 BGH NStZ 2001, 533 f mit zust. Anm. *Trüg* JA 2001, 191 (192); zust. *Schall*, Schreiber-FS, 2003, S. 423 (434 f) m.w.N.; krit.: *Seier*, Kohlmann-FS, 2003, S. 295 (305), *W/Hillenkamp* Rn. 291.

8 BGH NStZ 2008, 514 (515); LK-*Vogel* § 244 Rn. 76; *Seier*, Kohlmann-FS, 2003, S. 293 (304).

9 S. dazu z.B. *Fischer* § 244 Rn. 48 f; *Ladiges* JR 2008, 493 ff; offengelassen noch in BGH NStZ 2008, 514 (515), s. nunmehr aber BGH NStZ 2013, 120 f (oben zitiert → Rn. 802).

muss daher nicht baulich so beschaffen sei, dass sie vor Einblicken schützt.[10] Im Übrigen weist der Wohnungsbegriff hier einerseits Parallelen zu dem engeren Begriff der Wohnung bei § 244 I Nr. 3 StGB auf: So kann das Opfer einen schützenswerten höchstpersönlichen Lebensbereich nicht in allgemein zugänglichen Bereichen eines Mehrfamilienhauses (Treppenhaus, Keller etc.) beanspruchen; solche Nebenräume scheiden daher ebenso wie bei § 244 I Nr. 3 StGB aus.[11] Andererseits sind hier auch Räumlichkeiten erfasst, die nur kurzfristig zur Unterkunft dienen (Aufenthalt in fremden Wohnungen oder Hotelzimmer).[12]

Zueignung, Absicht der (Absicht, die Sache »sich oder einem Dritten zuzueignen«) – §§ 242 I, 249 I, 246 I StGB

806 »Zueignungsabsicht« ist der auf das »Sich-Zueignen« (Selbstzueignung) oder auf eine »Drittzueignung« (Fremdzueignung) gerichtete Wille des Täters.

»Sich-Zueignen« – als Bezugsobjekt dieses Willens – bedeutet die **Anmaßung einer eigentümerähnlichen Verfügungsgewalt** über die Sache (»se ut dominum gerere«) in der Weise, dass der Täter entweder die Sache als stoffliche **Substanz** (»Substanztheorie«) oder ihren **Sachwert** (»Sachwerttheorie«, str. → Rn. 813 ff) dem Eigentümer **auf Dauer** ganz oder teilweise **entzieht** (»*Enteignung*«) und zugleich dem **eigenen Vermögen** – zumindest *vorübergehend* – zum Zweck der *Nutzung im eigenen Interesse* einverleibt (»*Aneignung*«).

Als entziehbarer – »enteignungsfähiger« – *Sachwert* kommt grundsätzlich nur ein in der Sache selbst **unmittelbar »verkörperter«**, nach Art und Funktion der Sache mit ihr *spezifisch verbundener* Wert (»lucrum ex re«) in Betracht, nicht aber ihr sonstiger »Wert« (z.B. Veräußerungswert, Verwendungswert: »lucrum ex negotio cum re«); → Rn. 814.

Für die »Aneignung«, die keine Bereicherung erfordert, ist *zielgerichteter Wille* – »Anstreben« – notwendig; für die »Enteignung« genügt dagegen Vorsatz in jeder Form, auch *bedingter* Vorsatz (→ Rn. 812).

Die **»Drittzueignung«** (Fremdzueignung) weicht von den Voraussetzungen des »Sich-Zueignens« dadurch ab, dass der Täter – ohne die Sache *sich selbst* »anzueignen« – **einem Dritten die »Aneignung« ermöglicht** (str. → Rn. 818): Er verschafft dem Dritten – durch *täterschaftliches* Handeln – die Möglichkeit zur mindestens vorübergehenden Nutzung der Sache für *dessen* Vermögen (»Drittzueignung« als Modifikation der »*Aneignung*« bei unveränderter »Enteignung«); zur Abgrenzung zwischen Selbst- und Fremdzueignung → Rn. 820.

Literatur: *S/S/Bosch* § 242 Rn. 46 ff. **Einführend:** *Rengier*, BT 1, § 2 Rn. 38 ff; *W/Hillenkamp* Rn. 140 ff.

---

10 *Eisele* JR 2005, 6 (8); *Fischer* § 201a Rn. 7.
11 *L/Kühl* § 201a Rn. 2; SK-*Hoyer* § 201a Rn. 14; abl. (und insoweit für einen weiten Wohnungsbegriff): *Eisele* JR 2005, 6 (8), *Koch* GA 2005, 589 (599).
12 *Fischer* § 201a Rn. 7; SK-*Hoyer* § 201a Rn. 13 f.

Rechtsprechung Grundlegend: RGSt 40, 10 (12 ff – Biermarkenfall/Sachwert); 61, 228 (233 – Vereinigungsformel); BGHSt 4, 236 (238) und 41, 187 (194) jew. zur Drittzueignung vor 1998. **Zusammenfassend:** BGH NJW 1985, 812; NStZ-RR 2012, 239 (240 f); KG BeckRS 2014, 03363. Zur Entwicklung der Rspr. → Rn. 808 mit Bsp. in → Rn. 809 ff.

OLG Köln NJW 1997, 2611: „Zueignung bedeutet die Anmaßung einer eigentümerähnlichen Herrschaftsmacht über die Sache, indem der Täter entweder die *Sache selbst* oder den in ihr *verkörperten Wert* dem eigenen Vermögen einverleibt, sich also wirtschaftlich an die Stelle des Eigentümers setzt. Erforderlich ist daher einerseits die ›*Enteignung*‹ durch Verdrängung des Eigentümers aus seiner wirtschaftlichen Position und andererseits die ›*Aneignung*‹ durch Einverleibung der Sache in das Vermögen des Täters oder Ausnutzung des entzogenen Sachwerts. Beschränkt sich dagegen die Absicht des Täters bei *fehlendem* Aneignungswillen darauf, den Berechtigten seiner tatsächlichen Verfügungsmacht über die Sache zu entkleiden, so kommt nur eine – straflose – *Sachentziehung* in Betracht. Maßgebliches Abgrenzungskriterium zwischen Zueignung und Sachentziehung ist somit die für die erstere notwendige ›Aneignung‹. Daran fehlt es … bei der Wegnahme einer Sache, um den Eigentümer zu ärgern oder zu reizen, sofern der Täter nicht gerade durch die Zerstörung der Sache ihren wirtschaftlichen Wert erlangen will (z.B. durch das Verfeuern von Brennmaterial). Zwar setzt die Zueignungsabsicht nicht den Willen des Täters voraus, die Sache *dauernd* im eigenen Vermögen zu belassen; eine (lediglich) vorübergehende Beherrschung durch ihn kann ausreichen. Jedoch ist seine Absicht nicht auf Zueignung gerichtet, wenn er an der Sache als solcher kein Interesse hat, es ihm vielmehr allein darum geht, durch ihren *Entzug* … auf den Eigentümer oder einen Dritten einzuwirken."

Erläuterungen

I. Einführung – Begriffliches

Der Begriff der »Zueignungsabsicht« ist hauptsächlich aus zwei Gründen einer der differenziertesten Begriffe des Besonderen Teils: wegen des komplizierten *Gegenstandes* der Absicht (»Zueignung«) und wegen der Kontroversität wiederum des *Objekts* dieses Gegenstandes (»Zueignungsobjekts«). Angesichts der Bedeutung dieses Merkmals für die *Begrenzung* der Zueignungsdelikte – im Unterschied zu anderen, z.T. straflosen Formen der Eigentumsverletzung – haben Rechtsprechung und Literatur die Zueignungsabsicht derart aufgefächert, dass ein »Mikrokosmos« mit einer Fülle von einzelnen Untermerkmalen und Definitionen entstanden ist. **807**

In den in der Definition mitgeteilten »Leitsätzen« wird auf der Grundlage des herrschenden oder doch weithin anerkannten Meinungsstandes eine komprimierte Zusammenfassung der wesentlichen Gesichtspunkte gegeben. Der Text geht dabei so vor, dass das »Zueignen« als *Bezugsobjekt* eines »Willens« (»Absicht«) und damit seinerseits »objektiv« definiert wird, um den *Gegenstand* angemessen zu erfassen, auf den sich der Wille – subjektiv – richtet. In diesen Willensgegenstand wird das allgemeine Merkmal der »Eigentumsanmaßung« einbezogen, das sich in den beiden Zueignungselementen »*Enteignung*« und »*Aneignung*« konkretisiert. Zur Vermeidung von Missverständnissen ist deshalb bei den folgenden Erläuterungen zu beachten, dass alle *objektiv* formulierten Aussagen über »Zueignung« stets nur den (objektiven) *Gegenstand* beschreiben, auf den sich die Zueignungsabsicht *subjektiv* bezieht. Dies gilt auch für die Ausführungen zur »Drittzueignung« (→ Rn. 819).

Der Gesichtspunkt des »Sachwerts« wird bewusst – entgegen vielfach üblichen Definitionen – primär auf der »*Enteignungsebene*« eingesetzt, weil dort sein eigentliches Anwendungsgebiet liegt (vgl. → Rn. 815).

II. Der Zueignungsbegriff in der Rechtsprechung

1. Substanz- und Sachwertzueignung

808 In der Rechtsprechung hat das RG als Zueignungsobjekt zunächst allein die »Sache selbst« betrachtet (»*Substanztheorie*«), wobei teils auf den Sachkörper, teils auf die Herrschaft über die Sache abgestellt wurde.[1] Noch auf der Grundlage der Substanztheorie bahnt sich aber schon in den »*Sparbuchfällen*« – Entwendung eines Sparbuchs in der Absicht, es nach Teilabhebung des Guthabens dem Eigentümer zurückzugeben – deutlich eine »*Sachwertbetrachtung*« an. Nachdem zunächst nur das Vorliegen der Aneignung betont wurde,[2] ging es bald darauf um die Zueignung der »vermögensrechtlichen Substanz« bzw. des »Verkehrswertes« und um eine Verfügung über den »wirtschaftlichen Wert«.[3]

Der eigentliche Durchbruch der »Sachwerttheorie« wird in der »Biermarken-Entscheidung«[4] gesehen, die an die Beurteilung der Sparbuchfälle anschließt. Das RG betont hier zwar eingangs noch, dass als Gegenstand der Zueignungsabsicht „lediglich die körperliche Sache selbst" in Betracht komme. Jedoch sei es gerade ein Merkmal des »Eigentums«, über das mit der »Zueignung« faktisch-eigentümerähnlich verfügt werde, „daß die körperliche Sache … ihrem *Sach(Substanz)werte* nach zum Vermögen des Eigentümers gehört… Unter der Absicht rechtswidriger Zueignung muß danach die Absicht verstanden werden, eine bewegliche Sache … ihrem Sach(Substanz)werte nach dem eigenen Vermögen zuzuführen." Wer z.B. Geld wegnehme, um damit einen Gegenstand zu erwerben, verfüge über die erforderliche Zueignungsabsicht unabhängig davon, ob er den Gegenstand bei einem Dritten oder beim Eigentümer des Geldes erwerben wolle. „Das für den Begriff der Zueignung Wesentliche ist hiernach darin zu finden, daß der Täter die Sache ihrem Sach(Substanz)werte nach für sich ausnutzen will".

Einen gewissen Abschluss der begrifflichen Entwicklung markiert die sog. »*Vereinigungsformel*« des RG, die eine Kombination von Substanz- und Sachwerttheorie bietet, wobei der Sachwertaspekt auf die »Aneignung« bezogen wird, wenn es heißt: „Das Wesen der Zueignung besteht darin, daß die *Sache selbst* oder doch der in ihr *verkörperte Sachwert* vom Täter dem eigenen Vermögen einverleibt wird."[5] Der BGH hat die »Vereinigungsformel« des RG übernommen[6] und als für die Zueignung wesentlich herausgestellt, „daß der Täter die fremde Sache unter Ausschließung des Eigentümers oder bisherigen Gewahrsamsinhabers körperlich oder wirtschaftlich für sich haben und sie so der *Substanz* oder dem *Sachwert* nach seinem Vermögen ›einverleiben‹ oder zuführen will" (BGH NJW 1985, 812).

1 Zur Entwicklung näher *Miehe*, Heidelberg-FS, 1986, S. 481 ff.
2 RGSt 10, 369 (371): Der Täter wollte „wie ein Eigentümer … disponieren".
3 RGSt 22, 2 (3) bzw. 26, 151 (153) und RGSt 39, 239 (243).
4 RGSt 40, 10 (11 ff) »zweiter Biermarkenfall« (anders noch RGSt 24, 22 f im »ersten Biermarkenfall«). Der Täter (ein Kellner) hatte dem Wirt Biermarken weggenommen, mit denen er gegenüber diesem das Bier bezahlte, während er mit den Gästen separat abrechnete.
5 RGSt 61, 228 (233); vgl. z.B. auch RGSt 64, 414 (415); 67, 334 (335).
6 Vgl. z.B. BGHSt 24, 115 (119 ff); 35, 152 (157); jew. m.w.N.

2. Die Durchführung der Vereinigungsformel

Im Vollzug dieser »Vereinigungsformel« hat die Rechtsprechung Sachwertgesichtspunkte nicht nur bei den mit den Sparbuch- und Biermarkenfällen verwandten »Guthabenträgern«[7] verwendet, sondern diese auch eingesetzt, um eine »Enteignung« zu bejahen, wenn der rückgabewillige Täter die Sache erst nach einem erheblich *wertmindernden Gebrauch* an den Eigentümer zurückführt bzw. zurückzugeben beabsichtigt.[8] **809**

Insbesondere hat sie aber auf die Sachwerttheorie bei sonstigen »Rückgabefällen« und vergleichbaren Fallgestaltungen zurückgegriffen, in denen der Täter ohne die Absicht *dauernder Substanz-Enteignung* fremde Sachen für eigene Vermögenszwecke (i.w.S.) verwertet. Dabei fällt auf, dass die Sachwert-Formel fast durchweg im Zusammenhang mit der »Einverleibung in das Vermögen« verwendet und damit primär bei der »Aneignung« (!) eingesetzt wird. **810**

Die Ergebnisse fallen unterschiedlich aus: So wurde eine auf den »Sachwert« bezogene Zueignungsabsicht z.B. bejaht bei der Wegnahme von Sachen *zwecks Rückveräußerung* an den Eigentümer[9] und bei der Verwendung/Verschleierung amtlicher Gelder zum Ausgleich von *Kassenfehlbeträgen.*[10] *Abgelehnt* wurde eine Sachwert-Zueignung dagegen: im Fall einer Wegnahme der Sache zur Erschleichung eines »Finderlohns« (RGSt 55, 59 [60]); bei der Entwendung eines Dienstgegenstandes, um ihn anstelle des verlorenen später an den Dienstherrn/Eigentümer zur Vermeidung von Nachteilen zurückzugeben (»Dienstmützenfall« BGHSt 19, 387 [388]); für den Fall der *»eigenmächtigen Inpfandnahme«* einer Sache oder sonstigen Wegnahme zwecks Verwendung als *»Druckmittel«* gegenüber dem Eigentümer;[11] bei der Entwendung einer *»Codekarte«* zwecks Geldabhebung aus Automaten mit Absicht der Kartenrückgabe;[12] im Fall *vorübergehender Entwendung* eines Magnetbandes *zum Kopieren* gespeicherter Daten;[13] im Fall der Wegnahme eines Mobiltelefons, um von diesem Bilder zu kopieren (wobei die Aneignungsabsicht verneint wurde).[14]

3. Sachwertzueignung als »Sich-Zueignen« in Abgrenzung zu einer »Drittzueignung« (vor dem 6. StrRG)

Ein weiteres Anwendungsgebiet hatte die »Sachwerttheorie« früher im Problemkreis der sog. *»Drittzueignung«* gefunden. Dem Sachwertgedanken sollte hier nicht die Funktion zukommen, das *Zueignungsobjekt* über die Substanz-Zueignung hinaus zu *erweitern*, sondern das »Sich«-Zueignen der Sache auf die Überführung in das »eigene« Vermögen zu *beschränken* und von der bloß »eigenmächtigen Verfügung zu- **811**

7 Wertabschöpfung bei Gutscheinen, Benzinmarken, Lebensmittelkarten usw.; vgl. die Hinw. in BGHSt 35, 152 (157).

8 BGHSt 34, 309 (312 – sicherungsübereigneter Gegenstand); BGH NStZ 1981, 63; NJW 1985, 1564 (1565) mit zust. Bspr. *Rudolphi* JR 1985, 252 ff.

9 RGSt 57, 199: »Getreidefall«; ähnlich bereits RGSt 49, 405 (406 f): »Postanweisungsfall«.

10 BGHSt 9, 348 (349 f); 24, 115 (119 ff); vgl. auch bereits RGSt 64, 414 (415) m.w.N.; eingehend zum Komplex *W/Hillenkamp* Rn. 171 ff m.w.N.

11 BGH StV 1983, 329 f; NStZ-RR 2007, 15.

12 BGHSt 35, 152 (156 ff); Lit. dazu bei *L/Kühl* § 242 Rn. 23.

13 BayObLG NJW 1992, 1777 (1778) mit zust. Anm. *Julius* JR 1993, 255 ff.

14 BGH StV 2012, 465 f mit [zu Recht] krit. Anm. von *Jäger* JA 2012, 709 f.

gunsten Dritter« abzugrenzen. Bereits das RG hatte in seiner Entscheidung zur »Vereinigungsformel« betont, dass eine Substanz- oder Sachwertzueignung auch „durch Zuwendung der Sache an einen Dritten“ erfolgen könne, andererseits aber die Einschränkung gemacht, dass der Täter den „wirtschaftlichen Wert“ nicht „für *sich* ausnutze“, wenn er, „ohne das eigene Vermögen zu verändern“, lediglich „eigenmächtig über die Sache verfügt“.[15]

Die Ausgangsentscheidung zur »Drittzueignung« in der BGH-Rechtsprechung ist BGHSt 4, 236 (238 f). Darin heißt es: „›Sich-Zueignen‹ bedeutet, die Sache selbst oder ihren wirtschaftlichen Wert dem eigenen Vermögen einverleiben. Dies kann in der Weise geschehen, daß der Täter sie einem *Dritten* zur eigentumsgleichen Ausnutzung überträgt. Geschieht das gegen *Entgelt*, so führt er damit den wirtschaftlichen Wert der Sache in sein Vermögen über und eignet sie sich zu… Indessen kann der Täter die Sache ihrem wirtschaftlichen Werte nach auch dadurch sich zueignen, daß er sie einem Dritten *unentgeltlich* zuwendet. Hierbei ist jedoch Voraussetzung, daß er davon einen *Nutzen oder Vorteil* im weitesten Sinne, wenn auch nur *mittelbar* hat, zum mindesten im *eigenen Namen* über die Sache verfügt. Deshalb eignet eine fremde Sache sich zu, wer sie einem Dritten schenkt. Sein Nutzen liegt darin, daß er unter Ersparung einer Aufwendung aus dem eigenen Vermögen freigebig ist… Die eigenmächtige Verfügung *als solche* reicht für die Zueignung durch Diebstahl oder Unterschlagung nicht aus.“

Den für das Sich-Zueignen in Fällen der Drittzuwendung letztlich maßgebenden Gesichtspunkt des »zumindest mittelbaren Nutzens oder Vorteils im weitesten Sinne« hat der BGH später in unterschiedlichen Wendungen auf »Vorteile *wirtschaftlicher* Art« beschränkt. So soll es sich um „irgendwelche wirtschaftlichen Vorteile“ und „eigene wirtschaftliche Interessen“ handeln bzw. dem Täter um das »Erstreben eines eigenen, wenn auch nur mittelbaren wirtschaftlichen Nutzen« gehen.[16]

Mit der Erweiterung der Zueignungsabsicht auf die Drittzueignung durch das 6. StrRG (1998) hat diese Rechtsprechung allerdings an Bedeutung verloren. Denn nunmehr ist es für die Annahme der Zueignungsabsicht nicht mehr entscheidend, ob der Täter bei beabsichtigten Zuwendungen an Dritte auch einen eigenen (zumindest mittelbaren) wirtschaftlichen Nutzen anstrebt. Relevanz kann die Rechtsprechung jedoch noch bei der internen Abgrenzung beanspruchen (Selbstzueignung oder Fremdzueignung? → Rn. 820).

III. Der Zueignungsbegriff im Schrifttum

1. Die Ausgangslage

812 In der Literatur[17] sind die beiden *Elemente* des Zueignungsbegriffs (»dauernde Enteignung«, zumindest »vorübergehende Aneignung«) heute im Wesentlichen anerkannt; die Notwendigkeit eines »Dauermoments« bei der Enteignung wird nur verein-

15 RGSt 61, 228 (233); vgl. z.B. auch RGSt 62, 15 (17); 64, 406 (408 f); 67, 334 (335); 74, 1 (2).

16 BGHSt 17, 87 (92 f) bzw. 40, 8 (18, 20); abschließend BGHSt 41, 187 (194): „Vorteil regelmäßig wirtschaftlicher Art“.

17 Zu neueren Monographien zum Zueignungsbegriff s. *Schmitz*, Otto-FS, 2007, S. 759 (760 ff).

zelt bestritten.[18] Weitgehend durchgesetzt hat sich auch die Auffassung, dass diese Elemente nicht durch einen *pauschalen Rückgriff* auf den (zu) allgemeinen Gedanken der »Eigentumsanmaßung« (»se ut dominum gerere«)[19] oder »Eigentumsleugnung« ersetzt und überspielt werden dürfen, die Zueignung vielmehr *stets* am Enteignungs- *und* Aneignungsmoment konkret »festgemacht« werden muss:

Das negative »Enteignungselement« wird als Kriterium der *Abgrenzung* zur bloßen »Gebrauchsanmaßung« (furtum usus) betrachtet, wobei umstritten ist, nach welchem Kriterium eine nicht nur kurzfristige Nutzung der Sache, die an den Eigentümer zurückgelangen soll, noch als »furtum usus« oder schon als Zueignung angesehen werden kann (→ Rn. 815). Demgegenüber wird die Aufgabe des positiven »Aneignungselements« darin gesehen, die Zueignungsdelikte *abzugrenzen* von der straflosen »Sachentziehung« (ohne Nutzung für eigene oder fremde Zwecke), der »Sachbeschädigung« und der nur »eigenmächtigen Verfügung«, insbesondere wenn diese dem Eigentümer objektiv zugutekommt (z.B. Übergabe eines fremden, ausgehungerten Hundes an eine Pflegestelle).[20]

Weithin anerkannt ist auch, dass die »Absicht« der Zueignung einen *zielgerichteten* Willen (echte Absicht) nur bezüglich der »*Aneignung*« voraussetzt, während für die »Enteignung« einfacher Vorsatz, auch *bedingter* Vorsatz, ausreicht.[21] Hierbei handelt es sich freilich um einen »Vorsatz« im *untechnischen* Sinn: ein *besonderes* subjektives Tatbestandselement neben dem eigentlichen Tatbestandsvorsatz, das im objektiven Tatbestand kein Bezugsobjekt hat.[22]

2. Die Sachwerttheorie

a) Streitfragen Umstritten sind namentlich Berechtigung und Tragweite der 813 »Sachwerttheorie« sowie ihr Verhältnis zur Substanz-Zueignung. Obwohl die »Vereinigungsformel« als h.M. gelten kann, ist die »Sachwerttheorie« als Ergänzung der »Substanztheorie« weiterhin *grundsätzlicher Kritik* aus verschiedenen Richtungen ausgesetzt. Dabei steht der Einwand im Vordergrund, dass die Einbeziehung des »Sachwertes« in das Zueignungsobjekt die Grenze zwischen den Eigentums- und Vermögens-/Bereicherungsdelikten verwische und damit das Gesamtsystem der Vermögensstraftaten auflöse.[23] Weitere Einwände richten sich teils gegen die Undeutlichkeit des Sachwertbegriffs, teils beziehen sie sich auf die Diskrepanzen, zu denen die Anwendung der Sachwerttheorie im Verhältnis zwischen den Zueignungsdelikten und der Sachbeschädigung/Sachzerstörung einerseits, der Gebrauchsanmaßung ande-

---

18 Vgl. *Otto*, BT, § 40 Rn. 55 ff und Jura 1996, 383 (384).

19 Dazu näher *Gropp*, Maiwald-FS, 2010, S. 263 (265 ff).

20 Vgl. *W/Hillenkamp* Rn. 151 ff; Abgrenzungsvorschlag bei *Schmitz*, Otto-FS, 2007, S. 759 (768 ff): »Aneignung« als »wirtschaftlich sinnvolle Nutzung«. Krit. zur allg. Ansicht, dass bloße Sachbeschädigung und Sachentziehung mangels »Aneignung« keine Zueignung darstellen, *Wallau* JA 2000, 248 ff (255 f).

21 Vgl. *W/Hillenkamp* Rn. 164 f; *Witzigmann* JA 2009, 488 (492 f); Analyse bei *Dencker*, Rudolphi-FS, 2004, S. 425 (429 ff); krit. *Schmitz*, Otto-FS, 2007, S. 759 (773 ff), der »Enteignungs*absicht*« fordert.

22 Maßgeblicher Zeitpunkt für das Vorliegen der Absicht ist der der Wegnahme. Ändert sich während der Wegnahme die Qualität der Sache (z.B. durch Beschädigung), so muss die Zueignungsabsicht bis zum Abschluss der Wegnahme noch vorliegen, vgl. BGH NStZ 2014, 516.

23 *Otto*, BT, § 40 Rn. 49 f.

rerseits führe.[24] Die »Vereinigungstheorie« tausche zudem Substanz- und Sachwertgesichtspunkte geradezu willkürlich aus, ohne für das Zueignungsobjekt einen *gemeinsamen Oberbegriff* bilden zu können.[25] Schließlich werde mit der Sachwertbetrachtung die notwendige *Einheitlichkeit* von »Wegnahmeobjekt« (Sachkörper) und »Zueignungsobjekt« gesprengt.[26]

Die Gegner der »Sachwerttheorie« versuchen z.T., traditionelle Fallgestaltungen der sog. »Sachwert-Zueignung«, wie etwa die »Sparbuch-« und »Biermarkenfälle« (→ Rn. 809), über eine *modifizierte Substanztheorie* in den Zueignungsbegriff einzubeziehen (Zueignung des objektiven »Funktionsnutzens«),[27] teils klammern sie derartige Fälle aus der Zueignung aus.[28] Die Fälle der »Rückveräußerung an den Eigentümer« (→ Rn. 810) sollen nach wohl überwiegender Auffassung ohne Sachwertgesichtspunkte i.S. der Zueignungsabsicht zu entscheiden sein, obwohl der Täter die Sachsubstanz wieder an den Eigentümer zurückgelangen lassen will: »Leugnung des Eigentumsrechts« als Fall der Substanz-Enteignung.[29] Z.T. wird aber auf den Sachwertgedanken zurückgegriffen: Maßgeblich sei der Verkaufs- bzw. Wiederbeschaffungswert als entzogener/enteigneter »Sachwert«.[30]

Beschränkt man hingegen den Sachwert i.S. eines restriktiven Verständnisses (→ Rn. 814) konsequent auf die Herrschaftsposition des Eigentümers, die in den »bestimmungsgemäßen Funktionsmöglichkeiten der Sache« zum Ausdruck kommt, so bleibt dem ahnungslosen Eigentümer beim Rückverkauf verborgen, dass er die durch die Wegnahme verlorenen Funktionsmöglichkeiten vollumfänglich wieder ausüben kann. Denn nach seiner Vorstellung bezieht sich die durch den Erwerb hinzugewonnene Wahrnehmung von Herrschaftsrechten auf eine (neue) andere Sache. Damit entzieht der Täter dem Berechtigten die ursprünglich an der Sache bestehenden Herrschaftsrechte aber auf Dauer.[31]

814 **b) Die »restriktive« Sachwerttheorie** Innerhalb der herrschenden »Vereinigungstheorie« wird der Sachwertaspekt als »subsidiär« gegenüber der Substanz der Sache verstanden[32] und überwiegend ein »restriktiver Sachwertbegriff« zugrunde gelegt. Zueignungsfähiger »Sachwert« ist danach lediglich das »lucrum ex re«: der »spezifische«, in der Sache selbst »*unmittelbar verkörperte*«, »nach Art und Funktion mit ihr verbundene« Wert, nicht aber das »lucrum ex negotio cum re«: der aus beliebigen Verwendungsmöglichkeiten (Verkauf, Gebrauch, Täuschung usw.) resultierende »Wert« oder Gewinn. Dabei wird der »spezifische« Sachwert freilich nicht einheit-

24 *Miehe*, Heidelberg-FS, 1986, S. 481 (490 ff).
25 MK-*Schmitz* § 242 Rn. 129; *Otto*, BT, § 40 Rn. 51.
26 NK-*Kindhäuser* § 242 Rn. 77. Übersicht mit Zusammenstellung der Argumente bei *Hillenkamp*, BT, Problem Nr. 21.
27 *Seelmann* JuS 1985, 288 (289) m.w.N.
28 *Gössel*, Pötz-FG, 1993, S. 39 (51 f); *Miehe*, Heidelberg-FS, 1986, S. 481 (497 f).
29 So z.B. *K/H/H*, BT 2, Rn. 88 f; *Rengier*, BT 1, § 2 Rn. 62.
30 Vgl. *S/S/Bosch* § 242 Rn. 50 a.E.; *W/Hillenkamp* Rn. 172 f; krit. *Rönnau* JuS 2007, 806 (807); eingehend krit. *Grunewald* GA 2005, 520 ff.
31 *Zopfs* ZJS 2009, 649 (654 ff).
32 Zunächst ist also auf Enteignungsseite zu fragen, ob der Täter zumindest billigend in Kauf nimmt, dass die Sache ihrer Substanz nach dem Eigentümer dauerhaft vorenthalten werden wird.

lich bestimmt[33] und auch nicht für alle Fallkonstellationen in vergleichbarer Weise durchgehalten. So wird zwar für die »Sparbuchfälle« darauf abgehoben, dass diese nur als Träger eines Guthabens fungieren, deren Höhe sie selbst verkörpern. In den Rückverkaufsfällen und den Fällen der übermäßigen Abnutzung vor Rückgabe soll dann aber doch ein nach ökonomischen Kriterien zu bestimmender Verkehrswert/Ersatzbeschaffungswert maßgeblich sein (→ Rn. 809 f für die Rspr., → Rn. 813 so z.T. die Lit.).

Das Verständnis wird zudem dadurch erschwert, dass die »Vereinigungstheorie mit restriktivem Sachwertbegriff« auch bei der »Aneignung« auftaucht, obwohl die Ergänzung primär die »*Enteignung*« betrifft (Sachwertentziehung anstatt fehlender Substanzentziehung). Gerade bei den Fallgestaltungen vom Typus der »Sparbuch-« und »Biermarkenfälle« mangelt es ja – bezogen auf die Substanz – nicht an einer vorübergehenden Aneignung, sondern an der *Enteignung*. Hier soll die Sachwerttheorie die als unzureichend empfundene Substanzlehre durch den Rückgriff auf den »verkörperten Wert« der Sache subsidiär-lückenschließend ergänzen. Erst wenn dieser Lückenschluss vollzogen ist, mag der Sachwert dann auch auf der Aneignungsseite (mit der in der Rspr. üblichen Formel des »Einverleibens« des Sachwerts in das Vermögen) Erwähnung finden.[34]

c) Funktionen des Sachwertgedankens im Zueignungsbegriff Zu den Unübersichtlichkeiten der Sachwert-Diskussion, auch innerhalb der Vereinigungstheorie, gehört es, dass zwischen den *verschiedenen Funktionen*, die der Sachwertgedanke erfüllt (bzw. erfüllen kann), meist nicht genügend unterschieden wird. Der Sachwertbegriff hat zunächst die – mögliche – Funktion, die Substanztheorie auf der »*Enteignungsseite*« zu ergänzen, indem in die »Sachenteignung« die »dauernde Sachwertentziehung« einbezogen wird (Typus der Sparbuchfälle). Insoweit ist die Beschränkung des Sachwertes auf den »spezifischen Wert« plausibel, weil sie eine Ausuferung der »Enteignung« in den Bereich sonstiger Vermögensentziehungen vermeidet. Eine *andere* Funktion erfüllt der Sachwertgedanke – ebenfalls auf der »Enteignungsseite« –, wenn er dazu verwendet wird, die »Rückgabe unter erheblicher Wertminderung« der Sache dem Enteignungsbereich zuzuordnen. Die »Wertentziehung« betrifft dann freilich nicht den »spezifischen Wert« i.S. des restriktiven Sachwertbegriffs bei Guthabenträgern, sondern wirkt sich auf den (verminderten) Gebrauchs- oder Verkehrswert aus. Das Problem ist insoweit, ob überhaupt und von welchem Grad der Wertminderung an diese andersartige Sachwertentziehung bereits in die »Enteignung« einbezogen (ähnlich schon die Problematik in den Rückverkaufsfällen an den Eigentümer → Rn. 813 a.E.) oder dem Anwendungsbereich der Gebrauchsanmaßung bzw. Sachbeschädigung zugewiesen werden soll.[35] 815

33 Vgl. näher *K/H/H*, BT 2, Rn. 67; eingehend *Ensenbach*, ZStW 124 (2012), 343 (346 ff), der vorschlägt, den Sachwert auf solche Werte zu beschränken, die sich faktisch sicher realisieren lassen (S. 357 ff).

34 *Rengier*, BT 1, § 2 Rn. 47; *Zopfs* ZJS 2009, 649 (654).

35 Vgl. zum Meinungsstand *L/Kühl* § 242 Rn. 24; Differenzierungsvorschläge bei *Ensenbach*, ZStW 124 (2012), 343 (370 ff – Parallele zur Sach*beschädigung*) und *Zopfs* ZJS 2009, 649 (655 ff – Funktionsverlust).

816 Wiederum anders verhält es sich mit den möglichen Funktionen des Sachwerts auf der »*Aneignungsseite*«. Für die Begründung der Aneignungskomponente benötigt man an sich keinerlei »Sachwerttheorie«, und ein restriktiver Sachwertbegriff hat hier erst recht keine Funktion: Das Aneignungselement ist vielmehr schon dann erfüllt, wenn der Täter die Sache/Sachsubstanz für seine eigenen Vermögenszwecke nutzt; das kann in beliebiger Weise geschehen, auch durch Abschöpfung des »lucrum ex negotio cum re«.

Demgegenüber hat der Sachwertgedanke auf der »Aneignungsseite« möglicherweise eine *begrenzende* Funktion, nämlich die Aufgabe, im Bereich der »Drittzueignung« die bloß »eigenmächtige Verfügung« vom »Sich-Zueignen« (als Zuführung der Sache zum »eigenen« Vermögensbestand) auszuschließen. Diese Funktion kommt dem »Sachwert« zu, wenn man für die Selbstzueignung in Fällen der Zuwendung an Dritte einen »wirtschaftlichen Vorteil« des Täters verlangt, wobei hier wiederum kein restriktiver Sachwertbegriff zugrunde gelegt werden kann. Lässt man hingegen irgendeinen »Vorteil im weitesten Sinn« ausreichen, so kann man nur noch mit einem sehr vagen Verständnis von einem »Sachwert« sprechen.

IV. Die sog. »Drittzueignung«

1. Frühere Rechtslage

817 Bei der sog. »Drittzueignung« nahm eine verbreitete Auffassung früher an, dass in der enteignenden Verfügung zugunsten eines Dritten (»Vermögensumverteilung«) *prinzipiell* eine Aneignung i.S. des »Sich-Zueignens« enthalten sei, ohne Rücksicht auf eigene Tätervorteile: Jede selbstständige Sachverfügung zum Vorteil Dritter impliziere zugleich – als Durchgangsstadium – ein »Sich-Zueignen«.[36] Die h.M. verlangte dagegen, vornehmlich mit Rücksicht auf die (früher im Gesetz enthaltene) Erforderlichkeit einer *Selbst*zueignung, eine für den *Täter selbst* vorteilhafte Drittverfügung.[37] Die Frage war zuletzt, unter dem Aspekt der Unterschlagung, bei der Beurteilung der »Stasi-Postplünderungen« in der ehemaligen DDR wieder aktuell geworden.[38]

2. Heutige Rechtslage (6. StrRG)

818 **a) Allgemeines** Das 6. StrRG (1998) hat die Tatbestände aller Zueignungsdelikte derart erweitert, dass der Zueignungsbegriff generell auf die »*Drittzueignung*« (Fremdzueignung) – als taugliches Bezugsobjekt der Zueignungsabsicht – ausgedehnt worden ist. Die Absicht einer für den Täter selbst irgendwie vorteilhaften Drittverfügung wird somit im Ergebnis nicht mehr verlangt. Die genaue Reichweite der »Drittzueignung« ist allerdings noch nicht geklärt.[39]

---

36 Vgl. z.B. *Rudolphi* GA 1965, 33 (41 ff); *Wolfslast* NStZ 1994, 542 (544); BGH NStZ 1995, 131 (133).

37 S. bei *Werle* Jura 1979, 485 (486 ff); *Küper* JuS 1986, 862 (867 f); zur entsprechenden Rspr. → Rn. 811.

38 Vgl. BGHSt 40, 8 (18, 20) mit Anm. *Wolfslast* NStZ 1994, 542 ff; BGH NStZ 1995, 131 (132 f) mit abl. Bspr. *Brocker* wistra 1995, 292 ff; abschließend BGHSt 41, 187 (194) – Großer Senat –: zumindest mittelbarer eigener »wirtschaftlicher Vorteil aus der Nutzung der Sache«.

39 Eingehend zur Drittzueignung *Hauck*, Drittzueignung und Beteiligung, 2007, S. 57 ff.

Ihre Bedeutung liegt darin, dass sich die *Aneignungs*komponente des Zueignungsbegriffs durch die Einbeziehung eines »Dritten« erweitert hat, während die *Enteignungs*komponente unberührt geblieben ist.[40] Die *Aneignungs*komponente umfasst jetzt auch die Verfügung lediglich zugunsten eines Dritten, ohne dass der Täter die Sache zugleich »sich« aneignen muss: »Fremdaneignung« statt »Selbstaneignung«. Da man freilich sprachlogisch eine Sache nur »sich«, nicht jedoch einem Dritten »aneignen« kann, ist die »Fremdaneignung« nach treffender Ansicht terminologisch so zu formulieren, dass der Täter dem Dritten die »*Aneignung ermöglicht*«: Er verschafft dem Dritten – täterschaftlich – die Möglichkeit zur Nutzung der Sache für dessen Vermögenszwecke. Dies muss nicht, kann aber auch durch die unmittelbare Begründung solchen »Drittnutzens« geschehen – z.B. durch Begleichung fremder Schulden – und setzt keine besondere »Aneignungshandlung« des Dritten voraus. Die *Absicht* der »Drittzueignung« enthält demgemäß den zielgerichteten Willen, dem Dritten – mit dem Vorsatz zur dauernden »Enteignung« des Berechtigten – in dieser Weise die »Aneignung zu ermöglichen«.[41] Vergleichbar mit der „Drittzueignung" ist die »Drittverschaffung« bei § 259 StGB (→ Rn. 462, Rn. 466).

Da die Aneignungskomponente – mit erweitertem Inhalt – auch für die »Drittzueignung« gilt, muss bei dieser Zueignungsform dem Dritten (nach der Intention des Täters) gerade die »*Aneignung*« ermöglicht werden; hierfür gelten die bisher anerkannten Einschränkungen (→ Rn. 812), z.B. bei bloßer Sachzerstörung oder Sachentziehung (fehlende »Aneignung«!). Die *schlichte Weitergabe* der Sache an einen Dritten genügt also ebenso wenig wie die bloße Preisgabe für den Zugriff Dritter. Es liegt daher kein Fall der »Drittzueignung« vor, wenn der Täter durch eine Verfügung über die Sache dem Dritten lediglich die Sachzerstörung – ohne sonstigen Drittvorteil – ermöglicht. Die aus der Aneignungskomponente resultierenden Einschränkungen kann man deshalb auf folgende Formel bringen: Als »Fremdaneignung« setzt eine »Drittzueignung« voraus, dass die Sache dem Dritten zu einer Nutzung überlassen wird, die eine »Selbstzueignung« (Selbstaneignung) darstellen würde, wenn sie der Täter in eigener Person vorgenommen hätte.[42] Dass die »Aneignung« Gegenstand der »*Absicht*« i.S. eines zielgerichteten Aneignungswillen sein muss (→ Rn. 812), gilt im Übrigen auch für die »Fremdaneignung« als Objekt der Drittzueignungsabsicht.[43] Kommt es dem Täter z.B. allein darauf an, dass eine Sache dem Eigentümer *entzogen* wird, so ist auch dann keine Absicht der Drittzueignung gegeben, wenn der Täter den Gegenstand einem Dritten überlassen will und dabei nur mit der *Möglichkeit* rechnet, dass sich der Dritte die Sache zu seinem Vorteil »aneignet«. **819**

Infolge der Neuregelung ist die *genauere* Abgrenzung zwischen »Sich-Zueignen« und »Drittzueignung« praktisch obsolet geworden. Sie ist nur noch ein *internes* Prob- **820**

40 Zust. *Dencker*, Einführung 6. StrRG, 1998, S. 19; *Rönnau* GA 2000, 410 (416), dort auch (S. 424 ff) zur Strafwürdigkeit der Drittzueignung.

41 In dieser Richtung z.B. auch *Dencker*, Rudolphi-FS, 2004, S. 425 (435); *Eisele*, BT II, Rn. 80; *W/Hillenkamp* Rn. 166; krit. zur »Ermöglichung der Aneignung« aber: MK-*Schmitz* § 242 Rn. 150 f, *Rönnau* GA 2000, 410 (415 ff): der Täter müsse die Aneignungshandlung selbst vornehmen bzw. den der Aneignung immanenten »Nutzen« beim Dritten herbeiführen; Antikritik bei *Schramm* JuS 2008, 773 (776).

42 Ähnlich SK-*Hoyer* § 242 Rn. 92; zust. LK-*Vogel* § 242 Rn. 185.

43 Vgl. *K/H/H*, BT 2, Rn. 107; *L/Kühl* § 242 Rn. 26a.

lem der Unterscheidung innerhalb des erweiterten Zueignungsbegriffs. Da das Gesetz dem »Sich-Zueignen« die »Drittzueignung« als selbstständiges Merkmal gegenübergestellt, ist freilich nach der Neufassung eine Interpretation nicht mehr vertretbar, die *jede* Drittzueignung (→ Rn. 817) bereits als »Sich-Zueignen« versteht.[44] Wie man nach neuem Recht Selbst- und Fremdzueignung »intern« genauer voneinander abzugrenzen hat, ist allerdings noch offen. Für eine interne Abgrenzung bietet sich die Möglichkeit an, diejenigen Fälle der Verfügung zugunsten Dritter, die nach früherem Recht (auch unter Berücksichtigung der Rechtsprechung → Rn. 811) zum *gesicherten* Bereich des »Sich-Zueignens« gehörten, weiterhin dieser Zueignungsform zuzuordnen:

Eine eigenmächtig-enteignende Verfügung über die Sache zugunsten eines Dritten stellt *allein* noch keine »Aneignung« i.S. des »Sich«-Zueignens dar. Sie ist ein »Sich«-Zueignen jedoch dann, wenn der Täter gegen *Entgelt*, als *Schenker/Spender* oder sonst im *eigenen Namen* verfügt, oder wenn ihm die Zuwendung an den Dritten einen zumindest mittelbaren *wirtschaftlichen Vorteil* bringt.[45] Andernfalls liegt – sofern dem Dritten die Aneignung ermöglicht wird (→ Rn. 819) – eine »*Drittzueignung*« vor.

821 **b) Veränderungen im Allgemeinen Teil** Die Erweiterung des Zueignungsbegriffs um die »Drittzueignung« hat erhebliche Reflexwirkungen im Allgemeinen Teil des StGB, insbesondere in der Lehre von Täterschaft und Teilnahme. Früher setzte *Mittäterschaft* bei den Zueignungsdelikten für jeden Mittäter – unabhängig vom Grad seiner sonstigen Mitwirkung – die Absicht des »Sich-Zueignens« voraus. Nach heutiger Rechtslage kann dagegen Mittäter sein, wer lediglich die Absicht hat, die Sache einem »Dritten« zuzueignen. »Dritter« in diesem Sinn ist nicht nur ein Unbeteiligter, sondern auch ein weiterer Mittäter, dem die Aneignung ermöglicht werden soll.[46] Zu beachten ist allerdings, dass »Drittzueignungsabsicht« *allein* eine Mittäterschaft noch nicht begründet, sondern je nach Art der Mitwirkung weiterhin Teilnahme vorliegen kann.[47]

Die Tatbestandsmäßigkeit der »Drittzueignung« führt ferner dazu, dass bei den Zueignungsdelikten die umstrittene Konstruktion einer *mittelbaren Täterschaft* durch Einsatz eines sog. »absichtslos-dolosen Werkzeugs«[48] vielfach entbehrlich wird: Ein mit Absicht des »Sich-Zueignens« handelnder Hintermann veranlasst z.B. jemanden, dem *diese* Absicht fehlt, zur Wegnahme/Übergabe einer fremden Sache. Der unmittelbar Ausführende (Vordermann) ist nach der Neuregelung regelmäßig ein mit »Drittzueignungsabsicht« und damit nicht mehr »absichtslos« handelnder Täter, in dessen Person alle Voraussetzungen einer anstiftungstauglichen Haupttat (§ 242 StGB) vorliegen. Der Hintermann ist Anstifter (§ 26 StGB) zu dieser Tat, so dass kein Anlass besteht, auf die Konstruktion einer mittelbaren Täterschaft »auszuweichen«. *Anders* freilich, wenn beim Vordermann auch die Drittzueignungsabsicht fehlt, weil

---

44 *Rönnau* GA 2000, 410 (420); *Schmitz*, Otto-FS, 2007, S. 759 (770); jew. m.w.N.

45 Restriktiver z.B. *W/Hillenkamp* Rn. 168 f: Selbstzueignung nur bei entgeltlicher Veräußerung oder Schenkung.

46 Einschränkend *Rönnau* GA 2000, 410 (423); zweifelnd *Ingelfinger* JuS 1998, 534 f.

47 *Rengier*, BT 1, § 2 Rn. 97; *W/Hillenkamp* Rn. 167 m.w.N.

48 Dazu *Kühl*, AT, § 20 Rn. 54 ff.

er etwa davon ausgeht, dass der Hintermann seinerseits keine Zueignung, sondern z.B. eine bloße Gebrauchsanmaßung oder Sachvernichtung beabsichtigt.[49] Die mittelbare Täterschaft ist in diesem Zusammenhang also nicht *völlig* obsolet geworden.[50]

V. Zueignungsabsicht und Behältnisse

Bei der Entwendung von *Behältnissen* ist unter dem Aspekt der Zueignungsabsicht **822** zwischen dem *Inhalt* des jeweiligen Behältnisses und dem *Behältnis* selbst zu unterscheiden. Nimmt der Täter ein Behältnis weg, das nicht den erwarteten/erwünschten, sondern einen anderen Inhalt hat – z.B. Ware statt Bargeld enthält –, so gehen Rechtsprechung und h.L. bezüglich des *Inhalts* von einem bloßen Versuch des Diebstahls oder Raubes aus: Den mit dem Behältnis vorsätzlich weggenommenen Inhalt (Ware) habe sich der Täter mangels Interesses daran nicht zueignen (aneignen) wollen, während er das vorgestellte Objekt der Zueignungsabsicht (Bargeld) nicht weggenommen habe (Inkongruenz von Wegnahme- und Zueignungsobjekt).[51]

Genauer zu beachten ist auch die Aneignungs*absicht* hinsichtlich eines *Behältnisses,* das nach der Wegnahme alsbald wieder preisgegeben werden soll. Insoweit wird überwiegend eine (auch) auf das Behältnis selbst bezogene Aneignungsabsicht zumindest dann angenommen, wenn es dem Täter darauf ankommt, das Behältnis als notwendiges »*Transportmittel*« für die Aneignung des Inhalts zu benutzen.[52]

Hinweise: Zu Spezialfragen des »bedingten Enteignungsvorsatzes«, insbesondere **823** des »Rückführungswillens«, vgl. das Stichw. »Ingebrauchnehmen eines Fahrzeugs« → Rn. 368; zur Einwilligung (bzw. Einverständnis) bei der Zueignung vgl. das Stichw. »Zueignung, Rechtswidrigkeit der« → Rn. 850.

Umstritten ist das Erfordernis einer »Stoffgleichheit« zwischen Enteignung und Aneignung. Muss der Täter beabsichtigten, sich gerade durch die Enteignung die Sache auch anzueignen?[53] Nicht unumstritten ist daneben die Struktur des Wegnahmedelikts mit überschießender Innentendenz. Geht die Wegnahme der Zueignung voraus oder liegt die [beabsichtigte] Zueignung bereits in der Wegnahme?[54] Schließlich ist die Lösung derjenigen Fälle umstritten, in denen der Täter dem Opfer bei der Wegnahme gleichwertige Ersatzstücke überlässt (insb. »eigenmächtiges Geldwechseln«): fehlende Zueignungsabsicht mangels »Enteignung«, »Rechtfertigungsgrund eigener Art« oder »mutmaßliche Einwilligung«?[55]

---

49 Vgl. *Fischer* § 242 Rn. 46a; *S/S/Bosch* § 242 Rn. 72; *W/Hillenkamp* Rn. 167.

50 So aber *Hörnle* Jura 1998, 169 (170); *Lesch* JA 1998, 474 (476).

51 Vgl. z.B. BGH NJW 1990, 2569; NStZ 2000, 531; NStZ 2004, 333; NStZ 2006, 686 (687) mit zust. Bspr. *Streng* JuS 2007, 422; BGH NStZ-RR 2013, 309; ferner etwa *W/Hillenkamp* Rn. 138; krit. aber *A/W/Heinrich* § 13 Rn. 131 und insb. *Böse* GA 2010, 249 ff mit genauerer Problemdarstellung.

52 Vgl. BGH NJW 1990, 2569; JR 1999, 336 (338) mit Anm. *Graul*, S. 338 (341); LG Düsseldorf NStZ 2008, 155 (156 – Karton als Transportmittel) mit krit. Anm. *Sinn* ZJS 2010, 274 (275 f); *Ruß*, Pfeiffer-FS, 1988, S. 61 ff; krit. *Böse* GA 2010, 249 (257 f).

53 S. dazu LK-*Vogel* § 242 Rn. 135; MK-*Schmitz* § 242 Rn. 133; *Zopfs* ZJS 2009, 649 (652 mit Fn. 31 und 656); jew. m.w.N.

54 Dazu *Küper* JuS 1986, 862 (869 f) und Gössel-FS, 2002, S. 429 (447 ff); NK-*Kindhäuser* § 242 Rn. 5 ff; jew. m.w.N.

55 Übersicht bei *M/Schroeder*, BT 1, § 33 II Rn. 51 f; MK-*Schmitz* § 242 Rn. 140; zur ähnlichen Problematik bei Ansprüchen auf Übereignung von Gegenständen, die nur der Gattung nach bestimmt sind → Rn. 852.

Zueignung (»Zueignen«) bei Unterschlagung – § 246 I StGB

824 Der Täter »eignet« eine Sache »sich oder einem Dritten zu«, wenn er seine Zueignungsabsicht – Enteignungs*vorsatz* und Aneignungs*absicht* (str. → Rn. 826) – bezüglich einer individuell *bestimmten Sache* durch sein Verhalten nach außen hin **objektiv erkennbar** derart **manifestiert** und **betätigt**, dass daraus *verlässlich* (»unzweideutig« → Rn. 827) auf das Vorhandensein der Zueignungsabsicht geschlossen werden kann (*»enge Manifestationstheorie«*, str. → Rn. 829).

Maßgebend für die Manifestation ist, ob für einen – mit den Gesamtumständen vertrauten – **objektiven Beobachter** in dem Verhalten des Täters dessen Zueignungsabsicht erkennbar wird. Handlungen, die nach den Umständen *mehrdeutig*, insbesondere auch bei fehlender Zueignungsabsicht zu erwarten sind, stellen keine hinreichende Manifestation dar (→ Rn. 827).
Die bloße »Äußerung« (Kundgabe) eines Zueignungsentschlusses ohne eine auf die jeweilige Sache bezogene **Betätigung** der Zueignungsabsicht reicht ebenfalls nicht aus (Erfordernis der »tätigen Manifestation«). Eine *sachbezogene* »Betätigung« der Zueignungsabsicht setzt voraus, dass der Täter die Sache aufgrund eines *Näheverhältnisses* (Gewahrsam/mittelbarer Besitz) bereits in seiner **Verfügungsgewalt** hat, diese Verfügungsgewalt erlangt oder sie – bei Drittzueignung – einem Dritten vermittelt (im Einzelnen str./noch unklar → Rn. 837).

Literatur: NK-*Kindhäuser* § 246 Rn. 5 ff, 28 ff, 45; abw. LK-*Vogel* § 246 Rn. 20 ff (»objektiver Zueignungserfolg« erforderlich; bedingter Aneignungsvorsatz ausreichend). **Einführend:** *W/Hillenkamp* Rn. 309 ff, 325 ff (bedingter Aneignungsvorsatz ausreichend). **Monographisch:** *Börner*, Die Zueignungsdogmatik der §§ 242, 246 StGB, 2004, S. 113 ff; *Hauck*, Drittzueignung und Beteiligung, 2007, S. 113 ff, 195 ff; *Mikolajczyk*, Der Zueignungsbegriff des Unterschlagungstatbestandes, 2005.

Rechtsprechung Grundlegend: RGSt 4, 404 (405 – Manifestation); BGHSt 14, 38 (43 ff – wiederholte Zueignung); 47, 243 ff (Subsidiarität). **Beispielhaft:** BGHSt 24, 115 (119 ff – Kassenfehlbestand); OLG Celle NJW 1974, 2326 (2327 – verheimlichter Standort eines Pkw); OLG Düsseldorf NStZ-RR 1999, 41 (42 – Nichtweiterleitung von Versicherungsprämien).

RGSt 4, 404 (405): „Für das Merkmal der Zueignung im Unterschlagungsbegriffe kommt es … darauf an, daß [der Täter] die Absicht hat, [über die Sache] gleich dem berechtigten Eigentümer und mit Ausschluß desselben die Herrschaft auszuüben, und daß diese Absicht in einer äußeren Handlung oder Unterlassung zum Ausdruck gelangt ist." Für eine Zueignung ist es immer „notwendig, daß der Wille, die … Sache sich zuzueignen, sich *äußerlich erkennbar manifestiert*."

BGHSt 14, 38 (41): „Auf die Eindeutigkeit … in dem Sinne, daß schon bei *bloßer isolierter Betrachtung* der nach außen in Erscheinung getretenen Handlung jeder andere Beweggrund, wie etwa Gefälligkeit oder Geltungsbedürfnis, ausgeschlossen sein müßte, kommt es nicht an. Rechtlich genügt jede Willensäußerung, die *im Rahmen einer Würdigung aller Tatumstände* eine Zueignungsabsicht offenbart und betätigt…; nur durch bloßen Entschluß, der äußerlich in keiner Weise hervortritt, soll die Zueignung im Sinne des § 246 StGB nicht vollzogen werden können."

OLG Brandenburg NStZ 2010, 220 f: „Das *bloße Unterlassen* der geschuldeten *Rückgabe* einer Sache kann *nicht* als Manifestation des Zueignungswillens … angesehen werden. Erforderlich ist vielmehr, dass der Täter ein Verhalten an den Tag legt, das den *sicheren Schluss* darauf zulässt, dass er die Sache dem Eigentümer auf Dauer entziehen und sie dem eigenen Vermögen einverleiben will. Zu der unterlassenen Herausgabe müssen folglich Umstände hinzutreten, die darauf schließen lassen, dass die Nichtherausgabe gerade Ausdruck der Zueignung ist. Derartige Umstände können z.B. darin gesehen werden, dass die Sache durch den Gebrauch ... erheblich an Wert verliert oder der Gewahrsamsinhaber den Standort der Sache gegenüber dem Eigentümer verheimlicht oder den Besitz ableugnet".

Erläuterungen

I. Die Manifestationstheorie

1. Grundlagen und Anforderungen

§ 246 I StGB stellt historisch eine gesetzestechnische »Vereinfachung« der Unterschlagungsregelung des preußischen StGB (§§ 225, 226) von 1851 dar.[1] Dort hatte der Gesetzgeber die »Zueignung«, ohne diesen Begriff zu verwenden, durch einen *Katalog* bestimmter Handlungen umschrieben: »Veräußern«, »Verpfänden«, »Verbrauchen«, »Beiseiteschaffen«, »Ableugnen des Gewahrsams«. In § 246 I StGB ist diese Kasuistik durch den generalklauselartigen Begriff des »Zueignens« ersetzt worden. Aus diesem Verzicht auf nähere *Handlungstypisierungen* erklärt sich die vom RG entwickelte, (noch) herrschende »Manifestationstheorie«. Sie lässt als »Zueignung« grundsätzlich *beliebige* Verhaltensweisen zu, in denen sich der Zueignungswille *objektiviert* (»offenbart und betätigt«).[2] Der Zueignungswille selbst ist mit der »Zueignungsabsicht« i.S. des § 242 I StGB (→ Rn. 806) inhaltlich identisch, so dass hinsichtlich der »Aneignung« *zielgerichteter* Wille erforderlich ist. **825**

Das Erfordernis eines auf die »Aneignung« *zielgerichtet* bezogenen Willens wird allerdings im Schrifttum bestritten: Anders als beim Diebstahl soll insoweit »bedingter Vorsatz« ausreichen.[3] Diese Ansicht stützt sich darauf, dass in § 246 I StGB ein Hinweis auf die »*Absicht*« der Zueignung fehlt. Versteht man »Zueignung« aber als Manifestation des Zueignungswillens, so können die subjektiven Anforderungen an die Aneignungskomponente bei der Unterschlagung, die keine Wegnahme verlangt, jedoch schwerlich *geringer* sein als beim Diebstahl. Auch hier muss also Aneignungs*absicht* verlangt werden![4] **826**

Noch wenig geklärt ist, welche genaueren *Anforderungen* an die »Zuverlässigkeit« der Manifestation gestellt werden müssen.[5] Manche Autoren und z.T. auch die Rechtsprechung lassen jede Art von Manifestation ausreichen, während heute überwiegend eine »eindeutige«, »zweifelsfreie« Bekundung des Zueignungswillens verlangt wird.[6] Der Gesichtspunkt, dass das Verhalten des Täters nicht nur »Indiz« (Beweisanzeichen) für das Vorhandensein des Zueignungswillens sein muss, sondern dessen ob- **827**

1 Vgl. *Küper*, ZStW 106 (1994), 354 (371 f); *Sinn* NStZ 2002, 64 (65 f); jew. m.w.N.
2 Siehe z.B. RGSt 58, 230; 63, 376 (378); 65, 145 (147 f); 67, 70 (72, 75 f).
3 Vgl. z.B. *Rengier*, BT 1, § 5 Rn. 18; *W/Hillenkamp* Rn. 312.
4 Vgl. *Dencker*, Rudolphi-FS, 2004; S. 425 (436 ff); *Kindhäuser* § 246 Rn. 31 f; *Schroth*, BT, S. 190.
5 Übersicht über »typische Zueignungshandlungen« bei *W/Hillenkamp* Rn. 313 ff; Kasuistik bei *Fischer* § 246 Rn. 7 ff.
6 Vgl. die Übersicht bei *Hillenkamp*, BT, Problem Nr. 24: »enge« statt »weite« Manifestationstheorie; SK-*Hoyer* § 246 Rn. 12 ff.

jektiv-tatbestandliche *Ausprägung* in einer deliktstypischen Unrechtshandlung, spricht für *strenge* Anforderungen an die Verlässlichkeit der Manifestation. Vermittelnd wird vorgeschlagen, dass in der Manifestation nur das »*Aneignungselement*« eindeutig zum Ausdruck kommt und zwar derart, dass nicht zugleich das »Enteignungselement« *ausgeschlossen* erscheint.[7]

828 Daneben sind weitere Einzelfragen umstritten: So wird die »*Rückbeziehbarkeit*« einer zeitlich späteren Manifestation auf einen vorangegangenen, aber noch nicht hinreichend manifestierten Zueignungswillen, diskutiert.[8] Gegen eine solche Rückbeziehung spricht indes das Erfordernis einer zeitlichen »Simultaneität« von Zueignungswillen und Manifestierung; anderenfalls kann der Zueignungswille nicht »bekundet« bzw. nicht »offenbart und betätigt« werden. Die Rechtsprechung hat gleichwohl die Verwertbarkeit »verspäteter« Manifestationen des Zueignungswillens bisweilen zugelassen.[9]

Problematisch ist auch die Manifestation des Zueignungswillens durch *garantenpflichtwidriges Unterlassen.*[10] Praktisch bedeutsam wird die Frage z.B. bei der *Nichtrückgabe* einer Sache, deren Herausgabe vom Untätigen geschuldet wird.[11]

2. Kritische Gegentendenzen

829 An der sog. »Manifestationstheorie«, die – wie dargestellt mit manchen Differenzen im Einzelnen (→ Rn. 827 f) – der Rechtsprechung und der (noch) h.L. zugrunde liegt, wird in der neueren Literatur zunehmend *Kritik* geübt; sie hat sich nach der Änderung des Unterschlagungstatbestands durch das 6. StrRG (1998) verstärkt. Die Kritik richtet sich vor allem gegen die (zu) weitgehende »*Subjektivierung*« des – vollendeten – Zueignungsunrechts, die in der Konsequenz der Manifestationstheorie liegt, und verlangt demgemäß eine deutlichere »*Objektivierung*« der Zueignungshandlung.[12]

Nach einer an Gewicht gewinnenden Meinungsgruppe soll die »betätigte Manifestation« des Zueignungswillens allein noch keine *vollendete* Unterschlagung begründen können; dafür soll vielmehr eine im faktisch-konkreten Umgang mit der fremden Sache real objektivierte, »wirkliche« (erfolgreiche) Zueignung erforderlich sein. Unter diesem Aspekt werden besondere Anforderungen gestellt, die teils bei der »Aneignungskomponente«, teils bei dem »Enteignungsmoment« ansetzen. So wird z.B. gefordert, dass die »Aneignung« nicht nur als Willensziel »manifestiert«, sondern durch das Täterverhalten bereits »*objektiv vollzogen*« sein müsse (»Aneignungstheorie«).[13] Andererseits wird für die »Enteignung« verlangt, dass der Täter schon eine *Gefahren-*

---

7 *L/Kühl* § 246 Rn. 4 im Anschluss an *Tenckhoff* JuS 1984, 775 (780).

8 *A/W/Heinrich* § 15 Rn. 32 f; *Tenckhoff* JuS 1984, 775 (780 f).

9 Vgl. z.B. BGHSt 9, 348 ff; 24, 115 (120).

10 Vgl. die Hinw. bei *L/Kühl* § 246 Rn. 4; *Otto*, BT, § 42 Rn. 7; eingehend *Lagodny* Jura 1992, 659 (664 f).

11 Vgl. BGHSt 34, 309 (311 f); BayObLG NJW 1992, 1777 (1778); OLG Brandenburg NStZ 2010, 220 f (oben zitiert → Rn. 824); OLG Hamm wistra 1999, 112 f (Nichtrückgabe einer Mietsache); OLG Koblenz StV 1984, 287 (288).

12 Vgl. zu den untereinander sehr verschiedenen »Objektivierungstheorien« die Übersichten bei *Hillenkamp*, BT, Problem Nr. 24, mit Aufbereitung der Argumente; *Duttge/Sotelsek* Jura 2002, 526 (528 f); eingehend *Börner*, Zueignungsdogmatik, S. 141 ff.

13 Vgl. *K/H/H*, BT 2, Rn. 224 ff; *Noak*, Drittzueignung und 6. Strafrechtsreformgesetz, 1999, S. 131 ff.

lage geschaffen hat, aus der sich ohne seinen weiteren Einfluss der *endgültige Sachverlust* des Berechtigten entwickeln kann (»Enteignungstheorie«).[14] Konsequenz dieser restriktiven Auffassungen – die auch miteinander kombiniert werden[15] – ist es z.B., dass ein Verkaufsangebot oder der Abschluss des schuldrechtlichen Kaufvertrages als Sachzueignung i.S. des § 246 StGB nicht ausreicht; maßgebend sei in Fällen der Veräußerung vielmehr erst das *dingliche Vollzugsgeschäft*, während vorherige Betätigungen des Zueignungswillens allenfalls als *Versuch* der Unterschlagung erfasst werden könnten.[16]

Innerhalb dieser – gegenüber der »Manifestationstheorie« kritischen – Literatur scheint sich die »Enteignungs-« gegenüber der »Aneignungstheorie« durchzusetzen.

II. Die »Wiederholung« der Zueignung

Nach der in BGHSt 14, 38 (43 ff) begründeten Rechtsprechung ist die Zueignung tatbestandlich nicht »wiederholbar«: Der Tatbestand des § 246 StGB erfasse nur die erste – strafbare – Manifestation der Zueignungsabsicht (Begründung der eigentümerähnlichen Herrschaftsposition), während spätere Zueignungsakte tatbestandslos seien. Eine Unterschlagung ist danach bereits *tatbestandlich* ausgeschlossen, wenn der Täter vorher seinen Zueignungswillen in Gestalt eines Eigentums- oder Vermögensdelikts (z.B. Diebstahl, Raub, Betrug, Erpressung, Unterschlagung, Untreue) schon strafbar betätigt hat (sog. »Tatbestandslösung«). Dazu hat der BGH ausgeführt: **830**

Die Frage, „ob man jede *weitere* Betätigung des Herrschaftswillens ... als gewissermaßen selbständigen Zueignungsakt beurteilen darf, der an sich den Tatbestand der Unterschlagung erfüllt", müsse „nach dem Sinnzusammenhang der Tatbestände" *verneint* werden. „Jeder Dieb, Räuber, Erpresser und Betrüger nimmt regelmäßig mit seiner Beute Handlungen vor, die sich nach bereits vollzogener Zueignung als weitere Äußerung seines Herrschaftswillens darstellen. Alle diese Handlungen als immer neue Verwirklichungen des Tatbestandes der Unterschlagung zu beurteilen, deren strafrechtliche Selbständigkeit nur unter *Konkurrenzgesichtspunkten* ausgeschaltet werden könnte, ist verfehlt. Schon dem *Wortsinn* nach ist Zueignung die *Herstellung* der Herrschaft über die Sache oder *erstmalige Verfügung* über sie, nicht bloße *Ausnutzung* dieser Herrschaftsstellung... Nach alledem setzt die Unterschlagung schon *tatbestandlich* voraus, daß sich der Täter die fremde Sache *nicht* bereits durch eine strafbare Handlung zugeeignet hat."

Diese Auffassung hat auch in der Literatur breite *Zustimmung* gefunden, damit jedoch die nicht weniger zahlreich vertretene *Gegenmeinung*, die das Problem im *Konkurrenzbereich* lösen will (Unterschlagung als *mitbestrafte Nachtat*), nicht zu verdrängen vermocht.[17] Ausgehend von dem Grundsatz, dass das Eigentum auch gegen nachträgliche Verletzungen (Verwertungshandlungen) weiterhin Schutz beanspruche, beruft **831**

---

14 Vgl. *Degener* JZ 2001, 388 (396 ff); *Dencker*, Rudolphi-FS, 2004, S. 425 (439 ff); *Maiwald*, Schreiber-FS, 2003, S. 315 (325 ff).

15 *Ambos* GA 2007, 127 (141 ff); *Basak* GA 2003, 109 (114 ff); LK-*Vogel* § 246 Rn. 28 ff; MK-*Hohmann* § 246 Rn. 30 ff.

16 Vgl. *Mitsch*, BT II/1, § 2 Rn. 42; *Noak*, Drittzueignung und 6. Strafrechtsreformgesetz, 1999, S. 133.

17 Aufbereitung der Argumente für und wider m.w.N. bei *Eckstein* JA 2001, 25 ff; *Hillenkamp*, BT, Problem Nr. 25.

sich diese »Konkurrenzlösung« vor allem auf *Strafbarkeitslücken*, die – namentlich bei Teilnahme erst an der »Zweitzueignung« – entstehen können, wenn die Tatbestandsmäßigkeit der Unterschlagung auf die »Erstzueignung« beschränkt wird. Dagegen kann die »Tatbestandslösung« u.a. geltend machen, dass die Unterschlagung – wie die Zueignungsdelikte überhaupt – ein durch die *Begründung* eigentümerähnlicher Herrschaft gekennzeichnetes »Zustandsdelikt« sei und nicht eine Art Dauerdelikt mit theoretisch »unendlicher Kette von Verwertungshandlungen« (Problem fehlender Verjährung durch ständige Erneuerung der Zueignung!). Die – geringfügigen – Lücken im Bereich der Teilnahme an »Zweitzueignungen« könnten im Übrigen durch Rückgriff auf spezielle Delikte (§§ 257, 259, 263 StGB) bzw. die Teilnahme daran weitgehend geschlossen werden.[18] Die Frage der »Wiederholbarkeit« stellt sich nach Einführung der »Drittzueignung« durch das 6. StrRG (→ Rn. 833 ff) auch für Fälle, in denen einem mit »Selbstzueignungsabsicht« begangenen Delikt ein »Drittzueignungsakt« zeitlich nachfolgt oder die umgekehrte Situation vorliegt.[19]

III. Die »gleichzeitige« Zueignung

832 Zu beachten ist, dass der BGH zu § 246 StGB a.F. die »Tatbestandslösung« – was oft übersehen wird – nicht nur für die Fälle der »Wiederholung« des Zueignungsakts vertreten hat, sondern auch für die Situationen, in denen ein sonstiges, den Zueignungswillen manifestierendes Vermögensdelikt mit einer an sich für § 246 StGB geeigneten Zueignungshandlung *zusammenfällt* (»Gleichzeitigkeitsfälle«).[20] Nach Ansicht des BGH ergibt sich das „aus dem Sinnzusammenhang der Tatbestände“: „Da die weitaus größte Zahl aller Vermögensdelikte mit Zueignungsabsicht begangen wird, kann es nicht der Sinn des Unterschlagungstatbestandes sein, in allen diesen Fällen *zusätzlich* angewendet zu werden… Es besteht kein Grund, Unterschlagung tatbestandlich nur neben Diebstahl auszuschalten, nicht aber neben anderen regelmäßig mit Zueignungsabsicht verbundenen Vermögensdelikten, wie Sachbetrug und Sacherpressung“ (BGHSt 14, 38 [46 f]).

Während die »Tatbestandslösung« des BGH bei der »wiederholten Zueignung« im Schrifttum erhebliche Zustimmung erfahren hat, ist sie für die »Gleichzeitigkeitsfälle« überwiegend abgelehnt worden.[21] Ihre Überzeugungskraft ist hier auch ersichtlich geringer. Das für den Tatbestandsausschluss bei *wiederholter* Zueignung zentrale Argument trifft für die »Gleichzeitigkeitsfälle« nicht zu: Kann der Eigentümer, der bereits durch die Begründung der Eigentümerstellung aus der Eigentumsposition faktisch verdrängt wurde, durch *nachträgliche* Verwertungsakte oder sonstige spätere Herrschaftsbetätigungen nicht nochmals verdrängt werden, so ist eine solche Verdrängung des Berechtigten bei den »Gleichzeitigkeitsfällen« durch eine Begründung der faktischen Eigentümerstellung hingegen noch möglich. Der Hinweis des BGH, dass eine »zusätzliche Anwendung« des § 246 StGB bei gleichzeitig verwirklichten sonstigen Vermögensdelikten dem »Sinn« des Unterschlagungstatbestandes wider-

18 Eingehend zur ganzen Problematik *Roth*, Eigentumsschutz nach der Realisierung von Zueignungsunrecht, 1986, S. 61 ff.

19 Vgl. zum Streitstand *Kretschmer* JuS 2013, 24 (25); *W/Hillenkamp* Rn. 331; jew. m.w.N.

20 Vgl. BGHSt 14, 38 (46 f) und dazu *Küper*, Probleme der Hehlerei bei ungewisser Vortatbeteiligung, 1989, S. 78 ff, 85 f.

21 Vgl. die Hinw. bei *Küper* Jura 1996, 205 (207).

spreche, formuliert daher ein typisches *Konkurrenzproblem*, wie es auch sonst bei Handlungseinheit häufig auftritt (»mitbestrafte Begleittat«, Konsumtion); zur Tatbestandslösung unter Geltung der erst später eingeführten Subsidiaritätsklausel s. → Rn. 840 f.

IV. Bedeutung der Änderungen des § 246 StGB durch das 6. StrRG

Das 6. StrRG (1998) hat dem Delikt nach dem Vorbild des § 240 I E 1962 (vgl. dort S. 50, 408 f) eine neue Fassung gegeben, die den Tatbestand erheblich *erweitert*. Die Regelung[22] weicht von § 246 I StGB a.F. in drei Punkten ab. Zum einen wird nicht mehr verlangt, dass sich die Zueignung auf eine Sache bezieht, die der Täter »in Besitz oder Gewahrsam hat«: Verzicht auf die ursprüngliche »*Gewahrsamsklausel*« (→ Rn. 836 ff). Ferner ist – wie bei allen Zueignungsdelikten – die »Drittzueignung« in den Tatbestand einbezogen worden (→ Rn. 834 f). Schließlich hat das Gesetz eine ausdrückliche *Subsidiaritätsklausel* eingefügt (→ Rn. 839 ff). **833**

1. Konsequenzen der Tatbestandserweiterung

a) Die Einbeziehung der »Drittzueignung« Die *Absicht* der »Drittzueignung« hat bei § 246 I StGB sachlich keine andere Bedeutung als die entsprechende Zueignungsabsicht beim Diebstahl: Sie umfasst neben dem »Enteignungsvorsatz« den – zielgerichteten – Willen, dem Dritten die »Aneignung« *zu ermöglichen* (str. → Rn. 818), d.h. die Einverleibung der Sache in dessen Vermögensbestand (Nutzung für seine Vermögenszwecke). Insoweit wird, wie beim Diebstahl, die *Aneignungs*komponente der Zueignungsabsicht über die »Selbstaneignung« hinaus um die »Fremdaneignung« erweitert; zur Notwendigkeit eines *zielgerichteten* Aneignungswillens auch bei § 246 StGB → Rn. 826. Auf der Grundlage der *Manifestationstheorie* (→ Rn. 825 ff) genügt damit für die »Drittzueignung« die Objektivierung – betätigte Manifestation – der Absicht, die Sache in dieser Weise einem »Dritten zuzueignen«. Ein *Zusammenwirken* mit dem Dritten oder dessen Einverständnis – zumindest nach der Vorstellung des Täters – ist für eine solche »Drittzueignung« daher nicht erforderlich.[23] **834**

Verlangt man demgegenüber für die »Zueignung« mit den gegen die Manifestationstheorie gerichteten restriktiven Auffassungen (→ Rn. 829) eine *faktisch vollzogene* »Enteignung« bzw. »Aneignung«, so ist dies folgerichtig auch für die »Drittzueignung« notwendig: Der Täter muss dann im Umgang mit der jeweiligen Sache eine *Lage schaffen*, die für den Berechtigten eine tatsächliche »Enteignung« bedeutet und dem begünstigten Dritten die »Aneignung« – Nutzung für dessen Vermögenszwecke – ermöglicht. Eine Mitwirkung oder ein Einverständnis des »Dritten« kann aber auch von diesem Standpunkt aus nicht gefordert werden![24] **835**

22 Dazu BT-Drs. 13/8587, S. 43 f; BR-Drs. 164/97, S. 148 f.

23 *Duttge/Sotelsek* Jura 2002, 526 (532); *Jäger* JuS 2000, 1167 (1168); *W/Hillenkamp* Rn. 313; abw. *Rengier*, Lenckner-FS, 1998, S. 801 (805); diff.: *Kindhäuser*, Gössel-FS, 2002, S. 451 (464 f), *Schenkewitz* NStZ 2003, 17 (18 f).

24 Eingehend zur »Drittzueignung« bei Unterschlagung mit unterschiedlichen Ansätzen *Hauck*, Drittzueignung, S. 138 ff; *Kindhäuser*, Gössel-FS, 2002, S. 451 (463 ff); *Maiwald*, Schreiber-FS, 2003, S. 315 (316 ff); *Rönnau* GA 2000, 410 (421 ff); vgl. auch → Rn. 839.

836 **b) Der Wegfall der »Gewahrsamsklausel« – Zielrichtung der Änderung** Der Verzicht auf die bis 1998 geltende, einschränkende »Gewahrsamsklausel« bedeutet, dass nach dem Gesetzeswortlaut auch eine Unterschlagung an Sachen möglich ist, die der Täter selbst *nicht* in seinem *Gewahrsam* hat. Damit sind alle Streitfragen entfallen, die nach § 246 I StGB a.F. mit diesem Gewahrsamserfordernis verbunden waren.[25] Dies gilt insbesondere für das Problem, ob der Täter bereits *vor* der Zueignungshandlung Gewahrsamsinhaber sein muss (frühere »strenge Auslegung«) oder ob es genügt, dass Gewahrsamserlangung und Zueignungshandlung in einem Akt zeitlich *zusammenfallen* (frühere »kleine berichtigende Auslegung«). Es gilt u.a. auch für die Frage, ob eine *mittäterschaftlich* begangene Unterschlagung bei jedem Mittäter die Innehabung von Gewahrsam voraussetzt.

Mit der Erweiterung des Tatbestandes ist der Gesetzgeber sogar über die früher vereinzelt vorgeschlagene »große berichtigende Auslegung« noch *hinausgegangen*. Danach sollte die Gewahrsamsklausel des § 246 I StGB a.F. ein tatbestandsneutrales »Abgrenzungsmerkmal« gegenüber der »Wegnahme« darstellen, das lediglich darauf hinweise, dass bei der Zueignung *kein Bruch* fremden Gewahrsams vorliegen dürfe (Unterschlagung als »Zueignung ohne Gewahrsamsbruch«). Nach der Neuregelung wird indessen der Tatbestand der Unterschlagung durch die *Wegnahme* der Sache *nicht* ausgeschlossen. § 246 I StGB n.F. ist vielmehr als umfassender »Generaltatbestand« aller Zueignungsdelikte formuliert worden,[26] mit Subsidiärfunktion (Auffangfunktion) gegenüber anderen, schwereren Eigentums- und Vermögensdelikten (→ Rn. 843).

c) Konsequenzen der Änderung – Auswirkungen für den Begriff der »Zueignung«

837 Die Tilgung der »Gewahrsamsklausel« hat i.V.m. der »Manifestationstheorie« (→ Rn. 825 ff) zu der Gefahr geführt, dass der Unterschlagungstatbestand völlig *konturlos* wird. Denn nach der Gesetzes*fassung* ist nunmehr eine vollendete Unterschlagung (»Zueignung«) auch dadurch denkbar, dass der Täter seinen manifestierten Zueignungswillen auf eine fremde bewegliche Sache richtet, ohne selbst in irgendeiner *näheren Beziehung* zu dieser Sache zu stehen oder jedenfalls für einen Dritten ein solches »Näheverhältnis« zu begründen (Bsp.: Verkauf oder Verschenken eines beliebig abgestellten fremden Fahrzeugs).

Um eine derartige Ausuferung – insbesondere eine Unterschlagung durch *schlichtverbale Erklärung* ohne tatsächliche Sachbeziehung – zu vermeiden, wird von der h.M. versucht, das im Gesetzestext weggefallene Gewahrsamserfordernis in anderer Form »wiederzubeleben«: nämlich als notwendiges Element eines unterschlagungsspezifischen *Zueignungsbegriffs*. So soll die (vollendete) »Zueignung« auf der Seite des Täters oder – bei Drittzueignung – zumindest auf der Seite des Begünstigten eine *Nähebeziehung* zur jeweiligen Sache in Gestalt von *Gewahrsam*, *mittelbarem Besitz* oder sonstiger Sachherrschaft/Einwirkungsmöglichkeit voraussetzen.[27]

---

25 Vgl. dazu näher die 1. Aufl. 1996, S. 58 ff; Übersicht über die »weggefallenen« Streitfragen bei *W/Hillenkamp* Rn. 318.

26 Vgl. dazu BT-Drs. 13/8587, S. 43 f; BR-Drs. 164/97, S. 148 f; im Anschluss an die Begr. des § 240 E 1962, S. 408 f.

27 Hierzu näher *A/W/Heinrich* § 15 Rn. 26 ff; *Joecks* § 246 Rn. 20 ff; *Kudlich* JuS 2001, 767 (771 f); *Sinn* NStZ 2002, 64 (66 ff); krit. aber insb. *Ambos* GA 2007, 127 (138) m.w.N.; GS-*Duttge* § 246 Rn. 14.

Solche Vorschläge haben ihre Parallele in Auffassungen, die bereits zum Zueignungsbegriff des § 246 StGB a.F. vertreten wurden. Zueignung sollte danach eine »*Verfügungsmacht*« über die Sache voraussetzen, in deren Rahmen sich die *Manifestation* der Zueignungsabsicht vollziehen müsse.[28] Auch die »Manifestationstheorie« selbst, die ja nur die frühere Kasuistik der Handlungstypen ersetzen sollte (→ Rn. 825), hat sich auf der Basis der Vorstellung entwickelt, dass »betätigte Manifestation des Zueignungswillens« die Äußerung einer eigenmächtigen Ausübung von *Sachherrschaft* sei! **838**

Namentlich bei der »*Drittzueignung*« hat sich der Wegfall des Gewahrsamserfordernisses als besonders problematisch erwiesen, weil hier die Gefahr besteht, dass die bloße *Teilnahme* (Beihilfe/Anstiftung) an einem Zueignungsdelikt des »Dritten« zu einer täterschaftlich-drittzueignenden Unterschlagung umgewertet wird.[29] Deshalb wird für eine *sachbezogene Betätigung* (Manifestation) der »Drittzueignungsabsicht« ein Verhalten des Täters gefordert werden müssen, in dem sich dessen Wille objektiviert, die jeweilige Sache aufgrund *eigener Verfügungsmacht* (Herrschaftsstellung) dem begünstigten Dritten zuzuwenden.[30] **839**

2. Die Bedeutung der Subsidiaritätsklausel

a) Das Verhältnis von »Erst-« und »Zweitzueignung« Bei Anwendung der Subsidiaritätsklausel, deren genauere Tragweite nach wie vor nicht geklärt ist, ist Folgendes zu beachten: Da die Klausel eine *Konkurrenzregelung* enthält, setzt sie zunächst voraus, dass der *Tatbestand* des § 246 I StGB durch das Verhalten des Täters erfüllt worden ist. Vertritt man also für die Fälle der sog. »Zweitzueignung« (Wiederholung des Zueignungsakts) mit BGHSt 14, 38 und verbreiteter Literaturmeinung die Auffassung, dass spätere Zueignungshandlungen nach vorausgegangener »Erstzueignung« ohnehin *tatbestandslos* i.S. des § 246 I StGB sind (→ Rn. 830), so kann die Subsidiaritätsklausel insoweit nicht eingreifen. Aber auch nach der zur Zweitzueignung vertretenen »Konkurrenzlösung« (→ Rn. 831) ist die Subsidiaritätsklausel nicht anwendbar, weil sie sich lediglich auf das Verhältnis der »Tat«, d.h. des gegenwärtigen Zueignungsakts, zu den mit dieser Tat *zugleich* verwirklichten anderweitigen Delikten bezieht.[31] Eine Subsidiarität der »Zweit-« gegenüber der »Erstzueignung« lässt sich daher mit der Klausel nicht begründen, so dass in diesem Punkt – wie zum alten Recht – auf die Rechtsfigur der »mitbestraften Nachtat« zurückgegriffen werden muss. **840**

Der Anwendungsbereich der Subsidiaritätsklausel beschränkt sich daher auf die »*Gleichzeitigkeitsfälle*« (→ Rn. 832). Das hat in dieser Fallgruppe die Konsequenz, dass die hierfür von der Rechtsprechung vorgeschlagene »Tatbestandslösung« nach **841**

---

28 Vgl. dazu *Charalambakis*, Der Unterschlagungstatbestand usw., 1985, S. 160 ff; *Küper*, ZStW 106 (1994), 354 (376 ff mit Fn. 74); *Paulus*, Der strafrechtliche Begriff der Sachzueignung, 1968, S. 178 ff.

29 Vgl. *Duttge/Fahnenschmidt*, ZStW 110 (1998), 884 (904 ff); *Kudlich* JuS 2001, 767 (769 f); *Rönnau* GA 2000, 410 (421 f).

30 In dieser Richtung auch BGH StV 2007, 30 f; *W/Hillenkamp* Rn. 313 mit Fn. 35; ähnlich *Hauck*, Drittzueignung, S. 210 ff.

31 Zust. u.a. *A/W/Heinrich* § 15 Rn. 43; *Fischer* § 246 Rn. 15; *Rengier*, BT 1, § 5 Rn. 58, 65; z.T. anders *Murmann* NStZ 1999, 14 (15 ff); zweifelnd *W/Hillenkamp* Rn. 328.

der Neuregelung *kaum mehr vertretbar* ist. Denn andernfalls hätte die Subsidiaritätsklausel keinen sinnvollen Anwendungsbereich mehr. So liefe sie z.B. leer, wenn man eine Zueignungshandlung, die zugleich die Voraussetzungen der Hehlerei oder des Betruges erfüllt, schon nicht unter den Tatbestand des § 246 I StGB subsumieren würde. Das wäre eine Missachtung der gesetzgeberischen Konzeption.[32]

842 **b) Sonstige Fragen** Die Subsidiaritätsklausel, die auch für § 246 II StGB gilt,[33] beschränkt sich auf die Fälle, in denen die Tat mit »schwererer Strafe« bedroht ist. Entgegen dem missverständlichen Gesetzeswortlaut – mit Strafe nur »bedroht« – ergibt sich aus dem Sinn der Klausel als Konkurrenzregelung der *Grundsatz*, dass sich der Täter nach dem anderweitigen Delikt *strafbar* gemacht haben muss, wenn § 246 StGB kraft Subsidiarität zurücktreten soll. Scheidet das vorrangige Delikt mangels prozessualen Nachweises bestimmter Strafbarkeitsvoraussetzungen aus – z.B. ein Diebstahl bei zweifelhaftem Gewahrsamsbruch –, so kann auf die subsidiäre Unterschlagung zurückgegriffen werden. Ist die Beurteilung nach dem an sich strengeren konkurrierenden Delikt im Einzelfall für den Täter *günstiger* – wie etwa beim strafbefreienden Rücktritt vom Versuch dieses Delikts –, dann muss diese Vergünstigung dem Täter allerdings auch bei § 246 StGB zugutekommen: kein Rückgriff auf die subsidiäre Unterschlagung.[34]

843 Umstritten ist, ob die Subsidiaritätsklausel auch für das Konkurrenzverhältnis der Unterschlagung zu Straftaten gilt, die *keine* Eigentums- bzw. Vermögensdelikte darstellen und deshalb das *Zueignungsunrecht* der Unterschlagung nicht substanziell miterfassen, wie z.B. §§ 257, 258, 267, 274 StGB. Der *Sinn* der Subsidiaritätsanordnung (→ Rn. 836 a.E.) spricht – in Übereinstimmung mit allgemeinen Subsidiaritätsregeln – für eine Beschränkung der Subsidiarität auf die Beziehung zu (schwereren) Delikten mit »vergleichbarer Schutzrichtung«. Demgegenüber hat der BGH[35] unter Berufung auf den weit gefassten *Gesetzeswortlaut* angenommen, dass die Subsidiaritätsklausel bei schwereren Straftaten, die mit § 246 StGB in Handlungseinheit stehen, *generell* eingreift (konkret: Subsidiarität gegenüber Totschlag).[36]

Zueignung, Rechtswidrigkeit der – §§ 242 I, 246 I, 249 I StGB

844 Die beabsichtigte Zueignung ist »rechtswidrig«, wenn die Eigentumsanmaßung (Enteignung/Aneignung) der »*materiellen Eigentumsordnung*« in dem Sinn widerspricht, dass ihr kein unbeschränktes Recht auf *Eigentumserwerb* zugrunde liegt.

---

32 Zust. *W/Hillenkamp* Rn. 326 m.N.; anders *K/H/H*, BT 2, Rn. 244, die in der Klausel eine gesetzliche Bestätigung der Tatbestandslösung sehen: »tatbestandliche Subsidiarität«; so auch *Kretschmer* JuS 2013, 24 (27); dagegen wiederum *Jäger* JuS 2000, 1167 (1170).

33 *Mitsch*, BT II/1, § 2 Rn. 71; *Rengier*, BT 1, § 5 Rn. 64.

34 Eingehend zur Subsidiaritätsklausel *Mitsch*, BT II/1, § 2 Rn. 67 ff; MK-*Hohmann* § 246 Rn. 59 ff; *W/Hillenkamp* Rn. 326 ff.

35 BGHSt 47, 243 ff (im Anschluss an BGHSt 43, 237 zu § 125 StGB) mit zust. Bspr. *Heghmanns* JuS 2003, 954 ff. (dort auch zu krit. Stimmen zur Entscheidung) sowie abl. *Freund/Putz* NStZ 2003, 242 (245 f).

36 Zum Streitstand im Schrifttum – in dem das restriktive Verständnis der Klausel überwiegt –: LK-*Vogel* § 246 Rn. 75; NK-*Kindhäuser* § 246 Rn. 45; *W/Hillenkamp* Rn. 327.

Der Widerspruch zur »materiellen Eigentumsordnung« fehlt, sofern und soweit ein *fälliger/einredefreier* schuldrechtlicher **Anspruch auf Übereignung der Sache** (zu »Gattungssachen« → Rn. 852) – oder ein gesetzliches Aneignungsrecht – besteht (Ausschluss der »Rechtswidrigkeit« als *objektives* Tatbestandsmerkmal, str. → Rn. 845 f). Allgemeine **Rechtfertigungsgründe** schließen dagegen die – *tatbestandliche* – »Rechtswidrigkeit der Zueignung« nicht aus (str. → Rn. 850 f).

Literatur: *Küper*, Gössel-FS, 2002, S. 429 ff; LK-*Vogel* § 242 Rn. 36 ff, 130 f. **Einführend:** *K/H/H*, BT 2, Rn. 121 ff. **Monographisch:** *Kösch*, Der Status des Merkmals »rechtswidrig« in Zueignungsabsicht und Bereicherungsabsicht, 1999.

Rechtsprechung Grundlegend: RGSt 49, 140 (142 f – einfacher Vorsatz genügt); 64, 210 (212 f – Widerspruch zur Eigentumsordnung); BGHSt 17, 87 (89 – Tatbestandsirrtum). **Beispielhaft:** BGH NStZ 2005, 566 (567 – Sicherungseigentum); OLG Düsseldorf NJW 1984, 810 (811 – Eigentumsvorbehalt).

RGSt 64, 210 (212 f): „Die objektive Rechtswidrigkeit der Zueignung hat gerade zur Voraussetzung, daß für den Wegnehmenden ein *Recht* auf den *eigentümlichen Erwerb* der Sache *nicht* besteht… Die Rechtswidrigkeit in diesem Sinne muß in einem vom Recht mißbilligten Widerspruch gerade zum Eigentumsrecht des Verletzten (mit der rechtlichen Eigentumsordnung) stehen. Hat der Wegnehmende aber einen fälligen und unbeschränkten *Anspruch auf Übereignung* einer bestimmten Sache, so schafft die Verwirklichung dieses Anspruchs durch Wegnahme und Aneignung der Sache … nur den *vom Recht gewollten Zustand.* Darauf, ob der Täter dabei in berechtigter Selbsthilfe handelt, kommt es nicht an, da der Mangel des Rechts zur Selbsthilfe nur die *Besitzentziehung*, nicht aber die dem Recht gerade entsprechende *Zueignung* rechtswidrig machen kann."

OLG Schleswig StV 1986, 64: „Nach der heute ganz h.M. in Rechtsprechung und Literatur vermag ein fälliger und einredefreier schuldrechtlicher Anspruch auf die weggenommene Sache deren Zueignung zu rechtfertigen… Denn es wäre ungereimt, denjenigen wegen Diebstahls oder Raubes zu bestrafen, der, weil er einen *Anspruch auf Übereignung* der Sache hat, die Sache trotz der Wegnahme nicht mehr herauszugeben braucht (§ 986 BGB)… Rechtswidrig ist eine Zueignung vielmehr nur dann, wenn sie der *materiellen Eigentumsordnung*, und nicht schon, wenn sie der Zivilrechtsordnung insgesamt widerspricht."

Erläuterungen

I. Grundsätzliches

1. Die Rechtswidrigkeit der Zueignung als Tatbestandsmerkmal

Dass die »Rechtswidrigkeit« der beabsichtigten Zueignung durch einen fälligen/einredefreien Anspruch auf *Übereignung* der Sache (oder ein Aneignungsrecht) ausgeschlossen wird, ist heute nahezu einhellig anerkannt.[1] Dies gilt nach h.M. auch dann, wenn der Täter dabei unstatthafte Mittel einsetzt (»unerlaubte Selbsthilfe«).[2] **845**

1 Aufbereitung der Argumente für diese »materielle Eigentumsordnungslehre« bei *Hillenkamp*, BT, Problem Nr. 22 m.w.N.

2 Vgl. zur Gegenansicht (zusätzlich zum Übereignungsanspruch müssen die Voraussetzungen *erlaubter Selbsthilfe* nach § 229 BGB vorliegen) die Kritik und die Hinw. bei *S/S/Bosch* § 242 Rn. 59 m.w.N.; eingehend zum Problem *Küper*, Gössel-FS, S. 429 (437 ff).

Soweit es um den Ausschluss der »Rechtswidrigkeit« durch einen Übereignungsanspruch bzw. ein Aneignungsrecht geht, ist die »Rechtswidrigkeit« der (beabsichtigten) Zueignung *Tatbestandsmerkmal.* Sie hat die Funktion und systematische Stellung eines *objektiven* Tatbestandselements mit normalem Vorsatzbezug – bedingter Vorsatz genügt –, weil diese spezielle »Rechtswidrigkeit« den objektiven Widerspruch der Zueignung zur »materiellen Eigentumsordnung« ausdrückt, der im Fehlen eines Rechts auf Eigentumserwerb (Anspruch auf Übereignung, Aneignungsrecht) besteht. Diese Einordnung auf der *objektiven* Tatbestandsebene[3] dürfte heute – vielfach unausgesprochene – h.M. sein;[4] sie liegt überwiegend auch der neueren Rechtsprechung zugrunde.

846 Nach abweichender Ansicht soll es sich – bei Diebstahl/Raub – dagegen nicht um ein vom Vorsatz umfasstes objektives Tatbestandsmerkmal handeln, sondern um eine »Eigenschaft der *beabsichtigten* Zueignung« und damit um einen objektiv-außertatbestandlichen Bezugsgegenstand der subjektiven Zueignungsabsicht.[5] Aus dieser Sicht ist die »Rechtswidrigkeit« der Zueignung – in Form eines darauf bezogenen, vorsatzanalogen *Bewusstseins* – als Element der Zueignungsabsicht nur Bestandteil des subjektiven Tatbestandes.[6]

847 Besteht objektiv kein fälliger/einredefreier Anspruch auf Übereignung, nimmt der Täter dessen Voraussetzungen jedoch *irrtümlich* an, so liegt nach h.M. – die auf der Einordnung der »Rechtswidrigkeit« als objektives Tatbestandsmerkmal beruht – ein *Tatbestandsirrtum* i.S. des § 16 I StGB vor.[7] Die Gegenmeinung kommt über den Wegfall der »Absicht rechtswidriger Zueignung« zum gleichen Ergebnis.[8] Nimmt der Täter irrig an, dass er einen Übereignungsanspruch auf die weggenommene Sache hat, obwohl die Rechtsordnung einen solchen Anspruch nicht kennt (etwa beim „Drogendeal"), so kommt es nach h.M. für das Vorliegen eines Tatbestandsirrtums auf die Parallelwertung in der Laiensphäre an. Für diese Wertung hat die Rechtsprechung mehrfach entschieden, dass es für das Bestehen des Anspruchs nicht auf die Vorstellungen in einschlägigen kriminellen Kreisen ankommt („Ehrenschulden" etc.). „Entscheidend ist, ob [der Täter] sich vorstellt, dass dieser Anspruch auch von der Rechtsordnung anerkannt wird und er seine Forderung demgemäß mit gerichtlicher Hilfe in einem Zivilprozess durchsetzen könnte".[9]

Besteht der Übereignungsanspruch hingegen tatsächlich, ohne dass ihn der Täter kennt, so ergibt sich vom Standpunkt der h.M. aus folgerichtig ein untauglicher *Ver-*

---

3 Die bei §§ 242, 249 StGB freilich erst nach Bejahung der Zueignungsabsicht im subj. Tatbestand geprüft werden kann, weil erst dann bestimmt ist, was Gegenstand der beabsichtigten Zueignung und damit Bezugsobjekt auch der Rechtswidrigkeit ist.

4 Deutlich LK-*Vogel* § 242 Rn. 36.

5 In dieser Richtung z.B. *Gössel*, Zipf-GS, 1999, S. 217 (226 ff); MK-*Schmitz* § 242 Rn. 155 ff; *Warda* Jura 1979, 71 (77).

6 Eingehende Begründung für die Zuordnung zum obj. Tatbestand dagegen bei *Küper*, Gössel-FS, S. 429 (441 ff). Gegen jede »Tatbestandslösung« (Einordnung als allgemeines Deliktsmerkmal) *Börner*, Zueignungsdogmatik, S. 216 ff.

7 BGHSt 17, 87 (91); BGH StV 2000, 78 m.w.N.; 2004, 207; *L/Kühl* § 242 Rn. 28; *W/Hillenkamp* Rn. 203.

8 Für analoge Anwendung des § 16 I StGB *Warda* Jura 1979, 71 (77); dazu krit. *Schroth*, Vorsatz und Irrtum, 1998, S. 63 f: § 16 II StGB sei »sinngemäß« anzuwenden.

9 BGHSt 48, 322 (329 – zu §§ 253, 263 StGB); BGH NStZ 2008, 626 (zu §§ 242, 249 StGB).

such des jeweiligen Zueignungsdelikts,[10] während die Gegenansicht sich für eine Vollendung ausspricht, da die »Absicht« rechtswidriger Zueignung vorhanden sei.[11]

Die Funktion der »Rechtswidrigkeit« als Merkmal des *objektiven* Tatbestandes – das in §§ 242 I, 249 I StGB nur verbal in den subjektiven Tatbestand aufgenommen ist – erklärt sich aus dem »objektiven« Sinn dieses speziellen Tatbestandsmerkmals: Das Gesetz scheidet durch ein »positiv« formuliertes Zusatzerfordernis der Zueignung diejenigen Fälle negativ aus dem Tatbestand aus, in denen zwar »formal« – nach Sachenrecht – noch fremdes *Eigentum* besteht, dieses Eigentum jedoch aufgrund eines liquiden Übereignungsanspruchs strafrechtlich nicht mehr schutzbedürftig/schutzwürdig ist, weil sich der Anspruch auf die Herstellung der von der Rechtsordnung (»materiell«) *gewollten Eigentumslage* richtet und die Zueignung in diesem Sinn der rechtlichen »Eigentumsordnung« entspricht. Diese Beurteilung kann nur nach der objektiven Situation, nicht nach der subjektiven Tätervorstellung getroffen werden![12] **848**

Das 6. StrRG (1998) hat die Tatbestände aller Zueignungsdelikte derart erweitert, dass der Zueignungsbegriff generell auf die »*Drittzueignung*« (Fremdzueignung) ausgedehnt worden ist (→ Rn. 833 ff). Beabsichtigt der Täter eine Zueignung nicht an sich selbst, sondern lediglich eine »Drittzueignung«, so entfällt die »Rechtswidrigkeit« der Zueignung nicht etwa nur dann, wenn der »*Dritte*« einen Übereignungsanspruch hat. Gleiches muss vielmehr gelten, sofern dem *Täter* ein solcher Anspruch zusteht. Denn auch in diesem Fall widerspricht die Zueignung nicht der »materiellen Eigentumsordnung«, weil ihr ein Recht auf Eigentumserwerb zugrunde liegt.[13] **849**

2. Rechtswidrigkeit der Zueignung und Rechtfertigungsgründe

Nicht hinreichend geklärt ist bisher das Verhältnis dieser tatbestandlichen »Rechtswidrigkeit« zu dem Rechtswidrigkeitsausschluss durch *allgemeine Rechtfertigungsgründe*. Einerseits wird bei Nichtbestehen eines Übereignungsanspruchs, aber bei Erfüllung allgemeiner Rechtfertigungsvoraussetzungen, z.T. die »Rechtswidrigkeit der *Zueignung*« bejaht, jedoch die »Rechtswidrigkeit der *Tat*« ausgeschlossen.[14] Andererseits wird in die Frage der »Rechtswidrigkeit der Zueignung« auch die Prüfung allgemeiner Rechtfertigungsgründe einbezogen, sofern sich diese speziell auf die Zueignung (und nicht lediglich auf die vorübergehende Wegnahme) beziehen.[15] Als Rechtfertigungsgründe kommen freilich im Wesentlichen nur Notstand und mutmaßliche **850**

---

10 Vgl. *Küper*, Gössel-FS, S. 429 (446 ff); *W/Hillenkamp* Rn. 203.

11 So z.B. *Gössel*, Zipf-GS, S. 217 (228 f); MK-*Schmitz* § 242 Rn. 174; SK-*Hoyer* § 242 Rn. 109. Vgl. zu den Irrtumsfragen – insb. Abgrenzung zwischen § 16 I StGB und § 17 StGB – auch die Übersicht bei *Hillenkamp*, BT, Problem Nr. 23.

12 Näher dazu *Küper*, Gössel-FS, S. 429 (441 ff). Grds. abw. *Mitsch*, BT II/1, § 1 Rn. 153 ff, der für den Ausschluss der »Rechtswidrigkeit« zusätzlich zum objektiven Bestehen des Übereignungsanspruchs den *Willen* des Täters verlangt, die rechtsgeschäftliche *Übereignung* nachträglich herbeizuführen. Damit wird aber die Ausschlussfunktion des Übereignungsanspruchs praktisch aufgehoben.

13 *Dencker*, Einführung 6. StrRG, 1998, S. 20 f; *K/H/H*, BT 2, Rn. 127; *W/Hillenkamp* Rn. 200; für Beschränkung auf den Übereignungsanspruch des Täters MK-*Schmitz* § 242 Rn. 162.

14 Vgl. z.B. *K/H/H*, BT 2, Rn. 123.

15 Vgl. z.B. *M/Schroeder*, BT 1, § 33 II Rn. 53 ff; SK-*Hoyer* § 242 Rn. 98 ff mit Bsp.: Beim Entwenden eines fremden Feuerlöschers zwecks Brandlöschung ist zwar die Zueignung des Löschpulvers gerechtfertigt und damit rechtmäßig, nicht aber die Zueignung des Feuerlöschers (insoweit ist keine dauerhafte Enteignung erlaubt); BGH NStZ 2005, 566 (567).

Einwilligung in Betracht, da eine »Einwilligung« in die Zueignung bereits die »Fremdheit« oder jedenfalls die »Enteignung« ausschließt und § 229 BGB (Selbsthilfe) grundsätzlich keine Zueignungshandlungen rechtfertigen kann (§ 230 II BGB!).[16]

851 Im Interesse deliktssystematischer Klarheit sollte beachtet werden, dass die »Rechtswidrigkeit« bei den Zueignungsdelikten auf *zwei verschiedenen* Ebenen des Deliktsaufbaus relevant wird: als objektiv-negatives *Tatbestandsmerkmal* und als *allgemeines Deliktsmerkmal*. Soweit die »Rechtswidrigkeit der Zueignung« den Widerspruch zur »materiellen Eigentumsordnung« bezeichnet (Fehlen eines Erwerbsrechts, insbesondere aufgrund eines Übereignungsanspruchs), stellt sie ein Tatbestandsmerkmal dar (→ Rn. 845 ff). Es kann in dieser Funktion nur durch ein vor der Tat vorhandenes Recht auf *Eigentumserwerb*, namentlich durch einen fälligen/einredefreien Anspruch auf *Übereignung*, ausgeschlossen werden, nicht aber durch die in *allgemeinen* Rechtfertigungsgründen enthaltenen Ausnahme-Erlaubnisse zum *Eingriff* in fremdes Eigentum. Besteht ein derartiges Erwerbsrecht nicht, so bleibt die »Zueignung« – i.S. des Tatbestandes – auch dann »rechtswidrig«, wenn die tatbestandsmäßige *Handlung* durch einen allgemeinen Rechtfertigungsgrund *gestattet wird*, der sie als Zueignungsakt rechtfertigt, weil er auch die dauernde »Enteignung« erlaubt.

Angesichts der *beschränkten* Aufgabe des *Tatbestands*merkmals »Rechtswidrigkeit der Zueignung«, lediglich die Diskrepanz zur »materiellen Eigentumsordnung« zu typisieren, enthält eine derart zweistufige Rechtswidrigkeitsbeurteilung – die eine »Rechtfertigung der rechtswidrigen Zueignung« anerkennt – keinen Wertungswiderspruch; sie berücksichtigt vielmehr die Rechtfertigungsgründe, die im Gegensatz zum Übereignungsanspruch kein »Erwerbsrecht« schaffen, sondern ein bloßes »Eingriffsrecht« begründen, systemadäquat erst nach Feststellung einer tatbestandlich-deliktstypischen »Rechtswidrigkeit« der Zueignung! Man kann diesen Befund auch so formulieren, dass die »Rechtswidrigkeit der Zueignung« eine *Doppelfunktion* hat: Sie *bezeichnet* einerseits – bereits auf objektiver Tatbestandsebene – den Widerspruch zur »materiellen Eigentumsordnung«; zum anderen *verweist* sie, soweit dieser Widerspruch besteht, auf die Möglichkeit des Rechtswidrigkeitsausschlusses durch allgemeine Rechtfertigungsgründe, welche die Zueignung rechtfertigen, und ist insofern »allgemeines Deliktsmerkmal«.

II. Die Rechtswidrigkeit der Zueignung bei Gattungsansprüchen

852 Umstritten ist, ob und unter welchen Voraussetzungen ein auf die Übereignung von »*Gattungssachen*« gerichteter Anspruch (§ 243 BGB) die »Rechtswidrigkeit« der Zueignung ausschließt.[17] Die Lösung hängt davon ab, inwieweit der Eingriff in eine »formale« Eigentümerposition, die sich im Verhältnis zum Gläubiger auf das Recht zur *Auswahl* der geschuldeten Sachen reduziert hat, noch den strafrechtlichen Schutz der Zueignungstatbestände verdient. Bei *Geldschulden* hat sich im Schrifttum inzwischen die Auffassung durchgesetzt, dass der Anspruch auf Geldleistung die »Rechtswidrigkeit« der Zueignung entsprechender Geldstücke grundsätzlich entfallen lässt.

16 Zum tatbestandsausschließenden »Einverständnis« mit der Zueignung (»Diebesfalle«) vgl. *W/Hillenkamp* Rn. 118 m.w.N.

17 Übersicht bei *Fischer* § 242 Rn. 50; *S/S/Bosch* § 242 Rn. 59; jew. m.w.N.

Dabei wird teils mit dem Gedanken einer »*Wertsummenschuld*« argumentiert,[18] teils auf die mangelnde *Schutzwürdigkeit* der bloßen *Auswahlbefugnis* des Eigentümers verwiesen,[19] teils das fehlende *wirtschaftliche Interesse* des Schuldners an der Bestimmung der konkret geschuldeten Sachen als Kriterium herangezogen, wobei dieses Kriterium für die Rechtswidrigkeit der Zueignung bei Gattungsansprüchen sogar *allgemein* gelten soll.[20]

Die Rechtsprechung ist bisher auch bei Geldschulden von einer »rechtswidrigen« Zueignung der Geldstücke ausgegangen; sie behandelt jedoch die Vorstellung des tatsächlichen oder vermeintlichen Gläubigers, dass er die Geldmittel des Schuldners unmittelbar beanspruchen dürfe, im Ergebnis als *Tatbestandsirrtum*.[21] Ein solcher Irrtum soll beim »rechtsunkundigen Täter« der Vorstellung eines Gläubigers gleichzustellen sein, „der eine Forderung auf Übereignung einer ihm als bestimmte Leistung geschuldeten Sache zu haben glaubt und sich [z.B.] über die [Identität] der von ihm weggenommenen Sache geirrt hat".[22]

Zusammenrottung – §§ 121 I, 124 StGB

»Sich-Zusammenrotten« Gefangener ist das – auch spontane – *räumliche Zusammentreten* oder Zusammenhalten von mehreren (mindestens *zwei*) Gefangenen zu dem erkennbaren Zweck eines *gemeinschaftlichen* – nicht notwendig mittäterschaftlichen – gewaltsamen oder bedrohlichen Handelns. **853**

Literatur: LK-*Rosenau* § 121 Rn. 15 ff; abw. MK-*Bosch* § 121 Rn. 7 ff (»erkennbare Bedrohlichkeit« nicht erforderlich); NK-*Ostendorf* § 121 Rn. 8 ff (mindestens drei Personen [»Rotte«] erforderlich).

Rechtsprechung Grundlegend: RGSt 2, 80 (81); 3, 1 (2); 50, 85 (86 – räumliches Zusammensein *während* der Ausführung des Ausbruchsunternehmens). **Beispielhaft:** OLG Hamm JZ 1953, 342 (Mitmachen zum Schein) mit Anm. *Maurach*, S. 342 f; OLG Karlsruhe NJW 1999, 804 (805 – Zusammenrotten mit schuldunfähigem Gefangenen).

RGSt 2, 80 (81): Beim Zusammenrotten „muß nach außen durch das Zusammenhalten der Teilnehmenden sich erkennen lassen, daß dieselben zur Befreiung im Wege der Gewalt mit vereinten Kräften entschlossen sind... Daß die Voraussetzungen dieses räumlichen Zusammenhaltens auch da möglich sind, wo die Teilnehmer bereits örtlich vereinigt sind und es einer Herstellung des Zusammenseins nicht bedarf, muß unbedenklich zugegeben werden; ebensowenig läßt sich verkennen, daß, weil das Gesetz eben nur eine Mehrheit von Gefangenen verlangt, grundsätzlich eine Zusammenrottung auch nur von zwei Personen denkbar ist."

Hinweise: Der Begriff »Zusammenrottung« ist bei § 121 I StGB im Kontext der **854**
weiteren Tatbestandsverwirklichung »mit vereinten Kräften« (Nr. 1-3) zu sehen.

---

18 Vgl. *Roxin*, Mayer-FS, 1966, S. 467 ff; krit. *Otto*, BT, § 40 Rn. 83 f.

19 *W/Hillenkamp* Rn. 202 m.w.N.

20 Vgl. *L/Kühl* § 242 Rn. 27; *Otto* Jura 1997, 464 (470); generell für die Rechtmäßigkeit der Zueignung bei Gattungsansprüchen NK-*Kindhäuser* § 242 Rn. 117 f.

21 Vgl. dazu *Gropp*, Weber-FS, 2004, S. 127 (139 ff).

22 BGHSt 17, 87 (91); vgl. auch BGH NJW 1990, 2832; StV 1991, 515 f; 1994, 128; sowie die Hinw. bei *S/S/Bosch* § 242 Rn. 65 a.E.

»Mit vereinten Kräften« verlangt weder eine mittäterschaftliche Begehung noch notwendig gemeinschaftliche Aktivität der »Rotte« insgesamt; es genügen vom Gemeinschaftswillen getragene Handlungen einzelner Mitglieder.[1] Der »tätliche Angriff« (Nr. 1) entspricht dem Merkmal bei § 113 I StGB (→ Rn. 40). Die »Nötigung« (Nr. 1) setzt zumindest einen Nötigungsversuch voraus.[2] Zum »gewaltsamen Ausbruch« (Nr. 2, 3) vgl. das Stichw. »Ausbrechen« → Rn. 52.

Der Begriff des »Zusammenrottens« (einer Menschenmenge) in § 124 StGB ist mit dem entsprechenden Begriff des § 121 I StGB im Wesentlichen identisch.[3]

Zwangsvollstreckung, Drohen der – § 288 I StGB

855 Die Zwangsvollstreckung »droht« dem Täter (Schuldner), sobald im Tatzeitpunkt nach den Umständen – insbesondere aufgrund des Gläubigerverhaltens – *konkrete Anhaltspunkte* dafür vorliegen, dass der Gläubiger beabsichtigt, seinen Anspruch (→ Rn. 856) demnächst *zwangsweise durchzusetzen* oder zu sichern.

Ist die Zwangsvollstreckung bereits eingeleitet, so »droht« sie weiterhin bis zum *Abschluss aller zu erwartenden* Vollstreckungsmaßnahmen.

Literatur: LK-*Schünemann* § 288 Rn. 2 ff, 9 ff; MK-*Maier* § 288 Rn. 6 ff. **Einführend:** *A/W/Heinrich* § 16 Rn. 32 ff.

Rechtsprechung Beispielhaft: RGSt 44, 251 (253 – nur künftiger Unterhaltsanspruch); 68, 108 (109 – eine der *Gütergemeinschaft* drohende Zwangsvollstreckung); BGH NJW 1991, 2420 f (aus einstweiliger Verfügung erwächst kein schutzwürdiger Anspruch).
Zusammenfassend zur Rspr. des RG: RGSt 31, 22 (24 f).

RGSt 20, 256 (257 f – zum *Drohen* der Zwangsvollstreckung): „Hiermit ist in objektiver Beziehung erfordert, daß … Verhältnisse vorliegen, vermöge deren dem Täter eine Zwangsvollstreckung tatsächlich bevorsteht. [Dafür] ist allerdings … nicht unbedingt erforderlich, daß der Gläubiger bereits *gerichtliche Schritte* zur Durchführung seiner Forderung getan hat. Vielmehr kommt es wesentlich darauf an, daß aus den *Umständen*, insbesondere aus schlüssigen Handlungen des Gläubigers, dessen *Absicht* hervorgeht, eine Zwangsvollstreckung gegen den Schuldner durch unverweilte gerichtliche Geltendmachung und zwangsweise Realisierung der Forderung herbeizuführen. Demgemäß ist anerkannt worden, daß schon aus der Tatsache wiederholter Mahnung auf den Zustand drohender Zwangsvollstreckung geschlossen werden könne".

RGSt 24, 238 (239): „In der Regel wird zwar das Drohen einer Zwangsvollstreckung zu verneinen sein, wenn der Gläubiger nicht durch schlüssige Handlungen seine Absicht, seine Forderung zwangsweise zu realisieren, zu erkennen gegeben hat. Ausnahmsweise kann aber auch ohne solche Voraussetzung das fragliche Merkmal für vorliegend erachtet werden; nur muß es dann aus der besonderen Natur der konkreten Forderung oder aus besonderen sonstigen Umständen gefolgert werden können."

1 *L/Kühl* § 121 Rn. 4; LK-*Rosenau* § 121 Rn. 25 f m.w.N.
2 Str., vgl. LK-*Rosenau* § 121 Rn. 36 m.w.N.
3 *S/S/Sternberg-Lieben* § 124 Rn. 3/4 m.w.N.

RGSt 44, 251 (253 – zum Bestehen des Anspruchs): „§ 288 StGB erfordert nicht nur, daß der Täter eine Zwangsvollstreckung wegen einer Forderung erwartet…, sie muß vielmehr auch objektiv drohen, sich als nahe bevorstehend darstellen. Dies ist aber überall nur möglich, wenn zur Zeit der … Handlung der *Anspruch*, dessen zwangsweise Durchführung demnächst in Frage kommt, *besteht*. Vor Entstehung eines solchen an eine bevorstehende Zwangsvollstreckung zu denken, ist begrifflich ausgeschlossen."

Erläuterungen

Für ein Drohen der Zwangsvollstreckung ist ein Vollstreckungsauftrag oder Vollstreckungstitel nicht erforderlich, auch eine Klageerhebung nicht unbedingt notwendig. Doch ist eine »drohende« Zwangsvollstreckung beim Vorhandensein eines Vollstreckungstitels *stets*, nach Erhebung der Klage *regelmäßig* anzunehmen. **856**

Der *Anspruch* des Gläubigers muss nach h.M. *materiell-rechtlich bestehen*[1] sowie vermögensrechtlicher Art und vollstreckungsfähig sein. Ein noch nicht fälliger oder aufschiebend bedingter Anspruch schließt die »drohende« Zwangsvollstreckung hingegen nicht aus. »Vermögensrechtlich« sind zivil- oder öffentlich-rechtliche obligatorische oder dingliche Ansprüche; fiskalische Ansprüche aus staatlichen Vermögenssanktionen (z.B. Geldstrafe, Geldbuße, Einziehung, Zwangsgeld) scheiden aus.[2]

Zu den Tathandlungen des § 288 I StGB (»veräußern«, »beiseiteschaffen«) und zu der dabei erforderlichen »Absicht, die Befriedigung des Gläubigers zu vereiteln« → Rn. 564.

1 Str. ist, ob dies auch bei rechtskräftig festgestellten Ansprüchen gilt. Überwiegend wird dies bejaht, da durch die Entscheidung des Zivilgerichts keine Bindung des Strafrichters eintrete; die Gegenauffassung nimmt eine solche Bindung u.a. aus Gründen der Rechtssicherheit an, vgl. MK-*Maier* § 288 Rn. 10 m.N. auch für die h.M.

2 LG Bielefeld NStZ 1992, 284 (Zwangsgeld); MK-*Maier* § 288 Rn. 9.

Gesetzes- und Sachregister

Da die Definitionen der Tatbestandsmerkmale alphabetisch angeordnet sind, finden sich diese und die dazugehörigen Stichworte im Gesetzes- und Sachregister bei den jeweiligen §§. Die fetten Zahlen verweisen auf die Rn. des Buches; soweit auf andere §§ verwiesen wird, sind die entsprechenden Rn. und Stichworte dort zu finden.